HB Publications

Regional Bus Datafile

No 14 - Regional Register

2011
(6th edition)

Researched & Updated by	HB Publications Ltd 3 Ingham Grove, Hartlepool TS25 2LH
Printed & Distributed by	HB Publications Ltd 3 Ingham Grove, Hartlepool TS25 2LH

Rear Cover   Optare Solo M850, V120LVH (368) of Centrebus, is seen in Leicester (Jeff Hall)

Contents

Intoduction

The HB Publications Bus Register is a list of all entries in the eleven 2010 GB Bus Group Regional Bus Datafiles.

1   South West England
    Cornwall, Devon, Dorset (not First), Gloucestershire, Oxfordshire, Somerset and Wiltshire.

2   South East England
    Berkshire, Dorset (First), Hampshire, Kent Surrey, and Sussex.

3   London
    London counties

4   Central England
    Herefordshire, Shropshire, Staffordshire, Warwickshire and Worcestershire

5   Eastern Counties
    Bedfordshire, Buckinghamshire, Cambridgeshire, Essex, Hertfordshire, Norfolk, Northamptonshire and Suffolk.

6   East Midlands
    Derbyshire, Leicestershire, Lincolnshire and Nottinghamshire.

7   North East England & Yorkshire
    Durham, Northumberland, Tyne & Wear and Yorkshire

8   North West England
    Cheshire, Cumbria, Manchester, Lancashire and Merseyside.

9   Wales
    All counties in North and South Wales

10 Scotland
    All Scottish Counties

11 Ireland
    Republic of Ireland and Ulster

To use the book look up the vehicle registration and note the Operator Code. From the Operator Code list you can read off the Name of the Operator and the GB Bus Group Volume the Operator is featured in. It should be noted that some Operators feature in more than one volume due to their closeness to the borders between volumes. Where this happens both volumes are shown in the Operator Code list.

Volume 12 (National Coaches) has not been listed in this book as the vehicles already exist within Volumes 1 to 11.

Any comments should be addressed to
Jeff Hall
3 Ingham Grove
Hartlepool
TS25 2LH

buses@hbpub.co.uk

December 2010

Vehicle Registration Number List

3989	ISC	1HVT	SBB	47HWT	RHC	122BLM	MRS	210HKT	EDW
5779	ISC	1KOV	HSL	50ABK	ROM	123CLT	AUT	212VPF	TIT
6768	ISC	1RWM	POH	52CLC	CRL	123RT	JBT	214UXJ	SUL
8225	ISC	2GRT	FAB	53WT	WWY	123TRL	IRB	215UJX	LBP
8226	ISC	2HAN	POH	55ARL	GRL	124CLT	ALN	215UXJ	SUL
8230	ISC	2HW	POH	55YXS	SHA	127ASV	BBD	217CLT	ALN
9438	ISC	2RWM	POH	60VV	WWY	128ASV	BBD	217NYA	SSM
9969	ISC	2WR	POH	60XYT	SHA	128NNU	STAY	218CLT	FLN
39138	ISC	3HWS	POH	60YWX	SHA	129SDV	JWC	219GRA	BEE
50109	ISC	3KOV	HSL	61SYD	PON	131ASV	BEE	221GRA	BEE
62417	ISC	3MEL	ZDT	62BYL	BYL	131HUO	TOW	221WPH	REY
65119	ISC	3NSS	SHA	62CLT	WGH	133MBJ	ZCP	222GRA	BEE
65802	ISC	3RWM	POH	32DEW	DEW	138ASV	PWW	222YPI	ONE
70011	ISC	4JBT	JBT	63RT	JBT	143CLT	STAY	223TUO	HKW
70012	ISC	5AAX	HWD	63XMD	PON	143HDH	LEW	224AJB	RNC
70013	ISC	5JBT	JBT	67MTV	WWY	147VKN	JEF	224ASV	BAR
70014	ISC	6JBT	JBT	68BUT	BBS	149CYY	PRO	224BNG	SIM
70015	ISC	6RED	RDL	69CLT	SUL	151EWU	LID	224HUM	JBT
70016	ISC	6SKN	SKW	70CLT	ALN	151WYB	CLT	225ASV	MWM
70017	ISC	7MCB	MAY	71RT	JBT	152EKH	ARL	225TIM	SMO
70018	ISC	7WTJ	WLT	73WAE	TUR	152ENM	HWD	226DMW	WIB
70019	ISC	8JBT	JBT	74WT	WWY	152FRH	EYM	226LRB	BEE
70020	ISC	8XNE	SHA	74YKP	ELL	153WAR	RIC	227ASV	MKT
70021	ISC	9CLT	LBP	77RT	JBT	153XYC	PPH	232ENX	CCB
70022	ISC	10MKK	PWB	79RT	JBT	155WLG	BTS	237AJB	RNC
70023	ISC	10RU	FIN	80EYC	EYM	156FMU	PWB	239AJB	RNC
70024	ISC	11JSR	BCT	80SKN	SKW	157TYB	QMS	239LYC	RIC
70025	ISC	11PKN	SOA	81CBK	PWW	159FCG	SGC	240FRH	AMB
70026	ISC	11PSV	RDL	826THU	RIG	160CLT	EDT	240HYU	POW
70027	ISC	12HM	POH	83BUT	BBS	162EKH	BBD	241AJB	RNC
70028	ISC	12RED	RDL	R36AKV	WK	164EWN	BJL	241KRO	DOW
70029	ISC	14RED	RDL	84COV	HSL	165DKH	EYM	243ELU	ZCH
70030	ISC	15KEN	ZDT	84HER	SVC	166UMB	SIM	246AJF	KOA
70031	ISC	15RED	RDL	86JBF	CWS	166YHK	MOX	247FCG	SGC
70032	ISC	15RWM	POH	880VX	FIL	170FPI	NOS	253FPP	POP
70033	ISC	16KEN	ZDT	90HBC	CHR	171CLC	CRL	254CLT	IMP
70034	ISC	16RED	RDL	90WFC	ZBO	173LYB	TJC	254UXO	LBP
70035	ISC	17EJU	WWY	93FYB	HKN	178DEW	DEW	255CYA	RID
70036	ISC	17RED	RDL	94SHU	EOB	179BUT	BBS	255GPK	BAG
70037	ISC	19RED	RDL	95EYM	EYM	182SKN	SKW	255UXO	RRB
70038	ISC	20VWC	TDR	95VHK	BEH	184XNO	HWD	256JPA	SIM
70039	ISC	24THU	EOB	98TNO	SIM	185CLT	ALN	259CZM	ONE
70040	ISC	27WT	WWY	99KMH	HKN	1879RU	GBC	259VYC	SAN
70041	ISC	28WT	WWY	100BGO	COS	187NKN	CWL	260FPJ	RID
70042	ISC	28XYB	AXV	100LXD	ZER	188TAE	TIT	264ACA	MTC
70043	ISC	29DRH	ROV	101RTD	YUL	191WHW	WLC	264CHX	HET
70044	ISC	29WT	WWY	102UTF	GSR	195JOH	JEF	267HNU	MIM
70055	ISC	32WT	WWY	107LBP	ZER	196BLU	BLU	267PPH	EDT
70056	ISC	33EXG	GOG	108GYC	REW	200APB	SGC	269HNU	MIM
70066	ISC	33LUG	MEL	109ASV	WCM	200UPI	EAM	270BLU	BLU
70077	ISC	34BCG	CLT	111BWO	RGY	200UWX	SHIC	273GYE	LEE
70088	ISC	34DEW	DEW	111MZK	JHE	201KYD	APL	275FUM	RIC
70091	ISC	38CRC	CHA	112AXN	JEF	202UXJ	GAL	277FCG	SGC
70099	ISC	39EYD	EYM	116XYD	LES	202YTE	EYM	279JJO	JEF
77819	ISC	45DG	WWY	118GOP	LEE	204CLT	FLN	279NDE	TVC
1BLU	BLU	46AEW	LOD	120UZD	DMS	205CLT	ALN	280CLT	FLN
1FTO	CNT	46EYB	EYM	121ASV	MFW	207RKL	AUT	282GOT	PRN

283URB	SREN	409DCD	SSOU	489AOU	PRN	572CNW	QMS	660MAE	GFS
284BLU	BLU	409FRH	HKW	489SYB	BAR	572GYA	CLS	661SKN	SKW
289BUA	MOC	410KGG	ANN	490ENU	WLT	574CPT	GON	662NKR	RTL
294DDM	AWJ	410LMN	IOM	490EYC	ZER	576DXC	EDT	665EYL	EYM
2950AI	JCA	411DCD	WK	491JVX	SWT	577HLU	CWL	666VMX	LUC
298HPK	BAY	412ANK	COC	493EXB	AAR	578PTA	WGH	668PTM	RIC
299DMW	WIB	412CRU	MKT	498ANX	ABT	579UXR	GHA	669OYA	MAN
304BIN	BAL	413DCD	SSOU	499YMK	WGH	581AET	CLE	670BNN	QMS
304PPB	HGI	413MAB	WOR	500EFC	TAP	583CLT	CBS	670PUO	KTW
304VHN	WBH	414DCD	SSOU	505AYB	SSM	583HYT	TTO	671MBB	CMD
307WHT	NSC	417DCD	SSOU	505ETT	WBR	591HNM	FEL	671YWC	KIN
312KTT	THO	418DCD	SSOU	507RUO	CCB	592DCJ	ATE	673EXA	BBD
314PFM	CAR	420DCD	SDEV	508AHU	HOP	593CLT	ALN	676DYE	FBE
315MWL	BAD	420KHX	ZER	508DKH	SBD	593ECE	TAY	676GDV	TAW
316UVX	RIC	421DCD	SSOU	509EBL	TTC	593FGF	RIC	679JPU	JPM
317LDV	MGC	422GDV	LWS	509HUO	TAW	593UXJ	BOW	682VAF	OAT
318EVO	HST	424DCD	STC	510CLT	FLN	597KTU	CAL	682VTF	DOF
319CLT	ALN	424KPP	RIC	510DMY	MMS	600BPI	EAM	684DYX	MRS
324CLT	ALN	433SKO	CWL	510UMA	MRS	600DBX	LEW	685CLC	CRL
325CCE	CTM	435SFC	CLM	513CLT	MEL	600KPU	LEW	687CLC	CRL
3271CD	DOW	435SKN	SKW	513SRL	RNC	600VTW	ANC	687DEW	DEW
327RFC	WVY	435UPD	EDT	515FCG	SGC	601MMA	VIP	687PTO	TET
329UWL	BJL	436VVT	LOD	515XRF	HGI	604BRK	OAR	688EYV	TTA
330CLT	ALN	438XYA	RIC	519CLT	ALN	605NOH	VCC	694AVY	SOO
330GGX	GOG	439BUS	SREN	521WDE	JML	611LFM	D&B	696UXO	THR
331HWD	HET	439KMV	ZDD	522CTF	POP	613WHT	EOB	697BYU	TVS
334EYL	EYM	440UXG	OLA	523FN	BEE	620PDV	C&G	699NAE	ROR
338EDV	MVL	443ALA	OLA	523SC	STH	622HFJ	BOW	700BPI	EAM
340GUP	GON	444EJU	HAN	524FUP	GON	622JWD	CLE	701AEH	QMS
340MYA	BAD	444VNX	SHIC	526FDE	JML	622OWY	DHA	701GOO	MWM
342TJO	BTS	445CTT	MDC	526FN	REE	624BGY	HDG	701UDE	RNC
343KHI	EAM	448GWL	BBD	526NDE	ETC	625FYO	A2B	702LPK	DOW
345BLA	ATI	449BHU	ZEH	526VVK	HEC	627DYE	FLN	703DYE	SHIC
349BLB	BTS	449GTU	WWY	527CLT	LON	629LFM	HWD	706STT	NCO
349LVO	CEL	449GYN	OLA	530MUY	SUN	630 DYE	LON	708EYG	GSR
3504CD	DOW	450ZD	DUB	530OHU	FDC	636VHX	CLM	708WPG	GHA
352BWB	ALE	453CLT	ALN	535FN	EUS	637GKK	AUT	709LAU	TVS
352STG	SEL	454ZD	BUS	536ATT	HQL	640DYE	FLN	713WAF	CED
354TRT	SAN	455ADL	WGH	536FN	SAN	640UAF	HOP	715ATV	WWY
360BLU	BLU	456CLT	SSOU	537FN	SAN	641DYE	IMP	716GRM	HWD
361CLT	ALN	458FTA	TUT	538ELX	SIM	641RHU	WRH	719CEL	SHIC
361EKH	BLY	459CLT	CBS	538FCG	SGC	641UTO	MBT	71XVO	J&C
362KHT	BAY	461XPB	TAP	538FN	SAN	643HAA	TAR	720EHY	RVC
367NHA	PWW	462CLT	LBP	538OHU	SIL	643UXK	JTR	720HKH	LEE
368SHX	TIT	464CLT	ALN	539DTE	HWD	644RU	WWY	725DYE	ALN
381VHX	W&D	464HYB	HWD	540FFX	SHIC	647JOE	FIN	728FDV	RNC
392MBF	ENS	466DHN	QMS	542GRT	FAB	647PJO	JEF	729KTO	RIC
398CLT	ALN	466YMG	HWD	543FLW	MET	647PYC	RNC	730UXG	IRB
399ETB	CCW	469KNP	MRS	5448CD	DOW	648EAU	RIC	731AFD	MOB
400KFU	PRO	471BAY	BAY	544DAH	DCO	648WHK	TVS	734DYE	ALN
402DCD	SSOU	476CEL	BEW	546EYB	EYM	649ETF	RIC	735DYE	FLN
403BGO	MOC	477CLT	ZCU	549KYA	PRN	650DYE	FLN	739JUA	WIT
403DCD	SSOU	479COT	PRN	551ALW	EBC	650GXJ	SHIC	741DJO	GRI
403NMM	RIC	479DKH	LID	553UXP	GHA	653GBU	TAP	741XUG	CHD
405MDV	BOW	479GTA	TTC	555MZX	JKS	654BUP	ALP	743HUP	STX
405UPJ	PAT	481FPO	FDC	559ABX	RIC	654DYE	S&D	743XUG	CHD
406AOT	PRN	481HYE	HEY	562CLT	FLN	654JHU	BLD	744YPC	WTH
407DCD	SSOU	482SBJ	SIM	562PTU	DOW	656DYE	ALN	746FEW	GWH
407JWO	TAW	485SWL	PPH	564KHT	NSC	658COP	AUT	747SKN	SKW
408OHY	ARL	487CLT	SUL	571BWT	MEW	660CUH	ZEY	748JTA	HKW
408UFC	ESB	487VYA	JEF	571XKN	LYL	660FHU	ARL	750DCD	KEN

751CRT	CRI	832DDV	HUY	935GWN	ANS	1901HE	SYOR	3354ID	SRO
752FUV	TAY	832DVV	CAM	936NTT	TIV	1922FS	STH	3367PP	GWY
753LNU	RIC	833AFM	DRC	936WPH	HUT	1924RH	RAM	3377VC	VOE
754GHO	HEC	834EYD	EYM	937BUS	HCC	1975HE	SYOR	3379PP	GWY
755ABL	PWW	834TDE	JML	938HNM	JEF	2052HE	DVT	3401AC	ANN
761CRT	CRI	835BUS	PWW	940HFJ	GEH	2091MX	GRC	3408NT	ELC
770HDM	AWJ	836FOW	FOW	943YKN	HEY	2091PW	SIM	3419ID	SNC
772URB	GOG	837SKN	SKW	947CBK	GEH	2133PL	NXD	3427HP	HKW
774FUO	ALE	837XHW	MCS	947JWD	HAP	2154K	MAT	3432RE	ETC
775HOD	TAW	8405CD	DOW	951RMX	MAG	2170PO	BEE	3471RU	GBC
776DYE	FLN	841SHW	CCB	953HBU	KIN	2328RU	COU	3476PJ	VTE
776WME	C&S	841TPU	AMV	956CCE	HOP	2367AT	ALA	3493CD	JEF
778XYA	ALE	842DYG	JUM	958VKM	BAD	2396VU	TTC	3542DD	KGS
779UXU	BLD	843AYA	SSM	9637EL	BBD	2396FH	MCD	3544FH	HET
781CRC	CHA	846FHA	BOW	963CDE	JML	2408HE	SYOR	3556PH	HOD
782EUL	WCL	847LAA	GRI	964FYM	JBF	2411KR	EOB	3563RU	GBC
783DYE	WGH	848AFM	HWD	966MKE	SCH	2433AT	ALA	3566RU	GBC
784CLC	CRL	8515CD	DOW	966RVO	FOW	2450PP	STU	3572NT	ELC
784EYB	ANG	851FNN	QMS	971CYB	VIL	2480PH	HOD	3595HJ	GOL
787EYC	EYM	851FYD	RIC	972FGD	BRA	2482NX	HEY	3601RU	GBC
787LOM	BBC	859XUC	CHD	978VYD	CRL	2508EL	CHY	3613FH	HUN
789CLC	CRL	863EXX	EOB	983CBY	PIC	2513PP	GWY	3655NE	QMS
789FAY	HKW	863XUC	CHD	985UXL	JTR	2522VU	RSC	3672AD	DVT
789GTD	SKC	864DYE	ENS	987FOU	PRN	2557NU	WCL	3692HP	HKW
790CVD	SEM	864XUC	CHD	991FOT	PRN	2568PH	HOD	3770RU	TTC
791WHT	BAD	865XUC	CHD	997GAT	K&J	2583KP	BTC	3785HP	HKW
792URB	TVS	867XUC	CHD	9995RU	GBC	2594XI	TTC	3796HL	TDT
792UXA	K&J	868AVO	HEY	1023RU	COU	2600ZW	FOY	3818NU	EMH
795BIK	BUS	869SVX	HCO	1045MM	MWM	2603HP	HKW	3860PP	GWY
795JVX	BOW	869UYB	HET	1092AD	DVT	2622NU	HEY	3886UR	TTC
797ONU	HRD	872KMY	JEF	1168BY	HET	2625ED	TED	3899SC	SFI
798MMA	MRS	875YYA	SHB	1189PP	BDY	2629RU	COU	3900PH	HOD
798SKN	SKW	876BLU	BLU	1210PH	HOD	2719DT	HET	3913WE	FSY
799DYE	RRB	878YTE	SLK	1230HN	CPE	2731PP	ROM	3935AC	ANN
8002KV	BRR	881HFR	DOF	1294RU	TMH	2732RH	HYT	3990ME	SAN
800HYD	OMK	882MMY	ARR	1359UP	BSG	2767WF	ABO	4011LJ	TAR
801DYE	ALN	8830RU	GBC	1398NT	ELC	2779UE	TAP	4025PW	MGI
802AOJ	JEF	884MMB	MRS	1434HP	HKW	2786RU	COU	4066FH	HUN
802KRO	CTM	887TTT	TTA	1435VZ	HEY	2847FH	HUN	4078NU	HEY
804SHW	SIL	890ADV	QMS	1440PP	GWY	2851NX	HET	4085RU	GBC
805EVT	QMS	890TTE	TIT	1455MV	HET	2851RU	COU	4092PP	GWY
805YKL	GOL	891FUO	LEE	1482PP	GWY	2876WU	MRS	4122YG	TTC
807HEA	CLT	891HUM	LEE	1513RU	GBC	2899RU	COU	4143AT	ALA
807HLD	GHA	897EYX	EYM	1516KM	KMM	2941VU	HET	4150RU	TTC
809DYE	FBE	900HKU	SHIC	1528RU	GMC	2986PP	GWY	4187SC	SFI
810DYE	FBE	900RWX	SREN	1533UR	BFS	2992ZW	PBE	4216IN	EAM
8156EL	SRK	902DCV	JSS	1577NT	ELC	2995BI	EAM	4221BY	CFD
815BLN	NCO	904AXY	MIK	1580VT	SBB	3093RU	GBC	4239KR	JRS
816BAU	MKT	904DRH	ROV	1598PH	HOD	3102RU	GBC	4280BI	DPB
817FKH	SIL	906GAU	MOC	1624WY	CRN	3103PH	CHH	4293FH	HUN
817GTA	BSG	909HHK	AUT	1642RH	HYT	3134AD	DVT	4312FM	RSR
820GXL	CHD	916DYA	SSM	1655VT	SBB	3141HE	SYOR	4389ZX	JKS
820KPO	FOR	916VBH	GVE	1672VT	SBB	3169RU	COU	4402PH	HOD
821FTA	BRR	917DBO	HAP	1709AC	Ann	3182NF	BSG	4415HP	HKW
822DYE	ALN	924CRT	CRI	1725LJ	CRL	3201MY	WLT	4426BY	REI
824HAO	TTC	927NOF	MCA	1754PP	GWY	3262MW	ZCO	4442MT	ZBO
825BGE	JPM	929WEH	HKC	1760VC	VOE	3267HX	APC	4464RU	FIT
828EWB	PWW	930FDV	HOP	1839LJ	LJL	3272FH	HUN	4465KM	KMM
831HKA	ANG	931DHT	EOB	1842PP	GWY	3275FH	HUN	4493VT	SBB
831OCV	OAT	934BDL	SVE	1862HX	ALP	3289AT	ALA	4500ZF	CNC
831XUW	HJC	935BRU	HCC	1885FM	MIM	3315HP	HKW	4512UR	SIM

4543VC	VOE	5437VT	SBB	6499VC	VOE	7455RH	HYT	8488NU	JBT
4631PH	HOD	5457NF	BTC	6540FN	CTE	7488VC	VOE	8518FM	VCC
4670AT	ALA	5469AD	DVT	6542FN	SAN	7506LZ	BTC	8527RU	TTC
4691HP	HKW	5480WY	HCT	6544FN	EMB	7529UK	ATI	8548VF	HEY
4708RU	BAY	5516PP	GWY	6546FN	SAN	7572MW	HET	8578AT	ALA
4754RU	HET	5579MW	CSC	6595KV	HEY	7606UR	TTC	8665UB	HET
4817F	DGB	5594RE	GLO	6601MT	ZBO	7617SM	MOB	8727AD	DVT
4819IU	SRO	5611FH	HUN	6626VT	SBB	7622UK	BSG	8732PG	ATI
4846HP	HKW	5611PP	GWY	6677LJ	AON	7682LJ	QMS	8850WU	BSG
4849RU	CAT	5615RO	JEF	6691PH	HOD	7683FH	HUN	8896PH	HOD
4858DW	WGW	5621RU	GBC	6697RU	PDB	7722SR	EAR	8909DF	DFT
4885UR	HET	5685RWG	SCD	6709PO	POL	7726AT	ALA	8914RU	WIB
4940VF	SIM	5692FM	PHO	6727VT	SBB	7740KU	BAD	8955RH	HYT
4962SC	SFI	5705MT	ZBO	6738UN	BJL	7804PP	ZDL	8987DD	REG
4981VX	HET	5753PF	JSS	6740HP	HKW	7822VW	WRB	8990PH	HOD
4995DD	KGS	5777RU	GBC	6769FM	PSL	7845UG	BSG	9155VC	VOE
5019BT	LAM	5814MT	ZBO	6775DD	B&W	7845LJ	HEY	9195PU	SIL
5029EH	HKC	5877MW	TGM	6786MT	ZBO	7855PU	HET	9201FH	TTC
5038NT	ELC	5881PH	HOD	6791RU	AUD	7876HP	HKW	9210AD	DVT
5048PP	GWY	5909D	TED	6795FN	BRO	7921AT	ALA	9237AT	ALA
5049VC	MBC	5919RU	COU	6804VC	CAV	7934VC	VOE	9346PL	LCT
5092EL	CHY	5946PP	GWY	6815FH	HUN	7947RU	COU	9383MX	SIM
5093PO	POL	5946RU	GBC	6819AI	MMG	7958NU	HEY	9398WW	WLC
5096WF	BSG	5970FH	BCH	6844WF	WCL	7962IL	TTC	9423RU	GBC
5108VX	BSG	5981HP	HKW	6879VT	SBB	7994WW	WLC	9467MU	HEY
5129UA	TTC	6037PP	GWY	6954SC	SFI	8015MM	MWM	9506DD	KGS
5134PH	HOD	6052VT	GHA	6957MT	ZBO	8053RH	HYT	9508VT	VIS
5141MW	TGM	6101MV	BCT	6963MW	CSC	8124DD	DJT	9509VT	GHA
5146RU	TTC	6130EL	EOB	6967PH	HOD	8177VT	GHA	9569KM	RAI
5147UA	HCT	6137RU	TTC	7025RU	GBC	8194WF	EOB	9595RU	GBC
5182PO	POL	6170PX	HET	7052VT	GHA	8214VC	VOE	9649PH	HOD
5184MM	SVE	6185RU	HKW	7061DD	KGS	8216FN	HEY	9682FH	HEY
5188RU	JBT	6234EZ	GBU	7092RU	GBC	8225KH	EYM	9685VT	SBB
5189RU	COU	6247MT	ZBO	7107PH	HOD	8297ME	EMP	9743HP	HKW
5200AH	ZEG	6258VZ	JBS	7132ET	TTC	8338RU	TTC	9775MT	ZBO
5209UA	HCT	6267UA	TTC	7153MC	TUR	8357KV	HET	9785SM	CHD
5226PH	HOD	6280RU	GBC	7173WW	WLC	8399RU	GBC	9803RU	COU
5280NW	ENS	6292SC	D&B	7179TW	TRW	8416VT	SBB	9880HP	HKW
5281RU	COU	6300RU	HET	7209RU	HEY	8421RU	NUV	9882FH	HUN
5287ENJ	PHO	6323SC	SFI	7239VT	GHA	8439RU	GBC	9891CD	DOW
5351HP	HKW	6399PP	GWY	7298RU	HEY	8443PH	EMP	9920MT	ZBO
5373PO	POL	6426DU	DFT	7326KF	ALP	8447WX	TTC	9958PH	HOD
5385WX	HCT	6447PO	MAN	7345FM	REB	8466PH	HOD	9983PW	SIM
5397LJ	A&B	6486LJ	TUR	7351RU	TTC	8468RU	TTC	9996WX	WIT
5414PH	NXD	6491ED	TED	7396LJ	HEY				

A

A1BXN	B&N	A2GJL	SPT	A3FFC	SKC	A4WLS	SIL	A5WLS	SIL
A1DWO	OAT	A2NBT	CTR	A3FTG	UKP	A4XCL	MER	A5WOH	EBC
A1EYD	EYM	A2UOB	WXC	A3UOB	WXC	A4YBG	AYO	A5XEL	EXE
A1VOL	KOA	A2WLS	SIL	A3VPC	CVP	A5BXN	B&N	A6BNT	BTC
A1YBG	AYO	A2WOH	EBC	A3WLS	SIL	A5FWS	STT	A6BXN	B&N
A1YET	WHE	A2XEL	EXE	A3XEL	EXE	A5GJL	SPT	A6ECS	EBL
A2BDO	ATB	A2XXH	SREN	A4EXC	TAW	A5GYC	YON	A6EYC	EYM
A2BEO	ATB	A2XXW	SREN	A4FWS	STT	A5JNC	PRC	A6GPC	CVP
A2BTO	ATB	A2YBG	AYO	A4GJL	SPT	A5MWN	NIC	A6HFN	ZCH
A2BXO	ATB	A3ALP	APC	A4GYC	YON	A5UFF	SFR	A6LYL	TJC
A2EXC	ELC	A3EBT	EBC	A4JYT	MCC	A5UNX	SFR	A6PTU	MON
A2FTG	CHU	A3EKW	GEB	A4MWN	NIC	A5UOV	WXC	A6UOB	WXC

A6WEH	HKC	A12APT	APT	A15YEL	CSY	A19HWT	KOD	A111WVP	ZEW
A6WLS	SIL	A12BNT	BTC	A16ALS	HCL	A19LTG	LUC	A112MUD	CFL
A7BKE	MSH	A12CLN	CLN	A16AWF	FOR	A19MWN	NIC	A112WVP	RTL
A7BNT	BTC	A12GPS	PEX	A16BNT	BTC	A19NCR	DPG	A114WVP	MCO
A7BXN	B&N	A12GYC	YON	A16BST	CHH	A19RNY	SREN	A116EPA	PRC
A7EJS	JBG	A12HLC	WCS	A16BUS	WES	A19TKF	KFY	A116SNH	GML
A7EYC	EYM	A12LKR	LAM	A16CCG	CRE	A19TKT	HWS	A118PBW	CFL
A7FRX	NIG	A12MWN	NIC	A16CLC	CLN	A19WFB	GOL	A118YEP	GTS
A7GGT	ZER	A12RTC	COL	A16EBT	EBC	A19XEL	EXE	A121GSA	SAD
A7GYC	YON	A12TBT	ZBV	A16EYC	EYM	A19YEL	CSY	A125EPA	EST
A7ORJ	ORJ	A12UOD	TBB	A16GOO	THA	A20BNT	BTC	A128NAR	GRL
A7PSV	CVL	A12VTC	VTE	A16GVC	CTR	A20BXN	B&N	A132REO	BBH
A7PTU	MON	A12WLS	SIL	A16HLC	LUC	A20CLC	CLN	A133SMA	JBT
A7WLS	SIL	A12WTN	WOT	A16LKR	LAM	A20EFA	HWD	A134SMA	JOH
A7XCL	MKT	A12XEL	EXE	A16PSN	NEV	A20HBM	CAL	A135SMA	COG
A7XEL	EXE	A12YOU	EMS	A16RNY	SREN	A20HLC	LUC	A135TYG	TYC
A8AAA	ESB	A13BNT	BTC	A16TKF	KFY	A20HOF	D&B	A136GUT	RVY
A8CLN	CLN	A13BST	TJC	A16TVL	DUR	A20HWD	HWD	A136JTA	HIL
A8EYC	EYM	A13BUS	WES	A16UMC	JEA	A20JPT	JDT	A138MRN	CCB
A8HOF	REL	A13EBT	EBC	A16WLS	SIL	A20KHA	HKW	A139MRN	LOB
A8ORJ	ORJ	A13GOO	YON	A16XEL	EXE	A20MWN	NIC	A139SMA	CFL
A8PTU	MON	A13HLC	LUC	A17AVN	AVO	A20RBL	GHA	A141MRN	CHR
A8TKF	KFY	A13JJN	BEW	A17AVT	WGW	A20SOE	STE	A146OFR	HOC
A8TPT	NXD	A13UMC	JEA	A17AWE	EAC	A20UOD	TBB	A147OFR	EST
A8TRA	JUM	A13XEL	EXE	A17BNT	BTC	A20XEL	EXE	A147RMJ	WCK
A8WEJ	EAM	A14BNT	BTC	A17BUS	WES	A22NRO	PUH	A148FPG	ALP
A8WLS	SIL	A14BUS	WES	A17CCG	CRE	A24OVL	QMS	A148UDM	ALP
A8XCL	MKT	A14EBT	EBC	A17CLN	CLN	A38DTV	FIT	A149UDM	ALP
A8YPB	K&J	A14EYC	EYM	A17EBT	EBC	A49VDE	SCH	A152UDM	LOB
A9ALS	HCL	A14FRX	BLD	A17EYC	EYM	A50WVL	KTW	A153HLV	GHA
A9AVN	AVO	A14GPS	PEX	A17HLC	LUC	A54GPR	WST	A153UDM	HOC
A9BKE	STY	A14GTA	HPC	A17HOF	AWC	A54NRY	ROT	A153VDE	SIL
A9CLN	CLN	A14GYC	YON	A17OGE	TRC	A56OTA	B&W	A154HLV	MLN
A9EBT	EBC	A14OFC	VIS	A17PHO	PHO	A61XFW	EMB	A154UDM	NEN
A9EYC	EYM	A14ORJ	ORJ	A17RNY	SREN	A62OJX	GOD	A155HLV	GHA
A9MXE	MAX	A14TKF	KFY	A17SOE	STC	A63FNU	JMS	A156EPA	WLA
A9ORJ	ORJ	A14WLS	SIL	A17TBC	BTL	A64THX	HPT	A156FPG	CSS
A9PTU	MON	A14XEL	EXE	A17TKF	KFY	A65THX	MAS	A159HLV	MLN
A9TRC	TRC	A15BNT	BTC	A17VTC	VTC	A70THX	NEN	A161HLV	EDW
A9UOB	WXC	A15BUS	WES	A17XEL	EXE	A72THX	BIG	A161VDM	LOB
A9XCL	MKT	A15CCG	CRE	A17YEL	CSY	A79ABD	AST	A162VDM	FNW
A10ALS	HCL	A15CLC	CLN	A18AWE	EAC	A84KUM	FCY	A168MNE	PEW
A10AVN	AVO	A15CLN	CLN	A18BNT	BTC	A95KWW	PSW	A169PAE	STY
A10BNT	BTC	A15EBT	EBC	A18CLN	CLN	A98OVG	CHY	A174VFM	SVE
A10CLC	CLN	A15EYC	EYM	A18EFA	APP	A101JVT	STE	A175VFM	SVE
A10EYC	EYM	A15FRX	BLD	A18EYC	EYM	A101SUU	RML	A182XCA	IVG
A10EYD	EYM	A15GHA	GHA	A18HBM	CAL	A101WVP	DCT	A198RUR	MDC
A10GYC	YON	A15GJL	SPT	A18HLC	LUC	A102RGE	LID	A201MFR	SCJ
A10PTU	MON	A15GYC	YON	A18HOF	COM	A102SUU	CAO	A203OKJ	J&B
A10SFC	STT	A15MWN	NIC	A18LKR	LAM	A103FSA	CCB	A203RHT	WOR
A10TBT	HTR	A15NFC	CLN	A18SOE	MAN	A103SUU	LBP	A203RUR	BLY
A10TRC	TRC	A15ORJ	ORJ	A18TBC	BTL	A103WVP	GSR	A204OKJ	HUL
A10XEL	EXE	A15RBL	WJC	A18TKT	GRY	A104KUM	FCY	A205UYS	FNO
A10YPB	K&J	A15TKF	KFY	A18UOD	TBB	A104OUG	MCD	A207JTT	DGB
A11BHX	DHC	A15UNF	SFR	A18XEL	EXE	A105FPL	VIL	A211JDX	DEW
A11GTA	RVY	A15UNX	SFR	A19AWE	EAC	A105RGE	GSA	A221XDS	GEM
A11HOA	EUS	A15WEB	GOL	A19BLB	BTS	A106WVP	BVB	A227LFX	AYR
A11HOU	JOB	A15WEH	HKC	A19BNT	BTC	A107WVP	DCT	A233GHN	GHA
A11WEH	HKC	A15WLS	SIL	A19BUS	WES	A108WVP	VOE	A233MDD	QMS
A11WLS	SIL	A15WTN	WOT	A19EYC	EYM	A109WVP	MTL	A236GHN	ARC
A11XEL	EXE	A15XEL	EXE	A19HWD	HWD	A111TRP	TMH	A237GHN	KJB

A238GHN	BAR	A604TNS	FWE	A703YFS	BLT	A755HPL	EMB	A983NYC	SWC
A243GHN	BTS	A605NYG	TDE	A704LNC	DOB	A755WEV	APL	A983SYF	CSS
A256VYC	SWC	A606UGD	CEL	A704YFS	BLT	A760WVP	CAO	A984SYE	NUV
A283HAY	JBT	A607UGD	BGR	A706HVT	RML	A763WVP	THU	A990XAF	FLA
A286LLS	BRW	A610THV	APP	A706UOE	DCT	A768WVP	MEW	A998SYE	B&W
A287TSN	SGD	A611XKU	WWT	A707DAU	BLT	A769WVP	ABG	A972YSX	SUE
A288ANT	ANT	A613THV	K&J	A707GPR	MVL	A770WVP	CBN	AA0BUS	GUM
A288TSN	SGD	A619BCN	GEC	A707UOE	CAO	A771WVP	KYC	AA02EFA	APP
A295FDL	JBT	A620ATV	THO	A708DAU	BLT	A777RBV	EDT	AA02GHA	GHA
A305MKJ	HMS	A620BCN	NEN	A709DAU	BLT	A788YOX	SCH	AA04GHA	GHA
A309KDD	BTC	A620THV	GRN	A709UOE	LID	A794LCX	WGW	AA05ALS	HCL
A313XHE	ZEO	A620UGD	GRI	A710DAU	BLT	A805RNW	NCH	AA05BLU	BLU
A319GLV	SMP	A622THV	DOB	A710THV	LBL	A809GAL	SKC	AA05DOT	DOT
A323AKU	S&M	A623BCN	BTS	A710YFS	DAV	A813LEL	ZFG	AA05GHA	GHA
A325AKU	LBC	A624YOX	GRL	A714UOE	ZEW	A823SUL	GRN	AA06GHA	GHA
A335GFF	ZEZ	A625DCU	NSC	A715UOE	KYC	A829SUL	EMS	AA07GHA	GHA
A337VHB	CAA	A630BCN	RIC	A715YFS	MAT	A830NTW	A&P	AA08ELL	ELS
A355YOX	SCH	A630WDT	COO	A716ABB	SKC	A830SUL	SUL	AA08GHA	GHA
A357HHG	SCB	A631WDT	COO	A716YFS	MAT	A831SUL	BIG	AA08OXF	OBC
A359TBW	SCH	A634THV	A&P	A717ASJ	KIN	A845SUL	GRN	AA52BUS	GUM
A361HHG	SCB	A638LCN	WOO	A718YFS	MAT	A846SUL	A&H	AA52GHA	GHA
A375BDL	MEW	A638THV	BIG	A719ABB	TYC	A852SUL	BIG	AA53GHA	GHA
A379ROU	PRE	A640BCN	EAS	A719UOE	CBN	A857SUL	NUV	AA55GHA	GHA
A387XTG	ROY	A646BCN	MJG	A719YFS	BLT	A860KFP	TGA	AA56GHA	GHA
A329NNK	ZAV	A646GLD	CEL	A720YFS	BLT	A864SUL	CHD	AA57GHA	GHA
A401WGH	MCA	A646OCX	ALP	A721YFS	BLT	A867MEH	ABI	AA58GHA	GHA
A428VNY	EDW	A648OCX	ALP	A722YFS	MAT	A867SUL	NUV	AAF409T	OAT
A429VNY	EDW	A649OCX	MPT	A723UOE	KYC	A871SUL	WKB	AAG23X	TYC
A447RKH	GLA	A652XTL	2WT	A723YFS	MAT	A883SUL	EMS	AAL456A	KTL
A453TAG	PRY	A654OCX	ALP	A724UOE	CLE	A886SYE	GRN	AAL520A	OGD
A475TBX	FFC	A657HNB	RML	A724YFS	MAT	A889FPM	EMS	AAL522A	QMS
A483MHG	BTC	A661UHY	WWT	A725LNC	RML	A889SYE	SUL	AAX27	CCB
A484YOX	SCH	A663UGD	KSD	A726SDV	THO	A890SYE	SUL	AAX300A	HWD
A499MHG	JST	A672UOE	SPE	A727YFS	WAT	A891SYE	ZBU	AAX590A	VCC
A501EJF	VCC	A675DCN	CET	A728UOE	ZEW	A892SYE	TRH	AAZ1670	LSW
A502EJF	CFL	A681KDV	COG	A729JAY	LCT	A896KCL	THO	AAZ3305	TTA
A504EJF	DAV	A682KDV	GAM	A731HFP	FAC	A900SUL	SWB	AAZ6813	GML
A509EJF	CHR	A682UOE	MTL	A731UOE	ZEW	A901JPR	SRK	AAZ8884	HMC
A511LPP	ROY	A683KDV	AVC	A732UOE	RTL	A905SYE	NUV	AAZ8888	GBU
A514VKG	CSR	A683MWX	ALP	A732YFS	MAT	A908SUL	ABU	AAZ8892	HMC
A516VKG	WIT	A684KDV	GAM	A733UOE	RTL	A908SYE	LBP	AAZ8974	ORC
A517VKG	TOP	A684MWX	TDE	A734YOX	SCH	A914RRN	HWD	AB02ANT	ANT
A530OKH	JBT	A684UOE	DCT	A735NNA	DOB	A919SYE	BIG	AB04BUS	TIV
A531OKH	JBT	A685KDV	CCB	A735WEV	APL	A928SUL	BIG	AB04MTB	MFW
A532OKH	JBT	A685MWX	ALP	A736YFS	HOR	A930JOD	WWT	AB06BUS	FHT
A541HAC	WBH	A687UOE	RTL	A737WEV	APL	A933SYE	HMS	AB07OXF	OBC
A543GFF	ACE	A688UOE	TIG	A737WVP	KYC	A942VMH	BRR	AB52BUS	WHE
A544HAC	GEN	A691ERB	ZBF	A739HFP	JMS	A943SYE	TRH	ABC330K	DEW
A547HAC	GEN	A691OHJ	PCN	A739WVP	RTL	A945SUL	CBS	ABM352A	PRM
A548HAC	GHA	A692UOE	MTL	A740THV	NEN	A946SAE	TRH	ABV669A	CCB
A549HAC	GHA	A695DCN	MTC	A740WVP	DCT	A949SUL	CSR	ABW82X	BTL
A561KWY	AVC	A695HNB	DOB	A742WVP	TOT	A958THW	DAV	ABW186X	STO
A565WAV	HQD	A696DCN	WBR	A744WVP	CAO	A960SYE	MAS	ABW310X	WOT
A573RVW	WIA	A697DDL	JBT	A745THV	A&P	A961SYE	WKB	AC03HGF	MLI
A575NWX	AYO	A698DDL	ALP	A745WEV	ZBM	A963PME	WWT	AC04ALC	ASL
A576NWX	RED	A699UOE	SHA	A747WVP	KYC	A963SYE	ZBU	AC04CLC	CRL
A586RVW	AQT	A700USU	SOO	A748WVP	DCT	A967SYE	A&H	AC05PCC	PCO
A592NWX	SPE	A700XMH	MAN	A749WEV	APL	A967YSX	EDW	AC06PCC	PCO
A602NYG	TDE	A702UOE	KYC	A750NNA	DOB	A969YSX	CAO	AC10BUS	AUT
A603NYG	TDE	A703THV	SWB	A750WEV	APL	A975SYF	ABU	AC52AHC	NAH
A604NYG	TDE	A703UOE	MCO	A751NNA	MCE	A980SYE	ZBU	AC60BBC	BLD

Call	Code	Call	Code	Call	Code	Call	Code	Call	Code
ACA189S	EKR	AE05EFF	RKC	AE06VPR	MUN	AE07KZS	CF	AE09GYU	CF
ACA190S	LEW	AE05EFH	PEY	AE06VPT	MUN	AE07NYR	DCT	AE09GYV	CF
ACA507A	STE	AE05EFJ	NEA	AE06VPU	MUN	AE07NYS	AVO	AE09GYW	CF
ACC629	BIB	AE05EFK	NEA	AE06VPV	MUN	AE07NYT	AVO	AE09GYX	CF
ACC779A	WOO	AE05EUX	TTR	AE06VPW	PEX	AE07NYU	AVO	AE09GYY	CF
ACC937A	GWN	AE05EUY	HOB	AE06VPY	COG	AE07NZC	SWT	AE09GYZ	CF
ACH32A	R&B	AE05EUZ	TTR	AE06VPZ	COG	AE08DJV	TGM	AE09GZA	CF
ACH854Y	TRX	AE05EVB	VTE	AE06WXO	CF	AE08DJX	TGM	AE10BWC	CF
ACH942A	UNI	AE05EVC	HOB	AE06WXP	CF	AE08DJY	TGM	AE10BWD	CF
ACH972A	GRI	AE05EVD	DCT	AE06WXR	CF	AE08DJZ	SWN	AE10BWF	CF
ACL988X	SSM	AE05MZL	VCY	AE06WXS	CF	AE08DKA	NCP	AE10BWG	CF
ACT540L	DEL	AE05MZN	BEL	AE06XRP	SSOU	AE08DKD	NCP	AE10BWH	CF
ACW1R	WIA	AE05OVB	OFJ	AE06XRR	SSOU	AE08DKF	NCP	AE10BWJ	CF
ACX785Y	DGB	AE05OVC	DCT	AE06XRS	SSOU	AE08DKO	AVO	AE10BWK	CF
ACY178A	SML	AE06GZH	CF	AE06XRT	SSOU	AE08DKU	AVO	AE10BWL	CF
ACZ103	SHA	AE06GZJ	CF	AE06XRU	SSOU	AE08DKV	AVO	AE10BWM	CF
ACZ121	LMC	AE06GZK	CF	AE06XRV	SSOU	AE08DKX	TTR	AE10BWN	CF
ACZ7664	M&D	AE06GZL	CF	AE06XSA	SIM	AE08DKY	TTR	AE10BWO	CF
ACZ1066	CAT	AE06GZM	CF	AE06XSB	SIM	AE08DLD	TTR	AE10BWP	CF
ACZ6691	CCW	AE06GZN	CF	AE06YYU	MUL	AE08DLF	SWN	AE10BWU	CF
ACZ6692	GML	AE06GZO	CF	AE06ZBR	REA	AE08EWF	PCC	AE10BWV	CF
ACZ6693	KCC	AE06GZP	CF	AE06ZBT	REA	AE08EWG	PCC	AE10BWW	CF
ACZ6694	BEH	AE06GZR	CF	AE06ZCK	SBU	AE08KTD	WLC	AE10BWX	CF
ACZ7489	CF	AE06GZS	CF	AE07BDZ	AVA	AE08KTF	WLC	AE10BWY	CF
ACZ7490	APB	AE06GZT	CF	AE07DZG	SIM	AE08KTG	WLC	AE10BWZ	CF
ACZ7492	CF	AE06GZU	CF	AE07DZH	SIM	AE08KTK	APS	AE10BXA	CF
ACZ7493	CF	AE06GZV	CF	AE07DZJ	DCT	AE08KUH	NAT	AE10BXB	CF
ACZ7494	CF	AE06GZW	CF	AE07DZK	PEX	AE08NVR	CF	AE10BXC	CF
ACZ7668	CRV	AE06GZX	CF	AE07DZL	WLC	AE08NVS	CF	AE10BXD	CF
ACZ8992	AAC	AE06GZY	CF	AE07DZM	WLC	AE08NVT	CF	AE10BXF	CF
AD02ZTO	VIP	AE06GZZ	CF	AE07DZN	WLC	AE08NVU	CF	AE10BXG	CF
AD03OCT	DEL	AE06HAA	CF	AE07DZO	WLC	AE08NVV	CF	AE10BXH	CF
AD04OCT	DEL	AE06HAO	CF	AE07DZP	DCT	AE09DHG	MEB	AE10BXJ	CF
AD05OCT	DEL	AE06HBO	APS	AE07DZR	DCT	AE09DHJ	MEB	AE10BXK	CF
AD07CXJ	JOH	AE06HBP	APS	AE07DZS	AVO	AE09DHK	MEB	AE10BXL	CF
AD07DBL	DEL	AE06HBU	CBL	AE07DZT	AVO	AE09DHL	MEB	AE10BXM	CF
AD08DBL	DEL	AE06HBX	CBL	AE07DZX	DCT	AE09DHM	MEB	AE10BXN	CF
AD09CCU	FAR	AE06HBZ	NAT	AE07GNX	PCC	AE09DHN	MEB	AE10BXO	CF
AD53CMD	DVT	AE06HCA	GAL	AE07KYS	CF	AE09DHO	MEB	AE10BXP	CF
AD53FYU	WIB	AE06HCC	GAL	AE07KYT	CF	AE09DHP	MEB	AE10BXR	CF
AD53PZA	LLM	AE06HCD	GAL	AE07KYU	CF	AE09DHU	MEB	AE10BXS	CF
AD55DDZ	SMS	AE06HCF	GAL	AE07KYV	CF	AE09DHV	MEB	AE10BXU	CF
AD56DBL	DEL	AE06HCG	GAL	AE07KYW	CF	AE09DJF	SIM	AE10BXV	CF
AD58DBL	DEL	AE06HCH	GAL	AE07KYX	CF	AE09DJJ	SIM	AE10BXW	CF
AD59DBL	DEL	AE06HCJ	GAL	AE07KYY	CF	AE09DJK	APS	AE10BXX	CF
ADV854A	QMS	AE06HCK	GAL	AE07KYZ	CF	AE09DJO	APS	AE10BXY	CF
ADZ4731	CCB	AE06HCL	NAT	AE07KZA	CF	AE09DJU	APS	AE10BXZ	CF
AE04AWZ	LMC	AE06JKN	SFU	AE07KZB	CF	AE09DJV	APS	AE10BYA	CF
AE04FNW	COL	AE06JNF	JKN	AE07KZC	CF	AE09GYC	CF	AE10BYB	CF
AE04FUU	MYA	AE06OPC	APS	AE07KZD	CF	AE09GYD	CF	AE10BYC	CF
AE04FUV	GOD	AE06OPF	APS	AE07KZF	CF	AE09GYF	CF	AE10BYD	CF
AE04PFV	WGW	AE06OPH	DCT	AE07KZG	CF	AE09GYG	CF	AE10BYF	CF
AE04PJU	WA	AE06OPJ	DCT	AE07KZH	CF	AE09GYH	CF	AE10BYG	CF
AE04PJV	WA	AE06OPK	DCT	AE07KZJ	CF	AE09GYJ	CF	AE10BYH	CF
AE04PJY	OFJ	AE06TWN	CF	AE07KZK	CF	AE09GYK	CF	AE10BYJ	CF
AE04PKA	OFJ	AE06TWP	CF	AE07KZL	CF	AE09GYN	CF	AE10BYK	CF
AE04RFF	ZCQ	AE06TWU	CF	AE07KZM	CF	AE09GYO	CF	AE10BYL	CF
AE04WKF	HDG	AE06TWV	EA	AE07KZN	CF	AE09GYP	CF	AE10CSF	CNT
AE04WKK	ZAC	AE06TWX	SWES	AE07KZO	CF	AE09GYR	CF	AE10CSU	GWM
AE05DGU	MON	AE06VPO	MUN	AE07KZP	CF	AE09GYS	CF	AE10CSV	GWM
AE05DHC	MON	AE06VPP	MUN	AE07KZR	CF	AE09GYT	CF	AE10CSX	GWM

AE10CSY	GWM	AE51RZP	CF	AE55EHP	DCT	AE57CMY	DCT	AEZ3801	BLE
AE10CSZ	GWM	AE51RZR	CF	AE55EHR	DCT	AE57CMZ	DCT	AEZ4886	BBU
AE10CTF	GWM	AE51RZS	CF	AE55MVD	VTC	AE57CNA	VTE	AEZ7248	K&J
AE10CTK	GWM	AE51RZT	CF	AE55MVF	NXA	AE57CNC	VTE	AF02RZT	HEB
AE10CTO	CNT	AE51RZU	CF	AE55MVG	NXA	AE57CNF	VTE	AF02RZX	BFT
AE10CUA	WXC	AE51VFU	CF	AE55MVH	NXA	AE57CNJ	VTE	AF03BFL	PHI
AE10CUC	WXC	AE51VFV	CF	AE55MVJ	NXA	AE57CNK	VTE	AF03BJV	WEA
AE10CUG	WXC	AE51VFW	CF	AE55MVK	SIM	AE57CNN	DCT	AF03BVE	RUF
AE10HFA	CF	AE51VFX	CF	AE55MVL	CBN	AE57EGD	NEA	AF04LWK	BUZ
AE10HFB	CF	AE51VJD	CF	AE55NYL	MUL	AE57FAJ	HAL	AF05FPY	KEN
AE10HFC	CF	AE51VKH	ZBD	AE55NYM	MUL	AE57FAK	HAL	AF06MMF	HLS
AE10JSZ	CF	AE53KVO	TGM	AE55NYN	ALE	AE57FAM	HAL	AF07MMM	G&M
AE10JTO	CF	AE53KVZ	MAG	AE55VGD	CBL	AE57FAO	HAL	AF09MMF	EAC
AE10JTU	CF	AE53KWG	MAG	AE55VGK	BUR	AE57FBC	DCT	AF09OXF	OBC
AE10JTV	CF	AE53TZJ	CF	AE55VGL	BUR	AE57FBF	EST	AF10OXF	OBC
AE10JTX	CF	AE53TZK	CF	AE55VGM	DCT	AE57FBG	EST	AF51DXH	LUV
AE10JTY	CF	AE53TZL	CF	AE55VPN	AWD	AE57FBL	APS	AF51JZU	BEE
AE10KFV	GWM	AE53TZM	CF	AE55VPO	CLI	AE57FBN	APS	AF52ORH	CSP
AE10KFW	GWM	AE53ZJK	ANS	AE55WBU	SFU	AE57FBO	APS	AF52VMD	GWH
AE10KFX	GWM	AE53ZKW	MAG	AE55WCK	SFU	AE57FBU	APS	AF53EUV	TTR
AE10KHA	GWM	AE53ZNO	MAG	AE56HCZ	AMV	AE57FBV	APS	AF53EUW	WLC
AE10KHB	WXC	AE54FKZ	LES	AE56HHZ	AMV	AE57LYH	TTR	AF53GCV	NCP
AE10KHC	CNT	AE54GKJ	AYR	AE56HJG	ASM	AE57LYJ	TTR	AF53GCX	CAO
AE10KHD	CNT	AE54JPX	WCG	AE56LUJ	CF	AE57LYK	TTR	AF53GCY	CAO
AE51AOD	BFG	AE54JPY	WCG	AE56LUL	CF	AE57LYO	TTR	AF53GCZ	CAO
AE51KVA	DVR	AE54JRO	DCT	AE56LUO	CF	AE57LYP	TTR	AF53GDA	NCP
AE51RXW	CF	AE54JRU	DCT	AE56LWC	SSOU	AE57LYR	TTR	AF53GDE	NCP
AE51RXX	CF	AE54JRV	DCT	AE56LWD	SSOU	AE57LYS	TTR	AF53GDJ	NCP
AE51RXY	CF	AE54JRX	DCT	AE56LWF	SSOU	AE59AWA	HAL	AF53OXF	OBC
AE51RXZ	CF	AE54JYB	CLS	AE56LWG	SSOU	AE59AWC	HAL	AF55OXF	OBC
AE51RYA	CF	AE54MVW	DCT	AE56LWH	DCT	AE59AWF	HAL	AF56MMF	G&M
AE51RYB	CF	AE54MVX	DCT	AE56LWJ	AVO	AE59AWG	HAL	AF57OXF	OBC
AE51RYC	CF	AE54MVY	DCT	AE56LWK	AVO	AE59AWH	CAO	AF57WHF	SAN
AE51RYD	CF	AE54MWA	DCT	AE56LWL	AVO	AE59AWJ	CAO	AFB597V	SLT
AE51RYF	CF	AE54NUC	VTE	AE56LWN	KYC	AE59AWM	TTR	AFY184X	MAG
AE51RYG	CF	AE54NUF	VTE	AE56MBF	WXC	AE59EHO	GWH	AFZ1181	GBU
AE51RYH	CF	AE54NUH	DCT	AE56MBX	COG	AE59EHP	GWH	AFZ1182	GBU
AE51RYK	CF	AE54PKD	HMI	AE56MBY	COG	AE59EHR	GWH	AFZ1183	GBU
AE51RYN	CF	AE54POH	HIS	AE56MDF	COG	AE60GOP	GWM	AFZ1184	GBU
AE51RYO	CF	AE54PSY	AYR	AE56MDJ	COG	AE60GOU	GWM	AFZ1185	GBU
AE51RYP	CF	AE54PUA	HMI	AE56MDK	COG	AE60GOX	GWM	AFZ1186	GBU
AE51RYR	CF	AE54WDN	TVC	AE56MDO	COG	AE60GPF	GWM	AFZ1187	GBU
AE51RYT	CF	AE55DJU	CF	AE56MDV	BUR	AE60GPJ	GWM	AFZ1188	GBU
AE51RYU	CF	AE55DJX	CF	AE56MDX	BUR	AE60GPK	GWM	AFZ1189	GBU
AE51RYV	CF	AE55DJY	CF	AE56MDY	BUR	AE60GPO	GWM	AFZ1190	GBU
AE51RYW	CF	AE55DJZ	CF	AE56OUD	TTR	AE60GPU	GWM	AFZ1191	GBU
AE51RYX	CF	AE55DKA	CF	AE56OUF	TTR	AE60GPV	GWM	AFZ1192	GBU
AE51RYY	CF	AE55DKD	CF	AE56OUH	GAL	AE60GPX	GWM	AFZ1193	GBU
AE51RYZ	CF	AE55DKF	CF	AE56OUJ	GAL	AE60GPY	GWM	AFZ1194	GBU
AE51RZA	CF	AE55DKJ	CF	AE56OUK	GAL	AE60GPZ	GWM	AFZ1195	GBU
AE51RZB	CF	AE55DKL	CF	AE56OUL	GAL	AE60GRF	CNT	AFZ1196	GBU
AE51RZC	CF	AE55DKN	CF	AE56OUM	GAL	AE60GRK	CNT	AFZ1197	GBU
AE51RZF	CF	AE55DKO	CF	AE56OUN	GAL	AEF221Y	JDT	AFZ1198	GBU
AE51RZG	CF	AE55DKU	CF	AE56OUO	GAL	AEF222Y	PKT	AFZ1362	GBU
AE51RZH	CF	AE55DKV	CF	AE56OUP	GAL	AEF224Y	CFL	AFZ1363	GBU
AE51RZJ	CF	AE55DKX	CF	AE56OUS	GAL	AEF228Y	MCD	AFZ1364	GBU
AE51RZK	CF	AE55EHK	EDW	AE56OUU	KYC	AEF878A	BTL	AFZ1365	GBU
AE51RZL	CF	AE55EHL	HOB	AE56OUV	NAT	AEF991Y	BTL	AFZ1366	GBU
AE51RZM	CF	AE55EHM	REB	AE56SPU	ZBN	AEY365	ORJ	AFZ1367	GBU
AE51RZN	CF	AE55EHN	REB	AE56SPV	ZBN	AEZ1360	EDT	AFZ1368	GBU
AE51RZO	CF	AE55EHN	VTC	AE57CMX	DCT	AEZ1362	SBU	AFZ1369	GBU

Reg	Code	Reg	Code	Reg	Code	Reg	Code	Reg	Code	Reg	Code
AFZ1370	GBU	AIG1452	GLT	AJ58PZP	SWN	ALD968B	LON	AO02RCZ	FG	AO02RCZ	—
AFZ1371	GBU	AIG2563	ZAS	AJ58PZR	SWN	ALD978B	ACH	AO02RDU	FG		
AFZ1372	GBU	AIG2564	ZAS	AJ58PZS	TTR	ALD989D	LBP	AO03LJF	ANG		
AFZ1373	GBU	AIG3010	B&W	AJ58PZT	CF	ALL173Y	LEE	AO05TGJ	BEL		
AFZ1374	GBU	AIG3100	B&W	AJ58PZU	CF	ALM50B	LON	AO06HFW	ZEC		
AFZ1375	GBU	AIG3156	GLT	AJ58PZV	CF	ALM60B	LON	AO08MVH	BEL		
AFZ1376	GBU	AIG4114	GLT	AJ58PZW	CF	ALM65B	EYM	AO08WFM	SAN		
AFZ1377	GBU	AIG4229	TVM	AJ58PZX	CF	ALM71B	LON	AO09POF	SAN		
AFZ1378	GBU	AIG5288	VTC	AJ58PZY	CF	ALM89B	LON	AO10YUK	NCC		
AFZ1379	GBU	AIG5289	VTC	AJ58PZZ	CF	ALZ1359	TTO	AO52FZE	STA		
AFZ1380	GBU	AIG5298	VAL	AJ58RBF	CF	ALZ2441	EUR	AO52FZG	CMB		
AFZ1381	GBU	AIG5334	KAD	AJ58RBO	CF	ALZ2928	HCL	AO55GHN	SWT		
AFZ1382	GBU	AIG6240	D&B	AJ58WAE	SWC	ALZ3258	SOT	AO57BDY	ANG		
AFZ1383	GBU	AIG6242	JRS	AJ58WBD	MEB	ALZ4582	HIS	AO57DFF	GOL		
AFZ1384	GBU	AIG6553	VTC	AJ58WBE	MEB	ALZ4583	GUS	AO57EXA	ANG		
AFZ1385	GBU	AIG6554	VTC	AJ58WBF	MEB	ALZ4587	AYC	AO57EZL	ANG		
AFZ1386	GBU	AIG6633	GLT	AJ58WBG	MEB	ALZ6051	BLK	AO57EZM	ANG		
AFZ1387	GBU	AIG7236	VTC	AJ58WBK	MEB	ALZ6244	WIT	AO57HCC	ANG		
AFZ1388	GBU	AIG7814	CHP	AJ59DZU	JEA	ALZ6247	RSK	AO57HCD	ANG		
AFZ1389	GBU	AIG7821	VTC	AJA132	QMS	ALZ8131	ORC	AO59GSU	NCC		
AFZ1390	GBU	AIG7822	VTC	AJA144B	FWT	ALZ8574	BLK	AO59KXV	NCC		
AFZ1391	GBU	AIG7825	VTC	AJB635	MER	ALZ9219	CMD	AO59KYC	NCC		
AFZ1392	GBU	AIG7942	VTC	AJD959	FEL	AM02NYC	ABK	AO59MZY	NCC		
AFZ1393	GBU	AIG7943	VTC	AJH854T	RNC	AM02PXO	MLI	AP02XOO	NOG		
AFZ1394	GBU	AIG7944	VTC	AJI979	THA	AM05BET	GAM	AP03BUS	ABF		
AFZ1395	GBU	AIG8286	HOP	AJI1870	THA	AM05BUS	GAM	AP03BUZ	ABF		
AFZ1396	GBU	AIG8338	GLT	AJT143T	SRK	AM05GAB	GAM	AP04ALP	ALP		
AFZ1397	GBU	AIG8358	GLT	AJZ2600	ELR	AM05JOS	GAM	AP04BUS	ABF		
AFZ1398	GBU	AIG8900	GLT	AJZ3784	ORC	AML1H	LBP	AP05ALP	ALP		
AFZ1399	GBU	AIG8933	TVM	AJZ6518	ORC	AML30H	EMS	AP06ALP	ALP		
AFZ2394	RWN	AIG9351	WST	AJZ9161	TAP	AML88H	LBP	AP07ALP	ALP		
AFZ3857	RWN	AIG9353	WST	AJZ9202	ZDD	AML581H	IMP	AP09ALP	ALP		
AFZ3859	RWN	AIG9355	WST	AJZ9023	ZEJ	AN02EDN	FDC	AP09BUS	ABF		
AFZ4988	GBU	AIG9384	WST	AJZ9204	HEB	ANA7T	HKC	AP09JWL	NCC		
AFZ5199	GBU	AIG9385	WST	AK02HCL	GWM	ANA161Y	EDW	AP09KZN	NCC		
AFZ5200	GBU	AIG9449	SCT	AK02HCX	GTS	ANA184Y	AAM	AP09KZO	NCC		
AFZ5400	GBU	AIG9708	SCT	AK02HDO	HIS	ANA437Y	DEC	AP10ALP	ALP		
AG03WLH	UNI	AIW257	THO	AK02LPX	C&G	ANA449Y	MGC	AP51ZBV	EDW		
AG51DZT	SWT	AIW6466	ELS	AK02LPY	C&G	ANT856T	ANT	AP52SET	BUZ		
AGI34	UNI	AJ03LXD	HAT	AK02LUY	NEA	ANZ1323	TAP	AP53BUS	ABF		
AGR230W	LSW	AJ05BUS	ANB	AK02TXS	GOL	ANZ1325	TAP	AP58ALP	ALP		
AH07BAN	BAN	AJ07BUS	ANB	AK04KKC	RNE	ANZ3607	SBD	AP59ALP	ALP		
AH09WTL	WHE	AJ09BUS	ANB	AK04KZY	BUZ	ANZ4372	SWC	APF617Y	ANB		
AHC411	SSOU	AJ09OTT	SHA	AK07URW	JOH	ANZ4373	SWC	APM111T	WKB		
AHG334V	CBS	AJ10BUS	ANB	AK09ATK	ATK	ANZ4374	SWC	APM114T	QMS		
AHN455B	QMS	AJ51REP	DEC	AK52LWO	HIS	ANZ8751	SWC	APT42S	APT		
AHW201V	CCB	AJ52ZFN	EFN	AK52LYU	CLI	ANZ8752	SWC	APT818W	ORJ		
AHZ1253	GTR	AJ54AMJ	BLU	AK52LYV	BTC	ANZ8798	RWN	APT834S	QMS		
AHZ1257	BAK	AJ55BUS	ANB	AL03ACK	ACB	AO02LVC	ANG	AR02HCR	HAR		
AHZ1258	REE	AJ58PZB	PER	AL03ASH	ASL	AO02LVD	KCH	AR03JKX	BEL		
AHZ1259	SPC	AJ58PZC	PER	AL04ASH	ASL	AO02LVE	KCH	ARB133T	ALE		
AHZ2048	CPE	AJ58PZD	PER	AL05ASH	ASL	AO02ODM	FEX	ARL495	GRL		
AHZ2251	MGR	AJ58PZE	PER	AL06ASH	ASL	AO02ODN	FEX	ARP608X	S&M		
AHZ2363	EUR	AJ58PZF	VTE	AL06DGE	LOD	AO02RBX	FEX	ARP610X	COO		
AHZ5609	MGR	AJ58PZG	VTE	AL08ASH	ASL	AO02RBY	FEX	ARP619X	BOR		
AHZ8280	KTM	AJ58PZH	HAL	AL08DGE	LOD	AO02RBZ	FG	AS07COM	ZDO		
AHZ9360	TRD	AJ58PZK	HAL	ALD871B	ZCU	AO02RCF	FG	AS07JDS	DMC		
AIA1120	A1A	AJ58PZL	HAL	ALD913B	FLN	AO02RCU	FG	AS07PBS	BUD		
AIA9000	A1A	AJ58PZM	HAL	ALD933B	LON	AO02RCV	FG	AS09JDS	DMC		
AIG1346	GLT	AJ58PZN	SWN	ALD936B	LBP	AO02RCX	FG	AS60JDS	DMC		
AIG1450	GLT	AJ58PZO	SWN	ALD941B	LON	AO02RCY	FG	ASG585W	BRC		

Code		Code		Code		Code		Code	
ASV237	HWD	AU05MUY	FEC	AU53KSO	NOG	AV03NXT	SWT	AY06BZM	GWY
ASV257	GHA	AU05MVA	FEC	AU54ENY	ANG	AV05SZC	GCA	AY06CPX	GWY
ASV395	AUD	AU06BOV	BLT	AU54EOA	ANG	AV07GWA	GOL	AY06CPZ	GWY
ASV440	CRL	AU06BPE	BLT	AU55DYO	COM	AV08AVA	AVA	AY06CRF	UKP
ASV764	MOC	AU06BPF	BLT	AU58AKK	ANG	AV08YHY	BEL	AY06FSG	GWY
AT02BOT	BOU	AU06BPK	BLT	AU58AKN	ANG	AV08YHZ	BEL	AY07CUA	CAR
AT02CJT	W&D	AU06BPO	BLT	AU58AUV	ANG	AV51AVA	WET	AY07CUC	GWY
AT04LCT	BEL	AU07AFO	VTC	AU58ECA	FEC	AV51PYD	STA	AY08CRU	GWY
AT05EBT	EBC	AU07AFV	VTC	AU58ECC	FEC	AV52GHZ	FSR	AY08EKT	CAR
AT05LCT	ZAI	AU07DXS	FEC	AU58ECD	FEC	AVJ600V	ROM	AY09BWM	GWY
AT06LCT	P&E	AU07DXT	FEC	AU58ECE	FEC	AVK139V	HCO	AY09BYC	GWY
AT08LCT	LCT	AU07DXV	FEC	AU58ECF	FEC	AVK155V	KOA	AY09BYZ	GWY
AT09LCT	LCT	AU07DXW	FEC	AU58ECJ	FEC	AW59DJW	WCH	AY09DHG	GWY
AT10LCT	LCT	AU07DXX	FEC	AU58ECN	FEC	AX02RXJ	SWT	AY51EFG	FSR
AT54LCT	ZDS	AU07KMK	ANG	AU58ECT	FEC	AX04XJY	OFJ	AY51EWV	MUL
AT55CJT	TUR	AU07KMM	ANG	AU58ECV	FEC	AX05JBU	SSH	AY51FCD	BLK
AT57LCT	HLS	AU08DKL	ANG	AU58ECW	FEC	AX06BOJ	GOL	AY52BUS	RCN
AT58LCT	LCT	AU08DKN	ANG	AU58ECX	FEC	AX07EUV	GOL	AY53EEX	GWY
AT2472	ALA	AU08DXF	GWY	AU58ECY	FEC	AXI282	GBU	AY53GHZ	IRB
ATK154W	CCB	AU08DZP	GWY	AU58ECZ	FEC	AXI283	GBU	AY53HLO	GWY
ATV24Y	MPC	AU08GLY	ANG	AU58EDC	FEC	AXI287	GBU	AY54FPZ	BUR
AU03HWS	NEV	AU08VTF	BOW	AU58EDF	FEC	AXI290	GBU	AY54FRC	BUR
AU04BZT	JJT	AU53GWC	HVB	AU58EDJ	FEC	AXI294	GBU	AY54WOU	WAR
AU04BZV	JJT	AU53HJJ	FEC	AU58EDK	FEC	AXI295	GBU	AY55DFZ	PSW
AU04JKN	ANG	AU53HJK	FEC	AU58FFH	FEC	AXI296	GBU	AY55DGE	MUL
AU05DME	FEC	AU53HJN	FEC	AU58FFJ	FEC	AXI297	GBU	AY55DGV	GWY
AU05DMF	FEC	AU53HJO	FEC	AU58FFK	FEC	AXI298	GBU	AY55DKA	BUR
AU05DMO	FEC	AU53HJV	FEC	AU58FFL	FEC	AXI299	GBU	AY56BJK	SCC
AU05DMV	FEC	AU53HJX	FEC	AU58FFM	FEC	AXI311	GBU	AY56BJO	SCC
AU05DMX	FEC	AU53HJY	FEC	AU58FFN	FEC	AXI312	GBU	AY56BJU	SCC
AU05DMY	FEC	AU53HJZ	FEC	AU58FFO	FEC	AXI313	GBU	AY56EZM	AWD
AU05DMZ	FEC	AU53HKA	FEC	AU58FFP	FEC	AXI314	GBU	AY56EZO	AWD
AU05FKB	NCC	AU53HKB	FEC	AU58FFR	FEC	AXI315	GBU	AY56FVP	FEL
AU05FKC	NCC	AU53HKC	FEC	AU58FFS	FEC	AXI316	GBU	AY57EZR	GWY
AU05FKD	NCC	AU53HKD	FEC	AU58FFT	FEC	AXI317	GBU	AY57EZS	GWY
AU05FKE	NCC	AU53HKE	FEC	AU58FFV	FEC	AXI318	GBU	AY58CYJ	CAR
AU05FKF	NCC	AU53HKF	FEC	AU58FFW	FEC	AXI319	GBU	AY59AUT	TUE
AU05FKG	NCC	AU53HKG	FEC	AU59XSR	NCC	AY03BUS	FEL	AY60BDV	CAR
AU05FKH	NCC	AU53HKH	FEC	AUB170J	HCT	AY04HHJ	CLC	AY91	GIR
AU05MUO	FEC	AU53HKJ	FEC	AUD460R	EMB	AY04HHK	CLC	AYA199	VTE
AU05MUP	FEC	AU53HKK	FEC	AUP371W	EST	AY05KVF	GWY	AYG849S	ORJ
AU05MUV	FEC	AU53HKL	FEC	AV02KYJ	MUL	AY05WRA	GWY	AYG941H	CCB
AU05MUW	FEC	AU53HKM	FEC	AV03FUN	ROM				

B

Code		Code		Code		Code		Code	
B1AVY	THA	B3BHX	CLA	B4CWR	REI	B5YST	D&E	B7OJC	JAC
B1BUS	JST	B3BUS	P&K	B4HCR	HAR	B6CWR	REI	B7OVA	JTR
B1CLN	CLN	B3CEC	ZAV	B4TJW	HFX	B6EBT	EBC	B7YST	D&E
B1JYM	JST	B3HCR	HAR	B4VOL	KOA	B6FWS	STT	B81WUV	K&J
B1YST	D&E	B3LFF	BFT	B4WFB	GOL	B6HCR	HAR	B8AWE	EAC
B2BHX	CLA	B3TGW	HFX	B5BHX	CLA	B6OVA	JTR	B8BST	MCW
B2EBT	EBC	B3TVT	WSC	B5EBT	EBC	B6PRE	KSD	B8CWR	REI
B2HCR	HAR	B3VOL	KOA	B5FWS	STT	B6TGW	HFX	B8JBT	JBT
B2LKR	LAM	B3WDT	FAS	B5GBD	RBC	B6WER	BCO	B8NEO	CHD
B2TGW	HFX	B3WFB	GOL	B5HCR	HAR	B6WFB	GOL	B8OVA	SAZ
B2TVT	WSC	B3YST	D&E	B5TGW	HFX	B6YST	D&E	B8WTN	WOT
B2WFB	GOL	B4AGY	BAG	B5VOL	KOA	B7AWE	EAC	B8YST	D&E
B2YPB	K&J	B4BHX	CLA	B5WDT	FAS	B7BVD	HAD	B9AWE	EAC
B2YST	D&E	B4CEC	CEC	B5WER	BCO	B7FTR	FYO	B9BST	CHH

B9DKC	RWY	B11WTN	WOT	B16TYG	JST	B100CCS	JOB	B187BLG	CFL
B9NCB	NCB	B12ABT	ABO	B17DWA	ALG	B100WUL	ABU	B190BLG	CFL
B9OVA	JTR	B12BGR	EAR	B17HTL	HEY	B100XTW	MEW	B192BLG	RNC
B9PRE	ALA	B12CWR	REI	B17JVA	JVA	B101UAT	DOB	B192CGA	WIP
B9SBP	BBU	B12DFT	DFT	B17NCB	NCB	B102KPF	RML	B193BLG	RNC
B9TJW	HFX	B12DWA	ALG	B17OJC	JAC	B103KPF	VCC	B194BLG	AXE
B9YST	D&E	B12ERB	ERB	B17PTL	PCN	B107UAT	ROI	B194CGA	ONE
B10AFM	ERB	B12FWS	STT	B17TGW	HFX	B108CCS	WCM	B196WUL	HJC
B10AXL	WKN	B12GEC	GEC	B17TJW	HFX	B108HAO	KYC	B197DTU	ALP
B10BST	DHC	B12GOO	SHT	B17WGS	WGS	B109KPF	RML	B198DTU	AAR
B10COA	ATW	B12HTL	HEY	B17YST	D&E	B110GRR	SBA	B198WUL	SUN
B10CWR	REI	B12JCT	HOW	B18AVN	EST	B110SJA	CLT	B200DTU	FNW
B10ESC	TJC	B12KJT	K&J	B18DWA	ALG	B112WUV	NUV	B200WUL	LBP
B10FWS	STT	B12NCB	NCB	B18JVA	JVA	B113WUV	LLC	B201EFM	ACH
B10HTL	HEY	B12PRE	BUZ	B18KJT	K&J	B114SJA	JJT	B203DTU	REB
B10JCT	JOH	B12PTL	PCN	B18NCB	NCB	B115MSO	CCB	B203EFM	LOB
B10JYM	JST	B12RFL	EUT	B18TCL	TAP	B118TVU	EST	B203WUL	HJC
B10LCH	PLY	B12RRT	ROB	B18TJW	HFX	B118WUV	FIS	B204KNV	BOW
B10MBC	BUT	B12TCL	TAP	B18WGS	WGS	B120UUD	JAC	B204WUL	HPC
B10MBD	GRE	B12TMD	TDR	B19AVN	AVO	B121ORU	MAG	B208FFS	SHB
B10MFC	MAS	B12VOL	MCE	B19DWA	ALG	B124BOO	TMA	B217WUL	HJC
B10MGR	EAR	B12WGS	WGS	B19GOO	THA	B124UUD	CFL	B219WUL	S&M
B10MHC	PCW	B12YST	D&E	B19JVA	JVA	B124WUV	WKB	B220WEU	NIC
B10MKC	GRE	B13CWR	REI	B19KJT	K&J	B125WUV	AUT	B221WUL	SWB
B10MKF	ALA	B13DWA	ALG	B19TJW	HFX	B132CGG	HAO	B221YUH	TRC
B10MNC	PCW	B13HTL	HEY	B19WCS	AYR	B134BBV	TEL	B222VHW	AST
B10MPT	GFS	B13KJT	K&J	B19WDT	FAS	B134GAU	DEW	B222YUH	TDE
B10MSC	ALA	B13TCL	TAP	B20DMS	BIG	B135GAU	TMA	B223YUH	TRC
B10MSE	ALA	B13WGS	WGS	B20DWA	ALG	B135WNB	SRK	B224WEU	BTC
B10MTC	TRX	B13YST	D&E	B20GOO	FCL	B136ACK	YEL	B224YUH	TDE
B10MTT	HWD	B14BUS	BIG	B20PRE	BUZ	B137GAU	THO	B227WUL	SUN
B10MVO	CLK	B14CBC	CBW	B20TJW	HFX	B137KNV	AST	B238ANK	MCS
B10MWA	SFU	B14CWR	REI	B20WGS	WGS	B137WNB	LOB	B241WUL	TOP
B10MWC	GRE	B14DWA	ALG	B21AUS	EBL	B138GAU	DEW	B248NVN	ZBM
B10NCB	NCB	B14ERB	ERB	B21DWA	ALG	B140GAU	AMB	B249NVN	SLE
B10OVV	CAL	B14HTL	HEY	B28ETX	KSD	B143GAU	EDW	B250WUL	2WT
B10PRE	WIB	B14JVA	JVA	B29BMC	EMS	B144RWY	HCT	B251JNL	AST
B10PSV	SWSC	B14JYM	KSD	B35PJA	LOB	B145GSC	WJC	B251NVN	TDE
B10PTL	PCN	B14NCB	NCB	B43KAL	MAR	B147ALG	CCO	B252CVX	KOA
B10SBP	FIT	B14PCH	DPC	B44HAM	HMS	B148TRN	GHA	B252JNL	AST
B10SEM	WTR	B14TJW	HFX	B45DNY	CET	B149CHE	BEE	B252WUL	SUP
B10SOE	STE	B14WGS	WGS	B48DWE	EST	B149EDP	RRB	B254WUL	MAL
B10STX	STX	B14YST	D&E	B53PJA	LOB	B149TRN	AAR	B257YBX	AAR
B10TJW	HFX	B15BUS	BIG	B58WUL	SUN	B151TRN	KJB	B263WUL	FAL
B10TMT	GRN	B15CWR	REI	B67PJA	SRK	B152ALG	HUL	B269LPH	JJT
B10VOL	KOA	B15DWA	ALG	B67WUL	ABU	B152TRN	SRK	B269WUL	SUP
B10WFB	GOL	B15HTL	HEY	B69WUL	SUL	B153TRN	ALP	B272WUL	ABU
B10WGS	WGS	B15JVA	JVA	B74PJA	ZBX	B154TRN	ALP	B275LPH	IMP
B10WTN	WOT	B15KCT	KCO	B76SFO	YAR	B155TRN	ALP	B280WUL	ELR
B10YPB	K&J	B15NCB	NCB	B79WUV	WCM	B156YFJ	HRD	B285KPF	EMM
B10YST	D&E	B15PTL	PCN	B81EGG	TRX	B157FWJ	MCE	B287WUL	HPC
B11BWT	HOW	B15STA	CBW	B82PJA	MCE	B157WRN	JHE	B289AMG	BTC
B11DWA	ALG	B15TJW	HFX	B83WUV	SWSC	B162WUL	HJC	B293KPF	LOB
B11FWS	STT	B15WGS	WGS	B85SWX	THO	B175VDV	PCB	B294WUL	SUN
B11HTL	HEY	B15YST	D&E	B86SJA	BTS	B176VDV	PCB	B298AMG	ZFG
B11JCT	WA	B16SCJ	SCJ	B91SWX	TDE	B182FFS	APT	B301KVO	IRB
B11JYM	QMS	B16BSS	BIG	B92SWX	K&D	B183BLG	MPT	B302KVO	IRB
B11LCR	CRE	B16CTL	LFT	B92WUV	K&J	B183FFS	MCO	B303KVO	IRB
B11NCB	NCB	B16HTL	HEY	B94PLU	GCT	B184FFS	MCO	B304KVO	IRB
B11PSV	FRC	B16JCT	ATF	B96WUV	TOW	B185FFS	MCO	B305KVO	IRB
B11TJW	HFX	B16TGW	HFX	B98WUV	SUL	B185WUL	ZAT	B305WUL	HJC

B306KVO	A&P	B674EVW	ABI	B851KRY	HCO	BAG592S	BAG	BCZ1639	GBU
B307KVO	IRB	B685BTW	HET	B852OSB	MCO	BAG622S	BAG	BCZ1640	GBU
B321CGG	WJC	B693BPU	ZBM	B853AOP	MCO	BAG708S	BAG	BCZ1641	GBU
B322EWA	GRA	B701AKM	LLC	B858AOP	MCO	BAG914S	BAG	BCZ1642	GBU
B328LSA	CRI	B714HVO	REB	B862DOM	RTL	BAR103X	EMB	BCZ1643	GBU
B331LSA	WJC	B718LAL	PLM	B863DOM	HWC	BAS563	QMS	BCZ1644	GBU
B339AMH	ZBJ	B734GCN	MUS	B864XYR	A&P	BAZ7053	PRY	BCZ1645	GBU
B342GRM	K&J	B735GCN	JBT	B865DOM	CAO	BAZ1929	ORC	BCZ1646	GBU
B355GWJ	BBU	B736GCN	JBT	B867DOM	MCO	BAZ2561	ASY	BCZ1647	BCB
B357UCW	ALW	B737GCN	CSC	B868DOM	RTL	BAZ2562	ASY	BCZ1648	BCB
B358UCW	GPX	B737GSC	TDE	B869DOM	TOT	BAZ2564	ASY	BCZ1649	GBU
B359LOY	IMP	B738GCN	JBT	B870DOM	THU	BAZ6170	BAK	BCZ1650	GBU
B360AVS	ROY	B738GSC	TDE	B870XYR	A&P	BAZ6851	CAS	BCZ1651	BCB
B360LSO	TRC	B739GCN	HEY	B871DOM	ABG	BAZ7326	SDEV	BCZ1652	BCB
B364UBV	BLT	B739GSC	TDE	B871XYR	A&P	BAZ7379	EMB	BCZ1653	GBU
B387UEX	MUL	B740GCN	ZAS	B872XYR	A&P	BAZ7386	RKT	BCZ1654	GBU
B393OSB	LCT	B741GCN	JBT	B876DOM	RTL	BAZ7912	GLC	BCZ1655	GBU
B400UOD	NCH	B741GSC	TDE	B877DOM	MTL	BAZ7916	JJT	BCZ1656	GBU
B401UOD	NCH	B742GCN	JBT	B883YTC	SGD	BAZ7918	GLC	BCZ1657	GBU
B405CMC	SCH	B744GCN	JBT	B884DOM	MCO	BAZ8287	AND	BCZ1659	GBU
B417CVH	HCO	B746GCN	ZAS	B885DOM	MEW	BB05ALS	HCL	BCZ1660	GBU
B424RNA	MOC	B746GSC	TDE	B885TPS	LAV	BB05BLU	BLU	BCZ2001	GBU
B459WHJ	VCC	B747GSC	TDE	B890AJX	EDW	BB05DOT	DOT	BCZ2762	BCB
B489UNB	PRY	B748GSC	TDE	B891OEC	SBA	BB07OXF	OBC	BCZ2763	BCB
B494UNB	FIT	B750GSC	TDE	B891YTC	BOD	BB08OXF	OBC	BCZ2764	BCB
B496MFS	MOA	B751GSC	TDE	B893UAS	ABF	BB58MTB	BCS	BCZ2765	GBU
B498JDL	DGB	B754GSC	TDE	B894UAS	GOP	BBM47A	SLE	BCZ2766	GBU
B500MPY	MEW	B755GSC	TDE	B899RSH	LID	BBW213Y	CHR	BCZ2767	BCB
B501UNB	MBT	B756GSC	TDE	B899UAS	ABF	BBW216Y	CFL	BCZ2768	GBU
B503FFW	JBT	B757GSC	TDE	B910ODU	ALP	BBW218Y	HED	BCZ2769	GBU
B515UWW	K&D	B758GSC	PWW	B911ODU	ALP	BC04AUJ	PRT	BCZ2770	GBU
B516UWW	JBT	B759GSC	PWW	B912NBF	ANG	BC04NBC	STR	BCZ2771	BCB
B517UWW	TDE	B761GSC	ELR	B912ODU	FRC	BC05JHL	EDW	BCZ2772	BCB
B521UWW	K&D	B762GSC	MAT	B920TVR	DOB	BC05JHU	APS	BCZ2773	BCB
B522HAM	HMS	B763GSC	LFT	B936YTC	VCC	BC05JHV	EDW	BCZ2774	GBU
B522UWW	KJB	B774AOC	MCO	B942GWJ	MAS	BC05NBC	WRB	BCZ2775	GBU
B524UWW	KJB	B776AOC	GHW	B948ASU	KEN	BC06BWC	BWC	BCZ2776	GBU
B530BML	MAX	B777AOC	MCO	B953GWJ	MAS	BC06EBC	BSK	BCZ2777	GBU
B532SAJ	LLC	B781AOC	TOT	B961ODU	GHA	BC07BAN	BAN	BCZ2778	GBU
B533WAT	JBT	B785AOC	RTL	B962WRN	S&M	BC07BBC	BLD	BCZ2780	GBU
B534WAT	JBT	B787AOC	ABG	B964WRN	JDT	BC07JAB	BKS	BCZ2781	BCB
B535BML	WKB	B789AOC	RTL	B965YTC	MRS	BC07TAF	TVC	BCZ2782	BCB
B535WAT	JBT	B791AOC	RTL	B966WRN	GHA	BC08BBC	BLD	BCZ2783	BCB
B542HAM	HMS	B792MGV	GRL	B967WRN	TRH	BC08EBC	BSK	BCZ2784	GBU
B549WVG	PES	B798AOP	KYC	B977HNT	GSF	BC09BEL	BEL	BCZ2785	BCB
B554ATX	WIA	B803AOP	AWT	B995YTC	YCT	BC09EBC	BSK	BCZ2786	BCB
B555ATX	WIA	B804ETG	AWC	B998YKJ	DUR	BC10BEL	BEL	BCZ2787	GBU
B556ATX	TRH	B806AOP	MCO	B999CUS	EMS	BC10HJB	BKS	BCZ2788	BCB
B557ATX	DAV	B808KHH	GRI	BA04GHA	GHA	BC51BBC	BLD	BCZ2789	BCB
B566HRM	MER	B809AOP	HPC	BA05GHA	GHA	BC56TAF	TVC	BCZ2790	BCB
B568AHD	WAT	B813MWV	VAW	BA06GHA	GHA	BC57DMB	BKS	BCZ2791	BCB
B575DRS	ORC	B819AOP	ABG	BA07GHA	GHA	BC57TAF	TVC	BCZ2792	BCB
B588NJF	SCC	B821AOP	ZBG	BA08GHA	GHA	BCA126W	HWD	BCZ2793	BCB
B588XNO	TAW	B822GPT	LLC	BA52GHA	GHA	BCJ710B	ALP	BCZ2794	BCB
B605LSO	VCC	B831WWY	ELR	BA56GHA	GHA	BCZ1631	GBU	BCZ2795	BCB
B620CKG	SIT	B836AOP	SHA	BA58GHA	GHA	BCZ1632	GBU	BCZ2796	BCB
B621UFK	BYS	B840AOP	GHW	BAG537S	BAG	BCZ1633	GBU	BCZ2797	BCB
B625DWF	NUV	B841BDV	EUS	BAG547S	BAG	BCZ1634	BCB	BCZ2798	BCB
B660CET	CLT	B842AOP	HWC	BAG562S	BAG	BCZ1635	GBU	BCZ2799	BCB
B661CET	MOX	B848AOP	MCO	BAG563S	BAG	BCZ1636	GBU	BCZ2800	BCB
B662CET	ALP	B849AOP	ABG	BAG564S	BAG	BCZ1637	GBU	BCZ2801	GBU
B674CBD	TAR	B851AOP	VOE	BAG565S	BAG	BCZ1638	GBU	BCZ2802	BCB

BCZ2803	GBU	BD51YCR	TDL	BEZ9757	MKT	BF52SYX	CLE	BFZ8454	GBU
BCZ2804	BCB	BD51YCS	TDL	BF03HOF	HWC	BF52SYY	CLE	BFZ8455	GBU
BCZ2805	BCB	BD51YCT	TDL	BF09OXF	OBC	BF53OXF	OBC	BFZ8456	GBU
BCZ2806	BCB	BD52HKE	RUF	BF10LSO	FLN	BF55OXF	OBC	BFZ8457	GBU
BD02HDL	CIC	BD52HKN	PCN	BF10LSU	FLN	BF56UAX	SLF	BFZ8458	GBU
BD02HDO	CLE	BD52HLE	RUF	BF10LSV	FLN	BF56UAY	SLF	BFZ8459	GBU
BD02HMJ	R&R	BD52HLG	RUF	BF10LSX	FLN	BF56UAZ	SLF	BFZ8460	GBU
BD02HNV	R&R	BD52HMC	HAC	BF10LSY	FLN	BF56UBG	SLF	BFZ8461	GBU
BD03YEF	GVW	BD52LMO	GAL	BF10LSZ	FLN	BF57OXF	OBC	BFZ8462	GBU
BD04XVU	SAP	BD52LMU	GAL	BF10LTA	FLN	BF58UEV	CLL	BFZ8463	GBU
BD08DZM	BMC	BD52LMV	GAL	BF10LTE	FLN	BF59NHJ	GAL	BFZ8464	GBU
BD08DZN	PEX	BD52LMX	GAL	BF10LTJ	FLN	BF59NHT	TWC	BFZ8465	GBU
BD08DZO	PEX	BD52LMY	GAL	BF10OXF	OBC	BF59NHU	CSG	BFZ8466	GBU
BD08DZP	PEX	BD52LNA	GAL	BF10UMF	NCC	BF59NHV	UNO	BFZ8467	GBU
BD08DZR	PEX	BD52LNC	GAL	BF10VBX	EPS	BF59NHX	UNO	BFZ8468	GBU
BD08DZS	PEX	BD52LNE	GAL	BF10VBY	EPS	BF59NHY	UNO	BFZ8469	GBU
BD08DZT	PEX	BD52LNF	GAL	BF10VCA	SHE	BF59NHZ	UNO	BFZ8470	GBU
BD08DZU	PEX	BD52LNG	GAL	BF10VCC	SHE	BF59NJE	UNO	BFZ8471	GBU
BD08DZV	CLL	BD52LNO	GAL	BF10VCD	SHE	BF59NJJ	UNO	BFZ8472	GBU
BD08DZW	PCN	BD52LNP	GAL	BF10VCE	SHE	BF59NJK	UNO	BFZ8473	GBU
BD08DZX	HOM	BD52LNR	GAL	BF10VCG	SHE	BF59NJN	UNO	BFZ8474	GBU
BD08GLD	BAD	BD52LNT	GAL	BF10VCJ	SHE	BF59NJO	UNO	BFZ8475	GBU
BD09GOH	GAL	BD52LNU	GAL	BF10VCK	SHE	BF60UTZ	FLN	BFZ8476	GBU
BD09GOJ	GAL	BD53AVC	R&R	BF10VCL	SHE	BF60UUA	FLN	BFZ8477	GBU
BD09GOK	GAL	BD55PVZ	WCO	BF10VCM	SHE	BF60UUB	FLN	BFZ8478	GBU
BD09GOP	GAL	BD57WCY	GAL	BF10VCN	SHE	BF60UUC	FLN	BFZ8479	GBU
BD09GOU	GAL	BD57WCZ	GAL	BF10VCO	SHE	BF60UUD	FLN	BFZ8480	GBU
BD09GOX	GAL	BD57WDA	GAL	BF10VCP	SHE	BF60UUE	FLN	BFZ8481	GBU
BD09GPE	GAL	BD57WDC	GAL	BF10VCT	SHE	BF60UUG	FLN	BFZ8482	GBU
BD09GPF	GAL	BD57WDE	GAL	BF10VCU	SHE	BF60UUH	FLN	BFZ8483	GBU
BD09GPJ	GAL	BD57WDG	STT	BF10VCV	SHE	BF60UUJ	FLN	BFZ8484	GBU
BD09ZPR	GAL	BD57WDK	GAL	BF10VCW	SHE	BF60UUK	FLN	BFZ8486	GBU
BD09ZPS	GAL	BD57WDL	GAL	BF10VCX	SHE	BF60UUL	FLN	BFZ8487	GBU
BD09ZPT	GAL	BD57WDM	GAL	BF10VCY	SHE	BF60UUM	FLN	BFZ8488	GBU
BD09ZPU	GAL	BD57WDN	GAL	BF10VCZ	SHE	BF60UUN	FLN	BFZ8489	GBU
BD09ZPV	GAL	BD57WDP	GAL	BF10VDA	SHE	BF60UUO	FLN	BFZ8490	GBU
BD09ZPW	GAL	BD57WDR	GAL	BF52ACU	PEY	BF60UUR	FLN	BFZ8491	GBU
BD09ZPX	GAL	BD57WDS	GAL	BF52KHX	CSP	BF60UVJ	BLT	BFZ8492	GBU
BD09ZPY	GAL	BD57WDT	GAL	BF52KJX	ATB	BF60UVK	BLT	BG08VWT	MFF
BD09ZPZ	GAL	BDN111V	BDY	BF52NZM	ARM	BF60UVL	BLT	BG09JJK	GAL
BD09ZRA	GAL	BDN114V	JSS	BF52NZN	ARM	BF60UVM	BLT	BG09JJL	GAL
BD09ZRC	GAL	BDY389	RAM	BF52NZO	ARM	BF60UVN	BLT	BG09JJO	STR
BD09ZRE	GAL	BDZ5198	SPE	BF52NZP	ARM	BF60UVO	BLT	BG09JJU	GAL
BD09ZRF	GAL	BE10LLE	BEL	BF52NZR	ARM	BF60UVP	BLT	BG09JJV	GAL
BD09ZRG	GAL	BED729C	WBT	BF52NZS	ARM	BF60UVR	BLT	BG09JJX	GAL
BD09ZRJ	GAL	BEO731V	PTC	BF52NZT	ARM	BF60UVS	BLT	BG09JJY	GAL
BD09ZRK	GAL	BEP967V	CCB	BF52NZU	ARM	BFH622Y	GMY	BG09JJZ	GAL
BD09ZVT	GAL	BEP975V	GRI	BF52NZV	ARM	BFX569T	CCB	BG09JKE	GAL
BD09ZVU	GAL	BEZ3135	REY	BF52NZW	ARM	BFX666T	W&D	BG09JKF	GAL
BD09ZVV	GAL	BEZ3139	REY	BF52NZX	ARM	BFZ3130	GBU	BG09JKJ	GAL
BD09ZVW	GAL	BEZ7230	WGW	BF52NZY	ARM	BFZ3131	GBU	BG10WCO	BOW
BD09ZVX	GAL	BEZ7262	CED	BF52NZZ	ARM	BFZ3132	GBU	BG10WCP	BOW
BD09ZVY	GAL	BEZ8966	BCB	BF52OAA	ARM	BFZ5180	GBU	BG10WVD	FLN
BD09ZVZ	GAL	BEZ8967	BCB	BF52OAB	ARM	BFZ8402	DAB	BG10WVE	FLN
BD09ZWA	GAL	BEZ8968	BCB	BF52OAC	ARM	BFZ8446	GBU	BG10WVF	FLN
BD09ZWB	GAL	BEZ8969	BCB	BF52OAD	ARM	BFZ8447	GBU	BG10WVG	FLN
BD09ZWC	GAL	BEZ8970	BCB	BF52OAE	ARM	BFZ8448	GBU	BG10WVH	FLN
BD09ZWE	GAL	BEZ8971	BCB	BF52OAG	ARM	BFZ8449	GBU	BG10WVJ	FLN
BD09ZWF	GAL	BEZ8972	BCB	BF52OAH	R&R	BFZ8450	GBU	BG10WVK	FLN
BD09ZWG	GAL	BEZ8973	BCB	BF52OAJ	R&R	BFZ8451	GBU	BG10WVL	FLN
BD09ZWH	GAL	BEZ8974	BCB	BF52OHX	ZDC	BFZ8452	GBU	BG10WVM	FLN
BD51XYM	DHC	BEZ8975	BCB	BF52SYV	CLE	BFZ8453	GBU	BG10WVY	FLN

BG10WVZ	FLN	BHZ1255	FIT	BIG7048	WOT	BIL 1878	CHT	BJ03EVX	TWM
BG10WWA	FLN	BHZ1256	FIT	BIG7558	REY	BIL4419	NIB	BJ03EVY	TWM
BG10WWB	FLN	BHZ1257	FIT	BIG7635	MAS	BIL4539	NIB	BJ03EWA	TWM
BG10WWC	FLN	BHZ1260	EDW	BIG7662	SBD	BIL4710	NIB	BJ03EWB	TWM
BG10WWD	FLN	BHZ1262	RRT	BIG7754	BUG	BIL6538	NIB	BJ03EWC	TWM
BG10WWE	FLN	BHZ6988	HBL	BIG7756	REY	BIL9406	NIB	BJ03EWD	TWM
BG10WWF	FLN	BHZ8675	D&G	BIG7763	BUG	BJ02AWY	BEC	BJ03EWE	TWM
BG10WWG	FLN	BHZ8804	BBE	BIG8080	OCT	BJ02FYC	CHU	BJ03EWF	TWM
BG10WWH	FLN	BHZ8809	SAH	BIG8385	SMS	BJ03ESN	TWM	BJ03EWG	TWM
BG10WWJ	FLN	BHZ9543	SREN	BIG8728	GOD	BJ03ESU	TWM	BJ03EWH	TWM
BG10WWK	FLN	BHZ9544	MPT	BIG8730	HMI	BJ03ESV	TWM	BJ03EWK	TWM
BG10WWL	FLN	BHZ9546	SREN	BIG8739	HMI	BJ03ESY	TWM	BJ03EWL	TWM
BG10WWM	FLN	BHZ9548	SREN	BIG8743	HMI	BJ03ETA	TWM	BJ03EWM	TWM
BG10WWN	FLN	BHZ9549	SREN	BIG8744	HMI	BJ03ETD	TWM	BJ03EWN	TWM
BG10WWO	FLN	BHZ9619	ACE	BIG8745	HMI	BJ03ETE	TWM	BJ03EWP	TWM
BG10WWP	FLN	BHZ9620	ZBD	BIG8746	HMI	BJ03ETF	TWM	BJ03EWR	TWM
BG10WWR	FLN	BIB728	BIB	BIG8748	HMI	BJ03ETK	TWM	BJ03EWS	TWM
BG10WWS	FLN	BIB1186	BIB	BIG8749	HMI	BJ03ETL	TWM	BJ03EWT	TWM
BG10WWT	FLN	BIB3994	BIB	BIG8750	HMI	BJ03ETR	TWM	BJ03EWU	TWM
BG10WWU	FLN	BIB4843	BIB	BIG8751	HMI	BJ03ETT	TWM	BJ03EWV	TWM
BG10WWX	FLN	BIB4844	BIB	BIG8752	HMI	BJ03ETU	TWM	BJ03EWW	TWM
BG54MKU	STA	BIB5428	BIB	BIG8753	HMI	BJ03ETV	TWM	BJ03EWX	TWM
BG55SMO	ASM	BIB5491	BIB	BIG8754	HMI	BJ03ETX	TWM	BJ03EWY	TWM
BG57ZGJ	FHD	BIB5740	BIB	BIG8756	HMI	BJ03ETY	TWM	BJ03EWZ	TWM
BG58OLO	LOD	BIB6413	BIB	BIG8757	HMI	BJ03ETZ	TWM	BJ03EXA	TWM
BG58OLP	KCL	BIB7667	BIB	BIG8775	HMI	BJ03EUA	TWM	BJ03EXB	TWM
BG58OLR	FYO	BIB7670	BIB	BIG8776	HMI	BJ03EUB	TWM	BJ03EXC	TWM
BG58OLT	FYO	BIB8443	BIB	BIG8781	REY	BJ03EUC	TWM	BJ03EXD	TWM
BG58OLU	FYO	BIB9842	BIB	BIG8794	HMI	BJ03EUD	TWM	BJ03EXE	TWM
BG58OLV	FYO	BIG2094	MAG	BIG8835	AUD	BJ03EUE	TWM	BJ03EXF	TWM
BG58OLX	FYO	BIG2095	MAG	BIG9206	MAS	BJ03EUF	TWM	BJ03EXG	TWM
BG58OMA	FYO	BIG2114	SWB	BIG9304	BUG	BJ03EUH	TWM	BJ03EXH	TWM
BG58OMB	FYO	BIG2115	SWB	BIG9307	BUG	BJ03EUK	TWM	BJ03EXK	TWM
BG58OMC	FYO	BIG2625	WOT	BIG9672	BUG	BJ03EUL	TWM	BJ03EXL	TWM
BG58OMD	FYO	BIG2698	BUG	BIG9679	BUG	BJ03EUM	TWM	BJ03EXM	TWM
BG58OME	FYO	BIG2908	PKS	BIG9705	HOP	BJ03EUN	TWM	BJ03EXN	TWM
BG58OMF	FYO	BIG2970	AAT	BIG9781	RSR	BJ03EUP	TWM	BJ03EXP	TWM
BG58OMH	FYO	BIG3127	SCI	BIG9782	RSR	BJ03EUR	TWM	BJ03EXR	TWM
BG58OMJ	FYO	BIG3135	MGC	BIG9783	RSR	BJ03EUT	TWM	BJ03JFX	COC
BG58OMK	FYO	BIG3137	PLM	BIG9784	RSR	BJ03EUU	TWM	BJ03JGF	YAR
BG58OML	FYO	BIG3734	J&C	BIG9803	HGI	BJ03EUV	TWM	BJ03JHH	ZCS
BG58XLM	HLC	BIG4127	STW	BIG9827	AUD	BJ03EUW	TWM	BJ03JHU	HZU
BG59FCU	ATS	BIG4269	WOT	BIG9828	AUD	BJ03EUX	TWM	BJ03JHV	HZU
BG59FCV	ATS	BIG4297	ZEH	BIG9829	AUD	BJ03EUY	TWM	BJ03JHY	GEH
BG59FCX	ATS	BIG4662	LES	BIG9831	AUD	BJ03EUZ	TWM	BJ03OUA	VTC
BG59FCY	ATS	BIG4667	MOC	BIG9832	AUD	BJ03EVB	TWM	BJ03OUC	ALX
BG59FCZ	ATS	BIG4668	MOC	BIG9833	AUD	BJ03EVC	TWM	BJ03OUF	GSN
BG59FXA	FLN	BIG5013	GBC	BIG9834	AUD	BJ03EVD	TWM	BJ07XHP	TJC
BG59FXB	FLN	BIG5149	CNT	BIG9836	REY	BJ03EVF	TWM	BJ08KNF	SWA
BG59FXC	FLN	BIG5941	CRV	BIG9853	REY	BJ03EVG	TWM	BJ08KNG	SWA
BG59FXD	FLN	BIG5942	CRV	BIG9854	REY	BJ03EVH	TWM	BJ08KNH	SWA
BG59FXE	FLN	BIG5977	AUD	BIG9864	BUG	BJ03EVK	TWM	BJ08KNK	SWA
BG59FXF	FLN	BIG6049	ZEH	BIG9865	BUG	BJ03EVL	TWM	BJ08KNL	SWA
BG59FXH	FLN	BIG6153	ARC	BIG9866	BUG	BJ03EVM	TWM	BJ08KNM	TAL
BG59FYB	W&D	BIG6506	MAS	BIG9867	BUG	BJ03EVN	TWM	BJ10VGA	FGC
BG59FYF	TWM	BIG6620	REY	BIG9868	BUG	BJ03EVP	TWM	BJ10VGC	FGC
BGR684W	MMS	BIG6682	BUG	BIG9869	BUG	BJ03EVR	TWM	BJ10VGD	FGC
BH02APH	AIP	BIG6694	BUG	BIG9871	WJC	BJ03EVT	TWM	BJ10VGE	FGC
BH53HAY	HOM	BIG6885	MUL	BIG9883	AUD	BJ03EVU	TWM	BJ10VGF	FGC
BHF291A	HWD	BIG7013	STW	BIG9965	BUG	BJ03EVV	TWM	BJ10VGG	FGC
BHZ122	SHA	BIG7041	HOW	BIL1878	TVM	BJ03EVW	TWM	BJ10VTV	PIT

Callsign	Code	Callsign	Code	Callsign	Code	Callsign	Code	Callsign	Code
BJ10VUN	GON	BK09LVA	CCP	BK09LUJ	SHE	BL53EEV	TWM	BN04WKH	CTM
BJ10VUO	GON	BK09LVB	ARV	BK09LUL	SHE	BL53EEW	TWM	BN08HNM	ADT
BJ10VUP	GON	BK09LVC	ARV	BK09LUO	SHE	BL53EEX	TWM	BN08HNO	ADT
BJ10VUR	GON	BK09RLV	DCS	BK09LUP	SHE	BL53EEY	TWM	BN08HNT	ADT
BJ10VUS	GON	BK09RLX	DCS	BK09LUR	SHE	BL53EEZ	TWM	BN08HNU	ADT
BJ10VUT	GON	BK09RLY	DCS	BK09LUT	SHE	BL53EFA	TWM	BN08OBV	ELL
BJ10VUU	GON	BK09RLZ	DCS	BK09LUW	SHE	BL53EFB	TWM	BN08OOC	CIC
BJ10VUV	GON	BK09WTA	RAW	BK09LUY	SHE	BL53EFC	TWM	BN08OOD	CIC
BJ10VUW	GON	BK09WTC	CLL	BK09LUZ	SHE	BL53NFU	R&R	BN08OOE	CIC
BJ54RHX	ASM	BK10EHT	NXA	BK09RMO	SHE	BL53NFV	R&R	BN08OOF	CIC
BJ54UAN	A2B	BK10EHU	NXA	BK09RMU	SHE	BL53NFX	R&R	BN08OOG	CIC
BJ54ZDP	ASM	BK10EHV	NXA	BK09RMV	SHE	BL53NFY	R&R	BN08OOW	MOS
BJ59CWM	SAJ	BK10EHW	NXA	BK09RMX	SHE	BL53NFZ	R&R	BN08ZFO	CLN
BJ59OHY	RWR	BK10EHX	NXA	BK09RMY	SHE	BL53NGE	R&R	BN08ZFP	EAC
BJ59OHZ	RWR	BK10EHY	NXA	BK09RMZ	SHE	BL53NGF	R&R	BN08ZFR	ZCH
BJ59OJE	RWR	BK10EHZ	NXA	BK09RNA	SHE	BL53NGJ	R&R	BN09FXA	SHE
BJ59OJH	RWR	BK10EJA	SHE	BK09RNE	SHE	BL53NGN	R&R	BN09FXB	SHE
BJG671V	CCB	BK10EJC	SHE	BK09RNF	SHE	BL53NGO	R&R	BN09FXC	SHE
BJI6863	MAT	BK10EJD	SHE	BK09RNJ	SHE	BL53NGU	R&R	BN09FXD	SHE
BJV103L	CCB	BK10EJE	SHE	BKE859T	CCB	BL53NGV	R&R	BN09FXE	SHE
BJV590	BAS	BK10EJF	SHE	BKE861T	EMB	BL53NGX	R&R	BN09FXF	SHE
BJZ1383	ORC	BK10EJG	SHE	BKO447Y	S&B	BL53NGY	R&R	BN09FXG	SHE
BJZ6602	HQD	BK10EJJ	SHE	BL02XJU	HWC	BL53NGZ	R&R	BN09FXH	SHE
BJZ6751	ALP	BK10EJL	SHE	BL02XYH	WXC	BL53NHC	R&R	BN09FXJ	SHE
BJZ6752	ALP	BK10EJN	SHE	BL02YYN	R&R	BL53NHD	R&R	BN09FXK	SHE
BJZ7808	JGB	BK10EJO	SHE	BL02ZPX	CTC	BL53NHE	R&R	BN09FXL	TBB
BK08XYD	CIC	BK10EJU	NXA	BL03MVT	ALE	BL53NHF	R&R	BN09FWV	TBB
BK03YRJ	VIP	BK10EJV	NXA	BL03MWA	ALE	BL53NHG	R&R	BN09FWW	TBB
BK03ZNA	R&R	BK10EJX	NXA	BL05AOL	ALE	BL53NHH	R&R	BN09FWX	TBB
BK03ZNB	R&R	BK10EJY	NXA	BL06NDD	OMK	BL53NHJ	R&R	BN09FWY	TBB
BK03ZNC	R&R	BK10EJZ	NXA	BL07WTL	WHE	BL53NHK	R&R	BN09FWZ	TBB
BK03ZNE	R&R	BK10MEV	FLN	BL52ODK	GAL	BL53NHM	R&R	BN10LZB	NCC
BK03ZNF	R&R	BK10MFA	FLN	BL52ODM	GAL	BL53NHN	R&R	BN10TFJ	NCC
BK03ZNG	R&R	BK10MFE	FLN	BL52ODN	GAL	BL53NHO	R&R	BN52BZD	R&R
BK03ZNH	R&R	BK10MFF	FLN	BL52ODP	GAL	BL53NHP	R&R	BN52BZF	R&R
BK03ZNN	R&R	BK10MFJ	FLN	BL52ODR	GAL	BL53WTL	WAL	BN52GVU	GAL
BK03ZNP	R&R	BK10MFN	FLN	BL52ODT	GAL	BL57OXJ	GAL	BN52GWC	GAL
BK03ZNR	R&R	BK10MFO	FLN	BL52ODU	GAL	BL57OXK	GAL	BN52GWD	GAL
BK03ZNU	R&R	BK10MFP	PER	BL52ODV	GAL	BL57OXM	GAL	BN52GWE	GAL
BK03ZNV	R&R	BK10MFU	VTE	BL53EDF	TWM	BL57OXN	GAL	BN55UTB	ZEQ
BK03ZNX	R&R	BK10MFV	VTE	BL53EDJ	TWM	BL57OXP	GAL	BN58AHU	RWR
BK03ZNY	R&R	BK10MFX	VTE	BL53EDK	TWM	BLZ589	WHI	BN58AHV	RWR
BK03ZNZ	R&R	BK10MFY	VTE	BL53EDO	TWM	BLZ1423	SEMS	BN58AHX	RWR
BK03ZPC	R&R	BK10MFZ	FLN	BL53EDP	TWM	BLZ1424	SEMS	BN58AHY	RWR
BK03ZPD	R&R	BK10MGE	SWSC	BL53EDR	TWM	BLZ7473	AON	BN58AHZ	RWR
BK03ZPE	R&R	BK10MGV	FWE	BL53EDU	TWM	BLZ8262	KYC	BN58AJU	RWR
BK03ZPG	R&R	BK10MVL	BEN	BL53EDV	TWM	BLZ8455	DVR	BN58AJV	RWR
BK03ZPH	R&R	BK10MVM	BEN	BL53EDX	TWM	BLZ8546	ALE	BN58AJY	RWR
BK03ZPJ	R&R	BK10MVN	BEN	BL53EEA	TWM	BLZ8547	ALE	BN58AKF	RWR
BK03ZPM	R&R	BK10MVO	BEN	BL53EEB	TWM	BLZ8582	A&B	BN58AKG	RWR
BK03ZPP	R&R	BK58URD	ZCH	BL53EEF	TWM	BM10WSM	MIT	BN58AKJ	EUT
BK03ZPR	R&R	BK58URE	ZCH	BL53EEG	TWM	BMA523W	ORJ	BN58BJJ	UNO
BK03ZPS	R&R	BK58URF	HLS	BL53EEH	TWM	BMA524W	SIC	BN58BJK	UNO
BK03ZPW	R&R	BK58URG	ZCH	BL53EEJ	TWM	BMC2T	D&B	BN58BJO	UNO
BK08NAO	WCO	BK58URH	ZCH	BL53EEM	TWM	BMN58V	IOM	BN58BJV	TWC
BK08NJO	EDW	BK58URL	ATS	BL53EEN	TWM	BMN62V	GAM	BN58BJX	REI
BK08NJU	EDW	BK58URT	EPS	BL53EEO	TWM	BMN67M	IOM	BN58BKA	WET
BK08XYE	CIC	BK58URV	BMC	BL53EEP	TWM	BMR205V	B&W	BN58BKD	CLL
BK08XYF	CIC	BK58URW	BMC	BL53EER	TWM	BN02EDN	FDC	BN58BKE	SSV
BK08XYG	CIC	BK58URZ	BMC	BL53EET	TWM	BN02FMM	EXL	BN58HJZ	LEW
BK08XYH	CIC	BK09LUH	SHE	BL53EEU	TWM	BN02LLZ	BEC		

Reg	Code	Reg	Code	Reg	Code	Reg	Code	Reg	Code
BNC344Y	ROY	BSV216	STU	BU03SXK	HAD	BU04EZD	GRD	BU05HFP	TWM
BNG444Y	CHY	BT02CJT	W&D	BU03UHM	CRC	BU04EZE	CIC	BU05HFR	TWM
BNK324A	CBS	BT04BUS	GAL	BU03ZXE	ASM	BU04EZF	FBE	BU05HFS	TWM
BNZ3466	HET	BT05BJT	SOK	BU03ZXN	ASM	BU04EZG	FBE	BU05HFT	VIP
BNZ3505	TAP	BT05EBT	EBC	BU03ZXV	ASM	BU04EZJ	BEL	BU05HFV	ABS
BNZ5795	CRA	BT06BJT	BRI	BU03ZYN	SNW	BU04EZK	GAL	BU05HFW	ABS
BNZ5797	CRA	BT08BJT	BRI	BU04BHX	TWM	BU04EZZ	POC	BU05HFY	VIP
BNZ5798	CRA	BT08LCT	LCT	BU04BHY	TWM	BU04FAJ	REY	BU05HFZ	VIP
BNZ5829	CRA	BT09LCT	LCT	BU04BHZ	TWM	BU04GVD	R&R	BU05KUO	ZEO
BNZ5830	CRA	BT10LCT	LCT	BU04BJE	TWM	BU04LZE	R&R	BU05SYF	KIM
BNZ5831	CRA	BT55CJT	TUR	BU04BJF	TWM	BU04NMJ	HAC	BU05VFD	ALN
BNZ6517	CHP	BT57LCT	LCT	BU04BJJ	TWM	BU04UTF	MLI	BU05VFE	ALN
BNZ9817	BLK	BU02BKV	TDE	BU04BJK	TWM	BU04UTM	GAL	BU05VFF	ALN
BOK1V	VCC	BU02FMG	R&R	BU04BJV	TWM	BU04UTP	COG	BU05VFG	ALN
BOO910X	ROT	BU02FMJ	R&R	BU04BJX	TWM	BU04UTR	CLE	BU05VFH	ALN
BOW169	CCB	BU02FMK	R&R	BU04BJZ	TWM	BU04UTS	CLE	BU05VFJ	ALN
BP07ALP	ALP	BU02FML	R&R	BU04BKA	TWM	BU04WFL	TBB	BU06CRZ	ZCW
BP08WNC	PEX	BU02FMM	R&R	BU04BKD	TWM	BU04XZD	R&R	BU06CSF	EPS
BP08WND	PEX	BU02FMO	R&R	BU04BKE	TWM	BU04XZE	R&R	BU06CSO	EPS
BP08WNE	PEX	BU02FMV	R&R	BU04BKF	TWM	BU04XZF	R&R	BU06CSX	DAC
BP08WNF	PEX	BU02FMX	R&R	BU04BKG	TWM	BU04XZG	R&R	BU06CTE	GUM
BP08WNG	PEX	BU02FMY	R&R	BU04BKJ	TWM	BU04XZH	R&R	BU06CTY	SSV
BP08WNH	PEX	BU02FMZ	R&R	BU04BKK	TWM	BU04XZJ	R&R	BU06CTZ	ELL
BP08WNJ	PEX	BU02FNA	R&R	BU04BKL	TWM	BU04XZK	R&R	BU06CUA	ZER
BP08WNL	PEX	BU02FNC	R&R	BU04BKN	TWM	BU04XZP	R&R	BU06CUC	KCL
BP08WNM	PEX	BU02FND	R&R	BU04BKV	TWM	BU04XZR	R&R	BU06CUH	SAB
BP09ONE	W&D	BU02FNE	R&R	BU04BKX	TWM	BU04XZT	R&R	BU06CUJ	CRK
BP51HDD	TWM	BU02FNF	R&R	BU04BKZ	TWM	BU04XZV	R&R	BU06CUK	PRO
BP51HDE	TWM	BU02FNH	R&R	BU04BLF	TWM	BU04XZW	R&R	BU06CUO	WBU
BP51HDF	TWM	BU02FNJ	R&R	BU04BLJ	TWM	BU04ZYT	HOR	BU06CUV	WBU
BP51HDG	TWM	BU02FNX	R&R	BU04BLK	TWM	BU05CAE	DEN	BU06CUW	CHU
BP51HDH	TWM	BU02FNY	R&R	BU04BLN	TWM	BU05DVL	RSS	BU06CUY	CHU
BP51HDJ	TWM	BU02FWV	VOE	BU04BLV	TWM	BU05DVM	RSS	BU06CVC	ALX
BP51HDK	TWM	BU02URX	ARM	BU04BLX	TWM	BU05DVN	RSS	BU06CVD	PCO
BP51HDL	TWM	BU02URY	ARM	BU04BLZ	TWM	BU05DWD	RSS	BU06CVE	PCO
BP51HDO	TWM	BU02URZ	ARM	BU04BMZ	TWM	BU05EEO	BRY	BU06CWR	TWM
BP54WYH	BCM	BU02USB	ARM	BU04CAA	FNW	BU05EEP	BRY	BU06CWT	TWM
BP57UYE	GAL	BU02USC	ARM	BU04CAV	CMH	BU05EER	BRY	BU06CWV	TWM
BP57UYF	GAL	BU02WVD	RPC	BU04CAX	YCT	BU05EGD	WAV	BU06CWW	TWM
BP57UYG	GAL	BU03HPV	ARM	BU04CBX	TBA	BU05EHB	D&B	BU06CWX	TWM
BP57UYH	GAL	BU03HPX	ARM	BU04CCF	GSA	BU05EKO	VIP	BU06CWY	TWM
BP57UYJ	GAL	BU03HPY	ARM	BU04EKC	SOO	BU05ENT	ASM	BU06CWZ	TWM
BP57UYK	GAL	BU03HPZ	ARM	BU04ENC	GSA	BU05EWE	END	BU06CXA	TWM
BP57UYL	GAL	BU03HRA	ARM	BU04ENH	EMH	BU05EYO	DEN	BU06CXB	TWM
BPJ77H	RSL	BU03HRC	ARM	BU04EXT	EPS	BU05HDX	HYT	BU06CXC	TWM
BR02HCR	HAR	BU03HRD	ARM	BU04EXV	EPS	BU05HDY	ABS	BU06CXD	TWM
BR09WNS	BSK	BU03HRE	ARM	BU04EXW	EPS	BU05HEJ	ABS	BU06CXE	TWM
BRZ1012	CTT	BU03HRF	ARM	BU04EXX	EPS	BU05HEV	TWM	BU06CXG	TWM
BRZ1066	EOH	BU03HRG	ARM	BU04EYH	ZBX	BU05HFA	ABS	BU06CXH	TWM
BRZ2979	CLC	BU03HRJ	ARM	BU04EYM	MAN	BU05HFB	ABS	BU06CXJ	TWM
BRZ5530	CLC	BU03HRK	ARM	BU04EYP	DAR	BU05HFC	ABS	BU06CXK	TWM
BS07JDS	DMC	BU03HRL	ARM	BU04EYR	RWR	BU05HFD	ABS	BU06CXL	TWM
BS09JDS	DMC	BU03LXV	COG	BU04EYS	RWR	BU05HFE	TWM	BU06CXM	TWM
BS56PBS	BUD	BU03LXW	COG	BU04EYT	RWR	BU05HFF	TWM	BU06HSD	ATS
BS60JDS	DMC	BU03LXX	W&D	BU04EYW	ATF	BU05HFH	TWM	BU06HSE	ATS
BS8362	WMC	BU03LYF	SBU	BU04EYX	STA	BU05HFJ	TWM	BU06HSF	ATS
BSJ931T	KOA	BU03LYP	REG	BU04EYY	WID	BU05HFK	ABS	BU06HSG	ATS
BSK756	BBD	BU03LYS	CLL	BU04EYZ	DHA	BU05HFL	TWM	BU06HSJ	ATS
BSK790	MFW	BU03LYW	HLS	BU04EZA	CIC	BU05HFM	VIP	BU06HSK	ATS
BSK887	BKB	BU03RTX	EYM	BU04EZB	CIC	BU05HFN	BEK	BU06HSL	ATS
BSU76	CLC	BU03SXJ	DUD	BU04EZC	CIC	BU05HFO	TWM	BU06HSN	ATS

Reg	Code	Reg	Code	Reg	Code	Reg	Code	Reg	Code
BU06HSO	ATS	BU08ANV	CNT	BU51RVC	TWM	BU53AXC	SBA	BU53ZWZ	WGH
BU06HSV	GUM	BU08BGF	LCL	BU51RVE	TWM	BU53AXH	TVS	BU54AJP	ABF
BU06HSY	HOM	BU08CGG	EXE	BU51RVF	TWM	BU53AXJ	SBG	BU54ALL	WTR
BU06HUH	FTC	BU08DAO	GWM	BU51RVJ	TWM	BU53AXK	CRN	BU54MCL	MPH
BU06LNC	NOG	BU08DBO	GWM	BU51RVK	TWM	BU53AXM	CRN	BU54PJY	ZDS
BU07FVR	AMV	BU08DBV	GWM	BU51RVL	TWM	BU53AXN	NEX	BU54PKF	AAR
BU07FVT	AMV	BU08DBX	GWM	BU51RVM	TWM	BU53AXO	NEX	BU54PLT	FOU
BU07KXE	BAW	BU08DCE	GWM	BU51RVN	TWM	BU53AXP	NEX	BU54RBT	R&B
BU07KXF	BAW	BU08DCF	GWM	BU51RVO	TWM	BU53AXR	NEX	BU54SRO	VIP
BU07KXG	BAW	BU08DCO	GWM	BU51RVP	TWM	BU53AXT	NEX	BU54WYA	PAR
BU07KXH	BAW	BU08DCX	GWM	BU51RVR	TWM	BU53AXV	NEX	BU55AFC	EDW
BU07KXJ	BAW	BU08DHO	GWM	BU51RVT	TWM	BU53AYB	BEN	BU55WRU	EDW
BU07KXK	BAW	BU08DHP	GWM	BU51RVV	TWM	BU53DEC	D&E	BU56DEC	D&E
BU07KXL	BAW	BU08DYB	TWM	BU51RVW	TWM	BU53DJS	JHR	BU56MCL	MPH
BU07KXM	BAW	BU08EHZ	TWM	BU51RVX	TWM	BU53MCL	MPH	BU56OOD	FFC
BU07KXN	BAW	BU08EJF	SLF	BU51RVY	TWM	BU53MZJ	R&R	BU57HAM	HMS
BU07KXO	BAW	BU08EJG	SLF	BU51RVZ	TWM	BU53PNE	EST	BU57RCL	RNC
BU07KXP	BAW	BU08MTE	GWM	BU51RWE	TWM	BU53PNF	VIP	BU58DEC	D&E
BU07KXR	BAW	BU08VZZ	BSK	BU51RWF	TWM	BU53PNJ	PCN	BU58MCL	MPH
BU07KXS	BAW	BU51AYC	WHE	BU51RWJ	TWM	BU53PNK	ACT	BUF425C	PKS
BU07KXT	BAW	BU51AYH	MET	BU51RWK	TWM	BU53PNL	PCN	BUH238V	CCB
BU07KXV	BAW	BU51AYL	MCD	BU51RWL	TWM	BU53PNN	PCN	BUI1484	BUL
BU07KXW	BAW	BU51AYM	EUT	BU51RWN	TWM	BU53PNO	EST	BUI1610	BUL
BU07KXX	BAW	BU51DEC	D&E	BU51RWO	TWM	BU53PNV	ACT	BUI1675	BUL
BU07KXY	BAW	BU51DEW	DEW	BU51RWV	TWM	BU53POV	ZAC	BUI2782	ZCW
BU07KXZ	BAW	BU51EMF	DVT	BU51RWW	TWM	BU53RBT	R&B	BUI5220	SVC
BU07KYB	BAW	BU51FWZ	ABG	BU51RWX	TWM	BU53REG	REG	BUR438T	QMS
BU07KYC	BAW	BU51FXE	COG	BU51RWY	TWM	BU53UMC	TWM	BUS1N	JST
BU07KYE	BAW	BU51FXF	GRD	BU51RWZ	TWM	BU53UMD	TWM	BUS1S	JST
BU07KYG	BAW	BU51KWJ	ARM	BU51RXB	TWM	BU53UME	TWM	BUS1T	JST
BU07KYJ	BAW	BU51KWK	ARM	BU51RXC	TWM	BU53UMF	TWM	BUS51T	JST
BU07KYK	BAW	BU51KWL	ARM	BU51RXD	TWM	BU53UMG	TWM	BUT2B	BBS
BU07KYN	BAW	BU51KWM	ARM	BU51RXG	TWM	BU53UMH	TWM	BV02WJF	CHP
BU07KYO	BAW	BU51KWN	ARM	BU51RXH	TWM	BU53UMJ	TWM	BV04AFA	LID
BU07KYP	BAW	BU51MCL	MPH	BU51RXJ	TWM	BU53UMK	TWM	BV04CRK	R&R
BU07KYS	BAW	BU51MKL	ZCR	BU51RXK	TWM	BU53UML	TWM	BV04CZJ	HOR
BU07KYT	BAW	BU51OUR	SVD	BU51RXM	TWM	BU53UMM	TWM	BV04VGF	CVL
BU07KYV	BAW	BU51REG	BUR	BU51RXN	TWM	BU53UMR	TWM	BV05WBJ	STA
BU07KYW	BAW	BU51RRO	TWM	BU51RXO	TWM	BU53UMT	TWM	BV05WDJ	YAR
BU07KYX	BAW	BU51RRV	TWM	BU51RXP	TWM	BU53UMV	TWM	BV05WDT	YAR
BU07KYY	BAW	BU51RRX	TWM	BU51RXR	TWM	BU53UMW	TWM	BV05WJM	SWT
BU07KYZ	BAW	BU51RRY	TWM	BU51RXS	TWM	BU53UMX	TWM	BV06JNZ	BBC
BU07KZA	BAW	BU51RRZ	TWM	BU51RXT	TWM	BU53UMY	TWM	BV07FXX	THA
BU07KZB	BAW	BU51RSO	TWM	BU51RXV	TWM	BU53UMZ	TWM	BV08ZWC	GUM
BU07LGO	TWM	BU51RSV	TWM	BU51RXW	TWM	BU53UNB	TWM	BV08ZWF	WCO
BU07LGV	TWM	BU51RSX	TWM	BU51RXX	TWM	BU53UNE	TWM	BV08ZWG	GUM
BU07LGW	TWM	BU51RSY	TWM	BU51RXZ	TWM	BU53UNF	TWM	BV08ZWJ	WCO
BU07LGX	TWM	BU51RSZ	TWM	BU51RYA	TWM	BU53UNG	TWM	BV08ZWK	WCO
BU07LGY	TWM	BU51RTO	TWM	BU51RYB	TWM	BU53UNH	TWM	BV08ZWN	HAB
BU07LGZ	TWM	BU51RTV	TWM	BU51RYD	TWM	BU53UNJ	TWM	BV08ZWP	GUM
BU07LHA	TWM	BU51RTX	TWM	BU51RYF	TWM	BU53UNK	TWM	BV08ZWO	WCO
BU07LHB	TWM	BU51RTZ	TWM	BU51RYG	TWM	BU53UNL	TWM	BV08ZWS	SWA
BU07LHC	TWM	BU51RUA	TWM	BU52ELY	DEW	BU53UNM	TWM	BV08ZWT	WCO
BU07LHD	TWM	BU51RUC	TWM	BU52LAS	MLI	BU53UNN	TWM	BV08ZWU	STA
BU07RVR	NEF	BU51RUH	TWM	BU52LEE	JST	BU53UNP	TWM	BV10WVN	FLN
BU07RVT	NEF	BU51RUJ	TWM	BU52MCL	MPH	BU53UNR	TWM	BV10WVO	FLN
BU07RYY	WAS	BU51RUO	TWM	BU53AWP	WXC	BU53WCO	HIS	BV10WVP	FLN
BU08ACV	CAR	BU51RUR	TWM	BU53AWR	WXC	BU53ZWK	CHC	BV10WVR	FLN
BU08ACY	BEW	BU51RUV	TWM	BU53AWV	ALX	BU53ZWN	EPS	BV10WVS	FLN
BU08ACZ	STP	BU51RUW	TWM	BU53AWZ	WGH	BU53ZWP	EPS	BV10WVT	FLN
BU08ADX	BEW	BU51RVA	TWM	BU53AXB	CAR	BU53ZWR	EPS	BV10WVU	FLN

BV10WVW	FLN	BV52OCA	TWM	BV57VGR	PIT	BV57XHJ	TWM	BV58MKE	CCP
BV10WVX	FLN	BV52OCB	TWM	BV57VGU	GPT	BV57XHK	TWM	BV58MKF	LJL
BV10ZJU	CNT	BV52OCC	TWM	BV57VHD	WET	BV57XHL	TWM	BV58MKG	SWA
BV10ZKA	CLL	BV52OCD	TWM	BV57VHE	UNO	BV57XHM	TWM	BV58MKJ	SWA
BV10ZKB	CLL	BV52OCE	TWM	BV57VHF	UNO	BV57XHN	TWM	BV58MKK	SWA
BV10ZKC	CLL	BV52OCF	TWM	BV57VHG	UNO	BV57XHO	TWM	BV58MKL	SWA
BV10ZKD	CLL	BV52OCG	TWM	BV57VHH	UNO	BV57XHP	TWM	BV58MKM	SWA
BV10ZKE	CLL	BV52OCH	TWM	BV57VHJ	UNO	BV57XHR	TWM	BV58MKO	ATS
BV10ZKF	CLL	BV52OCJ	TWM	BV57XFB	TWM	BV57XHS	TWM	BV58MKP	ATS
BV10ZKG	CLL	BV52OCK	TWM	BV57XFC	TWM	BV57XHT	TWM	BV58MLE	ATS
BV10ZKH	CLL	BV52OCL	TWM	BV57XFD	TWM	BV57XHU	TWM	BV58MLF	ATS
BV10ZKJ	CLL	BV52OCM	TWM	BV57XFE	TWM	BV57XHW	TWM	BV58MLJ	ATS
BV10ZKK	CLL	BV52OCN	TWM	BV57XFF	TWM	BV57XHX	TWM	BV58MLK	ATS
BV10ZKL	GWY	BV52OCO	TWM	BV57XFG	TWM	BV57XHY	TWM	BV58MLL	ATS
BV10ZKM	CLL	BV52OCP	TWM	BV57XFH	TWM	BV57XHZ	TWM	BV58MLN	ATS
BV10ZKN	SWA	BV52OCR	TWM	BV57XFJ	TWM	BV57XJA	TWM	BV58URM	ATS
BV51BNZ	VTC	BV52OCS	TWM	BV57XFK	TWM	BV57XJB	TWM	BV58URN	ATS
BV51EKR	TTC	BV52OCU	TWM	BV57XFL	TWM	BV57XJC	TWM	BV58URO	ATS
BV51ENL	WTR	BV52OCW	TWM	BV57XFM	TWM	BV57XJD	TWM	BV58URP	ATS
BV52OAA	TWM	BV52RDY	CHP	BV57XFN	TWM	BV57XJE	TWM	BV58URR	ATS
BV52OAB	TWM	BV52ZSX	HYT	BV57XFO	TWM	BV57XJF	TWM	BV58URS	ATS
BV52OAC	TWM	BV55ABK	GEB	BV57XFP	TWM	BV57XJG	TWM	BVN371Y	ALE
BV52OAD	TWM	BV55ACJ	OMK	BV57XFR	TWM	BV57XJH	TWM	BVS118	A&B
BV52OAE	TWM	BV55AEK	CUI	BV57XFS	TWM	BV57XJJ	TWM	BW03ZMY	EPS
BV52OAG	TWM	BV55FPL	KFY	BV57XFT	TWM	BV57XJK	TWM	BW03ZMZ	EPS
BV52OAH	TWM	BV55FPN	KFY	BV57XFU	TWM	BV57XJL	TWM	BW03ZVA	HAT
BV52OAJ	TWM	BV55UAZ	RMS	BV57XFW	TWM	BV57XJM	TWM	BW03ZVB	HAT
BV52OAL	TWM	BV55UCT	GAL	BV57XFX	TWM	BV57XJN	TWM	BW03ZVC	HAT
BV52OAM	TWM	BV55UCU	GAL	BV57XFY	TWM	BV57XJO	TWM	BW04PSW	PSW
BV52OAN	TWM	BV55UCW	GAL	BV57XFZ	TWM	BV57XJP	TWM	BW04TCZ	R&R
BV52OAO	TWM	BV55UCX	GAL	BV57XGA	TWM	BV57XJT	TWM	BW04THU	R&R
BV52OAP	TWM	BV55UCY	GAL	BV57XGB	TWM	BV57XJU	TWM	BW04VYD	R&R
BV52OAS	TWM	BV55UFE	ZAC	BV57XGC	TWM	BV57XJW	TWM	BW04ZGU	CDS
BV52OAU	TWM	BV55UPO	HSW	BV57XGD	TWM	BV57XJX	TWM	BW05LGW	NAT
BV52OAW	TWM	BV55URA	HSW	BV57XGE	TWM	BV57XJY	TWM	BW52OSD	MPH
BV52OAX	TWM	BV57DLZ	CMY	BV57XGF	TWM	BV57XJZ	TWM	BW52PZO	DCT
BV52OAY	TWM	BV57DSZ	CTC	BV57XGG	TWM	BV57XKA	TWM	BW52SVA	MLM
BV52OAZ	TWM	BV57JYG	GUM	BV57XGH	TWM	BV57XKB	TWM	BW53PSW	PSW
BV52OBA	TWM	BV57JYH	GUM	BV57XGJ	TWM	BV57XKC	TWM	BWA21B	LAT
BV52OBB	TWM	BV57JYL	STT	BV57XGK	TWM	BV57XKD	TWM	BWO758V	CVP
BV52OBC	TWM	BV57KWB	TRL	BV57XGL	TWM	BV57XKE	TWM	BWT199X	CFL
BV52OBD	TWM	BV57KWO	TRL	BV57XGM	TWM	BV57XKF	TWM	BWT340X	ROY
BV52OBE	TWM	BV57MLL	POL	BV57XGN	TWM	BV57XKG	TWM	BX02APY	TWM
BV52OBF	TWM	BV57MMX	EAG	BV57XGO	TWM	BV57XKH	TWM	BX02APZ	TWM
BV52OBG	TWM	BV57MPU	K&J	BV57XGP	TWM	BV57XKJ	TWM	BX02ARF	TWM
BV52OBH	TWM	BV57MRX	PRC	BV57XGR	TWM	BV57XKK	TWM	BX02ARU	TWM
BV52OBJ	TWM	BV57MRY	PCC	BV57XGS	TWM	BV57XKL	TWM	BX02ARZ	TWM
BV52OBK	TWM	BV57MSO	FCY	BV57XGT	TWM	BV57XKM	TWM	BX02ASO	TWM
BV52OBL	TWM	BV57MSU	FCY	BV57XGU	TWM	BV57XKN	TWM	BX02ASU	TWM
BV52OBM	TWM	BV57MSX	FCY	BV57XGW	TWM	BV57XKO	TWM	BX02ASV	TWM
BV52OBN	TWM	BV57MSY	FCY	BV57XGX	TWM	BV57XKP	TWM	BX02ASZ	TWM
BV52OBO	TWM	BV57MTF	GMA	BV57XGY	TWM	BV57XKS	TWM	BX02ATK	TWM
BV52OBP	TWM	BV57MTJ	SWT	BV57XGZ	TWM	BV57XKT	TWM	BX02ATN	TWM
BV52OBR	TWM	BV57MTK	STR	BV57XHA	TWM	BV57XKU	TWM	BX02ATO	TWM
BV52OBS	TWM	BV57MTO	STR	BV57XHB	TWM	BV57XKW	TWM	BX02ATU	TWM
BV52OBT	TWM	BV57UBE	CEL	BV57XHC	TWM	BV57XKX	TWM	BX02ATV	TWM
BV52OBU	TWM	BV57UFL	ATE	BV57XHD	TWM	BV57XKY	TWM	BX02ATY	TWM
BV52OBW	TWM	BV57UOE	AMV	BV57XHE	TWM	BV57XKZ	TWM	BX02ATZ	TWM
BV52OBX	TWM	BV57VGM	OFJ	BV57XHF	TWM	BV57XLA	TWM	BX02AUA	TWM
BV52OBY	TWM	BV57VGO	PIT	BV57XHG	TWM	BV57XLJ	MLS	BX02AUC	TWM
BV52OBZ	TWM	BV57VGP	WET	BV57XHH	TWM	BV58MKD	ZCH	BX02AUE	TWM

Code	Reg	Code	Reg	Code	Reg	Code	Reg	Code	Reg
BX02AUF	TWM	BX04BKJ	GAL	BX04NDL	ALN	BX05UWW	ALN	BX07NKF	RWR
BX02AUH	TWM	BX04BKK	GAL	BX04NDN	ALN	BX05UWY	ALN	BX07NKG	RWR
BX02AUJ	TWM	BX04BKL	GAL	BX04NDY	ALN	BX05UWZ	ALN	BX07NKJ	RWR
BX02AUK	TWM	BX04BXL	GAL	BX04NEN	ALN	BX05UXA	VTE	BX07NKL	RWR
BX02AUL	TWM	BX04BXM	GAL	BX04PPZ	ASM	BX05UXB	VTC	BX07NKM	HLS
BX02AUM	TWM	BX04BXN	GAL	BX04VHM	APB	BX05UXC	ALN	BX07NKO	RWR
BX02AUN	TWM	BX04BXP	GAL	BX04ZBT	R&R	BX05UXD	ALN	BX07NKR	RWR
BX02AUO	TWM	BX04CKV	DEL	BX04ZBU	R&R	BX05UXE	DMO	BX07NKS	SKW
BX02AUP	TWM	BX04CSF	VTC	BX04ZBV	R&R	BX05VCK	R&R	BX07NKT	RWR
BX02AUR	TWM	BX04DVV	HYT	BX04ZBW	R&R	BX05VPF	HMC	BX07NKU	RWR
BX02AUT	TWM	BX04LYZ	ADR	BX04ZBY	R&R	BX05VPT	ROW	BX07NKW	RWR
BX02AUU	TWM	BX04MWZ	ALN	BX05DNU	REC	BX06JCJ	LTL	BX07NKZ	RWR
BX02AUV	TWM	BX04MXG	ARM	BX05DVA	REC	BX06JXO	HLS	BX07NLA	ZAM
BX02AUW	TWM	BX04MXH	ARM	BX05TYB	R&R	BX06JXZ	EAC	BX07NLC	RWR
BX02AUY	TWM	BX04MXJ	ALN	BX05TYC	R&R	BX06NZR	AMR	BX07NLD	RWR
BX02AVB	TWM	BX04MXK	ARM	BX05TYD	R&R	BX06NZT	FDC	BX07NLF	RWR
BX02AVD	TWM	BX04MXR	NEX	BX05TYF	R&R	BX06NZU	AMR	BX07NLK	ZAI
BX02AVE	TWM	BX04MXU	ALN	BX05UAF	R&R	BX06NZV	SREN	BX07NLL	ALE
BX02AVF	TWM	BX04MYA	ARM	BX05UAZ	R&R	BX06NZW	POL	BX07NLM	GRW
BX02AVG	TWM	BX04MYG	ARM	BX05UBA	R&R	BX06NZY	POL	BX07NLV	SWA
BX02AVJ	TWM	BX04MYK	ALN	BX05UBB	R&R	BX06NZZ	AMR	BX07NLZ	WCC
BX02AVK	TWM	BX04MYL	ALN	BX05UBC	R&R	BX06OAE	GPT	BX07NMA	EDW
BX02AVL	TWM	BX04MYM	ALN	BX05UBD	R&R	BX06OAG	GPT	BX07NMM	TAW
BX02AVN	TWM	BX04MYN	ALN	BX05UBE	R&R	BX06OAJ	FIR	BX07NMO	EDW
BX02AVO	TWM	BX04MYR	ALN	BX05UBF	R&R	BX06OAU	KCC	BX07NMU	EDW
BX02AVP	TWM	BX04MYS	ALN	BX05UBG	R&R	BX06OAV	J&B	BX07NMV	GRN
BX02AVR	TWM	BX04MYT	ALN	BX05UBH	R&R	BX06OCZ	D&B	BX07NNA	ARV
BX02AVT	TWM	BX04MYU	ALN	BX05UBJ	R&R	BX06OHW	DJT	BX07ONO	GSA
BX02AVU	TWM	BX04MYV	ALN	BX05UBK	R&R	BX06OJR	ZAF	BX07ONU	KIM
BX02AVV	TWM	BX04MYW	ALN	BX05UBL	R&R	BX06OJS	ZAF	BX07OOH	PCC
BX02AVY	TWM	BX04MYZ	ALN	BX05UBM	R&R	BX06ULS	TUT	BX07OPK	ZAF
BX02BCY	ARL	BX04MZD	ALN	BX05UBN	R&R	BX06ULZ	RHT	BX07OPN	WCH
BX02CLN	SBA	BX04MZE	ALN	BX05UBO	R&R	BX06UMA	TIT	BX07OPR	POL
BX02CLO	CSC	BX04MZG	ALN	BX05UBP	R&R	BX06UMB	RWR	BX07OPS	POL
BX02CLY	SBA	BX04MZJ	ALN	BX05UBR	R&R	BX06UMC	RWR	BX07OPT	SZB
BX02CME	CWS	BX04MZL	ALN	BX05UBS	R&R	BX06UMD	RWR	BX07OPW	LBC
BX02CMK	FNW	BX04MZN	ALN	BX05UBT	R&R	BX06UME	RWR	BX07XPW	NOG
BX02EPY	SOO	BX04MZP	PPH	BX05UBU	R&R	BX06UMF	RWR	BX08EPE	CRC
BX02UPY	EAS	BX04MZT	STP	BX05UBV	R&R	BX06UMG	RWR	BX08EZR	ASM
BX02YYT	GAL	BX04MZV	ROS	BX05UBW	R&R	BX06UMH	RWR	BX08FAK	DTT
BX02YYW	B&H	BX04NBB	CRN	BX05UBY	R&R	BX06UMJ	RWR	BX08FBA	AOA
BX02YYZ	W&D	BX04NBD	GAL	BX05UUZ	VTC	BX06UMM	JAS	BX08UYU	R&R
BX02YZE	GAL	BX04NBF	EDW	BX05UVC	RWR	BX06UMR	HTT	BX08VBK	BEL
BX02YZH	B&H	BX04NBG	EDW	BX05UVD	RWR	BX06UMT	LOD	BX08XGT	R&R
BX02YZM	B&H	BX04NBK	ALN	BX05UVE	RWR	BX06UMU	LID	BX08XGU	R&R
BX02YZP	B&H	BX04NBL	ALN	BX05UVH	TRW	BX06UMV	ZCH	BX08XGV	R&R
BX03BKU	ROS	BX04NBY	ZCS	BX05UVJ	CLL	BX06UNH	AWJ	BX08XGW	R&R
BX03OVA	GUM	BX04NCC	HSL	BX05UVK	CLL	BX06UNJ	AWJ	BX08XGY	R&R
BX03UBC	PIT	BX04NCE	HSL	BX05UVL	CIC	BX06UNP	GUM	BX08XGZ	R&R
BX04ACJ	YAR	BX04NCF	ALN	BX05UVM	CIC	BX06UNR	GUM	BX08XHA	R&R
BX04AZU	GAL	BX04NCJ	ALN	BX05UVN	CIC	BX06XZA	CLI	BX08XHB	R&R
BX04AZV	GAL	BX04NCN	ALN	BX05UVO	BEL	BX07AEO	SFC	BX08XHC	R&R
BX04AZW	GAL	BX04NCU	ALN	BX05UVP	WIB	BX07AXO	WXC	BX08XHD	R&R
BX04AZZ	GAL	BX04NCV	ALN	BX05UVR	EDW	BX07AYU	WXC	BX08XHE	R&R
BX04BAA	GAL	BX04NCY	ALN	BX05UVS	EDW	BX07AZJ	TDE	BX08XHF	R&R
BX04BAU	GAL	BX04NCZ	ALN	BX05UVT	EDW	BX07BRV	WXC	BX08XHH	R&R
BX04BAV	GAL	BX04NDC	ALN	BX05UVU	EDW	BX07KPN	WXC	BX09CDY	R&R
BX04BBE	GAL	BX04NDE	ALN	BX05UWG	OBC	BX07KPO	WXC	BX09CEA	R&R
BX04BBF	GAL	BX04NDF	ALN	BX05UWP	COC	BX07KPP	WXC	BX09CEF	R&R
BX04BBJ	GAL	BX04NDJ	ALN	BX05UWS	ZCW	BX07NKC	STR	BX09CEJ	R&R
BX04BGK	LMS	BX04NDK	ALN	BX05UWV	ALN	BX07NKD	RWR	BX09CEK	R&R

Reg	Code	Reg	Code	Reg	Code	Reg	Code	Reg	Code
BX09CEN	R&R	BX09PFZ	TWM	BX10OGL	R&R	BX54DHC	TWM	BX54EBV	CSC
BX09CEO	R&R	BX09PGE	TWM	BX10OGM	R&R	BX54DHD	TWM	BX54ECC	LOD
BX09KJV	R&R	BX09PGF	TWM	BX10OGO	R&R	BX54DHE	TWM	BX54ECD	STA
BX09KJY	R&R	BX09PGK	TWM	BX10OPY	R&R	BX54DHF	TWM	BX54ECF	EPS
BX09KKA	R&R	BX09PGO	TWM	BX10OPZ	R&R	BX54DHG	TWM	BX54ECJ	EPS
BX09KKB	R&R	BX09PGU	TWM	BX53AAN	BJL	BX54DHJ	ABS	BX54ECV	BEN
BX09KKC	R&R	BX09PGV	TWM	BX53ASZ	DVT	BX54DHK	ABS	BX54EDC	ATK
BX09KKV	R&R	BX09PGY	TWM	BX53JXR	HTT	BX54DHL	ABS	BX54EDF	GPX
BX09KKW	R&R	BX09PGZ	TWM	BX53NNM	COC	BX54DHM	ABS	BX54EDL	SWC
BX09LBZ	NOG	BX09PHA	TWM	BX53OLE	SPA	BX54DHN	ABS	BX54EDP	MIM
BX09LLC	KBC	BX09PHF	TWM	BX53ORY	FHT	BX54DHO	ABS	BX54EDU	RWR
BX09LLD	HTT	BX09PHJ	TWM	BX53SOC	HOU	BX54DHP	ABS	BX54EEV	NEA
BX09LLE	CEN	BX09PHK	TWM	BX53TPZ	ASM	BX54DHV	ABS	BX54EFB	GAL
BX09LLG	FMN	BX09PHN	TWM	BX53TYF	R&R	BX54DHY	ABS	BX54EFC	GAL
BX09LLU	ROI	BX09SHZ	GWM	BX53TYG	R&R	BX54DHZ	ABS	BX54EFD	GAL
BX09OZE	TWM	BX09SJO	GWM	BX53TZV	R&R	BX54DJD	ABS	BX54FOA	NOG
BX09OZF	TWM	BX09SJU	GWM	BX53TZY	R&R	BX54DJE	ABS	BX54FRF	RBC
BX09OZG	TWM	BX09SJV	GWM	BX53TZZ	R&R	BX54DJF	ABS	BX54LCT	R&R
BX09OZH	TWM	BX09SNV	GWM	BX53ZRF	CUI	BX54DJJ	ABS	BX54LCZ	R&R
BX09OZJ	TWM	BX09SNY	GWM	BX54AEP	LCL	BX54DJK	ABS	BX54LDA	R&R
BX09OZK	TWM	BX09SNZ	GWM	BX54AHP	SLF	BX54DJO	ABS	BX54LUY	R&R
BX09OZL	TWM	BX09SRO	GWM	BX54BUO	NCT	BX54DJU	ABS	BX54NEF	NIG
BX09OZM	TWM	BX10ABF	TWM	BX54DCU	TWM	BX54DJV	ABS	BX54NEJ	NIG
BX09OZN	TWM	BX10ABK	TWM	BX54DCV	TWM	BX54DJY	ABS	BX54PFN	R&R
BX09OZO	TWM	BX10ABN	TWM	BX54DCY	TWM	BX54DJZ	ABS	BX54PFO	R&R
BX09OZP	TWM	BX10ABO	TWM	BX54DDA	TWM	BX54DKA	ABS	BX54PFY	R&R
BX09OZR	TWM	BX10ABU	TWM	BX54DDE	TWM	BX54DKD	ABS	BX54PGO	R&R
BX09OZS	TWM	BX10ABV	TWM	BX54DDF	TWM	BX54DKE	ABS	BX54PGU	R&R
BX09OZT	TWM	BX10ABZ	TWM	BX54DDJ	TWM	BX54DKF	ABS	BX54PGV	R&R
BX09OZU	TWM	BX10ACF	TWM	BX54DDK	TWM	BX54DKJ	ABS	BX54PGY	R&R
BX09OZV	TWM	BX10ACJ	TWM	BX54DDL	TWM	BX54DKK	ABS	BX54PGZ	R&R
BX09OZW	TWM	BX10ACO	TWM	BX54DDN	TWM	BX54DKL	ABS	BX54UCM	GAL
BX09PAO	TWM	BX10ACU	TWM	BX54DDO	TWM	BX54DKO	ABS	BX54UCN	GAL
BX09PBF	TWM	BX10ACV	TWM	BX54DDU	TWM	BX54DKU	ABS	BX54UCO	GAL
BX09PBO	TWM	BX10ACY	TWM	BX54DDV	TWM	BX54DKV	ABS	BX54UCP	GAL
BX09PBU	TWM	BX10ACZ	TWM	BX54DDY	TWM	BX54DLU	ABS	BX54UCR	GAL
BX09PBZ	TWM	BX10ADO	TWM	BX54DDZ	TWM	BX54DLZ	ABS	BX54UCT	GAL
BX09PCF	TWM	BX10ADU	TWM	BX54DEU	TWM	BX54DME	ABS	BX54UCU	GAL
BX09PCO	TWM	BX10ADV	TWM	BX54DFA	TWM	BX54DMF	ABS	BX54UCV	GAL
BX09PCU	TWM	BX10ADZ	TWM	BX54DFC	TWM	BX54DMO	ABS	BX54UCW	GAL
BX09PCV	TWM	BX10AEA	TWM	BX54DFD	TWM	BX54DMU	ABS	BX54UCZ	GAL
BX09PCY	TWM	BX10AEB	TWM	BX54DFE	TWM	BX54DMV	ABS	BX54UDB	GAL
BX09PCZ	TWM	BX10AEC	TWM	BX54DFF	TWM	BX54DMY	ABS	BX54UDD	GAL
BX09PDO	TWM	BX10AED	TWM	BX54DFG	TWM	BX54DMZ	ABS	BX54UDE	GAL
BX09PDU	TWM	BX10AEE	TWM	BX54DFJ	TWM	BX54DND	TWM	BX54UDG	GAL
BX09PDV	TWM	BX10AEF	TWM	BX54DFK	TWM	BX54DNE	TWM	BX54UDH	GAL
BX09PDY	TWM	BX10AEG	TWM	BX54DFN	TWM	BX54DNF	TWM	BX54UDJ	GAL
BX09PDZ	TWM	BX10AEJ	TWM	BX54DFO	TWM	BX54DNJ	TWM	BX54UDK	GAL
BX09PEO	TWM	BX10AEK	TWM	BX54DFP	TWM	BX54DNN	TWM	BX54UDL	GAL
BX09PFA	TWM	BX10AEL	TWM	BX54DFU	TWM	BX54DNO	TWM	BX54UDM	GAL
BX09PFD	TWM	BX10AEM	TWM	BX54DFV	TWM	BX54DNV	TWM	BX54UDN	GAL
BX09PFE	TWM	BX10AEN	TWM	BX54DFY	TWM	BX54DNY	TWM	BX54UDO	GAL
BX09PFF	TWM	BX10DCZ	A&H	BX54DFZ	TWM	BX54DOA	TWM	BX54UDP	GAL
BX09PFG	TWM	BX10DDJ	ROI	BX54DGE	TWM	BX54DOH	TWM	BX54UDT	GAL
BX09PFJ	TWM	BX10DHA	HTT	BX54DGF	TWM	BX54EBC	FLN	BX54UDU	GAL
BX09PFK	TWM	BX10DHC	WCH	BX54DGO	TWM	BX54EBD	BEN	BX54UDV	GAL
BX09PFN	TWM	BX10DHE	WCH	BX54DGU	TWM	BX54EBF	BEN	BX54UDW	GAL
BX09PFO	TWM	BX10DHF	HOU	BX54DGV	TWM	BX54EBG	BEN	BX54UDY	GAL
BX09PFU	TWM	BX10DHG	HOU	BX54DGY	TWM	BX54EBL	ALX	BX54UDZ	GAL
BX09PFV	TWM	BX10DHJ	HOU	BX54DGZ	TWM	BX54EBP	COG	BX54UEA	GAL
BX09PFY	TWM	BX10DHK	HOU	BX54DHA	TWM	BX54EBU	CSC	BX54UEB	GAL

Code	Val	Code	Val	Code	Val	Code	Val	Code	Val
BX54UYB	ZEQ	BX55FUH	ALN	BX55FXL	ALN	BX55XMM	ABS	BX56XAN	ZAF
BX54VNV	D&B	BX55FUJ	ALN	BX55FXM	ALN	BX55XMO	ABS	BX56XAO	PCC
BX54VTM	BML	BX55FUM	ALN	BX55FXO	ALN	BX55XMP	ABS	BX56XAS	FIR
BX54VTY	ACT	BX55FUO	ALN	BX55FXP	ALN	BX55XMR	ABS	BX56XAY	SREN
BX54VTZ	FIR	BX55FUP	ALN	BX55FXR	ALN	BX55XMS	ABS	BX56XAZ	SREN
BX54VUB	BML	BX55FUT	ALN	BX55FXS	ALN	BX55XMT	ABS	BX56XBD	PCC
BX54VUC	BML	BX55FUU	ALN	BX55FXT	ALN	BX55XMU	ABS	BX56XBF	PCC
BX54VUD	BML	BX55FUV	ALN	BX55FXU	ALN	BX55XMW	ABS	BX56XBG	PCC
BX54VUE	STR	BX55FUW	ALN	BX55FXV	ALN	BX55XMZ	ABS	BX56XBJ	POL
BX54VUF	BML	BX55FUY	ALN	BX55FXW	ALN	BX55XNG	ABS	BX56XBS	TWM
BX54VUM	SWT	BX55FVA	ALN	BX55FXY	ALN	BX55XNJ	ABS	BX56XBT	TWM
BX54VUN	FCY	BX55FVB	ALN	BX55FYA	SBZ	BX55XNK	ABS	BX56XBU	TWM
BX54XPM	TWM	BX55FVC	ALN	BX55FYD	GLA	BX55XNL	ABS	BX56XBV	TWM
BX54XPN	TWM	BX55FVD	ALN	BX55FYE	NAH	BX55XNM	ABS	BX56XBW	TWM
BX54XPO	TWM	BX55FVE	RPC	BX55FYF	CRN	BX55XNN	ABS	BX56XBY	TWM
BX54XPP	TWM	BX55FVF	ALN	BX55FYG	RWR	BX55XNO	ABS	BX56XBZ	TWM
BX54XPR	TWM	BX55FVG	ALN	BX55FYH	CHB	BX55XNP	ABS	BX56XCA	TWM
BX54XPT	TWM	BX55FVH	ALN	BX55FYJ	CHB	BX55XNR	ABS	BX56XCB	TWM
BX54XPU	TWM	BX55FVJ	ALN	BX55FYK	CRN	BX55XNS	ABS	BX56XCC	TWM
BX54XPV	TWM	BX55FVK	ALN	BX55FYU	VTC	BX55XNT	ABS	BX56XCD	TWM
BX54XPW	TWM	BX55FVL	ALN	BX55FYV	VTC	BX55XNU	ABS	BX56XCE	TWM
BX54XPY	TWM	BX55FVM	ALN	BX55FZA	KCL	BX55XNV	ABS	BX56XCF	TWM
BX54XPZ	TWM	BX55FVN	ALN	BX55LKV	LMS	BX55XNW	ABS	BX56XCG	TWM
BX54XRA	TWM	BX55FVO	ALN	BX55LLG	LMS	BX55XNY	ABS	BX56XCH	TWM
BX54XRB	TWM	BX55FVP	ALN	BX55LLK	LMS	BX55XNZ	ABS	BX56XCJ	TWM
BX54XRC	TWM	BX55FVR	ALN	BX55LYN	ZBN	BX55XOA	TWM	BX56XCK	TWM
BX54XRD	TWM	BX55FVS	ALN	BX55NYB	REW	BX55ZGN	COC	BX56XCL	TWM
BX54XRE	TWM	BX55FVT	ALN	BX55NYC	POW	BX56AYF	RAW	BX56XCM	TWM
BX54XRF	TWM	BX55FVU	ALN	BX55NZP	KSD	BX56AYP	WHI	BX56XCN	TWM
BX54XRG	TWM	BX55FVV	ALN	BX55NZR	KSD	BX56BJZ	CNT	BX56XCO	TWM
BX54XRH	TWM	BX55FVW	ALN	BX55NZS	TEV	BX56BKA	CNT	BX56XCP	TWM
BX54XRJ	TWM	BX55FVY	ALN	BX55NZT	ZDW	BX56BXO	LTL	BX56XCR	TWM
BX54XRK	TWM	BX55FVZ	ALN	BX55NZU	KLI	BX56URC	CUI	BX56XCS	TWM
BX54XRL	TWM	BX55FWA	ALN	BX55NZV	FDC	BX56URD	CUI	BX56XCT	TWM
BX54XRM	TWM	BX55FWB	ALN	BX55OFL	CED	BX56URO	BEC	BX56XCU	TWM
BX54XRN	TWM	BX55FWC	DUR	BX55OFM	POL	BX56VSJ	UNO	BX56XCV	TWM
BX54XRO	TWM	BX55FWD	AVA	BX55OFN	SWT	BX56VSK	UNO	BX56XCW	TWM
BX54XRR	TWM	BX55FWG	ALN	BX55OGJ	LEW	BX56VSL	UNO	BX56XCY	TWM
BX54XRT	TWM	BX55FWH	ALN	BX55OGO	BOU	BX56VSM	UNO	BX56XCZ	TWM
BX54XRU	TWM	BX55FWJ	ALN	BX55SSJ	GEB	BX56VSN	UNO	BX56XDA	TWM
BX54XRV	TWM	BX55FWK	ALN	BX55SVE	DEN	BX56VSO	STT	BX56XDB	TWM
BX54XRW	TWM	BX55FWL	ALN	BX55SXE	GEB	BX56VTA	TUT	BX56XDC	TWM
BX54XRY	TWM	BX55FWM	ALN	BX55SXK	CUI	BX56VTE	CLI	BX56XDD	TWM
BX54XRZ	TWM	BX55FWN	ALN	BX55XGV	LID	BX56VTF	CLI	BX56XDE	TWM
BX54XSA	TWM	BX55FWP	ALN	BX55XLS	ABS	BX56VTK	GUM	BX56XDG	TWM
BX54XSB	TWM	BX55FWR	ALN	BX55XLT	ABS	BX56VTL	GUM	BX56XDH	TWM
BX54XSC	TWM	BX55FWS	ALN	BX55XLU	ABS	BX56VTM	SGC	BX56XDJ	TWM
BX54XSD	TWM	BX55FWT	ALN	BX55XLV	ABS	BX56VTP	BEN	BX57BBO	KCL
BX54XSE	TWM	BX55FWU	ALN	BX55XLW	ABS	BX56VTU	ASC	BX57CCN	CNT
BX54XSF	TWM	BX55FWV	ALN	BX55XLY	ABS	BX56VTV	ASC	BX57CDN	CNT
BX54XSG	TWM	BX55FWW	ALN	BX55XLZ	ABS	BX56VTW	ASC	BX58AON	WXC
BX54XSH	TWM	BX55FWY	ALN	BX55XMA	ABS	BX56VTY	EPS	BX58AOU	WXC
BX54XSJ	TWM	BX55FWZ	ALN	BX55XMB	ABS	BX56VTZ	EPS	BX58AOV	WXC
BX54XSK	TWM	BX55FXB	ALN	BX55XMC	ABS	BX56VUB	BSG	BX58AOW	WXC
BX54XSL	TWM	BX55FXC	ALN	BX55XMD	ABS	BX56VUM	AUS	BX58AOY	WXC
BX54XSM	TWM	BX55FXE	ALN	BX55XME	ABS	BX56VUO	STT	BX58APF	WXC
BX54XTA	TWM	BX55FXF	ALN	BX55XMG	ABS	BX56VUP	STT	BX58APK	WXC
BX54XTB	TWM	BX55FXG	ALN	BX55XMH	ABS	BX56XAB	AXV	BX58BEY	HSW
BX54XTC	TWM	BX55FXH	ALN	BX55XMJ	ABS	BX56XAC	EST	BX58BFA	HSW
BX54XTD	TWM	BX55FXJ	ALN	BX55XMK	ABS	BX56XAE	D&B	BX58CWA	WIC
BX55EDO	LMC	BX55FXK	ALN	BX55XML	ABS	BX56XAF	PCC	BX58GFV	COO

BX58NUK	R&R	BX58SYO	TWM	BX58VPD	R&R	BX59NTC	TWM	BXI2573	SLT
BX58NUM	R&R	BX58SYP	TWM	BX58VPF	R&R	BX59NTD	TWM	BXI2598	SLT
BX58NUO	R&R	BX58SYR	TWM	BX58VPG	R&R	BX59NTE	TWM	BXI7437	SIC
BX58NUP	R&R	BX58SYS	TWM	BX58VRG	R&R	BX59NTF	TWM	BXM568	LOD
BX58NUU	R&R	BX58SYT	TWM	BX58VRJ	R&R	BX59NTG	TWM	BY10ZJO	SIM
BX58NUV	R&R	BX58SYU	TWM	BX58VRU	R&R	BX59NTJ	TWM	BYC828B	ARL
BX58NUW	R&R	BX58SYV	TWM	BX58VRV	R&R	BX59NTK	TWM	BYJ575Y	JBR
BX58NUY	R&R	BX58SYW	TWM	BX59GZF	R&R	BX59NTL	TWM	BYP985	TTC
BX58NVA	R&R	BX58SYY	TWM	BX59GZG	R&R	BX59NTM	TWM	BYW373V	K&J
BX58SXN	TWM	BX58SYZ	TWM	BX59GZH	R&R	BX59NTN	TWM	BYX115V	HAD
BX58SXO	TWM	BX58SZC	TWM	BX59GZJ	R&R	BX59TGV	R&R	BYX118V	TOP
BX58SXP	TWM	BX58SZD	TWM	BX59GZK	R&R	BX05UVV	BEW	BYX141V	BTS
BX58SXR	TWM	BX58SZE	TWM	BX59GZL	R&R	BXI320	GBU	BYX143V	K&J
BX58SXS	TWM	BX58VNJ	R&R	BX59GZM	R&R	BXI321	GBU	BYX175V	JWC
BX58SXT	TWM	BX58VNK	R&R	BX59GZN	R&R	BXI322	GBU	BYX185V	MAG
BX58SXU	TWM	BX58VNL	R&R	BX59GZO	R&R	BXI323	GBU	BYX200V	POW
BX58SXV	TWM	BX58VNM	R&R	BX59GZP	R&R	BXI324	GBU	BYX205V	AWT
BX58SXW	TWM	BX58VNN	R&R	BX59GZR	R&R	BXI325	GBU	BYX230V	PRC
BX58SXY	TWM	BX58VNO	R&R	BX59KVR	SEC	BXI326	GBU	BYX236V	TOT
BX58SXZ	TWM	BX58VNR	R&R	BX59KVT	ZCQ	BXI328	GBU	BYX239V	SUP
BX58SYA	TWM	BX58VNS	R&R	BX59KWF	WCH	BXI330	GBU	BYX248V	HJC
BX58SYC	TWM	BX58VNT	R&R	BX59NSU	TWM	BXI331	GBU	BYX271V	LBP
BX58SYE	TWM	BX58VNU	R&R	BX59NSV	TWM	BXI333	GBU	BYX295V	AWT
BX58SYG	TWM	BX58VOJ	R&R	BX59NSY	TWM	BXI337	GBU	BYX304V	K&J
BX58SYH	TWM	BX58VOK	R&R	BX59NSZ	TWM	BXI637	WGW	BYX237V	SUL
BX58SYJ	TWM	BX58VOM	R&R	BX59NTA	TWM				

C

C1ECB	GOG	C7GWG	CRS	C11WET	WET	C18TCL	TAP	C47KBE	MPH
C1EGO	EUT	C7HTL	HEY	C12ACW	WIA	C19ACT	ABB	C48HKK	CRW
C1ELO	EUT	C7MFY	CFB	C12HTL	HEY	C19EMH	HOR	C48NNT	LFT
C1OXF	WVY	C7NCB	NCB	C12MFY	CFB	C19MFY	CFB	C49HNF	MAS
C1SCL	K&J	C7OST	SBJ	C12PCC	PCO	C19NCB	NCB	C50CHM	S&M
C1WYC	CAO	C7OXF	WVY	C12POC	POC	C19PCT	ZAF	C50HNF	MAR
C2OXF	WVY	C7POC	SLA	C12RNY	SREN	C19TCL	TAP	C51CHM	NIB
C2WRS	TAY	C7TYR	J&B	C12TBT	TBA	C20ACT	ABB	C52JVO	CSS
C2WYC	CAO	C8GWG	CRS	C13DJL	ASM	C20EMH	HOR	C54CHM	BTS
C3BCP	MCC	C8HTL	HEY	C13HTL	HEY	C20NCB	NCB	C55CHM	MOX
C3CHT	CHE	C8NCB	NCB	C13MFY	CFB	C20TCL	TAP	C56CHM	S&M
C3CLN	CLN	C8NEX	TWM	C13POC	SLA	C25CHM	RWN	C57CHM	ELR
C3OXF	WVY	C8OXF	WVY	C13RNY	SREN	C25KAV	KEN	C61CHM	FOR
C3POC	POC	C8POC	POC	C13SCL	SCL	C27CHM	S&M	C64HOM	NUV
C3WYC	CAO	C8TBT	TBA	C13TCL	TAP	C27JKG	EDW	C67CHM	RED
C4GWG	CRS	C9HTL	HEY	C14HTL	HEY	C29EUH	ZCE	C70CHM	NIB
C4MFY	CFB	C9POC	POC	C14PCC	PCO	C30EUH	ZCE	C71CHM	CFL
C4MTA	ATK	C9TBT	TBA	C14POC	POC	C31CHM	ZBG	C74KLG	GIL
C4OXF	WVY	C9WGS	WGS	C15MFY	CFB	C32CHM	S&M	C76CHM	BTS
C4SSU	CAS	C10CBC	CBW	C16EMH	HOR	C32ETG	HGI	C78CFG	ABI
C5CEC	CEC	C10TCL	TAP	C16MFY	CFB	C34AVC	WLT	C78CHM	RED
C5GWG	CRS	C10ECB	GOG	C16TCL	TAP	C40CHM	VOE	C84CHM	GOP
C5OXF	WVY	C10EMH	HOR	C17ACT	ABB	C41HHJ	ZCO	C94CHM	AXE
C6HTL	HEY	C10GWG	CRS	C17MEO	TAR	C42HNF	MAS	C97CHM	IBL
C6NCB	NCB	C10HTL	HEY	C17OST	SCH	C43CHM	BTS	C100CHM	IBL
C6OXF	WVY	C10POC	POC	C17PCC	PCO	C43GKG	CHP	C101CHM	IBL
C6POC	SLA	C11ECB	GOG	C17CTL	TAP	C44CHM	FOR	C102PCN	AST
C6TBT	TBA	C11HTL	HEY	C18ACT	ABB	C44HNF	MAS	C103LWA	GRA
C6WMS	WED	C11MMM	SBP	C18EMH	HOR	C45HNF	ZBJ	C105CHM	FOR
C7EJS	JBG	C11POC	SLA	C18MFY	CFB	C46CHM	S&M	C109CHM	AXE

C110UBC	AUD	C307SAO	VCC	C476URS	WON	C674GRL	HET	C809BYY	BTS
C111EFS	HKW	C307UFP	RMY	C481HAK	DOD	C678KDS	GEM	C810BYY	FOR
C112UBC	MOC	C308NRC	A&P	C481YWY	ZEO	C682KDS	GEM	C811KBT	AOA
C113UBC	MOC	C309NRC	A&P	C482YWY	K&D	C702KDS	J&C	C814BYY	FNW
C114CHM	POL	C310JAT	PRC	C484YWY	TDE	C718LTO	TBB	C816BYY	ZBG
C117CHM	BTS	C310NRC	SVD	C499FAX	HBS	C718NCD	MAG	C818NVX	GRI
C120PNV	SUM	C311NRC	SVD	C501BUS	CST	C719LTO	TBB	C822ARU	ELC
C122BTP	FTC	C312NRC	APP	C504BUS	CST	C720NNN	TBB	C828EHU	WWT
C122CAT	ARC	C314BUV	ZBG	C506BUS	CST	C721NCD	TRH	C849CSN	CRI
C122CHM	TEV	C314NRC	APP	C508BUS	CST	C724DHW	SBL	C851YKK	NUV
C122PNV	CRI	C317BUV	HPC	C509BUS	CST	C73CHM	REB	C876CYX	WET
C128CAT	ARC	C318BUV	UKP	C514DND	GBC	C746DVG	WCK	C877CYX	SKC
C133CFB	CHP	C327HWJ	LBC	C516DYM	WOO	C751OCN	SUN	C886RFE	MAS
C141SPB	VCC	C330HWJ	GHA	C520LJR	MUL	C753MFR	QMS	C887FON	CAO
C144NRR	SFU	C332HWJ	JBT	C521LJR	COG	C753OCN	SUN	C887RFE	MAS
C146NWR	SGD	C335HWJ	GFS	C522LJR	MUL	C756OCN	HPC	C889FON	PDB
C147NRR	FOW	C341PNU	SAN	C524KER	A&P	C756OVV	ZEW	C891FON	BVB
C150KBT	FWE	C346BUV	SUN	C536DAT	JBT	C757CUC	GRM	C892FON	RTL
C152SRT	ROY	C346DND	RVC	C537DAT	SLE	C758FMC	MAG	C892WKS	DEV
C153EHW	HAY	C350DND	SOO	C542GKP	S&B	C758OCN	ZAT	C893FON	ABG
C156HBA	MAS	C359BUV	POW	C543HCA	K&J	C759CWX	PPH	C896FON	THU
C158HBA	BBD	C361LVV	WLA	C580VMX	WAR	C769OCN	SUN	C897FON	GSR
C158YBA	CLT	C363SVV	WRB	C590GMC	BEC	C772SFS	PWW	C900JGA	SBL
C160HBA	BBD	C366LFF	WET	C594GVU	BDY	C773SFS	PWW	C902FON	ABG
C162LBW	AOA	C373BUV	HPC	C610ANW	AYO	C774SFS	PWW	C903FCY	CCB
C166HBA	MAS	C374BUV	SUP	C611KDS	TVA	C775SFS	MAT	C903FON	ABG
C167HBA	EUT	C378CAS	VOE	C612LFT	MCO	C776OCN	EDW	C907FON	RTL
C168HBA	MAR	C380CAS	VOE	C613LFT	BTS	C776SFS	HOR	C908GYD	WEB
C170HBA	BBD	C383SAO	AXE	C614LFT	BTS	C777OCN	WED	C909FON	RTL
C171ECK	JBT	C384KGG	2WT	C617ANW	A&P	C778OCN	SUN	C929DYA	MIM
C171GVU	KSD	C386BUV	CAO	C617LFT	BTS	C778SFS	WED	C930RFE	2WT
C173ECK	TDE	C398BUV	ELR	C624LFT	NUV	C779SFS	WED	C932VLB	IND
C174YBA	CAS	C402BUV	JDT	C626LFT	BBE	C780SFS	HOR	C954VAY	BYL
C177KET	VIS	C404LRP	MDO	C634LFT	BTS	C781OCN	PRC	C962XVC	AAR
C178ECK	SRK	C406DML	MAN	C640UNV	HEB	C781SFS	HOR	C975HOX	ROM
C178LWB	PRM	C407VVN	SUR	C641KDS	BEK	C782MVH	RVC	C976HOX	ROM
C179ECK	AAR	C408HVH	MCL	C643LFT	BTS	C782SFS	HOR	C977HOX	ROM
C179RBV	LOR	C414DML	WIS	C643VNR	GSA	C783OCN	PRC	C984UDL	DGB
C194CYO	WHI	C414HJN	FHD	C647LFT	MCO	C783SFS	JJT	C990OFR	AAR
C195CYO	THO	C414VVN	EYM	C648LFT	EMB	C785SFS	MCO	C991PNU	HST
C201DYE	A&H	C418HJN	FEX	C649LFT	MOX	C786SFS	MCO	CA03VRD	CBU
C205GTU	ZBM	C419VDO	ELR	C649LJR	JEF	C787OCN	SUN	CA03VRE	CBU
C209GTU	GHA	C424BUV	HJC	C650LFT	MCO	C787SFS	WED	CA03VRF	CBU
C212GTU	ANW	C426BUV	TOP	C651VMX	PSW	C787USG	EST	CA03VRG	CBU
C212PPE	SAH	C432BUV	CAO	C658LFT	BBE	C788SFS	PWW	CA03VRJ	CBU
C213NFV	GLO	C433HHL	HER	C658LJR	JBT	C788USG	RDL	CA03VRK	CBU
C219FMF	BRS	C435MAK	MAS	C660JAT	CRI	C790SFS	PKT	CA03VRL	CBU
C220WAJ	ZEZ	C436BUV	PRC	C660LJR	JEF	C792LWA	SKC	CA03VRM	CBU
C221WAJ	STW	C439MAK	MAS	C661LFT	BTS	C792SFS	TDE	CA03VYN	MON
C224CBU	CCB	C440MAK	MAS	C661LJR	JBT	C793SFS	WED	CA04GHA	GHA
C233ENE	GCT	C441HHL	VCC	C663LJR	MAG	C793USG	AYR	CA05GHA	GHA
C234ENE	ZBG	C449MAK	MAS	C664LJR	AVC	C796USG	JJT	CA05WSK	EDW
C235HTX	KEA	C450BKM	WIA	C665LJR	JBT	C799USG	SWSC	CA06GHA	GHA
C239MVH	GRA	C451BKM	SMP	C665MTY	RNC	C800USG	ZAS	CA07GHA	GHA
C253HJX	EUS	C453CWR	MIM	C666LVK	WIB	C801USG	AYR	CA52JJZ	NPT
C257UAJ	ALP	C454OAP	WOO	C667LJR	MUL	C802USG	KOA	CA52JKE	NPT
C259GUH	SCH	C454OFL	BRA	C670GET	ALP	C803USG	EST	CA52JKF	NPT
C261KVS	HER	C462SSO	MCO	C670LJR	RRB	C805USG	JJT	CA52JKJ	NPT
C261UAJ	LLA	C463SSO	MCO	C671LJR	AVC	C806USG	STU	CA52JKK	NPT
C286DFJ	ABB	C470OFW	TJC	C672GET	ARC	C807USG	AYR	CA52JKN	NPT
C303FML	GRI	C472LKU	JBG	C674BCR	AWC	C808BYY	RED	CA52LBG	RUF

CA53ALO	CBU
CA53ALV	CBU
CA53APH	AIP
CA53GHA	GHA
CA57PFV	HWS
CA57PKX	HWS
CA57PNK	HWS
CA57PNX	HWS
CA57PVE	HWS
CA57PWZ	HWS
CA57PYH	HWS
CA58GHA	GHA
CA58SMT	ZCR
CAB2W	ATE
CAS623A	CAS
CAS724A	CAS
CAS734A	CAS
CAZ1066	EOH
CAZ2045	MLN
CAZ2046	WIA
CAZ2748	SKC
CAZ2749	BBE
CAZ2818	HAP
CAZ5866	ASY
CAZ6604	MBT
CAZ6608	LSW
CAZ6618	LSW
CAZ6624	LSW
CAZ6831	MET
CAZ6832	AUD
CAZ6833	BLY
CAZ6836	GHW
CAZ7446	TOW
CB06ANT	ANT
CB07MTB	BCS
CB07OXF	OBC
CB08YPB	K&J
CB51BUS	CAO
CB52BUS	CAO
CB53BUS	CAO
CB53MTB	WBS
CB54BUS	CAO
CBM13X	K&J
CC02CRC	CHA
CC03HOD	HOL
CC04CRC	CHA
CC04MAL	OFJ
CC05ALS	HCL
CC05BLU	BLU
CC05CRC	CHA
CC06CRC	CHA
CC06DOT	DOT
CC06TBC	BTL
CC07COM	ZDO
CC08OXF	OBC
CC09CRC	CHA
CC51OCT	CSG
CC54CRC	CHA
CC55CRC	CHA
CC55OCT	CSG
CCB861	FEL
CCC596	ALP
CCK359	QMS
CCX777	QMS
CCZ2214	KAD
CCZ2215	PWB
CCZ2221	SMK
CCZ5837	SREN
CCZ5919	GBU
CCZ6058	A&H
CCZ8807	BCB
CCZ8808	BCB
CCZ8809	BCB
CCZ8810	BCB
CCZ8811	BCB
CCZ8812	GBU
CCZ8813	GBU
CCZ8814	GBU
CCZ8815	BCB
CCZ8816	BCB
CCZ8817	BCB
CCZ8818	BCB
CCZ8819	BCB
CCZ8820	GBU
CCZ8821	GBU
CCZ8822	GBU
CCZ8823	GBU
CCZ8824	GBU
CCZ8826	GBU
CCZ8827	GBU
CCZ8828	GBU
CCZ8829	GBU
CCZ8830	GBU
CCZ8831	GBU
CCZ8832	GBU
CCZ8833	GBU
CCZ8834	GBU
CCZ8835	GBU
CCZ8836	GBU
CCZ8837	GBU
CCZ8838	GBU
CCZ8839	GBU
CCZ8840	GBU
CCZ8841	GBU
CCZ8842	GBU
CCZ8843	GBU
CCZ8844	GBU
CCZ8845	GBU
CCZ8846	GBU
CCZ8847	GBU
CCZ8848	GBU
CCZ8849	GBU
CCZ8850	GBU
CCZ8851	GBU
CCZ9018	CHD
CD7045	SSOU
CDL551C	EVC
CDL899	SVE
CDZ9438	GMY
CE02MBX	WGH
CE02MBY	FEL
CE02MDJ	DAR
CE02MDK	WGH
CE02MDN	LBH
CE02MDO	LBH
CE02MDY	TBB
CE02OOH	HFL
CE02SDV	MON
CE02SDX	MON
CE02UUG	CBU
CE02UUH	CBU
CE02UUJ	CBU
CE02UUK	CBU
CE02UUL	CBU
CE02UUM	CBU
CE02UUN	CBU
CE02UUO	CBU
CE02UUP	CBU
CE02UUR	CBU
CE02UUS	CBU
CE02UUT	CBU
CE02UUV	CBU
CE02UUW	CBU
CE02UUX	CBU
CE02UUY	CBU
CE02UUZ	CBU
CE02UVA	CBU
CE02UVB	CBU
CE02UVC	CBU
CE02UVD	CBU
CE02UVG	CBU
CE02UVH	CBU
CE02UVJ	CBU
CE02UVK	CBU
CE02UVL	CBU
CE02UVM	CBU
CE02UVN	CBU
CE02UVO	CBU
CE02UVP	CBU
CE02UVR	CBU
CE02YRW	CRT
CE02YRY	RUF
CE02YRZ	CRT
CE10ERS	CED
CE10GGJ	TRH
CE51HWB	EDW
CE52OBM	MON
CE52TZU	WGH
CE52TZV	WGH
CE52TZW	ORD
CE52TZX	DAR
CE52TZY	FEL
CE52UWV	PRO
CE52UWW	ALI
CE52UWX	VTE
CE52UWY	VTE
CE52UWZ	BCO
CE52UXA	PER
CE52UXB	PER
CE52UXC	PER
CE52UXD	PER
CE52UXF	BCO
CE52YBU	WCC
CE55GZC	LEW
CE59ZLK	MAY
CEC61	CEC
CEC62	CEC
CEC147	CEC
CEF232Y	JJT
CEJ939Y	ROY
CEO952	SCI
CEZ7581	EUR
CEZ8152	CFM
CEZ8153	CFM
CF09OXF	OBC
CF10OXF	OBC
CF53OXF	OBC
CF55OXF	OBC
CF57OXF	OBC
CFF25Y	BJL
CFK340	QMS
CFM87S	ALP
CH05BAN	BAN
CH53APH	AIP
CH60CDH	PDB
CHG388Y	BRA
CHH210T	BOR
CHL772	IRB
CHO213Y	RSR
CHO234V	HRD
CHZ1013	MGR
CHZ1751	K&J
CHZ1761	JPM
CHZ2815	CUI
CHZ2889	CUI
CHZ2948	ZAV
CHZ4743	EDE
CHZ4744	WCL
CHZ4745	WCL
CHZ4746	NEV
CHZ4789	ZDT
CHZ4794	REY
CHZ4795	SKC
CHZ4796	REY
CHZ4871	GHA
CHZ5934	CUI
CHZ5936	CUI
CHZ5938	CUI
CHZ5942	CUI
CHZ5981	CUI
CHZ5983	CBN
CHZ7466	WCL
CHZ7499	HRD
CHZ8300	AUD
CHZ8960	D&G
CHZ9050	LMC
CHZ9060	SIT
CIB347	HOW
CIB2652	VTC
CIB3202	STH
CIB7615	LEW
CIB7866	GHA
CIL312	EST
CIW290	WRB
CJE32	ELC
CJH119V	CBS
CJH122V	CCB
CJJ677W	CCB
CJN441C	FOW
CJS447	SPR
CJZ1432	KIM
CJZ5501	GRI
CJZ5760	DHC
CJZ6076	STT
CJZ6090	M&D
CJZ4251	STT
CKL1Y	A&B
CKO948Y	WOO
CKZ8184	SAQ
CKZ8186	SAM
CL05AOL	ALE
CL07PTL	PCN
CL10WTL	WHE
CL51LEE	LEE
CL52CCL	VCY
CL77	ZDT
CL5561	CRL
CLC145	CRL
CLZ208	SHA
CLZ1803	MTC
CLZ1838	RSS
CLZ2695	EUR
CLZ3622	ACC
CLZ4009	PCW
CLZ8307	ARL
CLZ8353	HWD
CLZ8895	EUR
CM03GSM	GHA
CM05GSM	MAY
CM10GSM	MAY
CMG30	RAM
CN02EDN	FDC
CN02SUL	SUL
CN03HOL	CLN
CN03RZE	ATE
CN03SZJ	BTT
CN04BKF	HLC
CN04EWT	CHP
CN04HOL	CLN
CN04JDK	WA
CN04NBY	CAV
CN04NFD	VTE
CN04NFE	VTE
CN04NFF	VTE
CN04NFG	VTE
CN04NFK	VTC
CN04NFL	VTC
CN04NFM	VTC
CN04NLL	VTC
CN04NLM	VTC
CN04NLP	VTC
CN04NLR	VTC
CN04NPV	CBU
CN04NPX	CBU
CN04NPY	CBU

Call	Code	Call	Code	Call	Code	Call	Code	Call	Code
CN04NPZ	CBU	CN06BXE	VTE	CN07FTE	VTC	CN53AKV	CBU	CN54HFJ	VTC
CN04NRE	CBU	CN06BXF	VTC	CN07HVG	VTC	CN53AKX	CBU	CN54HFK	VTC
CN04NRF	CBU	CN06BXG	VTC	CN07HVH	VTC	CN53AKY	CBU	CN54LGE	EDW
CN04NRJ	CBU	CN06BXH	VTC	CN07HVJ	VTC	CN53AKZ	CBU	CN54LGF	EDW
CN04NRK	CBU	CN06BXJ	VTC	CN07HVK	VTC	CN53AMK	CBU	CN54NTL	CBU
CN04NRL	CBU	CN06BXK	VTC	CN07HVM	VTC	CN53AMO	CBU	CN54NTM	CBU
CN04NRU	CBU	CN06BXL	VTE	CN07KZH	VTC	CN53AMU	CBU	CN54NTT	CBU
CN04NRV	CBU	CN06BXP	VTC	CN07KZJ	VTC	CN53AMV	CBU	CN54NTU	CBU
CN04NRX	CBU	CN06BXS	VTC	CN07KZK	VTC	CN53AMX	CBU	CN54NTV	CBU
CN04RFZ	TWH	CN06GDF	CBU	CN07KZL	VTC	CN53ANF	CBU	CN54NTX	CBU
CN04RHY	BTT	CN06GDJ	CBU	CN07KZM	VTC	CN53ANP	CBU	CN54NTY	CBU
CN04VJV	WA	CN06GDK	CBU	CN07KZO	VTC	CN53ANR	CBU	CN54NUA	CBU
CN04VJX	WA	CN06GDO	CBU	CN07KZP	VTC	CN53AYF	JEN	CN54NUB	CBU
CN04VJY	WA	CN06GDU	CBU	CN07KZR	VTC	CN53FRO	SBU	CN54NUC	CBU
CN04VJZ	WA	CN06GDV	CBU	CN07KZS	VTC	CN53FVY	VTC	CN54NUE	CBU
CN04XCC	EDW	CN06GDX	CBU	CN08HCO	TRH	CN53GBO	EDW	CN54NUF	CBU
CN04XCK	TWH	CN06GDY	CBU	CN09AAE	WA	CN53GSU	MON	CN54URH	BEC
CN04XCL	TWH	CN06GDZ	CBU	CN09AAF	WA	CN53GSV	MON	CN55EXC	JCS
CN04XES	MTC	CN06GEJ	CBU	CN09AAJ	WA	CN53GWO	MEW	CN55FBX	EDW
CN04XEV	MTC	CN06GEK	CBU	CN09AAK	WA	CN53GWP	MEW	CN55FCY	TRH
CN05APV	SWSC	CN06GEU	CBU	CN09AAO	WA	CN53HWO	WA	CN55FCZ	TRH
CN05APX	SWSC	CN06GEY	CBU	CN09AAU	WA	CN53HWP	WA	CN55FDA	TRH
CN05ARO	VTC	CN06GFA	CBU	CN09AAV	WA	CN53HWR	WA	CN55MUE	VTC
CN05DZF	VTC	CN06GFE	CBU	CN09AAX	WA	CN53HWU	WA	CN55ZYW	MGC
CN05DZG	VTC	CN06GFG	CBU	CN09AAY	WA	CN53HWV	WA	CN56DGU	JRC
CN05DZH	VTC	CN06GFJ	CBU	CN09AAZ	WA	CN53HWW	WA	CN56DGV	JRC
CN05DZJ	VTC	CN06GFK	CBU	CN09ABF	WA	CN53HWX	WA	CN56DGX	JRC
CN05DZK	VTC	CN06GFO	CBU	CN09ABK	WA	CN53HWY	WA	CN56EXA	WA
CN05FVU	SWSC	CN06HOL	CLN	CN09ABO	WA	CN53HWZ	WA	CN56EXB	WA
CN05FVW	SWSC	CN06JWK	MON	CN09ABU	WA	CN53HXA	WA	CN56EXC	WA
CN05FVX	BBD	CN06JWL	MON	CN09ABV	WA	CN53HXB	WA	CN56EXD	WA
CN05HOL	CLN	CN06JWM	MON	CN09ABX	WA	CN53HXC	WA	CN56EXE	WA
CN05JYP	VTC	CN06LDX	WA	CN09ABZ	WA	CN53NWB	AMB	CN56EXF	WA
CN05KSF	WA	CN06LDY	WA	CN09EFH	CBU	CN53PBZ	LMC	CN56EXG	WA
CN05KSK	WA	CN06LDZ	WA	CN09EFJ	CBU	CN53UZG	WA	CN56EXH	WA
CN05KSO	WA	CN06LEF	WA	CN09EFK	CBU	CN54BDU	NEF	CN56EXJ	WA
CN05KSV	WA	CN06LEJ	WA	CN09EFL	CBU	CN54ECT	WA	CN56EXK	WA
CN05KSX	WA	CN06LEU	WA	CN09GOX	HWS	CN54ECV	WA	CN56EXL	WA
CN05KSY	WA	CN06LFA	WA	CN09HBJ	WA	CN54ECW	WA	CN56EXM	WA
CN05KSZ	WA	CN06LFB	WA	CN09HBK	WA	CN54ECX	WA	CN56EXO	WA
CN05KTA	WA	CN06LFD	WA	CN10CBK	KEN	CN54ECY	WA	CN56EXP	WA
CN05KTC	WA	CN07BAA	WA	CN10DHC	MON	CN54ECZ	WA	CN56EYR	WA
CN05KTD	WA	CN07BAO	WA	CN10GFX	NAH	CN54EDC	WA	CN56EYS	WA
CN05KTG	WA	CN07BAU	WA	CN10GFY	NAH	CN54EDF	WA	CN56EYT	WA
CN05KTJ	WA	CN07BAV	WA	CN51SUF	EDW	CN54EDJ	WA	CN56EYU	WA
CN05KTK	WA	CN07BBE	WA	CN51SVR	EDW	CN54EDK	WA	CN56EYV	WA
CN05KTL	WA	CN07DZA	TFB	CN51SXB	EDW	CN54EDL	WA	CN56EYW	WA
CN05KTO	WA	CN07FSA	VTC	CN51XNO	REG	CN54EDO	WA	CN56FDP	VTC
CN05KTP	WA	CN07FSC	VTC	CN51XNP	PAB	CN54EDP	WA	CN56FDU	VTC
CN05KTT	WA	CN07FSD	VTC	CN51XNT	PAB	CN54EDR	WA	CN56LSL	WA
CN05KTU	WA	CN07FSE	VTC	CN53ADZ	VTC	CN54EDU	WA	CN56LSO	WA
CN05KTX	WA	CN07FSF	VTC	CN53AJV	CBU	CN54EDV	WA	CN57BHV	CBU
CN05KUA	WA	CN07FSG	VTC	CN53AJX	CBU	CN54GFV	EDW	CN57BHW	CBU
CN05KUB	WA	CN07FSJ	VTC	CN53AJY	CBU	CN54GFX	EDW	CN57BHX	CBU
CN05KUC	WA	CN07FSK	VTC	CN53AKF	CBU	CN54HFB	VTC	CN57BHY	CBU
CN05LCP	JRC	CN07FSL	VTC	CN53AKG	CBU	CN54HFC	VTC	CN57BHZ	CBU
CN05LCT	JRC	CN07FSO	VTC	CN53AKJ	CBU	CN54HFD	VTC	CN57BJE	CBU
CN06BXA	VTC	CN07FSY	VTC	CN53AKK	CBU	CN54HFE	VTC	CN57BJF	CBU
CN06BXB	VTC	CN07FTA	VTC	CN53AKO	CBU	CN54HFF	VTC	CN57BJJ	CBU
CN06BXC	VTC	CN07FTC	VTC	CN53AKP	CBU	CN54HFG	VTC	CN57BJK	CBU
CN06BXD	VTC	CN07FTD	VTC	CN53AKU	CBU	CN54HFH	VTC	CN57BJO	CBU

CN57BJU	CBU	CN58BYB	WA	CNZ2978	BEW	CTF625B	QMS	CU52VUK	APB
CN57BJV	CBU	CN58BYC	WA	CNZ3819	VTC	CTO5T	SAP	CU53AEG	FGC
CN57BJX	CBU	CN58BYD	WA	CNZ3820	VTC	CTX382V	TRC	CU53AFZ	FCY
CN57BJY	CBU	CN58BYF	WA	CNZ3824	HWD	CTX396V	TRC	CU53APO	FCY
CN57BJZ	CBU	CN58BYG	WA	CNZ3828	AUD	CU03BHP	MUN	CU53APV	FCY
CN57BKA	CBU	CN58BYH	WA	CNZ3829	CIU	CU03BHV	FCY	CU53APX	FCY
CN57BKD	CBU	CN58BYJ	WA	CNZ3830	MEW	CU03BHW	FCY	CU53APY	FCY
CN57BKE	CBU	CN58BYK	WA	CNZ5044	MGI	CU03BKX	JML	CU53APZ	FCY
CN57BKF	CBU	CN58BYL	WA	CNZ8338	MLN	CU03CPX	GIC	CU53ARF	FCY
CN57BKG	CBU	CN58BYM	WA	CNZ8339	MLN	CU03EUM	ATE	CU53ARO	FCY
CN57BKJ	CBU	CN58BZX	WA	CNZ8600	TOW	CU03LXH	CHE	CU53ARX	FCY
CN57BKK	CBU	CN58DHG	HWS	CO08ZYO	ZDD	CU04AKP	RBC	CU53ARZ	FCY
CN57BKL	CBU	CN58EAA	HWS	CO10ZYO	ZDD	CU04AKV	RBC	CU53ASO	FCY
CN57BKO	CBU	CN58EAC	HWS	CP03KJJ	MON	CU04AMK	SWC	CU53AUO	FCY
CN57BKU	CBU	CN58EAE	HWS	CP03YSG	CYM	CU04AMV	SYOR	CU53AUP	FCY
CN57BXA	WA	CN58EBM	AAM	CP03YSH	CYM	CU04AMX	ROS	CU53AUT	FCY
CN57BXB	WA	CN58EDF	GOL	CP07FGG	MLN	CU04AOL	JJT	CU53AUV	FCY
CN57BXC	WA	CN58EDU	FTC	CP52FUE	MON	CU04AOP	ROS	CU53AUW	FCY
CN57BXD	WA	CN58FFT	CBU	CP52LHJ	MON	CU04AUV	ROS	CU53AUX	FCY
CN57BXE	WA	CN58FFU	CBU	CP52LHK	MON	CU04AUW	SIL	CU53AUY	FCY
CN57BXF	WA	CN58FFV	CBU	CP52NLF	MON	CU04AYP	FCY	CU53AVB	FCY
CN57BXG	WA	CN58FFW	CBU	CR02HCR	HAR	CU04AYS	FCY	CU53AVJ	FCY
CN57BXH	WA	CN58FFX	CBU	CR04RAM	RAM	CU04EOW	MIT	CU53AVK	FCY
CN57BXJ	WA	CN58FFY	CBU	CR06EDY	RAM	CU04EPA	ALE	CU53AVL	FCY
CN57BXK	WA	CN58FFZ	CBU	CR08RAM	RAM	CU04HKT	STA	CU53AVM	FCY
CN57BXL	WA	CN59BVM	EDW	CRC911	HPC	CU05CZC	COS	CU53AVN	FCY
CN57BXM	WA	CN59CKU	CBU	CRG325C	FAB	CU05DBX	EXL	CU53AVO	FCY
CN57BXO	WA	CN59CKV	CBU	CRU184C	TWH	CU05DME	SIL	CU53AVP	FCY
CN57BYO	WA	CN59CKX	CBU	CRU187C	CBS	CU05EJV	VTC	CU53AVR	FCY
CN57BYP	WA	CN59CKY	CBU	CS06CTS	SAP	CU05LGJ	FED	CU53AVT	FCY
CN57BYR	WA	CN59CLF	CBU	CS06PBS	BUD	CU05LGK	FED	CU53AVV	FCY
CN57BYS	WA	CN59DWM	WA	CS07JDS	DMC	CU06ABX	JML	CU53AVW	FCY
CN57BYT	WA	CN59DWO	WA	CS08CTS	SAP	CU06ANP	SIL	CU53EYF	ALE
CN57BYU	WA	CN59EKA	LBH	CSF160W	BBL	CU06AWG	VTC	CU53EYG	ALE
CN57BYV	WA	CN59EKB	LBH	CSK282	ANG	CU06CKJ	OVL	CU53HBH	A&E
CN57BYW	WA	CN60CVE	WA	CSL498	CAO	CU06LCL	VTC	CU54BUP	GMB
CN57BYX	WA	CN60CVF	WA	CSU920	BBD	CU06LCM	VTC	CU54CYX	FCY
CN57BYY	WA	CN60CVG	WA	CSU923	BBD	CU06LCN	VTC	CU54CYY	FCY
CN57BYZ	WA	CN60CVH	WA	CSU926	TAR	CU07HVK	SIL	CU54CYZ	FCY
CN57BZA	WA	CN60CVJ	WA	CSU936	BTL	CU08ACY	FCY	CU54DCE	FCY
CN57BZB	WA	CN60CVK	WA	CSU937	BTL	CU08ACZ	FCY	CU54DCF	FCY
CN57BZC	WA	CN60CVL	WA	CSU938	HKW	CU08ADO	FCY	CU54DLJ	JML
CN57EFB	VTC	CN60CVM	WA	CSU960	CWL	CU08ADV	FCY	CU54HYK	FCY
CN57EFC	VTC	CN60CVO	WA	CSU978	SSOU	CU08ADX	FCY	CU54HYL	FCY
CN57EFD	VTC	CN60CVP	WA	CSV219	HKW	CU08ADZ	FCY	CU54HYM	FCY
CN57EFE	VTC	CN60CVR	WA	CSV651	STU	CU08AHN	FCY	CU54HYN	FCY
CN57EFF	VTC	CN60CVS	WA	CSV807	CYM	CU08AHO	FCY	CU54HYO	FCY
CN57EFG	VTC	CN60CVT	WA	CSV887	CRI	CU08AHP	FCY	CU54HYP	FCY
CN57EFH	VTC	CNW155C	KEN	CT04LCT	CAL	CU08AHV	FCY	CU54HYR	FCY
CN57EFJ	VTC	CNZ1507	VIS	CT05LCT	SAN	CU08AHX	FCY	CU54HYT	FCY
CN57EFK	VTC	CNZ1521	MWT	CT06EBT	EBC	CU08FBK	ASD	CU54HYV	FCY
CN57FGA	CBU	CNZ1522	TVP	CT06LCT	ZER	CU08FBL	ASD	CU54HYW	FCY
CN57FGC	CBU	CNZ1524	MWT	CT07MTT	ZBO	CU08HTK	GET	CU54HYX	FCY
CN57FGD	CBU	CNZ1530	MWT	CT08LCT	LCT	CU08RFE	LMC	CU54HYY	FCY
CN57FWL	WA	CNZ1531	MWT	CT09LCT	LCT	CU09AEM	BJL	CU54HYZ	FCY
CN57FWM	WA	CNZ1532	TVP	CT10LCT	LCT	CU10ABN	JML	CU54HZA	FCY
CN57FWO	WA	CNZ1535	TVP	CT10MTT	ZBO	CU10AKZ	SZB	CU54HZB	FCY
CN57GJU	HWS	CNZ1541	AUD	CT53CJT	TIV	CU51EFA	VTE	CU54KWS	SIL
CN57GKG	HWS	CNZ1783	MGI	CT53CTS	SAP	CU51HVS	TAY	CU56ATV	SZB
CN57GRX	HWS	CNZ2250	D&G	CT55LHC	CEN	CU52FVK	LMS	CU56AVP	WLC
CN58BYA	WA	CNZ2263	LID	CT57LCT	LCT	CU52GPO	MIM	CU56AXO	JML

Code	Reg	Code	Reg	Code	Reg	Code	Reg	Code	Reg
CU57AFN	SZB	CV02JSU	RBC	CX02EBV	G&M	CX06BHU	ANW	CX07CSU	ANW
CU57AJV	FCY	CV02KFU	CRG	CX02ECC	FNW	CX06BHV	ANW	CX07CSV	ANW
CU57AKF	JML	CV02KFX	JPM	CX02ECN	FNW	CX06BHW	ANW	CX07CSY	ANW
CU59AFF	SZB	CV02KGG	AWD	CX02EFF	FNW	CX06BHY	ANW	CX07CSZ	ANW
CH59AHF	JML	CV02LLD	LMC	CX02EFG	FNW	CX06BHZ	ANW	CX07CTE	ANW
CU6860	GON	CV02OWZ	CML	CX02EGC	FNW	CX06BJE	ANW	CX07CTF	ANW
CU7661	GON	CV03OUY	GRL	CX02EGD	FNW	CX06BJF	ANW	CX07CTK	ANW
CUB24Y	HCT	CV04THZ	NEC	CX02EGE	FNW	CX06BJJ	ANW	CX07CTO	ANW
CUB69Y	GRN	CV06COV	DCT	CX02EGF	FNW	CX06BJK	ANW	CX07CTU	ANW
CUD221Y	CFL	CV06URX	DJT	CX02EGJ	FNW	CX06BJO	ANW	CX07CTV	ANW
CUD222Y	WOT	CV06URY	CCS	CX02EGK	FNW	CX06BJU	ANW	CX07CTY	ANW
CUD223Y	HED	CV07HNG	DCS	CX02ELH	EFN	CX06BJV	ANW	CX07CTZ	ANW
CUD224Y	HED	CV08COV	DCT	CX03EFS	LJL	CX06BJY	ANW	CX07CUA	ANW
CUI20	ALC	CV09COV	DCT	CX03JVC	LJL	CX06BJZ	ANW	CX07CUC	ANW
CUI925	TIT	CV10COV	DCT	CX03YHE	EFN	CX06BKA	ANW	CX07CUG	ANW
CUL88V	GRN	CV10KOV	DCT	CX04AXW	ANW	CX06BKD	ANW	CX07CUH	ANW
CUL95V	FIS	CV54ZTB	LLM	CX04AXY	ANW	CX06BKE	ANW	CX07CUJ	ANW
CUL139V	GRN	CV55ABK	FED	CX04AXZ	ANW	CX06BKF	ANW	CX07CUK	ANW
CUL140V	MAS	CV55ABN	FED	CX04AYA	ANW	CX06BKG	ANW	CX07CUU	ANW
CUL143V	MON	CV55ACO	FCY	CX04AYB	ANW	CX06BKJ	ANW	CX07CUV	ANW
CUL162V	ZBG	CV55ACU	FCY	CX04AYC	ANW	CX06BKK	ANW	CX07CUW	ANW
CUL163V	MAS	CV55ACX	FCY	CX04CVF	EMP	CX06BKL	ANW	CX07CUY	ANW
CUL172V	SUL	CV55ACY	FCY	CX04EHV	ARM	CX06BKN	ANW	CX07CVA	ANW
CUL173V	BIG	CV55ACZ	FCY	CX04EHW	ARM	CX06BKO	ANW	CX07CVB	ANW
CUL186V	MAS	CV55AEU	JML	CX04EHY	ARM	CX06EAK	ANW	CX08AOF	NEF
CUL189V	FIS	CV55AFA	FCY	CX04EHZ	ARM	CX06EAM	ANW	CX08AOG	EMP
CUL193V	MAS	CV55AFE	FED	CX04HRN	ANW	CX06EAO	ANW	CX08AOO	EMP
CUL197V	WCM	CV55AFF	FED	CX04HRP	ANW	CX06EAP	ANW	CX08DJJ	ANW
CUP163L	SPT	CV55AFU	SZB	CX04HRR	ANW	CX06EAW	ANW	CX08DJK	ANW
CUS302X	GCT	CV55AGX	FBE	CX04HYN	TAT	CX06EAY	ANW	CX08DJO	ANW
CUT465	DEW	CV55AGZ	FCY	CX05AAE	ANW	CX06EBA	ANW	CX08DJU	ANW
CUV198C	CAO	CV55AHA	FCY	CX05AAF	ANW	CX06EBC	ANW	CX09BFM	ANW
CUV203C	LOT	CV55AMU	FED	CX05AAJ	ANW	CX06EBD	ANW	CX09BFN	ANW
CUV217C	ALN	CV55AMX	FED	CX05AAK	ANW	CX06EBF	ANW	CX09BFO	ANW
CUV220C	ENS	CV55ANF	FBE	CX05AAN	ANW	CX06EBG	ANW	CX09BFP	ANW
CUV221C	ZCU	CV55ANP	FBE	CX05AFJ	CAE	CX06EBJ	ANW	CX09BFU	ANW
CUV226C	ENS	CV55AOO	FBE	CX05AHU	NEF	CX06EBK	ANW	CX09BFV	ANW
CUV239C	IMP	CV55AXA	JML	CX05AHV	NEF	CX06EBL	ANW	CX09BFY	ANW
CUV241C	LOT	CV55AXW	SIL	CX05AJY	CAE	CX06EBM	ANW	CX09BFZ	ANW
CUV248C	LOT	CV55AYK	JML	CX05ARZ	CAE	CX06LKE	BRU	CX09BGE	ANW
CUV260C	LBP	CV55AZN	SIL	CX05EOV	ANW	CX06TMV	GPX	CX09BGF	ANW
CUV263C	ZCU	CV55BAU	SIL	CX05EOW	ANW	CX07AVM	M&H	CX09BGK	ANW
CUV266C	RHC	CV55FTY	SAJ	CX05EOY	ANW	CX07COJ	ANW	CX09BGO	ANW
CUV272C	SUL	CV57HMU	A&E	CX05FKO	PDB	CX07COU	ANW	CX09BGU	ANW
CUV280C	WBH	CV59FBN	LMC	CX05JVD	ANW	CX07CPE	ANW	CX09BGV	ANW
CUV286C	SNW	CV59UCT	CML	CX06AAU	EMP	CX07CPF	ANW	CX09BGW	ANW
CUV290C	CBS	CVE11V	SFI	CX06AGO	EFN	CX07CPK	ANW	CX09BGZ	ANW
CUV305C	GAL	CVE12V	KEN	CX06BGU	ANW	CX07CPN	ANW	CX09BHA	ANW
CUV310C	ZCU	CVH733Y	PPH	CX06BGV	ANW	CX07CPO	ANW	CX09EMS	EMP
CUV317C	B&H	CW02JMW	WAT	CX06BGY	ANW	CX07CPU	ANW	CX10AUP	EMP
CUV318C	GAL	CW05JMW	WAT	CX06BGZ	ANW	CX07CPV	ANW	CX51EZJ	PDB
CUV322C	RRB	CW05PSW	PSW	CX06BHA	ANW	CX07CPY	ANW	CX51FKO	CAE
CUV324C	RWN	CW51PBX	PDB	CX06BHD	ANW	CX07CPZ	ANW	CX52VRK	PDB
CUV327C	RML	CW51PBZ	PDB	CX06BHE	ANW	CX07CRF	ANW	CX53BZD	LJL
CUV355C	ALN	CW55EZH	VOE	CX06BHF	ANW	CX07CRJ	ANW	CX53FBJ	EMP
CV02GZB	CVP	CW56TOP	WVY	CX06BHJ	ANW	CX07CRK	ANW	CX53LHT	ASD
CV02HBN	SIL	CWR505Y	MCD	CX06BHK	ANW	CX07CRU	ANW	CX54DKD	ANW
CV02HBO	SIL	CWR507Y	ALP	CX06BHL	ANW	CX07CRV	ANW	CX54DKE	ANW
CV02HBP	SIL	CWR512Y	MCT	CX06BHN	ANW	CX07CRZ	ANW	CX54DKF	ANW
CV02JKO	TAR	CWR516Y	RED	CX06BHO	ANW	CX07CSF	ANW	CX54DKJ	ANW
CV02JKU	REY	CX02EBU	NEF	CX06BHP	ANW	CX07CSO	ANW	CX54DKK	ANW

CX54DKL	ANW	CX56AHZ	EMP	CX58EUH	ANW	CX58EWH	ANW	CX58FZK	ANW
CX54DKN	ANW	CX56AOJ	EFN	CX58EUJ	ANW	CX58EWJ	ANW	CX58FZL	ANW
CX54DKO	ANW	CX56ATF	EFN	CX58EUK	ANW	CX58EWK	ANW	CX58FZM	ANW
CX54DKU	ANW	CX56AXD	EMP	CX58EUL	ANW	CX58EWL	ANW	CX58FZN	ANW
CX54DKV	ANW	CX56CDY	ANW	CX58EUM	ANW	CX58EWM	ANW	CX58FZO	ANW
CX54DKY	ANW	CX56CDZ	ANW	CX58EUN	ANW	CX58EWN	ANW	CX58FZP	ANW
CX54DLD	ANW	CX56CEA	ANW	CX58EUO	ANW	CX58EWO	ANW	CX58FZR	ANW
CX54DLF	ANW	CX56CEF	ANW	CX58EUP	ANW	CX58EWP	ANW	CX58FZS	ANW
CX54DLJ	ANW	CX56CEJ	ANW	CX58EUR	ANW	CX58EWR	ANW	CX58FZT	ANW
CX54DLK	ANW	CX56CEK	ANW	CX58EUT	ANW	CX58EWS	ANW	CX58FZU	ANW
CX54EPJ	ANW	CX56CEN	ANW	CX58EUU	ANW	CX58EWT	ANW	CX58FZV	ANW
CX54EPK	ANW	CX56CEO	ANW	CX58EUV	ANW	CX58EWU	ANW	CX58FZW	ANW
CX54EPL	ANW	CX56CEU	ANW	CX58EUW	ANW	CX58EWV	ANW	CX58FZY	ANW
CX54EPN	ANW	CX56CEV	ANW	CX58EUY	ANW	CX58EWW	ANW	CX58FZZ	ANW
CX54EPO	ANW	CX56CEY	ANW	CX58EUZ	ANW	CX58EWY	ANW	CX58GAA	ANW
CX55AGV	VOE	CX56CFA	ANW	CX58EVB	ANW	CX58EWZ	ANW	CX58GAO	ANW
CX55DMO	ALP	CX56LCT	KTM	CX58EVC	ANW	CX58EXA	ANW	CX58GAU	ANW
CX55EAA	ASW	CX57BZO	ANW	CX58EVD	ANW	CX58EXB	ANW	CX58GBE	ANW
CX55EAC	ASW	CX57CYO	ANW	CX58EVF	ANW	CX58EXC	ANW	CX58GBF	ANW
CX55EAE	ASW	CX57CYP	ANW	CX58EVG	ANW	CX58EXD	ANW	CX58GBO	ANW
CX55EAF	ANW	CX57CYS	ANW	CX58EVH	ANW	CX58EXE	ANW	CX58GBU	ANW
CX55EAG	ANW	CX57CYT	ANW	CX58EVJ	ANW	CX58EXG	ANW	CX58GBV	ANW
CX55EAJ	ANW	CX57CYU	ANW	CX58EVK	ANW	CX58EXH	ANW	CX58GBY	ANW
CX55EAK	ANW	CX57CYV	ANW	CX58EVL	ANW	CX58EXJ	ANW	CX58GBZ	ANW
CX55EAM	ANW	CX57CYW	ANW	CX58EVN	ANW	CX58EXK	ANW	CX59AOK	PDB
CX55EAO	ANW	CX57CYY	ANW	CX58EVP	ANW	CX58EXL	ANW	CX60AAU	EMP
CX55EAP	ANW	CX57CYZ	ANW	CX58EVR	ANW	CX58FYU	ANW	CX60AEC	EFN
CX55EAW	ANW	CX57CZA	ANW	CX58EVT	ANW	CX58FYV	ANW	CX60AED	EFN
CX55EAY	ANW	CX57FGU	PDB	CX58EVU	ANW	CX58FYZ	ANW	CX60AEE	EFN
CX55EBA	ANW	CX58AUA	PDB	CX58EVV	ANW	CX58FYW	ANW	CX60AEF	EFN
CX55EBC	ANW	CX58CGF	ANW	CX58EVW	ANW	CX58FYY	ANW	CX60AEL	GWN
CX55EBD	ANW	CX58ETY	ANW	CX58EVY	ANW	CX58FZA	ANW	CX60AEM	GWN
CX55EBF	ANW	CX58ETZ	ANW	CX58EWA	ANW	CX58FZB	ANW	CXX457	LBP
CX55EBG	ANW	CX58EUA	ANW	CX58EWB	ANW	CX58FZC	ANW	CY55MRU	EMP
CX55EBJ	ANW	CX58EUB	ANW	CX58EWC	ANW	CX58FZE	ANW	CY56MRO	EMP
CX55EMS	EMP	CX58EUC	ANW	CX58EWD	ANW	CX58FZF	ANW	CY56MRU	EMP
CX55FAF	ANW	CX58EUD	ANW	CX58EWE	ANW	CX58FZG	ANW	CY57CYL	VOE
CX55FAJ	ANW	CX58EUE	ANW	CX58EWF	ANW	CX58FZH	ANW	CYJ365Y	IVG
CX56AHK	PDB	CX58EUF	ANW	CX58EWG	ANW	CX58FZJ	ANW	CZ1988	GBU

D

D1WET	WET	D30BEW	KEN	D123EFH	WLA	D146ENV	DEV	D173FYM	BLT
D4HMB	2WT	D32CLC	CRL	D124FYM	CLT	D146HML	BYS	D174FYM	ANE
D5CPW	WAT	D32VCW	BES	D125FYM	EMB	D149FYM	ALP	D175FYM	DAV
D5DOT	DOT	D41GAJ	WSC	D126FYM	TEV	D150FYM	IBL	D176CLC	CRL
D5NCB	NCB	D42VDV	BAK	D126YDL	DGB	D152FYM	S&M	D183FYM	FNW
D6BUS	SREN	D53VSO	FIT	D129SHE	SAN	D153FYM	ELR	D187FYM	ASW
D6WMS	WED	D66ONS	FOR	D131ACX	CMF	D158FYM	FNW	D188FYM	TMH
D9KKA	WBU	D72HRU	BAN	D131UGB	JJT	D162FYM	RWN	D190FYM	RED
D10SLT	SLT	D78HRU	HQD	D132FYM	ELR	D164FYM	ABU	D192DLX	HRD
D11DOT	DOT	D78JHY	CSC	D133FYM	ELR	D165KDN	EKR	D192FYM	TMH
D12ELL	ELS	D85SHD	JBG	D133VJK	RAM	D167FYM	RWN	D196WJC	DAV
D15SFC	ZDT	D93BNV	HAP	D136FYM	CLT	D168FYM	RWN	D199FYM	RED
D19ANT	ANT	D101GHY	NSC	D137FYM	ELR	D169FYM	RWN	D200ELJ	VTC
D20DOT	DOT	D101TCA	HAN	D137SWE	ZEC	D169WRC	HQL	D201FYM	IBL
D20SMS	ESK	D103GHY	FSA	D138FYM	IBL	D16WMS	WED	D206FYM	AVC
D21EFS	HCO	D104XAN	BKB	D140FYM	AVC	D170FYM	ANW	D207MKK	SFU
D24TSW	BGR	D110CRE	ROY	D141FYM	ELR	D171FYM	ANW	D208VVV	FCH
D29CAC	PCO	D121YDO	2WT	D142FYM	SWSC	D171PYB	SOL	D211FYM	RWN

Reg	Code	Reg	Code	Reg	Code	Reg	Code	Reg	Code
D211KDE	HAY	D388XRS	ZBG	D647ETR	GRI	D959NDA	TWM	DAZ1544	GBU
D212MKK	CAS	D393TAU	GIB	D658NNE	ROY	D982JJD	EDT	DAZ1545	GBU
D213FYM	BLT	D394TAU	GIB	D675YNO	APL	D983OEJ	RBC	DAZ1546	GBU
D214FYM	RWN	D402HEU	GUS	D679XBC	CRW	DA02PUF	SEL	DAZ1547	GBU
D215JHY	HAY	D409TFT	WGW	D690UGT	BIG	DA02PUX	HAL	DAZ1548	GBU
D215LWX	EDW	D411OSJ	ANG	D692UGT	BIG	DA02PUY	HAL	DAZ1549	GBU
D215YHK	HET	D420KMT	SOO	D695XBB	ZDW	DA02PVP	SEL	DAZ1550	GBU
D217LWX	JCS	D420NNA	BYS	D700GHY	FDC	DA04GHA	GHA	DAZ1553	EDW
D217NCS	ROW	D432TCA	BYS	D701GHY	FDC	DA51GHA	GHA	DAZ1555	AMV
D217YCW	GRD	D434BCJ	EKR	D701THF	ORC	DA51XTB	OAR	DAZ1556	AMV
D218FYM	BLT	D434OWO	TAR	D701TLG	GRI	DA51XTC	WTR	DAZ1558	OLY
D220NCS	ROW	D436NNA	BYS	D702GHY	FDC	DA51XTD	WTR	DAZ1559	OLY
D222LWY	CRK	D438TMB	HCO	D704GHY	FDC	DA51XTE	WTR	DAZ1560	SOO
D224LWY	HQL	D453DWP	BDC	D705GHY	FDC	DA52ZVK	WBT	DAZ1561	SHIC
D227PPU	BOK	D458ENV	EDT	D706GHY	FDC	DA52ZVL	WBT	DAZ1565	ERT
D229HMT	TMH	D459TWE	LEW	D706XJL	ACE	DA52ZVM	WBT	DAZ1569	ROI
D230UNT	RAI	D461PON	ROY	D706YHK	TRH	DAD600Y	MVL	DAZ1570	EBC
D232VRM	REI	D462PON	ROY	D707GHY	FDC	DAS889	STE	DAZ1571	SHIC
D235FYM	FNW	D470PON	ROY	D709GHY	FDC	DAY1T	EMP	DAZ1572	STE
D236FYM	LOR	D478FHW	GSF	D710GHY	FSA	DAZ1400	EAC	DAZ1573	EDW
D238FYM	FNW	D478FUW	THD	D713CSC	ROW	DAZ1501	GBU	DAZ2283	HRD
D240WTL	2WT	D483NOX	AST	D718CLC	CRL	DAZ1502	GBU	DAZ3000	GBU
D242FYM	ANW	D500GHY	RKC	D742ELH	PAT	DAZ1503	GBU	DAZ3001	GBU
D243PAW	AWC	D503XCD	ZCH	D748VSA	WRB	DAZ1504	GBU	DAZ3293	SCI
D244FYM	ALP	D506GHY	WJC	D754LRJ	AST	DAZ1505	GBU	DAZ3294	SCI
D247FYM	S&M	D512UGT	BIG	D756MRL	HOP	DAZ1506	GBU	DAZ4298	WTB
D247MWU	ELR	D514UGT	BIG	D759UTA	SEW	DAZ1507	GBU	DAZ4302	KIE
D248FYM	ELR	D516DSX	WJC	D760YJU	WLA	DAZ1508	GBU	DAZ4303	BEL
D251FYM	FNW	D517DSX	LID	D778NYG	ZEH	DAZ1509	GBU	DAZ4304	BEL
D253HFX	SOO	D518DSX	ROW	D780FVT	MCL	DAZ1510	GBU	DAZ4518	ANC
D257FYM	BLT	D519UGT	BIG	D785GCD	KIM	DAZ1511	GBU	DAZ4523	ANC
D258FYM	BLT	D521WNV	BKB	D785VMO	WEA	DAZ1512	GBU	DAZ5045	ANC
D259FYM	TRH	D522DSX	SMP	D808SGB	HKW	DAZ1514	GBU	DAZ5046	ANC
D259HFX	SOO	D525UGT	BIG	D817LWY	BOR	DAZ1515	GBU	DAZ5455	SNOE
D260JVR	A&P	D526BBV	MCL	D822UTF	FAI	DAZ1516	GBU	DAZ5505	GBU
D263HFX	HOP	D527DPM	SCH	D825YCH	MDO	DAZ1517	GBU	DB02ANT	ANT
D264HFX	GHA	D527UGT	BIG	D851UTA	TUT	DAZ1519	GBU	DB04BUZ	BUZ
D264ROH	SIL	D536NDA	VCC	D870MDB	BYS	DAZ1520	GBU	DB07MTB	BCS
D280JME	WLC	D546NRL	YON	D875EEH	ATW	DAZ1521	GBU	DB07OXF	OBC
D285XCX	MEW	D547MVR	PAR	D880FYL	BAY	DAZ1522	GBU	DB08YPB	K&J
D287OAK	GSF	D552MVR	PAR	D881FYL	WKB	DAZ1523	GBU	DB09PAB	PRN
D298HMT	KOD	D553YNO	APL	D883OUA	AVC	DAZ1524	BCB	DB53MTB	WBS
D298XCX	SHM	D554NOE	VCC	D901EAJ	STE	DAZ1525	BCB	DBA228C	CCB
D300RFC	GSA	D555CJF	BUG	D902NUS	ALE	DAZ1526	GBU	DBH452X	AVC
D301PEV	BCT	D558MVR	WKB	D908DWP	LUV	DAZ1527	GBU	DBJ969Y	BAR
D304PEV	BCT	D567MVR	EDW	D922UOD	HPC	DAZ1528	GBU	DBK264W	B&W
D318FDX	A&P	D569KJT	S&S	D923NDA	WLA	DAZ1529	GBU	DBU889	FEL
D324VVV	AUD	D570KJT	CFD	D924NDA	HWC	DAZ1530	GBU	DBV31W	CCB
D335UGA	ROY	D571NRL	CCB	D925NDA	BEW	DAZ1531	GBU	DBV32W	CCB
D336MHB	FYC	D573MVR	SKC	D928NDA	TWM	DAZ1532	GBU	DBV132Y	SRK
D337MHB	STY	D578MVR	HAN	D929NDA	TWM	DAZ1533	GBU	DBZ696	BRU
D345YDO	SBA	D589MVR	CVP	D930UTU	ABI	DAZ1534	GBU	DC05BBC	BLD
D349ESC	SAJ	D590MVR	ZCH	D938NDA	SUN	DAZ1535	GBU	DC06CLC	CRL
D350OUA	TMB	D602RGJ	EMS	D939HMU	AVC	DAZ1536	GBU	DC07MDC	DCT
D353RCY	DAR	D603MVR	GRC	D943NDA	A&P	DAZ1537	GBU	DC10CED	DUD
D367JJD	BLT	D605MVR	SPA	D947NDA	MCO	DAZ1538	GBU	DC52DEN	DCC
D377RHS	EVC	D607MVR	TEV	D951NDA	TWM	DAZ1539	GBU	DC54EYC	EYM
D379XRS	RED	D614ASG	CCC	D954NDA	MCO	DAZ1540	GBU	DC57WAL	KAD
D382XRS	RED	D620YCX	SPE	D955NDA	TWM	DAZ1541	GBU	DCA525X	CBS
D384XAO	MOX	D638KMM	SMO	D958NDA	TWM	DAZ1542	GBU	DCC207	DCC

DCZ1286 ALE	DE52USC HAL	DEZ8915 BCB	DIG8128 R&R	DK09ELU WBT
DCZ1287 ALE	DE59ELL ELS	DEZ9611 MPC	DIG8657 ALE	DK09ELV WBT
DCZ1288 ALE	DEL893C QMS	DF02EHY HAL	DIG9728 BUD	DK09ELW WBT
DCZ1673 GRB	DEM784Y MAG	DF02EKC HAL	DJ04ELL ELS	DK09ELX WBT
DCZ2100 BCB	DEM822Y EDW	DF03NTE COM	DJ06LOV ABI	DK09EMF WBT
DCZ2101 BCB	DEN17D DCC	DF09OXF OBC	DJ07BUS DJT	DK09EMJ WBT
DCZ2102 BCB	DEN69D DCC	DF10OXF OBC	DJ09DJT DJT	DK09EMV WBT
DCZ2103 BCB	DEN80D DCC	DF51CWC CMD	DJ58DJT DJT	DK09EMX WBT
DCZ2104 BCB	DEN83D DCC	DF52ABU WBT	DJ59DJT DJT	DK09ENC WBT
DCZ2105 BCB	DEW1V DEW	DF52AXG WBT	DJH731F MAG	DK09ENV GHA
DCZ2316 B&W	DEW130Y DEW	DF53OXF OBC	DJI654 CRL	DK09ENW GHA
DCZ2317 CFL	DEZ2791 MMA	DF55OXF OBC	DJS203 LUV	DK09GXW FNW
DCZ2319 CFL	DEZ4112 GBU	DF57OXF OBC	DJZ1825 BRC	DK09GXX FNW
DCZ3100 BCB	DEZ4113 GBU	DFB233W SSM	DJZ4676 DEV	DK09GXY FNW
DCZ3101 BCB	DEZ4114 GBU	DFC568 SAJ	DJZ6641 FLM	DK09GXZ FNW
DCZ3102 BCB	DEZ4115 GBU	DFZ4701 KTL	DJZ8677 VAW	DK09GYA FNW
DCZ3103 BCB	DEZ4258 MLC	DFZ8200 GBU	DJZ9861 RSR	DK09GYB FNW
DCZ4004 PIC	DEZ4259 DCA	DG02WXT HAL	DK03CVW HTL	DK09GYC FNW
DCZ4821 GBU	DEZ6218 JAC	DG02WXU HAL	DK03CWX HTL	DK09GYD FNW
DCZ4826 GBU	DEZ7877 GBU	DG02WXV HAL	DK03CWY HTL	DK09GYE FNW
DCZ4827 GBU	DEZ7899 GBU	DG02WYB D&G	DK03CWZ HTL	DK09GYF FNW
DCZ4828 GBU	DEZ8786 DAB	DG09MFF HIL	DK03NTD HAL	DK09GYG FNW
DCZ7109 LAK	DEZ8873 GBU	DG52TYP WTR	DK03NTE HAL	DK09GYH FNW
DCZ7588 KEY	DEZ8874 GBU	DG52TYS WTR	DK03OYT CHT	DK09GYJ FNW
DCZ7648 EDW	DEZ8875 GBU	DG52TYT WTR	DK03TNL HAL	DK09GYN FNW
DCZ7649 EDW	DEZ8876 GBU	DG52TYU WTR	DK03TNN HAL	DK52MZX PHI
DCZ7650 EDW	DEZ8878 GBU	DG53CMY LBC	DK04LWN MLC	DK54JPJ HAL
DCZ7651 EDW	DEZ8879 GBU	DG53FJU WBT	DK04MKE HAL	DK54JPO HAL
DD05ALS HCL	DEZ8880 GBU	DG53FJV WBT	DK04MKF HAL	DK54JPU HAL
DD06DOT DOT	DEZ8881 BCB	DG53FJX WBT	DK04MKG HAL	DK55FRC HUT
DD08OXF OBC	DEZ8882 GBU	DG53FJY WBT	DK04MKJ HAL	DK55FWY ANW
DD53BUZ ZAF	DEZ8883 BCB	DG53FLH WBT	DK04NNB LBC	DK55FWZ ANW
DD56BLU BLU	DEZ8884 GBU	DG53FLJ WBT	DK04SUH HTL	DK55FXA ANW
DDD200T PUH	DEZ8885 GBU	DH02DRH SBU	DK04SUU HTL	DK55FXB ANW
DDT292V 2WT	DEZ8886 GBU	DH05LON HUT	DK05CPU LFT	DK55FXC ANW
DDY222 RAM	DEZ8887 GBU	DH09BAN BAN	DK05FWB WCM	DK55FXD ANW
DDY567 RAM	DEZ8889 GBU	DH55MCT MCM	DK06OXD WEB	DK55FXE ANW
DDZ1639 J&C	DEZ8890 GBU	DHC782E SSOU	DK06ZTS LUC	DK55FXF ANW
DE52OLM SBA	DEZ8891 GBU	DHG211W GOD	DK06ZTT LUC	DK55FXG ANW
DE02URX WBT	DEZ8892 GBU	DHZ4747 MGR	DK07EZG WBT	DK55FXH ANW
DE03KER WBU	DEZ8893 GBU	DHZ6774 MPT	DK07EZH WBT	DK55FXJ ANW
DE03XDR SIE	DEZ8894 GBU	DIB8484 REY	DK07EZJ WBT	DK55FXL ANW
DE04XEZ LBC	DEZ8895 GBU	DIG3719 GHJ	DK07EZL WBT	DK55FXM ANW
DE04YNB WBT	DEZ8896 GBU	DIG3720 GHJ	DK07EZM WBT	DK55FXO ANW
DE04YNC WBT	DEZ8897 BCB	DIG3781 LOG	DK07EZN WBT	DK55FXR ANW
DE04YND WBT	DEZ8898 BCB	DIG4380 GRI	DK07EZO WBT	DK55FXS ANW
DE04YNF WBT	DEZ8900 GBU	DIG4461 BUZ	DK07EZP WBT	DK55FXT ANW
DE04YNG WBT	DEZ8901 GBU	DIG4462 BUZ	DK07EZR WBT	DK55FXU ANW
DE04YNH WBT	DEZ8902 GBU	DIG4465 BUZ	DK07FWH WBT	DK55FXV ANW
DE05NDN LMC	DEZ8903 GBU	DIG4585 ZCL	DK07FWJ WBT	DK55FXW ANW
DE08DEC D&E	DEZ8904 GBU	DIG6405 HTT	DK07FWL WBT	DK55FXX ANW
DE52OJS HTL	DEZ8905 GBU	DIG6557 AWT	DK07NPY JHR	DK55FXY ANW
DE52OJT HTL	DEZ8906 GBU	DIG8097 TDT	DK08AZO HTL	DK55FXZ ANW
DE52OJU HTL	DEZ8907 GBU	DIG8098 TDT	DK09DZD GHA	DK55FYA ANW
DE52OJV HTL	DEZ8908 GBU	DIG8108 FSR	DK09DZE GHA	DK55FYB ANW
DE52OKW EUT	DEZ8909 GBU	DIG8122 R&R	DK09DZF GHA	DK55FYC ANW
DE52OLJ HZU	DEZ8910 GBU	DIG8123 R&R	DK09DZG GHA	DK55FYD ANW
DE52OLK HZU	DEZ8911 GBU	DIG8124 R&R	DK09DZH GHA	DK55FYE ANW
DE52OLN ASD	DEZ8912 GBU	DIG8125 R&R	DK09ELH WBT	DK55FYF ANW
DE52URZ HAL	DEZ8913 BCB	DIG8126 R&R	DK09ELJ WBT	DK55FYG ANW
DE52USB HAL	DEZ8914 BCB	DIG8127 R&R	DK09ELO WBT	DK55FYH ANW

DK55FYJ	ANW	DLZ4298	PIC	DS8736	FAL	DW03FWK	HAT	DX10LCJ	R&R
DK55FYL	ANW	DLZ4853	EUR	DSK107	FOR	DW05HAM	HMS	DX10LCL	R&R
DK55FYM	ANW	DLZ5484	EKR	DSK515	BBL	DW05PSW	PSW	DX10LCM	R&R
DK55FYN	ANW	DLZ8734	MGR	DSK516	BBL	DW07HAM	HMS	DX10LCN	R&R
DK55FYO	ANW	DM02GSM	RIG	DSK558	SGC	DW09PUL	PUH	DX10LCO	R&R
DK55FYP	ANW	DM04GSM	SHM	DSK559	SGC	DW52HAM	HMS	DX10LHW	R&R
DK55FYR	ANW	DM05GSM	SIM	DSK560	SGC	DW54HAM	HMS	DX10LRA	R&R
DK55FYS	ANW	DM09DRM	DRM	DSK648	SIM	DW3420	MIM	DX10LRE	R&R
DK55FYT	ANW	DM10DRM	DRM	DSL856	ZEG	DWG917	CCB	DX10LRF	R&R
DK55FYV	ANW	DM10GSM	MAY	DSU116	SIM	DWU37T	LID	DX10LRJ	R&R
DK55FYW	ANW	DM51BUS	DRM	DSU313	CRN	DX03XEA	GUM	DX10LRK	R&R
DK55HMF	WBT	DM55DRM	DRM	DSU355	PWW	DX03XEB	GUM	DX10LRL	R&R
DK55HMG	WBT	DM56BUS	DRM	DSU405	ZCE	DX03XEC	GUM	DX10LRN	R&R
DK55HMH	WBT	DMJ224X	SKC	DSU707	BBD	DX04NCC	HIS	DX10OBY	R&R
DK55HMJ	WBT	DMN22R	IOM	DSU708	JSS	DX04WKT	CHE	DX10OCG	R&R
DK55HMO	WBT	DMN24R	IOM	DSU772	FFC	DX04WVR	MID	DX10OCJ	R&R
DK55HMU	WBT	DMN25R	IOM	DSV246	STU	DX04XMS	MID	DX10OCL	R&R
DK55NLF	COF	DMN26R	IOM	DSV448	DOF	DX05CZE	HOR	DX51TAV	EAS
DK55NLG	COF	DMN27R	IOM	DSV698	SCM	DX05GFA	BCR	DX52ZTS	CHP
DK55OMM	WBT	DMN31R	IOM	DSV707	CHE	DX05GFE	BCR	DX53XXR	ZCH
DK55OMO	WBT	DMN32R	IOM	DSV710	ZDC	DX05HXU	ZCH	DX53YUG	LCL
DK55OMP	WBT	DMN37R	IOM	DSV943	BBD	DX05HXV	ZCH	DX53YYG	YCT
DK55OMR	WBT	DMN38R	IOM	DSX87L	GHW	DX06HUY	PAT	DX54CMO	OMK
DK55OPL	WBT	DMN39R	IOM	DT03UCT	CKC	DX07WEF	GBC	DX54KJV	A&E
DK55OPM	WBT	DMN40R	IOM	DT04CJT	TUR	DX07WEH	GBC	DX55PFJ	R&B
DK56MLJ	WBT	DN02SUL	SUL	DT06EBT	EBC	DX07WEJ	GBC	DX55PKO	STR
DK56MLL	WBT	DN03SUL	SUL	DT09LCT	LCT	DX07WFA	STW	DX57JXS	MMS
DK56MLN	WBT	DN03WVG	A1A	DT10LCT	LCT	DX09GYS	MMS	DX57REU	MMS
DK56MLO	WBT	DN03WVK	END	DT51	EDT	DX10DXS	SSC	DX57TVW	MMS
DK56MLU	WBT	DN06RVV	HMI	DU02WFH	VIP	DX10DXW	GRL	DX58GFU	GRL
DK56MLV	WBT	DN51WCO	FCA	DU02YBS	ASM	DX10GRK	R&R	DX58LBL	R&R
DK56MLX	WBT	DNB125Y	GLT	DU53JYD	AWJ	DX10GRU	R&R	DX58LBN	R&R
DK57OPY	HTL	DNK590Y	K&J	DU54OWM	SBB	DX10GRZ	R&R	DX58LBO	R&R
DK57SPZ	LBC	DNZ2535	JCA	DU54OWO	SBB	DX10GVT	R&R	DX58LBP	R&R
DK57SXF	LBC	DNZ5043	DHA	DU57DPZ	HTL	DX10GVU	R&R	DX59DHP	ELL
DK57SXG	LBC	DOC41V	WJC	DUI672	GOD	DX10GVV	R&R	DX59FHC	PRC
DK60AHL	HAL	DPB777T	LEW	DUI2781	EUR	DX10GXO	R&R	DX59FHD	CVP
DK60AHN	HAL	DPV65D	QMS	DV04FVA	EAL	DX10GXP	R&R	DX59FHE	MTC
DK60AHO	HAL	DPX683W	K&J	DV04FVC	WCO	DX10GXS	R&R	DX59FHF	MTC
DK60AHP	HAL	DPY335	JSS	DV04FVE	WCO	DX10GXT	R&R	DX59FHG	MTC
DKG270V	ROY	DR02HCR	HAR	DV04FVG	WCO	DX10GXU	R&R	DX60EPE	R&R
DKS20X	JJT	DRF118N	ROY	DV04FVH	WCO	DX10GXV	R&R	DX60EUE	R&R
DKZ4602	SWC	DRN173Y	WCH	DV04FVJ	WCO	DX10GZO	R&R	DXI722	RIG
DKZ7319	WIA	DRN174Y	THR	DV08AYU	HTL	DX10GZP	R&R	DXI741	RIG
DL03GRZ	WCS	DRN176Y	SCB	DV08FVY	HTL	DX10GZR	R&R	DY52GYO	LCL
DL03GSU	LUC	DS03SUL	SUL	DV58HXE	CRU	DX10GZS	R&R	DY53GVK	EDW
DL05AOL	ALE	DS06PBS	BUD	DV58HZC	CRU	DX10GZT	R&R	DY54CPE	HMI
DLJ111L	SRK	DS52AXF	FCA	DV7890	SOO	DX10LCG	R&R	DY56LYZ	SAJ
DLS520Y	MOA	DS56FOS	FFC	DW02HAM	HMS			DYA221A	BOR
DLZ1386	EUR								

E

E1CLN	CLN	E8COM	ZDO	E11JRL	GRL	E18JCT	JOH	E31UNE	AUT
E2ACL	ACH	E8OVA	CUM	E12JCT	JOH	E19JCT	JOH	E32HSH	SCM
E2ELL	ELS	E9COM	ZDO	E14JCT	JOH	E19PCT	ZAF	E32UNE	AUT
E6BAN	BAN	E9JCT	JOH	E15ELF	CAV	E20DGE	LOD	E35AOD	CRI
E6WMS	WED	E9WJC	WJC	E15JCT	JOH	E22XHL	RED	E40SBO	THO
E7COM	ZDO	E10JCT	JOH	E16DCL	DOC	E25UNE	ZBO	E42ODE	CHP
E7TCS	HWD	E11MMM	SBP	E16JCT	JOH	E27UNE	ZBO	E45HVL	GCA
E7WJC	WJC	E11JCT	JOH	E17JCT	JOH	E29UNE	ZBO	E46HBV	OAK

Code		Code		Code		Code		Code	
E48BCC	NEV	E161OMD	GRD	E308MSG	TOP	E404BHK	HKC	E635NEL	ZBJ
E50TYG	QMS	E162TVR	LAT	E309MSG	CSS	E406SEL	PRY	E638KCX	EOB
E51TYG	JEA	E164OMD	ZEZ	E310MSG	CSS	E418WWD	EDT	E643KCK	SMK
E51UKL	JJT	E165OMD	SOO	E311EVH	WOO	E422AFT	GIL	E648DAU	COP
E52URH	EUS	E170OMU	SBD	E313MSG	K&J	E440AJL	CVP	E650KCX	WWT
E53MMT	GRY	E173FRA	NIC	E313UUB	NMC	E441ADV	GWH	E652DPD	HAN
E57MMT	STW	E175KHK	ZCF	E314MSG	K&J	E442MOU	SPT	E655FLD	SOO
E65ELT	BAW	E183ODE	SIL	E315MSG	K&J	E442YAO	MIM	E659JAR	TSY
E66JFV	RIG	E186DNA	MCW	E316MSG	HOR	E444ANN	ANN	E659UNE	STE
E67HVL	WCC	E186EPF	MUL	E317MSG	SWE	E445FNU	BEE	E667KCX	GRA
E68EKG	WCM	E187PFV	MOW	E318MSG	LOT	E447YKO	TRC	E670CCN	HKC
E69MVU	NCH	E194ODE	SIL	E318XGB	TEL	E449MMM	PIC	E671JNR	TMA
E72KBF	MIC	E200UWT	RVC	E319MSG	LOT	E456SON	EST	E677UNE	SSM
E75DRM	KFY	E204WBG	HCL	E320MSG	LOT	E457SON	EST	E678UNE	BCH
E80MHG	ORC	E205YGC	DPG	E320UUB	RHC	E458CGM	MVL	E679UNE	ELR
E83MHG	ORC	E207GCG	TYB	E321MSG	HOR	E458SON	GTC	E686BTL	ELC
E91OJT	CRI	E207WBG	HCL	E322HLO	WHE	E460ANC	ABS	E689LBT	GSF
E91YWB	WSC	E208GCG	TYB	E322MSG	LOT	E460SON	GTC	E690UND	ZDT
E97LWP	ALE	E209GCG	TYB	E323OMG	MOW	E460WJK	BYS	E691NNH	ZDD
E98LBC	MGC	E209WBG	HCL	E323PMD	MCT	E462SON	GTC	E691NOU	CSC
E100AFW	DEL	E213MRV	PLY	E324BVO	STU	E464SON	GTC	E694UNE	WSC
E100LBC	MDO	E214FLD	FRK	E324PMD	DEN	E467SON	EST	E698UNE	BRC
E102DJR	RCM	E214WBG	GEM	E325BVO	EUT	E467VNT	BOU	E700YNS	GHA
E102JFV	2WT	E215BTA	FHD	E325CTT	SEW	E469SON	GTC	E701EFG	PCO
E104JYV	ISL	E216BTA	FDC	E325MSG	WST	E474SON	RTL	E701GCU	SAQ
E107DJR	LID	E216WBG	SPE	E325PMD	EDT	E476SON	LIT	E704EFG	MOC
E107JYV	PCO	E217WBG	WTR	E326BVO	MCO	E476YWJ	THA	E707EFG	PCO
E112KYN	PCO	E220GNV	BRC	E326MSG	WST	E477VDA	YCT	E708EFG	AUD
E116XWF	PCO	E220KFV	HMN	E327BVO	RDL	E480UOF	SMS	E708WNE	ROT
E127DRS	FMR	E220WMB	JTR	E328BVO	FWT	E481YWJ	CLE	E709EFG	MOC
E131KGM	BRS	E222WBG	AWT	E328MSG	WST	E482SHB	JSS	E710EFG	AUD
E132KYW	ROY	E224WBG	ANW	E329MSG	WST	E483YWJ	THA	E711CDS	SAQ
E132YUD	D&B	E225WBG	MLI	E329PUH	GRL	E486WOL	CEC	E712FTY	MAN
E133ODE	SIL	E227CFC	WOT	E330MSG	PBT	E500KEF	CPE	E712VKM	CHB
E133YUD	ROY	E227WBG	ANW	E331MSG	PBT	E503EFG	MIL	E717EDV	ELR
E134SAT	BTS	E230AAO	ZBD	E331UYC	WEB	E505KNV	ZCW	E737EVJ	ROY
E134YUD	ROY	E232GPH	MER	E332MSG	PBT	E509AKU	MAS	E745JAY	WSC
E137ODE	SIL	E233GPH	BDY	E333NBX	WGW	E518JHG	ZDD	E746JAY	BOU
E137SAT	DOB	E235WMB	HCO	E336NUV	BIG	E529VYD	TIV	E749HJF	ZDT
E138ODE	SIL	E236AUR	BGR	E337NUV	BIG	E536PRU	BOU	E749NSE	BOU
E138SAT	BTS	E237VVP	TDT	E338NUV	BIG	E537AKU	MAS	E749SKR	HJC
E139ODE	SIL	E238HCD	MCW	E340KBJ	FCL	E541EAL	COP	E750JAY	HOW
E139RSC	EMB	E239NDE	EJL	E340NUV	BIG	E555UHS	DCA	E750SKR	SUP
E141SAT	BTS	E261OMT	ZBU	E343EVH	BAK	E556NWP	PWB	E752HJF	JEB
E144ODE	SIL	E262REP	ROY	E351NUV	BIG	E558UHS	MBT	E752YDY	FSA
E145ODE	SIL	E267VWR	TET	E352NUV	BIG	E559MSE	SMK	E759JAY	SGD
E148TBO	ROY	E269REP	ROY	E353NUV	BIG	E564BNK	AVC	E764JAR	BIG
E149ODE	SIL	E270CPU	JAC	E354NUV	BIG	E564YBU	DPG	E767JAR	APL
E149TBO	ROY	E270REP	ROY	E355NUV	BIG	E582JVN	ORC	E768JAR	APL
E150BTO	FOW	E272HRY	AXV	E356NUV	BIG	E582UHS	HDG	E769JAR	APL
E150MRF	BUC	E274HRY	HMS	E357NUV	BIG	E590PFR	LAT	E770JAR	APL
E151AGG	DAU	E277VJW	YCT	E358NUV	BIG	E591NBX	WGW	E771JAR	APL
E151FVJ	R&B	E278YPS	SCK	E359NEG	JJT	E591UHS	BRR	E772JAR	APL
E152BTO	ZBG	E284OMG	BYS	E359NUV	BIG	E598LVH	LCO	E773JAR	APL
E153BTO	DEW	E294VEP	FCY	E360NUV	BIG	E599UHS	HUL	E775NVT	PWW
E153OMD	ZBO	E296VEP	ACE	E361NEG	STE	E600ENL	SOO	E778LBT	MET
E156OMD	TRH	E304BWL	ARR	E362NEG	GWN	E601NBX	WGW	E783NOU	CRI
E156XHS	DCA	E306BWL	GIL	E365HFG	WEB	E603HTF	A1A	E786BTV	SKC
E157OMD	CFL	E306NTC	MAR	E389FLD	MER	E604CDS	WEB	E788MDE	RNE
E158XHS	ASD	E308DMA	ZEO	E400JNR	OAT	E606HTF	ROY	E791AAW	EDW
E160OMD	WID	E308DMA	ZEO	E401LPR	WLA	E634KCX	CHP	E795CCA	RVC

Call	Code	Call	Code	Call	Code	Call	Code	Call	Code
E795WNW	LEE	E920EAY	GAT	EAZ2596	EDW	EEZ2883	BCB	EEZ6708	GBU
E801WOK	WGS	E921KYR	SRK	EAZ2598	ATI	EEZ2884	BCB	EEZ6709	GBU
E804DPN	RHC	E922KYR	EMB	EAZ2599	GBU	EEZ2885	BCB	EEZ6710	GBU
E805AJC	CLT	E923LCP	ZFG	EAZ2600	EDW	EEZ2886	BCB	EEZ6711	GBU
E809MOU	THO	E925CDS	MOS	EAZ3529	ROY	EEZ2887	BCB	EEZ6712	GBU
E811JAR	CHL	E925KYR	TOW	EAZ4709	TET	EEZ2888	BCB	EEZ6713	GBU
E811XHS	P&E	E927KYR	SRK	EAZ6207	SMP	EEZ2889	BCB	EEZ6714	GBU
E812EBW	WLA	E928KYR	BUL	EAZ8407	SVC	EEZ2890	BCB	EEZ6715	GBU
E812UDT	ROY	E929PBE	LBC	EAZ8418	WLT	EEZ2891	BCB	EEZ6716	GBU
E814UKW	SFC	E930PBE	STW	EAZ9056	DMO	EEZ2892	BCB	EEZ6717	GBU
E815UKW	STB	E935CDS	ACH	EB03ERB	ERB	EEZ2893	BCB	EEZ6718	GBU
E817MOU	THO	E937XSB	CCI	EB04LYN	LTR	EEZ2894	BCB	EEZ6719	GBU
E822WAH	WCK	E949JAR	BIG	EB07OXF	OBC	EEZ2895	BCB	EEZ6720	GBU
E829MSE	HUG	E949JJN	ESB	EB54LYN	LTR	EEZ2896	BCB	EEZ6721	GBU
E833EUT	LEW	E954WEP	EDW	EB54MTB	MFW	EEZ2897	BCB	EEZ6722	GBU
E848DPN	SRK	E964JAR	APL	EB56LOU	PRN	EEZ2898	BCB	EEZ6723	GBU
E849DPN	SRK	E965JAR	APL	EB58YPB	K&J	EEZ2899	BCB	EEZ6724	GBU
E850DPN	SRK	E967ECN	PRY	EBC567T	PSW	EEZ2900	BCB	EEZ6725	GBU
E851DPN	FYC	E967PFV	NIG	EBF806Y	EDT	EEZ2901	BCB	EEZ6726	GBU
E852DPN	FYC	E975VUK	ZEW	EBL509	TTC	EEZ2902	BCB	EEZ6727	GBU
E853DPN	SRK	E976NMK	PWB	EBM442T	AVC	EEZ2904	BCB	EEZ6728	GBU
E854DPN	SRK	E979NMK	WON	EBM448T	QMS	EEZ2905	BCB	EEZ6729	GBU
E854UKR	PPH	E986NMK	WON	EBZ6294	KWT	EEZ2906	BCB	EEZ6730	GBU
E855DPN	SRK	E987VUK	MCO	EBZ6295	ZBJ	EEZ2907	BCB	EEZ6731	GBU
E855UKR	PPH	E989SJA	BCT	EBZ6296	MUS	EEZ2908	BCB	EEZ6732	GBU
E856DPN	FYC	E989VUK	GTC	EC02BUS	TRL	EEZ2909	BCB	EEZ6733	GBU
E857DPN	SRK	E990KJF	MIL	EC10TTC	HAR	EEZ2910	BCB	EEZ6734	GBU
E858DPN	SRK	E992MHY	HWD	ECL730	EMB	EEZ2911	BCB	EEZ6735	GBU
E867RCS	PLM	E995KJF	MVL	ECL943	EMB	EEZ2912	BCB	EEZ6736	GBU
E869JAR	BIG	E996FRA	NIC	ECS35V	MIM	EEZ2913	BCB	EEZ6737	GBU
E870BGG	WCM	E998DGS	REE	ECT912	ORJ	EEZ2914	BCB	EEZ6738	GBU
E871BGG	WCM	EA02ELJ	FAR	ECZ3504	TAP	EEZ2915	BCB	EEZ6739	GBU
E874DTT	MUL	EA05KZC	SVE	ECZ3507	TAP	EEZ2916	BCB	EEZ6740	GBU
E878FRS	WBR	EA05XBL	JOH	ECZ4087	ACC	EEZ2917	BCB	EEZ6741	GBU
E881JAR	BIG	EA52OJL	OFJ	ECZ4634	SWC	EEZ2918	BCB	EEZ6742	GBU
E881RGL	SUM	EA55LWE	STA	ECZ9120	LAK	EEZ2919	BCB	EEZ6743	GBU
E889CDS	CED	EAA829W	ROY	ECZ9122	LAK	EEZ2920	BCB	EEZ6744	GBU
E891AKN	AMR	EAA830W	MYA	ECZ9137	TWC	EEZ2976	BCB	EEZ6745	GBU
E900KYW	WBK	EAC876T	MGC	ECZ9139	VTC	EEZ2977	BCB	EEZ6746	GBU
E901JAR	BIG	EAO168T	PCL	ECZ9140	GAR	EEZ2978	BCB	EEZ6747	GBU
E901KYR	EMB	EAS543	AUT	ED03GHA	GHA	EEZ2979	BCB	EEZ6748	GBU
E905KYR	WIT	EAS956	SSH	EDC406V	SKC	EEZ2980	BCB	EEZ6749	GBU
E906KYR	POW	EAZ151	CED	EDD685C	FOW	EEZ2981	BCB	EEZ6750	GBU
E907KYR	POW	EAZ2574	EBC	EDF269T	PIC	EEZ2982	BCB	EEZ6751	GBU
E907UNW	GRC	EAZ2575	SHIC	EDS50A	SWSC	EEZ2983	BCB	EEZ6752	GBU
E908KYR	EMB	EAZ2576	OLY	EDT916V	CCB	EEZ2984	BCB	EEZ6753	GBU
E909KSG	PLM	EAZ2577	GRN	EDY565E	RAM	EEZ2986	BCB	EEZ6754	GBU
E909KYR	EMB	EAZ2578	GRN	EDZ332	HKC	EEZ2987	BCB	EEZ6755	GBU
E910KYR	POW	EAZ2579	GRN	EE08OXF	OBC	EEZ2988	GBU	EEZ6756	GBU
E912KYR	EMB	EAZ2582	GBU	EE56BLU	BLU	EEZ2989	GBU	EEZ6757	GBU
E913DRD	EAS	EAZ2583	GBU	EEH903Y	CFL	EEZ2990	GBU	EEZ6758	GBU
E914KYR	POW	EAZ2584	GHA	EEH904Y	CFL	EEZ2991	GBU	EEZ6759	GBU
E915EAY	PIN	EAZ2585	GRN	EEL46	KEN	EEZ2992	GBU	EEZ6760	GBU
E915NAC	CRI	EAZ2586	EDW	EEZ2875	BCB	EEZ2993	GBU	EEZ6761	GBU
E916DRD	EAS	EAZ2588	OLY	EEZ2876	BCB	EEZ2994	GBU	EEZ6762	GBU
E916KYR	DOB	EAZ2589	GBU	EEZ2877	BCB	EEZ2995	GBU	EEZ6763	GBU
E916NAC	MAT	EAZ2590	SHIC	EEZ2878	BCB	EEZ2996	GBU	EEZ6764	GBU
E917KYR	POW	EAZ2591	GBU	EEZ2879	BCB	EEZ2997	GBU	EEZ6765	GBU
E917NAC	MAT	EAZ2592	GBU	EEZ2880	BCB	EEZ2999	GBU	EEZ6766	GBU
E918KYR	EMB	EAZ2593	EDW	EEZ2881	BCB	EEZ4409	SVS	EF03FYX	ASD
E918NAC	MAT	EAZ2594	EDW	EEZ2882	BCB	EEZ6707	GBU	EF09OXF	OBC
		EAZ2595	GRN						

Reg	Code	Reg	Code	Reg	Code	Reg	Code	Reg	Code
EF10OXF	OBC	EIG9428	BEC	ELZ5092	JGB	EO02NFC	FEC	ESU629	GRE
EF52OKX	CLI	EIG9475	BRI	EM02ORS	EMP	EO02NFD	FEC	ESU635	JEF
EF53OXF	OBC	EIG9482	BRI	EM03OEM	EMP	EO02NFE	FEC	ESU735	GHA
EF55KKA	SWT	EIG9486	BRI	EM04EMH	HOR	EO02NFF	FEX	ESU912	HCT
EF55OXF	OBC	EIG9487	BRI	EM04ORS	EMP	EO02NFG	FEX	ESU913	BRN
EF57OXF	OBC	EIG9934	GEN	EM05EMH	HOR	EO02NFH	FEX	ESU920	BRN
EFD923Y	K&J	EIG9935	GEN	EM05ORS	EMP	EO02NFJ	FEX	ESU926	LAL
EG02NZA	TAT	EIG9936	GEN	EM06EMH	HOR	EO02NFK	FEX	ESU940	HEY
EG02NZB	TAT	EIG9937	GEN	EM06ORS	EMP	EO02NFL	FEX	ESU974	AUS
EG02NZC	TAT	EIG9938	GEN	EM07EMH	HOR	EO02NFM	FEX	ESU980	GUS
EG04ZHT	SEM	EIL584	ANN	EM08EMH	HOR	EO02NFN	FEX	ESU981	GTS
EG51FFE	BKS	EIL829	ELC	EM09EMH	HOR	EO02NFP	FEX	ESU925	P&K
EGB60T	APE	EIL1607	ELC	EM10GSM	MAY	EO02NFR	FEX	ET02TLN	JOH
EGB90T	WJC	EIL3017	ZEJ	EM10LOU	PRN	EO02NFT	FEX	ET03LCT	BAY
EGP33J	ENS	EIL3018	BTS	EM54BUS	DOC	EO02NFU	FEX	ET04CJT	TUR
EGV695Y	SWC	EIL9413	BEC	EM59GSM	MAY	EO02NFV	FEX	ET04FRN	BOW
EH03EMH	HOR	EIW7434	HAP	EMN48Y	IOM	EO02NFX	FEX	ET04FSS	BOW
EH06UNY	CFB	EJ02KYY	HED	EMN49Y	IOM	EO02NVW	EXA	ET05LCT	LCT
EHL472D	VCC	EJ03NCJ	FAR	EMN50Y	IOM	EO02UGH	ASM	ET06EBT	EBC
EHZ8553	ACC	EJ03WRT	FAR	EMN51Y	IOM	EO02UHK	JAC	ET07MTT	ZBO
EIB502	ZCP	EJ05EFF	TVC	EMN52Y	IOM	EO08KWN	BOW	ET09LCT	LCT
EIB2069	GMY	EJ10TTS	HAR	EMN53Y	IOM	EO52OZT	TGM	ET10BDT	BAD
EIB9934	MVN	EJ51WGJ	CEN	EMW893	QMS	EO52VGN	WEA	ET10LCT	LCT
EIG1355	BLC	EJ52WXD	TAT	EN03OJF	JOH	EO54YNA	RCN	ET10MOT	ZBO
EIG1356	HCT	EJ52WXF	GAL	EN06XOO	JOH	EOI4364	EDW	ET55KDX	JOH
EIG1357	BEE	EJ52YDD	JOH	EN08ECF	JBT	EOI4376	AVC	ET55KGG	JOH
EIG1359	SWB	EJ54ADO	FAR	EN53NOF	MUL	EOO590	WGH	ETC760B	GOD
EIG1416	VTE	EJR109W	SAH	EN56VKK	FAR	EP03FJX	TXC	ETO585	EDT
EIG1433	HOR	EJR115W	ACM	ENF570Y	SRO	EPC921V	HER	EU03BZK	HED
EIG1434	HOR	EJS7A	JBG	ENF572Y	JWC	EPD530V	BOR	EU03CFX	STC
EIG1435	ESB	EJZ2291	D&G	ENH634	ZDU	EPK1V	APE	EU03CFY	STC
EIG1436	ESB	EJZ6753	ORC	ENV827X	HQL	EPM150V	JTR	EU03OJH	EUT
EIG1437	ESB	EJZ9690	ORC	ENZ2127	D&G	ER02HCR	HAR	EU03VPK	FAR
EIG4331	SVD	EK04AZL	JOH	ENZ2574	CHC	ER05BUS	SOM	EU03VPL	FAR
EIG4335	BAD	EK07NAM	ZEO	ENZ2575	CHC	ER10EJR	CED	EU03VPP	FAR
EIG4336	BAD	EK51JAU	HED	ENZ2576	CHC	ERW248T	SSC	EU03VPR	FAR
EIG4966	SMK	EK51JBE	HED	ENZ4635	D&G	ES05PBS	BUD	EU03VPW	FAR
EIG6554	PHO	EK51KYY	SBU	ENZ6355	WIL	ESK793	ESK	EU03VRD	FAR
EIG7042	RSC	EK51KZD	KBY	ENZ7598	PCO	ESK807	HWD	EU03VRE	FAR
EIG7227	GLA	EK51XXA	ACT	ENZ7603	A&E	ESK880	ABK	EU03XOH	HIS
EIG7401	RSC	EK51XXD	SRR	ENZ7604	CFD	ESK896	BOW	EU03XOJ	HMS
EIG7404	RSC	EK51XXE	SRR	EO02FKZ	FDC	ESK897	JEF	EU04BVD	GAL
EIG7407	SBU	EK51XXF	SRR	EO02FLA	FWE	ESK931	BLD	EU04BVF	GAL
EIG7442	BLE	EK51XXM	SRR	EO02FLB	FWE	ESK932	BBD	EU04BZY	CBL
EIG8361	VIP	EK59CFN	END	EO02FLC	FWE	ESK934	BBD	EU04CPV	EBA
EIG8362	VIP	EK8867	CCB	EO02FLD	FWE	ESK981	SHIC	EU04CZS	EBA
EIG8363	VIP	EKA216Y	JSS	EO02FLE	FWE	ESK983	SHIC	EU05AUK	FEX
EIG8588	BOW	EKA228Y	EMP	EO02FLF	FWE	ESK985	SHIC	EU05AUL	FEX
EIG9324	ZDY	EKS69X	MCD	EO02FLG	FDC	ESL636	FRT	EU05AUM	FEX
EIG9325	CUM	EKZ469	SREN	EO02FLH	FDC	ESL660	FRT	EU05AUN	FEX
EIG9326	ZDY	EKZ8959	DHC	EO02FLJ	FDC	ESL679	FRT	EU05AUO	FEX
EIG9344	EAL	EL04SUL	SUL	EO02FLK	FDC	ESU110	HEC	EU05AUP	FEX
EIG9345	RSS	EL07WTL	WHE	EO02NDX	FEX	ESU238	GRE	EU05AUR	HED
EIG9414	BEC	EL57LON	LON	EO02NDY	FEX	ESU263	SKC	EU05AUT	HED
EIG9415	BEC	ELJ214V	W&D	EO02NDZ	FEX	ESU307	GRE	EU05AVP	CRU
EIG9416	BEC	ELZ1751	CRI	EO02NEF	FEX	ESU350	GRE	EU05AVR	EUT
EIG9417	BEC	ELZ2061	CET	EO02NEJ	FEX	ESU374	GRE	EU05BCL	ZCO
EIG9423	IVG	ELZ2062	SWC	EO02NEN	FEX	ESU378	GRE	EU05BZM	EBA
EIG9425	BEC	ELZ2362	WTR	EO02NEU	FEC	ESU389	GRE	EU05CLJ	HED
EIG9426	BEC	ELZ3700	WAS	EO02NEY	FEC	ESU393	IVD	EU05CZA	STC
EIG9427	BEC	ELZ4545	LOG	EO02NFA	FEC	ESU628	BOW	EU05DVW	APL

EU05DVX APL	EU06WGM GOB	EU09NYO STC	EU56GVG CSC	EWT386C THR
EU05DXR FEX	EU07FHW CRU	EU10AOX HED	EU58ACX GOL	EWV665 TVS
EU05DXS FEX	EU07FHX CRU	EU10CXD LBH	EU58AXX STC	EWX531Y ALP
EU05DXT FEX	EU07FHY CRU	EU10CXE LBH	EU58BLJ NIB	EX02RYR HED
EU05ECV NIB	EU07FHZ CRU	EU10NVP STC	EU58BRX STC	EX03UGT JOH
EU05VBG EBA	EU07FRN STC	EU10NVR STC	EU58JCJ HED	EX03WKR MDC
EU05VBJ EBA	EU07FVL STC	EU10NVS STC	EU58JWZ FEX	EX52WSV WAR
EU05VBK EBA	EU07FVM STC	EU10NVT STC	EU59AFF HED	EX53UOC VIS
EU05VBL EBA	EU07FVN STC	EU10OJE REB	EU59AFJ HED	EX56OSP JOH
EU05VBM EBA	EU07FVO STC	EU53MVZ HED	EU59AYM HED	EX180 HEC
EU05VBN EBA	EU07GVY HED	EU53PXY GAL	EU59AYP HED	EXI790 EMP
EU05VBP EBA	EU07XGK OLY	EU53PXZ GAL	EU59BFK NIB	EXI6387 CRV
EU05VBT EBA	EU07XGL OLY	EU53PYA GAL	EU59BHX STC	EXS569F GLI
EU06BCL TGM	EU07XGM OLY	EU53PYB GAL	EU60CAV STC	EY02WFK WIN
EU06JBO CRU	EU08FHB OLY	EU53PYD GAL	EU60CBF STC	EY03FNK SUL
EU06JBV CRU	EU08FHC OLY	EU53PYF GAL	EUA366 ATI	EY03FNL SUL
EU06JBX CRU	EU08FHD OLY	EU53PYG GAL	EUE338T AXV	EY53GPJ GOB
EU06JBY CRU	EU08NEU TAL	EU53PYH GAL	EUE512 EVE	EY53GPK GWY
EU06JBZ CRU	EU08WND STC	EU53PYJ GAL	EUK978 MOC	EY54BPX FED
EU06JVW GOB	EU08WNE STC	EU53PYL GAL	EV06BUS BEN	EY54BPZ FEX
EU06JVX GOB	EU09AUK STC	EU53PYO GAL	EV07EVE EVE	EY54BRF FEX
EU06KCX HED	EU09EWO ACO	EU53PYP GAL	EV08BUS BEN	EY54BRV FAB
EU06KDJ IRB	EU09EWP ACO	EU54AHJ WHE	EV08EVE EVE	EY54BRX FAB
EU06KHK OLY	EU09EWR ACO	EU54BNJ FEX	EV09BUS BEN	EY54BRZ FEX
EU06KOW TVS	EU09EWS ACO	EU54BNK FEX	EV58BUS BEN	EY54NXG CEL
EU06KOX CEB	EU09EWV HAC	EU54MEV SVE	EVD406 QMS	EY54NXJ CEL
EU06KPA CEB	EU09EWW HAC	EU55BWC HED	EVE4 EVE	EY54NXW CEL
EU06UOT PEX	EU09HZV ACO	EU56FLM HED	EW03NLY TAL	EY57FZE HED
EU06UOV PEX	EU09HZW ACO	EU56FLN HED	EWF453V TAL	EYC73 EYM
EU06UOW PEX	EU09HZY ACO	EU56FLP HED	EWF457V ACT	EYE323V AWT
EU06UOX PEX	EU09JBX ACO	EU56FLR HED	EWS739W ABF	EYH876 EYM
EU06UOY PEX	EU09JBY ACO	EU56FTO BUR	EWS749W CCB	EYN165 STU
EU06UPA PEX				

F

F1CLN CLN	F41YHB NPT	F74MRC TIG	F99XEM ARC	F110TML LID
F1MMM SBP	F42LTO MLN	F75TFU NEN	F101TML REL	F110XCW HGI
F1WGS WGS	F43YHB TDE	F76SMC VIS	F101UNV ACS	F111TML CBN
F5ELF CAV	F44CTX STY	F76TFU GEC	F101XEM HOC	F111XCW 2WT
F5TYL STY	F44GTO DCO	F78TDE JSS	F101YWO ROY	F112HNC ZCA
F6WMS WED	F44SYE NCO	F78VWK PEN	F103TML STU	F112TML PKT
F10BUS OLY	F44YHB CED	F83XBD FNO	F103XCW ISL	F113OMJ RHC
F11MMM SBP	F45GTO WKB	F86TDL SCH	F104TML STU	F113SFB GLA
F20DGE LOD	F46XOF MCO	F87GGC AWT	F104XCW TEV	F117PHM GWH
F22HGG BUC	F46YHB TDE	F89GGC ARC	F104XEM ARC	F119PHM LID
F23CWO TVA	F47ENF ZEJ	F89XOF GHA	F105TML ISL	F120PHM RCT
F23FEW 3DS	F49MCA HAO	F90KDS ACE	F105XCW HGI	F121PHM SHA
F24XFS CCO	F50ACL DEW	F90SYE BIG	F106CCL AMB	F121XEM WBT
F25TMP GRT	F51ACL DEW	F92KEC MUL	F106TML GMC	F122PHM AYR
F26ARN ALE	F52XOF EBA	F92XBV CRI	F106UEF GON	F123PHM GEL
F27HNC BGR	F59JTA APC	F94CBD MUL	F107TML LID	F124JGS RHC
F27RKX JBR	F59SYE BIG	F94XBV CRI	F107XCW WST	F125PHM CBW
F28NLE HRD	F62EET RSV	F95XBV CRI	F107YWO ROY	F127PHM MOS
F31XOF EBA	F62SMC EDW	F95XEM ARC	F108TML LID	F128EAL PWB
F32AHG SPD	F63SMC EDW	F96PRE TDE	F108XCW WST	F129AEL MCW
F34TMP MMC	F63XOF GTC	F96STB FRC	F109TML LID	F129PHM GEL
F34XOF GRL	F67SYE BIG	F96XEM ARC	F109XCW 2WT	F130PHM GEL
F40KRO W&D	F69LNU DPG	F97XEM ARC	F109YFL RWY	F130TDF REE
F40LTO ZDD	F69SYE BIG	F98XOF LLA	F110GUJ AAT	F131PHM GEL
F41XCS ZBU	F73GYB SAH	F99STB FRC	F110NES EA	F132SMT ROT

F135PHM	AYR	F235YTJ	JWC	F310EVG	MUL	F388GVO	CHL	F510NJE	CAO		
F135UMD	GAR	F237ANY	VTC	F310JTY	SGD	F389GVO	ACH	F512NJE	GEN		
F135URP	ALE	F237YTJ	BUL	F310MYJ	VIL	F390MGB	LOB	F513NJE	LIN		
F136LJO	RBC	F239YTJ	SRK	F311DET	AVD	F391GVO	VIP	F515SCW	TUT		
F137LJO	RBC	F242FNE	BLU	F311JTY	SGD	F401UAD	LTL	F519NBR	SKC		
F137PHM	ISL	F242MBA	EYM	F312JTY	MCT	F404DUG	WEB	F523UVW	PWW		
F137SPM	G&M	F242YTJ	EST	F313RMH	KWT	F407OSR	BJL	F532ASB	MCW		
F137SPX	TRH	F243RRT	MUL	F313XOF	GTC	F408DUG	CRN	F532NRD	GRM		
F138LJO	RBC	F243YTJ	WAT	F326UJN	BIG	F411MVJ	R&B	F542KUR	PLY		
F139PHM	RCT	F244RJX	EDW	F329UJN	MAS	F415DUG	POW	F550TMH	JTK		
F140PHM	RCT	F244SAB	VTC	F331LKL	AUT	F418UJN	BIG	F571SMG	ASC		
F142BKH	LBC	F245MTW	ZCO	F332FCY	P&E	F420KEC	APB	F572SMG	CBC		
F142PHM	CBW	F246HNE	CHB	F334FWW	RBC	F425DUG	CHW	F574SMG	AVC		
F144PHM	RCT	F248YTJ	VIL	R335RWK	WLC	F427DUG	AYR	F575SMG	CBC		
F146BKH	WCH	F249RJX	LAV	F336RWK	WLC	F427EJC	DBT	F576SMG	BBE		
F148SPV	TMA	F251YTJ	TDE	F337FCY	P&E	F428GAT	DBT	F577SMG	AVC		
F149BKH	WCH	F252YTJ	ASD	F337RWK	MAT	F429DUG	GLT	F578SMG	AVC		
F150LTW	HED	F253YTJ	ABU	F337SMD	WBR	F431GWG	WSC	F580SMG	ZAT		
F153DET	STE	F254HAM	HMS	F338RWK	NIG	F434DUG	BJL	F597HYC	BRA		
F153UJN	BIG	F254YTJ	ZAC	F338VSD	SBA	F434XDC	BGR	F598BTG	WAT		
F155DET	SHC	F255YTJ	K&J	F339HWF	ZDS	F435GAT	J&C	F600GVO	PCB		
F155FWY	BGR	F256YTJ	ARM	F343GUS	STK	F436DUG	BUC	F601GVO	PCB		
F157DET	STE	F261MRA	PIC	F345ONO	HFX	F437UOT	ALW	F601MSL	SSOU		
F159FWY	M&D	F261RHJ	LOD	F346WSC	CNT	F441DUG	BAY	F601TAJ	HKC		
F160XYG	FNW	F262YTJ	TDE	F347WSC	CNT	F442AKB	A&P	F601XMS	FLN		
F169CGT	WON	F263YTJ	TDE	F348WSC	JJT	F443ENB	KWT	F602GVO	PCB		
F171JKH	A&E	F264YTJ	SAD	F349WSC	TOP	F445DUG	FCL	F602MSL	GOD		
F173XYG	FEX	F265LSA	MAS	F350WSC	CNT	F451FDB	JSS	F603GVO	PCB		
F176LBL	FEC	F266RJX	NEL	F351FGA	M&C	F452DWT	EDW	F603MSL	CCB		
F177TOY	CAA	F266YTJ	PLM	F351WSC	CNT	F452FDB	BUL	F603VEW	FOW		
F183UFH	BTL	F267OFJ	KIM	F352WSC	JFS	F454YFY	3DS	F604GVO	PCB		
F189RRF	DPG	F270ASJ	HWC	F352YAB	GRA	F455BKF	GEC	F604MSL	GOD		
F192CSK	ORA	F274JWL	JJT	F353WSC	JFS	F456BKF	ISL	F604RPG	GHA		
F193UGL	STI	F281GNB	DPG	F354WSC	POW	F457BKF	TRH	F604UVN	RSK		
F193YCV	PWB	F281HOD	VTC	F355WSC	JFS	F459BKF	GEC	F605GVO	PCB		
F201FHH	WJC	F282DRJ	MCE	F356BWU	EUS	F459WFX	SUE	F605MSL	ZBX		
F201HSO	MEW	F283AWW	VTC	F356WSC	K&J	F462YOK	EDW	F606GVO	PCB		
F201OPD	BML	F283GNB	CAA	F357MGB	DCA	F466TJV	BEL	F606MSL	NUV		
F202FHH	WJC	F285DRJ	TWH	F357TSX	CBC	F466WFX	IVG	F607GVO	ZEW		
F202GAW	ESK	F285MGB	TEV	F357WSC	LOT	F475KEC	BLK	F607JSS	EDW		
F209JMB	TVP	F289DRJ	STE	F358WSC	LOT	F476OFJ	MUL	F607RPG	ZCR		
F210JMB	TVP	F291DRJ	HCT	F359OJE	BBC	F476WFX	BRS	F608HGO	SCC		
F210WRU	AUT	F292NHJ	ENS	F359WSC	TWH	F477OFJ	MUL	F609GVO	ISL		
F210YHG	SCB	F294AWW	VTC	F360MUT	K&J	F478WFX	HLS	F609HGO	ALW		
F211WRU	TYB	F295DRJ	STE	F360WSC	DCT	F479FUA	CVL	F610GVO	EYM		
F212TAN	GEM	F295GNT	DHA	F361WSC	PDB	F479WFX	RNC	F617RTC	CCB		
F212WRU	TYB	F297DRJ	K&J	F362SDP	GRM	F481KFM	MGC	F617UBV	ROY		
F212YHG	REB	F298DRJ	STE	F363WSC	DCT	F481WFX	AYR	F617VNH	WWT		
F213WRU	TYB	F300DRJ	ZBG	F364WSC	PWW	F482KFM	JSS	F620HGO	ARR		
F214WRU	AUT	F301RMH	FEL	F366WSC	MCD	F482WFX	RBC	F621MSL	STC		
F219DCC	DBT	F301XOF	ZEW	F368AFR	BLT	F484CAL	CSA	F621SAY	SEM		
F219RJX	GEJ	F302MYJ	BLV	F368CHE	ARR	F487WPR	SOD	F623MSL	TAT		
F222RJX	EDW	F303JTY	VIL	F369AFR	BLT	F488UPB	PWB	F623RTC	CCB		
F222YHG	B&J	F303MYJ	BLV	F370AFR	BLT	F489GGG	MCC	F623SAY	CEC		
F225RJX	SHM	F304XOF	VTE	F370WSC	NAH	F493ENE	BGR	F624XMS	DBT		
F225YHG	GRD	F307JTY	FAI	F371AFR	BLT	F505LAP	SVE	F625GKM	HPT		
F231YTJ	ACT	F307MYJ	SFU	F371WSC	LOT	F506NJE	SPD	F625MSL	WK		
F232YTJ	SRK	F307RMH	FCL	F372AFR	BLT	F506OYW	MCE	F626MSL	WK		
F233RJX	S&S	F308MYJ	SFU	F373AFR	BLT	F507NJE	HCT	F628MSL	WK		
F234RJX	HPT	F309JTY	SGD	F374MUT	K&J	F508NJE	TVP	F628OHD	COP		
F234YTJ	HJC	F309MYJ	BLV	F377MCA	CEL	F509NJE	TIG	F629MSL	EA		

Reg	Code	Reg	Code	Reg	Code	Reg	Code	Reg	Code
F630MSL	STC	F715LFG	ATI	F834RVL	BAT	FA54WMW	BKB	FD02UKE	ARM
F630RTC	FHD	F717LFG	ZBY	F841EHH	BGR	FAO420V	CCB	FD02UKG	ARM
F630SAY	TXC	F718LFG	PCO	F843MCA	EFN	FAS374X	WLC	FD02UKJ	ARM
F631BKD	WJC	F719LFG	LIT	F845ENV	GAM	FAV8Y	STE	FD02UKK	ARM
F632MSL	WK	F721ENE	STW	F848YJX	ISL	FAX69V	TRC	FD02UKL	ARM
F633LMJ	BAR	F721KCA	GHA	F84UJN	MAS	FAZ1066	EOH	FD02UKN	ARM
F633OHD	BGR	F725LRG	ALC	F850NJO	GEM	FAZ2784	MBT	FD02UKO	ARM
F634BKD	ALP	F725MCA	AWJ	F854LTU	MLI	FAZ3942	DCO	FD02UKP	ARM
F634LMJ	ATS	F725USF	MCS	F860YJX	CUB	FAZ6765	ROI	FD02UKR	ARM
F634MSP	WK	F727ASB	WCM	F861ATH	TAR	FAZ7273	TAW	FD02UKS	ARM
F635BKD	FAI	F727VAC	DEV	F862FWB	ZAV	FB06ORY	KBC	FD02UKT	ARM
F635YRP	TUT	F730FDV	GPT	F869RFP	GLT	FB06OSV	P&E	FD02UKU	ARM
F636LMJ	ATS	F737FDV	SAM	F869TLJ	JPM	FB07AAF	CNT	FD02VMT	TIG
F637LMJ	ATS	F738FDV	GPT	F871ENV	GAM	FB07OXF	OBC	FD03YOC	TAY
F638BKD	HPC	F756FDV	SOO	F874YAF	STY	FB51AAU	GRL	FD03YOG	REC
F638LMJ	BAR	F757FDV	SOO	F876ENV	GAM	FB53FYX	DHT	FD03YOH	HER
F638SAY	JCS	F763EKM	ZBJ	F878RFP	HEB	FB53GVD	SBA	FD03YOY	RSK
F638YRP	PKT	F766EKM	ZBJ	F879RFP	CCS	FB54MTB	BCS	FD04ZWX	AVI
F639BKD	MAG	F768FDV	SBB	F882VSJ	TVP	FBC1C	ABT	FD04ZWY	AVI
F639LMJ	BUR	F770FDV	BRN	F886SMU	P&M	FBK945W	EOM	FD04ZWZ	AVI
F640LMJ	BUR	F771JYS	LID	F888URP	RSC	FBV512W	CCB	FD04ZXA	TRH
F640PSE	BUG	F772EKM	POW	F890HSO	M&D	FBV827Y	ROY	FD04ZXB	TRH
F641LMJ	ATS	F772JYS	LID	F892FKK	ZCO	FBX562W	LLC	FD51EYR	NCT
F643LMJ	ATS	F773EKM	SUP	F893CCL	ZDT	FBZ4780	EBC	FD51EYS	NCT
F644LMJ	ATS	F774EXM	ZBF	F894BKK	AMR	FBZ6060	66C	FD51EYT	NCT
F644XMS	SAM	F774JYS	MOA	F896DKK	TOW	FBZ7357	MKT	FD51EYU	NCT
F650DMS	LCO	F776GNA	AQT	F899DKK	AMR	FBZ9239	GSF	FD51EYV	NCT
F651GNT	AAM	F781GNA	ZAV	F901JBB	HBT	FC02DRX	CWL	FD51EYW	NCT
F653OFG	COG	F781KKP	CMD	F910ENV	GAM	FC02DRZ	CWL	FD51EYX	NCT
F655HVM	WSC	F782KKP	SSOU	F916TTP	ALP	FC02EJV	GRW	FD51EYY	NCT
F659OHD	SNO	F783AFX	SVE	F917YNV	ZDD	FC03MDN	OLA	FD52GGO	ARM
F660EBU	AON	F788GNA	LAT	F919JRG	CCB	FC03NWG	GAR	FD52GGP	ARM
F660RTL	FRK	F792GNA	POP	F925TOY	FCL	FC04NGG	A2B	FD52GGU	ARM
F671DBO	NAH	F803FAO	SNW	F935ENV	MIT	FC04UZK	BCD	FD52GGV	ARM
F671EKM	HMI	F803KCJ	TVP	F937BKU	EXA	FC07MCF	FIN	FD53WWH	TBB
F674TFH	VOE	F804FAO	SNW	F940WFA	BBC	FC52AFC	FAB	FD53WWJ	TBB
F675DDY	CHT	F804TMD	MCW	F945PFW	DCA	FC712	KIC	FD53WWK	TBB
F680LGG	WLA	F805FAO	SNW	F952ENH	MCW	FC736	KIC	FD53WWL	TBB
F682FWX	DEB	F805YLV	BLC	F956HWB	LID	FC7381	KIC	FD54DGU	AMB
F690ONR	FTC	F806FAO	SNW	F967HGE	HIS	FC7535	KIC	FD54DGV	AMB
F692PAY	TRW	F806TMD	MCW	F968XWM	HAR	FC7752	KIC	FD54DGX	AMB
F694ACX	A&B	F807FAO	SNW	F969RSE	SCJ	FC8248	KIC	FD54DGY	AMB
F695PFV	ALE	F808FAO	SNW	F972HGE	WES	FC8342	KIC	FD54DHJ	PRT
F697GET	EMH	F808YLV	DOB	F990HGE	HCO	FCD286D	FOW	FD54DHK	PRT
F697HNU	SCH	F809FAO	SNW	F991UME	TRH	FCU190	GON	FD54DHL	KFY
F700ENE	SCH	F809YLV	GEL	F992HGE	LUV	FCX578W	JSS	FD54DHM	KFY
F700PAY	JBR	F810FAO	SNW	F993MTW	KBY	FCX943Y	HIG	FD54DHN	VTE
F701BAT	CCB	F810NST	LCL	F995HGE	SOL	FCZ3413	WTR	FD54DHO	VTE
F702COA	THA	F810NST	EAG	F995UME	MUL	FCZ9700	GIC	FD54DHV	OLA
F703BAT	CCB	F810OCN	HBT	F996UME	MUL	FD02SDX	NCT	FD54EOO	OLY
F703COA	AAM	F811FAO	GHA	F997KCU	SWC	FD02SDY	NCT	FD54EOP	HWD
F705BAT	CCB	F811TMD	DCO	F998JKL	S&B	FD02SDZ	NCT	FD54FGE	VTE
F707RDL	W&D	F811YLV	FRC	FA02JVV	FTC	FD02SEO	NCT	FD54FGF	VTE
F708SDL	JBT	F812YLV	UKP	FA04LHX	SFC	FD02SEY	NCT	FD54FGG	VTE
F708WCS	SVS	F813YLV	SOL	FA04LJK	VTE	FD02SFE	NCT	FD54JXZ	TBB
F709SDL	EAS	F814YLV	GEL	FA04LJL	VTE	FD02SFF	NCT	FD54JYA	TBB
F709WCS	RAM	F817URN	K&J	FA04LJU	PRT	FD02SFJ	NCT	FD54JYB	TBB
F711CWJ	WES	F818YLV	FRC	FA04LJV	PRT	FD02SFK	NCT	FD54JYC	TBB
F712LFG	BUR	F824YLV	GEL	FA07XAZ	ZCH	FD02SFN	NCT	FD54JYE	TBB
F713LFG	ATI	F825YLV	GEL	FA07XEJ	DAR	FD02UKB	ARM	FD54JYF	TBB
F714LFG	ZBY	F830XAJ	ABK	FA52WVF	MCE	FD02UKC	ARM	FD55PZR	R&R

Code		Code		Code		Code		Code	
FD55PZS	R&R	FE02KCZ	TBB	FG02BGF	TBB	FHZ8395	FCC	FJ03AAX	VTC
FD55PZT	R&R	FE02KDF	TBB	FG02BGK	TBB	FHZ9593	FCC	FJ03AAY	VTC
FD55PZU	R&R	FE02KDJ	TBB	FG02BGO	TBB	FHZ9599	FCC	FJ03AAZ	CDS
FD55RDY	R&R	FE02KDK	TBB	FG03JAU	HWD	FHZ9600	FAL	FJ03ABK	SVD
FD55RDZ	R&R	FE02KDN	TBB	FG03JBE	TAY	FIG2085	JSS	FJ03ABV	FOU
FD55REU	R&R	FE02KDO	TBB	FG03JCU	ZDW	FIG2171	ANS	FJ03ABZ	PLA
FD55RFE	R&R	FE02KDU	TBB	FG03JCV	STR	FIG3416	BLE	FJ03ACV	JRC
FD55RFF	R&R	FE02KDV	TBB	FG03JCZ	VTC	FIG4531	FSR	FJ03MHX	MON
FD55RFJ	R&R	FE02KDX	TBB	FG03JDF	FOR	FIG5684	BUD	FJ03MHY	MON
FD55RFK	R&R	FE02KDZ	TBB	FG03JDZ	VTC	FIG6292	CDS	FJ03MHZ	MON
FD55RFL	R&R	FE02KEJ	TBB	FG03JEJ	HWD	FIG6310	TVM	FJ03VMG	NCC
FD55RFN	R&R	FE02KFA	TBB	FG52USF	THU	FIG6425	ABT	FJ03VMT	MCW
FD55RFO	R&R	FE02KFD	TBB	FG52USH	THU	FIG6431	GUS	FJ03VMU	MCW
FD55RFX	R&R	FE02KFF	TBB	FG52WFT	NCT	FIG6432	ABT	FJ03VNC	BUL
FD55RFY	R&R	FE02KFG	TBB	FG52WFU	NCT	FIG6433	ABT	FJ03VNE	SCD
FD55RFZ	R&R	FE02KFJ	TBB	FG52WFV	NCT	FIG6945	GRL	FJ03VVM	TBB
FD55RGO	R&R	FE02KFK	TBB	FG52WFW	NCT	FIG6946	EVC	FJ03VVN	TBB
FD55RGU	R&R	FE02KFL	TBB	FG52WFX	NCT	FIG6947	EVC	FJ03VVP	TBB
FD55RGV	R&R	FE02LWD	FBS	FG52WFY	NCT	FIG6948	GWN	FJ03VVR	TBB
FD55RGX	R&R	FE02LZA	ZDE	FG52WRO	BYL	FIG6949	EVC	FJ03VVS	TBB
FD55RGY	R&R	FE51RAU	GWH	FG52WUC	FBS	FIG6950	EVC	FJ03VVT	TBB
FD55RGZ	R&R	FE51RBU	GWH	FG58WBE	BAS	FIG7338	SVD	FJ03VVU	TBB
FD55RHA	R&R	FE51RBV	VTE	FH02ERY	BSK	FIG8217	FSR	FJ03VVW	TBB
FD55RHE	R&R	FE51RBX	VTE	FH05TKJ	TBB	FIG8241	SCK	FJ03VVX	TBB
FD55RHF	R&R	FE51RCU	GWH	FH05TKK	TBB	FIG822	SCK	FJ03VVY	TBB
FD55RHJ	R&R	FE51RCV	MLM	FH05URN	NEX	FIG9167	JRS	FJ03VVZ	TBB
FD55RHK	R&R	FE51RCX	VTE	FH05URO	NEX	FIG9180	SVD	FJ03VWA	TBB
FD55RHO	R&R	FE51RCY	VTE	FH05URP	NEX	FIL3960	FIL	FJ03VWB	TBB
FD55RHU	R&R	FE51RCZ	VTE	FH05URR	NEX	FIL4033	ROY	FJ03VWC	TBB
FD55RHV	R&R	FE51RDU	GWH	FH06EAW	NEX	FIL4145	THO	FJ03VWD	TBB
FD55RHX	R&R	FE51RFF	GLC	FH06EAX	NEX	FIL4164	MGC	FJ03VWE	TBB
FD55RHY	R&R	FE51RGO	REC	FH06EBL	NEX	FIL4165	MGC	FJ03VWF	TBB
FD55RHZ	R&R	FE51RGV	LOR	FH06EBM	NEX	FIL4166	MCL	FJ03VWG	TBB
FD57VYA	VTE	FE51RGZ	GSR	FH06EBN	NEX	FIL4909	WAG	FJ03VWH	TBB
FD57VYB	VTE	FE51RHO	TVC	FH06EBO	SEL	FIL5120	2WT	FJ03VWK	TBB
FD57VYC	VTE	FE51WSU	ARM	FH06KGK	CBL	FIL6002	EUS	FJ03VWL	TBB
FD57VYE	VTE	FE51WSV	ARM	FH06NVX	TET	FIL6689	CHH	FJ03VWM	TBB
FDF276T	JEF	FE51WUY	HUT	FH06OPR	LIT	FIL6783	STI	FJ03VWN	TBB
FDF965	PUH	FE51YWH	ARM	FH06OPS	WRI	FIL7485	GHA	FJ03VWP	TBB
FDJ75	ELL	FE51YWJ	ARM	FH06OVU	GAM	FIL7487	WIS	FJ03VWR	TBB
FDL677V	JBT	FE51YWK	ARM	FH51GBE	BFT	FIL7615	CAM	FJ03VWS	TBB
FDL679V	JBT	FE51YWL	ARM	FH51LTX	NCT	FIL7617	HET	FJ03VWT	TBB
FDL680V	JBT	FE51YWM	ARM	FH52ETO	TRL	FIL7661	SKC	FJ03VWU	TBB
FDL681V	K&J	FE52HFH	FNW	FH52EXM	TRL	FIL7663	HKW	FJ03VVV	TBB
FDL682V	K&J	FE52HFJ	FNW	FH53DRH	ROV	FIL7997	MOX	FJ03VWW	TBB
FDV818V	CCB	FE52HFK	FNW	FH54VRX	TBB	FIL8156	ABG	FJ03VWX	TBB
FDV839V	CCB	FE52HFR	APP	FH54VRY	TBB	FIL8299	WOR	FJ03VWY	TBB
FDY383	RAM	FE52HFS	HWD	FH54VRZ	TBB	FIL8317	HEY	FJ03VXA	TBB
FDZ362	LAL	FEV115Y	AVC	FHJ565	BEE	FIL8441	HEY	FJ03VXB	TBB
FDZ1635	FCT	FEW225Y	EMB	FHJ83Y	SAJ	FIL8538	OVL	FJ03VXC	TBB
FDZ3715	MAR	FEZ4591	DAB	FHN931	CAT	FIL8541	SQU	FJ03ZTT	C&G
FDZ4730	JMS	FF05BUS	FFC	FHZ2188	FCC	FIL8549	FIL	FJ03ZTU	HSM
FDZ4731	JWC	FF08OXF	OBC	FHZ3530	FCC	FIL8613	MDO	FJ03ZTV	HSM
FDZ5347	ZCF	FF09OXF	OBC	FHZ3531	FCC	FIL8615	BEE	FJ03ZTW	HSM
FDZ5392	LAL	FF10OXF	OBC	FHZ4134	FCC	FIL8753	VTC	FJ03ZTY	HSM
FDZ8195	GHA	FF55OXF	OBC	FHZ4170	FCC	FIL9370	EOB	FJ03ZZP	NAH
FE02AKV	NCT	FF56BLU	BLU	FHZ4171	FCC	FIL9664	HEY	FJ03ZZR	GMB
FE02FBG	ACN	FF57OXF	OBC	FHZ4190	FCC	FIW563	LEW	FJ03ZZX	NAH
FE02FBJ	ZEH	FFK312	GAM	FHZ4191	FCC	FIW564	LEW	FJ03ZZY	NAH
FE02FBK	JTK	FFR486S	SFI	FHZ6871	HUY	FIW578	LEW	FJ04ERV	GAM
FE02FBY	JSP	FG02BGE	TBB	FHZ6882	FCC	FJ03AAF	DUR	FJ04ERY	J&B

FJ04ERZ	LAT	FJ06BRX	MCE	FJ06ZSP	ARM	FJ07DWP	HOM	FJ08BYK	YCO		
FJ04ESG	CML	FJ06BRZ	EXW	FJ06ZST	ARM	FJ07OSU	SEMS	FJ08BYL	YCO		
FJ04ESU	SREN	FJ06BSO	SIM	FJ06ZSU	ARM	FJ07OSV	SEMS	FJ08BYM	YCO		
FJ04ESV	GAM	FJ06BSU	CRN	FJ06ZSV	ARM	FJ07OSW	SEMS	FJ08BYN	YCO		
FJ04ESY	VTC	FJ06BSX	LAG	FJ06ZSW	ARM	FJ07OSX	SEMS	FJ08BYO	PJE		
FJ04ETR	ZCH	FJ06BSZ	GRN	FJ06ZSX	ARM	FJ07OSY	SEMS	FJ08BYP	PLA		
FJ04ETV	STS	FJ06FLH	NEX	FJ06ZSY	ARM	FJ07OSZ	SEMS	FJ08BYU	YCO		
FJ04ETX	STS	FJ06GGA	SEL	FJ06ZSZ	ARM	FJ07RZY	R&R	FJ08BYV	YCO		
FJ04ETY	MOA	FJ06GGE	TYB	FJ06ZTB	ARM	FJ07RZZ	R&R	FJ08BYW	YCO		
FJ04ETZ	PJE	FJ06GGF	TYB	FJ06ZTC	ARM	FJ07TKA	ATS	FJ08BYX	YCO		
FJ04PFX	ARM	FJ06GGK	NEX	FJ06ZTD	ARM	FJ07TKC	ATS	FJ08BYZ	YCO		
FJ04PXX	PSK	FJ06GGO	SEL	FJ06ZTE	ARM	FJ07TKD	YCT	FJ08BZA	LAG		
FJ04SNV	SVD	FJ06GGV	LJL	FJ06ZTF	ARM	FJ07TKE	ATS	FJ08BZB	LAG		
FJ04SNZ	SVD	FJ06GGX	HAM	FJ06ZTG	ARM	FJ07TKF	ATS	FJ08BZC	LAG		
FJ04SOC	LEE	FJ06GGY	HAM	FJ06ZTH	ARM	FJ07UMX	R&R	FJ08BZD	LAG		
FJ04VBP	TIG	FJ06GGZ	HAM	FJ06ZTK	ARM	FJ07UMY	R&R	FJ08BZE	LAG		
FJ05ANV	KFY	FJ06GHA	VTE	FJ06ZTM	ARM	FJ07UMZ	R&R	FJ08BZF	LAG		
FJ05AOA	BYL	FJ06GHB	VTE	FJ06ZTN	ARM	FJ07UNB	R&R	FJ08BZG	LAG		
FJ05AOB	PJE	FJ06GHD	VTE	FJ06ZTO	ARM	FJ07UNE	R&R	FJ08BZH	HAM		
FJ05AOD	KFY	FJ06GHF	VTE	FJ06ZTP	ARM	FJ07UNF	R&R	FJ08BZL	HUC		
FJ05AOG	W&H	FJ06URB	CLL	FJ07AAU	HGI	FJ07UNG	R&R	FJ08BZM	HAM		
FJ05AOH	W&H	FJ06URC	CLL	FJ07AAY	ELC	FJ07UNH	R&R	FJ08BZN	HAM		
FJ05AOK	PLA	FJ06URE	CLL	FJ07AAZ	HOR	FJ07UNK	R&R	FJ08BZO	PJE		
FJ05AOM	WBB	FJ06URG	TYB	FJ07ABF	SAB	FJ07UNL	R&R	FJ08BZP	K&D		
FJ05AOO	EOB	FJ06URH	NEX	FJ07ABO	KBC	FJ07UNM	R&R	FJ08BZR	K&D		
FJ05AOP	GRW	FJ06URK	MAY	FJ07ABX	BTT	FJ07UNN	R&R	FJ08BZS	K&D		
FJ05AOT	BKY	FJ06URL	VOE	FJ07ACF	VIS	FJ07UNR	R&R	FJ08BZT	K&D		
FJ05AOV	CHY	FJ06URM	VOE	FJ07ACO	SVD	FJ07UNS	R&R	FJ08BZU	K&D		
FJ05AOW	CHY	FJ06URO	NEX	FJ07ACU	SVD	FJ07UNU	R&R	FJ08BZV	K&D		
FJ05AOX	CHY	FJ06URP	BJL	FJ07ACV	DOI	FJ07UNV	R&R	FJ08BZW	K&D		
FJ05APF	OLA	FJ06URR	ZBR	FJ07ACY	BTT	FJ07UNW	R&R	FJ08BZX	K&D		
FJ05APK	CYM	FJ06ZKK	CSC	FJ07ADO	PJE	FJ07UNX	R&R	FJ08BZY	PJE		
FJ05APX	BLD	FJ06ZKL	CSC	FJ07ADU	HLS	FJ07UOA	R&R	FJ08FYA	AMB		
FJ05APY	BLD	FJ06ZKN	PRT	FJ07ADW	DOI	FJ07UOB	R&R	FJ08FYB	AMB		
FJ05APZ	SCD	FJ06ZKO	PRT	FJ07ADX	PJE	FJ07UOC	R&R	FJ08FYC	GEB		
FJ05HXW	LEE	FJ06ZKP	PRT	FJ07ADZ	PJE	FJ07UOD	R&R	FJ08FYD	DOI		
FJ05HXX	IRB	FJ06ZKR	PRT	FJ07AEA	PRO	FJ07UOE	R&R	FJ08FYF	EXE		
FJ05HXY	SRU	FJ06ZKS	JRC	FJ07AEB	PRO	FJ07UOF	R&R	FJ08FYG	EXE		
FJ05HYG	SVD	FJ06ZKT	JRC	FJ07AEC	PRO	FJ07UOG	R&R	FJ08FYH	EXE		
FJ05HYH	SVD	FJ06ZKU	JRC	FJ07AED	LAG	FJ07UOH	R&R	FJ08FYK	MOS		
FJ05HYT	ATF	FJ06ZKV	JRC	FJ07AEE	LAG	FJ07VKG	PLA	FJ08FYL	VOE		
FJ05KWV	TGM	FJ06ZLO	BTT	FJ07AEF	LAG	FJ07VKK	PLA	FJ08FYM	VOE		
FJ06BNU	AAA	FJ06ZLU	W&H	FJ07DVH	NEX	FJ07VLF	THU	FJ08FYN	FSA		
FJ06BNV	CWS	FJ06ZLZ	HEM	FJ07DVK	NEX	FJ07VLV	BRS	FJ08FYP	PLA		
FJ06BNX	GHA	FJ06ZMO	TIV	FJ07DVL	NEX	FJ07VWK	CIC	FJ08FYS	DUD		
FJ06BNY	GHA	FJ06ZMU	RWR	FJ07DVM	NEX	FJ07VWL	CIC	FJ08FYT	FCC		
FJ06BNZ	CML	FJ06ZPV	ARM	FJ07DVN	NEX	FJ07VWM	CIC	FJ08FYU	FCC		
FJ06BOF	PJE	FJ06ZPW	ARM	FJ07DVO	NEX	FJ07VWO	CIC	FJ08FYW	HQD		
FJ06BOH	PJE	FJ06ZPX	ARM	FJ07DVP	NEX	FJ07VWP	CIC	FJ08FYZ	SMS		
FJ06BOU	HLS	FJ06ZRL	ARM	FJ07DVR	NEX	FJ07VWS	CIC	FJ08FZA	JRC		
FJ06BOV	TIT	FJ06ZRN	ARM	FJ07DVY	TYB	FJ07VWR	CIC	FJ08FZB	JRC		
FJ06BPE	NEA	FJ06ZRO	ARM	FJ07DVZ	TYB	FJ07VWS	CIC	FJ08FZF	ELL		
FJ06BPF	NEA	FJ06ZRP	ARM	FJ07DWA	TYB	FJ07VWT	CIC	FJ08FZX	SEMS		
FJ06BPK	FCC	FJ06ZSD	ARM	FJ07DWC	TYB	FJ07VWU	CIC	FJ08FZY	PCN		
FJ06BPO	FCC	FJ06ZSE	ARM	FJ07DWF	CSC	FJ07VWW	WiT	FJ08FZZ	SEMS		
FJ06BPU	WAT	FJ06ZSF	ARM	FJ07DWG	CSC	FJ07VXE	PJE	FJ08GYY	ZDO		
FJ06BPV	WAT	FJ06ZSG	ARM	FJ07DWK	VTE	FJ08AVE	TIG	FJ08KLF	GON		
FJ06BPY	WAT	FJ06ZSK	ARM	FJ07DWL	VTE	FJ08BYA	TIT	FJ08KLS	GON		
FJ06BPZ	AMB	FJ06ZSL	ARM	FJ07DWN	NEX	FJ08BYB	GLI	FJ08KLU	GON		
FJ06BRF	AMB	FJ06ZSN	ARM	FJ07DWO	HOM	FJ08BYD	DRE	FJ08KLX	GON		
FJ06BRV	RRT	FJ06ZSO	ARM					FJ08BYH	YCO	FJ08KLZ	GON

FJ08KMA	CSC	FJ09DXO	ATS	FJ10EZM	KFY	FJ54ZDM	CRT	FJ55DYS	CAV
FJ08KME	CSC	FJ09DXP	ATS	FJ10EZN	KFY	FJ54ZDP	GAL	FJ55DYT	CAV
FJ08KMF	CSC	FJ09DXR	ATS	FJ10EZO	KFY	FJ54ZDR	GAL	FJ55DYW	SVD
FJ08KMG	CSC	FJ09DXT	SVD	FJ10EZP	KFY	FJ54ZDT	GAL	FJ55DZK	SVD
FJ08KMK	VTE	FJ09DXU	SVD	FJ10EZR	KFY	FJ54ZDU	GAL	FJ55DZL	SVD
FJ08KMU	GON	FJ09KNV	TDE	FJ10EZT	SVD	FJ54ZDV	GAL	FJ55DZM	SVD
FJ08KMV	GON	FJ09MVR	TBB	FJ10EZU	SVD	FJ54ZDW	GAL	FJ55DZN	SVD
FJ08KMX	PGC	FJ09MVS	TBB	FJ10EZV	NEX	FJ54ZDX	GAL	FJ55DZO	SVD
FJ08KNH	SWES	FJ09MVT	TBB	FJ10EZX	DOT	FJ54ZDY	GAL	FJ55HWG	TDR
FJ08KNK	YCT	FJ09MVU	TBB	FJ10EZZ	DOT	FJ54ZDZ	GAL	FJ55KMU	FNW
FJ08KNV	GON	FJ09MVV	TBB	FJ10NFV	FBS	FJ54ZFA	GAL	FJ55KMV	BUL
FJ08KNW	GON	FJ09MVW	TBB	FJ10OXM	TBB	FJ54ZTV	GAL	FJ55KMX	BUL
FJ08KNX	YCT	FJ09MVX	TBB	FJ10OXN	TBB	FJ54ZTW	GAL	FJ55KNA	FNW
FJ08KNY	SWES	FJ09MVY	TBB	FJ10OXP	TBB	FJ54ZTX	GAL	FJ55XLH	FNW
FJ08KNZ	YCT	FJ09MVZ	TBB	FJ10OXR	TBB	FJ54ZTY	GAL	FJ55XLK	FNW
FJ08KOA	SWES	FJ09MWA	TBB	FJ10OXS	TBB	FJ54ZTZ	GAL	FJ55XLL	FNW
FJ08KOB	YCT	FJ09MWC	TBB	FJ51JXX	ZCW	FJ54ZUA	GAL	FJ55YCE	VTE
FJ08KOD	TUR	FJ09MWD	TBB	FJ51JYA	NCC	FJ54ZUC	GAL	FJ55YCF	VTE
FJ08KOE	SWES	FJ09MWE	TBB	FJ51JYB	NCC	FJ54ZUD	GAL	FJ55YCG	VTE
FJ08KOH	SWES	FJ09MWF	TBB	FJ51JYC	NCC	FJ54ZVA	GAL	FJ55YCH	VTE
FJ08LVL	ARM	FJ09MWG	TBB	FJ51JYD	NCC	FJ54ZVB	GAL	FJ55YCK	VTE
FJ08LVM	ARM	FJ09MWK	TBB	FJ51JYG	M&D	FJ55AAE	TBB	FJ55YCL	VTE
FJ08LVN	ARM	FJ09MWL	TBB	FJ51JYN	RNC	FJ55AAF	TBB	FJ55YCM	VTE
FJ08LVO	ARM	FJ09NZK	PCN	FJ53KZE	WAL	FJ55AAK	TBB	FJ55YCN	VTE
FJ08LVP	ARM	FJ09PXO	PCN	FJ53KZF	KFY	FJ55AAN	TBB	FJ55YCO	VTE
FJ08LVR	ARM	FJ09XGO	BMC	FJ53KZH	EUT	FJ55AAO	TBB	FJ55YCP	VTE
FJ08LVS	ARM	FJ09XGP	BMC	FJ53KZM	MCE	FJ55AAU	TBB	FJ56HLN	JBT
FJ08LVT	ARM	FJ09XGR	BMC	FJ53KZO	PLA	FJ55AAV	TBB	FJ56KTV	WIC
FJ08MBF	CBL	FJ09XGS	BMC	FJ53KZP	TIV	FJ55AAX	TBB	FJ56KTX	CLK
FJ08MBO	CBL	FJ09XGT	BMC	FJ53LZT	ZDL	FJ55AAY	TBB	FJ56KUH	AAA
FJ08MBU	CBL	FJ09XPA	TBB	FJ53LZU	NEA	FJ55AAZ	TBB	FJ56OBC	ARM
FJ08MBV	CBL	FJ09XPB	TBB	FJ53LZW	EYM	FJ55ABF	TBB	FJ56OBD	ARM
FJ08VPY	SEMS	FJ09XPC	TBB	FJ53VDC	CAT	FJ55ABK	TBB	FJ56OBE	ARM
FJ08VPZ	PCN	FJ09XPD	PJE	FJ53VDE	MCW	FJ55ABN	TBB	FJ56OBF	ARM
FJ08VRC	SEMS	FJ09XPE	TBB	FJ53VDF	MCW	FJ55ABO	TBB	FJ56OBG	ARM
FJ08VRD	PCN	FJ09XPF	TBB	FJ52VDK	FEL	FJ55ABV	TBB	FJ56OBH	ARM
FJ08WHR	TBB	FJ09XPG	TBB	FJ53VDL	SWT	FJ55BVT	ARM	FJ56OBK	ARM
FJ08WHS	TBB	FJ09XPH	TBB	FJ53ZSZ	TAY	FJ55BVU	ARM	FJ56OBL	ARM
FJ09BXA	TBB	FJ09XPK	TBB	FJ54MLZ	TRH	FJ55BWA	ARM	FJ56OBM	ARM
FJ09BXB	TBB	FJ09XPL	TBB	FJ54MMO	UNO	FJ55BWB	ARM	FJ56OBN	ARM
FJ09BXC	TBB	FJ10DNN	OLA	FJ54MMU	UNO	FJ55BWC	ARM	FJ56OBO	FCY
FJ09BXD	TBB	FJ10DNO	PJE	FJ54MPF	TRH	FJ55BWD	ARM	FJ56OBP	ATS
FJ09BXE	TBB	FJ10DNV	BLI	FJ54OTN	ARM	FJ55BWE	ARM	FJ56OBR	SSOU
FJ09BXF	TBB	FJ10DPE	PJE	FJ54OTP	ARM	FJ55BWF	ARM	FJ56OBS	SSOU
FJ09BXG	TBB	FJ10DPO	PJE	FJ54OTR	ARM	FJ55BWG	ARM	FJ56OBT	SSOU
FJ09BXH	TBB	FJ10DPX	BTT	FJ54OTT	ARM	FJ55BXK	CUB	FJ56OBU	SSOU
FJ09BXK	TBB	FJ10DPY	ECL	FJ54OTV	ARM	FJ55BXL	CUB	FJ56OBW	SSOU
FJ09BXL	TBB	FJ10DPZ	ECL	FJ54OTW	ARM	FJ55BXM	HAM	FJ56OBX	SSOU
FJ09BXM	TBB	FJ10DRX	PJE	FJ54OTX	ARM	FJ55BXO	VTE	FJ56OBY	SOXF
FJ09BXN	TBB	FJ10DSO	KBC	FJ54ZCL	MMS	FJ55BXR	EXA	FJ56OBZ	SSOU
FJ09BXO	TBB	FJ10EHF	TBB	FJ54ZCO	MMS	FJ55BXS	EXA	FJ56OCA	SSOU
FJ09BXP	TBB	FJ10EHG	TBB	FJ54ZCU	KCL	FJ55BXX	LCL	FJ56OCB	SSOU
FJ09DWY	SVD	FJ10EHH	TBB	FJ54ZCV	MCT	FJ55BYA	LCL	FJ56OCC	SSOU
FJ09DXA	AMB	FJ10EHK	TBB	FJ54ZCX	MCT	FJ55BZM	TBB	FJ56PAO	SEL
FJ09DXB	AMB	FJ10EHL	TBB	FJ54ZDC	GAL	FJ55BZN	TBB	FJ56PBF	SEL
FJ09DXC	AMB	FJ10EHM	TBB	FJ54ZDD	VTE	FJ55BZO	TBB	FJ56PBO	SEL
FJ09DXE	AMB	FJ10EHN	TBB	FJ54ZDE	VTE	FJ55BZP	TBB	FJ56PBU	VTE
FJ09DXG	ATS	FJ10EZG	KFY	FJ54ZDG	VTE	FJ55BZR	TBB	FJ56PBX	VTE
FJ09DXK	ATS	FJ10EZH	KFY	FJ54ZDH	VTE	FJ55BZS	TBB	FJ56PBY	VTE
FJ09DXL	ATS	FJ10EZK	KFY	FJ54ZDK	VTE	FJ55BZT	TBB	FJ56PBZ	VTE
FJ09DXM	ATS	FJ10EZL	KFY	FJ54ZDL	CCM	FJ55BZU	TBB	FJ56PCF	VTE

Reg	Code	Reg	Code	Reg	Code	Reg	Code	Reg	Code
FJ56PCV	TTC	FJ57KHL	NEX	FJ58KJX	TBB	FJ59APF	LUC	FM55OME	CEC
FJ56PCX	ATS	FJ57KHM	NEX	FJ58KJY	TBB	FJ59APX	SEL	FM56UNU	ZCH
FJ56PCY	ATS	FJ57KHO	NEX	FJ58KJZ	TBB	FJ59APY	SEL	FM56UOG	ZCH
FJ56PCZ	ATS	FJ57KHP	NEX	FJ58KKA	TBB	FJ59APZ	THU	FMN158E	IOM
FJ56PDK	ATS	FJ57KHR	NEX	FJ58KKB	TBB	FJ59ARF	THU	FMN181P	IOM
FJ56PDO	ATS	FJ57KHT	SGD	FJ58KKD	TBB	FJ59FYS	CBL	FMN299J	IOM
FJ56PDU	TTC	FJ57KHU	BRU	FJ58KKE	TBB	FJ59UYE	CTP	FMN412E	IOM
FJ56PDV	TTC	FJ57KHX	NEX	FJ58KKF	TBB	FJ59UYF	CTP	FMN497T	IOM
FJ56PDX	SSOU	FJ57KHY	NEX	FJ58KKG	TBB	FJ59UYG	CTP	FMN498T	IOM
FJ56PEO	SSOU	FJ57KHZ	NEX	FJ58KKH	TBB	FJ59UYK	CTP	FMN499T	IOM
FJ56PFA	SSOU	FJ57KJA	NEX	FJ58KKL	TBB	FJ59UYL	CTP	FMN500T	IOM
FJ56PFD	SSOU	FJ57KJE	NEX	FJ58KKM	TBB	FJ60EGC	STS	FMN501T	IOM
FJ56PFE	NEX	FJ57KJF	BRU	FJ58KKN	TBB	FJ60EGD	STS	FMN502T	IOM
FJ56PFF	NEX	FJ57KJK	LCL	FJ58KKO	TBB	FJ60EGE	JBT	FMN503J	IOM
FJ56PFG	FCY	FJ57KJO	NEX	FJ58KKP	TBB	FJ60EGF	JBT	FMN503T	IOM
FJ56PFK	FCY	FJ57KJU	NEX	FJ58KKR	TBB	FJ60EHB	EXE	FMN504T	IOM
FJ56PFN	FCY	FJ57SKF	HKW	FJ58KKS	TBB	FJ60EHC	EXE	FMN505T	IOM
FJ56YBV	CBL	FJ58AHE	LUC	FJ58KKT	TBB	FJ60EHD	EXE	FMN540E	IOM
FJ56YBW	CBL	FJ58AHF	LUC	FJ58KKU	TBB	FJ60EHE	EXE	FMN618J	IOM
FJ56YWA	VTE	FJ58AHG	LUC	FJ58KXF	ARM	FJ60EHF	EXE	FMN619J	IOM
FJ56YWB	VTE	FJ58AHK	LUC	FJ58KXG	ARM	FJ60EJE	PJE	FMN620J	IOM
FJ56YWC	VTE	FJ58AHL	LUC	FJ58KXH	ARM	FJ60EJG	PJE	FMN621J	IOM
FJ56YWD	VTE	FJ58AHN	LUC	FJ58KXK	ARM	FJ60EJL	JBT	FMN622J	IOM
FJ56YWE	VTE	FJ58AHO	LUC	FJ58KXL	ARM	FK60EKD	HEY	FMN623J	IOM
FJ56YWF	VTE	FJ58AHP	LUC	FJ58KXM	ARM	FJB739C	SCH	FMN835J	IOM
FJ56YWG	VTE	FJ58AHZ	WCH	FJ58KXN	ARM	FJE982D	MYA	FMN836J	IOM
FJ56YWH	VTE	FJ58AJO	SVD	FJ58KXO	ARM	FJU973	PSW	FN02HGM	BOW
FJ56YWK	VTE	FJ58AJU	SEL	FJ58KXP	ARM	FJW322	QMS	FN02RXA	TEV
FJ56ZWC	CBL	FJ58AJV	SEL	FJ58KXR	ARM	FJZ4196	D&G	FN02RXC	SSC
FJ57CYS	WXC	FJ58AJX	LUC	FJ58KXS	ARM	FJZ8408	ORC	FN02RXD	ROY
FJ57CYT	WXC	FJ58AJY	LUC	FJ58KXT	ARM	FJZ9714	LID	FN02RXJ	SOK
FJ57CYU	WXC	FJ58AKF	LUC	FJ58KXU	ARM	FK02CLC	CRL	FN02VBD	KFY
FJ57CYV	WXC	FJ58AKG	LUC	FJ58KXV	ARM	FK06ZKZ	ZBU	FN02VBE	KFY
FJ57CYW	WXC	FJ58AKK	BRU	FJ58KXW	ARM	FK52MML	ARM	FN02VBG	MCR
FJ57CYX	ROS	FJ58AKN	SGD	FJ58KXX	ARM	FK58KKC	TBB	FN02VBK	OLY
FJ57CYZ	WXC	FJ58AKO	SGD	FJ58KXY	ARM	FKK840Y	MVL	FN02VBX	FOR
FJ57CZA	WXC	FJ58AKP	SGD	FJ58LSC	AYR	FKM869V	EST	FN02VCG	C&G
FJ57CZB	WXC	FJ58AKU	SGD	FJ58LSD	CCC	FL02ZXF	CRN	FN02VCM	BOD
FJ57CZC	WXC	FJ58AKV	SGD	FJ58LSF	LEE	FL02ZXG	CRN	FN02VCP	TVS
FJ57CZD	WXC	FJ58AKX	SGD	FJ58LSK	AAA	FL02ZXR	YAR	FN02VCT	HWD
FJ57CZE	WXC	FJ58AKY	BRU	FJ58LSL	TDE	FL02ZXW	JRC	FN03DXG	LUV
FJ57CZG	WXC	FJ58CON	CFL	FJ58LSN	TDE	FL02ZXX	JRC	FN03DXH	YCT
FJ57CZH	KBC	FJ58HYH	ARM	FJ58LSO	TDE	FL02LSK	AAA	FN03DXP	ZDL
FJ57CZK	HLS	FJ58HYK	ARM	FJ58LSU	TDE	FL02ZYA	ADR	FN03DXS	EAL
FJ57CZM	TDE	FJ58HYL	ARM	FJ58LSV	TDE	FL03LWY	HMI	FN03DXT	JRC
FJ57CZN	TDE	FJ58HYM	ARM	FJ58LSX	TDE	FL05ETO	CEN	FN04AFJ	ARM
FJ57KGE	NEX	FJ58HYN	ARM	FJ58LSY	TDE	FL52MML	ARM	FN04AVX	PRT
FJ57KGF	SGD	FJ58HYO	ARM	FJ58LSZ	TDE	FL58HHJ	GWY	FN04BRX	TBB
FJ57KGG	SGD	FJ58HYP	ARM	FJ58LTA	TDE	FLE234Y	NBM	FN04BRZ	TBB
FJ57KGK	CSC	FJ58HYR	ARM	FJ58LTE	TDE	FLY747T	BAW	FN04BSU	TBB
FJ57KGY	BRU	FJ58HYS	ARM	FJ58LTF	TDE	FLY755J	GHW	FN04BSV	TBB
FJ57KGZ	NEX	FJ58HYT	ARM	FJ58LTK	TDE	FLZ1278	HOW	FN04BSX	TBB
FJ57KHA	NEX	FJ58HYU	ARM	FJ58LTN	TDE	FLZ6854	SBJ	FN04BSY	TBB
FJ57KHB	BRU	FJ58HYV	ARM	FJ58LTT	TDE	FLZ9102	NCH	FN04BSZ	TBB
FJ57KHC	NEX	FJ58HYW	ARM	FJ58LTU	TDE	FM02HMU	BST	FN04BTE	TBB
FJ57KHD	NEX	FJ58HYX	ARM	FJ58LTV	TDE	FM02KUY	ZAC	FN04FSE	OFJ
FJ57KHE	NEX	FJ58KJK	TBB	FJ58LTX	TDE	FM52GEY	UNO	FN04FSF	OFJ
FJ57KHF	NEX	FJ58KJN	TBB	FJ58LUA	TDE	FM52GFA	UNO	FN04FSG	PCN
FJ57KHG	NEX	FJ58KJO	TBB	FJ58LUL	ZEH	FM52GKF	VTE	FN04FSV	GSN
FJ57KHH	NEX	FJ58KJU	TBB	FJ58YSL	PCN	FM52GKV	VTE	FN04HSC	TBB
FJ57KHK	NEX	FJ58KJV	TBB	FJ59AOZ	LUC	FM52GKX	VTE	FN04HSD	TBB

Reg	Code	Reg	Code	Reg	Code	Reg	Code	Reg	Code
FN04HSE	TBB	FN07AEA	SVD	FN57EWV	BOD	FP51GYE	TBB	FTF702F	DEW
FN04HSF	TBB	FN07BYO	ROM	FNM850Y	STD	FP53ESO	ORD	FTN709W	KJB
FN04HSG	TBB	FN07BYV	NEX	FNM854Y	THO	FP53GWN	CEN	FTO535V	ALE
FN04HSK	TBB	FN07BYW	NEX	FNT595	CLS	FP53JYB	JBE	FTO542V	GSF
FN04HSL	TBB	FN07BYX	NEX	FNZ1012	AMB	FP53JYD	GAM	FTO554V	RED
FN04HSU	TBB	FN07BYZ	NEX	FNZ1013	SEM	FP53JYO	BCD	FTX38K	ROM
FN04HSV	TBB	FN07BZA	NEX	FNZ1014	AMB	FP5992	LJL	FUA382Y	CCO
FN04HSX	TBB	FN07BZB	NEX	FNZ1015	AMB	FPN259	REI	FUA394Y	WAT
FN04HSY	TBB	FN07BZC	NEX	FNZ1048	MLM	FPV630T	WOO	FUJ923V	ROM
FN04HSZ	TBB	FN07HFV	GOL	FNZ1049	AUD	FR02HCR	HAR	FUN319	WRB
FN04HTA	TBB	FN08AYE	PCN	FNZ2300	SHI	FRA521L	FOW	FUU84C	WKB
FN04HTC	TBB	FN08CHG	CBL	FNZ3467	CHC	FRA528V	CCB	FV02FCX	EMB
FN04HTP	TBB	FN08CHH	CBL	FNZ4051	NEL	FRA535V	ATI	FV05XAS	JEN
FN04HTT	TBB	FN09AOC	DOI	FNZ4065	RVC	FRR194J	MOX	FV09BWO	RWR
FN04HTU	TBB	FN09AOD	DOI	FNZ4897	CHC	FRX869T	BOK	FV5737	CCB
FN04HTV	TBB	FN09AOE	DOI	FNZ5141	NCH	FS05PBS	BUD	FVH559Y	ZFG
FN04JZT	CF	FN09AOF	DOI	FNZ5142	CHC	FSK469	JTR	FW5696	MOS
FN04JZU	ROH	FN09AOG	CLT	FNZ5143	BEC	FSK598	COG	FWL778Y	HED
FN04JZV	ROH	FN09AOH	EXA	FNZ5671	HQL	FSK866	GIR	FWL779Y	HED
FN04JZW	ROH	FN09AOK	HLS	FNZ5672	HQL	FSK868	CDS	FWL780Y	HED
FN05DFP	PRO	FN09AOL	ZEY	FNZ5833	HTR	FSO343	BOR	FWL781Y	HED
FN05DFU	PRO	FN09AOM	EXA	FNZ5834	HTR	FSU106	ZAT	FX03ECC	SBL
FN05DGE	W&H	FN09AOR	RSL	FNZ6849	PHI	FSU183	EDT	FX03ECE	GSR
FN05DWO	PRO	FN09AOS	EXE	FNZ6990	PHI	FSU318	WCM	FX03ECN	KCL
FN06CBV	R&R	FN09AOT	EXE	FNZ7649	LGT	FSU319	WCM	FX03FFA	SNOE
FN06CBX	R&R	FN09AOU	EXE	FNZ7669	BLE	FSU331	BBD	FX03FFB	SNOE
FN06CBY	R&R	FN09AOV	EXE	FNZ7714	AMB	FSU335	JPM	FX03FFC	SNOE
FN06CCA	R&R	FN09APK	PJE	FNZ7715	AMB	FSU356	HAP	FX03FFD	SEMS
FN06CCE	R&R	FN09APO	PJE	FNZ7716	AMB	FSU371	GEC	FX03FFE	SEMS
FN06CCF	R&R	FN09APU	PJE	FNZ7729	JEF	FSU375	MFW	FX03FKA	TRL
FN06CCJ	R&R	FN09APV	ROH	FNZ7761	AMB	FSU382	FAB	FX03FKB	TRL
FN06CCK	R&R	FN09APX	BTT	FNZ7762	AMB	FSU394	MFW	FX03FMF	TRL
FN06CCO	R&R	FN09APY	ROH	FNZ7763	AMB	FSU718	SHIC	FX03GJU	CLI
FN06CCU	R&R	FN52GTZ	VTC	FNZ7764	AMB	FSU739	STAY	FX03GKP	WIL
FN06CCV	R&R	FN52GUF	GLC	FNZ7765	PHI	FSU797	BBD	FX03GKU	SOO
FN06CCX	R&R	FN52GUG	CHL	FP02XMA	NCT	FSU802	BRR	FX03GKV	BCM
FN06CCY	R&R	FN52GUH	GEH	FP02XMB	NCT	FSU803	MGC	FX03GKY	MCH
FN06CCZ	R&R	FN52GVD	HWD	FP02XMC	NCT	FSU804	BRR	FX04EER	NEA
FN06CDE	R&R	FN52GVE	SHM	FP02YDK	CNS	FSU807	PRI	FX04EES	CCM
FN06CDO	R&R	FN52HRG	AMB	FP02YDV	NCT	FSU828	SSC	FX04LJK	GOL
FN06CDU	R&R	FN52HRM	AMB	FP02YDW	NCT	FSV162	KIM	FX04TJY	KIE
FN06CDV	R&R	FN52HRO	ATK	FP02ZNV	TUT	FSV305	BOW	FX04WFR	SYOR
FN06CDX	R&R	FN52HRW	CRV	FP04CFE	TBB	FSV428	PCN	FX04WFS	SYOR
FN06CDY	R&R	FN52HRX	CRV	FP51AOH	NCT	FSV720	JEF	FX04WFT	SEMS
FN06CDZ	R&R	FN52MZO	MAR	FP51AOJ	NCT	FSV864	STU	FX04WFU	SEMS
FN06CEA	R&R	FN52MZT	TRW	FP51EUH	VTC	FT02FFA	SEMS	FX04WFV	SEMS
FN06CEF	R&R	FN52MZX	BBS	FP51EUJ	DUD	FT02FFB	SEMS	FX04WFW	SEMS
FN06CEJ	R&R	FN52MZZ	VRT	FP51EUL	GRW	FT02FFC	SEMS	FX05GXJ	SEMS
FN06CEK	R&R	FN52XVH	ASM	FP51EUM	GRW	FT03COS	FIT	FX05GXK	SEMS
FN06CEO	R&R	FN54AEB	TBB	FP51EUR	CLL	FT03WGT	TRH	FX05GXL	SEMS
FN06CEU	R&R	FN54AEC	TBB	FP51EXN	NCT	FT04CJT	TUR	FX05GXM	SEMS
FN06FLB	VTE	FN54AEV	TBB	FP51EXO	NCT	FT04TON	FIL	FX05GXN	SEMS
FN06FLC	FCY	FN54AEW	TBB	FP51GXR	TBB	FT07CCT	CHZ	FX05GXO	SEMS
FN06FLD	FCY	FN54AEX	TBB	FP51GXS	TBB	FT08CCT	CHZ	FX05GXP	SEMS
FN06FLE	VTE	FN54AEY	TBB	FP51GXT	TBB	FT08ECN	BEH	FX06AED	SEMS
FN06FLF	VTE	FN54AEZ	TBB	FP51GXU	TBB	FT09CCT	CHZ	FX06AEE	SEMS
FN06FLG	VTE	FN54FKU	SGD	FP51GXV	TBB	FT09LCT	ZCO	FX06AEF	SEMS
FN06FLH	TYB	FN54FLC	RWN	FP51GXW	TBB	FT10BDT	BAD	FX06AEG	SEMS
FN06FLL	WET	FN54LUP	CRG	FP51GXX	TBB	FT10KUP	BRU	FX06AOA	SEMS
FN06FMA	NEX	FN56BWV	CBN	FP51GXY	TBB	FT10LCT	LCT	FX06AOB	SEMS
FN06FMC	NEX	FN56CZS	CBN	FP51GXZ	TBB	FT52WGT	TRH	FX06AOC	SEMS

FX06AOD	SEMS	FX09DCO	SEMS	FX10DUA	SEMS	FX58CSO	SEMS	FXI419	GBU
FX06AOE	SEMS	FX09DCU	SEMS	FX10DUJ	SEMS	FX58CUV	SEMS	FXI457	SAY
FX06AOF	SEMS	FX09DCV	SEMS	FX10DUU	SEMS	FX58DXG	TRL	FXI547	ROM
FX06AVD	SEMS	FX09DCY	SEMS	FX10DUV	SEMS	FX58DXH	TRL	FXI724	SAY
FX06AVE	SEMS	FX09DCZ	SEMS	FX10DUY	SEMS	FX58DXJ	TRL	FXI782	SAY
FX06AVF	SEMS	FX09DDA	SNOE	FX10DVA	SEMS	FX58ZNO	ZDO	FXI8653	COP
FX06AVG	SEMS	FX09DDE	SNOE	FX51BJK	RAI	FX60YET	BKY	FXT183	ENS
FX06AWC	SEMS	FX09DDJ	SNOE	FX51BOV	SHT	FXI194	SAY	FY02LCL	KCH
FX06EWY	SFC	FX09DDK	SNOE	FX51BPE	WTH	FXI249	SAY	FY02LDE	HUT
FX06JVF	HYT	FX09DDL	SEMS	FX51BRV	TTC	FXI253	SAY	FY02LDO	CCM
FX06JVG	HYT	FX09DDN	SEMS	FX51BUU	HUN	FXI381	GBU	FY02LSD	TRL
FX07CLV	SEMS	FX10AEC	SNOE	FX51BVF	ERT	FXI383	GBU	FY02OTF	HOM
FX07CLY	SEMS	FX10AED	SNOE	FX51OEP	COF	FXI384	GBU	FY02OTR	EXL
FX07CLZ	SEMS	FX10AEE	SNOE	FX51OER	THA	FXI385	GBU	FY02PYG	DEN
FX07CME	SEMS	FX10AEF	SNOE	FX53AYA	SEMS	FXI386	GBU	FY02PYH	HAT
FX07CMF	SEMS	FX10AEG	SNOE	FX53AYB	SEMS	FXI387	GBU	FY02VCJ	SEMS
FX07CMK	SEMS	FX10AEJ	SNOE	FX53AYC	SEMS	FXI388	GBU	FY02VHF	BRY
FX07CMO	SEMS	FX10AEK	SNOE	FX53AYD	SEMS	FXI390	GBU	FY02VHG	BRY
FX07LJA	SEMS	FX10AEL	SNOE	FX53AYE	SEMS	FXI391	GBU	FY02WHC	CCM
FX07LJC	SEMS	FX10AEM	SNOE	FX53DZA	MGT	FXI392	GBU	FY02WHD	SIL
FX08GHD	R&R	FX10AEN	SNOE	FX53JWA	ZCS	FXI393	GBU	FY02WHH	DEN
FX08GHF	R&R	FX10AEO	SNOE	FX53JWC	BOU	FXI395	GBU	FY03WZN	SGC
FX08GHG	R&R	FX10AEP	SNOE	FX53TXA	SEMS	FXI396	GBU	FY03WZP	PPH
FX08GHH	R&R	FX10AET	SNOE	FX53TXB	SEMS	FXI397	GBU	FY03WZT	HIL
FX08GHJ	R&R	FX10AEU	SNOE	FX53TXC	SEMS	FXI398	GBU	FY03WZV	WTR
FX08HFA	SEMS	FX10AEV	SEMS	FX53TXD	SEMS	FXI399	GBU	FY07HUH	COS
FX08HFB	SEMS	FX10AEW	SEMS	FX54AOA	SEMS	FXI400	GBU	FY52GNP	AUD
FX08HFC	SEMS	FX10AEY	SEMS	FX54AOB	SEMS	FXI401	GBU	FY52GNU	AWD
FX08HFD	SEMS	FX10AEZ	SEMS	FX54AOC	SEMS	FXI402	GBU	FY52GOP	BTC
FX08REU	HYT	FX10AFA	SEMS	FX54AOD	SEMS	FXI403	GBU	FY52GOX	BUZ
FX09CZW	SEMS	FX10AFE	SEMS	FX54AOE	SEMS	FXI404	GBU	FY52LFW	CIU
FX09CZY	SEMS	FX10AFF	SEMS	FX54AOF	SNOE	FXI405	GBU	FY52NRX	CIU
FX09CZZ	SEMS	FX10AFJ	SEMS	FX54LLE	HYT	FXI406	GBU	FY52PLX	SEMS
FX09DAA	SEMS	FX10AFK	SEMS	FX54WFN	DEN	FXI408	GBU	FY52PLZ	SEMS
FX09DAO	SEMS	FX10AFN	SEMS	FX54WFR	ZBU	FXI409	GBU	FY52PMO	SEMS
FX09DAU	SEMS	FX10AFO	SEMS	FX55AZU	SNOE	FXI410	GBU	FY52PMU	SEMS
FX09DBO	SEMS	FX10AFU	SEMS	FX55AZV	SEMS	FXI411	GBU	FY52PMV	SEMS
FX09DBU	SEMS	FX10AFV	SEMS	FX55AZW	SNOE	FXI413	GBU	FY52PMX	SEMS
FX09DBV	SEMS	FX10AFY	SEMS	FX55BFK	TRL	FXI414	GBU	FY52SJU	TDT
FX09DBY	SEMS	FX10AFZ	SEMS	FX56AHU	FNW	FXI415	GBU	FYA201T	ROY
FX09DBZ	SEMS	FX10DTY	SEMS	FX57GUF	FNW	FXI417	GBU	FYD523Y	ELS
FX09DCE	SEMS	FX10DTZ	SEMS	FX57LKM	FNW	FXI418	GBU	FYJ994V	WGW
FX09DCF	SEMS								

G

G1CLN	CLN	G13MCT	MCE	G23UJR	SHM	G42FWC	BIG	G53RGG	PES
G2ELY	GRE	G14ELY	GRE	G25HDW	LUV	G43RGG	DOW	G54RGG	RAI
G2END	END	G14LYS	GIL	G25LNP	R&B	G43XLC	HRD	G54RTO	WAT
G2PGL	CSC	G15ELY	GRE	G28HDW	YCT	G46HDW	ARR	G55RTO	WAT
G3LAT	HER	G15UKY	THA	G32FWC	BIG	G46RGG	BRS	G56RGG	BAY
G5LAT	LAK	G16ELY	GRE	G32HKY	SBD	G47FKG	SHC	G56RTO	GEJ
G5WJC	ACM	G16WMS	WED	G34FWC	BIG	G48FKG	FOR	G57RGG	LUV
G7BUS	SAH	G17ELY	GRE	G34HKY	BUR	G48JWX	RAI	G59BEL	EMM
G7WJC	ACM	G18ELY	GRE	G35HKY	ANW	G49FKG	SHC	G59RND	JWC
G8MCT	MCE	G18WMS	WED	G36HKY	GEL	G49JWX	BGR	G65SNN	SUP
G8VBH	WIN	G20ANT	ANT	G37HKY	BUR	G49TGW	PUM	G68PFR	RIG
G9WJC	WJC	G20ELY	GRE	G38SSR	HEB	G50FKG	FOR	G71RGG	HBT
G10ELY	GRE	G210USE	CCW	G39TGW	EMS	G50ONN	MCT	G72LNP	R&B
G10VBH	WIN	G21KVH	CSA	G40VME	TIG	G51FKG	TDE	G73UYV	PLM
G12ELY	GRE	G21RHG	FIT	G41TGW	YCT	G52FKG	TDE	G75RGB	SFI

G77MWJ	COO	G122NGN	DCT	G214SSL	SWSC	G298TSL	PLM	G373RTO	LID
G77RGG	CAT	G123NGN	BVB	G215KRN	PBT	G299PKN	HFX	G374NRC	CBN
G77UYV	WST	G127NGN	CBN	G216KRN	SCB	G299TSL	PAR	G375NRC	ZBY
G78RGG	CAT	G127WXG	ZBY	G216LGK	LUV	G299UYK	LOD	G376CLC	TUT
G79BLD	C&S	G128WGX	SWSC	G217KRN	CCB	G300LEP	WGW	G376NRC	CED
G81BLD	EBL	G129CAD	HMI	G218KRN	SRK	G300UYK	BRI	G377NRC	CBN
G82BLD	SOO	G129NRC	PSW	G226DGM	HRD	G301UYK	PKT	G378NRC	TRW
G84EOG	SHA	G129PGK	BVB	G227VWD	TEX	G301WHP	TRD	G379REG	HPC
G84RGG	FOW	G129RGT	FLA	G230MUM	DEW	G302UYK	SBD	G380FSF	STD
G88VMM	S&D	G129UFM	PPH	G230VWL	ALP	G303FWC	TUT	G382BEV	JAC
G89GOJ	ANN	G130PGK	BVB	G231LDW	GSA	G303RJA	GSA	G382MWU	FAL
G90RGG	SSC	G132PGK	ZEZ	G231VWL	ATS	G305UYK	RNC	G382RCW	AMR
G91PES	HIL	G132YWC	ATS	G232VWL	ALP	G306UYK	PKT	G387FSF	GPT
G94VFP	MCS	G134PGK	BEW	G233FJC	DPG	G310FWC	FYC	G389NNS	GSF
G95YFW	WJC	G135PGK	ARC	G234VWL	ALP	G311UYK	RNC	G391MAG	ZDT
G96SGO	BIG	G137EOG	ANW	G235VWL	ATS	G312DPA	CDI	G392GJT	SVE
G96VPP	WWT	G138EOG	JWC	G237FJC	ROT	G313UYK	CLT	G393CLH	SUP
G97SKR	CTE	G141NPT	PRM	G238VYJ	SIL	G314UYK	CLT	G400TVK	SOO
G98VMM	TVP	G146TUR	WRI	G239HJC	MIM	G315TKO	BLY	G401DPD	ANG
G100PES	HIL	G147TYT	GEL	G240EOG	TWM	G315YHJ	TRX	G406YAY	GRA
G100TDJ	SQU	G148GOL	TUT	G249GCC	HQL	G316DPA	CDI	G408NET	BKB
G100VMM	SCH	G148TYT	RCT	G250CPS	CHW	G324BHN	HDG	G408WPF	HET
G101AAD	SWES	G152GOL	P&K	G252EHD	MTL	G326PEW	PWW	G409NET	BKB
G101KUB	WOO	G152TYT	CBW	G252SCK	WST	G330XRE	RML	G140USE	CAA
G101NBV	BLT	G155EOG	PRC	G252VPK	STE	G331NRC	ISL	G410YAY	GHA
G102AAD	JBT	G159FWC	BIG	G253TSL	THO	G332NRC	ISL	G416WFP	MCW
G102NBV	BLT	G163XJF	MOG	G255VPK	HAT	G333NRC	PSW	G421SNF	GSF
G102NGN	FAL	G165LWN	HPC	G260RNS	UKP	G335PAL	PSW	G421YAY	DOB
G103AAD	SWES	G166EOG	TVP	G260XFP	RID	G337KKW	MCO	G423SNF	BUL
G103KUB	ANN	G167YRE	TSY	G261UAS	AMB	G339CSG	HOR	G423WFP	BOR
G104PES	RDL	G169LET	JJT	G262UAS	AMB	G339HBO	NCO	G425VGG	HAN
G106FJW	AWT	G169ODH	SEM	G270UFB	STY	G339KKW	MPH	G427YAY	ARL
G107HNG	AMB	G170RBD	BBC	G272VNX	ZCA	G340CSG	HOR	G430YAY	GMB
G107NGN	EVE	G178EOG	SHA	G278BEL	HEB	G340KKW	GWH	G434EVX	VTC
G108CEH	CCB	G178PAO	RBC	G278YRJ	SWSC	G341CSG	HOR	G434MWU	LIN
G108HNG	AMB	G180JHG	SW	G280YRJ	SWSC	G341FFX	CMH	G435MWU	TMH
G108NGN	HPT	G181JHG	ABF	G281OGE	FED	G341XRE	BGR	G437GJC	BBC
G109NGN	ZCH	G183DRF	KCH	G281UMJ	TDE	G342CSG	HOR	G438GJC	POW
G110BLC	WOO	G183WGX	GON	G283BEL	CRW	G342KKW	ALP	G441ETW	HFX
G110FJW	GEL	G184JHG	GWH	G283YRJ	SIM	G343KKW	MPH	G444NYC	SWC
G110NGN	DCT	G184JYG	FWE	G284UMJ	RED	G344OWE	LOR	G452FVX	WJC
G112NGN	FAL	G184PAO	THO	G285TSL	MCO	G345CSG	MCD	G452NUA	WLA
G112PGT	RBC	G185JHG	SDEV	G285UMJ	CDS	G349XST	MKS	G453PGO	EDW
G113NGN	DCT	G185JYG	FWE	G286UMJ	ATS	G350XST	MKS	G454JYG	GWB
G114APC	CAA	G186PAO	THO	G287UMJ	ATS	G352JTH	P&E	G454TST	CFM
G114NGN	DCT	G189YRJ	SWSC	G288TSL	DIC	G353LDT	SOS	G455SGB	JEN
G114YEE	MBL	G191BLM	BAW	G289TSL	TRD	G357JOB	HLC	G465JNH	EDW
G115GBO	FSA	G192BLM	BAW	G289UMJ	TDE	G358GJT	SVE	G468JNH	MUL
G115NGN	ARC	G193BLM	BAW	G290TSL	TRD	G358JTH	66C	G470CEH	BLY
G115SBA	ZCA	G194BLM	BAW	G291TSL	JBS	G362YLT	BTT	G470KOG	CAT
G117EOC	ZCE	G194MTH	WKN	G292VYK	RNC	G362YUR	HPC	G470LVG	SWT
G117NGN	ZEZ	G194PAO	KEY	G293TSL	AVD	G363SRB	SVD	G483JOP	GPT
G117PGT	RBC	G195PAO	DJI	G293UMJ	EAS	G363YUR	HPC	G492XWS	FFC
G117TND	MAM	G197BLM	BAW	G293UYK	TUT	G364SRB	BLC	G498GJC	FTR
G118APC	ONE	G197PAO	MDO	G294SGN	HOW	G365SRB	SVD	G500LWU	GRN
G118KUB	MCO	G199BLM	BAW	G294UYK	LOD	G365YUR	A&P	G501SFT	SPW
G118NGN	ZEZ	G200RRN	CMF	G295KWY	JKS	G366SRB	SVD	G501VRV	BAY
G119PGT	RBC	G203PAO	DJI	G295UYK	LOD	G368YUR	SLE	G501VYE	TWH
G120HNP	CCB	G211UBU	ROT	G296EOG	SGD	G369RTO	A&B	G503SFT	GHA
G121YEV	FEC	G213SSL	JBT	G296UYK	LOD	G370YUR	TMH	G504SFT	CBC
G122KUB	A&P	G214KRN	NMC	G297UYK	LOD	G371YUR	ZCO	G504VYE	SUL

Reg	Code	Reg	Code	Reg	Code	Reg	Code	Reg	Code
G504XLO	DCA	G557DLV	DHC	G621OTV	PCB	G654UPP	ATS	G774DSK	M&C
G505SFT	GIB	G562VHY	HBT	G621XLO	RSS	G655UPP	ATS	G775FVX	MAS
G505XLO	EMS	G565MWX	ABI	G622NWA	FWE	G656UPP	ATS	G777WFC	ROY
G506SFT	POL	G567PRM	CSR	G622OTV	CBN	G657UPP	ATS	G782XAE	THO
G507SFT	CBN	G569ESD	VTC	G623NWA	FWE	G659DTJ	FTC	G788URY	CRK
G508XBL	HFL	G572PRM	ZAE	G623OTV	ZEW	G659TCJ	LUV	G792URY	CRK
G509EAJ	KGS	G577XAE	JJT	G623OWR	FWE	G659WHV	HMI	G793URY	CRK
G511SFT	JBT	G593NUX	BTL	G624BPH	ASC	G664NMB	WET	G794URY	CRK
G512MNG	AMB	G600NRC	ELR	G626BPH	BUR	G667NWX	HER	G795RNC	HAY
G513SFT	POL	G601KTX	NIB	G627EKA	DOB	G672BPH	ZCA	G799RNC	MCL
G514EFX	SGC	G601NWA	FG	G627NWA	FSY	G683GVN	JSS	G800GSX	WMC
G515VBB	IMP	G601OWR	FWE	G628NWA	FBR	G686PNS	FDC	G801GSX	WMC
G516EFX	ZCF	G601XMD	PPH	G629BPH	ASC	G690KNW	AQU	G802BPG	WLT
G516VBB	WTR	G602KTX	SOL	G629NWA	FSY	G692THX	STO	G802GSX	JFS
G516VYE	EMS	G602NWA	FSY	G630BPH	ASC	G693PNS	FWE	G802THA	HEY
G517EFX	BRR	G603KTX	NIB	G631BPH	ASC	G700PNS	WJC	G803EKA	ANW
G519EFX	AVA	G603NWA	FSY	G632BPH	ZCO	G701TCD	ALP	G803FJX	MCA
G519LWU	GLO	G603OWR	FWE	G633BPH	ASC	G702TCD	TAT	G803GSX	HOR
G519OGP	BRA	G604KTX	NIB	G634BPH	ASC	G703AEF	ASH	G803TBD	GAM
G519VBB	SHO	G604NWA	FLE	G634NWA	FSY	G703TCD	GWH	G804SMV	JBT
G520EFX	SGC	G604OWR	FWE	G635BPH	ASC	G704TCD	ZBX	G805GSX	FLA
G520LWU	GEJ	G605KTX	NIB	G636BPH	ASC	G705MWD	EMM	G805SMV	ABU
G521WJF	SPW	G605NWA	FLE	G636NWA	FEX	G707TCD	STC	G806GSX	JFS
G522VBB	GON	G605OWR	FWE	G637BPH	WTH	G709LKW	ROM	G806JRH	BUR
G522WJF	SPW	G606KTX	SOL	G637UHU	GRC	G709TCD	ALP	G807RTS	SREN
G523WJF	SPW	G606NWA	FBR	G638BPH	REL	G710TCD	ZBX	G808GSX	CBC
G524TBD	CAT	G606OWR	FWE	G638NWA	FG	G711LKW	GEL	G808LAG	SHC
G524VBB	TMH	G607KTX	NIB	G639BPH	REL	G714LKW	GEL	G808RTS	SWES
G524WJF	NIG	G607NWA	FBR	G640BPH	ZEW	G717FVX	MAS	G809HRN	JPM
G525VBB	RWN	G607OWR	FWE	G640CHF	HIL	G717XPO	AVA	G810GSX	SRK
G525VYE	LUV	G608OWR	FWE	G640EVV	WED	G722RYJ	AUD	G810TBD	GAM
G525WJF	ASD	G609NWA	FG	G640NWA	FWE	G723RYJ	K&J	G811WST	SMP
G526LWU	GAT	G611NWA	FG	G641BPH	CED	G726RYJ	AUD	G812BPG	C&G
G526VBB	ZAE	G612BPH	EUT	G641CHF	SFU	G727JJC	EUT	G812GSX	CBC
G528VBB	GON	G612NWA	FG	G641NWA	FWE	G727RGA	EMS	G813GSX	HOR
G529EAD	DAV	G612OTV	SGD	G641WMG	HIG	G728JJC	PAT	G814BPG	C&G
G529VBB	ANE	G612OWR	FWE	G642CHF	EUT	G729TBD	GAM	G814GSX	MCD
G529VUE	DHC	G613BPH	BUR	G642EVV	RED	G731XLO	ROY	G814TBD	GAM
G530VBB	CAO	G613NWA	FG	G643BPH	BUR	G738JOX	R&B	G815BPG	C&G
G531VBB	TMH	G613OTV	EYM	G643CHF	PCB	G742TBD	GAM	G815GSX	CBC
G532LWU	MIK	G613OWR	FWE	G643EVV	EA	G746FTW	COO	G816GSX	JJT
G532VBB	TMH	G614BPH	BUR	G645EVV	GEC	G752SRB	HCT	G817GSX	SRK
G534VBB	CAO	G614NWA	FG	G645UPP	ATS	G753XRE	FNW	G817NCA	ZDC
G535VBB	TMH	G614OTV	PCB	G646UPP	ATS	G754UYT	JBT	G817WAE	MCW
G540VBB	RWN	G614OWR	FWE	G647EKA	A&P	G755UYT	JBT	G818GSX	CFM
G541JBV	MIM	G615BPH	BUR	G647EVV	ALP	G755XRE	FNW	G820GSX	CBC
G542VBB	RWN	G615NWA	FG	G647ONH	DCA	G756UYT	CDS	G821GSX	CBC
G543VBB	RWN	G615OTV	PCB	G647UPP	ATS	G757UYT	MUL	G823GSX	CBC
G544VBB	MCE	G615OWR	FWE	G648EKA	LOR	G757XRE	FNW	G823UMU	GWH
G545VBB	ANE	G616NWA	FG	G648EVV	CHH	G758UYT	POP	G824GSX	CBC
G546VBB	ANE	G616OTV	SHC	G648UPP	ATS	G758XRE	FNW	G824UMU	GWH
G547LWU	PAR	G616OWR	FWE	G649EVV	GEC	G759XRE	FNW	G825GSX	CBC
G547VBB	HJC	G617OTV	SUE	G649UPP	ATS	G760RRN	VAW	G826GSX	MCD
G548VBB	GON	G618BPH	A&P	G649WMG	MAN	G760UYT	GHA	G827GSX	MCD
G549VBB	GON	G618BPN	ZEJ	G650UPP	ATS	G760YAE	AVA	G828GSX	SRK
G551VBB	TWH	G619OTV	ZCO	G651EKA	KIC	G761UYT	ABF	G829GSX	GEC
G552VVB	ZAS	G619OWR	FWE	G651UPP	ATS	G761WAS	SMP	G830GSX	SRK
G553VBB	ZAE	G620NFL	HMI	G652FVX	EUT	G762UYT	JBT	G831RDS	SHB
G555HTH	WGW	G620YUT	CHT	G652UPP	ATS	G762XRE	FNW	G832GSX	SRK
G555VBB	SHO	G621CPS	EDW	G653EKA	STU	G767CDU	EMS	G833GSX	MCD
G556VBB	RWN	G621NWA	FG	G653UPP	ATS	G767CPS	2WT	G834GSX	MCD

Reg	Code	Reg	Code	Reg	Code	Reg	Code	Reg	Code
G835GSX	MCD	G932TVO	HCO	GB04TGM	TGM	GEZ7819	GBU	GHZ9572	BRC
G836UDV	GEJ	G934TTV	HOU	GB05BCL	ZCO	GEZ7820	GBU	GIB206	WED
G836XTN	AOA	G937FVX	FYC	GB06MTB	BCS	GEZ7821	GBU	GIB976	SWA
G837GNV	JBR	G938FVX	BIG	GB06MTT	ZBO	GEZ7822	GBU	GIB4144	ZDH
G837LWR	RBC	G939FVX	BIG	GB07JDC	TGT	GEZ7823	GBU	GIB6135	GIB
G838UDV	LCT	G943FVX	BIG	GB07OXF	OBC	GEZ7824	GBU	GIB8666	WED
G840PJA	DHC	G945JPW	GLT	GB09HCR	HAR	GEZ7825	GBU	GIG24	SFU
G840VAY	SIT	G949VBC	WES	GB53BCL	OFJ	GEZ7826	GBU	GIG2051	ROT
G841DVX	THO	G952FVX	BIG	GB53JDC	DOD	GEZ7827	GBU	GIG3239	FLA
G843RHH	LJL	G952GFS	BGR	GB54PCC	PCO	GEZ7828	GBU	GIG3329	VTE
G864NYC	BEC	G953FVX	BIG	GB56JDC	DOD	GEZ7829	GBU	GIG4131	GEH
G847VAY	TRH	G954FVX	BIG	GB59ANT	ANT	GEZ7830	GBU	GIG4870	KCH
G850WGW	FAL	G954WNR	M&C	GBB254	WBR	GEZ7831	GBU	GIG4871	KCH
G852VAY	SEM	G956FVX	BIG	GBU8V	AXE	GEZ7832	GBU	GIG4930	SUN
G854VAY	FOR	G957WNR	WON	GBZ5537	SWF	GEZ7833	GBU	GIG4950	SUN
G855KKY	TUT	G960ATP	WKN	GBZ7212	DPG	GEZ7834	GBU	GIG5332	HAP
G862RNC	SPA	G962KJX	AVC	GBZ7213	JPM	GEZ7835	GBU	GIG6073	AUD
G864RNC	JTK	G962WNR	WLA	GBZ8812	LIP	GEZ7836	GBU	GIG6407	ZCE
G864XDX	JBT	G963KJX	SCC	GBZ9059	LIP	GEZ7837	GBU	GIG6471	MAN
G865RNC	KOD	G963WNR	ZDD	GC06GKC	PHI	GEZ7838	GBU	GIG6497	BRI
G866RNC	GET	G964FVX	BIG	GCC3	GRB	GEZ7839	GBU	GIG6965	SPE
G870JKG	STO	G969FVX	BIG	GCS38V	KOA	GEZ7840	GBU	GIG7078	BBN
G871YDU	SSV	G969KTX	HAP	GCS48V	KOA	GEZ7841	GBU	GIG7159	HCL
G879TVS	MLI	G969WNR	EJL	GCZ505	MCH	GEZ7842	GBU	GIG7568	RAW
G887VNA	C&S	G970KTX	MLI	GCZ575	MCH	GEZ7843	GBU	GIG8298	BRI
G888LWG	MGC	G970WNR	WSC	GCZ4949	LIS	GEZ7844	GBU	GIJ7497	MKT
G892VNA	ABI	G973KTX	MCC	GCZ5555	MCH	GEZ7845	GBU	GIJ8319	HUT
G897GOS	FOY	G973LRP	MUL	GD02YBC	MDC	GEZ7846	GBU	GIJ9093	WIR
G900CRW	ARR	G974LWY	THO	GD52SYC	SUL	GEZ7847	GBU	GIL1082	GIL
G901ANR	BDC	G975ARV	ACE	GD53TLX	GTS	GF02ENV	APC	GIL1307	GIL
G901PKK	JEA	G978ARV	EJL	GDL667	ALX	GF08VVR	KCC	GIL1371	GIL
G901SKP	LIN	G981FVX	FYC	GDY493	RAM	GF08VVU	KCC	GIL1682	PSL
G902MCX	SCC	G991FVX	BIG	GDY500X	RAM	GF09OXF	OBC	GIL1683	PRN
G902PKK	STE	G991KJX	GRA	GDZ385	ZDW	GF10OXF	OBC	GIL1685	ALA
G902SKP	BBE	G993DDF	DEN	GDZ405	ZEG	GF53GFX	APC	GIL1792	GIL
G903MCX	SCC	G998OKK	TVP	GDZ435	ZEG	GF53GGK	APC	GIL2633	LUV
G903TWS	FSA	G999OKK	SMK	GDZ481	ZEG	GF53GGY	APC	GIL2754	CCC
G904SKP	NAH	G999SJR	MCS	GDZ539	JTR	GF53GHB	APC	GIL2782	ROM
G904TWS	FDC	GA04GHA	GHA	GDZ540	ZDW	GF55OXF	OBC	GIL2967	FDC
G905TWS	FDC	GAC97Y	EDT	GDZ541	ZDW	GF57OXF	OBC	GIL2987	VTC
G907PKK	EAR	GAF304V	CRI	GDZ571	ZDW	GFA955	MPC	GIL3113	GRC
G907WAY	JEF	GAL967	JBT	GDZ623	ZEG	GFE622	CAL	GIL3122	AUD
G908TYR	C&S	GAM215	CCB	GDZ729	ZEG	GFF405	ELL	GIL3206	EUS
G908WAY	JEF	GAY171	CHR	GDZ752	ZDW	GFM659X	ASY	GIL3273	LCT
G909WAY	JEF	GAZ1066	EOH	GDZ879	ZEG	GFM882	MEW	GIL3274	MTC
G910TWS	FDC	GAZ2432	WBB	GDZ885	MGC	GFS443N	CLS	GIL3276	MIM
G910UPP	ORC	GAZ4363	PIC	GDZ886	WGW	GFV152W	SCB	GIL3564	COO
G910WAY	JEF	GAZ4501	AUD	GDZ3363	SREN	GG04ONE	CLL	GIL3584	GRI
G911RPN	BYS	GAZ5507	STE	GDZ5829	ZEG	GG04TWO	CLL	GIL4075	GIL
G911WAY	JEF	GAZ5508	STE	GDZ9097	ZEG	GG07ALS	HCL	GIL4259	ZEO
G912WAY	JEF	GAZ5509	STE	GE2446	CCB	GG08OXF	OBC	GIL4267	ALE
G914UPP	STS	GAZ7227	GSA	GEL504Y	CHY	GG56BLU	BLU	GIL4450	VTC
G915WAY	UKP	GAZ8573	CHH	GEL679V	W&D	GHL172V	KEA	GIL5102	EDW
G916LHA	PSW	GB03ACL	ACH	GEL680V	B&W	GHL212V	MAS	GIL5107	TUT
G917LHA	PSW	GB03JDC	DOD	GEL681V	SVE	GHV2N	ENS	GIL5109	TUT
G919LHA	POP	GB03LLC	DHT	GEL685V	SVE	GHV52N	LBP	GIL5407	DOT
G923TCU	POW	GB03MTT	ZBO	GEL687V	K&J	GHZ8754	TAT	GIL5979	WIA
G924KWF	JAC	GB03TGM	ASN	GEX740F	ZCE	GHZ1309	MGR	GIL6240	VTC
G924TCU	HOU	GB04BCL	ZCO	GEY273	MAG	GHZ2714	MGR	GIL6241	VTC
G926TCU	LID	GB04EBL	WCS	GEZ1277	MCL	GHZ6136	ROI	GIL6540	MLI
G926WGS	KEY	GB04LLC	BUR	GEZ7818	GBU	GHZ8752	PWW	GIL7216	KTW

GIL7259	GVE	GK52YUY	ASC	GLJ467N	B&W	GN04UDP	ASC	GN05AOA	ASC
GIL8494	PEN	GK52YVB	ASC	GLZ1270	AMB	GN04UDS	ASC	GN05AOB	ASC
GIL8674	VIS	GK52YVC	ASC	GLZ2386	CCS	GN04UDT	ASC	GN05AOC	ASC
GJ02GOF	JBR	GK52YVD	ASC	GLZ3140	VTE	GN04UDU	ASC	GN05DZU	KCT
GJ02JJF	KIM	GK52YVE	ASC	GLZ3141	SWT	GN04UDV	ASC	GN05NRF	KCC
GJ02JJL	KFY	GK52YVF	ASC	GLZ3142	KEA	GN04UDW	ASC	GN06EEB	ASC
GJ02LFM	GSA	GK52YVG	ASC	GLZ4419	TAP	GN04UDX	ASC	GN06EEF	ASC
GJ02LUZ	KFY	GK52YVJ	ASC	GLZ4496	MCW	GN04UDY	ASC	GN06EEG	ASC
GJ02LVT	CWL	GK52YVL	ASC	GLZ5081	GIC	GN04UDZ	ASC	GN06EEH	ASC
GJ02LVU	CBL	GK53AFU	KCC	GLZ6557	FCA	GN04UEA	ASC	GN06EUU	ASC
GJ02XZK	OFJ	GK53AFV	KCC	GLZ7465	SWC	GN04UEB	ASC	GN06EVG	ASC
GJ05KLA	LBH	GK53AOA	ASC	GLZ4748	HMI	GN04UEC	ASC	GN06EVH	ASC
GJ05UHP	KCC	GK53AOB	ASC	GLZ7984	EUR	GN04UED	ASC	GN06EVJ	ASC
GJ09EFT	ACO	GK53AOC	ASC	GLZ9897	ROI	GN04UEE	ASC	GN06EVK	ASC
GJ52EYD	GWY	GK53AOD	ASC	GM03JVE	ROH	GN04UEG	ASC	GN06EVL	ASC
GJ52HDZ	KCC	GK53AOE	ASC	GM03TGM	ABS	GN04UEH	ASC	GN06EVM	ASC
GJ52KYW	APC	GK53AOF	ASC	GM04GSM	GUM	GN04UEJ	ASC	GN06EVP	ASC
GJ52LUY	CWL	GK53AOG	ASC	GM06GSM	SIM	GN04UEK	ASC	GN06EVR	ASC
GJ52MUV	KFY	GK53AOH	ASC	GM10GSM	MAY	GN04UEL	ASC	GN06EVT	ASC
GJ52OMZ	KFY	GK53AOJ	ASC	GM57GSM	MAY	GN04UEM	ASC	GN06EVU	ASC
GJ52UJY	LMS	GK53AOL	ASC	GMB390T	LLM	GN04UEP	ASC	GN06EWC	ASC
GJ52UJZ	LMS	GK53AON	ASC	GMN70E	IOM	GN04UER	ASC	GN06EWD	ASC
GJ58YAH	LBH	GK53AOO	ASC	GMN71E	IOM	GN04UES	ASC	GN06EWE	ASC
GJF286N	IMP	GK53AOP	ASC	GMN72E	IOM	GN04UET	ASC	GN07AVB	ASC
GJF301N	IMP	GK53AOR	ASC	GMN73E	IOM	GN04UEU	ASC	GN07AVC	ASC
GJI627	MAT	GK53AOT	ASC	GMN74E	IOM	GN04UEV	ASC	GN07AVD	ASC
GJI832	LES	GK53AOU	ASC	GMN324F	IOM	GN04UEW	ASC	GN07AVE	ASC
GJI926	KIN	GK53AOV	ASC	GMN371N	IOM	GN04UEX	ASC	GN07AVF	ASC
GJI2928	DFI	GK53AOW	ASC	GMN372N	IOM	GN04UEY	ASC	GN07AVG	ASC
GJI5040	BOU	GK53AOX	ASC	GMN373N	IOM	GN04UEZ	ASC	GN07AVJ	ASC
GJI7173	CHH	GK53AOY	ASC	GMN374N	IOM	GN04UFA	ASC	GN07AVK	ASC
GJZ3036	TVS	GK53AOZ	ASC	GMN375N	IOM	GN04UFB	ASC	GN07AVL	ASC
GJZ4638	MCW	GK53CUG	KCC	GMN376N	IOM	GN04UFC	ASC	GN07AVM	ASC
GJZ6100	GHJ	GK53CUJ	KCC	GMN613E	IOM	GN04UFD	ASC	GN07AVO	ASC
GJZ9490	FLM	GK53DLD	KCC	GMN614E	IOM	GN04UFE	ASC	GN07AVP	ASC
GJZ9492	GHJ	GK53DLE	KCC	GMN615E	IOM	GN04UFG	ASC	GN07DLE	ASC
GJZ9550	GHJ	GK53EBP	ORD	GMN616E	IOM	GN04UFH	ASC	GN07DLF	ASC
GK02OAN	ZDT	GK53EBU	ORD	GN02JVV	APC	GN04UFJ	ASC	GN07DLJ	ASC
GK02OAO	ZDT	GK53EBV	HAC	GN03CKD	TVS	GN04UFK	ASC	GN07DLK	ASC
GK02EBX	APC	GK53ETZ	CRK	GN03CKL	THO	GN04UFL	ASC	GN07DLO	ASC
GK02SOC	CLI	GK53FHR	KCC	GN03EHP	KCC	GN04UFM	ASC	GN07DLU	ASC
GK02WDJ	EDE	GKA449L	ANW	GN03EHR	KCC	GN04UFP	ASC	GN07DLV	ASC
GK03JUC	FLA	GKZ3108	WON	GN03FUU	LBH	GN04UFR	ASC	GN07DLX	ASC
GK03NFT	WBC	GKZ3109	WON	GN03PVT	SAD	GN04UFS	ASC	GN07DLY	ASC
GK04CWP	NEF	GKZ5726	GLO	GN03TYB	KFY	GN04UFT	ASC	GN07DLZ	ASC
GK04LUZ	ROH	GKZ8842	ZDE	GN04PKC	KCC	GN04UFU	ASC	GN07DME	ASC
GK04NZU	KIE	GL04CVE	HAC	GN04PKD	KCC	GN04UFV	ASC	GN07DMF	ASC
GK51FHL	KCC	GL05MAR	MCT	GN04PLX	KCC	GN04UFW	ASC	GN07DMO	ASC
GK51SYY	ASC	GL05MCS	MCT	GN04UCW	ASC	GN04UFX	ASC	GN07DMU	ASC
GK51SYZ	ASC	GL05PUL	PUH	GN04UCX	ASC	GN04UFY	ASC	GN07DMV	ASC
GK51SZC	ASC	GL06HDL	RSC	GN04UCY	ASC	GN04UFZ	ASC	GN07FDE	KFY
GK51SZD	ASC	GL06HOL	RSC	GN04UCZ	ASC	GN04UGA	ASC	GN07FDF	JHR
GK51SZE	ASC	GL06PUL	PUH	GN04UDB	ASC	GN04UGB	ASC	GN07WVA	DEB
GK51SZF	ASC	GL07PUL	PUH	GN04UDD	ASC	GN04UGC	ASC	GN07XTB	DAR
GK51SZG	ASC	GL07VEP	KCC	GN04UDE	ASC	GN04UGD	ASC	GN08CGO	ASC
GK51SZJ	ASC	GL07VEW	ACO	GN04UDG	ASC	GN04UGE	ASC	GN08CGU	ASC
GK51SZL	ASC	GL10BES	GLO	GN04UDH	ASC	GN04UGF	ASC	GN08CGV	ASC
GK51SZN	ASC	GL52PUL	PUH	GN04UDJ	ASC	GN04UGG	ASC	GN08CGX	ASC
GK52OLA	KCC	GL53PUL	PUH	GN04UDK	ASC	GN05ANU	ASC	GN08CGY	ASC
GK52YUW	ASC	GL54PUL	PUH	GN04UDL	ASC	GN05ANV	ASC	GN08CGZ	ASC
GK52YUX	ASC	GL58PUL	PUH	GN04UDM	ASC	GN05ANX	ASC	GN08CHC	ASC

GN08CHD ASC	GN09BBU SSOU	GN57BOJ ASC	GN58PXL SSOU	GO54BCL ZCO
GN08CHF ASC	GN09BBV SSOU	GN57BOU ASC	GN58PXM SSOU	GO59WMS WED
GN08CHG ASC	GN09BBX SSOU	GN57BOV ASC	GN58PXO SSOU	GOG3T GOG
GN08CHH ASC	GN09BBZ SSOU	GN57BPE ASC	GN58PXP SHO	GOG205W SHO
GN08KGO KCC	GN09BCE SSOU	GN57BPF ASC	GN58PXR SSOU	GOG208W GEC
GN08KHF KCC	GN09BCF SSOU	GN57BPK ASC	GN58PXS SSOU	GOG216W VTE
GN08KHG KCC	GN09BCK SSOU	GN57BPO ASC	GN59EWL SSOU	GOG222W SHO
GN08KHO KCC	GN09BCO SSOU	GN57BPU ASC	GN59EWM SSOU	GOG232W SHO
GN08KHW KCC	GN09BCU SSOU	GN57BPV ASC	GN59EWO SSOU	GOG259W IMP
GN08KJF KCC	GN09BCV SSOU	GN57BPX ASC	GN59EWP SSOU	GOG260W ZEW
GN08RKO KCC	GN09BCX SSOU	GN57BPY ASC	GN59EWR SSOU	GOG275W ZBF
GN08XDO KCC	GN09BCY SSOU	GN57DAO CRK	GN59EWS SSOU	GOG653N VCC
GN09AVV ASC	GN09BCZ SSOU	GN57DAU CRK	GN59EWT SSOU	GP02DPV W&D
GN09AVW ASC	GN09BDE SSOU	GN57DBO CRK	GN59EWU SSOU	GP55DEC AUT
GN09AVX ASC	GN09BDF SSOU	GN57SZL KCC	GN59EWV SSOU	GR52HCR HAR
GN09AVY ASC	GN10JCY SSOU	GN57SZU KCC	GN59EWW SSOU	GR53BOJ CUI
GN09AVZ ASC	GN10JCZ SSOU	GN57SZV KCC	GN59EWX SSOU	GRN895W JFS
GN09AWA ASC	GN10JDF SSOU	GN58BSO ASC	GN59EWY SSOU	GRP260D BUC
GN09AWC ASC	GN10JDJ SSOU	GN58BSU ASC	GN59EWZ SSOU	GRS114E CCB
GN09AWF ASC	GN10KWE ASC	GN58BSV ASC	GN59EXA SSOU	GRU166V B&W
GN09AWG ASC	GN10KWF ASC	GN58BSX ASC	GN59EXB SSOU	GS05TGM TGM
GN09AWH ASC	GN10KWG ASC	GN58BSY ASC	GN59EXC SSOU	GS54EVE EVE
GN09AWJ ASC	GN10KWH ASC	GN58BSZ ASC	GN59EXE SSOU	GS54PBS BUD
GN09AWM ASC	GN10KWJ ASC	GN58BTE ASC	GN59EXF SSOU	GSC633X TRH
GN09AWO ASC	GN10KWK ASC	GN58BTF ASC	GN59EXG SSOU	GSC653X TRC
GN09AWP ASC	GN51DBV WiT	GN58BTO ASC	GN59EXH SSOU	GSC655X JSS
GN09AWR ASC	GN51OWJ ZDT	GN58BTU ASC	GN59EXJ SSOU	GSK304 DOF
GN09AWU ASC	GN51OWK ZDT	GN58BTV ASC	GN59EXK SSOU	GSK962 SVE
GN09AWV ASC	GN51OWM ZDT	GN58BTX ASC	GN59EXL SSOU	GSO84V APE
GN09AWW ASC	GN51WCA KFY	GN58BTY ASC	GN59EXM SSOU	GSU230 CRN
GN09AWX ASC	GN51YHF M&H	GN58BTZ ASC	GN59EXN SSOU	GSU341 SREN
GN09AWY ASC	GN53CUG KCC	GN58BUA ASC	GN59FVB ASC	GSU347 ASW
GN09AWZ ASC	GN53UJC HTL	GN58BUE ASC	GN59FVC ASC	GSU348 BUR
GN09AXA ASC	GN53UJD HTL	GN58BUF ASC	GN59FVD ASC	GSU368 GSR
GN09AXB ASC	GN53UJE HTL	GN58BUH ASC	GN59FVE ASC	GSU370 EVE
GN09AXC ASC	GN53YUF NUV	GN58BUJ ASC	GN59FVF ASC	GSU383 BFS
GN09AXD ASC	GN54MYO ASC	GN58BUO ASC	GN59FVG ASC	GSU390 CLT
GN09AXF ASC	GN54MYP ASC	GN58BUP ASC	GN59FVH ASC	GSU489 GOG
GN09AXG ASC	GN54MYR ASC	GN58BUU ASC	GN59FVJ ASC	GSU551 SHB
GN09AXH ASC	GN54MYT ASC	GN58BUV ASC	GN60FCX SSOU	GSU950 BBD
GN09AXJ ASC	GN54MYU ASC	GN58DDU KCC	GN60FCY SSOU	GSV204 CTM
GN09AXK ASC	GN54PKD KCC	GN58LVA ASC	GN60FCZ SSOU	GSV403 CTM
GN09AXM ASC	GN54SBX KCT	GN58LVB ASC	GN60FDA SSOU	GSV494 GWN
GN09AXO ASC	GN54SVG CWL	GN58NXE SSOU	GN60FDC SSOU	GSX846 HPT
GN09AZP SSOU	GN54SVG CWL	GN58NXF SSOU	GNF6V MAS	GT02CJT TUR
GN09AZR SSOU	GN55BZO KCC	GN58NXG SSOU	GNF466Y WIA	GT02WAG HOM
GN09AZT SSOU	GN55BZP KCC	GN58NXH SSOU	GNH258F QMS	GT02WAM HOM
GN09AZU SSOU	GN55DFF DHA	GN58NXJ SSOU	GNU750 QMS	GT03AAA SHE
GN09AZV SSOU	GN55FDK KCC	GN58NXK SSOU	GNZ3462 D&G	GT03BBB SHE
GN09AZW SSOU	GN55FDL KCC	GN58NXL SSOU	GNZ3561 MID	GT03CCC SHE
GN09AZX SSOU	GN55FDM KCC	GN58NXM SSOU	GNZ6494 ABT	GT03DDD SHE
GN09AZZ SSOU	GN55FDO KCC	GN58NXO SSOU	GNZ7265 CHC	GT03EEE SHE
GN09BAA SSOU	GN55HHY KCC	GN58NXP SSOU	GNZ9360 SMI	GT03FFF SHE
GN09BAO SSOU	GN55MHO CRK	GN58PXB SSOU	GNZ9577 CHC	GT03GGG SHE
GN09BAU SSOU	GN55VMC KCC	GN58PXC SSOU	GO02AOL ALE	GT03HHH SHE
GN09BAV SSOU	GN55XTD GMC	GN58PXD SSOU	GO 03CLA BUR	GT03JJJ SHE
GN09BBE SSOU	GN57BNX ASC	GN58PXE SSOU	GO03END END	GT03KKK SHE
GN09BBF SSOU	GN57BNY ASC	GN58PXF SSOU	GO03WMS WED	GT03MTT ZBO
GN09BBJ SSOU	GN57BNZ ASC	GN58PXG SSOU	GO04BAN BAN	GT03SSS SHE
GN09BBK SSOU	GN57BOF ASC	GN58PXH SSOU	GO04STX STX	GT03TTT SHE
GN09BBO SSOU	GN57BOH ASC	GN58PXK SSOU	GO52END DUD	GT03VVV SHE

Reg	Code	Reg	Code	Reg	Code	Reg	Code	Reg	Code
GT04GVT	GVE	GX03SVE	B&H	GX06DWZ	SSOU	GX06JYD	SSOU	GX10HCD	SSOU
GT05GVT	GVE	GX03SVF	B&H	GX06DXA	SSOU	GX07ARF	SEC	GX10HCE	SSOU
GT06GVT	GVE	GX03SVG	B&H	GX06DXB	SSOU	GX07AVO	COA	GX10HCF	SSOU
GT06MTT	ZBO	GX03SVJ	B&H	GX06DXC	SSOU	GX07BAU	STP	GX10HCG	SSOU
GT07MTT	ZBO	GX03SVK	B&H	GX06DXD	SSOU	GX07BYO	COA	GX10HCH	SSOU
GT09LCT	LCT	GX04ASU	COA	GX06DXE	SSOU	GX07FXA	SSOU	GX10HCJ	SSOU
GT10BDT	BAD	GX04AWR	CWL	GX06DXF	SSOU	GX07FXB	SSOU	GX10HCK	SSOU
GT10MOT	ZBO	GX04AZA	COG	GX06DXG	SSOU	GX07FXC	SSOU	GX10KYZ	SSOU
GT10MTT	ZBO	GX04BEU	AIP	GX06DXH	SSOU	GX07FXD	SSOU	GX10KZA	SSOU
GTA528Y	HRD	GX04BXN	COM	GX06DXJ	SSOU	GX07FXE	SSOU	GX10KZB	SSOU
GTB903	CBS	GX04EXH	SSOU	GX06DXK	SSOU	GX07FXF	SSOU	GX10KZC	SSOU
GTT417Y	CRG	GX04EXJ	SSOU	GX06DXL	SSOU	GX07FXG	SSOU	GX10KZD	SSOU
GU51UVE	HMS	GX04EXK	SSOU	GX06DXM	SSOU	GX07FXH	SSOU	GX10KZE	SSOU
GU52HAO	COA	GX04EXL	SSOU	GX06DXO	SSOU	GX07FXJ	SSOU	GX10KZF	SSOU
GU52HAX	COA	GX04EXM	SSOU	GX06DXP	SSOU	GX07FXK	SSOU	GX10KZG	SSOU
GU52HHE	PCN	GX04EXN	SSOU	GX06DXR	SSOU	GX07HUJ	SSOU	GX10KZH	SSOU
GU52HJY	COA	GX04EXP	SSOU	GX06DXS	SSOU	GX07HUK	SSOU	GX10KZJ	SSOU
GU52HKA	REA	GX04EXR	SSOU	GX06DXT	SSOU	GX07HUO	SSOU	GX10KZK	SSOU
GU52HKB	REA	GX04EXS	SSOU	GX06DXU	SSOU	GX07HUP	SSOU	GX10KZL	SSOU
GU52HKC	COA	GX04EXT	SSOU	GX06DXV	SSOU	GX07HUU	SSOU	GX10KZM	SSOU
GU52HKD	COA	GX04EXU	SSOU	GX06DXW	SSOU	GX07HUV	SSOU	GX10KZN	SSOU
GU52WTA	GHA	GX04EXV	SSOU	GX06DXY	SSOU	GX07HUY	SSOU	GX10KZO	SSOU
GU52WTG	SSOU	GX04EXW	CF	GX06DXZ	SSOU	GX07HUZ	SSOU	GX10KZP	SSOU
GU52WTJ	SSOU	GX04EXZ	SSOU	GX06DYA	SSOU	GX08AUR	WCM	GX10KZR	SSOU
GUI441	GOG	GX04EYA	SSOU	GX06DYB	SSOU	GX08AUT	WCM	GX10KZS	SSOU
GUI6060	66C	GX04EYB	SSOU	GX06DYC	SSOU	GX08HBJ	SSOU	GX10KZT	SSOU
GUI7464	MGR	GX04EYC	CF	GX06DYD	WA	GX08HBK	SSOU	GX10KZU	SSOU
GUJ356	MRS	GX04EYD	SSOU	GX06DYF	WA	GX08HBN	SSOU	GX10KZV	SSOU
GUP743C	KEN	GX04EYF	CF	GX06DYG	SSOU	GX08HBO	SSOU	GX10KZW	SSOU
GV57YUU	EXL	GX04EYG	CF	GX06DYH	SSOU	GX08HBP	SSOU	GX10KZY	SSOU
GVA635	MPH	GX04EYH	CF	GX06DYJ	SSOU	GX08HBU	SSOU	GX51CFF	MLS
GVF954T	ZEJ	GX04EYJ	CF	GX06DYM	SSOU	GX08HBY	SSOU	GX51PUJ	SSOU
GVJ522X	BJL	GX04EYK	CF	GX06DYN	SSOU	GX08HBZ	SSOU	GX53MVU	SDEV
GVL323	GRI	GX04EYL	CF	GX06DYO	SSOU	GX09AGO	COM	GX53MVV	SDEV
GVN914N	ALE	GX04EYM	CF	GX06DYP	SSOU	GX09AGU	COM	GX53MVW	SDEV
GVV205	ENS	GX04EYP	CF	GX06DYS	SSOU	GX09AGV	COM	GX53MVY	SDEV
GW55SON	WGW	GX04EYR	CF	GX06DYT	SSOU	GX09AGY	COM	GX53MVZ	SSOU
GWN432	QMS	GX04EYS	CF	GX06DYU	SSOU	GX09AGZ	COM	GX53MWA	SSOU
GX02AHN	JTK	GX04EYT	CF	GX06DYV	SSOU	GX10HAA	SSOU	GX53MWC	SSOU
GX02ATF	B&H	GX04EYU	CF	GX06DYW	SSOU	GX10HAE	SSOU	GX53MWD	SSOU
GX02WVY	SSOU	GX04EYV	CF	GX06DYY	SSOU	GX10HAO	SSOU	GX53MWE	SSOU
GX02WXS	SSOU	GX04EYW	CF	GX06DZA	SSOU	GX10HAU	SSOU	GX53MWF	SSOU
GX02WXT	SSOU	GX04EYY	CF	GX06DZB	SSOU	GX10HBA	SSOU	GX53MWG	SSOU
GX02WXU	SSOU	GX04EYZ	CF	GX06DZC	SSOU	GX10HBB	SSOU	GX53MWJ	SSOU
GX02WXV	SSOU	GX04EZA	CF	GX06DZD	SSOU	GX10HBC	SSOU	GX53MWK	SSOU
GX02WXW	SSOU	GX04EZB	CF	GX06DZE	SSOU	GX10HBD	SSOU	GX53MWL	SSOU
GX03AZJ	COM	GX04LWR	GUM	GX06DZF	SSOU	GX10HBE	SSOU	GX53MWM	SSOU
GX03AZL	COM	GX04LWS	GUM	GX06DZG	SSOU	GX10HBF	SSOU	GX53MWN	SSOU
GX03SSU	B&H	GX04LWT	GUM	GX06DZH	SSOU	GX10HBG	SSOU	GX53MWO	SSOU
GX03SSV	B&H	GX04LWU	GUM	GX06DZJ	SSOU	GX10HBH	SSOU	GX53MWP	SSOU
GX03SSZ	B&H	GX04LWV	GUM	GX06DZK	SSOU	GX10HBJ	SSOU	GX53MWU	SSOU
GX03STZ	B&H	GX04LWW	GUM	GX06JXS	SSOU	GX10HBK	SSOU	GX53MWV	SSOU
GX03SUA	B&H	GX04OWA	LFT	GX06JXT	SSOU	GX10HBL	SSOU	GX53MWW	SSOU
GX03SUF	B&H	GX05AOP	COA	GX06JXU	SSOU	GX10HBN	SSOU	GX53MWY	SSOU
GX03SUH	B&H	GX05AVV	BUZ	GX06JXV	SSOU	GX10HBO	SSOU	GX53MWZ	SSOU
GX03SUU	B&H	GX05KJA	ACO	GX06JXW	SSOU	GX10HBP	SSOU	GX54ACZ	CUI
GX03SUV	B&H	GX06AOE	KIE	GX06JXY	SSOU	GX10HBU	SSOU	GX54AOR	66C
GX03SUY	B&H	GX06AZG	SSOU	GX06JXZ	SSOU	GX10HBY	SSOU	GX54AOT	66C
GX03SVA	B&H	GX06DWV	SSOU	GX06JYA	SSOU	GX10HBZ	SSOU	GX54AOU	66C
GX03SVC	B&H	GX06DWW	SSOU	GX06JYB	SSOU	GX10HCA	SSOU	GX54AWH	COM
GX03SVD	B&H	GX06DWY	SSOU	GX06JYC	SSOU	GX10HCC	SSOU	GX54DVA	SSOU

GX54DVB SSOU	GX54DXM SSOU	GX56OGK SSOU	GX58GMO SSOU	GXI423 GBU
GX54DVC SSOU	GX54DXO SSOU	GX56OGL SSOU	GX58GMU SSOU	GXI424 GBU
GX54DVF SSOU	GX54DXP SSOU	GX57AFV COM	GX58GMV SSOU	GXI426 GBU
GX54DVG SSOU	GX54DXR SSOU	GX57BHZ SSOU	GX58GMY SSOU	GXI428 GBU
GX54DVH SSOU	GX54DXT SSOU	GX57BXG SPS	GX58GMZ SSOU	GXI429 GBU
GX54DVJ SSOU	GX54DXU SSOU	GX57BXH SPS	GX58GNF SSOU	GXI431 GBU
GX54DVK SSOU	GX54DXV SSOU	GX57DJJ SSOU	GX58GNJ SSOU	GXI432 GBU
GX54DVL SSOU	GX54FVU SSOU	GX57DJK SSOU	GX58GNK SSOU	GXI433 GBU
GX54DVM SSOU	GX54FVV SSOU	GX57DJO SSOU	GX58GNN SSOU	GXI434 GBU
GX54DVN SSOU	GX54FVW SSOU	GX57DJU SSOU	GX58GNO SSOU	GXI436 GBU
GX54DVO SSOU	GX54FVY SSOU	GX57DJV SSOU	GX58GNP SSOU	GXI437 GBU
GX54DVP SSOU	GX55DXL SSOU	GX57DJY SSOU	GX58GNU SSOU	GXI438 GBU
GX54DVR SSOU	GX55DXM SSOU	GX57DJZ SSOU	GX58GNV SSOU	GXI439 GBU
GX54DVT SSOU	GX55DXO SSOU	GX57DKA SSOU	GX58GNY SSOU	GXI440 GBU
GX54DVU SSOU	GX55DXP SSOU	GX57DKD SSOU	GX58GNZ SSOU	GXI441 GBU
GX54DVV SSOU	GX55LNF CRN	GX57DKE SSOU	GX58MVE SSOU	GXI442 GBU
GX54DVW SSOU	GX55NHY LIT	GX57DKF SSOU	GX58MVF SSOU	GXI443 GBU
GX54DVY SSOU	GX56AEB SUE	GX57DKJ SSOU	GX58MVG SSOU	GXI446 GBU
GX54DVZ SSOU	GX56KVU SSOU	GX57DKK SSOU	GX58MVH SSOU	GXI447 GBU
GX54DWA SSOU	GX56KVV SSOU	GX57MVJ SSOU	GX58MVK SSOU	GXI449 GBU
GX54DWC SSOU	GX56KVW SSOU	GX58APF HUN	GX58MVL SSOU	GXI450 GBU
GX54DWD SSOU	GX56KVY SSOU	GX58GJO SSOU	GX58MVM SSOU	GXI451 GBU
GX54DWE SSOU	GX56KVZ SSOU	GX58GJU SSOU	GX58MVN SSOU	GXI454 GBU
GX54DWF SSOU	GX56KWA SSOU	GX58GJV SSOU	GX58MVO SSOU	GXI455 GBU
GX54DWG SSOU	GX56KWB SSOU	GX58GJY SSOU	GX58MVP SSOU	GXI457 GBU
GX54DWJ SSOU	GX56KWC SSOU	GX58GJZ SSOU	GX58MVR SSOU	GXI458 GBU
GX54DWK SSOU	GX56KWD SSOU	GX58GKA SSOU	GX58MVS SSOU	GXI459 GBU
GX54DWL SSOU	GX56KWE SSOU	GX58GKC SSOU	GX58MVT SSOU	GXI516 HIL
GX54DWM WK	GX56KWF SSOU	GX58GKD SSOU	GX59JYS SSOU	GYE261W TRH
GX54DWN WK	GX56KWG SSOU	GX58GKE SSOU	GX59JYT SSOU	GYE262W A&P
GX54DWO WK	GX56KWH SSOU	GX58GKF SSOU	GX59JYU SSOU	GYE268W MAS
GX54DWP WK	GX56KWJ SSOU	GX58GKG SSOU	GX60PBY SSOU	GYE359W ACT
GX54DWU SSOU	GX56KWK SSOU	GX58GKJ SSOU	GX60PBZ SSOU	GYE361W ACT
GX54DWV SSOU	GX56KWL SSOU	GX58GKK SSOU	GX60PCV SSOU	GYE443W TWH
GX54DWW SSOU	GX56KWM SSOU	GX58GKL SSOU	GX60PCY SSOU	GYE463W LBP
GX54DWY SSOU	GX56KWN SSOU	GX58GKN SSOU	GX60PCZ SSOU	GYE468W LBP
GX54DWZ SSOU	GX56KWO SSOU	GX58GKO SSOU	GX60PDK SSOU	GYE478W AWT
GX54DXA SSOU	GX56KWP SSOU	GX58GKP SSOU	GX60PDO SSOU	GYE524W CAO
GX54DXB SSOU	GX56OFZ SSOU	GX58GKZ SSOU	GX60PDU SSOU	GYE533W STH
GX54DXC SSOU	GX56OGA SSOU	GX58GLF SSOU	GX60PDV SSOU	GYE534W ZBG
GX54DXD SSOU	GX56OGB SSOU	GX58GLJ SSOU	GX60PDY SSOU	GYE557W AXE
GX54DXE SSOU	GX56OGC SSOU	GX58GLK SSOU	GX60PDZ SSOU	GYE565W THU
GX54DXF SSOU	GX56OGD SSOU	GX58GLV SSOU	GX03CCJ WHT	GYE598W CAO
GX54DXG SSOU	GX56OGE SSOU	GX58GLY SSOU	GXI53 IRB	GYE603W HAD
GX54DXH SSOU	GX56OGF SSOU	GX58GLZ SSOU	GXI187 ZCA	GYJ920V SWC
GX54DXJ SSOU	GX56OGG SSOU	GX58GME SSOU	GXI420 GBU	GZ783 GBU
GX54DXK SSOU	GX56OGH SSOU	GX58GMF SSOU	GXI421 GBU	GZ6106 GBU
GX54DXL SSOU	GX56OGJ SSOU	GX58GMG SSOU	GXI422 GBU	

H

H1JYM JST	H3EFA APP	H5CFY CFB	H6KFC KFY	H8KFJ NAH
H1WET WET	H3FBT BLT	H5HST HSL	H6KFJ NAH	H8TKF KFY
H2CBK KEN	H3KFC NXD	H5JBT JBT	H6LYL LYL	H9EVW A2B
H2DWC BBN	H3KFJ NAH	H5KFC KFY	H7CFY CFB	H9KFJ NAH
H2FBT BLT	H3KMT KMM	H5KFJ RWR	H7CPC CVP	H9NEO CIU
H2HCR HAR	H3RAD TAY	H5TCC RSC	H7KFJ NAH	H9TKF AUD
H2HWD HWD	H4CFY CFB	H5UNF SFR	H7RSO STR	H10BBY JAJ
H2KFJ NAH	H4KDY SBG	H6CFY CFB	H7WXM PAT	H10HJC HEY
H2KMT KMM	H4KFJ NAH	H6HJC WIR	H8JEO STR	H10KFJ NAH

H10TJH	DOL	H84RUX	JWC	H137PVW	SWB
H10TRC	TRC	H85DVM	FOW	H138MOB	HJC
H11CNR	C&R	H86DVM	FOW	H138UUA	AST
H12CFY	CFB	H87DVM	GHA	H139FLX	FED
H12KFJ	NAH	H95MOB	RBC	H139GGS	AMP
H13ATK	ATK	H97PVW	SWB	H139GVM	HTT
H13OVA	BTS	H98UWA	SUR	H140GGS	MFF
H13WCL	GWH	H101BFR	PBT	H141GGS	K&D
H14CFY	CFB	H101HDV	CCI	H142FLX	FHD
H14JVA	JVA	H101VFV	FWT	H12SDW	K&D
H14WCL	GWH	H102BFR	PBT	H143GGS	K&D
H15NEO	JVA	H102GEV	ZAE	H144FLX	FHD
H15SNO	SNO	H103BFR	PBT	H144GGS	K&D
H15TCL	TAP	H103GEV	CRV	H145FLX	FHD
H15UNF	SFR	H104BFR	PBT	H145GGS	K&D
H15URE	HSL	H104GEV	MCE	H146GGS	K&D
H15WEH	HKC	H105GEV	GHA	H146PVW	WBT
H15WFB	GOL	H108RWT	ARM	H147GGS	K&D
H16ATK	ATK	H109GEV	TEV	H148GGS	K&D
H16CFY	CFB	H109HDV	MAM	H149MOB	MIC
H16WCL	GWH	H109MOB	TEX	H149SKU	MAT
H17GOW	YCT	H110GEV	MCE	H150GGS	TVP
H17KFJ	NAH	H112MOB	TEX	H150SKU	MAT
H17WCL	GWH	H112SAO	SNW	H151GGS	EBA
H18CED	DUD	H112THE	CCB	H151MOB	SKY
H18COV	CLE	H113ABV	KOA	H151SKU	MAT
H18CTL	CIU	H113GEV	GHA	H152GGS	BRY
H18KFJ	NAH	H113SAO	SNW	H152SKU	MAT
H18WCL	GWH	H114ABV	MOS	H153SKU	MAT
H19CTL	CIU	H114GEV	MCE	H154BKH	VOE
H19KFJ	NAH	H114SAO	SNW	H154DVM	AWC
H19WCL	GWH	H114UYG	SCB	H154MOB	SKY
H20BUS	WES	H115GEV	GHA	H154SKU	MAT
H20DBW	WGW	H115SAO	SNW	H155BKH	STC
H20KFJ	NAH	H116SAO	SNW	H155DJU	S&B
H23YBV	SCB	H116THE	VTC	H155PVW	ZCO
H24YBV	GSN	H117MOB	SYT	H155SKU	MAT
H27YBV	GSN	H117SAO	SNW	H155WRB	JEA
H29MJN	LAV	H118CHG	BLT	H156BKH	STC
H34DGD	ALC	H118SAO	SNW	H156DJU	MET
H36YCW	EMS	H119CHG	BLT	H156SKU	MAT
H37YCW	EMS	H119PVW	SWB	H156XYU	REL
H41GBD	HET	H119SAO	SNW	H157DJU	SEM
H46HKE	PYG	H122CHG	BLT	H157SKU	MAT
H47MJN	TAL	H122MOB	CNV	H157XYU	REL
H48MJN	TAL	H123TYD	WEB	H158BKH	STC
H48NDU	HED	H124THE	HMS	H158HDE	RBC
H56VRH	SKC	H124TYD	WEB	H158SKU	MAT
H64PDW	CLE	H125THE	CAO	H159SKU	MAT
H71MOB	PUM	H126YGG	ALE	H160BKH	CLT
H73DVM	CEL	H127MOB	TEX	H160HJN	HED
H74DVM	GHA	H128MOB	TEX	H160JRE	FNW
H76DVM	LLC	H129FLX	FED	H163EJU	ZEH
H78CFV	GHA	H130LPU	TVP	H166DJU	GRA
H78DVM	LLM	H130THE	BUG	H169EJF	ZDT
H81DVM	ARM	H131JSW	GTS	H169OTG	ROY
H81MOB	RBC	H132FLX	FEC	H171EJF	SAW
H81PTG	ANN	H133GVM	ABY	H171NRU	CHP
H82DVM	SFU	H136CDB	CTT	H175DVM	PRC
H82FVL	WSC	H136FLX	FHD	H177EJU	SEM
H83DVM	LLC	H137GVM	ABY	H177GTT	PCB

H178EJF	M&C	H242MUK	CBC
H178GTT	PCB	H243LOM	NIB
H179EJF	WLA	H245LOM	NIB
H180HPV	ORJ	H258MFX	NIB
H181DHA	HFX	H259MFX	FYC
H185DVM	C&S	H261CFT	TYC
H186EJF	BCR	H262SHL	ROY
H187EHA	RML	H263GEV	REB
H187PVW	WBT	H264GEV	WKB
H188EJF	WEA	H264MFX	NIB
H189RWF	BCT	H269EOT	AQT
H191PVW	WBT	H271THL	NEN
H193BCU	MAM	H272LJC	LLA
H193WFR	SNW	H278LEF	GHA
H194BTC	POW	H279LEF	GHA
H194TYC	KCS	H281NRF	THA
H194WFR	SYOR	H283HLM	BGR
H195BTC	PES	H289VRP	FED
H195DVM	JTK	H290XNS	HLS
H195WFR	SNW	H291VRP	FED
H196DVM	JMS	H292VRP	FED
H196WFR	SNW	H297GKN	DRC
H197GRO	ATS	H301HLB	TJC
H197WFR	SNW	H303CAV	GWH
H198TCP	AQT	H312HLB	BAW
H201DVM	EMS	H313HLB	BAW
H201LOM	ARC	H314LJN	DHC
H201LRF	LLM	H315HLB	BAW
H202GRO	ATS	H317HLB	BAW
H202LOM	PWW	H319HLB	BAW
H202LRF	TED	H326DTR	JBR
H202TCP	ELS	H331LJN	DHC
H202TWE	AYC	H336TYG	WKN
H204DVM	EMS	H343UWX	AWT
H206LOM	CED	H344SWA	ALP
H207LOM	ARC	H345LJN	AYC
H210TCP	CTR	H346LJN	CRA
H211LOM	AUD	H347SWA	STC
H212LOM	CED	H352MLJ	NBL
H215LOM	VOE	H354GRY	LAT
H215PVW	WBT	H371VCG	TAR
H217LOM	CUB	H382TTH	FIL
H219LOM	LID	H391SYG	AST
H220LOM	ASD	H395SYG	ORJ
H223VKU	ACM	H402MRW	BFT
H224LOM	AYR	H403CJF	CHT
H225EDX	CRE	H415FGS	HAN
H225LOM	EBA	H417FGS	BCT
H226LOM	CED	H424LBF	RVC
H227LOM	CBN	H425DVM	ZDT
H227TCP	RSC	H428EFT	WST
H228LOM	NIB	H429BNL	SREN
H228TCP	REE	H430EFT	EBL
H229LOM	NIB	H431EFT	EBL
H231FFE	WIB	H432EFT	SAD
H231LOM	CBN	H433EFT	LID
H232DUF	SPD	H434EFT	EBL
H237LOM	NIB	H436EFT	CCB
H239LOM	TDE	H445EGU	SWSC
H241LOM	FRK	H457MEY	YCT
H242LOM	CBN	H458FLD	ACE

Code		Code		Code		Code		Code		Code	
H462BEU	MSH	H551GKX	CFB	H654GPF	CHL	H718PVW	BDC	H811WKH	CED		
H462CGB	MGC	H551PVW	GON	H654VVV	EA	H719LOL	JJT	H815CBP	FOR		
H462EJR	SSOU	H551VAT	STC	H655GPF	ABG	H721PVW	HJC	H815LFS	BGR		
H463EJR	SSOU	H552GKX	CDS	H655UWR	CCS	H723DAO	HWY	H816CBP	GOD		
H466GVM	ZCA	H552VAT	STC	H657GPF	MAR	H723KDY	SSOU	H817CBP	TUT		
H466LEY	GSR	H553EVM	HFX	H657UWR	66C	H725KDY	MAS	H818CBP	GOD		
H467ECW	NBM	H553GKX	CFB	H658GPF	GTC	H728DDL	W&D	H818RWJ	TRH		
H470KSG	EVE	H554GKX	CAO	H659UWR	66C	H731DDL	W&D	H819AHS	MTC		
H473CEG	SYOR	H556GKX	CAO	H660GPF	VTE	H732DDL	W&D	H819CBP	FOR		
H474CEG	CBN	H557GKX	REL	H660UWE	JTK	H732LOL	MET	H825AHS	LAT		
H475CEG	CBN	H558GKX	CAM	H660UWR	GCA	H733DDL	W&D	H825DRY	HLC		
H479PVW	HYT	H562FLE	CHD	H661GPF	RDL	H734DDL	W&D	H828AHS	THA		
H484CMD	HMI	H562GKX	CAM	H664GPF	CAV	H736EDE	SIL	H828RWJ	AUD		
H492RUB	STO	H563GKX	CAO	H664THL	FSY	H738TWB	GHA	H830AHS	NBL		
H493LNA	FTC	H564DVM	FCL	H665GPF	GEC	H741TWB	GSR	H831AHS	LTL		
H494LNA	SWSC	H564GKX	CAO	H668GPF	MOB	H751LSD	RAI	H831RWJ	PCO		
H495LNA	SSOU	H566MPD	K&J	H668THL	FSY	H751PVW	HJC	H832RWJ	AUD		
H508YCX	ZEC	H567POU	HMN	H669BNL	SNOE	H756WWW	GCA	H835AHS	MTC		
H510BND	HEY	H575DVM	FOW	H669GPF	CHL	H757DTM	JTK	H836AHS	CRN		
H511FRP	BBD	H577MOC	SGC	H670ATN	EAS	H757WWW	WKN	H838PTW	HWY		
H511YCX	SCC	H580VWB	NEN	H670BNL	SNOE	H758DTM	K&J	H840DDL	HER		
H512BND	MIM	H589EGU	GON	H671BNL	SNOE	H759RNT	KYC	H843NOC	EBL		
H513RWX	WBT	H596SWY	SKC	H672GPF	LOW	H760PVW	HWY	H845NOC	JEB		
H514RWX	WBT	H601UWR	CRK	H672LCF	LFT	H763KDY	ZBY	H847AHS	MAN		
H515RWX	WBT	H602OVW	WST	H672THL	FSY	H764KDX	SIM	H847NOC	TEX		
H516RWX	WBT	H603LNA	SWSC	H673BNL	SNOE	H764PVW	HJC	H849AHS	BFS		
H517RWX	WBT	H604LNA	MUL	H673THL	FSY	H766EKJ	BBE	H851NOC	MIC		
H519RWX	WBT	H606LNA	SWSC	H674ATN	GSF	H767EKJ	GHA	H853HTA	HKW		
H519YCX	WSN	H609UWR	GRN	H674BNL	SNOE	H769EKJ	ASC	H859PTW	A2B		
H522FRP	SWSC	H610PVW	ZEZ	H674GPF	CAS	H770EKJ	BBE	H861CAV	COL		
H523HHF	GSA	H610UWR	SNO	H676GPF	PWW	H775PTW	IBL	H862CAV	COL		
H524YTU	RHC	H611RAH	GWB	H678GPF	LID	H778VHL	SWSC	H882LOX	ATR		
H526SWE	SFC	H612RAH	GWB	H678THL	FG	H784EEU	NMC	H886LOX	EBL		
H529PVW	MAS	H613UWR	SIL	H679GPF	GEC	H784PVW	TMH	H887LOX	EBL		
H532XGK	EMS	H617LNA	ARC	H679THL	FHD	H787RWJ	COG	H890LOX	CNV		
H533XGK	CBC	H620ACK	ZBR	H680GPF	LOW	H788DTR	DGB	H891JVR	STO		
H533YCX	SWC	H620RAH	DOB	H680THL	FHD	H788NUH	NAH	H896PAH	END		
H534RKG	REL	H620UWR	AEY	H681THL	FHD	H792PVW	HWY	H898LOX	GPT		
H536CTR	EMS	H621UWR	TRW	H682GPF	GTC	H793PTW	HWY	H902AHS	YCT		
H538CTR	THO	H625LNA	SWSC	H682THL	FHD	H794PVW	SWB	H903AHS	ZAF		
H538ETT	SWC	H627LNA	SWSC	H863GPF	ZCO	H801BKK	SLE	H908PTW	BRY		
H538JBJ	HWY	H627UWR	MAN	H687EDL	DGB	H802BKK	SSOU	H912HRO	FEC		
H538XGK	TVS	H629ETN	BGR	H687THL	FHD	H802GDV	FSA	H912JVR	AYR		
H539YCX	ISL	H630UWR	DUD	H687XBV	LOW	H802OPT	TEX	H912XYT	EUT		
H541XGK	THA	H633UWR	ACE	H689UAK	LOR	H802WNP	ROY	H916PTG	HSL		
H542GTJ	OLA	H638UWR	CCO	H68BKM	HFX	H803AHA	A&P	H916WYB	FHD		
H542JBJ	MUL	H640UWR	SSOU	H691PTW	FYC	H803BKK	SSOU	H916XYT	CBC		
H542XGK	IMP	H642GRO	CMT	H693PVW	WAR	H803WNP	ROY	H917DFG	JWC		
H544FWM	GCA	H642RKU	FSY	H694PVW	WAR	H804AHA	HEY	H920BPN	BAK		
H546GKX	TDE	H643PTW	REL	H699PTW	FYC	H804BKK	RED	H920FGS	STS		
H547GKX	CDS	H648GPF	EBA	H699PVW	BDC	H804RWJ	BUR	H921BPN	BAK		
H547VAT	STC	H648RKU	FG	H704FDE	RBC	H805AHA	CED	H921XYT	CBC		
H548GKX	CDS	H648YHT	FSA	H704YUV	ZEP	H805BKK	GRE	H922LOX	SMS		
H548VAT	JBT	H649GPF	CAV	H705PTW	IBL	H806AHA	ZBG	H922XYT	CBC		
H549FLE	PSN	H649PVW	NEN	H706HKL	NCO	H806BKK	GRE	H926PMS	CCO		
H549GKX	TDE	H650GPF	TEV	H708PVW	BDC	H807BKK	SSOU	H927DRJ	CAV		
H549VAT	STC	H651THL	FSY	H709PVW	BDC	H807XMY	JBT	H929DRJ	K&J		
H550GKX	TDE	H651VVV	STE	H712BRG	ALP	H808BKK	RED	H930VUA	AEY		
H550PVW	GON	H652GPF	TEV	H712LOL	COG	H809RWJ	AUD	H931DRJ	RBC		
H550VAT	JBT	H652VVV	PKT	H717LOL	JJT	H810BKK	SSOU	H932DRJ	NMC		
H551EVM	JPM	H653VVV	STE	H718LOL	WOO	H810WKH	FLA	H935DRJ	DCO		

Reg	Code	Reg	Code	Reg	Code	Reg	Code	Reg	Code
H940DRJ	OLY	HCZ8709	GBU	HDZ2611	ATS	HF05LYW	TYB	HF54HGL	W&D
H951PTW	MUL	HCZ8710	GBU	HDZ2615	CRN	HF06ETD	SEA	HF54HGM	W&D
H959HKL	ABI	HCZ8711	GBU	HDZ5416	SCI	HF06FTO	W&D	HF54HGN	W&D
H963GAR	FEL	HCZ8712	GBU	HDZ5470	AST	HF06FTP	W&D	HF54HGO	W&D
H964LEY	ORJ	HCZ8713	GBU	HDZ5490	AAR	HF06FTT	W&D	HF54HGP	W&D
H969XHR	B&W	HCZ8714	BCB	HDZ5593	MGR	HF06FTU	W&D	HF54HGU	W&D
H971FKE	CHD	HCZ8715	GBU	HDZ8349	WHI	HF06FTV	W&D	HF54HGX	W&D
H971FKG	CHD	HCZ8716	GBU	HDZ8352	SVC	HF06FTX	W&D	HF54HGY	W&D
H972XHR	B&W	HCZ8717	GBU	HDZ8683	GIL	HF06FTY	W&D	HF54HHA	W&D
H973KDY	HOD	HCZ8718	GBU	HE10PBS	BUD	HF06FTZ	W&D	HF54HHB	W&D
H973XHR	B&W	HCZ8719	GBU	HEK88G	GRW	HF06FUA	SVE	HF54HHC	W&D
H980PTW	SGD	HCZ8720	GBU	HEW174Y	SHM	HF06FUB	SVE	HF54HHD	W&D
H986PTW	SGD	HCZ8721	GBU	HEZ5186	SWC	HF08TKX	W&D	HF54HHE	W&D
H996TAK	KWT	HCZ8722	BCB	HEZ5904	BBU	HF08TKY	W&D	HF54HHJ	W&D
HA08ATK	ATK	HCZ8723	GBU	HEZ7101	DAB	HF08UHT	B&H	HF54HHK	W&D
HA09ATK	ATK	HCZ8724	GBU	HEZ7894	WLA	HF08UHU	W&D	HF54HHL	W&D
HAP985	B&H	HCZ8725	GBU	HEZ9116	GBU	HF08UHV	W&D	HF54HHM	W&D
HAR116Y	2WT	HCZ8726	GBU	HEZ9117	GBU	HF08UHW	W&D	HF54HLE	GWY
HAX331W	TUT	HCZ8727	GBU	HEZ9118	GBU	HF09BJE	W&D	HF54HLG	GWY
HAZ3540	ALP	HCZ8728	GBU	HEZ9119	GBU	HF09BJJ	W&D	HF54JUJ	TYB
HAZ4809	GBU	HCZ8729	GBU	HEZ9607	BBU	HF09BJK	W&D	HF54JUK	TYB
HAZ5814	GBU	HCZ8730	GBU	HF03AEG	W&D	HF09BJO	W&D	HF54JUO	TYB
HB07OXF	OBC	HCZ8731	GBU	HF03HJY	W&D	HF09BJU	W&D	HF54KXH	TYB
HB53SHB	BRN	HCZ8732	GBU	HF03HJZ	W&D	HF09BJV	W&D	HF54KXK	TYB
HB54MTB	BCS	HCZ8733	GBU	HF03HKA	W&D	HF09BJX	W&D	HF54KXT	W&D
HB55SHB	BRN	HCZ8734	GBU	HF03ODR	TYB	HF09BJY	W&D	HF54KXU	W&D
HBA278Y	ALP	HCZ8735	GBU	HF03ODS	TYB	HF09BJZ	W&D	HF54KXV	W&D
HBH416Y	WWT	HCZ9921	BCB	HF03ODT	TYB	HF09BKA	W&D	HF54KXW	W&D
HBL68	FOW	HCZ9922	BCB	HF03ODU	TYB	HF09FVR	W&D	HF55AVR	TRX
HBV682	HWD	HCZ9923	BCB	HF03ODV	TYB	HF09FVS	W&D	HF55JYX	W&D
HBX972X	EJL	HCZ9924	BCB	HF03ODW	TYB	HF09FVT	W&D	HF55JYY	W&D
HBZ651	SHA	HCZ9925	BCB	HF03OLT	HAT	HF09FVU	W&D	HF55JYZ	W&D
HBZ1974	COC	HCZ9926	BCB	HF04GXK	HWD	HF09FVV	W&D	HF55JZA	W&D
HBZ4672	WIB	HCZ9928	BCB	HF04GXM	HWD	HF09FVW	W&D	HF55JZC	W&D
HBZ4674	TAT	HCZ9929	BCB	HF04JWD	TYB	HF09FVX	W&D	HF55JZD	W&D
HBZ4681	JEA	HCZ9930	BCB	HF04JWE	TYB	HF09FVY	W&D	HF55JZE	W&D
HC04AAA	HEC	HCZ9931	BCB	HF04JWG	TYB	HF09OXF	OBC	HF55JZG	W&D
HC04BBB	HEC	HCZ9932	BCB	HF04JWJ	TYB	HF10OXF	OBC	HF55JZJ	W&D
HC07BUS	HDG	HCZ9933	BCB	HF04JWK	TYB	HF53BWC	TBB	HF55JZK	W&D
HC08BUS	HDG	HCZ9934	BCB	HF04JWL	TYB	HF53CFJ	G&M	HF55JZL	W&D
HC09BUS	HDG	HCZ9935	BCB	HF05GGE	W&D	HF53GVJ	BDC	HF55JZM	W&D
HC57BUS	HDG	HCZ9936	BCB	HF05GGJ	W&D	HF53GVK	AAC	HF55JZN	W&D
HC6422	CNT	HCZ9937	BCB	HF05GGK	W&D	HF53OBG	TYB	HF55JZO	W&D
HCC100	HCC	HCZ9938	BCB	HF05GGO	MWM	HF53OBH	TYB	HF55JZP	W&D
HCC296	HCC	HCZ9939	BCB	HF05GGP	SBM	HF54HFO	W&D	HF55JZR	W&D
HCC440	HCC	HCZ9940	BCB	HF05GGU	W&D	HF54HFP	W&D	HF55JZT	W&D
HCC551	HCC	HD08GLD	BAD	HF05GGV	W&D	HF54HFR	W&D	HF55JZU	W&D
HCC850	BYS	HDB101V	B&W	HF05GGX	W&D	HF54HFT	W&D	HF55JZV	W&D
HCC882	HCC	HDB355V	GCT	HF05GGY	W&D	HF54HFU	W&D	HF55JZW	W&D
HCF175W	EDW	HDC83E	HAP	HF05HNA	TYB	HF54HFV	W&D	HF55OXF	OBC
HCR601	HAR	HDD654	B&W	HF05HNB	TYB	HF54HFW	W&D	HF57OXF	OBC
HCT990	SLE	HDF661	PUH	HF05HNC	TYB	HF54HFX	W&D	HF58GYY	W&D
HCZ4676	EMP	HDL255E	DGB	HF05HXD	W&D	HF54HFY	W&D	HF58GYZ	W&D
HCZ8701	BCB	HDT375	RIC	HF05HXE	W&D	HF54HFZ	W&D	HF58GZA	W&D
HCZ8702	BCB	HDZ101	WLA	HF05HXG	W&D	HF54HGA	W&D	HF58GZB	W&D
HCZ8703	BCB	HDZ102	WLA	HF05HXH	W&D	HF54HGC	W&D	HF58GZC	W&D
HCZ8704	GBU	HDZ2604	ATS	HF05JPY	SEA	HF54HGD	W&D	HF58GZD	W&D
HCZ8705	GBU	HDZ2605	ATS	HF05JRO	WET	HF54HGG	W&D	HF58GZE	SBM
HCZ8706	GBU	HDZ2606	ATS	HF05LYT	TYB	HF54HGJ	W&D	HF58GZG	SBM
HCZ8707	GBU	HDZ2607	ATS	HF05LYU	TYB	HF54HGK	W&D	HF58GZH	SBM
HCZ8708	GBU	HDZ2608	DWN	HF05LYV	TYB				

HF58GZJ	SBM	HIG1253	ATT	HIL2720	HLO	HIL7590	SLA	HJ03NPG	HMI
HF58GZK	SBM	HIG1254	ATT	HIL2897	THO	HIL7591	PAR	HJ52OKK	COT
HF58GZL	SBM	HIG1512	FDC	HIL3318	HLO	HIL7592	GHA	HJ52OKL	COT
HF58GZM	SBM	HIG1519	FDC	HIL3455	HET	HIL7593	GHA	HJ52VFW	W&D
HF58GZN	SBM	HIG1521	FDC	HIL3468	MKT	HIL7595	RVY	HJ52VFX	W&D
HF58GZO	SBM	HIG1522	VTE	HIL3470	VTE	HIL7596	MIL	HJ52VFY	W&D
HF58GZP	SBM	HIG1523	FDC	HIL3476	MOX	HIL7613	PSL	HJ52VFZ	W&D
HF58HTG	SBM	HIG1524	FDC	HIL3529	HIS	HIL7614	PSL	HJ52VGA	W&D
HF58HTJ	SBM	HIG1526	FDC	HIL3891	HIS	HIL7616	PSL	HJ55MSX	FAR
HF58HTK	SBM	HIG1527	FDC	HIL3931	HUY	HIL7618	ANG	HJ57XGM	HAT
HF58HTL	SBM	HIG1528	FDC	HIL3932	HUY	HIL7620	BKS	HJA965E	QMS
HF58HTN	SBM	HIG1531	FDC	HIL3981	HIS	HIL7621	HOW	HJB459W	AVC
HF58HTO	SBM	HIG1533	FDC	HIL4017	EDT	HIL7628	RRT	HJB635W	CRL
HF58HTP	SBM	HIG1538	FDC	HIL4091	HIL	HIL7642	KIC	HJB990	BKS
HF58HTT	SBM	HIG1540	FDC	HIL4254	ZDC	HIL7644	MOX	HJG17	QMS
HF58HTU	SBM	HIG1594	CTE	HIL4336	HLO	HIL7745	FIN	HJI565	MAT
HF58KCA	SBM	HIG1669	GRB	HIL4349	ORJ	HIL7746	HKW	HJI586	SOO
HF58KCC	SBM	HIG1687	GRB	HIL4619	KTW	HIL7908	HIS	HJI6633	WAT
HF58KCE	SBM	HIG2032	RNC	HIL4966	THO	HIL7968	ANC	HJY297	HGI
HF58KCG	SBM	HIG2461	HEB	HIL4997	APT	HIL7978	CLM	HJZ113	SHA
HF58KCJ	SBM	HIG2462	HEB	HIL5002	HKN	HIL8128	ZDW	HJZ1918	MOC
HF58KCK	SBM	HIG3323	FSR	HIL5063	HLO	HIL8129	LID	HJZ3949	AAM
HF59DMO	W&D	HIG3771	TVM	HIL5184	DEV	HIL8130	MYA	HJZ4032	PWB
HF59DMU	W&D	HIG3849	AAT	HIL5345	HLO	HIL8221	CAL	HJZ4034	VTC
HF59DMV	W&D	HIG4437	HGI	HIL5346	HLO	HIL8224	HIS	HJZ4035	VTC
HF59DMX	W&D	HIG4479	SFU	HIL5347	HLO	HIL8286	BTC	HJZ4036	PKS
HF59FAA	W&D	HIG4566	SFU	HIL5348	HLO	HIL8405	ASY	HJZ6068	NCH
HF59FAJ	W&D	HIG4577	SFU	HIL5349	HLO	HIL8417	HAN	HJZ9928	CBN
HF59FAK	W&D	HIG5602	KEA	HIL5389	PWB	HIL8427	BFS	HJZ9929	CBN
HF59FAM	W&D	HIG5603	KEA	HIL5576	HIS	HIL8434	STY	HK03VBL	PIK
HF59FAO	W&D	HIG 5712	RNC	HIL5659	M&H	HIL8435	CTT	HK07AJV	LUC
HF59FAU	W&D	HIG6218	M&D	HIL5677	BRC	HIL8441	MCC	HK07AJX	LUC
HFF234	OGD	HIG6242	LGT	HIL5679	ANG	HIL8446	GOL	HK07RYC	ANC
HFG298T	WOO	HIG6243	LGT	HIL5682	GAS	HIL8518	S&D	HKL836	LBP
HFG561T	CCB	HIG6244	LGT	HIL5698	RVC	HIL8519	HAN	HKO169	QMS
HFG586T	AON	HIG6245	LGT	HIL5836	CRL	HIL8617	HLO	HLY523V	ATW
HFH202	DRE	HIG6246	LGT	HIL5876	AVA	HIL8645	BRC	HLZ4439	BRO
HFL14W	KEN	HIG7790	ELC	HIL6240	LGT	HIL8846	HIS	HLZ9343	TTO
HFR507E	BLT	HIG7793	BLS	HIL6255	BFS	HIL9155	LID	HM02GSM	ZCR
HFU531	ELR	HIG7814	AAM	HIL6256	ABO	HIL9271	CRN	HM03GSM	GHA
HG05URB	HMS	HIG8433	FDC	HIL6327	MKT	HIL9272	MBT	HM03HEM	HEM
HG08OVA	SAZ	HIG8434	FDC	HIL6328	MKT	HIL9275	PWB	HM06BUS	KEN
HGD214T	KOA	HIG9454	KJB	HIL6365	TOT	HIL9317	WLT	HM07HEM	HEM
HH08OXF	OBC	HIJ6931	ANG	HIL6461	CCO	HIL9490	SHT	HM09HEM	HEM
HH56BLU	BLU	HIL118	HIS	HIL6462	MCS	HIW233	BUC	HMN220A	IOM
HHJ372Y	TAY	HIL181	HIS	HIL6570	MOB	HIW9901	GOL	HMN221A	IOM
HHJ376Y	TAY	HIL707	HIS	HIL6577	ZCA	HJ02HFA	TYB	HMN244J	IOM
HHP755	QMS	HIL812	HIS	HIL6584	ELC	HJ02HFB	TYB	HMN245J	IOM
HHT934	RCN	HIL814	HIS	HIL6756	ZDT	HJ02HFC	TYB	HMN246J	IOM
HHZ1189	EST	HIL2148	ASW	HIL6812	GAM	HJ02HFD	TYB	HMN247J	IOM
HHZ1192	EST	HIL2156	SKC	HIL6813	WIR	HJ02HFE	TYB	HMN248J	IOM
HHZ1193	EST	HIL2160	SBJ	HIL6956	SCI	HJ02HFF	TYB	HMN249J	IOM
HHZ1194	EST	HIL2279	RWN	HIL7020	OLA	HJ02HFG	TYB	HMN288A	IOM
HHZ3584	BBU	HIL2367	ASY	HIL7142	HIS	HJ02HFH	TYB	HMN289A	IOM
HHZ5929	FIL	HIL2376	PSL	HIL7198	SBD	HJ02OPY	ESK	HMN290A	IOM
HHZ6913	BBU	HIL2378	PSL	HIL7354	HIS	HJ02WDE	W&D	HMU118	HQL
HIB644	SIM	HIL2381	OGD	HIL7386	PSL	HJ02WDF	W&D	HN02ENV	ATE
HIB967	RSV	HIL2391	PWB	HIL7391	SAN	HJ02WDK	W&D	HN02EPP	WHE
HIG245	TVM	HIL2395	CVP	HIL7477	SPR	HJ02WDL	W&D	HN02WPL	WIB
HIG1251	ATT	HIL2464	ABO	HIL7479	LES	HJ02WDM	W&D	HN54OBE	PEX
HIG1252	ATT	HIL2702	HLO	HIL7540	PEN	HJ02WDN	W&D	HN54WMP	PEX

Code	Owner	Code	Owner	Code	Owner	Code	Owner	Code	Owner
HNP165S	CAR	HSV344	EMB	HW07CXR	MWM	HW58ATP	SVE	HX05LZJ	BFS
HNV132X	ZAE	HSV673	WOT	HW07CXS	MWM	HWJ925W	JBT	HX06BXM	LBL
HNZ1349	ALE	HSV674	HAP	HW07CXT	MWM	HWR449T	PMS	HX06BXN	LBL
HNZ2854	FCA	HSV724	SCT	HW07CXU	MWM	HWV260X	RAM	HX06BXO	LBL
HNZ3909	ALP	HSV725	WMC	HW07CXV	MWM	HX03BYT	LUC	HX06BXP	LBL
HNZ8332	CHC	HSV782	STU	HW07CXW	MWM	HX03LPP	BFS	HX06BXR	LBL
HOD55	CED	HSV989	HET	HW07CXY	MWM	HX03MGJ	HAC	HX06BXS	LBL
HOD75	MER	HT02BJT	BRI	HW08AOP	SVE	HX03MGU	HAC	HX06BXU	LBL
HOD76	PSW	HT04CJT	TUR	HW08AOR	SVE	HX03MGV	HAC	HX06BYC	LBL
HOI364	SAD	HT05YCP	TGM	HW08AOS	SVE	HX03MGY	HAC	HX06BYD	LBL
HOI7544	MIL	HT05YCV	OFJ	HW08AOT	SVE	HX03MGZ	HAC	HX06BYF	LBL
HP7958	HKW	HT05YCZ	OFJ	HW09BBU	SVE	HX03UBP	W&D	HX06BYG	LBL
HPH715V	MIL	HT05YDA	OFJ	HW09BBV	SVE	HX04HTP	ABS	HX06BYH	LBL
HPK507N	SUN	HT05YDB	OFJ	HW09BBX	SVE	HX04HTT	ABS	HX06BYJ	LBL
HPY844	JSS	HT05YDC	OFJ	HW09BBZ	SVE	HX04HTU	ABS	HX06EYZ	MWM
HR52HCR	HAR	HT06LCT	TUT	HW09BCE	SVE	HX04HTV	ABS	HX06EZA	MWM
HRG920W	WOO	HT08BJT	BRI	HW09BCF	SVE	HX04HTY	ABS	HX06EZB	MWM
HRS262V	CCB	HT09LCT	LCT	HW09BCK	SVE	HX04HTZ	ABS	HX06EZC	MWM
HRS265V	GCT	HTC661	CHR	HW09BCO	SVE	HX04HUH	ALI	HX06EZD	MWM
HRS271V	GCT	HTU159N	SHA	HW09BCU	SVE	HX04HUK	ALI	HX06EZE	MWM
HS02UEH	CRG	HTY305W	PRC	HW09BCV	SVE	HX04JLV	ACO	HX06EZF	MWM
HS02UEU	BAK	HUI3038	AOA	HW52EPK	SVE	HX04NVU	HIS	HX06EZG	MWM
HS10PBS	BUD	HUI3594	NCO	HW52EPL	SVE	HX04SYC	WIG	HX06EZH	MWM
HSB312Y	ZBM	HUI3912	AOA	HW52EPN	SVE	HX04VRT	ACO	HX06EZJ	MWM
HSK511	BOW	HUI4165	OLY	HW52EPO	SVE	HX04VRU	HAC	HX06FME	LBL
HSK641	POH	HUI4199	PAR	HW52EPP	SVE	HX04VRW	ACO	HX06FMF	LBL
HSK642	POH	HUI4216	GTR	HW52EPU	SVE	HX04VRY	ACO	HX06FMG	LBL
HSK644	POH	HUI4566	PEN	HW52EPV	SVE	HX05BUJ	FHD	HX06FMK	LBL
HSK645	POH	HUI5279	MGR	HW52EPX	W&D	HX05BUO	FHD	HX06FML	LBL
HSK646	POH	HUI6060	66C	HW54BTU	SVE	HX05DZF	LBL	HX06FMM	LBL
HSK647	POH	HUI6822	PSL	HW54BTV	SVE	HX05DZG	LBL	HX06FMO	LBL
HSK648	POH	HUI 6828	SMI	HW54BTX	W&D	HX05DZH	LBL	HX06FMP	LBL
HSK649	POH	HUI8123	KAD	HW54BTY	SVE	HX05DZJ	LBL	HX06FMY	LBL
HSK650	POH	HUI8156	IRB	HW54BTZ	W&D	HX05DZK	LBL	HX06FMZ	LBL
HSK651	POH	HUI9106	EUR	HW54BUA	W&D	HX05DZL	LBL	HX06FNA	LBL
HSK653	TRA	HUM951N	THR	HW54BUE	W&D	HX05DZM	LBL	HX06FNC	LBL
HSK654	TRA	HUO510	QMS	HW54BUF	SVE	HX05DZN	LBL	HX06FND	LBL
HSK655	POH	HUP763T	CCB	HW54BUH	SVE	HX05DZO	LBL	HX06FNJ	LBL
HSK656	POH	HV02PAO	HVB	HW54BUJ	SVE	HX05DZP	LBL	HX06FNR	LBL
HSK657	TRA	HV05LOD	HAT	HW54BUO	SVE	HX05DZS	LBL	HX06FOH	LBL
HSK658	TRA	HV52WSJ	COG	HW54BUP	SVE	HX05DZT	LBL	HX07UHV	ANC
HSK659	TRA	HV52WSK	ROS	HW54BUU	SVE	HX05DZV	LBL	HX08DHE	FHD
HSK660	TRA	HV52WSL	ROS	HW54BUV	SVE	HX05DZW	LBL	HX08DHF	FHD
HSK735	SHI	HV52WSN	ROS	HW54DBZ	WIG	HX05DZY	LBL	HX08DHG	FHD
HSK844	GTS	HV52WSO	ROS	HW54DCE	WIG	HX05DZZ	LBL	HX08DHJ	FHD
HSK845	PCO	HV52WSZ	EPS	HW54DCF	WIG	HX05KVJ	LBL	HX08DHK	FHD
HSK855	LES	HV52WTC	COT	HW54DCO	WIG	HX05KWW	LBL	HX08DHL	FHD
HSK857	IRB	HV52WTD	FSR	HW54DCU	WIG	HX05KWY	LBL	HX08DHY	FHD
HSK859	EMB	HV52WTE	COT	HW58ARU	SVE	HX05KWZ	LBL	HX51LPE	TRW
HSK893	LES	HV52WTF	FSR	HW58ARX	SVE	HX05KXA	LBL	HX51LPF	JHR
HSL660	WCG	HV52WTK	THU	HW58ARZ	SVE	HX05KXB	LBL	HX51LPN	SBM
HSO61N	FAB	HV53KHR	KWT	HW58ASO	SVE	HX05KXC	LBL	HX51LRJ	BUR
HST11	HSL	HVD733N	COO	HW58ASU	SVE	HX05KXD	LBL	HX51LRK	BUR
HSU247	FAB	HVJ203	BOU	HW58ASV	SVE	HX05KXE	LBL	HX51LRL	BUR
HSU332	CVL	HVJ716	FDC	HW58ASX	SVE	HX05KXF	LBL	HX51LRN	BUR
HSU548	CLT	HVU247N	QMS	HW58ASZ	SVE	HX05KXG	LBL	HX51LRO	BUR
HSU983	IRB	HVU736	AOA	HW58ATF	SVE	HX05KXH	LBL	HX51LRZ	WA
HSV162	KIM	HVX770T	GRN	HW58ATK	SVE	HX05KXK	LBL	HX51LSL	ARR
HSV192	MIL	HVX771T	GRN	HW58ATN	SVE	HX05KXL	LBL	HX51LSN	BUR
HSV214	DOF	HW04DDJ	WIG	HW58ATO	SVE	HX05KXM	LBL	HX51LSO	ATS
HSV342	W&D	HW04DFN	WIG					HX51ZRA	SBM

HX51ZRC	SBM	HX55LPZ	LBL	HXI311	RIG	HXI847	PES	HY09AUV	FHD
HX51ZRD	SBM	HX55LRA	LBL	HXI460	GBU	HXI2977	GTS	HY09AUW	FHD
HX51ZRE	SBM	HX55LRE	LBL	HXI461	GBU	HXI3009	MIC	HY09AUX	FHD
HX51ZRF	SBM	HX55LRF	LBL	HXI462	GBU	HY07FSU	FHD	HY09AZA	FHD
HX51ZRG	SBM	HX55LRK	LBL	HXI463	GBU	HY07FSV	FHD	HY09AZB	FHD
HX51ZRJ	SBM	HX55LSZ	LBL	HXI464	GBU	HY07FSX	FHD	HY09AZC	FHD
HX51ZRK	SBM	HX55LTA	LBL	HXI465	GBU	HY07FSZ	FHD	HY09AZD	FHD
HX530DH	TVS	HX55LTE	LBL	HXI466	GBU	HY07FTA	FHD	HY09AZF	FHD
HX54UGN	GOD	HX55LTF	LBL	HXI467	GBU	HY09AJV	FHD	HY09AZG	FHD
HX55AOH	FHD	HX55LTJ	LBL	HXI468	GBU	HY09AJX	FHD	HY09AZJ	FHD
HX55AOJ	FHD	HX55LTK	LBL	HXI469	GBU	HY09AKF	FHD	HY09AZL	FHD
HX55AOK	FHD	HX55LTN	LBL	HXI470	GBU	HY09AKG	FHD	HY09AZN	FHD
HX55EZF	WTR	HX55LTO	LBL	HXI474	GBU	HY09AOR	FHD	HY09AZO	FHD
HX55LPL	LBL	HX55LTU	LBL	HXI475	GBU	HY09AOS	FHD	HY56OHB	HAT
HX55LPN	LBL	HX58AXR	LUC	HXI476	GBU	HY09AOT	FHD	HY59FPD	R&R
HX55LPO	LBL	HX58AXS	LUC	HXI477	GBU	HY09AOU	FHD	HYP772	MDC
HX55LPP	LBL	HX58AXT	LUC	HXI478	GBU	HY09AUO	FHD	HYR176W	DOD
HX55LPV	LBL	HX58AXU	LUC	HXI733	SMS				

I

IAZ2009	GBU	IEZ4304	GBU	IEZ5546	DAB	IIL3198	VTC	ILZ1166	OCT
IAZ2314	HOP	IEZ4305	GBU	IHZ3110	BAD	IIL3481	CAM	ILZ1934	P&K
IAZ3438	EXP	IEZ4306	GBU	IHZ6281	ACC	IIL3502	LON	ILZ6779	OCT
IAZ3454	TVP	IEZ4307	GBU	IHZ8821	WTR	IIL3504	SREN	INZ5681	BOS
IAZ3503	GVW	IEZ4308	GBU	IIB379	SBG	IIL3505	POY	INZ6891	BLE
IAZ3696	MGR	IEZ4309	GBU	IIB457	FIR	IIL3506	GHA	INZ6922	WIL
IAZ3915	BAR	IEZ4310	GBU	IIB6819	EMP	IIL4005	CRI	INZ6923	WIL
IAZ4013	PIC	IEZ4311	GBU	IIB7460	RSV	IIL4595	DVT	INZ8949	MGR
IAZ4775	CRI	IEZ4312	GBU	IIB8566	WWT	IIL5133	HWD	INZ9494	CHC
IAZ4776	MOC	IEZ4313	GBU	IIB8903	EBL	IIL6244	GLO	INZ9495	CHC
IAZ6421	WIB	IEZ4314	GBU	IIG1477	KAD	IIL7075	EBC	IT3333	MMG
IAZ6448	RUF	IEZ4315	GBU	IIG1478	HIS	IIL7076	TET	IUI2128	SPE
IAZ8156	JWC	IEZ4316	GBU	IIG1621	MBL	IIL7077	TET	IUI2129	PWW
ICZ2736	GBU	IEZ4317	GBU	IIG1656	GRB	IIL8411	KCS	IUI2173	EXP
ICZ2737	GBU	IEZ4318	GBU	IIG3855	VTE	IIL8585	AUD	IUI3463	SEMS
ICZ2738	GBU	IEZ4319	GBU	IIG6391	THA	IIL8745	BAK	IUI4166	SPC
ICZ6696	GBU	IEZ4320	GBU	IIG6392	THA	IIL9169	COP	IUI4360	CAL
ICZ6697	KCC	IEZ4321	GBU	IIG6393	THA	IIL9170	YON	IUI5454	SEMS
ICZ6699	GBU	IEZ4322	GBU	IIG6394	THA	IIL9444	A&P	IUI6722	WTH
ICZ7008	BBU	IEZ4323	GBU	IIL3483	JTR	IIW363	JBR	IUI7211	JAC
ICZ9441	BBU	IEZ4324	GBU	IIL1047	PHI	IIW372	LOG	IUI7226	AON
IDZ6060	66C	IEZ4325	GBU	IIL1317	SUM	IIW748	ANS	IUI9890	DJI
IEZ1920	BBU	IEZ4326	GBU	IIL1356	QMS	IJI336	MLI	IXI1337	VIC
IEZ4301	GBU	IEZ4327	GBU	IIL2155	FIN	IJZ2331	WTR	IXI4056	SCI
IEZ4302	GBU	IEZ4328	GBU	IIL2501	ELR	IJZ9542	HKW	IXI7015	GBU
IEZ4303	GBU	IEZ4329	GBU	IIL2948	WAT	IJZ9543	TAW		

J

J1AOT	ATI	J3ERN	PHI	J7OPC	GSA	J9DTM	WAS	J10WCM	OAD
J1EXC	CRC	J3KCT	TXC	J7SOE	STE	J9SOE	STE	J11GRT	FAB
J1OXF	OBC	J3PUB	HUC	J7WET	WET	J9VOL	MCE	J11YRC	YEL
J1PCC	PCO	J4GYF	THA	J7WXM	PAT	J10ASD	ASD	J13OVA	JOH
J2AOT	ATI	J4MMT	AVA	J8LOG	ASY	J10CCG	CRE	J13SCL	SCL
J2EST	KYC	J5BUS	JST	J8LWC	SCM	J10END	END	J13TRU	TRT
J2SUP	RRB	J5EGT	SBJ	J8OVA	STH	J10KMT	KMM	J14JAV	RVY
J2YPB	K&J	J6SOE	STE	J8PJC	VTE	J10SNR	SBD	J14JFS	JFS
J3BUS	WES	J6TKF	KFY	J9ASD	ASD	J10THC	THO	J14NCG	CRE
J3EGT	SBJ	J7EGT	SBJ	J9BST	EKR	J10WBT	AVD	J14TRU	TRT

J14WSB	SEM	J96NJT	DEC	J160LPV	IBL	J248NNC	C&S	J322BSH	APL
J15GEC	GEC	J97NJT	DEC	J161HMY	SIT	J249LLB	SAP	J323BSH	APL
J16TRU	TRT	J98UBL	CML	J166UNH	ZBU	J249NNC	HMN	J324BSH	APL
J17BUS	MCM	J99KMH	NEL	J167UNH	MUL	J250KWM	TCT	J325BSH	APL
J17TRU	TRT	J100OMP	ROY	J168CTO	MLC	J252NNC	C&S	J326BSH	APL
J18BUS	STE	J100SOU	COM	J169TVU	JEA	J254NNC	C&S	J327BSH	APL
J18CTL	CIU	J100WCM	WCM	J171CNU	CRN	J256NNC	C&S	J328BSH	APL
J18TRU	TRT	J103DUV	CBN	J172CNU	CRN	J257NLU	MAS	J328VAW	66C
J19TRU	TRT	J105DUV	REB	J173BYD	WEB	J257NNC	HKW	J329BSH	APL
J19UST	JTR	J107 KCW	SNW	J174GGG	DHC	J259NNC	GEB	J330BSH	APL
J20CCG	CRE	J107KCW	PBT	J184CTO	NBM	J266NNC	GEB	J331BSH	APL
J20JPT	TRD	J108KCW	PBT	J189KLw	TAR	J266SPR	NIB	J332BSH	APL
J20OML	OMK	J109DUV	KJB	J196YSS	GEN	J267SPR	FYC	J332LVM	DOB
J20TRU	TRT	J109KCW	PBT	J198HFR	CBN	J268UDW	NUV	J333PKE	PKS
J20WCM	OAD	J109WVW	MTC	J198PEY	SSH	J269SPR	NIB	J334BSH	APL
J23HRH	M&D	J110KCW	PBT	J199HFR	SNW	J272NNC	CMT	J335BSH	APL
J24GCX	JOH	J111MOV	MOV	J200BCS	ZDC	J273NNC	GRA	J336BSH	APL
J24MCW	MCO	J111TBC	ZAT	J200TRU	TRT	J274NNC	KYC	J337BSH	APL
J24VWO	LAT	J112DUV	SUR	J201BVO	SAN	J275LLK	SOM	J338BSH	APL
J25MCW	MCO	J112KCW	PBT	J201FMX	KJB	J275NNC	CMT	J339BSH	APL
J25UNY	SBA	J114KCW	WET	J201RAC	NEV	J278NNC	CMT	J340BSH	APL
J28UNY	EUT	J116WSC	COG	J202HFR	SNW	J284RNE	GRA	J341BSH	APL
J29LJA	NBM	J118DUV	THA	J203VHN	HFL	J288RNE	JWH	J342BSH	APL
J30CCG	CRE	J119DUV	DCA	J204HFR	HOC	J290NNB	WLA	J343BSH	APL
J30OML	OMK	J120AHH	AAM	J204REH	RIG	J291NNC	PPH	J344BSH	APL
J30TRU	TRT	J120HGF	HSW	J205HFR	SNW	J291RNE	BJL	J345BSH	APL
J30WCM	OAD	J121XHH	WIA	J205KTT	DAC	J292TFP	ZBV	J346BSH	APL
J33CRT	CRN	J122AAO	MPH	J206HFR	SNW	J293NNC	ROM	J347BSH	APL
J33TRU	TRT	J123GRN	BLT	J207HFR	SNW	J295TWK	HED	J348BSH	APL
J40WCM	OAD	J123XHH	SWES	J207NNC	BET	J296GNV	FED	J349BSH	APL
J41EYB	WEB	J124DUV	THA	J208HFR	SNW	J296JFM	STD	J350BSH	APL
J42KWO	HKW	J124XHH	SWES	J209HFR	SNW	J296NNB	MAM	J350XET	NUV
J44LNE	JBS	J125DUV	CBL	J209KTT	TRD	J297GNV	FNO	J351BSH	APL
J45GCX	W&D	J125GRN	BLT	J210BWU	RML	J297NNC	MCA	J352BSH	APL
J46SNY	EUT	J125XHH	SNW	J210HFR	TEV	J298GNV	FNO	J352XET	MOX
J46UFL	HKW	J126DUV	CBN	J211DYL	CET	J299GNV	FNO	J353BSH	TMH
J48SNY	CTE	J126GRN	BLT	J212BWU	COM	J300TRU	TRT	J363YWX	VTC
J49ESO	TRX	J126XHH	SNW	J212KTT	TRD	J301BRM	WCM	J364YWX	MIK
J49SNY	WAT	J127DGC	SEW	J213XKY	MAX	J301KFP	FYC	J366YWX	BLC
J50DTS	AMV	J127LHC	ANG	J217KTT	FTR	J302DVJ	HER	J368GKH	KJB
J50WCM	OAD	J127MTY	FIR	J220HGY	ANE	J303BRM	WCM	J370GKH	CBN
J51GCX	PBU	J127XHH	SNW	J220KTT	CRG	J303BVO	ORJ	J374GKH	CBN
J52EDM	GHA	J130DUV	VTC	J222BER	WMC	J304BRM	WCM	J375AWT	VTC
J52SNY	CEL	J130LVM	CRI	J222BUS	AUT	J305BRM	WCM	J376AWT	VTC
J54EDM	ACH	J132DUV	REB	J223FUF	ANG	J305UKG	GRM	J379BWU	VTC
J55BUS	DPG	J132HMT	JBT	J227HMY	VTC	J306BRM	OAD	J380BWU	ASD
J56GCX	ZCO	J133HMT	MAS	J229HGY	HMS	J308BRM	WCM	J381GKH	LLC
J60WCM	OAD	J134DUV	CBN	J229NNC	SCJ	J309BRM	WCM	J382GKH	SWC
J64BJN	ATS	J135YRM	FHD	J231NNC	A&E	J309KFP	BTS	J388GKH	SAQ
J64ESO	MDC	J136DUV	SUE	J232NNC	NPT	J315BSH	APL	J396UBM	CWC
J64GCX	TRX	J136HMT	MAS	J234NNC	BBL	J315XVX	MIC	J400JBT	J&B
J70SWC	STW	J139DUV	HTL	J235NNC	MCS	J316BSH	APL	J400TRU	TRT
J70WCM	WCM	J140DUV	REB	J243LFR	VTC	J316XVX	CBC	J403LKO	LON
J74CVJ	YCT	J140HMT	MAS	J244LGL	TVP	J317BSH	APL	J404BNG	A&P
J77GEC	GEC	J141HMT	MAS	J245LGL	TVP	J317XVX	ZDE	J404XHL	ELR
J78VOE	YCT	J142JDL	WIG	J245MFP	WLA	J318BSH	APL	J407PRW	BBD
J80BUS	CTR	J143HMT	JBT	J246LFR	VTC	J318LNL	TAW	J411AOO	HMI
J80WCM	WCM	J144HMT	JBT	J246NNC	C&S	J319BSH	APL	J414PRW	ERT
J89NKR	GVE	J145HMT	JBT	J247LFR	K&J	J320BSH	APL	J416HDS	BCT
J90WCM	WCM	J151YRM	FCY	J247NNC	C&S	J321BSH	APL	J417HDS	WSN
J91JFR	FCL	J155EDM	ACH	J248LLK	SOM	J321BVO	BVB	J418JBV	PIK

J419JBV	PIK	J555PKE	PKS	J648XHL	CBL	J811KHD	COM	J861WFF	DCO
J420JBV	ESB	J562HAT	STC	J654XHL	EST	J812FOU	TIV	J862TSC	MCD
J420JSB	A&P	J563HAT	STC	J655JMD	AMV	J812NKK	SLE	J863TSC	SRK
J421JBV	PIK	J564HAT	STC	J656REY	WXB	J813HMC	EBA	J864HWS	ORC
J422JBV	ESB	J564URW	FBS	J658UHN	TVP	J813NNK	ZBF	J864TSC	TBB
J424NCP	FNW	J565HAT	EYM	J663CDT	FTC	J814NKK	ABF	J864XFS	JTK
J429GHT	DCC	J566HAT	STC	J669LGA	GWH	J815HMC	GEL	J865TSC	TBB
J430HDS	GHA	J567HAT	EYM	J679CYR	WEA	J816HMC	GEL	J868TSC	SRK
J432NCP	MGC	J568HAT	EYM	J681ODV	SPC	J817HMC	GEL	J869TSC	MCD
J433BSH	APL	J569HAT	STC	J685THN	ALE	J818HMC	MLI	J870TSC	MCD
J433NCP	ZEC	J570HAT	EYM	J686THN	ALE	J819EYC	BRS	J871TSC	TBB
J435NCP	VTC	J590CEV	FTC	J687LGA	GWH	J819HMC	AUD	J880RHA	MDO
J442JBV	SCP	J591JOR	AST	J688LGA	GWH	J820CEV	HWY	J882UNA	JJT
J444PKE	PKS	J599DUV	COM	J688MFE	CWS	J820HMC	AUD	J884MFE	ROM
J447HDS	TVP	J600JBT	J&B	J688TNF	TWH	J822HMC	SDEV	J888RWC	CHY
J449MDB	ROY	J600JSB	JSB	J689LGA	GWH	J823CEV	VTE	J896KVV	FEL
J454HDS	ZBU	J600TRU	TRT	J697CEV	CED	J823HMC	SDEV	J900JBT	J&B
J455FSR	MLN	J600VEN	JTR	J700DEN	DCC	J823KRH	C&S	J908CEV	SWB
J461OVU	FLE	J600WMS	WED	J700TRU	TRT	J824HMC	SDEV	J910OEY	MAN
J461SOH	ASD	J601HMF	FNW	J701CGK	SCI	J824MOD	UKP	J925FPS	MAS
J463MKL	AUT	J601JAM	GCA	J701HMY	SWSC	J825HMC	SDEV	J928MKC	TIG
J465MKL	AUT	J602HMF	FNW	J701NHA	RML	J825MOD	DAR	J936CDT	BCO
J465NJU	LTR	J602XHL	LLC	J702HMY	CED	J826HMC	SDEV	J938MHC	SWSC
J468OKP	ANE	J603XHL	GWM	J702KCU	RWN	J828CEV	VTC	J938WHJ	KEY
J471NJU	JEF	J604KCU	AMV	J703CWT	CMF	J828HMC	SDEV	J942CEV	HJC
J475CEV	HWY	J604WHJ	LCT	J704BRM	RML	J829CEV	HJC	J942MFT	KJB
J499MOD	GIR	J604XHL	BUG	J708TAJ	MGI	J829HMC	SDEV	J944MFT	AST
J500CCH	AYR	J605XHL	EMS	J714CEV	HPT	J830CEV	HJC	J948MFT	REG
J500VEN	JTR	J607KCU	HJC	J716KBC	BOU	J837TSC	MOS	J953LKK	THR
J501GCD	SSOU	J607KGB	JJT	J717CEV	BRY	J828TSC	HED	J953SBU	WIT
J502GCD	EMS	J607XHL	BUG	J720GAP	SSOU	J839TSC	APP	J957OPK	LEW
J503GCD	EMS	J608VDW	SOL	J721GAP	K&J	J841TSC	BLV	J960DCA	HBL
J504GCD	EMS	J608XHL	TVM	J722GAP	SSOU	J843TSC	BLV	J962DWX	ZDH
J505GCD	RAM	J609VDW	SOL	J723EUA	HPC	J844TSC	TMH	J964YWJ	STH
J506GCD	GLT	J610DUV	HFL	J724KBC	HED	J845TSC	HYT	J981EUM	LCO
J508GCD	NOG	J610VDW	SOL	J726KBC	OMK	J846TSC	P&M	J984JNJ	MJG
J509GCD	SWC	J611HMF	FNW	J727CYG	SDEV	J847TSC	TWH	J986JNJ	MUS
J510GCD	EMS	J612XHL	CBC	J730KBC	GHA	J848TSC	HOR	J987JNJ	PDB
J511GCD	EMS	J615KCU	PMS	J732KBC	FSA	J850TSC	TMH	J989JNJ	PDB
J512FPS	CCI	J615XHL	WCG	J734CWT	HED	J851CEV	VTE	J990XVW	HMI
J513GCD	CCB	J616KCU	THO	J734MFY	JPM	J851MLC	BAW	J997GCP	BUL
J515LRY	MDC	J619CEV	TMH	J746CWT	ROI	J851TSC	BLV	J997UAC	TAR
J516GCD	THA	J619KCU	GCB	J758CEV	HWY	J852CEV	ZCA	J999BER	WMC
J516LRY	S&S	J620HMF	FNW	J765CEV	ZBU	J852KHD	FMN	J7247	TBC
J517GCD	TEX	J620UHN	ANE	J769CEV	VTC	J852TSC	GRI	J12050	TBC
J519GCD	SSOU	J621GCR	EA	J773HMX	SAA	J853TSC	KON	J14616	TBC
J520LRY	JEF	J622GCR	PKT	J774WLS	NBM	J854PUD	PAT	J14661	TBC
J521LRY	JEF	J622HMH	AXE	J775CEV	ZBU	J854TSC	TMH	J14663	TBC
J524GCD	EMS	J623GCR	GOD	J784KHD	HMN	J855MLC	BAW	J16861	CJT
J528WTW	K&J	J624HMH	WBL	J785KHD	RBC	J855TSC	KON	J17350	CJT
J529GCD	EBL	J627KCU	CSA	J786KHD	ZER	J856MLC	BAW	J19099	TBC
J530GCD	NOG	J627OPB	MDC	J801WFS	SREN	J856TSC	SLE	J21681	TBC
J534CEV	LOD	J628CEV	TMH	J803KHD	BVB	J857TSC	PWW	J24457	TBC
J536GCD	STW	J628LHF	TCT	J804TAJ	ZCO	J858TSC	REL	J24489	TBC
J537FES	ZDH	J630KCV	ZBD	J805FPS	STAY	J859TSC	CLN	J24573	TBC
J539GCD	EMS	J630UTW	ETC	J805UNC	TYC	J860CEV	LBC	J24968	TBC
J544GCD	COG	J635KCU	CSA	J807HSB	WCM	J860COO	TMA	J27404	WCT
J545GCD	D&G	J638KCU	CSA	J807KHD	ZCO	J860TSC	REL	J29471	TBC
J546GCD	NUV	J642CEV	BLC	J808WFS	GWH	J861CEV	LBC	J29492	TBC
J548GCD	EMS	J642CWJ	LAK	J810KHD	SAN	J861COO	MAG	J32069	TBC
J552GCD	EMS	J646ANW	BAY	J811HMC	GEL	J861TSC	SRK	J32250	CJT

Reg	Code	Reg	Code	Reg	Code	Reg	Code	Reg	Code
J32575	TBC	J101701	CJT	JA7591	CCB	JAZ9855	SHIC	JEZ9739	ZAI
J38646	CJT	J101702	CJT	JAH552D	CF	JAZ9864	ALP	JF04HOF	CHP
J40189	CJT	J101703	CJT	JAH553D	EA	JAZ9910	MFF	JF09OXF	OBC
J45389	CJT	J101704	CJT	JAM145E	THD	JB04BUZ	BLI	JF10OXF	OBC
J46598	CJT	J101705	CJT	JAX354	AST	JB05ANT	ANT	JF55OXF	OBC
J46631	TBC	J101706	CJT	JAZ1066	EOH	JB07OXF	OBC	JF57OXF	OBC
J46744	CJT	J101707	CJT	JAZ1601	GBU	JB08MCL	MIC	JFJ606	CCB
J46794	CJT	J101708	CJT	JAZ1602	GBU	JB51BUS	JST	JFJ875	QMS
J46828	TBC	J101709	CJT	JAZ1603	GBU	JB53MTB	BCS	JFL729W	RED
J47452	TBC	J101710	CJT	JAZ1604	GBU	JB54BAG	BAG	JFM575	QMS
J47453	TBC	J101711	CJT	JAZ1605	GBU	JB55AJB	CLN	JFR9W	JJT
J48300	TBC	J101712	CJT	JAZ1606	GBU	JB55BUS	JST	JFR10W	SRK
J48388	TBC	J101713	CJT	JAZ1607	GBU	JBD972Y	EDW	JFR11W	SRK
J48427	WCT	J101714	CJT	JAZ1608	GBU	JBT3S	JBT	JFR12W	CHR
J51771	WCT	J101715	CJT	JAZ1609	GBU	JBT16S	JBT	JFR13W	SRK
J51772	WCT	J101716	CJT	JAZ1610	GBU	JBV529	HWD	JG04RAM	RAM
J51812	WCT	J101717	CJT	JAZ1611	GBU	JBY804	KEN	JG07RAM	RAM
J51819	WCT	J101718	CJT	JAZ1612	GBU	JBZ551	EBC	JG08RAM	RAM
J57347	TBC	J101719	CJT	JAZ1613	GBU	JBZ1653	DEC	JG54RAM	RAM
J60319	TBC	J101720	CJT	JAZ1614	GBU	JBZ2078	MGC	JG9938	QMS
J61774	TBC	J101721	CJT	JAZ1615	GBU	JBZ2079	PIC	JGE28T	NCH
J64987	WCT	J101722	CJT	JAZ1616	GBU	JBZ2291	BCT	JGV332N	EMS
J67273	WCT	J101723	CJT	JAZ1617	GBU	JBZ2292	BCT	JH06WEH	HKC
J70187	TBC	J101724	CJT	JAZ1619	GBU	JBZ3675	PWW	JH52BUS	IVG
J73973	TBC	J101725	CJT	JAZ1620	GBU	JBZ4910	MCD	JH54BUS	HCC
J75153	CJT	J101726	CJT	JAZ1621	GBU	JBZ5056	HET	JHE189W	AOA
J75197	CJT	J101727	CJT	JAZ1622	GBU	JC02HOD	SWN	JHF825	HWD
J75241	CJT	J101728	CJT	JAZ1623	GBU	JC9736	VOE	JHT122	B&W
J75609	CJT	J101729	CJT	JAZ1624	GBU	JCK892	AWJ	JHW108P	CCB
J75736	WCT	J101730	CJT	JAZ1625	GBU	JCM396	MRS	JHZ2463	BLE
J79350	CJT	J101731	CJT	JAZ1626	GBU	JCN822	GON	JHZ4804	PWW
J82047	TBC	J101732	CJT	JAZ1627	GBU	JCZ333	LIS	JHZ4875	ZAI
J82049	TBC	J101733	CJT	JAZ1628	GBU	JCZ606	MCH	JHZ4905	DAR
J83249	CJT	J101734	CJT	JAZ1629	GBU	JCZ2065	HOU	JHZ6053	ZAI
J83482	TBC	J101735	CJT	JAZ1630	GBU	JCZ3604	THO	JHZ7175	ZAI
J83931	WCT	J101736	CJT	JAZ1816	GML	JCZ4585	LAM	JIB82	BEK
J84348	WCT	J101747	CJT	JAZ3002	GBU	JCZ5172	ZCF	JIB292	BEK
J84709	TBC	J103453	CJT	JAZ3003	GBU	JCZ6666	LIS	JIB1451	EDW
J84814	TBC	J103454	CJT	JAZ3285	MCR	JCZ8005	NCH	JIB3032	BEK
J84872	TBC	J103455	CJT	JAZ3562	MKT	JD04CJD	DOW	JIB3515	STE
J85976	WCT	J103456	CJT	JAZ3693	DHC	JD09LAK	LCL	JIL1066	EOH
J86063	CJT	J103457	CJT	JAZ3900	P&K	JDL724W	DGB	JIL2018	WEB
J87196	TBC	J104095	CJT	JAZ4886	AAM	JDO241W	FOW	JIL2156	MBT
J87461	WCT	J105168	WCT	JAZ5511	GBU	JDR661F	PTC	JIL2158	MBT
J89069	TBC	J105169	WCT	JAZ5512	HMC	JDS77J	DMC	JIL2159	CAM
J89771	TBC	J105170	WCT	JAZ5714	MKT	JDY888Y	RAM	JIL2160	AST
J89914	TBC	J107903	CJT	JAZ5976	VIP	JDZ2339	FSY	JIL2161	ESB
J90172	TBC	J108002	CJT	JAZ6690	GBU	JDZ2340	FSY	JIL2165	CAM
J90241	CJT	J108003	CJT	JAZ6795	PAL	JDZ2360	CCB	JIL2189	MKT
J90393	TBC	J108004	CJT	JAZ6914	MKT	JDZ2361	POW	JIL2199	WOT
J90454	TBC	J108005	CJT	JAZ6917	MKT	JDZ2362	CCB	JIL2284	SUM
J91155	TBC	J108006	CJT	JAZ6918	MKT	JDZ2391	FSY	JIL2427	SKC
J91469	CJT	J108007	CJT	JAZ6948	MKT	JED904	MRS	JIL2433	KAD
J92914	TBC	J108008	CJT	JAZ7495	LON	JEU937	GMY	JIL2566	HCO
J93319	CJT	J108009	CJT	JAZ7815	MKT	JEY124Y	MCT	JIL2795	PMS
J93500	TBC	J108010	CJT	JAZ8291	MIL	JEZ2438	ZAI	JIL2947	ALE
J93747	WCT	J108024	CJT	JAZ8315	MKT	JEZ2849	ZAI	JIL2949	D&B
J93812	WCT	J108025	CJT	JAZ9411	CRV	JEZ4096	DOT	JIL3024	FTR
J93863	CJT	J108026	CJT	JAZ9850	SHIC	JEZ4953	ZAI	JIL3581	KMM
J94302	TBC	J112004	CJT	JAZ9851	SYOR	JEZ4957	ZAI	JIL3755	GAT
J98584	TBC	JA5515	DMC	JAZ9852	SHIC	JEZ8980	DOT	JIL3757	SAW

JIL3961	SHI	JJD444D	SWSC	JMB401T	TRC	JNZ7013	CHC	JT52WGT	TRH
JIL3964	JWC	JJD445D	RRB	JMC121K	COO	JNZ7419	APC	JT58JBT	J&B
JIL3965	KCS	JJD450D	SEMS	JMN46R	IOM	JO03CCL	PKS	JTE546	QMS
JIL3966	BTS	JJD466D	HMI	JMN47R	IOM	JOE44L	LOG	JTF218F	CCB
JIL3967	DOW	JJD472D	GAL	JMN48R	IOM	JOU160P	SSOU	JTM114V	RBC
JIL3969	C&S	JJD480D	FEC	JMN49R	IOM	JP55WET	WET	JTY369X	RED
JIL3972	FSR	JJD483D	S&D	JMN50R	IOM	JPF108K	LBP	JTY370X	IMP
JIL4438	SUM	JJD486D	GCT	JMN51R	IOM	JPU817	SNW	JTY380X	RED
JIL4680	VIS	JJD508D	B&W	JMN52R	IOM	JPY505	BYS	JTY391X	RED
JIL4812	SUM	JJD520D	GAL	JMN53R	IOM	JRO615Y	BGR	JTY404X	FRK
JIL5293	LJL	JJD527D	ZCU	JMN54R	IOM	JRR566N	SLK	JTY407X	RED
JIL5361	WIA	JJD528D	DRC	JMN55R	IOM	JRU373V	BAK	JU02BUS	JUM
JIL5623	CFM	JJD531D	PAL	JMN56R	IOM	JRV472X	CMD	JU03BUS	JUM
JIL6316	ALS	JJD535D	TAL	JN02NEL	NEL	JS51PBS	BUD	JU04BUS	JUM
JIL6397	C&S	JJD546D	STH	JN04HOD	JHR	JSB333	SBD	JU05BUS	JUM
JIL6904	TFB	JJD550D	SWSC	JN05NEL	NEL	JSJ746	LOT	JU06BUS	JUM
JIL6905	EAM	JJD553D	GCT	JN07NEL	NEL	JSJ747	LOT	JU57STX	STX
JIL7233	TXC	JJD564D	HMI	JNN384	QMS	JSJ748	LOT	JUE860	KEN
JIL7424	BTC	JJD565D	WK	JNV632Y	ZCW	JSJ749	LOT	JUH228W	VRT
JIL7562	MKT	JJD375D	CAO	JNZ5042	GVE	JSK261	PCB	JUI1717	SDEV
JIL7656	D&B	JJD569D	JSP	JNZ1033	CHC	JSK262	PCB	JUI1718	CVL
JIL7657	KAD	JJG1P	LBP	JNZ1568	CHC	JSK263	PCB	JUI2067	ALC
JIL7889	MOX	JJI1400	SWE	JNZ1668	CHC	JSK264	PCB	JUI3850	STO
JIL7899	KTW	JJI1904	SWE	JNZ1669	CHC	JSK265	PCB	JUI4231	GPX
JIL7900	WIP	JJI2672	CTM	JNZ1670	CHC	JSK268	JSS	JUI4236	SIM
JIL7905	CPE	JJI2868	CTM	JNZ1844	CHC	JSK492	CED	JUI4377	ZCA
JIL8205	BUL	JJI3316	SCP	JNZ1845	CHC	JST160N	JAS	JUI4544	CRG
JIL8206	LID	JJI4645	TMB	JNZ1847	CHC	JST162N	JAS	JUI4996	MAN
JIL8207	WMC	JJI4889	CTM	JNZ1933	CHC	JST196N	JAS	JUI5133	HIS
JIL8208	FCA	JJI5614	SUP	JNZ2034	CHC	JST245N	JAS	JUI5193	A&E
JIL8213	EAS	JJN179Y	ZDC	JNZ2155	CHC	JST246N	JAS	JUI5931	KAD
JIL8216	PBU	JJT394	EMB	JNZ2156	CHC	JST248N	JAS	JUI6176	CRN
JIL8256	CFM	JJT437N	AVC	JNZ2212	GVW	JST249N	JAS	JUI6752	EXP
JIL8553	A&E	JJZ1066	EOH	JNZ2310	BAD	JSU384	KIN	JUI7461	CYM
JIL8560	GEC	JJZ2168	ROT	JNZ2371	BRI	JSU542	NXD	JUI9791	CRG
JIL8561	GEC	JJZ3437	MID	JNZ2497	CHC	JSU550	DPC	JUI9798	DOW
JIL8562	GEC	JJZ3488	VCC	JNZ2498	CHC	JSU626Y	TTA	JUM800S	RSR
JIL9152	LTR	JJZ3610	STI	JNZ2499	CHC	JSU721	HCT	JUO992	QMS
JIL9154	LTR	JJZ4375	2WT	JNZ2500	CHC	JSU986	CLT	JVN423	CTM
JIL9269	SQU	JJZ5248	MID	JNZ2558	CHC	JSV328	SHT	JW02BUS	SCN
JIL9345	ZEG	JJZ5250	D&G	JNZ2579	CHC	JSV343	VAW	JW10DGE	LOD
JIL9409	CFD	JJZ5278	D&G	JNZ2585	CHC	JSV349	JSS	JWE400N	AND
JIV600	MBR	JJZ5289	D&G	JNZ2597	CHC	JSV357	JSS	JWL322W	SCH
JIW297	ABT	JJZ5291	D&G	JNZ2728	CHC	JSV362	KIN	JWL993N	WBH
JIW3694	JRS	JJZ5312	MID	JNZ2752	CHC	JSV374	ZEO	JWL997N	WBH
JJ08OXF	OBC	JJZ5368	MID	JNZ2753	CHC	JSV440	PWW	JWR137Y	ALP
JJ09ELL	ELS	JJZ6563	WIA	JNZ2824	CHC	JSV472	WLT	JWV251W	SSOU
JJ58BLU	BLU	JJZ8058	PEN	JNZ2955	CHC	JSV486	GSM	JWV259W	WGH
JJD365D	GCT	JJZ8701	JGB	JNZ3575	BLE	JSV487	DUR	JWV269W	CCB
JJD389D	ZCU	JJZ9129	OVL	JNZ3825	GAS	JSV488	TIG	JXC149	IMP
JJD401D	COS	JK5605	CCB	JNZ3830	WAT	JSV496	JSS	JXC194	ENS
JJD402D	RRB	JKO63N	RBC	JNZ4301	MBL	JSV528	JSS	JXI223	AAR
JJD403D	ALN	JKZ1693	MKT	JNZ4302	BAD	JSV537	JSS	JXI317	BRU
JJD404D	ZCU	JKZ5003	CTE	JNZ4326	BAD	JSX583T	ZCA	JXI507	SVS
JJD413D	LBP	JLJ402	TRW	JNZ4393	BAD	JT02WGT	TRH	JXI9144	THA
JJD428D	SUL	JLZ3043	RED	JNZ4395	BAD	JT03WGT	TRH	JXN135	SUL
JJD429D	SUL	JLZ3074	TAR	JNZ5041	DMO	JT06LCT	EMP	JXN371	LBP
JJD432D	WCG	JLZ4623	ACC	JNZ5312	CHC	JT08JBT	J&B	JYO751N	CCB
JJD442D	ZCU	JMA880T	EDW						

K

Call	Code	Call	Code	Call	Code	Call	Code	Call	Code
K1EOS	STY	K9BYS	KBY	K44PBS	BUD	K103SFJ	PCB	K123CSG	CFT
K1HCL	JBR	K9NGH	CHH	K49TER	ZDU	K103VLJ	MTL	K123URP	FMR
K1HDC	HAP	K10BSG	BSG	K50APL	ATR	K103XHG	WCM	K124PGO	MAS
K1JBT	JBT	K10CBK	KEN	K50BYS	KBY	K104JWJ	SEMS	K124URP	FNO
K1KCN	KIC	K10EVE	EVE	K50CBK	KEN	K104OMW	SWC	K125BUD	SVE
K1OXF	OBC	K10KCL	KCS	K50SLT	SLT	K104TCP	BOD	K125PGO	WCK
K1TCC	DRE	K10SHB	BRN	K51TER	KEN	K104YTX	BCO	K125SRH	SNOE
K1TGE	LTL	K11HDC	HAP	K52TER	KEN	K105JWJ	ABY	K125URP	FMR
K1WGD	DCA	K11KCL	KCS	K55MRG	MJG	K105OHF	ARM	K126HEG	HOW
K1YPB	K&J	K11NCK	KIC	K55TOP	LFT	K105OMW	SWC	K126URP	FMR
K2ABA	LLC	K12KCL	KCS	K60BYS	KBY	K105SFJ	PCB	K127UFV	BLT
K2AME	JOT	K13BYS	KBY	K60BSL	SHI	K105VLJ	MTL	K128BUD	ZCF
K2APT	RSV	K14AMC	VIC	K60SLT	SLT	K106JCJ	HER	K128DAO	SNW
K2BCC	PEN	K14APT	APB	K62SUY	R&B	K106JWJ	SEMS	K129DAO	GHA
K2CLC	CRL	K14BUS	ARC	K65BKG	MDC	K106OHF	TEV	K129LGO	GHA
K2CTE	CCS	K14HAM	HMS	K66MRG	MJG	K106VLJ	W&D	K129SRH	ELR
K2HCL	JBR	K14JAP	ERB	K66PBS	BUD	K106XHG	CCI	K129UFV	BLT
K2HWT	EUS	K15APT	APB	K66SAS	CYM	K106YTX	BCO	K130BUD	ZCF
K2JTB	BEL	K16BYS	KBY	K68BKG	SEM	K107OHF	ARM	K130DAO	GHA
K2SLT	SLT	K16SLT	SLT	K70AYR	AYR	K107SAG	TDL	K130UFV	BLT
K2TGE	TVP	K17CCL	COM	K70CLN	CLN	K107SFJ	PCB	K131DAO	GHA
K2VOY	GON	K17JCC	SDEV	K70SAT	WSC	K107VLJ	ZBN	K132DAO	SNW
K3AME	JOT	K17SLT	SLT	K70SLT	SLT	K107YTX	HCT	K132TCP	BRY
K3BUS	GRC	K18AND	ROV	K719ASC	SBA	K108OHF	ARM	K132XRE	CSA
K3CBK	KEN	K18CCL	MPT	K76OCR	WRH	K108VLJ	ZBN	K133DAO	MOX
K3CLC	CRL	K18SLT	SLT	K79SYS	WCM	K108YTX	HCT	K134DAO	SNW
K3ERN	BWC	K19BYS	KBY	K80CAP	FCH	K108YVN	TEV	K134SRH	SNOE
K3SBC	BCT	K19CTL	CIU	K85DTM	GUM	K109OMW	SUR	K135DAO	SNW
K3SLT	SLT	K19FTG	SNO	K88JBS	JBS	K109SFJ	AQU	K140HPU	HRD
K3TCT	TAY	K19HEM	HEM	K89UND	POY	K109YTX	POL	K140KNO	BLC
K3VOY	GON	K19PCT	ZAF	K90EBL	CLK	K110SFJ	HJC	K140RYS	ANE
K3YCL	KLI	K19RAP	MMA	K91BNY	NSC	K110VLJ	MTL	K150DNV	JTR
K4KMT	KMM	K20BSG	BSG	K93BNY	CCB	K112NGK	RBC	K150PHW	TAY
K4YCL	CBN	K20CBK	KEN	K96RGA	KEY	K112PLP	KYC	K151LGO	AVD
K5CLC	CRL	K20FTG	GHA	K96SAG	EMS	K112SRH	SNOE	K152CHB	HEM
K5KFC	NXD	K20JCM	SHI	K97UFP	JEF	K112TCP	SLK	K153LGO	AVD
K5SBC	BCT	K20RAP	MMA	K98SAG	CBC	K112XHG	BLS	K154DNV	EA
K5SKY	KIN	K22ANT	ANT	K98UFP	JEF	K113TCP	SLK	K155ELF	CAV
K5SUP	FTC	K22MRG	MJG	K99PBS	BUD	K114PLP	TSY	K155KET	KTW
K5URE	THA	K23CDW	EDW	K100AYR	AYR	K114PRV	FWE	K159EJB	ZBD
K5YCL	CBN	K26WBV	TDE	K100BLU	K&J	K114SRH	CBC	K159PGO	ABF
K6BUS	MCA	K27GVC	VAW	K100BYS	KBY	K114XHG	TRD	K160PGO	MAS
K6FGC	FOU	K29XBA	HBL	K100EOS	MCW	K116HUM	FWE	K161LHT	WXB
K6LVS	SBB	K30BSG	BSG	K100RMS	DHC	K118CSG	CFT	K170FYG	MAS
K6PYG	PYG	K30BYS	KBY	K100SAS	LMC	K118HUM	FWE	K174EUX	FG
K6TCT	TAY	K30CBK	KEN	K101OCT	TXC	K118SRH	TEX	K179SLY	TAR
K6YCL	CBN	K30SBL	SHI	K101OHF	ARM	K118XHG	KEY	K183YDW	ROY
K7BUS	STE	K32TDL	GAR	K101OMW	SUR	K119BUD	OBC	K186HTV	TSY
K7DTS	PCO	K33CRT	CRN	K101PVK	RSC	K119SRH	CNV	K196SFH	ROM
K7GPH	CHH	K33GOW	QMS	K101SFJ	RLI	K120BUD	OBC	K198EVW	HED
K7KFC	KFY	K33MRG	MJG	K101UJR	MUN	K120CSG	CFT	K199SAG	ABS
K7PYG	PYG	K37XNE	ACT	K101VLJ	THA	K120HUM	FWE	K200AYR	AYR
K7SKY	A&B	K38YVM	ALP	K102JWJ	SEMS	K120LSR	ALW	K200SAS	EDW
K7TCT	TAY	K40BSG	BSG	K102OHF	ARM	K121CSG	SAH	K200SOU	SOO
K7WXM	PAT	K40CAP	GIR	K102OMW	SWC	K121SRH	SNOE	K200WCM	WCM
K7YCL	CBN	K40CBK	KEN	K102SFJ	AQU	K121URP	FNO	K204GMX	JWC
K8KFC	KFY	K40NRD	CMF	K103JWJ	SEMS	K122BUD	SVE	K208OHS	RBC
K8LVS	SBB	K40SBL	SHI	K103OHF	ARM	K122CSG	SAH	K208XFX	K&J
K9BMS	LES	K40SLT	SLT	K103OMW	PUM	K122SRH	PUM	K209OHS	SAH

K212CBD	BBC	K312FYG	RHC	K414FHJ	REB	K508RJX	RBC	K590VBC	APP
K212UHA	MIC	K313FYG	FAI	K414MGN	HJC	K510ESS	HED	K593BEG	DPG
K213VPR	WON	K315FYG	MAS	K417MGN	IMP	K513RJX	LCO	K593MGT	AVD
K216SBX	LEW	K315MWV	GEC	K418MGN	CAR	K518ESS	HED	K600AYR	AYR
K216SUY	JBE	K316FYG	JBT	K423ARW	THO	K518UJT	W&D	K600DST	RCM
K219CBD	MGC	K317FYG	MAS	K425ARW	EMP	K529RJX	SVE	K600JLS	LSK
K221CBD	ACW	K318YKG	REL	K429OKH	POW	K530EHE	A&H	K600KET	KTW
K221VTB	AVD	K310FYG	MTL	K430NVG	MCA	K530RJX	RBC	K600SOU	SCJ
K222AYR	AYR	K320CVX	AYO	K430OKH	COG	K531RJX	DPB	K601ESH	SREN
K222VTB	AVD	K321CVX	ATS	K431OKH	IMP	K538ORH	CBC	K601LAE	FED
K223VTB	AVD	K321FYG	FAI	K433OKH	CBC	K540CWN	NBM	K602ESH	KJB
K224VTB	AVD	K322BTM	DPG	K433XRF	RSC	K540EHE	MAJ	K605LAE	FG
K225VTB	AVD	K322CVX	ATS	K434DRW	ETN	K540ORH	CBC	K605ORL	P&M
K226BJA	DPG	K322FYG	MAS	K434OKH	K&J	K543ORH	ASW	K606LAE	FDC
K230KNO	VTE	K322YKG	EMP	K435OKH	SWT	K544OGA	VTE	K607LAE	FDC
K230WNH	YON	K323BTM	EVC	K436AVS	PPH	K544RJX	MCC	K608LAE	FDC
K231KNO	MAG	K323FYG	RHC	K437OKH	TUT	K546RJX	GRD	K609LAE	FDC
K235AHG	RBC	K324FYG	MAS	K437XRF	ATF	K553SRK	GSA	K610LAE	FEX
K236NHC	SDEV	K324YKG	CUB	K438XRF	DBT	K555ANT	ANT	K611LAE	FDC
K237NHC	RNC	K332YSW	ICS	K440BMO	ICS	K555BUS	BUZ	K612LAE	FDC
K237SUY	JBE	K333AYR	AYR	K440HWY	BEK	K555GSM	SOD	K613LAE	FEX
K237UCN	MCA	K333DOT	AAR	K440XRF	FNW	K556NHC	EMS	K614LAE	FDC
K238NHC	SDEV	K345OFM	WTR	K446XRF	DBT	K559NHC	SSH	K615LAE	FDC
K238PRV	BFS	K346FAL	ELR	K449PGO	HSW	K561GSA	CFL	K616LAE	FDC
K239NHC	CCB	K346OFM	WTR	K450PGO	HSW	K561NHC	CCB	K617LAE	FDC
K239SFJ	SLA	K347OFM	WTR	K451VAY	VTC	K562GSA	CFL	K617UFR	PHI
K240EUX	SMI	K350FAL	NUV	K452PHU	CCS	K562YFJ	SEW	K618ORL	TTS
K240NHC	SWES	K352ANV	STC	K455EDT	BAT	K564NHC	EAS	K618LAE	BLS
K242PAG	IMP	K354DWJ	TDT	K461VVR	THA	K565NHC	TEX	K619LAE	FDC
K242SFJ	CSA	K355DWJ	JBT	K463SSU	JWC	K570GSA	FRK	K619UFR	BLS
K244SUS	AVD	K355VRU	CRN	K464PNR	JDT	K572DFS	ZBD	K620LAE	FDC
K244VKM	ASS	K574DWJ	HED	K470SKO	CBC	K572RRH	NAH	K620UFR	TRD
K247HKV	SOL	K358DWJ	TDT	K477SSM	MEW	K573RRH	EYM	K621LAE	FDC
K250CBA	MID	K361DWJ	MCT	K478SSM	MEW	K574LTS	MCO	K621UFR	EDE
K261FUV	SEM	K362DWJ	POL	K479JHJ	COG	K574NHC	D&G	K622LAE	FBR
K262FUV	SEM	K369RTY	SLA	K480CVC	SFI	K574RRH	TEV	K622YVN	VTC
K264SSD	SWT	K379RTY	ATS	K481EUX	FEC	K575DFS	SEMS	K623LAE	FDC
K265FUV	BOU	K381RTY	WOO	K481GNN	MCE	K575RRH	TEV	K623PGO	GEH
K272ABV	DCO	K383RTY	WOO	K481VVR	SPA	K576DFS	SEMS	K624LAE	FBR
K278EWA	HBC	K390NGG	SPE	K482EUX	FEC	K576MGT	EAS	K624UFR	REI
K278VTT	HIS	K395PJU	SHM	K482GNN	TMH	K576NHC	REL	K625LAE	FDC
K295ESF	SPA	K400AYR	AYR	K484EUX	FEC	K576RRH	TEV	K626LAE	FDC
K295GDT	MAN	K400CAP	WRB	K485EUX	FEC	K577RRH	EYM	K626YVN	CF
K298EEC	EXP	K400JCD	SCK	K487BCY	JOT	K578LTS	MCO	K627LAE	FHD
K300AYR	AYR	K400TAW	TAW	K487FFS	A2B	K578NHC	NOG	K627YVN	VTC
K300CCC	FMN	K400WCM	WCM	K488EUX	FEC	K578RRH	EYM	K628LAE	FHD
K300KET	KTW	K401HWW	AYO	K488XPG	TUT	K579MGT	LIP	K628YPL	CBN
K300WCM	WCM	K402HWW	AYO	K489EUX	FEC	K579PHU	JPM	K629LAE	FDC
K301FYG	MAS	K403BAX	AYC	K490VVR	AVA	K579RRH	VOE	K630LAE	FDC
K301WTA	GIR	K403HWW	AYO	K491FFS	GUM	K580RRH	VOE	K632GVX	SHT
K303FYG	FAI	K406FHJ	ATS	K495OSU	JJT	K580YOJ	GUM	K635HWX	SEMS
K303NJL	SSH	K408BAX	ZAV	K498PGN	DEV	K581MGT	AVD	K638GVX	GAS
K304FYG	JBT	K408XFX	SVE	K500AYR	AYR	K581RRH	EYM	K647PGJ	FTC
K305FYG	BVB	K409BAX	SEM	K500BUS	BUZ	K582MGT	ANE	K651EEV	ZBM
K306FYG	MTL	K409FHJ	AQU	K500KET	KTW	K582RRH	EYM	K651TDE	SIL
K307FYG	MTL	K410BAX	EXW	K500TMS	OMK	K583MGT	AVD	K655NHC	EMS
K307YJA	ZDH	K410MSL	TWM	K500WCM	WCM	K583RRH	EYM	K655UNH	GWH
K308FYG	BVB	K411EWA	FSY	K502YOD	HRD	K586JNV	ZEZ	K655VNF	AYR
K309FYG	BVB	K411FHJ	ATS	K505WNR	SBQ	K586ODY	THA	K658UNH	TOW
K309YKG	THO	K411MSL	TWM	K507BHN	ANE	K588MGT	CBN	K659UNH	TOW
K311FYG	MAS	K412MSL	PCO	K508ESS	HED	K590MGT	LIP	K660PHW	EVC

Call	Code	Call	Code	Call	Code	Call	Code	Call	Code
K661PHW	DAC	K732DAO	DJI	K810HUM	BRS	K871LGN	CBC	K966SUS	SREN
K661VNF	BGR	K735ODL	W&D	K812HUM	HBS	K871LMK	JBT	K973XND	SQU
K662CBA	SCK	K736DAO	VTC	K814EET	RCM	K871ODY	TRD	K977XND	SBJ
K662PHW	AMR	K736ODL	W&D	K814HMV	CDS	K872CSF	STC	K984SCU	PMS
K662UNH	GWH	K737ODL	W&D	K815HMV	CDS	K872NEU	CCB	K986SCU	PMS
K662VNF	BLK	K738ODL	W&D	K816HMV	CDS	K873CSF	LOT	K987SCU	EAS
K663NGB	BCT	K739JAH	FWE	K816HUM	SCH	K873NEU	ROY	K987SUS	MLI
K667UNH	AWT	K739ODL	SVE	K818WVH	JMS	K874CSF	STC	K989SCU	PMS
K669UNH	AWT	K741ODL	W&D	K819NKH	PDB	K874GHH	RBC	K993CBO	HJC
K670UNH	EA	K742ODL	SVE	K820PLX	BAW	K875CSF	LOT	K995CBO	HJC
K688CBA	SWSC	K743ODL	SVE	K821TKP	ZBF	K875ODY	HVB	K999MRG	MJG
K696RNR	APT	K744DAO	HOC	K822NKH	EAS	K876CSF	LOT	KA07MZN	BEH
K699ERM	GWH	K744RBX	SEW	K825HUM	PRY	K877CSF	HOR	KA07NXG	BEH
K700AYR	AYR	K746DAO	CTM	K826NKH	POW	K877GHH	SNW	KAC1	ZDT
K700BUL	TEL	K748DAO	HOC	K827HUM	MAY	K877UDB	REB	KAL578	JBT
K700CCH	WIR	K751DAO	BEE	K828NKH	CBL	K878CSF	MAR	KAO238V	MCL
K700DAO	SFU	K754DAO	TAT	K830KAU	CUB	K879CSF	HOR	KAZ777	GSA
K700KET	KTW	K754UJO	EBC	K831FEE	WXB	K880CSF	B&W	KAZ1363	FCH
K702BBL	MAS	K756SBB	KYC	K832FEE	GIT	K881CSF	LOT	KAZ2755	WTH
K702DAO	GWH	K758SBB	BML	K832HUM	TMA	K882DUJ	GMY	KAZ3254	ELR
K702RNR	JWC	K760DAO	SHA	K835EWF	ABI	K883CSF	TBB	KAZ3403	ZBD
K703BBL	EBA	K760SBB	GHA	K835HUM	SWC	K884CSF	SLE	KAZ4130	FCH
K703PCN	RWN	K761DAO	SNW	K838FEE	BBE	K884UDB	ADR	KAZ4523	AUD
K706DAO	HBL	K761JTV	HCT	K839HUM	HKW	K885CSF	STC	KAZ4524	AUD
K708RNR	SHB	K761SBB	FCT	K844FEE	CLE	K886BRW	BCH	KAZ6916	ZEO
K709ASC	ALP	K762WKJ	BET	K846HUM	SOO	K886CSF	THD	KAZ6917	M&H
K709PCN	ANE	K763DAO	SNW	K846LMK	JBT	K888BFG	FG	KB02YLN	TVS
K710DAO	SNW	K764CSG	ECL	K847LMK	JBT	K888ELR	FG	KB04BUZ	BUZ
K710PCN	RWN	K766DAO	MEW	K848LMK	JBT	K888CSF	SCL	KB06MTB	BCS
K711ASC	WBT	K772DAO	GHA	K849LMK	SDEV	K889CSF	SLE	KB07OXF	OBC
K711DAO	SNW	K773DAO	GEJ	K851LMK	JBT	K890CSF	STC	KB10BUS	KIE
K711EDT	FG	K775UTT	DAR	K851RBB	MEW	K891CSF	THD	KB51CGU	WHT
K712ASC	WBT	K777GSM	SEM	K852LMK	MAS	K892CSF	FOW	KBC2V	RPC
K712DAO	SNW	K777NEV	J&C	K852RBB	MEW	K892CSX	TUT	KBC431	KBC
K713ASC	GWH	K780DAO	SNW	K853LMK	MAG	K893CSF	THD	KBC851	KBC
K713KGU	SUL	K781DAO	GHA	K855LMK	MAS	K894CSF	TBB	KBE108P	SUN
K714ASC	CCB	K785DAO	EBL	K856LMK	MAS	K900KET	KTW	KBZ3618	ERB
K714DAO	DJI	K786DAO	SNW	K858LMK	MAR	K903CVW	FMR	KBZ801	SHA
K714KGU	OLY	K787DAO	SNW	K858ODY	B&N	K906SKR	ASN	KBZ1410	SKC
K715DAO	MCO	K788DAO	MEW	K859HRS	SCB	K907RGE	JBR	KBZ2276	SOT
K715PCN	DRC	K789DAO	SSOU	K859LGN	EST	K907SKR	ASN	KBZ2476	MAR
K716ASC	AQU	K791DAO	ZBR	K859NKH	ZBY	K908SKR	ASC	KBZ2539	SWF
K716PCN	REB	K797PLM	BLY	K860KGO	HAT	K909SKR	ASC	KBZ4631	SHIC
K717ASC	SDEV	K800AYR	AYR	K860LMK	JBT	K910SKR	ASN	KBZ6282	MAN
K717PCN	ANE	K800KET	KTW	K861LMK	MAS	K910TKP	SSOU	KBZ6969	NCH
K718DAO	MCO	K801FWE	PCO	K861NST	COS	K911OEM	MPT	KBZ8726	MBT
K718PCN	KJB	K801OMW	BBD	K861ODY	CLT	K917RGE	JTK	KC02ABC	ZAU
K719DAO	DJI	K801ORL	FDC	K862LMK	JBT	K918RGE	AAM	KC02BUS	KCO
K720DAO	WST	K802OMW	BBD	K862ODY	CLT	K922OWV	SSOU	KC02EEV	ZDL
K720UTT	SKY	K802ORL	FDC	K863LMK	MAS	K923OWV	SSOU	KC02EEW	ZDL
K721GBE	RSC	K802PLM	HBL	K863ODY	CLT	K923XRF	FMR	KC02EEX	ZDL
K721HYA	CMT	K803FWE	PCO	K864LGN	COG	K925VDV	LBC	KC03OSE	UNO
K722DAO	SNOE	K803MGA	BCT	K865LMK	MAS	K925XRF	FMR	KC03OSF	UNO
K722HYA	CMT	K803ORL	FDC	K866ODY	DIC	K926TTA	MDC	KC03PGE	ATS
K723ASC	STY	K804ORL	FDC	K867LMK	NUV	K943OPX	TIL	KC03PGF	ATS
K724DAO	DJI	K805HWX	JTR	K867ODY	PHI	K944OPX	HTR	KC03PGK	UNO
K725ASC	TEV	K807DJN	DIC	K868LMK	MAS	K945OPX	ROV	KC03PGU	UNO
K726DAO	SFU	K808DJN	TVS	K869LMK	SDEV	K947SGG	CBC	KC04ABC	ZAU
K726DWN	MAJ	K808EET	CHL	K869ODY	CLT	K949OEM	DIC	KC04CLC	CRL
K728DAO	VTE	K809EET	RSV	K870LGN	EAS	K955PBG	REB	KC05ABC	ZAU
K731DAO	SHA	K809PLX	BAW	K870LMK	MAS	K963CNE	BAT	KC06ABC	ZAU

KC06EVN	OFJ	KE05FMU	ATS	KE51PUX	ASC	KE55KTC	ATS	KIB1767	RNE
KC06EVP	OFJ	KE05FMV	ATS	KE51PUY	ASC	KE55KTD	ATS	KIB2101	2WT
KC07PCC	PCO	KE05FMX	ATS	KE51PVD	ASC	KE55KTJ	ATS	KIB5227	TMB
KC08ABC	ZAU	KE05GOH	ATS	KE51PVF	ATS	KE55KVW	PPH	KIB6060	OCT
KC10ABC	ZAU	KE05KXX	TWH	KE51PVJ	ATS	KE57EPA	ATS	KIB6110	FSY
KC51BUS	KCO	KE05THS	KCS	KE51PVK	ATS	KE57EPC	ATS	KIB6474	2WT
KC51NFO	ASC	KE06CXK	LBL	KE51VJC	UNO	KEB7	BUZ	KIB6828	AVC
KC52OGF	AMV	KE06CXL	LBL	KE51VJD	UNO	KEN17	ZDT	KIB7070	OCT
KC57ABC	ZAU	KE06CXM	LBL	KE51WUO	TDE	KEN54	ZDT	KIB7257	CRN
KCT50	KCO	KE06CXN	LBL	KE51WUP	TDE	KEN959	CLM	KIB8111	HWD
KCT255	KCT	KE06CXO	LBL	KE51XKN	ASM	KET6	KTW	KIB9059	EVL
KCT415	KCT	KE06CXP	LBL	KE51XOC	ASM	KEZ4487	ZAM	KIB9308	EVL
KCT638	KCT	KE06CXR	LBL	KE52OBX	DAR	KEZ5468	BML	KIJ332	ZCW
KCT986	KCT	KE06CXS	LBL	KE53KBO	ATS	KEZ6324	WWT	KIW949	WRB
KCZ2361	TIV	KE06CXT	LBL	KE53KBP	ATS	KEZ7425	GVE	KIW989	WRB
KCZ4583	GBU	KE06CXU	LBL	KE53LMY	UNO	KEZ8395	GBU	KIW1102	JTK
KCZ5663	LJL	KE06CXV	LBL	KE53NEU	ATS	KEZ9120	GBU	KIW4388	PRM
KCZ8550	TIV	KE06CXW	LBL	KE53NFA	ATS	KEZ9121	GBU	KIW4390	CRV
KD54AMB	DVT	KE06CXY	LBL	KE53NFC	ATS	KEZ9122	GBU	KIW5196	KCC
KDX108	SIM	KE06FMU	LBL	KE53NFD	ATS	KEZ9123	GBU	KIW5235	BYS
KDY814	RAM	KE06FNM	LBL	KE53NFF	ATS	KF02ZXX	SIM	KIW6419	KCC
KDZ5104	FSY	KE06FNN	LBL	KE53NFG	ATS	KF09OXF	OBC	KIW6512	THO
KDZ5801	CBC	KE06FNP	LBL	KE53VDP	THD	KF10OXF	OBC	KIW7367	GMY
KDZ5803	EAS	KE06FNS	LBL	KE53VDY	THD	KF52NBM	UNO	KIW7812	TMB
KDZ6277	MCR	KE06FNT	LBL	KE53VPX	PCC	KF52NBN	UNO	KIW8606	WET
KE03JXK	DAR	KE06FNU	LBL	KE54FUV	SHC	KF52TZC	AAR	KIW8609	BTC
KE03KZX	ZCS	KE06FNV	LBL	KE54FVL	SHC	KF52TZL	S&S	KIW8923	MBT
KE03OUK	ATS	KE06FNW	LBL	KE54HEJ	ZAI	KF52TZN	BSG	KJ04MWD	LBL
KE03OUL	ATS	KE06FNX	LBL	KE54HHF	ATS	KF52UAJ	MEN	KJ58BKA	NXA
KE03OUM	ATS	KE06FNY	LBL	KE54LNR	ATS	KF54EUM	BEC	KJF3V	HAP
KE03OUN	ATS	KE06FNZ	LBL	KE54LPC	ATS	KF55OXF	OBC	KJZ606	HAC
KE03OUP	ATS	KE06FOA	LBL	KE54LPF	ATS	KF57OXF	OBC	KJZ4397	SMS
KE03OUS	ATS	KE06FOC	LBL	KE54LPJ	ATS	KFF917	BUW	KJZ4418	ABT
KE03OUU	ATS	KE06FOD	LBL	KE54OSU	ATS	KFJ742	NAH	KJZ7877	ORC
KE03TWA	UNO	KE06FOF	LBL	KE54OSV	ATS	KFK941	FHT	KJZ8508	SMS
KE03TWC	UNO	KE06FOJ	LBL	KE55CKO	ATS	KFM893	QMS	KJZ8570	BOS
KE03UEJ	HUL	KE06NZW	CBL	KE55CKP	ATS	KFX863	KBC	KK07BLU	BLU
KE03UKK	ATS	KE06NZX	CBL	KE55CKU	ATS	KG51HTL	BUL	KKG109W	ESB
KE04CZF	ATS	KE06RXL	CBL	KE55CTF	ATS	KG52VAA	CEB	KKN752	MAY
KE04CZG	ATS	KE07EVX	ATS	KE55CTK	ATS	KGD778T	PLT	KKY835P	JBT
KE04CZH	ATS	KE07EVY	ATS	KE55CTO	ATS	KGJ117A	SCH	KKZ2950	ROI
KE04EAA	WIG	KE07EWA	ATS	KE55CTU	ATS	KGJ603D	S&D	KKZ7562	OLY
KE04EAC	WIG	KE07EWB	ATS	KE55CTV	ATS	KGJ612D	ZCU	KL08HCL	HUL
KE04EAF	WIG	KE07EWC	ATS	KE55CVA	ATS	KGK575	LBP	KL09ELL	ELS
KE04EAG	WIG	KE07HLP	MAR	KE55CVG	ATS	KGK709	LBP	KL52CWJ	ATS
KE04EAK	WIG	KE07HMO	MAR	KE55CVH	ATS	KGK959	LBP	KL52CWK	ATS
KE04JVH	WIG	KE07KTN	MAR	KE55CVJ	ATS	KGS487Y	MAJ	KL52CWN	ATS
KE04PZF	ATS	KE51PSZ	ATS	KE55CVK	ATS	KGS493Y	JCS	KL52CWO	ATS
KE04PZG	ATS	KE51PTO	ATS	KE55CVL	ATS	KGU169	IMP	KL52CWP	ATS
KE04UMA	UNO	KE51PTU	ATS	KE55CVM	ATS	KGU320	IMP	KL52CWR	ATS
KE04UMB	UNO	KE51PTX	ATS	KE55FBX	ATS	KH06WEH	HKC	KL52CWT	ATS
KE04UMC	UNO	KE51PTY	ASC	KE55FBY	ATS	KH10KMH	HKN	KL52CWU	ATS
KE04UMD	UNO	KE51PTZ	ASC	KE55FDF	ATS	KH55KMH	REL	KL52CWV	ATS
KE04WBF	ATS	KE51PUA	ASC	KE55FDG	ATS	KHN85P	ALE	KL52CWW	ATS
KE04WBG	ATS	KE51PUF	ASC	KE55GVY	ATS	KHU323P	SLT	KL52CWZ	ATS
KE04WBJ	ATS	KE51PUH	ASC	KE55GVZ	ATS	KHZ9380	FIL	KL52CXA	ATS
KE04WBL	ATS	KE51PUJ	ASC	KE55GWA	ATS	KIA891	SIM	KL52CXB	ATS
KE04WBP	ATS	KE51PUK	ASC	KE55GWC	ATS	KIB70	OCT	KL52CXC	ATS
KE05FMM	ATS	KE51PUO	ASC	KE55GXR	ATS	KIB260	SRU	KL52CXD	ATS
KE05FMO	ATS	KE51PUU	ASC	KE55KPG	ATS	KIB545	TVS	KL52CXE	ATS
KE05FMP	ATS	KE51PUV	ASC	KE55KPJ	ATS	KIB734	SRU	KL52CXF	ATS

KL52CXG	ATS	KN04XKC	WK	KP04GZN	EA	KP51WDF	FLE	KS03HNC	CBL
KL52CXH	ATS	KN04XKD	WK	KP04GZR	EA	KP52ZFJ	THD	KS03HND	CBL
KL52CXJ	ATS	KN04XKE	WK	KP04GZS	EA	KP54AZA	FLE	KS08PBS	BUD
KL52CXK	ATS	KN04XKF	WK	KP04HVR	EA	KP54AZB	FLE	KSD103W	JJT
KL52CXM	ATS	KN04XKG	WK	KP51SXV	COG	KP54AZC	FLE	KSK930	GRL
KL52CXN	ATS	KN04XKH	WK	KP51SXW	GWM	KP54AZD	FLE	KSK932	S&S
KL52CXO	ATS	KN04XKJ	WK	KP51SXX	WXC	KP54AZF	FLE	KSK933	MPC
KL52CXP	ATS	KN04XKK	WK	KP51SXY	CLN	KP54AZG	FLE	KSK934	MPC
KL52CXR	ATS	KN04XKL	WK	KP51SYA	COG	KP54AZJ	FLE	KSK948	TRA
KL52CXS	ATS	KN07SPA	SPA	KP51SYC	COG	KP54AZL	FLE	KSK949	TRA
KL52LZX	CEB	KN52NDK	TGM	KP51SYE	SUT	KP54AZN	FLE	KSK958	SOS
KL58HCL	HUL	KN52NDL	TGM	KP51SYR	SUT	KP54AZU	FMR	KSK965	ZBO
KL59HCL	HUL	KN52NDO	WXC	KP51UEO	DAN	KP54AZV	FEX	KSK966	ZBO
KLB569	LBP	KN52NDU	TGM	KP51UES	DAN	KP54BYL	PCN	KSK967	ZBO
KLB596	B&W	KN52NDV	TGM	KP51UET	DAN	KP54BYR	WXC	KSK976	POH
KLZ2317	SHIC	KN52NEJ	WXC	KP51UEU	DAN	KP54BYU	WXC	KSK977	POH
KLZ3240	SWC	KN52UFR	SUP	KP51UEY	VTE	KP54BYV	WXC	KSK978	POH
KLZ3427	AQU	KN54XYP	EA	KP51UFA	KCC	KP54BYY	BUR	KSK979	POH
KLZ3471	HOC	KN54XYR	EA	KP51UFB	GWM	KP54BYZ	BUR	KSK980	POH
KLZ4931	GRM	KN54XYT	EA	KP51UFC	GWM	KP54BZA	PCN	KSK985	POH
KLZ6769	ROI	KN54XYU	EA	KP51UFD	GVW	KP54KAO	FLE	KSP809X	CVP
KLZ7037	EUR	KN54XYV	EA	KP51UFE	SDEV	KP54KAU	FLE	KSU175	AUS
KLZ9839	EUR	KN54XYW	EA	KP51UFG	WXC	KP54KAX	FNO	KSU409	SIL
KM02HDK	MEL	KN54XYX	EA	KP51UFH	WXC	KP54KBE	FNO	(KSU409)	AMV
KM02HFP	ABS	KN54ZXL	SREN	KP51UFJ	CNT	KP54KBF	FLE	KSU411	BTC
KM02HFR	ABS	KN54ZXM	SREN	KP51UFL	BUR	KP54KBJ	FLE	KSU454	RNC
KM02HFS	ABS	KN54ZXO	SOXF	KP51UYB	CTT	KP54KBK	FLE	KSU455	VTC
KM02HFT	ABS	KN54ZXP	SOXF	KP51VZO	FLE	KP54KBN	FLE	KSU456	VTC
KM02HFU	ABS	KN54ZXR	SREN	KP51VZR	FLE	KP54KBO	FLE	KSU460	GIR
KM02HFV	ABS	KNK373H	KEN	KP51VZS	FLE	KP54LAE	FLE	KSU461	EA
KM02HGE	ABS	KNK379H	JBT	KP51VZT	FLE	KP54LAO	FLE	KSU462	WA
KM02HGF	ABS	KNL665	AUS	KP51VZW	FLE	KPR698	BOW	KSU464	ZCA
KM05OGN	AAR	KNP1X	STE	KP51VZX	FLE	KR04HCR	HAR	KSU465	VTC
KM07GSM	MAY	KNT780	BOU	KP51VZY	FLE	KR06TVF	BOW	KSU471	PRC
KM10GSM	MAY	KNU446	JBN	KP51VZZ	FLE	KR06TVJ	BOW	KSU477	ELR
KM51BFN	COG	KNZ1035	BLE	KP51WAJ	FLE	KR06TVK	BOW	KSU490	WOR
KM51BFO	THU	KNZ1315	CIU	KP51WAO	FLE	KR06TVL	BOW	KSV361	CLT
KM51BFU	THU	KNZ2929	FSR	KP51WAU	FLE	KR06TVM	BOW	KSV803	CHE
KM51BFX	BUR	KO04AAV	SOO	KP51WBD	FLE	KR06TVN	BOW	KSX104X	WJC
KM51UNY	EUT	KO08EVL	PPH	KP51WBG	FLE	KR06TVO	BOW	KT05PYG	WHE
KM57GSM	MAY	KOI4484	ARR	KP51WBJ	FLE	KR06TVP	BOW	KT05PYJ	WHE
KMB966T	WOO	KOI7625	EMP	KP51WBK	FLE	KR06TVT	BOW	KT53UYL	CAE
KMN501	IOM	KOI9961	GBU	KP51WBL	FLE	KR06TVU	BOW	KT54CJT	TUR
KMN504	IOM	KOO790V	FEX	KP51WBO	FLE	KR06TVV	BOW	KTA356V	MMS
KMN835	IOM	KOV1	HSL	KP51WBT	FLE	KR06TVW	BOW	KTF589	CCB
KN03HWB	BOW	KOV2	HSL	KP51WBU	FLE	KR06TVX	BOW	KTF594	QMS
KN04CSU	HMS	KOW274Y	SRK	KP51WBV	FLE	KR06TVY	BOW	KTL25V	CCB
KN04UJK	STA	KOW902F	LBP	KP51WBY	FLE	KR06TVZ	BOW	KTL780	DEL
KN04XCT	WK	KP02PUE	GWM	KP51WBZ	FLE	KR06TWA	BOW	KTL982	SLE
KN04XCU	JOH	KP02PUJ	ABS	KP51WCA	FLE	KR06TWC	BOW	KU02JXT	ATS
KN04XJB	SWES	KP02PUK	ABS	KP51WCF	FLE	KRM432W	CCB	KU02YBB	THU
KN04XJC	SWES	KP02PUV	CNT	KP51WCG	FLE	KRN120T	ROY	KU02YBC	THU
KN04XJD	SREN	KP02PUX	WXC	KP51WCJ	FLE	KRO718	MAS	KU02YBD	THU
KN04XJE	SREN	KP02PUY	WXC	KP51WCN	FLE	KRU854W	W&D	KU02YBE	AWD
KN04XJF	SDEV	KP02PVA	WXC	KP51WCO	FLE	KRU855W	W&D	KU02YBG	COG
KN04XJG	SDEV	KP02PVE	ABS	KP51WCR	FLE	KRU856W	K&J	KU02YBH	ABS
KN04XJH	SDEV	KP02PVU	ABS	KP51WCW	FLE	KS03EXG	GWM	KU02YBJ	ABS
KN04XJJ	SDEV	KP02PWV	ABS	KP51WCX	FLE	KS03EXL	GWM	KU02YBK	ABS
KN04XJK	SDEV	KP04GJG	THU	KP51WCY	FLE	KS03EXM	GWM	KU02YBL	ABS
KN04XJL	SDEV	KP04GZL	EA	KP51WDD	FLE	KS03EXN	GWM	KU02YBM	ABS
KN04XJM	SDEV	KP04GZM	EA	KP51WDE	FLE	KS03EXP	GWM	KU02YBN	ABS

KU02YBO	ABS	KUI6652	HIG	KV03ZFR	ABS	KV53NHM	WK	KX04RDY	EA
KU02YBP	ABS	KUI6655	LLM	KV03ZFS	ABS	KV53NHN	WK	KX04RDZ	EA
KU02YBR	ABS	KUI8145	VAL	KV03ZFT	ABS	KV53NHO	WK	KX04REU	EA
KU02YBS	ABS	KUI8147	CHR	KV03ZFU	ABS	KV53NHP	WK	KX04RFE	EA
KU02YTX	APS	KUI8148	CBL	KV03ZFW	ABS	KV4644	HET	KX04RFF	EA
KU02YTY	APS	KUI8150	VIL	KV03ZFX	ABS	KVD447P	LEW	KX04RUW	EA
KU02YUA	GWM	KUI9266	KLI	KV03ZFY	ABS	KVL261	SLE	KX04RUY	EA
KU02YUF	VTE	KUI9268	KLI	KV03ZGK	ANG	KVO687W	ROY	KX04RVA	EA
KU02YUH	GOB	KUI9418	TAP	KV03ZGL	PCN	KVY755X	SUL	KX04RVC	EA
KU02YUL	MEW	KUO972		KV03ZGM	PCN	KVY789N	THR	KX04RVE	EA
KU02YUN	MEW	KUS244Y	SIC	KV03ZGN	PCN	KW02CVS	VTC	KX04RVF	EA
KU06XAV	NIG	KUX774	VCC	KV03ZGR	VTC	KW02CVV	GWM	KX04RVJ	EA
KU52RXF	CLN	KV02URL	THU	KV05ULW	WCO	KW02CXG	GWM	KX04RVK	EA
KU52RXG	CAR	KV02URN	THU	KV51KZD	BEE	KW02DRZ	CTP	KX04RVL	EA
KU52RXJ	FDC	KV02URS	THU	KV51KZF	BEE	KW04XMB	NEA	KX04RVM	EA
KU52RXL	RWN	KV02URX	ABS	KV51KZG	MID	KW04YVH	NIG	KX04RVN	EA
KU52RXR	VTC	KV02URY	ABS	KV51KZJ	COG	KW05OUD	CVL	KX04RVP	EA
KU52RXS	TTR	KV02URZ	ABS	KV51KZK	GON	KW56LZU	MOA	KX05AOC	FLE
KU52RXT	BUR	KV02USB	ABS	KV51KZL	GON	KX02UPR	BBE	KX05AOD	FLE
KU52RXV	BLV	KV02USC	ABS	KV51KZM	TRW	KX03HYW	CBW	KX05AOE	FLE
KU52RXX	COG	KV02USD	ABS	KV53EYU	EA	KX03HZC	TYR	KX05CSY	ZAC
KU52RYO	BUR	KV02USE	ABS	KV53EYW	EA	KX03HZD	TYR	KX05HVE	SWSC
KU52YJS	WXC	KV02USF	ABS	KV53EYX	EA	KX03HZJ	WXC	KX05KFC	BLV
KU52YJT	WXC	KV02USG	ABS	KV53EYY	EA	KX03HZK	WXC	KX05KFF	BLV
KU52YJX	WXC	KV02USH	ABS	KV53EYZ	EA	KX03HZL	THU	KX05MGV	FLE
KU52YJY	WXC	KV02USJ	ABS	KV53EZA	EA	KX03JBE	WXC	KX05MGY	FMR
KU52YJZ	WXC	KV02USL	ABS	KV53EZB	EA	KX03JBU	WXC	KX05MGZ	FMR
KU52YKH	MEL	KV02USP	THU	KV53EZC	EA	KX03KYS	EA	KX05MHA	FMR
KU52YKJ	MEL	KV02VKU	TXC	KV53EZD	EA	KX03KYT	EA	KX05MHE	FMR
KU52YKK	MEL	KV02VVC	FNO	KV53EZE	EA	KX03KYU	EA	KX05MHF	FLE
KU52YKO	ABS	KV02VVD	FLE	KV53EZF	EA	KX03KYV	EA	KX05MHJ	FMR
KU52YKR	ABS	KV02VVE	FLE	KV53EZG	EA	KX03KYW	EA	KX05MHK	FLE
KU52YKS	ABS	KV02VVF	FLE	KV53EZH	EA	KX03KYY	EA	KX05MHL	FMR
KU52YKV	MEL	KV02VVG	FLE	KV53EZJ	EA	KX03KYZ	EA	KX05MHM	FMR
KU52YKZ	MEL	KV02VVH	FLE	KV53EZK	EA	KX03KZA	EA	KX05MHN	FMR
KU52YLA	MEL	KV02VVJ	FLE	KV53EZL	EA	KX03KZB	EA	KX05MHO	FMR
KU52YLB	MEL	KV02VVK	FLE	KV53EZM	EA	KX03KZC	EA	KX05MHU	FMR
KU52YLC	MEL	KV02VVL	FLE	KV53EZN	EA	KX03KZD	EA	KX05MHV	FMR
KU52YLD	MEL	KV02VVN	FLE	KV53EZO	EA	KX03OYE	BOW	KX05MHY	FLE
KU52YLE	MEL	KV02VVO	FLE	KV53EZP	EA	KX03VPD	LCO	KX05MHZ	FLE
KU52YLF	MEL	KV02VVP	FLE	KV53EZR	EA	KX04HPN	SDEV	KX05MJE	FLE
KU52YLG	MEL	KV02VVR	FLE	KV53EZT	EA	KX04HPP	SDEV	KX05MJF	FLE
KU52YLH	MEL	KV02VVS	FLE	KV53EZU	EA	KX04HPU	SDEV	KX05MJJ	FLE
KU55FLJ	KSD	KV02VVT	FLE	KV53EZW	EA	KX04HPV	SDEV	KX05MJK	FLE
KUB1C	WWY	KV02VVU	FLE	KV53EZX	CF	KX04HPY	SDEV	KX05MJO	FLE
KUB97	GRC	KV02VVW	FLE	KV53EZZ	CF	KX04HRC	ZAF	KX05MJU	FLE
KUB668V	MVN	KV02VVX	FLE	KV53FAA	SOXF	KX04HRE	SIM	KX05MJV	FLE
KUI1371	HBT	KV02VVY	FLE	KV53FAF	CF	KX04HRJ	APS	KX05MJY	FLE
KUI1813	EXP	KV02VVZ	FLE	KV53FAJ	CF	KX04HRL	BAW	KX05TWE	SNOE
KUI2243	WRI	KV02VWA	FLE	KV53FAK	CF	KX04HTD	OAK	KX05TWG	SSOU
KUI2269	SRK	KV02VWB	FLE	KV53NHA	SOXF	KX04HTE	DHT	KX05TWJ	SSOU
KUI2759	BLS	KV03ZFE	HAC	KV53NHB	SOXF	KX04RBV	EA	KX05TWK	SWES
KUI2760	VAW	KV03ZFF	HAC	KV53NHC	SOXF	KX04RBY	EA	KX05TWL	SWES
KUI2761	RVY	KV03ZFG	HAC	KV53NHD	SOXF	KX04RBZ	EA	KX05TWM	SWES
KUI3849	SMI	KV03ZFH	HAC	KV53NHE	SOXF	KX04RCF	EA	KX05TWN	SWES
KUI5157	CHD	KV03ZFJ	ZCO	KV53NHF	SOXF	KX04RCU	EA	KX06APV	FNO
KUI5324	TAP	KV03ZFK	ZCO	KV53NHG	SOXF	KX04RCV	EA	KX06APZ	FNO
KUI6518	SCH	KV03ZFM	ABS	KV53NHH	WK	KX04RCY	EA	KX06AZB	WA
KUI6564	CBL	KV03ZFN	ABS	KV53NHJ	WK	KX04RCZ	EA	KX06AZC	WA
KUI6575	ALC	KV03ZFP	ABS	KV53NHK	WK	KX04RDU	EA	KX06AZD	SOXF
KUI6576	PRC			KV53NHL	WK	KX04RDV	EA		

KX06JXT	EA	KX07KOH	HEY	KX08OME	WVY	KX09GYY	ATS	KX53SCV	GWY
KX06JXU	EA	KX07OOW	WEB	KX08OMF	WVY	KX09GYZ	ATS	KX56SCZ	TRW
KX06JXV	EA	KX07OOY	WEB	KX08OMG	WVY	KX09GZA	ATS	KX53SDU	MEL
KX06JXW	EA	KX07UGE	CCI	KX08OMP	HEY	KX09GZB	ATS	KX53SDV	MEL
KX06JXY	EA	KX07UGF	CCI	KX08OMR	HEY	KX09GZC	ATS	KX53SFK	PEX
KX06JXZ	EA	KX08FNK	THU	KX08OMT	WIG	KX09GZD	ATS	KX53SFN	PEX
KX06JYA	EA	KX08HLM	KCC	KX08ONC	TGM	KX09GZE	ATS	KX53SFO	PEX
KX06JYB	EA	KX08HLR	TGM	KX08ONG	OFJ	KX09KDJ	ATS	KX53SGV	TRW
KX06JYC	EA	KX08HLU	OFJ	KX08UXA	WHY	KX09KDK	ATS	KX53SGY	TRW
KX06JYD	EA	KX08HLV	TBB	KX08UXB	WHY	KX09KDN	ATS	KX53SGZ	TRW
KX06JYE	EA	KX08HLW	TBB	KX08UXC	WHY	KX09KDO	ATS	KX53SHJ	THU
KX06JYF	EA	KX08HLY	TBB	KX08UXD	WHY	KX09KDU	ATS	KX53VNB	SEMS
KX06JYG	EA	KX08HLZ	TBB	KX08UXE	WHY	KX09KDV	ATS	KX53VNC	SEMS
KX06JYH	EA	KX08HMA	GBC	KX08UXF	WHY	KX09NCE	WK	KX53VND	SEMS
KX06JYJ	EA	KX08HMC	THU	KX08UXG	WHY	KX09NCF	WK	KX53VNE	SEMS
KX06JYK	EA	KX08HMD	CYC	KX08UXU	WAV	KX09NCJ	WK	KX53VNF	SEMS
KX06JYL	EA	KX08HME	CYC	KX08VYG	WK	KX09NCN	WK	KX53VNG	SEMS
KX06JYN	EA	KX08HMF	PCO	KX08VYH	WK	KX09NCO	WK	KX53VNH	SOXF
KX06JYO	EA	KX08HMK	PUM	KX08VYJ	WK	KX09NCU	WK	KX53VNJ	SOXF
KX06JYP	EA	KX08HMO	PUM	KX08VYK	WK	KX10DVA	APS	KX53VNK	SOXF
KX06JYR	EA	KX08HMY	GWM	KX09ACU	ZBR	KX10DVF	ORD	KX53VNL	WK
KX06JYS	EA	KX08HMZ	GWM	KX09BGU	EA	KX10DVG	ORD	KX54AHP	FLE
KX06JYT	EA	KX08HNJ	THU	KX09BGV	EA	KX10DVH	ORD	KX54AHU	FLE
KX06JYU	EA	KX08HRA	EA	KX09BGY	EA	KX10DVJ	ORD	KX54AHY	FLE
KX06LNU	EA	KX08HRC	EA	KX09BGZ	EA	KX10DVL	RWN	KX54ANR	FLE
KX06LNV	EA	KX08HRD	EA	KX09BHA	EA	KX10DVM	ORD	KX54AVD	ATS
KX06LXG	PEX	KX08HRE	EA	KX09BHD	EA	KX10DVN	ORD	KX54AVE	ATS
KX06LXH	PEX	KX08HRF	EA	KX09BHE	EA	KX10KSY	WK	KX54NJO	MEL
KX06LXN	TTR	KX08HRJ	EA	KX09BHF	EA	KX10KSZ	WK	KX54NKE	PCN
KX06LXO	TTR	KX08KYT	WK	KX09BHJ	EA	KX10KTA	WK	KX54NKF	APS
KX06LXP	TRW	KX08KYU	WK	KX09BHK	EA	KX10KTC	WK	KX54NKG	SPW
KX06LYP	EAS	KX08KYV	WK	KX09BHL	EA	KX10KTD	WK	KX54NKH	SPW
KX06LYS	WAV	KX08KYW	WK	KX09BHN	EA	KX10KTE	WK	KX54OOY	WK
KX06LYT	WAV	KX08KYY	WK	KX09CGU	PWW	KX10KTF	WK	KX54OPA	WK
KX06LYU	SSOU	KX08KYZ	WK	KX09CHY	FIR	KX10KTG	WK	KX54OPB	WK
KX06LYV	SSOU	KX08KZA	SOXF	KX09CHZ	GBC	KX10KTJ	WK	KX54OPC	WK
KX06LYW	SSOU	KX08KZB	SOXF	KX09GJJ	GBC	KX51CRU	SNW	KX55PEO	EA
KX06LYY	SSOU	KX08KZC	SOXF	KX09GKN	MUS	KX51CRV	SNW	KX55PFA	EA
KX06MWF	ZAM	KX08KZD	SOXF	KX09GMO	SOA	KX51CRZ	SREN	KX55PFD	EA
KX06TYF	EA	KX08KZE	SOXF	KX09GXW	ATS	KX51CSF	SREN	KX55PFE	EA
KX06TYG	EA	KX08KZF	SOXF	KX09GXY	ATS	KX51CSO	SNW	KX55PFF	EA
KX06TYH	EA	KX08KZG	SOXF	KX09GXZ	ATS	KX51CSU	SNW	KX55PFG	EA
KX06TYK	EA	KX08KZH	SOXF	KX09GYA	ATS	KX51CSV	SNW	KX55PFJ	EA
KX07HDE	POC	KX08KZJ	SOXF	KX09GYB	ATS	KX51CSY	SNW	KX55PFK	EA
KX07HDF	FIR	KX08KZK	SOXF	KX09GYC	ATS	KX51CSZ	SNW	KX55PFN	EA
KX07HDN	STS	KX08KZL	STS	KX09GYD	ATS	KX51CTE	WK	KX55PFO	EA
KX07HDU	THU	KX08KZM	SOXF	KX09GYE	ATS	KX51CTF	WK	KX55PFU	EA
KX07HDV	S&S	KX08KZN	SOXF	KX09GYF	ATS	KX51CTK	WK	KX55PFV	EA
KX07HEJ	KCC	KX08KZO	WK	KX09GYG	ATS	KX51CTO	WK	KX55PFY	EA
KX07HEU	KCC	KX08LVH	WK	KX09GYH	ATS	KX51CTU	WK	KX55PFZ	EA
KX07HEV	KCC	KX08LVJ	WK	KX09GYJ	ATS	KX51CTV	WK	KX55PGE	EA
KX07HFA	KCC	KX08LVK	WK	KX09GYK	ATS	KX51UCR	ADR	KX55PGF	EA
KX07HFB	KCC	KX08LVL	WK	KX09GYN	ATS	KX51UCS	MID	KX55PGK	EA
KX07HFC	KCC	KX08LVM	WK	KX09GYO	ATS	KX51UCT	JAS	KX55PGO	EA
KX07HFD	STS	KX08LVN	WK	KX09GYP	ATS	KX51UCU	VCY	KX55RBV	WA
KX07KNW	MWT	KX08LVO	WK	KX09GYR	ATS	KX51UCV	MID	KX55RBY	SOXF
KX07KNY	CCI	KX08OLC	HOM	KX09GYS	ATS	KX51UDG	COG	KX55RBZ	SOXF
KX07KNZ	SIM	KX08OLE	HOM	KX09GYT	ATS	KX51UDH	FSR	KX55RCF	SOXF
KX07KOA	JSS	KX08OMB	WVY	KX09GYU	ATS	KX52WXL	SQU	KX55SBO	SWES
KX07KOD	JSS	KX08OMC	WVY	KX09GYV	ATS	KX53SBY	ANG	KX55SBU	SWES
KX07KOE	HEY	KX08OMD	WVY	KX09GYW	ATS	KX53SBZ	ANG	KX55TLK	SDEV

Code		Code		Code		Code		Code	
KX55TLN	SDEV	KX56TXZ	SOXF	KX58GTU	NEX	KX59CYZ	THU	KXI1060	GBU
KX55TLO	SDEV	KX57AAO	KCC	KX58GTY	NEX	KX59CZA	OFJ	KXI1067	GBU
KX55TLU	SDEV	KX57BWE	PCN	KX58GTZ	NEX	KX59CZB	OFJ	KXI2093	GBU
KX55TLV	SDEV	KX57BWF	PCN	KX58GUA	NEX	KX59CZC	TGM	KXI7598	WON
KX55TLY	SOXF	KX57BYK	EMM	KX58GUC	NEX	KX59CZD	TGM	KXW22	LBP
KX55TLZ	SOXF	KX57FKV	REI	KX58GUD	NEX	KX59CZE	TGM	KXW171	LBP
KX55UDB	EA	KX57FMA	HJC	KX58GUE	NEX	KX59DLJ	WK	KXW304	LBP
KX55UDD	EA	KX57FMC	VTE	KX58GUF	NEX	KX59DLK	WK	KXW429	IMP
KX55UDE	EA	KX57FMD	KCC	KX58GUG	NEX	KX59DLN	WK	KXW435	IMP
KX56HCF	TBB	KX57FMK	SIM	KX58GUH	NEX	KX59DLO	WK	KXW488	LBP
KX56HCP	TGM	KX57FML	OFJ	KX58GUJ	NEX	KX59DLU	WA	KY02YLK	AAT
KX56HCZ	TTR	KX57FMM	SIM	KX58GUK	NEX	KX59GNY	PCN	KY51PZS	BUZ
KX56JYY	EA	KX57FMO	TBB	KX58GUO	NEX	KX59GOA	GBC	KY51SXD	WTR
KX56JYZ	EA	KX57FNJ	KCC	KX58GUU	KCC	KX59GOC	GBC	KY51ZXT	STA
KX56JZA	EA	KX57FNL	THU	KX58GVC	GBC	KX60AZF	EA	KY52YSK	ZEQ
KX56JZC	EA	KX57KFZ	WK	KX58GVE	PEX	KX60AZG	EA	KYA284Y	SWC
KX56JZD	EA	KX57KGA	WK	KX58GVF	PEX	KX60AZJ	EA	KYC618	TIV
KX56JZE	EA	KX57KGE	WK	KX58GVJ	NEX	KX60AZL	EA	KYN306X	DRC
KX56JZF	EA	KX57KGF	WK	KX58GVK	NEX	KX60DPO	WK	KYO624X	HJC
KX56JZG	EA	KX57KGG	WK	KX58GVL	NEX	KX60DPU	WK	KYV327X	MAS
KX56JZH	EA	KX57KGJ	WK	KX58GVM	NEX	KX60DPV	WK	KYV328X	SLE
KX56JZJ	EA	KX57KGK	WK	KX58JZG	EA	KX60DPY	WK	KYV347X	NUV
KX56JZK	EA	KX57KGN	WK	KX58LJC	HEY	KX60DPZ	WK	KYV348X	NUV
KX56JZL	EA	KX57KGO	WK	KX58NBJ	EA	KX60DRO	WK	KYV372X	GRN
KX56JZM	EA	KX57KGP	WK	KX58NBK	EA	KX60DRV	WK	KYV378X	MAS
KX56JZN	SREN	KX57KGU	WK	KX58NBL	EA	KX60DRZ	WK	KYV379X	IMP
KX56JZO	SREN	KX57OVA	NAT	KX58NBM	EA	KX60DSE	WK	KYV432X	HMS
KX56KGG	WK	KX57OVB	NAT	KX58NBN	EA	KX60DSO	WK	KYV456X	MAS
KX56KGJ	WK	KX57OVC	NAT	KX58NBO	EA	KX60DSU	WK	KYV457X	A&P
KX56KGK	WK	KX57OVR	JPT	KX58NBY	EA	KX60DSV	WK	KYV473X	SWSC
KX56KGN	WK	KX57OVS	ZAE	KX58NBZ	EA	KX60DSY	WK	KYV481X	HMS
KX56KGO	WK	KX57OVT	JPT	KX58NCA	EA	KX60DSZ	WK	KYV482X	AQT
KX56KGU	WK	KX57OVU	JPT	KX58NCC	EA	KX60DTF	WK	KYV492X	LBP
KX56KGV	WK	KX57OVV	GWM	KX58NCD	EA	KX60DTK	WK	KYV512X	LBP
KX56KGY	WK	KX57OVY	JPT	KX58NCE	EA	KX60DTN	WK	KYV514X	MAS
KX56KGZ	WK	KX57OWK	OFJ	KX58NCF	EA	KX60DTO	WK	KYV541X	MAS
KX56KHA	WK	KX57OWM	OFJ	KX58NCJ	EA	KX60DTU	WK	KYV635X	ZBG
KX56KHB	WK	KX57OWO	OFJ	KX58NCN	EA	KX60DTV	WK	KYV636X	FRC
KX56KHC	WK	KX57OWP	OFJ	KX58NCO	EA	KX60DTY	WK	KYV643X	HJC
KX56OVB	TBB	KX58BGY	CYC	KX58NCU	EA	KX60DTZ	WK	KYV645X	ZCA
KX56OVL	TGM	KX58BHN	APS	KX59ACJ	ATS	KX60DUA	WK	KYV685X	AXE
KX56OVN	CNT	KX58BHO	APS	KX59ACO	ATS	KX60DUH	WK	KYV691X	BTS
KX56OVP	CNT	KX58BHU	APS	KX59AEE	ATS	KX60DVO	HSW	KYV693X	LBP
KX56OVU	WIG	KX58BHV	APS	KX59AEF	ATS	KX60DVP	THU	KYV709X	ZEW
KX56TXN	SOXF	KX58BHW	APS	KX59BBN	EA	KXA394	KAD	KYV730X	HJC
KX56TXO	SOXF	KX58BHY	APS	KX59BBO	EA	KXG661	STU	KYV758X	CAO
KX56TXP	SOXF	KX58BHZ	APS	KX59BCY	EA	KXI169	GTS	KYV771X	RRB
KX56TXR	SOXF	KX58BJE	APS	KX59CXO	RWN	KXI244	BRU	KYV792X	POW
KX56TXS	SOXF	KX58BJF	MEN	KX59CYC	TBB	KXI318	KAD	KYV801X	LBP
KX56TXT	SOXF	KX58BJJ	MEN	KX59CYE	TGM	KXI599	AYR	KYV802X	IMP
KX56TXU	SOXF	KX58BJZ	NXA	KX59CYF	TGM	KXI600	GBU	KYY527	LBP
KX56TXV	SOXF	KX58GSZ	GBC	KX59CYV	THU	KXI1030	HMC	KYY957	LBP
KX56TXW	SOXF	KX58GTF	GBC	KX59CYW	THU	KXI1056	GBU	KYY961	ENS
KX56TXY	SOXF			KX59CYY	THU				

L

Code		Code		Code		Code		Code	
L1CRC	PWB	L1OND	CLN	L1SLT	ACH	L2ESU	LAL	L2POW	BKY
L1ESU	LAL	L1ONU	CLN	L1WET	WET	L2HCR	HAR	L2PPN	LIP
L1HDC	HAP	L1OXF	OBC	L2CBC	CBW	L2LCT	MLM	L2SBC	STP
L1JFS	JFS	L1PPN	LIP	L2CTT	CTT	L2NNC	CRW	L2SLT	ACH

Code		Code		Code		Code		Code	
L3CED	CML	L17ATS	DEV	L66CEL	CEL	L112YOD	PCB	L129ELJ	ZBN
L3HCR	HAR	L18HWD	JMS	L67UNG	HED	L112YVK	MIC	L129TFB	FSA
L3JBT	JBT	L18LUE	BLI	L67UOU	CLK	L113ALJ	BVB	L129YVK	CBC
L3LCC	SMI	L18PPN	TEV	L67VBX	ACE	L113LRA	TBB	L130ELJ	W&D
L3NCP	ALC	L18RMS	GRD	L68EPR	FSA	L113YOD	PCB	L130TFB	FSA
L3OBS	JJT	L18TVL	LID	L68UNG	HED	L113YVK	BUR	L132YVK	PTW
L3SBC	STI	L19CTL	CIU	L70ARK	JAS	L114ALJ	WCH	L133HVS	ATS
L3SKC	HKW	L20BUL	BUL	L70CLN	CLN	L114DNA	SNW	L134TFB	FSA
L4GPD	NAH	L20TGM	POY	L70SGB	SGD	L114HHV	HWY	L136TFB	FSA
L4HOD	SCK	L21LSG	SBQ	L71EKG	BCO	L114LRA	TBB	L136VRH	CNV
L4HWD	HWD	L21OET	CRW	L73EKG	B&J	L114SKB	WOO	L136YVK	AYO
L4LCC	KIN	L23WGA	B&N	L73NSX	RCM	L114YOD	PCB	L137BDV	FTR
L4PHF	CFM	L24LSG	PHI	L80BUS	PBU	L114YVK	CBC	L137VRH	DWN
L4PPN	LIP	L25GAN	FWE	L80SGB	SGD	L115ALJ	WCH	L137YVK	AYO
L4USE	RNE	L25LSX	ASW	L80YNE	SWT	L115LRA	TBB	L138BFV	TVS
L4YTB	GOD	L25MEP	LGT	L81YBB	BLC	L115YOD	RLI	L138VRH	PUM
L5GML	THA	L25WLH	SUL	L82RHL	BRW	L116ALJ	W&D	L139BFV	TVS
L5HWD	HWD	L26FNE	ROS	L85VDM	HCL	L116HHV	ZBU	L139VRH	HMS
L5PPN	LIP	L26GAN	FWE	L88CEL	CEL	L116LRA	TBB	L139XDS	AVD
L5SLT	SOD	L26JSA	STAY	L90BUS	PBU	L116VDM	HCL	L140BFV	HAD
L6ABC	WEB	L26LSG	CSA	L90SGB	SGD	L116YOD	PCB	L140VRH	REB
L6BMS	FCY	L27FNE	ROS	L91GAX	BEC	L117ALJ	W&D	L141AHS	SCH
L6BSL	RWY	L27ULA	TIG	L91WBX	SBL	L117LRA	TBB	L141VDM	GEJ
L6CLC	CRL	L29CAY	TRW	L92GAX	HWC	L117YOD	PCB	L141VRH	BEH
L6HAM	HMS	L29WLH	VCC	L94HRF	ANE	L118LRA	TBB	L141YVK	ANE
L6HCR	HAR	L30CAP	K&J	L94LND	SLA	L118YOD	PCB	L142VRH	CNV
L6KFC	KFY	L31HHN	ISL	L95HRF	ANE	L119YOD	PCB	L143VRH	CNV
L7JSF	CLN	L31WLH	SUL	L98PTW	EVE	L120ALJ	W&D	L145BFV	HWD
L7KFC	KFY	L32HHN	SNOE	L98RYD	JOH	L120HHV	EAS	L145VRH	DWN
L7WXM	WHE	L33NMS	MCL	L98WSW	HCC	L120LRA	MOV	L146BFV	HAD
L7YLS	LYL	L34HHN	SNOE	L100ACL	ACH	L120YOD	PCB	L146VRH	WCM
L8BMS	FCY	L34ULA	BLS	L100BJT	BRI	L121LRA	TBB	L148BFV	CRI
L8BSL	GVW	L35HHN	SNOE	L100CLA	HLS	L121YOD	PCB	L148YVK	SAT
L8CJT	TUR	L36HHN	SNOE	L100JLB	STAY	L122BPH	STE	L149YVK	CBC
L8NCP	JSB	L36OKV	CBW	L100MOU	ACE	L122ELJ	W&D	L150BFV	HAD
L8PPN	LIP	L36ULA	JJT	L100SCS	OLY	L122LRA	TBB	L150HUD	TXC
L8TCC	CRN	L37HHN	SNOE	L100WCM	WCM	L122TFB	FSA	L151HUD	CFL
L8YCL	GEL	L38DBC	VTC	L101LRA	MOV	L122YOD	PCB	L151WAG	CBC
L9CCH	CCS	L38DUT	A&P	L102LRA	TBB	L123DRN	DBT	L152YVK	CBC
L9CJT	TUR	L39WLH	VCC	L102VDM	TIG	L123ELJ	W&D	L154FRJ	ALP
L9CLC	CRL	L42CNY	WSN	L103LRA	TBB	L123LRA	TBB	L154HUD	WTH
L9DEL	SUM	L46VDM	HCL	L104GBO	GCA	L123PWR	FWE	L154UKB	SYT
L9NCP	CNV	L47VDM	HCL	L104HHV	IMP	L123TFB	FSA	L154YVK	PTW
L9PPN	LIP	L49ORC	GRW	L104LRA	TBB	L123YOD	PCB	L155BFV	HAD
L9YCL	GEL	L50LOW	HCT	L104PWR	THA	L123YVK	CBL	L155JNH	EA
L10BUL	BUL	L51KJX	GMB	L105LRA	TMH	L124LRA	TBB	L155LBW	GHA
L10KTL	KTL	L51UNS	GWH	L106HHV	HWY	L124YOD	PCB	L155UNS	FEX
L10NBB	CLN	L52UNS	W&D	L106LRA	TBB	L125DRN	CSA	L156JNH	EA
L10NCC	CLN	L53UNS	W&D	L106SDY	HAD	L125LRA	TBB	L156LBW	SSOU
L10NHH	CLN	L54CNY	SBL	L107HHV	IMP	L125YOD	PCB	L156UNS	FED
L10NKK	CLN	L55BUS	SWC	L107LRA	TBB	L126LRA	TBB	L157BFV	HAD
L10TCC	SOO	L56UNS	GWH	L107SDY	CRI	L126NAO	HKW	L157LBW	SNW
L11CJD	DOW	L58ULA	ARR	L108HHV	HED	L126TFB	FSA	L157UNS	FED
L11JDT	JDT	L58YJF	HQD	L108LHL	SEMS	L126YOD	HJC	L157YVK	ANE
L11PPN	LIP	L59ULA	ZBD	L108LRA	MOV	L127ELJ	W&D	L158JNH	KIC
L11VWL	HOW	L60SGB	SGD	L108VDM	BCO	L127LRA	TBB	L158UNS	FED
L12PPN	LIP	L61SAH	NCC	L109LRA	TBB	L127NAO	SSOU	L159JNH	ZAS
L14BMS	CLK	L62MWJ	DVR	L110LRA	TBB	L127YVK	ANE	L159LBW	NOG
L15KAJ	BCR	L62PDM	GHA	L111ANT	NEV	L128DRN	DBT	L159UNS	FED
L15PPN	LIP	L64GSE	SMK	L112ALJ	W&D	L128ELJ	WAR	L159XRH	ZCE
L15YUL	YUL	L65ORB	NIC	L112LRA	TBB	L128TFB	FSA	L160GYL	RNC

L160JNH	EA	L207YAG	GTC	L228SWM	CBC	L293ETG	PIC	L324YDU	CCB
L160PDM	EAS	L208AAB	FMR	L228TKA	ANW	L293USU	STK	L329MYC	FSA
L161GYL	ANE	L208GMO	FSA	L229AAB	FBR	L297ORS	SCK	L329YKV	CCB
L161JNH	EA	L208RNO	HED	L229SWM	CBC	L298VRV	AUT	L330CHB	D&G
L161XRH	TGA	L208SHW	FCY	L230SWM	CBC	L299KKW	POW	L333CEL	CEL
L162ADX	IBL	L208YCU	ASC	L231AAB	FMR	L300SGB	SGD	L333PAB	PAB
L162JNH	EA	L209AAB	FMR	L231SWM	EAS	L300WCM	OAD	L333SGB	SGD
L162UNS	FEX	L209BPL	BCH	L231TKA	CBC	L301PWR	FEX	L334JHN	CCM
L163UNS	FEX	L209KEF	ANE	L232AAB	FMR	L301TEM	ANW	L335PWX	CML
L164UNS	FEX	L209KSX	FNW	L232SWM	CBC	L301VSU	FNW	L339FWO	MAM
L166UNS	FMR	L209SHW	FCY	L232TKA	ANE	L302PWR	FEX	L341FWO	MAM
L166YAT	CBC	L209SKD	VTE	L233AAB	FNO	L302TEM	ANW	L342FWO	RML
L167UNS	FMR	L210KEF	ANE	L233HRF	FSR	L302VSU	FNW	L343FWO	SWES
L168UNS	FMR	L210OYC	SWC	L233SWM	CBC	L303PWR	FEX	L345ATA	DAR
L170CKH	D&G	L210TKA	ASW	L233TKA	WCG	L303TEM	ANW	L345ERU	GSM
L170EKG	CBL	L210YCU	ASC	L234AAB	FMR	L303VSU	FNW	L345KCK	SSOU
L172EKG	BCO	L211AAB	FMR	L234SWM	CBC	L304PSC	PUM	L346KCK	SSOU
L173VFW	BCS	L211CRU	W&D	L235AAB	FMR	L304PWR	FEX	L347KCK	RNC
L175UNS	MAS	L211KEF	ANE	L235SWM	EAS	L304VSU	FWE	L351MRR	TMH
L176UNS	MAS	L211OYC	SWC	L235TKA	ASW	L305PSC	SNW	L352MRR	TMH
L178UNS	MAS	L211SBG	GEL	L236AAB	FMR	L305PWR	FEX	L353MRR	TMH
L179UNS	MAS	L211VHU	FSA	L237AAB	FMR	L305VFE	SSH	L354FPF	HTL
L182PMX	CML	L211YCU	ASC	L238MUX	DUD	L305VSU	FWE	L354MKU	CAA
L188SDY	TRD	L212AAB	FMR	L238OYC	BRS	L306AUT	SWC	L354YNR	ZEC
L188SUB	ABK	L212BPL	FMN	L240CCW	ORC	L306HPP	ASW	L357YNR	LAT
L190NHE	AAR	L212CRU	W&D	L241SDY	SSOU	L306PWR	FWE	L369JBD	BAT
L191MAU	AAR	L212KEF	ANE	L242SDY	SSOU	L306VSU	FNW	L371JBD	EA
L195OVO	CLK	L212KSX	FNW	L244SDY	STAY	L307PSC	TEV	L374BGA	AVD
L197JSX	STD	L212TWM	SHO	L244TKA	ANE	L307PWR	FEX	L375BGA	AVD
L200SUP	MBT	L212YCU	EMB	L245SDY	STAY	L307VSU	FNW	L376BGA	AVD
L200WCM	WCM	L213AAB	FMR	L246SDY	SSOU	L308AUT	CBC	L377NMV	ASL
L201AAB	FMR	L213BPL	WBK	L247SDY	SSOU	L308PSC	SHIC	L381YFT	AST
L201KFS	FEC	L213CRU	W&D	L248CCK	ORC	L308PWR	FEX	L383YVV	ZEZ
L201SHW	FSA	L213TWM	EYM	L248PAH	CRA	L309PSC	POW	L384YFT	SHB
L201SKD	VTC	L214AAB	FMR	L248SDY	SREN	L309PWR	FEX	L388YNV	LSK
L201TKA	ASW	L214BPL	WBK	L249SDY	SREN	L309YDU	SCB	L390ULX	BAW
L201YCU	ANE	L214GJO	SMI	L249YOD	TRD	L310PSC	EBL	L391ULX	BAW
L202AAB	FMR	L215AAB	FMR	L250YOD	TRD	L310PWR	FEX	L392LNA	SNW
L202ONU	DBT	L215TWM	GEL	L252YOD	HVB	L310VSU	FNW	L395BGA	AVD
L202SKD	ACH	L215VHU	FSA	L253LDT	CCH	L310YDU	MAM	L396ORS	CCS
L202YAG	PCN	L216AAB	FMR	L253NFA	MTC	L311PWR	FEX	L400CLA	HLS
L203KSX	FNW	L216TKA	ASW	L253YOD	SLA	L311RTP	FHD	L400GPY	HEY
L203ONU	DBT	L217AAB	FMR	L254KUJ	R&B	L312PWR	FWE	L400KAT	HWS
L204JSX	HAO	L218VHU	FSA	L254YNV	TJC	L312YDU	CCB	L400SGB	SGD
L204KSX	FNW	L219AAB	FMR	L254YOD	SLA	L313AUT	PKS	L400WCM	WCM
L204SHW	FSA	L219TKA	ANE	L258YOD	DIC	L313HFU	TJC	L401CJF	STS
L204SKD	GEL	L220TKA	ANE	L261AKH	TEV	L313HPP	JHE	L401PWR	FWE
L204YAG	PCN	L220VHU	FSA	L268ULX	HEY	L313PWR	FWE	L402CJF	STS
L205AAB	FMR	L222CEL	CEL	L269ULX	SYT	L313RTP	FHD	L402LHE	M&H
L205JSX	HAO	L222PAB	PAB	L270ULX	CNV	L314PWR	FEX	L403BFX	GAM
L205SKD	GEL	L222SGB	SGD	L273FVN	ASW	L315PWR	FEX	L403CJF	TBB
L206AAB	FMR	L223BUT	LAT	L274FVN	ASW	L315XBB	BEW	L403LHE	SEL
L206GMO	FSA	L225AAB	FSA	L274HJD	MIK	L316HPP	66C	L404BBC	MCO
L206KSX	FNW	L225BUT	APC	L275FVN	FWT	L316JSA	CCI	L404BFX	GAM
L206SHW	FSA	L225TKA	ANE	L275YEY	POL	L316YDU	BUR	L404LHE	BLY
L206YAG	GTC	L225VHU	FSA	L276YEY	POL	L317AUT	SUR	L404TKB	TVP
L207AAB	FMR	L226JFA	STI	L278JAO	BLS	L319YDU	ZFA	L405BBC	MCO
L207KSX	FNW	L226SWM	EAS	L287MJH	COM	L320YVV	ZEZ	L405GDC	ZCR
L207PGU	CRA	L227AAB	FSA	L289ETG	RSL	L321AUT	STAY	L407BBC	MCO
L207RAK	JEB	L227BUT	MFF	L289LCW	ZCQ	L321BNX	AQT	L407NUA	GHA
L207RNO	HED	L227SWM	EAS	L290MJH	AAR	L322AAB	FSA	L407XMR	EAG
L207SKD	GEL	L228AAB	FSA	L292USU	STK	L322AUT	THO	L408GDC	JEF

Code		Code		Code		Code		Code	
L408NUA	GHA	L502FVU	TRD	L541EHD	SWE	L618TDY	SSOU	L654OWY	CUB
L408TKB	TVP	L502HCY	FCY	L542EHD	MAS	L619SES	SAJ	L654PWR	FWE
L409NUA	GHA	L502OAL	CSA	L543JFS	AQU	L620TDY	SSOU	L654SEU	FBR
L409TKB	TVP	L502TKA	ANW	L545JEP	FCY	L621TDY	TAT	L655MEV	NUV
L410TKB	TVP	L503AJT	W&D	L551GHN	ANE	L622TDY	SSOU	L655PWR	FWE
L415JBD	WST	L503VHU	FSA	L551USU	FED	L626TDY	SSOU	L655SVC	WAL
L415KEF	ZCR	L504AJT	W&D	L553LVT	A&E	L627TDY	SSOU	L656MYG	CNV
L416BGA	AVD	L504BNX	CBC	L554USU	FED	L628AYS	SMP	L658ADS	GSF
L416UNJ	CBC	L504TKA	RRB	L555CEL	CEL	L628TDY	SSOU	L658MYG	TRD
L417UUF	CBC	L505AJT	W&D	L555SGB	SGD	L628VCV	DOB	L658VGT	PLY
L421ORS	MCO	L505CPJ	AUT	L557YCU	AWT	L629TDY	SNW	L661MSF	GEJ
L422LET	EMB	L505OAL	CSA	L561ASU	WBS	L630BFV	BLS	L662MSF	GBC
L422ORS	HKW	L505TKA	ANW	L562YCU	TVM	L630TDY	SDEV	L663MSF	GWH
L422WHR	UKP	L506CPJ	ASC	L567XTC	CVP	L630VCV	DWN	L665MSF	BLS
L424TJK	SNW	L506OAL	BEW	L569GAJ	JCS	L631SEU	FBR	L666WMS	WED
L425TJK	SNW	L506VHU	FBR	L573VRV	ZBV	L631TDY	CLT	L667PWT	CET
L426TJK	SSOU	L507CPJ	ASC	L574YTL	WIA	L632SEU	FBR	L668TFY	ABI
L427CPB	GLO	L508BNX	CBC	L577DTA	FTR	L633SEU	FBR	L671HNV	EA
L427MVV	TDE	L508OAL	CSA	L578HSG	APB	L633TDY	SSOU	L672HNV	EA
L435KHH	GPT	L508TKA	ANW	L579JSA	HEY	L634BFV	WEB	L672OHL	LOR
L438FPA	RSS	L509CPJ	ASC	L581HSG	EDW	L635BFV	BLS	L673HNV	SLE
L444CEL	CEL	L509EHD	SVE	L581JSA	CTE	L636SEU	FED	L674HNV	EA
L444MMC	PCN	L509HCY	FCY	L582EPC	HMI	L637AYS	MCR	L675HNV	EA
L444SGB	SGD	L509OAL	DBT	L582HSG	EDW	L637DNA	SLA	L676HNV	EA
L445FHD	SEM	L509TKA	TEV	L582JSA	SNW	L637SEU	FDC	L676JSX	WTB
L446LVX	SLK	L510EHD	SVE	L583JSA	STAY	L638SEU	FDC	L677HNV	EA
L446XFE	BTL	L510JND	ZBD	L584HSG	SREN	L640LDT	SNW	L678HNV	SLE
L448FFR	LBC	L510OAL	CUB	L584JSA	HEY	L640SEU	FSA	L679HNV	CAR
L452HOE	AYR	L510TKA	TEV	L585HSG	SHIC	L641DNA	GUM	L680HNV	EA
L452UEB	EMS	L511HCY	FCY	L585JSA	HEY	L641LDT	SOXF	L680MET	GLO
L453XOU	KIC	L511KJX	ISL	L586HSG	EDW	L642DNA	DIC	L681HNV	EA
L455ASU	CCB	L511TKA	ACH	L586JSA	MIT	L642LDT	SWES	L682GNA	FSR
L455YAC	GWH	L511WOT	PIC	L587JSA	HEY	L642OWY	BEW	L683GKE	RHC
L459VLX	DWN	L512KJX	POP	L588HSG	ZBD	L642SEU	FWE	L683HNV	EA
L461AEA	WLA	L512TKA	TEV	L589HSG	SNW	L643DNA	SMI	L684HNV	EA
L463RDN	BEN	L513CPJ	ASC	L600JSB	JSB	L643KDA	GRL	L684UYS	AMV
L464BGA	AVD	L513HCY	FCY	L600PAB	PAB	L643OWY	BEW	L685CDD	WID
L464LNC	CCO	L513KJX	POP	L600SGB	SGD	L643SEU	FWE	L685JBD	EA
L464VLX	WIN	L513TKA	ANW	L601NOS	STE	L644AFJ	HOU	L685OET	JAC
L464XOU	ZDY	L514HCY	FCY	L601PWR	FWE	L644OWY	FOW	L685UYS	MUL
L465BGA	AVD	L515BBJ	TUT	L601VCD	SSOU	L644SEU	FWE	L686CDD	MCA
L473XOU	LFT	L515EHD	MBT	L602EKM	ATS	L644VCV	DPG	L688CDD	ZFA
L475CFT	FCT	L515HCY	FCY	L602NOS	GHA	L645SEU	FWE	L690KNO	CTE
L477CFT	FCT	L516BDH	ATB	L602OES	TWM	L647OWY	TDE	L690RNW	WON
L478CFT	COM	L517EHD	SAN	L602PWR	FWE	L647SEU	FED	L691WHY	CMT
L478TDU	BEW	L519EHD	BEN	L602VCD	SNW	L648MYG	TEV	L699AGA	TJH
L481BGA	AVD	L523MJB	WBS	L603NOS	GHA	L648OWY	TDE	L699NWX	OLY
L481CFT	COM	L524EHD	WLA	L603PWR	FWE	L648SEU	FED	L700ABC	ORJ
L482GTX	CRI	L525EHD	BCH	L603VCD	SNW	L649CJT	HST	L700JPC	SCK
L485NTO	IRB	L526FHN	ANE	L604NOS	RHC	L649MYG	BLC	L700SGB	SGD
L485XDE	RBC	L526YDL	W&D	L604PWR	FWE	L649OWY	FOW	L700WCM	WCM
L486NTO	IRB	L528YDL	W&D	L605BNX	CBC	L649SEU	FED	L701AGA	CNV
L487NTO	SHC	L530EHD	BBL	L605EKM	ASC	L650SEU	FSA	L701FWO	SOS
L488NTO	MOV	L531BDH	WIT	L605NOS	BLC	L651CJT	FSA	L703AGA	DIC
L489NTO	IRB	L532EHD	ANE	L607EKM	JHE	L651HKS	MAL	L705ASU	GRN
L492XOU	CRI	L533FHN	ANE	L608EKM	GIR	L651MGY	RHC	L705HFU	RHC
L493BGA	AVD	L533JEP	FCY	L608TDY	SSOU	L651PWR	FWE	L706FRD	MAS
L500WEN	DPG	L535YCC	TUT	L609TDY	SSOU	L651SEU	FED	L706PHE	NBL
L501AJT	W&D	L537EHD	EDG	L614LVX	GPT	L652CJT	FSA	L707FWO	WBL
L501OAL	CSA	L537YCC	TUT	L616GHB	LEW	L652PWR	FWE	L707LJM	MAS
L501TKA	ANW	L538JEP	FCY	L616WEW	ZCA	L652SEU	FED	L707LKY	LLM
L502AJT	W&D	L540EHD	CBN	L618LJM	CAO	L653PWR	FWE	L710ADS	TEL

L710LFO	FCH	L804YTL	LJL	L906JRN	SMP	L968MSC	THD	LAZ2734	BCB		
L710PHE	NBL	L806NNW	JTR	L906VHT	FSA	L968VGE	AQT	LAZ2737	GBU		
L711ALJ	BLV	L807YBC	TBB	L908JRN	PDB	L969MSC	PDB	LAZ2738	BCB		
L712JUD	CBL	L808SNO	FOR	L908NWW	DUD	L969UHU	CRI	LAZ2739	BCB		
L713JUD	CBL	L810TFY	AXE	L910JRN	GUM	L969UTU	HCL	LAZ2740	BCB		
L713WGA	ZBY	L811CJF	BCO	L911LRA	TBB	L970VGE	GUM	LAZ2741	GBU		
L714JUD	EST	L811PRB	PIN	L914UGA	MAM	L973MSC	HOR	LAZ2742	GBU		
L715WCC	DPG	L812CJF	CBN	L917NWW	WIT	L974KTH	CCS	LAZ2743	BCB		
L717ASU	GRN	L812NNW	EST	L918SNO	VTE	L974MSC	HOR	LAZ2744	GBU		
L717ERU	HQD	L815CFJ	FDC	L919ABJ	RUF	L974OWY	STW	LAZ2745	BCB		
L717OMV	COG	L816CFJ	FDC	L923UGA	SOO	L975MSC	MLI	LAZ2746	GBU		
L717WCC	DPG	L816NWY	SCT	L928SNO	VTE	L976MSC	MLI	LAZ2747	GBU		
L718JUD	EBL	L817CFJ	FDC	L928UGA	MAM	L976UBR	POW	LAZ2748	GBU		
L718OMV	COG	L817HCY	FLE	L930UGA	MDO	L977MSC	MLI	LAZ2749	BCB		
L719OMV	COG	L817NWY	EST	L931NWW	JTK	L978MSC	MLI	LAZ2750	BCB		
L720JUD	EBL	L818SAE	CLK	L931TGT	TUT	L979MSC	CED	LAZ2751	GBU		
L720OMV	RWN	L819NWY	BOR	L931UTU	HCL	L980MSC	THD	LAZ2752	GBU		
L720SNO	TMH	L820HCY	FMR	L932CTY	WCM	L982MSC	HWY	LAZ2753	GBU		
L724VNL	TAT	L821HCY	FMR	L932NWW	BGR	L983MSC	ZBR	LAZ2754	GBU		
L726SNO	TMH	L822HCY	FNO	L932TGT	TUT	L990ASU	WCM	LAZ2755	GBU		
L729VNL	ANE	L823HCY	FNO	L933JFU	REC	L991CRY	TUT	LAZ2756	GBU		
L730MWW	DBT	L824HCY	FNO	L937UTU	HCL	L992CRY	WSN	LAZ2757	GBU		
L732PRP	ROY	L826BKK	JBT	L938GYL	THA	L995GTG	SPT	LAZ2758	GBU		
L733MWW	DBT	L827BKK	JBT	L938NWW	HBT	L997SNW	KIM	LAZ2759	GBU		
L735SNO	ZAS	L828BKK	JBT	L938ORC	SEM	L981MSC	CED	LAZ2760	GBU		
L735VNL	ANE	L829BKK	JBT	L939GYL	SYT	LA02WMZ	TMH	LAZ4120	JJT		
L736SNO	ZAS	L829HEF	ISL	L940GYL	THA	LA51YXR	VIP	LAZ4408	WLA		
L736VNL	ANE	L829LNE	VIL	L942LBV	BRW	LAJ999W	MIL	LAZ4470	JDT		
L737PYC	HOW	L829PWG	MAX	L942NWW	GRB	LAW102F	ROY	LAZ5826	SWC		
L737VNL	ANE	L830BKK	JBT	L944HTM	PKS	LAX333	MPH	LAZ6581	SUN		
L738LWA	TFB	L830LNE	PDB	L944NWW	ZBD	LAZ130	SHA	LAZ6728	RSC		
L738PUA	DBT	L830NYG	ACH	L944UTU	HCL	LAZ2370	BAY	LAZ7403	LAK		
L738VNL	ANE	L830WHY	GLA	L945HTM	JPM	LAZ2701	BCB	LAZ7641	EDW		
L739VNL	ANE	L831CDG	RKT	L945NWW	KWT	LAZ2702	BCB	LAZ8560	VIS		
L740NHE	LEW	L833YDS	BEH	L946NWW	KWT	LAZ2703	BCB	LAZ8859	PRC		
L740PUA	CCI	L841CDG	BVB	L949EOD	CCB	LAZ2704	GBU	LAZ9205	WMC		
L740VNL	ANE	L843OTO	WAL	L950MSC	BEN	LAZ2705	BCB	LB02YPG	ZCQ		
L741LWA	CSA	L846THY	CHT	L951CTT	RHC	LAZ2706	BCB	LB02YPK	EAZ		
L741VNL	ANE	L858COD	STI	L951MBH	UNO	LAZ2707	BCB	LB02YPN	SDEV		
L742LWA	BAT	L866ENP	WCC	L951MSC	BEN	LAZ2708	BCB	LB02YPU	GSA		
L742NHE	GMC	L868LFS	HFX	L952MSC	BEN	LAZ2709	BCB	LB02YPY	GSA		
L743YGE	HEY	L869LFS	JJT	L953MSC	STC	LAZ2710	BCB	LB02YWX	GAL		
L745LWA	CSA	L870LFS	CBC	L954MSC	THD	LAZ2711	BCB	LB02YWY	GAL		
L745YGE	TAP	L881SDY	CSA	L955MSC	STC	LAZ2712	BCB	LB02YWZ	GAL		
L746LWA	SHB	L882MWB	CMT	L956MSC	HWY	LAZ2714	BCB	LB02YXA	GAL		
L748LWA	Dic	L883SDY	ZAS	L956NWW	JBR	LAZ2715	BCB	LB02YXD	GAL		
L748VNL	ANE	L885MWB	ROT	L956UTU	HCL	LAZ2716	BCB	LB02YXE	GAL		
L759VNL	ANE	L885SDY	CLI	L957MSC	THD	LAZ2717	BCB	LB02YXF	GAL		
L762SNO	CED	L888PAB	PAB	L958MSC	BEN	LAZ2718	BCB	LB02YXG	GAL		
L765ARG	SNOE	L888SGB	SGD	L959MSC	PDB	LAZ2719	BCB	LB02YXH	GAL		
L771SWM	EXW	L888TTT	FWE	L960MSC	FOW	LAZ2720	BCB	LB02YXJ	GAL		
L776AUS	LIP	L888YTT	FWE	L961MSC	FOW	LAZ2721	BCB	LB02YXK	GAL		
L777PAB	PAB	L890MWB	STS	L962MSC	STC	LAZ2722	BCB	LB02YXL	GAL		
L777SGB	SGD	L900SGB	SGD	L962NFA	FCL	LAZ2723	BCB	LB02YXM	GAL		
L778SNO	TOP	L901NWW	ZEO	L962NWW	JBR	LAZ2724	BCB	LB02YXN	GAL		
L779XCV	CRI	L901VHT	FSA	L963MSC	FOW	LAZ2725	BCB	LB10BUS	LOT		
L780GMJ	CRI	L902VHT	FSA	L963NWW	JBG	LAZ2727	BCB	LB51CUH	KWT		
L784SEJ	SIL	L903NWW	AYC	L964MSC	SREN	LAZ2729	BCB	LB52URZ	ABS		
L785PRF	COS	L904NWW	ZEO	L964NWW	M&D	LAZ2730	BCB	LB57MTB	BCS		
L790SWM	GVW	L905JRN	SAT	L965MSC	DEW	LAZ2731	BCB	LBH460Y	WBR		
L800BUL	SCH	L905SNO	VTC	L966MSC	THD	LAZ2732	BCB	LBJ999V	RHT		
L801SAE	FSA	L906ANS	CBC	L967MSC	THD	LAZ2733	GBU	LBO6X	TDR		

LBP500	TAR	LF02PLO	ALN	LF52THV	GAL	LF52URB	ALN	LF52ZNP	GAL
LBT380N	THR	LF02PLU	ALN	LF52THX	GAL	LF52URC	ALN	LF52ZNR	GAL
LBZ2936	GIR	LF02PLV	ALN	LF52THZ	GAL	LF52URD	ALN	LF52ZNS	GAL
LBZ2939	TUT	LF02PLX	ALN	LF52TJO	GAL	LF52URE	ALN	LF52ZNT	GAL
LBZ2940	LYL	LF02PLZ	ALN	LF52TJU	GAL	LF52URG	ALN	LF52ZNU	GAL
LBZ2944	JAC	LF02PMO	ALN	LF52TJV	GAL	LF52URH	ALN	LF52ZNV	GAL
LBZ2947	SWF	LF02PMV	ALN	LF52TJX	GAL	LF52URJ	ALN	LF52ZNW	GAL
LBZ4698	ROI	LF02PMX	ALN	LF52TJY	GAL	LF52URK	ALN	LF52ZNX	GAL
LBZ6311	R&B	LF02PMY	ALN	LF52TKA	GAL	LF52URL	ALN	LF52ZNY	GAL
LBZ6829	STE	LF02PNE	ALN	LF52TKC	GAL	LF52URM	ALN	LF52ZNZ	GAL
LBZ6890	GHW	LF02PNJ	ALN	LF52TKD	GAL	LF52URN	ALN	LF52ZPB	GAL
LC03RJC	BUD	LF02PNK	ALN	LF52TKJ	GAL	LF52URO	ALN	LF52ZPC	GAL
LC03WYN	LLM	LF02PNL	ALN	LF52TKK	GAL	LF52URP	ALN	LF52ZPD	GAL
LC06WYN	LLM	LF02PNN	ALN	LF52TKN	GAL	LF52URR	ALN	LF52ZPE	GAL
LC07WYN	LLM	LF02PNO	ALN	LF52TKO	GAL	LF52URS	ALN	LF52ZPG	GAL
LC08WYN	LLM	LF02PNU	ALN	LF52TKT	GAL	LF52URT	ALN	LF52ZPH	GAL
LC10DAN	LLM	LF02PNV	ALN	LF52UNV	ALN	LF52URU	ALN	LF52ZPJ	GAL
LC10WYN	LLM	LF02PNX	ALN	LF52UNW	ALN	LF52URV	ALN	LF52ZPK	GAL
LCA182Y	AON	LF02PNY	ALN	LF52UNX	ALN	LF52URW	ALN	LF52ZPL	GAL
LCA381	ABO	LF02POA	ALN	LF52UNY	ALN	LF52URX	ALN	LF52ZPM	GAL
LCN36	MCR	LF02POH	ALN	LF52UNZ	ALN	LF52URY	ALN	LF52ZPN	GAL
LCX159W	WKB	LF02PSO	ALN	LF52UOA	ALN	LF52URZ	ALN	LF52ZPO	GAL
LCZ1890	MCC	LF02PSU	ALN	LF52UOB	ALN	LF52USB	ALN	LF52ZPP	GAL
LCZ2265	AIR	LF02PSY	ALN	LF52UOC	ALN	LF52USC	ALN	LF52ZPR	GAL
LCZ3677	JTK	LF02PSZ	ALN	LF52UOD	ALN	LF52USD	ALN	LF52ZPS	GAL
LD04MCT	MCE	LF02PTO	ALN	LF52UOE	ALN	LF52USE	ALN	LF52ZPU	GAL
LD10BEL	BEL	LF02PTU	ALN	LF52UOG	ALN	LF52USG	ALN	LF52ZPV	GAL
LD55RFC	FWY	LF02PTX	ALN	LF52UOH	ALN	LF52USH	ALN	LF52ZPW	GAL
LDD488	PUH	LF02PTY	ALN	LF52UOJ	ALN	LF52USJ	ALN	LF52ZPX	GAL
LDP295	GAL	LF02PTZ	ALN	LF52UOK	ALN	LF52USL	ALN	LF52ZPY	GAL
LDV398P	MUL	LF02PVA	ATS	LF52UOL	ALN	LF52USM	ALN	LF52ZPZ	GAL
LDX75G	CCB	LF02PVE	ALN	LF52UOM	ALN	LF52USN	ALN	LF52ZRA	GAL
LDX76G	AVC	LF02PVJ	ALN	LF52UON	ALN	LF52USO	ALN	LF52ZRC	GAL
LDY173	RAM	LF02PVK	ALN	LF52UOO	ALN	LF52USS	ALN	LF52ZRD	GAL
LDZ2502	HEY	LF02PVL	ALN	LF52UOP	ALN	LF52UST	ALN	LF52ZRE	GAL
LDZ2503	HEY	LF02PVN	ALN	LF52UOR	ALN	LF52USU	ALN	LF52ZRG	GAL
LE60PBS	BUD	LF02PVO	ALN	LF52UOS	ALN	LF52USV	ALN	LF52ZRJ	GAL
LEC214	ORJ	LF02UJV	A2B	LF52UOT	ALN	LF52USW	ALN	LF52ZRK	GAL
LEL40F	ROY	LF06YRC	ABS	LF52UOU	ALN	LF52USX	ALN	LF52ZRL	GAL
LEN616	BAY	LF06YRD	ABS	LF52UOV	ALN	LF52USY	ALN	LF52ZRN	GAL
LEO736Y	SIC	LF06YRE	ABS	LF52UOW	ALN	LF52USZ	ALN	LF52ZRO	GAL
LEW16W	KEN	LF06YRG	ABS	LF52UOX	ALN	LF52UTA	ALN	LF52ZRP	GAL
LEZ3941	JBF	LF06YRJ	ABS	LF52UOY	ALN	LF52UTB	ALN	LF52ZRR	GAL
LEZ3945	PHO	LF06YRK	ABS	LF52UPA	ALN	LF52UTC	ALN	LF52ZRT	GAL
LEZ4564	JEN	LF06YRL	ABS	LF52UPB	ALN	LF52UTE	ALN	LF52ZRU	GAL
LEZ4624	S&D	LF06YRM	ABS	LF52UPC	ALN	LF52UTG	ALN	LF52ZRV	GAL
LEZ9305	ZEZ	LF06YRN	ABS	LF52UPD	ALN	LF52UTH	ALN	LF52ZRX	GAL
LEZ9306	ZEZ	LF08DZW	OFJ	LF52UPG	ALN	LF52UTL	ALN	LF52ZRY	GAL
LEZ9446	CHE	LF08DZX	OFJ	LF52UPH	ALN	LF52UTM	ALN	LF52ZRZ	GAL
LEZ9480	FAL	LF10OXF	OBC	LF52UPK	ALN	LF52ZLZ	GAL	LF52ZSD	GAL
LF02PKA	ALN	LF51EKX	LID	LF52UPM	ALN	LF52ZMO	GAL	LF52ZSO	GAL
LF02PKC	ALN	LF52TGN	GAL	LF52UPN	ALN	LF52ZMU	GAL	LF52ZSP	GAL
LF02PKD	ALN	LF52TGO	GAL	LF52UPO	ALN	LF52ZND	GAL	LF52ZSR	GAL
LF02PKE	ALN	LF52TGU	GAL	LF52UPP	ALN	LF52ZNE	GAL	LF52ZST	GAL
LF02PKJ	ALN	LF52TGV	GAL	LF52UPR	ALN	LF52ZNG	GAL	LF52ZTG	GAL
LF02PKO	ALN	LF52TGX	GAL	LF52UPS	ALN	LF52ZNH	GAL	LF52ZTH	GAL
LF02PKU	ALN	LF52TGY	GAL	LF52UPT	ALN	LF52ZNJ	GAL	LF52ZTJ	GAL
LF02PKV	ALN	LF52TGZ	GAL	LF52UPV	ALN	LF52ZNK	GAL	LF52ZTK	GAL
LF02PKX	ALN	LF52THG	GAL	LF52UPW	ALN	LF52ZNL	GAL	LF52ZTL	GAL
LF02PKY	ALN	LF52THK	GAL	LF52UPX	ALN	LF52ZNM	GAL	LF52ZTM	GAL
LF02PLJ	ALN	LF52THN	GAL	LF52UPZ	ALN	LF52ZNN	GAL	LF52ZTN	GAL
LF02PLN	ALN	LF52THU	GAL	LF52URA	ALN	LF52ZNO	GAL	LF52ZTO	GAL

LF52ZTP	GAL	LG02FFL	TDL	LG02KHZ	GAL	LIB574	GRI	LIL8823	3DS
LF52ZTR	GAL	LG02FFM	TDL	LG02KJA	GAL	LIB601	GRI	LIL8872	BGR
LF55CYV	ABS	LG02FFN	TDL	LG02KJE	GAL	LIB804	HWD	LIL8876	TFB
LF55CYW	ABS	LG02FFO	TDL	LG02KJF	GAL	LIB854	GRI	LIL8970	MEW
LF55CYX	ABS	LG02FFP	TDL	LG02ZTK	BOR	LIB964	GRI	LIL8971	LLC
LF55CYY	ABS	LG02FFR	TDL	LG05BCL	ZCO	LIB987	GRI	LIL9174	ORA
LF55CYZ	ABS	LG02FFS	TDL	LG06HSF	WED	LIB1474	C&G	LIL9239	AND
LF55CZA	ABS	LG02FFT	TDL	LG52DAA	ALN	LIB3768	ZDW	LIL9452	BEL
LF55CZB	ABS	LG02FFU	TDL	LG52DAO	ALN	LIB3992	BRC	LIL9453	BEL
LF56OXF	OBC	LG02FFV	TDL	LG52DAU	ALN	LIB5949	ELR	LIL9454	BEL
LF57OXF	OBC	LG02FFW	TDL	LG52DBO	ALN	LIB6434	MCW	LIL9455	BEL
LF59XDZ	ABS	LG02FFX	TDL	LG52DBU	ALN	LIB6437	MOC	LIL9457	BEL
LFJ873W	FDC	LG02FFY	TDL	LG52DBV	ALN	LIB6438	MOW	LIL9458	BEL
LFJ858W	WGH	LG02FFZ	TDL	LG52DBY	ALN	LIB6440	HWD	LIL9476	TDT
LFM302	QMS	LG02FGA	TDL	LG52DBZ	ALN	LIB6445	BKY	LIL9666	WET
LFM734	QMS	LG02FGC	TDL	LG52DCE	ALN	LIB7888	GRI	LIL9713	BEL
LFO800Y	SPE	LG02FGD	TDL	LG52DCF	ALN	LIB8190	BRC	LIL9714	BEL
LFR529F	CBS	LG02FGE	TDL	LG52DCO	ALN	LIB8220	P&K	LIL9715	BEL
LFR638W	SFU	LG02FGF	TDL	LG52DCU	ALN	LIB8340	C&G	LIL9716	BEL
LFR873X	FAL	LG02FGJ	TDL	LG52DCV	ALN	LIB8920	EKR	LIL9717	BEL
LFT5X	POY	LG02FGK	TDL	LG52DCX	ALN	LIB8921	CFM	LIL9718	BEL
LFT6X	ROY	LG02FGM	TDL	LG52DCY	ALN	LIB9555	GRI	LIL9812	YON
LFX725	SOT	LG02FGN	TDL	LG52DCZ	ALN	LIJ595	SREN	LIL9814	KOA
LG02DKY	HER	LG02FGO	TDL	LG52DDA	ALN	LIJ837	BCH	LIL9815	CRN
LG02FAA	TDL	LG02FGP	TDL	LG52DDE	ALN	LIL2050	CAT	LIL9816	CRN
LG02FAF	TDL	LG02FGU	TDL	LG52DDF	ALN	LIL2063	AND	LIL9842	TRW
LG02FAJ	TDL	LG02FGV	TDL	LG52DDJ	ALN	LIL2173	BLY	LIL9843	MCT
LG02FAK	TDL	LG02FGX	TDL	LG52DDK	ALN	LIL2174	AUD	LIL9900	GCT
LG02FAM	TDL	LG02FGZ	TDL	LG52DDL	ALN	LIL2175	TDT	LIL9972	JEA
LG02FAO	TDL	LG02FHA	TDL	LG52XWD	ABS	LIL2665	SVE	LIL9974	TAT
LG02FAU	TDL	LG02FHB	TDL	LG52XWE	ABS	LIL3055	ZBM	LIL9990	STW
LG02FBA	TDL	LG02FHC	TDL	LG52XYJ	ABS	LIL3068	BCO	LIW1335	HGI
LG02FBB	TDL	LG02FHD	TDL	LG52XYK	ABS	LIL3748	SVE	LIW1337	STE
LG02FBC	TDL	LG02FHE	TDL	LG52XYL	ABS	LIL3934	EDW	LIW1937	PRC
LG02FBD	TDL	LG02FHF	TDL	LG52XYM	ABS	LIL3949	ZEG	LIW2941	CUM
LG02FBE	TDL	LG02FHH	TDL	LG52XYN	ABS	LIL4348	MDC	LIW2943	CUM
LG02FBF	TDL	LG02FHJ	TDL	LG52XYO	ABS	LIL4398	PHO	LIW3221	HRD
LG02FBJ	TDL	LG02FHK	TDL	LG52XYP	ABS	LIL4491	SPT	LIW3222	WIB
LG02FBK	TDL	LG02FHL	TDL	LG52XYY	ABS	LIL4725	MOW	LIW3636	CTE
LG02FBL	TDL	LG02KGP	GAL	LG52XYZ	ABS	LIL5845	PWB	LIW4270	WLC
LG02FBN	TDL	LG02KGU	GAL	LG52XZA	ABS	LIL5947	KOD	LIW4290	SBJ
LG02FBO	TDL	LG02KGV	GAL	LG52XZB	ABS	LIL6060	66C	LIW4291	CRN
LG02FBU	TDL	LG02KGX	GAL	LG52XZR	ABS	LIL6146	AOA	LIW4871	CTE
LG02FBV	TDL	LG02KGY	GAL	LG52XZS	ABS	LIL6147	KOD	LIW6050	DHC
LG02FBX	TDL	LG02KGZ	GAL	LG52XZT	ALN	LIL6148	THO	LJ03MBF	ALN
LG02FBY	TDL	LG02KHA	GAL	LHE254W	SPE	LIL6149	P&K	LJ03MBU	ALN
LG02FCX	IBL	LG02KHE	GAL	LHE601W	JBT	LIL6287	VCC	LJ03MBV	ALN
LG02FDC	IBL	LG02KHF	GAL	LHG447T	GRI	LIL6537	SKC	LJ03MBX	ALN
LG02FDF	IBL	LG02KHH	GAL	LHJ736	ZDE	LIL7230	SUN	LJ03MBY	ALN
LG02FDJ	IBL	LG02KHJ	GAL	LHO420T	DGB	LIL7332	WIP	LJ03MDE	ALN
LG02FDK	IBL	LG02KHK	GAL	LHW504P	MDC	LIL7804	FEL	LJ03MDF	ALN
LG02FDY	TDL	LG02KHL	GAL	LHZ6351	LIT	LIL7810	MRS	LJ03MDK	ALN
LG02FDZ	TDL	LG02KHM	GAL	LHZ6352	LIT	LIL7910	BBE	LJ03MDN	ALN
LG02FEF	TDL	LG02KHO	GAL	LHZ6353	LIT	LIL8045	GAS	LJ03MDU	ALN
LG02FEH	TDL	LG02KHP	GAL	LHZ6354	LIT	LIL8050	JJT	LJ03MDV	ALN
LG02FEJ	TDL	LG02KHR	GAL	LHZ7862	HGI	LIL8052	LMC	LJ03MDX	ALN
LG02FEK	TDL	LG02KHT	GAL	LIB226	RNC	LIL8200	SKC	LJ03MDY	ALN
LG02FEO	TDL	LG02KHU	GAL	LIB305	GRI	LIL8364	HGI	LJ03MDZ	ALN
LG02FEX	TDL	LG02KHV	GAL	LIB347	GRI	LIL8481	BEL	LJ03MEU	ALN
LG02FFA	TDL	LG02KHW	GAL	LIB377	GRI	LIL8483	CIU	LJ03MEV	ALN
LG02FFB	TDL	LG02KHX	GAL	LIB447	GRI	LIL8540	PHI	LJ03MFA	ALN
LG02FFK	TDL	LG02KHY	GAL	LIB449	GRI	LIL8556	NEL	LJ03MFE	ALN

LJ03MFF ALN	LJ03MMV ALN	LJ03MXT ALN	LJ04LFV ALN	LJ05BLN ALN
LJ03MFK ALN	LJ03MMX ALN	LJ03MXU ALN	LJ04LFW ALN	LJ05BLV ALN
LJ03MFN ALN	LJ03MOA ALN	LJ03MXV ALN	LJ04LFX ALN	LJ05BLX ALN
LJ03MFP ALN	LJ03MOF ALN	LJ03MXW ALN	LJ04LFZ ALN	LJ05BLZ ALN
LJ03MFU ALN	LJ03MOV ALN	LJ03MXX ALN	LJ04LGA ALN	LJ05BMO ALN
LJ03MFV ALN	LJ03MPF ALN	LJ03MXY ALN	LJ04LGC ALN	LJ05BMU ALN
LJ03MFX ALN	LJ03MPU ALN	LJ03MXZ ALN	LJ04LGD ALN	LJ05BMV ALN
LJ03MFY ALN	LJ03MPV ALN	LJ03MYA ALN	LJ04LGE ALN	LJ05BMZ ALN
LJ03MFZ ALN	LJ03MPX ALN	LJ03MYB ALN	LJ04LGF ALN	LJ05BNA ALN
LJ03MGE ALN	LJ03MPY ALN	LJ03MYC ALN	LJ04LGG ALN	LJ05BNB ALN
LJ03MGU ALN	LJ03MPZ ALN	LJ03MYD ALN	LJ04LGK ALN	LJ05BND ALN
LJ03MGV ALN	LJ03MRU ALN	LJ03MYF ALN	LJ04LGL ALN	LJ05BNE ALN
LJ03MGX ALN	LJ03MRV ALN	LJ03MYG ALN	LJ04LGN ALN	LJ05BNF ALN
LJ03MGY ALN	LJ03MRX ALN	LJ03MYH ALN	LJ04LGV ALN	LJ05BNK ALN
LJ03MGZ ALN	LJ03MRY ALN	LJ03MYK ALN	LJ04LGW ALN	LJ05BNL ALN
LJ03MHA ALN	LJ03MSU ALN	LJ03MYL ALN	LJ04LGX ALN	LJ05GKX ALN
LJ03MHE ALN	LJ03MSV ALN	LJ03MYM ALN	LJ04LGY ALN	LJ05GKY ALN
LJ03MHF ALN	LJ03MSX ALN	LJ03MYN ALN	LJ04YWE ALN	LJ05GKZ ALN
LJ03MHK ALN	LJ03MSY ALN	LJ03MYP ALN	LJ04YWS APL	LJ05GLF ALN
LJ03MHL ALN	LJ03MTE ALN	LJ03MYR ALN	LJ04YWT APL	LJ05GLK ALN
LJ03MHM ALN	LJ03MTF ALN	LJ03MYS ALN	LJ04YWU APL	LJ05GLV ALN
LJ03MHN ALN	LJ03MTK ALN	LJ03MYT ALN	LJ04YWV APL	LJ05GLY ALN
LJ03MHU ALN	LJ03MTU ALN	LJ03MYU ALN	LJ04YWW APL	LJ05GLZ ALN
LJ03MHV ALN	LJ03MTV ALN	LJ03MYV ALN	LJ04YWX APL	LJ05GME ALN
LJ03MHX ALN	LJ03MTY ALN	LJ03MYX ALN	LJ04YWY APL	LJ05GMF ALN
LJ03MHY ALN	LJ03MTZ ALN	LJ03MYY ALN	LJ04YWZ ALN	LJ05GOP ALN
LJ03MHZ ALN	LJ03MUA ALN	LJ03MYZ ALN	LJ04YXA ALN	LJ05GOU ALN
LJ03MJE ALN	LJ03MUB ALN	LJ03MZD ALN	LJ04YXB ALN	LJ05GOX ALN
LJ03MJF ALN	LJ03MUW ALN	LJ03MZE ALN	LJ05BHL ALN	LJ05GPF ALN
LJ03MJK ALN	LJ03MUY ALN	LJ03MZF ALN	LJ05BHN ALN	LJ05GPK ALN
LJ03MJU ALN	LJ03MVC ALN	LJ03MZG ALN	LJ05BHO ALN	LJ05GPO ALN
LJ03MJV ALN	LJ03MVD ALN	LJ03MZL ALN	LJ05BHP ALN	LJ05GPU ALN
LJ03MJX ALN	LJ03MVE ALN	LJ03WBG PCO	LJ05BHU ALN	LJ05GPX ALN
LJ03MJY ALN	LJ03MVF ALN	LJ04JFZ LID	LJ05BHV ALN	LJ05GPY ALN
LJ03MKA ALN	LJ03MVG ALN	LJ04LDA ALN	LJ05BHW ALN	LJ05GPZ ALN
LJ03MKC ALN	LJ03MVT ALN	LJ04LDC ALN	LJ05BHX ALN	LJ05GRF ALN
LJ03MKD ALN	LJ03MVV ALN	LJ04LDD ALN	LJ05BHY ALN	LJ05GRK ALN
LJ03MKE ALN	LJ03MVW ALN	LJ04LDF ALN	LJ05BHZ ALN	LJ05GRU ALN
LJ03MKF ALN	LJ03MVX ALN	LJ04LDK ALN	LJ05BJE ALN	LJ05GRX ALN
LJ03MKG ALN	LJ03MVY ALN	LJ04LDL ALN	LJ05BJF ALN	LJ05GRZ ALN
LJ03MKK ALN	LJ03MVZ ALN	LJ04LDN ALN	LJ05BJK ALN	LJ05GSO ALN
LJ03MKL ALN	LJ03MWA ALN	LJ04LDU ALN	LJ05BJO ALN	LJ05GSU ALN
LJ03MKM ALN	LJ03MWC ALN	LJ04LDX ALN	LJ05BJU ALN	LJ07EBO ALN
LJ03MKN ALN	LJ03MWD ALN	LJ04LDY ALN	LJ05BJV ALN	LJ07EBP ALN
LJ03MKU ALN	LJ03MWE ALN	LJ04LDZ ALN	LJ05BJX ALN	LJ07EBU ALN
LJ03MKV ALN	LJ03MWF ALN	LJ04LEF ALN	LJ05BJY ALN	LJ07ECF ALN
LJ03MKX ALN	LJ03MWG ALN	LJ04LEU ALN	LJ05BJZ ALN	LJ07ECN ALN
LJ03MKZ ALN	LJ03MWK ALN	LJ04LFB ALN	LJ05BKA ALN	LJ07ECT ALN
LJ03MLE ALN	LJ03MWL ALN	LJ04LFD ALN	LJ05BKD ALN	LJ07ECV ALN
LJ03MLF ALN	LJ03MWN ALN	LJ04LFE ALN	LJ05BKF ALN	LJ07ECW ALN
LJ03MLK ALN	LJ03MWP ALN	LJ04LFF ALN	LJ05BKG ALN	LJ07ECX ALN
LJ03MLL ALN	LJ03MWU ALN	LJ04LFG ALN	LJ05BKK ALN	LJ07ECY ALN
LJ03MLN ALN	LJ03MWV ALN	LJ04LFH ALN	LJ05BKL ALN	LJ07ECZ ALN
LJ03MLV ALN	LJ03MWX ALN	LJ04LFK ALN	LJ05BKN ALN	LJ07EDC ALN
LJ03MLX ALN	LJ03MXH ALN	LJ04LFL APL	LJ05BKO ALN	LJ07EDF ALN
LJ03MLY ALN	LJ03MXK ALN	LJ04LFM APL	LJ05BKU ALN	LJ07EDK ALN
LJ03MLZ ALN	LJ03MXL ALN	LJ04LFN APL	LJ05BKV ALN	LJ07EDL ALN
LJ03MMA ALN	LJ03MXM ALN	LJ04LFP APL	LJ05BKX ALN	LJ07EDO ALN
LJ03MME ALN	LJ03MXN ALN	LJ04LFR APL	LJ05BKY ALN	LJ07EDP ALN
LJ03MMF ALN	LJ03MXP ALN	LJ04LFS APL	LJ05BKZ ALN	LJ07EDR ALN
LJ03MMK ALN	LJ03MXR ALN	LJ04LFT APL	LJ05BLF ALN	LJ07EDU ALN
LJ03MMU ALN	LJ03MXS ALN	LJ04LFU ALN	LJ05BLK ALN	LJ07EDV ALN

LJ07EDX	ALN	LJ08CVZ	ALN	LJ09CDY	ABS	LJ09OLC	ABS	LJ10CVO	ALN
LJ07EEA	ALN	LJ08CWA	ALN	LJ09CDZ	ABS	LJ09OLE	ABS	LJ10CVP	ALN
LJ07EEB	ALN	LJ08CWC	ALN	LJ09CEA	ABS	LJ09OLG	ABS	LJ10HTT	ALN
LJ07OPE	ABS	LJ08CXR	ALN	LJ09CEF	ABS	LJ09OLH	ABS	LJ10HTU	ALN
LJ07OPF	ABS	LJ08CXS	ALN	LJ09CEK	ABS	LJ09OLK	ABS	LJ10HTV	ALN
LJ07OPG	ABS	LJ08CXT	ALN	LJ09CEN	ABS	LJ09OLM	ABS	LJ10HTX	ALN
LJ07OPH	ABS	LJ08CXU	ALN	LJ09CEO	ABS	LJ09OLN	ABS	LJ10HTZ	ALN
LJ07OPK	ABS	LJ08CXV	ALN	LJ09CEU	ABS	LJ09OLO	ABS	LJ10HUA	ALN
LJ07OPL	ABS	LJ08CYC	ALN	LJ09KOE	ALN	LJ09OLP	ABS	LJ10HUH	ALN
LJ07OPM	ABS	LJ08CYE	ALN	LJ09KOH	ALN	LJ09OLR	ABS	LJ10HUK	ALN
LJ07UDD	APL	LJ08CYF	ALN	LJ09KOU	ALN	LJ09OLT	ABS	LJ10HUO	ALN
LJ07XEN	APL	LJ08CYG	ALN	LJ09KOV	ALN	LJ09OLU	ABS	LJ10HUP	ALN
LJ07XEO	APL	LJ08CYH	ALN	LJ09KOW	ALN	LJ09SSO	ALN	LJ10HUU	ALN
LJ07XEP	APL	LJ08CYK	ALN	LJ09KOX	ALN	LJ09SSU	ALN	LJ10HUV	ALN
LJ07XER	APL	LJ08CYL	ALN	LJ09KPA	ALN	LJ09SSV	ALN	LJ10HUY	ALN
LJ07XES	APL	LJ08CYO	ALN	LJ09KPE	ALN	LJ09SSX	ALN	LJ10HUZ	ALN
LJ07XET	APL	LJ08CYP	ALN	LJ09KPF	ALN	LJ09SSZ	ALN	LJ10HVA	ALN
LJ07XEU	APL	LJ08CYS	ALN	LJ09KPG	ALN	LJ09STX	ALN	LJ10HVB	ALN
LJ07XEV	APL	LJ08CZP	ABS	LJ09KPK	ALN	LJ09STZ	ALN	LJ10HVC	ALN
LJ07XEW	APL	LJ08CZR	ABS	LJ09KPL	ALN	LJ09SUA	ALN	LJ10HVD	ALN
LJ08CSO	ALN	LJ08CZS	ABS	LJ09KPN	ALN	LJ09SUF	ALN	LJ10HVE	ALN
LJ08CSU	ALN	LJ08CZT	ABS	LJ09KPO	ALN	LJ09SUH	ALN	LJ10HVF	ALN
LJ08CSV	ALN	LJ08CZU	ABS	LJ09KPR	ALN	LJ09SUO	ALN	LJ10HVG	ALN
LJ08CSX	ALN	LJ08CZV	ABS	LJ09KPT	ALN	LJ09SUU	ALN	LJ10HVH	ALN
LJ08CSY	ALN	LJ08CZX	ABS	LJ09KPU	ALN	LJ09SUV	ALN	LJ10HVK	ALN
LJ08CSZ	ALN	LJ08CZY	ABS	LJ09KPV	ALN	LJ09SUX	ALN	LJ10HVL	ALN
LJ08CTE	ALN	LJ08CZZ	ABS	LJ09KPX	ALN	LJ09SUY	ALN	LJ10HVO	ALN
LJ08CTF	ALN	LJ08JYL	HAC	LJ09KPY	ALN	LJ09SVA	ALN	LJ10HVP	ALN
LJ08CTK	ALN	LJ08JYN	ACO	LJ09KPZ	ALN	LJ09SVC	ALN	LJ10HVR	ALN
LJ08CTO	ALN	LJ08JYO	ACO	LJ09KRD	ALN	LJ09SVD	ALN	LJ51DAA	ALN
LJ08CTV	ALN	LJ08RJY	EPS	LJ09KRE	ALN	LJ09SVE	ALN	LJ51DAO	ALN
LJ08CTX	ALN	LJ09CAA	ABS	LJ09KRF	ALN	LJ09SVF	ALN	LJ51DAU	ALN
LJ08CTY	ALN	LJ09CAE	ABS	LJ09KRG	ALN	LJ10CSF	ALN	LJ51DBO	ALN
LJ08CTZ	ALN	LJ09CAO	ABS	LJ09KRK	ALN	LJ10CSO	ALN	LJ51DBU	ALN
LJ08CUA	ALN	LJ09CAU	ABS	LJ09KRN	ALN	LJ10CSU	ALN	LJ51DBV	ALN
LJ08CUC	ALN	LJ09CAV	ABS	LJ09KRO	ALN	LJ10CSV	ALN	LJ51DBX	ALN
LJ08CUG	ALN	LJ09CAX	ABS	LJ09KRU	ALN	LJ10CSX	ALN	LJ51DBY	ALN
LJ08CUH	ALN	LJ09CBF	ABS	LJ09OJZ	ABS	LJ10CSY	ALN	LJ51DBZ	ALN
LJ08CUK	ALN	LJ09CBO	ABS	LJ09OKA	ABS	LJ10CSZ	ALN	LJ51DCE	ALN
LJ08CUO	ALN	LJ09CBU	ABS	LJ09OKB	ABS	LJ10CTE	ALN	LJ51DCF	ALN
LJ08CUU	ALN	LJ09CBV	ABS	LJ09OKC	ABS	LJ10CTF	ALN	LJ51DCO	ALN
LJ08CUV	ALN	LJ09CBX	ABS	LJ09OKD	ABS	LJ10CTK	ALN	LJ51DCU	ALN
LJ08CUW	ALN	LJ09CBY	ABS	LJ09OKE	ABS	LJ10CUH	ALN	LJ51DCV	ALN
LJ08CUY	ALN	LJ09CCA	ABS	LJ09OKF	ABS	LJ10CUK	ALN	LJ51DCX	ALN
LJ08CVA	ALN	LJ09CCD	ABS	LJ09OKG	ABS	LJ10CUO	ALN	LJ51DCY	ALN
LJ08CVB	ALN	LJ09CCE	ABS	LJ09OKH	ABS	LJ10CUU	ALN	LJ51DCZ	ALN
LJ08CVC	ALN	LJ09CCF	ABS	LJ09OKK	ABS	LJ10CUV	ALN	LJ51DDA	ALN
LJ08CVD	ALN	LJ09CCK	ABS	LJ09OKL	ABS	LJ10CUW	ALN	LJ51DDE	ALN
LJ08CVF	ALN	LJ09CCN	ABS	LJ09OKM	ABS	LJ10CUX	ALN	LJ51DDF	ALN
LJ08CVG	ALN	LJ09CCO	ABS	LJ09OKN	ABS	LJ10CUY	ALN	LJ51DDK	ALN
LJ08CVH	ALN	LJ09CCU	ABS	LJ09OKO	ABS	LJ10CVA	ALN	LJ51DDL	ALN
LJ08CVK	ALN	LJ09CCX	ABS	LJ09OKP	ABS	LJ10CVB	ALN	LJ51DDN	ALN
LJ08CVL	ALN	LJ09CCY	ABS	LJ09OKR	ABS	LJ10CVC	ALN	LJ51DDO	ALN
LJ08CVM	ALN	LJ09CCZ	ABS	LJ09OKS	ABS	LJ10CVD	ALN	LJ51DDU	ALN
LJ08CVO	ALN	LJ09CDE	ABS	LJ09OKT	ABS	LJ10CVE	ALN	LJ51DDV	ALN
LJ08CVR	ALN	LJ09CDF	ABS	LJ09OKU	ABS	LJ10CVF	ALN	LJ51DDX	ALN
LJ08CVS	ALN	LJ09CDK	ABS	LJ09OKV	ABS	LJ10CVG	ALN	LJ51DDY	ALN
LJ08CVT	ALN	LJ09CDN	ABS	LJ09OKW	ABS	LJ10CVH	ALN	LJ51DDZ	ALN
LJ08CVU	ALN	LJ09CDO	ABS	LJ09OKX	ABS	LJ10CVK	ALN	LJ51DEU	ALN
LJ08CVV	ALN	LJ09CDU	ABS	LJ09OKZ	ABS	LJ10CVL	ALN	LJ51DFA	ALN
LJ08CVX	ALN	LJ09CDV	ABS	LJ09OLA	ABS	LJ10CVM	ALN	LJ51DFC	ALN
LJ08CVY	ALN	LJ09CDX	ABS	LJ09OLB	ABS	LJ10CVN	ALN	LJ51DFD	ALN

LJ51DFE	ALN	LJ51DLY	ALN	LJ53LDD	TGM	LJ54BCY	ALN	LJ55BVG	ALN	LJ56VTW	ABS
LJ51DFF	ALN	LJ51DLZ	ALN	LJ53LDE	OFJ	LJ54BCZ	ALN	LJ55BVH	ALN		
LJ51DFG	ALN	LJ51ORA	ALN	LJ53LDF	TGM	LJ54BDE	ALN	LJ55BVK	ALN		
LJ51DFK	ALN	LJ51ORC	ALN	LJ53NFE	ALN	LJ54BDF	ALN	LJ55BVL	ALN		
LJ51DFL	ALN	LJ51ORF	ALN	LJ53NFF	ALN	LJ54BDO	ALN	LJ55BVM	ALN		
LJ51DFN	ALN	LJ51ORG	ALN	LJ53NFG	ALN	LJ54BDU	ALN	LJ55BVP	ALN		
LJ51DFO	ALN	LJ51ORH	ALN	LJ53NFT	ALN	LJ54BDV	ALN	LJ55BVR	ALN		
LJ51DFP	ALN	LJ51ORK	ALN	LJ53NFU	ALN	LJ54BDX	ALN	LJ55BVS	ALN		
LJ51DFU	ALN	LJ51ORL	ALN	LJ53NFV	ALN	LJ54BDY	ALN	LJ55BVT	ALN		
LJ51DFX	ALN	LJ51OSK	ALN	LJ53NFX	ALN	LJ54BDZ	ALN	LJ55BVU	ALN		
LJ51DFY	ALN	LJ51OSX	ALN	LJ53NFY	ALN	LJ54BEO	ALN	LJ55BVV	ALN		
LJ51DFZ	ALN	LJ51OSY	ALN	LJ53NFZ	ALN	LJ54BEU	ALN	LJ55BVW	ALN		
LJ51DGE	ALN	LJ51OSZ	ALN	LJ53NGE	ALN	LJ54BFA	ALN	LJ55BVX	ALN		
LJ51DGF	ALN	LJ53BAA	ALN	LJ53NGF	ALN	LJ54BFE	ALN	LJ55BVY	ALN		
LJ51DGO	ALN	LJ53BAO	ALN	LJ53NGG	ALN	LJ54BFF	ALN	LJ55BVZ	ALN		
LJ51DGU	ALN	LJ53BAU	ALN	LJ53NGN	ALN	LJ54BFK	ALN	LJ56AOW	ALN		
LJ51DGV	ALN	LJ53BAV	ALN	LJ53NGU	ALN	LJ54BFL	ALN	LJ56AOX	ALN		
LJ51DGX	ALN	LJ53BBE	ALN	LJ53NGV	ALN	LJ54BFM	ALN	LJ56AOY	ALN		
LJ51DGY	ALN	LJ53BBF	ALN	LJ53NGX	ALN	LJ54BFN	ALN	LJ56APZ	ALN		
LJ51DGZ	ALN	LJ53BBK	ALN	LJ53NGY	ALN	LJ54BFO	ALN	LJ56ARF	ALN		
LJ51DHA	ALN	LJ53BBN	ALN	LJ53NGZ	ALN	LJ54BFP	ALN	LJ56ARO	ALN		
LJ51DHC	ALN	LJ53BBO	ALN	LJ53NHA	ALN	LJ54BFV	ALN	LJ56ARU	ALN		
LJ51DHD	ALN	LJ53BBU	ALN	LJ53NHB	ALN	LJ54BFY	ALN	LJ56ARX	ALN		
LJ51DHF	ALN	LJ53BBV	ALN	LJ53NHC	ALN	LJ54BFZ	ALN	LJ56ARZ	ALN		
LJ51DHG	ALN	LJ53BBX	ALN	LJ53NHD	ALN	LJ54BGE	ALN	LJ56ASO	ALN		
LJ51DHK	ALN	LJ53BBZ	ALN	LJ53NHE	ALN	LJ54BGF	ALN	LJ56ASU	ALN		
LJ51DHL	ALN	LJ53BCF	ALN	LJ53NHF	ALN	LJ54BGK	ALN	LJ56ASV	ALN		
LJ51DHO	ALN	LJ53BCK	ALN	LJ53NHG	ALN	LJ54BGO	ALN	LJ56ASX	ALN		
LJ51DHP	ALN	LJ53BCO	ALN	LJ53NHH	ALN	LJ54LGV	ALN	LJ56LDC	SUE		
LJ51DHV	ALN	LJ53BCU	ALN	LJ53NHK	ALN	LJ54LHF	ALN	LJ56ONH	ABS		
LJ51DHX	ALN	LJ53BCV	ALN	LJ53NHL	ALN	LJ54LHG	ALN	LJ56ONK	ABS		
LJ51DHY	ALN	LJ53BCX	ALN	LJ53NHN	ALN	LJ54LHH	ALN	LJ56ONL	ABS		
LJ51DHZ	ALN	LJ53BCY	ALN	LJ53NHO	ALN	LJ54LHK	ALN	LJ56ONM	ABS		
LJ51DJD	ALN	LJ53BCZ	ALN	LJ53NHP	ALN	LJ54LHL	ALN	LJ56ONN	ABS		
LJ51DJE	ALN	LJ53BDE	ALN	LJ53NHT	ALN	LJ54LHM	ALN	LJ56ONO	ABS		
LJ51DJF	ALN	LJ53BDF	ALN	LJ53NHV	ALN	LJ54LHN	ALN	LJ56ONP	ABS		
LJ51DJK	ALN	LJ53BDO	ALN	LJ53NHX	ALN	LJ54LHO	ALN	LJ56ONR	ABS		
LJ51DJO	ALN	LJ53BDU	ALN	LJ53NHY	ALN	LJ54LHP	ALN	LJ56ONS	ABS		
LJ51DJU	ALN	LJ53BDV	ALN	LJ53NHZ	ALN	LJ54LHR	ALN	LJ56ONT	ABS		
LJ51DJV	ALN	LJ53BDX	ALN	LJ53NJF	ALN	LJ55BPZ	ALN	LJ56VSP	ABS		
LJ51DJX	ALN	LJ53BDY	ALN	LJ53NJK	ALN	LJ55BRV	ALN	LJ56VST	ABS		
LJ51DJY	ALN	LJ53BDZ	ALN	LJ53NJN	ALN	LJ55BRX	ALN	LJ56VSU	ABS		
LJ51DJZ	ALN	LJ53BEO	ALN	LJ54BAA	ALN	LJ55BRZ	ALN	LJ56VSV	ABS		
LJ51DKA	ALN	LJ53BEU	ALN	LJ54BAO	ALN	LJ55BSO	ALN	LJ56VSX	ABS		
LJ51DKD	ALN	LJ53BEY	ALN	LJ54BAU	ALN	LJ55BSU	ALN	LJ56VSY	ABS		
LJ51DKE	ALN	LJ53BFA	ALN	LJ54BAV	ALN	LJ55BSV	ALN	LJ56VSZ	ABS		
LJ51DKF	ALN	LJ53BFE	ALN	LJ54BBE	ALN	LJ55BSX	ALN	LJ56VTA	ABS		
LJ51DKK	ALN	LJ53BFF	ALN	LJ54BBF	ALN	LJ55BSY	ALN	LJ56VTC	ABS		
LJ51DKL	ALN	LJ53BFK	ALN	LJ54BBK	ALN	LJ55BSZ	ALN	LJ56VTD	ABS		
LJ51DKN	ALN	LJ53BFL	ALN	LJ54BBN	ALN	LJ55BTE	ALN	LJ56VTE	ABS		
LJ51DKO	ALN	LJ53BFM	ALN	LJ54BBO	ALN	LJ55BTF	ALN	LJ56VTF	ABS		
LJ51DKU	ALN	LJ53BFN	ALN	LJ54BBU	ALN	LJ55BTO	ALN	LJ56VTG	ABS		
LJ51DKV	ALN	LJ53BFO	ALN	LJ54BBV	ALN	LJ55BTU	ALN	LJ56VTK	ABS		
LJ51DKX	ALN	LJ53BFP	ALN	LJ54BBX	ALN	LJ55BTV	ALN	LJ56VTL	ABS		
LJ51DKY	ALN	LJ53BFU	ALN	LJ54BBZ	ALN	LJ55BTX	ALN	LJ56VTM	ABS		
LJ51DLD	ALN	LJ53BFX	ALN	LJ54BCE	ALN	LJ55BTY	ALN	LJ56VTN	ABS		
LJ51DLF	ALN	LJ53BFY	ALN	LJ54BCF	ALN	LJ55BTZ	ALN	LJ56VTO	ABS		
LJ51DLK	ALN	LJ53BGF	ALN	LJ54BCK	ALN	LJ55BUA	ALN	LJ56VTP	ABS		
LJ51DLN	ALN	LJ53BGK	ALN	LJ54BCO	ALN	LJ55BUE	ALN	LJ56VTT	ABS		
LJ51DLU	ALN	LJ53BGO	ALN	LJ54BCU	ALN	LJ55BVD	ALN	LJ56VTU	ABS		
LJ51DLV	ALN	LJ53BGU	ALN	LJ54BCV	ALN	LJ55BVE	ALN	LJ56VTV	ABS		
LJ51DLX	ALN	LJ53LDC	OFJ	LJ54BCX	ALN	LJ55BVF	ALN	LJ56VTW	ABS		

LJ56VTY	ABS	LJ59ABV	ALN	LJ59LWS	ALN	LJ60AVR	ALN	LK03CFG	MEL
LJ56VUD	ABS	LJ59ABX	ALN	LJ59LWT	ALN	LJ60AVT	ALN	LK03CFJ	MEL
LJ56VUF	ABS	LJ59ABZ	ALN	LJ59LWU	ALN	LJ60AVU	ALN	LK03CFL	MEL
LJ57EFY	ACO	LJ59ACF	ALN	LJ59LWV	ALN	LJ60AVV	ALN	LK03CFM	MEL
LJ57EGU	ACO	LJ59ACO	ALN	LJ59LWW	ALN	LJ60AVW	ALN	LK03CFN	MEL
LJ57USS	ALN	LJ59ACU	ALN	LJ59LWX	ALN	LJ60AVX	ALN	LK03CFP	MEL
LJ57UST	ALN	LJ59ACV	ALN	LJ59LWY	ALN	LJ60AVY	ALN	LK03CFU	MEL
LJ57USU	ALN	LJ59ACX	ALN	LJ59LWZ	ALN	LJ60AVZ	ALN	LK03CFV	MEL
LJ57USV	ALN	LJ59ACY	ALN	LJ59LXA	ALN	LJ60AWA	ALN	LK03CFX	MEL
LJ57USW	ALN	LJ59ACZ	ALN	LJ59LXB	ALN	LJ60AWC	ALN	LK03CFY	MEL
LJ57USX	ALN	LJ59ADO	ALN	LJ59LXP	ALN	LJ60AWW	ALN	LK03CFZ	MEL
LJ57USY	ALN	LJ59ADV	ALN	LJ59LXR	ALN	LJ60AXH	ALN	LK03CGE	MEL
LJ57USZ	ALN	LJ59ADZ	ALN	LJ59LXS	ALN	LJ60AXK	ALN	LK03CGF	MEL
LJ57UTA	ALN	LJ59AEA	ALN	LJ59LXT	ALN	LJ60AXM	ALN	LK03CGG	MEL
LJ57UTB	ALN	LJ59AEB	ALN	LJ59LXU	ALN	LJ60AXN	ALN	LK03CGU	MEL
LJ57UTC	ALN	LJ59AEC	ALN	LJ59LXV	ALN	LJ60AXO	ALN	LK03CGV	MEL
LJ57UTE	ALN	LJ59AED	ALN	LJ59LXW	ALN	LJ60AXP	ALN	LK03GFU	MEL
LJ57UTF	ALN	LJ59AEE	ALN	LJ59LXX	ALN	LJ60AXR	ALN	LK03GFV	MEL
LJ57YAW	ABS	LJ59AEF	ALN	LJ59LXY	ALN	LJ60AXS	ALN	LK03GFX	MEL
LJ57YAX	ABS	LJ59AEG	ALN	LJ59LXZ	ALN	LJ60AXT	ALN	LK03GFY	MEL
LJ57YAY	ABS	LJ59AEK	ALN	LJ59LYA	ALN	LJ60AXU	ALN	LK03GFZ	MEL
LJ57YBA	ABS	LJ59AEL	ALN	LJ59LYC	ALN	LJ60AXX	ALN	LK03GGA	MEL
LJ57YBB	ABS	LJ59AEM	ALN	LJ59LYD	ALN	LJ60AXY	ALN	LK03GGF	MEL
LJ58AUC	ALN	LJ59AEN	ALN	LJ59LYF	ALN	LJ60AXZ	ALN	LK03GGJ	MEL
LJ58AUE	ALN	LJ59AEO	ALN	LJ59LYG	ALN	LJ60AYA	ALN	LK03GGP	MEL
LJ58AUV	ALN	LJ59AEP	ALN	LJ59LYH	ALN	LJ60AYB	ALN	LK03GGU	MEL
LJ58AUW	ALN	LJ59AET	ALN	LJ59LYK	ALN	LJ60AYC	ALN	LK03GGV	MEL
LJ58AUX	ALN	LJ59AEU	ALN	LJ59LYO	ALN	LJ60AYD	ALN	LK03GGX	MEL
LJ58AUY	ALN	LJ59AEV	ALN	LJ59LYP	ALN	LJ60AYE	ALN	LK03GGY	MEL
LJ58AVB	ALN	LJ59AEW	ALN	LJ59LYS	ALN	LJH665	QMS	LK03GGZ	MEL
LJ58AVC	ALN	LJ59AEX	ALN	LJ59LYT	ALN	LJI978	MAT	LK03GHA	MEL
LJ58AVD	ALN	LJ59AEY	ALN	LJ59LYU	ALN	LJI2221	LJL	LK03GHB	MEL
LJ58AVE	ALN	LJ59AEZ	ALN	LJ59LYV	ALN	LJI3521	CRE	LK03GHD	MEL
LJ58AVG	ALN	LJ59AFA	ALN	LJ59LYW	ALN	LJI3740	LJL	LK03GHF	MEL
LJ58AVK	ALN	LJ59GTF	ALN	LJ59LYY	ALN	LJI3799	ATT	LK03GHG	MEL
LJ58AVT	ALN	LJ59GTU	ALN	LJ59LYZ	ALN	LJI6060	66C	LK03GHH	MEL
LJ58AVU	ALN	LJ59GUA	ALN	LJ59LZA	ALN	LJI6786	LJL	LK03GHJ	MEL
LJ58AVV	ALN	LJ59GVC	ALN	LJ59LZB	ALN	LJI8023	GHA	LK03GHN	MEL
LJ58AVX	ALN	LJ59GVE	ALN	LJ59LZC	ALN	LJI8025	MCW	LK03GHU	MEL
LJ58AVY	ALN	LJ59GVF	ALN	LJ59LZD	ALN	LJI8702	LJL	LK03GHV	MEL
LJ58AVZ	ALN	LJ59GVG	ALN	LJ59LZF	ALN	LJY145	SYOR	LK03GHX	MEL
LJ58AWA	ALN	LJ59GVK	ALN	LJ59LZG	ALN	LJZ5138	ZAC	LK03GHY	MEL
LJ58AWC	ALN	LJ59LVL	ALN	LJ59LZH	ALN	LJZ5182	ZAC	LK03GHZ	MEL
LJ58AWF	ALN	LJ59LVM	ALN	LJ59LZK	ALN	LJZ5183	ZAC	LK03GJF	MEL
LJ58AWG	ALN	LJ59LVN	ALN	LJ59LZL	ALN	LJZ5184	ZAC	LK03GJG	MEL
LJ58GCF	TGM	LJ59LVU	ALN	LJ59LZM	ALN	LJZ5185	ZAC	LK03GJU	MEL
LJ58GCK	TGM	LJ59LVV	ALN	LJ59LZN	ALN	LJZ5214	TOT	LK03GJV	MEL
LJ59AAE	ALN	LJ59LVW	ALN	LJ60ASX	ALN	LJZ5215	ZEZ	LK03GJX	MEL
LJ59AAF	ALN	LJ59LVX	ALN	LJ60AUF	ALN	LJZ6052	SPE	LK03GJY	MEL
LJ59AAK	ALN	LJ59LVY	ALN	LJ60AUH	ALN	LJZ6056	WJC	LK03GJZ	MEL
LJ59AAN	ALN	LJ59LVZ	ALN	LJ60AUK	ALN	LJZ6059	SPE	LK03GKA	MEL
LJ59AAO	ALN	LJ59LWA	ALN	LJ60AUL	ALN	LJZ8897	WKB	LK03GKC	MEL
LJ59AAU	ALN	LJ59LWF	ALN	LJ60AUM	ALN	LK03CEJ	MEL	LK03GKD	MEL
LJ59AAV	ALN	LJ59LWG	ALN	LJ60AVC	ALN	LK03CEN	MEL	LK03GKE	MEL
LJ59AAX	ALN	LJ59LWH	ALN	LJ60AVD	ALN	LK03CEU	MEL	LK03GKF	MEL
LJ59AAY	ALN	LJ59LWK	ALN	LJ60AVE	ALN	LK03CEV	MEL	LK03GKG	MEL
LJ59AAZ	ALN	LJ59LWL	ALN	LJ60AVF	ALN	LK03CEX	MEL	LK03GKJ	MEL
LJ59ABF	ALN	LJ59LWM	ALN	LJ60AVG	ALN	LK03CEY	MEL	LK03GKL	MEL
LJ59ABK	ALN	LJ59LWN	ALN	LJ60AVK	ALN	LK03CFA	MEL	LK03GKN	MEL
LJ59ABN	ALN	LJ59LWO	ALN	LJ60AVM	ALN	LK03CFD	MEL	LK03GKP	MEL
LJ59ABO	ALN	LJ59LWP	ALN	LJ60AVO	ALN	LK03CFE	MEL	LK03GKU	MEL
LJ59ABU	ALN	LJ59LWR	ALN	LJ60AVP	ALN	LK03CFF	MEL	LK03GKV	MEL

Code	Reg	Code	Reg	Code	Reg	Code	Reg	Code	Reg
LK03GKX	MEL	LK03NKG	FLN	LK04CTE	MEL	LK04HXJ	FLN	LK04JCZ	FLN
LK03GKY	MEL	LK03NKH	FLN	LK04CTF	MEL	LK04HXL	FLN	LK04NLZ	MEL
LK03GKZ	MEL	LK03NKJ	FLN	LK04CTU	MEL	LK04HXM	FLN	LK04NMA	MEL
LK03GLF	MEL	LK03NKL	FLN	LK04CTV	MEL	LK04HXN	FLN	LK04NME	MEL
LK03GLJ	MEL	LK03NKM	FLN	LK04CTX	MEL	LK04HXP	FLN	LK04NMF	MEL
LK03GLV	MEL	LK03NKN	FLN	LK04CTZ	FLN	LK04HXR	FLN	LK04NMJ	MEL
LK03GLY	MEL	LK03NKP	FLN	LK04CUA	MEL	LK04HXS	FLN	LK04NMM	MEL
LK03GLZ	MEL	LK03NKR	FLN	LK04CUC	MEL	LK04HXT	FLN	LK04NMU	MEL
LK03GME	MEL	LK03NKS	FLN	LK04CUG	MEL	LK04HXU	FLN	LK04NMV	MEL
LK03GMF	MEL	LK03NKT	FLN	LK04CUH	MEL	LK04HXV	FLN	LK04NMX	MEL
LK03GMG	MEL	LK03NKU	FLN	LK04CUJ	MEL	LK04HXW	FLN	LK04NMY	MEL
LK03GMU	MEL	LK03NKW	FLN	LK04CUU	MEL	LK04HXX	FLN	LK04NMZ	MEL
LK03GMV	MEL	LK03NKX	FLN	LK04CUW	MEL	LK04HYA	FLN	LK04NNA	MEL
LK03GMX	MEL	LK03NKZ	FLN	LK04CUX	MEL	LK04HYB	FLN	LK04NNB	MEL
LK03GMY	MEL	LK03NLA	FLN	LK04CUY	MEL	LK04HYC	FLN	LK04NNC	MEL
LK03GMZ	MEL	LK03NLC	FLN	LK04CVA	MEL	LK04HYF	FLN	LK04NND	MEL
LK03GNF	MEL	LK03NLD	FLN	LK04CVB	MEL	LK04HYG	FLN	LK04NNE	MEL
LK03GNJ	MEL	LK03NLE	FLN	LK04CVC	MEL	LK04HYH	FLN	LK04NNF	MEL
LK03GNN	MEL	LK03NLF	FLN	LK04CVD	MEL	LK04HYJ	FLN	LK04NNG	MEL
LK03GNP	MEL	LK03NLG	FLN	LK04CVE	MEL	LK04HYL	FLN	LK04NNH	MEL
LK03LLX	FLN	LK03NLJ	FLN	LK04CVF	MEL	LK04HYM	FLN	LK04NNJ	MEL
LK03LLZ	FLN	LK03NLL	FLN	LK04CVG	MEL	LK04HYN	FLN	LK04NNL	MEL
LK03LME	FLN	LK03NLM	FLN	LK04CVH	MEL	LK04HYP	FLN	LK04NNM	MEL
LK03LMF	FLN	LK03NLN	FLN	LK04CVJ	MEL	LK04HYS	FLN	LK04NNP	MEL
LK03LMJ	FLN	LK03NLP	FLN	LK04CVL	MEL	LK04HYT	FLN	LK04UWJ	MEL
LK03LNE	FBE	LK03NLR	FLN	LK04CVM	MEL	LK04HYU	FLN	LK04UWL	MEL
LK03LNF	FBE	LK03NLT	FLN	LK04CVN	MEL	LK04HYV	FLN	LK04UWM	MEL
LK03LNU	FLN	LK03PZW	OLY	LK04CVP	MEL	LK04HYW	FLN	LK04UWN	MEL
LK03LNV	FLN	LK03UEX	FLN	LK04CVR	MEL	LK04HYX	FLN	LK04UWP	MEL
LK03LNW	FLN	LK03UEY	FLN	LK04CVS	MEL	LK04HYY	FLN	LK04UWR	MEL
LK03LNX	FLN	LK03UEZ	FLN	LK04CVT	MEL	LK04HYZ	FLN	LK04UWS	MEL
LK03NFY	FLN	LK03UFA	FLN	LK04CVU	MEL	LK04HZA	FLN	LK04UWT	MEL
LK03NFZ	FLN	LK03UFB	FLN	LK04CVV	MEL	LK04HZB	FLN	LK04UWU	MEL
LK03NGE	FLN	LK03UFC	FLN	LK04CVW	MEL	LK04HZC	FLN	LK04UWW	MEL
LK03NGF	FLN	LK03UFD	FLN	LK04CVX	MEL	LK04HZD	FLN	LK04UWX	MEL
LK03NGG	FLN	LK03UFE	FLN	LK04EKU	MEL	LK04HZE	FLN	LK04UWY	MEL
LK03NHF	FLN	LK03UFG	FLN	LK04EKV	MEL	LK04HZF	FLN	LK04UWZ	MEL
LK03NHG	FLN	LK03UFJ	FLN	LK04EKW	MEL	LK04HZG	FLN	LK04UXA	MEL
LK03NHH	FSY	LK03UFL	FLN	LK04EKX	MEL	LK04HZH	FLN	LK04UXB	MEL
LK03NHJ	FSY	LK03UFM	FLN	LK04EKY	MEL	LK04HZJ	FLN	LK04UXC	MEL
LK03NHL	FSY	LK03UFN	FLN	LK04EKZ	MEL	LK04HZL	FLN	LK04UXD	MEL
LK03NHM	FSY	LK03UFP	FLN	LK04ELC	MEL	LK04HZM	FLN	LK04UXE	MEL
LK03NHN	FSY	LK03UFR	FLN	LK04ELH	MEL	LK04HZN	FLN	LK04UXF	MEL
LK03NHP	FLN	LK03UFS	FLN	LK04ELJ	MEL	LK04HZP	FLN	LK04UXG	MEL
LK03NHT	FLN	LK03UFT	FLN	LK04ELU	MEL	LK04HZS	FLN	LK04UXH	MEL
LK03NHV	FLN	LK03UFU	FLN	LK04ELV	MEL	LK04HZT	FLN	LK05DXP	FEC
LK03NHX	FLN	LK03UFV	FLN	LK04ELW	MEL	LK04HZU	FLN	LK05DXR	FEC
LK03NHY	FLN	LK03UFW	FLN	LK04ELX	MEL	LK04HZV	FLN	LK05DXS	FEC
LK03NHZ	FLN	LK03UFX	FLN	LK04EMF	MEL	LK04HZW	FLN	LK05DXT	FEC
LK03NJE	FLN	LK04CPY	MEL	LK04EMJ	MEL	LK04HZX	FLN	LK05DXU	FEC
LK03NJF	FLN	LK04CPZ	MEL	LK04EMV	MEL	LK04HZY	FLN	LK05DYO	FEC
LK03NJJ	FLN	LK04CRF	MEL	LK04EMX	MEL	LK04HZZ	FLN	LK05EZW	FLN
LK03NJN	FLN	LK04CRJ	MEL	LK04ENE	MEL	LK04JBE	FLN	LK05EZX	FLN
LK03NJV	FLN	LK04CRU	MEL	LK04ENF	MEL	LK04JBU	FLN	LK05EZZ	FLN
LK03NJX	FLN	LK04CRV	MEL	LK04ENH	MEL	LK04JBV	FLN	LK05FBY	FLN
LK03NJY	FLN	LK04CRZ	MEL	LK04ENJ	MEL	LK04JBX	FLN	LK05FBZ	FLN
LK03NJZ	FLN	LK04CSF	MEL	LK04HXA	FLN	LK04JBY	FLN	LK05FCA	FLN
LK03NKA	FLN	LK04CSU	MEL	LK04HXB	FLN	LK04JBZ	FLN	LK05FCC	FLN
LK03NKC	FLN	LK04CSV	MEL	LK04HXC	FLN	LK04JCJ	FLN	LK05FCD	FLN
LK03NKD	FLN	LK04CSX	MEL	LK04HXD	FLN	LK04JCU	FLN	LK05FCE	FHD
LK03NKE	FLN	LK04CSY	MEL	LK04HXE	FLN	LK04JCV	FLN	LK05FCM	FLN
LK03NKF	FLN	LK04CSZ	MEL	LK04HXH	FLN	LK04JCX	FLN		

LK05FCN	FLN	LK07AZL	MEL	LK07ELO	MEL	LK08FMY	FLN	LK10BXL	MEL
LK05FCO	FLN	LK07AZN	MEL	LK07GTF	CBL	LK08FMZ	FLN	LK10BXM	MEL
LK05FCP	FLN	LK07AZO	MEL	LK08DVY	MEL	LK08FNA	FLN	LK10BXN	MEL
LK05FCU	FLN	LK07AZP	MEL	LK08DWO	MEL	LK08FNC	FLN	LK10BXO	MEL
LK05FCV	FLN	LK07AZR	MEL	LK08DWP	MEL	LK08FND	FLN	LK10BXP	MEL
LK05FCX	FLN	LK07AZT	MEL	LK08DWU	MEL	LK08FNE	FLN	LK10BXR	MEL
LK05FCY	FLN	LK07AZU	MEL	LK08DWV	MEL	LK08FNF	FLN	LK10BXS	MEL
LK05FCZ	FLN	LK07AZV	MEL	LK08DWW	MEL	LK08FNG	FLN	LK10BXU	MEL
LK05FDA	FLN	LK07AZW	MEL	LK08DWX	MEL	LK08FNH	FLN	LK10BXV	MEL
LK05FDC	FLN	LK07AZX	MEL	LK08DWY	MEL	LK08FNL	FBE	LK10BXW	MEL
LK05FDD	FLN	LK07AZZ	MEL	LK08DWZ	MEL	LK08NVD	MEL	LK10BXX	MEL
LK05FDE	FLN	LK07BAA	MEL	LK08DXA	MEL	LK08NVE	MEL	LK10BXY	MEL
LK05FDF	FLN	LK07BAO	MEL	LK08DXB	MEL	LK08NVF	MEL	LK10BXZ	MEL
LK05FDG	FLN	LK07BAU	MEL	LK08DXC	MEL	LK08NVG	MEL	LK10BYA	MEL
LK05FDJ	FLN	LK07BBE	MEL	LK08DXD	MEL	LK08NVH	MEL	LK10BYB	MEL
LK05FDL	FLN	LK07BBF	MEL	LK08DXO	MEL	LK08NVJ	MEL	LK10BYC	MEL
LK05GFO	MEL	LK07BBJ	MEL	LK08DXP	MEL	LK08NVL	MEL	LK10BYD	MEL
LK05GFV	MEL	LK07BBN	MEL	LK08DXR	MEL	LK08NVM	MEL	LK10BYG	MEL
LK05GFX	MEL	LK07BBO	MEL	LK08DXS	MEL	LK08NVN	MEL	LK10BYJ	MEL
LK05GFY	MEL	LK07BBU	MEL	LK08DXU	MEL	LK08NVO	MEL	LK10BYL	MEL
LK05GFZ	MEL	LK07BBV	MEL	LK08DXV	MEL	LK08NVP	MEL	LK10BYM	MEL
LK05GGA	MEL	LK07BBX	MEL	LK08DXW	MEL	LK09CZS	FLN	LK10BYN	MEL
LK05GGE	MEL	LK07BBZ	MEL	LK08DXX	MEL	LK09EKG	MEL	LK10BYO	MEL
LK05GGF	MEL	LK07BCE	MEL	LK08DXY	MEL	LK09EKH	MEL	LK10BYP	MEL
LK05GGJ	MEL	LK07BCF	MEL	LK08DXZ	MEL	LK09EKJ	MEL	LK10BYR	MEL
LK05GGO	MEL	LK07BCO	MEL	LK08DYA	MEL	LK09EKL	MEL	LK10BYS	MEL
LK05GGP	MEL	LK07BCU	MEL	LK08FKT	FLN	LK09EKM	MEL	LK10BYT	MEL
LK05GGU	MEL	LK07BCV	MEL	LK08FKU	FLN	LK09EKN	MEL	LK10BYU	MEL
LK05GGV	MEL	LK07BCX	MEL	LK08FKV	FLN	LK09EKO	MEL	LK10BYV	MEL
LK05GGX	MEL	LK07BCY	MEL	LK08FKW	FLN	LK09EKP	MEL	LK10BYW	MEL
LK05GGY	MEL	LK07BCZ	MEL	LK08FKX	FLN	LK09EKR	MEL	LK10BYX	MEL
LK05GGZ	MEL	LK07BDE	MEL	LK08FKY	FLN	LK09EKT	MEL	LK10BYY	MEL
LK05GHA	MEL	LK07BDO	MEL	LK08FKZ	FLN	LK09EKU	MEL	LK10BYZ	MEL
LK05GHB	MEL	LK07BDU	MEL	LK08FLA	FLN	LK09ENC	MEL	LK10BZA	MEL
LK05GHD	MEL	LK07BDV	MEL	LK08FLC	FLN	LK09ENE	MEL	LK10BZB	MEL
LK05GHF	MEL	LK07BDX	MEL	LK08FLD	FLN	LK09ENF	MEL	LK10BZC	MEL
LK05GHG	MEL	LK07BDY	MEL	LK08FLE	FLN	LK09ENH	MEL	LK10BZD	MEL
LK05GHH	MEL	LK07BDZ	MEL	LK08FLF	FLN	LK09ENJ	MEL	LK10BZE	MEL
LK06BWB	SGC	LK07BEJ	MEL	LK08FLG	FLN	LK09ENL	MEL	LK10BZF	MEL
LK06BWC	ABS	LK07BEO	MEL	LK08FLH	FLN	LK09ENM	MEL	LK10BZG	MEL
LK06BWD	ABS	LK07BEU	MEL	LK08FLJ	FLN	LK09ENN	MEL	LK10BZH	MEL
LK06FLA	MEL	LK07BEY	MEL	LK08FLL	FLN	LK09ENO	MEL	LK10BZJ	MEL
LK06FLB	MEL	LK07CBF	ABS	LK08FLM	FLN	LK09ENP	MEL	LK10BZL	MEL
LK06FLC	MEL	LK07CBO	SGC	LK08FLN	FLN	LK09ENR	MEL	LK10BZM	MEL
LK07AYC	MEL	LK07CBU	SGC	LK08FLP	FLN	LK09ENT	MEL	LK10BZN	MEL
LK07AYD	MEL	LK07CBV	ABS	LK08FLR	FLN	LK09ENU	MEL	LK10BZO	MEL
LK07AYE	MEL	LK07CBX	ABS	LK08FLV	FLN	LK09ENV	MEL	LK10BZP	MEL
LK07AYF	MEL	LK07CCA	FBE	LK08FLW	FLN	LK09ENW	MEL	LK10BZR	MEL
LK07AYG	MEL	LK07CCD	FBE	LK08FLX	FLN	LK09ENX	MEL	LK10BZS	MEL
LK07AYH	MEL	LK07CCE	FBE	LK08FLZ	FLN	LK09ENY	MEL	LK10BZT	MEL
LK07AYJ	MEL	LK07CCF	FBE	LK08FMA	FLN	LK09EOA	MEL	LK10BZU	MEL
LK07AYL	MEL	LK07CCJ	FBE	LK08FMC	FBE	LK09EOB	MEL	LK10BZV	MEL
LK07AYM	MEL	LK07CCN	FBE	LK08FMD	FBE	LK09EOC	MEL	LK10BZX	MEL
LK07AYN	MEL	LK07CCO	FBE	LK08FME	FBE	LK09EOD	MEL	LK10BZY	MEL
LK07AYZ	MEL	LK07CCU	FBE	LK08FMF	FBE	LK09EOE	MEL	LK51FDU	LBL
LK07AZA	MEL	LK07CCV	FBE	LK08FMG	FBE	LK10BXC	MEL	LK51FDV	LBL
LK07AZB	MEL	LK07CCX	FBE	LK08FMJ	FBE	LK10BXD	MEL	LK51FDX	LBL
LK07AZC	MEL	LK07CDE	FBE	LK08FMO	FLN	LK10BXE	MEL	LK51FDY	LBL
LK07AZD	MEL	LK07CDF	FBE	LK08FMP	FLN	LK10BXF	MEL	LK51FDZ	LBL
LK07AZF	MEL	LK07CDN	FBE	LK08FMU	FLN	LK10BXG	MEL	LK51FEF	LBL
LK07AZG	MEL	LK07ELH	MEL	LK08FMV	FLN	LK10BXH	MEL	LK51FEG	LBL
LK07AZJ	MEL	LK07ELJ	MEL	LK08FMX	FLN	LK10BXJ	MEL	LK51FFR	LBL

Reg		Reg		Reg		Reg		Reg		Reg
LK51FFS	LBL	LK53EXW	FLN	LK53FCL	FLN	LK53LYF	MEL	LK54FWL	MEL		
LK51FFV	LBL	LK53EXX	FLN	LK53FCM	FLN	LK53LYG	MEL	LK54FWM	MEL		
LK51FFW	LBL	LK53EXZ	FLN	LK53FCN	FLN	LK53LYH	FLN	LK54FWN	MEL		
LK51JYJ	MEB	LK53EYA	FLN	LK53FCO	FLN	LK53LYJ	FLN	LK54FWO	MEL		
LK51JYL	MEB	LK53EYB	FLN	LK53FCP	FLN	LK53LYO	FLN	LK54FWP	MEL		
LK51JYN	MEB	LK53EYC	FLN	LK53FCU	FLN	LK53LYP	FLN	LK54FWR	MEL		
LK51JYO	FLN	LK53EYD	FLN	LK53FCV	FLN	LK53LYR	FLN	LK54FWT	MEL		
LK51UYD	FLN	LK53EYF	FLN	LK53FCX	FLN	LK53LYT	FLN	LK55AAE	FLN		
LK51UYE	FLN	LK53EYG	FLN	LK53FCY	FLN	LK53LYU	FLN	LK55AAF	FLN		
LK51UYF	FLN	LK53EYH	FLN	LK53FCZ	FLN	LK53LYV	FLN	LK55AAJ	FLN		
LK51UYG	FLN	LK53EYJ	FLN	LK53FDA	FLN	LK53LYW	FLN	LK55AAN	FLN		
LK51UYH	FLN	LK53EYL	FLN	LK53FDC	FLN	LK53LYX	FLN	LK55AAU	FLN		
LK51UYJ	FLN	LK53EYM	FLN	LK53FDD	FLN	LK53LYY	FLN	LK55AAV	FLN		
LK51UYL	FLN	LK53EYO	FLN	LK53FDE	FLN	LK53LYZ	FLN	LK55AAX	FLN		
LK51UYM	FLN	LK53EYP	FLN	LK53FDF	FLN	LK53LZA	FLN	LK55AAY	FLN		
LK51UYN	FLN	LK53EYR	FLN	LK53FDG	FLN	LK53LZB	FLN	LK55AAZ	FLN		
LK51UYO	FLN	LK53EYT	FLN	LK53FDJ	FLN	LK53LZC	FLN	LK55ABF	FLN		
LK51UYP	FLN	LK53EYU	FLN	LK53FDM	FLN	LK53LZD	FLN	LK55ABX	FLN		
LK51UYR	FLN	LK53EYV	FLN	LK53FDN	FLN	LK53LZE	FLN	LK55ABZ	FBE		
LK51UYS	FG	LK53EYW	FLN	LK53FDO	FLN	LK53LZF	FLN	LK55ACF	FBE		
LK51UYT	FG	LK53EYX	FLN	LK53FDP	FLN	LK53LZG	FLN	LK55ACJ	FBE		
LK51UYU	FG	LK53EYY	FLN	LK53FDU	FLN	LK53LZH	FLN	LK55ACU	FLN		
LK51UYV	FG	LK53EYZ	FLN	LK53FDV	FLN	LK53LZL	FBE	LK55ACV	SPS		
LK51UYX	FLN	LK53EZA	FLN	LK53FDX	FLN	LK53LZM	FLN	LK55ACX	ABS		
LK51UYY	FLN	LK53EZB	FLN	LK53FDY	FLN	LK53LZN	FLN	LK55ACY	ASC		
LK51UYZ	FLN	LK53EZC	FLN	LK53FDZ	FLN	LK53LZO	FLN	LK55ADU	ABS		
LK51UZA	FLN	LK53EZD	FLN	LK53FEF	FLN	LK53LZP	FLN	LK55ADV	ABS		
LK51UZB	FLN	LK53EZE	FLN	LK53FEG	FLN	LK53LZR	FLN	LK55ADX	SPS		
LK51UZF	FG	LK53EZF	FLN	LK53FEH	FLN	LK53LZT	FLN	LK55ADZ	SPS		
LK51UZG	FG	LK53EZV	FLN	LK53FEJ	FLN	LK53LZU	FLN	LK55AEA	SPS		
LK51UZH	FG	LK53EZW	FLN	LK53KVO	NEX	LK53LZV	FLN	LK55KJV	MEL		
LK51UZJ	FG	LK53EZX	FLN	LK53KVP	NEX	LK53LZW	FLN	LK55KJX	MEL		
LK51UZL	FG	LK53EZZ	FLN	LK53KVR	NEX	LK53LZX	FLN	LK55KJY	MEL		
LK51UZM	FG	LK53FAA	FLN	LK53KVT	NEX	LK53MBF	FLN	LK55KJZ	MEL		
LK51UZN	FG	LK53FAF	FLN	LK53KVU	NEX	LK53MBX	FBE	LK55KKA	MEL		
LK51UZS	FEC	LK53FAJ	FLN	LK53KVV	NEX	LK53MDE	FBE	LK55KKB	MEL		
LK51UZT	FEC	LK53FAM	FLN	LK53KVW	NEX	LK53MDF	FBE	LK55KKC	MEL		
LK51XGD	MEL	LK53FAO	FLN	LK53KVX	NEX	LK53MDJ	FBE	LK55KKD	MEL		
LK51XGE	MEL	LK53FAU	FLN	LK53KVY	NEX	LK53PNO	FBE	LK55KKE	MEL		
LK51XGG	MEL	LK53FBA	FLN	LK53KVZ	NEX	LK54FKW	FLN	LK55KKF	MEL		
LK51XGH	MEL	LK53FBB	FLN	LK53KWA	NEX	LK54FKX	FLN	LK55KKG	MEL		
LK51XGJ	MEL	LK53FBC	FLN	LK53KWB	NEX	LK54FLA	FLN	LK55KKH	MEL		
LK51XGL	MEL	LK53FBD	FLN	LK53KWD	NEX	LK54FLB	FLN	LK55KKJ	MEL		
LK51XGM	MEL	LK53FBE	FLN	LK53KWE	NEX	LK54FLC	FLN	LK55KKL	MEL		
LK51XGN	MEL	LK53FBF	FLN	LK53KWF	NEX	LK54FLD	FLN	LK55KKM	MEL		
LK51XGO	MEL	LK53FBG	FLN	LK53KXA	NEX	LK54FLE	FLN	LK55KKO	MEL		
LK51XGP	MEL	LK53FBJ	FLN	LK53KXB	NEX	LK54FLF	FLN	LK55KKP	MEL		
LK51XGR	MEL	LK53FBL	FLN	LK53LXM	MEL	LK54FLG	FLN	LK55KKR	MEL		
LK51XGS	MEL	LK53FBN	FLN	LK53LXN	MEL	LK54FLH	FLN	LK55KKS	MEL		
LK51XGT	MEL	LK53FBO	FLN	LK53LXO	MEL	LK54FNC	FBE	LK55KKT	MEL		
LK51XGU	MEL	LK53FBU	FLN	LK53LXP	MEL	LK54FNE	FEX	LK55KKU	MEL		
LK51XGV	MEL	LK53FBV	FLN	LK53LXR	MEL	LK54FNF	FHD	LK55KKV	MEL		
LK51XGW	MEL	LK53FBX	FLN	LK53LXT	MEL	LK54FNH	FHD	LK55KKY	MEL		
LK51XGX	MEL	LK53FBY	FLN	LK53LXU	MEL	LK54FNJ	FHD	LK55KKZ	MEL		
LK51XGY	MEL	LK53FBZ	FLN	LK53LXV	MEL	LK54FNL	FEX	LK55KLA	MEL		
LK51XGZ	MEL	LK53FCA	FLN	LK53LXW	MEL	LK54FNO	FLN	LK55KLE	MEL		
LK51XHA	MEL	LK53FCC	FLN	LK53LXX	MEL	LK54FNP	FLN	LK55KLF	MEL		
LK51XHB	MEL	LK53FCD	FLN	LK53LXY	MEL	LK54FWE	MEL	LK55KLJ	MEL		
LK52DFY	CKC	LK53FCE	FLN	LK53LXZ	MEL	LK54FWF	MEL	LK55KLL	MEL		
LK53EXT	FLN	LK53FCF	FLN	LK53LYA	MEL	LK54FWG	MEL	LK55KLM	MEL		
LK53EXU	FLN	LK53FCG	FLN	LK53LYC	MEL	LK54FWH	MEL	LK55KLO	MEL		
LK53EXV	FLN	LK53FCJ	FLN	LK53LYD	MEL	LK54FWJ	MEL	LK55KLP	MEL		

LK55KLS	MEL	LK57AYS	MEL	LK58CSU	MEL	LK59AVO	MEL	LK59FDN	FLN
LK55KLU	MEL	LK57AYT	MEL	LK58CSX	MEL	LK59AVP	MEL	LK59FDO	FLN
LK55KLV	MEL	LK57AYU	MEL	LK58CSY	MEL	LK59AVR	MEL	LK59FDP	FLN
LK55KLX	MEL	LK57AYV	MEL	LK58CSZ	MEL	LK59AVT	MEL	LK59FDU	FLN
LK55KLZ	MEL	LK57AYW	MEL	LK58CTE	MEL	LK59AVU	MEL	LK59FDV	FLN
LK55KMA	MEL	LK57AYX	MEL	LK58CTF	MEL	LK59AVV	MEL	LK59FDX	FLN
LK55KME	MEL	LK57AYY	MEL	LK58CTO	MEL	LK59AVW	MEL	LK59FDY	FLN
LK55KMF	MEL	LK57EHS	MEL	LK58CTU	MEL	LK59AVX	MEL	LK59FDZ	FLN
LK55KMG	MEL	LK57EHT	MEL	LK58CTV	MEL	LK59CWN	FLN	LK59FEF	FLN
LK55KMJ	MEL	LK57EHU	MEL	LK58CTX	MEL	LK59CWO	FLN	LK59FEG	FLN
LK55KMM	MEL	LK57EHV	MEL	LK58CTY	MEL	LK59CWP	FLN	LK59FEH	FLN
LK55KMO	MEL	LK57EHW	MEL	LK58CTZ	MEL	LK59CWR	FLN	LK59FEJ	FLN
LK55KZZ	SSOU	LK57EHX	MEL	LK58CUA	MEL	LK59CWT	FLN	LK59FEM	FLN
LK56FHE	MEL	LK57EHY	MEL	LK58ECV	FLN	LK59CWU	FLN	LK59FEO	FLN
LK56FHF	MEL	LK57EHZ	MEL	LK58ECW	FLN	LK59CWV	FLN	LK59FEP	FLN
LK56FHG	MEL	LK57EJA	MEL	LK58ECX	FLN	LK59CWW	FLN	LK59FET	FLN
LK56FHH	MEL	LK57EJD	FLN	LK58ECY	FLN	LK59CWX	FLN	LK59FEU	FLN
LK56FHJ	MEL	LK57EJE	FLN	LK58ECZ	FLN	LK59CWY	FLN	LK59JJU	MEL
LK56FHM	MEL	LK57EJF	FLN	LK58EDF	FBE	LK59CWZ	FLN	LKU618	PSK
LK56FHN	MEL	LK57EJG	FLN	LK58EDJ	FBE	LK59CXA	FLN	LKU734	ZER
LK56FHO	MEL	LK57EJJ	FLN	LK58EDL	FBE	LK59CXB	FLN	LKZ3614	BCO
LK56FHP	MEL	LK57EJL	FLN	LK58EDO	FLN	LK59CXC	FLN	LKZ4453	ACN
LK56FHR	MEL	LK57EJN	FLN	LK58EDP	FLN	LK59CXD	FLN	LKZ4454	BBU
LK56FHS	MEL	LK57EJO	FLN	LK58EDR	FLN	LK59CXE	FLN	LKZ7691	DOF
LK56FHT	MEL	LK57KAU	MEL	LK58KFW	MEL	LK59CXF	FLN	LKZ9306	PIC
LK56JKE	ABS	LK57KAX	MEL	LK58KFX	MEL	LK59CXG	FLN	LL02ANJ	SUP
LK56JKF	ABS	LK57KBE	MEL	LK58KFY	MEL	LK59CXH	FLN	LL04BCL	ZCO
LK56JKJ	ABS	LK57KBF	MEL	LK58KFZ	MEL	LK59CXJ	FLN	LL06CEL	CEL
LK56JKN	ABS	LK57KBJ	MEL	LK58KGA	MEL	LK59CXL	FLN	LL07BLU	BLU
LK56JKO	ABS	LK57KBN	MEL	LK58KGE	MEL	LK59CXM	FLN	LL07WYN	LLM
LK56JKV	ABS	LK57KBO	MEL	LK58KGF	MEL	LK59CXN	FLN	LL09WYN	LLM
LK57AXF	MEL	LK58CMY	MEL	LK58KGG	MEL	LK59CXO	FLN	LL57WTL	WHE
LK57AXG	MEL	LK58CMZ	MEL	LK58KGJ	MEL	LK59CXP	FLN	LLU670	LBP
LK57AXH	MEL	LK58CNA	MEL	LK58KGN	MEL	LK59DYY	MEL	LLU732	LBP
LK57AXJ	MEL	LK58CNC	MEL	LK58KGO	MEL	LK59DZA	MEL	LLZ 2349	D&G
LK57AXM	MEL	LK58CNE	MEL	LK58KGU	MEL	LK59DZB	MEL	LLZ4067	HOW
LK57AXN	MEL	LK58CNF	MEL	LK58KGV	MEL	LK59DZC	MEL	LLZ5719	JEF
LK57AXO	MEL	LK58CNN	MEL	LK58KGY	MEL	LK59DZD	MEL	LLZ6060	66C
LK57AXP	MEL	LK58CNO	MEL	LK58KHC	MEL	LK59DZE	MEL	LLZ7601	VAW
LK57AXR	MEL	LK58CNU	MEL	LK58KHD	MEL	LK59DZF	MEL	LM06BBF	BAW
LK57AXS	MEL	LK58CNV	MEL	LK58KHE	MEL	LK59DZG	MEL	LM06BBV	BAW
LK57AXT	MEL	LK58CNX	MEL	LK58KHF	MEL	LK59DZH	MEL	LM06BCE	BAW
LK57AXU	MEL	LK58CNY	MEL	LK58KHG	MEL	LK59DZJ	MEL	LM06BCX	BAW
LK57AXV	MEL	LK58CNZ	MEL	LK58KHH	MEL	LK59DZL	MEL	LM06KSV	BAW
LK57AXW	MEL	LK58COA	MEL	LK58KHL	MEL	LK59DZM	MEL	LM06KSZ	BAW
LK57AXX	MEL	LK58COH	MEL	LK58KHM	MEL	LK59DZN	MEL	LM06KTC	BAW
LK57AXY	MEL	LK58COJ	MEL	LK58KHO	MEL	LK59DZO	MEL	LM06KTF	BAW
LK57AXZ	MEL	LK58COU	MEL	LK58KHP	MEL	LK59DZP	MEL	LM06KTO	BAW
LK57AYA	MEL	LK58CPE	MEL	LK58KHR	MEL	LK59DZR	MEL	LM06OBR	BAW
LK57AYB	MEL	LK58CPF	MEL	LK58KHT	MEL	LK59DZT	MEL	LM06OBT	BAW
LK57AYC	MEL	LK58CPN	MEL	LK58KHU	MEL	LK59FCO	FLN	LM06OBW	BAW
LK57AYD	MEL	LK58CPO	MEL	LK59AUW	MEL	LK59FCP	FLN	LM06OBZ	BAW
LK57AYE	MEL	LK58CPU	MEL	LK59AUY	MEL	LK59FCU	FLN	LM06OCD	BAW
LK57AYF	MEL	LK58CPV	MEL	LK59AVB	MEL	LK59FCV	FLN	LM06RVE	BAW
LK57AYG	MEL	LK58CPX	MEL	LK59AVC	MEL	LK59FCX	FLN	LM06RVO	BAW
LK57AYH	MEL	LK58CPY	MEL	LK59AVD	MEL	LK59FCY	FLN	LM06WLW	BAW
LK57AYJ	MEL	LK58CPZ	MEL	LK59AVF	MEL	LK59FDE	FLN	LM06WMA	BAW
LK57AYL	MEL	LK58CRF	MEL	LK59AVG	MEL	LK59FDF	FLN	LM06WME	BAW
LK57AYM	MEL	LK58CRV	MEL	LK59AVJ	MEL	LK59FDG	FLN	LM06WMJ	BAW
LK57AYN	MEL	LK58CRX	MEL	LK59AVL	MEL	LK59FDJ	FLN	LM06WMO	BAW
LK57AYO	MEL	LK58CRZ	MEL	LK59AVM	MEL	LK59FDL	FLN	LM06XDT	BAW
LK57AYP	MEL	LK58CSF	MEL	LK59AVN	MEL	LK59FDM	FLN	LMO185X	EDW

LMO186X EDW	LN51GKA FLN	LN51KXW MEL	LR02BBO MEL	LR02LYP DC
LMO190X ZBG	LN51GKD FLN	LN51KXY MEL	LR02BBU MEL	LR02LYS FDC
LMO193X SHO	LN51GKE FLN	LN51KXZ MEL	LR02BBV MEL	LR02LYT FDC
LN02HJO OFJ	LN51GKF FLN	LN51KYA MEL	LR02BBX MEL	LR02LYU FDC
LN03AYL CBL	LN51GKG FLN	LN51KYB MEL	LR02BBZ MEL	LR02LYV FDC
LN03AYM CBL	LN51GKJ FLN	LN51KYC MEL	LR02BCE MEL	LR02LYW FDC
LN04RVE ZBX	LN51GKK FLN	LN51KYE MEL	LR02BCF MEL	LR02LYX FLN
LN51DUA FLN	LN51GKL FLN	LN51KYF MEL	LR02BCK MEL	LR02LYY FLN
LN51DUH FLN	LN51GKO FEC	LN51KYG MEL	LR02BCO MEL	LR02LYZ FLN
LN51DUJ FLN	LN51GKP FEC	LN51KYH MEL	LR02BCU MEL	LR02LZA FLN
LN51DUU FLN	LN51GKV FLN	LN51KYJ MEL	LR02BCV MEL	LR02LZB FLN
LN51DUV FLN	LN51GKX FLN	LN51KYK MEL	LR02BCX MEL	LR02LZC FLN
LN51DUY FLN	LN51GKY FLN	LN51KYO MEL	LR02BCY MEL	LR02LZD FLN
LN51DVB DCT	LN51GKZ FLN	LN51KYP MEL	LR02BCZ MEL	LR02LZE FLN
LN51DVC DCT	LN51GLF FLN	LN51KYR MEL	LR02BDE MEL	LU02UYK PPH
LN51DVF ZBU	LN51GLJ FLN	LN51KYS MEL	LR02BDF MEL	LR03YJX MEN
LN51DVG FLN	LN51GLK FLN	LN51KYT MEL	LR02BDO MEL	LR04HCR HAR
LN51DVH FLN	LN51GLV FLN	LN51KYU MEL	LR02BDU MEL	LR07RAM RAM
LN51DVK FLN	LN51GLY FLN	LN51KYV MEL	LR02BDV MEL	LR51YMC WIN
LN51DVL FLN	LN51GLZ FLN	LN51KYW MEL	LR02BDX MEL	LR52BLK MEL
LN51DVM FLN	LN51GME FLN	LN51KYX MEL	LR02BDY MEL	LR52BLN MEL
LN51DVO FLN	LN51GMF FLN	LN51KYY MEL	LR02BDZ MEL	LR52BLV MEL
LN51DVP FLN	LN51GMG FLN	LN51KYZ MEL	LR02BEJ MEL	LR52BLX MEL
LN51DVR FLN	LN51GMO FLN	LN51KZA MEL	LR02BEO MEL	LR52BLZ MEL
LN51DVT FLN	LN51GMU FLN	LN51KZB MEL	LR02BEU MEL	LR52BMO MEL
LN51DVV FLN	LN51GMV FG	LN51KZC MEL	LR02BEY MEL	LR52BMU MEL
LN51DVW FLN	LN51GMX FLN	LN51KZD MEL	LR02BFA MEL	LR52BMV MEL
LN51DVX FLN	LN51GMY FLN	LN51NRJ FLN	LR02BFE MEL	LR52BMY MEL
LN51DVY FLN	LN51GMZ FLN	LN51NRK FLN	LR02BNZ SYOR	LR52BMZ MEL
LN51DVZ FLN	LN51GNF FLN	LN51NRL FLN	LR02EHH SYOR	LR52BNA MEL
LN51DWA FLN	LN51GNJ FLN	LN51SBO ZBU	LR02EHJ SYOR	LR52BNB MEL
LN51DWD FLN	LN51GNK FLN	LN51SBU ZBU	LR02LWW FBE	LR52BND MEL
LN51DWE FG	LN51GNP FLN	LN51TCV EAG	LR02LWX FBE	LR52BNE MEL
LN51DWF FLN	LN51GNU FLN	LN52LLK VIC	LR02LWY FBE	LR52BNF MEL
LN51DWG FLN	LN51GNV FLN	LN54VXL HMS	LR02LWZ FBE	LR52BNJ MEL
LN51DWJ FLN	LN51GNX FLN	LN57VCV ZEO	LR02LXA FBE	LR52BNK MEL
LN51DWK FLN	LN51GNY FLN	LN57VDV ZEO	LR02LXB FEC	LR52BNL MEL
LN51DWL FLN	LN51GNZ FLN	LNN353 MOS	LR02LXC FBE	LR52BNN MEL
LN51DWM FLN	LN51GOA FLN	LNU571W HPC	LR02LXG FBE	LR52BNO MEL
LN51DWO FLN	LN51GOC FLN	LNZ9443 CHC	LR02LXH FEC	LR52BNU MEL
LN51DWP FLN	LN51GOE FLN	LOA334X ZEW	LR02LXJ FEC	LR52BNV MEL
LN51DWU FLN	LN51GOH FLN	LOA336X ZEW	LR02LXK FEC	LR52BNX MEL
LN51DWW FLN	LN51GOJ FLN	LOA379X TOT	LR02LXL FEC	LR52BNY MEL
LN51DWX FLN	LN51GOK FLN	LOA380X HMI	LR02LXM FBE	LR52BNZ MEL
LN51DWY FLN	LN51GOP FLN	LOA395X IMP	LR02LXN FEC	LR52BOF MEL
LN51DWZ FLN	LN51GOU FLN	LOA400X GHW	LR02LXO FEC	LR52BOH MEL
LN51DXA FLN	LN51KXD MEL	LOD495 CML	LR02LXP FEC	LR52BOJ MEL
LN51DXB FLN	LN51KXE MEL	LOI1454 GEM	LR02LXS FEC	LR52BOU MEL
LN51DXC FLN	LN51KXF MEL	LOI7191 SQU	LR02LXT FEC	LR52BOV MEL
LN51DXD FLN	LN51KXG MEL	LOI8643 TVP	LR02LXU FEC	LR52BPE MEL
LN51DXE FLN	LN51KXH MEL	LOT7E ELL	LR02LXV FEC	LR52KVO MEL
LN51DXF FLN	LN51KXJ MEL	LPT328 SSH	LR02LXW FEC	LR52KVP MEL
LN51DXG FLN	LN51KXK MEL	LPT972T PRC	LR02LXX FEC	LR52KVS MEL
LN51DXH FLN	LN51KXL MEL	LR02BAA MEL	LR02LXZ FEC	LR52KVT MEL
LN51GJJ FEC	LN51KXM MEL	LR02BAO MEL	LR02LYA FEC	LR52KVW MEL
LN51GJK FEC	LN51KXO MEL	LR02BAU MEL	LR02LYC FEC	LR52KVX MEL
LN51GJO FEC	LN51KXP MEL	LR02BAV MEL	LR02LYD FEC	LR52KWA MEL
LN51GJU FEC	LN51KXR MEL	LR02BBE MEL	LR02LYF FEC	LR52KWB MEL
LN51GJV FLN	LN51KXS MEL	LR02BBF MEL	LR02LYG FEC	LR52KWH MEL
LN51GJX FLN	LN51KXT MEL	LR02BBJ MEL	LR02LYJ FEC	LR52KWJ MEL
LN51GJY FLN	LN51KXU MEL	LR02BBK MEL	LR02LYK FEC	LR52KWK MEL
LN51GJZ FLN	LN51KXV MEL	LR02BBN MEL	LR02LYO FEC	LR52KWL MEL

Code		Code		Code		Code		Code	
LR52KWM	MEL	LSK478	SREN	LT02NUE	FLN	LT02ZBY	FLN	LT52WTN	FEC
LR52KWO	MEL	LSK479	SREN	LT02NUF	FLN	LT02ZBZ	FLN	LT52WTO	FEC
LR52KWP	MEL	LSK483	POH	LT02NUH	FLN	LT02ZCA	FLN	LT52WTP	FEC
LR52KWT	MEL	LSK495	POH	LT02NUJ	FLN	LT02ZCE	FLN	LT52WTR	FEC
LR52KWU	MEL	LSK496	POH	LT02NUK	FLN	LT02ZCF	FLN	LT52WTU	FEC
LR52KWV	MEL	LSK498	POH	LT02NUM	FLN	LT02ZCJ	FEC	LT52WTV	FEC
LR52KWW	MEL	LSK499	POH	LT02NUO	FLN	LT02ZCK	FEC	LT52WTW	FEC
LR52KWX	MEL	LSK500	POH	LT02NUP	FLN	LT02ZCL	FEC	LT52WTX	FEC
LR52KWY	MEL	LSK501	POH	LT02NUU	FLN	LT02ZCN	FEC	LT52WTY	FSY
LR52KWZ	MEL	LSK502	POH	LT02NUV	FLN	LT02ZCO	FEC	LT52WTZ	FSY
LR52KXA	MEL	LSK503	POH	LT02NVB	FMR	LT02ZCU	FEC	LT52WUA	FSY
LR52KXB	MEL	LSK505	POH	LT02NVC	FLE	LT02ZCV	FEC	LT52WUB	FSY
LR52KXC	MEL	LSK506	TRA	LT02NVD	FLE	LT02ZCX	FEC	LT52WUC	FSY
LR52KXD	MEL	LSK507	POH	LT02NVH	FLN	LT02ZCY	FSY	LT52WUD	FSY
LR52KXE	MEL	LSK510	POH	LT02NVJ	FLN	LT02ZDA	ZBU	LT52WUE	FED
LR52KXF	MEL	LSK512	POH	LT02NVK	FLN	LT02ZDC	MEB	LT52WUH	FED
LR52KXG	MEL	LSK513	POH	LT02NVL	FG	LT02ZDD	MEB	LT52WUL	FED
LR52KXH	MEL	LSK527	GHA	LT02NVM	FLN	LT02ZDE	MEB	LT52WUM	FLN
LR52KXJ	MEL	LSK530	JPM	LT02NVN	FLN	LT02ZDF	MEB	LT52WUO	FLN
LR52KXK	MEL	LSK545	BBD	LT02NVO	FLN	LT02ZDG	MEB	LT52WUP	FLN
LR52KXL	MEL	LSK555	POH	LT02NVP	FLN	LT02ZDH	FSY	LT52WUR	FLN
LR52KXM	MEL	LSK570	FAB	LT02NVR	FLN	LT02ZDJ	FSY	LT52WUV	FEC
LR52KXN	MEL	LSK571	FAB	LT02NVS	FLN	LT02ZDK	FSY	LT52WUW	FEC
LR52KXO	MEL	LSK611	TRA	LT02NVU	FG	LT02ZDL	FEC	LT52WUX	FEC
LR52KXP	MEL	LSK612	TRA	LT02NVV	FG	LT02ZDM	MEB	LT52WUY	FEC
LR52KXS	MEL	LSK613	TRA	LT02NVW	FG	LT02ZDN	MEB	LT52WVB	FLN
LR52KXT	MEL	LSK614	POH	LT02NVX	FEC	LT02ZDO	MEB	LT52WVC	FLN
LR52KXU	MEL	LSK813	POH	LT02NVY	FG	LT02ZDP	MEB	LT52WVD	FLN
LR52KXV	MEL	LSK820	POH	LT02NVZ	FG	LT02ZDR	MEB	LT52WVE	FLN
LR52KXW	MEL	LSK824	POH	LT02NWA	FG	LT02ZDS	MEB	LT52WVF	FEC
LR52KXX	MEL	LSK830	TRA	LT02NWB	FG	LT02ZDU	MEB	LT52WVG	FEC
LR52LTF	HAC	LSK831	TRA	LT02NWC	FG	LT02ZDV	MEB	LT52WVH	FEC
LR52LTJ	HAC	LSK832	TRA	LT02NWD	FG	LT02ZDW	MEB	LT52WVJ	FEC
LR52LTK	HAC	LSK835	TRA	LT02RWU	HAC	LT02ZDX	MEB	LT52WVL	FEC
LR52LTN	HAC	LSK839	TRA	LT02XMM	LBL	LT02ZDY	FLN	LT52WVM	FSY
LR52LTO	HAC	LSK844	POH	LT02XMO	LBL	LT02ZDZ	FLN	LT52WVN	FSY
LR52LWE	HAC	LSK845	TRA	LT02XMP	LBL	LT02ZFB	FCY	LT52WVO	FHD
LR52LWF	HAC	LSK870	TRA	LT02XMR	LBL	LT02ZFJ	FLN	LT52WVP	FHD
LR52LWH	HAC	LSK871	POH	LT02XMS	LBL	LT02ZFK	FLN	LT52WVY	FHD
LR52LWJ	HAC	LSK875	POH	LT02XMU	LBL	LT02ZFL	FLN	LT52WVZ	FHD
LR52LYC	HAC	LSK876	POH	LT02XMV	LBL	LT02ZFM	FLN	LT52WWA	FHD
LR52LYJ	HAC	LSK878	POH	LT02XMW	LBL	LT02ZZH	MEL	LT52WWB	FHD
LR60BUS	LEW	LSK879	POH	LT02XMX	LBL	LT02ZZJ	MEL	LT52WWC	FHD
LRC454	TBB	LSK821	POH	LT02XMY	LBL	LT02ZZK	MEL	LT52WWD	FHD
LRU822	PCW	LSU113	TAL	LT02XMZ	LBL	LT02ZZL	MEL	LT52WWE	FHD
LS04OSL	MOA	LSU413	BEE	LT02XNA	LBL	LT02ZZR	MEL	LT52WWF	FSY
LS04UNY	CHP	LSU607	TGA	LT02XNB	LBL	LT02ZZV	MEL	LT52WWG	FSY
LS05LVK	ASM	LSU689	PWW	LT02XNC	LBL	LT02ZZW	MEL	LT52WWH	FSY
LS06WCZ	BAW	LSU717	FNO	LT02XND	LBL	LT04CTV	BUR	LT52WWJ	FSY
LS06WDG	BAW	LSU783	STI	LT02XNE	LBL	LT04CWL	BUR	LT52WWK	FSY
LS06WDL	BAW	LSU788	TAL	LT02XNF	LBL	LT05JOE	LOG	LT52WWL	FSY
LS06WDN	BAW	LSU954	PRO	LT02XNG	LBL	LT05LYN	LTR	LT52WWM	FSY
LS06WDR	BAW	LSV380	STU	LT02XNH	LBL	LT06JOE	LOG	LT52WWN	FSY
LS06YCR	OFJ	LSV548	WBR	LT02XNJ	LBL	LT06XDU	TGM	LT52WWO	FSY
LS06YFN	BAW	LSV749	W&D	LT02XNK	LBL	LT52PYA	BBC	LT52WWP	FSY
LS06YFY	BAW	LT03SUL	SUL	LT02XNL	LBL	LT52WTE	FEC	LT52WWR	FSY
LS06YGF	BAW	LT02NTV	FLN	LT02XNM	LBL	LT52WTF	FEC	LT52WWS	FSY
LS51PBS	BUD	LT02NTX	FLN	LT02XNN	LBL	LT52WTG	FEC	LT52WWU	FSY
LSG27N	WJC	LT02NTY	FLN	LT02XNO	LBL	LT52WTJ	FEC	LT52WWV	FEC
LSK435	CVL	LT02NUA	FLN	LT02XNP	LBL	LT52WTK	FEC	LT52WWX	FEC
LSK436	CVL	LT02NUB	FBE	LT02XNS	LBL	LT52WTL	FEC	LT52WWY	FEC
LSK444	POH	LT02NUC	FLN	LT02ZBX	FLN	LT52WTM	FEC	LT52WWZ	FEC

Reg	Code	Reg	Code	Reg	Code	Reg	Code	Reg	Code
LT52WXA	FBE	LUI5802	SOL	LUO694	QMS	LV52HFY	LON	LX03BTY	LON
LT52WXB	FBE	LUI5806	AYC	LUY742	DJT	LV52HFZ	LON	LX03BTZ	LON
LT52WXC	FSY	LUI5810	SOL	LV02LKD	OLY	LV52HGA	LON	LX03BUA	LON
LT52WXD	FSY	LUI5812	BAY	LV02LKE	BOD	LV52HGC	LON	LX03BUE	LON
LT52WXF	FSY	LUI5816	SOL	LV02LKJ	ORA	LV52HGD	LON	LX03BUH	LON
LT52WXG	FLN	LUI5945	BRC	LV02LLA	GEH	LV52HGE	LON	LX03BUJ	LON
LT52WXH	FLN	LUI6233	PCN	LV02LLC	TAR	LV52HGF	LON	LX03BUP	LON
LT52WXJ	FLN	LUI6248	JUM	LV02LLD	MIK	LV52HGG	LON	LX03BUU	LON
LT52WXK	FLN	LUI6840	SOK	LV02LLE	TAR	LV52HGJ	LON	LX03BUV	LON
LT52WXL	FBE	LUI7336	BRC	LV02LLF	FLA	LV52HGK	LON	LX03BUW	LON
LT52WXN	FBE	LUI7535	LES	LV02ODA	HAC	LV52HGL	LON	LX03BVA	LON
LT52WXO	FBE	LUI7627	PCN	LV02ODB	HAC	LV52HGM	LON	LX03BVB	LON
LT52WXP	FBE	LUI7640	PWB	LV02ODC	HAC	LV52HGN	LON	LX03BVC	LON
LT52XAA	FLN	LUI7641	PWB	LV02ODF	HAC	LV52HGO	LON	LX03BVD	LON
LT52XAB	FLN	LUI7643	BWC	LV02ODH	HAC	LV52HHE	SRK	LX03BVE	LON
LT52XAC	FLN	LUI7645	BWC	LV02ODK	HAC	LV52HHN	SRK	LX03BVF	LON
LT52XAD	FLN	LUI7646	ROB	LV02ODL	HAC	LV52HHP	SRK	LX03BVG	LON
LT52XAE	FLN	LUI7647	BWC	LV02ODM	HAC	LV52HHR	SRK	LX03BVH	LON
LT52XAF	FLN	LUI7648	FLM	LV02ODN	HAC	LV52HJY	LON	LX03BVJ	LON
LT52XAG	FLN	LUI7650	BWC	LV02ODU	HAC	LV52HJZ	LON	LX03BVK	LON
LT52XAH	FLN	LUI7651	PWB	LV51YCC	BIG	LV52HKA	LON	LX03BVL	LON
LT52XAJ	FLN	LUI7662	PCN	LV51YCD	BIG	LV52HKB	LON	LX03BVM	LON
LT52XAK	FLN	LUI7665	PCN	LV51YCE	BIG	LV52HKC	LON	LX03BVN	LON
LT54DMS	LTL	LUI7668	PCN	LV51YCF	BIG	LV52HKD	LON	LX03BVP	LON
LT56JXU	OFJ	LUI7672	PCN	LV51YCG	BIG	LV52HKE	LON	LX03BVR	LON
LT56JXV	OFJ	LUI7857	BLY	LV51YCH	BIG	LV52HKF	LON	LX03BVS	LON
LT56JYN	OFJ	LUI7859	ZCL	LV51YCJ	BIG	LV52HKG	LON	LX03BVT	LON
LT56JZM	OFJ	LUI7863	WCC	LV51YCK	BIG	LV52HKH	LON	LX03BVU	LON
LT58WCJ	RWR	LUI7869	ALE	LV51YCL	BIG	LV52HKJ	LON	LX03BVV	LON
LT58WCL	RWR	LUI7870	ALE	LV51YCM	BIG	LV52HKK	LON	LX03BVW	LON
LTA755	HAT	LUI7871	JEF	LV51YCN	BIG	LV52HKL	LON	LX03BVY	LON
LTA958	CCB	LUI7872	SPE	LV51YCO	BIG	LV52HKM	LON	LX03BVZ	LON
LTG271X	CUM	LUI7874	UNI	LV51ZHJ	CLL	LV52HKN	LON	LX03BWA	LON
LTG275X	CVP	LUI7923	EDW	LV51ZHL	CLL	LV52HKO	LON	LX03BWB	LON
LTU284	SHIC	LUI8310	SKC	LV51ZHM	CLL	LV52HKP	LON	LX03BWC	LON
LTY556X	PPH	LUI8320	CEN	LV52HDO	LON	LV52HKT	LON	LX03BWD	LON
LUA255V	EMS	LUI8400	TAP	LV52HDU	LON	LV52HKU	LON	LX03BWE	LON
LUA282V	WGH	LUI8402	MER	LV52HDX	LON	LV52OZB	ACO	LX03BWF	LON
LUB512P	THO	LUI8478	PCN	LV52HDY	LON	LV52USF	LON	LX03BWG	LON
LUD606P	WTH	LUI9240	JPM	LV52HDZ	LON	LV52VFW	FLN	LX03BWH	LON
LUI1505	JMS	LUI9295	FCT	LV52HEJ	LON	LV52VFX	FLN	LX03BWJ	LON
LUI1507	SPC	LUI9301	TAP	LV52HEU	LON	LV52VFY	FLN	LX03BWK	LON
LUI1508	AUD	LUI9375	MGC	LV52HFA	LON	LV52VFZ	FLN	LX03BWL	LON
LUI1512	FCA	LUI9550	M&D	LV52HFB	LON	LV58VTC	ACO	LX03BWM	LON
LUI1519	BAY	LUI9561	KTL	LV52HFC	LON	LV58VTD	ACO	LX03BWN	LON
LUI1571	STE	LUI9598	STE	LV52HFD	LON	LV58VTE	ACO	LX03BWP	LON
LUI1727	JJT	LUI9633	D&G	LV52HFE	LON	LVG263	NXD	LX03BWU	LON
LUI1748	ASD	LUI9640	TSY	LV52HFF	LON	LVG569	ZDT	LX03BWV	LON
LUI2527	SWC	LUI9649	D&G	LV52HFH	LON	LVL804V	JBT	LX03BWW	LON
LUI2528	SWC	LUI9650	TSY	LV52HFJ	LON	LVL807V	JBT	LX03BWY	LON
LUI 3026	WMC	LUI9691	EUT	LV52HFK	LON	LVL809V	JBT	LX03BWZ	LON
LUI3166	TAP	LUI9693	TRX	LV52HFL	LON	LVO45W	CLE	LX03BXA	LON
LUI3409	GWN	LUI9949	ATE	LV52HFM	LON	LW52AFA	B&H	LX03BXB	LON
LUI4506	FOU	LUI9954	CRI	LV52HFN	LON	LW52AKK	CLL	LX03BXC	LON
LUI4533	MCW	LUI9955	CRI	LV52HFO	LON	LW52AKN	CLL	LX03BXD	LON
LUI4653	BAY	LUI9958	CRI	LV52HFP	LON	LWL743W	SCH	LX03BXE	LON
LUI4655	ADR	LUI9959	CRI	LV52HFR	LON	LWS40Y	NUV	LX03BXF	LON
LUI4657	RIG	LUI9962	CRI	LV52HFS	LON	LWS33Y	ZBG	LX03BXG	LON
LUI4745	EMP	LUI9964	CRI	LV52HFT	LON	LX03BTE	LON	LX03BXH	LON
LUI5586	LES	LUI9966	CRI	LV52HFU	LON	LX03BTF	LON	LX03BXJ	LON
LUI5603	BVB	LUI9968	CRI	LV52HFW	LON	LX03BTU	LON	LX03BXK	LON
LUI5800	MCS	LUO391	CRL	LV52HFX	LON	LX03BTV	LON	LX03BXL	LON

LX03BXM	LON	LX03ECY	GAL	LX03NGV	LON	LX04FWT	LON	LX04KZJ	LON
LX03BXN	LON	LX03EDR	GAL	LX03NGY	LON	LX04FWU	LON	LX04KZK	LON
LX03BXP	LON	LX03EDU	GAL	LX03NGZ	LON	LX04FWV	LON	LX04KZL	LON
LX03BXR	LON	LX03EDV	GAL	LX03NHA	LON	LX04FWW	LON	LX04KZM	LON
LX03BXS	LON	LX03EEA	GAL	LX03OJN	MEB	LX04FWY	LON	LX04KZN	LON
LX03BXU	LON	LX03EEB	GAL	LX03OJP	MEB	LX04FWZ	LON	LX04KZP	LON
LX03BXV	LON	LX03EEF	GAL	LX03OPT	LON	LX04FXA	LON	LX04KZR	LON
LX03BXW	LON	LX03EEG	GAL	LX03OPU	LON	LX04FXB	LON	LX04KZS	LON
LX03BXY	LON	LX03EEH	GAL	LX03OPV	LON	LX04FXC	LON	LX04KZT	LON
LX03BXZ	LON	LX03EEJ	GAL	LX03OPW	LON	LX04FXD	LON	LX04KZU	LON
LX03BYA	LON	LX03EEM	GAL	LX03OPY	LON	LX04FXE	LON	LX04KZV	LON
LX03BYB	LON	LX03EXU	GAL	LX03OPZ	LON	LX04FXF	LON	LX04KZW	LON
LX03BYC	LON	LX03EXV	GAL	LX03ORA	LON	LX04FXG	LON	LX04KZY	LON
LX03BYD	LON	LX03EXW	GAL	LX03ORC	LON	LX04FXH	LON	LX04KZZ	LON
LX03BYF	LON	LX03EXZ	GAL	LX03ORF	LON	LX04FXJ	LON	LX04LBA	LON
LX03BYG	LON	LX03HCE	NEX	LX03ORG	LON	LX04FXK	LON	LX04LBE	LON
LX03BYH	LON	LX03HCF	HAC	LX03ORH	LON	LX04FXL	LON	LX04LBF	LON
LX03BYJ	LON	LX03HCN	HAC	LX03ORJ	LON	LX04FXM	LON	LX04LBG	LON
LX03BYL	LON	LX03HCP	HAC	LX03ORK	LON	LX04FXP	LON	LX04LBJ	LON
LX03BYM	LON	LX03HCU	NEX	LX03ORN	LON	LX04FXR	LON	LX04LBK	LON
LX03BYN	LON	LX03HCV	HAC	LX03ORP	LON	LX04FXS	LON	LX04LBL	LON
LX03BYP	LON	LX03HCZ	HAC	LX03ORS	LON	LX04FXT	LON	LX04LBN	LON
LX03BYR	LON	LX03HDC	LON	LX03ORT	LON	LX04FXU	LON	LX04LBP	LON
LX03BYS	LON	LX03HDD	HAC	LX03ORU	LON	LX04FXV	LON	LX04LBU	LON
LX03BYT	LON	LX03HDJ	HAC	LX03ORV	LON	LX04FXW	LON	LX04LBV	LON
LX03BYU	LON	LX03HDL	LON	LX03ORW	LON	LX04FXY	LON	LX04LBY	LON
LX03BYV	LON	LX03HDN	LON	LX03ORY	LON	LX04FXZ	LON	LX04LCA	LON
LX03BYW	LON	LX03HDU	LON	LX03ORZ	LON	LX04FYA	LON	LX04LCC	LON
LX03BYY	LON	LX03HDV	GAL	LX03OSA	LON	LX04FYB	LON	LX04LCE	LON
LX03BYZ	LON	LX03HDY	LON	LX03OSB	LON	LX04FYC	LON	LX04LCF	LON
LX03BZA	LON	LX03HDZ	LON	LX03OSC	LON	LX04FYD	LON	LX04LCG	LON
LX03BZB	LON	LX03HEJ	LON	LX03OSD	LON	LX04FYE	LON	LX04LCJ	LON
LX03BZC	LON	LX03HEU	LON	LX03OSE	LON	LX04FYF	LON	LX04LCK	LON
LX03BZD	LON	LX03HEV	LON	LX03OSG	LON	LX04FYG	LON	LX04LCM	LON
LX03BZE	LON	LX03KPA	CHW	LX03OSJ	LON	LX04FYH	LON	LX04LCN	LON
LX03BZF	LON	LX03KPE	COG	LX03OSK	LON	LX04FYJ	LON	LX04LCP	LON
LX03BZG	LON	LX03NEU	LON	LX03OSL	LON	LX04FYK	LON	LX04LCT	LON
LX03BZH	LON	LX03NEY	LON	LX03OSM	LON	LX04FYL	LON	LX04LCU	LON
LX03BZJ	LON	LX03NFA	LON	LX03OSN	LON	LX04FYM	LON	LX04LCV	LON
LX03BZK	LON	LX03NFC	LON	LX03OSP	LON	LX04FYN	LON	LX05BVY	LON
LX03BZL	LON	LX03NFD	LON	LX03OSR	LON	LX04FYP	LON	LX05BVZ	LON
LX03BZM	LON	LX03NFE	LON	LX03OSU	LON	LX04FYR	LON	LX05BWA	LON
LX03BZN	LON	LX03NFF	LON	LX03OSV	LON	LX04FYS	LON	LX05BWB	LON
LX03BZP	LON	LX03NFG	LON	LX03OSW	LON	LX04FYT	LON	LX05BWC	LON
LX03BZR	LON	LX03NFH	LON	LX03OSY	LON	LX04FYU	LON	LX05BWD	LON
LX03BZS	LON	LX03NFJ	LON	LX03OSZ	LON	LX04FYV	LON	LX05BWE	LON
LX03BZT	LON	LX03NFK	LON	LX03OTA	LON	LX04FYW	LON	LX05BWF	LON
LX03BZU	LON	LX03NFL	LON	LX03OTB	LON	LX04FYY	LON	LX05BWG	LON
LX03BZV	LON	LX03NFM	LON	LX03OTC	LON	LX04FYZ	LON	LX05BWH	LON
LX03BZW	LON	LX03NFN	LON	LX03OTD	LON	LX04FZA	LON	LX05BWJ	LON
LX03BZY	LON	LX03NFP	LON	LX03OTE	LON	LX04FZB	LON	LX05BWK	LON
LX03CAA	LON	LX03NFR	LON	LX03OTF	LON	LX04FZC	LON	LX05BWL	SWSC
LX03CAE	LON	LX03NFT	LON	LX03OTG	LON	LX04FZD	LON	LX05BWN	SWSC
LX03CAU	LON	LX03NFV	LON	LX03OTH	LON	LX04FZE	LON	LX05EXZ	GAL
LX03CAV	LON	LX03NFY	LON	LX03OTJ	LON	LX04FZF	LON	LX05EYA	GAL
LX03CBF	LON	LX03NFZ	LON	LX04FWL	LON	LX04FZG	LON	LX05EYM	GAL
LX03CBU	LON	LX03NGF	LON	LX04FWM	LON	LX04FZH	LON	LX05EYO	GAL
LX03CBV	LON	LX03NGG	LON	LX04FWN	LON	LX04FZJ	LON	LX05EYP	GAL
LX03CBY	LON	LX03NGJ	LON	LX04FWP	LON	LX04FZK	LON	LX05EYR	GAL
LX03ECV	GAL	LX03NGN	LON	LX04FWR	LON	LX04GCU	LON	LX05EYS	GAL
LX03ECW	GAL	LX03NGU	LON	LX04FWS	LON	LX04KZG	LON	LX05EYT	GAL

LX05EYU	GAL	LX05KOA	APL	LX06EBG	GAL	LX06FFB	EPS	LX09AAY	LON
LX05EYV	GAL	LX05LLM	LON	LX06EBJ	GAL	LX06FKL	GAL	LX09AAZ	LON
LX05EYW	GAL	LX05LLN	LON	LX06EBK	GAL	LX06FKM	GAL	LX09ABF	LON
LX05EYY	GAL	LX05LLO	LON	LX06EBL	GAL	LX06FKN	GAL	LX09ABK	LON
LX05EYZ	GAL	LX05LLP	LON	LX06EBM	GAL	LX06FKO	GAL	LX09ABN	LON
LX05EZA	GAL	LX06AFZ	LON	LX06EBN	GAL	LX07BXH	GAL	LX09ABO	LON
LX05EZB	GAL	LX06AGO	LON	LX06EBO	GAL	LX07BXJ	GAL	LX09ABU	LON
LX05EZC	GAL	LX06AGU	LON	LX06EBP	GAL	LX07BXK	GAL	LX09ABV	LON
LX05EZD	GAL	LX06AGV	LON	LX06EBU	GAL	LX07BXL	GAL	LX09ABZ	LON
LX05EZE	GAL	LX06AGY	LON	LX06EBV	GAL	LX07BXM	GAL	LX09ACF	LON
LX05EZF	GAL	LX06AGZ	LON	LX06EBZ	GAL	LX07BXN	GAL	LX09ACJ	LON
LX05EZG	GAL	LX06AHA	LON	LX06ECA	GAL	LX07BXO	GAL	LX09ACO	LON
LX05EZH	GAL	LX06AHC	LON	LX06ECC	GAL	LX07BXP	GAL	LX09ACU	LON
LX05EZJ	GAL	LX06AHD	LON	LX06ECD	GAL	LX07BXR	GAL	LX09ACV	LON
LX05EZK	GAL	LX06AHE	LON	LX06ECE	GAL	LX07BXS	GAL	LX09ACY	LON
LX05EZL	GAL	LX06AHF	LON	LX06ECF	GAL	LX07BXU	GAL	LX09ACZ	LON
LX05EZM	GAL	LX06BFX	CUI	LX06ECJ	GAL	LX07BXV	GAL	LX09ADO	LON
LX05EZN	GAL	LX06DYS	GAL	LX06ECN	GAL	LX07BXW	GAL	LX09ADU	LON
LX05EZO	GAL	LX06DYT	GAL	LX06ECT	GAL	LX07BXY	GAL	LX09ADV	LON
LX05EZP	GAL	LX06DYU	GAL	LX06ECV	GAL	LX07BXZ	GAL	LX09ADZ	LON
LX05EZR	GAL	LX06DYV	GAL	LX06EYT	GAL	LX07BYA	GAL	LX09AEA	LON
LX05EZS	GAL	LX06DYW	GAL	LX06EYU	GAL	LX07BYB	GAL	LX09AEB	LON
LX05EZT	GAL	LX06DYY	GAL	LX06EYV	GAL	LX07BYC	GAL	LX09AEC	LON
LX05EZU	GAL	LX06DZA	GAL	LX06EYW	GAL	LX07BYD	GAL	LX09AED	LON
LX05EZV	GAL	LX06DZB	GAL	LX06EYY	GAL	LX07BYF	GAL	LX09AEE	LON
LX05EZW	GAL	LX06DZC	GAL	LX06EYZ	GAL	LX07BYG	GAL	LX09AEF	LON
LX05EZZ	GAL	LX06DZE	GAL	LX06EZA	GAL	LX07BYH	GAL	LX09AEG	LON
LX05FAA	GAL	LX06DZF	GAL	LX06EZB	GAL	LX07BYJ	GAL	LX09AEJ	LON
LX05FAF	GAL	LX06DZG	GAL	LX06EZC	GAL	LX07BYK	GAL	LX09AEK	LON
LX05FAJ	GAL	LX06DZH	GAL	LX06EZD	GAL	LX07BYL	GAL	LX09AEL	LON
LX05FAK	GAL	LX06DZJ	GAL	LX06EZE	GAL	LX07BYM	GAL	LX09AEM	LON
LX05FAM	GAL	LX06DZK	GAL	LX06EZF	GAL	LX07BYN	GAL	LX09AEN	LON
LX05FAO	GAL	LX06DZL	GAL	LX06EZG	GAL	LX07BYO	GAL	LX09AEO	LON
LX05FAU	GAL	LX06DZM	GAL	LX06EZH	GAL	LX07BYP	GAL	LX09AEP	LON
LX05FBA	GAL	LX06DZN	GAL	LX06EZJ	GAL	LX07BYR	GAL	LX09AET	LON
LX05FBB	GAL	LX06DZO	GAL	LX06EZK	GAL	LX07BYS	GAL	LX09AEU	LON
LX05FBC	GAL	LX06DZP	GAL	LX06EZL	GAL	LX07BYT	GAL	LX09AEV	LON
LX05FBD	GAL	LX06DZR	GAL	LX06EZM	GAL	LX07BYU	GAL	LX09AEW	LON
LX05FBE	GAL	LX06DZS	GAL	LX06EZN	GAL	LX08EBP	GAL	LX09AEY	LON
LX05FBF	GAL	LX06DZT	GAL	LX06EZO	GAL	LX08EBU	GAL	LX09AEZ	LON
LX05FBJ	GAL	LX06DZU	GAL	LX06EZP	GAL	LX08EBV	GAL	LX09AFA	LON
LX05FBK	GAL	LX06DZV	GAL	LX06EZR	GAL	LX08EBZ	GAL	LX09AFE	LON
LX05FBL	GAL	LX06DZW	GAL	LX06EZS	GAL	LX08ECA	GAL	LX09AFF	LON
LX05FBN	GAL	LX06DZY	GAL	LX06EZT	GAL	LX08ECC	GAL	LX09AFJ	LON
LX05FBO	GAL	LX06DZZ	GAL	LX06EZU	GAL	LX08ECD	GAL	LX09AFK	LON
LX05FBU	GAL	LX06EAA	GAL	LX06EZV	GAL	LX08ECE	GAL	LX09AFN	LON
LX05FBV	GAL	LX06EAC	GAL	LX06EZW	GAL	LX08ECF	GAL	LX09AFO	LON
LX05FBY	GAL	LX06EAE	GAL	LX06EZZ	GAL	LX08ECJ	GAL	LX09AFU	LON
LX05FBZ	GAL	LX06EAF	GAL	LX06FAA	GAL	LX08ECN	GAL	LX09AFV	LON
LX05FCA	GAL	LX06EAG	GAL	LX06FAF	GAL	LX08ECT	GAL	LX09AFY	LON
LX05FCC	GAL	LX06EAJ	GAL	LX06FAJ	GAL	LX08ECV	GAL	LX09AFZ	LON
LX05FCD	GAL	LX06EAK	GAL	LX06FAK	GAL	LX08ECW	GAL	LX09AGO	LON
LX05FCE	GAL	LX06EAM	GAL	LX06FAM	GAL	LX08ECY	GAL	LX09AGU	LON
LX05FCF	GAL	LX06EAO	GAL	LX06FAO	GAL	LX09AAE	LON	LX09AGV	LON
LX05GDV	APL	LX06EAP	GAL	LX06FAU	GAL	LX09AAF	LON	LX09AGY	LON
LX05GDY	APL	LX06EAW	GAL	LX06FBA	GAL	LX09AAJ	LON	LX09AGZ	LON
LX05GDZ	APL	LX06EAY	GAL	LX06FBB	GAL	LX09AAK	LON	LX09AHA	LON
LX05GEJ	APL	LX06EBA	GAL	LX06FBC	GAL	LX09AAN	LON	LX09AHC	LON
LX05HRO	APL	LX06EBC	GAL	LX06FBD	GAL	LX09AAO	LON	LX09AHD	LON
LX05HSC	APL	LX06EBD	GAL	LX06FBE	GAL	LX09AAU	LON	LX09AHE	LON
LX05KNZ	APL	LX06EBF	GAL	LX06FFA	EPS	LX09AAV	LON	LX09AHF	LON

LX09AXU	GAL	LX09EZV	GAL	LX10AUR	GAL	LX51FKO	LON	LX51FOC	LON
LX09AXV	GAL	LX09EZW	GAL	LX10AUT	GAL	LX51FKR	LON	LX51FOD	LON
LX09AXW	GAL	LX09EZZ	GAL	LX10AUU	GAL	LX51FKT	LON	LX51FOF	LON
LX09AXY	GAL	LX09FAF	GAL	LX10AUV	GAL	LX51FKU	LON	LX51FOH	LON
LX09AXZ	GAL	LX09FAJ	GAL	LX10AUW	GAL	LX51FKW	LON	LX51FOJ	LON
LX09AYA	GAL	LX09FAK	GAL	LX10AUY	GAL	LX51FKZ	LON	LX51FOK	LON
LX09AYB	GAL	LX09FAM	GAL	LX10AVB	GAL	LX51FLB	LON	LX51FOM	LON
LX09AYC	GAL	LX09FAO	GAL	LX10AVC	GAL	LX51FLC	LON	LX51FON	LON
LX09AYD	GAL	LX09FAU	GAL	LX10AVD	GAL	LX51FLD	LON	LX51FOP	LON
LX09AYE	GAL	LX09FBA	GAL	LX10CUY	REI	LX51FLE	LON	LX51FOT	LON
LX09AYF	GAL	LX09FBB	GAL	LX51FFO	LON	LX51FLF	LON	LX51FOV	LON
LX09AYG	GAL	LX09FBC	GAL	LX51FFW	LON	LX51FLG	LON	LX51FPA	LON
LX09AYJ	GAL	LX09FBD	GAL	LX51FGA	LON	LX51FLJ	LON	LX51FPD	LON
LX09AYK	GAL	LX09FBE	GAL	LX51FGD	LON	LX51FLK	LON	LX51FPE	LON
LX09AYL	GAL	LX09FBF	GAL	LX51FGE	LON	LX51FLL	LON	LX51FPC	LON
LX09AYM	GAL	LX09FBG	GAL	LX51FGF	LON	LX51FLM	LON	LX51FPF	LON
LX09AYN	GAL	LX09FBJ	GAL	LX51FGG	LON	LX51FLN	LON	LX53AYM	GAL
LX09AYO	GAL	LX09FBK	GAL	LX51FGJ	LON	LX51FLP	LON	LX53AYN	GAL
LX09AYP	GAL	LX09FBN	GAL	LX51FGK	LON	LX51FLR	LON	LX53AYO	GAL
LX09AYS	GAL	LX09FBO	GAL	LX51FGM	LON	LX51FLV	LON	LX53AYP	GAL
LX09AYT	GAL	LX09FBU	GAL	LX51FGN	LON	LX51FLW	LON	LX53AYT	GAL
LX09AYU	GAL	LX09FBV	GAL	LX51FGO	LON	LX51FLZ	LON	LX53AYU	GAL
LX09AYV	GAL	LX09FBY	GAL	LX51FGU	LON	LX51FMA	LON	LX53AYV	GAL
LX09AYW	GAL	LX09FBZ	GAL	LX51FGV	LON	LX51FMC	LON	LX53AYW	GAL
LX09AYY	GAL	LX09FCA	GAL	LX51FHB	LON	LX51FMD	LON	LX53AYY	GAL
LX09AYZ	GAL	LX09FCC	GAL	LX51FHA	LON	LX51FME	LON	LX53AYZ	GAL
LX09AZA	GAL	LX09FCD	GAL	LX51FHF	LON	LX51FMF	LON	LX53AZA	GAL
LX09AZB	GAL	LX09FCE	GAL	LX51FHG	LON	LX51FMG	LON	LX53AZB	GAL
LX09AZC	GAL	LX09FYS	LON	LX51FHH	LON	LX51FMJ	LON	LX53AZC	GAL
LX09AZD	GAL	LX09FYT	LON	LX51FHJ	LON	LX51FMK	LON	LX53AZD	GAL
LX09AZF	GAL	LX09FYU	LON	LX51FHK	LON	LX51FML	LON	LX53AZF	GAL
LX09AZG	GAL	LX09FYW	LON	LX51FHL	LON	LX51FMM	LON	LX53AZG	GAL
LX09AZJ	GAL	LX09FYY	LON	LX51FHN	LON	LX51FMO	LON	LX53AZJ	GAL
LX09AZL	GAL	LX09FYZ	LON	LX51FHO	LON	LX51FMP	LON	LX53AZL	GAL
LX09AZN	GAL	LX09FZA	LON	LX51FHP	LON	LX51FMU	LON	LX53AZN	GAL
LX09AZO	GAL	LX09FZB	LON	LX51FHS	LON	LX51FMV	LON	LX53AZO	GAL
LX09AZP	GAL	LX09FZC	LON	LX51FHT	LON	LX51FMY	LON	LX53AZP	GAL
LX09AZR	GAL	LX09FZD	LON	LX51FHU	LON	LX51FMZ	LON	LX53AZR	GAL
LX09AZT	GAL	LX09FZE	LON	LX51FHY	LON	LX51FNA	LON	LX53AZT	GAL
LX09BGK	LON	LX09FZF	LON	LX51FHZ	LON	LX51FNC	LON	LX53AZU	GAL
LX09BGU	LON	LX09FZG	LON	LX51FJA	LON	LX51FND	LON	LX53AZV	GAL
LX09BGV	LON	LX09FZH	LON	LX51FJC	LON	LX51FNE	LON	LX53AZW	GAL
LX09BXG	GAL	LX09FZJ	LON	LX51FJD	LON	LX51FNF	LON	LX53AZZ	GAL
LX09BXH	GAL	LX09FZK	LON	LX51FJE	LON	LX51FNG	LON	LX53BAA	GAL
LX09BXJ	GAL	LX09FZL	LON	LX51FJF	LON	LX51FNH	LON	LX53BAO	GAL
LX09BXK	GAL	LX09FZM	LON	LX51FJJ	LON	LX51FNJ	LON	LX53BBZ	GAL
LX09BXL	GAL	LX09FZN	LON	LX51FJL	LON	LX51FNK	LON	LX53BDO	GAL
LX09BXM	GAL	LX09FZO	LON	LX51FJN	LON	LX51FNL	LON	LX53BDY	GAL
LX09BXO	GAL	LX09FZP	LON	LX51FJO	LON	LX51FNM	LON	LX53BEY	GAL
LX09BXP	GAL	LX09FZR	LON	LK51FJP	LON	LX51FNN	LON	LX53BFK	GAL
LX09BXR	GAL	LX09FZS	LON	LX51FJV	LON	LX51FNO	LON	LX53BGE	GAL
LX09BXS	GAL	LX09FZT	LON	LX51FJY	LON	LX51FNP	LON	LX53BJK	GAL
LX09CWJ	WEL	LX09FZU	LON	LX51FJZ	LON	LX51FNR	LON	LX53BJO	GAL
LX09EVB	GAL	LX09FZV	LON	LX51FKA	LON	LX51FNS	LON	LX53BJU	GAL
LX09EVC	GAL	LX09FZW	LON	LX51FKB	LON	LX51FNT	LON	LX53HDH	FLN
LX09EVD	GAL	LX10AUC	LON	LX51FKD	LON	LX51FNU	LON	LX53JXU	LON
LX09EVF	GAL	LX10AUE	LON	LX51FKE	LON	LX51FNV	LON	LX53JXV	LON
LX09EVG	GAL	LX10AUF	LON	LX51FKF	LON	LX51FNW	LON	LX53JXW	LON
LX09EVH	GAL	LX10AUH	LON	LX51FKG	LON	LX51FNY	LON	LX53JXY	LON
LX09EVJ	GAL	LX10AUJ	LON	LX51FKJ	LON	LX51FNZ	LON	LX53JYA	LON
LX09EZU	GAL	LX10AUP	GAL	LX51FKL	LON	LX51FOA	LON	LX53JYB	LON

Reg	Area	Reg	Area	Reg	Area	Reg	Area	Reg	Area
LX53JYC	LON	LX53LGJ	LON	LX55EPE	LON	LX57CHZ	GAL	LX58CDU	LON
LX53JYD	LON	LX53LGK	LON	LX55EPF	LON	LX57CJE	GAL	LX58CDV	LON
LX53JYE	LON	LX53LGL	LON	LX55EPJ	LON	LX57CJF	GAL	LX58CDY	LON
LX53JYF	LON	LX53LGN	LON	LX55EPK	LON	LX57CJJ	GAL	LX58CDZ	LON
LX53JYG	LON	LX53LGO	LON	LX55EPL	LON	LX57CJO	GAL	LX58CEA	LON
LX53JYH	LON	LX53LGU	LON	LX55EPN	LON	LX57CJU	GAL	LX58CEF	LON
LX53JYJ	LON	LX53LGV	LON	LX55EPO	LON	LX57CJV	GAL	LX58CEJ	LON
LX53JYK	LON	LX53LGW	LON	LX55EPP	LON	LX57CJY	GAL	LX58CEK	LON
LX53JYL	LON	LX54AYA	HAC	LX55EPU	LON	LX57CJZ	GAL	LX58CEN	LON
LX53JYN	LON	LX54AYB	HAC	LX55EPV	LON	LX57CKA	GAL	LX58CEO	LON
LX53JYO	LON	LX54AYG	HAC	LX55EPY	LON	LX57CKC	GAL	LX58CEU	LON
LX53JYP	LON	LX54GYV	GAL	LX55EPZ	LON	LX57CKD	GAL	LX58CEV	LON
LX53JYR	LON	LX54GYW	GAL	LX55ERJ	LON	LX57CKE	GAL	LX58CEY	LON
LX53JYT	LON	LX54GYY	GAL	LX55ERK	LON	LX57CKF	GAL	LX58CFA	LON
LX53JYU	LON	LX54GYZ	GAL	LX55ERO	LON	LX57CKG	GAL	LX58CFD	LON
LX53JYV	LON	LX54GZB	GAL	LX55ERU	LON	LX57CKJ	GAL	LX58CFE	LON
LX53JYW	LON	LX54GZC	GAL	LX55ERV	LON	LX57CKK	GAL	LX58CFF	LON
LX53JYY	LON	LX54GZD	GAL	LX55ERY	LON	LX57CKL	GAL	LX58CFG	LON
LX53JYZ	LON	LX54GZE	GAL	LX55ERZ	LON	LX57CKN	GAL	LX58CFJ	LON
LX53JZA	LON	LX54GZF	GAL	LX55ESF	LON	LX57CKO	GAL	LX58CFK	LON
LX53JZC	LON	LX54GZG	GAL	LX55ESG	LON	LX57CKP	GAL	LX58CFL	LON
LX53JZD	LON	LX54GZH	GAL	LX55ESN	LON	LX57CKU	GAL	LX58CFM	LON
LX53JZE	LON	LX54GZK	GAL	LX55ESO	LON	LX57CKV	GAL	LX58CFN	LON
LX53JZF	LON	LX54GZL	GAL	LX55HGC	LON	LX57CKY	GAL	LX58CFO	LON
LX53JZG	LON	LX54GZM	GAL	LX56DZU	LON	LX57CLF	GAL	LX58CFP	LON
LX53JZH	LON	LX54GZN	GAL	LX56DZV	LON	LX57CLJ	GAL	LX58CFU	LON
LX53JZJ	LON	LX54GZO	GAL	LX56DZW	LON	LX57CLN	GAL	LX58CFV	LON
LX53JZK	LON	LX54GZP	GAL	LX56DZY	LON	LX57CLO	GAL	LX58CFY	LON
LX53JZL	LON	LX54GZR	GAL	LX56DZZ	LON	LX57CLV	GAL	LX58CFZ	LON
LX53JZM	LON	LX54GZT	GAL	LX56EAA	LON	LX57CLY	GAL	LX58CGE	LON
LX53JZN	LON	LX54GZU	GAL	LX56EAC	LON	LX57CLZ	GAL	LX58CGF	LON
LX53JZO	LON	LX54GZV	GAL	LX56EAE	LON	LX57CZV	ACO	LX58CGG	LON
LX53JZP	LON	LX54GZW	GAL	LX56EAF	LON	LX58BZO	D&B	LX58CGK	LON
LX53JZR	LON	LX54GZY	GAL	LX56EAG	LON	LX58BZW	LON	LX58CGO	LON
LX53JZT	LON	LX54GZZ	GAL	LX56EAJ	LON	LX58BZY	LON	LX58CGU	LON
LX53JZU	LON	LX54HAA	GAL	LX56EAK	LON	LX58CAA	LON	LX58CGV	LON
LX53JZV	LON	LX54HAE	GAL	LX56EAM	LON	LX58CAE	LON	LX58CGY	LON
LX53JZW	LON	LX54HAO	GAL	LX56EAO	LON	LX58CAO	LON	LX58CGZ	LON
LX53KAE	LON	LX54HAU	GAL	LX56EAP	LON	LX58CAU	LON	LX58CHC	LON
LX53KAJ	LON	LX54HBA	GAL	LX56EAW	LON	LX58CAV	LON	LX58CHD	LON
LX53KAK	LON	LX54HBB	GAL	LX56EAY	LON	LX58CBF	LON	LX58CHF	LON
LX53KAO	LON	LX54HPA	HAC	LX56EBA	LON	LX58CBO	LON	LX58CHG	LON
LX53KAU	LON	LX54HPE	HAC	LX56ETD	GAL	LX58CBU	LON	LX58CHH	LON
LX53KBE	LON	LX54HRA	HAC	LX56ETE	GAL	LX58CBV	LON	LX58CHJ	LON
LX53KBF	LON	LX54HRD	HAC	LX56ETF	GAL	LX58CBY	LON	LX58CHK	LON
LX53KBJ	LON	LX55BDY	LON	LX56ETJ	GAL	LX58CCA	LON	LX58CHL	LON
LX53KBK	LON	LX55BDZ	LON	LX56ETK	GAL	LX58CCD	LON	LX58CHN	LON
LX53KBN	LON	LX55BEO	LON	LX56ETL	GAL	LX58CCE	LON	LX58CHO	LON
LX53KBO	LON	LX55BEY	LON	LX56ETO	GAL	LX58CCF	LON	LX58CHV	LON
LX53KBP	LON	LX55BFA	LON	LX56ETR	GAL	LX58CCJ	LON	LX58CWG	GAL
LX53KBV	LON	LX55BFE	LON	LX56ETT	GAL	LX58CCK	LON	LX58CWK	GAL
LX53KBY	LON	LX55BFF	LON	LX56ETU	GAL	LX58CCN	LON	LX58CWL	GAL
LX53KBZ	LON	LX55BEJ	LON	LX56ETV	GAL	LX58CCO	LON	LX58CWM	GAL
LX53KCA	LON	LX55EAC	GAL	LX56ETY	GAL	LX58CCU	LON	LX58CWN	GAL
LX53KCC	LON	LX55EAE	GAL	LX56ETZ	GAL	LX58CCV	LON	LX58CWO	GAL
LX53KCE	LON	LX55EAF	GAL	LX56EUA	GAL	LX58CCY	LON	LX58CWP	GAL
LX53KCF	LON	LX55EAG	GAL	LX56EUB	GAL	LX58CDE	LON	LX58CWR	GAL
LX53KCG	LON	LX55EAJ	GAL	LX56EUC	GAL	LX58CDF	LON	LX58CWT	GAL
LX53KCJ	LON	LX55EPA	LON	LX56EUD	GAL	LX58CDK	LON	LX58CWU	GAL
LX53LGF	LON	LX55EPC	LON	LX57CHV	GAL	LX58CDN	LON	LX58CWV	GAL
LX53LGG	LON	LX55EPD	LON	LX57CHY	GAL	LX58CDO	LON	LX58CWW	GAL

LX58CWY	GAL	LX59OAJ	LON	LX59CSF	LON	LX59DBV	GAL	LXH869	PRO
LX58CWZ	GAL	LX59AOK	LON	LX59CSO	LON	LX59DBY	GAL	LY02OAA	LON
LX58CXA	GAL	LX59AOL	LON	LX59CYA	GAL	LX59DBZ	GAL	LY02OAB	LON
LX58CXB	GAL	LX59AOM	LON	LX59CYC	GAL	LX59DCE	GAL	LY02OAC	LON
LX58CXC	GAL	LX59CLU	LON	LX59CYE	GAL	LX59DCF	GAL	LY02OAD	LON
LX58CXD	GAL	LX59CLV	LON	LX59CYF	GAL	LX59DCO	GAL	LY02OAE	LON
LX58CXE	GAL	LX59CLY	LON	LX59CYG	GAL	LX59DCU	GAL	LY02OAG	LON
LX58CXF	GAL	LX59CLZ	LON	LX59CYH	GAL	LX59DCV	GAL	LY02OAN	LON
LX58CXG	GAL	LX59CME	LON	LX59CYJ	GAL	LX59DCY	GAL	LY02OAP	LON
LX58CXH	GAL	LX59CMF	LON	LX59CYK	GAL	LX59DCZ	GAL	LY02OAS	LON
LX58CXJ	GAL	LX59CMK	LON	LX59CYL	GAL	LX59DDA	GAL	LY02OAU	LON
LX58CXK	GAL	LX59CMO	LON	LX59CYO	GAL	LX59DDE	GAL	LY02OAV	LON
LX58CXL	GAL	LX59CMU	LON	LX59CYP	GAL	LX59DDF	GAL	LY02OAW	LON
LX58CXN	GAL	LX59CMV	LON	LX59CYS	GAL	LX59DDJ	GAL	LY02OAX	LON
LX58CXO	GAL	LX59CMY	LON	LX59CYT	GAL	LX59DDK	GAL	LY02OAZ	LON
LX58CXP	GAL	LX59CMZ	LON	LX59CYU	GAL	LX59DDL	GAL	LY02OBB	LON
LX58CXR	GAL	LX59CNA	LON	LX59CYV	GAL	LX59DDN	GAL	LY02OBC	LON
LX58CXS	GAL	LX59CNC	LON	LX59CYW	GAL	LX59DDO	GAL	LY02OBD	LON
LX58CXT	GAL	LX59CNE	LON	LX59CYY	GAL	LX59DDU	GAL	LY02OBE	LON
LX58CXU	GAL	LX59CNF	LON	LX59CYZ	GAL	LX59DDV	GAL	LY02OBF	LON
LX58CXV	GAL	LX59CNJ	LON	LX59CZA	GAL	LX59DDY	GAL	LY02OBG	LON
LX58CXW	GAL	LX59CNK	LON	LX59CZB	GAL	LX59DDZ	GAL	LY02OBH	LON
LX58CXY	GAL	LX59CNN	LON	LX59CZC	GAL	LX59DEU	GAL	LY02OBJ	LON
LX58CXZ	GAL	LX59CNO	LON	LX59CZD	GAL	LX59DFA	GAL	LY02OBK	LON
LX58CYA	GAL	LX59CNU	LON	LX59CZF	GAL	LX59DFC	GAL	LY02OBL	LON
LX58CYC	GAL	LX59CNV	LON	LX59CZG	GAL	LX59DFD	GAL	LY02OBM	LON
LX58CYE	GAL	LX59CNY	LON	LX59CZH	GAL	LX59DFE	GAL	LY08GJO	PPH
LX58CYF	GAL	LX59CNZ	LON	LX59CZJ	GAL	LX59DFF	GAL	LY52ZDX	LON
LX58CYG	GAL	LX59COA	LON	LX59CZK	GAL	LX59DFG	GAL	LY52ZDZ	LON
LX58DDJ	GAL	LX59COH	LON	LX59CZL	GAL	LX59DFJ	GAL	LY52ZFA	LON
LX58DDK	GAL	LX59COJ	LON	LX59CZM	GAL	LX59DFK	GAL	LY52ZFB	LON
LX58DDL	GAL	LX59COU	LON	LX59CZN	GAL	LX59DGO	CLM	LY52ZFC	LON
LX58DDN	GAL	LX59CPE	LON	LX59CZO	GAL	LX59ECF	LON	LY52ZFD	LON
LX58DDO	GAL	LX59CPF	LON	LX59CZP	GAL	LX59ECJ	LON	LY52ZFE	LON
LX59ANF	LON	LX59CPK	LON	LX59CZR	GAL	LX59ECN	LON	LY52ZFF	LON
LX59ANP	LON	LX59CPN	LON	LX59CZS	GAL	LX59ECT	LON	LY52ZFG	LON
LX59ANR	LON	LX59CPO	LON	LX59CZT	GAL	LX59ECV	LON	LY52ZFH	LON
LX59ANU	LON	LX59CPU	LON	LX59CZU	GAL	LX59ECW	LON	LYB941	SCH
LX59ANV	LON	LX59CPV	LON	LX59CZV	GAL	LX59ECY	LON	LYC731	EMP
LX59AOA	LON	LX59CPY	LON	LX59CZW	GAL	LX59ECZ	LON	LYD87	BFS
LX59AOB	LON	LX59CPZ	LON	LX59CZY	GAL	LX59EDC	LON	LYF316	HJC
LX59AOC	LON	LX59CRF	LON	LX59CZZ	GAL	LX59EDF	LON	LYH148P	COO
LX59AOD	LON	LX59CRJ	LON	LX59DAO	GAL	LX59EDJ	LON	LYR788	IMP
LX59AOE	LON	LX59CRK	LON	LX59DAU	GAL	LX59EDK	LON	LYR854	LBP
LX59AOF	LON	LX59CRU	LON	LX59DBO	GAL	LX59EDL	LON	LYR969	LBP
LX59OAG	LON	LX59CRV	LON	LX59DBU	GAL	LX59EDO	LON	LZ59DAA	GAL
LX59AOH	LON	LX59CRZ	LON						

M

M1BCL	BRR	M1WEH	HKC	M2WMT	WSC	M5HCT	CRV	M7BUS	LID
M1BUS	JST	M1WET	WET	M3KFC	EMS	M5JLW	WIB	M7CCH	GRC
M1CRC	CHA	M2CLL	NIC	M3KTT	TRH	M6BUS	LID	M7GHA	GHA
M1JBT	JBT	M2JBT	JBT	M3MLY	TRC	M6BUT	BBS	M7HAN	DOL
M1MCT	MCM	M2KFC	KFY	M3OVC	ALW	M6ERN	OMK	M7JPT	GUM
M1OCT	DEL	M2OCT	DEL	M3SOB	A&P	M6HAT	BOD	M7SEL	BNA
M1OXF	OBC	M2SLT	ANW	M3STX	STX	M6MGH	MGT	M7TUB	GPT
M1PCV	POC	M2STX	STX	M3TVC	HWS	M6OAT	MGT	M8BSL	WCC
M1STX	STX	M2TVT	TEV	M4YNF	MOC	M6SEL	BNA	M8KFC	NXD
M1TVT	TEV	M2WHC	ROY	M5GHA	GHA	M6WMS	WED	M8MGH	MGT

ID	Code	ID	Code	ID	Code	ID	Code	ID	Code
M9KFC	GOD	M41EPV	IBL	M77CTL	PIC	M105BLE	PCN	M127HOD	PCB
M9XON	MOX	M41FTC	FHD	M78CYJ	W&D	M105PVN	TDE	M127YCM	PHI
M10CAE	EVC	M41PVN	SNOE	M78WKX	FWE	M105RMS	HCT	M128HOD	PCB
M10CCH	GRC	M42EPV	IBL	M79CYJ	ZBR	M106CCD	GAR	M128KBO	66C
M10DVS	DJI	M42KAX	MGR	M79VJO	CCB	M106RMS	CBC	M129BNO	KIC
M10JMJ	JOH	M42KCU	AYC	M80RCE	MSH	M106RRJ	FHD	M129HOD	PCB
M10LCH	PLY	M42ONF	ZBU	M80TGM	STS	M106UWY	POP	M129PRA	TBB
M10MCT	MCM	M42PVN	SNOE	M81MYM	FRC	M107BLE	ZBG	M129YCM	PHI
M10MGH	MGT	M43HSU	CHZ	M81VAK	HWS	M107CCD	WCC	M130HOD	PCB
M10RCC	RBC	M44CJT	TUR	M81WBW	NUV	M107RMS	CBC	M130PRA	TBB
M10RGJ	JOH	M45BEG	RKC	M82MYM	VTC	M107UWY	HED	M131DCS	RSS
M11CJT	LMC	M45LKH	PPH	M82WBW	EST	M107XBW	SNW	M131HOD	PCB
M11JMJ	CLN	M46BEG	FSA	M83MYM	VTC	M108CCD	GRN	M131PRA	TBB
M11TLC	ZDT	M47GRY	GPT	M83WBW	TAT	M108FGC	BTT	M131SKY	A&P
M11WMT	WSC	M48BEG	FSA	M84MYM	HMS	M108RMS	CBC	M132DEC	SCH
M12BUS	KIN	M50APL	ATR	M84WBW	CCB	M109RMS	ASW	M132HOD	PCB
M12CJT	LMC	M50MCT	MCE	M85FMR	TJC	M109XKC	ANW	M132HPR	ABF
M12RAL	BCT	M50RSW	WSN	M85MYM	GEL	M110PWN	FCL	M132KBO	CBC
M12YEL	CSY	M50SEE	MSH	M85WBW	SWES	M101RMS	CBC	M132PRA	TBB
M13CJT	LEE	M51HOD	PCB	M86MYM	FED	M110TVH	SUT	M133HPR	CDS
M13KCT	RBC	M51HUT	NAH	M86SRD	PEN	M110UWY	SOO	M133PRA	TBB
M13YEL	CSY	M51PRA	COS	M87MYM	GEL	M110XKC	ANW	M134HPR	WAR
M15WAL	W&D	M52AWW	ATS	M87WBW	NUV	M111BUS	P&K	M134PKS	PUM
M16SMC	HFL	M52HOD	PCB	M88ADR	ADR	M111PWN	HAY	M134PRA	TBB
M17KFC	DAV	M52PRA	COS	M88SLT	SLT	M112BMR	HAT	M134SKY	SAW
M17SMC	SIL	M53AWW	GIR	M89DEW	HTT	M112PPY	SOO	M134UWY	GUS
M17WAL	SVE	M53HOD	PCB	M89WBW	NUV	M112RMS	ASW	M135HPR	WCH
M18SMC	SIL	M54PRA	SLT	M90TGM	STS	M112UWY	HWD	M135PRA	TBB
M18WAL	SVE	M55ADR	ADR	M91MYM	HMS	M112YKC	ANW	M136KRU	W&D
M19WAL	SVE	M58LBB	BRU	M91WBW	REB	M113BMR	WTR	M136PRA	TBB
M20BLU	SLA	M59LBB	BRU	M92BOU	FDC	M113PPY	SOO	M137FAE	FSA
M20CJT	CCS	M59PAG	STE	M92JHB	WTR	M113RMS	ASW	M137KRU	CDS
M20GGY	GHA	M59WEB	BBC	M92WBW	A2B	M113RNK	HCT	M137PRA	TBB
M20HAM	HMS	M59WKA	SAM	M93WBW	REB	M113SLS	CBN	M138FAE	FSA
M20JLS	LSK	M60ATS	MGT	M95WBW	CAR	M113UWY	SOO	M138KRU	W&D
M20KJM	MAJ	M61VJO	ZBN	M97WBW	RWN	M113XWB	BBC	M138MPL	BAW
M20MGH	MGT	M61WER	FIT	M98WBW	CLT	M113YKC	ANW	M138PRA	TBB
M20MPS	ARM	M61WKA	BJL	M99KMH	C&R	M114BMR	ADR	M139KRU	W&D
M20WAL	MWM	M62WKA	DPG	M99PCC	PCO	M114RMS	ASW	M139MPL	BAW
M21GAT	ESK	M63VJO	ZBN	M99SLT	SLT	M114UWY	SOO	M140FAE	FSA
M22LVT	LUV	M64HHB	MIC	M100AAB	SWSC	M115KBO	CBC	M140KRU	W&D
M26XEH	QMS	M65CYJ	RWN	M100GRC	GRT	M115RMS	ASW	M140MPL	BAW
M26XSC	SWT	M65FDS	CBC	M100MGH	MGT	M116BMR	A1A	M141FAE	FSA
M30TGM	WOR	M65KTG	NPT	M100PHA	ARM	M116MBD	BOW	M141KRU	CDS
M31KAX	PHO	M65VJO	ZBN	M100SWT	SWN	M116UWY	SOO	M141MPL	BAW
M33ARJ	ANB	M65WKA	BJL	M100TWC	TWC	M116XSR	TWM	M141TMS	MOA
M33CRT	CRN	M67FDS	CBC	M100WCM	WCM	M117RMS	ASW	M142FAE	FSA
M33JBS	JBS	M67HHB	D&G	M101BLE	PCN	M117XSR	TWM	M142MPL	BAW
M35KAX	SEM	M67KTG	NPT	M101FGC	OAK	M118RMS	ASW	M143KRU	W&D
M36HJR	NBM	M68CYJ	RWN	M101RRJ	FMR	M118XSR	TWM	M143MPL	BAW
M37HJR	PRC	M68UWB	TAW	M101SWG	SWC	M119RMS	ASW	M144KPA	CRL
M37KAX	AMV	M69CYJ	REB	M101UKX	BEH	M119XSR	GSR	M144KRU	W&D
M38HSU	C&R	M70CLN	CLN	M101VKY	TXC	M120RMS	ASW	M144MPL	BAW
M38KAX	GTR	M70TCC	DOT	M102CCD	HAD	M121KBO	CBC	M144UKN	HED
M38XYA	DEN	M71AKA	COT	M102UKX	BEH	M121RMS	CBC	M145KRU	CDS
M39HSU	SCH	M 71CYJ	JOE	M102WBW	CLT	M121YCM	WCG	M145MPL	BAW
M40BUS	CHH	M73AKA	COT	M103BLE	CSA	M122UET	BEW	M146EAH	OAK
M40CJT	CCS	M73CYJ	W&D	M103CCD	CRW	M123OUX	B&N	M146MPL	BAW
M40CRT	CRN	M73WYG	LOD	M103CYJ	SWC	M123SKY	M&D	M146UKN	HED
M40PVN	SNOE	M74VJO	NUV	M104XBW	SNW	M124VAK	CSA	M148MPL	BAW
M40TGM	SCC	M76CYJ	MWM	M105AJN	TUT	M126YCM	WCG	M149MPL	BAW

M150HPL	CBL	M200MGH	MGT	M216EGF	CBC	M241MRW	FMR	M272HPF	GOL		
M150MPL	BAW	M200TPT	GHA	M216VSX	THD	M241VYA	FSA	M272SBT	GHA		
M151FGB	STAY	M200TWC	TWC	M216YKD	ANW	M242MRW	FMR	M273HOD	AQU		
M151HPL	TUT	M200WCM	OAD	M217FMR	KOD	M242VYA	HIS	M273UKN	HED		
M151KDD	BOD	M201EGF	CBC	M217VSX	MAT	M243MRW	FMR	M274BLD	MMA		
M151MPL	BAW	M201LHP	HOC	M218VSX	MAT	M243VWU	FWE	M274BLE	CHT		
M152BBX	ACE	M201RHB	HBS	M219VSX	MAT	M244MRW	FMR	M274HOD	AQU		
M152LPL	GAT	M201VSX	HOR	M220UBA	ZEQ	M244VWW	FHD	M274JGB	MCO		
M152MPL	BAW	M202DRG	MJG	M220VSX	MAT	M245MRW	FMR	M275FNS	DIC		
M153MPL	BAW	M202EGF	CBC	M221AGL	CUB	M246UTF	DOW	M275JGB	MCO		
M153XHW	BOD	M202LHP	SPD	M221EAF	FMR	M247MRW	FMR	M275TSB	NIC		
M154MPL	BAW	M202VSX	HOR	M221VSX	K&J	M248MRW	FMR	M276UKN	HED		
M156LNC	GLA	M203DRG	ABU	M221VWU	FCY	M248SPP	CBC	M277FNS	MIK		
M156MPL	BAW	M203EUS	ASH	M222ALP	ALP	M248VWW	FHD	M277JGB	MCO		
M157MPL	BAW	M203VSX	HOR	M222DPC	PAL	M249MRW	FMR	M277YKF	LOW		
M158MPL	BAW	M204DRG	WKN	M222SLT	SLT	M249SPP	CBC	M281UYD	FHD		
M159GRY	ASW	M204EGF	CBN	M223SVN	SEMS	M249VWU	TRH	M282UKN	HED		
M159MPL	BAW	M204LHP	TAT	M223VSX	THD	M250MRW	FMR	M289CAM	BAK		
M160CCD	ZAS	M204VSX	HOR	M223VWW	FEX	M250SPP	CBC	M290FAE	LOD		
M160GRY	ASW	M205EGF	CBC	M224SVN	SNOE	M250VEC	FEC	M291FAE	WCC		
M161CCD	SWSC	M205VSX	K&J	M224VSX	MAT	M251MRW	FMR	M291OUR	MEW		
M161GRY	BUR	M206EGF	CBC	M224VWU	GSA	M251SPP	CBC	M292SBT	EJL		
M162LNC	SOL	M206EUS	ASH	M225SVN	SEMS	M251VWW	FEC	M293FAE	FCL		
M163SKR	ANW	M206LNC	RNC	M225VSX	BEN	M251XWS	FIT	M294FAE	AYC		
M164CCD	SSOU	M206SKE	GHA	M225VWU	GOL	M252CDE	EST	M294UKN	HED		
M165CDD	KIC	M206VSX	THD	M226AKB	MPT	M252MRW	FNO	M295THD	SOO		
M165GRY	ASW	M207EGF	CBC	M226SVN	SEMS	M253MRW	FMR	M296FAE	FCL		
M166CCD	FAI	M207VSX	THD	M226VSX	MAT	M253VWU	FWE	M300MFC	PCE		
M166GRY	STE	M207VWW	FEC	M227SVN	SEMS	M254MRW	FMR	M300TWC	TWC		
M166KTG	NPT	M208BGK	YCT	M227VSX	WCM	M254VWW	FHD	M300WCM	WCM		
M166XMA	GHA	M208EGF	CSA	M228VSX	THD	M255MRW	FMR	M301DGP	STAY		
M167LNC	SLT	M208EUS	CSA	M228VWW	FEX	M255UKX	ABK	M301KRY	FBS		
M168GRY	GHA	M208VSX	THD	M229UTM	BBD	M256MRW	FMR	M302DGP	SREN		
M168JPH	SOD	M209BGK	SUL	M229VSX	MAT	M256VWU	CCB	M302JGB	MCO		
M169GRY	COG	M209EGF	CSA	M229VWW	FEX	M258JGB	MCO	M302OTF	MOG		
M169SUX	GRC	M209LHP	SNW	M230AKB	GLA	M259BGF	WIB	M303BAV	PRC		
M170GRY	ANE	M209SCK	CRN	M230LYT	CMH	M259KWK	K&D	M303BRL	FDC		
M170TRM	MAX	M209VSX	K&J	M230VSX	MAT	M259OKN	MLS	M303DGP	SREN		
M171GRY	JAS	M210BGK	WIS	M231UTM	BYS	M259VWW	FHD	M304BAV	ADR		
M171YKA	JOE	M210EGF	CBL	M231VSX	THD	M260VWW	FHD	M304DGP	STAY		
M172GRY	ANE	M210LHP	SNW	M231VWW	FEX	M261GUS	CNV	M304KOD	PCB		
M173GRY	JPT	M210NDB	SNW	M231XWS	CMT	M261HOD	TRD	M304SAJ	ANE		
M173SBT	JOH	M210VEV	HED	M232TBV	ZCO	M261KWK	HED	M304TSF	JAS		
M174GRY	GHA	M210VSX	MAT	M232VSX	MAT	M262GRY	BUR	M305BAV	MDC		
M174XTC	MOA	M211EGF	AVD	M232VWW	FEC	M262KWK	HED	M305DGP	STAY		
M175GRY	GHA	M211NDB	SNW	M233AKB	OLY	M263HOD	TRD	M305KOD	SVE		
M176GRY	ANE	M211VSX	THD	M233TBV	STC	M264HOD	TRD	M305TSF	FSA		
M177GRY	ANE	M211WHJ	HED	M233VSX	KIC	M265HOD	TRD	M306DGP	SREN		
M178LYP	RNC	M211YKD	ANE	M233VWW	FEC	M266HOD	TRD	M307BAV	SWC		
M179DWM	BAT	M212UYD	AXV	M234CEU	GTS	M266WAV	CVL	M307DGP	SREN		
M181XHW	HSL	M212VSX	TBB	M234VSX	KIC	M267HOD	TRD	M307XSN	STAY		
M186YKA	ANE	M212WHJ	HED	M235TBV	SNW	M267VPU	TGA	M308DGP	SREN		
M188YKA	THA	M213EGF	AVD	M235UTM	KIC	M267VWW	FWE	M309DGP	SREN		
M196SRR	HBT	M213VSX	THD	M236TBV	SNW	M268VPU	TGA	M309TFR	HFX		
M197CDE	RBC	M214EDX	ZBX	M236YKD	CBC	M269HOD	TRD	M310DGP	SREN		
M197TMS	WTR	M214EGF	CBL	M237YKD	CBC	M269VPU	ASC	M310KRY	M&D		
M197UAN	PAR	M214VSX	TBB	M238MRW	FMR	M271JGB	MCO	M311DGP	SNW		
M197YKA	ANE	M215EDX	STR	M238YKD	SWN	M271POS	TMA	M311EEA	ARL		
M198ASJ	CCC	M215EGF	CBC	M239MRW	FMR	M271URC	AVD	M311KRY	SBL		
M199YKA	ACH	M215UYD	AVA	M239XWS	CEL	M272HOD	TRD	M311YSC	SSOU		
M200CBB	ASC	M215VSX	PDB	M240MRW	FMR			M312EEA	AXV		

M312KRY JEN	M359LFX TAR	M402SPY SNOE	M420VYD S&B	M458VCW SNW	
M312YSC SSOU	M359OVU 66C	M403EFD ARM	M421PVN THA	M459EDH SWC	
M313DGP SREN	M360LFX TAR	M403MPD JCA	M421UKN SMS	M459JPA SUR	
M313YSC SSOU	M360XEX ZAT	M403RVU FNW	M421UNW ARM	M459LLJ A&P	
M314DGP SREN	M361CDE SIL	M403SPY SNOE	M422TWF ZCQ	M459UUR GHA	
M314KRY WTR	M362LAX AVD	M403VWW FBR	M422UNW ARM	M459VCW SNW	
M315DGP SREN	M363KVR MCS	M404BFG LON	M423PVN GLA	M460DDE CHZ	
M315PKS STAY	M363LAX AVD	M404EFD ARM	M423RRN WBC	M460JPA SWC	
M315VET GEM	M364LAX AVD	M404RVU FNW	M425PVN RRB	M460LLJ A&P	
M316DGP SREN	M364LFX TAR	M404SPY SNOE	M425VWW FBR	M460VCW EDT	
M316YOT FHD	M365AMA BNA	M405HFP STS	M426RRN WBC	M461UUR GHA	
M317DGP SREN	M365BUD RWY	M405RVU FNW	M426VWW FSA	M461VCW RCT	
M317LJW TWM	M365KVR GSA	M405SPY SNOE	M427RRN VRT	M462LLJ FTC	
M317YOT FHD	M365LAX AVD	M405VWW FSA	M427UNW TVP	M462VCW EDT	
M318DGP SREN	M365LFX TAR	M406HFP STS	M427VWW FSA	M463VCW EDT	
M318RSO SKY	M366AMA BNA	M406KOA SMK	M428UNW AYO	M464JPA STS	
M318YOT FHD	M367KVR HVB	M406RVU FNW	M428VWW FBR	M464YAS JTK	
M319DGP SREN	M367LAX AVD	M406SPY SNOE	M429RDC KWT	M465LPG WET	
M319LJW TWM	M368CDE SIL	M406VWW FWE	M429TWF PCL	M467ASW SHIC	
M319YOT FHD	M371LAX AVD	M407BFG SWB	M429UNW ANW	M468ASW HOR	
M320DGP SREN	M372EFD B&N	M407RVU FNW	M430UNW ARM	M469ASW SWSC	
M320VET FLM	M373CRL MDC	M407SPY SNOE	M431UNW TVP	M470ASW SHIC	
M320YOT FHD	M374FTY ANE	M407TCK ZBU	M432UNW HCT	M470FJR JPT	
M321RAW DEV	M374SCK BLT	M408RVU STC	M433PUY HLC	M471ASW HOR	
M322LJW TWM	M375FTY ANE	M408SPY SNOE	M433UNW GCA	M471FJR EMP	
M322YOT FHD	M375SCK BLT	M408VWW FMR	M433VWW FSA	M472ACA TRW	
M323KRY SPD	M375YEX FEC	M409BFG SWB	M435VWW FBR	M472ASW SHIC	
M323YOT FHD	M376SCK BLT	M409RVU STC	M437PUY HOB	M472FJR JPT	
M324LJW TWM	M377ELA HFX	M409SPY SNOE	M437VWW FSA	M473ASW CF	
M326LJW TWM	M377SCK BLT	M409TCK CBC	M438ECS JTK	M474ASW CF	
M327TSF WCG	M378BJC CBW	M410RVU STC	M439VWW FBR	M475ASW CF	
M328TJA SCP	M378EFD WCG	M410SPY SNOE	M440FHW FHD	M477ASW HOR	
M328VET NCO	M378FMW ESK	M410TCK CBC	M441BDM VOE	M477UYA TVA	
M333ANT ANT	M378SCK BLT	M410UNW LLM	M441CVG HED	M479ASW SHIC	
M333CLA MOX	M379CGN TAY	M411VWW FSA	M442BLC THA	M480ASW HOR	
M333DPC PAL	M379SCK BLT	M412RRN SYOR	M442FGA R&B	M481ASW SEMS	
M333SLT SLT	M379TJA SNW	M412UNW TVP	M443BLC SYT	M481FGG HOR	
M335LHP BBD	M379YEX FEC	M412VWW FSA	M444DPC PAL	M482ASW SHIC	
M336LHP BBD	M381JGB MCO	M413BEY GHA	M444SKY JUM	M482CSD JTK	
M338HVK GRI	M381UDB THA	M413DBY LOG	M444SLT SLT	M483ASW BBD	
M338LHP BBD	M387KVR SNOE	M413DEU FED	M445BLC THA	M486ASW SHIC	
M339EEC SGD	M388KVR REG	M413RRN SEMS	M450HPF ANE	M486KHB HWS	
M339LHP EA	M388VWX SNW	M414RRN SEMS	M451HPF ANE	M487ASW SWSC	
M339UKN SVD	M389KVR CBL	M414UNW GCA	M451VCW SNW	M488ASW SWSC	
M341SCJ YCT	M389VWX SNW	M414VWW FBR	M452LLJ EMS	M489ASW CF	
M341WSL BRC	M390KVR TAR	M415RRN CLT	M453LJF EJL	M490ASW SREN	
M343UKN SVD	M391UWT ORA	M416WVW FMR	M453VCW STC	M492GCD WGH	
M345JBO SLA	M391VWX SNW	M416VYD WEB	M454LLJ ZBV	M492HBC ZCF	
M345JGB MCO	M393VWX SNW	M417RRN EYM	M454VCW HOR	M494RKL HMI	
M346JGB MCO	M394KVR WCG	M418RRN WBC	M455TCH ZBO	M498ALP AWD	
M346KWK A2B	M396JGB MCO	M418UKN SMS	M455UKN EMB	M498XSP BEK	
M347DRP SWES	M396KVR SWSC	M418UNW GCA	M456EDH D&G	M500DEN DCC	
M348JBO SHIC	M400TWC TWC	M418VWW FLE	M456LLJ EMS	M500TWC TWC	
M348NCY ZAV	M400WCM WCM	M418VYD WEB	M456UKN MBT	M500WCM WCM	
M349JBO SLA	M401EFD ARM	M419PVN SAT	M456VCW SNW	M501GRY FNW	
M352HCU KYC	M401RVU FNW	M419RRN WBC	M457LLJ SAT	M501PKJ AUT	
M353JBO SDEV	M401SPY SNOE	M419UKN SMS	M457TSS HKW	M501PNA FEC	
M354SDC RTT	M401TCK ZBU	M419VYD SGD	M457VCW SNW	M501VJO TTR	
M356JBO MAM	M401VWW FWE	M420BCD CHT	M458JPA MAM	M501XWC SNO	
M358LFX MCC	M402EFD ARM	M420UKN SMS	M458LLJ SAT	M502GRY FNW	
M359HCU KCS	M402RVU FNW	M420UNW TVP	M458UUR UNO	M502RKO ABU	

M502XWC	HWD	M520PNA	FNW	M547SPY	HWY	M596BLC	BAW	M638BCD	SSOU
M503ALP	ZBG	M520RSS	FNW	M547WTJ	TUT	M596OSO	HWY	M638HFJ	WOO
M503GRY	FNW	M520VJO	MEB	M548WTJ	TUT	M597OSO	SHIC	M638KVU	EXP
M503PNA	FEC	M521RSS	FNW	M551ONT	FCA	M597SSB	SNOE	M639BCD	SSOU
M503VJO	ATS	M521UTV	CBN	M553WTJ	IRB	M598OSO	SDEV	M639RCP	CSG
M504ALP	ZBG	M521WHF	GHA	M555BUS	JUM	M600TMS	CAT	M640EPV	IBL
M504GRY	FNW	M522FFB	FBR	M555SLT	SLT	M600TWC	TWC	M641RCP	SLK
M504PNA	FHD	M522RSS	FNW	M557FGE	JAC	M600WCM	WCM	M642RCP	SLK
M504VJO	ATS	M522WHF	ANW	M561SRE	DOB	M601RCP	TMB	M642TOB	ROM
M505PNA	FEC	M523FFB	FBR	M562WTJ	ANW	M601RTX	VTC	M643KVU	CTC
M505VJO	FCA	M523RSS	FNW	M563OCW	HAN	M601TTV	MUS	M643RCP	EBA
M505XFY	EDW	M523WHF	ANW	M565SRE	MSH	M601VHE	SEMS	M643YSF	SWN
M506ALP	CSA	M524RSS	FNW	M566BLC	BAW	M602BCA	BNA	M645RCP	MWM
M506GRY	FNW	M524WHF	TAT	M566FNS	HST	M602ORJ	DAC	M647TRF	BTC
M506HNL	J&C	M525MPM	ASC	M567YEM	ANW	M602SBL	R&B	M647UCT	NEL
M506PNA	FNW	M525WHF	BEE	M568TJL	JJT	M602TTV	MUS	M647XKF	OAK
M506VJO	MEB	M526FFB	FBR	M568YEM	ANW	M602VHE	SEMS	M647YLV	MUS
M507GRY	FNW	M526MPM	ZCO	M569SRE	MVL	M603TTV	POP	M648FYS	SWSC
M507PNA	FNW	M527FFB	FBR	M569YEM	ANW	M603VHE	SEMS	M649FYS	KEY
M507VJO	MEB	M527RSO	SHIC	M570DSJ	DHC	M604TTV	HED	M649RCP	SAN
M508PNA	FNW	M527UGS	JTK	M570YEM	ANW	M604VHE	SEMS	M650BCD	SSOU
M508VJO	MEB	M528FFB	FBR	M571BVL	GVW	M605VHE	SEMS	M650ELA	VTC
M509DHU	FBR	M528KTG	GEH	M571DSJ	BBH	M606URJ	DOW	M650KFJ	THO
M509GRY	FNW	M528RSO	SREN	M571RCP	TDR	M608RCP	EBL	M650KVU	MBT
M509PNA	FEX	M528WHF	BEE	M571XKY	HED	M608UTV	POY	M650RCP	C&S
M509VJO	FCA	M529FFB	FCY	M571YEM	ANW	M608UUR	HMI	M651BCD	SDEV
M510DHU	FCY	M529RHG	MUL	M572BLC	BAW	M608WET	SEMS	M651KVU	GVW
M510GRY	FNW	M529RSO	SHIC	M572RCP	C&S	M609UTV	POY	M651TVT	CEL
M510PNA	FEX	M529WHF	ANW	M572SRE	SUM	M609WET	SEMS	M652BCD	SSOU
M511PNA	FEC	M530DPN	STK	M572TYB	CMT	M609WFS	HVB	M655FYS	SWSC
M512FWV	CYM	M530FFB	FBR	M572YEM	ANW	M610APN	CLT	M655KVU	CHB
M513MFX	SOA	M530RHG	MUL	M573BLC	BAW	M611APN	RNC	M656FYS	SWSC
M513PNA	FNW	M530RSO	SREN	M573TYB	CMT	M611ORJ	LAT	M656SBL	VTC
M514VJO	FCA	M531FFB	FBR	M573YEM	ANW	M611RCP	GRD	M658FYS	SWSC
M514WHF	ANW	M531RSO	SSOU	M574BLC	BAW	M611YSF	ECL	M658ROS	GSM
M515DHU	FBR	M532FFB	FSA	M574RCP	W&D	M612APN	SSOU	M658VRR	SMS
M515NCG	MAN	M533BLU	HKW	M574YEM	ATW	M612RCP	SAN	M659KVU	DUD
M515PNA	FNW	M533RSO	BLC	M575RJM	TWC	M613APN	SSOU	M659SBL	HSM
M516DHU	FBR	M534CEY	DEV	M575YEM	ANW	M614APN	SSOU	M659VRR	SMS
M516PNA	FMR	M534FFB	FBR	M576JBC	RBC	M615RCP	C&S	M660FYS	SLA
M516RSS	FNW	M534NCG	GSM	M577RCP	W&D	M615VPN	EDT	M660VAJ	BBH
M516TVM	WMC	M534RSO	BLC	M577VSF	MYA	M616RCP	ZBF	M661MVV	CLN
M516VJO	MEB	M534TVH	CRG	M578BLC	BAW	M616XKF	DHC	M662ECD	SYOR
M516WHF	BEE	M535FFB	FSA	M578BSM	MEW	M617NOG	PLT	M662USX	HVB
M517DHU	FBR	M536FFB	FBR	M579BLC	BAW	M617RCP	ZBF	M663ECD	SDEV
M517KPA	JPT	M536RSO	BBD	M579RCP	ORA	M619PKP	ASN	M663FYS	KEY
M517NCG	HED	M536WHF	ANW	M580RCP	W&D	M619RCP	C&S	M664ECD	SEMS
M517PNA	FNW	M537FFB	FSA	M582JBC	GRL	M623RCP	HQL	M664KHP	ABU
M517RSS	FNW	M537JRY	SMK	M584WLV	THO	M626PVR	JEN	M664UCT	HOR
M517VJO	FCA	M537RSO	BBD	M587KTT	CML	M626XWS	FCY	M664WCK	RAI
M518DHU	FSA	M537WHF	RNC	M588BFL	JBF	M627RCP	BCM	M665ECD	SEMS
M518PNA	FNW	M538RSO	BBD	M588UBA	EBL	M628RCP	C&S	M665WCK	FRK
M518RSS	FNW	M538WHF	DEW	M589OSO	SSOU	M628XWS	ZEJ	M667ECD	SEMS
M518VJO	MEB	M539RSO	SHIC	M590OSO	SSOU	M629WBV	MCR	M667FYS	SWSC
M518WHF	TUT	M541RSO	BLC	M591BLC	BAW	M631RCP	MUN	M667VAJ	ZCW
M519KPA	JPT	M543RSO	BBD	M591OSO	SWSC	M631WFR	CTE	M668ECD	SEMS
M519NCG	SHM	M543SPY	SNOE	M592BLC	BAW	M633RCP	C&S	M668FYS	SWSC
M519PNA	FNW	M544RSO	BBD	M593BLC	BAW	M634FJF	GMC	M670ECD	SEMS
M519RSS	FNW	M544SPY	SNOE	M593OSO	HOR	M636BCD	SSOU	M674CDE	SIL
M519WHF	ANW	M545SPY	SNOE	M595BLC	BAW	M636RCP	C&S	M675VRR	WET
M520FFB	FBR	M547GNS	CNV	M595OSO	SNW	M637BCD	SSOU	M677SSX	CSA

Reg	Code	Reg	Code	Reg	Code	Reg	Code	Reg	Code
M677TBF	HAO	M711YJC	TUT	M740DDE	RBC	M774XHW	BOD	M803PRA	HOB
M680DDE	RBC	M712KRH	SNOE	M740VET	FSY	M775PRS	FG	M803RCP	C&S
M680TDB	SNW	M712YJC	MTC	M742KJU	ZBY	M775XHW	CTR	M803WKW	GCA
M681KVU	WHE	M713KRH	SNOE	M742UUA	CBC	M776PRS	FG	M804GFT	PUM
M681TDB	SNW	M714KRH	HWY	M743KJU	AMB	M776TFS	SKY	M804MOJ	ARM
M682KVU	HKW	M714YJC	TUT	M743UUA	CBC	M777ASH	CAA	M804RCP	C&S
M682TDB	SNW	M716KRH	SEMS	M744HDL	W&D	M777GSM	HFL	M805GFT	GUM
M683TDB	SNW	M716MRU	BCR	M744UUA	CBC	M778CLH	LBL	M805RCP	EOB
M684TDB	SNW	M716VET	FSY	M745HDL	W&D	M778TFS	MAM	M806GFT	GUM
M685HPF	ANE	M717KPD	HOM	M745RCP	C&S	M778XHW	FIT	M806RCP	SAN
M685MRP	M&C	M717KRH	SEMS	M745UUA	CBC	M779PRS	FG	M807GFT	GUM
M685TDB	SNW	M717VET	FSY	M746HDL	W&D	M780XHW	FIT	M807URD	SWC
M686TDB	SNW	M718BCS	TDE	M746RCP	W&D	M782NBA	VTC	M808ASL	WMC
M687HPF	RNC	M718KRH	SEMS	M748HDL	W&D	M783ASL	WMC	M808JTY	SHIC
M687TDB	SNW	M718VET	FSY	M748PRS	BLS	M783NBA	CRW	M809GFT	PUM
M688HPF	ANE	M718WUD	D&G	M748UBA	CCW	M784PRS	SWSC	M809RCP	C&S
M688TDB	SNW	M719BCS	CSA	M749HDL	W&D	M784RVY	GHA	M810GFT	JOE
M689HPF	ANE	M719VET	FSY	M750HDL	W&D	M785PRS	DMC	M811GFT	JOE
M689JFJ	HWS	M720LUU	FTR	M750VYB	DUD	M785VJO	MIK	M811HCU	PUM
M689TDB	SNW	M720VET	FSY	M751HDL	W&D	M786PRS	SWSC	M811PGM	FG
M690HPF	ANE	M721BCS	CSA	M753LAX	WA	M786VJO	SHB	M812GFT	GUM
M690TDB	SNW	M721CGO	STS	M754LAX	WA	M787PRS	SWSC	M812PGM	FG
M691MRU	ADR	M721OMJ	KJB	M756LAX	JMC	M788ASL	WMC	M813GFT	GUM
M691TDB	SNW	M721SGX	TFB	M757XET	NCC	M788NBA	BUL	M814GFT	JOE
M692TDB	SNW	M721VET	FSY	M758BEU	HMI	M788PRS	SWSC	M815GFT	GUM
M693TDB	SNW	M722BCS	MCO	M758LAX	WA	M789NBA	BUL	M815HCU	WCG
M694HPF	TEV	M722CGO	BUR	M759LAX	WA	M789PRS	SWSC	M815JKU	AVD
M694TDB	SNW	M722KPD	EDT	M75VJO	CTM	M790LPH	REG	M817ARV	W&D
M695HPF	EBC	M722VET	FSY	M760ASL	BRW	M790NBA	HWY	M817GFT	RBC
M695TDB	SNW	M723KPD	TWM	M760GGE	KIN	M790PRS	SWSC	M817KRH	SEMS
M696HPF	TEV	M723OMJ	GIR	M760LAX	WA	M791EUS	CBC	M818GFT	GUM
M696TDB	SNW	M723VET	FSY	M762LAX	WA	M791PRS	SHIC	M818KRH	SEMS
M697HPF	TEV	M724CGO	AXE	M763LAX	WA	M791TCF	FLN	M818PGM	FHD
M698HBC	CRW	M724VET	FSY	M763RCP	GEL	M792HCU	SBA	M819GFT	PUM
M698HPF	TEV	M725LYP	CHZ	M764LAX	WA	M792TCF	FLN	M819KRH	SEMS
M699HPF	EBC	M725VET	FSY	M764RCP	SAN	M793LPH	REG	M819RCP	AYO
M699TDB	SNW	M726VET	FSY	M765CWS	FCL	M793PRS	DMC	M821RCP	CBL
M700HPF	ZAE	M727VET	FSY	M765PRS	FG	M793TCF	FLN	M821YSC	ABK
M700TMS	TYC	M728VET	FSY	M765RAX	WA	M794MTH	CLK	M823ASL	WMC
M700TWC	TWC	M729OMJ	RNC	M766PRS	FG	M794PRS	HCL	M823HNS	BRS
M700WCM	WCM	M729VET	FSY	M766RAX	WA	M794TCF	FLN	M824XVW	HMI
M701EDD	AVD	M731VET	FSY	M767PRS	FG	M794VJO	CVL	M825RCP	END
M701HPF	ZAE	M732KJU	JEN	M768FTT	HKW	M795PRS	HCL	M826OKJ	MOG
M702HPF	TEV	M732VET	FSY	M768LNB	CMH	M796ASL	WMC	M827RCP	CSG
M702RVS	FAI	M733AOO	OLY	M768PRS	FG	M796EUS	BJL	M828RCP	PMS
M703HPF	TEV	M733VET	FSY	M768RAX	WA	M796PRS	HCL	M829RCP	CBL
M703TFV	CVL	M734KJU	SWT	M768WSC	FRK	M797PRS	HCL	M831HNS	KIN
M704HPF	EBC	M734VET	FSY	M769PRS	FG	M798DDE	RBC	M831SDA	ASW
M704JDG	AVD	M735BBP	W&D	M769RAX	WA	M798PRS	HCL	M832CVG	HED
M705JDG	GLA	M735VET	FSY	M770DRG	ANE	M799EUS	STI	M832HVC	EYM
M706HBC	CRC	M736BBP	W&D	M770PRS	FG	M799PRS	HOM	M832RCP	SAN
M707HBC	GOD	M736BSJ	CSA	M770RAX	WA	M800SOU	NEC	M832SDA	ASW
M707JDG	SLA	M736VET	FSY	M771PRS	FG	M800TWC	TWC	M833HNS	HEY
M707KRH	SNOE	M737JKG	VTC	M771TFS	SKY	M800WCM	WCM	M833SDA	ASW
M708JDG	TRH	M737RCJ	KEA	M772BCS	MCO	M801KJT	APC	M834DUS	FG
M708KRH	SNOE	M737VET	FSY	M772DRK	WSN	M801PRA	DOY	M834RCP	SAN
M709JDG	MAM	M738BSJ	TSY	M772PRS	FG	M802ASL	GEC	M834SDA	BUR
M709KRH	SYOR	M738JKG	VTC	M772XHW	CEL	M802PRA	HOB	M835DUS	FG
M710HBC	VTC	M738VET	FSY	M773GPB	BCS	M802RCP	C&S	M836DUS	FG
M710KRH	SNOE	M739BSJ	SWSC	M773PRS	FG	M803GFT	JOE	M836RCP	SAN
M711BMR	ATR	M739VET	FSY	M774PRS	FG	M803MOJ	ARM	M838DUS	FG

Reg	Code	Reg	Code	Reg	Code	Reg	Code	Reg	Code
M839DUS	FG	M914MKM	ASC	M954XES	STAY	MB56MAT	PRN	MEZ7209	GBU
M839MEE	ZBD	M914OVR	RSV	M955HRY	GSN	MBE613R	SYOR	MEZ7210	GBU
M840DUS	FG	M914WJK	GTS	M955TSX	SWSC	MBO1F	THR	MEZ7211	GBU
M841DDS	CUB	M915MKM	ASC	M955USC	SAQ	MBU534L	B&W	MEZ7212	GBU
M841DUS	FG	M916MKM	ASC	M956TSX	STAY	MBX447	ALP	MEZ7213	GBU
M843JPJ	EST	M916WJK	ACH	M957VWY	WA	MBZ1758	SAZ	MEZ7214	GBU
M845LFP	SVE	M917MKM	ASC	M960VWY	SBL	MBZ6454	STE	MEZ7215	GBU
M846DDS	CUB	M917OVR	RUF	M960XTP	ATE	MBZ7438	SWF	MEZ7216	GBU
M846DUS	FG	M918MKM	ASC	M962TKL	WEB	MBZ7705	OLA	MEZ7217	GBU
M846RCP	MWM	M919MKM	ASC	M964RKJ	PRO	MBZ9374	CCI	MEZ7218	GBU
M847DUS	FNW	M920MKM	ASC	M965LDV	MDC	MC02ALC	ASL	MEZ7219	GBU
M848DUS	FNW	M920TEV	FEX	M967GDU	FWE	MC02BLU	GCB	MEZ7220	GBU
M849DUS	FNW	M921PKN	PDB	M967RKJ	BBC	MC02HAM	HMS	MEZ7221	GBU
M849LFP	JEF	M922PKN	ASC	M968TKL	WEB	MC03LWX	GIB	MEZ7222	GBU
M850LFP	JEF	M922UYG	FG	M971CVG	LAT	MC03TWC	TWC	MEZ7223	GBU
M853WEB	NEA	M923PKN	ASC	M974NFU	BTL	MC06ALC	ASL	MEZ7224	GBU
M865ATC	EKR	M923UYG	FG	M974TKL	WEB	MC06HAM	HMS	MEZ7225	GBU
M867FSU	FG	M925PKN	ASC	M981JTY	ORA	MC07DCC	DUR	MEZ7226	GBU
M868FSU	MCM	M925UYG	FG	M983KKG	VTC	MC07HAM	HMS	MEZ7227	GBU
M868RKM	HGI	M926TYG	MAS	M985LAG	UKP	MC52HAM	HMS	MEZ7228	GBU
M869ASW	SWSC	M927TYG	MAS	M987WET	EXW	MC52OOD	BUV	MEZ7229	GBU
M869ATC	FCY	M937JGB	MCO	M988NAA	HED	MC52OUX	VCC	MEZ7230	GBU
M870SKP	AXE	M938FTN	SKC	M991STO	CVL	MC52OXF	OBC	MEZ7231	GBU
M871ASW	SWSC	M939EYS	FG	M933HNS	HEY	MC53MMC	MAM	MEZ7232	GBU
M874UEJ	TAT	M940EYS	FG	M994HHS	SMK	MC56HAM	HMS	MEZ7233	GBU
M875UEJ	APC	M940JBO	HAD	M995ALR	BAW	MC58MMC	MAM	MEZ7234	GBU
M876DDS	GIB	M941EYS	FG	M996CYS	ABK	MCJ500P	ROM	MEZ7235	GBU
M876NWK	TDE	M942EYS	FG	M998XRF	SWC	MCO658	PCB	MEZ7236	GBU
M877DDS	DIC	M942JBO	HAD	MA02BLU	BLU	MCT612	SVD	MEZ7237	GBU
M877PRS	FG	M942TEV	FEX	MA06RKC	CRV	MCZ2174	CRV	MEZ7238	GBU
M879DDS	SCP	M942TSX	SEMS	MA07BUS	ZBO	MCZ4646	OCT	MEZ7239	GBU
M880ATC	COO	M943TEV	FEX	MA51AET	FNW	MCZ6100	GBU	MEZ7240	GBU
M880DDS	CBC	M943TSX	SNW	MA51AEU	FNW	MCZ6101	GBU	MF03BLU	HSW
M880RVY	ORC	M943UDT	DIC	MA51AEV	FNW	MCZ6102	GBU	MF08BWY	OAR
M882BEU	FSA	M944TSX	SREN	MA51AEW	FNW	MCZ6103	GBU	MF10OXF	OBC
M884WAK	CRN	M945JBO	CML	MA51NFH	OMK	MD02BLU	BLU	MF51LZW	FIN
M886WAK	LAT	M945TSX	SWES	MA52OXF	OBC	MD53VOC	SWC	MF51LZX	FIN
M888ALP	ALP	M946JBO	CRW	MAC96P	WVY	MDM371	HUC	MF51MBV	FIN
M889ECD	CLI	M946LYR	ASN	MAN41H	IOM	ME05UXH	MJG	MF51MBX	FIN
M889WAK	LLM	M946TSX	SWSC	MAN42H	IOM	ME52BLU	BLU	MF51OPA	BSK
M890GBB	PCN	M947JBO	HAD	MAN43H	IOM	ME52OXF	OBC	MF52FSZ	MKT
M891GBB	THA	M947KRU	W&D	MAN93F	IOM	MEB626	EMB	MF52FWP	MKT
M891SKU	CMH	M948JBO	HAD	MAN1927	IOM	MEF154J	ROM	MF52LYY	ANW
M892GBB	THA	M948LYR	ATS	MAZ3761	GBU	MEP250X	CRG	MF52LYZ	ANW
M893ORJ	EXL	M949JBO	HAD	MAZ6436	ATF	MEZ2214	MES	MF52LZA	ANW
M900SOU	CMH	M949LYR	ATS	MAZ6507	GVE	MEZ3827	BLE	MF52LZB	ANW
M900TJC	TJC	M950JBO	WKN	MAZ6509	MIT	MEZ3857	GLA	MF52OXF	OBC
M900TWC	TWC	M950TSX	STAY	MAZ6740	ZDU	MEZ3873	MES	MF52UKD	KTW
M901DRG	ZCL	M951DRG	HCT	MAZ6771	ALE	MEZ3874	MES	MF56OXF	OBC
M901NKS	BBE	M951TSX	SOXF	MAZ6792	SWC	MEZ3898	TVM	MFF578	K&J
M902DRG	SNOE	M951XES	STAY	MAZ7584	HCT	MEZ5531	MES	MFF580	HEC
M903OVR	BBE	M952OBU	BAY	MAZ8433	SCJ	MEZ5540	DVT	MFN45R	FAR
M905OVR	RSV	M952TSX	STAY	MAZ8439	SCK	MEZ5671	GBU	MFN946F	SSOU
M906OVR	HOW	M952XES	STAY	MB02BLU	BLU	MEZ7201	GBU	MFS444P	DPC
M907OVR	HOW	M953DRG	TWH	MB04BKY	PON	MEZ7202	GBU	MFX174W	SRK
M907XWA	GEM	M953SREN	SREN	MB04BLF	PON	MEZ7203	GBU	MFX778	CLM
M908CEY	PDB	M953XES	STAY	MB04DYF	PON	MEZ7204	GBU	MG53BLU	BLU
M908OVR	WEB	M953XVT	FEC	MB07ANT	ANT	MEZ7205	GBU	MG58SMT	ZCR
M911MKM	ASC	M954DRG	HCT	MB07BUS	ZBO	MEZ7206	GBU	MGR672P	AVC
M912COY	LBL	M954HRY	STR	MB52OXF	OBC	MEZ7207	GBU	MH02NGG	BUV
M913MKM	ASC	M954TSX	STAY	MB53WFB	FCA	MEZ7208	GBU	MH02NGN	BUV

MH03EMH	HOR	MIB6571	SHA	MIL7795	MIT	MJI2376	WBB	MK52XNN	ANW
MH04HCN	FNW	MIB9067	SAN	MIL7853	ZCR	MJI2378	ANC	MK52XNO	ANW
MH04HCP	FNW	MIJ3409	THA	MIL8028	MIT	MJI2379	ANC	MK52XNP	ANW
MH04HCU	FNW	MIJ5037	M&D	MIL8326	TRH	MJI2550	JKN	MK52XNR	ANW
MH05HGG	PON	MIL1024	MKT	MIL8327	GRN	MJI3084	JKN	MK52XNS	ASW
MH08BAN	BAN	MIL1031	ABT	MIL8330	VTE	MJI3529	DCT	MK52YCP	OAK
MH52BUS	HDG	MIL1053	POC	MIL8331	OVL	MJI3560	GCA	MK52ZWB	WIL
MH53BLU	BLU	MIL1085	SAZ	MIL8339	ZDT	MJI3751	DCT	MK53BLU	EYM
MHJ347F	WGH	MIL1658	MKT	MIL8340	MAR	MJI4690	MKT	MK58ABF	SGC
MHN131W	KGS	MIL1803	MKT	MIL8341	BEW	MJI4838	WIS	MK59BLU	BLU
MHP3V	DEW	MIL1846	MIT	MIL8342	SUN	MJI5031	JKN	MKH487A	ALP
MHR677	LGT	MIL1920	MIT	MIL8584	WBB	MJI5763	CCW	MKZ585	WTB
MHS21P	GIT	MIL2057	EMB	MIL8623	CTE	MJI5772	WIS	MKZ1559	TMB
MHZ1493	RNC	MIL2066	GRC	MIL8744	WLA	MJI6060	66C	MKZ1562	AAT
MHZ1556	KJB	MIL2088	GRC	MIL9145	MIT	MJI6254	SCB	MKZ1849	BCH
MHZ3226	THO	MIL2174	OGD	MIL9302	JCS	MJI6405	WRB	MKZ1871	RHT
MHZ3234	THO	MIL2407	APC	MIL9368	GCA	MJI6609	WIS	MKZ1872	RHT
MHZ3235	THO	MIL2410	MIT	MIL9574	CRC	MJI7472	DCT	MKZ1874	RHT
MHZ7975	HGI	MIL2515	MIT	MIL9575	SVE	MJI7514	W&D	MKZ1876	RHT
MHZ8107	BRI	MIL2529	YON	MIL9576	HWD	MJI7780	SZB	MKZ1877	RHT
MIB104	COP	MIL2710	NCO	MIL9587	RSS	MJI7846	CFL	MKZ1878	ROR
MIB236	COP	MIL2886	AWT	MIL9629	EUR	MJI 7855	ZBG	MKZ2030	C&S
MIB246	COP	MIL 2979	MIT	MIL9746	ALE	MJI7856	FRK	MKZ3838	CLC
MIB268	COP	MIL3218	MIT	MIL9759	ZCF	MJI7861	DCT	MKZ5555	LIS
MIB270	COP	MIL3293	DFT	MIW1607	DUD	MJI7862	DCT	MKZ5685	CLC
MIB278	COP	MIL3503	BEL	MIW2422	JBT	MJI7863	DCT	MKZ7183	AUS
MIB279	COP	MIL3606	MIT	MIW2426	WIP	MJI8428	DCT	MKZ7184	BLY
MIB284	EST	MIL3723	MES	MIW2428	MGC	MJI8546	WIS	MKZ7185	APB
MIB293	COP	MIL3724	MES	MIW2430	EUS	MJI8609	ZCE	MKZ7186	MAR
MIB302	COP	MIL3725	BRW	MIW4843	ABI	MJZ2504	ZDU	MKZ7187	WLA
MIB346	COP	MIL3728	ZEQ	MIW4844	FAL	MJZ3714	GIT	MKZ7189	C&G
MIB394	COP	MIL3960	MCW	MIW4849	GHW	MJZ5658	NCH	MKZ7190	MAR
MIB516	COP	MIL3982	BBE	MIW5785	K&J	MJZ8376	ROI	MKZ8188	RSK
MIB536	COP	MIL4314	MIT	MIW5786	MCW	MK02BUS	ATS	MKZ9215	JAC
MIB542	COP	MIL4530	ZCE	MIW5787	MCW	MK02EFU	SNOE	ML02KCO	SDEV
MIB552	WIB	MIL4680	HKW	MIW5788	K&J	MK02EFV	SNOE	ML02KCU	SDEV
MIB580	HAP	MIL4688	CAT	MIW5790	K&J	MK02EFW	SNOE	ML02KCV	SEMS
MIB614	COP	MIL4693	SEMS	MIW5791	K&J	MK02EFX	SNOE	ML02KNO	SDEV
MIB615	COP	MIL5016	MCS	MIW5792	K&J	MK02EFY	SNOE	ML02OFW	FNW
MIB651	CLM	MIL5383	MLM	MIW5793	MCW	MK02EFZ	SNOE	ML02OFX	FNW
MIB652	CLM	MIL5497	DHA	MIW5794	K&J	MK02EGC	SNOE	ML02OFY	FNW
MIB653	SAB	MIL5573	SHIC	MIW5796	MCW	MK02EGD	SWES	ML02OFZ	FNW
MIB658	SHA	MIL5574	MAS	MIW5799	CHP	MK02EGE	SNOE	ML02OGA	FNW
MIB746	COP	MIL5575	MLI	MIW5803	REE	MK02EGF	SNOE	ML02OGB	FNW
MIB761	COP	MIL5577	MDC	MIW6976	WIP	MK02EGJ	SNOE	ML02OGC	FNW
MIB767	QMS	MIL5578	MDC	MIW8529	KYC	MK02EGU	SNOE	ML02OGD	FNW
MIB783	COP	MIL5830	MIT	MIW9046	CRN	MK02EGV	SNOE	ML02OGE	FNW
MIB797	COP	MIL5980	ZEQ	MJ06XMM	CWS	MK02EGX	SWES	ML02OGF	FNW
MIB864	COP	MIL5993	MDC	MJ52DSO	EUT	MK02EGY	SWES	ML02ONH	HTR
MIB905	COP	MIL6317	MIM	MJ53BLU	BLU	MK02EGZ	SNOE	ML02PFN	WMC
MIB970	COP	MIL6548	SVC	MJB481	LOD	MK02EHC	SNOE	ML02RWF	BUL
MIB978	COP	MIL6676	ESB	MJG416R	CRK	MK02EHD	SEMS	ML02RWJ	SEMS
MIB986	COP	MIL6684	MDC	MJH280L	MDC	MK02GAU	BUT	ML02RWK	SNOE
MIB1092	KIM	MIL6685	MDC	MJI1676	RWY	MK02GZU	CFM	ML02RWN	SNOE
MIB1770	WCK	MIL6972	DEW	MJI1679	RWY	MK02HAO	REC	ML02RWO	SDEV
MIB2273	HAN	MIL6994	WLA	MJI2364	DCT	MK02HGF	ETC	ML02RWU	SDEV
MIB3230	LEW	MIL7104	KTL	MJI2365	DCT	MK02SXZ	CRT	ML02RWV	SDEV
MIB3957	BOR	MIL7163	COL	MJI2366	DCT	MK02VFM	MFW	ML02RWW	SDEV
MIB4870	P&K	MIL7165	COL	MJI2367	DCT	MK02VUL	BUL	ML02RWX	SDEV
MIB5354	RRB	MIL7620	ESB	MJI2368	DCT	MK08PJY	EFN	ML04XAW	HMI
MIB6310	BAS	MIL7622	ESB	MJI2370	DCT	MK52ONJ	HPT	ML51LEE	LEE

Code	Abbr	Code	Abbr	Code	Abbr	Code	Abbr	Code	Abbr	Code	Abbr
ML53BLU	VTE	MR07FDS	CSC	MUI4841	KJB	MV02VBC	FNO	MV02XYJ	ASW		
ML53YKU	SBL	MR09FEN	FEN	MUI4842	MTL	MV02VBD	FNO	MV02XYK	ASW		
ML59BLU	BLU	MR53FEN	FEN	MUI4846	C&G	MV02VBE	FNO	MV03AON	SFC		
MLH304L	RRB	MRD1	REA	MUI5346	HQD	MV02VBF	FSY	MV03AVY	OLY		
MLK708L	EMS	MRJ40W	AAM	MUI5348	HQD	MV02VBG	FSY	MV04CDE	SEL		
MLL528	WGH	MRJ55W	AAM	MUI5554	CCO	MV02VBJ	FSY	MV04CDF	SEL		
MLL658	LBP	MRJ233W	STC	MUI5608	GFS	MV02VBK	FSY	MV04CZT	LMC		
MLL948	GCT	MRO200L	SSM	MUI5921	RRF	MV02VBL	FSY	MV04CZY	LMC		
MLZ2391	THO	MRT9P	IBL	MUI5923	CAA	MV02VBM	FSY	MV04CZZ	LMC		
MLZ2392	THO	MS03MER	BIB	MUI5951	P&E	MV02VBN	FSY	MV04DCU	LMC		
MLZ2393	THO	MS10SUL	SUL	MUI5953	GPT	MV02VBO	FSY	MV06AFA	CTP		
MLZ3922	ESK	MS9243	SOO	MUI6550	AQT	MV02VBP	FSY	MV06CXB	FNW		
MLZ4471	EUR	MSL276X	WCM	MUI7124	RCM	MV02VBT	FSY	MV06CZG	FNW		
MLZ7298	BRC	MSU392	HUG	MUI7251	BTC	MV02VBU	FNO	MV06CZJ	FNW		
MLZ7569	TTO	MSU462	PRO	MUI7389	SSH	MV02VBX	FNO	MV06CZS	FNW		
MLZ8369	WHE	MSU466	SWSC	MUI7799	AUD	MV02VBY	FNO	MV06CZT	FNW		
MLZ8370	WHE	MSU579Y	GPT	MUI7828	MGC	MV02VBZ	FNO	MV06DWZ	FNW		
MLZ9582	BLE	MSU916	SIM	MUI7843	OLY	MV02VCA	FNO	MV06DYU	FNW		
MLZ9698	BRR	MSU917	SIM	MUI7851	TAP	MV02VCC	FNO	MV06EKB	HFX		
MM02DBO	HSL	MSU923	GEJ	MUI7852	TAP	MV02VCD	FSY	MV08CNN	ABO		
MM02ZVH	ANW	MSU953	GFS	MUI7853	TAP	MV02VCE	FSY	MV08DMF	VOE		
MM02ZVJ	ANW	MSV372	ROY	MUI7854	TAP	MV02VCF	FSY	MV53CXE	COF		
MM06GSM	MAY	MSV412	B&W	MUI7939	AUD	MV02VCG	FSY	MV53CXK	VTE		
MM07GSM	ZCW	MSV452	STU	MUI9736	MAG	MV02VCJ	FSY	MV53ENE	GVW		
MM51XVB	BOD	MSV557	WLA	MUI9737	MAG	MV02VCK	FSY	MV54AOC	HTT		
MM51YVB	VCC	MSV927	ELR	MUI9835	ZEW	MV02VCL	FSY	MV54AOD	HTT		
MM53BLU	VTE	MT02MTT	ZBO	MUP713T	SLT	MV02VCM	FNO	MV54BLU	BLU		
MM54GSM	MAY	MT03MTT	ZBO	MUR217L	QMS	MV02VCN	FNO	MV54GGE	WMC		
MM59BLU	BLU	MT04MTT	ZBO	MUT261W	CCB	MV02VCO	FNO	MV55CXB	TRL		
MMJ471V	BDY	MT05MTT	ZBO	MV02UGA	HQD	MV02VCP	FNO	MV55CXC	TRL		
MMJ526V	LCT	MT06MTT	ZBO	MV02ULK	SHE	MV02VCT	FNO	MV55EEB	PER		
MMY991C	SLT	MT07MTT	ZBO	MV02ULL	SHE	MV02VCU	FNO	MV60WOM	NAH		
MN1082	IOM	MT08MTT	ZBO	MV02ULM	SHE	MV02VCW	FNO	MVO417W	WIA		
MN5454	IOM	MT09MTT	ZBO	MV02ULP	GVW	MV02VCX	FNO	MVO425W	WID		
MNS8Y	PLY	MT55LTN	HMI	MV02UMF	WTB	MV02VCY	FNO	MVX878C	DRC		
MNT595W	CCH	MT56MTT	ZBO	MV02UMG	ACN	MV02VCZ	FNO	MW03NVK	ALS		
MNZ1044	RKT	MTD235	PMS	MV02UMJ	SHE	MV02VDA	FNO	MW04TGJ	RCT		
MNZ1138	WTR	MTU118Y	MLI	MV02UMK	SHE	MV02VDC	FNO	MW08DCW	MFW		
MNZ3953	MCH	MTU119Y	K&J	MV02UML	SHE	MV02VDD	FSY	MW08JPW	MFW		
MNZ4095	CHC	MTV313W	ACH	MV02UMM	SHE	MV02VDE	FSY	MW08LEW	MFW		
MNZ9302	GVW	MU51ELH	ACB	MV02UMO	SHE	MV02VDF	FSY	MW10JFR	MFW		
MNZ9303	HUC	MU51FGG	CLC	MV02UMR	SHE	MV02VDG	FSY	MW51PJW	WCH		
MOD569P	AVC	MU51FMV	SMI	MV02UMS	SHE	MV02VDJ	FSY	MW52PYU	COS		
MOD571P	FHD	MU51GWO	WHE	MV02UMT	SHE	MV02VDK	FSY	MW52PYV	COS		
MOF225	TWM	MU51HHM	TTC	MV02UMU	SHE	MV02VDL	FSY	MW52PYX	CRN		
MOI4000	DRM	MU53BOY	GOB	MV02UMW	SHE	MV02VDM	FSY	MW52PYY	PRO		
MOI5055	DRM	MU57STX	STX	MV02UMX	SHE	MV02VDN	FSY	MW52PYZ	PRO		
MOI9565	DRM	MUD490	MCO	MV02VAA	FSY	MV02VDO	FSY	MW52PZB	PRO		
MOR59Y	MSH	MUH283X	WLA	MV02VAD	FSY	MV02VDP	FSY	MW52PZC	VOE		
MOU739R	B&W	MUI1343	SYT	MV02VAE	FSY	MV02VDR	FSY	MW52PZD	TMH		
MP03CYF	BUV	MUI1346	TEX	MV02VAF	FSY	MV02VDT	FSY	MW52PZE	KLI		
MP03DKU	SCT	MUI1393	HOW	MV02VAH	FSY	MV02VDX	FSY	MW52PZP	WXC		
MP04BLU	BLU	MUI1635	MAG	MV02VAJ	FSY	MV02VDY	FSY	MW52PZR	WXC		
MP51BUZ	JMC	MUI1636	MAG	MV02VAK	FSY	MV02VDZ	FG	MW52UCC	HTT		
MP55BUS	BOU	MUI2445	CMD	MV02VAM	FSY	MV02VEA	FSA	MW52UCS	GRW		
MP56BUS	BRO	MUI2482	WOR	MV02VAO	FSY	MV02VEB	FSA	MW52UJE	SNW		
MPP747	CED	MUI2483	SCI	MV02VAU	FSY	MV02VEF	FSA	MW52UJF	SNW		
MPR534H	COO	MUI3553	AIR	MV02VAX	FNO	MV02VEH	FSA	MW54BLU	BLU		
MR02ACK	ACB	MUI4128	MBT	MV02VAY	FNO	MV02VEK	FSA	MW54KWR	TAR		
MR04HCR	HAR	MUI4134	SIC	MV02VBA	FNO	MV02VEL	FSA	MW54KWT	TAR		
MR05FEN	FEN	MUI4147	LGT	MV02VBB	FNO	MV02VEM	FSA	MW58HGW	MFW		

Reg	Code	Reg	Code	Reg	Code	Reg	Code	Reg	Code	Reg	Code
MW59JAV	MFW	MX04AEK	SHE	MX05AHE	SHE	MX05CFP	FNW	MX05ELU	TOP		
MWG940X	JBT	MX04AEL	SHE	MX05AHF	SHE	MX05CFU	FEX	MX05ELV	ATB		
MX03AAV	SHE	MX04AEM	SHE	MX05AHG	SHE	MX05CFV	FNW	MX05ELW	ATB		
MX03AAY	SHE	MX04AEN	SHE	MX05AHJ	SHE	MX05CFY	FNW	MX05EMF	DEV		
MX03AAZ	SHE	MX04AEP	SHE	MX05AHK	SHE	MX05CGE	FNW	MX05EMJ	TOP		
MX03ABF	SHE	MX04AET	SHE	MX05AHL	SHE	MX05CGF	FNW	MX05EMK	TOP		
MX03ABK	SHE	MX04AEU	SHE	MX05AHN	SHE	MX05CGG	FNW	MX05EMV	PRO		
MX03ABN	SHE	MX04AEV	SHE	MX05AHO	SHE	MX05CGK	FNW	MX05ENC	GMC		
MX03ABU	SHE	MX04AEW	SHE	MX05AHP	SHE	MX05CGO	FNW	MX05ENE	PRO		
MX03ABV	SHE	MX04AEY	SHE	MX05AHU	SHE	MX05CGU	FNW	MX05ENF	CBL		
MX03ABZ	SHE	MX04AEZ	SHE	MX05AHV	SHE	MX05CGY	FNW	MX05FOJ	LLM		
MX03ACF	SHE	MX04AFA	SHE	MX05AHY	SHE	MX05CGZ	FNW	MX05FPL	HUC		
MX03ACJ	SHE	MX04AFE	SHE	MX05AHZ	SHE	MX05CHC	FNW	MX05HTO	LBH		
MX03ACU	SHE	MX04AFF	SHE	MX05AJO	SHE	MX05CHD	FNW	MX05MKL	SNW		
MX03ACV	SHE	MX04AFJ	SHE	MX05AJU	SHE	MX05CHF	FNW	MX05MKM	SNW		
MX03ACY	SHE	MX04AFK	SHE	MX05AJV	SHE	MX05CHG	FNW	MX05MKN	SNW		
MX03ACZ	SHE	MX04AFN	SHE	MX05AJY	SHE	MX05CHH	FNW	MX05NPG	FWY		
MX03AED	SHE	MX04AFU	SHE	MX05AKF	SHE	MX05CHJ	FNW	MX05NYN	HMI		
MX03AEE	SHE	MX04AXN	SNW	MX05BWO	SWSC	MX05CHK	FNW	MX05OFP	BUL		
MX03AEF	NHC	MX04AXP	SNW	MX05CBF	FEX	MX05CHL	FNW	MX05OFR	BUL		
MX03AEG	NHC	MX04AXR	SNW	MX05CBU	FEX	MX05CHN	FNW	MX05OSW	SUT		
MX03AEK	SHE	MX04AZU	HAT	MX05CBV	FEX	MX05CHO	FNW	MX05OSY	CFB		
MX03AEM	SHE	MX04CDN	COF	MX05CBY	FEX	MX05CHV	FNW	MX05OSZ	TTC		
MX03AET	SHE	MX04DSZ	JPM	MX05CCA	FEX	MX05CHY	FNW	MX05OTA	CFB		
MX03AEU	SHE	MX04DTF	AAT	MX05CCD	FEX	MX05CHZ	FNW	MX05OTC	COM		
MX03AEV	SHE	MX04MYW	BUL	MX05CCF	FEX	MX05CJE	FNW	MX05OTE	DEV		
MX03AEW	SHE	MX04MYY	BUL	MX05CCJ	FEX	MX05CJF	FNW	MX05OTJ	RHC		
MX03EHC	VTC	MX04NLU	TDT	MX05CCK	FEX	MX05CJJ	FNW	MX05OTK	WEB		
MX03EHD	PCN	MX04VBL	SBJ	MX05CCN	FEX	MX05CJO	FNW	MX05OTM	TYR		
MX03EJY	BEW	MX04VLM	TMH	MX05CCO	FEX	MX05CJU	FNW	MX05OTN	GBC		
MX03KZN	SNW	MX04VLN	HFL	MX05CCU	FEX	MX05CJV	FNW	MX05OTP	GBC		
MX03KZP	SNW	MX04VLP	TYR	MX05CCV	FEX	MX05CJY	FNW	MX05OTR	FRO		
MX03OCB	MUN	MX04VLR	CWL	MX05CCY	FEX	MX05CJZ	FNW	MX05OUC	PCC		
MX03OYU	PAL	MX04VLS	STP	MX05CCZ	FEX	MX05CKA	FNW	MX05OUD	PCC		
MX03PPV	CLI	MX04VLT	SIL	MX05CDE	FEX	MX05CKC	FNW	MX05OUE	PCC		
MX03PPY	J&B	MX04VLU	CFB	MX05CDF	FEX	MX05CKD	FNW	MX05OUF	PCC		
MX03WPE	MON	MX04VLV	LIT	MX05CDK	FEX	MX05CKE	FNW	MX05SMO	NAH		
MX03YCK	TYR	MX04VLW	PER	MX05CDN	FEX	MX05CKF	FNW	MX05WGC	TRL		
MX03YCL	TYR	MX04VLZ	PCN	MX05CDO	FEX	MX05CKJ	FNW	MX05WHN	SWES		
MX03YCM	CBL	MX04VMA	COS	MX05CDU	FEX	MX05CKK	FNW	MX05WHP	SWES		
MX03YCN	TMH	MX04VMC	HBC	MX05CDV	FEX	MX05CKL	FNW	MX05WHR	SWES		
MX03YCP	TMH	MX04VMF	BEC	MX05CDY	FEX	MX05CKN	FNW	MX05WHS	SNW		
MX03YCT	CBN	MX04VMG	KLI	MX05CDZ	FEX	MX05CKO	FNW	MX05WHT	SNW		
MX03YCV	HVB	MX04VMH	HFL	MX05CEA	FEX	MX05CKP	FHD	MX05WHU	SNW		
MX03YCW	HVB	MX04VMK	TMH	MX05CEF	FEX	MX05CLF	FHD	MX05WHV	SNW		
MX03YCY	ZBU	MX04VML	ATB	MX05CEJ	FEX	MX05CWL	SAZ	MX05WHW	SNW		
MX03YCZ	KLI	MX04WCE	TDT	MX05CEK	FEX	MX05CWM	EXW	MX05WHZ	SDEV		
MX03YDA	CBL	MX04XFV	SWES	MX05CEO	FEX	MX05CWY	EUT	MX05WJA	SNW		
MX03YDB	NOG	MX04XFW	SWES	MX05CEU	FEX	MX05CZW	REC	MX05WZK	SEC		
MX03YDD	W&D	MX05AFU	SHE	MX05CEV	FEX	MX05CZY	REC	MX05XFD	LBH		
MX03YDE	ZBU	MX05AFV	SHE	MX05CEY	FEX	MX05EKT	CBN	MX05XNN	LBH		
MX03YDF	TMH	MX05AFY	SHE	MX05CFA	FEX	MX05EKU	VTE	MX06ABF	SWB		
MX03YDG	HBC	MX05AFZ	SHE	MX05CFD	FEX	MX05EKV	CBN	MX06ABN	CFB		
MX04AEA	SHE	MX05AGO	SHE	MX05CFE	FEX	MX05EKW	KON	MX06ABO	SPW		
MX04AEB	SHE	MX05AGU	SHE	MX05CFG	FEX	MX05EKY	KON	MX06ABU	SPW		
MX04AEC	SHE	MX05AGV	SHE	MX05CFJ	FEX	MX05EKZ	KON	MX06ABV	DEV		
MX04AED	SHE	MX05AGY	SHE	MX05CFK	FNW	MX05ELC	KON	MX06ABZ	THO		
MX04AEE	SHE	MX05AGZ	SHE	MX05CFL	FNW	MX05ELH	KON	MX06ACF	STU		
MX04AEF	SHE	MX05AHA	SHE	MX05CFM	FNW	MX05ELJ	KON	MX06ACJ	EAZ		
MX04AEG	SHE	MX05AHC	SHE	MX05CFN	FNW	MX05ELO	VTE	MX06ACO	BEC		
MX04AEJ	SHE	MX05AHD	SHE	MX05CFO	FNW			MX06ACU	LUV		

Code	Reg	Code	Reg	Code	Reg	Code	Reg	Code	Reg
MX06ACV	HOB	MX06ONV	SREN	MX06XAC	SNW	MX07BTV	FNW	MX07JOV	VTE
MX06ACY	COM	MX06ONW	SREN	MX06XAD	SNW	MX07BTY	FNW	MX07JPF	LJL
MX06ACZ	MFW	MX06OOA	SBG	MX06XAE	SNW	MX07BTZ	FNW	MX07JPJ	MPH
MX06ADO	MFW	MX06OOC	PER	MX06XAG	SNW	MX07BUA	FNW	MX07JPO	CBL
MX06ADU	CBL	MX06OSC	WON	MX06XAH	SNW	MX07BUE	FNW	MX07JPU	CBL
MX06ADV	D&G	MX06OXV	TLC	MX06XAJ	SNW	MX07BUF	FNW	MX07JPY	RHC
MX06AEA	SEC	MX06VMW	FNW	MX06XAK	SNW	MX07BUH	FNW	MX07KFK	TRL
MX06AEB	FDC	MX06VMZ	FNW	MX06XAL	SNW	MX07BUJ	FNW	MX07KFL	TRL
MX06AKN	SHE	MX06VNB	FNW	MX06XAM	SNW	MX07BUU	FNW	MX07LBG	HWD
MX06AKO	SHE	MX06VNC	FNW	MX06XAN	SNW	MX07BUV	FNW	MX07LVH	BST
MX06AKP	SHE	MX06VND	FNW	MX06XAO	SNW	MX07BUW	FNW	MX07MPV	SBG
MX06AKU	SHE	MX06VNE	FNW	MX06XAP	SNW	MX07BVA	FNW	MX07NSY	ATW
MX06AKV	SHE	MX06VNF	FNW	MX06XAR	SNW	MX07BVC	FNW	MX07NTE	ANG
MX06AKY	SHE	MX06VNK	FNW	MX06XAS	SNW	MX07BVD	FNW	MX07NTF	BUV
MX06AKZ	SHE	MX06VNL	FNW	MX06XAT	SNW	MX07BVE	FNW	MX07NTG	SOL
MX06ALO	SHE	MX06VNM	FNW	MX06XAU	SNW	MX07BVF	FNW	MX07NTJ	WED
MX06ALU	SHE	MX06VNN	FNW	MX06XAV	SNW	MX07BVG	FNW	MX07NTK	RSL
MX06AMK	SHE	MX06VNO	FNW	MX06XAW	SNW	MX07BVJ	FNW	MX07NTL	SAN
MX06AMO	NHC	MX06VNP	FNW	MX06XAY	SNW	MX07BVK	FNW	MX07NTM	SAN
MX06AMU	NHC	MX06VNR	FNW	MX06YXJ	FNW	MX07BVL	FNW	MX07NTN	HFX
MX06AMV	NHC	MX06VNS	FNW	MX06YXK	FNW	MX07DHA	SCM	MX07NTO	CRN
MX06ANF	NHC	MX06VNT	FNW	MX06YXL	FNW	MX07DHY	FWY	MX07NTT	ARR
MX06ANP	NHC	MX06VNU	FNW	MX06YXM	FNW	MX07EVB	TET	MX07NTU	PER
MX06ANR	SHE	MX06VNV	FNW	MX06YXN	FG	MX07HLP	SNW	MX07NUA	IRB
MX06ANU	SHE	MX06VNW	FNW	MX06YXO	FG	MX07HLR	SNW	MX07OES	ASH
MX06ANV	SHE	MX06VNY	FNW	MX06YXP	FG	MX07HLU	SNW	MX07ONJ	CSP
MX06AOA	SHE	MX06VNZ	FNW	MX06YXR	FG	MX07HLV	SNW	MX07ONR	TRL
MX06AOB	SHE	MX06VOA	FNW	MX06YXS	FHD	MX07HLY	SNW	MX07OOE	FWY
MX06BOV	SPW	MX06VOB	FNW	MX06YXT	FHD	MX07HLZ	SNW	MX07OWU	ZCE
MX06BPE	CNT	MX06VOC	FNW	MX06YXU	KON	MX07HMA	SDEV	MX07OYT	GWM
MX06BPK	CNT	MX06VOD	FNW	MX06YXV	CFB	MX07HMC	SNW	MX07OZD	LBC
MX06BPO	CBN	MX06VOF	FNW	MX06YYA	CFB	MX07HMD	SNW	MX07TZW	TRL
MX06BPU	SPW	MX06VOG	FNW	MX06ZDA	ACO	MX07HME	SDEV	MX07TZZ	TRL
MX06BPV	TYR	MX06VOH	FNW	MX07BAO	SIL	MX07HMF	SDEV	MX07UDY	LMC
MX06BPY	RHC	MX06VOP	FNW	MX07BAV	GBC	MX07HMG	SDEV	MX07UDZ	LMC
MX06BPZ	RHC	MX06VOT	FNW	MX07BBE	GBC	MX07HMJ	SDEV	MX07UFN	TRL
MX06BRF	ACT	MX06VOU	FNW	MX07BBK	TVP	MX07HMK	SDEV	MX07VUF	TRL
MX06BRV	CNT	MX06VOV	FNW	MX07BBU	ZBX	MX07HMO	SNW	MX07VVO	TRL
MX06BRZ	ACT	MX06VOY	FNW	MX07BBZ	RTL	MX07HMU	SNW	MX07VVR	TRL
MX06BSO	M&H	MX06VPA	FNW	MX07BCE	SIL	MX07HMV	SNW	MX07YCP	TRL
MX06BSU	ACT	MX06VPC	FNW	MX07BCF	CBL	MX07HMY	SNW	MX08DFV	RED
MX06BSY	MYT	MX06VPD	FNW	MX07BCK	STU	MX07HMZ	SNW	MX08DFY	JSB
MX06BSZ	NOG	MX06VPE	FNW	MX07BCO	KLI	MX07HNA	SNW	MX08DFZ	HFX
MX06BTE	KLI	MX06VPG	FNW	MX07BCU	IRB	MX07HNB	SNW	MX08DGE	TYR
MX06BTF	PER	MX06VPJ	FNW	MX07BCV	TLC	MX07HNC	SNW	MX08DGO	TYR
MX06BTO	MTC	MX06VPK	FNW	MX07BCY	SOL	MX07HND	SDEV	MX08DGU	TYR
MX06DVG	CBL	MX06VPL	FHD	MX07BCZ	HFX	MX07HNE	SNW	MX08DGV	TYR
MX06FMO	CFB	MX06VPM	FHD	MX07BPY	FNW	MX07HNF	SNW	MX08DGZ	VTE
MX06FNE	CFB	MX06VPN	FHD	MX07BPZ	FNW	MX07HNG	SNW	MX08DHA	MYT
MX06KWL	TJC	MX06VPO	FNW	MX07BRF	FNW	MX07JNF	STS	MX08DHC	AWD
MX06LDN	BUL	MX06VPP	FNW	MX07BRV	FNW	MX07JNK	SOL	MX08DHF	BRY
MX06LTY	SNW	MX06VPR	FNW	MX07BRZ	FNW	MX07JNL	CBL	MX08DHG	CFB
MX06LTZ	SNW	MX06VPT	FNW	MX07BSO	FNW	MX07JNN	CBL	MX08DHJ	GRL
MX06LUA	SNW	MX06VPU	FNW	MX07BSU	FNW	MX07JNO	RHC	MX08DHK	MYT
MX06LUB	SNW	MX06VPV	FNW	MX07BSV	FNW	MX07JNU	RHC	MX08DHL	CFB
MX06LUD	SNW	MX06VPW	FNW	MX07BSY	FNW	MX07JNV	ANG	MX08DHM	TYR
MX06LUE	SNW	MX06VPY	FNW	MX07BSZ	FWE	MX07JNZ	A1A	MX08DHN	TYR
MX06LUF	SNW	MX06VPZ	FNW	MX07BTE	FWE	MX07JOA	A1A	MX08DHP	GMC
MX06LUH	SNW	MX06VRC	FNW	MX07BTF	FNW	MX07JOH	PRO	MX08DHV	CFB
MX06LUL	SNW	MX06XAA	SNW	MX07BTO	FNW	MX07JOJ	PRO	MX08DJD	HFX
MX06LUO	SNW	MX06XAB	SNW	MX07BTU	FNW	MX07JOU	PRO	MX08DJE	CFB

Reg	Code	Reg	Code	Reg	Code	Reg	Code	Reg	Code
MX08DJF	IRB	MX08GOP	SNW	MX08UCD	SNW	MX09AOO	LBC	MX09HHM	MYT
MX08DJJ	CBN	MX08GOU	SNW	MX08UCE	SNW	MX09AOP	VTE	MX09HHN	MYT
MX08GHH	EA	MX08GPE	SNW	MX08UCF	SNW	MX09AOR	VTE	MX09HHO	MYT
MX08GHJ	EA	MX08GPF	SNW	MX08UCG	SNW	MX09AOS	TYR	MX09HHS	SIL
MX08GHK	EA	MX08GPJ	SNW	MX08UCH	SNW	MX09AOT	TYR	MX09HHU	FRO
MX08GHN	EA	MX08GPK	SNW	MX08UCJ	SNW	MX09AOV	SNW	MX09HHV	WEB
MX08GHO	EA	MX08GPO	SNW	MX08UCL	SNW	MX09AOW	SNW	MX09HHW	GAL
MX08GHU	EA	MX08GPU	SNW	MX08UCM	SNW	MX09AOY	SNW	MX09HHY	CCP
MX08GHV	SWES	MX08GPV	SNW	MX08UCN	SNW	MX09AOZ	SNW	MX09HJA	CCP
MX08GHY	SWES	MX08GPY	SNW	MX08UCO	SNW	MX09APF	SNW	MX09HJC	CCP
MX08GHZ	EA	MX08GPZ	SNW	MX08UCP	SNW	MX09APK	SNW	MX09HJJ	NOG
MX08GJE	EA	MX08GRF	SNW	MX08UCR	SNW	MX09APO	SNW	MX09HJY	CCP
MX08GJF	EA	MX08GRK	SNW	MX08UCS	SNW	MX09APU	SNW	MX09HUK	FNW
MX08GJG	EA	MX08GRU	SNW	MX08UCT	SNW	MX09APV	SNW	MX09HUO	FNW
MX08GJJ	SNW	MX08GRZ	SNW	MX08UCU	SNW	MX09APY	SNW	MX09HUP	FNW
MX08GJU	SNW	MX08GSO	SNW	MX08UCV	SNW	MX09APZ	SNW	MX09HUU	FNW
MX08GJV	SNW	MX08GSU	SNW	MX08UCW	SNW	MX09ARF	SNW	MX09JHH	ANW
MX08GJY	SNW	MX08GSV	SNW	MX08UCY	SNW	MX09ARO	SNW	MX09JHK	ANW
MX08GJZ	SNW	MX08GSY	SNW	MX08UCZ	SNW	MX09ARU	SNW	MX09JHL	ANW
MX08GKD	SNW	MX08GSZ	SNW	MX08UDB	SNW	MX09ARZ	SNW	MX09JHO	ANW
MX08GKE	SNW	MX08GTF	SNW	MX08UDE	SNW	MX09ASO	SNW	MX09JHU	ANW
MX08GKF	SNW	MX08GTU	SNW	MX08UDG	SNW	MX09ASU	SNW	MX09JHV	ANW
MX08GKG	SNW	MX08GTY	SNW	MX08UDH	SNW	MX09ASV	SNW	MX09JHY	ANW
MX08GKJ	SNW	MX08GTZ	SNW	MX08UDJ	SNW	MX09ASZ	SNW	MX09JHZ	ANW
MX08GKK	SNW	MX08GUA	SNW	MX08UDK	SNW	MX09ATF	SNW	MX09JJE	ANW
MX08GKL	SNW	MX08GUC	SNW	MX08UDL	SNW	MX09ATK	SNW	MX09JJF	ANW
MX08GKN	SNW	MX08GUD	SNW	MX08UDM	SNW	MX09ATN	SNW	MX09JTY	ANW
MX08GKO	SNW	MX08GUE	SNW	MX08UDN	SNW	MX09ATO	SNW	MX09KSE	SNW
MX08GKP	SNW	MX08GUF	SNW	MX08UDO	SNW	MX09ATU	SNW	MX09KSF	SNW
MX08GKU	SNW	MX08KYV	ANG	MX08UDT	SNW	MX09ATV	SNW	MX09KSJ	SNW
MX08GKV	SNW	MX08LTY	FWY	MX08UDU	SNW	MX09AUF	SNW	MX09KSK	SNW
MX08GKZ	SNW	MX08MGU	HTT	MX08UPA	SNW	MX09AUH	SNW	MX09KSN	SNW
MX08GLF	SNW	MX08MGV	HTT	MX08UPC	SNW	MX09AUJ	SNW	MX09KSO	SNW
MX08GLJ	SNW	MX08MHY	ZAC	MX08UPD	SNW	MX09AUK	SNW	MX09KSV	SNW
MX08GLK	SNW	MX08MKV	WGW	MX08UPE	SNW	MX09AUL	SNW	MX09KSY	SNW
MX08GLV	SNW	MX08MYK	HOR	MX08UPF	SNW	MX09BCO	FWY	MX09KSZ	SNW
MX08GLY	SNW	MX08MYL	HOR	MX08UPG	SNW	MX09EKK	ANW	MX09KTA	SNW
MX08GLZ	SNW	MX08MYM	MYT	MX08UPH	SNW	MX09EKL	ANW	MX09KTC	SNW
MX08GME	SNW	MX08MYO	MYT	MX08UZK	NIB	MX09EKM	ANW	MX09KTD	SNW
MX08GMF	SNW	MX08MYP	ANG	MX08UZL	COT	MX09EKN	ANW	MX09KTE	SNW
MX08GMG	SNW	MX08MYR	MYT	MX08UZM	COT	MX09EKO	ANW	MX09KTF	SNW
MX08GMO	SNW	MX08MYS	BEC	MX08UZT	KON	MX09EKP	ANW	MX09KTG	SNW
MX08GMV	SNW	MX08MYT	MYT	MX08UZU	KON	MX09EKR	ANW	MX09KTJ	SNW
MX08GMY	SNW	MX08MYV	ANG	MX08WCJ	JPT	MX09EKT	ANW	MX09KTK	SNW
MX08GMZ	SNW	MX08MYW	CBL	MX08WCK	JPT	MX09EKU	ANW	MX09KTL	SNW
MX08GNF	SNW	MX08MZD	PCC	MX08WCT	JPT	MX09EKW	ANW	MX09KTN	SNW
MX08GNJ	SNW	MX08MZE	PCC	MX08ZDZ	HOM	MX09EKY	ANW	MX09KTO	SNW
MX08GNK	SNW	MX08MZF	MYT	MX08ZFA	HOM	MX09GXY	FNW	MX09KTP	SNW
MX08GNN	SNW	MX08MZG	MYT	MX09ANF	ACH	MX09GXZ	FNW	MX09KTT	SNW
MX08GNO	SNW	MX08MZJ	MYT	MX09ANR	ACH	MX09GYA	FNW	MX09KTU	SNW
MX08GNP	CBN	MX08NDN	CTC	MX09ANU	ACH	MX09GYB	FNW	MX09KTV	SNW
MX08GNU	SNW	MX08PZH	JPT	MX09AOB	ACH	MX09GYC	FNW	MX09LMF	FNW
MX08GNV	SNW	MX08TCU	JPT	MX09AOD	MYT	MX09GYD	FNW	MX09LMJ	FNW
MX08GNY	SNW	MX08UBT	SNW	MX09AOE	MYT	MX09GYE	FNW	MX09LMK	FNW
MX08GNZ	SNW	MX08UBU	SNW	MX09AOF	HOB	MX09GYF	FNW	MX09LML	FNW
MX08GOA	SNW	MX08UBV	SNW	MX09AOH	MYT	MX09GYG	FNW	MX09LXE	ANW
MX08GOC	SNW	MX08UBW	SNW	MX09AOJ	COT	MX09GYH	FNW	MX09LXF	ANW
MX08GOE	SNW	MX08UBY	SNW	MX09AOK	COT	MX09GYJ	FNW	MX09LXG	ANW
MX08GOH	SNW	MX08UBZ	SNW	MX09AOL	LBC	MX09GYK	FNW	MX09LXH	ANW
MX08GOJ	SNW	MX08UCB	SNW	MX09AOM	TLC	MX09HFJ	COG	MX09LXJ	ANW
MX08GOK	SNW	MX08UCC	SNW	MX09AON	RIC	MX09HHL	MYT	MX09LXK	ANW

Reg	Code	Reg	Code	Reg	Code	Reg	Code	Reg	Code
MX09LXL	ANW	MX10CZG	ANW	MX51TKK	DAN	MX53ZVZ	NMC	MX54LRZ	SNW
MX09LXM	ANW	MX10CZH	ANW	MX51VCT	EVE	MX53ZWC	SUT	MX54LSC	SNW
MX09LXN	ANW	MX10CZJ	ANW	MX51VDL	KCS	MX53ZWE	DEV	MX54LSD	SNW
MX09LXO	ANW	MX10CZK	ANW	MX53CAA	TDT	MX53ZWF	BBS	MX54LSE	SNW
MX09LXR	ANW	MX10DAA	ANW	MX53CAE	TDT	MX54BLU	BLU	MX54MRJ	ZEO
MX09LXS	ANW	MX10DAO	ANW	MX53CAU	TDT	MX54FWE	BUV	MX54PJU	MCD
MX09LXT	ANW	MX10DAU	ANW	MX53FDE	STP	MX54FWF	BUV	MX54VVF	CAL
MX09LXU	ANW	MX10DBO	ANW	MX53FDF	CFB	MX54GZA	FNW	MX54VWK	EMH
MX09LXV	ANW	MX10DBU	ANW	MX53FDG	BCO	MX54GZB	FNW	MX54WMA	BEC
MX09LXW	ANW	MX10DBV	ANW	MX53FDJ	BTC	MX54GZC	FNW	MX54WMC	BEC
MX09LYA	ANW	MX10DBY	ANW	MX53FDK	WHT	MX54GZD	FNW	MX54WMD	BEC
MX09LYC	ANW	MX10DBZ	ANW	MX53FDM	ANG	MX54GZE	FNW	MX54WME	AMB
MX09LYD	ANW	MX10DCE	ANW	MX53FDN	GWY	MX54GZF	FNW	MX54WMJ	NOG
MX09LYF	ANW	MX10DCF	ANW	MX53FDO	ANG	MX54GZG	FNW	MX54WMK	MOS
MX09LYG	ANW	MX10DCO	ANW	MX53FDP	ANG	MX54GZH	FNW	MX54XLB	SNW
MX09LYH	ANW	MX10DCU	ANW	MX53FDU	CFB	MX54KKY	BSK	MX54XLC	SNW
MX09LYJ	ANW	MX10DCV	ANW	MX53FDY	CFB	MX54KLF	VIC	MX54XLD	SNW
MX09LYY	ANW	MX10DCY	ANW	MX53FDZ	DOY	MX54KXN	CED	MX54XLE	SNW
MX09LYZ	ANW	MX10DCZ	ANW	MX53FEF	PCB	MX54KXO	GBC	MX54YZR	SNW
MX09MJE	BAD	MX10DDA	SVD	MX53FEG	CBL	MX54KXP	IRB	MX54YZT	SNW
MX09MJJ	COT	MX10DDF	ROH	MX53FEH	CBL	MX54KXR	COM	MX54YZU	SNW
MX09MJK	CFB	MX10DDJ	ROH	MX53FLA	SNOE	MX54KXU	STU	MX54ZBJ	CLI
MX09MJO	CFB	MX10DDK	MIT	MX53FLB	SNOE	MX54KXV	TLC	MX54ZVA	ALI
MX09MJU	CFB	MX10DDL	SVD	MX53FLC	SNOE	MX54KXW	TLC	MX54ZVP	VAW
MX09MJV	CFB	MX10DDN	TRH	MX53FLD	SNOE	MX54KXY	GBC	MX55BXN	SUT
MX09MJW	CFB	MX10DDY	EXW	MX53FLE	SNOE	MX54KXZ	SOM	MX55BXO	SUT
MX09MJY	CFB	MX10DDZ	SIM	MX53FLF	SNOE	MX54KYA	AMB	MX55BXP	SUT
MX09MKA	CFB	MX10DEU	MEX	MX53FLG	SNOE	MX54KYB	AMB	MX55BXR	PRO
MX09MKE	HOU	MX10DFD	SEA	MX53FLH	SEMS	MX54KYC	AMB	MX55BXS	PRO
MX09MJF	TYR	MX10DFE	SEA	MX53FLJ	SNOE	MX54KYE	TDE	MX55BXU	JBE
MX09OOJ	ANW	MX10DFF	SEA	MX53FLK	SNOE	MX54KYF	TDE	MX55BYA	WEB
MX09OOU	ANW	MX10DFG	SEA	MX53FLL	SNOE	MX54KYG	MFW	MX55BYD	SUT
MX09OOV	ANW	MX10DFJ	CIC	MX53FLM	SNOE	MX54KYH	SPW	MX55BYF	SUT
MX09OOW	ANW	MX10DFK	CIC	MX53FLN	SEMS	MX54KYJ	SUT	MX55BYG	WGH
MX09OOY	ANW	MX10DFL	SVD	MX53FLP	SEMS	MX54KYK	TLC	MX55BYH	IRB
MX09OPA	ANW	MX10DFN	SVD	MX53FLR	SEMS	MX54KYN	STU	MX55BYK	KLI
MX09OPB	ANW	MX10DWO	CTC	MX53FLV	SEMS	MX54LPA	SWES	MX55EUY	GWN
MX09OPC	ANW	MX10DXF	HFX	MX53FLZ	SEMS	MX54LPC	SWES	MX55FFD	FNW
MX09OPD	ANW	MX10DXG	HFX	MX53FMA	SEMS	MX54LPE	SWES	MX55FFE	FNW
MX09OPE	ANW	MX10DXH	RBC	MX53FMC	SEMS	MX54LPF	SWES	MX55FFG	FNW
MX09OPF	ANW	MX10DXM	PRO	MX53FME	SEMS	MX54LPJ	SWES	MX55FFH	FNW
MX09OPG	ANW	MX10DXO	HVB	MX53FMF	SEMS	MX54LPK	SWES	MX55FFJ	FNW
MX09OPH	ANW	MX10DXP	HOU	MX53FMG	SEMS	MX54LPL	SSOU	MX55FFK	FNW
MX09OPJ	ANW	MX10DXS	HOU	MX53FMJ	SEMS	MX54LPN	SSOU	MX55FFL	FNW
MX09OPK	ANW	MX10DXT	MYT	MX53FMK	SEMS	MX54LPO	SWES	MX55FFM	FNW
MX09OPL	ANW	MX10DXU	PCN	MX53FML	SEMS	MX54LPP	SWES	MX55FFO	FNW
MX09OPM	ANW	MX10DXV	REC	MX53FMM	SNOE	MX54LPU	WK	MX55FFP	FNW
MX09OPN	ANW	MX10DXW	SAB	MX53FMP	SNOE	MX54LPV	WK	MX55FFR	FNW
MX09OPO	ANW	MX10DXY	SWA	MX53FMU	SNOE	MX54LPY	SSOU	MX55FFS	FNW
MX09OSJ	CSP	MX10MFF	TTR	MX53FMV	SNOE	MX54LPZ	SWES	MX55FFT	FNW
MX10BZS	ANW	MX10MVR	SNW	MX53FMZ	SNOE	MX54LRA	SSOU	MX55FFU	FNW
MX10BZT	ANW	MX10MVS	SNW	MX53FNA	SNW	MX54LRE	SSOU	MX55FFV	FNW
MX10BZU	ANW	MX10MVT	SNW	MX53FNC	SNW	MX54LRF	SYOR	MX55FFW	FNW
MX10BZV	ANW	MX10MVU	SNW	MX53NSN	ZBN	MX54LRJ	SYOR	MX55FFY	FNW
MX10BZW	ANW	MX10MVV	SNW	MX53NZB	SCC	MX54LRK	SYOR	MX55FFZ	FNW
MX10BZY	ANW	MX10MVW	SNW	MX53SXO	SUT	MX54LRL	SYOR	MX55FGA	FNW
MX10CXP	FWY	MX10MVY	SNW	MX53VDD	NOG	MX54LRN	SYOR	MX55FGC	FNW
MX10CZC	ANW	MX10MVZ	SNW	MX53VHC	SCC	MX54LRO	SYOR	MX55FGE	FNW
MX10CZD	ANW	MX51NHY	SHT	MX53VHE	TRL	MX54LRU	SYOR	MX55FGF	FNW
MX10CZE	ANW	MX51TJY	CHW	MX53WDA	BUZ	MX54LRV	SNW	MX55FGG	FNW
MX10CZF	ANW	MX51TKJ	DVR	MX53ZKR	COF	MX54LRY	SNW	MX55FGJ	FNW

Reg	Code	Reg	Code	Reg	Code	Reg	Code	Reg	Code
MX55FGK	FNW	MX55LYH	FCA	MX56AEF	FHD	MX56FTO	SEMS	MX57CDN	MAY
MX55FGM	FNW	MX55NWC	FHD	MX56AEG	FDC	MX56FTP	SNW	MX57CDO	CFB
MX55FGN	FNW	MX55NWD	FHD	MX56AEJ	FDC	MX56FTT	SNW	MX57CDU	CFB
MX55FGO	FNW	MX55NWE	FNW	MX56AEK	FDC	MX56FTU	SNW	MX57CDV	GRL
MX55FGP	FNW	MX55NWF	FNW	MX56AEL	FDC	MX56FTV	SNW	MX57CDY	HOL
MX55FGU	FNW	MX55NWH	FNW	MX56AEM	FDC	MX56FTY	SNW	MX57DZF	SNW
MX55FGV	FNW	MX55NWK	COM	MX56AEN	FDC	MX56FTZ	SNW	MX57DZG	SNW
MX55FGZ	FNW	MX55NWL	HSW	MX56AEO	FDC	MX56FUA	SNW	MX57DZH	SNW
MX55FHA	FNW	MX55NWS	FEX	MX56AEP	FDC	MX56FUB	SNW	MX57DZJ	SNW
MX55FHB	FNW	MX55UAA	FNW	MX56AET	FDC	MX56FUD	SNW	MX57DZK	SNW
MX55FHC	FNW	MX55VJN	WBH	MX56AEU	FDC	MX56FUE	SNW	MX57DZL	SNW
MX55FHD	FNW	MX55VLG	ZBN	MX56AEV	FDC	MX56FUF	SNW	MX57DZM	SNW
MX55FHE	FNW	MX55WCT	WGH	MX56AEW	FDC	MX56FUG	SNW	MX57DZN	SNW
MX55FHF	FNW	MX55WCU	NOG	MX56AEY	FDC	MX56FUH	SNW	MX57DZO	SNW
MX55FHG	FNW	MX55WCV	NOG	MX56AEZ	FCY	MX56FUM	SNW	MX57DZP	SNW
MX55FHH	FNW	MX55WCW	HBC	MX56AFA	FCY	MX56FWE	MUN	MX57DZR	SNW
MX55HHM	FNW	MX55WCY	RHC	MX56AFE	FCY	MX56FXG	SZB	MX57DZS	SNW
MX55HHN	FNW	MX55WCZ	RHC	MX56AFF	FCY	MX56HXZ	FDC	MX57HCE	CUB
MX55HHO	FHD	MX55WDD	CFB	MX56AFJ	FCY	MX56HYA	REA	MX57HDH	MUL
MX55HHP	FHD	MX55WDE	CFB	MX56AFK	FCY	MX56HYN	TVS	MX57HDZ	FNW
MX55HHR	FHD	MX55WDF	CFB	MX56AFN	FCY	MX56HYO	WET	MX57HEJ	FNW
MX55HXP	WMC	MX55WDG	CFB	MX56AFO	FCY	MX56HYP	WET	MX57JJL	TRL
MX55HXY	EUT	MX55WDJ	RHC	MX56AFU	FCY	MX56HYZ	HOM	MX57JJO	TRL
MX55HYA	FEL	MX55WDK	RHC	MX56AFV	FCY	MX56HZA	HOM	MX57JJV	TRL
MX55KOU	STAY	MX55WDL	PCC	MX56AFY	FCY	MX56NKA	TRL	MX57JJY	TRL
MX55KOV	STAY	MX55WDM	PCC	MX56AFZ	FCY	MX56NKT	TRL	MX57KNR	FWY
MX55KOW	STAY	MX55WDN	PCC	MX56AGO	FCY	MX56NLG	DAR	MX57KNS	FWY
MX55KPA	STAY	MX55WDP	WEB	MX56AGU	FCY	MX56NLJ	VTE	MX57KNU	BSK
MX55KPE	SNW	MX55WDT	NAT	MX56AKV	SUT	MX56NLK	VTE	MX57KSJ	TRL
MX55KPF	SNW	MX55XGM	CLA	MX56EXN	TRL	MX56NLL	TLC	MX57KYH	SNW
MX55KPG	SNW	MX55XKK	MFW	MX56EXS	TRL	MX56NLM	MUS	MX57LBZ	SNW
MX55KPJ	SNW	MX55YBA	HTT	MX56FRO	SNW	MX56NLN	KCC	MX57LCA	SNW
MX55KPK	SNW	MX55YRC	CFB	MX56FRP	SREN	MX56NLP	KLI	MX57LCC	SNW
MX55KPL	SNW	MX55ZNH	STAY	MX56FRR	SNW	MX56NLR	ACT	MX57LCE	SNW
MX55KPN	SNW	MX56AAE	EAZ	MX56FRU	SNW	MX56NLT	WGH	MX57LCF	SNW
MX55KPO	SNW	MX56AAF	EAZ	MX56FRV	SREN	MX56NLZ	COG	MX57LCG	SNW
MX55KPP	SNW	MX56AAK	ZAE	MX56FRZ	SNW	MX56NMA	IRB	MX57LLN	TRL
MX55KPR	SNW	MX56AAN	PER	MX56FSA	SREN	MX56PHA	SNW	MX57NTK	WCM
MX55KPT	SNW	MX56AAO	KYC	MX56FSC	SNW	MX56PHF	SNW	MX57NTL	ASH
MX55KPU	SNW	MX56AAV	SUT	MX56FSD	SNW	MX56PHK	SDEV	MX57SZF	TRL
MX55KPV	SNW	MX56AAY	SUT	MX56FSE	SNW	MX56PHN	SDEV	MX57TAV	TRL
MX55KPY	SNW	MX56AAZ	SUT	MX56FSF	SNW	MX56PHO	SDEV	MX57TBV	TRL
MX55KRD	SNW	MX56ABK	VTC	MX56FSG	SREN	MX56WWA	BLU	MX57TBY	TRL
MX55KRE	SNW	MX56ABN	VTC	MX56FSJ	SNW	MX56WWB	BLU	MX57UPD	RTL
MX55KRG	SWES	MX56ABO	VTC	MX56FSK	SNW	MX56WWC	BLU	MX57UPE	RTL
MX55KRJ	SWES	MX56ABU	VTC	MX56FSL	SNW	MX56YNU	GCB	MX57UPF	PER
MX55KRK	SWES	MX56ABV	REL	MX56FSN	SNW	MX56YOV	GCB	MX57UPO	HOL
MX55KRN	SWES	MX56ABZ	HSW	MX56FSO	SNW	MX57BZY	UNO	MX57UPP	STS
MX55KRO	SNW	MX56ACV	FNW	MX56FSP	SNW	MX57CAE	PER	MX57UPR	STS
MX55KRU	SNW	MX56ACY	FNW	MX56FSS	SNW	MX57CBF	FLA	MX57UPS	RHC
MX55KRV	SNW	MX56ACZ	FG	MX56FSU	SNW	MX57CBO	TYR	MX57UPT	RHC
MX55KRZ	SDEV	MX56ADO	FG	MX56FSV	SNW	MX57CBU	TYR	MX57UPV	GMC
MX55KSE	SDEV	MX56ADU	FG	MX56FSY	SNW	MX57CBV	TYR	MX57UPW	RHC
MX55KSJ	SWES	MX56ADV	FG	MX56FSZ	SNW	MX57CBY	TYR	MX57UPZ	PER
MX55KSK	SWES	MX56ADZ	FG	MX56FTA	SNW	MX57CCA	MYT	MX57URA	EDE
MX55KSN	SWES	MX56AEA	FG	MX56FTC	SNW	MX57CCD	PRO	MX58AAF	HOR
MX55KSO	SWES	MX56AEB	FG	MX56FTD	SNW	MX57CCE	PRO	MX58AAJ	HOR
MX55KSU	STAY	MX56AEC	FG	MX56FTE	SEMS	MX57CCF	PRO	MX58AAN	HOR
MX55LDJ	FNW	MX56AED	FHD	MX56FTF	SEMS	MX57CCJ	DMC	MX58AAO	HOR
MX55LDK	FNW	MX56AEE	FHD	MX56FTK	SEMS	MX57CCV	LLM	MX58AAU	BML
MX55LHL	FHD			MX56FTN	SEMS	MX57CCY	EAZ	MX58AAV	A1A

MX58AAY	A1A	MX58DYS	FNW	MX58FSZ	SNW	MX58VAD	SNW	MX59BLZ	TGT
MX58ABO	LMS	MX58DYT	FNW	MX58FTA	SNW	MX58VAE	SNW	MX59BYK	RWR
MX58ABU	LMS	MX58DYU	FNW	MX58FTC	SNW	MX58VAF	SNW	MX59BYM	RWR
MX58ABV	KON	MX58DYV	FNW	MX58FTD	SNW	MX58VAH	SNW	MX59BYN	RWR
MX58ACO	BEC	MX58DYW	FNW	MX58FTE	SNW	MX58VAJ	SNW	MX59BYO	RWR
MX58ACU	BEC	MX58DYY	FNW	MX58FTF	SNW	MX58VAK	SNW	MX59BYP	RWR
MX58DVU	FNW	MX58DZA	FNW	MX58FTJ	SNW	MX58VAM	SNW	MX59BYR	RWR
MX58DVV	FNW	MX58DZB	FNW	MX58FTK	SNW	MX58VAO	SNW	MX59BYS	RWR
MX58DVW	FNW	MX58DZC	FNW	MX58FTN	SNW	MX58VAU	SNW	MX59EHC	TIG
MX58DVY	FNW	MX58DZD	FNW	MX58FTO	SNW	MX58VAV	SNW	MX59FFR	ANW
MX58DVZ	FNW	MX58DZE	FNW	MX58FTP	SNW	MX58VAY	SNW	MX59FFS	ANW
MX58DWA	FNW	MX58DZF	FNW	MX58FTT	SNW	MX58VBA	SNW	MX59FFT	ANW
MX58DWC	FNW	MX58DZG	FNW	MX58FTU	SNW	MX58VBC	SNW	MX59FFU	ANW
MX58DWD	FNW	MX58DZH	FNW	MX58FTV	SNW	MX58VBD	SNW	MX59FFV	ANW
MX58DWE	FNW	MX58DZJ	FNW	MX58FTY	SNW	MX58VBE	SNW	MX59FFW	ANW
MX58DWF	FNW	MX58DZK	FNW	MX58FUA	SNW	MX58VBF	SNW	MX59FFY	ANW
MX58DWG	FNW	MX58DZL	FNW	MX58FUB	SNW	MX58VBG	SNW	MX59FFZ	ANW
MX58DWJ	FNW	MX58DZN	FNW	MX58FUD	SNW	MX58VBJ	SNW	MX59FGA	ANW
MX58DWK	FNW	MX58DZO	FNW	MX58FUE	SNW	MX58VBK	SNW	MX59FGC	ANW
MX58DWL	FNW	MX58DZP	FNW	MX58FUF	SNW	MX58VBL	SNW	MX59FGD	ANW
MX58DWM	FNW	MX58DZR	FNW	MX58FUG	SNW	MX58VBM	SNW	MX59FGE	ANW
MX58DWN	FNW	MX58DZS	FNW	MX58FUH	SNW	MX58VBO	SNW	MX59FGF	ANW
MX58DWO	FNW	MX58DZT	FNW	MX58FUM	SNW	MX58VBP	SNW	MX59FGG	ANW
MX58DWP	FNW	MX58DZU	FNW	MX58FUO	SNW	MX58VBT	SNW	MX59FGJ	ANW
MX58DWU	FNW	MX58DZV	FNW	MX58FUP	SNW	MX58VBU	SNW	MX59FHB	ANW
MX58DWV	FNW	MX58DZW	FNW	MX58FUT	SNW	MX58VBV	SNW	MX59FJD	WIB
MX58DWW	FNW	MX58DZY	FNW	MX58GYJ	TRL	MX58VGP	BUV	MX59FYM	GLC
MX58DWY	FNW	MX58DZZ	FNW	MX58GYK	TRL	MX58VGR	BUV	MX59JAO	SNW
MX58DWZ	FNW	MX58EAA	FNW	MX58GYN	TRL	MX58XDB	ANG	MX59JAU	SNW
MX58DXA	FNW	MX58EAC	FNW	MX58GYO	TRL	MX59AAE	ANW	MX59JBE	SNW
MX58DXB	FNW	MX58EAF	FNW	MX58GYR	TRL	MX59AAF	ANW	MX59JBO	SNW
MX58DXC	FNW	MX58EAG	FNW	MX58GZF	CTC	MX59AAJ	ANW	MX59JBU	SNW
MX58DXD	FNW	MX58EAJ	FNW	MX58HCG	SNW	MX59AAK	ANW	MX59JBV	SNW
MX58DXE	FNW	MX58EAK	FNW	MX58HCH	SNW	MX59AAN	ANW	MX59JBY	SNW
MX58DXF	FNW	MX58EAM	FNW	MX58HCJ	SNW	MX59AAO	ANW	MX59JBZ	SNW
MX58DXG	FNW	MX58EAO	FNW	MX58HCK	SNW	MX59AAU	ANW	MX59JCJ	SNW
MX58DXH	FNW	MX58EAP	FNW	MX58HCL	SNW	MX59AAV	ANW	MX59JCO	SNW
MX58DXJ	FNW	MX58EAY	FNW	MX58KYR	REL	MX59AAY	ANW	MX59JCU	SNW
MX58DXK	FNW	MX58EBA	FNW	MX58KYS	REL	MX59AAZ	ANW	MX59JCV	SNW
MX58DXL	FNW	MX58EBC	FNW	MX58KYT	REL	MX59ABF	ANW	MX59JCY	SNW
MX58DXM	FNW	MX58EBD	FNW	MX58KYU	EAL	MX59ABK	ANW	MX59JCZ	SNW
MX58DXO	FNW	MX58EBF	FNW	MX58KYY	STS	MX59ABN	ANW	MX59JDF	SNW
MX58DXP	FNW	MX58EBG	FNW	MX58KYZ	STS	MX59AUY	HFX	MX59JDJ	SNW
MX58DXR	FNW	MX58EBK	FNW	MX58KZA	FCY	MX59AVB	EAZ	MX59JDK	SNW
MX58DXS	FNW	MX58EBL	FNW	MX58KZB	FCY	MX59AVD	EAZ	MX59JDO	SNW
MX58DXT	FNW	MX58EBM	FNW	MX58KZC	COT	MX59AVE	EAZ	MX59JDU	SNW
MX58DXU	FNW	MX58EBN	FNW	MX58KZD	COT	MX59AVF	EAZ	MX59JJE	ANW
MX58DXV	FNW	MX58FSD	SNW	MX58KZE	GHA	MX59AVG	EAZ	MX59JJF	ANW
MX58DXW	FNW	MX58FSE	SNW	MX58KZF	GHA	MX59AVM	POW	MX59JJK	ANW
MX58DXZ	FNW	MX58FSF	SNW	MX58KZK	LJL	MX59AVN	POW	MX59JJL	ANW
MX58DYA	FNW	MX58FSG	SNW	MX58KZN	MFW	MX59AVO	POW	MX59JJO	ANW
MX58DYC	FNW	MX58FSJ	SNW	MX58SGU	BLU	MX59AVP	HOL	MX59JJU	ANW
MX58DYD	FNW	MX58FSK	SNW	MX58SGV	BLU	MX59AVR	HOL	MX59JJV	ANW
MX58DYF	FNW	MX58FSL	SNW	MX58UTN	SNW	MX59AVT	HOL	MX59JJY	ANW
MX58DYG	FNW	MX58FSN	SNW	MX58UTO	SNW	MX59AVU	MYT	MX59JJZ	ANW
MX58DYH	FNW	MX58FSO	SNW	MX58UTP	SNW	MX59AVV	MYT	MX59JKZ	ANW
MX58DYJ	FNW	MX58FSP	SNW	MX58UTR	SNW	MX59AVY	MYT	MX59JYY	ANW
MX58DYM	FNW	MX58FSS	SNW	MX58UTS	SNW	MX59AVZ	HFX	MX59JYZ	ANW
MX58DYN	FNW	MX58FSU	SNW	MX58UTT	SNW	MX59AWA	SWA	MX59JZA	ANW
MX58DYO	FNW	MX58FSV	SNW	MX58UTU	SNW	MX59AWC	SWA	MX59JZC	ANW
MX58DYP	FNW	MX58FSY	SNW	MX58VAA	SNW	MX59BLV	MEX	MX59JZD	ANW

MX59JZE	ANW	MX59KJZ	SNW	MX60BVD	SNW	MX60BVV	SNW	MXI6726	BFS
MX59JZF	ANW	MX59KKA	SNW	MX60BVE	SNW	MX60BVW	SNW	MXI7168	MAX
MX59JZG	ANW	MX59KNJ	CBL	MX60BVF	SNW	MX60BXA	HSW	MXI7708	MAX
MX59JZH	ANW	MX59KTL	ROH	MX60BVG	SNW	MX60BXB	PDB	MXI8433	MAX
MX59JZJ	ANW	MX59KTU	ROH	MX60BVH	SNW	MX60BXC	PDB	MXT179	APL
MX59KHO	SNW	MX59KUE	SUT	MX60BVJ	SNW	MX60BXD	PDB	MXX289	LBP
MX59KHZ	SNW	MX59KUF	SUT	MX60BVK	SNW	MXI183	ZDU	MXX360	LBP
MX59KJA	SNW	MX59MHP	SNW	MX60BVL	SNW	MXI221	MAX	MXX398	S&D
MX59KJE	SNW	MX59MHR	SNW	MX60BVM	SNW	MXI694	SHIC	MY02AOL	ALE
MX59KJF	SNW	MX59MXT	SNW	MX60BVN	SNW	MXI1503	MAX	MY02BAN	BAN
MX59KJJ	SNW	MX59MXU	SNW	MX60BVO	SNW	MXI2269	MAX	MY06OVA	LTL
MX59KJK	SNW	MX59MXV	SNW	MX60BVP	SNW	MXI2709	MAX	MY07TMD	TDR
MX59KJN	SNW	MX59MXW	SNW	MX60BVR	SNW	MXI3173	GBU	MY52BAN	BAN
MX59KJO	SNW	MX59MXY	SNW	MX60BVS	SNW	MXI3319	MAX	MY53TRA	TAL
MX59KJV	SNW	MX60BVA	SNW	MX60BVT	SNW	MXI3813	ACE	MY57NCC	ZAM
MX59KJY	SNW	MX60BVB	SNW	MX60BVU	SNW	MXI5431	MAX		

N

N1BUS	HDG	N6RDC	ZCW	N16HTN	JUM	N32KGS	ATS	N58LBX	MTC		
N1EDW	SSH	N6SBL	SHB	N16WAL	W&D	N33CLL	NIC	N60CLC	CRL		
N1GRT	FAB	N7BCL	BRR	N17ALS	HCL	N33CRT	CRN	N60HAM	HMS		
N1HAM	HMS	N7CLC	CRL	N17DHH	ZDY	N33SCS	SAN	N60SLK	TET		
N1JBT	JBT	N7CTL	KCO	N17JWS	TUT	N34GSX	GUM	N60TGM	WLA		
N1OXF	OBC	N7EJS	JBG	N18ALS	ISL	N35JPP	ATS	N62CSC	FED		
N1SKY	DVT	N7SBL	SHB	N18DHH	ZDY	N36JPP	ATS	N62KBW	AVO		
N2BJT	WGW	N7WMA	MPH	N18LUE	BLI	N37EUG	GSN	N62MDW	GHA		
N2CLL	NIC	N7WXM	PAT	N18MRG	MJG	N37JPP	ATS	N63KBW	AVO		
N2DCC	DUR	N8BUS	GIT	N18OVA	ACM	N38FWU	BCM	N64KBW	AVO		
N2DOT	GRD	N8GHA	GHA	N19DHH	ZDY	N38JPP	ATS	N64LBX	MTC		
N2FPK	NUV	N9BUS	BRR	N19KMH	HKN	N39JPP	ATS	N65CSC	FED		
N2GHA	GHA	N9GHA	GHA	N19PCT	ZAF	N41FWU	ZBF	N66CSC	FED		
N2GHW	GHW	N9LON	ATR	N20EDW	SSH	N41JPP	ATS	N67FWU	SAN		
N2JWE	EMB	N10CLL	NIC	N20JLS	LSK	N41MJO	TVP	N68CSC	FED		
N2OGE	WSN	N10DHH	ZDY	N20TRC	TRC	N41RRP	FNO	N68DKO	CHZ		
N2RED	REW	N10EWB	GLI	N21KYS	SPT	N42FWU	HMN	N68GPU	CUB		
N2RTL	BCT	N10JRJ	JOH	N22CLL	NIC	N42JPP	ATS	N68MDW	SAN		
N2SBL	SHB	N10LON	LGT	N22EDW	SSH	N43ARC	PAR	N69CSC	FED		
N2WKC	ZBX	N10PCC	PCO	N23FWU	NXD	N43JPP	ATS	N69HEU	REE		
N3ARJ	ANB	N10RDC	ZCW	N23OBO	CBU	N43MJO	EA	N69MDW	B&N		
N3BLU	PMS	N10SOU	PRY	N23PWV	SDEV	N43RRP	FNO	N70SLK	STC		
N3CLL	NIC	N10TGM	BRS	N23RTN	APC	N44JBS	JBS	N74ESX	AAA		
N3EDW	SSH	N10WAL	W&D	N24OBO	TFB	N44SCS	SAN	N75FWU	SLK		
N3FPK	NUV	N11DHH	ZDY	N24PWV	SDEV	N45JPP	ATS	N76PYN	MUL		
N3GHA	GHA	N11FAW	66C	N25OBO	EDW	N46FWU	MUN	N77JDS	DMC		
N3GHW	GHW	N11JCR	EAR	N26KYS	CBC	N46JPP	ATS	N78LGD	MCD		
N3OCT	DEL	N11RDC	ZCW	N26OBO	TFB	N46MJO	CCS	N78PDW	NPT		
N3PSW	PSW	N11RED	ZCW	N27KYS	CBC	N47ANE	EYM	N79LGD	MCD		
N3SBL	SHB	N12CLC	CRL	N27OBO	TFB	N48MJO	CCS	N79PDW	NPT		
N4ALP	ALP	N12DHH	ZDY	N28KGS	ATS	N50HAM	HMS	N80ABC	SFU		
N4LWB	ZDL	N12SBC	SPD	N28OBO	EDW	N50MST	NSC	N80BUS	PBU		
N4PUS	CHH	N13JBC	BEH	N29KGS	ATS	N50RDE	MON	N80TGM	PEA		
N4RDC	TJC	N13WAL	SVE	N29OBO	66C	N50TAF	TVC	N80THN	LLA		
N5AOL	ALE	N14CJT	TUR	N30BAN	BAN	N51FWU	AYO	N81FWU	C&S		
N5BUS	WMC	N14DHH	ZDY	N30BUS	WMC	N51MDW	RGY	N81LGD	MCD		
N5SBL	SHB	N14FUG	D&B	N30CRT	CRN	N52FWU	AYO	N81PDW	NPT		
N5YET	EMM	N14WAL	SVE	N30PLN	RRT	N53KBW	PMS	N81PUS	CBC		
N6AOL	ALE	N15DHH	ZDY	N30SHB	BRN	N54KBW	PMS	N82PDW	NPT		
N6EDW	SSH	N15WAL	W&D	N30SOU	COM	N55ELF	CAV	N83PDW	NPT		
N6GPH	CHH	N16DHH	ZDY	N30TGM	VTC	N56FLU	ZAI	N84FWU	C&S		

Call	Code	Call	Code	Call	Code	Call	Code	Call	Code
N84LSE	GPX	N106LCK	PAT	N123JHR	EST	N135AET	SEMS	N170PUT	ANE
N85FWU	MUN	N106SMY	GTS	N123OGG	FG	N135OGG	FG	N171WNF	GCB
N86FHL	MFW	N107DWM	ANW	N123WBR	GUM	N135YRW	FIN	N172LHU	TAP
N86FWU	C&S	N107LCK	PKT	N123YHH	BBL	N136AET	SEMS	N172PUT	BUR
N87FHL	WMC	N107UTT	PCB	N124DWM	ANW	N136FKK	RCM	N173PUT	ARM
N88CLC	FTR	N107WRC	HOR	N124FKJ	R&B	N136GAG	HBL	N174PUT	ANE
N88LUE	BLI	N108AVN	M&C	N124OGG	FG	N136OGG	FG	N175DWM	BAT
N88WJC	WJC	N108BHL	SWC	N124XEG	ZBU	N136YRW	TDL	N175LHU	TAP
N89OGG	FG	N108DWM	ANW	N125DWM	ANW	N137AET	SYOR	N175PUT	ARM
N90EDW	SSH	N108EMB	AOA	N125OGG	FG	N137FLR	BAW	N176PUT	BUR
N90SLK	SWC	N108LCK	PKT	N125YHH	MAM	N137OGG	FG	N177LHU	TAP
N91OGG	FG	N108UTT	PCB	N125YRW	NXD	N137SBE	ROY	N178DWM	AVD
N91RVK	GTS	N109CET	SYOR	N126DWM	ANW	N137YRW	TDL	N178OUT	PYG
N92OGG	FG	N109DWM	ANW	N126LMW	B&W	N138AET	SEMS	N178PUT	ANE
N92SKG	HWD	N109LCK	PAT	N126OGG	FG	N138OGG	FG	N179FOO	DVR
N93BHL	SOD	N109UTT	PCB	N126YRM	ZAE	N138YMS	SWC	N179LHU	TAP
N93HSJ	SMK	N109WRC	BBD	N126YRW	NXD	N138YRW	TDL	N179PUT	ANE
N93OGG	FG	N110CET	EAS	N127DWM	ANW	N139AET	SYOR	N179UPG	BAW
N94BNF	TAR	N110DWM	ANW	N127OGG	FG	N139YRW	TDL	N180LHU	TAP
N94OGG	FG	N110LCK	ROS	N127RJF	SVD	N140AET	SEMS	N180PDW	NPT
N94SKG	DCO	N110UTT	PCB	N127XEG	WA	N140YRW	TDL	N182FLR	BAW
N94WOM	COM	N111CNR	C&R	N127YHH	ZAE	N141AET	SEMS	N182OYH	ANE
N95BHL	ROI	N112OBO	LAT	N128DWM	ANW	N142AET	SYOR	N183FLR	BAW
N95BNF	TAR	N112UTT	PCB	N128LMW	THD	N142PTG	CBC	N183OYH	ANE
N95OGG	FG	N113DWM	ANW	N128OGG	FG	N142XSA	SWES	N184FLR	BAW
N95WOM	COM	N113FKW	MCA	N128VAO	SWSC	N143AET	SEMS	N188HGL	BCT
N96OGG	FG	N113VWN	HAY	N128YRM	SNW	N143XSA	SEMS	N189EMJ	D&G
N97ALS	PUM	N114DWE	MEW	N129DWM	ANW	N144AET	SYOR	N189GFR	SAQ
N97OGG	FG	N114DWM	ANW	N129GAG	SMS	N144ARC	APC	N190GFR	LBC
N98OGG	FG	N114VPJ	BAW	N129OGG	FG	N144XSA	SWSC	N190OGG	FG
N98WVC	MDC	N114VWN	FCY	N129YRM	MAM	N145NFB	DAN	N191EMJ	SAF
N99ABC	SFU	N115DWM	ANW	N130AET	SEMS	N146BFL	AMR	N193EMJ	ZAE
N99KMH	HKN	N115RJF	WSN	N130DWM	ANW	N148XSA	SREN	N194LPN	SSOU
N100KJB	KJB	N115VPJ	BAW	N130OGG	FG	N149FLR	BAW	N195DYB	CRK
N100SAS	HAO	N115VWN	CLK	N130VAO	EA	N150ESC	ZBD	N195RGD	WMC
N100TAW	TAW	N116DWM	ANW	N131AET	SNOE	N151BOF	COM	N196EMJ	ZAE
N101BHL	ZBD	N116FHK	GOL	N131DWM	ANW	N151MTG	THO	N196FLR	BAW
N101HGO	MCT	N116RJF	WSN	N131GAG	SMS	N151XSA	SNW	N196LPN	SSOU
N101UTT	PCB	N116UHP	TDE	N131OGG	FG	N152XSA	HKW	N198FLR	BAW
N101YVU	ANW	N117DWM	ANW	N131XEG	BOD	N153XSA	HKW	N199DYB	BRS
N102BHL	SOO	N117FSM	MEW	N131YRW	FIN	N154MTG	WA	N199OGG	FG
N102CKN	NUV	N117NYS	MGR	N132AET	SNOE	N154XSA	BBD	N199PYJ	CF
N102UTT	PCB	N118DWM	ANW	N132DWM	ANW	N155MTG	WA	N200BUS	JJT
N102WRC	SHIC	N118RJF	CRK	N132OGG	FG	N157CMM	ZAV	N200CHA	CHI
N102XNU	SBQ	N119DWM	ANW	N132VAO	BUG	N159GOY	BFT	N200TAW	TAW
N103BHL	BTT	N119WBR	GUM	N132XND	CBN	N160GOY	BFT	N200TCC	WIB
N103CSN	JTK	N120DWM	ANW	N132YRW	FIN	N160GRN	YON	N200WCM	WCM
N103LBX	MTC	N120OGG	FG	N133AET	SYOR	N160MTG	LJL	N201CKU	WBL
N103UTT	PCB	N120RJF	LAT	N133DWM	ANW	N160VVO	ANE	N201LCK	GHA
N103YVU	ANW	N120WBR	D&B	N133GRE	ABK	N161VVO	ANE	N201LFV	TEV
N104BHL	LTL	N121DWM	ANW	N133OGG	FG	N161YEG	VTC	N201LTN	SNOE
N104CSN	RCM	N121FLR	BAW	N133WOV	TWM	N162VVO	ANE	N201UHH	MAM
N104UTT	PCB	N121OGG	FG	N133YRM	SNW	N163VVO	ANE	N201VSA	FEX
N104WRC	VOE	N121RJF	MCC	N133YRW	FIN	N164AHP	IVD	N202LPN	MAM
N104YVU	ANW	N121YHH	SNW	N134AET	SYOR	N164VVO	ANE	N202LTN	PBU
N105CET	EAS	N122DWM	ANW	N134DWM	ANW	N165XVO	GMB	N202NNJ	B&H
N105UTT	PCB	N122OGG	FG	N134FLR	BAW	N166PUT	ANE	N202WSB	GCB
N105WRC	HOR	N122WBR	GUM	N134OGG	FG	N167PUT	BUR	N203HLN	BAW
N105YVU	ANW	N123DNV	BLE	N134VAV	WIB	N168PUT	ARM	N203LCK	CBN
N106CET	SYOR	N123DWM	ANW	N134XND	PMS	N169PUT	BUR	N203LTN	DBT
N106DWM	ANW	N123FLR	BAW	N134YRW	FIN	N170AAG	ASH	N203NNJ	B&H

N204FLR BAW	N215NNJ B&H	N237VPH ASC	N253BKK ASC	N276CKB ANW
N204LTN DBT	N215TDU WK	N238HGL ZCW	N253NNR JOT	N276HSD JTK
N204NNJ B&H	N215VRC RKT	N238HWX CRG	N254BKK ASC	N276JUG STS
N204PUL MPH	N215WRD FBE	N238KAE FSA	N254CKA ANW	N276PDV PCB
N204VSA FEX	N216LTN SNOE	N238NNR ZDD	N254DUR RBC	N277CKB ANW
N205CUD FSR	N216NPN NSC	N238VPH ARM	N255BKK ASC	N277CKY FSY
N205DYB BEE	N216TDU WK	N239KAE FSA	N255CKA ANW	N277PDV PCB
N205EFS DMC	N216WRD FBE	N239VPH ASN	N255XNT HOW	N278CKB ANW
N205LCK RBC	N217LTN LID	N240HWX AVA	N256BKK ASC	N278HLA BAW
N205LTN LID	N217NPN MJG	N240KAE FSA	N256CKA ANW	N278PDV PCB
N205NNJ B&H	N217RTA WGW	N240VPH ARM	N256PGD GUM	N279CKB ANW
N205VRX HFL	N217WRD FBE	N241CMP FSY	N256THO DUR	N279HLA BAW
N206LCK GHA	N218NPN JOE	N241EWC HED	N257BKK ASC	N279PDV PCB
N206LTN LID	N218TPK BEW	N241KAE FSA	N258BKK ASC	N281CKB ANW
N206NNJ B&H	N218VRC ELR	N241NBV FRC	N258CKA ANW	N281DWY TDL
N206PUL MPH	N218VVO CRI	N241VPH ARM	N258DUR SLT	N281MRN BJL
N206TDU PBU	N218WDU A2B	N241WRW NXA	N258PGD GUM	N281NCN ANE
N206YJM EXL	N219HWX GRC	N242KAE FSA	N258PYS PEA	N281OYE PWB
N207GCS DIC	N219VRC RSV	N242VPH ARM	N259BKK ASC	N281PDV PCB
N207LCK SYOR	N221MUS DJI	N242WDO HAT	N259CKA ANW	N282CKB ANW
N207LTN SNW	N221TPK ASC	N243LHT FSA	N259DUR RML	N282DWY TDL
N207NNJ B&H	N222ASH BAR	N243OUS MOG	N259PYS PEA	N282NCN ANE
N207TDU SNW	N222LFR BOD	N243VPH ARM	N260PJR PMS	N282OYE PWB
N207YJM EXL	N222TAY SWC	N243WRW NXA	N261PJR IMP	N282PDV PCB
N208CKP GEJ	N224HWX SCB	N244CMP FSY	N262CKA ANW	N283CKB ANW
N208GCS PUM	N224THO GSM	N244LHT FSA	N262FLR FCA	N283DWY TDL
N208HWX OLY	N224TPK ASC	N244VPH ARM	N263CKA ANW	N283HLA BAW
N208LCK SYOR	N224VRC W&D	N244WRW NXA	N263FMA DOB	N283HLN BAW
N208LTN SWSC	N225TPK ASC	N245CKA ANW	N264CKA ANW	N283NCN ANE
N208NNJ B&H	N225VRC SVE	N245CVP YON	N264DSF ETN	N283OYE COS
N208TDU SNW	N226DNV SQU	N245RGD WMC	N264JUG STP	N283PDV PCB
N208YJM DOC	N226HWX ACN	N245VPH ASC	N265KAG RKT	N284CKB ANW
N209LTN SWSC	N226KAE FSA	N246LHT FSA	N265TPE VIS	N284DWY TDL
N209NNJ B&H	N226TPK ASC	N246VPH ASC	N266JUG STS	N284JUG FHD
N209WMS ROY	N227TPK ASC	N247CKA ANW	N266KAG RKT	N284NCN ANE
N209YJM EXL	N228MUS GUM	N247CKY FG	N267KAG EYM	N284PDV PCB
N210LTN CF	N228TPK ASC	N247CMP FSY	N267MUS ASM	N285CKB ANW
N210NNJ B&H	N229KAE FSA	N247LHT FSA	N268KAG RKT	N285DWY TDL
N210TPK ANW	N229TPK ASC	N247ONL KCS	N268PTL SHM	N285JUG FWE
N211DWM ANW	N230MUS CST	N247VPH ASC	N269KKH RKT	N285NCN ANE
N211HGO LUV	N230TPK ASC	N247XSA SWSC	N269YRJ ABG	N286CKB ANW
N211NNJ B&H	N230WDO CLI	N248CKA ANW	N270JUG STS	N286DWY TDL
N211TBC NAP	N231KAE FSA	N248HWX FRA	N270KAM BLE	N286HLN BAW
N211TDU SNW	N231TPK ASC	N248LHT FSA	N270KKH EYM	N286JUG FWE
N211TPK ANW	N232EBG SUT	N248VPH ARM	N270PFB NAH	N286PDV PCB
N211UHH SNW	N232HWX CHW	N249CKA ANW	N271CKB ANW	N287CKB ANW
N211WRD FBE	N232TPK MEB	N249GOO RUF	N271KAM BLE	N287DWY TDL
N212LTN CF	N232WFJ CLK	N249LHT FSA	N272CKB ANW	N287NCN ANE
N212NNJ B&H	N233KAE FSA	N249PGD CSA	N272KAM BLE	N287PDV PCB
N212TDU SNW	N233TPK ASC	N249VPH ARM	N272PYJ PEW	N288CKB ANW
N212TPK GOG	F233WFJ EFN	N250BKK ASC	N273CKB ANW	N288DWY TDL
N212WRD FBE	N233WFJ FCY	N250CKA ANW	N273HLA BAW	N288NCN ANE
N213HGO SSC	N234KAE FSA	N250JOR B&W	N273JUG FHD	N289CKB ANW
N213LTN STAY	N234TPK ASC	N250LHT FSA	N273KAM BLE	N289CVP YON
N213NNJ B&H	N235KAE FSA	N250PGD CSA	N274CKB ANW	N289NCN ANE
N213TDU WK	N235TPK ASC	N251BKK ASC	N274HLA BAW	N289OYE WOT
N213UHH MAM	N236KAE FSA	N251CKA ANW	N274JUG CVL	N289PDV RLI
N214LTN CF	N236TPK ASC	N251NNR GEB	N274KAM BLE	N289RGD SHC
N214TDU WK	N237HGL ZCW	N252BKK ASC	N275CKB ANW	N290CKB ANW
N214WRD FBE	N237HWX AVA	N252CKA ANW	N275PDV GLA	N290NCN ANE
N215LTN LID	N237KAE FSA	N252PGD AYC		N291CKB ANW

Reg	Op	Reg	Op	Reg	Op	Reg	Op	Reg	Op
N291JUG	FWE	N310AMC	SSOU	N328VMS	CF	N345OBC	WCG	N359WOH	TWM
N292CKB	ANW	N310JBV	FHD	N328XRP	BBL	N345WOH	TWM	N360LPN	SSOU
N293CKB	ANW	N311HLN	BAW	N329ECR	FHD	N346HGK	SREN	N360VRC	HOB
N293JUG	FWE	N311JBV	FSY	N329HGK	SREN	N346MPN	SEMS	N360WOH	TWM
N293JUM	FWE	N311XAB	FMR	N329NPN	SNW	N346WOH	TWM	N361LPN	SSOU
N293OYE	NBL	N312AMC	SSOU	N329VMS	CF	N347HGK	SNW	N361VRC	HOB
N294CKB	ANW	N312JBV	FSY	N329WOH	TWM	N347MPN	SEMS	N361WOH	TWM
N295CKB	ANW	N313XAB	FMR	N330HGK	SREN	N347WOH	TWM	N362AVN	CTE
N295DWE	BTC	N314AMC	SSOU	N330NPN	SNW	N347WPT	SMK	N362AVV	DPG
N296CKB	ANW	N315AMC	SSOU	N330WOH	TWM	N348EHJ	JTK	N362LPN	SSOU
N296YOA	SAP	N315MCN	ZDH	N331HGK	SEMS	N348HGK	SWES	N362VRC	HOB
N297CKB	ANW	N316AMC	SSOU	N331NPN	SNW	N348MPN	SEMS	N362WOH	TWM
N298CKB	ANW	N316MCN	TXC	N331OFP	JEA	N348OBC	ZBV	N363LPN	SSOU
N299CKB	ANW	N316VMS	STAY	N331WOH	TWM	N348WOH	TWM	N363VRC	GEJ
N300EST	RIG	N317AMC	BRI	N332HGK	SREN	N349AVV	DWN	N363WOH	TWM
N300KJB	KJB	N317DAG	MEW	N332NPN	SNW	N349FKU	ACH	N364LPN	SSOU
N300SAS	ANN	N317VMS	POW	N333GLO	STE	N349HGK	SNW	N364WOH	TWM
N300TAW	TAW	N318AMC	BRI	N333SLE	SLE	N349HLN	BAW	N365AVV	BBD
N300WCM	WCM	N318VMS	SREN	N334HGK	SREN	N349MPN	SDEV	N365LPN	SSOU
N301AMC	ANE	N319AMC	SWES	N334NPN	SNW	N349OBC	ZBU	N365WOH	TWM
N301CKB	ANW	N319NHY	CLK	N334WOH	TWM	N349WOH	TWM	N366AVN	QMS
N301ENX	ARM	N319SNL	DEN	N336HGK	SNOE	N350HGK	SREN	N366AVV	BBD
N301JBV	FSY	N319VMS	SNW	N335NPN	SNW	N350MPN	SDEV	N366LPN	SSOU
N301XAB	FMR	N320VMS	POW	N335OAM	TRC	N350OBC	SWC	N366VRC	LIT
N302AMC	SSOU	N321AMC	BRI	N335SDV	CML	N350VSO	WMC	N366WOH	NXD
N302CKB	ANW	N321DAG	MEW	N335WOH	TWM	N350WOH	TWM	N367AVV	BBD
N302ENX	ARM	N321HGK	SREN	N337HGK	SEMS	N350YFL	SSOU	N367JGS	JBF
N302JBV	FSY	N321VMS	CF	N336NPN	SNW	N351MPN	SNW	N367LPN	SSOU
N302XAB	FMR	N322AMC	SSOU	N336WOH	TWM	N351WOH	TWM	N367TJT	HWD
N303CLV	ANW	N322HGK	SREN	N337NPN	SNW	N351YKE	NBM	N367VRC	TBB
N303ENX	ARM	N322TPK	ASC	N337WOH	TWM	N352CCM	DHC	N367WOH	TWM
N303JBV	FSY	N322VMS	STAY	N338HGK	SREN	N352HGK	SNW	N368LPN	SSOU
N303WNF	FLE	N322WCH	W&D	N338NPN	SNW	N352MPN	SNW	N368TJT	ASH
N303XAB	FMR	N322YNC	D&G	N338WOH	TWM	N352WOH	NXD	N368VRC	GEJ
N304AMC	SREN	N323AMC	SSOU	N339HGK	SREN	N353AVV	ZAS	N368WOH	TWM
N304CLV	ANW	N323HGK	SREN	N339NPN	SNW	N353MPN	SNW	N369AVV	BBD
N304ENX	ARM	N323VMS	SWSC	N339WOH	TWM	N353VDV	FTR	N369GPU	COM
N304FOR	SVE	N324AMC	SSOU	N340HGK	SREN	N353WOH	TWM	N369VRC	LIT
N304JBV	FSY	N324ECR	FHD	N340NPN	SNW	N354AVV	DWN	N369WOH	TWM
N304STN	CPE	N324HGK	SREN	N340WOH	TWM	N354BML	HMI	N370AVV	BBD
N304XAB	FMR	N324NHG	CBS	N341EUY	FMR	N354MPN	STAY	N370LPN	SSOU
N305AMC	ANE	N324VMS	STAY	N341HGK	SNW	N354WOH	TWM	N370VRC	LIT
N305CLV	ANW	N325ECR	FHD	N341MPN	SEMS	N355MPN	SNW	N370WOH	TWM
N305ENX	ARM	N325HGK	SREN	N341PUH	KTM	N355OBC	CWL	N371AVV	BBD
N305JBV	FSY	N325NHG	CBS	N341WOH	TWM	N355WOH	TWM	N371JGS	SAF
N305XAB	FMR	N325NPN	SNW	N342HGK	SNW	N356MDE	CCS	N371LPN	SSOU
N306CLV	ANW	N325VMS	STAY	N342KKH	SDEV	N356MPN	SSOU	N371WOH	TWM
N306JBV	FG	N326AMC	SSOU	N342MPN	SSOU	N356VRC	HOM	N372LPN	SSOU
N306NTG	SMS	N326ECR	FHD	N342WOH	TWM	N356WOH	TWM	N372PNY	MAM
N306XAB	FMR	N326HGK	SREN	N343HGK	SWES	N357AVV	BBD	N372WOH	TWM
N307CLV	ANW	N326HUA	BEH	N343HLN	BAW	N357CVP	BCT	N373LPN	SSOU
N307JBV	FG	N326NPN	SNW	N343KKH	PUM	N357MPN	SDEV	N373PNY	ROY
N307XAB	FMR	N326VMS	PBU	N343MPN	SNW	N357OBC	ZAE	N373WOH	TWM
N308AMC	CCI	N327ECR	FHD	N344HGK	WA	N357WOH	TWM	N374JGS	NEV
N308CLV	ANW	N327HGK	SREN	N344MPN	SSOU	N358AVV	BBD	N374LPN	SSOU
N308DSL	EAS	N327NPN	SNW	N344OBC	SDEV	N358OBC	ZAE	N374PNY	ROY
N308JBV	FG	N327VMS	BBD	N344WOH	TWM	N358VRC	RNC	N375CJA	FNW
N308XAB	FMR	N327XRP	SNW	N345CJA	FG	N358WOH	TWM	N375EAK	SEM
N309AMC	SSOU	N328ECR	FHD	N345HGK	WA	N359AVV	SHIC	N375JGS	ZAE
N309DSL	STAY	N328HGK	SREN	N345KKH	SKY	N359MPN	SREN	N375LPN	SSOU
N309JBV	FG	N328NPN	SNW	N345MPN	STAY	N359VRC	GIR	N375PNY	MAM

Callsign	Code	Callsign	Code	Callsign	Code	Callsign	Code	Callsign	Code
N375WOH	TWM	N393CWF	ATT	N414MBW	REB	N439GHG	CBC	N466VOD	PHI
N376CJA	FNW	N392LPN	SNW	N414MPN	COG	N439XDV	MCE	N467EHA	S&S
N376JGS	CF	N393LPN	SNW	N414WVR	WA	N440GHG	CBC	N467ETR	FHD
N376LPN	SSOU	N393OTV	A2B	N415ENW	FNW	N441ENW	FBR	N467PAP	SSOU
N376WOH	TWM	N394LPN	SEMS	N415JBV	ACH	N443ENW	FBR	N476TPR	SOT
N377CJA	FNW	N395LPN	SDEV	N415MPN	WBL	N446XVA	LON	N467VOD	SNW
N377LPN	SSOU	N396LPN	SSOU	N416CBU	AVD	N447XVA	STAY	N468RVK	PUM
N377WOH	TWM	N397LPN	SNW	N416ENW	FWE	N448BKY	FSY	N468TPR	EBL
N378CJA	FNW	N398LPN	SDEV	N416JBV	TDE	N448XVA	SWES	N469TPR	TYB
N378LPN	SSOU	N399LPN	SDEV	N416KPS	TAT	N449JUG	FBR	N469VPJ	BAW
N378PTG	SUM	N400CHA	CHI	N416MPN	COG	N449XVA	SWES	N469WDA	COM
N378WOH	TWM	N400TAW	TAW	N416WVR	WA	N450DWJ	MID	N470EHA	BAT
N379BOV	TWM	N400TCC	NAH	N417JBV	SNOE	N450JUG	FBR	N470PYS	MDO
N379CJA	FNW	N400WCM	OAD	N417MBW	SYOR	N450XVA	SWES	N470SPA	WCG
N379LPN	SSOU	N401ARA	ACH	N417MPN	WKN	N451DWJ	MID	N470TPR	TYB
N379PNY	MAM	N401GSX	WCM	N418EJC	CBW	N451HWY	SEMS	N470VPJ	BAW
N380BOV	TWM	N401LDF	SWES	N418ENW	FWE	N451PAP	SSOU	N471EUG	SCC
N380CJA	FNW	N401LTL	SREN	N418JBV	SYOR	N451XVA	SKC	N471KHU	FCL
N380LPN	SSOU	N402ARA	ACH	N418WVR	WA	N452HWY	SEMS	N471TPR	TYB
N380PNY	DPG	N402GSX	TBB	N419ENW	FBE	N452JUG	FBR	N472EHA	D&G
N381BOV	TWM	N402MPN	PKS	N419JBV	ACH	N452PAP	BRI	N472KHU	CLK
N381CJA	FNW	N402WVR	POY	N419MBW	EST	N452VPM	BAW	N472RVK	CCI
N381LPN	SSOU	N403ARA	ACH	N419MPN	ABU	N453HWY	SEMS	N472TPR	TYB
N381OTY	GEL	N403LDF	SWES	N419UWN	SUP	N453JUG	FBR	N472VPJ	BAW
N382BOV	TWM	N403MPN	MJG	N419WVR	WA	N453VPM	BAW	N472XRC	FWT
N382CJA	FNW	N404ARA	ACH	N420JBV	SYOR	N454HWY	SEMS	N473JUG	FBR
N382EAK	LOW	N404GSX	TBB	N420MBW	NUV	N454JUG	FBR	N473MUS	CBC
N382JGS	CF	N404LDF	SWES	N420MWY	FEX	N454PAP	SSOU	N473RNR	CTP
N382LPN	SSOU	N404MUH	GCA	N421ENM	HAL	N454VOD	GHA	N473VPJ	BAW
N383BOV	TWM	N405LDF	SWES	N421JBV	ACH	N455HWY	SEMS	N474PYS	MCD
N383CJA	FNW	N405WVR	WA	N421MBW	SYOR	N455JUG	FBR	N475JUG	FMR
N383JGS	RKT	N406ENW	FED	N421MWY	FEX	N456PAP	SSOU	N475VPJ	BAW
N383LPN	SSOU	N406SPC	HTR	N421WVR	WA	N457CBU	CRL	N476JUG	FSA
N383OTY	GEL	N407ENW	FED	N422ENM	HAL	N457PAP	SSOU	N477VPJ	BAW
N383PNY	CCB	N407GSX	TBB	N422JBV	ACH	N457VOD	SDEV	N478JUG	FMR
N384BOV	TWM	N407HVT	LMC	N422MWY	FEX	N458PAP	ZDE	N478VPJ	BAW
N384LPN	SSOU	N407LDF	SWES	N423JBV	FNW	N458RNR	KLI	N478XRC	MAM
N384OTY	GEL	N407MPN	FOR	N423MWY	FEX	N458VOD	GHA	N479EMA	TVC
N385BOV	TWM	N407SPC	HTR	N424ENM	HAL	N459PAP	SSOU	N479RNR	TLC
N385JGS	RKT	N408ENW	FED	N424JBV	TDE	N460PAP	SSOU	N479VPA	HTR
N385LPN	SSOU	N408LDF	SWES	N424MBW	REB	N461CBU	MOG	N480DKH	POY
N385OTY	GEL	N409ENW	FED	N424MWY	FWE	N461PAP	SSOU	N481NBV	BEW
N386BOV	TWM	N409HVT	AND	N425JBV	TDE	N461VOD	DWN	N482CEG	ZDS
N386CRJ	FNW	N409LDF	SWES	N425MWY	FSY	N462CBU	EAL	N491FDT	RTT
N386LPN	SSOU	N409MWO	HOU	N427JBV	HED	N462PAP	SSOU	N493RAP	M&D
N387BOV	TWM	N409SPC	HTR	N429FOW	BUG	N463HRN	LBC	N495RVK	DPG
N387DRW	C&R	N410ENW	FED	N429GBV	PBT	N463OTX	VTC	N496RVK	STAY
N387LPN	SSOU	N410MBW	CCB	N429WVR	WA	N463PAP	SSOU	N500CHA	CHI
N388BOV	TWM	N411DRH	ASD	N429XRC	ARM	N463TPR	TYB	N500GSM	HAN
N388LPN	SSOU	N411ENW	FED	N430CHL	CBL	N464HRN	LBC	N500TCC	FED
N388OTY	RNC	N411JBV	SVE	N430GBV	PBT	N464PAP	SSOU	N501AWB	TEL
N388VPB	BAW	N411MBW	CCB	N430XRC	BUR	N464STG	WSC	N501HWY	K&D
N389BOV	TWM	N411MPN	COG	N431CHL	CBL	N464TPR	EBL	N501KCD	GUM
N389LPN	SSOU	N412ENW	FWE	N431GBV	CBC	N465AAO	SHC	N501RVK	CCB
N390BOV	TWM	N412JBV	FNW	N431XRC	ARM	N465ETR	FHD	N502HWY	HOM
N390LPN	SSOU	N413ENW	FNW	N432CHL	CBL	N465PAP	CHB	N502KCD	GUM
N391BOV	TWM	N413JBV	MWM	N432XRC	ANE	N465RVK	DPG	N502LUA	NAH
N391LPN	SNW	N413WVR	WA	N433XRC	BUR	N465TPR	SOT	N503HWY	TDE
N391OTY	BEW	N414ENW	FWE	N435MGF	SUT	N466ETR	FHD	N503KCD	GUM
N392BOV	TWM	N414JBV	ACH	N436WKL	SAH	N466PAP	SSOU	N504HWY	HAD
N393BOV	TWM			N438BRR	SMS	N466TPR	TYB	N504LUA	PWW

Reg	Code	Reg	Code	Reg	Code	Reg	Code	Reg	Code	Reg	Code
N505HWY	TDE	N526WVR	FEX	N544WVR	FNW	N577CKA	RNC	N599OAE	TUR	N600ABC	ISL
N505KCD	ZCF	N527SPA	JPT	N545UFX	SVE	N577EUG	RKT	N600ABC	ISL	N600CHA	CHI
N506HWY	SWC	N527VSA	FNW	N545WVR	FMR	N578ACP	AVA	N600CHA	CHI	N600JSB	JSB
N506KCD	GUM	N527WVR	FNW	N546WVR	FNW	N578CKA	ANW	N600JSB	JSB	N601HOC	HOC
N506LUA	COM	N528LHG	FHD	N547DKO	HAT	N579ACP	AVA	N601HOC	HOC	N601DWY	ANW
N507HWY	SWC	N528VSA	FNW	N547HAE	FBR	N579CEH	FCY	N601DWY	ANW	N601EBP	FHD
N507KCD	PCN	N528WVR	FNW	N547LHG	FHD	N579CKA	ANW	N601EBP	FHD	N601FJO	FAL
N507LUA	NBM	N529LHG	CHB	N547WVR	FNW	N579LBX	MTC	N601FJO	FAL	N602APU	FEC
N508HWY	TDE	N529VSA	FNW	N548HAE	FBR	N580CKA	ANW	N602APU	FEC	N602BRH	FIN
N509BJA	SDEV	N529WVR	FNW	N548LHG	EBA	N581CEH	FCY	N602BRH	FIN	N602CVP	ORA
N509HWY	HAD	N530LHG	FIS	N548WVR	FNW	N581CKA	ANW	N602CVP	ORA	N602DWY	ANW
N509KCD	MJG	N530VSA	FNW	N549LHU	FSA	N582AWJ	MFF	N602DWY	ANW	N602EBP	FHD
N510HWY	TDE	N530WVR	FNW	N549NYS	RSS	N582CKA	ANW	N602EBP	FHD	N602EEV	JOB
N510KCD	JOE	N531DWM	ANW	N549WVR	FNW	N582XSA	BBD	N602EEV	JOB	N602KGF	OLY
N511BEG	MJG	N531KWS	WEA	N550LHU	FBR	N583DAS	HKW	N602KGF	OLY	N603BRH	EYM
N511BJA	AVD	N531LHG	CHB	N550MTG	WA	N583WND	FSA	N603BRH	EYM	N603CKA	ANW
N511KCD	GUM	N531RJR	ASD	N550WVR	FNW	N583XSA	BBD	N603CKA	ANW	N603DWY	ANW
N511XVN	ANE	N531VSA	FNW	N551LHU	FBR	N584BRH	EYM	N603DWY	ANW	N603EBP	FHD
N512BJA	SDEV	N531WVR	FNW	N551MTG	WA	N584CKA	ANW	N603EBP	FHD	N603EEV	SPD
N512XVN	ANE	N532DWM	ANW	N551VDC	SNOE	N584JNO	WBT	N603EEV	SPD	N603KGF	SSOU
N513KCD	GUM	N532LHG	CHB	N551WVR	FNW	N584XSA	SHIC	N603KGF	SSOU	N603OAE	NAH
N513XVN	ANE	N532VSA	FNW	N552LHU	FBR	N585BRH	EYM	N603OAE	NAH	N603VSS	WCM
N514BJA	SDEV	N532WVR	FNW	N552UCY	FCY	N585CKA	ANW	N603VSS	WCM	N604APU	FEC
N514BSR	CIU	N533LHG	FHD	N552WVR	FNW	N585EKR	HBS	N604APU	FEC	N604CKA	ANW
N514KCD	ZCF	N533VSA	FNW	N553LHU	FBR	N585GRN	BLT	N604CKA	ANW	N604EBP	FHD
N514XVN	ANE	N533WVR	FNW	N553VDC	SNOE	N585WND	FSA	N604EBP	FHD	N604VSS	WRH
N515XVN	ANE	N534LHG	SNW	N553WVR	FEX	N586BRH	EYM	N604VSS	WRH	N605APU	FEC
N516KCD	GUM	N534VSA	FNW	N554JWX	BEC	N586CKA	EDW	N605APU	FEC	N605CKA	ANW
N516XVN	ANE	N534WVR	FMR	N554LHU	FBR	N587BRH	EYM	N605CKA	ANW	N605DWY	ANW
N517BJA	SDEV	N535VSA	FED	N554SJF	MCC	N587CKA	ANW	N605DWY	ANW	N605JGP	HEY
N517XVN	ANE	N535WVR	FNW	N554UCY	FCY	N587GBW	MIK	N605JGP	HEY	N605KGF	SSOU
N518KCD	GUM	N536LHG	FNW	N554WVR	FNW	N588BRH	EYM	N605KGF	SSOU	N606APU	FEC
N518XER	WK	N536SJF	AUS	N555HAN	DOL	N588CKA	ANW	N606APU	FEC	N606CKA	ANW
N518XVN	ANE	N536VSA	FED	N555JVA	JVA	N588TAY	TAY	N606CKA	ANW	N606EBP	FHD
N519KCD	GUM	N536WVR	FNW	N555UCY	FCY	N589BRH	EYM	N606EBP	FHD	N606GAH	HBL
N519XER	WK	N537WVR	FNW	N556KWS	ATE	N589CKA	ANW	N606GAH	HBL	N606KGF	OLY
N519XVN	ANE	N538SJW	A&P	N556LHU	FBR	N589GBW	MIK	N606KGF	OLY	N607APU	FEC
N520KCD	PCN	N538VSA	FED	N556WVR	FNW	N58MDW	WBK	N607APU	FEC	N607CKA	ANW
N520XER	WK	N538WVR	FNW	N557BNF	FSY	N590BRH	ZBO	N607CKA	ANW	N607DWY	ANW
N520XVN	ANE	N539LHG	SBM	N557EYB	FSA	N590CKA	ANW	N607DWY	ANW	N607EBP	FHD
N521MJO	ATS	N539TPF	ASC	N557LHU	FBR	N590GBW	SHB	N607EBP	FHD	N607JNO	BRY
N521TRU	BCS	N539WVR	FNW	N557SJF	GEH	N591CKA	ANW	N607JNO	BRY	N607KGF	OLY
N521WVR	FNW	N540LHG	HED	N557UCY	FCY	N591GBW	GLC	N607KGF	OLY	N608CKA	ANW
N522MJO	ATS	N540TPF	ZCO	N558BNF	FSY	N592BRH	EYM	N608CKA	ANW	N608DWY	ANW
N522WVR	FNW	N540WVR	FNW	N558LHU	FBR	N592CKA	ANW	N608DWY	ANW	N608FJO	OBC
N522XVN	ANE	N541CYA	CMT	N558UCY	FCY	N593BRH	EYM	N608FJO	OBC	N608JLY	SPW
N523MJO	ASC	N541LHG	SNW	N559BNF	FSY	N593CKA	ANW	N608JLY	SPW	N608KGF	SSOU
N523WVR	FNW	N541TPF	ZCO	N559EYB	FSA	N593DWY	SAN	N608KGF	SSOU	N608OGE	MCM
N523XRR	RKT	N541WVR	FNW	N559SJF	GEH	N593LFV	BLT	N608OGE	MCM	N609APU	FEC
N523XVN	ANE	N542LHG	FHD	N561BNF	FSY	N594BRH	HPC	N609APU	FEC	N609CKA	ANW
N524BJA	HMI	N542UFX	W&D	N561SJF	SWSC	N594CKA	EDW	N609CKA	ANW	N609DWT	CMT
N524MJO	ATS	N542WVR	FHD	N561UPF	ETC	N594DWY	SAN	N609DWT	CMT	N609FJO	OBC
N524WVR	FEX	N543FLE	BAW	N562BNF	FSY	N595BRH	HPC	N609FJO	OBC	N610CKA	ANW
N524XVN	ANE	N543LGH	REL	N562SJF	SWSC	N595CKA	ANW	N610CKA	ANW	N610DWY	ANW
N525BJA	HMI	N543MPV	A&P	N565UCY	FCY	N595LFV	BLT	N610DWY	ANW	N610FJO	SGD
N525VSA	FNW	N543TPK	ASC	N571AWJ	MFF	N596BRH	TRX	N610FJO	SGD	N610REC	EXP
N525WVR	FNW	N543UFX	W&D	N571GBW	PPH	N596CKA	GHA	N610REC	EXP	N610XRR	SWN
N525XVN	ANE	N543WVR	FNW	N572PNH	AMR	N597DWY	SAN	N610XRR	SWN	N611ABU	SWT
N526BJA	HMI	N544DWW	ROY	N573OUH	WXB	N598BRH	EYM	N611ABU	SWT	N611APU	FHD
N526PYS	LOW	N544HAE	FSA	N574CEH	GOL	N598DWY	MAS	N611APU	FHD	N611CKA	ANW
N526VSA	FNW	N544UFX	W&D	N576CKA	BEH	N599CKA	ANW	N611CKA	ANW		

Reg	Op	Reg	Op	Reg	Op	Reg	Op	Reg	Op
N611DWY	ANW	N624FJO	ATS	N660BRH	ZBO	N703LTN	SNOE	N720FKK	BRY
N611FJO	OBC	N624JNO	CWL	N660EKD	PBU	N704EUR	ATS	N720GRV	FHD
N611LGC	MJG	N624VSS	SWSC	N660EWD	BFS	N704FKK	BRY	N720LTN	SWSC
N611VSS	SWSC	N626VSS	SWSC	N660EWJ	CBW	N704GUM	ANW	N720UVR	LOW
N611XJM	FG	N626XJM	FED	N660VJB	HSM	N704LTN	SNOE	N721FKK	BRY
N611XVO	VTC	N627BWG	EUT	N660VSS	SNW	N705EUR	ATS	N721GRV	FHD
N612APU	FED	N627RGD	SMI	N660WAW	SHI	N705FSM	HFX	N721LTN	SDEV
N612CKA	ANW	N627VSS	SWSC	N661JNO	ZBN	N705LTN	SNOE	N722FKK	BRY
N612DWY	ANW	N628VSS	SWSC	N661VJB	HSM	N705TPK	ANW	N722LTN	SDEV
N612GAH	AAR	N629BWG	GPT	N662FLR	ASD	N706EUR	ATS	N722RDD	GHA
N612MHB	FCY	N629VSS	WCM	N662KCW	MUN	N706LTN	SNOE	N722UVR	HEY
N612YRA	POY	N630CDB	FHD	N662VJB	HSM	N706TPK	ANW	N723FKK	BRY
N613CKA	ANW	N630VSS	SWSC	N662VSS	CCB	N707EUR	ATS	N723LTN	SDEV
N613DWY	ANW	N631CDY	CBC	N663VJB	HSM	N707LTN	SNOE	N724FKK	BRY
N613FJO	HFL	N632JNO	ZBN	N663VSS	MAM	N707TPK	ANW	N724LTN	STAY
N613FLR	BAW	N632VSS	SWSC	N664THO	HED	N708EUR	ATS	N724RDD	GHA
N613LGC	CLT	N632XBU	CBN	N664VJB	HSM	N708GUM	ASW	N725FKK	BRY
N613YRA	POY	N633LFR	FTC	N665VJB	HSM	N708LTN	SNOE	N725KGF	GHA
N614FJO	OBC	N633VSS	SWSC	N667THO	HED	N708TPK	ANW	N725LTN	SWSC
N614FLR	BAW	N634ACF	FHD	N668THO	JBN	N709GUM	ASW	N726KGF	COG
N614LGC	CLT	N635VSS	SWSC	N669FLR	ASD	N709LTN	SNOE	N726LTN	SWSC
N614MHB	FCY	N636VSS	BBD	N670VUP	ZBU	N709TPK	ANW	N726UVR	HEY
N614YRA	POY	N637ACF	FHD	N671CLV	WA	N710GRV	FHD	N727JNO	CWL
N615APU	FEC	N637CDB	FMR	N671VUP	THA	N710GUM	ASW	N727LTN	SWSC
N615CKA	ANW	N637VSS	BBD	N672CLV	HSW	N710LTN	SEMS	N728HSX	DEV
N615DWY	FHD	N638JNO	ZBN	N672GUM	ASW	N711AHP	SZB	N728UVR	HEY
N615FLR	BAW	N639LGG	MCD	N673CLV	WA	N711EUR	ATS	N729JNO	AMP
N615YRA	POY	N640LGG	MCD	N674GUM	ARM	N711GRV	FHD	N729LTN	WK
N616APU	FED	N640LPN	SSOU	N675GUM	ASW	N711GUM	ASW	N729RDD	SSOU
N616CKA	ANW	N640VSS	BBD	N677GUM	ASW	N711LTN	SNOE	N730EOT	PYG
N616DWY	SLA	N641LPN	SSOU	N681GUM	ASW	N712CYC	PEW	N730LTN	SNOE
N616FJO	SGD	N641VSS	BBL	N681YAV	GEJ	N712EUR	ATS	N730RDD	CCB
N616FLR	BAW	N642LPN	SSOU	N682AOJ	ETC	N712GUM	ASW	N731JNO	AMP
N617UEW	CUB	N642VSS	CCI	N683GUM	ASW	N712LTN	BBD	N731LTN	SNOE
N617USS	HKW	N643LPN	SSOU	N685AHL	BET	N712UVR	NBL	N731RDD	EMS
N617VSS	MAM	N644AHP	HPC	N685GUM	ASW	N713AHP	PCW	N731RGD	MCO
N618AHP	PCW	N644JNO	CWL	N686GUM	ASW	N713EUR	ATS	N731XDV	SDEV
N618APU	FEC	N644LPN	SSOU	N687GUM	ASW	N713FLN	ABI	N732LTN	SEMS
N618CKA	ANW	N644VSS	SWES	N688AHL	TOW	N713GRV	FHD	N732RDD	SDEV
N618VSS	BEW	N645LPN	SSOU	N688GUM	ASW	N713LTN	BBD	N732RGD	MCO
N619CKA	ANW	N645VSS	SNW	N689GUM	ARM	N713TPK	ASC	N732UVR	HEY
N619GAH	ORJ	N645XKR	EXL	N690GUM	ARM	N713UVR	NBL	N732XDV	SDEV
N619USS	SEMS	N646FKK	ABF	N691GUM	ASW	N714GRV	FHD	N733LTN	SNW
N620CKA	ANW	N646VSS	SNW	N692AOJ	BLA	N714LTN	SNW	N733XDV	SDEV
N620GAH	HBL	N647CVV	AVA	N693EUR	ATS	N714TPK	ASC	N734LTN	SNW
N620USS	STAY	N649KWL	CHA	N694EUR	ATS	N714UVR	TMA	N734RDD	SDEV
N621CKA	ANW	N649VSS	DWN	N694JNO	AMP	N715EUR	ATS	N734XDV	CCB
N621GAH	JAS	N651VSS	SNW	N695EUR	ATS	N715GRV	FHD	N735EOT	AQU
N621KUA	AYO	N652CDB	FMR	N696EUR	ATS	N715LTN	BBD	N735LTN	SNOE
N621VSS	SWSC	N652VSS	SNW	N697EUR	ATS	N715TPK	ASC	N735RDD	BBD
N621XBU	BUL	N653CHF	GLA	N698EUR	ATS	N716EUR	ATS	N736FJC	PDB
N622CKA	ANW	N653THO	GSN	N698FLN	CAT	N716GRV	FHD	N736LTN	SEMS
N622FJO	ATS	N654WDU	TIV	N699EUR	ATS	N716KAM	CCB	N736XDV	SDEV
N622KUA	AYO	N655VSS	SSOU	N700CHA	CHI	N716LTN	BBD	N737JNO	AMP
N622PUS	GIL	N656CHF	SNW	N701CPU	FWE	N716TPK	ANW	N737LTN	SREN
N622VSS	KEY	N657HTE	RCM	N701EUR	ATS	N716UVR	LID	N737XDV	SDEV
N623CKA	ANW	N657HWC	RKC	N701LTN	SNOE	N717CYC	ZAF	N738LTN	SSOU
N623FJO	ATS	N657JNO	ZBN	N702EUR	ATS	N718LTN	STAY	N739LTN	SSOU
N623KUA	AYO	N657VSS	TVP	N702FLN	HCC	N718RDD	SDEV	N740FKX	FTR
N623RAP	BUZ	N658VSS	TVP	N702LTN	SNOE	N718UVR	BYS	N740LTN	SSOU
N624CDB	FEC	N659EKD	PBU	N703FSM	HFX	N719LTN	SEMS	N740VBA	FIN

Reg	Code	Reg	Code	Reg	Code	Reg	Code	Reg	Code
N741CKY	FED	N764CKY	FED	N799FSD	PUM	N815WGR	SGD	N864VHH	SWSC
N742CKY	FED	N765AHP	ZEP	N779PDS	GUM	N816DNE	EA	N865VHH	SWSC
N742VBA	FIN	N765CKY	FSY	N800CHA	CHI	N816PJU	STS	N866CEH	FNW
N743CKY	FG	N766CKY	FSY	N800SAS	MCC	N817DNE	SWES	N866VHH	SWSC
N743VBA	FIN	N767CKY	FSY	N801CKP	HWS	N817PJU	TBB	N868MSU	CNV
N744ANE	EYM	N767EWG	TVP	N801DNE	SNW	N818DNE	SWES	N869MSU	CNV
N744CKY	FED	N767WRC	RKT	N801FLW	FSA	N819RFP	SLT	N869XMO	TWC
N744LUS	DIC	N768CKY	FSY	N801FSD	PUM	N819WNE	ACE	N870XMO	RUF
N744XDV	ZBR	N768EWG	STP	N801RGD	SMI	N829DKU	ZDE	N872XMO	ROV
N745ANE	EYM	N768WRC	CLT	N801SJU	YCT	N820RFP	STS	N873XMO	RUF
N745CKY	FG	N769CKY	FSY	N802DNE	SNW	N821KWS	HOW	N874PFW	HUN
N745LUS	HUC	N769WRC	VTC	N802FLW	FSA	N821RFP	TBB	N880AVV	PHI
N746ANE	EYM	N770CKY	FSY	N802GRV	ZBR	N822DKU	SEM	N880FVF	EUS
N746CKY	FED	N770VTT	CRG	N802PDS	GUM	N823FLW	FSA	N881AVV	DIC
N746YVR	DIC	N771CKY	FSY	N803DNE	SEMS	N824DKU	SEM	N881FFK	STC
N748ANE	EYM	N771WRC	VTC	N803FLW	FBR	N825FLW	FSA	N884AVV	SDEV
N748CKY	FED	N772CKY	FSY	N803TPK	AYO	N827APU	FEX	N884GLO	LBL
N748OYR	MID	N772RVK	ZBR	N804BKN	ASW	N827FKK	STC	N885AVV	SNW
N748YVR	TYR	N773CKY	FSY	N804DNE	SEMS	N828APU	FEX	N885RTN	ANE
N749CKY	FG	N773RVK	SNOE	N804FLW	FBR	N828FKK	STC	N887HSX	SREN
N749CYA	DCO	N774CKY	FSY	N804TPK	HEY	N829FLW	FMR	N887HWS	FSA
N750CKY	FG	N774RVK	SNOE	N805DNE	SWES	N829OAE	TUR	N889HWS	FSA
N750LUS	TRH	N775CKY	FSY	N805FLW	FBR	N830FLW	FMR	N890HWS	FSA
N751CKY	FED	N775RVK	SNOE	N805NHS	MAN	N831FLW	FMR	N890SBB	BOD
N751CYA	KYC	N776CJC	PDB	N805TPK	MAG	N832FLW	FMR	N892HWS	FSA
N751OAP	MAG	N776CKY	FSY	N806BKN	NUV	T834CGB	HRC	N893HWS	FSA
N752CKY	FED	N776RVK	SNOE	N806CRJ	DOF	N835XRP	HOU	N894HWS	FSA
N752LUS	GUM	N776WEF	CRN	N806DNE	WA	N838LGA	MCD	N895ENE	TET
N752OAP	MAG	N777ELK	PCN	N806EHA	ARM	N839LGA	MCD	N895VEG	BLI
N753CKY	FED	N778CKY	FSY	N806FLW	FSA	N840LGA	MCD	N896KFA	HWD
N753LSU	STK	N778KOU	RNE	N806PDS	GLA	N841LGA	MCD	N896VOD	FIL
N753OAP	MAG	N778RVK	SNOE	N806TPK	AYO	N842LGA	CSA	N898NNR	TMB
N754BKW	PWB	N779CKY	FSY	N807DNE	WA	N843LGA	MCD	N899KFA	PCW
N754CKY	FED	N779DRH	ABU	N807EHA	ARM	N844DKU	MDC	N901PFC	WCM
N754GPX	LAV	N779OGA	RTT	N807FLW	FBR	N846ASF	WET	N902PFC	AQU
N754OAP	IRB	N779RVK	SNOE	N807KRL	SEA	N847YHH	CMB	N903HWS	FSA
N754OYR	MID	N780CKY	FSY	N807TPK	MAG	N848FDT	PDB	N903TAY	NCO
N755CKU	BBD	N781CWR	BCR	N807XHN	ANE	N849VHH	SREN	N904HWY	COG
N755CKY	FED	N781PEC	DEV	N808DNE	SEMS	N850VHH	SREN	N905AAS	MCO
N755LWW	AYO	N781SJU	ONE	N808FLW	FSA	N851DKU	ZDE	N905NAP	KIC
N755OAP	PCO	N783SJU	GMB	N808WTF	BUD	N851VHH	SREN	N906GLO	WCC
N756CKU	BBD	N784EUA	D&G	N808XHN	ANE	N852DKU	BFS	N906HWS	FSA
N756CKY	FG	N784JBM	ZBR	N809DKU	MAJ	N852VHH	SWSC	N906NAP	SSOU
N756CYA	S&B	N785ORY	MIM	N809DNE	EA	N853VHH	SWSC	N907NAP	SSOU
N756OAP	MAG	N786ORY	GSN	N809TPK	ACH	N854VHH	SWSC	N908ETM	ATS
N757CKY	FG	N786SJU	ZDC	N809XHN	ANE	N855VHH	SREN	N908NAP	TRD
N757CYA	AVA	N787SJU	ZDC	N810DNE	WA	N856VHH	SREN	N910NAP	FYC
N757OAP	MAG	N789NYS	VAW	N810PDS	RTT	N857PDW	MCA	N911NAP	CCB
N758CKY	FG	N789VRM	SEMS	N810TPK	CHL	N857VHH	SREN	N912ETM	ATS
N758CYA	BRS	N790NYS	P&E	N810VOD	FEC	N858AHP	NBL	N912NAP	SSOU
N759CKY	FED	N790VRM	SNW	N810XHN	ANE	N858GLO	AST	N913ETM	ATS
N760CKY	FSA	N791NYS	TEL	N811DNE	WA	N858VHH	SREN	N915ETM	AST
N760RCU	GON	N792ORY	GSF	N812KHW	DIC	N859VHH	SWSC	N917LRL	CCB
N761CKY	FSA	N792SJU	AAA	N812XJH	WA	N860VHH	SREN	N918ETM	AWD
N761JNO	AMP	N795PDS	TRW	N813DNE	PBU	N860XMO	TJC	N920RGD	MCO
N761RCU	JCS	N795WAN	SFU	N813OAE	TUR	N861DSP	CTC	N923NAP	TRD
N762CKY	FSA	N796PDS	DBT	N813XJH	WA	N861VHH	STAY	N924NAP	SSOU
N762PAE	JEN	N798FSD	DIC	N814DNE	PBU	N862VHH	STAY	N926NAP	BBD
N762SAV	TWH	N798PDS	SLA	N814WGR	TVP	N863CEH	FNW	N927NAP	LGT
N763CKY	FSA	N798WAN	FLN	N815DNE	WA	N863VHH	SWSC	N928NAP	BBD
N764AHP	PAR	N798XKK	HMI			N864CEH	FNW	N929NAP	BBD

N930LSU	FG	N953SOS	FG	N973LSU	FG	NA04ZJU	HEB	NC57NCC	ZAM
N930NAP	CCI	N954CPU	FEX	N973SOS	FEX	NA52AWF	GON	NCC745	SBJ
N931LSU	FG	N954LSU	FG	N974LSU	FG	NA52AWG	GON	NCF888	MUL
N931NAP	CCI	N954SOS	FG	N974NAP	TRC	NA52AWH	GON	NCH868	PWW
N931RGD	MCO	N955LSU	FG	N975EHJ	FEX	NA52AWJ	GON	NCJ800M	ROY
N932LSU	FG	N955SOS	FG	N975LSU	FG	NA52AWM	GON	NCT833	WIA
N932NAP	CCI	N956LSU	FG	N975NAP	SSOU	NA52AWN	GON	NCZ1913	BST
N933LSU	FG	N956SOS	FG	N976HTE	RCM	NA52AWO	GON	NCZ5381	NIG
N933NAP	SSOU	N956UPR	A&E	N976LSU	FG	NA52AWP	GON	ND02HUJ	ROT
N934HPX	HOW	N957CPU	FEX	N976LWR	BRN	NA52AWR	GON	ND06FFA	OAR
N934LSU	FG	N957LSU	FG	N977EHJ	FEX	NA52AWU	GON	ND06MDK	REL
N935LSU	FG	N957NAP	DPG	N977LSU	FG	NA52AWV	GON	ND06XEE	ANS
N935NAP	MTC	N957SOS	FG	N977NAP	ZBX	NA52AWX	GON	ND53YFV	PHO
N936LSU	FG	N958CPU	FEX	N978LSU	FG	NA52AWY	GON	ND54SGV	EDW
N937LSU	FG	N958LSU	FG	N978NAP	SDEV	NA52AWZ	GON	ND54WKE	ALE
N937NAP	SSOU	N958SOS	CCB	N978RCD	TUT	NA52AXB	GON	NDB356	QMS
N938LSU	FG	N958SOS	FG	N979EHJ	FEX	NA52AXC	GON	NDG172	B&W
N938NAP	MAM	N959LSU	FG	N979LSU	FG	NA52AXD	GON	NDL600W	DGB
N939LSU	FG	N959NAP	DPG	N979NAP	SDEV	NA52AXF	GON	NDL869	MEW
N940LSU	FG	N959SOS	FG	N979WJL	ZBD	NA52AXG	GON	NDO609	BOW
N940NAP	GSA	N960LDE	RBC	N980EHJ	FEX	NA52AXH	GON	NDO856	TAW
R940RBC	PAR	N960LSU	FG	N980LSU	FG	NA52AXJ	GON	NDW147X	CLK
N941LSU	FG	N960NAP	SSOU	N980NAP	SDEV	NA52AXK	GON	NDW408X	EDW
N942LSU	FG	N960SOS	FG	N980ODS	ZBG	NA52AXM	GON	NDW409X	EDW
N943EWG	VTC	N961LSU	FG	N981EHJ	FEX	NA52AXN	GON	NDW411X	EDW
N943LSU	FG	N961SOS	FG	N981LSU	FG	NA52AXO	GON	NDW412X	EDW
N943MGG	GUM	N962DWJ	SWT	N981NAP	CCB	NA52BUU	GON	NDW413X	EDW
N943THO	NEC	N962LSU	FG	N982BHE	BKB	NA52BUV	GON	NDW414X	EDW
N944EWG	TVC	N962SOS	FNO	N982EHJ	FEX	NA52BUW	GON	NDW415X	EDW
N944LSU	FG	N963ABU	HMI	N982LSU	FG	NA52BVB	GON	NDW418X	EDW
N944NAP	SSOU	N963DWJ	TVC	N983AHE	LGT	NA52BVC	GON	NDY820	RAM
N944RBC	EMM	N963ESD	SAZ	N983EHJ	FEX	NA52BVD	GON	NDY962	RAM
N944SOS	FG	N963LSU	FG	N983LSU	FG	NA52BVE	GON	NDZ3017	SSOU
N945CPU	FEX	N963NAP	CCB	N984EHJ	FEX	NA52BVF	GON	NDZ3018	SSOU
N945EWG	SCC	N963SOS	FMR	N984LSU	FG	NA52BVG	GON	NDZ3019	SSOU
N945SOS	FG	N964ABU	HMI	N985EHJ	FEX	NA52BVH	GON	NDZ3021	SSOU
N946LSU	FG	N964LSU	FG	N985LSU	FG	NA52BVJ	GON	NDZ3022	SSOU
N946SOS	FG	N964SOS	FNO	N986LSU	FG	NA53BZF	CEL	NDZ3023	SSOU
N947FHL	DTT	N965LHS	MCD	N987FWT	MVL	NA54YUR	WAR	NDZ3024	WCM
N947LSU	FG	N965LSU	FG	N987LSU	FG	NAX511	MRS	NDZ3026	WCM
N947SOS	FG	N965NAP	REI	N988FWT	SAN	NB03BCK	BFT	NDZ3134	SWES
N948LSU	FG	N965SOS	FNO	N988LSU	FG	NB03BUZ	ROH	NDZ3146	PUM
N948NAP	SLA	N966LSU	FG	N990FNK	GUM	NBH715V	RHT	NDZ3157	SWES
N948SOS	FG	N966SOS	FMR	N991CUS	HOM	NBU707	CHY	NDZ3161	GHA
M948TSX	LON	N967BYC	CMT	N991FNK	GUM	NBW999	TRA	NDZ3162	FSY
N949LSU	FG	N967LSU	FG	N991KUS	HOM	NBZ301	SHA	NDZ3164	FSY
N949MGG	DIC	N967SOS	FEX	N992KUS	GIB	NBZ1357	LID	NDZ3167	CCB
N949SOS	FG	N968CPU	FEX	N993THO	DEV	NBZ1360	BAS	NDZ7918	ASC
N950LSU	FG	N968LSU	FG	N996CCC	SKY	NBZ1639	ABT	NDZ7919	ATS
N950MGG	DIC	N968NAP	SSOU	N996XNT	MCL	NBZ1670	GRB	NDZ7920	HUN
N950RBC	EXA	N968SOS	FDC	N997CCC	SKY	NBZ1676	MFF	NDZ7921	ATS
N950SOS	FG	N969CPU	FEX	N997RCD	SDEV	NBZ1680	SHT	NDZ7926	ASC
N950TVK	ANE	N969LSU	FG	N997THO	AMV	NBZ2184	SVE	NDZ7927	CBC
N951CPU	FEX	N969SOS	FDC	N998RCD	SDEV	NBZ4127	HWC	NDZ7928	CBC
N951LSU	FG	N970BYC	CMT	N999MGA	MUS	NBZ4132	HAN	NDZ7930	CBC
N951SOS	FG	N970LSU	FG	N999RWC	CHY	NBZ8510	EAS	NDZ7931	DOY
N952CPU	FEX	N970SOS	FDC	N426JBV	SUL	NBZ9146	EST	NDZ7933	ATS
N952KBJ	FRC	N971LSU	FG	N546LHG	SUL	NC04NHG	DEV	NDZ7934	HUN
N952LSU	FG	N971MGG	STK	NA02ENC	TGB	NC04UHA	FCA	NDZ7935	ATS
N952NAP	SIL	N971SOS	FDC	NA02ENM	SOO	NC06CLC	CRL	NDZ7937	RSV
N952SOS	FG	N972CPU	FEX	NA02NVL	GON	NC06PCC	PCO	NE03BAN	BAN
N953CPU	FEX	N972LSU	FG	NA04GHA	GHA	NC06XBL	SOO	NE06LAN	WVY
N953LSU	FG	N972SOS	FDC	NA04YXB	TIG	NC56AYM	AAA	NE07LAN	WVY

NEC237K	JBT	NH04KCH	NHC	NIL1095	ABT	NIL7043	NCC	NJ08CTK	SNOE
NEE496	AMV	NH04LCH	NHC	NIL1235	TEL	NIL7250	CLN	NJ08CTO	SNOE
NEH182V	PSN	NH05OCX	PIK	NIL1505	LES	NIL7251	WHE	NJ08CTU	SNOE
NER621	FDC	NH05OCY	ASM	NIL1595	TET	NIL7252	ZCA	NJ08CTV	SNOE
NEZ2689	DAB	NH09BRH	NHC	NIL2208	ZCL	NIL7707	ESB	NJ08CTX	SNOE
NEZ9241	GBU	NH09CRH	NHC	NIL2266	PWW	NIL7712	LCT	NJ08CTY	SNOE
NEZ9242	GBU	NH09DRH	NHC	NIL2450	EVL	NIL7713	MVN	NJ08CTZ	SNOE
NEZ9243	GBU	NH09FRH	NHC	NIL2457	ROI	NIL8255	WWT	NJ08CUA	SNOE
NEZ9244	GBU	NH09GRH	NHC	NIL2458	HET	NIL8256	MOC	NJ51TXH	PIK
NEZ9245	GBU	NH09HRH	NHC	NIL2459	WOO	NIL8258	MOC	NJ52UMH	TIG
NEZ9246	GBU	NH09JRH	NHC	NIL2542	VTC	NIL8259	WWT	NJ57TGV	WIB
NEZ9247	GBU	NH09KRH	NHC	NIL2747	MSH	NIL8646	MCO	NJF864P	LEW
NEZ9248	GBU	NH09LRH	NHC	NIL2991	VAW	NIL8647	TAW	NJI1256	KAD
NEZ9249	GBU	NH09MRH	NHC	NIL2992	KYC	NIL8657	GHA	NJI2811	CHA
NEZ9250	GBU	NH09NRH	NHC	NIL2993	OLY	NIL8662	BTC	NJI4304	CHH
NEZ9251	GBU	NH09ORH	NHC	NIL2994	CHP	NIL8663	BRN	NJI4422	J&C
NEZ9252	GBU	NH09PRH	NHC	NIL2998	HSL	NIL8691	FLB	NJI4736	CEL
NEZ9253	GBU	NH09RRH	NHC	NIL3278	MIM	NIL8980	YAR	NJI5510	EBC
NEZ9254	GBU	NH09SRH	NHC	NIL3296	SBQ	NIL8992	AUD	NJI6441	LFT
NEZ9255	GBU	NH10BSH	NHC	NIL3304	PIC	NIL9017	PCN	NJI8874	HRD
NEZ9256	GBU	NH10CSH	NHC	NIL3416	MLI	NIL9247	WRB	NJI9241	BEL
NEZ9257	GBU	NH10DSH	NHC	NIL3792	MCR	NIL9873	SUE	NJI9242	BEL
NEZ9258	GBU	NH10FSH	NHC	NIL3943	PSL	NIL9875	SHO	NJI9243	BEL
NEZ9259	GBU	NH10GSH	NHC	NIL3944	PSL	NIL9932	BOR	NJI9245	BEL
NEZ9260	GBU	NH10HSH	NHC	NIL3945	CET	NIV112	EAM	NJI9487	JWC
NEZ9261	GBU	NH10JSH	NHC	NIL3947	YON	NIW252	VIC	NJU2W	WOO
NEZ9262	GBU	NH10KSH	NHC	NIL3948	C&R	NIW525	VIC	NJV995	B&W
NEZ9263	GBU	NH10LSH	NHC	NIL3949	DVR	NIW1312	A&P	NJZ3359	STE
NEZ9264	GBU	NH10MSH	NHC	NIL3950	WIP	NIW1422	VIC	NJZ3363	STE
NEZ9265	GBU	NH10NSH	NHC	NIL3956	AWD	NIW1639	RED	NJZ4124	SGD
NEZ9266	GBU	NH10OSH	NHC	NIL4161	CRI	NIW1676	JBG	NJZ9086	K&J
NEZ9267	GBU	NH10PSH	NHC	NIL4842	THO	NIW1951	VIC	NJZ9182	K&J
NEZ9268	GBU	NH10RSH	NHC	NIL4979	TEL	NIW2320	NBM	NK02EXB	DEV
NEZ9269	GBU	NH10SSH	NHC	NIL4980	EXP	NIW2322	NBM	NK02EZA	TIG
NEZ9270	GBU	NHG541	SOM	NIL4981	BAD	NIW2531	VIC	NK03XJA	SNOE
NEZ9271	GBU	NHG550	EAR	NIL4982	BAD	NIW3927	CTR	NK03XJB	SNOE
NEZ9272	GBU	NHG551	EAR	NIL4983	BAD	NIW4122	GOD	NK03XJC	SNOE
NEZ9273	GBU	NHJ714	CKC	NIL4984	SWC	NIW4810	MUL	NK03XJD	SNOE
NEZ9274	GBU	NHM465X	ZBG	NIL4986	BAD	NIW5983	EST	NK03XJE	SNOE
NEZ9275	GBU	NHN193	EDT	NIL4997	ZCL	NIW6489	CTE	NK03XJF	SNOE
NEZ9431	FSR	NIA8450	LEW	NIL5381	BAD	NIW6503	SOT	NK03XJG	SNOE
NEZ9506	WTR	NIA8778	LEW	NIL5382	BAD	NIW6712	VIC	NK03XJH	SNOE
NEZ9533	ZAS	NIA9896	LEW	NIL5383	ROI	NIW8290	HKW	NK03XJJ	SNOE
NFM46	B&W	NIB2280	ROI	NIL5651	LTL	NIW8794	GIR	NK03XJL	SNOE
NFX136P	TAL	NIB2796	ESB	NIL5652	DAC	NIW8920	AAM	NK03XJM	SNOE
NFX446P	AVC	NIB4138	BBD	NIL5673	AUD	NJ03HLP	SOA	NK03XJN	SNOE
NFX667	WK	NIB4162	MOC	NIL5675	DOW	NJ04SDV	WAS	NK03XJP	SNOE
NG05YXH	VIP	NIB4891	KYC	NIL5906	ROR	NJ04SUA	FAR	NK03XJT	SNOE
NG52VVW	CYM	NIB4968	COL	NIL5908	LJL	NJ07LRV	HEB	NK03XJU	SNOE
NG2414	RAM	NIB5232	K&J	NIL6108	MSH	NJ08BHW	ORD	NK03XJV	SNOE
NGH456	PWW	NIB5233	SREN	NIL6144	CMD	NJ08CRX	SNOE	NK03XJW	SNOE
NGL371	MIM	NIB5595	BAS	NIL6145	CMD	NJ08CRZ	SNOE	NK03XJX	SNOE
NGM168G	JBT	NIB6064	ATI	NIL6339	ROB	NJ08CSF	SNOE	NK03XJY	SNOE
NH04BCH	NHC	NIB6535	ESB	NIL6340	ROB	NJ08CSO	SNOE	NK03XJZ	SNOE
NH04CCH	NHC	NIB7615	DEC	NIL6343	EST	NJ08CSU	SNOE	NK03XKA	SNOE
NH04DCH	NHC	NIB8179	AUD	NIL6344	EST	NJ08CSV	SNOE	NK03XKB	SNOE
NH04ECH	NHC	NIB8272	AUD	NIL6345	KEA	NJ08CSX	SNOE	NK03XKC	SNOE
NH04FCH	NHC	NIB8657	BAK	NIL6482	GRN	NJ08CSY	SNOE	NK04FOP	GON
NH04GCH	NHC	NIJ6060	66C	NIL6486	RNC	NJ08CSZ	SNOE	NK04FOT	GON
NH04HCH	NHC	NIL4989	AYC	NIL6560	TAR	NJ08CTE	SNOE	NK04FOU	GON
NH04JCH	NHC	NIL5905	CRN	NIL7042	SUM	NJ08CTF	SNOE	NK04FOV	GON

Reg	Op	Reg	Op	Reg	Op	Reg	Op	Reg	Op
NK04FPA	GON	NK05GXH	ANE	NK07HBN	SNOE	NK09EBU	SNOE	NK09FVH	GON
NK04FPC	GON	NK05GXJ	ANE	NK07KPG	GON	NK09EBV	SNOE	NK09FVJ	GON
NK04FPD	GON	NK05GXK	ANE	NK07KPJ	GON	NK09EBX	SNOE	NK09FVL	GON
NK04FPE	GON	NK05GXM	ANE	NK07KPL	GON	NK09EDR	SNOE	NK09FVR	ANE
NK04HBP	NIG	NK05GXN	ANE	NK07KPN	GON	NK09EGU	SNOE	NK10CEJ	ANE
NK04KZT	SNOE	NK05GXO	ANE	NK07KPO	GON	NK09EGV	SNOE	NK10CEN	ANE
NK04KZU	SNOE	NK05GZO	GON	NK07KPP	GON	NK09EGX	SNOE	NK10CEO	ANE
NK04KZV	SNOE	NK05GZP	GON	NK07KPR	GON	NK09EGY	SNOE	NK10CEU	ANE
NK04KZW	SNOE	NK05GZR	GON	NK07KPT	GON	NK09EJD	ANE	NK10CEV	ANE
NK04KZX	SNOE	NK05JXE	SNOE	NK07KPU	GON	NK09EJE	ANE	NK10CEX	ANE
NK04KZY	SNOE	NK05JXF	SNOE	NK07YEB	WRB	NK09EJF	ANE	NK10CEY	ANE
NK04KZZ	SNOE	NK05JXG	SNOE	NK07YEC	GEH	NK09EJG	ANE	NK10CFA	ANE
NK04LBA	SNOE	NK05JXH	SNOE	NK07YFT	WST	NK09EJJ	ANE	NK10CFD	ANE
NK04LBE	SNOE	NK05JXJ	SNOE	NK07YFV	GSR	NK09EJL	ANE	NK10CFE	ANE
NK04NPE	SNOE	NK05KGF	CTM	NK08CFP	GON	NK09EJV	ANE	NK10CFF	ANE
NK04NPF	SNOE	NK05OFM	SNOE	NK08CFU	GON	NK09EJX	ANE	NK10CFG	ANE
NK04NPJ	SNOE	NK05PXH	SNOE	NK08CFV	GON	NK09EJY	ANE	NK10CFJ	ANE
NK04NPN	SNOE	NK05PXJ	SNOE	NK08CFX	GON	NK09EJZ	ANE	NK10CFL	ANE
NK04NPP	SNOE	NK05PXL	SNOE	NK08CFZ	GON	NK09EKA	ANE	NK10CFM	ANE
NK04NPU	SNOE	NK05PXM	SNOE	NK08CGE	GON	NK09EKB	ANE	NK10CFN	ANE
NK04NPV	SNOE	NK05RWL	SNOE	NK08CGF	GON	NK09EKC	ANE	NK10CFO	ANE
NK04NPX	SNOE	NK05RWN	SNOE	NK08CGG	GON	NK09EKD	ANE	NK10CFP	ANE
NK04NPY	SNOE	NK05RWO	SNOE	NK08CGO	GON	NK09EPP	SNOE	NK10CFU	ANE
NK04NPZ	SNOE	NK05RWU	SNOE	NK08CGU	GON	NK09EPU	SNOE	NK10CFV	ANE
NK04NRE	SNOE	NK06FKF	BBU	NK08CGV	GON	NK09EPV	SNOE	NK10CFX	ANE
NK04NRF	SNOE	NK06JXB	GON	NK08CGX	GON	NK09FKR	SOO	NK10CFY	ANE
NK04UTJ	THD	NK06JXC	GON	NK08CGY	GON	NK09FLL	SNOE	NK10CFZ	ANE
NK04UTL	THD	NK06JXD	GON	NK08CGZ	GON	NK09FLM	SNOE	NK10CGE	ANE
NK04VMD	CSC	NK06JXE	GON	NK08CHC	GON	NK09FLN	SNOE	NK10CGF	ANE
NK04ZKY	GON	NK06LUP	SNOE	NK08CHD	GON	NK09FLP	SNOE	NK10CGG	ANE
NK04ZKZ	GON	NK06LUR	SNOE	NK08CHF	GON	NK09FLR	SNOE	NK10CGO	ANE
NK04ZLE	GON	NK06LUT	SNOE	NK08CHG	GON	NK09FLV	SNOE	NK10CGU	ANE
NK04ZNC	GON	NK06LUW	SNOE	NK08CHH	GON	NK09FLW	SNOE	NK10GNY	GON
NK04ZND	GON	NK06LUY	SNOE	NK08CHJ	GON	NK09FLX	SNOE	NK10GNZ	GON
NK04ZNE	GON	NK06LUZ	SNOE	NK08CHL	GON	NK09FLZ	SNOE	NK10GOA	GON
NK05GVX	ANE	NK07FZC	ANE	NK08CHN	GON	NK09FMA	SNOE	NK10GOC	GON
NK05GVY	ANE	NK07FZD	ANE	NK08CHO	GON	NK09FMC	SNOE	NK10GOE	GON
NK05GVZ	ANE	NK07FZE	ANE	NK08CHV	GON	NK09FMD	SNOE	NK10GOH	GON
NK05GWA	ANE	NK07FZF	ANE	NK08CHX	GON	NK09FME	SNOE	NK10GOJ	GON
NK05GWC	ANE	NK07FZG	ANE	NK08CHY	GON	NK09FMF	SNOE	NK10GOP	GON
NK05GWD	ANE	NK07GJO	GON	NK08MXY	GON	NK09FMG	SNOE	NK10GOU	GON
NK05GWE	ANE	NK07GZV	SNOE	NK08MXZ	GON	NK09FMY	ANE	NK51MJU	GON
NK05GWF	ANE	NK07GZW	SNOE	NK08MYA	GON	NK09FNA	ANE	NK51MJV	GON
NK05GWG	ANE	NK07GZX	SNOE	NK08MYB	GON	NK09FNC	ANE	NK51MJX	GON
NK05GWJ	ANE	NK07GZY	SNOE	NK08MYC	GON	NK09FND	ANE	NK51MJY	GON
NK05GWM	ANE	NK07GZZ	SNOE	NK08MYD	GON	NK09FNE	ANE	NK51MKA	GON
NK05GWN	ANE	NK07HAA	SNOE	NK08MYF	GON	NK09FNF	ANE	NK51MKC	GON
NK05GWO	ANE	NK07HAE	SNOE	NK08MYG	GON	NK09FNG	ANE	NK51MKD	GON
NK05GWU	ANE	NK07HAO	SNOE	NK08MZV	GON	NK09FUP	GON	NK51MKE	GON
NK05GWV	ANE	NK07HAU	SNOE	NK08MZW	GON	NK09FUT	GON	NK51MKF	GON
NK05GWW	ANE	NK07HAX	SNOE	NK09BPF	ANE	NK09FUU	GON	NK51MKG	GON
NK05GWX	ANE	NK07HBA	SNOE	NK09BPO	ANE	NK09FUV	GON	NK51MKJ	GON
NK05GWY	ANE	NK07HBB	SNOE	NK09BPU	ANE	NK09FUW	GON	NK51MKL	GON
NK05GWZ	ANE	NK07HBC	SNOE	NK09BPV	ANE	NK09FUY	GON	NK51MKM	GON
NK05GXA	ANE	NK07HBD	SNOE	NK09BPX	ANE	NK09FVA	GON	NK51MKN	GON
NK05GXB	ANE	NK07HBE	SNOE	NK09BPY	ANE	NK09FVB	GON	NK51MKO	GON
NK05GXC	ANE	NK07HBF	SNOE	NK09BPZ	ANE	NK09FVC	GON	NK51MKP	GON
NK05GXD	ANE	NK07HBG	SNOE	NK09BRF	ANE	NK09FVD	GON	NK51OKW	GON
NK05GXE	ANE	NK07HBH	SNOE	NK09BRV	ANE	NK09FVE	GON	NK51OKX	GON
NK05GXF	ANE	NK07HBJ	SNOE	NK09BRX	ANE	NK09FVF	GON	NK51OLB	GON
NK05GXG	ANE	NK07HBL	SNOE	NK09BRZ	ANE	NK09FVG	GON	NK51OLC	GON

NK51OLE GON	NK53TLN GON	NK54NUM GON	NK56EPP SNOE	NK57DWE SNOE
NK51OLG GON	NK53TLO GON	NK54NUO GON	NK56EPU SNOE	NK57DWF SNOE
NK51OLH GON	NK53TLU GON	NK54NUP GON	NK56FCA SNOE	NK57DWG SNOE
NK51OLJ GON	NK53TLV GON	NK54NUU GON	NK56FFH SNOE	NK57DWJ SNOE
NK51OLM GON	NK53TLX GON	NK54NUV GON	NK56FFJ SNOE	NK57DWL SNOE
NK51OLN GON	NK53TLY GON	NK54NUW GON	NK56FFL SNOE	NK57DWM SNOE
NK51OLO GON	NK53TMO GON	NK54NUX GON	NK56FFM SNOE	NK57DWN SNOE
NK51OLP GON	NK53TMU GON	NK54NUY GON	NK56FFN SNOE	NK57DWO SNOE
NK51OLR GON	NK53TMV GON	NK54NVA GON	NK56FFO SNOE	NK57DWP SNOE
NK51OLT GON	NK53TMX GON	NK54NVB GON	NK56FFP SNOE	NK57DWV SNOE
NK51OLU GON	NK53TMY GON	NK54NVC GON	NK56FFR SNOE	NK57DWW SNOE
NK51OLV GON	NK53TMZ GON	NK54NVD GON	NK56HGO PRC	NK57DWX SNOE
NK51ORL BEW	NK53UNT GON	NK54NVE GON	NK56HKV ANE	NK57DWY SNOE
NK51UCN GON	NK53UNU GON	NK54NVF GON	NK56HKW ANE	NK57DWZ SNOE
NK51UCO GON	NK53UNV GON	NK54NVG GON	NK56KHB GON	NK57DXA SNOE
NK51UCP GON	NK53UNW GON	NK54NVH GON	NK56KHC GON	NK57DXB SNOE
NK51UCR GON	NK53UNX GON	NK54NVJ GON	NK56KHD GON	NK57DXC SNOE
NK51UCS GON	NK53UNY GON	NK54NVL GON	NK56KHE GON	NK57DXD SNOE
NK51UCT GON	NK53UNZ GON	NK54NVM GON	NK56KHF GON	NK57DXE SNOE
NK51UCU GON	NK53UOA GON	NK54NVN GON	NK56KHG GON	NK57DXF SNOE
NK51ZSR ALF	NK53UOB GON	NK54NVO GON	NK56KHH GON	NK57DXX ANE
NK51ZST FIL	NK53UOC GON	NK54NVP GON	NK56KHJ GON	NK57DXY ANE
NK51ZSU TGM	NK53VKA ANE	NK54NVT GON	NK56KHL GON	NK57DXZ ANE
NK53HHX ANE	NK54BFE SNOE	NK54NVU GON	NK56KHM GON	NK57DYA ANE
NK53HHY ANE	NK54BFF SNOE	NK54NVV GON	NK56KHO GON	NK57EUH SNOE
NK53HHZ ANE	NK54BFJ SNOE	NK54NVW GON	NK56KHP GON	NK57EUJ SNOE
NK53HJA ANE	NK54BFL SNOE	NK54NVX GON	NK56KHR GON	NK57GWX ANE
NK53KDZ SNOE	NK54BFM SNOE	NK54NVY GON	NK56KHT GON	NK57GWY ANE
NK53KEJ SNOE	NK54BFN SNOE	NK54NVZ GON	NK56KHU GON	NK57GWZ ANE
NK53KEU SNOE	NK54BFO SNOE	NK54NWA GON	NK56KHV GON	NK57GXA ANE
NK53KFA SNOE	NK54BFP SNOE	NK54NWB GON	NK56KHW GON	NK57GXB ANE
NK53KFC SNOE	NK54BFU SNOE	NK54PHV GON	NK56KHX GON	NK57GXC ANE
NK53KFD SNOE	NK54BFV SNOE	NK55AHZ SNOE	NK56KHY GON	NK57GXD ANE
NK53KFE SNOE	NK54BFX SNOE	NK55AJO SNOE	NK56KHZ GON	NK57GXE ANE
NK53KFF SNOE	NK54BFY SNOE	NK55AJU SNOE	NK56KJA GON	NK57GXF ANE
NK53KFG SNOE	NK54BFZ SNOE	NK55AJV SNOE	NK56KJE GON	NK58AET SNOE
NK53KFJ SNOE	NK54BGE SNOE	NK55AJX SNOE	NK56KJF GON	NK58AEU SNOE
NK53KFL SNOE	NK54BGF SNOE	NK55AJY SNOE	NK56KJJ GON	NK58AEV SNOE
NK53KFN SNOE	NK54BGO SNOE	NK55AKF SNOE	NK56KJN GON	NK58AEW SNOE
NK53KFO SNOE	NK54BGU SNOE	NK55AKG SNOE	NK56KJO GON	NK58AEX SNOE
NK53KFP SNOE	NK54BGV SNOE	NK55EHT SCM	NK56KJU GON	NK58AEY SNOE
NK53KFR SNOE	NK54BGX SNOE	NK55FNF GVW	NK56KJV GON	NK58AEZ SNOE
NK53KFT SNOE	NK54BGY SNOE	NK55KBU REA	NK56KJX GON	NK58AFA SNOE
NK53KFU SNOE	NK54BGZ SNOE	NK55MYR ANE	NK56KJY GON	NK58AFE SNOE
NK53KFV SNOE	NK54BHA SNOE	NK55MYS ANE	NK56KJZ GON	NK58AFF SNOE
NK53KFW SNOE	NK54DEU W&D	NK55MYT ANE	NK56KKA GON	NK58AFJ SNOE
NK53KGJ STP	NK54DFA W&D	NK55OLG GON	NK56KKB GON	NK58AFO SNOE
NK53TJV GON	NK54DFC W&D	NK55OLH GON	NK56KKC GON	NK58AFU SNOE
NK53TKD GON	NK54DFD W&D	NK55OLJ GON	NK56KKE GON	NK58AFV SNOE
NK53TKE GON	NK54NKT GON	NK55OLM GON	NK56KKF GON	NK58AFX SNOE
NK53TKF GON	NK54NKU GON	NK55OLN GON	NK56KKG GON	NK58AFY SNOE
NK53TKJ GON	NK54NKW GON	NK55RUV GON	NK56KKH GON	NK58AFZ SNOE
NK53TKN GON	NK54NKX GON	NK55RUW GON	NK56KKJ GON	NK58AGO SNOE
NK53TKO GON	NK54NKZ GON	NK56EPA SNOE	NK56KKL GON	NK58AGU SNOE
NK53TKT GON	NK54NLC GON	NK56EPC SNOE	NK56NPC G&M	NK58AGV SNOE
NK53TKU GON	NK54NLD GON	NK56EPD SNOE	NK57DVW SNOE	NK58AGX SNOE
NK53TKV GON	NK54NTX GON	NK56EPE SNOE	NK57DVX SNOE	NK58AGY SNOE
NK53TKX GON	NK54NTY GON	NK56EPF SNOE	NK57DVY SNOE	NK58AGZ SNOE
NK53TKY GON	NK54NUA GON	NK56EPJ SNOE	NK57DVZ SNOE	NK58AHA SNOE
NK53TKZ GON	NK54NUB GON	NK56EPL SNOE	NK57DWA SNOE	NK58AHD SNOE
NK53TLF GON	NK54NUH GON	NK56EPN SNOE	NK57DWC SNOE	NK58AJV SNOE
NK53TLJ GON	NK54NUJ GON	NK56EPO SNOE	NK57DWD SNOE	NK58DVW GON

NK58DVX GON	NKZ3535 BBU	NOA439X SEMS	NUI1588 TAR	NV02CCO PTC	
NK58DVY GON	NKZ4023 THU	NOA443X MTL	NUI1599 TAR	NV05NTM RCN	
NK58DVZ GON	NKZ8970 C&S	NOA444X ELR	NUI2382 BBS	NV51YFJ CRN	
NK58DWA GON	NL02VFS TAT	NOA448X ELR	NUI2416 HEB	NV51YFT ZCE	
NK58DWC GON	NL02VFT TAT	NOA450X ELR	NUI2418 TVM	NV53YVC PRO	
NK58DWD GON	NL02ZRX GON	NOA451X ACT	NUI2420 CHE	NV53YVE CRN	
NK58DWE GON	NL03WRD BBE	NOA461X ELR	NUI2424 AUD	NV56MGY ASM	
NK58EBZ SNOE	NL03WRG TIG	NOA466X GHW	NUI2572 HEB	NV56WVH DEV	
NK58FMO SNOE	NL04PKZ OFJ	NOC598R HCO	NUI3217 EDW	NX03AEK CRN	
NK58FMP SNOE	NL04RBF OFJ	NPT672M ROB	NUI4154 PHI	NX03ANF PRO	
NK58FMU SNOE	NL52WVM GON	NR54HCR HAR	NUI4181 JEF	NX04CTV K&J	
NK58FMV SNOE	NL52WVN GON	NRY22W SPR	NUI4223 MLC	NX04FWV CRN	
NK58FMX SNOE	NL52WVO GON	NS07PBS BUD	NUI5125 EUS	NX04MCL ACM	
NK58FMY SNOE	NL52WVP GON	NSK919 HCC	NUI5162 EUS	NX04ZKJ CTC	
NK58FMZ SNOE	NL52WVR GON	NSK920 HCC	NUI5240 SBD	NX07BOU CRN	
NK58FNA SNOE	NL52WVS GON	NSK921 HCC	NUI5241 A&H	NX07DAO FNW	
NK58FNC SNOE	NL52WVT GON	NSU132 BBD	NUI5242 A&H	NX07DAU FNW	
NK58FND SNOE	NL52WVU GON	NSU133 STAY	NUI5243 A&H	NX10AAF PRO	
NK58FNE SNOE	NL52WVV GON	NSU137 EST	NUI5244 A&H	NX10AAJ PRO	
NK58FNF SNOE	NL52WVW GON	NSU205 MDC	NUI5271 RHT	NX10CCA PRO	
NK58FNG SNOE	NL52WVX GON	NSU462 CTM	NUI5273 A&H	NX51GVU WCO	
NK58FNH SNOE	NL52XZV ZCO	NSU572 FCL	NUI5274 A&H	NX53DVY PER	
NK58FNJ SNOE	NL52XZW ZCO	NSU611 PRO	NUI5275 A&H	NX54AAK PEW	
NK58FNM SNOE	NL58ZZK ORD	NSU969 TYC	NUI6001 PDB	NX54UVC ASS	
NK58FNN SNOE	NLE60 RHC	NSU990 ZCW	NUI6002 PDB	NX55FFO BLV	
NK59BMZ SNOE	NLE882 ENS	NSU991 ZCW	NUI6003 PDB	NX55FFR SBA	
NK59BNA SNOE	NLG946C MRS	NSV224 STU	NUI6046 GIC	NX55FFS SBA	
NK59BNB SNOE	NLH288 COS	NSV324 SIL	NUI6102 PCO	NX56EBJ AMV	
NK59BND SNOE	NLP60V MVN	NSV369 JSS	NUI6119 VTE	NX56RSO RCN	
NK59BNE SNOE	NLZ116 SHA	NSV370 JSS	NUI6121 DUD	NX58TZP RCN	
NK59BNF SNOE	NLZ708 SHA	NSV373 JSS	NUI6122 TEV	NX59BYC CRN	
NK59BNJ SNOE	NLZ1681 GRB	NSV621 NXD	NUI6172 SBB	NXI536 GRI	
NK59BNL SNOE	NLZ1692 UNI	NSV622 NXD	NUI6173 SBB	NXI608 GHW	
NK59BNN SNOE	NLZ1718 OMK	NSV894 BTS	NUI6174 SBB	NXI812 RRT	
NK59BNO SNOE	NLZ1807 MKT	NT05CJT TUR	NUI6664 FCT	NXI813 ETC	
NK59BNU SNOE	NLZ1822 BLE	NT05MXL WMC	NUI6784 BOS	NXI1183 GBU	
NK59BNV SNOE	NM02AUJ ABO	NT05MYD BUD	NUI6833 HIG	NXI1184 GBU	
NK59BNX SNOE	NM02STX PCB	NT07AOY WED	NUI7645 SKC	NXI1610 ZCW	
NK59BNY SNOE	NM02DYA ASN	NTC142Y FWE	NUI7670 VIL	NXI4223 BCB	
NK59DLO ANE	NM07EDE RNC	NTC640M ESB	NUI7693 VIL	NXI4235 LSW	
NK59DLU ANE	NML604E GAL	NTF9 TED	NUI7694 VIL	NXI4238 GBU	
NK59DLV ANE	NML607E SNW	NTL655 FHD	NUI7726 JEF	NXI4241 K&J	
NK59DLX ANE	NML623E FEC	NTL939 SLE	NUI7736 RSV	NXI4249 LSW	
NK59DLY ANE	NML641E SEMS	NU02MHA RKT	NUI8635 ZAM	NXI4616 LID	
NK59DLZ ANE	NML657E SWES	NU02UZG ING	NUI8671 EVL	NXI4619 STW	
NK59DME ANE	NMW329X WVY	NU03VWA GMC	NUI8672 EVL	NXI4625 LSW	
NK59DMF ANE	NMX643 MOC	NU52KHP KJB	NUI8953 BRC	NXI4626 LSW	
NK59DMO ANE	NMY631E LBP	NU52KKP HLC	NUI9050 BKB	NXI4634 LSW	
NK59DMU ANE	NMY632E IMP	NU52KKR ZEO	NUW552Y NUV	NXI5358 W&D	
NK59DMV ANE	NMY634E LOT	NU52KKZ WCO	NUW557Y S&D	NXI6828 HBL	
NK59DMX ANE	NMY646E ZCU	NU52PWE PRY	NUW563Y TRH	NXI6842 BLS	
NK59DMY ANE	NMY648E WGH	NU52PXH VIP	NUW585Y NUV	NXI6856 GML	
NK59DMZ ANE	NNC854P QMS	NU55UBK ASM	NUW592Y NUV	NXI6861 GML	
NK59DND ANE	NNF922 HCC	NUB93V QMS	NUW595Y NUV	NXI9004 MDO	
NK59DNE ANE	NNJ369 PLT	NUF276 GIR	NUW608Y MAS	NXP775 ENS	
NK59DNF ANE	NNN9P QMS	NUH262X HOP	NUW638Y POY	NXX451 SREN	
NK59DNJ ANE	NNW110P NCH	NUI1247 MCO	NUW640Y TRH	NY03KWR SMS	
NK59DNN ANE	NNZ4387 CHC	NUI1575 ALE	NUW649Y A&P	NY03PUV KLI	
NKJ785 APL	NNZ4388 CHC	NUI1576 CEL	NUW657Y TOW	NY05KKP CHP	
NKU962X CRI	NNZ4402 CHC	NUI1580 A&H	NUW661Y A&P	NYA230Y ZFG	
NKY161 GOD	NOA436X ELR	NUI1582 FIT	NUW668Y WKB	NYH161Y EMS	
NKZ2490 JEF	NOA437X ELR	NUI1585 ALE	NUW671Y WKB		

OA02OXF	OBC	ODZ8919	FMR	OEZ7286	GBU	OHV747Y	SUL	OJI4672	BAS
OA02RKA	GUM	ODZ8921	FMR	OEZ7287	GBU	OHV766Y	TRH	OJI4754	BEL
OA03ELL	ELS	ODZ8922	FMR	OEZ7288	GBU	OHV798Y	TRH	OJI4755	BEL
OA05RKA	SWSC	ODZ8923	FMR	OEZ7289	GBU	OHV800Y	FIS	OJI5506	BRW
OAE954M	ABF	ODZ8924	FMR	OEZ7290	GBU	OHY938	CCB	OJI5604	ROC
OAM896	2WT	OE02OXF	OBC	OEZ7291	GBU	OIA419	PRO	OJI7161	LID
OAY294	CPE	OE02WAU	DAR	OEZ7292	GBU	OIA773	FEL	OJI9451	MCE
OAZ1372	MCL	OED201	MOC	OEZ7293	GBU	OIB2020	OCT	OJI9475	ABI
OAZ6060	66C	OEL232P	W&D	OEZ7294	GBU	OIB2917	JBT	OJU106	PWW
OAZ9372	SLA	OEZ2159	WTR	OEZ7295	GBU	OIB3513	AMR	OJZ1836	K&J
OB02ELL	ELS	OEZ7221	GBU	OEZ7296	GBU	OIB3514	AMR	OJZ7021	BEW
OB02OXF	OBC	OEZ7222	GBU	OEZ7297	GBU	OIB3515	RCN	OJZ7022	ZEW
OB07ANT	ANT	OEZ7223	GBU	OEZ7298	GBU	OIB3516	RCN	OJZ7136	TVM
OBA695	BRW	OEZ7224	GBU	OEZ7299	GBU	OIB3517	ZCE	OJZ9722	J&B
OBF706	MTC	OEZ7225	GBU	OEZ7300	GBU	OIB3519	SPA	OK02AOL	ALE
OBR297	HEC	OEZ7226	GBU	OEZ7301	GBU	OIB3520	MTC	OK04STX	STX
OBR772T	ORJ	OEZ7227	GBU	OEZ7302	GBU	OIB3523	CVP	OK06AOL	ALE
OBV165X	BCH	OEZ7228	GBU	OEZ7303	GBU	OIB3538	WTL	OK08ULM	TAL
OBX51	APE	OEZ7229	GBU	OEZ7304	GBU	OIB5050	OCT	OK51BUZ	VTE
OBX453Y	ZEW	OEZ7230	GBU	OEZ7305	GBU	OIB6810	ROI	OK53AOL	ALE
OBZ2241	STU	OEZ7231	GBU	OEZ7306	GBU	OIB7631	EST	OK54AOL	ALE
OBZ4293	JGB	OEZ7232	GBU	OEZ7307	GBU	OIB7915	EST	OKP980	THR
OC02OXF	OBC	OEZ7233	GBU	OEZ7308	GBU	OIJ721	RSL	OKY57R	BRO
OCC765	BYL	OEZ7234	GBU	OEZ7309	GBU	OIJ883	LMC	OKY822X	GSF
OCK366K	CBS	OEZ7235	GBU	OEZ7310	GBU	OIL2233	DOF	OKZ4787	PRC
OCW9X	TWH	OEZ7236	GBU	OEZ8411	BBU	OIL2416	ELR	OKZ6252	STW
OCZ8001	EBC	OEZ7237	GBU	OF02OXF	OBC	OIL2479	FYC	OKZ7928	SHA
OCZ8003	LON	OEZ7238	GBU	OF03OFO	ROY	OIL2946	HCO	OKZ8521	PRC
OCZ8829	BCB	OEZ7239	GBU	OF10OXF	OBC	OIL3046	PRO	OKZ8549	PRC
OCZ8830	BCB	OEZ7240	GBU	OF56OXF	OBC	OIL3924	P&E	OKZ9847	WTR
OCZ8831	BCB	OEZ7241	GBU	OFA990	BBD	OIL4201	GRE	OLD564	S&D
OCZ8832	BCB	OEZ7242	GBU	OFE486	SLE	OIL4570	RVY	OLD587	LBP
OCZ8833	BCB	OEZ7243	GBU	OFJ870	IVD	OIL5079	MCL	OLG7	MRS
OCZ8834	BCB	OEZ7244	GBU	OFS668Y	SGD	OIL5264	PYG	OLJ845	HIL
OCZ8835	BCB	OEZ7245	GBU	OFS670Y	GAM	OIL5265	MDO	OLS539P	WLC
OCZ8836	BCB	OEZ7246	GBU	OFS676Y	MLI	OIL 5268	ZBM	OLW503	WHE
OCZ8837	BCB	OEZ7247	GBU	OFS677Y	ZAE	OIL5315	DEV	OLY54P	OLA
OCZ9770	EUS	OEZ7248	GBU	OFS682Y	POW	OIL5706	WBR	OLY56P	OLA
OD02OXF	OBC	OEZ7249	GBU	OFS684Y	BLT	OIL6205	MIL	OLY59P	OLA
ODF561	PUH	OEZ7250	GBU	OFS686Y	MAT	OIL9262	SGD	OLZ3364	EUR
ODL438M	DGB	OEZ7251	GBU	OFS687Y	MAT	OIW7113	ELR	OLZ3934	K&J
ODL447	SVE	OEZ7252	GBU	OFS688Y	GRN	OIW1461	AON	OLZ4074	MKT
ODL661R	JBT	OEZ7253	GBU	OFS695Y	GRN	OIW1619	BFS	OLZ5412	MUL
ODL662R	JBT	OEZ7254	GBU	OFS700Y	JJT	OIW1660	RVC	OLZ5414	CET
ODL663R	JBT	OEZ7255	GBU	OFS702Y	RLI	OIW5036	CCW	OLZ6062	EUR
ODL664R	JBT	OEZ7256	GBU	OFS911M	WKB	OIW5798	SOT	OLZ9212	TTO
ODL678	SVS	OEZ7257	GBU	OFV14X	SRK	OIW5807	ROT	ONH926V	AVC
ODN348	K&J	OEZ7258	GBU	OFV20X	CHR	OIW6799	DAL	ONL23	ZEZ
ODO798	FOW	OEZ7259	GBU	OFV21X	MCC	OIW7023	LOW	ONL122	JOB
ODR29	ELL	OEZ7260	GBU	OFV22X	SRK	OIW7025	SWSC	ONR90R	ALE
ODV203W	PDB	OEZ7276	GBU	OFV620X	JFS	OIW7026	ELC	ONR314	PWW
ODW459	ALX	OEZ7277	GBU	OGL849	CHD	OIW7115	NBM	ONU77	ELL
ODY395	RAM	OEZ7278	GBU	OGR625T	WED	OJB53	ELL	ONZ1128	KAD
ODY607	RAM	OEZ7279	GBU	OGU743W	ABI	OJC496	EMP	ONZ1167	AUD
ODZ8911	FMR	OEZ7280	GBU	OHF858S	ACH	OJD809Y	LBP	ONZ1168	AUD
ODZ8912	FMR	OEZ7281	GBU	OHH977G	IVG	OJI1875	W&D	ONZ1174	EXP
ODZ8913	FMR	OEZ7282	GBU	OHN373	BOW	OJI3907	CHH	OO02ELL	ELS
ODZ8914	FMR	OEZ7283	GBU	OHV688Y	WIA	OJI4367	EUT	OO03BOY	GOB
ODZ8915	FMR	OEZ7284	GBU	OHV711Y	SLE	OJI4371	CBS	OO03GAR	FCL
ODZ8918	FMR	OEZ7285	GBU	OHV739Y	BIG	OJI4627	BEL	OO03HCC	HCC

OO04BOY	GOB	OTW116K	KBY	OU10GFY	SOXF	OUC45R	EMS	OV52BUS	OVL
OO04FLX	FEL	OTW833	HWY	OU10GFZ	SOXF	OUH269X	SMS	OV59WJX	OFJ
OO04HCC	HCC	OU02BUW	BCS	OU10GGA	SOXF	OUI672	GOD	OV59WJY	OFJ
OO04MJS	CET	OU04FMV	TTR	OU10GGE	SOXF	OUI2298	HOW	OV59WJZ	OFJ
OO04MUL	MUL	OU04KMX	CHA	OU10GGF	SOXF	OUI2343	WAT	OV59WKA	OFJ
OO05BLU	BLU	OU04KMY	CHA	OU10GGJ	SOXF	OUI2344	MAJ	OV59WKB	OFJ
OO05BOY	GOB	OU05AVY	BAS	OU10GGK	SOXF	OUI2376	MID	OV59WKC	OFJ
OO05EVE	EVE	OU05AWJ	RSR	OU10GGO	SOXF	OUI3291	THA	OVS822	JEF
OO05FLX	FEL	OU05KKB	SAN	OU10GGP	SOXF	OUI3813	HEB	OVT253P	COP
OO5HCC	HCC	OU05KLA	SAN	OU10GGV	SOXF	OUI3834	KCH	OVV849R	CCB
OO05MLT	ZCE	OU07FKA	PCE	OU10GGX	SOXF	OUI3914	JEF	OW03FWK	ANB
OO05NES	HUY	OU07FKB	PCE	OU10GGY	SOXF	OUI3918	JEF	OW03FXG	NCC
OO05STX	STX	OU07FKD	PCE	OU10GGZ	SOXF	OUI3925	WTR	OW5371	TTC
OO06BAN	BAN	OU07FKE	PCE	OU10GHA	SOXF	OUI4678	TAW	OWB243	FDC
OO06BLU	BLU	OU07FKH	ZBR	OU10GHB	SOXF	OUI4679	TAW	OWE858R	JBT
OO06EVE	EVE	OU07FKJ	ZBR	OU10GHD	SOXF	OUI4680	TAW	OWG368X	PAR
OO06FTR	FYO	OU07HFR	PCE	OU10GHF	SOXF	OUI4681	TAW	OWG607X	JBT
OO06HAZ	CET	OU07JWD	HEY	OU10GHG	SOXF	OUI4682	TAW	OWJ782A	FSY
OO06HCC	HCC	OU08AYF	HEY	OU10GHH	SOXF	OUI4738	TAW	OWO37X	EDT
OO06STX	STX	OU08AYK	HEY	OU10GHJ	SOXF	OUI4773	LIN	OWO102X	FCA
OO07HCC	HCC	OU08EHO	ZBR	OU10GHK	SOXF	OUI4797	JEF	OWW618	SCK
OO08BOY	GOB	OU08EHP	ZBR	OU10GYH	SOXF	OUI5446	LIN	OWY197K	PMS
OO08HCC	HCC	OU08EKJ	PCE	OU10GYJ	SOXF	OUI5606	AIR	OX53CZN	WHT
OO08SMT	ZCR	OU08EKK	PCE	OU10GYK	SOXF	OUI6276	LIN	OXI413	SHIC
OO09PSW	PSW	OU08HGM	TTR	OU10GYN	SOXF	OUI6364	ESK	OXI459	SHIC
OO10BOY	GOB	OU08HGN	TTR	OU10GYO	SOXF	OUI6372	LIN	OXI483	MBC
OO51BOY	GOB	OU08HGO	TTR	OU51WLK	SOXF	OUI6374	FCL	OXI518	GBU
OO56EVE	EVE	OU09BZD	PCE	OU51WLL	SOXF	OUI6416	AQT	OXI523	GBU
OO57BOY	GOB	OU09BZM	SOXF	OU54PGZ	TTR	OUI6433	LIN	OXI525	AUT
OO58SMT	ZCR	OU09BZN	SOXF	OU55GUK	K&J	OUI7148	D&G	OXI626	MBC
OOB32X	APE	OU09BZO	SOXF	OU55WEC	EAL	OUI7651	BEC	OXI630	MBC
OOC884	PAT	OU09BZP	SOXF	OU57CWO	REC	OUI7695	CLK	OXI632	MBC
OPE613W	EMS	OU09BZR	SOXF	OU57FGV	TTR	OUI7882	ZEC	OXI725	MBC
OPL77W	BTL	OU09FMY	SOXF	OU57FGX	TTR	OUI8360	CUB	OXI726	MBC
OPR510W	AXV	OU09FMZ	SOXF	OU57FGZ	TTR	OUI8361	CUB	OXI1255	GBU
OPS742X	ALE	OU09FNA	SOXF	OU57FHA	TTR	OUI8418	CDS	OXI1260	GBU
OPV47	LBP	OU09FNC	SOXF	OU57FKB	TTR	OUI8894	TAW	OXI1261	BCB
ORJ91W	HMI	OU09FND	SOXF	OU58BNV	HAT	OUI8929	SCT	OXI1268	EAM
ORJ95W	JWC	OU09FNE	SOXF	OU58BNY	TJH	OUI8934	CAS	OXI1270	GBU
ORJ194W	GMY	OU09FNF	SOXF	OU58BOF	WCH	OUI8953	SCT	OXI1281	GBU
ORJ393W	KOA	OU09FNG	SOXF	OU58GKC	SOXF	OUI8977	LIN	OXI1285	GBU
ORJ395W	JJT	OU09FNH	SOXF	OU58GKD	SOXF	OUI9053	AOA	OXI1286	GBU
ORJ396W	JJT	OU09FNJ	SOXF	OU58GKE	SOXF	OUI9054	ESK	OXI1293	GBU
ORJ442	AMV	OU10BFZ	SOXF	OU58GKF	SOXF	OUI9095	KAD	OXI1294	EAM
ORY640	TDT	OU10BGE	SOXF	OU58GKK	SOXF	OUI9120	D&G	OXI1295	GBU
OS09OXF	OBC	OU10BGF	SOXF	OU58GKO	SOXF	OUI9143	MID	OXI1296	GBU
OSF305G	JBT	OU10BGK	SOXF	OU58GWP	R&R	OUI9631	CLC	OXI1298	GBU
OSJ1X	AUT	OU10BGO	SOXF	OU59AUO	SOXF	OUI9670	JOB	OXI 8862	GIR
OSJ614R	WLC	OU10BGV	SOXF	OU59AUR	SOXF	OUI9684	LEE	OXI8862	RVY
OSJ631R	WLC	OU10BGX	SOXF	OU59AUT	SOXF	OUI9978	LIN	OXK76	MOS
OSN857Y	MCD	OU10BGY	SOXF	OU59AUV	SOXF	OUI9979	LIN	OXK373	DOW
OSN872Y	HIL	OU10BGZ	SOXF	OU59AUW	SOXF	OUI9980	LIN	OY53RDU	OLY
OSU386	PRO	OU10BHA	SOXF	OU59AUX	SOXF	OUJ969	PWW	OY53RDV	NOG
OSU638	HUC	OU10BHD	SOXF	OU59AUY	SOXF	OUR610	PWW	OY53RDX	OLY
OSU895	CSC	OU10BHE	SOXF	OU59AVB	SOXF	OV51KAE	SOXF	OY53RDZ	NOG
OSV517	C&G	OU10GFE	SOXF	OU59AVC	SOXF	OV51KAJ	SOXF	OY53REF	OLY
OSV519	OLA	OU10GFF	SOXF	OU59AVD	SOXF	OV51KAK	SOXF	OY53RFF	NOG
OSV677	THA	OU10GFJ	SOXF	OU59AVE	SOXF	OV51KAO	SOXF	OY56DXD	R&R
OT55CJT	TUR	OU10GFK	SOXF	OU59BVO	PCE	OV51OOA	GEH	OYD693	C&S
OTC950	CHE	OU10GFO	SOXF	OU59BVP	PCE	OV51OOB	GEH	OYM453A	ZCU
OTP932	HUG	OU10GFV	SOXF			OV51OOC	MCT	OYU807	RMY
OTP940	HUG	OU10GFX	SOXF						

P

Code	Val	Code	Val	Code	Val	Code	Val	Code	Val	Code	Val
P1FTG	CNT	P8FTG	CNT	P28KWA	TEL	P61MVU	ANW	P104OLX	HED		
P1GVT	GVE	P8OVA	SAZ	P28MLE	CBN	P61RWR	HPT	P105OLX	CBC		
P1JBT	JBT	P9FTG	CNT	P29HMF	SNOE	P63MKR	STO	P106MFS	FG		
P1MCT	MCM	P9MCT	MCM	P29MLE	CBN	P66BUS	IRB	P106OLX	CBC		
P1OXF	OBC	P9RYE	TOT	P30ANT	ANT	P66TCC	PCW	P107FRS	WA		
P2CAP	CRL	P9YET	HWD	P30BLU	CBC	P70AOL	ALE	P107MFS	FG		
P2EXL	BEC	P10ASM	FCA	P30SAS	MAN	P70MOS	TRC	P107OLX	CBC		
P2FTG	CNT	P10FTG	CNT	P31HMF	SEMS	P70SEL	VIS	P108DCW	SNW		
P2GHW	GHW	P10GPD	HKW	P31MLE	CBN	P71MOV	LUV	P108FRS	CF		
P2HWD	HWD	P10GWS	WGW	P31TTX	CRC	P73MRE	LID	P108HCH	RLI		
P2JPT	JPT	P258HDC	WEB	P31WRG	FSR	P74HMC	SCP	P108MFS	FG		
P2KLT	ABK	P10HDC	ORA	P31XUG	KCH	P77CCH	HBS	P109DCW	SNW		
P2OTL	QMS	P10LPG	AYO	P32MLE	CBN	P77SCS	SAN	P109FRS	WA		
P2POW	MDC	P10MCT	MCM	P32NVP	GET	P77TCC	PCW	P109MFS	FG		
P2RDJ	CRK	P100AH	LMC	P32XUY	GPT	P78OEW	SOA	P109WJO	SWT		
P2STX	STX	P10TCC	MCT	P33TCC	SAN	P79KJO	BBC	P110DCW	HKW		
P2UVG	FG	P10TLS	CBL	P34KWA	SAN	P80BMC	D&B	P110FRS	SWES		
P2WBC	EST	P11BSL	SCC	P35KWA	SAN	P80PSW	ZEP	P110GHE	KMM		
P2WGT	TRH	P11FTG	CNT	P35MLE	CBN	P81MOR	ARM	P111CNR	C&R		
P3CAP	CRL	P11JDT	JDT	P38JCR	EDW	P81VDL	WIG	P111PJC	EUT		
P3FTG	CNT	P11RVN	IRB	P38XCU	KCS	P82MOR	ARM	P112OJA	SNW		
P3GHA	GHA	P11YBC	BTS	P39JCR	EDW	P82VDL	WIG	P112RGS	QMS		
P3HAD	ZDC	P12BSL	CRG	P39VWU	BEC	P83VDL	WIG	P113COW	HKW		
P3HCL	HUL	P12SHB	BRN	P40BLU	CBC	P87BPL	WCM	P113DCW	SNW		
P3JBT	JBT	P13BLU	HTL	P40TGM	TVS	P87JYC	CMT	P113OJA	SNW		
P3KON	A&B	P14BLU	HTL	P41MLE	D&G	P87SAF	QMS	P113YSH	FG		
P3OBS	GTS	P14CLC	CRL	P41MVU	ANW	P87YEU	TAY	P114DCW	SNW		
P3RDJ	CRK	P15CLC	CRL	P41WRG	WBK	P88CCH	HBS	P115HCF	TVP		
P3TYR	RSR	P15PCC	PCO	P42MVU	ANW	P88GRN	GHA	P117JBU	ING		
P3UVG	FCA	P16CJT	TUR	P43MVU	ANW	P88LUE	BLI	P117NLW	FCY		
P4CLN	CLN	P17CCL	UKP	P43PNF	HTL	P88TCC	PCW	P118NLW	FNW		
P4CRC	CHA	P17FUG	HTL	P45APC	REL	P89JYC	CMT	P118XCN	BBD		
P4FTC	TAR	P17LJE	HAO	P45MVU	ANW	P90SAS	RGY	P119NLW	FNW		
P4FTG	CNT	P17PHO	PHO	P46MVU	ANW	P91VDW	NPT	P119RSF	TEL		
P4GHA	GHA	P18MRG	MJG	P49MVU	ANW	P92VDW	NPT	P119XCN	SWSC		
P4HCL	PAR	P19HMC	CMH	P50BLU	CBC	P93VDW	NPT	P120GSR	PLM		
P4VTC	LAV	P19HUW	GWN	P50ELY	AAR	P94DOE	W&D	P120HCH	STW		
P5ACL	ACH	P20BLU	SSH	P50HWD	HWD	P94VDW	NPT	P120KNO	GTR		
P5ALP	ALP	P20GRT	ALE	P50PSW	ZEP	P96GHE	RDL	P120NLW	FNW		
P5CLN	CLN	P20GSG	CCG	P51HOJ	CHL	P96TTX	BKS	P120UVT	ATB		
P5DMW	CHL	P20JLS	ABK	P51JJU	HPC	P97SDE	RBC	P120XCN	SNOE		
P5FTG	CNT	P20MST	ICS	P51WRG	WBK	P97TTX	ALX	P121GSR	GHA		
P5GHA	GHA	P20VHO	IND	P52MVU	ANW	P99CCH	COO	P121NLW	FNW		
P5HCR	HAR	P20WJC	WJC	P53HOJ	TVP	P99HMC	LTL	P121XCN	SNOE		
P5KTC	FRC	P21HMF	SNOE	P53MVU	ANW	P99TCC	GOD	P122DMS	VTC		
P5RTL	BCT	P21NBK	EUT	P54HOJ	MAM	P100DJD	FLM	P122KSL	NXD		
P6CAP	SHM	P22ACW	WIA	P54XBO	WA	P100JJH	SWE	P122NLW	FNW		
P6FTG	CNT	P22GSG	CCG	P55HMC	ACN	P100SDE	ETC	P122XCN	SNOE		
P6GPD	TVP	P22TCC	PCW	P55JBS	JBS	P100WCM	WCM	P123GHE	SLF		
P6KET	A&B	P23HMF	SEMS	P56ETO	TBB	P101HNH	PMS	P123HCH	SAQ		
P6SHB	BRN	P24HMF	SEMS	P56MKU	VAW	P101NDT	SYOR	P123KSL	TWM		
P6SNO	SNO	P25HMF	SEMS	P56MWU	ANW	P101OLX	AMP	P123NLW	FNW		
P6SYD	RVC	P25WTN	BJL	P56XBO	WA	P102HCH	RLI	P123XCN	SNOE		
P6WMS	WED	P26HMF	SNOE	P57XBO	WA	P102HNC	RKT	P124KSL	NXD		
P6WRS	MCT	P26RFS	ALE	P58MVU	ANW	P102MKK	NCO	P124NLW	FNW		
P7AOL	ALE	P27HMF	SNOE	P58NLU	CRK	P102OLX	AMP	P124RWR	MWM		
P7ARL	ARL	P27KOP	VCY	P58XBO	WA	P103HNH	TWH	P124TDL	WIG		
P7FTG	CNT	P27MLE	CBL	P59VTG	CCB	P103OLX	SUL	P124XCN	SNOE		
P8BRT	ATE	P28HMF	SNOE	P60PSW	WA	P104DOE	EXA	P125HCH	PTW		

Code	Reg	Code	Reg	Code	Reg	Code	Reg	Code	Reg
P125KSL	TWM	P139NLW	FCY	P157SMW	CBN	P175UAD	WTR	P185TGD	FEX
P125NLW	FNW	P139TDL	WIG	P157VSU	ATT	P175VUA	AYO	P185VUA	AYO
P125RWR	SVE	P140GND	ANW	P157XNW	M&C	P176ANR	VTC	P186LKJ	ATS
P125TDL	WIG	P140KSL	NXD	P158AJU	HAT	P176LKL	ASC	P186NAK	CAL
P125XCN	SNOE	P140NLW	FNW	P158ASA	WK	P176NAK	FHD	P186SRO	ATS
P126HCH	PTW	P140RBP	B&W	P158KWJ	SYOR	P176SRO	ATS	P186TGD	FEX
P126KSL	TWM	P140TDL	WIG	P158MLE	CBL	P176VUA	AYO	P186VUA	AYO
P128KSL	TWM	P141KSL	NXD	P158RFB	HFX	P177LKL	ASC	P187LKJ	ASC
P126NLW	FNW	P141NLW	FNW	P159ASA	SWSC	P177NAK	FHD	P187SRO	ATS
P126XCN	SNOE	P141TDL	WIG	P159FBC	BTT	P177SRO	ATS	P187TGD	FNO
P127FRS	NIC	P142NLW	FCY	P159KAK	EA	P177TGD	FBE	P187VUA	AYO
P127KSL	TWM	P142TDL	WIG	P159RWR	KTM	P177VDW	NPT	P188AJU	SAP
P127NLW	FNW	P143NLW	FCY	P159VHR	THA	P177VUA	AYO	P188LKJ	ASC
P127RWR	BRY	P144KOF	TWM	P160ASA	SWSC	P178FNF	FWT	P188SRO	ATS
P127XCN	SNW	P144NLR	BAW	P160KAK	EA	P178LKL	ASC	P188TGD	FEX
P128NLW	FNW	P144NLW	FCY	P160MLE	CBL	P178PRH	SEMS	P188UNS	FSY
P128RWR	BRY	P144RWR	MAS	P160VHR	THA	P178SRO	ATS	P188VUA	AYO
P128XCN	SNW	P145ETT	GMY	P161RWR	BUT	P178YFC	CVP	P189LKJ	ASC
P129KSL	TWM	P145KWJ	EA	P161VHR	THA	P179ANR	TRW	P189SRO	ATS
P129NLW	FSA	P145NLW	FCY	P162FBC	ZDD	P179FNF	DIC	P189TGD	FMR
P129RWR	BRY	P146KWJ	EA	P162RWR	WKN	P179LYB	FSA	P189UNS	FSY
P129XCN	SNW	P146NLW	FCY	P163RFL	ZCW	P179PRH	SEMS	P189VUA	AYO
P130KOT	AQT	P148ASA	SWSC	P163TNY	WA	P179SRO	ATS	P190LKJ	ASC
P130KSL	NXD	P148DVN	TVP	P165ANR	S&D	P179VUA	AYO	P190SGV	NOG
P130PPV	CBL	P148KWJ	SEMS	P165TNY	WA	P180FNF	DIC	P190SHR	AWD
P130RWR	ANE	P148NLW	FCY	P166TNY	WA	P180GND	AVD	P190SRO	ATS
P130XCN	SNW	P149ASA	SWSC	P167BTV	ZCO	P180LKL	ANW	P190TGD	FEX
P131KSL	NXD	P149KWJ	SEMS	P167EUJ	ZDT	P180LYB	FSA	P190UNS	FSY
P131NLW	FSA	P149LMA	DAR	P167RWR	SBD	P180SRO	ATS	P190VDW	NPT
P131PPV	CBN	P149NLW	FCY	P167TNY	FSR	P180TGD	FEX	P190VUA	AYO
P131RWR	WBS	P150ASA	SWSC	P168ALJ	CRV	P180VUA	AYO	P191LKJ	ASC
P131XCN	SNW	P150HBG	DPG	P168BTV	BUL	P181FNF	FWT	P191PBP	SVE
P132KSL	NXD	P150KWJ	EA	P168KBD	EA	P181LKL	ASC	P191TGD	FEX
P132NLW	FSA	P150LMA	DAR	P168TNY	CCB	P181LYB	FSA	P191UNS	FSY
P132PPV	CBL	P150NLW	FCY	P169ANR	SWC	P181PRH	SEMS	P191VUA	AYO
P132XCN	SNW	P151ASA	SEMS	P169BTV	TEV	P181SRO	ATS	P192LKJ	ASC
P132YEL	PIK	P151DVN	TVP	P169KBD	EA	P181TGD	FEX	P192SGV	CAR
P133KSL	NXD	P151KSM	EYM	P169NAK	ARR	P181VUA	AYO	P192TGD	FED
P133XCN	SNW	P151KWJ	SEMS	P169RWR	CEN	P182GND	FWT	P192UNS	FSY
P134KSL	NXD	P151LSC	SLA	P169SGT	ALE	P182LKL	ANW	P192VUA	AYO
P134NLW	FSA	P151NLW	FCY	P170KBD	EA	P182LYB	FSA	P193LKJ	ASC
P134XCN	SNW	P151SMW	BLU	P170NAK	AMV	P182SRO	ATS	P193TGD	FED
P135GND	ANW	P152ASA	BBD	P170SGT	ALE	P182TGD	FEX	P193UNS	FSY
P135KSL	NXD	P152CTV	MTL	P170TNY	WA	P182VUA	AYO	P193VUA	AYO
P135LNF	TYB	P152KWJ	SEMS	P170VUA	AYO	P183FNF	ANW	P194LKJ	ASC
P135NLW	FSA	P152LSC	KEY	P171ANR	ROY	P183GND	SSH	P194TGD	FED
P135XCN	SNOE	P152SMW	CBN	P171DMS	FED	P183LAC	LMC	P194VUA	AYO
P136GND	ANW	P153KSM	EYM	P171KBD	EA	P183LKL	ANW	P195LKJ	ASC
P136KSL	NXD	P153KWJ	SEMS	P171VUA	AYO	P183LYB	FSA	P195SGV	NOG
P136NLW	FHD	P153NLW	FCY	P172DMS	FED	P183NAK	AYC	P195TGD	FED
P137CVN	ALE	P153SMW	MID	P172KBD	EA	P183RSC	TAR	P195VUA	AYO
P137GND	ANW	P153VSU	ROR	P172VUA	AYO	P183SRO	ATS	P196LKJ	ASC
P137KSL	NXD	P154ASA	SWSC	P173CWN	LOR	P183VUA	AYO	P196TGD	FED
P137NLW	FHD	P154KWJ	SYOR	P173DMS	FED	P184FWP	YAR	P196VUA	AYO
P137TDL	WIG	P154SMW	BLU	P173KBD	EA	P184GND	GFS	P197LKJ	ASC
P137XFW	SOD	P156ASA	SWSC	P173VUA	AYO	P184LKL	ASC	P197TGD	FED
P138GND	ANW	P156KWJ	SEMS	P174ANR	ROY	P184SRO	ATS	P197VUA	AYO
P138KSL	NXD	P156NLW	FSA	P174HBC	CLN	P184TGD	FEX	P198LKJ	ASC
P138NLW	FNW	P156SMW	THA	P174NAK	EYM	P184VUA	AYO	P198RNB	LJL
P138TDL	WIG	P157ASA	SEMS	P174VUA	ARM	P185LAC	CLE	P198TGD	FED
P139GND	ANW	P157KWJ	SEMS	P175NAK	WHT	P185LKL	ASC	P198TWX	VIS
P139KSL	NXD	P157NLW	FCY	P175SRO	ATS	P185SRO	ATS	P198VUA	AYO

Code	Ref	Code	Ref	Code	Ref	Code	Ref	Code	Ref
P199LKJ	ASC	P211OLX	CBC	P227EJW	AVD	P238NLW	FCY	P254PAE	FSA
P199TGD	FED	P212DCK	ROS	P227LKK	HBS	P238RUM	TJC	P254PSX	ARC
P199VUA	AYO	P212JKL	NEF	P227MKL	ASC	P239AAP	MCO	P254RUM	CCW
P200GTA	WTH	P212LKJ	ASW	P227MPU	FNW	P239CTV	W&D	P254UCW	FSY
P200JJH	SWE	P212NSC	FED	P227VCK	SSOU	P239HMD	FSY	P255APM	ASN
P200TCC	CWS	P212RUM	WKN	P228AAP	NEX	P239MKN	ASC	P255ASA	SWSC
P200WCM	WCM	P212RWR	WKN	P228CTV	W&D	P239NLW	FCY	P255HOJ	MAM
P201HRY	ARM	P213DCK	ROS	P228EJW	AVD	P240HMD	FSY	P255MLE	NBM
P201LKJ	ASC	P213HRJ	FNW	P228MKL	ASC	P240MKN	ASC	P255PSX	CTM
P201NSC	FED	P213LKJ	ASC	P228MPU	FNW	P240WWX	NBM	P255RFL	FCY
P201OLX	AMP	P213NSC	FED	P228VCK	SSOU	P241AAP	MCO	P255RUM	SWB
P201RUM	BRY	P213RWR	MUN	P229AAP	TWM	P241AUT	HMN	P255SMW	THA
P201RWR	ATS	P214JKL	EST	P229DBS	NBM	P241CTV	W&D	P255UCW	FSY
P201TGD	FED	P214LKJ	ANW	P229MKL	ASC	P241MKN	ASC	P255YDW	TRH
P202HRY	ARM	P214NSC	FED	P229MPU	FNW	P241UCW	FDC	P255YFR	GHJ
P202KKY	WBL	P214RUM	BOD	P229VCK	SSOU	P242AAP	MCO	P255YGG	GEB
P202LKJ	ASC	P215JKL	SAF	P230AAP	MCO	P242HMD	FSY	P256FPK	ATS
P202NSC	FED	P215LKJ	ASC	P230CTV	W&D	P242MKN	ASC	P256PAE	FSA
P202OLX	AMP	P215NSC	FCY	P230EJW	GLA	P242UCW	FG	P256PSX	TBB
P202RUM	AYO	P215RUM	HWD	P230MKL	ASC	P243AAP	MCO	P256RUM	AST
P202TGD	FED	P215RWR	JEA	P230MPU	FNW	P243HMD	FSY	P256TUA	CMF
P203HRY	ARM	P215TGP	NUV	P230VCK	SSOU	P243MKN	ASC	P257FPK	ASC
P203LKJ	ASC	P216LKJ	ASC	P231AAP	MCO	P243UCW	FSA	P257PAE	FSA
P203NSC	FED	P216YSH	FCY	P231AUT	REG	P244AAP	TWM	P257RUM	AST
P203OLX	CBC	P217HBD	EA	P231CTV	W&D	P244MKN	ASC	P257YGG	GEB
P203TGD	FED	P217JKL	JAS	P231MKL	ASC	P244NBA	ANW	P258FPK	ASC
P204HRY	ARM	P217YGG	RKT	P231MPU	FNW	P244UCW	FHD	P258PAE	FSA
P204LKJ	ATS	P217YSH	FCY	P231TDL	WIG	P245AAP	MCO	P258PS	IRB
P204NSC	FED	P218HBD	EA	P231VCK	SSOU	P245HMD	FSY	P259FPK	ASC
P204OLX	CBC	P218LKK	SAF	P231XKS	SCM	P245MKN	ASC	P259PAE	FSA
P204RUM	OAD	P218MKL	ASC	P232AAP	CAO	P245UCW	FWE	P259RUM	AST
P204TGD	FED	P218YSH	FED	P232EJW	SLA	P245VDL	SVE	P259YGG	REG
P205HRY	ARM	P219HBD	SNW	P232MKL	ASC	P246AAP	MCO	P260FPK	ASC
P205LKJ	ASC	P219MKL	ASC	P232MPU	FNW	P246HMD	FSY	P260KCC	SSH
P205NSC	FED	P220HBD	WK	P232SGF	ANS	P246MKN	ASC	P260NBA	ANW
P205OLX	CBC	P220LLK	ZAE	P232VCK	SSOU	P246UCW	FWE	P260PAE	FSA
P205TWL	TAY	P220MKL	ASC	P233AAP	CRK	P246VDL	SVE	P260PSX	TBB
P206GSR	JPM	P221LKK	NBM	P233EJW	STP	P247AAP	TWM	P260SDE	RBC
P206HRY	ARM	P221MKL	ASC	P233MKN	ASC	P247MKN	ASC	P260VPN	SNW
P206LKJ	ASC	P222ABC	SYOR	P233MPU	FNW	P247OEW	FCY	P260WPN	SSOU
P206NSC	FED	P222GSM	BRW	P233VCK	SSOU	P247UCW	FED	P260YGG	REG
P206OLX	CBC	P222TCC	JWC	P234EJW	STP	P247VDL	SVE	P261AKG	PIN
P206RWR	K&J	P222WYN	NEF	P234MKN	ASC	P248AAP	MCO	P261FPK	ASC
P207LKJ	ASC	P223MKL	ASC	P234MPU	FWE	P248HMD	FSY	P261PAE	FSA
P207NSC	FED	P223MPU	FNW	P234VCK	SNW	P248UCW	FED	P261PSX	HKW
P207OLX	CBC	P224EJW	SLA	P235CTA	FCY	P249AAP	MCO	P261VPN	SNW
P208LKJ	ASC	P224KTP	TAY	P235EJW	GLA	P249HMD	FSY	P261WPN	SSOU
P208NSC	FED	P224LKK	FIL	P235MKN	ASC	P249UCW	FDC	P262FPK	ASC
P208OLX	CBC	P224MKL	ASC	P236AAP	CAO	P250AAP	MCO	P262NRH	SRK
P208RWR	C&S	P224MPU	FNW	P236CTA	FCY	P250APM	ASC	P262PAE	FSA
P209LKJ	ASC	P224VCK	SSOU	P236CTV	W&D	P250NBA	ANW	P262VPN	SNW
P209NSC	FED	P224WBV	VTC	P236EJW	FSR	P250UCW	FDC	P262WPN	SSOU
P209RWR	ARR	P225FRB	VTC	P236MKN	ASC	P251APM	ASC	P263FPK	ASC
P210JKK	SDEV	P225LKK	GHA	P236MPU	FNW	P251UCW	FDC	P263NRH	ZBR
P210LKJ	ASW	P225MKL	ASC	P236WHB	CEL	P252PAE	FSA	P263PAE	FSA
P210NSC	FED	P225MPU	FNW	P237MKN	ASC	P252UCW	FDC	P263PSX	FLA
P210OLX	CBC	P225VCK	SSOU	P237MPU	FNW	P253APM	ASC	P263SWC	ZCR
P210RWR	C&S	P225WBV	VTC	P237NLW	FCY	P253PAE	FSA	P263VPN	SNW
P211DCK	ROS	P226MKL	ASC	P238AAP	MCO	P253PSX	ARC	P263WPN	SSOU
P211JKL	SDEV	P226MPU	FNW	P238EJW	JPM	P253RUM	CRW	P264FPK	ASC
P211LKJ	ASW	P226SGB	CBC	P238MKN	ASC	P253UCW	FSY	P264NRH	ZBR
P211NSC	FED	P227AAP	MCO	P238MPU	FWE	P254APM	ASC	P264PAE	FSA

P264PSX LOT	P283PSX NPT	P302VWR TMA	P316FEA ARM	P326HOJ ARM
P264VPN SSOU	P283VPN SSOU	P303AUM FCY	P316HEM ANW	P326HVX AYO
P265FPK ASC	P284FPK ASC	P303HDP DOY	P316LND FNW	P326JND WK
P265PSX FLA	P284PSX ZEZ	P303HEM ANW	P316OJN ZDH	P327HOJ ARM
P265VPN SSOU	P284VPN SSOU	P303LND FNW	P317EFL WA	P327JND WK
P266FPK ASC	P285FPK ASC	P303MLD RWN	P317FEA ARM	P328HVX ASC
P266PSX NPT	P285LJH WEB	P303VWR ZDU	P317HEM ANW	P328JND WK
P266VPN SSOU	P285MLD WKN	P304AUM FCY	P317LND FNW	P329HVX ASC
P267FPK ASC	P285PSX LOT	P304HDP DOY	P317RGS GPX	P329JND WK
P267PSX TBB	P285VPN SSOU	P304LND FNW	P318EFL WA	P329NHJ CLK
P267VPN SSOU	P285WAT EYM	P304MLD BOD	P318FEA ARM	P330AYJ SSOU
P268PSX NPT	P286FPK ASC	P304VWR CFD	P318HEM ANW	P330HVX ATS
P268SWC WBT	P286MLD HBL	P305AUM FCY	P318KTW TET	P330JND WK
P268VPN SSOU	P286WAT EYM	P305HDP HTL	P318LND FNW	R330NHJ POW
P269PSX CBS	P287ENT ELC	P305HEM ANW	P318MLD CBC	P331JND SOXF
P269VPN SSOU	P287MLY BAW	P305LND FNW	P318RNF SBB	P331LCC SAM
P270FPK ASC	P287VPN SSOU	P306FEA ARM	P319EFL SWES	P331VWR EDT
P270VPN SNW	P288VPN SREN	P306HDP HTL	P319HEM ANW	P332HVX ASC
P271CAJ WHE	P289FPK ASC	P306HEM ANW	P319HOJ ARM	P332JND WK
P271FPK ASC	P289VPN SWSC	P306HWG BEC	P319LND FNW	P332NHJ TAT
P271NRH ISL	P290FPK ASC	P306LND FNW	P319MLD RRB	P333ABC SYOR
P271PSX HKW	P290MLD EAS	P306VWR CCW	P320AFT GON	P333HBC CLK
P271VPN SREN	P290VPN SWSC	P307FEA ARM	P320EFL WK	P333SMT ZCR
P271VRG ANE	P291FPK ASC	P307HDP COG	P320HEM ANW	P334HVX ATS
P272FPK ASC	P291KPX FNW	P307HEM ANW	P320HOJ ARM	P334JND WK
P272NRH EYM	P291MLD CBC	P307LND FNW	P320LND FNW	P334NHJ WLA
P272PSX NPT	P292CPH WIT	P307MWE EUT	P321AFT GON	P334TGS SAF
P272VRG ANE	P292FPK ASC	P308FEA ARM	P321EFL SOXF	P336ROO GEL
P273FPK ASC	P292KPX FNW	P308HDP DOY	P321HOJ ARM	P337ROO TMH
P273NRH MTL	P292MLD BOD	P308HEM ANW	P321JND WK	P337SWC WBT
P273VPN SSOU	P293FPK ASC	P308LND FNW	P321LND FNW	P338ROO PGC
P274FPK MEB	P293KPX FNW	P308UPW GOL	P321MLY BAW	P339VWR BTL
P274NRH JBT	P294FPK ASC	P309FEA ARM	P322AFT GON	P340ROO PGC
P274PSX TMH	P294KPX FNW	P309HEM ANW	P322EFL CF	P340VWR EDT
P274VRG ANE	P294MLD CSA	P309LND FNW	P322HOJ ARM	P341ASO BBD
P275FPK ASC	P295FPK ASC	P310FEA ARM	P322JND WK	P341JND SYOR
P275PSX CTM	P295KPX FNW	P310HEM ANW	P322KAR CLK	P341OEW RWN
P275VRG ANE	P295MLD CBC	P310LND FNW	P322LND FNW	P341ROO SOL
P276FPK ASC	P296FPK ASC	P310MLD RWN	P322VWR ACM	P342OEW RWN
P276PSX NPT	P296JHE JEA	P311FEA ARM	P323AFT GON	P342ROO ZAS
P276VPN SSOU	P296KPX FNW	P311HEM ANW	P323ARU HWD	P343ASO BBD
P276VRG ANE	P296OOA FWT	P311LND FWE	P323EFL EA	P343AYJ SSOU
P277FPK ASC	P298MLD A1A	P312FEA ARM	P323HOJ ARM	P343ROO GWH
P277PSX NPT	P298PVR SBB	P312HEM ANW	P323JND WK	P344ASO SREN
P277VPN SSOU	P298WFG HAT	P312LND FWE	P323KOM KCL	P344OEW RWN
P277VRG ANE	P299AYJ SSOU	P312MLD POY	P323LND FNW	P344ROO ZAS
P277XRH MDO	P299MLD ZBG	P312VWR GRW	P323VWR CMH	P345JND TAT
P278FPK MEB	P300JJH SWE	P313FEA ARM	P324AFT GON	P345OEW CNT
P278VPN SSOU	P300MPY VIS	P313HEM ANW	P324EFL EA	P345ROO GWH
P278VRG ANE	P301AYJ SSOU	P313LND FNW	P324HOJ ARM	P346ROO ZAS
P279FPK ASC	P301HDP DOY	P314CVE DEV	P324HVX ATS	P346VWR DUD
P279PSX NPT	P301HEM ANW	P314FEA ARM	P324JND WK	P347JND SYOR
P279VPN SSOU	P301LND FNW	P314GTO EUT	P324LND FNW	P347LEY ZFA
P279VRG ANE	P301MLD CBC	P314HEM ANW	P324SWC WBT	P347LKL NCO
P279VUS MDO	P301VWR HUC	P314LND FNW	P324TGS CUB	P347ROO ZEZ
P281FPK NUV	P302AUM FCY	P314SWC WBT	P325AFT GON	P347VWR JBE
P281PSX WCM	P302AYJ SSOU	P315DVE TWM	P325HOJ ARM	P348ROO GWH
P281VPN SSOU	P302HDP MEB	P315EFL SNOE	P325JND WK	P349ASO PUM
P281XYS GHA	P302HEM ANW	P315HEM ANW	P325LND FNW	P349ROO ZAS
P282VPN SSOU	P302LND FNW	P315LND FNW	P325NHJ CLK	P350JND WK
P283CCH EVL	P302MLD BOD	P316EFL SNOE	P325TGS ETC	P350NKH MAM
P283FPK MEB	P302SWC WBT		P325VWR PAR	P350ROO PGC

P351ASO	SHIC	P389ARY	TAY	P410BNR	TBB	P420MEH	FAB	P431JJW	TWM
P351JND	WK	P389JOM	NMC	P410CCU	ANE	P420PVW	FNW	P431ORL	FEC
P351ROO	SOL	P389MEH	FNW	P410EJW	TWM	P420YEU	CTR	P431RCA	ZEY
P351VWR	BTL	P390LPS	REB	P410KAV	GPT	P421EJW	TWM	P432JJW	TWM
P352JND	WK	P390OFS	SOO	P410KSX	TBB	P421HVX	ASC	P432ORL	FDC
P352ROO	SOL	P391LPS	FTC	P410PLE	FNW	P421MEH	GPT	P432YSH	FED
P352VWR	MAN	P392LPS	REB	P411ACT	SFC	P421PVW	FNW	P433JJW	TWM
P353ARU	CTR	P393NSC	BLY	P411BNR	TMH	P422EJW	TWM	P433KSX	LOT
P353EAU	CNT	P394FEA	BAT	P411CCU	ANE	P422HVX	ANW	P433NEX	FEC
P353JND	SOXF	P394LPS	SHIC	P411EJW	TWM	P422KSX	ZAS	P433ORL	FDC
P353NKH	JAS	P395AAA	HED	P411MDT	SEM	P422PVW	FNW	P433YSH	FED
P353ROO	MOS	P395BRS	SHIC	P411PLE	FNW	P423EJW	TWM	P434AYJ	SSOU
P354JND	WK	P395JJU	VTC	P411SWC	WBT	P423JDT	WCC	P434JJW	TWM
P354VWR	VTC	P396FEA	BYS	P412CCU	ANE	P423MLE	CAO	P434NEX	FEC
P355JND	WK	P398FVP	TWM	P412EJW	TWM	P423PBP	WA	P434ORL	FDC
P356JND	WK	P399FVP	TWM	P412KSX	JFS	P423PVW	FNW	P434SWC	RRB
P357JND	WK	P400MPY	VIS	P412MDT	SEM	P424EJW	TWM	P435AYJ	SSOU
P361DSA	SOXF	P400OSH	FTC	P412PLE	FNW	P424JDT	PPH	P435JJW	TWM
P362DSA	SOXF	P401EJW	TWM	P413CCU	ANE	P424KSX	WBU	P435NEX	FEC
P363DSA	WK	P401JOK	TVP	P413EJW	TWM	P424PBP	CHA	P435ORL	FDC
P364DSA	WK	P401KAV	DAR	P413KSX	ZAS	P424PVW	FNW	P435YSH	FWE
P364JJU	DEV	P401MDT	S&D	P413MTW	FNW	P425BEP	A2B	P436JJW	TWM
P365DSA	SOXF	P401MLA	FMR	P413TNG	DEV	P425EAW	SPE	P436NEX	FEC
P365NOM	FLA	P401PLE	FNW	P414CCU	ANE	P425EJW	TWM	P436ORL	FEC
P366DSA	MCO	P402EJW	TWM	P414EJW	TWM	P425HVX	ASC	P436YSH	FWE
P367DSA	MCO	P402MLA	FMR	P414HRB	TAP	P425JDT	PCW	P437JJW	TWM
P367UUG	STAY	P402OKP	NAP	P414KSX	JFS	P425KSX	ZAS	P437NEX	FEC
P368DSA	MCO	P402PLE	FNW	P414MTW	FNW	P425PVW	FNW	P438HKN	S&D
P368SWC	WBT	P403CTA	AVA	P415CCU	ANE	P425VRG	COG	P438JJW	TWM
P368UUG	STAY	P403EJW	TWM	P415EJW	TWM	P426AYJ	SSOU	P438NEX	FEC
P369DSA	MCO	P403MDT	HPC	P415HRB	TAP	P426EJW	TWM	P438ORL	FDC
P369JMS	ABG	P403MLA	FMR	P415MTW	FNW	P426GLS	FSY	P439JJW	TWM
P369MAO	M&D	P403PLE	FNW	P415NFA	FCY	P426HVX	ASC	P439ORL	FEX
P370DSA	SWSC	P404EJW	TWM	P416ACT	NEA	P426JDT	PCW	P440JDT	PCW
P371DSA	MCO	P404KAV	EST	P416CCU	ANE	P426KSX	BLC	P440JJW	TWM
P372DSA	MCO	P404KOW	FHD	P416EJW	TWM	P426UUG	ENS	P440NEX	FEC
P372XGG	VIC	P404MLA	FMR	P416HVX	ATS	P427EJW	TWM	P440ORL	FEX
P373DSA	MCO	P404PLE	FNW	P416LLU	BAW	P427GLS	FSY	P441JOX	TWM
P374DSA	MCO	P405EJW	TWM	P416MTW	FNW	P427HVX	ASC	P441NEX	FEC
P375DSA	MCO	P405KOW	FHD	P416NFA	FCY	P427ORL	FCY	P441SWX	RKT
P377DSA	SWSC	P405MLA	FMR	P417CCU	ANE	P427UUG	ENS	P441TCV	FEC
P378DSA	MCO	P405PLE	FNW	P417EJW	TWM	P428EJW	TWM	P442JOX	TWM
P379DSA	SWSC	P406EJW	TWM	P417HVX	BUR	P428GLS	FSY	P442KYC	FSA
P380AFJ	ROY	P406KOW	FHD	P417LLU	BAW	P428HVX	ASC	P442NEX	FEC
P380DSA	MCO	P406MLA	FMR	P417PVW	FNW	P428KSX	WBU	P442SWX	IBL
P380FPK	MEB	P406PLE	FNW	P418CCU	ANE	P428ORL	FCY	P442TCV	FEC
P380OSC	TVP	P407BNR	TBB	P418EJW	TWM	P428PBP	PPH	P443JOX	TWM
P381DSA	SYOR	P407EJW	TWM	P418HNF	KIM	P429EJW	TWM	P443KYC	FSA
P382DSA	MCO	P407KAV	TAR	P418HVX	ATS	P429GLS	FSY	P443SWX	TAT
P382JJU	VTC	P407KOW	FHD	P418KSX	FLA	P429HVX	ASC	P443TCV	FEC
P384DSA	MCO	P407MDT	P&K	P418PVW	FNW	P429KSX	BLC	P444GSM	BRW
P384MEH	FNW	P407MLA	FHD	P419CCU	ANE	P429ORL	FEC	P444TCC	SOK
P384SWC	WBT	P407PLE	FNW	P419EJW	TWM	P429UUG	ENS	P444TCV	FEC
P384YHT	SIL	P408BNR	MIC	P419HNF	SOL	P430EJW	TWM	P445JOX	TWM
P385ARY	MIK	P408EJW	TWM	P419HVX	ANW	P430GLS	FNW	P445KYC	FSA
P385DSA	SYOR	P408PLE	FNW	P419KSX	MOS	P430HVX	ANW	P445NEX	FEC
P386DSA	SYOR	P408RGG	LIP	P419PVW	FNW	P430KSX	WCM	P445SWX	HTL
P386JJU	HPC	P409BNR	MIC	P419VRG	DVR	P430MFS	ZBD	P445TCV	FEC
P386MEH	FNW	P409EJW	TWM	P420CCU	ANE	P430ORL	FDC	P446JOX	TWM
P387MEH	FNW	P409KSX	TBB	P420EJW	TWM	P431GLS	FSY	P446KYC	FSA
P388MEH	FNW	P409PLE	FNW	P420HVX	ANW	P431HVX	ASC	P446NEX	FEC

Reg	Code	Reg	Code	Reg	Code	Reg	Code	Reg	Code
P446OLP	RUF	P473BLJ	TYB	P493BRS	SREN	P506KOX	TWM	P516LND	FNW
P446TCV	FEC	P473FJF	FRO	P493FRR	CED	P506LND	FNW	P516NBF	HUT
P447JOX	TWM	P474BLJ	TYB	P493MBY	ACH	P506MNO	FEX	P516RYM	GWM
P447KYC	FSA	P474FJF	TRW	P493VBV	ELR	P506RYM	GWM	P516SWC	ACB
P447NEX	FEC	P474MBY	VTC	P494BRS	SREN	P506VUS	KIC	P517EJW	TWM
P448JOX	TWM	P475DPE	FSR	P494MBY	HED	P506XSH	FED	P517LND	FNW
P448NEX	FEC	P475FJF	CUB	P494OET	WKN	P507EJW	TWM	P517RYM	SUL
P449JOX	TWM	P475MBY	CHB	P495BRS	SREN	P507KOX	TWM	P518EJW	TWM
P449NEX	FEC	P476DPE	CVL	P495KAK	GCA	P507LND	FNW	P518LND	FNW
P449SWX	VTC	P476MBY	GEL	P495MBY	VTC	P507MNO	FEX	P519EJW	TWM
P450JOX	TWM	P477DPE	BCO	P495OET	WKN	P507NWU	ZBR	P519LND	FNW
P450NEX	FEC	P477JEG	POF	P495SWC	ENS	P507OUG	GEH	P519SDM	CRL
P450SWX	A1A	P477TGA	SKY	P496BRS	SREN	P507RYM	GAL	P519TYS	FG
P451FVV	SCK	P478CBV	SUT	P497BRS	STAY	P507VUS	EDT	P519UGA	LFT
P451JOX	TWM	P478DPE	CVL	P498BRS	SREN	P508EJW	TWM	P520EJW	TWM
P451KRP	WBL	P478FKJ	LID	P498GKJ	OLY	P508KOX	TWM	P520LND	FNW
P451LSR	MFW	P478MBY	GEL	P498MTM	ZEQ	P508LND	FNW	P520RDS	DJI
P451RPW	FEC	P478TGA	RTT	P499BRS	SREN	P508MNO	FEX	P520TYS	FG
P452BPH	GTC	P479AYJ	SSOU	P500MPY	VIS	P508VUS	EDT	P521EJW	NXD
P452JOX	TWM	P479DPE	BCO	P501EJW	TWM	P509EJW	TWM	P521LND	FNW
P452KRP	WBL	P479MBY	CSS	P501KOX	TWM	P509KOX	TWM	P521PRL	FDC
P452RPW	FEC	P479MLE	CAO	P501LND	FNW	P509LND	FNW	P521TYS	FG
P452SCV	FDC	P480DPE	FSR	P501MNO	FEX	P509MNO	FEX	P522EJW	NXD
P453JOX	TWM	P480MBY	CSS	P501PTM	WIN	P509PUM	SBL	P522LND	FNW
P453RPW	FEC	P480MLE	CAO	P501RYM	FFC	P509RFW	TRL	P522TYS	FG
P453SCV	FDC	P481DPE	ASN	P501UFM	HCL	P509RYM	HJC	P523EJW	NXD
P454DCW	SNW	P481MBY	CSS	P501VRO	CBL	P510EJW	TWM	P523LND	FNW
P454JOX	TWM	P481MDM	ATB	P502EJW	TWM	P510KOX	TWM	P523TYS	FG
P454LWE	TAT	P481SWC	ACB	P502KOX	TWM	P510LND	FNW	P524EJW	TWM
P454MFS	HVB	P482DPE	FSR	P502LND	FNW	P510MNO	FEX	P524LND	FNW
P455JOX	TWM	P482HBA	BUL	P502MNO	FEX	P510NWU	KJB	P524TYS	FG
P455LWE	TAT	P482MDM	ATB	P502OUG	MTL	P510RYM	RML	P525EJW	TWM
P455MFS	VIS	P483CAL	CSA	P502RYM	GAL	P511ECJ	NEC	P525LND	FNW
P455SCV	FDC	P483HBA	SNW	P502UFR	BLT	P511EJW	TWM	P525TYS	FG
P456EEF	ANE	P483MBY	ZAS	P502YGA	BCR	P511KOX	TWM	P525YJO	ATS
P456JOX	TWM	P484FAO	HAN	P503EJW	TWM	P511LND	FNW	P526EFL	WK
P456UUG	SEMS	P484GEF	PHO	P503KOX	TWM	P511MNO	FEX	P526EJW	TWM
P457AYJ	SSOU	P484HBA	SNW	P503LND	FNW	P511RYM	CBC	P526LND	FNW
P457DCW	SNW	P484MBY	CHB	P503MNO	FEX	P512EJW	TWM	P526NOT	CTR
P457EEF	SSOU	P485HBA	SNW	P503MOT	ARM	P512KOX	TWM	P526TYS	FG
P457JOX	TWM	P485MBY	CSS	P503NCR	ZDT	P512LND	FNW	P526UGA	GUM
P458AYJ	SSOU	P486HBA	BUL	P503OUG	FCT	P512MNO	FEX	P526YJO	ATS
P458DCW	SNW	P486TGA	HOR	P503RYM	GAL	P512RYM	GEH	P527EFL	WK
P458EEF	ANE	P487MBY	CSS	P503UFR	CBS	P512UUG	MUS	P527EJW	NXD
P458JOX	TWM	P487SWC	TMH	P503XGA	ZBV	P513EJW	TWM	P527HMP	FIN
P459DCW	SNW	P488CAL	CSA	P503XSH	FED	P513KOX	TWM	P527LND	FNW
P459EEF	ANE	P488MBY	CHB	P504EJW	TWM	P513LND	FNW	P527TYS	FG
P459JOX	TWM	P488UFM	HCL	P504KOX	TWM	P513MNO	FEX	P527UGA	GUM
P459LSR	MFW	P489MBY	HED	P504LND	FNW	P513UUG	D&G	P527YJO	ATS
P460DCW	SNW	P48WRG	ERB	P504MNO	FEX	P514CVO	ARM	P528EJW	TWM
P460EEF	ANE	P490CAL	D&G	P504MOT	ARM	P514EJW	TWM	P528HMP	FNW
P460JOX	TWM	P490MBY	VTE	P504NCR	A1A	P514KOX	TWM	P528LND	FNW
P461DCW	SNW	P491BRS	SREN	P504RYM	GAL	P514LND	FNW	P528TYS	FG
P461EEF	ANE	P491CVO	IRB	P504XSH	FED	P514RYM	GAL	P528UGA	CBC
P462SWC	WBT	P491FAS	HKW	P505GHH	VIP	P514UUG	RCT	P529EFL	FNW
P466AYJ	SSOU	P491MBY	CSS	P505KOX	TWM	P515EJW	TWM	P529EJW	TWM
P466XHW	BYS	P492BRS	SYOR	P505LND	FNW	P515LND	FNW	P529HMP	FNW
P471JEG	POF	P492CAL	JAS	P505MNO	FEX	P515RYM	GWM	P529LND	FNW
P471WOS	ZDC	P492FRR	IRB	P505MOT	ARM	P515UUG	CHB	P529SWC	ACB
P473AYJ	ACW	P492HNE	REC	P505RYM	GWM	P516CTV	HMN	P529TYS	FG
		P492LSR	MFW	P506EJW	TWM	P516EJW	TWM	P529UGA	CBC

P530CLJ HED	P538TYS FG	P546PNE SDEV	P558EFL EYM	P578EFL FHD	
P530EFL FHD	P539EFL WK	P546RNG FEC	P558ESA SEMS	P578JJA EMM	
P530EJW TWM	P539EJW TWM	P546TYS FG	P558LDA TWM	P579BTH FCY	
P530ESA CF	P539ESA SWSC	P547BSS FNW	P558MLD HOW	P579EFL FHD	
P530HMP FNW	P539HMP FNW	P547EFL FNW	P559BAY VTC	P579RSG FED	
P530LND FNW	P539MBU ANW	P547EJW TWM	P559EFL FHD	P580BTH FCY	
P530PNE AVD	P539TYS FG	P547ESA SNW	P559ESA SEMS	P580RSG FED	
P530TYS FG	P540BSS FNW	P547HVM SYOR	P559LDA TWM	P580WWO D&B	
P531EFL HOC	P540EFL FHD	P547PNE VTC	P559PNE SSH	P581RSG FED	
P531EJW NXD	P540EJW TWM	P547RNG FEC	P561EFL FNW	P585WSU FED	
P531ESA CF	P540ESA SNW	P547TYS FG	P561MDA TWM	P586WSU FED	
P531HMP FNW	P540HMP FNW	P548BSS FNW	P562EFL FHD	P587WSU FWE	
P531TYS FG	P540MBU ANW	P548EFL FNW	P562MDA TWM	P588WSU FED	
P532CLJ WEB	P540TYS FG	P548EJW TWM	P563EFL FSA	P589WSU FED	
P532EFL FNW	P541BSS FNW	P548ESA SWSC	P563MDA TWM	P590CFH JOB	
P532ESA SWSC	P541CTO BEW	P548RNG FEC	P563PNE EFN	P590HHF BGR	
P532HMP FIN	P541EJW TWM	P548SWC PIK	P563SWC ENS	P590WGD WTL	
P532RGG SAY	P541ESA SEMS	P548TYS FG	P564APM CF	P590WSU FWE	
P532TYS FG	P541HMP FHD	P549BSS FNW	P564EFL FSA	P591HHF APC	
P532XHT PIK	P541MBU ANW	P549CLJ YAR	P564MDA TWM	P591WSU FWE	
P533CLJ CCW	P541PNE P&E	P549EFL EYM	P564PNE JMC	P592WSU FED	
P533EFL FED	P541RNG FEC	P549EJW TWM	P564SWC RRB	P593WSU FED	
P533EJW TWM	P541TYS FG	P549ESA SWSC	P565EFL EYM	P594WSU FED	
P533ESA CF	P542BSS FNW	P549PNE TVP	P565MDA TWM	P595WSU FG	
P533HMP FNW	P542EJW TWM	P549RNG FEC	P565MSX SSOU	P596WSU FG	
P533MBU ANW	P542ESA SSOU	P549TYS FG	P565PNE DMC	P597WSU FG	
P533TYS FG	P542HMP FHD	P549WGT CHB	P566EFL FED	P597YOD EXL	
P534EFL WK	P542MBU ANW	P550EFL FHD	P566MDA TWM	P598WSU FG	
P534EJW TWM	P542RNG FEC	P550EJW TWM	P566MSX SSOU	P599PAF PWB	
P534ESA CF	P542SCL SAN	P550ESA SNOE	P566PNE DMC	P599WSU FG	
P534HMP TEV	P542TYS FG	P550MSF SPA	P567EFL FED	P600MPY VIS	
P534MBU ANW	P543BSS FNW	P550RNG FEC	P568EFL FHD	P600WCM WCM	
P534TYS FG	P543EJW TWM	P550WGT SUL	P568MSX STAY	P601CAY TEV	
P534YEU CTR	P543ESA SSOU	P551EFL FEX	P568SWC ENS	P601JBU SNOE	
P535EFL FED	P543GAU SMS	P551EON TWM	P568VEE WID	P601RGS ATS	
P535EJW TWM	P543HMP FHD	P551ESA SNOE	P569BTH FCY	P601WSU FG	
P535ESA SWSC	P543MBU ANW	P552EFL FEX	P569EFL FNW	P602CAY HED	
P535HMP FNW	P543MSF D&E	P552ESA SNOE	P569MSX BBD	P602JBU SNOE	
P535MBU ANW	P543PNE 3DS	P552LDA TWM	P570APJ HUT	P602WSU FG	
P535SRN BCH	P543RNG FEC	P552SWC PIK	P570BTH FCY	P603JBU SNOE	
P535TYS FG	P543SCL SAN	P553EFL FEX	P570EFL FNW	P603WSU FG	
P535YEU CUM	P543TYS FG	P553ESA SNOE	P571BTH FCY	P604CAY BML	
P536EFL FHD	P544BSS FNW	P553LDA TWM	P571EFL FHD	P604JBU SNOE	
P536EJW TWM	P544EJW TWM	P554EFL FEX	P572BAY ZDH	P604SAT EYM	
P536ESA SWSC	P544ESA SNW	P554ESA SNOE	P572BTH FCY	P604WSU FG	
P536HMP FNW	P544MBU ANW	P554LDA TWM	P572EFL FHD	P605CAY HED	
P536MBU ANW	P544PNE ANS	P554PNE BBL	P573BTH FCY	P605JBU SNOE	
P536SWC ACB	P544RNG FEC	P555ADR ADR	P573EFL FED	P605SAT EYM	
P536TYS FG	P544TYS FG	P555BUS JUM	P574BTH FCY	P605WSU FG	
P537EFL WK	P545BSS FNW	P555ELF CAV	P574EFL EYM	P606CAY HED	
P537EJW TWM	P545EJW TWM	P556EFL FEX	P575BTH FCY	P606CMS CHB	
P537ESA SWSC	P545ESA SNW	P556ESA SWSC	P575DMS FED	P606SAT EYM	
P537HMP FNW	P545MBU ANW	P556LDA TWM	P575EFL FED	P606WSU FG	
P537MBU ANW	P545PNE SNW	P556PNE D&G	P575GCF VTC	P607CAY WTR	
P537PNE SSH	P545RBX ORA	P557BAY CET	P576DMS FED	P607CMS CHB	
P537TYS FG	P545RNG FEC	P557EFL EYM	P576EFL FED	P607SAT EYM	
P538EFL WK	P545TYS FG	P557ESA SEMS	P577BTH FCY	P607WSU FG	
P538EJW TWM	P546BSS FNW	P557LDA TWM	P577DMS FED	P608CAY HED	
P538ESA SWSC	P546EFL FEX	P557MLD HOW	P577EFL EYM	P608SAT EYM	
P538HMP FNW	P546EJW TWM	P558BAY LBC	P578BTH FCY	P608WSU FG	
P538MBU ANW	P546ESA SNW	P558CFT GTS	P578DMS FED	P609CAY ASC	

P609CMS	SREN	P628ADG	VIS	P655UFB	FEC	P689RWU	PCN	P714BTA	SDEV
P609SAT	EYM	P628CGM	FSA	P655VWX	AYR	P690HND	P&E	P715RWU	VTC
P609WSU	FWE	P628PGP	BRI	P656UFB	FEC	P690JBD	SREN	P715UWW	NEV
P610CAY	ASC	P628ROU	HFX	P657UFB	FEC	P690RWU	SSOU	P716GND	SNW
P610CCH	TIG	P628WSU	FWE	P658KEY	EUR	P691JBD	EA	P716RWU	BUT
P610CMS	SREN	P629CGM	FSA	P658ROU	HER	P691RWU	SSOU	P717GND	SSOU
P610HME	STA	P629WSU	FEX	P658UFB	FEC	P692JBD	EA	P717RWU	WLT
P610SAT	EYM	P630CGM	FSA	P659BUB	OGD	P692RWU	WLO	P718GND	SSOU
P610SEV	SDEV	P630FFC	DEW	P659UFB	FG	P692WUB	HUL	P718SWC	EBA
P610WSU	FWE	P630FTV	MEW	P660ESO	SEMS	P693RWU	CAR	P719GND	SNW
P611RGB	GLA	P630MLD	BAW	P660UFB	FG	P693UAE	W&D	P719JYA	BBN
P611SAT	EYM	P630WSU	FEX	P664PNM	UNO	P695RWU	BCD	P719RYL	HSW
P611SEV	SDEV	P631CGM	FSA	P665ECJ	ZAC	P696BRS	BCM	P720ESA	BUT
P611WSU	FED	P631MLD	BAW	P665PNM	UNO	P696HND	PMS	P720GND	SNW
P612CMS	PUM	P631PGP	SNOE	P666WMS	WED	P696RWU	RWN	P720RYL	AMP
P612RGB	MCS	P631WSU	FEX	P667PNM	UNO	P697RWU	SSOU	P721GND	SNW
P612WSU	FWE	P632CGM	FED	P668PNM	UNO	P698DJB	SWC	P721JYA	CBW
P613AJL	THO	P632FFC	OBC	P670KLG	TVP	P698RWU	WLO	P721OOA	SPC
P613CAY	ASC	P632FHN	ASW	P671MSC	HOR	P699RWU	SSOU	P721RWU	LID
P613RGB	PCL	P632PGP	SSOU	P671OPP	ATS	P700ALS	AMV	P721RYL	OLY
P613SEV	SDEV	P632WSU	FG	P672OPP	ATS	P700AOL	ALE	P722EJW	SLA
P613WSU	FWE	P633FFC	DEW	P673JKN	GVW	P700MPY	VIS	P722GND	SNW
P614WSU	FED	P633PGP	SNOE	P673LHE	HFX	P701BTA	SDEV	P723GND	SNW
P615PGP	ANE	P633WSU	FG	P673OPP	ATS	P701HMT	FNW	P723KCR	FHD
P615WSU	FED	P634PGP	ANE	P674MLE	MEL	P701LCF	GLA	P724BPR	VTC
P616CAY	YOB	P634WSU	FG	P674OPP	ATS	P702BTA	SDEV	P724GND	SNW
P616LTP	COT	P635FFC	HFL	P675MLE	MEL	P702HMT	FNW	P724RYL	COG
P616PGP	ANE	P635WSU	FG	P675RWU	CNT	P702HPU	FWE	P725BPR	VTC
P616WSU	FED	P636PFC	WA	P676SWC	HMS	P702LCF	NIG	P725GND	SNW
P617FTV	REG	P636PGP	SDEV	P677NOJ	WK	P703BTA	SDEV	P725RYL	COG
P617PGP	ANE	P637ARN	EBL	P677RWU	OLY	P703CTA	WGW	P726GND	SNW
P617WSU	FG	P637FFC	HFL	P678GNV	HQL	P703HMT	FNW	P726KCR	FHD
P618FHN	ANE	P637PGP	ANE	P678NOJ	SYOR	P703HPU	FWE	P726RYL	COG
P618MLE	BAW	P638FFC	DEW	P678RWU	OLY	P704BTA	SDEV	P727AAA	LCL
P618PGP	SDEV	P638PGP	ANE	P679APC	CUB	P704HMT	FNW	P727GND	SNW
P618WSU	FG	P639PGP	SDEV	P679LHE	CUB	P704HPU	FWE	P727JYA	SOD
P619MLE	BAW	P640ENN	MUL	P680LWA	EVC	P705BTA	SDEV	P727KCR	FHD
P619PGP	SDEV	P640FFC	OBC	P681DCK	SMI	P705HPU	FWE	P727RYL	COG
P619VDW	FCY	P640PGP	SDEV	P681RWU	OLY	P705JJU	ZCE	P728ADV	WEB
P619WSU	FG	P641ENN	MUL	P681SVL	SEMS	P705SWC	RWN	P728GND	SNW
P620MLE	BAW	P641FFC	DEW	P682DRS	LID	P706BTA	SDEV	P728JYA	S&B
P620PGP	SSOU	P641UUG	TDE	P682RWU	COG	P706HPU	FWE	P728KCR	FHD
P620VDW	FCY	P642ENN	MUL	P682SVL	SEMS	P706PWC	LJL	P729GND	SNW
P620WSU	FG	P642FFC	OBC	P683HND	HVB	P707BTA	SDEV	P729RYL	SUL
P621FHN	ANE	P642JBC	HUN	P683RWU	PCN	P707DPA	HTR	P729SWC	BEH
P621PGP	SSOU	P642UUG	TDE	P683SVL	SEMS	P707YTT	BEC	P730GND	SNW
P621VDW	FCY	P643UUG	TDE	P684HND	CLK	P708BTA	SDEV	P731FCY	VTC
P622AJL	GAR	P644MSC	TJC	P684RWU	OLY	P708HPU	FWE	P731NVG	FEC
P622TGE	DWF	P644SEV	SWES	P684SVL	SEMS	P709BTA	SDEV	P731RYL	SUL
P623PGP	SSOU	P645LFS	ACN	P685HND	HUT	P709HPU	FWE	P732NVG	FEC
P624PGP	SNOE	P645SEV	SREN	P685RWU	OLY	P710BTA	SDEV	P733AAA	LLM
P625NSE	HKW	P645XTT	A2B	P685SVL	SEMS	P710HPU	FWE	P733NVG	FEC
P625PGP	SSOU	P646SEV	SREN	P686JBD	SREN	P710OOA	EAS	P733RYL	SUL
P625SNO	WAT	P647MSE	GLC	P686RWU	COG	P711BTA	SDEV	P734KDT	HTL
P626PGP	SSOU	P647SBH	TAT	P686SVL	SEMS	P711HPU	FWE	P734NVG	FEC
P626WSU	FEX	P653ORV	ZDS	P687JBD	SREN	P712BTA	SDEV	P736FMS	CBC
P627CGM	FSA	P653VWX	STE	P688JBD	SREN	P712RWU	VTC	P737FMS	CBC
P627ESO	SKC	P654HEG	HTT	P688KCC	D&G	P713BTA	SDEV	P737RYL	GAL
P627FHN	ANE	P654ROU	WON	P688OAV	LOG	P713RWU	VTC	P738FMS	CBC
P627PGP	SSOU	P655EAU	EUT	P688RWU	COG	P713SMB	TVP	P738RYL	SSOU
P627WSU	FEX	P655HEG	HTT	P689JBD	SREN	P714BTA		P741RYL	OLY

P742RDE	JML	P785BJU	TVS	P811GMU	CF	P824RWU	ARM	P836KES	ASW
P743AHR	CVP	P785WCN	CHB	P811LVT	HMN	P824SGP	GON	P836KOX	AMV
P743RDE	DEN	P786PWS	CVL	P811YCW	SNW	P824YUM	FWE	P836RWU	ARM
P744GNU	ATR	P786WVK	SNOE	P812GMU	CF	P825ADO	SFC	P836YUM	FHD
P744MKJ	HPT	P787BJU	WMC	P812YCW	SNW	P825FVU	WA	P837GND	SNOE
P744YUG	WAT	P787WVK	SNOE	P813DBS	ASW	P825GMU	CF	P837KES	ASW
P746HND	SSOU	P788BJU	EDE	P813GMU	EA	P825KES	ASW	P837RWU	ARM
P748XUS	FG	P788WVK	SNOE	P813OET	SMK	P825SGP	GON	P838GND	SNOE
P749HND	CBL	P789WVK	SNOE	P813YCW	SNW	P825YUM	FG	P838KES	ASW
P749XUS	FG	P790GHN	DHT	P814DBS	ASW	P826FVU	WA	P839GND	SNOE
P750XUS	FNW	P790WVK	SNOE	P814GBA	BKY	P826GMU	CF	P839KES	ASW
P751XUS	FG	P791JKW	SWC	P814GMU	CF	P826SGP	GON	P839RWU	ARM
P752XUS	FNW	P791WVK	SRR	P814VTY	ANE	P826YUM	FCY	P840GND	SNOE
P753RWU	LAV	P792AHR	MAR	P814YCW	BBD	P827BUD	GWM	P840HRM	MCD
P753XUS	FG	P792WVK	SRR	P815DBS	ASW	P827FVU	SWES	P840KES	ASW
P754XUS	FNW	P793WVK	SRR	P815GMU	EA	P827KES	ASW	P840NKK	SWT
P756HHF	MCS	P797UAM	KTL	P815YCW	BBD	P827MTR	ATB	P840PWW	ARM
P756XUS	FG	P801GBA	NBL	P816GMS	ASW	P827RWU	ANW	P841GND	SNOE
P757XUS	FNW	P801GMU	WIT	P816GMU	SDEV	P827YUM	FWE	P841PWW	ARM
P758FOD	SDEV	P801NJN	WK	P816REX	BES	P828FEF	FHD	P842GND	SNOE
P758XUS	FG	P801RWU	ASW	P816YCW	SNW	P828FVU	SWES	P842PWW	ARM
P759XUS	FG	P801XTA	SDEV	P817GMS	ASW	P828GBA	PEA	P843GND	SNOE
P760FOD	SDEV	P802GBA	DJT	P817GMU	SDEV	P828KES	ASW	P843PWW	ARM
P760XUS	FG	P802GMU	WIT	P817REX	HCT	P828SGP	GON	P844GND	SNOE
P761XHS	FSY	P802NJN	WK	P817SGP	GON	P828YUM	FED	P844LVT	HUT
P761XUS	FG	P802RWU	ASW	P817YCW	SNW	P829BUD	GWM	P844OAH	FEC
P762FOD	SDEV	P802XTA	SDEV	P818GMS	ASW	P829FEF	FHD	P845GND	CF
P762XHS	FSY	P803BLJ	AMB	P818GMU	EA	P829FVU	SSOU	P845PWW	ARM
P762XUS	FG	P803GBA	VRT	P818SGP	GON	P829KES	ASW	P846GND	CF
P763XHS	FSY	P803GMU	WIT	P819EOD	REW	P829SGP	GON	P846PWW	ARM
P764XHS	FSY	P803NJN	WK	P819GMS	ASW	P829YUM	FG	P847GND	CF
P766JBU	M&C	P803RWU	ASW	P819GMU	CF	P830BUD	OLY	P847OLL	LBL
P766JKL	HAT	P803XTA	SDEV	P819GNC	SWES	P830FEF	FHD	P847PWW	ARM
P766XHS	FEC	P803YHB	G&M	P819SGP	GON	P830FVU	SSOU	P848GND	CF
P767PCL	SAN	P804BLJ	IRB	P819YCW	BBD	P830KES	ASW	P848OLL	LBL
P767XHS	FEC	P804GMU	SNW	P820GMS	ASW	P830RWU	ANW	P848PWW	ARM
P768PCL	SAN	P804NJN	WK	P820GMU	EA	P830YUM	FG	P848YGB	CWL
P768XHS	FEC	P804RWU	ASW	P820YCW	BBD	P831BUD	OLY	P849BPB	BAW
P769XHS	FEC	P804XTA	SDEV	P821FVU	SEMS	P831FVU	SSOU	P849GND	CF
P770FAW	ELC	P805GMU	SNW	P821GLS	CFM	P831KES	ASW	P849PWW	ARM
P771TTG	WA	P805NJN	WK	P821GMS	ASW	P831YUM	FG	P850GND	CF
P771UKH	EAS	P805RWU	ASW	P821GMU	CF	P832CCK	GRW	P850PWW	ARM
P771XHS	FEC	P805XTA	SDEV	P821SGP	GON	P832FVU	SSOU	P850YGB	CWL
P772BJF	CET	P806DBS	ASW	P822BNR	AVD	P832KES	ASW	P851GND	CF
P772BJU	HAT	P806GBA	BCD	P822FVU	SYOR	P832RWU	ANW	P851PWW	ARM
P772MVC	GPT	P806GMU	SNW	P822GMS	ASW	P832YUM	FED	P852GND	EA
P772TTG	WA	P806NJN	WK	P822GMU	CF	P833FVU	SSOU	P852JKY	BEC
P773BJU	HAT	P806XTA	SDEV	P822RWU	ASW	P833HVX	ATS	P852OLL	LBL
P773TTG	WA	P807DBS	ASW	P822SCL	AST	P833KES	ASW	P852PWW	ARM
P774TTG	WA	P807GMU	SNW	P822SGP	GON	P833YUM	FCY	P852SMR	SOXF
P777ALS	HCL	P807NJN	SSOU	P822YUM	FG	P834CCK	CCW	P852VUS	FEX
P777BLU	BLU	P808DBS	ASW	P823FVU	SEMS	P834FVU	SSOU	P853GND	EA
P779WDE	SIL	P808GMU	SREN	P823GBA	CBW	P834GBA	LON	P853JKY	BEC
P780WCN	SNOE	P809DBS	ASW	P823GMS	ASW	P834KES	ASW	P853PWW	ARM
P780WDE	SIL	P809GMU	SREN	P823GMU	CF	P834YUM	FSA	P853SMR	SOXF
P781WCN	SNOE	P809REX	OLY	P823RWU	ANW	P835FVU	SSOU	P853UCA	EST
P782WCN	SNOE	P809YCW	SNW	P823SGP	GON	P835KES	ASW	P854ACU	PEY
P782WOS	GMC	P810DBS	ASW	P823YUM	FWE	P835RWU	ARM	P854PWW	ARM
P783BJU	HBS	P810GMU	EA	P824FVU	WA	P835YUM	FED	P854SMR	SOXF
P783WCN	SRR	P810YCW	SNW	P824GMS	ASW	P836GND	SSOU	P854VUS	FEX
P784WCN	CHB	P811DBS	ASW	P824GMU	CF	P836KAK	HAT	P855GND	CF

P855PWW	ARM	P878MSD	LAT	P905RYO	WK	P927KYC	THA	P964YTA	DMO
P855VUS	FEX	P878PWW	GWM	P906CTO	TBB	P927MKL	ASC	P965KOF	AST
P856GND	CF	P878YKS	FED	P906FMO	ASS	P928MKL	ASC	P965RUL	ASW
P856VUS	FEX	P879MNE	BBD	P906RYO	SUL	P928RYO	J&B	P966DNR	MGC
P857GND	CF	P879YKS	FED	P906SMR	BBD	P929MKL	ASC	P966NLK	LBL
P857VUS	FEX	P880MNE	SYOR	P906YDW	ETC	P929RYO	GTC	P966RUL	ASW
P858GND	SNW	P881BCY	VTC	P907CTO	TBB	P930MKL	ASC	P967NLK	LBL
P858VUS	FEX	P881MNE	BBD	P907RYO	GTC	P930RYO	FDC	P967RUL	ASW
P859GND	SNW	P882BCY	VTC	P907SMR	BBD	P931AUB	BFS	P968HWF	PIC
P859VUS	FEX	P882MNE	SNW	P908CTO	TBB	P931MKL	ASC	P968RUL	ASW
P860GND	BBD	P883MNE	WA	P908PWW	HWY	P931YSB	CBC	P970OAK	AXV
P861GND	BBD	P884MNE	WA	P908RYO	FHD	P932MKL	ASC	P971HWF	JWC
P861VFG	DCT	P884NRF	THA	P908SMR	BBD	P933MKL	ASC	P972PLN	FEL
P862GND	BBD	P885MNE	WA	P909CTO	TEV	P934MKL	ASC	P973MBF	FNW
P862VFG	DCT	P885USU	LCO	P909PWW	ISL	P935MKL	ASC	P974UKG	DOB
P863GND	BBD	P886FMO	SOD	P909SMR	BBD	P936MKL	ASC	P974WOS	SPA
P863VFG	DCT	P886JFL	APC	P910CTO	TBB	P936YSB	WCC	P975HNT	AUD
P864GND	BBD	P886MNE	SYOR	P910MOR	ENS	P937MKL	ASC	P976UBV	BBD
P864PWW	GWM	P886PWW	MWM	P910RYO	CHB	P937SSK	SYOR	P977UBV	SNW
P864VFG	DCT	P887FMO	HRD	P910SMR	WK	P937YSB	CBC	P978LNB	SYOR
P865GND	BBD	P887MNE	WA	P911CTO	TBB	P938MKL	ANW	P978UBV	WA
P865PWW	GWM	P887PWW	SVE	P911HHH	ZBJ	P939HVX	HFX	P979LNB	SYOR
P865VFG	PCO	P888ALS	HCL	P911PUA	RSC	P939MKL	ANW	P980LNB	SNW
P866GND	BBD	P888RWC	CHY	P911PWW	GWM	P939YSB	RTT	P982JBC	GPX
P866VFG	PCO	P889MNE	WA	P911SMR	WK	P940HBD	APC	P983LKL	LJL
P867PWW	GEL	P889TCV	FG	P912CTO	FSR	P940MKL	ANW	P984HWF	BCH
P868GND	BBD	P890EHN	SOS	P912GEJ	MTC	P940TFE	ZDT	P984JBC	IRB
P868MBF	FEX	P890MNE	WA	P912RYO	HUN	P941MKL	ANW	P984JKP	REC
P868VFG	PCO	P890TCV	FG	P913CTO	TBB	P942AUB	TJH	P984ROU	RNE
P869GEY	EFN	P891MHE	SIT	P913PWW	ASW	P942EMS	MID	P985KMS	YEL
P869MBF	FEX	P891MNE	WA	P913SMR	WK	P942MKL	ANW	P985LKL	DFT
P869MNE	SYOR	P892MNE	SYOR	P914CTO	TBB	P943MKL	ANW	P988AFV	SSOU
P869VFG	PCO	P892WGN	DEN	P914PGF	VIC	P944RWS	FHD	P989AFV	TYB
P870MBF	FEX	P893GEJ	DAU	P914PWW	ASW	P945RWS	FSA	P990AFV	TYB
P870MNE	WA	P893MNE	BBD	P914SMR	WK	P946RWS	FSA	P991AFV	TYB
P870VFG	PCO	P894FMO	ATR	P914SUM	JOH	P951DNR	PPH	P991HWF	AWC
P871AFV	SMI	P894MNE	SNW	P914XUG	CHH	P952RUL	ARM	P992NKU	EAG
P871EVN	SOO	P894RSF	HOR	P915CTO	TBB	P953RUL	ANW	P993AFV	TYB
P871MNE	WA	P894TCK	DUD	P915GEJ	MTC	P954RUL	ARM	P993NKU	EAG
P871VFG	PCO	P895FMO	VTC	P915PWW	ASW	P955LDA	TWM	P993RNW	TFB
P872MNE	WA	P895PWW	COG	P915RYO	SNW	P955RUL	ARM	P994VOS	HQD
P872PWW	LAV	P896EEC	SAA	P915XUG	GCB	P956RUL	ARM	P995RHS	MCM
P872VFG	PCO	P896FMO	VTC	P916CTO	TBB	P957RUL	ARM	P996JBC	CRN
P873MNE	WA	P897FMO	VTC	P916DEJ	RBC	P957VRF	ZAS	P999PCV	RPC
P873VFG	CUB	P898FMO	VTC	P918HNA	TRW	P958DNR	CHU	PA03ZPJ	BCH
P874MNE	WA	P899PWW	BOD	P918RYO	SUL	P958RUL	ARM	PA04CYC	TDL
P874VFG	CUB	P901CTO	SIL	P919HNA	RUF	P958YGG	ROS	PA04CYE	TDL
P874VYJ	WGW	P901PWW	RBC	P919RYO	SDEV	P959DNR	CHU	PA04CYF	TDL
P875MNE	BBD	P901RYO	CHB	P920RYO	FDC	P959EAJ	3DS	PA04CYG	TDL
P875VFG	APP	P901SMR	SWES	P921RYO	FHD	P959RUL	ANW	PA04CYH	TDL
P875YKS	FED	P902DRG	ANE	P922LPO	CUB	P959YGG	ROS	PA04CYJ	TDL
P876MNE	SNW	P902PWW	ISL	P922RYO	SUL	P960DNR	CDS	PA04CYK	TDL
P876VFG	APP	P902RYO	CHB	P923LPO	CUB	P960LOB	TWM	PA04CYL	TDL
P876YKS	FED	P902SMR	SWES	P923RYO	SDEV	P960PYA	SOD	PA04CYP	TDL
P877AJT	BAK	P903PWW	RBC	P924GEJ	MTC	P960RUL	ANW	PA04CYS	TDL
P877MNE	SYOR	P903RYO	WK	P924RYO	FIS	P961RUL	ANW	PA04CYT	TDL
P877PWW	MAS	P903SMR	SWES	P925RYO	FHD	P962RUL	ASW	PA51LEY	RTT
P877YKS	FED	P904CTO	TBB	P926MKL	ASC	P962SFR	ATF	PA52HAM	HMS
P878AJT	BAK	P904FMO	SWC	P926RYO	FDC	P963RUL	ASW	PAA826	DFT
P878LCC	TIV	P904RYO	GTC	P927CCU	BEC	P964NLK	LBL	PAG429A	PAR
P878MNE	BBD	P905FMO	ASS			P964RUL	ASW	PAG525A	PAR

PAG545A	PAR	PDY272	RAM	PEZ7280	GBU	PEZ9351	GBU	PG02YVY	SWN
PAN58R	VIP	PDZ1029	FRA	PEZ7281	GBU	PEZ9352	GBU	PG02YWA	ZEZ
PAP545	GOL	PDZ4202	CRV	PEZ7282	GBU	PEZ9353	GBU	PG02YWB	LMC
PAZ1066	EOH	PDZ4204	CCS	PEZ7283	GBU	PEZ9354	GBU	PG02YWD	DUR
PAZ2531	PCL	PDZ5772	BCD	PEZ7284	GBU	PEZ9355	GBU	PG03SHV	END
PAZ2532	GOL	PDZ6267	LLM	PEZ7285	GBU	PEZ9356	GBU	PG03YYW	HAL
PAZ2535	SPA	PDZ6270	SKC	PEZ7286	GBU	PEZ9357	GBU	PG03YYX	HAL
PAZ3184	KIE	PDZ6277	BEK	PEZ7287	GBU	PEZ9358	GBU	PG03YYZ	HAL
PAZ6314	MGR	PE51YHF	SYOR	PEZ7288	GBU	PEZ9359	GBU	PG04WGN	TDL
PAZ6344	ESB	PE51YHG	SYOR	PEZ7289	GBU	PEZ9360	GBU	PG04WGP	TDL
PAZ7315	THU	PE51YHH	PBT	PEZ7290	GBU	PEZ9932	KWT	PG04WGU	TDL
PAZ8034	B&N	PE51YHJ	PBT	PEZ7291	GBU	PF02VWO	HIS	PG04WGV	TDL
PAZ9346	KIE	PE51YHK	PBT	PEZ7292	GBU	PF02XMW	ROS	PG04WGW	TDL
PB04DAF	BIB	PE51YHL	SEMS	PEZ7293	GBU	PF02XMX	ROS	PG04WGX	TDL
PB05BUZ	WIA	PE51YHM	SNW	PEZ7294	GBU	PF04SYJ	HOM	PG04WGY	TDL
PB07DAF	BIB	PE51YHN	PBT	PEZ7295	GBU	PF06ENL	TTR	PG04WGZ	TDL
PB08LEE	CRV	PE55WLG	TTC	PEZ7296	GBU	PF06ENM	TTR	PG04WHA	TDL
PB09BUL	BUL	PE55WLH	TTC	PEZ7297	GBU	PF06ENN	TTR	PG04WHB	TDL
PB09DEN	PRN	PE55WLJ	TTC	PEZ7298	GBU	PF06ENO	TTR	PG04WHC	TDL
PB09LTL	LIT	PE55WMD	PBT	PEZ7299	GBU	PF06EZL	BLT	PG04WHD	TDL
PB09ONE	W&D	PE55WMF	PBT	PEZ7300	GBU	PF06EZM	BLT	PG04WHE	TDL
PB10BCL	ZCO	PE55WMG	PBT	PEZ9311	GBU	PF06EZN	BLT	PG04WHF	TDL
PB10DAF	BIB	PE55WML	WHI	PEZ9312	GBU	PF06EZO	BLT	PG04WHH	TDL
PB55LFC	BIB	PE55WPP	SBM	PEZ9313	GBU	PF06EZP	BLT	PG04WHJ	TDL
PBC98G	CHR	PE55WSU	SBM	PEZ9314	GBU	PF08URP	BIG	PG04WHK	TDL
PBV779	HWD	PE56UFH	EPS	PEZ9315	GBU	PF08URR	BIG	PG04WHL	TDL
PBZ2222	LIS	PE56UFJ	EPS	PEZ9316	GBU	PF08URS	BIG	PG04WHN	TDL
PBZ3656	ALE	PE56UFK	EPS	PEZ9317	GBU	PF08URU	BIG	PG04WHP	TDL
PBZ3658	ALE	PE56UFL	EPS	PEZ9318	GBU	PF08URV	BIG	PG04WHR	TDL
PBZ6060	66C	PE56UFM	EPS	PEZ9319	GBU	PF08URW	BIG	PG04WHS	TDL
PBZ6943	JCS	PE56UFN	EPS	PEZ9320	GBU	PF08URX	BIG	PG04WHT	TDL
PBZ7052	THO	PE56UFP	EPS	PEZ9321	GBU	PF08URZ	BIG	PG04WHU	TDL
PBZ8343	CRN	PE56UFR	EPS	PEZ9322	GBU	PF08USB	BIG	PG04WHV	TDL
PBZ8394	MGR	PE56UFS	EPS	PEZ9323	GBU	PF08USC	BIG	PG04WHW	TDL
PBZ9153	SEM	PE56UJX	TTC	PEZ9324	GBU	PF10OXF	OBC	PG04WHX	TDL
PBZ9155	K&J	PE57KFU	ORD	PEZ9325	GBU	PF51KHC	BSG	PG04WHZ	TDL
PC02PCC	PCO	PE4134	ELS	PEZ9326	GBU	PF51KMM	ROS	PG04WJA	TDL
PC05PCC	PCO	PEB2R	KEN	PEZ9327	GBU	PF51KMO	ROS	PG04XUA	TTC
PC05SFC	PRN	PEF6X	FOW	PEZ9328	GBU	PF51KMU	ROS	PG53SXU	CCW
PC06PCC	PCO	PEZ4338	CBC	PEZ9329	GBU	PF51KMV	ROS	PGD216F	MEW
PC08PCC	PCO	PEZ4562	CBC	PEZ9330	GBU	PF51KMX	ROS	PGD220F	MEW
PC09MOM	PCW	PEZ4563	CBC	PEZ9331	GBU	PF52SZN	EAG	PH54PCH	DPC
PC10BOS	PCW	PEZ7261	GBU	PEZ9332	GBU	PF52TFX	HAC	PHL454R	K&J
PC10SAN	PCW	PEZ7262	GBU	PEZ9333	GBU	PF52TGZ	HAC	PHN178L	IMP
PC51KAT	CAT	PEZ7263	GBU	PEZ9334	GBU	PF52WPT	GAL	PHN699	HJC
PC59PCC	PCO	PEZ7264	GBU	PEZ9335	GBU	PF52WPU	GAL	PIB277	SVC
PCN25	TGB	PEZ7265	GBU	PEZ9336	GBU	PF52WPV	GAL	PIB1125	TTO
PCZ1644	PRI	PEZ7266	GBU	PEZ9337	GBU	PF52WPW	GAL	PIB1180	FRK
PCZ2468	ORC	PEZ7267	GBU	PEZ9338	GBU	PF52WPX	GAL	PIB2344	WCK
PCZ2674	GSM	PEZ7268	GBU	PEZ9339	GBU	PF52WPY	GAL	PIB3360	BRS
PCZ5691	PRI	PEZ7269	GBU	PEZ9340	GBU	PF52WPZ	GAL	PIB4019	BRS
PCZ5794	CRW	PEZ7270	GBU	PEZ9341	GBU	PF52WRA	GAL	PIB5766	KYC
PCZ6034	WTR	PEZ7271	GBU	PEZ9342	GBU	PF52WRC	GAL	PIB5773	YAR
PCZ7437	PRI	PEZ7272	GBU	PEZ9343	GBU	PF52WRD	GAL	PIB6369	PKT
PDF567	PUH	PEZ7273	GBU	PEZ9344	GBU	PF52WRE	GAL	PIB6556	ABI
PDL230	SVS	PEZ7274	GBU	PEZ9345	GBU	PF52WRG	GAL	PIB7998	SPT
PDL298	SVS	PEZ7275	GBU	PEZ9346	GBU	PF56OXF	OBC	PIB9211	SREN
PDN873	CHD	PEZ7276	GBU	PEZ9347	GBU	PF57CCU	TTC	PIB9395	BOR
PDW484	NPT	PEZ7277	GBU	PEZ9348	GBU	PFE541V	JBT	PIJ601	SREN
PDX782	KIN	PEZ7278	GBU	PEZ9349	GBU	PFE544V	WBH	PIJ2799	TEL
PDY42	RAM	PEZ7279	GBU	PEZ9350	GBU	PFG362	MOA		

PIJ3379	AMB	PIL8379	EDW	PJ02RAU	GAL	PJ05ZWB	TDE	PJ53NKZ	GAL
PIJ5751	HWC	PIL8578	ATI	PJ02RAX	GAL	PJ05ZWC	TDE	PJ53NLA	GAL
PIL2160	CSC	PIL9276	KAD	PJ02RBF	GAL	PJ05ZWD	TDE	PJ53NLC	GAL
PIL2161	PWB	PIL9338	BML	PJ02RBO	GAL	PJ05ZWE	TDE	PJ53NLD	GAL
PIL2162	2WT	PIL9339	PKT	PJ02RBU	GAL	PJ05ZWF	TDE	PJ53NLE	GAL
PIL2163	LEE	PIL9376	MOG	PJ02RBV	GAL	PJ05ZWG	TDE	PJ53NLF	GAL
PIL2165	WBK	PIL9537	3DS	PJ02RBZ	GAL	PJ05ZWH	TDE	PJ53OLA	IBL
PIL2166	WBK	PIL9724	AAR	PJ02RCF	GAL	PJ05ZWK	TDE	PJ53OLB	IBL
PIL2167	MDO	PIL9727	ROT	PJ02RCO	GAL	PJ05ZWL	TDE	PJ53OLC	IBL
PIL2169	JHE	PIL9728	ROT	PJ02RCU	GAL	PJ05ZWV	BST	PJ53OLE	IBL
PIL2170	CSC	PIL9730	DEW	PJ02RCV	GAL	PJ52BYP	SUL	PJ53OLG	IBL
PIL2172	SIC	PIL9731	WST	PJ02RCX	GAL	PJ52LVP	GAL	PJ53OLH	IBL
PIL2598	EDW	PIL9734	ORJ	PJ02RCY	GAL	PJ52LVR	GAL	PJ53OLK	IBL
PIL2693	COO	PIL9740	AYR	PJ02RCZ	GAL	PJ52LVS	GAL	PJ53OUN	TDL
PIL2841	CTR	PIL9742	RSV	PJ02RDO	GAL	PJ52LVT	GAL	PJ53OUO	TDL
PIL2861	BGR	PIL7752	COP	PJ02RDU	GAL	PJ52LVU	GAL	PJ53OUP	TDL
PIL2862	GLO	PIW2633	DEV	PJ02RDV	GAL	PJ52LVV	GAL	PJ53OUU	TDL
PIL3171	CHP	PIW2634	SSC	PJ02RDX	GAL	PJ52LVW	GAL	PJ53OUV	TDL
PIL3178	ALP	PIW3690	MGI	PJ02RDY	GAL	PJ52LVX	GAL	PJ53OUW	TDL
PIL3454	ABG	PIW4456	SEMS	PJ02RDZ	GAL	PJ52LVY	GAL	PJ53OUX	TDL
PIL3523	KIM	PIW4616	KTL	PJ02REU	GAL	PJ52LVZ	GAL	PJ53OUY	TDL
PIL3526	REE	PIW4788	BDY	PJ02RFE	GAL	PJ52LWA	GAL	PJ53OVA	TDL
PIL3750	DPG	PIW4790	ORC	PJ02RFF	GAL	PJ52LWC	GAL	PJ53OVB	TDL
PIL3752	DPG	PIW5010	WIR	PJ02RFK	GAL	PJ52LWD	GAL	PJ53SOE	GAL
PIL4311	EST	PIW5729	SOT	PJ02RFL	GAL	PJ52LWE	GAL	PJ53SOH	GAL
PIL4420	CHZ	PIW6962	GRI	PJ02RFN	GAL	PJ52LWF	GAL	PJ53SOU	GAL
PIL4682	SAN	PIW8182	MVN	PJ02RFO	GAL	PJ52LWG	GAL	PJ53SPU	GAL
PIL4683	SPR	PJ02AAA	VTE	PJ02RFX	GAL	PJ52LWH	GAL	PJ53SPV	GAL
PIL4723	LES	PJ02PYD	BLT	PJ02RFY	GAL	PJ52LWK	GAL	PJ53SPX	GAL
PIL4724	SPR	PJ02PYF	BLT	PJ02RFZ	GAL	PJ52LWL	GAL	PJ53SPZ	GAL
PIL4725	SPR	PJ02PYG	BLT	PJ02RGO	GAL	PJ52LWM	GAL	PJ53SRO	GAL
PIL4726	SPR	PJ02PYH	BLT	PJ02RGU	GAL	PJ52LWN	GAL	PJ53SRU	GAL
PIL5258	GMY	PJ02PYL	BLT	PJ02RGV	GAL	PJ52LWO	GAL	PJ53UHV	ROS
PIL5345	MLN	PJ02PYO	BLT	PJ02RGX	YOB	PJ52LWP	GAL	PJ54EHU	TTC
PIL5346	JBR	PJ02PYP	BLT	PJ02RGY	YOB	PJ52LWR	GAL	PJ54EHV	TTC
PIL5861	ROM	PJ02PYS	BLT	PJ02RGZ	SUT	PJ52LWS	GAL	PJ54YZT	IBL
PIL5862	ZDT	PJ02PYT	BLT	PJ02RHA	YOB	PJ52LWT	GAL	PJ54YZU	IBL
PIL6030	SBD	PJ02PYU	GON	PJ02RHE	HED	PJ52LWU	GAL	PJ54YZV	IBL
PIL6350	GHA	PJ02PYV	GON	PJ02RHF	WED	PJ52LWV	GAL	PJE999J	KEN
PIL6351	CCG	PJ02PYW	GON	PJ02TVN	GAL	PJ52LWW	GAL	PJI2409	NIG
PIL6502	GLO	PJ02PYX	GON	PJ02TVO	GAL	PJ52LWX	GAL	PJI1826	BCT
PIL6503	DAV	PJ02PYY	GON	PJ02TVP	GAL	PJ52LXL	CUB	PJI2407	HUG
PIL6576	SCH	PJ02PYZ	GON	PJ02TVT	GAL	PJ53NJZ	GAL	PJI2457	COO
PIL6578	SCH	PJ02PZA	GON	PJ02TVU	GAL	PJ53NKA	GAL	PJI2803	GRC
PIL6579	SCH	PJ02PZB	GON	PJ02VJX	LLM	PJ53NKC	GAL	PJI2804	GRC
PIL6581	HKW	PJ02PZC	GON	PJ03NBK	BSG	PJ53NKD	GAL	PJI3043	HUY
PIL6596	REY	PJ02PZD	GON	PJ03NBL	AMD	PJ53NKE	GAL	PJI3184	BRC
PIL6598	REY	PJ02PZE	GON	PJ03TFF	BLT	PJ53NKF	GAL	PJI3194	WLA
PIL6647	YEL	PJ02PZF	GON	PJ03TFK	BLT	PJ53NKG	GAL	PJI3354	TAR
PIL6648	ATI	PJ02PZG	GON	PJ03TFN	BLT	PJ53NKH	GAL	PJI3546	NEL
PIL6827	ROY	PJ02PZH	GON	PJ03TFU	BLT	PJ53NKK	GAL	PJI3547	NEL
PIL6831	PEW	PJ02PZK	GON	PJ03TFV	BLT	PJ53NKL	GAL	PJI3548	GRY
PIL6833	GVE	PJ02PZL	GON	PJ03TFX	BLT	PJ53NKM	GAL	PJI3550	NEL
PIL7065	LES	PJ02PZM	RHC	PJ03TFY	BLT	PJ53NKN	GAL	PJI3748	PIC
PIL7240	EDW	P02PZN	RHC	PJ03TFZ	BLT	PJ53NKO	GAL	PJI4631	SSC
PIL7395	BRN	PJ02PZP	RHC	PJ03TGE	BLT	PJ53NKP	GAL	PJI4656	FTR
PIL7835	AYR	PJ02PZU	WED	PJ05ZVW	TDE	PJ53NKR	GAL	PJI4713	TAW
PIL7902	GIT	PJ02PZV	RHC	PJ05ZVX	TDE	PJ53NKT	GAL	PJI4986	PRC
PIL7971	WET	PJ02PZW	WED	PJ05ZVY	TDE	PJ53NKU	GAL	PJI5013	SGD
PIL8283	SOO	PJ02PZX	HEY	PJ05ZVZ	TDE	PJ53NKW	GAL	PJI5014	WIT
PIL8378	HOW	PJ02PZY	RHC	PJ05ZWA	TDE	PJ53NKX	GAL	PJI5016	SGD

PJI5286	SKC	PKH228F	THR	PMB877Y	BTC	PN03UGA	ROR	PN05SYG	HAL
PJI5627	HET	PKZ2958	FSR	PN02HVJ	TDE	PN03UGG	BLT	PN05SYH	HAL
PJI5631	LID	PKZ5753	SBG	PN02HVK	TDE	PN03UGH	BLT	PN05SYJ	HAL
PJI6075	MBT	PL03AGZ	GAL	PN02HVL	ATS	PN03ULL	NCC	PN05SYO	HAL
PJI6077	ONE	PL03BPZ	BLT	PN02HVM	ATS	PN03ULM	UNO	PN06FJE	BLA
PJI6389	DJT	PL04LDN	WIB	PN02HVO	ATS	PN03ULP	NCC	PN06FJF	CTP
PJI6431	WET	PL05PLN	EPS	PN02HVP	ATS	PN03ULR	NCC	PN06KJK	TTC
PJI6909	EUS	PL05PLO	EPS	PN02HVR	ATS	PN03ULS	UNO	PN06KJO	TTC
PJI7230	MTC	PL05PLU	EPS	PN02HVS	ATS	PN03ULT	NCC	PN06KJU	TTC
PJI7727	ACW	PL05PLV	EPS	PN02HVV	TDE	PN03ULU	NCC	PN06KJV	ALF
PJI7755	BGR	PL05PLX	EPS	PN02HVW	TDE	PN03ULV	NCC	PN06KJX	ALF
PJI7756	DJI	PL05UBR	TDE	PN02HVX	TDE	PN03ULX	NCC	PN06KJY	ALF
PJI8324	AXV	PL05UBS	TDE	PN02HVY	TDE	PN03ULZ	UNO	PN06KJZ	ALF
PJI8326	SPE	PL06RYO	PBT	PN02HVZ	TDE	PN03UMA	NCC	PN06KKA	ALF
PJI8328	EUS	PL06RYP	PBT	PN02HWA	TDE	PN03UMC	NCC	PN06KLJ	TTC
PJI8329	ROY	PL06TFX	WGH	PN02KCA	SNW	PN03UMD	NCC	PN06KMA	HWD
PJI8360	SWC	PL06TFY	WGH	PN02KCC	SNW	PN03UME	NCC	PN06KME	WHI
PJI8364	PIC	PL06TFZ	HOB	PN02KCE	SNW	PN03UMF	WED	PN06KSO	AAA
PJI8828	PLY	PL06TGE	HOB	PN02KCF	SNW	PN03UMG	NCC	PN06KTG	DCT
PJI9172	DRM	PL06TGF	HOB	PN02KCG	SNW	PN03UMH	NCC	PN06TKD	DCT
PJI9174	CRI	PL08YLZ	SAN	PN02XBH	GAL	PN03UMJ	NCC	PN06TMV	HAT
PJT267R	AMB	PL08YMA	SAN	PN02XBL	GAL	PN04BNV	HIS	PN06TTE	AAA
PJY534	LID	PL51LDJ	GAL	PN02XBM	GAL	PN04BNY	ASS	PN06TVF	HWD
PJZ2182	KCL	PL51LDK	GAL	PN02XBO	GAL	PN04NMM	ALF	PN06TVJ	HWD
PJZ2183	KCL	PL51LDN	GAL	PN02XBP	GAL	PN04NMU	ALF	PN06TVK	HWD
PJZ3171	HGI	PL51LDO	GAL	PN02XBR	GAL	PN04NMV	ALF	PN06TVL	HWD
PJZ4425	NIG	PL51LDU	GAL	PN02XBS	GAL	PN04NMX	ALF	PN06TVP	NCC
PJZ4427	NIG	PL51LDV	GAL	PN02XBT	GAL	PN04NMY	ALF	PN06TVT	HWD
PJZ4436	FLM	PL51LDX	GAL	PN02XBU	GAL	PN04NPA	HWD	PN06TVU	WHE
PJZ6422	NIG	PL51LDZ	GAL	PN02XBW	GAL	PN04NPC	SLA	PN06TVV	AAA
PJZ6441	BEW	PL51LEF	GAL	PN02XBX	PCB	PN04NTX	HWD	PN06TVZ	ZCE
PJZ6442	BEW	PL51LGD	GAL	PN02XBY	SUL	PN04PFX	HWD	PN06UBK	HWD
PJZ6443	BEW	PL51LGF	GAL	PN02XBZ	CAO	PN04PFZ	HWD	PN06UYL	MEB
PJZ9391	PRM	PL51LGG	SUL	PN02XCA	CAO	PN04PLF	TTC	PN06UYM	MEB
PJZ9392	PRM	PL51LGO	PCB	PN02XCB	GAL	PN04UWV	CBL	PN06UYO	MEB
PK02PUO	MFW	PL51LGU	PCB	PN02XCC	PCB	PN04XDE	BLT	PN06UYP	MEB
PK02RCZ	B&H	PI51LGV	PCB	PN02XCD	GAL	PN04XDF	BLT	PN06UYR	MEB
PK02RDO	B&H	PL51LGX	PCB	PN02XCE	PCB	PN04XDG	BLT	PN06UYS	MEB
PK02RDU	B&H	PL52WTT	BCH	PN02XCF	GON	PN04XDH	BLT	PN06UYT	MEB
PK02RDV	B&H	PL52WTZ	BCH	PN02XCG	PCB	PN04XDJ	BLT	PN06UYU	MEB
PK02RDX	B&H	PL52WUX	BCH	PN02XCH	PCB	PN04XDK	BLT	PN06UYV	MEB
PK02RDY	B&H	PL52XAD	BLT	PN02XCJ	PCB	PN04XDL	BLT	PN06UYW	MEB
PK02RDZ	B&H	PLZ2876	ZAV	PN02XCK	CAO	PN05AEZ	ALF	PN06UYX	MEB
PK02REU	B&H	PLZ3055	IVG	PN02XCL	GON	PN05AFA	ALF	PN06UYY	MEB
PK02RFE	B&H	PLZ4375	BLE	PN02XCM	PCB	PN05AFE	ALF	PN06ZCL	WHE
PK02RFF	B&H	PLZ5590	DWN	PN02XCO	PCB	PN05AHA	HWD	PN07EHB	HWD
PK02RFJ	B&H	PLZ5591	DWN	PN02XCP	PCB	PN05AMU	ALF	PN07EHC	HWD
PK02RFL	B&H	PLZ5592	DWN	PN02XCR	SUL	PN05AMV	ALF	PN07EHD	HWD
PK02WVP	OAR	PLZ5594	DWN	PN02XCS	CAO	PN05AMX	ALF	PN07EHE	HWD
PK02WVV	GMC	PLZ5733	SKC	PN02XCT	CAO	PN05BHL	TTC	PN07EHF	HWD
PK51LJN	TDE	PLZ6137	EUR	PN02ZKV	OAR	PN05BJY	MLN	PN07EHG	HWD
PK51LJO	TDE	PLZ6542	AUD	PN03FYG	COC	PN05BTO	HAT	PN07EHH	HWD
PK51LJU	TDE	PLZ7939	KAD	PN03OSF	TIL	PN05BTU	END	PN07EHJ	HWD
PK51LJV	TDE	PLZ8021	ABY	PN03OVM	ALF	PN05BUA	ALP	PN07EHK	HWD
PK51LJX	TDE	PLZ8131	BBU	PN03OVP	ALF	PN05CNA	HWD	PN07ELM	WBH
PK51LJY	TDE	PLZ8132	BBU	PN03OWA	WA	PN05CVB	HWD	PN07EHM	WBH
PK54WPR	ASD	PM04JAM	MOS	PN03PFV	ALF	PN05CVC	HWD	PN07EHO	HWD
PK55VXS	ASM	PM05JAM	MOS	PN03PFX	ALF	PN05DOU	THO	PN07EHS	HAT
PK55VYY	ASM	PM07JAM	MOS	PN03POA	ALF	PN05PZR	HER	PN07EHU	HWD
PKE810M	JBT	PM53BAG	BAG	PN03UFW	TYR	PN05RAX	CSP	PN07EHW	HWD
PKG702Y	HBS	PM55PXB	PIK	PN03UFX	TYR	PN05SYF	RCT	PN07KPY	HAC

PN07KPZ	HAC	PN08LAE	TTC	PN09EOC	BIG	PN52XBJ	IBL	PN57NFD	PBT		
PN07KRD	HAC	PN08LAO	TTC	PN09EOD	BIG	PN52XBK	IBL	PN57NFE	PBT		
PN07KRE	HAC	PN08LBJ	TTC	PN09EOE	BIG	PN52XBM	IBL	PN57NFF	PBT		
PN07KRF	HAC	PN08LBK	TTC	PN09EOF	BIG	PN52XBO	IBL	PN57NFG	PBT		
PN07KRG	HAC	PN08SVK	PBT	PN09EOH	BIG	PN52XBP	RCT	PN57RVT	TTC		
PN07KRK	MEB	PN08SVL	PBT	PN09EOJ	BIG	PN52XKF	BLT	PNB800W	MFW		
PN07KRO	MEB	PN08SVO	PBT	PN09EOK	BIG	PN52XKG	BLT	PNR723	AAM		
PN07KRU	MEB	PN08SVP	PBT	PN09EOL	BEE	PN52XKH	BLT	PNW338W	GSF		
PN07KRV	MEB	PN08SVR	PBT	PN09HGL	TTC	PN52XKJ	BLT	PO10CJT	TUR		
PN07KRX	MEB	PN08SVS	PBT	PN09HGM	TTC	PN52XKK	BLT	PO51MTE	K&D		
PN07KRZ	EPS	PN08SVT	PBT	PN09HGO	TTC	PN52XRJ	ARM	PO51MTF	TDE		
PN07KSE	EPS	PN08SVU	PBT	PN09HGP	TTC	PN52XRK	ARM	PO51MTK	TDE		
PN07LHZ	TTC	PN08SVZ	UNO	PN09HGU	TTC	PN52XRL	ARM	PO51MTU	TDE		
PN07LJA	TTC	PN08SWF	UNO	PN09HMH	ALF	PN52XRM	ARM	PO51MTV	TDE		
PN07LLE	ALF	PN08SWJ	HAC	PN09HMJ	ALF	PN52XRO	ARM	PO51MTX	HAD		
PN07LLF	ALF	PN08SYV	RTL	PN09OKA	RSR	PN52XRP	ARM	PO51MTY	HAD		
PN07LLG	ALF	PN08SYW	RTL	PN09OKB	RSR	PN52XRR	ARM	PO51MTZ	HAD		
PN07LLJ	ALF	PN09BWZ	FNW	PN10AFE	HWD	PN52XRS	ARM	PO51MUA	HAD		
PN07LLK	ALF	PN09BXA	FNW	PN10AFF	HWD	PN52XRT	ARM	PO51MUB	TDE		
PN07LLZ	TTC	PN09CWO	AAA	PN10AFJ	HWD	PN52XRU	ARM	PO51MUC	TDE		
PN07LME	TTC	PN09CWP	JKN	PN10AFK	HWD	PN52XRV	ARM	PO51MUE	HAD		
PN07LMK	TTC	PN09CWT	SEA	PN10AFO	WCH	PN52XRW	ARM	PO51MUP	HAD		
PN07LML	TTC	PN09CWU	SEA	PN10AFY	SVD	PN52YZF	KJB	PO51MUU	HAD		
PN07LMM	TTC	PN09CWV	SEA	PN10AFZ	SVD	PN52ZCT	AMV	PO51MUV	HAD		
PN07LMO	TTC	PN09CXA	HWD	PN10AGO	HWD	PN52ZCX	BLA	PO51MUW	K&D		
PN07NTJ	PBT	PN09CXB	HWD	PN10AHA	SLK	PN52ZDW	PLT	PO51MUY	K&D		
PN07NTK	PBT	PN09CXC	HWD	PN10AHD	JBT	PN52ZVH	PBT	PO51MVA	TDE		
PN07NTL	PBT	PN09CXJ	HWD	PN10FNO	CYC	PN52ZVJ	PBT	PO51NXU	CHD		
PN07NTM	PBT	PN09CXL	FHT	PN10FNP	DOI	PN52ZVK	PBT	PO51OLU	SBZ		
PN07NTO	PBT	PN09CXW	ANC	PN10FNR	EBA	PN52ZVL	PBT	PO51OLV	RSS		
PN07NTT	PBT	PN09EKR	MEB	PN10FNS	EBA	PN52ZVM	PBT	PO51UGF	LBP		
PN07NTU	PBT	PN09EKT	MEB	PN10FOA	CLA	PN52ZVO	PBT	PO51UMF	CBN		
PN07NTV	PBT	PN09EKU	MEB	PN10FOC	BIG	PN52ZVP	PBT	PO51UMG	BLT		
PN07XDS	SLK	PN09EKV	MEB	PN10FOD	BIG	PN52ZVR	PBT	PO51UMH	SUL		
PN07XDY	HWD	PN09EKW	MEB	PN10FOF	BIG	PN52ZVS	PBT	PO51UMJ	MAN		
PN07XEB	HWD	PN09EKX	MEB	PN10FOH	BIG	PN57CCU	TTC	PO51UMK	IBL		
PN08CMK	R&B	PN09EKY	MEB	PN10FOJ	BIG	PN57CTZ	SCC	PO51UML	SUL		
PN08CMO	HWD	PN09ELJ	JOH	PN10FOK	BIG	PN57CUA	SCC	PO51UMR	SUL		
PN08CMU	HWD	PN09ELO	MEB	PN10FOM	WCH	PN57CUC	SCC	PO51UMS	KIE		
PN08CMV	HWD	PN09ELU	MEB	PN10GJU	TTC	PN57CUH	SCC	PO51UMT	BLT		
PN08CMX	HWD	PN09ELV	MEB	PN10GJV	TTC	PN57CUJ	SCC	PO51UMV	BLT		
PN08CMY	HWD	PN09ELW	MEB	PN10GJX	TTC	PN57CUK	SCC	PO51UMW	KIE		
PN08CMZ	MAN	PN09ELX	MEB	PN51LFE	PCB	PN57CUO	SCC	PO51UMX	WXC		
PN08CNC	COC	PN09EMF	MEB	PN51LGA	PCB	PN57CUU	SCC	PO51UMY	WXC		
PN08CNE	HWD	PN09EMJ	JOH	PN51LGC	PCB	PN57CUV	HWD	PO51WEC	ROS		
PN08CNF	HWD	PN09EMK	MEB	PN51LGJ	PCB	PN57CUW	HWD	PO51WLF	SNW		
PN08CNJ	HWD	PN09EMV	MEB	PN51LGK	PCB	PN57CUX	HWD	PO51WLG	SNW		
PN08CNK	HWD	PN09EMX	MEB	PN51LGN	PCB	PN57CVA	CHI	PO51WLH	SNW		
PN08CNO	WHI	PN09ENC	MEB	PN52KDU	VTE	PN57CVB	HWD	PO51WLJ	SNW		
PN08CPU	SLK	PN09ENE	MEB	PN52MWU	WSC	PN57CVC	ZCE	PO51WLK	SNW		
PN08FVD	OLA	PN09ENF	MEB	PN52MYG	COC	PN57CVD	HWD	PO51WLL	SNW		
PN08KWU	TTC	PN09ENH	MEB	PN52MZO	KCL	PN57CVE	HWD	PO51WLN	SNW		
PN08KWV	TTC	PN09ENJ	JOH	PN52WWK	ROS	PN57CVF	HWD	PO51WLP	SNW		
PN08KWW	TTC	PN09ENK	MEB	PN52WWL	ROS	PN57CVG	HWD	PO51WLR	SNW		
PN08KWX	TTC	PN09ENL	MEB	PN52WWM	ROS	PN57CVS	SEA	PO51WNF	GTC		
PN08KXH	ALF	PN09ENM	MEB	PN52WWO	ROS	PN57CVT	SEA	PO51WNG	GTC		
PN08KXJ	ALF	PN09ENO	MEB	PN52WWP	ROS	PN57CVU	SEA	PO51WNJ	GTC		
PN08KXK	ALF	PN09ENX	BEE	PN52WWR	ROS	PN57LGF	ROS	PO51WNK	BVB		
PN08KXL	ALF	PN09ENY	BIG	PN52XBF	ARM	PN57MFA	ZCQ	PO51WNL	GTC		
PN08KXM	ALF	PN09EOA	BIG	PN52XBG	ARM	PN57NFA	PBT	PO51WNM	GTC		
PN08KXO	ALF	PN09EOB	BIG	PN52XBH	ARM	PN57NFC	PBT	PO51WNN	KIE		

PO51WNP	KCH	PO56OZV	TRH	PO59HXS	SNW	PO59OMK	CCP	PRN909	PBT
PO51WYK	DVR	PO56OZW	TRH	PO59HXT	SNW	PO60HZA	AAA	PRP3V	CLN
PO53KZZ	BSG	PO56PBX	SCC	PO59HXU	SNW	POG477Y	MCO	PS56PBS	BUD
PO53OBM	ROS	PO56PBY	HWD	PO59HXV	SNW	POG484Y	RTL	PS2743	SYOR
PO53OBN	ROS	PO56PBZ	HWD	PO59HXW	SNW	POG490Y	NEN	PSD281H	LID
PO53OBP	ROS	PO56PCF	HOM	PO59HXX	SNW	POG491Y	ELR	PSU314	FAB
PO53OBR	ROS	PO56PCU	HWD	PO59HXY	SNW	POG495Y	SEMS	PSU315	FED
PO53OBT	ROS	PO56PCZ	MCO	PO59HXZ	SNW	POG496Y	MTL	PSU317	FED
PO53OBU	ROS	PO56RNY	PBT	PO59HYA	SNW	POG508Y	DCT	PSU374	STAY
PO53OFA	JKN	PO56RNZ	PBT	PO59HYB	SNW	POG517Y	ELR	PSU375	STAY
PO53OKF	BOS	PO56ROH	PBT	PO59HYC	SNW	POG523Y	ELR	PSU376	STAY
PO53OOA	HOM	PO56ROU	PBT	PO59HYF	SNW	POG525Y	RTL	PSU414	TYC
PO53OXF	CVP	PO56RPU	PBT	PO59HYG	SNW	POG526Y	ELR	PSU572	PRO
PO54ABZ	TDL	PO56RPV	PBT	PO59HYH	SNW	POG528Y	ELR	PSU610	ECL
PO54ACF	TDL	PO56RPX	PBT	PO59HYJ	SNW	POG529Y	GHW	PSU611	ECL
PO54ACJ	TDL	PO56RPY	PBT	PO59KFW	MEB	POG533Y	THU	PSU612	ECL
PO54ACU	TDL	PO56RPZ	PBT	PO59KFX	MEB	POG535Y	THU	PSU613	ECL
PO54ACV	TDL	PO56RRU	PBT	PO59KFY	MEB	POG536Y	DCT	PSU614	ECL
PO54ACX	TDL	PO56RRV	PBT	PO59KFZ	MEB	POG537Y	SHO	PSU615	ECL
PO54ACY	TDL	PO56RRX	PBT	PO59KGA	MEB	POG538Y	ELR	PSU616	ECL
PO54ACZ	TDL	PO56RRY	PBT	PO59KGE	MEB	POG540Y	THU	PSU617	ECL
PO54ADU	TDL	PO56RRZ	PBT	PO59MLK	ROS	POG542Y	SEMS	PSU618	ECL
PO54ADV	TDL	PO56RSU	PBT	PO59MLL	ROS	POG547Y	ELR	PSU619	ECL
PO54MHK	ROR	PO56RSV	PBT	PO59MLN	ROS	POG552Y	RTL	PSU620	ECL
PO54MJU	HER	PO56RSX	PBT	PO59MLU	ROS	POG553Y	ELR	PSU621	ECL
PO54MJV	TDT	PO56RSY	PBT	PO59MLX	ROS	POG556Y	KYC	PSU623	FIT
PO54MJY	HIS	PO56RSZ	PBT	PO59MLY	ROS	POG557Y	KYC	PSU627	FAB
PO54NAE	HWD	PO58ACU	HWD	PO59MLZ	ROS	POG562Y	HWC	PSU628	FAB
PO54NHA	HWD	PO58HPX	TVS	PO59MMA	ROS	POG563Y	ATI	PSU629	FAB
PO54NHB	HWD	PO58HPY	TVS	PO59MWG	SNW	POG566Y	THU	PSU698	ECL
PO54NLA	HWD	PO58HRA	SCC	PO59MWJ	SNW	POG567Y	DCT	PSU755	KIN
PO54NNM	HSW	PO58HRC	SCC	PO59MWK	SNW	POG568Y	LID	PSU764	SNOE
PO54OOD	TDL	PO58HRE	SCC	PO59MWL	SNW	POG571Y	SEMS	PSU954	SREN
PO54OOE	TDL	PO58HRF	AAA	PO59MWM	SNW	POG593Y	ELR	PSU969	ARM
PO54OOF	TDL	PO58KPL	PPH	PO59MWN	SNW	POG595Y	MTL	PSU988	ARM
PO54OOG	TDL	PO58KPN	KCC	PO59MWP	SNW	POG601Y	MCO	PSU989	ARM
PO55GFJ	FWY	PO58KPP	KCC	PO59MWU	SNW	POG607Y	MTL	PSU443	SEMS
PO55GGY	FWY	PO58KPR	KCC	PO59MWV	SNW	POI6312	POL	PSV223	SMP
PO55GHB	CSP	PO58KPT	KCC	PO59MWW	SNW	PP04BUS	IRB	PSV259	SLK
PO55NXF	HWD	PO58KPU	KCC	PO59MWX	SNW	PP06BUS	IRB	PSV456	BYL
PO55NXG	HWD	PO58KPV	KCC	PO59MWY	SNW	PP57BLU	BLU	PSV503	SLK
PO55OSL	CAT	PO58KPX	KCC	PO59MWZ	SNW	PPE658R	ORJ	PSV562	SLK
PO55OWY	TTC	PO58KPY	KCC	PO59MXA	SNW	PPT910	EMM	PSV592	SLK
PO55PYL	TDE	PO58KPZ	KCC	PO59MXB	SNW	PPY238	CHY	PT03APT	APT
PO55PYP	HAD	PO58KRD	KCC	PO59MXC	SNW	PPY650M	ALE	PT04APT	APT
PO56JDF	PBT	PO58NPG	ENS	PO59MXD	SNW	PR06BET	DUD	PT05CJT	TUR
PO56JDJ	PBT	PO58NPJ	ENS	PO59MXE	SNW	PR06PET	MFW	PT07APT	APT
PO56JDK	PBT	PO58NPK	ENS	PO59MXF	SNW	PR08BET	PCW	PT59JPT	JPT
PO56JDU	PBT	PO58NPN	ENS	PO59MXG	SNW	PR08ECT	PCW	PT2053	HEC
PO56JDX	PBT	PO58NPP	ENS	PO59MXH	SNW	PR08PET	PCW	PTT98R	JBT
PO56JEU	MEB	PO58NPU	ENS	PO59MXJ	SNW	PR54HCR	HAR	PU10HAM	PUH
PO56JFA	MEB	PO58NPV	ENS	PO59MXK	SNW	PR56BEC	SIC	PUA294W	HCT
PO56JFE	MEB	PO58NPX	ENS	PO59MXL	SNW	PR57LYE	PCW	PUA917	ATI
PO56JFF	MEB	PO58NPY	ENS	PO59MXM	SNW	PR57PSV	PCW	PUF249M	MAY
PO56JFG	MEB	PO58NRE	ENS	PO59MXN	SNW	PR57TCC	PCW	PUI1223	JGB
PO56JFJ	MEB	PO59CLJ	FNW	PO59MXP	SNW	PR58BEC	PCW	PUI2526	RWY
PO56JFK	MEB	PO59CLN	FNW	PO59MXR	SNW	PR58WYN	PCW	PUI2570	BBS
PO56JFN	MEB	PO59CPV	CVP	PO59MXS	SNW	PRE37W	ISL	PUI3762	ZEW
PO56JFU	MEB	PO59FHY	ALF	PO59OEC	TTC	PRE205R	EMB	PUI3785	FFC
PO56LTZ	TDT	PO59HXP	SNW	PO59OEE	TTC	PRN761	DRC	PUI3790	ATE
PO56LVW	DAN	PO59HXR	SNW	PO59OMJ	CMY	PRN909	PBT	PUI3791	AAC

Code	Reg	Code	Reg	Code	Reg	Code	Reg	Code	Reg
PUI3792	ATE	PX04DMU	SNW	PX05ENP	SNW	PX08CSY	SNW	PX54EJO	SNW
PUI3793	3DS	PX04DMV	SNW	PX05ENR	SNW	PX08CSZ	SNW	PX54EJU	SNW
PUI3812	MAG	PX04DMY	SNW	PX05ENT	SNW	PX08CTE	SNW	PX54EOY	SNW
PUI3813	MAG	PX04DMZ	SNW	PX06DVR	SNW	PX08CTF	SNW	PX54EOZ	SNW
PUI3814	MAG	PX04DND	SNW	PX06DVT	SNW	PX08CTK	SNW	PX54EPA	SNW
PUI3827	MAG	PX04DNE	SNW	PX06DVU	SNW	PX08CTO	SNW	PX54EPC	SNW
PUI3832	MAG	PX04DNF	SNW	PX06DVV	SNW	PX08CTU	SNW	PX54EPD	SNW
PUI3844	ZBG	PX04DNJ	SNW	PX06DVW	SNW	PX08CTV	SNW	PX54EPE	SNW
PUI3895	MAG	PX04DNN	SNW	PX06DVY	SNW	PX08CTY	SNW	PX54EPF	SNW
PUI5556	SBB	PX04DNU	SNW	PX06DVZ	SNW	PX08CTZ	SNW	PX54EPJ	SNW
PUI5557	SBB	PX04DNU	SNW	PX06DWA	SNW	PX08FMP	SNW	PX54EPK	SNW
PUI5558	SBB	PX04DNV	SNW	PX06FXV	SNW	PX08FMU	SNW	PX54EPL	SNW
PUI5586	FSR	PX04DOA	SNW	PX06FXW	SNW	PX08FMV	SNW	PX54EPN	SNW
PUI6623	PCO	PX04DOH	SNW	PX06FXY	SNW	PX08FMY	SNW	PX54EPO	SNW
PUI6625	PCO	PX04DOJ	SNW	PX06FXZ	SNW	PX08FMZ	SNW	PX54EPP	SNW
PUI6626	BOW	PX04DOU	SNW	PX06FYA	SNW	PX08FNA	SNW	PX54EPU	SNW
PUI6627	TAR	PX04DPE	SNW	PX06FYB	SNW	PX08FNC	SNW	PX54EPV	SNW
PUI6629	BOW	PX04DPF	SNW	PX06FYC	SNW	PX08FND	SNW	PX54EPY	SNW
PUI6632	HOM	PX04DPU	SNW	PX06FYD	SNW	PX08FNE	SNW	PX54EPZ	SNW
PUI6679	HIG	PX04DRZ	SNW	PX06FYE	SNW	PX08FNF	SNW	PX54ERJ	SNW
PUI6684	PCO	PX04DSE	CF	PX06FYF	SNW	PX08FNG	SNW	PX54EXM	SNW
PUI6803	VTE	PX04HTT	SNW	PX06FYG	SNW	PX09AAF	TIT	PX54EXN	SNW
PUI8031	RNC	PX04HTU	SNW	PX06FYH	SNW	PX09APO	MEW	PX54EYH	SCL
PUI8155	THA	PX04HTV	SNW	PX07BEY	ALA	PX09APU	MEW	PX54EYJ	SCL
PUI8160	THA	PX04HTY	SNW	PX07BFA	ALA	PX09AWV	SNW	PX54EYK	SCL
PUI9310	THA	PX04HTZ	SNW	PX07BFE	ALA	PX09AWW	SNW	PX54EYL	SCL
PUI9313	THA	PX05EKH	SNW	PX07EAA	SNOE	PX09AWY	SNW	PX55AHA	PON
PUI9420	SBB	PX05EKJ	SNW	PX07EAC	SNOE	PX09AWZ	SNW	PX55AHF	SNW
PUI9422	KAD	PX05EKK	SNW	PX07EAE	SNOE	PX09AXA	SNW	PX55AHG	SNW
PUI9499	PCL	PX05EKL	SNW	PX07EAF	SNOE	PX09AXB	SNW	PX55AHJ	SNW
PUJ925	SMS	PX05EKM	SNW	PX07GXT	HUC	PX09AXC	SNW	PX55DHN	BEE
PV55GNX	LID	PX05EKN	SNW	PX07GZU	SNW	PX09AXD	SNW	PX55EDF	SNW
PVA015	LBP	PX05EKO	SNW	PX07GZV	SNW	PX10ABZ	REI	PX55EDJ	SNW
PVA017	LBP	PX05EKP	SNW	PX07GZW	SNW	PX10ACF	REI	PX55EDK	SNW
PVA018	LBP	PX05EKR	SNW	PX07GZY	SNW	PX10BHK	REI	PX55EDL	SNW
PVA019	LBP	PX05EKT	SNW	PX07GZZ	SNW	PX10BHL	REI	PX55EDO	SNW
PVA021	LBP	PX05EKU	SNW	PX07HAA	SSOU	PX10BHN	REI	PX55EDP	WA
PVA025	LBP	PX05EKV	SNW	PX07HAE	SNW	PX10BHO	REI	PX55EDR	WA
PVA026	LBP	PX05EKW	SNW	PX07HAO	SSOU	PX10CKU	SNW	PX55EDU	WA
PVA046	LBP	PX05EKY	SNW	PX07HAU	SSOU	PX10CKV	SNW	PX55EDV	WA
PVA079	LBP	PX05EKZ	SNW	PX07HBA	SSOU	PX10DZG	SNW	PX55EEA	WA
PVA080	LBP	PX05ELC	SNW	PX07HBB	SSOU	PX10DZH	SNW	PX55EEB	WA
PVA081	LBP	PX05ELH	SNW	PX07HBC	SSOU	PX10DZJ	SNW	PX55EEF	WA
PVF377	SAN	PX05ELJ	SNW	PX07HBD	SNW	PX10DZK	SNW	PX55EEG	WA
PVS828	TWH	PX05ELO	SNW	PX07HBE	SNW	PX10ETL	SNW	PX55EEH	WA
PVV315	EDW	PX05ELU	SNW	PX07HBF	SNW	PX10ETO	SNW	PX55EEJ	WA
PVV657	ROT	PX05ELV	SNW	PX07HBG	SNW	PX10ETR	SNW	PX55EEM	WA
PVY569	SBG	PX05ELW	SNW	PX07HBH	SNW	PX10ETT	SNW	PX55EEN	WA
PWN807R	SIL	PX05EMF	SNW	PX07HBJ	SNW	PX51LML	KCH	PX55EEO	WA
PWV693	JJT	PX05EMJ	SNW	PX07HBK	SNW	PX53DJV	SNW	PX55EEP	WA
PWY39W	TWH	PX05EMK	SNW	PX07HBL	SNW	PX53DJY	SNW	PX55EER	WA
PX02NXS	EDW	PX05EMV	SNW	PX07HBN	SNW	PX53DJZ	SNW	PX55EES	WA
PX03HZF	MUL	PX05ENC	SNW	PX07HBO	SNW	PX53DKA	SNW	PX55EET	WA
PX03KCN	SSOU	PX05ENE	SNW	PX07HBP	SNW	PX53DKD	SNW	PX55EEU	WA
PX03KCU	SSOU	PX05ENF	SNW	PX07HBU	SNW	PX53DKE	SNW	PX55EEV	WA
PX03KCV	SSOU	PX05ENH	SNW	PX07HBY	SNW	PX53DKF	CF	PX55EEW	WA
PX03KCY	SSOU	PX05ENJ	SNW	PX08CMF	MCW	PX53DKJ	SNW	PX55EEY	WA
PX04DLV	SNW	PX05ENK	SNW	PX08CRZ	SNW	PX53DKK	SNW	PX55EEZ	WA
PX04DLY	SNW	PX05ENL	SNW	PX08CSF	SNW	PX53HVO	PIC	PX55EFA	WA
PX04DLZ	SNW	PX05ENM	SNW	PX08CSO	SNW	PX53VFO	A2B	PX55EFB	WA
PX04DME	SNW	PX05ENN	SNW	PX08CSU	SNW	PX53YRF	THD	PX55EFC	WA
PX04DMF	SNW	PX05ENO	SNW	PX08CSV	SNW	PX53ZLY	JPM	PX55EFD	WA

PX55EFE	WA	PX55EGE	SNW	PX58EZN	SNW	PX59CUA	SNW	PX60BFA	SNW
PX55EFF	WA	PX55EGJ	SNW	PX58FXK	SNW	PX59CUC	SNW	PX60BFE	SNW
PX55EFG	WA	PX55EGK	SNW	PX59AZB	SNW	PX59CUG	SNW	PX60BFF	SNW
PX55EFH	SSOU	PX55EGU	SNW	PX59AZC	SNW	PX59CUH	SNW	PXI320	BRR
PX55EFJ	SSOU	PX55EGV	SNW	PX59AZD	SNW	PX59CUJ	SNW	PXI359	ATE
PX55EFK	SNW	PX55EGY	SNW	PX59AZF	SNW	PX59CUK	SNW	PXI1304	GBU
PX55EFL	SNW	PX55EGZ	SNW	PX59AZG	SNW	PX59CUO	SNW	PXI1313	GBU
PX55EFM	SNW	PX55EHB	SNW	PX59AZJ	SNW	PX59CUU	SNW	PXI1319	K&J
PX55EFN	SNW	PX55EHC	SNW	PX59AZL	SNW	PX59CUV	SNW	PXI1421	GPT
PX55EFO	SNW	PX55EHD	SNW	PX59AZN	SNW	PX59CUW	SNW	PXI5501	GBU
PX55EFP	SNW	PX55EHE	SNW	PX59AZO	SNW	PX59CUY	SNW	PXI5517	DOT
PX55EFR	SNW	PX56CWM	SNW	PX59CSY	SNW	PX59CVA	SNW	PXI5523	DOT
PX55EFS	SNW	PX56CWN	SNW	PX59CSZ	SNW	PX59CVB	SNW	PXI5527	LSW
PX55EFT	SNW	PX56CWO	SNW	PX59CTE	SNW	PX59CVC	SNW	PXI5529	LSW
PX55EFU	SNW	PX56CWP	SNW	PX59CTF	SNW	PX59CVD	SNW	PXI8931	ATE
PX55EFV	SNW	PX56GNF	GPX	PX59CTK	SNW	PX59CVE	SNW	PY02KTO	SWSC
PX55EFW	SNW	PX56NNC	LID	PX59CTO	SNW	PX60BDZ	SNW	PY02KTP	SWSC
PX55EFY	SNW	PX58AZR	SNW	PX59CTU	SNW	PX60BEJ	SNW	PY52GXZ	SCL
PX55EFZ	SNW	PX58AZT	SNW	PX59CTV	SNW	PX60BEO	SNW	PY52JJK	DEN
PX55EGC	SNW	PX58EZL	SNW	PX59CTY	SNW	PX60BEU	SNW	PY52PHN	MFW
PX55EGD	SNW	PX58EZM	SNW	PX59CTZ	SNW	PX60BEY	SNW	PYJ136	NXD

Q

Q255GRW	CRK	Q275LBA	FEX	Q424CHH	ZAS

R

R1BLU	BLU	R4HLC	LUC	R8BLU	ROS	R12OAM	YON	R20STR	JOT
R1DWP	PAL	R4HWD	HWD	R8BUS	IVG	R12SBK	WGW	R23GNW	BRY
R1EMS	EMP	R4MHL	MWT	R8GHW	GHW	R12TYB	TYB	R24GNW	OAD
R1GVT	GVE	R4OCT	DEL	R8HCT	HAB	R12WGT	JEA	R27HNS	PSK
R1LTB	ZEZ	R4POW	BKY	R8LCB	FNW	R13TYB	TYB	R27VSM	FG
R1NEG	TWM	R4SCC	SIE	R8OVA	SAZ	R14SCC	SIE	R28GNW	AYO
R1OXF	OBC	R4WGT	TEV	R8OXF	OBC	R14TYB	TYB	R28MFM	MTL
R1STW	TVP	R5BSL	ZEC	R8TYB	TYB	R15ALS	CTE	R28VSM	SMI
R1TRU	FDC	R5CED	EDT	R8WMS	WTH	R15CED	TEV	R29GNW	AYO
R2BAN	BAN	R5GHA	GHA	R93LHK	TMH	R15SCC	ROW	R29MFM	ALC
R2CBC	CBW	R5HLC	LUC	R9BBC	EMH	R15TYB	TYB	R30ARJ	ANB
R2CJT	TUR	R5LCB	FNW	R9CCC	CED	R16DAB	ORD	R30CJT	TUR
R2CRC	CHA	R5PSW	PSW	R9HAT	HAT	R16HAM	HMS	R31GNW	SAN
R2GHA	GHA	R6ALP	ALP	R9LCB	FNW	R16TYB	TYB	R32GNW	BML
R2GHW	GHW	R6APT	MCA	R9OXF	OBC	R17BUS	SOA	R32LHK	TMH
R2NEG	TWM	R6BLU	ROS	R9SOU	SOO	R17GCT	WCG	R33CJT	TUR
R2OXF	OBC	R6BRD	AXV	R9TYB	TYB	R17HAM	HMS	R34AKV	EA
R2POW	BKY	R6HLC	ORA	R10ARE	OAR	R17OYS	GHA	R34TAC	EA
R2SOH	MAJ	R6HWD	HWD	R10BUS	WES	R17SCC	SBA	R35AKV	WK
R2STX	STX	R6LCB	FNW	R10DTS	RHC	R17TYB	TYB	R35GNW	SCL
R3BOY	GOB	R6PSW	LEW	R10ETS	WES	R18BLU	D&B	R35WDA	DIC
R3CJT	TUR	R6SGT	TVP	R10LCB	FNW	R18CJT	TUR	R37AKV	EA
R3GHA	GHA	R6STX	STX	R10TAW	TAW	R18LUE	BLI	R38AKV	SKC
R3HCR	HAR	R7BLU	ROS	R10TYB	TYB	R18OVA	ROB	R38BYG	CVP
R3HWD	HWD	R7BRD	CHP	R11ABC	SYOR	R19CJT	TUR	R39AKV	ABY
R3JNK	SCD	R7DCC	DUR	R11JDT	JDT	R20BUS	WES	R39BYG	BEC
R3KET	FLM	R7JMJ	SRU	R11RTT	ZCQ	R20CAV	CAL	R39GNW	SEL
R3OXF	OBC	R7LCB	FNW	R11TYB	TYB	R20CED	CDS	R40BLU	FCA
R3PHL	TVP	R7STX	STX	R11WAL	KLI	R20CLC	CRL	R40TGM	COG
R3WCT	FCL	R7TMT	FRA	R12CBC	CBW	R20JLS	LSK	R41AWO	SWC
R3YRR	MOS	R7TYB	TYB	R12ESL	ZBU	R20MST	MOG	R42GNW	POP

R43ALS	WMC	R70JCS	COO	R93HUA	COM	R109AKP	CWL	R117GSF	FNW
R4GNW	LOD	R70RAW	EFN	R93XNO	SEMS	R109DNV	TVP	R117KRG	SNOE
R43LHK	CHB	R70WGF	CRW	R94GNB	ROY	R109KRG	SNOE	R117OFJ	PCB
R44BLU	ANW	R71ECA	SSC	R94LHK	TMH	R109TKO	VTC	R117OPS	WA
R44CNG	ORA	R71GGR	SIT	R94OOK	A2B	R109XNO	CF	R117RLY	SSOU
R45BNH	AOA	R71NPN	WK	R94XNO	SEMS	R109YBA	SNW	R117TKO	HWS
R45CDB	SYOR	R71UCW	BFS	R95NPN	WK	R110GSF	FG	R117VPU	SDEV
R45LHK	CHB	R73FCA	SPA	R95XNO	CF	R110JKP	CWL	R117XNO	BBD
R45VJF	ARM	R74GNW	OAD	R96XNO	SEMS	R110KRG	SNOE	R118GNW	VOE
R46CDB	SYOR	R74VVP	JPM	R98KGE	ZEG	R110NTA	CSA	R118GSF	FNW
R46FFC	GWM	R76GNW	GWM	R98LHK	TBA	R110VLX	PTW	R118KRG	SNOE
R46VJF	ARM	R77APS	APS	R98XNO	SREN	R110VNT	D&G	R118OEB	TVC
R47LNU	CRN	R77BOY	GOB	R99BOY	SCL	R111CNR	C&R	R118OFJ	PCB
R47USP	BBC	R77WES	GOG	R99KMH	HKN	R111DEW	DEW	R118OPS	SWSC
R47XVM	ANW	R78EDW	PIC	R100ALC	AQU	R111WJC	WJC	R118RLY	CBC
R48CDB	SYOR	R78VVP	KYC	R100BUS	WES	R112EAW	JSS	R118TKO	ASN
R48CNY	HFX	R79EDW	GRI	R100DJD	AAM	R112GSF	FG	R118VPU	SDEV
R48PW	ZDT	R80JCS	COO	R100GRC	GRT	R112KRG	SNOE	R118XNO	SHIC
R48GNW	RHC	R80PSW	PSW	R100PAR	C&S	R112NTA	CHB	R119GSF	FNW
R48WUY	BRO	R81EDW	GLA	R100WCM	WCM	R112OPS	BBD	R119KRG	SSOU
R48XVM	ANW	R81EMB	ANG	R101GNW	ALN	R112RLY	SSOU	R119NPN	WK
R49CDB	SYOR	R81GNW	ZBF	R101KRG	SNOE	R112TKO	STE	R119OFJ	PCB
R49GNW	RHC	R82EMB	ANG	R101NTA	COG	R112VLX	PTW	R119OPS	SWSC
R49LHK	CHB	R82XNO	CF	R101PWR	SCD	R112XNO	BBD	R119RLY	CBC
R49SCH	CSA	R83EDW	HUY	R101VLX	PTW	R113KRG	SNOE	R119TKO	ASC
R50MTT	ZBO	R83GNW	TWH	R101XNO	SREN	R113NTA	SWB	R119VPU	SDEV
R50PCE	ALP	R83NAV	ING	R102HEV	CHY	R113OFJ	PCB	R119XNO	SHIC
R50TGM	BOD	R83XNO	CF	R102HUA	MEW	R113OPS	CF	R120FUP	FCY
R51BYG	R&B	R84EDW	COM	R102KRG	SNOE	R113RLY	CBC	R120GSF	FG
R51GNW	RHC	R84EMB	ANG	R102TKO	ZBR	R113XNO	EA	R120HNK	CF
R51SWR	PON	R84NNJ	SAF	R102XNO	CF	R114GSF	FG	R120KRG	SNOE
R51XVM	ANW	R84SEF	SWSC	R103BDB	SNW	R114KRG	SNOE	R120OFJ	PCB
R52GNW	RHC	R84XNO	SREN	R103GNW	AYO	R114NTA	AVD	R120OPS	SREN
R53GNW	RHC	R85EMB	ANG	R103KRG	SNOE	R114OFJ	PCB	R120RLY	CBC
R54OCK	MID	R85GNW	NXD	R103LSO	SWSC	R114OPS	SOXF	R120TKO	ASC
R54XVM	ANW	R85SEF	SWSC	R103NTA	AVD	R114TKO	VTC	R120VFR	SNOE
R55ACL	ACH	R85XNO	WK	R103TKO	VTC	R114VLX	GSR	R120XNO	SHIC
R55EBT	EBC	R86EMB	ANG	R103XNO	SNW	R114VLY	CBC	R120XOB	TWM
R56EDW	BDC	R86XHL	FSY	R104BWX	BCH	R114VPU	SDEV	R121DNP	HLC
R56NJB	WIB	R86XNO	CF	R104GNW	SLT	R114XNO	SREN	R121FUP	FCY
R57XVM	ANW	R87EDW	JEA	R104KRG	SNOE	R115GSF	FNW	R121GSF	FNW
R58GNW	COG	R87XNO	SNW	R104LSO	SREN	R115KRG	SNOE	R121HNK	CF
R59DJS	DEV	R88CCH	CHC	R104VLX	PTW	R115NTA	SDEV	R121KRG	SNOE
R59EDW	CED	R88MMS	EST	R104XNO	SREN	R115OFJ	PCB	R121OFJ	PCB
R59GNW	SEL	R89BDW	CRI	R105CKN	CWL	R115OPS	CF	R121RHL	HLC
R59RAU	TBB	R89EOL	BBD	R105KRG	SNOE	R115RLY	CBC	R121RLY	CBC
R59XVM	ANW	R89GNW	WBS	R105LSO	SWSC	R115TKO	VTC	R121TKO	ASC
R60RED	REW	R90ABC	SFU	R105NTA	AVD	R115VPU	SDEV	R121UUT	ZBY
R61LHK	HMS	R90BUS	PBU	R105XNO	SEMS	R115XNO	SREN	R121VPU	SYOR
R61RAU	TBB	R90JCS	COO	R107GKN	CWL	R116ESG	ATF	R121XNO	BBD
R61WAW	CSP	R91EOL	SREN	R107GNW	GBC	R116GNW	ZEZ	R121XWF	GTR
R62LHK	HMS	R91GNW	ANW	R107KRG	SNOE	R116GSF	FNW	R122EVX	ZAS
R63GNW	MWM	R91GTM	NXD	R107MBR	HWD	R116KRG	SNOE	R122FUP	FCY
R63LHK	LIT	R91HUA	SOS	R107NTA	CSA	R116NTA	AVD	R122GSF	FG
R63RAU	TBB	R91HUS	EDT	R107XNO	SREN	R116OFJ	PCB	R122HNK	CF
R63UFC	SDEV	R91WFV	CEN	R108GNW	M&H	R116OPS	SWSC	R122KRG	SNOE
R64UFC	SDEV	R91XNE	GWM	R108KRG	SNOE	R116RLY	CBC	R122OFJ	PCB
R65UFC	SDEV	R91XNO	CF	R108NTA	SCT	R116TKO	VTC	R122RLY	AMP
R66ABC	SFU	R92HUS	EDT	R108TKO	STE	R116VPU	SDEV	R122TKO	ASC
R69GNW	AYO	R92XNE	GWM	R108XNO	SREN	R116XNO	BBD	R122VPU	SHIC
R70BUS	PBU	R92XNO	SREN	R108YBA	SNW	R117GNW	TAT	R123ESG	DAC

Code		Code		Code		Code		Code	
R123EVX	ZAS	R131JYG	FSY	R142GSF	FEC	R151HHK	SEMS	R159HHK	SREN
R123GSF	FG	R131LNR	LCT	R142LNR	VTC	R151RLY	GAL	R159RSN	NXD
R123HNK	CF	R131XDT	DPB	R142RLY	GAL	R151RSN	NXD	R159TLM	FCY
R123KRG	SNOE	R132EVX	SREN	R142RSN	NXD	R151UAL	CBN	R159VPU	SDEV
R123OFJ	PCB	R132FUP	FCY	R143EHS	FG	R151VPU	SNOE	R160GSF	FG
R123XOB	TWM	R132GSF	FNW	R143EVX	SNOE	R152CRW	SOXF	R160HHK	SREN
R123XWF	WCK	R132JYG	FSY	R143GSF	FEX	R152EHS	FG	R160RSN	NXD
R124EVX	SNW	R132LNR	JMC	R143LNR	VTC	R152GNW	ANW	R160TCH	DEV
R124GSF	FNW	R132NPN	WK	R143RLY	TAT	R152GSF	FEC	R160TLM	FCY
R124HNK	CF	R132RLY	CNT	R143RSN	NXD	R152HHK	SREN	R160UAL	DAC
R124KRG	SNOE	R132XWF	SPT	R144EHS	FG	R152RSN	NXD	R160VPU	SREN
R124OFJ	PCB	R133EVX	SNOE	R144EVX	SREN	R152UAL	CBN	R160XOB	TWM
R124RLY	GAL	R133FBJ	IBL	R144GSF	FEC	R152VPU	SDEV	R160YON	TWM
R124TKO	VTC	R133GSF	FG	R144LNR	VTC	R153CRW	SOXF	R161GNW	GEL
R124VPU	SWSC	R133JYG	FSY	R144NPN	WK	R153EHS	FG	R161GSF	FG
R125EVX	CF	R133NPN	WK	R144PCJ	YCT	R153GNW	ANW	R161HHK	SREN
R125GSF	FNW	R133RLY	AMP	R144RLY	MEL	R153GSF	FNW	R161RSN	NXD
R125HNK	CF	R134CUX	PCW	R144RSN	NXD	R153RLY	GAL	R161UAL	CBN
R125KRG	SNOE	R134EVX	SNOE	R145EHS	FG	R153RSN	NXD	R161VPU	SNOE
R125OFJ	PCB	R134FBJ	IBL	R145EVX	SNOE	R153UAL	SWN	R162GNW	ROY
R125RLY	CNT	R134GSF	FEX	R145GSF	FEC	R153VPU	SNOE	R162GSF	FG
R125VPU	SWSC	R134JYG	FSY	R145RLY	MEL	R154CRW	SOXF	R162HHK	EA
R125XOB	TWM	R134RLY	CNT	R145RSN	NXD	R154GSF	FED	R162LDE	JML
R126EVX	SWES	R135EVX	SWES	R146EHS	FG	R154HHK	SREN	R162TLM	FCY
R126GSF	FNW	R135GSF	FG	R146EVX	CF	R154NPR	W&D	R162TSR	NXD
R126HNK	CF	R135JYG	FSY	R146GSF	FEC	R154RSN	NXD	R162UAL	CBN
R126KGD	ZAF	R135LNR	CRW	R146RLY	GAL	R154UAL	BCO	R162VLA	MEL
R126KRG	SNOE	R135RLY	CNT	R146RSN	NXD	R154VLA	CNT	R162VPU	SDEV
R126OFJ	PCB	R135XOB	TWM	R147EHS	FG	R154VPU	SREN	R163GNW	MUN
R126RLY	GAL	R136EVX	SNOE	R147EVX	SNOE	R155CRW	SOXF	R163GSF	FG
R126TWF	SYOR	R136GSF	FG	R147GSF	FEC	R155GSF	FED	R163HHK	SREN
R126VPU	SWSC	R136JYG	FSY	R147OYS	GRW	R155HHK	SREN	R163TLM	FCY
R127EVX	SWES	R136LNR	FIL	R147RLY	GAL	R155NPR	W&D	R163TSR	NXD
R127GSF	FNW	R136RLY	AMP	R147RSN	NXD	R155PEW	HWS	R163VLA	AMP
R127KRG	SNOE	R137EVX	SDEV	R147UAL	BAT	R155RSN	NXD	R163VPU	SNOE
R127LNR	VTC	R137GSF	FEC	R148EHS	FG	R155TNN	CMT	R164GSF	FG
R127TWF	SYOR	R137JYG	FSY	R148EVX	SNOE	R155UAL	EST	R164HHK	SDEV
R127VPU	SWSC	R137LNR	HAO	R148GSF	FEC	R155VLA	CNT	R164TLM	FCY
R128EVX	SWES	R137RLY	CNT	R148RLY	TAT	R155VPU	SWES	R164UAL	CBN
R128GSF	FG	R138EVX	SREN	R148RSN	NXD	R155XOB	TWM	R164VPU	SDEV
R128KGD	SBZ	R138GSF	FEC	R148UAL	SBA	R156GSF	FED	R165GNW	ATS
R128KRG	SNOE	R138JYG	FSY	R148VPU	SNOE	R156HHK	SREN	R165GSF	FG
R128RLY	AMP	R139EHS	FG	R149EHS	FG	R156LHK	CAR	R165HHK	SREN
R128TWF	SYOR	R139EVX	CF	R149GSF	FEC	R156NPR	W&D	R165TLM	FHD
R128VPU	BBD	R139GSF	FEC	R149HHK	WA	R156RSN	NXD	R165UAL	RSK
R128XOB	TWM	R139JYG	FSY	R149RLY	CNT	R156UAL	SAF	R165VLA	CNT
R128XWF	CTR	R139LNR	KCH	R149RSN	NXD	R156VLA	CNT	R165VPU	SREN
R129EVX	SWES	R139TWF	BBN	R149UAL	CBN	R156VPU	CF	R165XOB	TWM
R129GSF	FNW	R140EHS	FED	R149VPU	CF	R157GSF	FED	R166GSF	FNW
R129LNR	VTC	R140EVX	SREN	R150CRW	SOXF	R157HHK	SREN	R166HHK	SREN
R129TWF	SYOR	R140GSF	FEC	R150EHS	FG	R157RSN	NXD	R166TLM	FHD
R129VPU	BBD	R140RLY	GAL	R150GSF	FG	R157UAL	CBN	R166UAL	CBN
R130EVX	CF	R140XOB	TWM	R150HHK	SREN	R157VLA	CNT	R166VLA	CNT
R130FUP	FSA	R140XWF	HOB	R150RLY	CNT	R157VPU	SREN	R166VPU	SNOE
R130GSF	FG	R141EHS	FED	R150RSN	NXD	R158GSF	FG	R167EOO	WHE
R130RLY	CNT	R141EVX	SREN	R150UAL	SBA	R158HHK	SREN	R167GSF	FG
R130TWF	SYOR	R141GNB	ROY	R150VPU	SDEV	R158RSN	NXD	R167HHK	EA
R130XJA	CCB	R141GSF	FEC	R151CRW	SOXF	R158TLM	FCY	R167TLM	FCY
R131EVX	SNOE	R141RLY	CBN	R151EHS	FG	R158UAL	STE	R167UAL	DOY
R131FUP	FCY	R142EHS	FED	R151GNW	ANW	R158VPU	SDEV	R167VPU	SREN
R131GSF	FG	R142EVX	SWES	R151GSF	FEC	R159GSF	FG	R168GSF	FNW

Code	Reg	Code	Reg	Code	Reg	Code	Reg	Code	Reg	Code	Reg
R168HHK	SEMS	R177VPU	SREN	R189LBC	HQD	R205TLM	FG	R214SBA	FNW		
R168TLM	FCY	R177VWN	FCY	R189NFE	THD	R205VJF	TAR	R214TLM	FG		
R168UAL	BBN	R178DKO	ZAC	R190TLM	FCY	R205VPU	ATS	R215DKG	WLA		
R168VPU	SWSC	R178DNH	SREN	R190XNO	SNW	R206CKO	ANE	R215GMJ	ATS		
R169GNW	BUR	R178GNW	GEL	R191LBC	DOY	R206DHB	SWES	R215MSA	FCY		
R169GSF	FNW	R178GSX	FWE	R191RBM	ATS	R206DKG	PCN	R215NFX	W&D		
R169HHK	SEMS	R178HHK	SREN	R191VLD	FCY	R206GMJ	ASC	R215SBA	FNW		
R169TLM	FBE	R178NPN	WK	R191VSN	TTS	R206LKS	FED	R215TLM	FG		
R169UAL	CBN	R178TLM	FCY	R192DNM	HTL	R206TLM	FG	R216HCD	B&H		
R169VPU	SDEV	R178VBM	ATS	R192RBM	ATS	R206VJF	M&C	R216MSA	FCY		
R170GNW	BUR	R178VLA	CBC	R192VLD	FCY	R206VPU	ATS	R216SBA	FNW		
R170GSF	FNW	R178VPU	WK	R193DNM	ZAE	R206WFL	PCC	R216TLM	FG		
R170HHK	SREN	R178VWN	FCY	R193RBM	ATS	R206XNO	CF	R217HCD	B&H		
R170SUT	JBE	R179DNH	SREN	R193VLD	FCY	R207CKO	ANE	R217MSA	FMR		
R170TLM	FBE	R179GNW	BEN	R194RBM	ATS	R207DHB	SWES	R217SBA	FNW		
R170UUT	RCT	R179GSX	FNW	R194VLD	FCY	R207DKG	WLA	R217TLM	FG		
R170VPU	CF	R179SUT	ZBN	R195GSX	FG	R207GMJ	ATS	R218HCD	OBC		
R171GSF	FNW	R179TLM	FCY	R195RBM	ATS	R207MSA	FCY	R218MSA	FCY		
R171HHK	SREN	R179VBM	ATS	R195VLD	FCY	R207VPU	ATS	R218SBA	FNW		
R171TLM	FCY	R179VLA	CBC	R196NPN	WK	R207XNO	SWES	R218TLM	FG		
R171VLA	EMS	R179VPU	WK	R196RBM	ATS	R208CKO	ANE	R219AOR	HFX		
R171VPU	SDEV	R180BDT	ORA	R196VLD	FCY	R208DHB	SWES	R219GFS	FED		
R172GSX	FG	R180DNH	WA	R197DDX	NOG	R208DNT	SOS	R219HCD	OBC		
R172HHK	SREN	R180EOT	CVP	R197LBC	PEY	R208GMJ	ATS	R219MSA	FMR		
R172TLM	FBE	R180TLM	FCY	R197RBM	ATS	R208MSA	FCY	R219SBA	FNW		
R172VPU	WK	R180VBM	ATS	R198LBC	STA	R208TLM	FG	R219TLM	FG		
R173GSX	FNW	R180VLA	CBC	R198LDE	GRL	R208VPU	ATS	R220GFS	FED		
R173HHK	SREN	R180VPU	SWES	R198RBM	ATS	R208XNO	SSOU	R220HCD	OBC		
R173TLM	FCY	R181DNH	SREN	R199RBM	ATS	R209CKO	ANE	R220MSA	FMR		
R173ULH	BAW	R181TKU	NEC	R200PAR	C&S	R209DKG	EDW	R220RRG	SBO		
R173VLA	EMS	R181TLM	FCY	R200STL	VTC	R209GMJ	ATS	R220SBA	FNW		
R173VPU	SREN	R181VLA	IMP	R200TMS	PUH	R209MSA	FCY	R221CRW	WK		
R174DNH	SREN	R181VPU	SWES	R200VHO	IND	R209TLM	FG	R221GFS	FED		
R174GSX	FG	R182DNH	EA	R200WCM	WCM	R209VPU	ATS	R221HCD	B&H		
R174HHK	SREN	R182LBC	HQD	R201CKO	ANW	R209XNO	SSOU	R221MSA	FSA		
R174TLM	FBE	R182TKU	EAG	R201RBM	ATS	R210CKO	ASC	R221SBA	FNW		
R174VPU	SWSC	R182TLM	FCY	R201TLM	FG	R210DKG	MIK	R221TLM	FG		
R175DNH	SWSC	R182VLA	AMP	R201VJF	BST	R210GMJ	ATS	R222AJP	ABF		
R175GGR	POL	R183DNH	EA	R201VPU	ATS	R210MSA	FCY	R222MSA	FSA		
R175GSX	FG	R183OCW	DOY	R201WYD	JBN	R210TLM	FG	R222WDY	MDC		
R175HHK	CF	R183TLM	FCY	R201YOR	SEMS	R210XNO	SREN	R223CRW	WK		
R175TLM	FBE	R183VLA	CBC	R202CKO	ANW	R211CKO	ASC	R223GFS	FED		
R175VLA	GHA	R184DNH	EA	R202RBM	ATS	R211GMJ	ASC	R223HCD	OBC		
R175VPU	SREN	R184EOT	VTC	R202TLM	FG	R211GSF	FG	R223SBA	FNW		
R175VWN	FCY	R184TLM	FCY	R202VPU	ATS	R211MGT	JSS	R224CRW	WK		
R176DNH	SREN	R184VLA	CBC	R202WYD	CRG	R211MSA	FCY	R224GFS	FCY		
R176GSX	FNW	R185DNH	EA	R203CKO	ANW	R211TLM	FG	R224HCD	OBC		
R176HHK	SREN	R185OCW	JMC	R203DHB	SWES	R211VNT	D&G	R224TLM	FG		
R176HUG	FWE	R185TLM	FCY	R203RBM	ATS	R212CKO	ASC	R225CRW	WK		
R176TLM	FBE	R185VLA	CBC	R203TLM	FG	R212GMJ	ATS	R225GFS	FED		
R176VBM	ATS	R186DNH	EA	R203VJF	TAR	R212JGA	BEC	R225HCD	OBC		
R176VLA	CBC	R186DNM	ASC	R203VPU	ATS	R212MSA	FCY	R225OSH	CRI		
R176VPU	WK	R186TKU	WOT	R203YOR	SEMS	R212TLM	FG	R225TLM	FG		
R176VWN	FCY	R186TLM	FCY	R204CKO	ANE	R213CKO	ANW	R226CRW	WK		
R177DNH	SREN	R186YNE	ZDH	R204DHB	SWES	R213GMJ	ATS	R226GFS	FED		
R177GSX	FNW	R187DNM	POY	R204STF	HSM	R213MSA	FCY	R226HCD	OBC		
R177HHK	SREN	R187TLM	FCY	R204TLM	FG	R213TLM	FG	R226SBA	FED		
R177NPN	WK	R188DNM	ASD	R204VPU	ATS	R214DKG	PCN	R226SCH	VAL		
R177TKU	PCW	R188LBC	SLF	R205CKO	ANE	R214GMJ	ATS	R226TLM	FG		
R177TLM	FCY	R188TLM	FCY	R205DHB	SWES	R214MSA	FCY	R227CRW	WK		
R177VBM	ATS	R188XNO	SEMS	R205RBM	ATS	R214NFX	W&D	R227EVC	BCH		

Code		Code		Code		Code		Code	
R227GFS	FED	R242HYS	OAR	R256KRG	SNOE	R267LGH	GON	R286LGH	GON
R227HCD	OBC	R242KRG	SNOE	R256LGH	GON	R267NBV	SNW	R287LGH	GON
R227HNE	MAJ	R242SBA	FNW	R256NBV	SREN	R267SBA	FNW	R288GHS	FHD
R227SBA	FED	R243KRG	SNOE	R256SBA	FNW	R267SDT	EBL	R288LGH	GON
R227SCH	HOM	R243SBA	FNW	R257DVF	FEC	R267XDA	MCO	R288THL	JOB
R227TLM	FG	R244KRG	SNOE	R257DWL	DHT	R268EKO	ASC	R289GHS	FHD
R228CRW	SSOU	R244SBA	FNW	R257KRG	SNOE	R268LGH	SEMS	R289THL	GTR
R228GFS	FED	R244WRB	VTE	R257LGH	GON	R268NBV	SNW	R290CVM	SNW
R228HCD	B&H	R244XDA	CBN	R257NBV	SNW	R268SBA	FNW	R290GHS	FHD
R228SBA	FED	R245KRG	SNOE	R257SBA	FNW	R268XDA	VTC	R291CVM	SNW
R228SCH	HOM	R245SBA	FNW	R258DVF	FEC	R268YMB	LOW	R291GHS	FHD
R228TLM	FG	R245TEW	DVR	R258ERE	FNW	R269EKO	ASC	R291HCD	SSOU
R229GFS	FED	R246KRG	SNOE	R258KRG	SNOE	R269LGH	GON	R291KRG	ANE
R229HCD	OBC	R246NBV	SREN	R258LGH	MUS	R269SBA	FNW	R291NPN	SHM
R229SBA	FED	R246SBA	FNW	R258NBV	SREN	R269XDA	SPW	R291NYG	TMA
R229TLM	FCY	R246YLL	BAW	R258SBA	FNW	R270EKO	ASC	R292GHS	FHD
R230HCD	B&H	R247KRG	SNOE	R259DVF	FEC	R270LGH	GON	R292HCD	SSOU
R230SBA	FED	R247NBV	SNW	R259DWL	W&D	R270NPN	WK	R292KRG	ANE
R230TLM	FCY	R247SBA	FNW	R259LGH	HED	R270SBA	FNW	R293CVM	BUL
R231HCD	B&H	R247XDA	VTC	R259LHK	CEB	R270THL	ICS	R293GHS	FSY
R231NCF	SWT	R248KRG	SNOE	R259NBV	SNW	R270XDA	MCO	R293HCD	SSOU
R231SBA	FED	R248SBA	FNW	R259SBA	FNW	R271EKO	ASC	R293KRG	ANE
R232ERE	FNW	R248XDA	CBL	R260DVF	FEC	R271LGH	GON	R294GHS	FHD
R232HCD	B&H	R249KRG	SNOE	R260GBR	EVL	R271SBA	FNW	R294HCD	SNW
R232RRG	HAY	R249NBV	SNW	R260NBV	SNW	R272EKO	ASC	R294KRG	ANE
R232SBA	FED	R249SBA	FNW	R260SBA	FNW	R272SBA	FNW	R294RJM	HFL
R232SCH	LIT	R250KRG	SNOE	R261DVF	FEC	R272UES	WIT	R294SDT	PEY
R232TLM	FCY	R250NBV	SNW	R261EKO	ASC	R272XDA	MCO	R295GHS	FHD
R233AEY	ANW	R250PRH	EYM	R261LGH	GON	R273LGH	HED	R295HCD	SSOU
R233EKP	NMC	R250SBA	FNW	R261NBV	SNW	R273SBA	FNW	R295KRG	ANE
R233HCD	B&H	R250XDA	HTL	R261OFJ	ACM	R274LDE	GPT	R296CMV	ASC
R233SBA	FED	R251HWU	WXB	R261SBA	FNW	R274LGH	GON	R296GHS	FHD
R233TLM	FCY	R251LGH	CAR	R262DVF	FEC	R274LHK	CEB	R296HCD	SSOU
R234AEY	ANW	R251NBV	SNW	R262EKO	ASC	R274SBA	FNW	R297AYB	FCY
R234HCD	B&H	R251PRH	EYM	R262LGH	GON	R275LGH	SDEV	R297CMV	ASC
R234SBA	FNW	R251SBA	FNW	R262NBV	SNW	R275SBA	FNW	R297GHS	FHD
R234TLM	FCY	R251VVX	BBD	R262SBA	FNW	R276CBU	GHA	R297HCD	SSOU
R235AEY	ANW	R252EMV	HRD	R262XDA	MCO	R276LGH	GON	R298AYB	FCY
R235ERE	FNW	R252KRG	SNOE	R263DVF	FEC	R276RAU	CSA	R298CMV	ASC
R235HCD	B&H	R252LGH	SNW	R263EKO	ASC	R276SBA	FNW	R298GHS	FHD
R235SBA	FNW	R252NBV	SNW	R263JHL	SAA	R277CBU	P&E	R298HCD	SSOU
R236AEY	ANW	R252PRH	EYM	R263LGH	GON	R277LGH	FHD	R299AYB	FCY
R236HCD	B&H	R252SBA	FNW	R263NBV	SNW	R277SBA	FNW	R299CMV	ASC
R236KRG	SNOE	R252SDT	JHR	R263SBA	FNW	R278LGH	FDC	R299GHS	FHD
R236SBA	FNW	R253KRG	SNOE	R263XDA	VTC	R278RAU	PRO	R299HCD	SSOU
R237AEY	ANW	R253LGH	SYOR	R264DVF	FEC	R278SBA	FNW	R300JAV	YON
R237KRG	SNOE	R253NBV	SNW	R264EKO	ASC	R279LGH	HED	R300PAR	WGW
R237SBA	FNW	R253SBA	FNW	R264LGH	GON	R279SBA	FNW	R300WCM	WCM
R238AEY	ANW	R254ERE	FNW	R264NBV	SNW	R280SBA	FNW	R301BDL	WIG
R238KRG	SNOE	R254KRG	SNOE	R265EKO	ASC	R281LGH	GON	R301CMV	ASC
R238SBA	FNW	R254LGH	GON	R265LGH	GON	R281RAU	LJL	R301GHS	FG
R239AEY	ANW	R254NBV	SNW	R265NBV	SNW	R282EKH	EYM	R301HCD	SSOU
R239KRG	SNOE	R254SBA	FNW	R265SBA	FNW	R282LGH	GON	R301LKS	FED
R239SBA	FNW	R225EMV	ZEH	R265THL	TAR	R282RAU	PSW	R301PCW	ANW
R240KRG	SNOE	R255ERE	FNW	R266EKO	ASC	R283EKH	EYM	R301WSD	CEL
R240SBA	FNW	R255FBJ	CML	R266LGH	GON	R283LGH	GON	R302BDL	WIG
R241KRG	SNOE	R255KRG	SNOE	R266NBV	SNW	R283RAU	CSA	R302CMV	ASC
R241LGH	FDC	R255LGH	GON	R266SBA	FNW	R284LGH	GON	R302CVU	ANW
R241SBA	FNW	R255SBA	FNW	R266XDA	3DS	R284LNU	DOB	R302GHS	FG
R241XDA	TWM	R255WRJ	ANW	R266YMB	LMS	R285LGH	GON	R302LKS	FED
R242BWS	OAR	R256ERE	FNW	R267EKO	ASC	R286CAE	EXL	R303BDL	WIG

Reg	Code	Reg	Code	Reg	Code	Reg	Code	Reg	Code
R303CVU	ANW	R315LKS	FED	R336HYG	FWE	R353LER	CF	R381LGH	GTC
R303GHS	FG	R315WVR	ANW	R336LGH	FHD	R354LER	CF	R382DNB	FTC
R303LKS	FED	R317GHS	FG	R336RRA	ZDD	R354MPY	HQD	R382JYS	ASW
R304BDL	WIG	R317WVR	ANW	R336TJW	ARM	R354XVX	SOL	R382LGH	SVE
R304CMV	ASC	R319GHS	FG	R336WVR	ANW	R355LER	CF	R383JYS	ASW
R304CVU	ANW	R319NGM	CBN	R337GHS	FAB	R355LGH	GON	R383LGH	SVE
R304EEX	MPT	R319WVR	ANW	R337HFS	SREN	R355NRU	OAR	R384JYS	ASW
R304GHS	FG	R321GHS	FG	R337HYG	FWE	R356LER	CF	R385JYS	ASW
R304JAF	FED	R321WVR	ANW	R337RRA	ZDD	R356XVX	SOL	R389LGH	GON
R304LKS	FED	R322AWJ	SOO	R337TJW	ARM	R357KSG	SIM	R390LGH	GON
R305CMV	ASC	R322GHS	FG	R337WVR	ANW	R357XVX	SOL	R390OWO	ORA
R305CVU	ANW	R322HCD	OBC	R338GHS	FNW	R358XVX	MOS	R391LGH	GON
R305FEG	AAR	R322TLM	FG	R338HFS	SREN	R359FYJ	TIV	R392LGH	GON
R305GHS	FG	R322WVR	ANW	R338HYG	FWE	R359XVX	SOL	R393LGH	GON
R305JAF	FED	R324GHS	FG	R338LGH	ROS	R360OWO	CIU	R394ERE	FNW
R305LKS	FED	R324HYG	FED	R338NRU	TAR	R360YRM	BEC	R394LGH	GON
R307CMV	ASC	R324WVR	ANW	R338TJW	ARM	R361GDX	CHB	R395LGH	GON
R307GHS	FG	R326GHS	FNW	R339GHS	FNW	R361LGH	GTC	R396ERE	FNW
R307JAF	POL	R326HYG	FWE	R339HFS	SREN	R362DJN	RMS	R396LGH	GON
R307LKS	FED	R326WVR	ANW	R339HYG	FWE	R362LGH	SVE	R396XDA	OLY
R308CMV	ASC	R327GHS	FNW	R339NRU	AAC	R363DJN	RMS	R397LGH	GON
R308CVU	ANW	R327HYG	FED	R339RRA	POC	R363LGH	GTC	R397XDA	OLY
R308FEG	DAC	R327WVR	ANW	R339TJW	ARM	R364FYJ	HAT	R398LGH	GON
R308GHS	FG	R329GHS	FNW	R340GHS	FNW	R364LGH	GTC	R399EJV	CLI
R308JAF	FDC	R329HYG	FWE	R340HFS	SREN	R364LRP	FTC	R399EOS	SBL
R308LKS	FED	R329OYS	GVW	R340HYG	FWE	R365DJN	SOL	R399LGH	GON
R309CVU	ANW	R329TJW	ARM	R340RCJ	TRW	R365JVA	CF	R400LCT	PRT
R309GHS	FG	R329WVR	ANW	R340RRA	SSV	R365LGH	GAL	R400STL	MAJ
R309LKS	FED	R329XNC	BFT	R340TJW	ARM	R366DJN	CNT	R400WCM	OAD
R309NGM	CBL	R330GHS	FAB	R341EFG	PPH	R366JVA	CF	R401FFC	PCB
R309WVR	ANW	R330HFS	SREN	R341HFS	STAY	R366LGH	MUS	R401HWU	TWM
R310CMV	ASC	R330HWO	RSK	R341HYG	FWE	R367DJN	FIS	R401XFL	CNT
R310CVU	ANW	R330HYG	FNW	R341KGG	JPM	R367FYJ	HAT	R402EOS	KIN
R310GHS	FG	R330TJW	ARM	R341LPR	TAR	R367LGH	MUS	R402FFC	PCB
R310JAF	FDC	R330WVR	ANW	R341RRA	RDL	R368DJN	CNT	R402HWU	TWM
R310LKS	FED	R331GHS	FAB	R341TJW	ARM	R368FYJ	GLO	R403FFC	GWM
R310NGM	ASC	R331HFS	SREN	R342HFS	STAY	R368LGH	SVE	R403FWT	EDT
R310WVR	ANW	R331HYG	FWE	R342HYG	FED	R369LGH	MUS	R403HWU	TWM
R311CVU	ANW	R331TJW	ARM	R342RRA	NCT	R369TWR	ATS	R404FFC	GWM
R311GHS	FG	R331WVR	ANW	R342TJW	ARM	R370DJN	SOL	R404HWU	TWM
R311HWW	WIR	R332GHS	FAB	R343GHS	POL	R370LGH	GAL	R404HYG	FHD
R311LKS	FED	R332HFS	STAY	R343HYG	FED	R370OWO	EDW	R404XFL	MYA
R311NGM	ASC	R332HYG	FWE	R343LGH	ROS	R370TWR	ATS	R405DGU	OAK
R311WVR	ANW	R332TJW	ARM	R343RRA	NCT	R371DJN	GHA	R405EOS	BBH
R311XNO	BBD	R332WVR	ANW	R343RTS	GCA	R371FYJ	EUT	R405FFC	GWM
R312CVU	ANW	R334FVW	REC	R343SUT	FNW	R371LGH	GAL	R405HWU	TWM
R312GHS	FMR	R334GHS	FAB	R343TJW	ARM	R371TWR	ATS	R405WWR	FHD
R312LKS	FED	R334HFS	SREN	R344GHS	FEX	R372LGH	MUS	R405XFL	EMP
R312NGM	ASC	R334HYG	FWE	R344RRA	NCT	R372TWR	ATS	R407AOR	WA
R312WVR	ANW	R334LGH	NAP	R344SUT	FG	R373LGH	SVE	R407FFC	GWM
R313CVU	ANW	R334RCJ	SWT	R344TJW	ARM	R375DJN	POW	R407HWU	TWM
R313GHS	FG	R334TJW	ARM	R345GHS	POL	R375LGH	NAP	R408AOR	WA
R313LKS	FED	R334WVR	ANW	R345RRA	NCT	R376DJN	D&B	R408FFC	PCB
R313MSL	BBD	R335GHS	FAB	R345SUT	FG	R376LGH	GAL	R408HWU	TWM
R313NGM	ASC	R335HFS	SREN	R346GHS	FEX	R377DJN	POW	R408WPX	FHD
R313WVR	ANW	R335HYG	FNW	R346LGH	FDC	R377LGH	MUS	R409FFC	GWM
R314GHS	FG	R335LGH	ROS	R346SUT	FNW	R378LGH	NAP	R409HKG	WA
R314LKS	FED	R335TJW	ARM	R348ENT	MIM	R379LGH	SVE	R409HWU	TWM
R314WVR	ANW	R335WVR	ANW	R350FYJ	TIV	R380LGH	GTC	R409WPX	FHD
R315FNS	KCO	R336GHS	FAB	R350LPR	OAR	R381GTW	GEL	R410FFC	GWM
R315GHS	FG	R336HFS	SREN	R353GRL	A2B	R381JYS	ASW	R410FWT	CCW

R410HTG WA	R420WPX FHD	R430RPY ANE	R446LGH GAL	R454FVX SNW
R410HWU TWM	R420XFC SREN	R430ULE FNW	R446ULE FNW	R454JFS FWE
R410WPX FHD	R420YMS FED	R431COO ANE	R446YNF MUL	R454KWT AYO
R410XFL ROS	R421COO ANE	R431FWT MCT	R447ALS FED	R454SKX ATS
R410YWJ SLK	R421HWU TWM	R431PSH FNW	R447CCV FEC	R454YDT SUP
R411HWU TWM	R421SER K&J	R432FWT MCT	R447FWT SHM	R455CCV FMR
R411WPX FHD	R421TJW ARM	R432NFR PBT	R447KWT AYO	R455FVX WA
R411XFL HTT	R421WPX FHD	R432PSH FWE	R447LGH GAL	R455JFS FWE
R411YWJ SLK	R421XFC SREN	R432RPY ANE	R447SKX ATS	R455KWT AYO
R412HWU TWM	R421YMS FED	R432ULE FNW	R447ULE FNW	R455LGH TAT
R412OWR DEN	R422AOR WA	R433FWT SGC	R448ALS FED	R455SKX ATS
R412WPX FHD	R422COO ANE	R433LGH ROS	R448CCV FEC	R456CCV FDC
R412XFL COG	R422HWU TWM	R433RPY ANE	R448FWT TEV	R456DNV KAD
R413HWU TWM	R422TJW ARM	R433ULE FNW	R448KWT AYO	R456ENT HIS
R413WPX FHD	R422WPX FHD	R434GSF FEX	R448LGH GAL	R456FCE SNW
R414EOS GIR	R422XFC BBD	R434PSH FED	R448SKX ATS	R456FVX WA
R414HWU TWM	R422YMS FED	R434RPY ANE	R448ULE FNW	R456JFS FWE
R414WPX FHD	R422YWJ CRW	R434ULE FNW	R449CCV FDC	R456KWT AYO
R414XFC WK	R423COO ANE	R435RPY ANE	R449FWT SOO	R456LGH GAL
R414YWJ HOM	R423FWT HKN	R435ULE FNW	R449JSG FWE	R456PRH JBF
R415EOS HEY	R423LCG ZEH	R436FWT BOD	R449KWT AYO	R456SKX ASN
R415HWU TWM	R423RPY ANE	R436RPY ANE	R449LGH CAR	R456YDT SRU
R415TJW ARM	R423TJW ARM	R436ULE FNW	R449SKX ATS	R457CCV FDC
R415WPX FHD	R423WPX FHD	R437GSF FEX	R449ULE FNW	R457FVX SNW
R415XFC WK	R423XFC SSOU	R437NFR PBT	R449YDT MAJ	R457JFS FWE
R415YWJ HKC	R423YMS FED	R437RPY ANE	R450CCV FEC	R457KWT AYO
R416COO ANW	R424AOR WA	R437SOY ATF	R450FWT SOO	R457LGH CNT
R416HWU TWM	R424COO ANE	R437ULE FNW	R450JSG FWE	R457VSD TEL
R416TJW ARM	R424FWT POW	R438ALS FNW	R450KWT AYO	R458BNG FWE
R416WPX FHD	R424RPY ANE	R438FWT CHA	R450PRH REL	R458CCV FEC
R416XFC WK	R424TJW ARM	R438RPY ANE	R450SKX ATS	R458FVX WA
R416YMS FED	R424WPX FHD	R438ULE FNW	R450ULE FNW	R458JFS FWE
R417COO ANW	R424XFC SSOU	R439ALS FNW	R451CCV FEC	R458KWT AYO
R417HWU TWM	R425AOR NXA	R439FTU TUT	R451DNV BTT	R459BAY CRN
R417LFW SWC	R425COO ANE	R439FWT CHA	R451FVX WA	R459BNG FEC
R417SOY FIN	R425RPY ANE	R439RPY ANE	R451JSG FWE	R459CCV FDC
R417TJW ARM	R425TJW ARM	R439ULE FNW	R451KWT AYO	R459JFS FWE
R417WPX FHD	R425WPX FHD	R440ALS FNW	R451LGH ACT	R459KWT AYO
R417XFC WK	R425XFC SSOU	R440GWY AYO	R451MSL STAY	R459LGH CBN
R417XFL TAR	R426AOR NXA	R440RPY ANE	R451SKX ATS	R459VSD HOR
R417YMS FED	R426COO ANE	R440TLB BAW	R452BND OVL	R460BNG FEC
R418COO ANW	R426EOS CRC	R440ULE FNW	R452CCV FDC	R460CCV FWE
R418HWU TWM	R426RPY ANE	R441ALS FNW	R452FVX WA	R460JFS FWE
R418SOY FIN	R426SOY FNW	R441KWT AYO	R452FWT MCT	R460KWT AYO
R418TJW ARM	R426TJW ARM	R441ULE FNW	R452JSG FWE	R460LGH CBN
R418WPX FHD	R426WPX FHD	R442ALS FNW	R452KWT AYO	R460LSO SEMS
R418XFC SREN	R426XFC BBD	R442FWT NEC	R452LGH GAL	R460VOP FSA
R418YMS FED	R427RPY ANE	R442KWT AYO	R452PRH HOM	R461BNG FEC
R419COO ANW	R427TJW ARM	R442THL SYOR	R452SKX ATS	R461CCV FDC
R419CRP CHW	R427ULE FNW	R442ULE FNW	R453CCV FDC	R461JFS FWE
R419HWU TWM	R427WPX FHD	R443ALS FED	R453EKG CHP	R461KWT AYO
R419SOY FIN	R428COO ANE	R443KWT AYO	R453FCE M&C	R461LSO SEMS
R419TJW ARM	R428FWT A2B	R443ULE FNW	R453FVX SYOR	R461XDA TWM
R419WPX FHD	R428TJW ARM	R445ALS FED	R453FWT HED	R462BNG FEC
R419XFC SREN	R428ULE FNW	R445FWT SOO	R453JFS FWE	R462CCV FDC
R419YMS FED	R428YEX A&H	R445KWT AYO	R453KWT AYO	R462JFS FWE
R420COO ANW	R429COO ANE	R445LGH ZBR	R453LGH GAL	R462LGH CBL
R420FWT CHA	R429TJW ARM	R445ULE FNW	R453PRH HOM	R462LSO SEMS
R420HWU TWM	R429ULE FNW	R446ALS FED	R453SKX ATS	R462SEF SNOE
R420SOY FIN	R430COO ANE	R446FWT PER	R454CCV FDC	R462XDA TWM
R420TJW ARM	R430PSH FCY	R446KWT AYO	R454EKG CHP	R463CAH FEC

Code		Code		Code		Code		Code	
R463CCV	FDC	R472XDA	TWM	R487UCC	ZAE	R512KNJ	MCT	R531XOB	TWM
R463JFS	FWE	R473CAH	FEC	R487UFP	SPR	R512SCH	CHP	R531YRP	GWM
R463LSO	SOXF	R473MCW	SNW	R488UFP	GWN	R512UWL	SNW	R532HDE	SIL
R463SEF	SNOE	R473RRA	WGH	R489ENP	YAR	R512WDC	ESK	R532XOB	TWM
R463XDA	TWM	R473XDA	TWM	R492BDL	WIG	R512YWC	SPW	R532YRP	GWM
R464CAH	FEC	R474CAH	FEC	R493BDL	WIG	R513KSA	CF	R533XOB	TWM
R464CCV	FDC	R474LGH	GAL	R499UFP	ESK	R513SCH	ZAV	R534XOB	TWM
R464JFS	FWE	R474MCW	SNW	R500AYC	WEA	R513UWL	SSOU	R536XOB	TWM
R464LGH	GAL	R474RRA	SVD	R500DLC	DAR	R513YWC	SPW	R537XOB	TWM
R464LSO	SEMS	R474XDA	TWM	R500GSM	RSK	R514KNJ	MCO	R538XOB	TWM
R464SEF	SNOE	R475CAH	FEC	R500SPK	MAN	R514KSA	SWSC	R539GSF	CF
R464XDA	TWM	R475NPR	TYB	R501CNP	FLE	R514SCH	NAH	R539XOB	TWM
R464YDT	ALX	R475MCW	SNW	R501HUF	WAR	R514YWC	SPW	R541GSF	CF
R465CAH	FEC	R475RRA	WGH	R501JFE	SEMS	R515KSA	SWSC	R541XOB	TWM
R465GGA	MAM	R475XDA	TWM	R501SJM	ANB	R515SCH	LOG	R542GSF	CF
R465LGH	FCT	R476CAH	FEC	R501UWL	SSOU	R515XOB	TWM	R542TAV	KEA
R465LSO	SEMS	R476GFM	MOA	R501YWC	SPW	R516PBW	WGW	R542XOB	TWM
R465SEF	SNOE	R476LGH	OLY	R502CNP	FMR	R516SCH	ZEJ	R543ACV	WIB
R465XDA	TWM	R476MCW	SNW	R502HUF	WAR	R516VSE	SWSC	R543DWY	SYOR
R465YDT	MAJ	R476NPR	TYB	R502JFE	SEMS	R516XOB	TWM	R543GSF	CF
R466CAH	FEC	R476RRA	WGH	R502KSA	SWSC	R516YWC	HIS	R543XOB	TWM
R466LSO	SEMS	R476XDA	TWM	R502SJM	ANB	R517SCH	ZEJ	R544ALS	FED
R466SEF	SNOE	R477CAH	FEC	R502UWL	SSOU	R517VSE	SWSC	R544XOB	TWM
R466XDA	TWM	R477CKN	BCH	R502YWC	ZBR	R517XOB	TWM	R545XOB	TWM
R466YDT	TWM	R477GFM	COS	R503CNP	FMR	R517YWC	HIS	R546ABA	ANW
R467CAH	FEC	R477LGH	OLY	R503JFE	SNW	R518SCH	NAH	R546KSG	DOC
R467GGR	VTC	R477MCW	SNW	R503KSA	SWSC	R518VSE	SWSC	R546XOB	TWM
R467LGH	TAT	R477NPR	TYB	R503SJM	ANB	R518XOB	TWM	R547ABA	ANW
R467LSO	SEMS	R477RRA	GON	R503UWL	SSOU	R518YWC	SDEV	R547KSG	DOC
R467RRA	WGH	R477XDA	TWM	R503YWC	VTE	R519BMS	FED	R547XOB	TWM
R467SEF	SNOE	R478CAH	FEC	R504CNP	FLE	R519SCH	CHP	R548ABA	ANW
R467XDA	TWM	R478GFM	MCE	R504JFE	SNW	R519VSE	SWSC	R548ECR	KTM
R468CAH	FEC	R478LGH	CNT	R504KSA	SWSC	R519XOB	TWM	R548LGH	ROS
R468ENT	PCL	R478MCW	SNW	R504UWL	SSOU	R521BMS	FED	R548XOB	TWM
R468LGH	ACT	R478NPR	TYB	R504XAW	STR	R521UCC	ANW	R549ABA	ANW
R468LSO	SEMS	R478RRA	WGH	R504YWC	SPW	R521VSE	SWSC	R549LGH	GON
R468SEF	SNOE	R478SSA	HCC	R505MFE	SEMS	R521XOB	TWM	R549MSS	MDO
R468XDA	TWM	R478XDA	TWM	R505SCH	UKP	R522BMS	FED	R549XOB	TWM
R469BUA	EJL	R479LGH	OLY	R505SJM	CBN	R522UCC	ANW	R550ABA	ANW
R469CAH	FEC	R479NPR	TYB	R505UWL	SNW	R522VSE	SWSC	R550LGH	GON
R469LGH	GAL	R479XDA	TWM	R505YWC	SPW	R522XOB	TWM	R550XOB	TWM
R469LSO	SNOE	R480MCW	SDEV	R506CNP	HER	R524BMS	FED	R550YYC	WIN
R469MVN	SNOE	R480NPR	TYB	R506MFE	SEMS	R524TWR	ATS	R551ABA	ANW
R469RRA	GON	R480XDA	TWM	R506UWL	SSOU	R524VSE	SWSC	R551CNG	FEC
R469XDA	TWM	R481GLG	MCR	R506YWC	SPW	R524XOB	TWM	R551JDF	ELR
R470CAH	FEC	R481LGH	OLY	R507SJM	NIB	R524YRP	TYB	R551LGH	GON
R470LGH	GAL	R481MCW	SDEV	R507UWL	SNW	R526TWR	STAY	R551UOT	GCB
R470LSO	SNOE	R481NPR	TYB	R508SJM	ABS	R526VSE	SWSC	R551XOB	TWM
R470MVN	SNOE	R482MCW	SDEV	R508UWL	SSOU	R526XOB	TWM	R552ABA	ANW
R470RRA	GON	R482NPR	TYB	R508YWC	SPW	R527TWR	STAY	R552CNG	FEC
R470XDA	TWM	R483EDW	FHD	R509SJM	FSR	R527XOB	TWM	R552LGH	CHB
R471CAH	FEC	R483LGH	AMP	R509UWL	SNW	R527YRP	GWM	R552UOT	CBN
R471LGH	GAL	R484GNB	CBC	R510SJM	REB	R529TWR	HAD	R552XOB	TWM
R471LSO	SNOE	R484LGH	CBL	R510UWL	SNW	R529XOB	TWM	R553ABA	ANW
R471MVN	SNOE	R484YVV	BRN	R510YWC	SPW	R529YRP	GWM	R553CNG	FEX
R471RRA	SVD	R485LGH	OLY	R511SCH	WST	R530HDE	BBN	R553JDF	SWES
R471XDA	TWM	R486EDW	FHD	R511UWL	SNW	R530TWR	K&D	R553LGH	GON
R472CAH	FEC	R486LGH	AMP	R511WDC	COG	R530XOB	TWM	R553UOT	TVP
R472LGH	AMP	R486UCC	FSR	R511YWC	SPW	R530YRP	GWM	R553XOB	TWM
R472MVN	SNOE	R486UFP	SOD	R512BUA	TTC	R531HDE	SIL	R554ABA	ANW
R472RRA	WGH	R487LGH	GAL	R512JUP	ZAS	R531TWR	K&D	R554CNG	FEC

Reg	Code	Reg	Code	Reg	Code	Reg	Code	Reg	Code
R554LGH	GON	R572SBA	FNW	R588SWN	FCY	R604YON	TWM	R614KDD	SSOU
R554RPY	SNOE	R572XDA	TWM	R588YON	TWM	R606FBU	ANW	R614MNU	ARM
R554XOB	TWM	R573SBA	FNW	R589BMS	FED	R606JUB	FWE	R614SWO	WA
R555ELF	CAV	R573XDA	TWM	R589SBA	FNW	R606MHN	ANW	R614YCR	FHD
R555GSM	CYM	R574ABA	SNW	R589SWN	FCY	R606NFX	HBC	R614YON	TWM
R555JVA	JVA	R574JHS	OAT	R589YON	TWM	R606SWO	WA	R615JUB	FWE
R556ABA	ANW	R574SBA	FNW	R590BMS	FED	R606WMJ	ATS	R615MNU	ARM
R556CNG	FEC	R574XDA	TWM	R590YON	TWM	R606XOB	TWM	R615SWO	WA
R556LGH	GON	R575ABA	SNW	R591BMS	FED	R606YON	TWM	R615YCR	FHD
R556RPY	SNOE	R575SBA	FNW	R591SWN	FCY	R607JUB	FWE	R616AAU	SWC
R556UOT	DOY	R575XDA	TWM	R591USJ	BCM	R607MHN	ANW	R616BWO	BCR
R556XOB	TWM	R576NFX	BOD	R591YON	TWM	R607NFX	HBC	R616JUB	FWE
R557ABA	ANW	R576SBA	FNW	R592SWN	FCY	R607SWO	WA	R616KDD	SSOU
R557LGH	GON	R576XDA	TWM	R592YON	TWM	R607WMJ	ATS	R616MNU	ANE
R557RPY	SNOE	R577NFX	SOS	R593SWN	FCY	R607YON	TWM	R616SWO	WA
R557UOT	GCB	R577SBA	FNW	R593YON	TWM	R608CNM	ATS	R616YCR	FHD
R557XOB	TWM	R577XDA	TWM	R594SWN	FCY	R608JUB	FWE	R617FCV	TAR
R558ABA	ANW	R578GDS	GBC	R594YON	TWM	R608KDD	SDEV	R617JUB	FWE
R558LGH	GON	R578SBA	FNW	R595CNP	MOG	R608MHN	ANW	R617MNU	ARM
R558RPY	SNOE	R578XDA	TWM	R595LSO	SWSC	R608NFX	HBC	R617NFX	W&D
R558XOB	TWM	R579SBA	FNW	R595SWN	FCY	R608OTA	SEW	R617SWO	WA
R559ABA	ANW	R579XDA	TWM	R595XOB	TWM	R608SWO	WA	R617YCR	FHD
R559LGH	GON	R580JVA	WK	R595YON	TWM	R608YCR	FWE	R618JUB	FWE
R559UOT	CBN	R580SBA	FNW	R596LSO	SWSC	R608YON	TWM	R618MNU	ARM
R559XOB	TWM	R580XDA	TWM	R596SWN	FCY	R609JUB	FWE	R618NFX	W&D
R560ABA	ANW	R581JVA	CF	R596XOB	TWM	R609KDD	SDEV	R618SWO	WA
R560DRP	CF	R581SBA	FNW	R596YON	TWM	R609MHN	ANW	R618YCR	FHD
R560UOT	POW	R581SWN	FCY	R597SWN	FCY	R609NFX	SBM	R619BAY	CRN
R561ABA	ANW	R581XDA	TWM	R597XOB	TWM	R609OTA	SEW	R619JUB	FWE
R561UOT	ARM	R582JVA	SEMS	R597YON	TWM	R609SWO	WA	R619MNU	ANE
R562ABA	ANW	R582SBA	FNW	R598EAB	MCC	R609XAO	WED	R619NFX	W&D
R562DRP	CF	R582SWN	FCY	R598SWN	FCY	R609YCR	FHD	R619SWO	WA
R562UOT	CF	R582YMS	FED	R598XOB	TWM	R609YON	TWM	R619VEG	ENS
R562XOM	GWM	R582YON	TWM	R598YON	TWM	R610JUB	FWE	R619YCR	FHD
R563ABA	ANW	R583DYG	TAR	R599SWN	FCY	R610KDD	CCB	R620GFS	CRG
R563DRP	CF	R583SBA	FNW	R599XOB	TWM	R610NFX	SBM	R620JUB	FWE
R564ABA	ANW	R583SWN	FCY	R599YON	TWM	R610SWO	WA	R620MNU	ARM
R564DRP	CF	R583YMS	FED	R601MHN	ANW	R610YCR	FMR	R620NFX	W&D
R565ABA	ANW	R583YON	TWM	R601NFX	W&D	R610YON	TWM	R620SWO	WA
R565UOT	POW	R584GDX	ROI	R601SWO	WA	R611JUB	FWE	R620VEG	ENS
R566DRP	CF	R584JVA	SEMS	R601XOB	TWM	R611KDD	SSOU	R620YCR	FHD
R566UOT	CF	R584SBA	FNW	R601YON	TWM	R611SWO	WA	R621CVR	FNW
R567ABA	ANW	R584SWN	FCY	R602ENP	WEA	R611YCR	FHD	R621JUB	FWE
R567DRP	CF	R584YMS	FED	R602MHN	ANW	R611YON	TWM	R621MNU	ARM
R567MTF	WCC	R584YON	TWM	R602SWO	WA	R612GHJ	CMT	R621NFX	W&D
R567UOT	PAR	R585HDS	JMC	R602WMJ	ATS	R612HMW	TAW	R621SWO	WA
R567XDA	TWM	R585SBA	FNW	R602XOB	TWM	R612JUB	FWE	R621VEG	ENS
R568ABA	ANW	R585SWN	FCY	R602YON	TWM	R612SWO	WA	R621YCR	FHD
R568DRP	CF	R585YMS	FED	R603HKN	HFX	R612TRV	ROY	R622CVR	FNW
R568UOT	GHA	R585YON	TWM	R603MHN	ANW	R612YCR	FHD	R622JUB	FNW
R568XDA	TWM	R586JVA	SNOE	R603NFX	SBM	R612YON	TWM	R622MNU	ARM
R569ABA	ANW	R586OTT	C&R	R603SWO	WA	R613JUB	FWE	R622NFX	W&D
R569UOT	EMS	R586SBA	FNW	R603WMJ	ATS	R613KDD	SSOU	R622VEG	BRY
R569XDA	TWM	R586SWN	FCY	R603XOB	TWM	R613NFX	HBC	R622YCR	FHD
R570ABA	ANW	R586YON	TWM	R603YON	TWM	R613OGO	CEL	R623CVR	FNW
R570XDA	TWM	R587BMS	FED	R604KDD	SDEV	R613SWO	WA	R623JDV	CRI
R571ABA	ANW	R587SBA	FNW	R604MHN	ANW	R613YCR	FHD	R623JUB	FNW
R571UOT	SOD	R587SWN	FCY	R604NFX	SBM	R613YON	TWM	R623MNU	ASC
R571XDA	TWM	R587YON	TWM	R604SWO	CF	R614AAU	SWC	R623VEG	ENS
R571YNC	FNW	R588BMS	FED	R604WMJ	ATS	R614GFS	SHIC	R623YCR	FHD
R572ABA	PAR	R588SBA	FNW	R604XOB	TWM	R614JUB	FWE	R624CTX	SOXF

Code	Reg	Code	Reg	Code	Reg	Code	Reg	Code	Reg
R624CVR	FNW	R636HYG	FWE	R646HCD	SSOU	R661NHY	FCY	R688MFE	SEMS
R624JUB	FNW	R636JUB	FWE	R646HYG	FED	R661PHN	CHL	R689DPW	FEC
R624MNU	ARM	R636MNU	ANE	R646LSO	SWSC	R661YAV	WEB	R692MEW	ENS
R624VEG	ENS	R636RSE	BBD	R646TLM	FHD	R662DUS	FG	R692OYS	CBC
R625CTX	FOU	R636VLX	FHD	R647CVR	FNW	R662NHY	FCY	R693DNH	EA
R625CVR	FNW	R637CVR	FSY	R647DUS	FHD	R663DUS	FG	R693MEW	FSR
R625JUB	FNW	R637DUS	FG	R647HCD	SSOU	R663EYG	MOG	R694DNH	EA
R625MNU	ANE	R637EYS	FSR	R647HYG	FED	R663NHY	FCY	R694OYS	CBC
R625VEG	ENS	R637HYG	FWE	R647LSO	SREN	R663TKU	STE	R694WAW	MID
R626CVR	FNW	R637MNU	ASC	R647TLM	FEX	R664DUS	FG	R695DNH	EA
R626JUB	FNW	R637RSE	GHA	R648CVR	FNW	R664NHY	FCY	R695WAW	MID
R626MNU	HED	R638CVR	FSY	R648HCD	SSOU	R665DUS	FG	R696DNH	EA
R626ULX	M&C	R638DUS	FG	R648HYG	FED	R665GGR	CMH	R696FWU	LMS
R626VEG	ENS	R638HYG	FWE	R648LSO	STAY	R667DUS	FG	R696TET	APC
R627CVR	FNW	R638MNU	ARM	R649CVR	FNW	R667GCU	ERB	R697DNH	EA
R627JUB	FNW	R638VEG	ENS	R649HCD	SSOU	R668DUS	FG	R697YLH	ZEO
R627MNU	COG	R639CVR	FSY	R649HYG	FED	R669DUS	FG	R698DNH	EA
R627SJM	GHA	R639HYG	FWE	R649LSO	SREN	R669UCC	BML	R699DNH	EA
R627VEG	ENS	R639MNU	ANE	R649NEP	TVP	R670DUS	FMR	R699MEW	MID
R627VNN	CET	R639RSE	TVM	R649TLM	FLN	R671DUS	FG	R700JCS	COO
R627YNB	EXL	R639VLX	FCY	R649YCR	SCB	R672DUS	FSA	R701BAE	FSA
R629CVR	FNW	R639VYB	CML	R650CVR	FNW	R672LFV	SNW	R701DNH	EA
R629JUB	FWE	R640CVR	FSY	R650HYG	FED	R673DUS	FCY	R701DNJ	SEMS
R629MNU	HED	R640HYG	FWE	R650LSO	STAY	R674DUS	FMR	R701KCU	ANE
R629SJM	ASD	R640MNU	ANE	R650TLM	FEX	R674HCD	SNW	R701MEW	MID
R629VEG	ENS	R640OVN	SNOE	R650VBM	UNO	R674OEB	WBS	R701TRV	FCA
R629VYB	DEV	R640RSE	SREN	R650VNN	HLO	R675DUS	FMR	R701YWC	REL
R630CVR	FNW	R640VLX	FEX	R651CVR	FNW	R675HCD	SSOU	R702BAE	FSA
R630JUB	FWE	R640VNN	WEA	R651HYG	FED	R676DUS	FG	R702DNH	HED
R630MNU	WIT	R641CVR	FEC	R651TLM	FEX	R676HCD	SSOU	R702DNJ	SSOU
R630VEG	ENS	R641DUS	FSY	R651VBM	UNO	R677DUS	FG	R702MEW	MID
R630YOM	EBL	R641HYG	FWE	R651VSE	STAY	R677HCD	SYOR	R702YWC	SYOR
R631CVR	FNW	R641LSO	BBD	R651YCR	GAT	R677MEW	FEX	R703BAE	FBR
R631DUS	FG	R641MBV	SYOR	R652HYG	FED	R678DUS	FSY	R703DNJ	SSOU
R631JUB	FWE	R641MNU	ANE	R652TLM	FCY	R678HCD	SSOU	R703MEW	MID
R631MNU	COG	R641OBV	SPW	R652TYA	SWC	R678MEW	FEX	R703MHN	CBC
R631VEG	ENS	R642CVR	FEC	R652VBM	UNO	R679HCD	SSOU	R703TRV	VTC
R631YNB	GTS	R642DUS	FHD	R652VSE	SWSC	R679MEW	FEX	R703XAL	AVI
R632CVR	FNW	R642HYG	FWE	R653CVR	SNW	R680DPW	FEC	R703YWC	PMS
R632DUS	FG	R642LSO	BBD	R653HYG	FED	R680HCD	SSOU	R704BAE	FSA
R632EYS	SMP	R642MNU	COG	R653RPY	SNOE	R680MEW	FCY	R704MEW	WTR
R632JUB	FWE	R642TLM	FEX	R653TLM	FEX	R681DPW	FEC	R705BAE	FBR
R632MNU	PCN	R643CVR	FEC	R653ULX	LBL	R682DPW	FEC	R705DNJ	SSOU
R632VEG	ENS	R643DUS	FHD	R653VBM	TAT	R682DWS	WAL	R705MEW	CLK
R632VNN	CML	R643HYG	FWE	R653VSE	BBD	R682OYS	CBC	R705MHN	ANE
R633CVR	FNW	R643LSO	BBD	R654CVR	FNW	R683DPW	FEC	R705TRV	VTC
R633DUS	FG	R643MBV	SYOR	R654DUS	FG	R684DPW	FEC	R705VLA	FEX
R633JUB	FWE	R643MNU	HED	R654HCD	SSOU	R684MEW	SCP	R705YWC	SYOR
R633KUA	BEC	R643TLM	FHD	R654RPY	SNOE	R685DPW	FEC	R706BAE	FBR
R633MNU	PCN	R644CVR	FEC	R654WBM	TAT	R685MHN	ANW	R706DNJ	SSOU
R633TCR	A2B	R644DUS	FHD	R654VSE	STAY	R685WRN	M&C	R706MEW	CAO
R633VLX	FHD	R644HYG	FWE	R655DUS	FG	R686DPW	FEC	R706MJH	FSR
R634CVR	FSY	R644LSO	BBD	R655RPY	SNOE	R686MEW	BRY	R706MNU	LEW
R634DUS	FG	R644TLM	FEX	R656DUS	FG	R687ACL	DCO	R706SLU	BCR
R634JUB	FWE	R645CVR	FNW	R657DUS	FG	R687DPW	FEC	R706TRV	VTC
R634MNU	WIT	R645DUS	FHD	R658DUS	FG	R687MEW	BRY	R706VLA	FEX
R634VLX	FHD	R645HYG	FWE	R659DUS	FG	R687MFE	SEMS	R706VLX	THA
R634VYB	S&B	R645LSO	SWSC	R659GCA	GWM	R687TTS	MFW	R706YUD	CF
R635CVR	FSY	R645TLM	FEX	R660GCA	GWM	R688DPW	FEC	R706YWC	PMS
R636CVR	FSY	R646CVR	FNW	R661DUS	FG	R688FYG	JPM	R707BAE	FBR
R636DUS	FG	R646DUS	FHD	R661GCA	HAT	R688MEW	NUV	R707DNJ	SSOU

R707MEW	CLK	R716TRV	JMC	R746DRJ	SNW	R781CDW	WA
R707MHN	CBC	R716VLA	FEX	R746FGX	MEB	R781SOY	FIN
R707VLA	FEX	R716YWC	BBD	R746RTN	HER	R781WKW	FSY
R707YWC	CAR	R717BAE	FCY	R747DRJ	SSOU	R782CDW	WA
R708BAE	FBR	R717DJN	FEX	R747ECT	BLK	R782SOY	EYM
R708DNJ	SSOU	R717VLA	FEX	R747FGX	MEB	R782WKW	FSY
R708MEW	CAO	R717YWC	PMS	R747MFL	AAR	R783CDW	WA
R708NJH	BOD	R718BAE	FBR	R747RTN	ZAC	R783WKW	FSY
R708SLU	HFX	R718BNF	NUV	R747XAR	SNOE	R784CDW	WA
R708VLA	FEX	R718DJN	FEX	R748DRJ	SSOU	R784WKW	FSY
R708YWC	SYOR	R718TRV	FLA	R749DRJ	SNW	R785DHB	WA
R709BAE	FBR	R718YWC	BBD	R749ECT	CRV	R785WKW	FSY
R709DNJ	SSOU	R719BNF	WA	R749XPO	VTC	R787DHB	WA
R709MEW	CLK	R719DJN	FEX	R751BDV	SDEV	R787WKW	FSY
R709ORB	HFX	R719RAD	FBR	R751DRJ	SNW	R787WSB	MUS
R709TRV	CCS	R719RPY	SYOR	R751XPO	VTC	R788DHB	WA
R709VLA	FEX	R719TRV	WCK	R752DRJ	SSOU	R788WKW	FSY
R709YWC	SYOR	R720BNF	NUV	R752GDL	W&D	R789DHB	WA
R710BAE	FBR	R720DJN	FEX	R752XPO	VTC	R789DUB	AST
R710DNJ	SSOU	R720LDY	K&J	R753DRJ	SNW	R789WKW	FSY
R710MEW	IMP	R720RPY	SYOR	R753GDL	W&D	R790DHB	WA
R710MHN	ANE	R720TRV	VTC	R754DRJ	SNW	R790WKW	FSY
R710SLU	LOD	R720YUD	EA	R754GDL	W&D	R791DHB	WA
R710VLA	FEX	R721DJN	FEX	R754VRM	REL	R791GDX	PRT
R710XAL	AVI	R721EGD	PEA	R755DRJ	SNW	R791NRW	STE
R710YFL	W&D	R721RPY	SEMS	R755GDL	W&D	R792DHB	WA
R710YWC	BBD	R722HHK	FWE	R755RPY	SNOE	R793CHE	CHA
R711BAE	FBR	R722RPY	SEMS	R756DRJ	SSOU	R793URM	SNW
R711DNJ	SSOU	R723HHK	FWE	R756GDL	W&D	R794URM	SNW
R711ENF	CRS	R723RPY	SEMS	R757DRJ	SNW	R795URM	SNW
R711KGK	EMH	R724HHK	FWE	R757DYS	FG	R796GSE	ZBR
R711MEW	HBC	R724RPY	SEMS	R757GDL	W&D	R797OYS	CBC
R711MHN	ANE	R725HHK	FWE	R758DRJ	SNW	R798DUB	ASC
R711VLA	FEX	R725RPY	SEMS	R758DYS	FSY	R800JCS	COO
R711YWC	BBD	R726EGD	D&G	R758GDL	W&D	R801JFS	SAD
R712BAE	FBR	R726HHK	FWE	R759DRJ	SNW	R801KCU	KCO
R712DJN	FEX	R726RPY	SEMS	R759DUB	ATS	R801YUD	SDEV
R712KGK	SCC	R726TYC	DUD	R759DYS	FSY	R802YUD	CF
R712MEW	ROS	R729NPR	VTC	R759GDL	W&D	R803JFS	SAD
R712TRV	CHA	R730EGD	PTW	R760DRJ	SNW	R803YJC	VTC
R712VLA	FEX	R730NPR	VTC	R761DRJ	SNW	R803YUD	SDEV
R712XAR	SDEV	R733ECT	AAR	R762DRJ	SNW	R804YJC	AVD
R712YWC	BBD	R733EGD	KEY	R762VUT	CRS	R804YUD	SDEV
R713BAE	FCY	R737XRV	SVE	R763DRJ	SNW	R805YUD	SDEV
R713DJN	FEX	R738EDW	HWS	R765DRJ	SNW	R807HWS	WGH
R713KGK	SCC	R738EGD	BBL	R770BWO	HWS	R807JDV	SDEV
R713TRV	VTC	R738XRV	SVE	R770DUB	VTE	R807NUD	SVE
R713VLA	FEX	R739TMO	MUS	R772LHP	SSOU	R807WJA	BUV
R714BAE	FCY	R739XRV	SVE	R773LHP	STE	R807YJC	VTC
R714DJN	FEX	R741BMY	MEB	R774WOB	DAR	R807YUD	SDEV
R714KGK	WBS	R741ECT	AUD	R775CDW	WA	R808YUD	SWES
R714TRV	AXV	R741XRV	SVE	R776CDW	WA	R809OYS	OLY
R714VLA	FEX	R742BMY	MEB	R776MGB	LIP	R809TKO	SSH
R714YWC	SYOR	R743BMY	MEB	R777GSM	BNA	R809WJA	ATS
R715BAE	FCY	R743BUJ	MID	R777JCS	COO	R809YJC	VTC
R715DJN	FEX	R743ECT	ZDU	R778CDW	WA	R809YUD	SWES
R715VLA	FEX	R744BMY	MEB	R778ECT	MDC	R810HWS	WEB
R715YWC	BBD	R744BUJ	MID	R778WSB	WWY	R810NUD	SVE
R716BAE	FCY	R744DRJ	SNW	R779CDW	WA	R810NVT	FNW
R716DJN	FEX	R745BMY	MEB	R780CDW	WA	R810WJA	GWM
R716MHN	ANE	R745DRJ	SSOU	R780SOY	FIN	R810YUD	SWES

R811NVT	FNW
R811WJA	HTT
R811XFC	SSOU
R811YUD	SWES
R812NUD	SVE
R812NVT	FNW
R812WJA	HTT
R812XBA	ROY
R812YJC	NEF
R812YUD	SWES
R813GRN	HFX
R813HCD	SSOU
R813HWS	FHD
R813NUD	SVE
R813WJA	WXC
R813YUD	SSOU
R814GRN	HFX
R814HCD	SSOU
R814HWS	FGC
R814TKO	PKT
R814YUD	SSOU
R815GRN	HFX
R815HCD	SSOU
R815UOK	W&D
R815WJA	GLO
R815YJC	STE
R815YUD	SSOU
R816DDV	COL
R816GRN	HFX
R816HCD	SSOU
R816LFV	EBL
R816WJA	LFT
R816YUD	SSOU
R817DDV	COL
R817GRN	DHC
R817HCD	SSOU
R817KWO	RRB
R817YJC	ADR
R817YUD	SSOU
R818GSF	SCM
R818HCD	SSOU
R818YJC	FSR
R818YUD	SSOU
R819HCD	SSOU
R819YUD	EA
R821HCD	SSOU
R821HDS	SCM
R821YUD	SOXF
R822HCD	SSOU
R822YUD	SOXF
R823HCD	SSOU
R823YUD	SDEV
R824HCD	SSOU
R824YUD	SDEV
R825KBX	RGY
R825MJU	NEF
R825YUD	SNOE
R826YUD	SNOE
R827YUD	SNOE
R828YUD	SNOE
R829YUD	SNOE

R830MFR SVE	R851JGD BCS	R888WMC WMC	R909XVM SNW	R922ULA CRG
R830TKV NBL	R851PRG GON	R889NAU TIG	R909YBA FIT	R922WOE FWE
R831MFR SVE	R851SDT ALX	R890SDT ALX	R910BOU FSA	R922XVM SHIC
R831OVN SNOE	R852PRG GON	R892MTL CHY	R910XFC SSOU	R922YBA ALE
R832MFR SVE	R853JGD CEN	R893BGY OAK	R910XVM SNW	R923JNL ANE
R832OJM YON	R853PRG GON	R895XVM SNW	R912BOU FSY	R923RAU TMH
R832OVN SNOE	R853SDT HQL	R896XVM SNW	R912ULA ABT	R923WOE FWE
R833MFR SVE	R854PRG GON	R897XVM SNW	R921ULA ZDL	R923XVM SNW
R833OVN SNOE	R855PRG GON	R898WOC SAJ	R912XFC SSOU	R923YBA ALE
R833ULC FAR	R856PRG GON	R898XVM SNW	R912XVM SNW	R924RAU TMH
R834MFR SVE	R863SDT SUP	R899XVM SNW	R913BOU FSY	R924WOE FWE
R834OVN SNOE	R864MCE ENS	R900WCM WCM	R913GFF ROW	R924XVM SNW
R834WOY LBL	R865MCE MID	R901AVM CML	R913XVM SNW	R925LAA LEW
R835FNG KON	R866LHG SNW	R901BOU FSY	R913YBA HWD	R925WOE FWE
R835MFR SVE	R867MCE MID	R901FDV SDEV	R914BOU FSY	R925XVM SHIC
R835OVN SNOE	R868LHG SNW	R901JDF DEN	R914XVM EA	R925YBA FRA
R835VLX FHD	R869LHG SNW	R901JGA NBL	R914YBA HMN	R926RAU TBB
R835WOY LBL	R869MCE MID	R901WEC DEV	R915BOU FSA	R926WOE FWE
R836FNG KON	R869MRD SWC	R901XVM SNW	R915GBX TFB	R926XVM SHIC
R836MFR SVE	R869SDT PCO	R901YBA HMN	R915GMW SWES	R926YBA FOU
R836OVN SNOE	R870ACC PDB	R902BOU FBR	R915JNL ANE	R927RAU TBB
R837FNG KON	R870LHG SNW	R902EDO TIV	R915ULA CKC	R927WOE FWE
R837MFR SVE	R870MCE ENS	R902GJO CML	R915XVM EA	R927XVM STAY
R837OVN SNOE	R871ERE FNW	R902JDV SDEV	R916BOU FSA	R927YBA MSH
R837PRG GON	R871LHG SNW	R902TCH CKC	R916GMW SWES	R928RAU TMH
R838MFR SVE	R871MCE ENS	R902XVM SNW	R916SJH SWN	R928WOE FWE
R838OVN SNOE	R871MRD SCL	R903BKO ASN	R916XVM STAY	R928XVM SDEV
R838PRG GON	R872ERE FNW	R903BOU FBR	R917BOU FSA	R928YBA HWY
R839MFR SVE	R872LHG SNW	R903JDV SDEV	R917GMW SWES	R929JYG CHW
R839OVN SNOE	R872MCE ENS	R903XVM SNW	R917HTW BNA	R929RAU ARM
R839PRG GON	R872MDY HEY	R904BKO ASN	R917JNL ANE	R929WOE FWE
R841DVF FWT	R872UWJ MFF	R904BOU FBR	R917RAU MIC	R929XVM SHIC
R841MFR SVE	R873BKW ALX	R904JDV SDEV	R917ULA PRY	R92HUA ALC
R841PRG GON	R873ERE FNW	R904XFC SSOU	R917XVM CF	R930CNP HLC
R842GRN TTS	R873LHG SNW	R904XVM SNW	R917YBA ALE	R930FOO SDEV
R842PRG GON	R873MDY HEY	R905BKO ASN	R918BOU FSA	R930RAU TBB
R843FWW ZBR	R874ERE FNW	R905BOU FBR	R918GMW SWES	R930WOE FWE
R843MFR SVE	R874LHG SNW	R905JGA MUS	R918JNL ANE	R930XVM SYOR
R843PRG GON	R874MCE IMP	R905NFX SBM	R918RAU TBB	R931AMB KCC
R844ODP CHA	R875ERE FNW	R905RNL STD	R918WOE FWE	R931FOO SSOU
R844PRG GON	R875LHG SNW	R905XFC SSOU	R918XVM SNW	R931RAU TMH
R844YLC FNW	R876ERE FNW	R905XVM SNW	R918YBA JCA	R931WOE FWE
R845FWW ZFA	R876MCE ENS	R905YON TWM	R919BOU FSY	R931XVM SNW
R845MFR SVE	R877ERE FNW	R906BKO ASN	R919JNL ANE	R932FOO SDEV
R845PRG GON	R877MCE ENS	R906BOU FSA	R919RAU MIC	R932RAU TBB
R845VEC JFS	R878ERE FNW	R906JGA SOT	R919RNL CCW	R932XVM BBD
R845WOY LBL	R878FGE DPG	R906XFC SSOU	R919WOE ZAS	R932YBA SWC
R846FDM WCM	R878HCD PCO	R906XVM SNW	R919XVM SNW	R932YOV FWE
R846FND NCO	R879HCD PCO	R907BKO ASN	R920COU FSA	R933FOO SDEV
R846RWW ZFA	R879HRF FNW	R907BOU FSA	R920RAU ARM	R933RAU MTL
R846PRG GON	R879OAD CMT	R907FNB TIV	R920SBV REW	R933XVM SOXF
R847PRG GON	R880HRF FNW	R907XFC SSOU	R920WOE FIS	R933YOV FWE
R847VEC JFS	R880SDT SEL	R907XVM SNW	R920XVM SHIC	R934AMB SAQ
R847WRM LMS	R881HCD B&H	R908BKO ASN	R921CUH EXL	R934FOO SDEV
R848JGD CHH	R881HRF FNW	R908BOU FSA	R921DCA ING	R934RAU TBB
R848PRG GON	R882ENF FNW	R908XFC SSOU	R921RAU TMH	R934XVM SNW
R849CJS BBD	R886YOM POC	R908XVM SNW	R921WOE FWE	R934YOV FWE
R849HSC BLY	R887SDT SWA	R909BKO ATS	R921XVM SNW	R935FOO SSOU
R849JGD PKS	R888GSM HAO	R909BOU FSA	R921YBA SWC	R935RAU TBB
R849PRG GON	R888JCS COO	R909EDO AMR	R922LAA ELC	R935XVM BBD
R849WOY LBL		R909XFC SSOU	R922RAU MIC	R935YOV FWE

Reg	Code	Reg	Code	Reg	Code	Reg	Code	Reg	Code
R936FOO	BBD	R952SLL	LBL	R976XVM	SNW	R996RHL	DGB	RBZ9595	RTL
R936RAU	TBB	R952VPU	S&S	R977KAR	TMH	R996XVM	BBD	RC7927	TBB
R936XVM	SOXF	R952XVM	SNW	R977NVT	FNW	R997PEO	GRW	RCA167Y	K&J
R936YNF	HMN	R952YNF	OAK	R977XVM	SNW	R997RHL	TIL	RCE510	WBC
R936YOV	FWE	R952YOV	TDL	R978KAR	CHB	R998PEO	GRW	RCS382	SWSC
R937FOO	WA	R953SLL	LBL	R978NVT	FNW	R998YWE	SGD	RCS754	SPR
R937XVM	BBD	R953VPU	POY	R978XVM	SWES	R629YOM	SWB	RCT3	DEL
R937YOV	FWE	R953XVM	BBD	R979FNW	GON	RA04YGX	FDC	RCZ7898	DAB
R938FOO	WA	R953YOV	TDL	R979NVT	FNW	RA04YHS	FDC	RD02BJK	ABS
R938JOJ	CSP	R954JYS	GWM	R979RRG	SOO	RA05XEB	OFJ	RD02BJO	ABS
R938XVM	SNW	R954XVM	BBD	R979XVM	SNW	RA05XEC	OFJ	RD02BJU	ABS
R938YOV	FWE	R954YOV	TDL	R980FNW	NCP	RA08ACJ	AVI	RD02BJV	ABS
R939AMB	LJL	R955FYS	DIC	R980NVT	FNW	RA08VJZ	AVI	RD02BJX	ABS
R939FOO	BBD	R955JYS	LMS	R980XVM	SNW	RA51KGE	ABS	RD02BJZ	ABS
R939XVM	SHIC	R955TLD	KIM	R981NVT	FNW	RA51KKD	ABS	RD51FKV	FBE
R939YOV	FWE	R955TSL	STAY	R981XVM	SWES	RA51KKE	ABS	RD51FKW	FBE
R940AMB	TVC	R955XVM	SSOU	R982FNW	GON	RA51KKF	ABS	RD51FKZ	FBE
R940FOO	BBD	R956RCH	LTL	R982XVM	SNW	RA51KKG	ABS	RD51FLA	FBE
R940UWE	KCO	R956TSL	STAY	R983FNW	GON	RA51KKH	ABS	RDG304G	B&W
R940XVM	SNW	R956XVM	SSOU	R983KAR	TMH	RA51KLE	ABS	RDL686X	EMS
R940YNF	DHT	R957TSL	STAY	R983XVM	SNW	RA51KVS	ABS	RDL689X	APT
R940YOV	FWE	R957XVM	SHIC	R984FNW	NUV	RA53BLJ	OFJ	RDM378	AWJ
R941FOO	WA	R958FYS	MFW	R984SSA	MCO	RA53BLK	OFJ	RDU903	WBH
R941XVM	BBD	R958TSL	STAY	R984XVM	SNW	RA56GYT	WVY	RDV903	SAN
R941YOV	CHB	R958XVM	SHIC	R985EWU	MCO	RAH260W	HED	RDY155	RAM
R942FOO	WA	R959RCH	HMN	R985FNW	AYO	RAH268W	HED	RDZ1707	ACH
R942VPU	ASC	R959TKV	LEE	R985KKN	WAT	RAN646R	B&W	RDZ1708	OLY
R942XVM	SYOR	R959XVM	SNW	R985RNL	KEA	RAR690J	MAG	RDZ1710	OLY
R943FOO	WA	R960RAU	TBB	R985SSA	MCO	RAR777W	MEW	RDZ1711	OLY
R943LHT	FGC	R960XVM	SNW	R985XVM	SNW	RAU624R	MOS	RDZ1714	OLY
R943VPU	ATS	R961XVM	SNW	R986FNW	NUV	RAX19Y	A&B	RDZ4274	JWC
R943XVM	SNW	R962FYS	GHA	R986SSA	MCO	RAZ2228	EVL	RDZ4286	GLC
R944FOO	WA	R962XVM	SNW	R986XVM	SNW	RAZ7349	DFT	RDZ4287	YAR
R944SJM	ZCF	R963XVM	SNW	R987EWU	D&G	RAZ7353	BRN	RDZ6115	LON
R944XVM	SNW	R964RCH	VTC	R987KAR	CHB	RAZ8598	SWC	RE06RDE	ETC
R944YOV	FIS	R964XVM	STAY	R987PFT	CML	RAZ8619	ALE	RE10PFG	RAB
R945FOO	WA	R965RCH	TVC	R987VAU	ZBY	RAZ8627	JEN	RE53JAK	RAW
R945OEB	EMB	R965SLL	LBL	R987XVM	SNW	RAZ8723	DFT	RE57FOS	FFC
R945XVM	SNW	R965XBC	VAW	R988FNW	NUV	RAZ9649	DFT	RED57	THA
R945YOV	TDL	R965XVM	SNW	R988PFT	RWL	RB02DAF	RBC	REL188	CAT
R946AMB	HBT	R966XVM	SNW	R988VAU	ZBY	RB03DAF	RBC	REL575	CAT
R946FOO	WA	R967MGB	HCO	R988XVM	BBD	RB53ANT	ANT	REO207L	PTC
R946RRS	TAR	R967RCH	VRT	R989FNW	AYO	RBC345G	VCC	REP999N	ROY
R946XVM	SHIC	R967XVM	SNW	R989KAR	CHB	RBD215	THA	REZ3371	BRA
R946YOV	TDL	R968MGB	COS	R989LFE	ZDS	RBO202	RBC	REZ4480	DAB
R947FOO	SYOR	R968XVM	SNW	R989VAU	ZBY	RBO284	RBC	REZ5216	HIL
R947XVM	SHIC	R969XVM	SNW	R989XVM	BBD	RBO303	RBC	REZ5237	AUD
R948AMB	GBC	R970XVM	SNW	R990EWU	BEK	RBZ494	RTL	REZ8374	FCL
R948FOO	SNW	R971FNW	GON	R990FNW	SYOR	RBZ711	RTL	REZ8375	STI
R948VPU	FSR	R971MGB	STP	R990XVM	BBD	RBZ865	RTL	REZ8516	WTR
R948XVM	BBD	R971XBC	SAJ	R991EWU	NXD	RBZ913	RTL	REZ8519	AWT
R948YOV	TDL	R971XVM	SNW	R991XVM	BBD	RBZ2673	PWB	REZ8524	FSR
R949FOO	WA	R972CJS	SPR	R992KMA	AWJ	RBZ2674	RML	REZ9461	KAD
R949XVM	SNW	R972FNW	GON	R992XVM	BBD	RBZ2675	PAR	REZ9767	GBU
R949YNF	DUR	R972XVM	SNW	R993FOO	CHP	RBZ2960	C&G	REZ9768	GBU
R949YOV	TDL	R973XVM	SNW	R993SSA	MCO	RBZ3429	AST	REZ9769	GBU
R950FOO	SYOR	R974KAR	TMH	R993XVM	BBD	RBZ3430	RTL	REZ9770	GBU
R950XVM	SNW	R974MGB	CHW	R994XVM	SNW	RBZ3900	BBU	REZ9771	GBU
R950YOV	TDL	R974XVM	SNW	R995AKM	BBC	RBZ5459	SNW	REZ9772	GBU
R951RCH	TEL	R975FNW	GON	R995XVM	SNW	RBZ5544	RTL	REZ9773	GBU
R951XVM	BBD	R975XVM	SNW	R995YJO	CHB	RBZ7970	AON	REZ9774	GBU
R951YOV	TDL	R976TLD	ZEQ	R995YWE	CAL	RBZ8507	ELR	REZ9775	GBU

REZ9776	GBU	RIB6581	ANC	RIL3693	DJI	RJI2717	MGC	RKG419Y	EDW
REZ9777	GBU	RIB6844	VCC	RIL3702	R&B	RJI2719	FIT	RKG426Y	EDW
REZ9778	GBU	RIB6853	P&K	RIL3707	FRC	RJI2722	MGC	RKZ2551	CLC
REZ9779	GBU	RIB7002	NUV	RIL3744	M&H	RJI3046	SWC	RKZ4277	DHC
REZ9780	GBU	RIB7175	WKN	RIL3746	COO	RJI3802	EAM	RKZ4760	FNI
REZ9781	GBU	RIB7409	EMM	RIL3747	APB	RJI4378	M&H	RKZ4761	FNI
REZ9782	GBU	RIB7742	KIN	RIL3846	ZEC	RJI4563	DOW	RKZ5903	CLC
REZ9783	GBU	RIB7874	MCW	RIL3899	EMP	RJI4566	GRI	RKZ5904	CLC
REZ9784	GBU	RIB8036	LID	RIL3908	GVW	RJI4668	HRD	RKZ5938	CLC
REZ9785	GBU	RIB8045	ABG	RIL3998	AYR	RJI4670	AMR	RKZ8284	NIC
REZ9786	GBU	RIB8289	RHT	RIL4022	ARL	RJI4797	RAW	RKZ8285	LIS
RF10OXF	OBC	RIB8431	HFL	RIL4099	EVL	RJI5378	ATT	RKZ8286	SMI
RF55ZMY	ALX	RIB8636	PHI	RIL4396	SCT	RJI5702	NSC	RKZ8575	MCH
RF56OXF	OBC	RIB8740	SSM	RIL4411	CBW	RJI5709	TVA	RKZ9541	DHC
RF57KTT	OFJ	RIB8745	DOL	RIL4570	SCT	RJI5713	ALW	RL02FOT	ABS
RFE483	SEMS	RIB8747	HWD	RIL4586	SCT	RJI5714	ETC	RL02FOU	ABS
RFO361	RNC	RIB8809	CET	RIL4958	DOW	RJI5715	FIT	RL02FVM	ABS
RFX477W	SRK	RIB8816	CET	RIL4961	ADR	RJI5716	AAM	RL02FVN	ABS
RG02NMN	WHI	RIB8817	CET	RIL5084	HPC	RJI5718	RVY	RL02ZTB	ABS
RG03BGK	WVY	RIB8819	CET	RIL5140	CAT	RJI5721	SEM	RL02ZTC	ABS
RG03BSY	ALA	RIB8847	SBQ	RIL5261	TAP	RJI5723	SEM	RL04EXL	OFJ
RG03BVK	ALA	RIB8848	SBQ	RIL5287	GCA	RJI6060	66C	RL51CVZ	COT
RG03BVW	ALA	RIB9457	PHI	RIL5661	ZCE	RJI6155	W&D	RL51CWA	COT
RG09BUS	REB	RIJ774	MOB	RIL5820	TRX	RJI6237	BRC	RL51CXB	COG
RG51FMV	ZCW	RIL516	SHA	RIL5885	EDE	RJI6395	JTK	RL51CXC	COG
RG51FMY	ZCW	RIL1018	GRB	RIL6346	BCT	RJI6617	PPH	RL51CXD	COG
RG51FWZ	FLN	RIL1019	COO	RIL6347	BCT	RJI7949	SBD	RL51DNU	MEL
RG51FXA	FLN	RIL1020	ZCL	RIL6494	MLN	RJI8581	KTL	RL51DNV	MEL
RG51FXB	FLN	RIL1021	MAN	RIL7163	TAP	RJI8583	ZCE	RL51DNX	MEL
RG51FXC	FLN	RIL1027	WA	RIL7643	ARL	RJI8603	CEL	RL51DNY	MEL
RG51FXD	FLN	RIL1053	FSA	RIL7644	ARL	RJI8604	SAN	RL51DOA	MEL
RG51FXE	FLN	RIL1057	TAY	RIL7763	PRC	RJI8606	CST	RL51DOH	MEL
RG51FXF	FLN	RIL1069	FSA	RIL7974	CHD	RJI8609	PLT	RL51DOJ	MEL
RG51FXH	FLN	RIL1072	FCA	RIL8110	WXB	RJI8611	YCT	RL51DOU	MEL
RG52JAM	GCA	RIL1203	ACE	RIL8132	LAV	RJI8612	HBT	RL51GMC	BOR
RG1173	FAB	RIL1214	GLA	RIL8160	MOC	RJI8615	AXV	RL51ZKR	ALI
RGV111	MUL	RIL1282	EMM	RIL8182	LLC	RJI8684	MOC	RL51ZKS	ALI
RGV284N	HED	RIL1475	SWC	RIL8371	FOW	RJI8685	TTS	RL51ZLN	COT
RHD525P	ROM	RIL1476	SIL	RIL9160	RSV	RJI8687	EDW	RL51ZLO	COT
RHE194	SYOR	RIL1508	DCO	RIL9161	RSV	RJI8688	GWY	RLS468T	WJC
RHE969X	COO	RIL1555	WSC	RIL9162	HCL	RJI8711	PHO	RLX323	SCI
RHY147	GHA	RIL1557	CRA	RIL9163	CAS	RJI8718	REE	RLZ1078	JEN
RIA5991	2WT	RIL1578	HKW	RIL9739	2WT	RJI8721	CRA	RLZ1130	ZAR
RIB1080	STW	RIL1680	GRB	RIL9773	BRO	RJI8723	JCS	RLZ1176	PRO
RIB1686	PHI	RIL1744	BRN	RIL9864	CFD	RJI8725	GUS	RLZ1178	SSC
RIB1795	TAT	RIL1756	TET	RIW2020	ROB	RJI8918	BRC	RLZ1206	BLE
RIB2901	JDT	RIL1759	EDW	RIW2830	TJC	RJI8920	MES	RLZ1207	TTS
RIB3020	P&K	RIL2102	ARL	RIW4037	JBG	RJX318	TAY	RLZ1650	UKP
RIB3040	OCT	RIL2103	EUS	RIW4979	ROB	RJZ2265	AWT	RLZ1667	DAR
RIB3195	SSM	RIL2129	TAT	RIW5402	ROB	RJZ5802	ROI	RLZ1670	SIL
RIB3324	PHI	RIL2201	HIS	RIW5403	ROB	RK04BCU	AVI	RLZ1673	DAR
RIB3524	PHI	RIL2220	WLT	RIW6876	ROB	RK04BCV	AVI	RLZ7360	PRY
RIB3929	CRA	RIL2531	JTR	RIW9057	ZCF	RK07BNF	CAO	RLZ7362	VCY
RIB4081	RHT	RIL2576	DJI	RIW9456	ZCF	RK07KOA	CYC	RM03GSM	JJT
RIB4308	A&P	RIL2628	JTR	RJ53TNV	TAY	RK08CYJ	REA	RM05GSM	K&J
RIB4313	DRC	RIL3104	AAR	RJE40S	CLT	RK08CYL	REA	RMO72Y	ZBG
RIB5092	ARR	RIL3148	CST	RJI1653	GRB	RK51KNV	BLE	RMO77Y	MAS
RIB6120	RHT	RIL3157	SCT	RJI1654	GRB	RK51KNW	A2B	RMO78Y	MAS
RIB6197	KIM	RIL3166	TET	RJI1977	WJS	RK51XXL	COT	RN03EOA	OFJ
RIB6199	WED	RIL3619	JSS	RJI1985	WIA	RK54DFN	WVY	RN52EYH	ALI
RIB6563	BDC	RIL3690	DJI	RJI2162	PHO	RK57LXN	BMC	RN52EYJ	ALI

RN52EYK	ABS	ROX639Y	MTL	RUI2486	WTR	RX06WVC	HSM	RX56HTA	AVI
RN52EYL	ABS	ROX640Y	THU	RUI2590	BRI	RX06WVD	HSM	RX56UZC	OFJ
RN52FPA	ABS	ROX641Y	MEW	RUI3661	BEE	RX06WVE	HSM	RX57GOE	BOD
RN52FPC	ABS	ROX646Y	HWC	RUI3662	MBL	RX06WVL	HSM	RX57GXL	HSM
RN52FRD	ABS	ROX647Y	TOT	RUI3663	MBL	RX06WVM	HSM	RX57GXM	HSM
RN52FRF	ABS	ROX653Y	PDB	RUI5269	POL	RX06WVN	HSM	RX57GXN	HSM
RN52FVR	ABS	ROX656Y	DCT	RUI5270	POL	RX06XFD	CYC	RX57GXO	HSM
RN52FVS	ABS	ROX660Y	GHW	RUI5271	POL	RX06XFE	CYC	RX57GXP	HSM
RN52FXD	ABS	ROX661Y	BVB	RUI5290	BOW	RX07DNN	AVI	RX57GXR	HSM
RN52FYO	ABS	ROX663Y	DCT	RUI6684	THA	RX07KDF	HSM	RX57GXS	HSM
RN52FZA	ABS	ROX665Y	BVB	RUI6685	THA	RX07KDJ	HSM	RX57GXT	HSM
RNG822W	PRC	ROX666Y	DCT	RUI6687	THA	RX07KDK	HSM	RX57GXU	HSM
RNU435X	KJB	ROX667Y	GSR	RUI6689	THA	RX07KDN	HSM	RX57GXV	HSM
RO03JVA	CYC	RR03BUS	ZBR	RUI6755	AAT	RX07KDO	HSM	RX57GXW	HSM
RO06ART	MLC	RR52AAA	YON	RUI8261	SVD	RX07KDV	HSM	RX57MDZ	CYC
RO10ZRV	RAB	RR57BLU	BLU	RUI8263	SVD	RX07KDZ	HSM	RX58HVJ	CYC
RO10ZRX	RAB	RR57HCR	HAR	RUI8264	HWD	RX07KEJ	HSM	RX60DLY	CAO
RO51UVL	JEN	RR58HCR	HAR	RUI8265	GSN	RX07KPJ	ALI	RX60DLZ	CAO
RO51UVV	EUT	RRM915M	WRB	RUI8266	SVD	RX07RKV	REA	RX60DME	CAO
RO51UWD	REW	RRR517R	CPE	RUI9455	RKT	RX51EXM	HSM	RX60DMF	CAO
RO51UWH	EUT	RRS303X	HQL	RUI9456	RKT	RX51EXN	HSM	RXG810H	KGS
RO57PJU	OFJ	RRU345	FSR	RUI9469	JPM	RX51EXO	HSM	RXI2434	CCS
RO57WGM	OFJ	RRY342	HLO	RUI9470	JPM	RX51EXP	HSM	RXI3321	GBU
ROI126	GBU	RS07PBS	BUD	RUI9471	RIG	RX51FGG	ABS	RXI3328	GBU
ROI129	GBU	RSD978R	EMB	RUI9480	BEK	RX51FGJ	ABS	RXI3330	LSW
ROI132	GBU	RSJ812Y	MEW	RUI9481	BEK	RX51FGK	ABS	RXI3331	GBU
ROI134	GBU	RSK170	JSS	RUI9514	VCY	RX51FGM	ABS	RXI3332	GBU
ROI139	GBU	RSL602	FRT	RUI9515	VCY	RX51FGN	ABS	RXI3333	GBU
ROI141	BCB	RSL766	ZEY	RV06RUY	WWY	RX51FGO	ABS	RXI3337	K&J
ROI145	GBU	RSU294	AAR	RV52KXZ	THO	RX51FGP	ABS	RXI3338	K&J
ROI990	RVC	RSU307	LJL	RV52OGL	SNW	RX51FNP	MEL	RXI5596	LSW
ROI1229	PCA	RSU585	STU	RV57DXO	OFJ	RX51FNS	MEL	RXO828	EMP
ROI1417	PCA	RSV533	STU	RV57DXY	OFJ	RX51FNT	MEL	RXP611	CHD
ROI1913	PCA	RT04RTT	ZCQ	RVT438X	JBT	RX51FNU	MEL	RXP702	CHD
ROI2929	PCA	RT05CJT	TUR	RVW90W	TAL	RX51FNV	MEL	RXP706	CHD
ROI6774	PCA	RT09JPT	JPT	RWT544R	JBT	RX51FNW	MEL	RXP718	CHD
ROI7435	ZAM	RT59JPT	JPT	RX03HNN	APE	RX51FNY	MEL	RXP765	CHD
ROI8235	PCA	RTA693M	ROY	RX03XKH	SGC	RX51ZHB	BBE	RXP875	CHD
ROI8358	PCA	RTC822	QMS	RX04SWZ	ORJ	RX53AWF	BAR	RXP876	CHD
ROX614Y	GSR	RTG332Y	CVP	RX04XDZ	HMI	RX53LBJ	OFJ	RY03DDU	MEN
ROX615Y	KYC	RUA226	SOS	RX05EOF	LBH	RX53LFH	OLY	RY03DDV	MEN
ROX617Y	ZEW	RUA452W	MCT	RX05EOG	LBH	RX53LNH	OLY	RY03FRX	ASM
ROX625Y	TOT	RUA457W	MCT	RX05EOH	LBH	RX53RYV	CWL	RY05AEZ	OFJ
ROX627Y	SEMS	RUI9406	RSC	RX06AWV	COF	RX53RYZ	HTL	RY07BJU	OFJ
ROX629Y	MTL	RUI2053	THA	RX06WPP	GUM	RX54AOV	FHD	RY54GHA	WVY
ROX630Y	DCT	RUI2055	THA	RX06WPT	GUM	RX54AOY	FHD	RYG684	CHY
ROX631Y	RTL	RUI2057	THA	RX06WPR	GUM	RX54GKN	TGT	RYK822Y	MAS
ROX633Y	RTL	RUI2058	THA	RX06WRU	CYC	RX54OGZ	FBE	RYV77	FIN
ROX634Y	SHA	RUI2128	VTE	RX06WVA	HSM	RX55AOT	CYC	RYX492	STW
ROX636Y	GHW	RUI2184	JPM	RX06WVB	HSM	RX56HSZ	AVI	RYY544	CRL
ROX638Y	MEW	RUI2185	JPM						

S

S1CLN	CLN	S2AOL	ALE	S3EEU	RNE	S4DPC	MFW	S5CLA	SKC
S1CRC	CHA	S2CLA	MID	S3HAM	HMS	S4GET	SOA	S5OCT	DEL
S1EMS	EMP	S2HMC	MFW	S3HCR	HAR	S4HAM	HMS	S6APH	OLY
S1SXE	JBR	S2STX	STX	S3HJC	TAR	S4SYA	LLA	S6GHA	GHA
S1TWM	TWM	S2WMS	WTR	S3JPT	JPT	S4YRR	MOS	S6WMS	WTH
S1YST	D&E	S3CLA	D&G	S3YRR	MOS	S5BLU	NUV	S7CED	MLI

Call	Code	Call	Code	Call	Code	Call	Code	Call	Code
S8GPD	ICS	S45SNB	ANW	S101LBL	SLF	S111JBA	A1A	S125LLN	BAW
S8KET	SML	S46BVC	SSOU	S101TNB	FNW	S111WFT	SWT	S125RLE	ENS
S8LWB	HAN	S46UBO	ZDS	S101TRJ	SNW	S112EGK	GAL	S125WKY	SYOR
S9BLU	ROS	S47UBO	TRX	V101VBJ	BTC	S112GUB	WBT	S126RLE	RNC
S9BOS	HWD	S48UBO	MAN	S101WHK	WA	S112TDW	NPT	S126WKY	SYOR
S9LWB	TIV	S49RGA	RGY	S102CSG	FBE	S112TNB	FED	S127FTA	PCB
S10ALC	GTS	S49UBO	CFD	S102EGK	GAL	S112TRJ	BBD	S127RLE	HED
S10BCL	CSC	S50CJT	TUR	S102LBL	MID	S113CSG	FG	S127TRJ	SNW
S10BUS	OLA	S50FTR	FCY	S102RUX	VTC	S113EGK	GAL	S127WKY	SYOR
S10HOD	HKW	S51RGA	RSK	S102SET	ZDD	S113TDW	NPT	S128RLE	RNC
S10MCT	MCM	S51UBO	TWH	S102TNB	FNW	S113TNB	FED	S128SJV	TDT
S11WFT	SWT	S53LGA	FMN	S102TRJ	SNW	S114CSG	FG	S128TRJ	SNW
S12AMC	VIC	S53UBO	ZDS	S102WHK	EA	S114EGK	GAL	S128WKY	SYOR
S12CBC	CBW	S54FFW	REE	S103CSG	FNW	S114GUB	WBT	S129LLN	BAW
S13ORO	STP	S54NCW	AVO	S103EGK	GAL	S114KRN	ROS	S129RLE	ACH
S14AMC	VIC	S54VNM	K&D	S103TNB	FNW	S114TDW	NPT	S129TRJ	SNW
S14WAY	FWY	S55ECH	MLI	S103TRJ	SNW	S114TNB	FED	S129WKY	SYOR
S16CCT	CUL	S56VNM	K&D	S103VBJ	P&E	S115CSG	FG	S130LLN	BAW
S17CCT	CUL	S57VNM	K&D	S103WHK	WA	S115EGK	GAL	S130NRB	ALE
S18CCT	CUL	S58BTX	VTC	S104CSG	FNW	S115KRN	ROS	S130RLE	ABU
S18RED	WGH	S58VNM	K&D	S104EGK	GAL	S115TDW	NPT	S130TRJ	SNW
S19CCT	CUL	S59VNM	K&D	S104JGB	JEN	S115TNB	FED	S130WKY	SYOR
S20ACL	AUD	S60ACE	ACC	S104LBL	CLK	S116CSG	FG	S131JSO	SAD
S20BCL	CSC	S60CJT	TUR	S104TNB	FNW	S116EGK	GAL	S131NRB	ALE
S20CBC	CEN	S60FAW	66C	S104TRJ	SNW	S116JTP	FEC	S131RLE	CHB
S20CCT	CUL	S60FTR	FCY	S104WHK	SREN	S116KRN	ROS	S131SET	ORA
S20FMC	SCN	S63WNM	K&D	S105CSG	FNW	S116RKG	FCY	S131TRJ	SNW
S20FTR	FCY	S64WNM	K&D	S105EGK	GAL	S116TRJ	SNW	S131WKY	SYOR
S20JLS	LSK	S66PRW	CFD	S105KJF	BKB	S117CSG	FG	S131XHE	SYOR
S20MST	WXB	S69BSG	RSK	S105LBL	BLI	S117EGK	GAL	S132JSO	SAF
S20TGM	SOO	S70ANT	WXB	S105TNB	FNW	S117GUB	WBT	S132LLN	BAW
S20WGL	WGH	S70FTR	FCY	S105TRJ	SNW	S117JFJ	SDEV	S132RLE	RNC
S21ACT	ABB	S77BUS	WIA	S105WHK	WA	S117JTP	FHD	S132TRJ	SNW
S21CCT	CUL	S79AUP	HPC	S106CSG	FG	S117KRN	ROS	S132XHE	SYOR
S21NET	WSC	S79UNB	ROY	S106EGK	GAL	S117TDW	NPT	S133KRM	SHIC
S21SPA	SPA	S80FTR	FCY	S106KNR	TLC	S117TRJ	SNW	S133LLN	BAW
S22ABC	SNW	S81DOX	CNT	S106TNB	FNW	S118CSG	FG	S133TRJ	SNW
S22SPA	SPA	S84XCJ	SBL	S106TRJ	SNW	S118GUB	WBT	S133XHE	SYOR
S24SLT	SLT	S88PRW	CFD	S106WHK	WA	S118JFJ	SDEV	S134EJE	GWH
S25SLT	SLT	S90FTR	FCY	S107CSG	FG	S118JTP	FHD	S134KRM	ZBX
S26SLT	SLT	S90JVA	JVA	S107EGK	GAL	S118KRN	ROS	S134LLN	BAW
S27DTS	CSY	S91EGK	GAL	S107HGX	NAH	S118TDW	NPT	S134RLE	EDT
S27SLT	SLT	S92EGK	GAL	S107LBL	SLF	S118TRJ	SNW	S134TRJ	SNW
S29JVA	JVA	S93EGK	GAL	S107TNB	FNW	S119CSG	FG	S134XHE	SYOR
S30ARJ	WGH	S94EGK	GAL	S107TRJ	SNW	S119GUB	WBT	S135LLN	BAW
S30FTR	FCY	S95AUP	ALE	S108CSG	FG	S119JTP	FHD	S135RLE	ZAS
S33AAM	AAM	S95EGK	GAL	S108EGK	GAL	S119KRN	ROS	S135TRJ	SNW
S33ABC	SNW	S96EGK	GAL	S108TNB	FNW	S119RCS	MID	S135WKY	SYOR
S33PRW	CFD	S96RRT	MUL	S108TRJ	SNW	S119TRJ	SNW	S136LLN	BAW
S33SPA	SPA	S97EGK	GAL	S109CSG	FG	S120GUB	WBT	S136RLE	RAM
S34BMR	WGH	S97VCL	ZDT	S109EGK	GAL	S120JTP	FHD	S136TRJ	SNW
S34LHY	ROY	S98EGK	GAL	S109TNB	FBE	S120KRN	ROS	S136WKY	SYOR
S35KRV	FIL	S99CCH	FCL	S109TRJ	BBD	S120TRJ	SNW	S137JSO	NIC
S36UBO	TRX	S100CBC	WA	S110CSG	FG	S121GUB	WBT	S137RLE	WBU
S40FTR	FCY	S100CBK	KEN	S110EGK	GAL	S121JTP	FHD	S137TRJ	SNW
S41FWY	NOG	S100FTR	FCY	S110SHJ	SWES	S121KRN	ROS	S138RLE	RNC
S42FWY	MID	S100LCT	SWC	S110TDW	NPT	S121TRJ	SNW	S138TRJ	SNW
S43SNB	ANW	S100PAF	WGH	S110TNB	FED	S122TRJ	SNW	S139RWA	SQU
S44ABC	SNW	S101CSG	FNW	S110TRJ	BBD	S122UOT	FHD	S139TRJ	SNW
S45BVC	SSOU	S101EGK	GAL	S111AJP	ABF	S123KRN	ROS	S140AGR	FWE
S45KSM	BLC			S111FML	FNW	S124RLE	ENS	S140TRJ	SNW

Code	Val	Code	Val	Code	Val	Code	Val	Code	Val
S141TRJ	SNW	S167UBU	WHE	S206JUA	ANW	S233JUA	ALN	S251UVR	ANW
S142TRJ	SNW	S168RET	SSOU	S206LLO	FSY	S233RLH	CHB	S252KNL	CFB
S143TRJ	SNW	S168UAL	LLM	S207DTO	ARM	S234EWU	TWM	S253JLP	FWE
S144TRJ	SNW	S169BLG	SIT	S207JUA	ANW	S234FGD	TAR	S253XUY	HTL
S145TRJ	SNW	S169JUA	ALN	S207LLO	FSY	S234HGU	OLY	S254JLP	FWE
S146KNK	ATS	S169RET	SEMS	S208DTO	ARM	S234JUA	ALN	S254JUA	ALN
S146TRJ	SNW	S169UAL	KON	S208JUA	ANW	S235EWU	NXD	S254JUG	RSL
S147KNK	ATS	S170JUA	ALN	S208LLO	FSY	S235JUA	ALN	S254KNL	RHC
S147TRJ	SNW	S170UAL	NOG	S209JUA	ANW	S235KLM	FEX	S254NSO	SOO
S148FVE	TUT	S170YOL	TWM	S209LLO	FSY	S236EWU	JPM	S255JLP	FWE
S148GSG	MGC	S171JUA	ALN	S210JUA	ANW	S236JUA	ATS	S255JUA	ALN
S148KNK	ATS	S171UAL	NOG	S210LLO	FSY	S236KLM	FG	S255KNL	CFB
S148TRJ	SNW	S172JUA	ALN	S210WHK	WA	S237EWU	TWM	S256JLP	FWE
S149KNK	ATS	S172UAL	NOG	S211CSG	FG	S237JUA	ALN	S256JUA	ALN
S149TRJ	SNW	S173JUA	ALN	S211JUA	ALN	S237KLM	FG	S257JUA	ALN
S150KNK	ATS	S173SVK	SNOE	S211LLO	FSY	S238EWU	TWM	S257JUG	RSL
S150TRJ	SNW	S174JUA	ALN	S211TDW	NPT	S238JUA	ALN	S258JFR	ROH
S151JUA	FIT	S174SVK	SHIC	S212JUA	ALN	S238KLM	FEX	S258JUA	ALN
S151KNK	ATS	S175JUA	ALN	S212LLO	FSY	S239EWU	TWM	S258JUG	TAR
S151TRJ	SNW	S175UVM	SOO	S213JUA	ALN	S239JUA	ALN	S258NDN	DEB
S151VKE	ALE	S176JUA	ALN	S213LLO	FSY	S239KLM	FEX	S259JFR	ROH
S152JUA	FIT	S177JUA	ALN	S214JUA	ALN	S240CSF	FED	S259JUG	TAR
S152KNK	ATS	S178JUA	ALN	S214LLO	FSY	S240EWU	TWM	S260JFR	ROH
S152TRJ	SNW	S179JUA	ALN	S214UPW	CYM	S240JUA	ALN	S261JRH	AMV
S153KNK	ATS	S180JUA	ALN	S215JUA	ALN	S240KLM	FEX	S262JUA	ALN
S153TRJ	SNW	S181BMR	YOB	S215LLO	FLN	S241CSF	FCY	S262JUG	RSL
S154KNK	ATS	S181JUA	ALN	S216JUA	ALN	S241JUA	ALN	S263JUA	ALN
S154NNH	NOG	S182BMR	THD	S216LLO	FLN	S241KLM	FEX	S264AFA	FNW
S154TRJ	SNW	S182JUA	ALN	S216XPP	ATS	S242CSF	FED	S264JUA	ALN
S154UAL	MAS	S182SDX	AWD	S217JUA	ALN	S242JUA	ALN	S264JUG	BLA
S156JUA	SAN	S183BMR	THD	S217LLO	FSY	S242KLM	FG	S265AFA	FNW
S156KNK	ATS	S183JUA	ALN	S217XPP	ATS	S243CSF	FED	S265JUA	ANW
S156TRJ	SNW	S184BMR	YOB	S218AWP	CEN	S243KLM	FG	S265MEW	BOU
S156UAL	NOG	S185BMR	YOB	S218JUA	ALN	S244CSF	FED	S265RBC	MUL
S157JUA	SAN	S186BMR	YOB	S218LLO	FLN	S244KLM	FG	S266AFA	FNW
S157KNK	NOG	S190JGB	AYC	S218YOO	CHB	S245CSF	FCY	S266JUA	ANW
S157UAL	TBB	S190RAO	SNW	S219JUA	ALN	S245JUA	ALN	S266JUG	MOA
S158JUA	WBS	S192WAN	HSM	S219LLO	FSY	S245KLM	FG	S267JUA	ANW
S158KNK	ATS	S193MRN	FSR	S220GKS	FG	S246CSF	FNW	S268JUA	ANW
S158UAL	TBB	S193WAN	HSM	S220JUA	ALN	S246KLM	FG	S268JUG	WTR
S158WOL	AMV	S194FFM	D&G	S220NLM	FCY	S247CSF	FNW	S268NRB	PWW
S159KNK	ATS	S194HOK	GOL	S220LLO	FSY	S247JUA	ALN	S268RBC	TED
S159VKE	VTC	S194RAO	SNW	S221JUA	ALN	S247KLM	FWE	S269JUA	ANW
S160JUA	ISL	S195HOK	ANG	S221LLO	FSY	S248CSF	FED	S269KHG	SNW
S160KNK	ATS	S195RAO	CML	S223JUA	ALN	S248JUA	ALN	S270CCD	SSOU
S160VUK	TWM	S196FFM	COG	S223KRV	WHE	S248KLM	FWE	S270JUA	ANW
S161DVA	EJL	S196RAO	RSK	S224JUA	ALN	S248UVR	ANW	S270KHG	SNW
S161KNK	ATS	S196SLL	SWB	S225JUA	ALN	S249CSF	FED	S271CCD	SSOU
S161RET	SNOE	S197FFM	D&G	S226JUA	ALN	S249JUA	ALN	S271JUA	ANW
S161UAL	TBB	S197KLM	FCY	S227JUA	ALN	S249KNL	CFB	S272CCD	SSOU
S162RET	SEMS	S198FVK	CLC	S228JUA	ALN	S249UVR	ANW	S272JUA	ALN
S163RET	SEMS	S198KLM	FCY	S229JUA	ALN	S250CSF	FED	S273CCD	SSOU
S163UAL	PBU	S199KLM	FCY	S230JUA	ALN	S250JUA	ALN	S273JUA	ALN
S164RET	SEMS	S199SLL	PKC	S231EWU	NXD	S250KNL	CFB	S273LGA	SBP
S165RET	SEMS	S200CBC	BML	S231JUA	ALN	S250UAO	MAM	S274CCD	SSOU
S165UAL	CNT	S200SLT	SLT	S231YOO	A2B	S250UVR	ANW	S274JUA	ALN
S166RET	SEMS	S200WCM	WCM	S232EWU	TWM	S250XUY	TEV	S275CCD	SSOU
S166UAL	TRW	S202JUA	ANW	S232HGU	CHL	S251CSF	FED	S275JUA	ALN
S166VOA	TWM	S203JUA	ANW	S232JUA	ALN	S251JUA	ALN	S276AOX	CBL
S167RET	SEMS	S204JUA	ANW	S233EWU	NXD	S251KNL	RHC	S276JUA	ALN
S167UAL	SHM	S205JUA	ANW	S233HGU	OLY	S251UAO	MAM	S276LGA	JPM

Code	Reg	Code	Reg	Code	Reg	Code	Reg	Code	Reg
S277AOX	TWM	S293JLP	MEL	S309CCD	SWSC	S341EVK	REC	S357XCR	FHD
S277JUA	ALN	S293RAG	EYM	S309JUA	ATS	S341EWU	FNW	S358KEF	SREN
S277LGA	FSR	S293UAL	ADR	S309SHB	CBU	S341JBA	CRA	S358KHN	ANE
S278AOX	PKT	S294JFR	HMI	S310CCD	SWSC	S341KHN	ANE	S358MFP	FNW
S278JUA	ALN	S294JLP	MEL	S310DLG	LJL	S342EWU	FCY	S358ONL	GON
S279AOX	JPM	S294RAG	EYM	S310JUA	BUR	S342KHN	ANE	S358XCR	FHD
S279JUA	ALN	S294UAL	NOG	S310KNW	SHB	S343EWU	FBE	S359MFP	FNW
S280AOX	GHA	S295JLP	MEL	S310MKH	TDL	S343KHN	ANE	S359ONL	GON
S280JUA	ALN	S295RAG	EYM	S310SHB	CBU	S343MOJ	TWM	S359XCR	FSA
S280LGA	SBA	S295UAL	CRN	S310TMB	GWM	S343SET	OLY	S360MFP	FNW
S281AOX	TWM	S296JLP	MEL	S311CCD	SWSC	S343SUX	FDC	S360ONL	GON
S281JUA	ALN	S296RAG	EYM	S311JUA	BUR	S343SWF	STAY	S360XCR	FSA
S281LGA	CML	S296UAL	SUR	S311MKH	TDL	S344EVK	FCT	S361AHC	SBL
S282AOX	NXD	S297JLP	MEL	S311SCV	FGC	S344EWU	FBE	S361MFP	FNW
S282JUA	ALN	S298JLP	MEL	S311SHB	CBU	S344KHN	ANE	S361MRH	JBN
S282LGA	FIL	S298PKH	EYM	S312CCD	SREN	S344SUX	FDC	S361ONL	GON
S282NRB	PTW	S299JLP	MEL	S312JUA	BUR	S344SWF	STAY	S361XCR	FSA
S283AOX	BVB	S299PKH	EYM	S312SCV	FDC	S345EWU	FWE	S362ONL	GON
S283JUA	ALN	S300CBC	WA	S312SHB	CBU	S345KHN	ANE	S362XCR	FSA
S283NRB	ATB	S300MTT	ZBO	S313CCD	SREN	S345SWF	STAY	S363ONL	GON
S284AOX	JPM	S300WCM	WCM	S313DLG	NOG	S345YOG	ARM	S363XCR	FSA
S284JUA	ALN	S300XHK	HED	S313JUA	BUR	S346KHN	ANE	S364ONL	GON
S284NRB	HTL	S301EWU	FHD	S313SCV	FDC	S346SWF	STAY	S364SET	DOC
S285AOX	JPM	S301JLP	MEL	S313SHB	CBU	S346YOG	ARM	S364VKW	SYOR
S285JUA	ALN	S301MKH	TDL	S314JFP	TWM	S347MFP	FNW	S365KVW	EAS
S285MGB	SBL	S301SHB	CBU	S314JUA	BUR	S347YOG	ARM	S365ONL	GON
S285NRB	CBL	S302CCD	SSOU	S314SRL	FDC	S348KHN	ANE	S366ONL	GON
S285UAL	CED	S302EWU	FHD	S315CCD	SSOU	S348MFP	FNW	S367ONL	GON
S286AOX	JPM	S302MKH	COG	S315JUA	ATS	S348YOG	ARM	S368ONL	GON
S286JLP	MEL	S302SHB	CBU	S315SHB	CBU	S349KHN	ANE	S368RDW	MON
S286JUA	ALN	S302UHK	LMC	S315SRL	FDC	S349SWF	STAY	S369ONL	GON
S287AOX	TWM	S303CCD	SSOU	S316CCD	SSOU	S349YOG	ARM	S369PGB	MCR
S287JLP	MEL	S303EWU	FHD	S316DLG	LLA	S350KHN	ANE	S370ONL	GON
S287JUA	ALN	S303MKH	COG	S316JUA	ATS	S350MFP	FNW	S370SKK	JPT
S287NRB	MCO	S303SHB	CBU	S316SHB	CBU	S350SET	AMB	S371DFC	GOG
S287RAG	EYM	S303UBU	OFJ	S317CCD	SSOU	S350YOG	ARM	S371ONL	GON
S287UAL	DOY	S304CCD	SSOU	S317JUA	ATS	S351KHN	ANE	S371SET	GWM
S288AOX	TWM	S304EWU	FEC	S317SHB	CBU	S351MFP	FNW	S372DFC	STI
S288JLP	MEL	S304JUA	ALN	S318CCD	SSOU	S351NPO	FHD	S372ONL	GON
S288JUA	ALN	S304MKH	CNT	S318JUA	ATS	S351YOG	ARM	S372SET	GWM
S288NRB	MCO	S304SHB	CBU	S318SHB	CBU	S352KHN	ANE	S372SUX	FDC
S288RAG	EYM	S305CCD	SSOU	S319CCD	SREN	S352NPO	FHD	S373ONL	GON
S289JLP	MEL	S305EWU	FEC	S319SHB	CBU	S352YOG	ARM	S373PGB	OAD
S289JUA	ALN	S305JOB	ZCL	S320CCD	SREN	S353CSF	CFT	S374ONL	GON
S289NRB	TEV	S305JUA	ALN	S320SHB	CBU	S353KHN	ANE	S374PGB	GIB
S289RAG	PKT	S305MKH	CNT	S322CCD	SREN	S353MFP	FNW	S374SUX	FDC
S289UAL	CED	S305SHB	CBU	S322JUA	ALN	S353NPO	FHD	S375ONL	GON
S290JLP	MEL	S306CCD	SREN	S323CCD	SREN	S353YOG	ARM	S375SUX	FDC
S290JUA	ALN	S306EWU	FED	S324CCD	SREN	S354KHN	ANE	S376MVP	HED
S290RAG	EYM	S306JUA	ALN	S326UEW	A2B	S354MFP	FNW	S376SUX	FDC
S290TVW	HED	S306KNW	D&B	S330PKH	EYM	S354NPO	FHD	S376TMB	SEM
S290UAL	TBB	S306MKH	TDL	S332CSF	HAO	S355MFP	FNW	S377MCC	PDB
S291JLP	MEL	S306SHB	CBU	S332SET	GTR	S355PGA	ZAE	S377SUX	FDC
S291JUA	ALN	S307CCD	SREN	S333AJP	ABF	S355XCR	FHD	S377TMB	GWM
S291NRB	BLI	S307JUA	ATS	S333HEB	CED	S356KEF	SREN	S378PGB	SCB
S291RAG	PKT	S307MKH	TDL	S334TJX	FDC	S356KHN	ANE	S378SUX	FDC
S291TVW	HED	S307SHB	CBU	S335TJX	FHD	S356MFP	FNW	S378TMB	WXC
S292JLP	MEL	S308CCD	SWSC	S337TJX	FDC	S356XCR	FHD	S379DFC	GOG
S292JUA	ALN	S308JUA	ATS	S338TJX	FDC	S357KEF	SREN	S389JPS	SHIC
S292RAG	EYM	S308NSN	LFT	S340SET	ATS	S357KHN	ANE	S389SUX	FDC
S292UAL	NOG	S308SHB	CBU	S340WYB	FSA	S357MFP	FNW	S390HVV	VCY

S393HVV	GWM	S449KCW	SNW	S463LGN	HOR	S489ANW	AYO	S516KFL	MID
S395HVV	CNT	S449OEW	TVS	S464GUB	AYO	S489BWC	SSOU	S516UAK	FSY
S396HVV	GWM	S450ATV	WGH	S465GUB	AYO	S490ANW	AYO	S517JJH	REA
S397HVV	GWM	S450BBX	ZEP	S465LGN	LFT	S490BBX	WGW	S517KFL	NUV
S397SKK	VTC	S450KCW	SNW	S466GUB	AYO	S490BWC	SSOU	S517RWP	FHD
S397YOG	HLC	S451ATV	SMS	S466LGN	CBL	S490MCC	CNT	S517UAK	FSY
S399HVV	TYB	S451KCW	SNW	S467BWC	SDEV	S490UAK	EKR	S518KFL	MID
S399WTU	DOC	S451OFT	SNOE	S467GUB	AYO	S491ANW	AYO	S518LHG	BLT
S400EVE	EVE	S451SLL	FNW	S468BWC	SDEV	S491BWC	SSOU	S518TCF	ABS
S400SLT	SLT	S451WAT	ASL	S468GUB	AYO	S491UAK	COO	S518UAK	FSY
S400WCM	WCM	S452ATV	WGH	S468YNP	BGR	S492BWC	SDEV	S519JCF	HER
S401ERP	ATS	S452KCW	SNW	S469BWC	BBD	S493BWC	SSOU	S519TCF	ABS
S401HVV	TYB	S452OFT	SNOE	S469GUB	AYO	S494ABR	SOO	S519UAK	FSY
S401JUA	BRY	S452SLL	FNW	S470BWC	BBD	S494BWC	SSOU	S520KFL	IMP
S401SDT	SNOE	S453ATV	WGH	S470GUB	AYO	S494RVM	HFX	S520RWP	ABF
S402ERP	ATS	S453CVV	EA	S471BWC	SSOU	S495BWC	SDEV	S520UAK	FSA
S402SDT	SNOE	S453ETV	BLA	S471GUB	AYO	S495RVM	HFX	S520UMS	FED
S403NVP	TWM	S453JRV	END	S471HOK	D&B	S496BWC	WA	S521KFL	PKT
S403SDT	SNOE	S453KCW	SNW	S472ANW	AYO	S496MCC	CNT	S521UAK	FSY
S404ERP	ATS	S453LGH	ZBU	S472BWC	SDEV	S497BWC	EA	S522KFL	TGA
S404JUA	GWM	S453OFT	SNOE	S472JSE	SHIC	S498BWC	WK	S522UAK	FSY
S404NVP	TWM	S453SLL	FNW	S472KBA	BUL	S498UAK	WAT	S523KFL	CAO
S404RJU	PLT	S454ATV	WGH	S473ANW	AYO	S499BWC	WA	S523UAK	FSY
S405JUA	GWM	S454CVV	EA	S473BWC	SDEV	S499CDE	ETC	S523UMS	FED
S405NVP	TWM	S454KCW	SNW	S473JSE	SHIC	S501SRL	WGH	S524KFL	MID
S405TMB	WXC	S454OFT	SNOE	S474ANW	AYO	S502APP	CBL	S524LGA	ABO
S406GUB	FHD	S454SLL	FNW	S474BWC	SSOU	S502SRL	WGH	S524UAK	FSA
S406NVP	TWM	S455ATV	WGH	S474JSE	SHIC	S503BFS	HOR	S525KFL	MID
S407NVP	TWM	S455CVV	EA	S474TJX	FDC	S503SRL	WGH	S525UAK	FSY
S408NVP	TWM	S455KCW	SNW	S475ANW	AYO	S503UAK	SGC	S525UMS	FED
S409GUB	FHD	S455LGH	ZBU	S476ANW	AYO	S505LHG	CBS	S526KFL	IMP
S409NVP	TWM	S455OFT	SNOE	S476BWC	BBD	S507BTL	SEMS	S526RWP	FDC
S410NVP	TWM	S456ATV	SMS	S476JSE	SHIC	S507LHG	CBS	S526UAK	FSY
S410TNO	SSOU	S456CVV	EA	S477ANW	AYO	S508BTL	SEMS	S526UMS	FED
S411NVP	TWM	S456KCW	SNW	S477BWC	SDEV	S508UAK	FSA	S527KFL	CEB
S411TNO	SSOU	S456LGN	HOR	S478ANW	AYO	S509BTL	WA	S527UAK	FSA
S412LRP	ZEY	S456OFT	SNOE	S478JSE	BBD	S509NFR	AVO	S528KFL	HBC
S412NVP	TWM	S457ATV	SMS	S479ANW	AYO	S509UAK	FSY	S528UAK	FSA
S413JBA	CHW	S457CVV	EA	S479BWC	SNW	S510BTL	SEMS	S529KFL	CEB
S422LLO	FSY	S457LGN	HOR	S479JSE	BBD	S510LHG	BLT	S529UAK	FSA
S426JUA	SEL	S457OFT	SWES	S480ANW	AYO	S510UAK	FSY	S530RWP	ASD
S426MCC	ATS	S458CVV	EA	S480BWC	SNW	S511BTL	WA	S530UAK	FSA
S427MCC	ATS	S458LGN	HOR	S481ANW	AYO	S511KFL	AVO	S531UAK	FSY
S428JUA	SEL	S458OFT	SWES	S481BWC	SNW	S511UAK	FSY	S532RWP	FSA
S428MCC	ATS	S459BWC	STAY	S482ANW	AYO	S511XCR	SWT	S532UAK	FSY
S429MCC	ATS	S459CVV	EA	S482BWC	SREN	S512BTL	SEMS	S533RWP	FHD
S432NSB	WCG	S459OFT	CF	S482ETV	SEM	S512KFL	AVO	S533UAK	FSY
S433NSB	WCG	S460BWC	STAY	S483ANW	AYO	S512LHG	BLT	S534UAK	FSY
S437YOG	HLC	S460CVV	EA	S483BWC	WA	S512UAK	FSA	S535JLM	MEL
S348ENK	ZAC	S460OFT	CF	S484ANW	AYO	S512XCR	VTE	S535UAK	FSY
S443BSG	FNW	S461ATV	IRB	S484BSC	HTL	S513KFL	CAO	S536RWP	FDC
S445BSG	FWE	S461BWC	BBD	S484BWC	SREN	S513LHG	CBS	S536UAK	FSA
S445JTP	KCH	S461CVV	CF	S484KJT	HSM	S513RWP	FHD	S537UAK	FSA
S445OGB	APE	S461LGN	BCD	S485ANW	AYO	S513UAK	FSY	S538UAK	FSY
S446BSG	FWE	S462ATV	ISL	S486ANW	AYO	S514KFL	CAO	S540RKL	HTL
S446JTP	KCH	S462BWC	BBD	S486UAK	NEC	S514UAK	FSY	S540RWP	FHD
S447BSG	FWE	S462GUB	AYO	S487ANW	AYO	S515JJH	ADR	S547BNV	WXC
S447KCW	SNW	S462LGN	CBL	S487DSS	JEN	S515KFL	CEB	S547XNP	ENS
S447RLH	BAW	S462OFJ	SOD	S487UAK	A2B	S515RWP	FDC	S549SCV	FDC
S448BSG	FWE	S463BWC	SWSC	S488ANW	AYO	S515UAK	FSY	S549XNP	ENS
S448KCW	SNW	S463GUB	AYO	S488BWC	WA	S516JJH	REA	S550BNV	BUR

S550ETV	SEM	S577FFE	SBB	S608VUK	TWM	S623KHN	ANW	S633VOA	TWM
S550JSE	FG	S577KJF	DUD	S609HGD	TWH	S623MKH	EYM	S634KHN	ANW
S551JSE	FG	S577VUK	TWM	S609VAY	VTC	S623TDW	WA	S634KTP	FHD
S551KNW	MLN	S578RGA	BTC	S609VUK	TWM	S623VOA	TWM	S634MKH	EYM
S551WAT	FEX	S578VUK	TWM	S610KHN	ANW	S624JRU	HBC	S634VOA	TWM
S552BNV	WXC	S579RGA	HOU	S610KUT	CVL	S624KHN	ASW	S635KBA	BUL
S552JSE	FG	S579VUK	TWM	S610VAY	VTC	S624KTP	FHD	S635KHN	ANE
S553BNV	BUR	S580RGA	GPT	S610VUK	TWM	S624MKH	EYM	S636KHN	ANE
S553JSE	FG	S580VUK	TWM	S611HGD	SPT	S624TDW	WA	S635MKH	EYM
S553RWP	FHD	S580YSU	SUM	S611KHN	ANE	S624VOA	TWM	S635VOA	TWM
S554JSE	FG	S581ACT	GIC	S611VAY	VTC	S624VUK	TWM	S635XCR	FHD
S554RWP	FSA	S581BEU	TIV	S611VUK	TWM	S625JRU	HBC	S636BSF	HMI
S555BUS	ZEG	S581PGB	GIB	S612KBA	BUL	S625KHN	ANE	S636MKH	EYM
S555FTS	FWT	S581VUK	TWM	S612KHN	ANE	S625KTP	FHD	S636VOA	TWM
S555JSE	FG	S582ACT	ABK	S612VUK	TWM	S625MKH	EYM	S636XCR	FHD
S555WCM	WCM	S582PGB	MID	S613HGD	HOU	S625TDW	WA	S637KHN	ANE
S556BNV	ZAE	S582UVR	HAN	S613KHN	ANE	S625VOA	TWM	S637MGA	EDW
S556JSE	FG	S582VOB	BVB	S613VUK	TWM	S625VUK	TWM	S637SUH	MON
S557JSE	FG	S582VUK	TWM	S614KHN	ANW	S626JRU	KLI	S637VOA	TWM
S557RWP	FDC	S583VOB	GBC	S614VUK	TWM	S626KHN	ANE	S637XCR	FHD
S558JSE	FG	S583VUK	TWM	S615CSC	STAY	S626KTP	FHD	S638JGP	GAL
S558MCC	ANW	S584VOB	GBC	S615VOB	TWM	S626MKH	EYM	S638KHN	ANE
S558RWP	FHD	S584VUK	TWM	S615VUK	TWM	S626TDW	WA	S638MGA	SNW
S559JSE	FG	S585VUK	TWM	S616CSC	SREN	S626VOA	TWM	S638VOA	TWM
S559MCC	ANW	S586VUK	TWM	S616KHN	ANE	S626VUK	TWM	S638XCR	FHD
S559RWP	FHD	S587BCE	CF	S616KUT	PEY	S627JRU	HBC	S639JLO	LBL
S559SMJ	BOU	S587VUK	TWM	S616VOA	TWM	S627KHN	ANW	S639KHN	ANE
S560JSE	FNW	S588ACT	DEV	S616VUK	TWM	S627KTP	FHD	S639RJA	BEK
S560RWP	FHD	S588BCE	CF	S617CSC	SREN	S627MKH	EYM	S639UUG	REW
S561JSE	FNW	S588NRN	BFG	S617KHN	ANE	S627TDW	WA	S639VOA	TWM
S561VUK	TWM	S588VUK	TWM	S617KUT	GLO	S627VOA	TWM	S639XCR	FHD
S562CUA	TDT	S589BCE	CF	S617LRN	FIT	S627VUK	TWM	S640JLO	LBL
S562VUK	TWM	S589VUK	TWM	S617URT	BEE	S628JRU	W&D	S640KHN	ANE
S563LUG	WBB	S590ACT	BAK	S617VOA	TWM	S628KHN	ANW	S640MGA	CHW
S563VUK	TWM	S590BCE	CF	S617VUK	TWM	S628KTP	FHD	S640VOA	TWM
S564RWP	FSA	S590KJF	GON	S618CSC	SREN	S628MKH	EYM	S640XCR	FHD
S564VUK	TWM	S590VUK	TWM	S618HGD	PTW	S628VOA	TWM	S641VOA	TWM
S565TPW	FEC	S591ACT	WHY	S618KHN	ANE	S629JRU	HBC	S641XCR	FHD
S565VUK	TWM	S591BCE	CF	S618LRN	CRI	S629KHN	ANW	S642JLO	LBL
S566TPW	FEC	S591VUK	TWM	S618VKU	NEC	S629KTP	FHD	S642KHN	ASW
S566VUK	TWM	S592BCE	CF	S618VOA	TWM	S629MKH	EYM	S642MGA	LLM
S567TPW	FEC	S592RGA	CRN	S618VUK	TWM	S629VOA	TWM	S642VOA	TWM
S567VUK	TWM	S592VUK	TWM	S619CSC	SREN	S630JRU	HBC	S642XCR	FHD
S568TPW	FEC	S593BCE	CF	S619KHN	ANW	S630KHN	ANW	S643JLO	LBL
S568VUK	TWM	S593VUK	TWM	S619VOA	TWM	S630KTP	FHD	S643KHN	ASW
S569TPW	FEC	S594ACT	EXL	S619VUK	TWM	S630MKH	EYM	S643MGA	HBL
S569VUK	TWM	S594VUK	TWM	S620KHN	ANW	S630VOA	TWM	S643VOA	TWM
S570TPW	FEC	S595KJF	MUL	S620KUT	ARR	S631JRU	W&D	S644BSF	HMI
S570VUK	TWM	S596KJF	OAK	S620VKU	SOM	S631KHN	ANW	S644BSG	FWE
S571KJF	ZEW	S597KJF	MUL	S620VOA	TWM	S631KTP	FHD	S644JLO	LBL
S571TPW	FEC	S598ETV	BBH	S620VPV	GLO	S631MKH	EYM	S644KJU	ARM
S571VUK	TWM	S598KJF	MUL	S620VUK	TWM	S631VOA	TWM	S644VUK	TWM
S572TPW	FEC	S598RHB	EXL	S621KHN	ANE	S632JRU	W&D	S645KJU	ARM
S572VUK	TWM	S600SLT	SLT	S621VOA	TWM	S632KHN	ANW	S645VOA	TWM
S573TPW	FEC	S600WCM	WCM	S621VUK	TWM	S632KTP	FHD	S646JLO	LBL
S573VUK	TWM	S601VAY	TDR	S622KHN	ANW	S632MKH	EYM	S646KJU	ANE
S574TPW	FEC	S605KUT	SWC	S622MKH	EYM	S632VOA	TWM	S646VOA	TWM
S574VUK	TWM	S607VAY	TVA	S622TDW	WA	S632XAN	GRA	S647JLO	LBL
S575VUK	TWM	S607VUK	TWM	S622VOA	TWM	S633KHN	ANW	S647KJU	ANE
S576VUK	TWM	S608KUT	ZAS	S622VUK	TWM	S633KTP	FHD	S647VOA	TWM
S577ACT	BOU	S608VAY	VTC	S623JRU	W&D	S633MKH	EYM	S648JLO	LBL

Code	Reg	Code	Reg	Code	Reg	Code	Reg	Code	Reg
S648KJU	ANE	S662JSE	SHIC	S679SNG	FDC	S698YOL	TWM	S729TWC	FEX
S648VOA	TWM	S662NUG	FWE	S679VOA	TWM	S699BFS	FG	S730DOX	HLC
S649JLO	LBL	S662RNA	FEC	S680AAE	FSA	S699YOL	TWM	S730TWC	FEX
S649KJU	CSC	S662VOA	TWM	S680BFS	FNW	S701BFS	FG	S731TWC	FEX
S649RKW	SMS	S663KSN	HQD	S680SNG	FDC	S701RWG	BRN	S732TWC	FEX
S649VOA	TWM	S663NUG	FWE	S680VOA	TWM	S701VKM	ASC	S733TWC	FEX
S650KJU	ARM	S663RNA	FEC	S681AAE	FDC	S701YOL	TWM	S734TWC	FEX
S650VOA	TWM	S663VOA	TWM	S681BFS	FNW	S702KFT	ANE	S735TWC	FEX
S651KJU	ATS	S664RNA	FEC	S681VOA	TWM	S702RWG	TTC	S736AOX	DEN
S651RNA	FBE	S664SNG	FDC	S682AAE	FDC	S702VKM	ASC	S736TWC	FEX
S651VOA	TWM	S664VOA	TWM	S682BFS	FNW	S702YOL	TWM	S736VOG	MAX
S652KJU	ARM	S665AAE	FSA	S682VOA	TWM	S703KFT	ANE	S737RNE	JPT
S652RNA	FNW	S665RNA	FEC	S683AAE	FBR	S703RWG	TTC	S737TWC	FEX
S652SNG	FDC	S665SDT	SNW	S683BFS	FNW	S703VKM	ASC	S738TWC	FEX
S652VOA	TWM	S665VOA	TWM	S683SNG	FDC	S703YOL	TWM	S739RNE	FSR
S653JLO	LBL	S667AAE	FSA	S683VOA	TWM	S704KFT	ANE	S740RNE	NEF
S653KJU	ASC	S667RNA	FWE	S684AAE	FDC	S704VKM	ASC	S742JRX	NXD
S653RNA	FNW	S667VOA	TWM	S684BFS	FNW	S704YOL	TWM	S743JRX	NXD
S653SNG	FDC	S668AAE	FSA	S684RWG	NBL	S705KFT	ANE	S745RNE	RKT
S653VOA	TWM	S668RNA	FWE	S684SNG	FDC	S705VKM	ASC	S747XYA	CRK
S654FWY	FWE	S668SVU	FNW	S684YOL	TWM	S705YOL	TWM	S751SCJ	SHIC
S654JLO	LBL	S668VOA	TWM	S685AAE	FSA	S706KFT	ANE	S753CKO	DUD
S654NUG	FWE	S669AAE	FSA	S685BFS	FNW	S706VKM	ASC	S753DRP	EA
S654RNA	FNW	S669SVU	FNW	S685RWG	ZEW	S706YOL	TWM	S753SNG	FDC
S654VOA	TWM	S669VOA	TWM	S685YOL	TWM	S707JJH	SEM	S754DRP	EA
S655FWY	FWE	S670AAE	FSA	S686AAE	FEC	S707KFT	ANE	S754JBA	NUV
S655JSE	SHIC	S670KST	SHI	S686BFS	FNW	S707NTY	KCS	S755DRP	EA
S655NUG	FWE	S670RWJ	SYOR	S686YOL	TWM	S707YOL	TWM	S756DRP	EA
S655RNA	FNW	S670SVU	FNW	S687AAE	FEC	S708KFT	ANE	S757CKO	EDT
S655VOA	TWM	S670VOA	TWM	S687BFS	FG	S708TCF	FSR	S757DRP	EA
S656FWY	FWE	S671AAE	FSA	S687YOL	TWM	S708YOL	TWM	S758DRP	EA
S656JSE	SHIC	S671RWJ	WA	S688AAE	FSA	S709KFT	ANE	S758RNE	GWM
S656NUG	FWE	S671SVU	FNW	S688BFS	FNW	S709YOL	TWM	S759DRP	EA
S656RNA	FNW	S671VOA	TWM	S688RWG	COO	S710KFT	ANE	S759RNE	GWM
S656VOA	TWM	S672AAE	FSA	S688YOL	TWM	S710YOL	TWM	S760DOX	WCK
S657FWY	FWE	S672RWJ	WA	S689AAE	FSA	S711KFT	ANE	S760DRP	EA
S657JSE	SHIC	S672SNG	FDC	S689BFS	FNW	S711YOL	TWM	S760RNE	ARR
S657NUG	FWE	S672SVU	FWE	S689RWG	COO	S712KRG	ANE	S761DRP	EA
S657RNA	FEC	S672VOA	TWM	S689YOL	TWM	S712LCY	EDW	S762DRP	EA
S657SNG	FDC	S673AAE	FSA	S690AAE	FSA	S713KRG	ANE	S764DOX	MBC
S657VOA	TWM	S673RWJ	WA	S690BFS	FNW	S713LCY	EDW	S764RNE	FDC
S658FWY	FWE	S673SNG	FDC	S690RWG	SHIC	S714KRG	ANE	S764SVU	SNW
S658JSE	SHIC	S673SVU	FNW	S690YOL	TWM	S715KRG	ANE	S764XNF	GEH
S658NUG	FWE	S673VOA	TWM	S691AAE	FSA	S716KHN	CUI	S765RNE	FNW
S658RNA	FEC	S674AAE	FSA	S691BFS	FNW	S716KNV	EXL	S765SCL	ZDS
S658SNG	FDC	S674VOA	TWM	S691YOL	TWM	S719KNV	SPW	S766RNE	FNW
S658VOA	TWM	S675AAE	FSA	S692BFS	FG	S719URT	MUL	S766SKK	KCC
S659FWY	FWE	S675SVU	FWE	S692YOL	TWM	S720AFB	FBR	S766SVU	SNW
S659JSE	SHIC	S675VOA	TWM	S693BFS	FG	S720KNV	SPW	S767RNE	FLB
S659NUG	FWE	S676AAE	FSA	S693YOL	TWM	S720NTY	A&H	S767SVU	SSOU
S659RNA	FEC	S676SVU	FWE	S694BFS	FG	S721AFB	FBR	S768SVU	WK
S659SNG	FHD	S676VOA	TWM	S694YOL	TWM	S721KNV	SPW	S769RNE	FLB
S659VOA	TWM	S677AAE	FDC	S695NNK	GIR	S722AFB	FBR	S769RVU	SSOU
S660JSE	SHIC	S677SNG	FDC	S695YOL	TWM	S722KNV	TUT	S770RNE	FLB
S660NUG	FWE	S677SVU	FWE	S696BFS	FG	S723AFB	FBR	S770RVU	SNW
S660RNA	FEC	S677VOA	TWM	S696WYC	LMC	S723KNV	TUT	S771RNE	GWM
S660VOA	TWM	S678AAE	FSA	S696YOL	TWM	S724AFB	FBR	S771RVU	SNW
S661JSE	SHIC	S678SNG	FDC	S697BFS	FG	S724KNV	TUT	S772BDE	RNE
S661NUG	FWE	S678VOA	TWM	S697RWG	SOO	S725AFB	FBR	S772RNE	GWM
S661RNA	FEC	S679AAE	FSA	S697YOL	TWM	S725KNV	TUT	S772RVU	SNW
S661VOA	TWM	S679ASX	SBQ	S698BFS	FG	S726KNV	GON	S773RNE	GWM

S773RVU	SNW	S807RWG	FSA	S825MCC	LLM	S863LRU	FSA	S905LHG	ATW
S774BDE	RNE	S808BTT	SHIC	S825OFT	GON	S863OGB	ASW	S908JCC	BML
S774RVU	SNW	S808BWC	SDEV	S825WYD	FSA	S863ONL	GON	S913CFC	SYOR
S775RNE	CBC	S808RKU	GPT	S826BWC	SNOE	S864DGX	ROS	S914ANH	WK
S775RVU	SNW	S808RWG	FWE	S826OFT	GON	S864LRU	FSA	S914CFC	SYOR
S776RNE	STU	S809BWC	SDEV	S826TCL	FHD	S864OGB	ASW	S915ANH	WK
S776RVU	SNW	S809RWG	FWE	S827BWC	SNOE	S864ONL	GON	S915CFC	SYOR
S778RNE	CBC	S810BWC	SDEV	S827OFT	GON	S865AEJ	CEN	S915SLF	LBL
S778RVU	SNW	S810RWG	FWE	S828BWC	SNOE	S865DGX	ROS	S916ANH	WK
S779LTF	DAC	S811BWC	SDEV	S828OFT	GON	S865OGB	ASW	S916CFC	SYOR
S779OHN	RAI	S811FVK	GON	S829BWC	SNOE	S865ONL	GON	S917ANH	WK
S779RNE	TMH	S811RWG	FSY	S829OFT	GON	S866DGX	ROS	S917CFC	SOXF
S779RVU	SNW	S812BWC	SNW	S830BWC	SNOE	S866NOD	TAR	S917SLF	LBL
S780RVU	SNW	S812FVK	GON	S830OFT	GON	S866OGB	ASW	S918ANH	WK
S781RVU	SNW	S812RWG	FSY	S830TCL	FHD	S866ONL	GON	S918CFC	SYOR
S782RVU	WK	S813AEH	FNW	S831BWC	SNOE	S867OGB	ASW	S918SLF	LBL
S783RNE	GON	S813BWC	SNW	S831OFT	GON	S867ONL	GON	S919ANH	WK
S787NRV	WA	S813FVK	GON	S832BWC	SNOE	S868OGB	ASW	S919CFC	SYOR
S788NRV	WA	S813RWG	FSY	S832OFT	GON	S868ONL	ANE	S920ANH	WK
S789NRV	EYM	S814AEH	FNW	S833BWC	SNOE	S869OGB	ASW	S920CFC	EA
S791NRV	TAR	S814BWC	SNW	S833OFT	GON	S869ONL	ANE	S920SLF	LBL
S791RWG	FNW	S814FVK	GON	S834BWC	SNOE	S870NOD	ASD	S920SVM	GWM
S791XUG	MAS	S814RWG	FSY	S835BWC	SNOE	S870ONL	ANE	S921CFC	EA
S792RWG	FNW	S815AEH	FNW	S835DPN	SSOU	S872SNB	ANW	S922CFC	SOXF
S793RRL	CNT	S815BWC	SNW	S836BWC	SDEV	S873SNB	ANW	S922YOO	CEB
S793RWG	FNW	S815FVK	GON	S837BWC	SDEV	S874SNB	ANW	S923CFC	SYOR
S794JLP	LBL	S816AEH	FNW	S837SKE	REC	S875SNB	ANW	S924AKS	FED
S794RWG	FNW	S816BWC	SNW	S838BWC	SDEV	S876BYJ	REA	S924CFC	SYOR
S794XUG	RWN	S816FVK	GON	S838VAG	YOB	S876SNB	ANW	S924KOD	BCR
S795RWG	FNW	S817AEH	FNW	S839BWC	SNOE	S877BYJ	REA	S924PDD	SWES
S796KRM	SNW	S817BWC	SNW	S841SUH	JEN	S877SNB	ANW	S925AKS	FED
S796RWG	FHD	S817FVK	GON	S842SKE	REC	S878BYJ	REA	S925CFC	SOXF
S797JLP	LBL	S817KPR	FHD	S843BUF	EUT	S878SNB	ANW	S925LBL	NAH
S797KRM	SNW	S818AEH	FNW	S844BUF	HAT	S879BYJ	REA	S925PDD	SWES
S797RWG	FHD	S818BWC	SNW	S845BUF	EUT	S879SNB	ANW	S926AKS	FED
S798KRM	SNW	S818KPR	FHD	S846SNY	WA	S880BYJ	REA	S926CFC	SOXF
S798RWG	FHD	S818OFT	GON	S847SUH	JEN	S881BYJ	REA	S926KOD	BCR
S799JBA	HUY	S819AEH	FNW	S848DGX	CHB	S883JJM	DHA	S926LBL	SWN
S799JLP	LBL	S819BWC	SNW	S848RJC	ANW	S886TUJ	CRG	S926PDD	SWES
S799KRM	SNW	S819KPR	FHD	S851DGX	HPC	S887KRG	M&C	S927CFC	SYOR
S799RWG	FHD	S819OFT	GON	S851JOB	ASM	S890ONL	ANE	S927LBL	JPT
S801BWC	LON	S820AEH	FNW	S853DGX	CYC	S891ONL	ANE	S927PDD	SWES
S801RWG	FHD	S820BWC	SNW	S853PKH	ATR	S892BRE	G&M	S928AKS	FED
S801SJV	SEMS	S820KPR	FHD	S853SNM	MYA	S892ONL	ANE	S928CFC	SYOR
S802BWC	SDEV	S820OFT	GON	S855DGX	CHB	S893ONL	ANE	S928LBL	JPT
S802JLP	LBL	S821AEH	FNW	S856DGX	CHB	S894ONL	GON	S928OCU	TGB
S802RWG	FHD	S821BWC	SNW	S856JSR	SGD	S895ONL	GON	S928PDD	SWES
S802SJV	SEMS	S821KPR	FHD	S857BDV	ATE	S897BYJ	LTR	S929AKS	FED
S803BWC	SDEV	S821OFT	GON	S859DGX	ROS	S900WCM	WCM	S929CFC	SYOR
S803JLP	LBL	S822AAW	BOU	S860DGX	ROS	S901CCD	SNW	S929LBL	REA
S803RWG	FHD	S822BWC	SNW	S860OGB	ASW	S901DUB	SEMS	S929PDD	SWES
S803SJV	SEMS	S822KPR	FHD	S860SDV	DTT	S901GUB	CKC	S929RNP	ALE
S804BWC	SDEV	S822OFT	GON	S860VAT	SHIC	S901HLG	EVL	S930AKS	FED
S804JLP	LBL	S823AFG	MAR	S861DGX	ROS	S901RKY	M&D	S930ATO	TWC
S804LRM	PRO	S823BWC	SNW	S861OGB	ASW	S902CCD	SNW	S930CFC	SYOR
S804RWG	FHD	S823KPR	FHD	S861VAT	CBU	S902DUB	SEMS	S930LBL	SWN
S805BWC	SDEV	S823OFT	GON	S862BHR	SIL	S903DUB	ATS	S930PDD	SWES
S805RWG	FHD	S824BWC	SNW	S862DGX	ROS	S903JHG	SNW	S931AKS	FED
S806BWC	SDEV	S824OFT	GON	S862OGB	ASW	S904DUB	SHB	S931CFC	SYOR
S806RWG	FSA	S824WYD	FSA	S862ONL	GON	S904JHG	SNW	S931LBL	NAH
S807BWC	SDEV	S825BWC	SNOE	S863DGX	ROS	S905DUB	HVB	S932AKS	FED

Reg	Code	Reg	Code	Reg	Code	Reg	Code	Reg	Code
S932CFC	SYOR	S995UJA	FNW	SA56VMT	AAM	SCZ3844	GBU	SEL133	SEL
S933AKS	FED	SA02BOU	ESB	SAC500	THR	SCZ3845	GBU	SEL392	SEL
S933CFC	SOXF	SA02BZD	FG	SAD189	B&W	SCZ3846	GBU	SEL853	SEL
S934AKS	FED	SA02BZE	FG	SAG520W	IMP	SCZ3847	GBU	SEZ2031	FSR
S934CFC	SOXF	SA02BZF	FG	SAG528W	IMP	SCZ3848	BCB	SEZ2101	BCB
S934SVM	HFX	SA02BZG	FG	SAZ2511	SWC	SCZ3849	BCB	SEZ2102	BCB
S935AKS	FED	SA02BZH	FG	SAZ4077	ALE	SCZ3850	GBU	SEZ2103	BCB
S935CFC	SOXF	SA02BZJ	FG	SAZ4959	PRN	SCZ3851	GBU	SEZ2104	BCB
S935RBE	FEX	SA02BZK	FG	SAZ8331	DHC	SCZ3852	GBU	SEZ2105	BCB
S936AKS	FED	SA02BZL	FG	SB03CLV	A1A	SCZ3853	GBU	SEZ2106	BCB
S936CFC	SOXF	SA02BZM	FG	SB03YRY	HAT	SCZ3854	GBU	SEZ2107	BCB
S936RBE	FEX	SA02BZN	FG	SB04BUZ	BUZ	SCZ3855	BCB	SEZ2108	BCB
S937AKS	FED	SA01BZP	PTW	SB07JSB	JSB	SCZ3856	GBU	SEZ2109	BCB
S937CFC	SYOR	SA02BZR	TAR	SB07SHB	BRN	SCZ3857	GBU	SEZ2110	BCB
S937RBE	ADR	SA02BZS	PCN	SB09PEG	SOM	SCZ3858	GBU	SEZ2112	BCB
S937UAL	TBB	SA02BZT	TAR	SB10BUS	JSB	SCZ3859	GBU	SEZ2113	BCB
S938AKS	FED	SA02CCN	LID	SB52XCR	BBC	SCZ3860	GBU	SEZ2114	BCB
S938CFC	SYOR	SA02CCU	MCT	SB55SHB	BRN	SCZ3861	GBU	SEZ2115	BCB
S938UAL	TMH	SA02CCV	GUM	SB58BUS	JSB	SCZ3862	GBU	SEZ2116	BCB
S939UAL	TMH	SA02CCX	STS	SBB85Y	GRI	SCZ3863	GBU	SEZ2117	BCB
S940CFC	SOXF	SA02CCZ	STS	SBL364	W&D	SCZ3864	GBU	SEZ2118	BCB
S940KRG	MOG	SA02CDE	MCT	SBR524V	JTR	SCZ3865	GBU	SEZ2119	BCB
S940UAL	HOR	SA02CDF	GUM	SBV703	HWD	SCZ3866	GBU	SEZ2120	BCB
S941CFC	SOXF	SA02CJO	OAD	SBZ5810	SBL	SCZ3867	GBU	SEZ2330	BCB
S941UAL	MIC	SA02CJV	DAC	SBZ5933	RHT	SCZ3868	GBU	SEZ2331	BCB
S943UAL	HOR	SA02ECW	LID	SBZ8075	FAR	SCZ3869	BCB	SEZ2332	BCB
S944UAL	HOR	SA02EDC	HOR	SBZ9346	GSF	SCZ3870	GBU	SEZ2333	BCB
S947NGB	WLC	SA02EDF	LID	SC02DPC	DPC	SCZ3871	GBU	SEZ2334	BCB
S948ERE	HPT	SA02EDO	LID	SC02HHA	LID	SCZ3872	GBU	SEZ2335	BCB
S951VMY	MVL	SA02LFF	FSR	SC02HHE	WCM	SCZ5409	FTR	SEZ2336	BCB
S954JGX	GAL	SA02OWW	JJT	SC02HLD	RGY	SCZ6104	GBU	SEZ2337	BCB
S955JGX	GAL	SA02RNE	DAR	SC02JHY	SHM	SCZ6105	GBU	SEZ2338	BCB
S955NRA	CBN	SA02RNF	ZBT	SC02MXD	STS	SCZ6106	GBU	SEZ2339	BCB
S955RWP	FHD	SA02UEP	SEC	SC02SUL	SUL	SCZ6107	GBU	SEZ2340	BCB
S955TGB	LID	SA02UEX	RTT	SC02VCD	LID	SCZ7108	ASH	SEZ2341	BCB
S957URJ	SSOU	SA02UEY	RTT	SC02YRN	ACT	SCZ7109	HAN	SEZ2342	BCB
S958URJ	SSOU	SA02UGN	VIS	SC03OHX	MOG	SCZ7110	ASH	SEZ2343	BCB
S959KSR	STAY	SA02UMU	KYC	SC03WJC	WJC	SCZ7111	ASH	SEZ2344	BCB
S959URJ	SNW	SA02UUH	HOR	SC04OOL	KSD	SCZ9651	ASN	SEZ2346	BCB
S960KSR	STAY	SA03YDB	MEW	SC04XOW	GWY	SCZ9652	ASN	SEZ2347	BCB
S960URJ	BBD	SA04AGT	BCM	SC05ONS	GSM	SCZ9765	RCM	SEZ2348	BCB
S961BBV	BBD	SA07VUG	HAO	SC06GAS	GAS	SCZ9766	RCM	SEZ2349	BCB
S961KSR	STAY	SA52AXV	GRW	SC08GAS	GAS	SCZ9767	ACE	SEZ2350	BCB
S962BBV	BBD	SA52AZV	ADR	SC09ALL	EVE	SD02RZK	LID	SEZ2351	BCB
S962KSR	STAY	SA51CTF	WMC	SC09GAS	GAS	SD07MXW	CUI	SEZ2352	BCB
S963BBV	STAY	SA52DVR	FG	SC52AHC	REW	SD55UYB	GAR	SEZ2353	BCB
S964BBV	BBD	SA52DVT	FG	SC53VOM	AAA	SD55WXK	LID	SEZ2354	BCB
S969CSG	CCW	SA52DVU	FG	SC54GAS	GAS	SD58LKP	HTR	SEZ3211	BCB
S975CSG	JMC	SA52DVV	FG	SC54PCC	PCO	SDD142R	MKT	SEZ3345	BCB
S977ABR	GON	SA52DVW	FG	SC56DPC	DPC	SDZ6286	GSR	SEZ4315	JRS
S978ABR	GON	SA52DVX	FG	SC57DPC	DPC	SDZ9026	P&M	SEZ5751	KAD
S978CSG	BIB	SA52DVY	FG	SCD693X	FFC	SE02NAO	MBL	SEZ5856	SBU
S979ABR	GON	SA52DVZ	FG	SCK224X	HGI	SE02RUV	DUR	SEZ6306	DAB
S979JLM	FEX	SA52DWC	FG	SCT330	SLE	SE02TWJ	KCO	SEZ7131	GBU
S986HJB	ZAV	SA52DWD	FG	SCZ2658	GBU	SE51DZA	CDS	SEZ7132	GBU
S987ERR	HQD	SA52EXD	GUM	SCZ3333	LIS	SE51DZV	SWT	SEZ7133	GBU
S991KSR	VIP	SA52GXO	RTT	SCZ3839	GBU	SED232	THR	SEZ7134	GBU
S992UJA	FNW	SA52MYR	COM	SCZ3840	GBU	SED253	MRS	SEZ7135	GBU
S993UJA	FNW	SA52MYS	COM	SCZ3841	GBU	SEJ386	LEW	SEZ7136	GBU
S994UJA	FNW	SA52MYT	ANE	SCZ3842	GBU	SEL36	SEL	SEZ7137	GBU
S995BTA	SNW	SA52NSE	WGW	SCZ3843	GBU	SEL73	SEL	SEZ7138	GBU

Code	Reg	Code	Reg	Code	Reg	Code	Reg	Code	Reg
SEZ7139	GBU	SF04SKK	SWSC	SF05NXG	SWSC	SF06GZA	FG	SF06VYW	TAW
SEZ7140	GBU	SF04SKN	SWSC	SF05XCY	ASH	SF06GZB	FG	SF06VYX	GRW
SEZ7141	GBU	SF04SOU	SOU	SF05XCZ	NEA	SF06GZC	FG	SF06WDK	HAT
SEZ7142	GBU	SF04SPZ	ZCR	SF05XDC	CWL	SF06GZD	FG	SF06WDU	HAT
SEZ7149	GBU	SF04SRU	ZCR	SF05XDD	PLA	SF06GZE	FG	SF06WDX	TTC
SEZ7150	GBU	SF04VFS	SWSC	SF05XDE	GAM	SF06GZG	FG	SF06WDZ	MFW
SEZ7151	GBU	SF04VSV	SWSC	SF05XDG	TEL	SF06GZH	FG	SF06WEA	BSG
SEZ7152	GBU	SF04VSX	SWSC	SF05XDO	GAM	SF06GZJ	FG	SF06WKE	TEL
SEZ7153	GBU	SF04VSY	SWSC	SF05XDT	RDL	SF06GZK	FG	SF06WMG	GRW
SEZ7154	GBU	SF04VSZ	SWSC	SF05XEC	PIK	SF06GZL	FG	SF07AMV	SWSC
SEZ7155	GBU	SF04VTA	SWSC	SF05XYP	GWH	SF06GZM	FG	SF07AMX	SWSC
SEZ7156	GBU	SF04VTC	SWSC	SF05XYY	HKW	SF06GZN	FG	SF07ANP	SWSC
SEZ7157	GBU	SF04VTD	SWSC	SF05XYZ	GWH	SF06GZO	FG	SF07ANR	SWSC
SEZ7158	GBU	SF04VTE	SWSC	SF05XZA	TYB	SF06GZP	FG	SF07ANU	SWSC
SEZ7159	GBU	SF04VTG	SWSC	SF05XZC	THU	SF06GZR	FG	SF07ANV	SWSC
SEZ7160	GBU	SF04WME	WCM	SF05XZM	THU	SF06GZS	FG	SF07ANX	STAY
SEZ7161	GBU	SF04WMX	MAT	SF05XZO	THU	SF06GZT	FG	SF07AOA	SHIC
SEZ7162	GBU	SF04WMY	ACM	SF05YKK	GOD	SF06GZV	FG	SF07DLO	BOD
SEZ7163	GBU	SF04ZPE	FG	SF06FSG	COR	SF06GZX	FG	SF07DLU	FIR
SEZ7164	GBU	SF04ZPG	FG	SF06FSJ	EUT	SF06GZY	FG	SF07DLV	FIR
SEZ7165	GBU	SF04ZXC	GIB	SF06FSK	EUT	SF06GZZ	FG	SF07DLY	LCL
SEZ7166	GBU	SF04ZXD	BLS	SF06FSS	SBZ	SF06HAA	FG	SF07DLZ	HAM
SF02WMX	LLM	SF05AKK	SHB	SF06GXG	FG	SF06HAE	FG	SF07DME	COC
SF03ABU	RTT	SF05AXW	HAO	SF06GXH	FG	SF06HAO	FG	SF07DMO	POC
SF03ABV	OLA	SF05BEJ	APE	SF06GXJ	FG	SF06HAU	FG	SF07DMV	POC
SF03ABX	BCM	SF05FNR	NCH	SF06GXK	FG	SF06HAX	FG	SF07FCC	FG
SF03ACU	IRB	SF05FNS	JTK	SF06GXL	FG	SF06HBA	FG	SF07FCD	FG
SF03AUC	GUM	SF05FNT	JTK	SF06GXM	FG	SF06HBB	FG	SF07FCE	FG
SF03GLJ	CLC	SF05FNU	SLA	SF06GXN	FG	SF06HBC	FG	SF07FCG	FG
SF03OMP	ROM	SF05FNV	GIB	SF06GXO	FG	SF06HHN	IRB	SF07FCJ	FG
SF03OPZ	STA	SF05FNW	BOD	SF06GXP	FG	SF06LKD	MAT	SF07FCL	FG
SF03PZC	SAD	SF05FNY	GPX	SF06GXR	FG	SF06LKE	MAT	SF07FCM	FG
SF03SCV	SLA	SF05FNZ	SHB	SF06GXS	FG	SF06LKU	WHY	SF07FCO	FG
SF03TLY	EUT	SF05HNM	BST	SF06GXT	FG	SF06LKV	WHY	SF07FCP	FG
SF03YXP	RTT	SF05HPJ	GUM	SF06GXU	FG	SF06NBY	PSK	SF07FCV	FG
SF03YXR	RTT	SF05KUH	FG	SF06GXV	FG	SF06NYG	HUC	SF07FCX	FG
SF04EMW	NIC	SF05KUJ	FG	SF06GXW	FG	SF06ODS	MUN	SF07FCY	FG
SF04ETE	GIC	SF05KUK	FG	SF06GXX	FG	SF06ODT	WCM	SF07FCZ	FG
SF04ETK	KOA	SF05KWA	HCL	SF06GXY	FDC	SF06ODX	CCO	SF07FDA	FG
SF04EWL	CFT	SF05KWB	HCL	SF06GXZ	FG	SF06OEA	BDC	SF07FDC	FG
SF04HXK	CLI	SF05KWE	CTC	SF06GYA	FG	SF06OKJ	POC	SF07FDD	FG
SF04HXL	CLI	SF05KWM	MAT	SF06GYB	FG	SF06OKT	WHY	SF07FDE	FG
SF04HXN	DEV	SF05KWO	MAT	SF06GYC	FG	SF06OVE	SWSC	SF07FDG	FG
SF04HXP	GSM	SF05KWY	FCY	SF06GYD	FG	SF06OVG	SWSC	SF07FDJ	FG
SF04HXR	JPT	SF05KWZ	FCY	SF06GYE	FG	SF06OVH	SWSC	SF07FDK	FG
SF04HXS	SAN	SF05KXA	FCY	SF06GYG	FG	SF06OVJ	SWSC	SF07FDL	FG
SF04HXU	SEM	SF05KXB	FCY	SF06GYH	FG	SF06OVK	SWSC	SF07FDM	FG
SF04HXV	ASH	SF05KXC	FCY	SF06GYJ	FG	SF06OVL	SWSC	SF07FDN	FG
SF04HXW	FG	SF05KXD	FCY	SF06GYK	FG	SF06OVM	SWSC	SF07FDO	FG
SF04HXX	FG	SF05KXE	FCY	SF06GYN	FG	SF06OVN	SWSC	SF07FDP	FG
SF04LHR	RTT	SF05KXH	FCY	SF06GYO	FG	SF06OVP	SWSC	SF07FDU	FG
SF04LHU	JMC	SF05KXJ	FG	SF06GYP	FG	SF06PHK	POC	SF07FDV	FG
SF04LKG	DMC	SF05KXK	FG	SF06GYR	FG	SF06PHN	POC	SF07FDX	FG
SF04RGY	WTR	SF05KXL	FG	SF06GYS	FG	SF06VXE	TIG	SF07FDY	FG
SF04RHA	ANE	SF05KXM	FG	SF06GYT	FG	SF06VYL	TAW	SF07FDZ	FG
SF04RHK	GUM	SF05LFT	GUM	SF06GYU	FG	SF06VYM	TAW	SF07FEG	FG
SF04RHY	SWT	SF05LFU	GUM	SF06GYV	FG	SF06VYR	HAR	SF07FEH	FG
SF04RHZ	CLI	SF05LFV	GUM	SF06GYW	FG	SF06VYS	TAW	SF07FEJ	FG
SF04SKD	SWSC	SF05LFW	GUM	SF06GYX	FG	SF06VYT	PCN	SF07FEK	FG
SF04SKE	SWSC	SF05NXD	SWSC	SF06GYY	FG	SF06VYU	TAW	SF07FEM	FG
SF04SKJ	SWSC	SF05NXE	SWSC	SF06GYZ	FG	SF06VYV	GRW	SF07FEO	FG

SF07FEP	FG	SF08MKV	MPC	SF09LDL	FG	SF10CCN	SWSC	SF51YBL	FG
SF07FET	FG	SF08OKK	MAT	SF09LDN	FG	SF10CCO	SWSC	SF51YBM	FG
SF07FEU	FG	SF08RNY	WLC	SF09LDO	FG	SF10CCU	SWSC	SF51YBN	FG
SF07KCC	KCC	SF08RNZ	WLC	SF09LDU	FG	SF10CCV	SWSC	SF51YBO	FG
SF07KCE	COS	SF08ROH	WLC	SF09LDV	FG	SF10CCX	SWSC	SF51YBP	FG
SF07KGE	SBG	SF08ROU	WLC	SF09LDX	FG	SF10CCY	SWSC	SF51YBR	FG
SF07KGG	ASH	SF08RRO	WLC	SF09LDY	FG	SF10CCZ	SWSC	SF51YBS	FG
SF07LCG	SHIC	SF08SMU	FG	SF09LDZ	FG	SF10CDE	SWSC	SF51YBT	FG
SF07LCJ	SWSC	SF08SMV	FG	SF09LEJ	FG	SF10CDK	SWSC	SF51YPO	ERB
SF07LCK	SWSC	SF08SMX	FG	SF09LEU	FG	SF10CDN	SWSC	SF52EBD	PSK
SF07LYU	LCT	SF08SNJ	FG	SF09LFA	FG	SF10CDO	SWSC	SF53BYL	BBD
SF07LYV	POP	SF08SNK	FG	SF09LFB	FG	SF10CDU	SWSC	SF53BYM	SREN
SF07NLU	MAT	SF08SNN	FG	SF09LNZ	HVB	SF10CDZ	SWSC	SF53BYN	SREN
SF07NLV	MAT	SF08SNU	FG	SF09LOA	HVB	SF10CEA	SWSC	SF53BYO	SREN
SF07NLX	MAT	SF08SNV	FG	SF09LOD	ASW	SF10CEJ	SWSC	SF53BYP	SWES
SF07NLY	MAT	SF08SNX	FG	SF09LYZ	SBJ	SF10CEK	SWSC	SF53BYR	SWES
SF07NLZ	MAT	SF08SNY	FG	SF09LZV	WLC	SF10CFA	SWSC	SF53BYT	SWES
SF07ODH	MPC	SF08SNZ	FG	SF09LZW	SBJ	SF10CFD	SWSC	SF53BYU	SWES
SF07ORZ	TRA	SF08UZJ	NAT	SF10AZT	KIN	SF10DJJ	DOT	SF53BYV	SWSC
SF07OSB	TRA	SF08VTK	VOE	SF10BYV	SWSC	SF10DJK	DOT	SF53BYW	SWSC
SF07OSC	TRA	SF08VVC	RTL	SF10BYW	SWSC	SF10GCK	WLC	SF53BYX	SWSC
SF07OSD	TRA	SF08VVD	RTL	SF10BYX	SWSC	SF10GKC	SHB	SF53BYY	SWSC
SF07URJ	HVB	SF08VVE	ABO	SF10BYY	SWSC	SF10GKD	SHB	SF53BYZ	STAY
SF07URL	HVB	SF08VVG	BCD	SF10BYZ	SWSC	SF10GKE	SLA	SF53BZA	BBD
SF07VOB	HVB	SF09ACV	SWSC	SF10BZA	SWSC	SF10GCL	WLC	SF53BZB	BBD
SF07VUX	BUZ	SF09ACX	SWSC	SF10BZB	SWSC	SF10GXK	STU	SF53BZC	BBD
SF07XMK	RTL	SF09ACY	SWSC	SF10BZC	SWSC	SF10GXL	STU	SF53BZD	BBD
SF07XNV	W&H	SF09ACZ	SWSC	SF10BZD	SWSC	SF10KOE	WHI	SF53BZE	BBD
SF07XOF	RTL	SF09ADO	SWSC	SF10BZE	SWSC	SF10OXF	OBC	SF53BZG	SWSC
SF07XOK	W&H	SF09ADV	SWSC	SF10BZG	SWSC	SF51JWV	BBD	SF53BZH	SWSC
SF08FDK	ESB	SF09ADX	SWSC	SF10BZH	SWSC	SF51MVW	WCC	SF53BZJ	SWSC
SF08FDL	ESB	SF09ADZ	SWSC	SF10BZJ	SWSC	SF51MVX	WCC	SF53JXJ	GUM
SF08FSU	GIB	SF09AEA	SWSC	SF10BZK	SWSC	SF51PRX	WCC	SF53JXK	GUM
SF08FSV	DAC	SF09AEB	SWSC	SF10BZL	SWSC	SF51PSZ	WCC	SF53JXL	GUM
SF08FTA	APE	SF09AED	SWSC	SF10BZM	SWSC	SF51PTO	WCC	SF53JXM	GUM
SF08GOA	SWSC	SF09AEE	SWSC	SF10BZN	SWSC	SF51PTX	WCC	SF53JZA	HTT
SF08GOC	SWSC	SF09AEG	SWSC	SF10BZO	SWSC	SF51PVU	CML	SF53KGE	GUM
SF08GOE	SWSC	SF09AEJ	SWSC	SF10BZP	SWSC	SF51PVY	SDEV	SF53KGG	GUM
SF08GOJ	SWSC	SF09AEK	SWSC	SF10BZR	SWSC	SF51PWJ	ARV	SF53KGJ	GUM
SF08GOK	SWSC	SF09AEL	SWSC	SF10BZS	SWSC	SF51YAA	FG	SF53KGK	GUM
SF08GOU	SWSC	SF09AEM	SWSC	SF10BZT	SWSC	SF51YAD	FG	SF53KUK	GUM
SF08GOX	SWSC	SF09AEN	SWSC	SF10BZU	SWSC	SF51YAE	FG	SF53KUN	GUM
SF08GPE	SWSC	SF09AEO	SWSC	SF10BZV	SWSC	SF51YAG	FG	SF53KUP	CUI
SF08GPJ	SWSC	SF09AEP	SWSC	SF10BZW	SWSC	SF51YAH	FG	SF53KUR	DEV
SF08GPK	SWSC	SF09AET	SWSC	SF10BZX	SWSC	SF51YAJ	FG	SF53KUT	SHI
SF08GPU	SWSC	SF09AEU	SWSC	SF10BZY	SWSC	SF51YAK	FG	SF53KUV	SEM
SF08GPV	SWSC	SF09AEV	SWSC	SF10CAA	SWSC	SF51YAO	FG	SF53MGO	EUT
SF08GPX	SWSC	SF09AEW	SWSC	SF10CAE	SWSC	SF51YAU	FG	SF54ADF	SCT
SF08GPY	SWSC	SF09AEX	SWSC	SF10CAO	SWSC	SF51YAV	FG	SF54CFO	YUL
SF08GPZ	SWSC	SF09AEY	SWSC	SF10CAU	SWSC	SF51YAW	FG	SF54CHK	SHB
SF08GRK	SWSC	SF09AEZ	SWSC	SF10CAV	SWSC	SF51YAX	FG	SF54CHO	WMC
SF08GRU	SWSC	SF09AFA	SWSC	SF10CAX	SWSC	SF51YAY	FG	SF54CJO	HUT
SF08GTU	SWSC	SF09AFE	SWSC	SF10CBO	SWSC	SF51YBA	FG	SF54CSU	SREN
SF08GTY	SWSC	SF09GWL	SBG	SF10CBU	SWSC	SF51YBB	FG	SF54HFT	GRN
SF08GTZ	SWSC	SF09GWM	GIB	SF10CBV	SWSC	SF51YBC	FG	SF54HFU	GRN
SF08GUO	SWSC	SF09HKH	STU	SF10CBX	SWSC	SF51YBD	FG	SF54HVX	BLK
SF08GUU	SWSC	SF09JWE	MEX	SF10CBY	SWSC	SF51YBE	FG	SF54HVZ	STP
SF08GUW	SWSC	SF09LDD	FG	SF10CCD	SWSC	SF51YBG	FG	SF54HWA	WCM
SF08GUX	SWSC	SF09LDE	FG	SF10CCE	SWSC	SF51YBH	FG	SF54HWG	GIB
SF08HHC	MEX	SF09LDJ	FG	SF10CCJ	SWSC	SF51YBJ	FG	SF54HWH	GIB
SF08JDO	PSK	SF09LDK	FG	SF10CCK	SWSC	SF51YBK	FG	SF54JUO	DEL

Reg	Code	Reg	Code	Reg	Code	Reg	Code	Reg	Code
SF54KHP	BLS	SF54OUO	BLS	SF55RKA	SWSC	SF56FKM	SWSC	SF57LUP	SWSC
SF54KHV	IRB	SF54OUU	GIB	SF55RKE	SWSC	SF56FKN	SWSC	SF57LUR	SWSC
SF54NBG	AXV	SF54OUY	ZDS	SF55RKJ	SWSC	SF56FKO	SWSC	SF57LUW	SWSC
SF54ORA	HOU	SF54OVB	BLS	SF55RKK	SWSC	SF56FKP	SWSC	SF57LUY	SWSC
SF54ORC	AYR	SF54OVC	BLS	SF55RKN	SWSC	SF56FKR	SWSC	SF57LUZ	SWSC
SF54ORJ	GIB	SF54RHX	GIB	SF55TXA	FHD	SF56FKS	SWSC	SF57LVB	SWSC
SF54ORK	GIB	SF54RJU	SWSC	SF55TXB	FHD	SF56FKT	SWSC	SF57LVC	SWSC
SF54ORL	AYR	SF54THV	FG	SF55TXC	FG	SF56FKU	SWSC	SF57MKA	FG
SF54ORN	GIB	SF54THX	FG	SF55TZP	SWSC	SF56FKV	SWSC	SF57MKC	FG
SF54ORO	GIB	SF54THZ	FG	SF55TZR	SWSC	SF56FKW	SWSC	SF57MKD	FG
SF54ORP	HOU	SF54TJO	FG	SF55TZS	SWSC	SF56FKX	SWSC	SF57MKG	FG
SF54OSD	FG	SF54TJU	FG	SF55UAD	FSY	SF56FKY	SWSC	SF57MKJ	FG
SF54OSE	FG	SF54TJV	FG	SF55UAE	FSY	SF56FKZ	SWSC	SF57MKK	FG
SF54OSG	FG	SF54TJX	FG	SF55UAG	FG	SF56FLA	SWSC	SF57MKL	FG
SF54OSJ	FG	SF54TJY	FG	SF55UAH	FG	SF56FLB	SWSC	SF57MKM	FG
SF54OSK	FG	SF54TJZ	FG	SF55UAJ	FG	SF56FLC	SWSC	SF57MKN	FG
SF54OSL	FG	SF54TKA	FG	SF55UAK	FSY	SF56GOJ	DAC	SF57MKO	FG
SF54OSM	FG	SF54TKC	FG	SF55UAL	FSY	SF56GOK	DAC	SF57MKP	FG
SF54OSN	FG	SF54TKD	FG	SF55UAM	FG	SF56GYP	FG	SF57MKU	FG
SF54OSO	FG	SF54TKE	FG	SF55UAN	FSY	SF56GYR	FG	SF57MKV	FG
SF54OSP	FG	SF54TKJ	FG	SF55UAO	FG	SF56GYS	FG	SF57MKX	FG
SF54OSR	FG	SF54TKK	FG	SF55UAP	FSY	SF56GYT	FG	SF57MKZ	FG
SF54OSU	FG	SF54TKN	FG	SF55UAR	FSY	SF56KDJ	LTL	SF57MLE	FG
SF54OSV	FG	SF54TKO	FG	SF55UAS	FSY	SF56LUP	ESB	SF57MLJ	FG
SF54OSW	FG	SF54TKT	FG	SF55UAT	FSY	SF56OXF	OBC	SF57MLK	FG
SF54OSX	FG	SF54TKU	FG	SF55UAU	FSY	SF56TYT	WVY	SF57MLL	FG
SF54OSY	FG	SF54TKV	FG	SF55UAV	FG	SF56WAY	SFC	SF57MLN	FG
SF54OSZ	FG	SF54TKX	FG	SF55UAW	FSY	SF57DNU	SWSC	SF57MLO	FG
SF54OTA	FG	SF54TKY	FG	SF55UAX	FSY	SF57DNV	SWSC	SF57MLU	FG
SF54OTB	FG	SF54TKZ	FG	SF55UAY	FSY	SF57DNX	SWSC	SF57MLV	FG
SF54OTC	FG	SF54TLJ	FG	SF55UAZ	FSY	SF57DOA	SWSC	SF57NMM	ASW
SF54OTD	FG	SF54TLK	FG	SF55UBA	FSY	SF57DOH	SWSC	SF57NMO	ASW
SF54OTE	FG	SF54TLN	FG	SF55UBB	FG	SF57DOJ	SWSC	SF57NPK	ASW
SF54OTG	FG	SF54TLO	FG	SF55UBC	FSY	SF57DOU	SWSC	SF57NPN	ASW
SF54OTH	FG	SF54TLU	FG	SF55UBD	FSY	SF57DPE	SWSC	SF58ATY	FG
SF54OTJ	FG	SF54TLX	FG	SF55UBE	FSY	SF57DPK	SWSC	SF58ATZ	FG
SF54OTK	FG	SF54TLY	FG	SF55UBG	FSY	SF57DPN	SWSC	SF58AUA	FG
SF54OTL	FG	SF54TLZ	FG	SF55UBH	FSY	SF57DPO	SWSC	SF58AUC	FG
SF54OTM	FG	SF54TMO	FG	SF55UBJ	FSY	SF57DPU	SWSC	SF58DHA	SAB
SF54OTN	FG	SF54TMU	FG	SF55UBK	FSY	SF57DPV	SWSC	SF58FDU	HWS
SF54OTP	FG	SF54TMV	FG	SF55UBL	FSY	SF57DPX	SWSC	SF58FTV	DAC
SF54OTR	FG	SF54WAY	SFC	SF55UBM	FSY	SF57DPY	SWSC	SF58FTX	SBG
SF54OTT	FG	SF55BKA	MCD	SF55UBN	FSY	SF57DPZ	SWSC	SF58JFV	KCO
SF54OTU	FG	SF55DPX	ATW	SF55UBO	FSY	SF57DRO	SWSC	SF58OHO	WLC
SF54OTV	FG	SF55FVR	DPC	SF55UBP	FSY	SF57DRV	SWSC	SF58OWR	TGM
SF54OTW	FG	SF55GXL	WBL	SF55UBR	FSY	SF57FXB	HAO	SF59BXM	CCC
SF54OTX	FG	SF55HBD	CBC	SF55UBS	FSY	SF57FZK	HVB	SF59BXP	VIC
SF54OTY	FG	SF55HHA	DEL	SF55UBT	FSY	SF57FZY	WLC	SF59BXR	GOL
SF54OTZ	FG	SF55HHB	DEL	SF55UBU	FG	SF57FZZ	CCC	SF59FUT	SWSC
SF54OUA	FG	SF55HHC	WLC	SF55UBV	FG	SF57JRO	ELC	SF59FUU	SWSC
SF54OUB	FG	SF55HHD	WLC	SF55UBW	FG	SF57JRX	APE	SF59FVA	AAM
SF54OUC	FG	SF55HHE	WLC	SF55UBX	FG	SF57JSX	WED	SF59FYV	SWSC
SF54OUD	FG	SF55JNZ	FRO	SF55UTB	SOO	SF57JSY	SBZ	SF59FYW	SWSC
SF54OUE	FG	SF55NNZ	SWSC	SF55VUM	SWSC	SF57JTX	STP	SF59FYX	SWSC
SF54OUG	FG	SF55NOH	SWSC	SF55VUN	SWSC	SF57LUB	SWSC	SF59FYY	SWSC
SF54OUH	FG	SF55NOU	SWSC	SF55VUO	SWSC	SF57LUD	SWSC	SF59GZA	GMC
SF54OUJ	FG	SF55PSY	SEC	SF55VUP	SWSC	SF57LUE	SWSC	SF59KUW	ESB
SF54OUK	FG	SF55RJV	SWSC	SF55VUR	SWSC	SF57LUH	SWSC	SF60AAX	ESB
SF54OUL	FG	SF55RJX	SWSC	SF56DPX	BBD	SF57LUJ	SWSC	SF60FPP	WLC
SF54OUM	FG	SF55RJY	SWSC	SF56DTU	BBD	SF57LUL	SWSC	SF60FPT	WLC
SF54OUN	FG	SF55RJZ	SWSC	SF56FKL	SWSC	SF57LUO	SWSC	SF60FPV	WLC

SF60FPX	WLC	SH51MJY	TAR	SIL2292	ACM	SIL8572	SCK	SJ05SOU	SOU		
SF60FPY	WLC	SH51MKF	FSY	SIL2732	HWD	SIL8697	SMI	SJ06AXC	CST		
SF60FSO	SHB	SH51MKG	FG	SIL2949	CRA	SIL8752	PIC	SJ06CBV	DOI		
SFF756T	BJL	SH51MKJ	FSY	SIL2954	TEV	SIL8753	HAO	SJ06CBX	MAT		
SFJ904	LWS	SH51MKK	FG	SIL3066	GRC	SIL8757	CHD	SJ06KDX	CUI		
SG02OVA	TIV	SH51MKL	FG	SIL3121	PCW	SIL8761	WTB	SJ09GDV	MEW		
SG02VZH	EUT	SH51MKM	PCN	SIL3431	SMS	SIL9041	WHE	SJ10AVR	HVB		
SG02ZXO	HKW	SH51MKN	EMP	SIL3856	MOC	SIL9043	BEL	SJ10AVT	HVB		
SG03ZEU	ZEZ	SH51MKO	HOM	SIL3924	JEF	SIL 9044	BEL	SJ10AVX	HVB		
SG03ZBB	SKC	SH51MKP	ZFA	SIL4054	RSR	SIL9126	SMS	SJ10NLJ	HVB		
SG03ZBH	REG	SH52LHA	GSR	SIL4134	SIC	SIL9158	GRN	SJ51BZA	SWN		
SG03ZBM	RTL	SH54HHM	FCA	SIL4456	EAL	SIL9512	TDT	SJ51DHD	FSY		
SG03ZCC	PSN	SH58VKP	HTR	SIL4457	EAL	SIL9528	HUY	SJ51DHE	FG		
SG03ZCR	RTL	SH60PCH	DPC	SIL4458	EAL	SIL9540	SMS	SJ51DHF	FSY		
SG03ZEJ	ZDO	SHE618Y	ALP	SIL4465	SDEV	SIL9541	SMS	SJ51DHG	FSY		
SG03ZEK	PIK	SHE622Y	ARC	SIL4466	CBW	SIL9543	SMS	SJ51DHK	FG		
SG03ZEL	ABO	SH0800	THR	SIL4467	RNE	SIL9554	HKW	SJ51DHL	FG		
SG03ZEP	B&J	SIA488	SIM	SIL4468	WST	SIL9613	SIL	SJ51DHM	FG		
SG03ZES	CRC	SIA637	MCM	SIL4470	GRC	SIL9637	SMK	SJ51DHN	FG		
SG03ZEX	SEC	SIA743	ABI	SIL4471	SPE	SIL9744	SMS	SJ51DHO	FG		
SG03ZEY	COS	SIA6180	FIN	SIL4860	D&E	SIL9988	SVC	SJ51DHP	FG		
SG03ZHS	NEC	SIB1281	TYC	SIL5290	WSC	SIL9991	SVC	SJ51DHV	FG		
SG03ZJC	TAT	SIB1294	ABI	SIL5304	ZEJ	SIL9993	SVC	SJ51DHX	FG		
SG03ZJD	REG	SIB1295	ABI	SIL5305	ZEJ	SIL9994	SVC	SJ51DHZ	FG		
SG03ZJF	NEC	SIB2284	BEK	SIL5306	ZEJ	SIL9996	SVC	SJ51DJD	FG		
SG03ZJH	PLA	SIB2632	HOW	SIL5307	ZEJ	SIL9997	SVC	SJ51DJE	FG		
SG04SOU	SOU	SIB3266	JBF	SIL5382	EDW	SIW1931	BAR	SJ51DJF	FG		
SG04XCN	DAC	SIB3277	BKB	SIL5523	BBE	SIW1932	BAR	SJ51DJK	FG		
SG52VFJ	SAZ	SIB3933	GEM	SIL5970	JBG	SIW1934	SOT	SJ51DJO	FG		
SG52VFK	GEB	SIB4458	CCI	SIL5976	STB	SIW1940	DEV	SJ51DJU	FG		
SG52VFL	GEB	SIB4846	SFU	SIL5978	PIC	SIW1941	FRK	SJ51DJX	FG		
SG52VFP	A1A	SIB6297	BEK	SIL6303	RAW	SIW2778	COO	SJ51DJY	FG		
SG52XKJ	SEC	SIB6441	KTL	SIL6304	RAW	SIW6251	MLM	SJ51DJZ	FG		
SG52XMK	GUM	SIB6615	HTT	SIL6404	RAW	SIW8268	BML	SJ51DKA	FG		
SG52XML	GUM	SIB6713	EAS	SIL6421	LOB	SIW9154	MCO	SJ51DKD	FG		
SG52XMO	GUM	SIB6719	LCT	SIL6427	BTC	SJ03AVG	SBQ	SJ51DKE	FG		
SG52XMP	GUM	SIB6806	BTS	SIL6434	SMS	SJ03BZL	HLS	SJ51DKF	FG		
SG52XMR	GUM	SIB7357	BEK	SIL6435	SMS	SJ03DNY	FG	SJ51DKK	FSY		
SG58EFC	HTR	SIB7515	SAN	SIL6436	SMS	SJ03DOA	FG	SJ51DKL	FG		
SG59XGS	GSM	SIB8045	AAM	SIL6437	SMS	SJ03DOH	FAB	SJ51DKN	FG		
SGF483L	ZFG	SIB8345	WCK	SIL6438	SMS	SJ03DPE	FG	SJ51EEM	WCC		
SGF965	SAN	SIB8357	A2B	SIL6473	PCL	SJ03DPF	FG	SJ51EEN	WCC		
SGL498Y	LON	SIB9309	BRS	SIL6477	MTC	SJ03DPN	FG	SJ51EEO	WCC		
SGR780V	HED	SIB9313	BRS	SIL6637	SIL	SJ03DPU	FG	SJ51EEU	WCC		
SGS499W	MOW	SIJ305	WOT	SIL6706	BAD	SJ03DPV	FG	SJ51EFB	CCS		
SGS504W	VCC	SIJ408	WBR	SIL6715	MCD	SJ03DPX	FSA	SJ51GCV	M&D		
SH03KVR	GMY	SIJ814	EDW	SIL7024	SMS	SJ03DPY	FSA	SJ51GCY	HUT		
SH03XBE	MLI	SIJ4712	CRI	SIL7025	SMS	SJ03DPZ	FAB	SJ51LPA	DOI		
SH04BUS	BRN	SIL706	SHA	SIL7027	SMS	SJ03FPW	MFW	SJ51LYP	BLA		
SH04YZB	WMC	SIL1075	MCD	SIL7028	SMS	SJ03NVF	LCO	SJ51LZA	SHI		
SH09THO	IND	SIL1102	SIC	SIL7029	SMS	SJ04DVK	WXC	SJ51MXY	LID		
SH10PCV	GSM	SIL1103	SIC	SIL7030	SMS	SJ04DZZ	NAH	SJ51NVY	HUC		
SH51KJY	RTT	SIL1104	SIC	SIL7032	SMS	SJ04FLA	SHB	SJ52XJF	AYR		
SH51MHM	PCN	SIL1392	M&H	SIL7565	SMS	SJ04HXZ	COS	SJ52XLC	DEV		
SH51MHN	PCN	SIL1598	MCD	SIL7566	MCD	SJ04HYB	RTL	SJ53AWW	SAJ		
SH51MHV	PTW	SIL1892	ZEO	SIL7567	STD	SJ04KAX	ZEH	SJ53AWX	JPT		
SH51MHX	ZFA	SIL1894	FRK	SIL7914	W&D	SJ04KBF	GRW	SJ53AXB	TWH		
SH51MHY	FG	SIL1895	SHIC	SIL7947	SMS	SJ04KEU	CWL	SJ53AXG	TWH		
SH51MHZ	FG	SIL1896	HKW	SIL7948	SMS	SJ04KWZ	THU	SJ53CUU	PWW		
SH51MJE	FG	SIL1899	TUT	SIL7949	BLC	SJ04MFV	MEW	SJ53CUV	PWW		
SH51MJF	FG	SIL2172	CMF	SIL8013	SBJ	SJ05AEY	NEA	SJ53LTU	CHE		

Code		Code		Code		Code		Code		Code	
SJ54CCN	BRU	SJI8100	MAR	SK04OOL	WIB	SK07DXZ	TDL	SK07JZP	JBG
SJ54GBE	ACM	SJI8102	MAR	SK05BYX	YUL	SK07DYB	TYB	SK07LBE	SCN
SJ54GDA	JMC	SJI8103	MAR	SK05SOU	SOU	SK07DYC	TDL	SK07LFP	SAB
SJ54GDE	JMC	SJI8105	STE	SK06AHF	LOT	SK07DYD	TDL	SK07LMF	RAB
SJ55VCE	WMC	SJI8106	MAR	SK06AHG	LOT	SK07DYF	TDL	SK07LZD	SCN
SJ56BFL	GIB	SJI8112	MLI	SK06AHJ	LOT	SK07DYG	TDL	SK07MMV	EVE
SJ56GBY	VTE	SJI8127	SWT	SK06AHL	LOT	SK07DYH	TDL	SK07NKN	DOI
SJ56GCF	VTE	SJI8128	HET	SK06AHN	LOT	SK07DYJ	TDL	SK08OLL	ZDD
SJ57AAE	SWSC	SJI8129	FAS	SK06ANX	TRL	SK07DYM	TDL	SK51AYC	BML
SJ57AAF	SWSC	SJI8132	RCM	SK06AVV	MON	SK07DYN	TDL	SK51AYD	MUN
SJ57AAK	SREN	SJI8751	W&D	SK06BWA	MRS	SK07DYO	TDL	SK51SBK	WA
SJ57AAN	SWSC	SJI9076	BEL	SK06BXH	FEL	SK07DYP	TDL	SK51VVW	PHO
SJ57AAO	SWSC	SJI9334	KJB	SK06BZN	PSK	SK07DYS	TDL	SK52AUK	PSK
SJ57AAU	SWSC	SJR617Y	REB	SK06FFO	WHI	SK07DYT	TDL	SK52HYP	GUM
SJ57AAV	SWSC	SJW515	DOT	SK07BNF	WIB	SK07DYU	TDL	SK52MKV	TDL
SJ57AAX	SWSC	SK02NYU	GSM	SK07CAA	LOT	SK07DYV	TDL	SK52MKX	GAL
SJ57AAY	SWSC	SK02OAA	WMC	SK07CAE	LOT	SK07DYW	TDL	SK52MKZ	GAL
SJ57AAZ	SWSC	SK02OZL	CRT	SK07CAO	LOT	SK07DYX	TDL	SK52MLE	ARM
SJ57DDN	ASW	SK02OZM	COM	SK07CAU	LOT	SK07DYY	TDL	SK52MLF	ARM
SJ57DDO	ASW	SK02TYS	GHA	SK07CAV	LOT	SK07DZA	EPS	SK52MLJ	ARM
SJ57DDU	ASW	SK02TZN	ABS	SK07CAX	LOT	SK07DZB	EPS	SK52MLL	ARM
SJ57DDV	ASW	SK02TZO	ABS	SK07CBF	LOT	SK07DZC	EPS	SK52MLN	ARM
SJ57DDX	ASW	SK02TZP	ABS	SK07CBO	LOT	SK07DZD	EPS	SK52MLO	ARM
SJ57DDY	ASW	SK02TZR	ABS	SK07CBU	LOT	SK07DZE	EPS	SK52MLU	GAL
SJ57DDZ	ASW	SK02TZS	ABS	SK07CBV	LOT	SK07DZF	EPS	SK52MLV	GAL
SJ57FYL	ESB	SK02TZT	ABS	SK07CBX	LOT	SK07DZG	EPS	SK52MLX	GAL
SJ58AEC	AIR	SK02TZU	ABS	SK07CBY	LOT	SK07DZH	EPS	SK52MLY	GAL
SJ58AED	AIR	SK02TZV	ABS	SK07CCA	LOT	SK07DZJ	EPS	SK52MLZ	GAL
SJ58AEE	AIR	SK02TZW	ABS	SK07CCD	LOT	SK07DZL	EPS	SK52MMA	GAL
SJ58AEF	AIR	SK02TZX	ABS	SK07CFO	LOT	SK07DZM	GAL	SK52MME	GAL
SJ58AEG	WHY	SK02UFG	TVP	SK07CFP	LOT	SK07DZN	GAL	SK52MMF	GAL
SJ58AEK	AIR	SK02VCG	NIC	SK07CFU	LOT	SK07DZO	GAL	SK52MMJ	GAL
SJ60GBF	MEW	SK02VCL	NIC	SK07CFV	LOT	SK07FBB	ETN	SK52MMO	GAL
SJI444	EMB	SK02VOG	BCR	SK07CFX	LOT	SK07FCF	D&E	SK52MMU	GAL
SJI1615	SAN	SK02VSY	DUR	SK07CFY	LOT	SK07FMP	SHI	SK52MMV	GAL
SJI1617	EDW	SK02VTC	SCN	SK07CFZ	LOT	SK07FOM	IRB	SK52MMX	GAL
SJI1621	SAN	SK02XGO	STC	SK07CGE	LOT	SK07FVA	BKY	SK52MOA	GAL
SJI1622	EDW	SK02XGP	STC	SK07CGF	LOT	SK07FXV	ETN	SK52MOF	GAL
SJI1626	SAN	SK02XGT	TDL	SK07CGG	LOT	SK07FYO	SAP	SK52MOU	GAL
SJI1632	SAN	SK02XGU	TDL	SK07CGO	LOT	SK07FYP	DOI	SK52MOV	GAL
SJI2154	WGW	SK02XGV	TDL	SK07CGU	LOT	SK07FYT	SMI	SK52MPE	GAL
SJI2155	WGW	SK02XGW	TDL	SK07CGV	LOT	SK07FZS	SCN	SK52MPF	GAL
SJI2156	WGW	SK02XGX	TDL	SK07CGX	LOT	SK07FZV	BUT	SK52MPO	GAL
SJI2449	EDW	SK02XHD	TDL	SK07CGY	LOT	SK07GSV	MON	SK52MPU	TDL
SJI2583	GEJ	SK02XHE	TDL	SK07DXE	TDL	SK07HLM	TDL	SK52MPV	TDL
SJI2584	STW	SK02XHG	TDL	SK07DXF	TDL	SK07HLN	TDL	SK52MRO	GAL
SJI2764	EST	SK02XHH	TDL	SK07DXG	TDL	SK07HLO	TDL	SK52MRU	GAL
SJI3928	AST	SK02XHJ	TDL	SK07DXH	TDL	SK07HLP	TDL	SK52MRV	GAL
SJI4428	HEY	SK02XHL	TDL	SK07DXJ	TDL	SK07HLR	TDL	SK52MRX	GAL
SJI4558	MAS	SK02XHM	TDL	SK07DXL	TDL	SK07HLU	TDL	SK52MRY	GAL
SJI4780	WIR	SK02XHN	TDL	SK07DXM	TDL	SK07HLV	TDL	SK52MSO	TDL
SJI5578	GRI	SK02XHO	TDL	SK07DXO	TDL	SK07HMC	WCM	SK52OCO	NIC
SJI5617	GIR	SK02XHP	TDL	SK07DXP	TDL	SK07HMD	WCM	SK52ODE	CBW
SJI5622	GIT	SK02XHR	TDL	SK07DXR	TDL	SK07HME	WCM	SK52OGT	LOT
SJI5861	ALE	SK02ZYG	FG	SK07DXS	TDL	SK07HMF	WCM	SK52OGU	LOT
SJI7049	SKC	SK02ZYH	FG	SK07DXT	TDL	SK07HMG	GCB	SK52OGV	LOT
SJI7415	TYC	SK03ANV	WMC	SK07DXU	TDL	SK07HMH	GCB	SK52OGW	LOT
SJI7416	C&G	SK03AXG	BKS	SK07DXV	TDL	SK07JVN	FED	SK52OGX	LOT
SJI7466	RWN	SK03DHJ	PCO	SK07DXW	TDL	SK07JVO	FED	SK52OGY	LOT
SJI8096	ROT	SK03FDL	ECL	SK07DXX	TDL	SK07JVP	FED	SK52OGZ	LOT
SJI8099	STE	SK03ZXU	AYR	SK07DXY	TDL	SK07JYA	SCN	SK52OHA	LOT

SK52OHB	LOT	SK52USO	SDEV	SLZ8054	TTS	SN03EBC	TDL	SN03NLK	SPA		
SK52OHC	LOT	SK52USP	SDEV	SM02GSM	KIN	SN03EBD	TDL	SN03NYC	ATR		
SK52OHD	LOT	SK52USS	REA	SM04GSM	GUM	SN03EBF	TDL	SN03SWY	SAA		
SK52OHE	LOT	SK52UTT	GHA	SM04SUN	ZER	SN03EBG	TDL	SN03SXJ	SAA		
SK52OHG	LOT	SK52UTU	GHA	SM05GSM	ZBJ	SN03EBJ	TDL	SN03TKF	BAR		
SK52OHH	LOT	SK57ADO	FED	SM05SUN	ZER	SN03EBK	TDL	SN03TOA	WMC		
SK52OHJ	LOT	SK57ADU	FED	SM06GSM	MAY	SN03EBL	TDL	SN03UBG	KCH		
SK52OHL	LOT	SK57ADV	FED	SM06SON	SCD	SN03EBM	TDL	SN03UBJ	GIC		
SK52OHN	LOT	SK57ADX	FED	SM06SOU	SOU	SN03EBP	MWM	SN03WKU	MEB		
SK52OHO	LOT	SK57ADZ	FED	SM06SUN	SCD	SN03EBU	MWM	SN03WKY	MEB		
SK52OHP	LOT	SK57AEA	FED	SM06VJN	CFT	SN03EBV	MWM	SN03WLA	MEB		
SK52OHR	LOT	SK57AEB	FED	SM07GSM	MAY	SN03EBX	MWM	SN03WLD	FEX		
SK52OHS	LOT	SK57AEC	FED	SM08SON	SCD	SN03EBZ	MWM	SN03WLE	MEB		
SK52OHT	LOT	SK57BEY	AAA	SM08SUN	SCD	SN03ECA	MWM	SN03WLF	MEB		
SK52OHU	LOT	SK57BHX	ETN	SM10GSM	MAY	SN03ECC	W&D	SN03WLH	MEB		
SK52OHV	LOT	SKG406Y	MGC	SM9562	MAR	SN03ECD	W&D	SN03WLK	FEX		
SK52OHW	LOT	SKN5	SKW	SMK665F	EBA	SN03FHD	SOO	SN03WLL	MEB		
SK52OHX	LOT	SKN97	SKW	SMK671F	SEMS	SN03FHK	SWSC	SN03WLP	MEB		
SK52OHY	LOT	SKN418	SKW	SMK697F	WCG	SN03FHL	SWSC	SN03WLU	MEB		
SK52OHZ	LOT	SKN423	SKW	SMK702F	GEL	SN03FHM	SHIC	SN03WLW	FEX		
SK52OJA	LOT	SKU274	SKC	SMK717F	FEC	SN03GNP	HLC	SN03WLX	MEB		
SK52OJB	LOT	SKY31Y	JMS	SMK721F	DUA	SN03JWG	DEV	SN03WLZ	MEB		
SK52OJC	LOT	SKZ2688	GMY	SMK732F	DRC	SN03LDJ	SVE	SN03WMC	MEB		
SK52OJD	LOT	SKZ2984	WAT	SMK734F	CBS	SN03LDK	SVE	SN03WME	FEX		
SK52OJE	LOT	SKZ3125	SKW	SMK735F	FLN	SN03LDL	W&D	SN03WMF	MEB		
SK52OJF	LOT	SKZ3427	DHC	SMK736F	RWN	SN03LDU	W&D	SN03WMG	MEB		
SK52OJG	LOT	SKZ4458	KTL	SMK737F	WGH	SN03LDV	ARM	SN03WMJ	FED		
SK52OJH	LOT	SKZ5542	DMO	SMK738F	SEMS	SN03LDX	ARM	SN03WMK	MEB		
SK52OJJ	LOT	SKZ5605	CML	SMK760F	LON	SN03LDY	TDL	SN03WMM	FEX		
SK52OJL	LOT	SKZ5682	BUD	SMV24	THR	SN03LDZ	TDL	SN03WMP	MEB		
SK52OJM	LOT	SKZ6990	BKB	SMW56Y	FOR	SN03LEF	TDL	SN03WMU	FED		
SK52OJN	LOT	SL02LMO	GIC	SMY629X	EDT	SN03LEJ	TDL	SN03WMV	MEB		
SK52OJO	LOT	SL02MVR	DUR	SMY631X	JWC	SN03LEU	TDL	SN03WMX	FEX		
SK52OJP	LOT	SL04OLS	MOA	SMY632X	JWC	SN03LFA	TDL	SN03WMY	MEB		
SK52OJR	LOT	SL06SOU	SOU	SN02AAA	AAA	SN03LFB	TDL	SN03YBA	MEB		
SK52OJS	LOT	SL07RVY	AAA	SN03AXM	HUC	SN03LFD	TDL	SN03YBB	MEB		
SK52OJT	LOT	SL52AFC	NIC	SN03CLX	FG	SN03LFE	TDL	SN03YBC	MEB		
SK52OJU	LOT	SL52AKN	NIC	SN03CLY	FG	SN03LFF	TDL	SN03YBG	MEB		
SK52OJW	LOT	SL52CPE	BCD	SN03DZJ	TDL	SN03LFG	TDL	SN03YBH	MEB		
SK52OJX	LOT	SL52CPX	HEY	SN03DZK	TDL	SN03LFH	TDL	SN03YBK	MEB		
SK52OJY	LOT	SL52CUO	CLC	SN03DZL	RBC	SN03LFJ	TDL	SN03YBR	MEB		
SK52OJZ	LOT	SL52CWU	THO	SN03DZM	TDL	SN03LFK	TDL	SN03YBS	MEB		
SK52OKA	LOT	SL54OSL	MOA	SN03DZP	TDL	SN03LFL	TDL	SN03YBT	MEB		
SK52OKB	LOT	SL60PUL	PUH	SN03DZR	TDL	SN03LFM	TDL	SN03YBX	MEB		
SK52OKC	LOT	SL6069	HQD	SN03DZS	TDL	SN03LFP	TDL	SN03YBY	MEB		
SK52OKD	LOT	SL9483	MOA	SN03DZT	TDL	SN03LFR	TDL	SN03YBZ	MEB		
SK52OKE	LOT	SLH7W	GRI	SN03DZV	TDL	SN03LFS	TDL	SN03YCD	MEB		
SK52OKF	LOT	SLK886	SIM	SN03DZW	TDL	SN03LFT	TDL	SN03YCE	MEB		
SK52URW	TDL	SLT59	LBP	SN03DZX	TDL	SN03LFU	RBC	SN03YCF	MEB		
SK52URX	TDL	SLZ2617	HUT	SN03DZZ	GHA	SN03LFV	AVD	SN03YCK	MEB		
SK52URY	TDL	SLZ3505	BLE	SN03EAA	TDL	SN03LFW	AVD	SN03YCL	MEB		
SK52URZ	TDL	SLZ3646	ABG	SN03EAC	TDL	SN03LFX	AVD	SN03YCM	MEB		
SK52USB	TDL	SLZ3648	SKC	SN03EAE	TDL	SN03LGA	HYT	SN03YCT	MEB		
SK52USC	TDL	SLZ4565	DAR	SN03EAF	TDL	SN03LGC	ARM	SN03ZCE	WMC		
SK52USD	TDL	SLZ4570	DAR	SN03EAG	TDL	SN03LGD	ARM	SN04AAE	LOT		
SK52USF	TDL	SLZ4590	DAR	SN03EAJ	TDL	SN03LGE	ARM	SN04AAF	LOT		
SK52USG	TDL	SLZ4731	BUD	SN03EAM	TDL	SN03LGF	ARM	SN04AAJ	LOT		
SK52USH	TDL	SLZ5480	DAR	SN03EAP	TDL	SN03LGG	FCY	SN04AAK	LOT		
SK52USJ	TDL	SLZ 5680	DAR	SN03EAW	TDL	SN03LGJ	FCY	SN04AAU	LOT		
SK52USL	TDL	SLZ5710	CAA	SN03EAX	TDL	SN03LGK	FCY	SN04AAV	LOT		
SK52USN	SDEV	SLZ6715	DAR	SN03EBA	TDL	SN03NLJ	APE	SN04AAX	LOT		

SN04AAY LOT	SN04GUF WHY	SN05EAC FDC	SN06ABO SCN	SN06JVZ MON
SN04AAZ LOT	SN04GWK AMV	SN05EAE FDC	SN06ACO HHL	SN06KAA ETN
SN04ABF LOT	SN04MJS WHY	SN05EAF FEX	SN06ACU HHL	SN06KBU ING
SN04ABK LOT	SN04NFZ LOT	SN05EAG FEX	SN06AEF PWW	SN06KBV ABI
SN04ABU LOT	SN04NGE LOT	SN05EAJ FEX	SN06AEY ETN	SN06KHO DOI
SN04ABV LOT	SN04NGF LOT	SN05EAM FEX	SN06AHK FED	SN06LHA KCC
SN04ABX LOT	SN04NGG LOT	SN05EAO FEX	SN06AOT STS	SN06OWV PWW
SN04ABZ LOT	SN04NGJ LOT	SN05EAP FEX	SN06ASU LAK	SN07FVO RAB
SN04ACJ LOT	SN04NGU LOT	SN05EOV MOA	SN06AVT PSK	SN08AAE ATS
SN04ACU LOT	SN04NGX LOT	SN05EOW MOA	SN06AZB IRB	SN08AAF LLM
SN04ACV LOT	SN04NGY LOT	SN05FBB SCN	SN06AZP SAZ	SN08AAJ SIL
SN04ACX LOT	SN04NGZ LOT	SN05FCJ SCL	SN06AZT HIL	SN08AAO MEL
SN04ACY LOT	SN04NHA LOT	SN05FCU SREN	SN06AZV FIR	SN08AAU NEX
SN04ACZ LOT	SN04NHB LOT	SN05FCX SREN	SN06BLX HTL	SN08AAV NEX
SN04ADU LOT	SN04NHC LOT	SN05FDF SCL	SN06BLZ HTL	SN08AAX NEX
SN04ADV LOT	SN04NHD LOT	SN05FDG SCL	SN06BMO HTL	SN08AAY NEX
SN04ADX LOT	SN04NHE LOT	SN05FHM DMC	SN06BMU HTL	SN08AAZ NEX
SN04ADZ LOT	SN04NHF LOT	SN05FLD EUT	SN06BMV HTL	SN08ABF NEX
SN04AEA LOT	SN04NHG LOT	SN05FPU PEA	SN06BMY HTL	SN08ABK NEX
SN04AEB LOT	SN04NHH LOT	SN05FTK SAA	SN06BMZ HTL	SN08ABO NEX
SN04AEC LOT	SN04NHJ LOT	SN05HCX GUM	SN06BNA GAL	SN08ABU NEX
SN04AED LOT	SN04NHK LOT	SN05HCY GUM	SN06BNB GAL	SN08ABV NEX
SN04AEE LOT	SN04NHL LOT	SN05HCZ GUM	SN06BND GAL	SN08ABX NEX
SN04AEF LOT	SN04NHM LOT	SN05HDA GUM	SN06BNE GAL	SN08ABZ NEX
SN04AEG LOT	SN04NHP LOT	SN05HDC BTC	SN06BNF GAL	SN08ACF NEX
SN04AEJ LOT	SN04NHT LOT	SN05HDD WLO	SN06BNJ GAL	SN08ACJ NEX
SN04AEK LOT	SN04NHU LOT	SN05HDE WLO	SN06BNK GAL	SN08ACO NEX
SN04AEL LOT	SN04NHV LOT	SN05HDF IMP	SN06BNL GAL	SN08ACU NEX
SN04AEM LOT	SN04NHX LOT	SN05HEJ FDC	SN06BNO GAL	SN08ACV NEX
SN04AEP LOT	SN04NHY LOT	SN05HKA CLC	SN06BNU GAL	SN08ACX NEX
SN04AET LOT	SN04NHZ LOT	SN05HSY ETN	SN06BNV GAL	SN08ACY NEX
SN04AEU LOT	SN04NJE LOT	SN05HWD FED	SN06BNX GAL	SN08ACZ NEX
SN04AEV LOT	SN04NJF LOT	SN05HWE FED	SN06BNY GAL	SN08ADO NEX
SN04AEW LOT	SN04VUR FIT	SN05HWF FED	SN06BNZ GAL	SN08ADU NEX
SN04AEX LOT	SN05DMV AYR	SN05HWG FED	SN06BOF GAL	SN08ADV NEX
SN04AEY LOT	SN05DON SNO	SN05HWH FED	SN06BOH SCC	SN08ADX NEX
SN04AEZ LOT	SN05DVW HHL	SN05HWJ FED	SN06BOJ SCC	SN08ADZ NEX
SN04AFA LOT	SN05DVX HHL	SN05HWK FED	SN06BOU SCC	SN08AEA NEX
SN04BWE A1A	SN05DVY HHL	SN05HWL FED	SN06BPE ASC	SN08AEB NEX
SN04CKX FED	SN05DVZ HHL	SN05HWM FED	SN06BPF ASC	SN08AEC NEX
SN04CKY FED	SN05DWA HHL	SN05HWO FED	SN06BPK ASC	SN08AED NEX
SN04CLF FED	SN05DWC HHL	SN05HWP FED	SN06BPU ASC	SN08AEE NEX
SN04CNK FED	SN05DWD HHL	SN05HWR FED	SN06BPV ASC	SN08AEF NEX
SN04CPE ABF	SN05DWE HHL	SN05HWS FED	SN06BPX ASC	SN08AEG NEX
SN04DWP MON	SN05DWF HHL	SN05HWT FED	SN06BPY ASC	SN08AEJ SWSC
SN04EFJ WXC	SN05DWG HHL	SN05HWU FED	SN06BPZ ASC	SN08AEK SWSC
SN04EFL RWN	SN05DWJ HHL	SN05HWV FED	SN06BRF ASC	SN08AEL STU
SN04EFM JOH	SN05DWK HHL	SN05HWW FED	SN06BRV ESK	SN08AEO STU
SN04EFP JOH	SN05DWL HHL	SN05HWX FED	SN06BRZ HOR	SN08BWJ LOT
SN04EFR JOH	SN05DZO FEX	SN05HWY FED	SN06BSO HOR	SN08BWK LOT
SN04EFS WK	SN05DZP FEX	SN05HWZ FED	SN06BSU SHIC	SN08BWL LOT
SN04EFT WK	SN05DZR FEX	SN05HXA FED	SN06BSV STE	SN08BWM LOT
SN04EFU WK	SN05DZS FEX	SN05HXB FED	SN06BOV SCC	SN08BWO LOT
SN04EFV WK	SN05DZT FEX	SN05JWZ SAY	SN06GGJ MOA	SN08BWP LOT
SN04EFY FED	SN05DZU FDC	SN05JXA SAY	SN06GGK MOA	SN08BWU LOT
SN04EFZ FED	SN05DZV FDC	SN05LFD RAB	SN06JPU EXW	SN08BWV LOT
SN04EGC YAR	SN05DZW FDC	SN05LGV CAL	SN06JPV TDL	SN08BWW LOT
SN04EGD WXC	SN05DZX FDC	SN05MFY AUD	SN06JPX TDL	SN08BWX LOT
SN04GBY ROW	SN05DZY FDC	SN05YKS ELC	SN06JVW MON	SN08BWY LOT
SN04GFE KIN	SN05DZZ FDC	SN06AAE ELC	SN06JVX MON	SN08BWZ LOT
SN04GUE ETN	SN05EAA FDC	SN06AAK ALS	SN06JVY MON	SN08BXA LOT

SN08BXB	LOT	SN08EOO	ATS	SN09CFD	FLN	SN09CVO	LOT	SN10CDE	VTE
SN08BXC	LOT	SN08GJJ	RAB	SN09CFE	FLN	SN09CVP	LOT	SN10CDF	VTE
SN08BXD	LOT	SN08GJK	RAB	SN09CFF	FLN	SN09CVR	LOT	SN10CDK	VTE
SN08BXE	LOT	SN08GJO	RAB	SN09CFG	FLN	SN09CVS	LOT	SN10CEX	KON
SN08BXF	LOT	SN08GXC	RAB	SN09CFJ	FLN	SN09CVT	LOT	SN10CFD	KON
SN08BXG	LOT	SN08GXD	RAB	SN09CFK	FLN	SN09CVU	LOT	SN10CFE	KON
SN08BXH	LOT	SN08GYG	RAB	SN09CFL	FLN	SN09CVV	LOT	SN10CFF	KON
SN08BXJ	LOT	SN08GYH	ETN	SN09CFM	FLN	SN09CVW	LOT	SN10CFG	KON
SN08BXK	LOT	SN08HUH	MEX	SN09CFO	FLN	SN09CVX	LOT	SN10CXH	MEX
SN08BXL	LOT	SN08HUV	MEX	SN09CFP	FLN	SN09EZW	FED	SN10DKE	LOT
SN08BXM	LOT	SN08KBY	ECL	SN09CFU	FLN	SN09EZX	FED	SN10DKF	LOT
SN08BXO	LOT	SN08KBZ	ECL	SN09CFV	FLN	SN09FAU	FED	SN10DKJ	LOT
SN08BXP	LOT	SN08NWH	PWW	SN09CFX	FLN	SN09FBA	FED	SN10DKK	LOT
SN08BXR	LOT	SN08NWJ	PWW	SN09CFY	FLN	SN09FBB	FED	SN10DKL	LOT
SN08BXS	LOT	SN09AKV	WHY	SN09CFZ	FLN	SN09FBC	FED	SN10DKO	LOT
SN08BXU	LOT	SN09AKX	WHY	SN09CGE	FLN	SN09FBD	FED	SN10DKU	LOT
SN08BXV	LOT	SN09AZP	LAG	SN09CGF	FLN	SN09FBE	FED	SN10DKV	LOT
SN08BXW	LOT	SN09AZR	LAG	SN09CGG	FLN	SN09FBF	FED	SN10DKX	LOT
SN08BXX	LOT	SN09AZT	LAG	SN09CGK	FLN	SN09FFA	CSS	SN10DKY	LOT
SN08BXY	LOT	SN09AZU	LAG	SN09CGO	FLN	SN09FFB	CSS	SN10DLD	LOT
SN08BXZ	LOT	SN09AZV	LAG	SN09CGU	FLN	SN09FFD	MIT	SN10DLE	LOT
SN08BYA	LOT	SN09CAU	FG	SN09CGV	FLN	SN09FFE	MIT	SN10DLF	LOT
SN08BYB	LOT	SN09CAV	FG	SN09CGX	FWE	SN09FUW	ECL	SN10DON	SNO
SN08BYC	LOT	SN09CAX	FG	SN09CGY	GUM	SN09FUY	ECL	SN10EMP	ETN
SN08BYD	LOT	SN09CBF	FG	SN09CGZ	GUM	SN09JFU	SHI	SN10ENH	SBO
SN08BYF	LOT	SN09CBO	FG	SN09CHC	TDL	SN09JUV	AAA	SN10WNT	SBO
SN08BYG	LOT	SN09CBU	FG	SN09CHD	TDL	SN09JUW	AAA	SN10ENU	SBO
SN08BYH	LOT	SN09CBV	FG	SN09CHE	TDL	SN09JUX	AAA	SN10ENV	SCN
SN08BYK	LOT	SN09CBX	FG	SN09CHF	TDL	SN10AAE	CSP	SN51AXF	LOT
SN08BYL	LOT	SN09CBY	FG	SN09CHH	TDL	SN10AHJ	SCN	SN51AXG	LOT
SN08BYM	LOT	SN09CCA	FG	SN09CTK	LOT	SN10AJO	SBO	SN51AXH	LOT
SN08BYO	LOT	SN09CCD	FG	SN09CTO	LOT	SN10ANR	WHY	SN51AXJ	LOT
SN08BYP	LOT	SN09CCE	FG	SN09CTU	LOT	SN10ANU	WHY	SN51AXK	LOT
SN08BYR	LOT	SN09CCF	FG	SN09CTV	LOT	SN10AOA	DWF	SN51AXO	LOT
SN08BYT	LOT	SN09CCJ	FG	SN09CTX	LOT	SN10AUV	SCN	SN51AXP	LOT
SN08BYU	LOT	SN09CCK	FG	SN09CTY	LOT	SN10AVG	MPC	SN51AXR	LOT
SN08BYV	LOT	SN09CCO	FG	SN09CTZ	LOT	SN10AZP	MAT	SN51AXS	LOT
SN08BYW	LOT	SN09CCU	FG	SN09CUA	LOT	SN10AZR	MAT	SN51AXT	LOT
SN08BYY	LOT	SN09CCV	FG	SN09CUC	LOT	SN10CAE	BDC	SN51AXU	LOT
SN08BYZ	LOT	SN09CCX	FG	SN09CUG	LOT	SN10CAO	BCD	SN51AXV	LOT
SN08BZA	LOT	SN09CCY	FG	SN09CUH	LOT	SN10CAU	HVB	SN51AXW	LOT
SN08BZB	LOT	SN09CCZ	FG	SN09CUJ	LOT	SN10CAV	TDL	SN51AXX	LOT
SN08BZC	LOT	SN09CDE	FG	SN09CUK	LOT	SN10CAX	TDL	SN51AXY	LOT
SN08CNF	PRO	SN09CDF	FG	SN09CUO	LOT	SN10CBF	TDL	SN51AXZ	LOT
SN08CNJ	DOI	SN09CDK	FG	SN09CUU	LOT	SN10CBO	TDL	SN51AYA	LOT
SN08EHE	ORD	SN09CDO	FG	SN09CUV	LOT	SN10CBU	TDL	SN51AYB	LOT
SN08EHL	SEM	SN09CDU	FLN	SN09CUW	LOT	SN10CBV	TDL	SN51AYD	LOT
SN08EHM	SEM	SN09CDV	FLN	SN09CUX	LOT	SN10CBX	TDL	SN51AYE	LOT
SN08ENX	ATS	SN09CDX	FLN	SN09CUY	LOT	SN10CBY	TDL	SN51AYF	LOT
SN08ENY	ATS	SN09CDY	FLN	SN09CVA	LOT	SN10CCA	TDL	SN51AYG	LOT
SN08EOA	ATS	SN09CDZ	FLN	SN09CVB	LOT	SN10CCD	TDL	SN51AYH	LOT
SN08EOB	ATS	SN09CEA	FLN	SN09CVC	LOT	SN10CCE	TDL	SN51AYJ	LOT
SN08EOC	ATS	SN09CEF	FLN	SN09CVD	LOT	SN10CCF	TDL	SN51AYK	LOT
SN08EOD	ATS	SN09CEJ	FLN	SN09CVE	LOT	SN10CCJ	TDL	SN51AYL	LOT
SN08EOE	ATS	SN09CEK	FLN	SN09CVF	LOT	SN10CCK	TDL	SN51AYM	LOT
SN08EOF	ATS	SN09CEO	FLN	SN09CVG	LOT	SN10CCO	TDL	SN51AYO	LOT
SN08EOG	ATS	SN09CEU	FLN	SN09CVH	LOT	SN10CCU	TDL	SN51AYP	LOT
SN08EOH	ATS	SN09CEV	FLN	SN09CVJ	LOT	SN10CCV	HED	SN51FKG	GIB
SN08EOJ	ATS	SN09CEX	FLN	SN09CVK	LOT	SN10CCX	TTR	SN51FYF	CAL
SN08EOK	ATS	SN09CEY	FLN	SN09CVL	LOT	SN10CCY	TTR	SN51FZB	LOT
SN08EOM	ATS	SN09CFA	FLN	SN09CVM	LOT	SN10CCZ	TTR	SN51LUE	JEN

Call	Code	Call	Code	Call	Code	Call	Code	Call	Code
SN51LUZ	SCM	SN51TCK	TDL	SN53AVD	LOT	SN53KHJ	FED	SN54FVG	SHI
SN51LVB	WMC	SN51TCO	TDL	SN53AVE	LOT	SN53KHK	FED	SN54FVK	CAL
SN51MSU	FED	SN51TCU	TDL	SN53AVF	LOT	SN53KHL	FED	SN54GPK	ATS
SN51MSV	FED	SN51TCV	TDL	SN53AVG	LOT	SN53KHM	FED	SN54GPO	ATS
SN51MSX	FED	SN51TCX	TDL	SN53AVK	LOT	SN53KHO	FED	SN54GPU	ATS
SN51MSY	FED	SN51TCY	TDL	SN53AVL	LOT	SN53KHP	FED	SN54GPV	MEB
SN51OSJ	BCS	SN51TCZ	TDL	SN53AVM	LOT	SN53KHR	TDL	SN54GPX	MEB
SN51SXC	GUM	SN51TDO	TDL	SN53AVO	LOT	SN53KHT	TDL	SN54GPY	MEB
SN51SXD	GUM	SN51TDU	TDL	SN53AVP	LOT	SN53KHU	TDL	SN54GPZ	MEB
SN51SXE	TDL	SN51TDV	TDL	SN53AVR	LOT	SN53KHV	TDL	SN54GRF	MEB
SN51SXF	TDL	SN51TDX	TDL	SN53AVT	LOT	SN53KHW	TDL	SN54GRK	MEB
SN51SXG	TDL	SN51TDZ	TDL	SN53AVU	LOT	SN53KHX	TDL	SN54GWV	SAP
SN51SXH	TDL	SN51TEJ	TDL	SN53AVV	LOT	SN53KHY	TDL	SN54HWY	BUR
SN51SXJ	TDL	SN51TEO	TDL	SN53AVW	LOT	SN53KHZ	TDL	SN54HWZ	BUR
SN51SXK	ABS	SN51TEU	TDL	SN53AVX	LOT	SN53KJA	TDL	SN54HXA	BUR
SN51SXP	GUM	SN51UAD	GAL	SN53AVZ	LOT	SN53KJE	TDL	SN54HXB	BUR
SN51SXR	GUM	SN51UAE	GAL	SN53BKU	ACN	SN53KJF	TDL	SN54HXC	BUR
SN51SXS	GUM	SN51UAF	GAL	SN53DYA	KIN	SN53KJJ	TDL	SN54HXD	BUR
SN51SXT	GUM	SN51UAG	GAL	SN53ESG	ARM	SN53KJK	TDL	SN54HXE	BUR
SN51SXU	CAR	SN51UAH	GAL	SN53ESO	ARM	SN53KJO	TDL	SN54HXF	BUR
SN51SXV	CLI	SN51UAJ	GAL	SN53ESU	FCY	SN53KJU	TDL	SN54KDF	FED
SN51SXW	GUM	SN51UAK	GAL	SN53ESV	FCY	SN53KJV	TDL	SN54KDJ	FED
SN51SYA	TDL	SN51UAL	GAL	SN53ESY	FCY	SN53KJX	FEX	SN54KDK	FED
SN51SYC	TDL	SN51UAM	GAL	SN53ETD	FCY	SN53KJY	FEX	SN54KDO	FED
SN51SYE	TDL	SN51UAO	GAL	SN53ETE	FCY	SN53KJZ	FDC	SN54KDU	FED
SN51SYF	TDL	SN51UAP	GAL	SN53ETF	FCY	SN53KKA	FDC	SN54KDV	FED
SN51SYG	TDL	SN51UAR	GAL	SN53ETJ	COM	SN53KKB	FDC	SN54KDX	FED
SN51SYH	TDL	SN51UAS	GAL	SN53ETK	COM	SN53KKC	FDC	SN54KDZ	FED
SN51SYJ	TDL	SN51UAT	GAL	SN53ETL	COM	SN53KKD	FDC	SN54KEJ	FED
SN51SYO	TDL	SN51UAU	GAL	SN53ETO	COM	SN53KKE	FDC	SN54KEK	FED
SN51SYR	TDL	SN51UAV	GAL	SN53ETR	COM	SN53KKF	GAL	SN54KEU	FED
SN51SYS	TDL	SN51UAW	GAL	SN53ETT	GAL	SN53KKG	GAL	SN54KFA	FED
SN51SYT	TDL	SN51UAX	GAL	SN53ETU	GAL	SN53KKH	GAL	SN54KFC	FED
SN51SYU	TDL	SN51UAY	GAL	SN53ETV	GAL	SN53KKJ	GAL	SN54KFD	FED
SN51SYV	TDL	SN51UAZ	GAL	SN53ETX	GAL	SN53KKL	GAL	SN54KFE	FED
SN51SYW	TDL	SN51UCE	GCB	SN53ETY	GAL	SN53KKM	GAL	SN54KFF	FED
SN51SYX	TDL	SN51UCH	CUB	SN53ETZ	GAL	SN53KKO	GAL	SN54KYK	ELC
SN51SYY	TDL	SN51UCJ	HFL	SN53EUA	GAL	SN53KKP	GAL	SN54LRL	HHL
SN51SYZ	TDL	SN51UCL	HFL	SN53EUB	GAL	SN53KKR	GAL	SN54LRO	HHL
SN51SZC	TDL	SN51UCM	CUB	SN53EUC	GAL	SN53KKT	GAL	SN55BJJ	LOT
SN51SZD	TDL	SN51UCO	EPS	SN53EUD	GAL	SN53KKU	GAL	SN55BJK	LOT
SN51SZE	TDL	SN51UCP	CUB	SN53EUE	GAL	SN53KKV	GAL	SN55BJO	LOT
SN51SZF	ABS	SN51UMC	HOR	SN53EUF	TDL	SN53KKW	GAL	SN55BJU	LOT
SN51SZK	SUL	SN51UXX	FEX	SN53EUH	TDL	SN53KKX	GAL	SN55BJV	LOT
SN51SZL	SUL	SN51UXY	FEX	SN53EUJ	TDL	SN53KKY	FMR	SN55BJX	LOT
SN51SZO	SUL	SN51UXZ	FEX	SN53EUK	TDL	SN53KKZ	RBC	SN55BJY	LOT
SN51SZP	SUL	SN51UYA	FEX	SN53EUL	TDL	SN53KYO	PHO	SN55BJZ	LOT
SN51SZT	TDL	SN51UYB	FEX	SN53EUM	TDL	SN53KZA	COS	SN55BKA	LOT
SN51SZU	TDL	SN51UYC	FEX	SN53EUO	TDL	SN53LWL	SPS	SN55BKD	LOT
SN51SZV	HSW	SN51UYD	FEX	SN53EUP	TDL	SN53LWM	NUV	SN55BKE	LOT
SN51SZW	HSW	SN51UYE	FEX	SN53EUR	TDL	SN53LWO	NUV	SN55BKF	LOT
SN51SZX	HSW	SN51UYG	FEX	SN53EUT	TDL	SN53LWP	NUV	SN55BKG	LOT
SN51TAU	TDL	SN51UYH	FEX	SN53EUU	TDL	SN53LWR	REL	SN55BKJ	LOT
SN51TAV	TDL	SN51UYJ	FEX	SN53EUV	TDL	SN53OMC	MAJ	SN55BKK	LOT
SN51TBO	TDL	SN51UYK	FEX	SN53EUW	TDL	SN53RWY	MLN	SN55BKL	LOT
SN51TBU	TDL	SN51UYL	FEX	SN53EUX	TDL	SN53UPO	HAT	SN55BKU	LOT
SN51TBV	TDL	SN51WYC	NIC	SN53EUY	TDL	SN53URT	FWT	SN55BKV	LOT
SN51TBX	TDL	SN53AUW	LOT	SN53EUZ	TDL	SN54FBX	AMS	SN55BKX	LOT
SN51TBY	TDL	SN53AUX	LOT	SN53JNO	LOT	SN54FCE	WCM	SN55BKY	LOT
SN51TBZ	TDL	SN53AUY	LOT	SN53JUV	HUT	SN54FCF	OAD	SN55BKZ	LOT
SN51TCJ	TDL	SN53AVC	LOT	SN53KHH	FED	SN54FUJ	BRN	SN55BLF	LOT

Code	Reg	Code	Reg	Code	Reg	Code	Reg	Code	Reg
SN55BLJ	LOT	SN55FXZ	SCL	SN55KKE	FED	SN56AFZ	LOT	SN56AYJ	SCC
SN55BLK	LOT	SN55GBU	SCL	SN55KKF	FED	SN56AGO	LOT	SN56AYK	SCC
SN55BLV	LOT	SN55HCJ	MON	SN56AAE	LOT	SN56AGU	LOT	SN56AYL	SCC
SN55BLX	LOT	SN55HDZ	FED	SN56AAF	LOT	SN56AGX	LOT	SN56AYM	SCC
SN55BLZ	LOT	SN55HEJ	FED	SN56AAJ	LOT	SN56AGY	LOT	SN56AYO	SCC
SN55BMO	LOT	SN55HEU	FED	SN56AAK	LOT	SN56AGZ	LOT	SN56AYP	SCC
SN55BMU	LOT	SN55HEV	FED	SN56AAO	LOT	SN56AHA	LOT	SN56EMF	MON
SN55BMV	LOT	SN55HFA	FED	SN56AAU	LOT	SN56AHC	LOT	SN56EMJ	MON
SN55BMY	LOT	SN55HFB	FED	SN56AAV	LOT	SN56AHD	LOT	SN56EMK	KCC
SN55BMZ	LOT	SN55HFC	FED	SN56AAX	LOT	SN56AHE	LOT	SN56ENP	SEM
SN55BNA	LOT	SN55HFD	FED	SN56AAY	LOT	SN56AHF	LOT	SN56ENR	SEM
SN55BNB	LOT	SN55HFE	FED	SN56AAZ	LOT	SN56AHG	LOT	SN56ENV	KCC
SN55BND	LOT	SN55HFF	FED	SN56ABF	LOT	SN56AHJ	LOT	SN56EOA	SEM
SN55BNE	LOT	SN55HFG	FED	SN56ABK	LOT	SN56AHK	LOT	SN56EOB	KCC
SN55BNF	LOT	SN55HFH	FED	SN56ABO	LOT	SN56AHL	LOT	SN56EOD	KCC
SN55BNJ	LOT	SN55HFJ	FED	SN56ABU	LOT	SN56AVM	SSOU	SN56EPC	MON
SN55BNK	LOT	SN55HFK	FED	SN56ABV	LOT	SN56AVO	SSOU	SN56FBE	ROW
SN55BNL	LOT	SN55HFL	FED	SN56ABX	LOT	SN56AVP	SSOU	SN56FWT	HHL
SN55BNO	LOT	SN55HKD	TDL	SN56ABZ	LOT	SN56AVR	SSOU	SN56GBZ	MEW
SN55BNU	LOT	SN55HKE	TDL	SN56ACF	LOT	SN56AVT	SSOU	SN56GTZ	SAZ
SN55BNV	LOT	SN55HKF	TDL	SN56ACJ	LOT	SN56AVU	SSOU	SN56NSD	SAQ
SN55BNX	LOT	SN55HKG	TDL	SN56ACO	LOT	SN56AVV	SSOU	SN57BJU	DMC
SN55BNY	LOT	SN55HKH	TDL	SN56ACU	LOT	SN56AVW	SSOU	SN57BKL	DMC
SN55BNZ	LOT	SN55HKJ	TDL	SN56ACV	LOT	SN56AVX	SNW	SN57BLK	DMC
SN55BOF	LOT	SN55HKK	TDL	SN56ACX	LOT	SN56AVY	SNW	SN57BMY	AVA
SN55BOH	LOT	SN55HKL	TDL	SN56ACZ	LOT	SN56AVZ	SNW	SN7CCD	SCM
SN55BOJ	LOT	SN55HKM	TDL	SN56ADO	LOT	SN56AWA	SNW	SN57DAA	LOT
SN55BOU	LOT	SN55HKO	TDL	SN56ADU	LOT	SN56AWC	SNW	SN57DAO	LOT
SN55BOV	LOT	SN55HKP	TDL	SN56ADV	LOT	SN56AWF	SNW	SN57DAU	LOT
SN55BPE	LOT	SN55HKT	TDL	SN56ADX	LOT	SN56AWG	SNW	SN57DBO	LOT
SN55BPF	LOT	SN55HKU	TDL	SN56ADZ	LOT	SN56AWH	SNW	SN57DBU	LOT
SN55BPK	LOT	SN55HKV	TDL	SN56AEA	LOT	SN56AWJ	SNW	SN57DBV	LOT
SN55BPO	LOT	SN55HKW	TDL	SN56AEB	LOT	SN56AWM	SNW	SN57DBX	LOT
SN55CXE	FEX	SN55HKX	TDL	SN56AEC	LOT	SN56AWO	SNW	SN57DBY	LOT
SN55CXF	FEX	SN55HKY	TDL	SN56AED	LOT	SN56AWP	SNW	SN57DBZ	LOT
SN55CXH	FEX	SN55HKZ	TDL	SN56AEE	LOT	SN56AWR	SNW	SN57DCE	LOT
SN55CXJ	FEX	SN55HLA	TDL	SN56AEF	LOT	SN56AWU	SNW	SN57DCF	LOT
SN55DUU	IRB	SN55HLC	TDL	SN56AEG	LOT	SN56AWV	SNW	SN57DCO	LOT
SN55DVA	WBS	SN55HSD	TDL	SN56AEJ	LOT	SN56AWW	ENS	SN57DCU	LOT
SN55DVB	WBS	SN55HSE	TDL	SN56AEK	LOT	SN56AWX	SBM	SN57DCV	LOT
SN55DVC	CBN	SN55HSG	TYB	SN56AEL	LOT	SN56AWZ	IRB	SN57DCX	LOT
SN55DVF	AVO	SN55HSX	TYB	SN56AEM	LOT	SN56AXA	WBL	SN57DCY	LOT
SN55DVG	AVO	SN55HTD	TYB	SN56AEO	LOT	SN56AXB	WBL	SN57DCZ	LOT
SN55DVH	TYB	SN55HTF	TYB	SN56AEP	LOT	SN56AXD	WBL	SN57DDA	LOT
SN55DVJ	TYB	SN55HTX	AYO	SN56AET	LOT	SN56AXF	CLT	SN57DDE	LOT
SN55DVK	TYB	SN55HTY	AYO	SN56AEU	LOT	SN56AXG	ATS	SN57DDF	LOT
SN55DVL	TYB	SN55HTZ	AYO	SN56AEV	LOT	SN56AXH	ATS	SN57DDJ	LOT
SN55DVM	TYB	SN55JVA	FED	SN56AEW	LOT	SN56AXR	SHIC	SN57DDK	LOT
SN55DVO	TYB	SN55JVC	FED	SN56AEX	LOT	SN56AXS	SHIC	SN57DDL	LOT
SN55DVP	AVO	SN55JVD	FED	SN56AEY	LOT	SN56AXT	SHIC	SN57DDO	LOT
SN55DVR	TDL	SN55JVE	FED	SN56AEZ	LOT	SN56AXU	SHIC	SN57DDU	LOT
SN55DVT	TDL	SN55JVG	FED	SN56AFA	LOT	SN56AXV	SHIC	SN57DDV	LOT
SN55DVU	TDL	SN55JVH	FED	SN56AFE	LOT	SN56AXW	MUN	SN57DDX	LOT
SN55DVV	TDL	SN55JVJ	FED	SN56AFF	LOT	SN56AXX	MUN	SN57DDY	LOT
SN55DVW	TDL	SN55JVK	FED	SN56AFJ	LOT	SN56AYA	CCI	SN57DDZ	LOT
SN55FDC	YUL	SN55JVL	FED	SN56AFK	LOT	SN56AYB	PCN	SN57DEU	LOT
SN55FEF	AAA	SN55JVM	FED	SN56AFO	LOT	SN56AYC	GAL	SN57DFA	LOT
SN55FFO	SCL	SN55JVO	FED	SN56AFU	LOT	SN56AYD	GAL	SN57DFC	LOT
SN55FLJ	YUL	SN55JVP	FED	SN56AFV	LOT	SN56AYF	SWSC	SN57DFD	LOT
SN55FPL	EMS	SN55JZR	SAP	SN56AFX	LOT	SN56AYG	SWSC	SN57DFE	LOT
SN55FXY	SCL	SN55KAA	CPE	SN56AFY	LOT	SN56AYH	STC	SN57DFF	LOT

SN57DFG LOT	SN57HCZ FED	SN58CFF FLN	SN59AXC WLC	SP04DCV SREN
SN57DFJ LOT	SN57HDA FED	SN58CFG FLN	SN59BAA GUM	SP04DCX SREN
SN57DFK LOT	SN57HDC FED	SN58CFJ FLN	SN59BBE GUM	SP04EUZ BCM
SN57DFL LOT	SN57HDD FED	SN58CFK FLN	SN59BFL LOT	SP04EVB MOA
SN57DFO LOT	SN57HDE FED	SN58CFL FLN	SN59BFM LOT	SP04FKM MUL
SN57DFP LOT	SN57HDF FED	SN58CFM FLN	SN59BFO LOT	SP04FKN MUL
SN57DFU LOT	SN57HDG FED	SN58CFO FLN	SN59BFP LOT	SP04GZX STAY
SN57DFV LOT	SN57HDH FED	SN58CFP FLN	SN59BFU LOT	SP04HRL NEX
SN57DFX LOT	SN57HDJ FED	SN58CFU FLN	SN59BFV LOT	SP04HRM NEX
SN57DFY LOT	SN57HZX FED	SN58CFV FLN	SN59BFX LOT	SP05AUV SAJ
SN57DWE HAC	SN57HZY FED	SN58CFX FLN	SN59BFY LOT	SP04CXX BCM
SN57DWF HAC	SN57HZZ FED	SN58CFY FLN	SN59BFZ LOT	SP05CXY JPM
SN57DWG GAL	SN57JAO FED	SN58CFZ FLN	SN59BGE LOT	SP05ECF SHIC
SN57DWJ GAL	SN57JAU FED	SN58CGE FLN	SN59BGF LOT	SP05ECJ STAY
SN57DWK GAL	SN57JBE FED	SN58CGF FLN	SN59BGK LOT	SP05ECN STAY
SN57DWL GAL	SN57JBO FED	SN58CGG FLN	SN59BGO LOT	SP05EFF SREN
SN57DWM GAL	SN57JBU FED	SN58CGK FLN	SN59BGV LOT	SP05EFG SREN
SN57DWO GAL	SN57JBV FED	SN58CGO FLN	SN59BGX LOT	SP05EFH SREN
SN57DWP GAL	SN57JBX FED	SN58CGU FLN	SN59BGY LOT	SP05EFJ SREN
SN57DWU GAL	SN57JBZ FED	SN58CGV FLN	SN59BGZ LOT	SP05EKX SREN
SN57DWV GAL	SN57JCJ FED	SN58CGX FLN	SN59BHA LOT	SP05EKY SREN
SN57DWW GAL	SN57JCO FED	SN58CGY FLN	SN59BHD LOT	SP05EKZ SREN
SN57DWX GAL	SN57JCU FED	SN58CGZ FLN	SN59BHE LOT	SP05ELC SREN
SN57DWY GAL	SN57JCV FED	SN58CHC FLN	SN59BHF LOT	SP05ELH SREN
SN57DWZ GAL	SN57JCX FED	SN58CHD FLN	SN59CZR MEX	SP05ELJ SREN
SN57DXA GAL	SN57JCY FED	SN58CHF FLN	SN59DCE BCD	SP05EOH SREN
SN57DXB GAL	SN57JCZ FED	SN58CHG FLN	SN60AEB PWW	SP05EOJ SREN
SN57DXC LLM	SN57JDF FED	SN58CHH FLN	SN60AOF DMC	SP05FKG STAY
SN57DXF WCM	SN57JDJ FED	SN58CHJ FLN	SN60AOX WHY	SP05FKH STAY
SN57DXG GCB	SN57JDK FED	SN58CHK FLN	SN60AOY WHY	SP05FKJ STAY
SN57DXJ HUC	SN57LKC BOU	SN58CHL FLN	SN60BFV WHI	SP05FKK STAY
SN57DXL GUM	SN57MBO WHI	SN58CHO FLN	SN60BXW TTR	SP05FUJ STAY
SN57DXM GUM	SN57MEV WHI	SN58DVZ DOI	SN60CNU DMC	SP05FUM STAY
SN57DYM CRW	SN57MSU FED	SN58ENR FLN	SN60ECX REA	SP06AEC AMS
SN57DYP CRW	SN58BYM LOT	SN58ENT FLN	SN60ECY REA	SP06DAO SREN
SN57EEP AAA	SN58BYO LOT	SN58ENU TVM	SN60EDC REA	SP06DAU SREN
SN57EFG SAQ	SN58BYP LOT	SN58EOR TDL	SN60EDF REA	SP06DBO SREN
SN57EGV PWW	SN58BYR LOT	SN58EOS TDL	SN60EDK REA	SP06DBU SREN
SN57EHX HUC	SN58BYS LOT	SN58FXB SCN	SND116X IMP	SP06DBV SREN
SN57EOD ETN	SN58BYT LOT	SN58JAU PWW	SND288X BRC	SP06DBX SREN
SN57ERZ WHY	SN58BYU LOT	SN59AVR ABS	SND429X CCB	SP06DBY SREN
SN57EWJ MUN	SN58BYV LOT	SN59AVT ABS	SND462X CCB	SP06DBZ SREN
SN57EXD WHY	SN58BYW LOT	SN59AVU ABS	SND468X IMP	SP06DFZ DMC
SN57EXE MUN	SN58BYX LOT	SN59AVV ABS	SND513X CCB	SP06DGE DMC
SN57EZP SAP	SN58CCU SEM	SN59AVW ABS	SNM71R MMS	SP06DGF DMC
SN57GMO LOT	SN58CCV SEM	SN59AVX ABS	SNT806X WGW	SP06EGK STAY
SN57GMU LOT	SN58CDK ACH	SN59AVY ABS	SO06SOU SOU	SP06EGU STAY
SN57GMV LOT	SN58CDY FLN	SN59AVZ ABS	SOE335 STE	SP06EGV STAY
SN57GMX LOT	SN58CDZ FLN	SN59AWA ABS	SOI196 EDW	SP06EGX STAY
SN57GMY LOT	SN58CEA FLN	SN59AWC ABS	SP02HMV HOR	SP06EKA AMS
SN57GMZ LOT	SN58CEF FLN	SN59AWF ABS	SP03GDJ STAY	SP06FBF TIV
SN57GNF LOT	SN58CEJ FLN	SN59AWG ABS	SP03GDK STAY	SP06FBG SMI
SN57GNJ LOT	SN58CEK FLN	SN59AWH ABS	SP03GDU STAY	SP06FCF SREN
SN57GNK LOT	SN58CEO FLN	SN59AWJ ABS	SP04AKG ACM	SP06FCG SREN
SN57GNO LOT	SN58CEU FLN	SN59AWM ABS	SP04DBV SREN	SP06FCJ SREN
SN57GNP LOT	SN58CEV FLN	SN59AWO ABS	SP04DBX SREN	SP06FMY SREN
SN57HCP FED	SN58CEX FLN	SN59AWP ABS	SP04DBY SREN	SP06FMZ SREN
SN57HCU FED	SN58CEY FLN	SN59AWR ABS	SP04DBZ SREN	SP06FNA SREN
SN57HCV FED	SN58CFA FLN	SN59AWU ABS	SP04DCE SREN	SP06FNC SREN
SN57HCX FED	SN58CFD FLN	SN59AXA WLC	SP04DCF SREN	SP06FND SREN
SN57HCY FED	SN58CFE FLN	SN59AXB WLC	SP04DCU SREN	SP06FNE SREN

Call	Code	Call	Code	Call	Code	Call	Code	Call	Code
SP06FVA	SREN	SP08ENK	AMS	SP54CGZ	NXD	SP57CNK	SREN	SP59DCE	MFW
SP06FVB	SREN	SP08ENL	AMS	SP54CHC	NXD	SP57CNN	SREN	SP60CLP	PDB
SP06FVC	SREN	SP08FJX	AMS	SP54CHD	NXD	SP57CNO	SREN	SPP610W	WOR
SP06FVD	SREN	SP08FLZ	SREN	SP54CHF	NXD	SP57CNU	SREN	SPR124	FHT
SP06FVE	SREN	SP08FMA	SREN	SP54CHG	NXD	SP57CNV	SREN	SPU443W	STO
SP06FVF	SREN	SP08FMC	SREN	SP54CHH	NXD	SP57CNX	SREN	SPV860	GEH
SP06FVG	SREN	SP08FMD	SREN	SP54CHJ	NXD	SP57CNY	STAY	SR02NRN	PHO
SP06FVH	SREN	SP08FME	SREN	SP54CHK	NXD	SP57CNZ	STAY	SR07HCR	HAR
SP06FVJ	SREN	SP08FPF	SWSC	SP54CHL	NXD	SP57COA	STAY	SR07SOU	SOU
SP07CAA	STAY	SP08FPJ	STAY	SP54CHN	NXD	SP57COH	STAY	SR53ZNS	ZBU
SP07CAE	STAY	SP08FUV	SREN	SP54CHO	NXD	SP57COJ	STAY	SR54ZNS	ZBU
SP07CAO	STAY	SP09CWK	DMC	SP54EGF	STAY	SP57COU	STAY	SRU410	HLO
SP07CAU	STAY	SP09DOH	SREN	SP54EGJ	STAY	SP57CPE	STAY	SRU981	STH
SP07CAV	STAY	SP09DOJ	SREN	SP54ENO	STAY	SP57DFD	STAY	SS06PCH	DPC
SP07ENX	SMI	SP09DOU	SREN	SP54ETR	SWT	SP57FZZ	AYR	SS07JAY	SCJ
SP07ENY	SMI	SP09DPE	SREN	SP54ETX	STAY	SP57XKL	SCN	SS08PCH	DPC
SP07EWL	STAY	SP09DPF	SREN	SP54FML	MFW	SP58AZC	SREN	SS10PCH	DPC
SP07FCX	STAY	SP09DPK	SREN	SP54FMM	MFW	SP58BYX	STAY	SS55BLU	BLU
SP07FCY	SREN	SP09DPN	SREN	SP55CXG	SREN	SP58BYY	STAY	SS57BLU	BLU
SP07FCZ	SREN	SP09DPO	SREN	SP55CXH	SREN	SP58BZA	STAY	SS57PCH	DPC
SP07FHA	SMI	SP09DPU	SREN	SP55CXJ	SREN	SP58BZB	STAY	SS7376	EYM
SP07HHD	SREN	SP09DPV	SREN	SP55CXK	SREN	SP58BZC	STAY	SSU727	OAD
SP07HHE	SREN	SP09DPX	SREN	SP55CXL	SREN	SP58BZD	STAY	SSV269	MOC
SP07HHF	SREN	SP09DPY	SREN	SP55CXM	SREN	SP58BZE	STAY	ST02MZN	TWM
SP07HHG	SREN	SP09DPZ	SREN	SP55CXN	SREN	SP58BZF	STAY	ST02MZO	TWM
SP07HHJ	SREN	SP09DRO	SREN	SP55CXO	SREN	SP58CXV	STAY	ST02MZP	TWM
SP07HHK	SREN	SP09DRV	SREN	SP55DDE	BBD	SP58CXW	STAY	ST02MZU	TWM
SP07HHL	SREN	SP09DRX	SREN	SP55DND	STAY	SP58CXX	STAY	ST02MZV	TWM
SP07HHM	SREN	SP09DRZ	SREN	SP55EEA	SREN	SP58DPE	SMI	ST05LMO	KCO
SP07HHN	SREN	SP09DSE	SREN	SP55EEF	MFW	SP58DPF	SMI	ST06CJT	TUR
SP07HHO	SREN	SP09DSO	SREN	SP55EGC	SREN	SP58DPK	SMI	ST07ARR	STB
SP07HHR	SREN	SP10CWV	NXD	SP55EGD	SREN	SP59AON	SREN	ST08SMT	ZCR
SP07HHS	SREN	SP10CWW	NXD	SP55EGE	SREN	SP59AOO	SREN	ST09JPT	JPT
SP07HHT	SREN	SP10CWX	NXD	SP55EGF	SREN	SP59AOR	SREN	ST09SOU	SOU
SP07HHU	SREN	SP10CWY	NXD	SP55EGJ	SREN	SP59AOS	SREN	ST52GZD	NEX
SP07HHV	SREN	SP10CWZ	NXD	SP55EGK	SREN	SP59AOT	BBD	ST52GZE	NEX
SP07HHX	SREN	SP10CXA	NXD	SP55EGU	SREN	SP59AOU	SREN	ST52GZN	MFW
SP07HHY	SREN	SP10CXB	NXD	SP55EGV	SREN	SP59AOV	SREN	ST52NTL	STAY
SP07HHZ	SREN	SP10CXC	NXD	SP55EGX	SREN	SP59AOW	SREN	ST52NTM	STAY
SP07SOU	SOU	SP10CXD	NXD	SP55EGY	SREN	SP59AOX	SREN	ST52NTN	STAY
SP08ADZ	SMI	SP10CXE	NXD	SP55EHB	SREN	SP59AOY	SREN	ST52NTO	STAY
SP08AET	SMI	SP10CXF	NXD	SP55EHC	SREN	SP59AOZ	SREN	ST52NTU	STAY
SP08DBY	STAY	SP10CXH	NXD	SP56AGO	STAY	SP59APF	SREN	ST58JPT	JPT
SP08DBZ	STAY	SP10CXJ	NXD	SP56AGU	STAY	SP59APK	SREN	ST59JPT	JPT
SP08DCE	STAY	SP10CXK	NXD	SP56CXD	SHIC	SP59APO	SREN	STG476Y	KOA
SP08DCF	STAY	SP10DWV	AMS	SP56CXE	STAY	SP59APU	SREN	STW33W	CCB
SP08DCO	STAY	SP51AMK	CF	SP56CXF	SREN	SP59APV	SREN	SUE7M	CRW
SP08DCU	STAY	SP51AMO	SOXF	SP56EBL	SREN	SP59APX	SREN	SUI2194	HGI
SP08DCV	STAY	SP51AWX	STAY	SP56EBM	SREN	SP59APY	SREN	SUI1478	RNC
SP08DCX	STAY	SP53EGY	STAY	SP56EBN	SREN	SP59BSX	MFW	SUI1480	SOK
SP08DCY	STAY	SP53EGZ	STAY	SP56EBO	SREN	SP59CTC	SREN	SUI1534	CLS
SP08DCZ	STAY	SP53HDD	KTM	SP56EBU	SREN	SP59CTF	SREN	SUI1634	RIG
SP08DDA	BBD	SP53PYG	YUL	SP56FGO	STAY	SP59CTG	SREN	SUI2033	LGT
SP08DDE	STAY	SP54AHX	MFW	SP56FGV	STAY	SP59CTK	SREN	SUI2034	LGT
SP08DDF	STAY	SP54CGG	NXD	SP56FGX	STAY	SP59CTO	SREN	SUI2035	LGT
SP08DDJ	STAY	SP54CGK	NXD	SP56FGZ	STAY	SP59CTU	SREN	SUI2037	LGT
SP08DDK	STAY	SP54CGO	NXD	SP56VHY	SBO	SP59CTV	SREN	SUI2039	LGT
SP08DDL	STAY	SP54CGU	NXD	SP57CNC	SREN	SP59CTX	SREN	SUI2057	SYT
SP08DDN	SREN	SP54CGV	NXD	SP57CNE	SREN	SP59CTY	SREN	SUI2058	SYT
SP08DDO	SREN	SP54CGX	NXD	SP57CNF	SREN	SP59CTZ	SREN	SUI2102	BRI
		SP54CGY	NXD	SP57CNJ	SREN	SP59CUA	SREN	SUI2104	BRI

SUI2725	AWT	SV05ZKT	WMC	SV08FXS	FAB	SV53DDU	SHIC	SV55CBY	BBD
SUI2726	AWT	SV05ZPP	WMC	SV08FXT	FAB	SV53DDX	SHIC	SV55CCA	STAY
SUI2812	LGT	SV06CEK	WHY	SV08FXV	FAB	SV53DDY	SHIC	SV55CCD	SREN
SUI2813	LGT	SV06CEN	APE	SV08FXW	FAB	SV53DDZ	SHIC	SV55CCE	STAY
SUI2814	LGT	SV06ESG	D&B	SV08FXX	FAB	SV53ELJ	HUC	SV55CCF	STAY
SUI3159	RNC	SV06ESN	D&B	SV08FXY	FAB	SV54BYM	BBD	SV55CCJ	STAY
SUI3192	BLE	SV06FTF	BBD	SV08FXZ	FAB	SV54BYN	SHIC	SV55CCK	SHIC
SUI3193	BLE	SV06FTJ	BBD	SV08FYA	FAB	SV54BYO	SHIC	SV55CCN	BBD
SUI3195	BLE	SV06GRF	FAB	SV08FYB	FAB	SV54BYP	SHIC	SV55CCO	BBD
SUI3304	CEN	SV06GRK	FAB	SV08FYC	FAB	SV54BYR	SHIC	SV55CCU	SREN
SUI3305	CEN	SV06GRU	FAB	SV08FZM	BBD	SV54BYT	SWSC	SV55CCX	SREN
SUI3306	CEN	SV06GRX	FAB	SV08FZN	BBD	SV54BYU	SHIC	SV55CCY	BBD
SUI3991	VTE	SV06GUO	GIC	SV08FZO	BBD	SV54BYW	SHIC	SV55CCZ	BBD
SUI6582	THA	SV06GUU	GIC	SV08FZP	BBD	SV54BYY	SHIC	SV55EEJ	BBD
SUI6583	THA	SV07ACX	SHIC	SV08FZR	BBD	SV54BYZ	SWSC	SV55EEM	BBD
SUI6584	THA	SV07ACY	SHIC	SV08FZS	BBD	SV54CFV	FAB	SV55EEN	SEMS
SUI6585	THA	SV07ACZ	SHIC	SV08GUU	BBD	SV54CFY	FAB	SV55EEO	SYOR
SUI 6739	SCT	SV07ADO	SHIC	SV08GUV	BBD	SV54EKP	SHIC	SV55EEP	BBD
SUI6744	SCT	SV07ADU	SHIC	SV08GUW	BBD	SV54EKR	SWSC	SV55EER	BBD
SUI6745	SCT	SV07AZZ	BUT	SV08GUX	BBD	SV54EKT	SHIC	SV55EES	BBD
SUI6772	CLS	SV07EHB	FAB	SV08GVA	BBD	SV54EKU	SHIC	SV55EEU	BBD
SUI6773	CLS	SV07EHC	FAB	SV08GXM	SHIC	SV54EKW	SWSC	SV55FJN	BBD
SUJ434X	GAT	SV07EHD	FAB	SV08GXN	SHIC	SV54EKX	SHIC	SV55FJO	BBD
SUM130W	GMY	SV07EHE	FAB	SV08GXO	SHIC	SV54EKY	SWSC	SV55FJP	BBD
SUO575	WGH	SV07EHF	FAB	SV08GXP	SHIC	SV54EKZ	SWSC	SV55FJU	BBD
SUP685R	AVC	SV07EHG	FAB	SV08HVG	CKC	SV54ELC	SWSC	SV55FJX	BBD
SUX476X	GCT	SV07EHH	FAB	SV08VUW	POH	SV54ELX	SWSC	SV55FJY	BBD
SUX668X	WOR	SV07EHJ	FAB	SV08VVE	POH	SV54EMF	SWSC	SV55FJZ	BBD
SV03JZK	KIN	SV07EHK	FAB	SV08VVG	POH	SV54EMJ	SWSC	SV55FKA	BBD
SV04DVK	STAY	SV07EHL	FAB	SV08VVH	POH	SV54EMK	SWSC	SV55FKB	SHIC
SV04DVL	STAY	SV07FCC	BBD	SV09AEZ	MAY	SV54ENC	SHIC	SV55FKD	SHIC
SV04DVM	STAY	SV07FCD	BBD	SV09AOA	MAY	SV54EPJ	WMC	SV55FKE	SHIC
SV04DVN	STAY	SV07FCE	BBD	SV09AOB	MAY	SV54FRZ	FAB	SV55FKF	SHIC
SV04HLM	BBD	SV07FCF	BBD	SV09AOT	MAY	SV54FTA	FAB	SV55FKG	SHIC
SV04HLN	BBD	SV07FCG	BBD	SV09AOU	MAY	SV55BZB	STAY	SV55FKH	BBD
SV04HLP	BBD	SV07FKY	SHIC	SV09BHL	BBD	SV55BZC	STAY	SV55FKJ	BBD
SV05DJU	SHIC	SV08AWY	WED	DV09DNJ	MAY	SV55BZD	STAY	SV55FKK	BBD
SV05DJX	BBD	SV08DHE	BBD	SV09DNN	MAY	SV55BZE	STAY	SV55FKL	BBD
SV05DJY	SHIC	SV08DHF	BBD	SV09EFZ	BBD	SV55BZF	SHIC	SV55FKM	BBD
SV05DKA	SHIC	SV08DHG	BBD	SV09EGD	SHIC	SV55BZG	SHIC	SV55FKN	BBD
SV05DKD	SHIC	SV08DHJ	BBD	SV09EGE	SHIC	SV55BZH	SHIC	SV55FKO	BBD
SV05DXA	FAB	SV08DHK	BBD	SV09EGF	SHIC	SV55BZJ	SHIC	SV55GWJ	SHIC
SV05DXC	FAB	SV08DHL	BBD	SV09EGJ	SHIC	SV55BZL	SHIC	SV55GWK	SHIC
SV05DXD	FAB	SV08DHM	BBD	SV09EGK	BBD	SV55BZM	SHIC	SV56BVO	WA
SV05DXE	FAB	SV08DHN	BBD	SV09EGY	SHIC	SV55BZN	SHIC	SV56BVP	WA
SV05DXF	FAB	SV08DHO	BBD	SV09EGZ	SHIC	SV55BZO	STAY	SV56BVR	BBD
SV05DXG	FAB	SV08DHP	BBD	SV09EHB	SHIC	SV55BZP	BBD	SV56BVS	BBD
SV05DXH	FAB	SV08DHU	BBD	SV09EHC	SHIC	SV55BZR	BBD	SV56BVT	BBD
SV05DXJ	FAB	SV08DHX	BBD	SV10CUK	D&B	SV55BZU	STAY	SV56BVU	BBD
SV05DXK	FAB	SV08DHY	SHIC	SV10DDK	BBD	SV55BZW	BBD	SV56BVW	BBD
SV05DXL	FAB	SV08DHZ	SHIC	SV10DDL	BBD	SV55BZX	STAY	SV56BVX	BBD
SV05DXM	FAB	SV08DJD	SHIC	SV10DMZ	SHIC	SV55BZY	STAY	SV56BVY	BBD
SV05DXO	FAB	SV08FHA	FAB	SV10DND	SHIC	SV55CAA	BBD	SV56BVZ	BBD
SV05DXP	FAB	SV08FHB	FAB	SV51OWX	AUD	SV55CAE	BBD	SV56BWA	BBD
SV05DXR	FAB	SV08FHC	FAB	SV52VXA	HOR	SV55CAO	BBD	SV56BWB	BBD
SV05DXS	FAB	SV08FHD	FAB	SV52VXB	HOR	SV55CAU	BBD	SV56BWC	BBD
SV05DXT	FAB	SV08FHE	FAB	SV53DDJ	SHIC	SV55CAX	BBD	SV56BWD	BBD
SV05DXU	FAB	SV08FHF	FAB	SV53DDK	SHIC	SV55CBF	BBD	SV56BWE	BBD
SV05DXW	FAB	SV08FHG	FAB	SV53DDL	SHIC	SV55CBO	BBD	SV56BWF	SHIC
SV05DXX	FAB	SV08FXP	FAB	SV53DDN	SHIC	SV55CBU	BBD	SV57BFP	SHIC
SV05DXY	FAB	SV08FXR	FAB	SV53DDO	SHIC	SV55CBX	BBD	SV57BFU	SHIC

SV57BFX	SHIC	SV58BMZ	BBD	SV59DDZ	BBD	SWC24K	DRC	SY07CUW	SHIC
SV57BFY	SHIC	SV58BNA	BBD	SV59DEU	BBD	SWP976P	DRM	SY07CUX	SHIC
SV57BFZ	SHIC	SV58BNB	SHIC	SV9314	HET	SWV804	CAT	SY07CVA	SHIC
SV57BGE	SHIC	SV58BND	BBD	SVK627G	CCB	SWW165W	BDY	SY07CVB	SHIC
SV57BGF	SHIC	SV58JJZ	D&B	SVL177W	JBT	SX09LYN	LTR	SY51EHT	SHIC
SV57BGK	SHIC	SV59CGG	BBD	SVL178W	JBT	SXF615	GEM	SY51EHU	SHIC
SV57BYM	BBD	SV59CGK	BBD	SVL179W	JBT	SXI2639	K&J	SY51EHV	SHIC
SV57BYN	BBD	SV59CGO	BBD	SVL180W	JBT	SXI2640	GBU	SY51EHX	SHIC
SV57BYP	BBD	SV59CGU	BBD	SVO628	THA	SXI2642	GBU	SY51EHZ	SHIC
SV57BYR	BBD	SV59CGX	BBD	SVU64W	MIL	SXI2643	GBU	SY52UMS	SCB
SV57BYS	BBD	SV59CGY	BBD	SVW274K	CAR	SXI2645	GBU	SY52VLW	ZBD
SV57BYT	BBD	SV59CGZ	BBD	SW02VFX	WMC	SXI2649	GBU	SY54BMV	SCD
SV57BYU	BBD	SV59CHC	BBD	SW02VGY	WMC	SXI2656	GBU	SY57AXR	SHIC
SV57BYW	BBD	SV59CHD	BBD	SW02VTP	ABO	SXI2887	MAT	SY57AXU	SHIC
SV57BYX	BBD	SV59CHF	BBD	SW03OYB	SDEV	SY03FVD	HUY	SY57AYF	SHIC
SV57BYY	BBD	SV59CHG	BBD	SW03OYC	SDEV	SY05DRX	MLC	SY57AYG	SHIC
SV58ASZ	FAB	SV59CHJ	SWSC	SW03OYD	SSOU	SY05OUE	CBW	SY57AYH	SHIC
SV58BLN	SHIC	SV59CHK	BBD	SW03OYE	SWSC	SY07CEX	SHIC	SY57EYH	FAB
SV58BLX	SHIC	SV59CHL	SWSC	SW03OYF	SWSC	SY07CFA	SHIC	SY57EYJ	FAB
SV58BLZ	SHIC	SV59CHN	BBD	SW03OYL	BBD	SY07CFD	SHIC	SY57EYK	FAB
SV58BMO	SHIC	SV59CHO	BBD	SW03VCX	SAA	SY07CFU	SHIC	SYJ961X	MEW
SV58BMU	SHIC	SV59CHX	BBD	SW03YCM	HWD	SY07CNJ	SHIC	SYK901	BOW
SV58BMY	BBD	SV59CHY	BBD	SW52FCF	MCC				

T

T1CLN	CLN	T6FCC	FNO	T10HDC	HAP	T18TYB	TYB	T35JCV	FDC
T1FEG	WST	T6HMC	VIS	T10MAN	IOM	T19CLC	CRL	T35KLD	MEL
T1KET	JST	T6OCT	DEL	T10MCT	MCM	T19PVC	PEW	T35VCS	WA
T1WEH	HKC	T7ALP	ALP	T10PWJ	ZCQ	T19TYB	TYB	T36CCK	SNW
T1WET	WET	T7DOF	DWF	T10TGM	SKC	T20CCH	WTR	T36JBA	FSR
T2AOL	ALE	T7HLC	LUC	T10VCC	DJT	T20DGE	A&P	T36VCS	SWSC
T2RED	REW	T7MDC	KTM	T11BLU	ANW	T20DMB	HSM	T37CCK	SNW
T2SHW	SHM	T7PCC	PCO	T11FEG	DRE	T20JLS	LSK	T37JBA	PTW
T2STX	STX	T7PSW	PSW	T11GAJ	LEV	T20MCT	MCM	T37KLD	MEL
T2TES	ZCP	T7XLA	ZDW	T11OUR	MOA	T20TGM	ASH	T38BBW	APP
T2TRU	FDC	T8DOF	DWF	T11SLT	SLT	T20TVL	FDC	T38ABUB	AWD
T3AOL	ALE	T8GAR	GET	T11VCC	DJT	T20TYB	TYB	T38JOL	A2B
T3APT	MLS	T8GHW	GHW	T12CBC	CBW	T21TYB	TYB	T38KLD	MEL
T3DOT	DOT	T8MDC	SBD	T12DEV	DEV	T22TYB	TYB	T39APO	PIK
T3FCC	FNO	T8NPS	PAL	T12DTS	J&C	T23TYB	TYB	T39CNN	FAL
T3FEG	WST	T8OVA	SAZ	T12GAJ	LEV	T24TYB	TYB	T39DJO	KIC
T3FWS	STT	T8PSW	PSW	T12SBK	WA	T25ERS	SMI	T39KLD	MEL
T3HCR	HAR	T9BHN	LEV	T12TRU	FDC	T25SVN	LEV	T40APT	APP
T3HLC	WCS	T9BJF	ZDW	T12VCC	SMS	T25TYB	TYB	T40JLS	LSK
T3RED	REW	T9COA	OLA	T13CAV	CAL	T26TYB	TYB	T40TGM	WBK
T4AHL	LLA	T9DOF	DWF	T13ECL	ECL	T27BXG	LEV	T40UBE	SOXF
T4APT	BLE	T9FEG	WST	T13GAJ	LEV	T27TYB	TYB	T41KLD	MEL
T4FCC	FNO	T9HDC	HAP	T13GDR	EAR	T28BXG	LEV	T41RJL	BEH
T4FEG	ATI	T9MCL	STR	T13JBC	BEH	T30ARJ	ANB	T42PVM	ANW
T4GET	SOA	T9MDC	SBD	T13VCC	JOB	T30CBC	CEN	T43CNN	NCO
T4GLF	TAP	T9MTT	ZBO	T13VVC	JOB	T30HAY	STR	T43KLD	MEL
T4JBT	JBT	T9RTG	RSL	T14CRT	CRN	T30JLS	LSK	T43RJL	CRC
T4POW	BKY	T9TAP	KIN	T14ELL	ELS	T32JBA	TRW	T44UBE	SOXF
T4RTL	BCT	T10BHN	LEV	T15SAF	SFI	T32JCV	FDC	T45CNN	NCO
T4WCT	HKW	T10BLU	ANW	T16CLC	CRL	T33BUS	NMC	T45KAW	ATS
T5FCC	FNO	T10BUS	CHU	T16GAJ	LEV	T34JBA	MLI	T45RJL	M&D
T5KTC	WCH	T10CBC	CBW	T17CLC	CRL	T34JCV	FDC	T47BBW	RHC
T6APT	NEF	T10DMB	HSM	T18GAJ	LEV	T35CNN	LID	T47KLD	MEL
T6DOF	DWF	T10HAY	FIT	T18LUE	BLI	T35DFC	CLC	T47WUT	ARM

T48JBA	BTC	T71JBA	GWM	T96JHN	SWSC	T110AUA	VTC	T127JOF	ZEZ		
T48KLD	MEL	T71KLD	MEL	T96ORP	OAK	T110DBW	OBC	T127KGP	GAL		
T48WUT	ARM	T72JBA	COG	T97JHN	SWSC	T110JBC	MFW	T127KLD	MEL		
T49CNN	GTR	T72JCC	PDB	T97KLD	MEL	T110KGP	TXC	T127OAH	TDE		
T49JBA	GBC	T72KLD	MEL	T98KLD	MEL	T110KLD	MEL	T128EFJ	PCB		
T49JJF	ARM	T72WWV	PAR	T99HAL	HAO	T110LKK	ASC	T128JBA	ANS		
T49KLD	MEL	T73JBA	BUV	T99KMH	HKN	T110VWU	FWE	T128KGP	GAL		
T50APT	ASM	T73JBO	BEW	T99NEV	EMM	T111DBW	OBC	T128KLD	MEL		
T50BAN	BAN	T73KLD	MEL	T99PVC	PEW	T111JBA	A1A	T128OAH	TDE		
T50JLS	LSK	T74AUA	ANE	T100BCL	VAW	T111WCS	WMC	T128TNW	BEE		
T50TPB	JTK	T74JBA	CNT	T100CBC	ANG	T112AUA	TMH	T129EFJ	PCB		
T50UBE	SOXF	T74JBO	SBL	T100MTT	ZBO	T112DBW	OBC	T129KLD	MEL		
T51JBA	SWES	T74KLD	MEL	T100SLT	SLT	T112JBA	CYM	T129OAH	HAD		
T51JJF	ARM	T74WGH	R&B	T101DBW	OBC	T112KGP	GHA	T129XVT	GBC		
T51KLD	MEL	T75AUA	ANE	T101JBC	AMV	T112KLD	MEL	T130EFJ	PCB		
T52JBA	GUM	T75JBA	HOR	T101KGP	K&J	T112SOA	PCC	T130JBA	SWC		
T52JJF	ARM	T75JBO	S&D	T101KLD	MEL	T113AUA	EMB	T130SGA	GRY		
T52KLD	MEL	T75KLD	MEL	T101VWU	FWE	T113DBW	OBC	T130UOX	NXD		
T52MOA	SAW	T76AUA	ANE	T101XDE	FCY	T113KGP	TXC	T131ARE	3DS		
T53JBA	GUM	T76JBO	TVS	T102DBW	OBC	T113KLD	MEL	T131AUA	BUR		
T53JJF	ARM	T76KLD	MEL	T102KCC	CEB	T113SGA	HLC	T131EFJ	PCB		
T53KLD	MEL	T77TRU	FDC	T102KGP	K&J	T113SOA	PCC	T131MGB	SDEV		
T53RJL	SUM	T78AUA	ANE	T102VWU	FWE	T114DBW	OBC	T132AUA	SPS		
T54AUA	EOB	T78JBA	COG	T102XDE	FCY	T114KLD	MEL	T132CLO	MEL		
T54BBW	GRN	T78KLD	MEL	T103DBW	OBC	T114SOA	PCC	T132EFJ	PCB		
T54JJF	ARM	T79AUA	ANE	T103KCC	CEB	T115DBW	OBC	T132JBA	SWC		
T54KLD	MEL	T79JBA	BUV	T103KGP	K&J	T115JBA	THA	T132MGB	SDEV		
T54RJL	ACW	T79KLD	MEL	T103KLD	MEL	T115KGP	GHA	T133ARE	SGD		
T55ATE	ZCP	T80HAM	HMS	T103VWU	FWE	T115KLD	MEL	T133AUA	BUR		
T55UBE	SOXF	T80LRT	STK	T104DBW	OBC	T115SOA	PCC	T133CLO	MEL		
T56BBW	CRV	T80SOU	SOO	T104JBC	FDC	T116DBW	OBC	T133EFJ	PCB		
T56JKG	ZBX	T81AUA	ANE	T104KGP	TXC	T116JBA	THA	T133SGA	3DS		
T56KLD	MEL	T81JBA	COU	T104KLD	MEL	T116KLD	MEL	T134AST	CNT		
T56RJL	SHB	T81KLD	MEL	T104VWU	FWE	T116SOA	PCC	T134CLO	MEL		
T57AUA	GEL	T82AUA	ANE	T105AUA	ABY	T117DBW	OBC	T134EFJ	PCB		
T57BBW	TAY	T83AUA	ANE	T105DBW	OBC	T117KLD	MEL	T134SGA	DJT		
T57JKG	SNW	T83JBA	CUB	T105JBC	FHD	T118DBW	OBC	T135AUA	WXC		
T58AUA	SEL	T84JBA	ROS	T105KLD	MEL	T118KGP	GAL	T135CLO	MEL		
T58JKG	ANS	T84JFP	FOR	T105VWU	FWE	T118KLD	MEL	T135EFJ	PCB		
T60UBE	SOXF	T85JBA	ROS	T106DBW	OBC	T118NDY	THA	T135KPV	IBL		
T61JBA	ARM	T85RJL	AWD	T106JBC	FHD	T119DBW	OBC	T135SGA	FCA		
T61KLD	MEL	T86JBA	ROS	T106KGP	MTC	T119KGP	GAL	T136ARE	MEW		
T62JBA	ANW	T86JLC	BAW	T106KLD	MEL	T119KLD	MEL	T136CLO	MEL		
T63AUA	SYOR	T86OKW	CAA	T106KNW	ZEO	T120DBW	OBC	T136EFJ	PCB		
T63JBA	ANW	T87KLD	MEL	T106VWU	FWE	T120JBC	RNE	T136KPV	IBL		
T63KLD	SSOU	T87LJC	BAW	T107AUA	JRS	T120KGP	GAL	T136SGA	BBE		
T64BHY	FGC	T87RJL	DEN	T107DBW	OBC	T120KLD	MEL	T137AUA	WXC		
T64GGT	WEA	T88ATE	ZCP	T107JBC	REL	T120ORP	NCO	T137CLO	MEL		
T64JBA	ANW	T89KLD	MEL	T107KGP	WLA	T122JBA	SWC	T137EFJ	PCB		
T64JDB	MLN	T90BUS	FOR	T107KLD	MEL	T122KGP	GAL	T137JKY	SYOR		
T64KLD	SSOU	T90HAM	HMS	T107VWU	FWE	T122KLD	MEL	T137JOF	CLE		
T65JBA	ANW	T90SOU	SOO	T108DBW	OBC	T122OAH	TDE	T137KPV	IBL		
T65KLD	RWN	T90WJC	WJC	T108JBA	MSH	T124KGP	GAL	T138CLO	MEL		
T67KLD	MEL	T91JBA	GHA	T108KGP	GAL	T124KLD	MEL	T138EFJ	PCB		
T68FBN	OAK	T91KNW	ASS	T108KLD	MEL	T124OAH	TDE	T138JKY	SYOR		
T68JBA	MWT	T91RJL	CRC	T108VWU	FWE	T125KGP	GAL	T139CLO	MEL		
T68KLD	MEL	T92JBA	FSR	T109DBW	OBC	T125KLD	MEL	T139EFJ	PCB		
T69JBA	SLF	T92JLC	BAW	T109KGP	GAL	T125OAH	TDE	T139JKY	SYOR		
T69KLD	MEL	T93JBA	ALP	T109KLD	MEL	T126KGP	GAL	T140AUA	MEL		
T70HAM	HMS	T95GGO	HWS	T109LKK	ASC	T126KLD	MEL	T140CLO	MEL		
T70JLS	LSK	T95JHN	SWSC	T109VWU	FWE	T126OAH	HAD	T140EFJ	PCB		

T140JKY	SYOR	T162BBF	FNW	T194CLO	MEL	T211HCW	BLT	T271BPR	TYB		
T141AUA	MEL	T163BBF	FNW	T195CLO	MEL	T211TND	SNOE	T271JLD	FLN		
T141CLO	MEL	T164AUA	RWN	T195MVM	SNOE	T211VWU	FWE	T272BPR	TYB		
T141JKY	SYOR	T164BBF	FNW	T196CLO	MEL	T211XBV	APL	T272JLD	FLN		
T142AUA	MEL	T164MVM	SNW	T196MVM	SNOE	T212HCW	BLT	T272RMY	CNV		
T142CLO	MEL	T165AUA	SVE	T197CBN	ZEO	T212XBV	APL	T273BPR	TYB		
T142JKY	SYOR	T165BBF	FSA	T197CLO	MEL	T213EAG	STE	T273JKM	ASC		
T142RDE	SIL	T165MVM	SNW	T197MVM	SNOE	T213HCW	BLT	T273JLD	FLN		
T143AUA	MEL	T166BBF	FNW	T198CLO	MEL	T213XBV	APL	T274BPR	TYB		
T143CLO	MEL	T166MVM	SNW	T198TND	SNOE	T214EAG	STE	T274JKM	ASC		
T143JKY	SYOR	T166RWK	EUT	T198YDC	JBR	T214HCW	BLT	T274JLD	FLN		
T143RDE	SML	T167ATS	STAY	T199CLO	MEL	T214TND	SNOE	T275BPR	TYB		
T144AUA	MEL	T167BBF	FNW	T199TND	SNOE	T214XBV	APL	T275JKM	ASC		
T144CLO	MEL	T167MVM	SNW	T200ALC	ASL	T215HCW	BLT	T275JLD	FLN		
T144DAX	CBU	T168ATS	STAY	T200BUS	JUM	T215TND	SNOE	T275SHL	CMB		
T144JKY	SYOR	T168BBF	FNW	T200CBC	ANG	T215XBV	APL	T276BPR	TYB		
T145AUA	MEL	T168MVM	SNW	T200NDY	THA	T216HCW	BLT	T276JKM	ASC		
T145CLO	MEL	T169MVM	SNW	T200OCL	NAH	T216REL	SVE	T276JLD	FLN		
T145DAX	CBU	T172AUA	BAW	T200OCT	SAP	T216XBV	ALN	T276TUM	TXC		
T145JKY	SYOR	T172MVM	SNOE	T200VHO	IND	T217HCW	BLT	T277BPR	TYB		
T146AUA	MEL	T173AUA	BAW	T201AFM	WBT	T217REL	SVE	T277JKM	ASC		
T146CLO	MEL	T173MVM	SNW	T201CBN	ZEO	T217XBV	ALN	T277JLD	FLN		
T146DAX	CBU	T174AUA	SEL	T201CLO	MEL	T218CLO	MEL	T278BPR	TYB		
T146JKY	SYOR	T174MVM	SNOE	T201TND	SNOE	T218HCW	BLT	T278JKM	ASC		
T147AUA	MEL	T178MVM	SNW	T202AFM	WBT	T218NMJ	ASC	T278JLD	FG		
T147DAX	CBU	T179MVM	SNW	T202CLO	MEL	T218REL	W&D	T279JKM	ASC		
T147JKY	SYOR	T180JRD	TUT	T202TND	SNOE	T218XBV	ALN	T279JLD	FG		
T148AUA	MEL	T180MVM	SNW	T202XBV	APL	T219NMJ	ATS	T280JKM	ASC		
T148CLO	MEL	T181AUA	DEB	T203AFM	WBT	T219XBV	ALN	T280JLD	FLN		
T148DAX	CBU	T181MVM	SNW	T203TND	SYOR	T220XBV	ALN	T280TSF	APE		
T148JKY	SYOR	T182AUA	RHC	T203XBV	APL	T221JBE	NEA	T281JKM	ASC		
T149AUA	MEL	T182CLO	MEL	T204AFM	WBT	T222ABC	FMN	T281JLD	FWE		
T149DAX	CBU	T182MVM	SNW	T204CLO	MEL	T222ADY	RAM	T282JKM	ASC		
T149JKY	SYOR	T183AUA	LCL	T204TND	SNOE	T222MTB	ANW	T282JLD	FWE		
T150AUA	MEL	T183CLO	MEL	T204XBV	APL	T223SAS	MUS	T283JKM	ASC		
T150DAX	CBU	T183MVM	SNW	T205AFM	WBT	T226WPN	APB	T283JLD	FWE		
T151AUA	MEL	T184CLO	MEL	T205CLO	MEL	T228KCC	PDB	T284CGU	CRG		
T152AUA	MEL	T184MVM	SNW	T205SUT	SWC	T229ARA	ACB	T284JKM	ASC		
T154OGC	WXC	T185CLO	MEL	T205TND	SYOR	T230GOJ	WEA	T284JLD	FWE		
T154OUB	FWE	T185MVM	SNW	T205XBV	APL	T234SBB	RWL	T284PVM	EYM		
T156AUA	SPW	T185UEB	BFS	T206AFM	WBT	T234UBA	NUV	T285JKM	ASC		
T156OGC	WXC	T186AUA	W&D	T206AUA	HWD	T241KDM	HCL	T285JLD	FLN		
T156OUB	FWE	T186CLO	MEL	T206CLO	MEL	T247FLJ	HAC	T286JKM	ASC		
T157BBF	FSA	T186MVM	SNW	T206OWG	MFW	T254POA	ZBV	T286JLD	FLN		
T157HGT	SWT	T187CLO	MEL	T206TND	SNOE	T255GUG	FWE	T287CGU	GTR		
T157OGC	WXC	T187MVM	SNW	T206XBV	APL	T257JLD	FBE	T287JKM	ASC		
T157OUB	FWE	T187SFW	LMC	T207AFM	WBT	T258JLD	FLN	T287JLD	FLN		
T158ALJ	W&D	T188CLO	MEL	T207CLO	MEL	T259JLD	FLN	T288JKM	ASC		
T158BBF	FSA	T188MVM	SNW	T207TND	SYOR	T260JLD	FLN	T288JLD	FG		
T158JUJ	KEA	T189CLO	MEL	T207XBV	APL	T261JLD	FLN	T289CGU	OLY		
T158OUB	FWE	T189MVM	SNW	T208AFM	WBT	T262JLD	FLN	T289JKM	ASC		
T159ALJ	W&D	T190AUA	GCB	T208AUA	HWD	T264JLD	FLN	T289JLD	FLN		
T159BBF	FSA	T190CLO	MEL	T208KJV	HYT	T265JLD	FCY	T289UOX	GHA		
T159HGT	HAC	T190MVM	SNOE	T208TND	SNOE	T266JLD	FLN	T290CGU	OLY		
T159OGC	WXC	T191AUA	GCB	T208XBV	APL	T266POC	TWM	T290ROF	TVP		
T160ALJ	W&D	T191CLO	MEL	T209TND	SYOR	T267JLD	FBE	T290UOX	TWM		
T160BBF	FNW	T191UEB	HTL	T209XBV	APL	T268JLD	FLN	T291BNL	GOL		
T160MVM	SNW	T192CLO	MEL	T209XVO	ATS	T269JLD	FLN	T291JLD	FLN		
T161AUA	FWY	T192KDM	HCL	T210HCW	BLT	T270BPR	TYB	T291ROF	BBL		
T161BBF	FNW	T193CLO	MEL	T210TND	SNOE	T270EWW	SAN	T291UOX	PCN		
T162AUA	FWY	T193MVM	SNOE	T210XBV	APL	T270JLD	FLN	T292BNN	ASH		

T292JLD	FLN	T307FGN	ALN	T322ELG	WBT	T354EUB	FWE	T401AGP	MJG
T292UOX	TWM	T307JRH	EYM	T322FGN	ALN	T354PRH	TDL	T401JSL	GUM
T293BNN	ZFA	T307UOX	NXD	T322PNB	ANW	T356PRH	TDL	T402AGP	EMP
T293CGU	HWD	T307VYG	FG	T322UCH	BLC	T356VWU	FBE	T402UCS	SWSC
T293FGN	ALN	T308FGN	ALN	T323ELG	WBT	T357AJF	GEB	T403AGP	GLA
T293JLD	FLN	T308UOX	GHA	T323FGN	ALN	T357JWA	SRR	T403BFC	CHA
T293UOX	TWM	T308VYG	FG	T323JRH	AMV	T357PRH	TDL	T403EGD	CNV
T294BNL	ERB	T309FGN	ALN	T323PNB	ANW	T358PRH	TDL	T403LGP	GON
T294FGN	ALN	T309ORP	ZBR	T324FGN	ALN	T359PRH	TDL	T403UCS	SWSC
T294JLD	FLN	T309SMV	MEB	T324PNB	ANW	T359VWU	FBE	T404AGP	MJG
T294UOX	TWM	T309UOX	TWM	T325FGN	ALN	T360PRH	TDL	T404EGD	CNV
T295BNN	ASH	T309VYG	FG	T329KDM	MMS	T361PRH	TDL	T404KLE	LBL
T295FGN	ALN	T310AHY	FGC	T330AFX	OAR	T362JWA	SRR	T404UCS	SDEV
T295JLD	FLN	T310ETR	RSK	T330KDM	MMS	T362PRH	TDL	T405BNN	NCT
T295UOX	TWM	T310FGN	ALN	T331BNL	MCS	T363PRH	TDL	T405ENV	ATS
T296BNN	ZFA	T310MBU	D&G	T332BNL	GSF	T364AJF	OAK	T405OWA	SBD
T296FGN	ANW	T310SEJ	CEN	T333BUS	MLC	T364JWA	ATW	T405SMV	BUR
T296JLD	FLN	T310SMV	MEB	T334PRH	TDL	T364NUA	FNW	T406AGP	MTC
T296UOX	TWM	T310VYG	FG	T334XPB	LMC	T364PRH	TDL	T406BNN	NCT
T297BNN	CBL	T311FGN	ALN	T335PRH	TDL	T365NUA	FNW	T406ENV	ATS
T297FGN	ANW	T311SMV	MEB	T336ALR	FLN	T365PRH	TDL	T406KLE	LBL
T297JLD	FLN	T311UOX	PKT	T336PRH	TDL	T366BSS	TAR	T406SMV	BUR
T297LCH	TBB	T311VYG	FG	T337ALR	FED	T366JWA	SLK	T407AGP	ZBU
T297UOX	PKT	T312FGN	ALN	T337PRH	TDL	T366NUA	FSA	T407BNN	NCT
T298BNN	CBL	T312SMV	B&H	T337TVM	COG	T366PRH	TDL	T407ENV	ATS
T298FGN	ANW	T312UOX	EDE	T338PRH	TDL	T367AJF	GEB	T407KLE	LBL
T298JLD	FLN	T312VYG	FG	T339ABV	PGC	T367JWA	SRR	T407LGP	GON
T298LCH	CSA	T313FGN	ALN	T339PRH	TDL	T367NUA	FSA	T407OWA	PKS
T299BNN	PTW	T313SMV	B&H	T340ALR	FCY	T367PRH	TDL	T407SMV	TOP
T299FGN	ANW	T313UOX	GHA	T340PRH	TDL	T368NUA	FSA	T408AGP	OLY
T299JLD	FBE	T313VYG	FNW	T341ALR	FCY	T368PRH	TDL	T408BGB	KCH
T299LCH	CSA	T314FGN	ALN	T341FWR	ZBR	T369NUA	FSA	T408BNN	NCT
T299UOX	TWM	T314PNB	ANW	T341LGB	JMC	T369PRH	TDL	T408BSS	BLY
T300BCL	HPC	T314SMV	COG	T341PRH	TDL	T370FUG	SEMS	T408ENV	ATS
T300BUS	JUM	T314UOX	GHA	T342ALR	FED	T370NUA	FSA	T408LGP	ATS
T300NDY	THA	T314VYG	FNW	T342PNV	SSOU	T370PRH	TDL	T408SMV	TOP
T301FGN	ANW	T315FGN	ALN	T342PRH	TDL	T371FUG	SEMS	T408VKE	VTC
T301JLD	FG	T315PNB	ANW	T343FWR	VTC	T371NUA	FNW	T409AGP	REL
T301PDF	TAR	T315SMV	HSW	T343PRH	TDL	T371OHL	GTR	T409BGB	STK
T301ROF	JBR	T315UOX	TWM	T344FWR	DOY	T371PRH	TDL	T409BNN	NCT
T301UOX	NXD	T315VYG	FNW	T344PRH	TDL	T372FUG	SEMS	T409ENV	ATS
T302FGN	ANW	T316FGN	ALN	T345FWR	SOL	T372NUA	FNW	T409KLE	LBL
T302JLD	FG	T316PNB	ANW	T345PRH	TDL	T372PRH	TDL	T409SMV	TOP
T302UOX	TWM	T316SMV	HSW	T346EUB	FWE	T372WWY	VIP	T410AGP	MJG
T303FGN	ANW	T316UOX	GHA	T346PRH	TDL	T373JWA	GEM	T410BNN	NCT
T303JLD	FG	T316VYG	FNW	T347AGR	MCM	T373NUA	FBE	T410ENV	ATS
T303JRH	EYM	T317FGN	ALN	T347EUB	FWE	T373PRH	TDL	T410KDX	PEY
T303UOX	TWM	T317PNB	ANW	T347PRH	TDL	T374JWA	SRR	T410KLE	LBL
T304FGN	ANW	T317UOX	GHA	T348EUB	FWE	T374PRH	TDL	T410OWA	WBH
T304JJF	SMS	T317VYG	FNW	T348PRH	TDL	T375JJC	SSH	T411BNN	NCT
T304JLD	FG	T318FGN	ALN	T349EUB	FWE	T375NUA	FBE	T411KLE	LBL
T304JRH	EYM	T318PNB	ANW	T349PRH	TDL	T375PRH	TDL	T411LGP	CBL
T304UOX	NXD	T318UOX	TWM	T350EUB	FWE	T377FUG	SEMS	T411OWA	MAJ
T305BHY	CTT	T318VYG	FNW	T350PRH	TDL	T377FUM	ALS	T412BNN	NCT
T305JLD	FG	T319FGN	ALN	T351EUB	FWE	T381RFL	SHI	T412OWA	SBD
T305JRH	EYM	T319PNB	ANW	T351PRH	TDL	T384RFW	CTE	T413AGP	REL
T306BDV	BBN	T319UOX	TWM	T352EUB	FWE	T389UEV	STR	T413BNN	NCT
T306FGN	ALN	T320FGN	ALN	T352PRH	TDL	T392AGP	FCT	T413KLE	LBL
T306JLD	FG	T320PNB	ANW	T353EUB	FWE	T397OKY	MLM	T413LGP	GON
T306JRH	EYM	T320UEU	ZAV	T353PRH	TDL	T399KLE	LBL	T413UON	TWM
T306UOX	TWM	T320UOX	TWM			T400CBC	ANG	T414AGP	GLA

Code	Reg	Code	Reg	Code	Reg	Code	Reg	Code	Reg
T414BNN	NCT	T428LGP	GON	T458HNH	SSOU	T475BNL	SNOE	T511EWW	MAJ
T414OUB	NEX	T429AGP	REL	T458JDT	FSY	T475KDM	HCL	T511JNA	FNW
T414VVW	REC	T429GUG	FWE	T456JRH	ZBR	T476BNL	SNOE	T512AGP	GLA
T415BGU	CSP	T429LGP	GON	T459HNH	SSOU	T476KDM	HCL	T512JNA	FNW
T415BNN	NCT	T430EBD	JPT	T459JDT	FSY	T477BNL	SNOE	T513EUB	AMV
T415LGP	FSR	T430GUG	FWE	T459JLD	LBL	T477JJF	SMS	T513JNA	FNW
T415UON	TWM	T430JLD	FG	T459JRH	TEV	T478BNL	SNOE	T513SVL	SEMS
T416AGP	REL	T430KAG	SIL	T460JDT	FSY	T478KDM	HCL	T514EUB	AMV
T416BNN	NCT	T430LGP	GON	T460JLD	LBL	T479BNL	SNOE	T514JNA	FNW
T416KAG	PCN	T430VHO	SOO	T460JRH	SAM	T479KDM	HCL	T514SVL	SEMS
T416KLE	LBL	T431GUG	FWE	T461BNL	CF	T479YAN	FCA	T515HTX	A2B
T416OUB	CFB	T431KAG	PCN	T461HNH	SSOU	T480BNL	SNOE	T515JNA	FNW
T416UON	TWM	T431LGP	SMP	T461JDT	FSY	T481BNL	SNOE	T516EUB	TAR
T417AGP	MJG	T432EBD	MUN	T461JLD	LBL	T482BNL	SNOE	T517EUB	GUM
T417KAG	PCN	T432GUG	FWE	T462BNL	SNOE	T482KDM	HCL	T518EUB	CHW
T417MNH	SSOU	T432KAG	PCN	T462JDT	FSY	T483BNL	SNOE	T520EUB	GUM
T417OUB	CFB	T432LGP	HAC	T462JLD	LBL	T484BNL	SNOE	T521AGP	GAL
T417UON	TWM	T435EBD	MUN	T463BNL	SNOE	T485BNL	SNOE	T522EUB	TAR
T417XVO	NCT	T436EBD	EBL	T463HNH	R&B	T486BNL	SNOE	T523AGP	GAL
T418AGP	OLY	T436JJF	TIG	T463JDT	FSY	T487BNL	SNOE	T523GSR	SMI
T418MNH	GWM	T437JJF	SMS	T464BCN	RHC	T488BNL	SNOE	T525KEP	BRA
T418UON	TWM	T438EBD	GON	T464BNL	SNOE	T488KDM	HCL	T526AOB	ANW
T418XVO	NCT	T438HBF	BTC	T464HNH	TYB	T489BNL	SNOE	T527AOB	ANW
T419LGP	CBL	T438JJF	SMS	T464JDT	FSY	T489TUP	CRS	T527EUB	MLS
T419MNH	CNT	T439EBD	RWN	T464JLD	LBL	T490BNL	SNOE	T528AOB	ANW
T419REL	HOW	T439JJF	SMS	T465BCN	RWN	T490KGB	ATS	T528EUB	NEC
T419UON	TWM	T440EBD	SSOU	T465BNL	SNOE	T491BNL	SNOE	T528RRD	MCA
T419XVO	NCT	T441EBD	GWM	T465JDT	FSY	T491KGB	ATS	T529AOB	ANW
T420JNE	SHI	T442EBD	GWM	T465JLD	LBL	T492BNL	SNOE	T529EUB	VTC
T420UON	TWM	T442KPP	ESK	T465KDM	HCL	T492KGB	ATS	T531EUB	STY
T420UUB	AYR	T443CLN	LBH	T466BCN	ACT	T493BNL	SNOE	T532EUB	PIK
T420XVO	NCT	T443EBD	GWM	T466BNL	SNOE	T493KGB	ATS	T533EUB	HWY
T421ADN	COM	T443KAW	BEK	T466HNH	D&G	T494BNL	SNOE	T534EUB	GUM
T421GGO	ALN	T445EBD	GWM	T466JLD	LBL	T494OCL	BKB	T535EUB	SHIC
T421GUG	FG	T445WWT	SPW	T467BCN	RWN	T494PGB	CLC	T536EUB	SHIC
T421LGP	SPS	T446EBD	PEX	T467BNL	SNOE	T495BNL	SNOE	T536WWY	CHU
T421UON	TWM	T446HRV	NUV	T467EGT	SSOU	T495KGB	ATS	T538OVG	MYA
T421XVO	NCT	T446WWT	SPW	T467HNH	MID	T497KLF	BAW	T540AUA	K&D
T422ADN	COM	T447EBD	GWM	T468BCN	GRD	T500NDY	THA	T541AUA	K&D
T422AGP	AVO	T448EBD	WXC	T468BNL	SNOE	T501SSG	LOT	T541EUB	MOG
T422GUG	FG	T448JCR	VTC	T468EGT	SSOU	T502SSG	LOT	T542AUA	K&D
T422UON	TWM	T448UCH	GSA	T468HNH	GWM	T503SSG	LOT	T543AUA	K&D
T422XVO	NCT	T449JCR	VTC	T468JLD	LBL	T503TOL	NEX	T544AUA	K&D
T423AGP	AVO	T450JJF	SMS	T469BCN	SBQ	T504EUB	MLS	T544CDM	MAR
T423GUG	FG	T452KDM	HCL	T469BNL	SNOE	T504SSG	LOT	T544EUB	TUT
T423TGA	ALA	T452KLS	ACW	T469GPS	BBD	T504TOL	MCO	T545AUA	SYOR
T423XBX	DEN	T453JLD	LBL	T469HNH	GWM	T505SSG	LOT	T546AUA	SYOR
T424GUG	FG	T453KDM	HCL	T469JCV	FDC	T505TOL	MCO	T546HNH	GWM
T424LGP	ATS	T454HNH	WXC	T470BNL	SNOE	T506JNA	FNW	T546XBX	TRT
T425GUG	FG	T454JLD	LBL	T470GPS	SHIC	T506SSG	LOT	T547AUA	SYOR
T425LGP	ATS	T455HNH	TMH	T470JCV	FDC	T507EUB	CRC	T547HNH	JPT
T426AGP	REL	T455HNV	SWC	T471BNL	SNOE	T507JNA	FNW	T548AUA	SYOR
T426GUG	FG	T455PRH	TDL	T471GPS	SHIC	T507SSG	LOT	T548EUB	FRA
T426LGP	GON	T456FOB	FCA	T471HNH	WXC	T508JNA	FNW	T548HNH	AVO
T427AGP	REL	T456HNH	WXC	T471JCV	FDC	T508SSG	LOT	T549AUA	SYOR
T427GUG	FG	T456JDT	FSY	T472BNL	SNOE	T509JNA	FNW	T549HNH	GHA
T427KAG	PCN	T457BCN	RHC	T472KDM	HCL	T509SSG	LOT	T550AUA	SYOR
T427LGP	GON	T457HNH	RSK	T472YTT	FDC	T510APS	GHA	T550EUB	MOG
T428AGP	CNV	T457JDT	FSY	T473BNL	SNOE	T510JNA	FNW	T550HNH	COG
T428GUG	FWE	T457JLD	LBL	T473YTT	FDC	T510RDE	RBC	T551AUA	SYOR
T428KAG	PCN	T457KDM	HCL	T474BNL	SNOE	T510SSG	LOT	T551BVC	HBL

T551HNH	MID	T605JBA	SNW	T631SEJ	FCY	T646KPU	SNOE	T664OEF	SNOE
T552ADN	BBD	T605MOA	TWM	T632EUB	AYO	T647AJT	W&D	T664VWU	FWE
T552HNH	MID	T606JBA	SNW	T632FOB	TWM	T647FOB	TWM	T665FOB	TWM
T553ADN	DVR	T606MOA	TWM	T632SEJ	FCY	T647KPU	SNOE	T665KPU	CED
T553HNH	SSOU	T607JBA	SNW	T633AJT	SBM	T648AJT	W&D	T665OEF	SNOE
T554ADN	DVR	T607MOA	TWM	T633EUB	AYO	T648FOB	TWM	T665VWU	FWE
T555GSM	BWC	T608DGD	BCM	T633FOB	TWM	T648KPU	KIE	T667FOB	TWM
T556ADN	DVR	T608JBA	SNW	T633SEJ	FCY	T649AJT	W&D	T667KPU	SNW
T560CDM	SCT	T608MOA	TWM	T634AJT	SBM	T649FOB	TWM	T667XTV	WK
T560JJC	ANW	T609DGD	ARC	T634EUB	AYO	T649KPU	NAP	T668FOB	TWM
T561JJC	ANW	T609JBA	SNW	T634FOB	TWM	T650FOB	TWM	T668KPU	SNW
T562BSS	FNW	T609MOA	TWM	T634SEJ	FCY	T650KPU	SDEV	T668XTV	WK
T562JJC	ANW	T610JBA	SNW	T635AJT	W&D	T650SSF	FEX	T669FOB	TWM
T563BSS	FNW	T611JBA	SNW	T635EUB	AYO	T651FOB	TWM	T669KPU	B&H
T564BSS	FNW	T611MOA	TWM	T635FOB	TWM	T651KPU	SDEV	T669XTV	WK
T564JJC	ANW	T612MNF	SNW	T635SEJ	FCY	T651SSF	FEX	T670FOB	TWM
T564PNV	RBC	T612PNC	ANW	T636EUB	AYO	T652FOB	TWM	T670KPU	B&H
T565BSS	FBE	T613MNF	SNW	T636FOB	TWM	T652KPU	SDEV	T671FOB	TWM
T565JJC	ANW	T613PNC	ANW	T636RRD	DAN	T652SSF	FEX	T671KPU	B&H
T566BSS	FED	T614DWL	HAT	T636SEJ	FCY	T653FOB	TWM	T672FOB	TWM
T566JJC	ANW	T614PNC	ANW	T637AJT	W&D	T653KPU	SDEV	T672KPU	B&H
T566RFS	STI	T615DWL	A&P	T637EUB	AYO	T653SSF	FEX	T673FOB	TWM
T567BSS	FED	T615PNC	ANW	T637FOB	TWM	T654APS	WIT	T673KPU	B&H
T567JJC	ANW	T616PNC	ANW	T637JWB	PCW	T654FOB	TWM	T674FOB	TWM
T568JJC	ANW	T617PNC	ANW	T637SEJ	FCY	T654KPU	WK	T675ASN	DOD
T569JJC	ANW	T618NMJ	JEA	T638AJT	W&D	T654LAT	UNI	T675FOB	TWM
T570JJC	ANW	T618PNC	ANW	T638EUB	AYO	T654SSF	FEX	T675KPU	B&H
T571JND	ORA	T619PNC	ANW	T638FOB	TWM	T655FOB	TWM	T676ASN	CFT
T572GSL	SAQ	T619VEW	NOG	T638JWB	PCW	T655KPU	SDEV	T676FOB	TWM
T575JNG	FEC	T620PNC	ANW	T639AJT	W&D	T656FOB	TWM	T676KPU	WK
T575KGB	SDEV	T621LNT	STA	T639EUB	AYO	T656KPU	SDEV	T677FOB	TWM
T576FFC	ALI	T621PNC	ANW	T639FOB	TWM	T656OEF	SNOE	T677KPU	B&H
T576JNG	FEC	T622PNC	ANW	T639JWB	JKN	T657APS	WIT	T678FOB	TWM
T577ASN	NXD	T622SEJ	FCY	T640AJT	W&D	T657FOB	TWM	T678KPU	CF
T577JNG	FEC	T623KFH	HAT	T640FOB	TWM	T657KPU	SDEV	T679FOB	TWM
T578JNG	FEC	T623PNC	ANW	T640JWB	AMR	T657OEF	SNOE	T679KPU	CF
T578KGB	SWC	T623SEJ	FCY	T640KCS	SWSC	T658FOB	TWM	T680FOB	TWM
T579JNG	FEC	T624EUB	AYO	T640KPU	SNOE	T658KPU	SDEV	T680KPU	BRY
T580JNG	FEC	T624SEJ	FCY	T641AJT	W&D	T658OEF	SNOE	T681FOB	TWM
T580JTD	BUV	T625EUB	AYO	T641FOB	TWM	T659FOB	TWM	T682FOB	TWM
T581JTD	CUB	T625SEJ	FCY	T641KCS	SWSC	T659KPU	WK	T682KPU	CED
T581KGB	ATS	T626EUB	AYO	T641KPU	SNOE	T659OEF	SNOE	T683FOB	TWM
T584SKG	SNW	T626NMJ	LOG	T642AJT	W&D	T660FOB	TWM	T684FOB	TWM
T591CGT	ASC	T626SEJ	FCY	T642BSS	SPA	T660KPU	SREN	T685FOB	TWM
T592CGT	ASC	T626SOA	JPT	T642FOB	TWM	T660OEF	SNOE	T686FOB	TWM
T593CGT	SSOU	T627EUB	AYO	T642KCS	SWSC	T660VWU	FWE	T686KPU	BRY
T594JLS	HQL	T627SEJ	FCY	T642KPU	SNOE	T661FOB	TWM	T687FOB	TWM
T599BRG	MLS	T628EUB	AYO	T643AJT	W&D	T661KPU	STAY	T687KPU	CED
T600BCL	CHW	T628FOB	TWM	T643FOB	TWM	T661OBD	SNOE	T688FOB	TWM
T600NDY	THA	T628NMJ	RAW	T643KPU	SNOE	T661OEF	SNOE	T688KPU	GRN
T600WCM	WCM	T628SEJ	FCY	T644AJT	W&D	T661VWU	FWE	T689FOB	TWM
T601DAX	WA	T629EUB	AYO	T644FOB	TWM	T662FOB	TWM	T689KPU	BRY
T601JBA	SNW	T629FOB	TWM	T644JWB	SOO	T662KPU	SNOE	T690FOB	TWM
T601JJC	EMP	T629SEJ	FCY	T644KPU	SNOE	T662OBD	SNOE	T690KPU	AMR
T602DAX	WA	T630EUB	AYO	T645AJT	W&D	T662VWU	FWE	T691KPU	WTR
T602MOA	TWM	T630FOB	TWM	T645FOB	TWM	T663FOB	TWM	T692KPU	CED
T603DAX	WA	T630JWB	BFT	T645HBF	ICS	T663KPU	SNOE	T692LNV	NEF
T603MOA	TWM	T630SEJ	FCY	T645KPU	SNOE	T663OBD	SNOE	T693KPU	GRN
T604DAX	WA	T631EUB	AYO	T645LAU	TAW	T663OEF	SNOE	T695KPU	WTR
T5604JBA	GLA	T631FOB	TWM	T646AJT	W&D	T663VWU	FWE	T696KPU	WTR
T604MOA	TWM	T631JWB	BFT	T646FOB	TWM	T664FOB	TWM	T696OCR	COT

T697FJW	TWM	T732JGB	FG	T803LLC	FDC	T821LLC	FG	T834MAK	FSY
T698EJB	CRG	T732OEF	SNOE	T803OHL	SYOR	T821MAK	FSY	T835LLC	FG
T698KPU	WTR	T733GPR	NAP	T803RFG	B&H	T821NMJ	ASC	T835MAK	FSY
T699APX	WCC	T733OEF	SNOE	T804CBW	GON	T821PNB	ANW	T836LLC	FG
T699KVX	SNW	T734OEF	SNOE	T804LLC	FEX	T822JBL	FBE	T836MAK	FSY
T700BUS	JUM	T735JGB	FG	T804RFG	B&H	T822LLC	FLN	T837LLC	FG
T700SLT	SLT	T735OEF	SNOE	T805CBW	GON	T822MAK	FSY	T837MAK	FSY
T701APX	EYM	T736FVN	SNOE	T805LLC	FG	T822NMJ	ASC	T838LLC	FG
T701JLD	FBE	T736JGB	FG	T805RBR	KCC	T822SFS	FWE	T838MAK	FSY
T701PND	FNW	T740JHE	LTR	T805RFG	B&H	T823JBL	FBE	T839LLC	FG
T701RCN	ANE	T741EKV	SBB	T806CBW	GON	T823LLC	FG	T839MAK	FSY
T701YDC	HAN	T741JHE	SEL	T806LLC	FLN	T823MAK	FSY	T840CCK	AVO
T702APX	NCC	T742JPO	SBM	T806RFG	B&H	T823NMJ	ASC	T840LLC	FG
T702BGB	GIC	T743JHE	ATW	T807CBW	GON	T823SFS	FWE	T840MAK	FSY
T702JLD	FLN	T743JPO	SBM	T807LLC	FLN	T824JBL	FBE	T841CCK	AVO
T702PND	FNW	T744JPO	SBM	T807RFG	B&H	T824LLC	FG	T841LLC	FG
T702RCN	ANE	T745JHE	ZBJ	T808CBW	GON	T824MAK	FSY	T841MAK	FSY
T703APX	NCC	T745JPO	SBM	T808LLC	FDC	T824NMJ	ASC	T842LLC	FG
T703JLD	FLN	T746JHE	ATW	T808RFG	B&H	T824SFS	FWE	T842MAK	FSY
T703PND	FNW	T746JPO	SBM	T809CBW	GON	T825JBL	FBE	T843LLC	FG
T704APX	NCC	T747JPO	SBM	T809LLC	FEX	T825LLC	FG	T843MAK	FSY
T704PND	FNW	T748JPO	SBM	T809RFG	B&H	T825MAK	FSY	T844JWB	ZDC
T705PND	FNW	T749CGT	ASS	T810CBW	GON	T825NMJ	ASC	T844LLC	FG
T705TCS	PUM	T749JPO	SBM	T810LLC	FEX	T825OBL	SDEV	T844MAK	FSY
T706PND	FNW	T754EGD	GHA	T810RDL	RSK	T825SFS	FNW	T845LLC	FG
T707PND	FNW	T757LFM	ACT	T810RFG	B&H	T826AFX	FHD	T845MAK	FNW
T708PND	FNW	T757VHO	SOO	T811CBW	OBC	T826GSE	CTM	T846LLC	FDC
T709UOS	ACM	T758JYB	VTC	T811LLC	FG	T826LLC	FG	T846MAK	FSY
T710SUT	MCM	T758LFM	ACT	T811RFG	B&H	T826MAK	FSY	T847LLC	FEX
T712NOE	TWM	T759LFM	ACT	T812CBW	OBC	T826NMJ	ASC	T847MAK	FSY
T712TCS	PUM	T760JYB	S&B	T812RFG	B&H	T826SFS	FNW	T848LLC	FG
T712UOS	BJL	T760LFM	HAL	T813CBW	OBC	T827AFX	FHD	T848MAK	FSY
T713NOE	TWM	T768RSF	VIP	T813KHH	CPE	T827JVR	COO	T849LLC	FEX
T714NOE	TWM	T777RWC	CHY	T813LLC	FG	T827LLC	FG	T849MAK	FSY
T714UOS	A&E	T777TLC	ZCA	T813RFG	B&H	T827MAK	FSY	T850ARV	CCS
T715NOE	TWM	T782LCH	CAT	T814CBW	OBC	T827NMJ	ATS	T850LLC	FEX
T716NOE	TWM	T782TSF	GSM	T814LLC	FG	T827SFS	FNW	T850MAK	FSY
T716TCS	MEW	T783KNW	BFG	T814RFG	B&H	T828AFX	FHD	T851MAK	FSY
T716UOS	A&E	T788RDV	SDEV	T815CBW	OBC	T828LLC	FG	T852LLC	FEX
T717DAX	CYM	T789XVO	KON	T815LLC	FG	T828MAK	FSY	T852MAK	FSY
T717NOE	TWM	T793TWX	SAN	T815MAK	FSY	T828NMJ	ATS	T853MAK	FSY
T717UOS	TEL	T794TWX	MUN	T815RFG	B&H	T828SFS	FNW	T854KLF	FEX
T718JHE	MAJ	T795TWC	HMS	T816LLC	FG	T829AFX	FHD	T854MAK	FSY
T718NOE	TWM	T796BGD	ESB	T816MAK	FSY	T829LLC	FG	T855EMO	JOH
T721KFJ	LID	T798FRU	CFT	T816RFG	B&H	T829MAK	FSY	T855MAK	FSY
T722JHE	KIC	T799FRU	AEY	T817ASR	MBL	T829NMJ	ATS	T856MAK	FSY
T723JHE	ROI	T800BUS	JUM	T817LLC	FDC	T829SFS	FNW	T857MAK	FSY
T724UOS	SML	T800NDY	THA	T817MAK	FSY	T830LLC	FG	T858MAK	FSY
T726REU	FNW	T800SLT	SLT	T817RFG	B&H	T830MAK	FSY	T858RMW	EAL
T727OEF	SNOE	T801CBW	GON	T818LLC	FEX	T830RYC	FSA	T859JBC	SLK
T727REU	FNW	T801FRU	PIK	T818MAK	FSY	T831LLC	FG	T859MAK	FSY
T728OEF	SNOE	T801LLC	FEX	T818RFG	B&H	T831MAK	FSY	T860MAK	FSY
T728REU	FHD	T801OHL	SYOR	T819LLC	FDC	T831PNF	FSR	T861JBC	WID
T729OEF	SNOE	T801RFG	B&H	T819MAK	FSY	T831RYC	FSA	T861MAK	FSY
T729REU	FSA	T801RHW	FDC	T819RFG	B&H	T832LLC	FG	T862MAK	FSY
T730OEF	SNOE	T802CBW	GON	T820JBL	FBE	T832MAK	FSY	T863JBC	ZDD
T730REU	FSA	T802FRU	DEV	T820LLC	FG	T833LLC	FG	T863MAK	FSY
T731DGD	SLT	T802LLC	FDC	T820MAK	FSY	T833MAK	FSY	T864KLF	FEX
T731OEF	SNOE	T802OHL	SYOR	T820NMJ	ASC	T833RWC	HLC	T864MAK	FSY
T731REU	FSA	T802RFG	B&H	T820RFG	B&H	T833SBB	GVW	T865KLF	FG
T731UOS	NEA	T803CBW	GON	T821JBL	FBE	T834LLC	FG	T865ODT	FSY

T866JBC	VTC	T894KLF	FSY	T962LLB	BAW	TCZ1661	GBU	TCZ1755	GBU
T866JVR	ROY	T894LKJ	EDE	T965PVR	SYOR	TCZ1662	GBU	TCZ1756	GBU
T866KLF	FG	T895KLF	FSY	T969RYC	BBN	TCZ1663	GBU	TCZ1757	GBU
T866ODT	FSY	T896ATH	JBR	T972LLB	BAW	TCZ1664	GBU	TCZ1758	GBU
T867JBC	VTC	T896KLF	FSY	T973TBA	AST	TCZ1665	GBU	TCZ1759	GBU
T867ODT	FSY	T897KLF	FSY	T974TBA	AST	TCZ1666	GBU	TCZ1760	GBU
T868JBC	VTC	T898KLF	FSY	T975EAN	JBR	TCZ1667	GBU	TCZ1761	GBU
T868KLF	FG	T899ATH	JBR	T976OGA	STP	TCZ1668	GBU	TCZ1762	GBU
T868ODT	FSY	T899KLF	FSY	T976SRH	TDL	TCZ1669	GBU	TCZ1763	GBU
T869JBC	VTC	T900BUS	JUM	T977SRH	TDL	TCZ1670	GBU	TCZ1764	GBU
T869ODT	FSY	T900NDY	THA	T978SRH	TDL	TCZ1671	GBU	TCZ1765	GBU
T870KLF	FG	T900SLT	SLT	T979OGA	WEB	TCZ1672	GBU	TCZ1766	GBU
T870ODT	FSY	T900WCM	WCM	T979SRH	TDL	TCZ1673	GBU	TCZ1767	GBU
T870RGA	PEA	T901KLF	FSY	T980OGA	SMI	TCZ1674	GBU	TCZ1768	GBU
T871KLF	FG	T901RPT	HIS	T980SRH	TDL	TCZ1675	GBU	TCZ1769	GBU
T871ODT	FSY	T902JTD	CUB	T981LLB	BAW	TCZ1676	GBU	TCZ1770	GBU
T872JBC	ROY	T902KLF	FSY	T981WPN	BUT	TCZ1677	GBU	TCZ1771	GBU
T872MKL	LID	T903KLF	FSY	T982LBF	FNW	TCZ1678	GBU	TCZ1772	GBU
T872ODT	FSY	T904KLF	FSY	T982OGA	BBL	TCZ1679	GBU	TCZ1773	GBU
Y872RGA	ZEW	T905KLF	FSY	T983LBF	FNW	TCZ1680	GBU	TCZ1774	GBU
T873ODT	FSY	T905XCD	SSOU	T983OWA	POW	TCZ1681	GBU	TCZ1775	GBU
T874ODT	FSY	T906KLF	FSY	T984LBF	FNW	TCZ1682	GBU	TCZ1776	GBU
T874TGD	MCO	T907KLF	FSY	T984OWA	POW	TCZ1683	GBU	TCZ1777	GBU
T875HGT	WXC	T908LKE	MDC	T984WPN	OGD	TCZ1684	GBU	TCZ1778	GBU
T875ODT	FSY	T911KKM	ASC	T985LBF	FNW	TCZ1685	GBU	TCZ1779	GBU
T876HGT	WXC	T912KKM	ASC	T986LBF	FNW	TCZ1686	GBU	TCZ1780	GBU
T876ODT	FSY	T913KKM	ASC	T987LBF	FNW	TCZ1687	GBU	TCZ1781	BCB
T877HGT	WXC	T914KKM	ASC	T988KLF	FSY	TCZ1688	GBU	TCZ1782	GBU
T877JBC	FTC	T915KKM	ASC	T990KLF	FSY	TCZ1689	GBU	TCZ1783	GBU
T877ODT	FSY	T916KKM	ASC	T993PFH	SHIC	TCZ1690	GBU	TCZ1784	GBU
T877SSF	STP	T916SSF	FNW	T999PVC	PEW	TCZ1691	GBU	TCZ1785	BCB
T878JBC	JBR	T917KKM	ANW	TAA774	CLN	TCZ1692	GBU	TCZ1786	GBU
T878ODT	FSY	T917SSF	FNW	TAF755Y	TAY	TCZ1693	GBU	TCZ1787	GBU
T879JBC	JBR	T918KKM	ASC	TAZ3627	GCA	TCZ1694	GBU	TCZ1788	GBU
T879ODT	FSY	T918SSF	FNW	TAZ4047	JTR	TCZ1695	GBU	TCZ1789	GBU
T880ODT	FSY	T919KKM	ASC	TAZ4061	KIE	TCZ1696	GBU	TCZ1790	GBU
T880RBR	BLT	T919OWB	BLS	TAZ4062	KIE	TCZ1697	GBU	TCZ1791	GBU
T881JBC	M&C	T919SSF	FNW	TAZ4063	KIE	TCZ1698	GBU	TCZ1792	GBU
T881KLF	FEX	T920KKM	ANW	TAZ4064	KIE	TCZ1699	GBU	TCZ2700	GBU
T881ODT	FSY	T921KKM	ASC	TAZ4517	SEM	TCZ1701	GBU	TCZ6121	QMS
T881RBR	BLT	T922KKM	ANW	TAZ4518	SEM	TCZ1702	GBU	TCZ6122	QMS
T882JBC	LJL	T923REU	A1A	TAZ5004	2WT	TCZ1703	GBU	TCZ6123	QMS
T882ODT	FSY	T927PNV	SSOU	TAZ5285	KCH	TCZ1704	GBU	TCZ6124	QMS
T883KLF	FEX	T930REU	A1A	TAZ5542	HOW	TCZ1705	GBU	TCZ6183	GBC
T883ODT	FSY	T932EAN	BLT	TAZ9612	MIK	TCZ1706	GBU	TCZ6185	VAW
T884JBC	LOG	T933EAN	BLT	TAZ9613	MIK	TCZ1739	GBU	TCZ6276	JSS
T884KKJ	FCA	T934EAN	BLT	TAZ9629	MIK	TCZ1740	BCB	TCZ8461	CHD
T884KLF	FEX	T935EAN	BLT	TAZ9653	EDW	TCZ1741	BCB	TCZ9941	BCB
T884ODT	FSY	T936EAN	BLT	TBD278G	EMP	TCZ1742	BCB	TCZ9942	BCB
T884RBR	BLT	T936WWV	SSOU	TBD284G	EMP	TCZ1743	BCB	TCZ9943	BCB
T885JBC	MAJ	T937AYJ	SSOU	TBJ745W	BUC	TCZ1744	BCB	TCZ9944	BCB
T885KLF	FEX	T941RDE	RBC	TBX713	ALP	TCZ1745	BCB	TCZ9945	BCB
T888EXG	LEV	T945BNN	HOR	TBZ1114	ABG	TCZ1746	BCB	TCZ9946	BCB
T888TES	ZCP	T946BNN	REL	TBZ4381	AON	TCZ1747	GBU	TCZ9947	BCB
T889KLF	FSY	T947BNN	HOR	TBZ5793	GAM	TCZ1748	GBU	TCZ9948	BCB
T890KLF	FSY	T948BNN	HOR	TBZ5873	GAM	TCZ1749	GBU	TCZ9949	BCB
T891KLF	FSY	T948UEU	FGC	TC02PCC	PCO	TCZ1750	GBU	TCZ9950	BCB
T892KLF	FSY	T949BAK	MCD	TC03BBC	MON	TCZ1751	GBU	TCZ9951	BCB
T892LKJ	LFT	T949BNN	TBB	TCG4	LEW	TCZ1752	GBU	TCZ9952	BCB
T893KLF	FSY	T957ABF	MUS	TCK847	MAG	TCZ1753	GBU	TCZ9953	BCB
T893LKJ	EDE	T961ACC	WGH	TCV137Y	WIA	TCZ1754	GBU	TCZ9954	BCB

TCZ9955	BCB	TIB4749	AON	TIL4553	TOW	TIL7912	R&B	TJI3133	LES
TCZ9956	BCB	TIB4901	ZDT	TIL4557	BRI	TIL9716	CHZ	TJI3140	SMK
TCZ9957	BCB	TIB4956	AST	TIL4598	JEN	TIL8148	P&M	TJI3141	CLT
TCZ9958	BCB	TIB5004	WMC	TIL4679	WWT	TIL8177	SKC	TJI3145	GTS
TCZ9959	BCB	TIB5901	NMC	TIL4710	WSC	TIL8213	SKC	TJI4022	BRW
TCZ9960	BCB	TIB5903	WKB	TIL4734	AAR	TIL8238	EDW	TJI4024	SMP
TCZ9961	BCB	TIB5904	TVM	TIL4754	BRI	TIL8251	AUD	TJI4027	JVA
TCZ9962	BCB	TIB6060	66C	TIL5081	GAS	TIL8252	AUD	TJI4028	R&B
TCZ9963	BCB	TIB7650	P&K	TIL5084	GVE	TIL8272	EDT	TJI4030	APB
TCZ9964	BCB	TIB7836	CAM	TIL5406	WA	TIL8708	CRG	TJI4681	GUS
TCZ9965	BCB	TIB8565	ZEJ	TIL5407	WA	TIL8709	TIV	TJI4683	TAY
TDC852X	RWL	TIB8567	CHT	TIL5408	WA	TIL8748	DTT	TJI4685	RSC
TDC854X	FIT	TIB9157	ALP	TIL5411	EMB	TIL9041	WBK	TJI4688	RSC
TDK686J	QMS	TIB9380	CPE	TIL5412	ROY	TIL9066	CHZ	TJI4689	RSC
TDL856	SVS	TIJ929	CVL	TIL5416	PHO	TIL9067	RIG	TJI4690	RSC
TDR725	HAP	TIL1895	DUR	TIL5417	ZCL	TIL9071	M&H	TJI4693	TRX
TDT864S	JBT	TIL1173	OLA	TIL5507	EMB	TIL9074	EVL	TJI4694	GIR
TDY388	RAM	TIL1178	EMB	TIL5636	GIR	TIL9216	SEM	TJI4695	RSC
TDY946	RAM	TIL1182	WOO	TIL5637	RNC	TIL9217	SEM	TJI4732	BRC
TDZ1960	PWW	TIL1183	VTC	TIL5684	TRX	TIL9262	TAP	TJI4816	MUL
TDZ4612	EUR	TIL1184	TAP	TIL5704	GIR	TIL9302	TAP	TJI4822	RRT
TDZ6674	TDT	TIL1253	TIL	TIL5931	JAC	TIL9653	AUD	TJI4828	HIL
TDZ8157	SWC	TIL1254	TIL	TIL5973	TAP	TIL9685	SWC	TJI4830	ROM
TE7870	BUC	TIL1255	TIL	TIL5974	TAP	TIL9737	EVL	TJI4833	BAY
TEP286Y	WSC	TIL1256	TIL	TIL5975	TAP	TIL9773	EVL	TJI4834	AST
TEX914R	MIM	TIL1257	TIL	TIL6045	RIG	TIL9833	TIV	TJI4836	C&G
TEZ7403	SBU	TIL1258	TIL	TIL6491	RIG	TIL9834	TVM	TJI4838	FDC
TF10OXF	OBC	TIL1259	TIL	TIL6570	MAS	TIL9872	BML	TJI4860	AAC
TF56OXF	OBC	TIL1260	TIL	TIL6571	MAS	TIW113	SHA	TJI4927	2WT
TFO532	REI	TIL1263	TIL	TIL6572	MAS	TIW2316	VIC	TJI4929	GSN
TFX663	BAR	TIL1397	WIA	TIL6573	MAS	TIW2365	ORA	TJI5373	LOR
TFX966	SHIC	TIL1690	EDW	TIL6709	FOR	TIW2654	ATI	TJI5374	FRC
TG04HOF	CHP	TIL1691	EDW	TIL6710	W&D	TIW2668	FHT	TJI5375	SBU
TGE8R	STO	TIL2099	CFB	TIL6711	MWM	TIW3171	WIL	TJI5391	VTE
TGT65	TGT	TIL2177	GIR	TIL6713	W&D	TIW3902	STY	TJI5392	DOT
TGY698	JEF	TIL2329	GIT	TIL6714	W&D	TIW4227	GUM	TJI5393	DOT
TH04HOL	TIT	TIL2360	WTB	TIL6715	W&D	TIW5645	TRW	TJI5394	DOT
TH09NES	THR	TIL2405	CRE	TIL6716	W&D	TIW5698	ELR	TJI5399	JAC
TH09THO	THR	TIL2433	CUL	TIL6718	W&D	TIW5725	MAT	TJI5402	AMB
TH1451	WIB	TIL2506	BAY	TIL6725	W&D	TIW7700	KIN	TJI6264	HOU
THA636	THA	TIL2510	TDT	TIL6878	RNC	TIW8406	VIC	TJI6278	CHH
THA856	THA	TIL2511	ABG	TIL7165	TAP	TIW9024	BRR	TJI6301	KYC
THE788S	WIS	TIL2578	VTE	TIL7200	RIG	TIW9829	KOA	TJI6309	GHA
THM684M	LBP	TIL2720	VIS	TIL7490	MCW	TIW9962	MBT	TJI6312	LOR
THU514	GPT	TIL2744	SUM	TIL7509	TAP	TJ51HAN	DOL	TJI6323	TSY
THX102S	SUL	TIL2812	MDC	TIL7583	GHA	TJF757	CWS	TJI6327	PRM
THX105S	RRB	TIL3229	AAR	TIL7711	RIG	TJI1074	VIS	TJI6329	TDR
THX260S	ACH	TIL3230	CRE	TIL7733	RIG	TJI1328	KOA	TJI6900	MLN
THX261S	ZBD	TIL3338	AMB	TIL7735	RIG	TJI1670	RUF	TJI6925	SEL
THX271S	LBP	TIL3357	AAR	TIL7736	RIG	TJI1677	GRB	TJI7515	SIT
THX304S	SHO	TIL3383	CVP	TIL7758	RIG	TJI1678	GRB	TJI7518	GAS
THX401S	LBP	TIL3714	AUD	TIL7771	EMB	TJI1683	CSC	TJI7520	A&H
THX402S	LBP	TIL4032	FIT	TIL7772	EMB	TJI1684	CEL	TJI8784	BLC
TIA1642	GFS	TIL4034	FIT	TIL7774	RIG	TJI1685	RUF	TJI9143	HFX
TIA5599	CHY	TIL4036	SHO	TIL7852	AEY	TJI1698	VTC	TJI9147	HFX
TIB2057	COO	TIL4037	SHO	TIL7896	EXP	TJI1700	CSA	TJI9148	HFX
TIB2865	LID	TIL4038	SHO	TIL7898	RIG	TJI1702	ZAR	TJI9462	SVE
TIB3739	SSC	TIL4051	CBN	TIL7901	SEMS	TJI1983	GRI	TJN505R	HOR
TIB4040	OCT	TIL4230	MBL	TIL7902	RKT	TJI2807	WCK	TJT196X	MCC
TIB4568	ZCA	TIL4508	TAP	TIL7904	GIR	TJI2818	DOF	TJT788	PPH
TIB4587	SUP	TIL4527	GRY	TIL7909	GIR	TJI3130	REE	TJY761	FCL

TJZ3487	BLE	TND124X	AON	TSU182	TAL	TT54TVL	FDC		
TK07ADK	KIC	TND401X	ACW	TSU324	BOW	TT55GER	TIG	TXI1349	GBU
TK08ADK	KIC	TND409X	EMS	TSU603	STI	TT55TRU	FDC	TXI1351	BCB
TKU540	MOC	TND423X	DCA	TSU604	NCH	TT57BLU	BLU	TXI1352	GBU
TKU717	REI	TND426X	WOR	TSU607	WIB	TTC86	TVS	TXI1353	GBU
TKZ2011	DAB	TNL628S	TYC	TSU638	SWSC	TTK146	DOL	TXI1354	GBU
TKZ8771	CLC	TO54TRU	FSA	TSU642	BBD	TTK597	DOL	TXI1355	GBU
TKZ9791	BRI	TOF694S	ESB	TSU646	PRO	TTT162X	RNC	TXI1356	K&J
TKZ9792	BRI	TOI6161	PHI	TSU649	MDC	TU04TRU	FSA	TXI1357	GSN
TL07DGE	LOD	TOJ592S	MIC	TSV302	HOP	TU07SOU	SOU	TXI1358	K&J
TL54TVL	FDC	TOT987	GFS	TSV497	VRT	TUB250R	ACH	TXI1359	K&J
TLZ1194	BLE	TOU962	VAL	TSV618	HST	TUJ261	GRB	TXI2087	CCW
TLZ2623	C&G	TP06ELL	ELS	TSV677	DJI	TUT5X	COP	TXI2251	MCO
TLZ2656	PSL	TPD118X	JEF	TSV718	STAY	TUT660S	ALE	TXI2425	PEN
TLZ2657	HOP	TPD120X	SGD	TSV719	BBD	TUT888H	RNC	TXI2426	COO
TLZ2658	PSL	TPD129X	LOB	TSV720	SREN	TUW112	SHA	TXI3750	MAX
TLZ2659	PSL	TPX884	ROT	TSV721	SWSC	TVG397	SIM	TXI4242	MCO
TLZ7781	ACC	TR10AND	ROV	TSV722	BBD	TVP863S	ESB	TXI6706	C&G
TLZ9315	TTS	TR10BUS	WBU	TSV757	ZCH	TVS619	EAR	TXI6708	BYS
TLZ9401	WKN	TR57HCR	HAR	TSV778	BBD	TVY659	BOW	TXI7865	GML
TLZ9402	WKN	TRM15S	CLT	TSV781	BBD	TW08FDW	TRW	TXI7869	HMC
TLZ9420	PSL	TRM144	SHIC	TSV788	EDW	TW09TDW	TRW	TXI7873	MGI
TLZ9424	PSL	TRN772	STE	TSV807	WRB	TW53WMS	WTH	TXI8754	STW
TLZ9425	PSL	TRN808V	PCN	TSV956	MOA	TWH698T	B&W	TXI8756	GOD
TLZ9426	PSL	TRR814R	WJC	TSV986	EDT	TWY7	AYO	TXI8764	HGI
TLZ9461	PSL	TRT181	DHC	TT03TRU	FDC	TX06NEX	FCY	TXY978	EBC
TLZ9462	PSL	TRX615	BOW	TT04TRU	FDC	TXI1341	GBU	TYR3R	RSR
TLZ5469	PSL	TS07GAS	GAS	TT05TRU	FDC	TXI1342	GBU	TYR4R	RSR
TM52BUS	TMH	TS08PBS	BUD	TT06CJT	TUR	TXI1343	GBU	TYR5R	RSR
TMA61J	ATE	TSJ64S	AVC	TT06NEX	FDC	TXI1344	GBU	TYR6R	RSR
TMD292Y	RNC	TSJ71S	KOA	TT06PSW	PSW	TXI1345	GBU	TYR7R	RSR
TMS405X	SUE	TSJ61S	APE	TT07TAW	TAW	TXI1346	GBU	TYR8R	RSR
TMS407X	KOA	TSO20X	EMP	TT07TRU	FDC	TXI1347	GBU	TYR95	QMS
TMY700	LOD	TSO30X	CLN	TT10GER	TIG	TXI1348	GSN	TYT653	TIT

U

UA5013	TTC	UCZ8320	GBU	UCZ8807	BCB	UEZ2409	GBU	UEZ2432	GBU
UAA686	VIS	UCZ8321	GBU	UCZ8808	BCB	UEZ2410	GBU	UEZ2433	GBU
UAR247Y	APL	UCZ8322	GBU	UD1100	TTC	UEZ2411	GBU	UEZ2434	GBU
UAR250Y	APL	UCZ8323	GBU	UDL453	YUL	UEZ2412	GBU	UEZ2435	GBU
UAR776Y	APL	UCZ8324	BCB	UDL668S	JBT	UEZ2413	GBU	UEZ2436	GBU
UAX891	MPC	UCZ8325	BCB	UDL671S	W&D	UEZ2414	GBU	UEZ2437	GBU
UBC464X	HAP	UCZ8326	BCB	UDL718	HRD	UEZ2415	GBU	UEZ2438	GBU
UBC644X	SOO	UCZ8327	BCB	UDX105	CLE	UEZ2416	GBU	UEZ2439	GBU
UBZ3360	PCW	UCZ8328	GBU	UDY512	RAM	UEZ2417	GBU	UEZ2440	GBU
UBZ3362	GHA	UCZ8329	GBU	UDY910	RAM	UEZ2418	GBU	UEZ2441	GBU
UBZ3961	DCO	UCZ8793	BCB	UDZ3004	AUD	UEZ2419	GBU	UEZ2442	GBU
UCD528	HQL	UCZ8794	BCB	UDZ7332	SOO	UEZ2420	GBU	UEZ2443	GBU
UCE836	CLS	UCZ8795	BCB	UDZ7333	SOO	UEZ2421	GBU	UEZ2444	GBU
UCS659	SWSC	UCZ8796	BCB	UDZ7580	TYR	UEZ2422	GBU	UEZ2445	GBU
UCT838	BLD	UCZ8797	BCB	UEL489	W&D	UEZ2423	GBU	UEZ2456	K&J
UCW162X	STD	UCZ8798	BCB	UEZ2401	GBU	UEZ2424	GBU	UF03HOF	BEL
UCY629	HIG	UCZ8799	BCB	UEZ2402	GBU	UEZ2425	GBU	UF10OXF	OBC
UCZ3032	HEB	UCZ8800	BCB	UEZ2403	GBU	UEZ2426	GBU	UF56OXF	OBC
UCZ7766	CHC	UCZ8801	BCB	UEZ2404	GBU	UEZ2427	GBU	UF4813	SSOU
UCZ8316	GBU	UCZ8802	BCB	UEZ2405	GBU	UEZ2428	GBU	UF8837	CCB
UCZ8317	GBU	UCZ8804	BCB	UEZ2406	GBU	UEZ2429	GBU	UFC221	BOW
UCZ8318	GBU	UCZ8805	BCB	UEZ2407	GBU	UEZ2430	GBU	UFH277	RNC
UCZ8319	GBU	UCZ8806	BCB	UEZ2408	GBU	UEZ2431	GBU	UFX360L	DEW

UFX852S KON	UIL7828 JJT	UKZ2846 BAD	UOI9163 PSN	UU08BLU BLU
UFX857S CCB	UIL7829 ALE	UKZ2873 BAD	UOL337 MRS	UU08SOU SOU
UG1066 EOH	UIL7957 GRL	UKZ2874 BAD	UOL387 BOW	UU53BOY GOB
UGE471 AUS	UIL8043 TEV	UKZ2917 BAD	UPB331S CRK	UU54BOY GOB
UH55UNO UNO	UIL9043 POY	UKZ2923 BAD	UPV337 CHY	UU55BOY GOB
UHG142V GRI	UIW2135 D&B	UKZ2926 BAD	UPV487 BAD	UU57BOY GOB
UHG143V GRI	UIW2285 BLC	UKZ2932 BAD	URA481X ROY	UU59BOY GOB
UHG354Y SCB	UJ55UNO UNO	UKZ2934 PCA	URH341 ZER	UUB402 SIM
UHG741R ESB	UJI1007 EUR	UKZ2935 PCA	URN168Y SCB	UUB403 SIM
UHR412 SPA	UJI1222 STD	UKZ5456 OGD	URN170Y SCB	UUB404 SIM
UHY374 B&W	UJI1758 FIS	UKZ5457 OGD	URN172Y THR	UUD12 RAM
UIA29 RNC	UJI1761 SWB	UKZ5458 OGD	URN989 ROY	UUM943W JSS
UIB2948 SLE	UJI1765 WLA	UKZ5459 OGD	URR198G MOX	UVD530 REI
UIB3169 DMO	UJI1778 PRY	UKZ5466 WTR	URS318X FAB	UVS158 STU
UIB3987 SRK	UJI2184 TFB	UKZ5476 BAD	URS321X GCT	UVY412 BRI
UIB7470 MGR	UJI2436 MAN	UKZ5477 FCA	URU651X RVY	UWP96R DUD
UIB9492 VAW	UJI2439 ELR	UKZ5491 BAD	URU690S W&D	UWR498 WGH
UIJ412 CEN	UJI2507 W&D	UKZ6645 OGD	US58PBS BUD	UWV604S RLI
UIJ648 WOR	UJI3790 ABT	UKZ6653 OGD	USU345 CRN	UWV607S CCB
UIJ742 MTC	UJI3791 BAD	UKZ6768 RWY	USU365 PRO	UWV614S RLI
UIL1250 RSS	UJI3793 WEB	UKZ7131 DAB	USU638 LIN	UWV622S EMP
UIL1270 RSS	UJI4520 JBR	UKZ7139 CLC	USU643 AUS	UWV623S CCW
UIL1459 PRY	UJI4521 LID	UKZ7140 CLC	USU662 NXD	UWW2X CCW
UIL1681 UKP	UJI4526 MMC	UKZ7821 IVG	USU907 LMC	UWW3X SDEV
UIL2527 CTM	UJI6312 SMS	UKZ7822 HLO	USV115 SVE	UWW5X BLT
UIL2720 MTC	UJI6313 GRI	UKZ8512 ROI	USV330 REW	UWW8X CFL
UIL2721 CHD	UJI7938 BOS	UKZ9470 CHC	USV331 REW	UWW9X CFL
UIL2722 NCO	UJI8782 FRK	UKZ9471 CHC	USV511 REW	UWW10X CFL
UIL2724 QMS	UJI9074 EUR	UKZ9472 CHC	USV556 REW	UWW11X BLT
UIL2726 CHD	UJI9374 ROI	UKZ9473 CHC	USV562 REW	UWW15X BLT
UIL4223 WTB	UJI9375 ROI	UL55UNO UNO	USV577 REW	UXI551 EBC
UIL4705 HKW	UJL270 SLE	ULJ257J TRC	USV605 REW	UXI1364 GBU
UIL4720 ANS	UJN744Y KJB	ULS658T WJC	USV620 REW	UXI1368 GBU
UIL5167 BOD	UJT366 JBT	ULZ1895 ABG	USV625 REW	UXI1370 LSW
UIL6864 ZDC	UK03LLC TGM	ULZ1896 ABG	USV628 REW	UXI1371 GBU
UIL6865 ZDC	UK04BCL OFJ	ULZ9529 STD	USV630 REW	UXI1372 WOT
UIL7209 GMY	UK04TGM ASN	UMO58 CRE	USV676 REW	UXI1374 GBU
UIL7464 LAM	UK04TGT PRM	UMR199T THD	USV791 GHA	UXI1375 WOT
UIL7808 SHIC	UK05BCL ZCO	UMS394 CRG	USV807 EDT	UXI1376 WOT
UIL7809 PWB	UK06BUZ BUZ	UN55UNO UNO	USV808 PRC	UXI1377 WOT
UIL7810 PWB	UK06LYN LTR	UNJ408 CRL	USV981 HQL	UXI1379 BCB
UIL7815 AQT	UK09DRM DRM	UO55UNO UNO	USY658 PWW	UXI1672 BRA
UIL7816 DEV	UK09HCR HAR	UOB894Y WBR	UT09CJT TUR	UXI1676 ELR
UIL7821 CHD	UK53AOL ALE	UOD541 HOP	UTF119 HWD	UXI4384 WOT
UIL7822 CHD	UK59BCL ZCO	UOI880 NAH	UTR705 BWC	UYD950W SWC
UIL7824 SWT	UKT552 FDC	UOI1830 HAP	UTS925S WOO	UYF463 WET
UIL7825 ALE	UKY627Y ALP	UOI2609 KIM	UU07BOY GOB	UYM551 GHA
UIL7826 ALE	UKZ2845 BAD	UOI2679 EMS		

V

V1BUS PBU	V2PKF KFY	V4HWD HWD	V7GMT BLV	V10BUT BBS
V1ESS STS	V2RED REW	V4JON BAG	V7MYL MVL	V10CBC GUM
V1FOR EMS	V2TCH CTT	V4JPT NBM	V7PCL AUT	V10HCT HAB
V1PEO ROW	V3BOY GOB	V4PKF KFY	V8GHA GHA	V10PSW PSW
V1PHC HUC	V3DLT EMM	V5BUS OLA	V8PCC SDEV	V10WTL WAL
V1PKF KFY	V3DSB CRC	V5PKF KFY	V8PCL BBN	V11AAD EAL
V1SFC CSC	V3JPT D&G	V6WGT TRH	V9DOT DOT	V11BUS IVG
V2AMS ABK	V3WBC WRB	V6WMS WED	V9PKF KFY	V11GMT BLV
V2FOS FFC	V4BOY GOB	V7GHA GHA	V9WMS WTH	V11PKF KFY

Code		Code		Code		Code		Code	
V11RBT	R&B	V58MOA	TWM	V101LGC	GWH	V118MEV	MIC	V133GBY	MEL
V12DJS	JHR	V59MOA	TWM	V101MOA	TWM	V118MVX	WK	V133MAK	SYOR
V12GMT	BLV	V61MOA	TWM	V102MEV	LON	V119FSF	FG	V133MVX	WK
V14CNG	C&G	V62MOA	TWM	V102MOA	TWM	V119GBY	MEL	V134DND	FED
V14GMT	BLV	V63MOA	TWM	V103DBB	SBO	V119LGC	REL	V134ESC	FWE
V14JPT	JPT	V64FSX	DCO	V103MEV	LON	V119MEV	SUL	V134GBY	MEL
V14NYA	LLA	V64MOA	TWM	V103MOA	TWM	V119MVX	WK	V134MAK	SYOR
V20PJC	VTE	V65MOA	TWM	V104MEV	LON	V120FSF	FG	V134MEV	LON
V22AAD	EAL	V67MOA	TWM	V104MOA	TWM	V120GBY	MEL	V134MVX	WA
V22ACT	ABB	V67SVY	TTR	V105MEV	LON	V120LVH	CBL	V135DND	FED
V22BLU	ANW	V68MOA	TWM	V105MOA	TWM	V120MVX	WK	V135ESC	FWE
V22CLC	CRL	V69GEH	FNW	V106MEV	LON	V122DND	FNW	V135MAK	SYOR
V22SLT	SLT	V69MOA	TWM	V106MOA	TWM	V122FSF	FG	V135MVX	WA
V22WGL	WGH	V71GEH	FNW	V107LVH	M&H	V122GBY	MEL	V136DND	FED
V28LUE	BLI	V71MOA	TWM	V107MEV	LON	V122LGC	LUC	V136ESC	FWE
V29LCH	PLY	V72MOA	TWM	V107MOA	TWM	V122MVX	WK	V136MAK	SYOR
V30BUS	IVG	V73DRB	BTL	V107MVX	SSOU	V124DND	FNW	V136MEV	LON
V30LCH	PLY	V73EWH	A1A	V108DCF	CLK	V124GBY	MEL	V136MVX	WA
V32JST	SYOR	V73MOA	TWM	V108LVH	ZBR	V124MVX	WA	V137DND	FNW
V32MOA	TWM	V74DRB	BTL	V108MOA	TWM	V125DJA	SNW	V137ESC	FWE
V33BLU	ANW	V74MOA	TWM	V108MVX	SSOU	V125DND	FNW	V137LGC	LUC
V33SLT	SLT	V75MOA	TWM	V109DCF	REA	V125GBY	MEL	V137MAK	SYOR
V34ENC	ANW	V76MOA	TWM	V109LVH	TBB	V125MEV	CFL	V137MVX	WA
V34ESC	FED	V77CCH	CHC	V109MEV	LON	V125MVX	WA	V138DND	FNW
V34MOA	TWM	V78DBB	ERB	V109MOA	TWM	V126DJA	SNW	V138ESC	FWE
V35ENC	ANW	V78MOA	TWM	V109MVX	SSOU	V126DND	FED	V138MAK	SYOR
V35ESC	FED	V79JKG	MTL	V110DCF	REA	V126GBY	MEL	V138MEV	LON
V35HTG	NPT	V79MOA	TWM	V110ESF	GUM	V126JTG	ACO	V138MVX	WA
V35MOA	TWM	V81MOA	TWM	V110LVH	CBL	V126MEV	LON	V139DND	FED
V36HTG	NPT	V82EVU	ATS	V110MVX	SSOU	V126MVX	WA	V139ESC	FWE
V36MOA	TWM	V82MOA	TWM	V111CCH	CHC	V127DJA	SNW	V139MAK	SYOR
V37HTG	NPT	V83MOA	TWM	V112DCF	CUB	V127DND	FED	V139MEV	SUL
V37MOA	TWM	V84MOA	TWM	V112LGC	REL	V127GBY	MEL	V139MVX	WA
V38HTG	NPT	V85LYS	SNO	V112LVH	FWE	V127JTG	ACO	V140DND	FED
V38MOA	TWM	V85MOA	TWM	V112MEV	LON	V127MEV	LON	V140ESC	FWE
V39HTG	NPT	V86LYS	SAA	V112MVX	WK	V127MVX	WA	V140HTG	NPT
V39MOA	TWM	V86MOA	TWM	V113DCF	CUB	V128DJA	SNW	V140MAK	SYOR
V40DGE	LOD	V87MOA	TWM	V113LVH	FWE	V128DND	FED	V140MEV	LON
V40JLS	LSK	V89MOA	TWM	V113MEV	LON	V128GBY	MEL	V140MVX	WA
V40WGL	WGH	V90CBC	JJT	V113MVX	WK	V128MEV	LON	V141DND	FNW
V41DTE	FNW	V90EEN	NEV	V114DCF	REA	V128MVX	WA	V141ESC	FWE
V41MOA	TWM	V90JLS	LSK	V114LVH	FWE	V129DJA	SNW	V141MAK	SYOR
V42DTE	FNW	V91JBM	BCS	V114MEV	LON	V129DND	FED	V141MEV	LON
V42MOA	TWM	V91LYS	BRW	V114MVX	SNW	V129GBY	MEL	V141MVX	EA
V43DTE	FNW	V91MOA	TWM	V115DCF	REA	V129MEV	LON	V142DND	FNW
V43MOA	TWM	V91UVY	ZBU	V115LVH	FWE	V129MVX	WA	V142ESC	FG
V45MOA	TWM	V92JBM	BCS	V115MEV	ENS	V130DND	FED	V142LGC	LUC
V46MOA	TWM	V92MOA	TWM	V115MVX	SDEV	V130GBY	MEL	V142MAK	SYOR
V47MOA	TWM	V93LYS	BRW	V116ESL	GBC	V130MEV	LON	V142MEV	SUL
V48MOA	TWM	V93MOA	TWM	V116FSF	FG	V130MVX	WA	V142MVX	SWSC
V49MOA	TWM	V94MOA	TWM	V116GWP	BLE	V131DND	FNW	V143ESC	FG
V51MOA	TWM	V95MOA	TWM	V116MEV	SUL	V131GBY	MEL	V143FOS	JTK
V52MOA	TWM	V96LYS	EUT	V116MVX	SNW	V131MEV	THD	V143MAK	HBC
V53MOA	TWM	V96MOA	TWM	V117DLH	FNW	V131MVX	WA	V143MEV	LON
V54MOA	TWM	V97MOA	TWM	V117ESL	GBC	V132DND	FNW	V143MVX	SWSC
V55CCH	CHC	V98	TAR	V117FSF	FG	V132GBY	MEL	V144MAK	HBC
V56KWO	LCL	V98MOA	TWM	V117MEV	SUL	V132LKM	CHP	V144MEV	LON
V56MOA	TWM	V100CBC	FCA	V117MVX	HWS	V132MVX	WA	V144MVX	WA
V57KWO	SOA	V100LCT	CTM	V118FSF	FG	V133DND	FNW	V145LGC	JOH
V57MOA	TWM	V100OJW	SAP	V118GBY	MEL	V133ESC	FWE	V145MEV	LON
V58KWO	GSM	V100WCM	WCM	V118LVH	LOD	V133ESF	SBP	V145MVX	WA

V146LGC	AST	V162MEV	LON	V175MVX	WK	V196DRC	BLA	V207OOE	TDL		
V146MEV	LON	V162MVX	LON	V176ESL	NXD	V196EBV	PBT	V207PCX	AYO		
V146MVX	SWSC	V163DFT	SNW	V176MEV	LON	V196ERG	GON	V208DJR	ANE		
V147MEV	ENS	V163EFS	NAH	V176OOE	TDL	V196MEV	LON	V208EAL	ZAV		
V147MVX	CWL	V163MEV	LON	V177ESL	NXD	V197DRC	BLA	V208EBV	K&D		
V148MEV	LON	V163MVX	LON	V177MEV	LON	V197ERG	GON	V208ENU	POW		
V148MVX	CWL	V164DFT	SNW	V177MOA	TWM	V197MEV	LON	V208ERG	GON		
V149MEV	LON	V164MEV	LON	V177OOE	TDL	V198DRC	HUN	V208KDA	ARM		
V149MVX	CWL	V164MVX	CNT	V178ESL	NXD	V198ERG	GON	V208MEV	LON		
V150MEV	LON	V165DFT	SNW	V178MEV	LON	V198MEV	LON	V208OOE	TDL		
V150MVX	CWL	V165ESL	NXD	V178OOE	TDL	V199ERA	TRW	V208PCX	AYO		
V151DFT	SNW	V165MEV	LON	V179ESL	NXD	V199ERG	GON	V209DJR	ANE		
V151JKG	CBU	V165MVX	CNT	V179MEV	LON	V199MEV	LON	V209EBV	K&D		
V151MEV	LON	V166DEF	SNOE	V179OOE	TDL	V200OCC	CWS	V209ENU	POW		
V151MVX	SWSC	V166DFT	SNW	V180OOE	TDL	V200OER	ELC	V209ERG	GON		
V152DFT	SNW	V166ESL	NXD	V181MEV	LON	V200RAD	LUC	V209JLG	WBT		
V152EFS	NAH	V166MEV	LON	V181OOE	TDL	V200VHO	IND	V209KDA	ARM		
V152JKG	CBU	V166MVX	CNT	V182MEV	LON	V201ENU	TBB	V209LGC	GAL		
V152MEV	LON	V167DFT	SNW	V182OOE	TDL	V201ERG	GON	V209MEV	LON		
V152MVX	CNT	V167ESL	NXD	V183MEV	LON	V201KDA	ARM	V209PCX	AYO		
V153DFT	SNW	V167MEV	LON	V184MEV	LON	V201MEV	LON	V210DJR	ANE		
V153EFS	YOB	V167MVX	CNT	V184OOE	TDL	V201PCX	AYO	V210EBV	HAD		
V153JKG	CBU	V167MYS	MCO	V185MEV	LON	V202EAL	WSN	V210ENU	HUN		
V153MEV	LON	V168DFT	SNW	V186ERG	GON	V202ENU	TBB	V210ERG	GON		
V153MVX	WA	V168ESL	NXD	V186MEV	LON	V202ERG	GON	V210JLG	WBT		
V154DFT	SNW	V168MEV	LON	V860OOE	SRK	V202KDA	ARM	V210KDA	ARM		
V154EFS	HOR	V168MVX	CNT	V187EAM	THD	V202MEV	LON	V210MEV	LON		
V154JKG	CBU	V168MYS	MCO	V187ERG	GON	V202OOE	TDL	V210PCX	AYO		
V154LUA	FBE	V169DFT	SNW	V187OOE	TDL	V203EAL	WSN	V211DJR	ANE		
V154MEV	LON	V169ESL	NXD	V188EAM	THD	V203ENU	KON	V211ERG	GON		
V154MVX	WA	V169MEV	LON	V188ERG	GON	V203ERG	GON	V211JLG	WBT		
V155DFT	SNW	V169MVX	CNT	V188MEV	LON	V203KDA	ARM	V211JMB	HCL		
V155JKG	CBU	V169MYS	MCO	V188OOE	TDL	V203MEV	LON	V211KDA	ARM		
V155MEV	LON	V169NGE	WMC	V189EAM	THD	V203OOE	TDL	V211MEV	LON		
V155MVX	WA	V170DFT	SNW	V189ERG	GON	V203PCX	AYO	V211PCX	AYO		
V156DFT	SNW	V170ESL	NXD	V189OOE	TDL	V204ENU	KON	V212DJR	ANE		
V156EFS	YOB	V170MEV	LON	V190EAM	THD	V204ERG	GON	V212ERG	GON		
V156JKG	CBU	V170MOA	TWM	V190EBV	PBT	V204KDA	ARM	V212JLG	WBT		
V156MEV	LON	V170MVX	CNT	V190ERG	GON	V204MEV	LON	V212KDA	ARM		
V156MVX	CNT	V170MYS	MCO	V190MEV	LON	V204OOE	TDL	V212MEV	LON		
V157DFT	SNW	V171DFT	SNW	V190OOE	TDL	V204PCX	AYO	V212PCX	AYO		
V157JKG	CBU	V171DVK	ERB	V191EAM	THD	V205EAL	CRG	V213DJR	ANE		
V157MEV	LON	V171EPS	GCB	V191EBV	PBT	V205ENU	KON	V213ERG	GON		
V157MVX	CWL	V171ESL	NXD	V191ERG	GON	V205ERG	GON	V213JLG	WBT		
V158DFT	SNW	V171MEV	LON	V191MEV	HYT	V205KDA	ARM	V213KDA	ARM		
V158JKG	CBU	V171MVX	CNT	V191OOE	TDL	V205MEV	LON	V213MEV	LON		
V158MEV	LON	V172DFT	SSOU	V192EBV	PBT	V205OOE	TDL	V213PCX	AYO		
V158MVX	PDB	V172ESL	NXD	V192ERG	GON	V205PCX	AYO	V214DJR	ANE		
V159DFT	SNW	V172FFS	CFT	V192MEV	LON	V206DJR	ANE	V214ERG	GON		
V159EFS	KIE	V172MEV	LON	V192OOE	TDL	V206EAL	HWD	V214JLG	WBT		
V159MEV	LON	V172MVX	CNT	V193EBV	PBT	V206EBV	TDE	V214KDA	ARM		
V159MVX	CNT	V173ESL	NXD	V193ERG	GON	V206ERG	GON	V214MEV	LON		
V160DFT	SNW	V173FFS	CFT	V193MEV	LON	V206KDA	ARM	V215ERG	GON		
V160EFS	YOB	V173MEV	LON	V193OOE	TDL	V206MEV	LON	V215JLG	WBT		
V160MEV	LON	V173MVX	WK	V194EBV	PBT	V206OOE	TDL	V215KDA	ARM		
V160MVX	EA	V174ESL	NXD	V194ERG	GON	V206PCX	AYO	V215MEV	LON		
V161DFT	SNW	V174MEV	LON	V194MEV	LON	V207DJR	ANE	V215PCX	AYO		
V161MEV	LON	V174MVX	WK	V194OOE	TDL	V207EBV	TDE	V216DBX	PPH		
V161MVX	LON	V175EPS	GCB	V195EBV	PBT	V207ERG	GON	V216ERG	GON		
V162DFT	SNW	V175ESL	NXD	V195ERG	GON	V207KDA	ARM	V216JLG	WBT		
V162EFS	HOR	V175MEV	LON	V195MEV	LON	V207MEV	LON	V216KDA	ARM		

Reg	Code	Reg	Code	Reg	Code	Reg	Code	Reg	Code	Reg	Code
V216MEV	LON	V234HBH	ATS	V262ESX	SREN	V286HBH	ATS	V312GLB	MEL	V312GLB	MEL
V216PCX	AYO	V234KDA	ARM	V262HBH	ATS	V287DBR	PRO	V312JMB	HCL	V312JMB	HCL
V217DSS	DIC	V234LWU	CFB	V262HEC	BLT	V287HBH	ATS	V312LGC	GAL	V312LGC	GAL
V217ERG	GON	V235HBH	ATS	V263BNV	DOY	V288HBH	ATS	V312NGD	ASW	V312NGD	ASW
V217JLG	WBT	V235KDA	ARM	V263DRC	NCT	V289HBH	ATS	V313GBY	FG	V313GBY	FG
V217KDA	ARM	V236HBH	ATS	V263ESX	SREN	V290HBH	ATS	V313GLB	MEL	V313GLB	MEL
V217MEV	LON	V236KDA	ARM	V263HBH	ATS	V291HBH	ATS	V313LGC	GAL	V313LGC	GAL
V217PCX	AYO	V236LWU	VTC	V263HEC	BLT	V292HBH	ATS	V313NGD	ASW	V313NGD	ASW
V218ERG	GON	V237HBH	ATS	V264BNV	DOY	V293HBH	ATS	V314DSL	BBD	V314DSL	BBD
V218JLG	WBT	V237KDA	ARM	V264DTE	PCW	V293UVY	GWH	V314GBY	FG	V314GBY	FG
V218KDA	ARM	V238HBH	ATS	V264ESX	STAY	V294HBH	ATS	V314GLB	MEL	V314GLB	MEL
V218LGC	GAL	V238KDA	ARM	V264HBH	ATS	V298EAK	PPH	V314LGC	GAL	V314LGC	GAL
V218MEV	LON	V239HBH	ATS	V264HEC	BLT	V301LGC	GAL	V315GBY	FWE	V315GBY	FWE
V218PCX	AYO	V239KDA	ARM	V265HBH	ATS	V301MDP	ABS	V315GLB	MEL	V315GLB	MEL
V219ERG	GON	V244GNP	YAR	V265HEC	BLT	V302LGC	GAL	V315KGW	ABS	V315KGW	ABS
V219KDA	ARM	V246BNV	MUN	V266BNV	GWM	V302MDP	ABS	V315LGC	GAL	V315LGC	GAL
V219MEV	LON	V247BNV	COG	V266DRC	NCT	V303GLB	MEL	V316DSL	STAY	V316DSL	STAY
V220ERG	GON	V249DLH	EAC	V266ESX	SREN	V303JMB	HCL	V316GBY	FWE	V316GBY	FWE
V220KDA	ARM	V250BNV	HED	V266HBH	ATS	V303LGC	GAL	V316GLB	MEL	V316GLB	MEL
V220LGC	GAL	V251BNV	FSR	V266HEC	BLT	V303MDP	ABS	V316JTO	COS	V316JTO	COS
V220MEV	LON	V252ESX	STAY	V267BNV	GWM	V304EAK	VTC	V316KGW	ABS	V316KGW	ABS
V220PCX	AYO	V252HBH	ATS	V267DRC	NCT	V304JMB	HCL	V317DSL	STAY	V317DSL	STAY
V221DLB	APB	V252JRR	NCT	V267ESX	SREN	V304LGC	GAL	V317GBY	FWE	V317GBY	FWE
V221ERG	GON	V252LKM	NEF	V267HBH	ATS	V304MDP	ABS	V317GLB	MEL	V317GLB	MEL
V221GLS	FG	V253BNV	ZAE	V267HEC	BLT	V305EAK	VTC	V317KGW	ABS	V317KGW	ABS
V221KDA	ARM	V253HBH	ATS	V268BNV	DOY	V305JMB	HCL	V317LGC	GAL	V317LGC	GAL
V221MEV	LON	V253JRR	NCT	V268DRC	NCT	V305KGW	ABS	V318GBY	FLN	V318GBY	FLN
V221PCX	AYO	V253VSX	SNW	V268ESX	SREN	V305LGC	GAL	V318KGW	ABS	V318KGW	ABS
V222JDY	RAM	V254BNV	FSR	V268HBH	ATS	V305MDP	ABS	V319GBY	FLN	V319GBY	FLN
V223KDA	ARM	V254HBH	ATS	V268HEC	BLT	V306JAT	ZEO	V319LGC	GAL	V319LGC	GAL
V223LGC	RMS	V254JRR	NCT	V269DRC	MOS	V306JMB	HCL	V320EAK	WBH	V320EAK	WBH
V223PCX	AYO	V255EFR	ONE	V269HEC	BLT	V306KGW	ABS	V320GBY	FWE	V320GBY	FWE
V224FAL	CRS	V255ESX	BBD	V270BNV	NUV	V306LGC	GAL	V322GBY	FWE	V322GBY	FWE
V224KDA	ARM	V255JRR	NCT	V270DRC	MOS	V306MDP	ABS	V322KGW	ABS	V322KGW	ABS
V224PCX	AYO	V256BNV	SPW	V270HBH	ATS	V307GBY	FG	V322KMY	MEB	V322KMY	MEB
V225KDA	ARM	V256HBH	ATS	V271DRC	NCT	V307GLB	MEL	V322LGC	GAL	V322LGC	GAL
V225PCX	AYO	V256JRR	NCT	V271HBH	ATS	V307JAT	ZEO	V323EAL	CMB	V323EAL	CMB
V226KDA	ARM	V256VSX	SNW	V271HEC	BLT	V307JMB	HCL	V323GBY	FLN	V323GBY	FLN
V226LGC	GAL	V257BNV	COG	V272HBH	ATS	V307KGW	ABS	V323KGW	ABS	V323KGW	ABS
V226PCX	AYO	V257DRB	NCT	V272HEC	BLT	V307LGC	GAL	V323KMY	MEB	V323KMY	MEB
V227KAH	ANG	V257HBH	ATS	V273HBH	ATS	V307MDP	ABS	V324GBY	FLN	V324GBY	FLN
V227KDA	ARM	V257VSX	SNW	V273HEC	BLT	V308GBY	FG	V324KMY	MEB	V324KMY	MEB
V227PCX	AYO	V258DCC	SSH	V274HBH	ATS	V308GLB	MEL	V324LGC	GAL	V324LGC	GAL
V228KDA	ARM	V258DPS	LSK	V274HEC	BLT	V308KGW	ABS	V325GBY	FLN	V325GBY	FLN
V228LGC	GAL	V258DRB	NCT	V275ECN	SOO	V308LGC	GAL	V325KGW	ABS	V325KGW	ABS
V228PCX	AYO	V258EFR	BFG	V275HBH	ATS	V308MDP	ABS	V325KMY	MEB	V325KMY	MEB
V229DLB	HWS	V258ESX	SWSC	V275HEC	BLT	V309GBY	FG	V325LGC	GAL	V325LGC	GAL
V229KDA	ARM	V258HBH	ATS	V276DRC	NCT	V309GLB	MEL	V326DGT	ALN	V326DGT	ALN
V229LDE	SIL	V259DRB	NCT	V276HEC	BLT	V309KGW	ABS	V326GBY	FLN	V326GBY	FLN
V229XUB	AYO	V259ESX	STAY	V277DRC	PTW	V309MDP	ABS	V326KGW	ABS	V326KGW	ABS
V230HBH	ATS	V259HBH	ATS	V280HBH	ATS	V310GBY	FG	V326KMY	MEB	V326KMY	MEB
V230KDA	ARM	V260DJU	HIL	V281DRC	PCN	V310GLB	MEL	V326XDO	KIN	V326XDO	KIN
V231HBH	ATS	V260DRB	NCT	V281HBH	ATS	V310KGW	ABS	V327DGT	ALN	V327DGT	ALN
V231KDA	ARM	V260HBH	ATS	V282HBH	ATS	V310LGC	GAL	V327EAL	LOG	V327EAL	LOG
V232HBH	ATS	V260VSX	SNW	V282SBW	OLY	V311GBY	FG	V327GBY	FLN	V327GBY	FLN
V232KDA	ARM	V261BNV	D&G	V283HBH	ATS	V311GLB	MEL	V327KGW	ABS	V327KGW	ABS
V232LWU	CFB	V261DRB	NCT	V283SBW	OLY	V311JMB	HCL	V327KMY	MEB	V327KMY	MEB
V233HBH	ATS	V261HBH	ATS	V284EBV	OMK	V311KGW	ABS	V327LGC	GAL	V327LGC	GAL
V233KDA	ARM	V261HEC	BLT	V284HBH	ATS	V311LGC	GAL	V328GBY	FLN	V328GBY	FLN
V233LGC	GAL	V262BNV	REL	V284SBW	MEB	V311NGD	ASW	V328KGW	ABS	V328KGW	ABS
V233LWU	LFT	V262DRC	NCT	V285HBH	ATS	V312GBY	FG	V328KMY	MEB	V328KMY	MEB

Reg	Code	Reg	Code	Reg	Code	Reg	Code	Reg	Code
V328XDO	DAN	V352DLH	FLN	V384EWE	SEMS	V416ECY	HWS	V451NGA	JJT
V329DGT	ALN	V353DGT	ALN	V384NOA	VCY	V421DGT	ATS	V452NGA	SMP
V329GBY	FLN	V354DGT	ALN	V384SVV	CNT	V421GBY	FWE	V453NGA	BLA
V329KGW	ABS	V354DLH	FLN	V385EWE	SEMS	V422DGT	ATS	V455MOA	TWM
V329KMY	MEB	V355DGT	ALN	V385JWK	GWM	V422KAG	ZBX	V460MOA	TWM
V329LGC	GAL	V355DLH	CBL	V385KVY	CLA	V423DGT	ARM	V462TVV	CF
V330DBU	FNW	V356DGT	ALN	V386JWK	GWM	V423DRC	NCT	V463TVV	CF
V330DGT	ALN	V356DLH	FLN	V386KVY	CLA	V423MOA	TWM	V464TVV	CF
V330EAK	WBH	V356DVG	FEC	V387HGG	HSW	V424DGT	ARM	V465ESL	PCW
V330GBY	FSA	V356EKY	RIC	V387KVY	CLA	V424DRC	NCT	V466MOA	TWM
V330KGW	ABS	V357DGT	ALN	V387SVV	CNT	V424MOA	TWM	V470GBF	FNW
V330KMY	MEB	V357DLH	FED	V388KVY	HQD	V425DGT	ARM	V470MOA	TWM
V330LGC	GAL	V357DVG	FEX	V388NOA	CLM	V425DRC	NCT	V472GBF	FNW
V331CVV	DOY	V358DGT	ALN	V388SVV	CNT	V425MOA	TWM	V473KJN	LON
V331DGT	ALN	V358DLH	HTL	V389HGG	HSW	V426DGT	ARM	V474KJN	LON
V331GBY	FSA	V358DVG	FEX	V389SVV	FSR	V426DRC	NCT	V475KJN	LON
V331KMY	MEB	V358EKY	RCN	V390HGG	EST	V426MOA	TWM	V476KJN	ENS
V331LGC	GAL	V358NDS	EUT	V390SVV	FSR	V427DGT	ARM	V477KJN	LON
V332CVV	MID	V359DGT	ALN	V391SVV	GWM	V427DRA	NCT	V477MOA	TWM
V332DGT	ALN	V359DLH	FED	V392KVY	ATS	V427MOA	TWM	V478FSF	ANS
V332EAK	BCO	V359DVG	FEX	V392SVV	SPS	V428DGT	ARM	V478KJN	ENS
V332GBY	FSA	V360DVG	FEX	V393KVY	ATS	V428DNB	EYM	V479KJN	ENS
V332LGC	GAL	V361DGT	ALN	V393SVV	FSR	V428DRA	NCT	V480MOA	TWM
V334EAK	KTW	V361DLH	COG	V394SVV	WXC	V428MOA	TWM	V484LCW	SNW
V334GBY	FSA	V361EKY	LCL	V395KVY	SWES	V429DGT	ARM	V485XJV	SHT
V334LGC	GAL	V362CNH	FED	V396SVV	TUT	V429DNB	EYM	V487HYW	BEC
V335DGT	ALN	V362DGT	ALN	V397SVV	ZFA	V429DRA	NCT	V488LGM	ROY
V335GBY	FSA	V362HKG	CWL	V398DPW	SAN	V429MOA	TWM	V488MOA	TWM
V335LGC	GAL	V362OWC	LON	V398SVV	ZAE	V430DGT	ARM	V490FSF	JJT
V336DGT	ALN	V363CNH	FED	V399SVV	WAL	V430DRA	NCT	V490MOA	TWM
V336LGC	GAL	V363DGT	ALN	V400CBC	CBN	V430GTW	FHD	V493NOH	BLA
V336MBV	K&J	V363EFR	HAT	V401JTO	TBB	V430MOA	TWM	V499MOA	TWM
V337DGT	ALN	V363OWC	LON	V401SVV	JTK	V431DGT	ARM	V500CBC	GUM
V337LGC	GAL	V364CNH	FED	V402JTO	TBB	V431DRA	NCT	V501DFT	ANE
V337MBV	ARM	V364DGT	ALN	V403JTO	TBB	V431GTW	FHD	V501EJR	RWL
V338DGT	ALN	V364ECD	BAW	V404ENC	ANW	V431MOA	TWM	V501FSF	NIC
V338LGC	GAL	V364OWC	LON	V404JTO	TBB	V432DGT	ALN	V502DFT	ANE
V338MBV	ARM	V365DGT	ALN	V405ENC	ANW	V432DRA	NCT	V502EFR	HBC
V339DGT	ALN	V365ECD	BAW	V405JTO	TBB	V433DGT	ALN	V502FSF	NIC
V341DGT	ALN	V368DTY	ATE	V406ENC	ANW	V433DRA	NCT	V503DFT	ANE
V342DGT	ALN	V368KLG	FNW	V406JTO	NCT	V433GTW	FHD	V503EFR	HBC
V343DGT	ALN	V369EAY	KTM	V407ENC	ANW	V433MOA	TWM	V504DFT	ANE
V343XVL	HUL	V369KLG	FNW	V407JTO	NCT	V434DGT	ALN	V504EFR	HBC
V344DGT	ALN	V370KLG	FNW	V407KKM	CTE	V434DRA	NCT	V505DFT	ANE
V344XDO	VTE	V371KLG	FNW	V408ENC	ANW	V434GTW	FHD	V506DFT	ANE
V345DGT	ALN	V372KLG	FNW	V408JTO	NCT	V434KGF	GON	V506EFR	HBC
V345DLH	FCY	V373KLG	FNW	V409ENC	ANW	V435DGT	ALN	V507DFT	ANE
V345XDO	BET	V374KLG	FNW	V410ENC	ANW	V435DRA	NCT	V507EFR	HBC
V346DGT	ALN	V377SVV	GWM	V410MOA	TWM	V435GTW	FHD	V508DFT	ANE
V346DLH	FCY	V379EWE	SEMS	V411ENC	ANW	V435KGF	GON	V508EFR	HBC
V347DGT	ALN	V379SVV	WXC	V411EWH	ZCE	V436DRA	NCT	V509DFT	ANE
V347DLH	FCY	V380EWE	SEMS	V412ENC	ANW	V436KGF	GON	V509KAW	BEC
V348DGT	ALN	V380HGG	ANG	V412KMY	MAG	V437KGF	GON	V510DFT	ANE
V348DLH	FCY	V380SVV	SPS	V412UNH	ATS	V439DLP	CEL	V510EFR	SYOR
V349DGT	ALN	V381EWE	SEMS	V413ENC	ANW	V440MOA	TWM	V511DFT	ANE
V349DLH	FED	V382EWE	SEMS	V413KMY	MAG	V444AJP	ABF	V511EFR	SYOR
V350DLH	FLN	V382SVV	CNT	V413UNH	ATS	V445EAL	NEA	V511ESC	LOT
V350EKY	DEV	V383EWE	SEMS	V414ENC	ANW	V448DYB	CMT	V512DFT	ANE
V351DGT	ALN	V383HGG	SDEV	V414KMY	MAG	V449EAL	BCH	V512EFR	SYOR
V351DLH	FLN	V383NOA	ZFA	V415ENC	ANW	V450EAL	CAT	V512ESC	LOT
V352DGT	ALN	V383SVV	CNT	V415KMY	STC	V450MOA	TWM	V512JTO	VTC

Reg	Code	Reg	Code	Reg	Code	Reg	Code	Reg	Code	Reg	Code
V513DFT	ANE	V542ESC	LOT	V589DVF	FEC	V623DJA	SNW	V656DVU	ANW	V674FEL	W&D
V513EFR	SYOR	V542JBH	K&D	V590DJC	ANW	V624DBN	ANW	V656HEC	TDE		
V513ESC	LOT	V543DYA	AVA	V590DVF	FEC	V624DJA	SNW	V657DVU	ANW		
V514DFT	ANE	V543ESC	LOT	V591DJC	ANW	V625DVU	ANW	V658DFX	SBM		
V514EFR	SYOR	V543JBH	TDE	V600CBC	CHW	V625ENJ	BAW	V658DVU	ANW		
V514ESC	LOT	V544ESC	LOT	V601DBC	ARM	V626DVU	ANW	V658HEC	TDE		
V515DFT	ANE	V544JBH	PAR	V601GCS	SWSC	V626ENJ	BAW	V659DVU	ANW		
V515EFR	SYOR	V544MOA	TWM	V601GGB	FG	V627DVU	ANW	V660DFX	W&D		
V515ESC	LOT	V545ESC	LOT	V602DBC	ARM	V628DVU	ANW	V660DVU	ANW		
V515XTL	SEMS	V545JBH	HAD	V602GCS	SWSC	V628LGC	ALN	V660HEC	TDE		
V516ESC	LOT	V547JBH	ACH	V602GGB	FG	V629DVU	ANW	V660LGC	ALN		
V516XTL	SEMS	V547JDW	TAY	V603DBC	ARM	V629KWR	VTC	V660LWT	HTT		
V517ESC	LOT	V548JBH	K&D	V603GCS	STAY	V630DVU	ANW	V661DFX	W&D		
V517XTL	SEMS	V549EHE	CML	V603GGB	FG	V630EEJ	CEN	V661DVU	ANW		
V518ESC	LOT	V549JBH	ACH	V604DBC	ARM	V631DVU	ANW	V662DFX	W&D		
V518XTL	SEMS	V550JBH	TDE	V604GCS	STAY	V632DVU	ANW	V662DVU	ANW		
V519ESC	LOT	V553ECC	ANW	V604GGB	FG	V633DVU	ANW	V663DFX	W&D		
V519XTL	SEMS	V554ECC	ANW	V605DBC	ARM	V633LGC	ALN	V663DVU	ANW		
V520ESC	LOT	V555ELF	CAV	V605GCS	SWSC	V634DVU	ANW	V664DVU	ANW		
V520XTL	SEMS	V556ECC	ANW	V605GGB	FG	V635DVU	ANW	V665DFX	W&D		
V521ESC	LOT	V557ECC	ANW	V606DBC	ARM	V636DVU	ANW	V665DVU	ANW		
V521XTL	SEMS	V558JBH	ACT	V606GCS	SWSC	V637DVU	ANW	V667DDC	SNOE		
V522ESC	LOT	V559JBH	CBL	V606GGB	FG	V638DVU	ANW	V667DFX	W&D		
V523ESC	LOT	V561JBH	ACT	V607DBC	ARM	V639DVU	ANW	V667DVU	ANW		
V524ESC	LOT	V561JFL	NOG	V607GGB	FG	V640DVU	ANW	V667FPO	NCC		
V525ESC	LOT	V563JBH	UNO	V608DBC	ARM	V640KVH	AYO	V668DDC	SNOE		
V526ESC	LOT	V564JBH	UNO	V608GGB	FG	V640LGC	ALN	V668DFX	SBM		
V527ESC	LOT	V565JBH	UNO	V609DBC	ARM	V641DVU	ANW	V668DVU	ANW		
V527ESH	FED	V571DJC	ANW	V609GGB	FG	V641KVH	AYO	V668FPO	NCC		
V527JBH	MTC	V571JMY	CHL	V609LGC	ASW	V642DVU	ANW	V669DDC	SNOE		
V528ESC	LOT	V572DJC	ANW	V610DBC	ARM	V643DVU	ANW	V669DFX	SBM		
V528ESH	FED	V572MKE	CHP	V610GGB	FG	V644DVU	ANW	V669DVU	ANW		
V529ESC	LOT	V572MOE	CUI	V610LGC	ASW	V645DVU	ANW	V669FPO	NCC		
V529ESH	FED	V573DDE	EUT	V611DBC	ARM	V646DVU	ANW	V670DAO	M&D		
V529JBH	MTC	V573DJC	ANW	V611LGC	ASW	V647DVU	ANW	V670DDC	SNOE		
V530ESC	LOT	V574DJC	ANW	V612DBC	ARM	V648DVU	ANW	V670DFX	W&D		
V530ESH	FED	V575DJC	ANW	V612DNL	ANE	V649DVU	ANW	V670DVU	ANW		
V530GDS	GON	V576DJC	ANW	V612LGC	ASW	V649EEF	RWN	V670FPO	NCC		
V531ESC	LOT	V577DJC	ANW	V613LGC	ASW	V649PHJ	WCG	V671DDC	SNOE		
V531ESH	FED	V577MOE	CUI	V614DJA	SNW	V650DVU	ANW	V671DVU	ANW		
V531GDS	GON	V578DJC	ANW	V614LGC	ASW	V650LGC	ALN	V671EDK	DOT		
V532ESC	LOT	V579DJC	ANW	V615DJA	SNW	V651DFX	W&D	V671FEL	W&D		
V532ESH	FED	V579JMY	TRX	V615LGC	ASW	V651DVU	ANW	V671FPO	NCC		
V532GDS	GON	V580DJC	ANW	V616DJA	SNW	V651HEC	CEB	V671PHJ	DAC		
V533ESC	LOT	V581DJC	ANW	V616FWP	WBC	V651LWT	SSOU	V672DDC	SNOE		
V533GDS	GON	V581XTL	SEMS	V616LGC	ASW	V652DFX	W&D	V672DVU	ANW		
V534ESC	LOT	V582DJC	ANW	V617DJA	SNW	V652DVU	ANW	V672FEL	W&D		
V534GDS	GON	V582XTL	SEMS	V617FWP	WBC	V652HEC	TDE	V672FPO	NCC		
V535ESC	LOT	V583DJC	ANW	V617LGC	ASW	V652LWT	SSOU	V672GLC	HFX		
V535GDS	GON	V583XTL	SEMS	V618DJA	SNW	V653DFX	W&D	V672LWT	OFJ		
V536ESC	LOT	V584DJC	ANW	V618EVU	SUT	V653DVU	ANW	V672PHJ	TAT		
V536GDS	GON	V584XTL	SEMS	V618LGC	ASW	V653LWT	ANE	V673DDC	SNOE		
V537ESC	LOT	V585DJC	ANW	V619DJA	SNW	V654DFX	W&D	V673DVU	ANW		
V538ESC	LOT	V585XTL	SEMS	V619LGC	ASW	V654DVU	ANW	V673FEL	W&D		
V539ESC	LOT	V586DJC	ANW	V620DJA	SNW	V654HEC	TDE	V673FPO	NCC		
V539HBO	MON	V586DVF	FEC	V620DRM	BRN	V654LWT	SSOU	V673LWT	OFJ		
V540DYA	KIN	V587DJC	ANW	V620LGC	ASW	V655DFX	W&D	V674DDC	SNOE		
V540ESC	LOT	V587DVF	FEC	V621DJA	SNW	V655DVU	ANW	V674DHH	GAR		
V540JBH	PAR	V588DJC	ANW	V621LGC	ASW	V655HEC	TDE	V674DVU	ANW		
V541EHE	LMC	V588DVF	FEC	V622DJA	SNW	V655LWT	SSOU	V674FEL	W&D		
V541ESC	LOT	V589DJC	ANW	V622LGC	ASW	V656DFX	W&D				

V674FPO VTC	V709DSA BBD	V741DNL ANE	V785FKH TDL	V820ERG GON
V674GLC HFX	V710DNL ANE	V741GPU FEX	V787FKH TDL	V822ERG GON
V675DDC SNOE	V710DSA BBD	V742DNL ANE	V788FKH TDL	V826FSC FEX
V675DVU ANW	V711DNL ANE	V742GPU FEX	V789FKH TDL	V827FSC FEX
V675FEL W&D	V711DSA BBD	V743ECU ANE	V790FKH TDL	V828FSC FEX
V676DVM ANW	V712DNL ANE	V743GPU FEX	V791FKH TDL	V828GGA HTR
V676FPO FG	V712DSA STAY	V744ECU ANE	V792FKH TDL	V829FSC FEX
V676GLC HFX	V713DNL ANE	V744GPU FEX	V793FKH TDL	V829GGA MEW
V677FEL W&D	V713DSA SWSC	V745ECU ANE	V794FKH TDL	V830FSC FEX
V677FPO CFB	V714DNL ANE	V745EFJ TRL	V795FKH TDL	V830GBF FNW
V678FEL W&D	V714PHJ TAT	V746ECU ANE	V796FKH TDL	V831FSC FEX
V679FEL W&D	V715DNL ANE	V747ECU ANE	V797FKH TDL	V831GBF FNW
V680FEL W&D	V715JPU SMS	V748ECU ANE	V798DBN DVR	V832DYD FSA
V680PHJ PDB	V715LWT ANW	V749ECU GON	V798EWF EUT	V832FSC FEX
V681FEL W&D	V716DNL ANE	V749EFJ REY	V798FKH TDL	V832GBF FNW
V681PHJ PDB	V716LHJ TAT	V749HBY MEL	V799EHE EXW	V833DYD FSA
V682FEL W&D	V717DNL ANE	V750EJF WCC	V799FKH TDL	V834DYD FSA
V682FPO EBL	V718DNL ANE	V750HBY MEL	V800CBC HSW	V835DYD FSA
V683FEL W&D	V719DNL ANE	V751HBY MEL	V801DFV SYOR	V839DLF LBL
V683GLC HFX	V720DNL ANE	V752HBY MEL	V801EBR GON	V841DLF LBL
V684FEL W&D	V721DNL ANE	V753HBY MEL	V801KAF FHD	V841JAT LLM
V685FEL W&D	V721UVY FWE	V754HBY MEL	V801KAG TDL	V842DLF LBL
V687MDA PIK	V722DNL ANE	V755HBY MEL	V802DFV BBD	V843DLF LBL
V689OJW ARL	V723DNL ANE	V756HBY MEL	V802EBR GON	V844FSG TDE
V691EWB ALA	V723GGE GBC	V756LUM CRI	V802EFB FHD	V844OOF SWB
V691LOE LBH	V724DNL ANE	V757HBY MEL	V802KAF FDC	V845DLF LBL
V691MOA TWM	V725GGE SBZ	V758HBY MEL	V802KAG TDL	V845OOF SWB
V692MOA TWM	V725XJV PEA	V758NGA EAG	V803DDY BAW	V851OAG EMM
V693MOA TWM	V726DNL ANE	V759HBY MEL	V803DFV BBD	V852DYB SWC
V694MOA TWM	V726GGE LLA	V759UVY FWE	V803EBR GON	V855HBY FEX
V695MOA TWM	V727DNL ANE	V760HBY MEL	V803EFB FHD	V856HBY FEX
V696MOA TWM	V728DNL ANE	V760UVY FWE	V803KAF FCY	V857HBY FEX
V697MOA TWM	V728LKJ MAN	V761HBY MEL	V803KAG TDL	V858EGR GON
V698MOA TWM	V728LWU HWS	V762HBY MEL	V804DDY BAW	V859HBY FEX
V699MOA TWM	V728PHJ HPC	V762UVY FWE	V804DFV SNW	V860HBY FEX
V700CBC MID	V729DNL GON	V763EFT SOO	V804EBR GON	V862FPF CML
V701DSA BBD	V730DNL GON	V763HBY MEL	V804EFB FHD	V862HBY FEX
V701FFB FBR	V731DNL GON	V763UVY FWE	V805EFB FHD	V863HBY FEX
V701LWT ASW	V732DNL GON	V764HBY MEL	V805KAG TDL	V863PPU FOR
V701MOA TWM	V732FAE FBR	V764UVY FWE	V806DFV SNW	V864KEW UNI
V702DSA BBD	V733DNL ANE	V765HBY MEL	V806EFB FHD	V867HBY FG
V702MOA TWM	V733FAE FBR	V765UVY FWE	V806KAG TDL	V868PDV TWC
V703DNL ANE	V733HWO MTC	V767UVY FWE	V807DFV SNW	V869HBY FG
V703DSA BBD	V734DNL ANE	V768UVY FWE	V807EFB FHD	V874DLF LBL
V703LWT CNT	V734FAE FBR	V769UVY FWE	V807KAG TDL	V874EVN WBB
V703MOA TWM	V735DNL ANE	V770UVY FWE	V808EFB FHD	V877HBY FEX
V704DSA BBD	V735FAE FBR	V771UVY FWE	V808KAG TDL	V882HBY FEX
V704MOA TWM	V735FPT CSC	V772GCS SHIC	V809DFV SNW	V884XBE AWD
V705DNL ANE	V735PHJ HPC	V772GGE CLC	V809EFB FHD	V885GDS AYC
V705DSA BBD	V735XJV TVA	V772UVY FWE	V809KAG TDL	V886FKH TDL
V705MOA TWM	V736DNL ANE	V773GCS SWSC	V810EFB FSA	V886HBY FEX
V706DNL ANE	V736FAE FBR	V773GGE CLC	V810KAG TDL	V886JHP EMB
V706DSA BBD	V736PHJ HPC	V773HGG REW	V811DFV SYOR	V888LUE BLI
V706MOA TWM	V737DNL ANE	V773UVY FWE	V811KAG TDL	V889HLH FG
V707DNL ANE	V737FAE FBR	V774GCS SHIC	V812DFV SYOR	V890HLH FG
V707DSA BBD	V738DNL ANE	V778HGG SDEV	V812KAG TDL	V891HLH FG
V707ENN FSR	V738FAE FSA	V780EVU M&D	V813KAG TDL	V892HLH FG
V708DNL ANE	V739DNL ANE	V781FKH TDL	V814KAG TDL	V893HLH FLN
V708DSA BBD	V739GPU FEX	V782FKH TDL	V815KAG TDL	V895HLH FLN
V708GRY FBS	V740DNL ANE	V783FKH TDL	V816KAG TDL	V895DNB UNO
V709DNL ANE	V740GPU FEX	V784FKH TDL	V816KGF GAL	V896DNB PAT

V896HLH	FLN	V957DDG	SWES	VCZ8809	GBU	VEZ3523	GBU	VIL1532	BET
V896LOH	COM	V957EWA	HAT	VCZ8810	GBU	VEZ3524	GBU	VIL1535	BET
V897DNB	ATS	V958DDG	SWES	VCZ8811	GBU	VEZ3525	GBU	VIL1590	VIS
V897HLH	FLN	V958DSO	BUT	VCZ8812	GBU	VEZ3526	GBU	VIL2226	VIS
V898DNB	CBC	V960DDG	SWES	VCZ8813	GBU	VEZ3527	GBU	VIL2384	CMD
V899DNB	WXC	V961DFH	SWES	VCZ8814	GBU	VEZ3528	GBU	VIL2915	VIS
V899GBH	ZEO	V961ECN	KYC	VCZ8815	GBU	VEZ3529	GBU	VIL2968	LIT
V899HLH	FG	V961OOE	AST	VCZ8816	GBU	VEZ3530	GBU	VIL2983	MOV
V901FEC	ENS	V962DFH	SWES	VCZ8817	GBU	VEZ3531	GBU	VIL3382	MOV
V902FEC	TAP	V962ENJ	BAW	VCZ9811	SMS	VEZ3532	GBU	VIL3861	LEE
V903EWP	HTL	V963ENJ	BAW	VDF365	PUH	VEZ3533	GBU	VIL4027	STU
V904DPN	WA	V966DFX	W&D	VDL613S	QMS	VEZ3534	GBU	VIL4037	EUT
V904FEC	TAP	V972DRM	SNW	VDL744	SVE	VEZ3535	GBU	VIL4685	MOV
V904KAG	TDL	V973DRM	WA	VDO929	FOW	VEZ3536	GBU	VIL4686	ATI
V905FEC	TAP	V974DRM	SWSC	VDV136S	EYM	VEZ3537	GBU	VIL4784	ATI
V906DPN	STAY	V975DRM	SWSC	VDV138S	EYM	VEZ3538	GBU	VIL5305	VIS
V906FEC	ABU	V980XUB	HTL	VDV142S	CCB	VEZ3539	GBU	VIL5317	PCW
V907DDY	WK	V982DNB	VTE	VDV143S	CCB	VEZ3540	GBU	VIL6190	GLO
V907FEC	ABU	V983DNB	SPW	VDV534	GSF	VEZ3541	GBU	VIL6267	ZEW
V908DDY	WK	V986ETN	GON	VDV752	QMS	VEZ3542	GBU	VIL6286	VIS
V908FEC	TAP	V987ETN	GON	VDV753	QMS	VEZ3543	GBU	VIL6350	JPM
V909DDY	WK	V988ETN	GON	VDZ6038	AON	VEZ3544	GBU	VIL6685	PHO
V909SEG	NOG	V988GBF	FNW	VDZ8001	TYB	VEZ3545	GBU	VIL6686	PHO
V910NDS	TDR	V988HLH	FG	VDZ8002	TYB	VEZ7187	VTE	VIL6771	ATI
V917TAV	WBS	V989ETN	GON	VDZ8003	TYB	VEZ9645	STE	VIL7119	ATI
V921KGF	GAL	V989GBF	FNW	VDZ8004	TYB	VF03ZVB	DEN	VIL7453	EST
V923KGF	GAL	V990ETN	GON	VDZ8005	TYB	VF10OXF	OBC	VIL7454	EST
V929FMS	KIE	V993DNB	NOG	VDZ8006	TYB	VF56OXF	OBC	VIL8250	WTB
V930EWP	HTL	V993LLG	HAL	VDZ8007	TYB	VFJ627	BOW	VIL8280	VIS
V931VUB	ICS	V994DNB	SPW	VDZ8008	TYB	VFJ687	ANC	VIL8287	LTL
V932VUB	RWN	V994LLG	HAL	VE53LFK	PIK	VFN53	THR	VIL8310	2WT
V936VUB	LOD	V995LLG	HAL	VEF219M	GRI	VFV907R	IMP	VIL8330	VIS
V938DFH	SWES	VA02NTK	PRO	VEF151Y	MCD	VH02OOH	IND	VIL8486	ZCQ
V939DFH	SWES	VA03YUL	ASD	VEJ561V	EAM	VH09THO	IND	VIL8577	D&G
V940DFH	SWES	VA04AOR	PIK	VEL374	SPA	VHM847	BOW	VIL 8578	WLC
V941DFH	SWES	VA07ABZ	WCO	VEX288X	CCB	VHO200	THR	VIL8614	HGI
V941DNB	GWM	VA07FFV	WCO	VEX294X	CAR	VHY437	NSC	VIL8615	HIS
V942DFH	SWES	VA51SAR	SBL	VEX298X	CCB	VIA137	MLM	VIL8671	VIS
V942DNB	GWM	VAD141	PUH	VEX301X	CLN	VIA230	SBQ	VIL8677	D&G
V943DFH	SWES	VAL466G	ZFG	VEZ3501	GBU	VIA488	KIN	VIL8678	UKP
V944DFH	SWES	VAV15	A&B	VEZ3502	GBU	VIA508	KIN	VIL8679	RSV
V944DNB	CEB	VAV552	SBZ	VEZ3503	GBU	VIA963	KIN	VIL8680	BLK
V945DFH	SWES	VAW527	SIL	VEZ3504	GBU	VIA2220	AND	VIL8681	BLK
V945KCV	CML	VAZ2144	MVN	VEZ3505	GBU	VIA4511	BRR	VIL8682	BLK
V946DCF	REA	VAZ2533	TUT	VEZ3506	GBU	VIA8311	CLT	VIL8705	TVC
V946DFH	SWES	VAZ2534	MCR	VEZ3507	GBU	VIB3264	ESB	VIL9170	EST
V946DNB	CEB	VAZ4805	EUR	VEZ3508	GBU	VIB3903	RNC	VIL9195	MCA
V947DFH	SWES	VAZ4859	MCL	VEZ3509	GBU	VIB4645	BDY	VIL9198	SQU
V948DDG	SWES	VAZ4918	MCO	VEZ3510	GBU	VIB5072	YCT	VIL9216	WCC
V949DDG	SWES	VAZ7777	LIS	VEZ3511	GBU	VIB5228	LCO	VIL9217	WCC
V949ECU	ERB	VBT191	FOW	VEZ3512	GBU	VIB5237	CWL	VIL9218	WCC
V950DDG	SWES	VBW846	JEF	VEZ3513	GBU	VIB5297	LOG	VIL9219	WCC
V951DDG	SWES	VBZ1450	TUT	VEZ3514	GBU	VIB7822	FOU	VIL9237	VIS
V952DDG	SWES	VC51CLC	CRL	VEZ3515	GBU	VIB7823	FOU	VIL9271	LCO
V953DDG	SWES	VCA458W	S&M	VEZ3516	GBU	VIB7824	FOU	VIL9330	CCG
V953HLB	LBL	VCA460W	RGY	VEZ3517	GBU	VIB9378	SDEV	VIL9331	MDO
V953KCV	SDEV	VCS391	SWSC	VEZ3518	GBU	VIB9485	DEV	VIL9332	CCG
V954DDG	SWES	VCU303T	ACM	VEZ3519	GBU	VIJ937	AEY	VIL9334	LIT
V955DDG	SWES	VCY401	WGW	VEZ3520	GBU	VIL1485	DMO	VIL9335	WRI
V956DDG	SWES	VCZ155	SHA	VEZ3521	GBU	VIL1486	DMO	VIL9336	LIT
V956HEB	HTR	VCZ7362	BBU	VEZ3522	GBU	VIL1490	AAC	VIL9346	VIS

Reg	Code	Reg	Code	Reg	Code	Reg	Code	Reg	Code	Reg	Code
VIL9516	VIS	VK51XEU	OAT	VOI200	BCB	VU02ZXS	WCO	VU06XYJ	WCO		
VIL9765	VIS	VK54FRC	FTC	VOI203	BCB	VU03VWA	SSOU	VU08LVT	WCO		
VIL9911	WGW	VK54LBE	PIT	VOI205	BCB	VU03VWB	SSOU	VU08LVV	WCO		
VIL9984	THO	VKB708	SNW	VOI2331	RIG	VU03WSJ	WCO	VU08LVW	WCO		
VIW2214	EJL	VKH44	EYM	VOI5888	DMS	VU03WSK	WCO	VU08LVY	WCO		
VIW2215	EJL	VKS910V	SBZ	VOI6874	BTC	VU03WSX	WCO	VU08SOU	SOU		
VIW7191	MOB	VKX510	JEF	VOI9752	AQT	VU03YJT	FMR	VU51AXR	TAR		
VJI625	SHA	VKZ2292	RWY	VOO273	FDC	VU03YJV	FMR	VU52MJK	WCO		
VJI1995	BLY	VKZ2846	CLC	VOT762	HRD	VU03YJW	FMR	VU52UEA	CBN		
VJI1996	WAS	VKZ8381	GMY	VOV723	BTC	VU03YJX	FMR	VU52UEB	NCC		
VJI1999	JWC	VLT5	ALN	VPA512S	FOW	VU03YJY	FMR	VU52UEC	CBL		
VJI2988	WLA	VLT6	ALN	VPF742	CHD	VU03YJZ	FMR	VU52UEE	PCB		
VJI2991	TSY	VLT9	GAL	VPH900	FTR	VU03YKB	FMR	VU52UEF	PCB		
VJI2994	HAN	VLT12	ALN	VPN164	NEL	VU03YKC	FNO	VU52UEG	PTW		
VJI2995	PIC	VLT27	ALN	VPP958S	CHH	VU03YKD	FNO	VU52UEH	PTW		
VJI3002	ROW	VLT32	ALN	VPR384X	SCC	VU03YKE	FNO	VU52UEJ	PKT		
VJI3482	ROY	VLT47	ALN	VPR491S	CCB	VU03ZPS	PAR	VU52UEM	CFB		
VJI3968	SVE	VLT110	LBP	VPR861X	SKC	VU03ZPT	AAT	VU52UES	W&D		
VJI5247	BOS	VLT111	LBP	VPR938	BRR	VU03ZPX	FIL	VU52XZA	WCO		
VJI5885	SBQ	VLT143	LOT	VPT965R	ROM	VU03ZPY	ANB	VU52ZPB	WCO		
VJI6960	BLC	VLT163	LOT	VRA124Y	ACH	VU03ZRK	CRW	VU52ZPD	WCO		
VJI7010	RID	VLT173	ALN	VRB3S	ZDH	VU05XLJ	MGC	VU59LZP	WCO		
VJI8084	WOO	VLT235	LOT	VRE150	HAP	VU06HZV	SWES	VU59MLF	WCO		
VJI8204	MKT	VLT237	LOT	VRG417T	ACT	VU06HZW	SWES	VU59MLJ	WCO		
VJI8685	LOR	VLT240	LON	VRY357	WMC	VU06HZX	SWES	VU59MLK	WCO		
VJI8687	HKW	VLT242	LOT	VRY841	SIM	VU06HZY	SWES	VUP850	ALP		
VJI9410	HQD	VLT244	ALN	VS09PBS	BUD	VU06HZZ	SWES	VUV246	SVE		
VJI9413	ROW	VLT281	LOT	VSB246T	HEB	VU06JAO	SWES	VV08BLU	BLU		
VJI9414	ROW	VLT295	ALN	VSC16	WWY	VU06JBE	SWES	VV57BOY	GOB		
VJI9415	TUT	VLT298	LBP	VSF438	HEY	VU06JBO	SWES	VV58BOY	GOB		
VJI9417	BAY	VLT483	GHA	VSL143	FRT	VU06JBV	SWES	VVE885	KEN		
VJI9418	JTR	VLW539G	IMP	VSR591	NXD	VU06JBX	SWES	VVU271	HGI		
VJI9901	WOR	VLZ6878	GRM	VSU803	TAL	VU06JBY	SWES	VVV63S	VOE		
VJI9916	ROT	VLZ8622	CHC	VSV632	PWW	VU06JBZ	SWES	VVV66S	JEF		
VJI9917	ROT	VLZ9237	WTR	VT03VLT	GHA	VU06JCJ	SWES	VVV966W	CCB		
VJO202X	HED	VMP10G	WJC	VT09CJT	TUR	VU06JCO	SWES	VW55LYN	LTR		
VJO204X	JEF	VMW353	PRI	VT09JPT	JPT	VU06JCX	SWES	VWF328	EOB		
VJO205X	CFL	VN04JYH	STA	VT59JPT	JPT	VU06JCY	SWES	VWG383	WLT		
VJO206X	HED	VNN278L	MGC	VT59VLT	GHA	VU06JCZ	SWES	VWK239	DCT		
VJT138S	SRK	VNP893	JEF	VT9284	SBB	VU06JDF	SWES	VX04GHF	SWES		
VJT140S	SRK	VNT22	HER	VT9389	SBB	VU06JDJ	SWES	VX04GHG	SWES		
VJT307L	LWS	VNU328	CFM	VTL627	SLE	VU06JDK	SWES	VX04GHH	SWES		
VJT738	FDC	VO02VHN	D&B	VTX444	QMS	VU06JDO	SWES	VX04GHJ	SWES		
VK08NXL	WCO	VO03DZD	ATR	VTY226	CTM	VU06JDX	SWES	VX04GHK	SWES		
VK08NXO	WCO	VO03DZE	ATR	VU02KPV	R&R	VU06JDZ	SWES	VX04GHN	SWES		
VK08NXP	WCO	VO03PLV	LMS	VU02KRD	R&R	VU06KEJ	MCD	VX04GHU	SWES		
VK08NXR	HED	VO03VUY	KBC	VU02PKX	FMR	VU06KFA	WTR	VX04GHY	SWES		
VK08NXS	WCO	VO03WKK	HLC	VU02PKY	FMR	VU06KFC	FRO	VX04GHZ	SWES		
VK08TXM	WCO	VO10BOY	GOB	VU02TPX	ESK	VU06KFD	BTC	VX04JHY	TGM		
VK09LZT	WCO	VO52BGV	WBC	VU02TPZ	ZBR	VU06KFE	CLI	VX04JZN	NEC		
VK09LZU	WCO	VO52EXJ	KWT	VU02TSO	AVD	VU06KFG	MCD	VX04JZT	WCO		
VK09LZV	WCO	VO52FJA	WCO	VU02TSV	CBL	VU06KFL	ZBO	VX04KTG	ETC		
VK09LZW	WCO	VO52XUC	WCO	VU02TSX	CBL	VU06KFN	SWES	VX04KTK	JSP		
VK09LZX	WCO	VO52XVA	WCO	VU02TSZ	BRY	VU06KFO	SWES	VX04KTT	CML		
VK09MBF	WCO	VO59HWS	WCO	VU02TTE	AYR	VU06KFP	SWES	VX04KVK	WCO		
VK09MBO	WCO	VO59JFV	WCO	VU02TTJ	SGC	VU06OFA	NEC	VX04MZG	SNOE		
VK09MBU	WCO	VO59JJK	WCO	VU02TTK	W&D	VU06VOG	WCO	VX04ULT	NAH		
VK09MBV	WCO	VO59JJL	WCO	VU02TTO	AVD	VU06VOH	WCO	VX04ULV	ROY		
VK09MBX	WCO	VO59JJU	WCO	VU02TTY	CFB	VU06VOP	WCO	VX04UMU	WCO		
VK09MBY	WCO	VK59ZDN	WCO	VU02TTZ	SPW	VU06VTN	BTL	VX05BVR	CIU		
VK51VMG	HMI	VOD545K	WKB	VU02UVM	CWS	VU06XKX	WMC	VX05BVS	NEC		
VK51XDA	CUB	VOI188	GBU	VU02ZXO	WCO						

VX05BVU	AWD	VX05UHS	COM	VX10COH	SWES	VX54CKL	GMC	VX54NGZ	WCO
VX05HPP	WCO	VX06AEM	VIS	VX10COJ	SWES	VX54CLO	FRO	VX54NNK	SWES
VX05HPU	WCO	VX07CYT	SWES	VX10FRK	SWES	VX54CLU	SUT	VX54OJC	CRW
VX05JWW	FMR	VX07CYU	SWES	VX10FRL	SWES	VX54LGZ	WCO	VX55FWE	SWB
VX05LKM	EYM	VX07CYV	SWES	VX10FRN	SWES	VX54LHB	WCO	VX55FWF	APP
VX05LVS	FMR	VX07GYS	COC	VX51ABF	SWES	VX54LHF	WCO	VX55FWN	MCD
VX05LVT	FMR	VX07GYV	CIU	VX51AWO	MCT	VX54LHM	WCO	VX55OBU	WBC
VX05LVU	FMR	VX07GZB	HUT	VX51NXR	SWES	VX54LHU	WCO	VX55OBV	WBC
VX05LVV	FMR	VX07HCH	SWES	VX51NXS	SWES	VX54LHV	WCO	VX55OBY	WBC
VX05LVW	FMR	VX07LXY	SWES	VX51PZM	GHA	VX54LMJ	SWES	VX56NAA	FRO
VX05LVY	FMR	VX07LXZ	SWES	VX51RBF	CFB	VX54LMK	SWES	VX56NAE	FRO
VX05LVZ	FMR	VX07LYA	SWES	VX51RBO	GHA	VX54MOV	FMR	VX56NAO	BOD
VX05LWA	FNW	VX07LYC	SWES	VX51RBY	EA	VX54MPE	FMR	VX57CYO	VTE
VX05LWC	FMR	VX07LYD	SWES	VX51RBZ	EA	VX54MPF	FMR	VX57GYU	MCD
VX05LWD	FMR	VX07LYF	SWES	VX51RCF	EA	VX54MPO	FMR	VX57NUU	SWES
VX05LWE	FMR	VX08FSZ	SWES	VX51RCU	EA	VX54MPU	FMR	VX57NZW	SWES
VX05LWF	FMR	VX08FTA	SWES	VX51RCV	THO	VX54MPV	FMR	VX57NZY	SWES
VX05LWG	FMR	VX08FTC	SWES	VX51RDO	BUV	VX54MPY	FMR	VX57NZZ	SWES
VX05LWH	FMR	VX08FTD	SWES	VX51RDU	AUD	VX54MPZ	FMR	VX57OEU	SWES
VX05MXC	NEC	VX08FTE	SWES	VX51RHZ	KON	VX54MRO	FMR	VX59HFH	ETC
VX05MYV	WCO	VX08FTF	SWES	VX51RJZ	KON	VX54MRU	FMR	VX59HGD	JEA
VX05OLU	WCO	VX08FTJ	SWES	VX53AVC	JPM	VX54MRV	FMR	VX59JCU	SOXF
VX05OMA	WCO	VX08HZS	AWD	VX53AVF	BUZ	VX54MRY	FMR	VX59JCY	SOXF
VX05OMB	WCO	VX08HZU	SBO	VX53AVJ	FSR	VX54MSO	FMR	VX59JCZ	SOXF
VX05OMC	WCO	VX09BCV	SWES	VX53LCV	SWES	VX54MSU	FMR	VX59JDF	SOXF
VX05OMD	WCO	VX09BCY	SWES	VX53LCW	SWES	VX54MSY	FMR	VX59JDJ	SOXF
VX05OMU	WCO	VX09BCZ	SWES	VX53LCY	SWES	VX54MTE	FMR	VXI2663	GBU
VX05OMV	WCO	VX09BDE	SWES	VX53LCZ	SWES	VX54MTF	FMR	VXI2664	GBU
VX05OMW	WCO	VX09BDF	SWES	VX53MDU	DEN	VX54MTJ	FMR	VXI2670	GBU
VX05OMY	WCO	VX09BDO	SWES	VX53OEN	FNO	VX54MTK	FMR	VXI2671	GBU
VX05OMZ	WCO	VX09NBD	SWES	VX53OEO	FMR	VX54MTO	FMR	VXI2674	GBU
VX05ONA	WCO	VX09NBE	SWES	VX53OEP	FMR	VX54MTU	FMR	VXI2675	GBU
VX05ONB	WCO	VX09NBF	SWES	VX53OER	FMR	VX54MTV	FMR	VXI5357	GRI
VX05PZE	WCO	VX09NBJ	SWES	VX53OET	FMR	VX54MTY	FMR	VXI8302	TTA
VX05PZF	WCO	VX09NBK	SWES	VX53OEU	FMR	VX54MTZ	FMR	VXT571	JEF
VX05PZH	WCO	VX09NBL	SWES	VX53OEV	FNO	VX54MUA	FMR	VYB704	PCL
VX05PZJ	WCO	VX09NBM	SWES	VX53VJV	FMR	VX54MUB	FMR	VYC852W	MGC
VX05PZL	WCO	VX09NBN	SWES	VX53VJZ	FMR	VX54MUC	FMR	VYD333	QMS
VX05PZM	WCO	VX09NBO	SWES	VX53VKA	FMR	VX54MUO	FMR	VYD890	RID
VX05PZN	WCO	VX09NBY	SWES	VX53VKB	FMR	VX54MUP	FMR	VZ1673	VIS
VX05PZO	WCO	VX09NBZ	SWES	VX54BCZ	MON	VX54MUU	FMR	VZ9177	VIS
VX05PZS	WCO	VX10COA	SWES	VX54CKJ	MCA	VX54MUV	FMR	VZY820	EAM
VX05PZT	WCO			VX54CKK	GPT				

W

W1AOL	ALE	W2HLC	LUC	W4JJL	MIM	W6FAL	FAB	W7JPT	HBT
W1BUS	ZAR	W2VLT	AVA	W4TRU	FDC	W6HCT	R&B	W7MOV	MOV
W1CLN	CLN	W3AOL	ALE	W5ACL	ACH	W6HOL	WEL	W7PCC	PCO
W1CTS	SWES	W3CTS	ATS	W5ENG	VTE	W6MOV	MOV	W7SHW	SHM
W1DRM	DRM	W3FAL	FAB	W5FAL	FAB	W6PCC	PCO	W8DLT	OVL
W1GAC	ABG	W3GHW	GHW	W5HAM	HMS	W6STS	WWY	W8EDE	RNC
W1PJC	VTE	W3HLC	LUC	W5HCR	HAR	W6WMS	WED	W8OVA	ACM
W1TSL	LEW	W3TRU	FDC	W5HLC	LUC	W7BAN	BAN	W9ALP	ALP
W2AOL	ALE	W3VLT	AVA	W5JPT	NOG	W7BOY	GOB	W9BOY	GOB
W2APL	ATR	W3YRR	MOS	W5KET	KTW	W7BUS	HDG	W9MOV	MOV
W2FAL	FAB	W4BKE	SWN	W5TYL	STY	W7EJS	JBG	W9PSW	PSW
W2FTG	HST	W4CEC	CEC	W5WMS	WTH	W7FAL	FAB	W10ALN	GVE
W2GHW	GHW	W4ENG	HWS	W6AMS	SOA	W7HOL	WEL	W10ANT	ANT
W2HCR	HAR	W4FAL	FAB	W6CEC	CEC	W7JDS	DMC	W10CAE	STP

W10CAT	JPM	W60PJC	VTE	W114WGT	MEL	W134CAJ	CEN	W166EAX	CBU
W10HOL	WEL	W66ABC	SFU	W116CWR	FG	W134EON	TDL	W166HBT	AYO
W10MYL	DHA	W66CLC	CRL	W116DOP	TWM	W134ULR	MEL	W166PNT	ANE
W10PJC	VTE	W67RLA	BAW	W116EON	TDL	W134WGT	MEL	W166RFX	W&D
W11CCH	STI	W69PRG	ANE	W116MWG	EAZ	W134XRO	ATS	W167ABA	ZBV
W11JBA	A1A	W70DSB	ZCA	W116WGT	MEL	W136EON	TDL	W167EAX	CBU
W12BLU	ANW	W70EYM	EYM	W117CWR	FG	W136OSM	VIS	W168ABA	ZBV
W14ELL	ELS	W70OOW	WVY	W117DOP	TWM	W136ULR	MEL	W168EAX	CBU
W17BLU	BUV	W72PRG	ANE	W117EON	TDL	W136VGJ	ALN	W169EAX	CBU
W18RED	LAK	W76PRG	ANE	W117SRX	REA	W136WGT	MEL	W171EAX	CBU
W19SLT	SLT	W77BUS	KOA	W117WGT	MEL	W136XRO	ATS	W171RLH	BAW
W20CBC	TRH	W77CLC	CRL	W118CWR	FSA	W137EON	TDL	W172EAX	CBU
W20FWL	OBC	W78PRG	ASW	W118DOP	TWM	W137OSM	MEW	W173CDN	OAD
W20JLS	LSK	W79PRG	ASW	W118EON	TDL	W137ULR	MEL	W173DNO	HWS
W20PJC	VTE	W80EYM	EYM	W118SRX	REA	W137VGJ	ALN	W173MWF	ZCL
W20SLT	SLT	W80HOD	SAN	W118WGT	MEL	W137WGT	MEL	W174CDN	ANW
W20VHO	THR	W80WMT	ZCR	W119CWR	FSA	W137XRO	ATS	W174DNO	HWS
W22ACT	ABB	W81PRG	ANE	W119DOP	TWM	W138EON	TDL	W174MWF	ORD
W25HOL	WEL	W82PRG	ASW	W119EON	TDL	W138ULR	MEL	W174SCU	GON
W26HOL	WEL	W82RRU	C&G	W119PNP	WBC	W138VGJ	ALN	W176CDN	TAT
W27GES	SPR	W83NDW	ZBU	W119UCF	NOG	W138WGT	MEL	W176DNO	HWS
W30CLC	CRL	W83NNJ	B&H	W119WGT	MEL	W138XRO	ATS	W176SCU	GON
W30JLS	LSK	W83PRG	ANE	W122CWR	FSA	W138YNO	DCT	W177DNO	HWS
W30OOW	WVY	W84NDW	RWN	W122DOP	TWM	W139EON	TDL	W177SCU	GON
W30PJC	VTE	W84XKP	NEF	W122DWX	FWE	W139ULR	MEL	W178CDN	KIE
W31COM	CED	W87NDW	CRN	W122EON	TDL	W139XRO	HAD	W178DNO	HWS
W31WGL	WGH	W90JLS	LSK	W122WGT	MEL	W141EON	TDL	W178SCU	GON
W36XDS	SCC	W90OOW	WVY	W124DOP	TWM	W141ULR	MEL	W179BVP	FNW
W37XDS	SCC	W93WTA	GPT	W124DWX	FBR	W142PSH	FNW	W179COH	TVP
W38RLA	BAW	W96VWO	NPT	W124EON	TDL	W142ULR	MEL	W179SCU	GON
W39BFR	WKN	W97VWO	NPT	W124WGT	MEL	W142WGT	GWM	W181DNO	CNT
W40BCL	ZCO	W98VWO	NPT	W126DWX	FWE	W143ULR	MEL	W181SCU	GON
W40CBC	TRH	W100GWS	WGW	W126EON	TDL	W143WGT	MEL	W183BGB	PEW
W40CCH	ZDL	W100TEN	WOT	W126WGT	MEL	W144ULR	MEL	W182CDN	MWM
W40CLC	CRL	W100WCM	WCM	W127DWX	FWE	W146ULR	MEL	W182DNO	SNOE
W40OOW	WVY	W102EWU	AYO	W127EON	TDL	W146ULT	W&H	W182SCU	GON
W40PJC	VTE	W102ODE	SUM	W127WGT	MEL	W147ULR	MEL	W183BNK	WXC
W44CLC	CRL	W102PMS	SDEV	W128DWX	FWE	W148ULR	MEL	W183CDN	ASN
W44SLT	SLT	W102PNP	WBC	W128EON	TDL	W149ULR	MEL	W183DNO	SNOE
W44TLC	TRL	W102RRU	EXE	W128NBX	HAT	W149WGT	MEL	W183SCU	GON
W44TMT	LOW	W102UDK	ESK	W128WGT	MEL	W151ULR	MEL	W184BNK	WXC
W44WGL	WGH	W103ASB	FSR	W128XRO	ATS	W152ULR	MEL	W184DNO	SEMS
W49WDS	FG	W103DAK	CRC	W129DWX	FWE	W153RYB	SBP	W184SCU	GON
W50CBC	TRH	W103EWU	AYO	W129EON	TDL	W153ULR	MEL	W185DNO	SEMS
W50CCH	ZDL	W104EWU	AYO	W129XRO	ATS	W157SUP	RWL	W185SCU	GON
W50MBH	WGH	W106EWU	AYO	W131EON	TDL	W158RYB	BAK	W186DNO	SEMS
W50OOW	WVY	W107EWU	AYO	W131NBX	HAT	W158WTA	MEW	W186SCU	GON
W50PJC	VTE	W107RNC	SPS	W131WPO	FG	W159EAX	CBU	W187CDN	HCL
W50TGM	CYM	W107RTC	BKY	W131XRO	ATS	W159RYB	BAK	W187CNO	LON
W52WDS	FG	W107VLR	HAC	W132EON	TDL	W161EAX	CBU	W187DNO	SEMS
W55BJT	PEA	W108EWU	AYO	W132VLO	FG	W161RFX	W&D	W187SCU	GON
W55CLC	CRL	W108NDE	SIL	W132WGT	MEL	W161RYB	BRS	W187YBN	SLT
W55SLT	SLT	W108VLR	HAC	W132WPO	FG	W162EAX	CBU	W188CDN	DEB
W56SJH	HSM	W109DTW	HMI	W132XRO	ATS	W162RFX	W&D	W188DNO	SEMS
W57SJH	HSM	W109EWU	AYO	W133AOC	SOO	W163EAX	CBU	W188SCU	GON
W57XGA	GRN	W109MTL	HYT	W133EON	TDL	W163RFX	W&D	W189DNO	SEMS
W59SJH	HSM	W109NDE	SIL	W133ULR	MEL	W164EAX	CBU	W189SCU	GON
W60ACH	PPH	W112DOP	TWM	W133VLO	FCY	W164RFX	W&D	W191CDN	JSB
W60CCH	ZDL	W112WGT	MEL	W133WGT	MEL	W165EAX	CBU	W191DNO	SEMS
W60JLS	LSK	W113DOP	TWM	W133WPO	FG	W165HBT	AYO	W192DNO	SEMS
W60OOW	WVY	W114DOP	TWM	W133XRO	ATS	W165RFX	W&D	W193CDN	BAT

W193DNO	SEMS	W218CDN	SLF	W248PAU	NCT	W297PPT	ANE	W314ULK	LBL
W194CDN	BAT	W218DNO	SNW	W248PBR	GRA	W297UGX	WTB	W315DWX	FWE
W194DNO	SEMS	W218PRB	KON	W248SNR	ARM	W298EYG	MID	W315JND	FNW
W195CDN	EMS	W218UMV	EUT	W249OLA	AVI	W298PPT	ANE	W315PPT	ANE
W195DNO	WA	W218XBD	FLE	W249PAU	NCT	W299EYG	MID	W315RVO	JSP
W195EEB	ZEH	W219DNO	SNW	W249PBR	CVL	W299PPT	ANE	W315SBC	ATE
W195VWO	NPT	W219PRB	KON	W249SNR	ARM	W299XGA	TAW	W315SNN	AON
W196CDN	LOG	W219XBD	FLE	W251GSE	SPA	W301EYG	TDE	W317DWX	FWE
W196DNO	HWS	W221DNO	SNW	W251PAU	NCT	W301JND	FNW	W317JND	FNW
W197DNO	SSOU	W221PRB	TBB	W251SNR	ARM	W301MKY	VTC	W317OSA	DEV
W197EJO	WTR	W221UGX	TRW	W252KDO	LID	W301PPT	ANE	W317PPT	ANE
W198CDN	ASN	W221XBD	FLE	W254MWG	HLC	W301SBC	LOW	W317SBC	HLS
W198DNO	HWS	W222LAY	TRW	W257WRV	VTC	W301ULK	LBL	W317ULK	LBL
W198MFP	WEB	W223CDN	AIP	W258WRV	VTC	W302EYG	EST	W317VGX	SUE
W199DNO	HWS	W223DNO	CNT	W261CDN	SAN	W302JND	FNW	W319DWX	FWE
W199VWO	NPT	W223JBN	JSP	W261EWU	TMH	W302MKY	VTC	W319JND	FNW
W200MTT	ZBO	W223XBD	FLE	W262CDN	SAN	W302NUF	BAW	W319PPT	ANE
W200ODE	ETC	W224DNO	HWS	W262EWU	SAQ	W302PPT	ANE	W322DWX	FWE
W200VHO	THR	W224KDO	ASS	W262OLA	AVI	W302ULK	LBL	W322JND	FNW
W201CDN	EOB	W224PRB	TBB	W263CDN	SAN	W303EOP	CNT	W322SBC	TRW
W201DNO	HWS	W224XBD	FLE	W264COV	EVL	W303EYG	BBD	W324DWX	FWE
W201EAG	HOM	W226DNO	HWS	W264OLA	AVI	W303JND	FNW	W324JND	FNW
W202DNO	LON	W226SNR	ARM	W265CDN	SAN	W303MKY	VTC	W326DWX	FWE
W203DNO	LON	W227SNR	ARM	W266CDN	SAN	W303PPT	ANE	W326JND	FNW
W203EAG	SBD	W228DNO	CNT	W268PBR	CVL	W303ULK	LBL	W327DWX	FMR
W203YAP	SGC	W228SNR	ARM	W269MKY	TUT	W304EYG	D&G	W327JND	FNW
W204DNO	CNT	W229DNO	CNT	W269NFF	ANW	W304JND	FNW	W329DWX	FCY
W204EAG	HAM	W229JBN	GRN	W272MKY	MCC	W304PPT	ANE	W329JND	FNW
W207DNO	CNT	W229RRE	COF	W281EYG	BBD	W304ULK	LBL	W331DWX	FWE
W207KNH	REC	W229SNR	ARM	W282EYG	MID	W304UMX	ASD	W331JND	FNW
W208CDN	ROY	W231SNR	ARM	W282PGU	FCA	W307DWX	FDC	W331RJA	FNW
W208DNO	CNT	W232CDN	SVE	W283EYG	RWN	W307JND	FNW	W332DWX	FWE
W209CDN	HYT	W232DNO	CNT	W284EYG	TMH	W307PPT	ANE	W332JND	FNW
W209DNO	CNT	W232SNR	ARM	W285EYG	TMH	W307SBC	EFN	W332RJA	FNW
W209EAX	A&E	W233DNO	CNT	W285PTD	BLE	W307ULK	LBL	W332VGX	MEB
W209JBN	DHT	W233KDO	HUT	W286EYG	TMH	W308DWX	FHD	W333NOB	DCA
W209LPY	BBH	W233SNR	ARM	W286NAE	ALE	W308JND	FNW	W334DWX	FWE
W209RRG	WED	W234DNO	SREN	W286XBA	ROY	W308PPT	ANE	W334JND	FNW
W209YAP	BWC	W234SNR	ARM	W287EYG	MID	W308ULK	LBL	W334RJA	FNW
W211DNO	CNT	W235CDN	BML	W287JBN	ZEW	W309DWX	FHD	W334UEL	GOP
W212DNO	SREN	W235DNO	SNW	W287PNL	NIG	W309JND	FNW	W334VGX	MEB
W213DNO	SREN	W235SNR	ARM	W288EYG	TMH	W309PPT	ANE	W335DWX	FWE
W213PRB	TMH	W236DNO	ZBX	W289EYG	TMH	W309ULK	LBL	W335JND	FNW
W213XBD	FLE	W236SNR	ARM	W291EYG	MID	W309WRE	CRL	W335RJA	FNW
W214COH	TVP	W237SNR	ARM	W291PFS	LOT	W311CJN	HED	W335VGX	GWM
W214DNO	SNW	W238SNR	ARM	W292EYG	TMH	W311DWX	FNW	W336CDN	RGY
W214JBN	ZCF	W239SNR	ARM	W292PFS	LOT	W311JND	FNW	W336DWX	FWE
W214PRB	TMH	W241SNR	ARM	W292PPT	ANE	W311PPT	ANE	W336JND	FNW
W214UGX	HWC	W242PAU	NCT	W293EYG	TDE	W312CJN	HED	W336RJA	FNW
W214XBD	FLE	W242SNR	ARM	W293PFS	LOT	W312DWX	FMR	W336VGX	GWM
W215DNO	SNW	W243PAU	NCT	W293PPT	ANE	W312JND	FNW	W337CDN	RGY
W215JBN	OVL	W243SNR	ARM	W294EYG	BBD	W312PPT	ANE	W337DWX	FWE
W215PRB	TMH	W244PAU	NCT	W294PFS	LOT	W312SBC	ALX	W337JND	FNW
W215XBD	FLE	W244RRB	CYM	W294PPT	ANE	W312TDW	DGB	W337RJA	FNW
W216CDN	TAT	W244SNR	AYO	W295PFS	LOT	W313DWX	FMR	W337VGX	GWM
W216DNO	SREN	W246PAU	NCT	W295PPT	ANE	W313JND	FNW	W338DWX	FSA
W216JND	WTR	W246SNR	ARM	W295UGX	CHY	W313PPT	ANE	W338JND	FNW
W216PRB	KON	W246YEB	HMI	W296EYG	EST	W313ULK	LBL	W338RJA	FNW
W216XBD	FLE	W247PAU	NCT	W296PFS	LOT	W314DWX	FED	W338VGX	GWM
W217PRB	KON	W247SNR	ARM	W296PPT	ANE	W314JND	FNW	W338VHD	JSS
W217XBD	FLE	W248KDO	AWD	W297EYG	BBD	W314PPT	ANE	W339JND	FNW

W339RJA	FNW	W365RYB	HKW	W381VGJ	ALN	W408UCJ	SBL	W428JBU	EDW
W339VGX	B&H	W365VHB	CBU	W382BOF	HPC	W408VGJ	ALN	W428WGH	GAL
W341JND	FNW	W365VLN	FLN	W382KBE	EVC	W408WGH	GAL	W428XKX	ATS
W341MKY	MDC	W365XKX	ATS	W382PRC	VTE	W409JAT	EYM	W429XKX	ATS
W341VGX	HTL	W366ABD	WXC	W382VGJ	ALN	W409OSS	WMC	W431CWX	FEC
W342RJA	FNW	W366EOW	FSA	W383PRC	VTC	W409VGJ	ALN	W431RBB	THA
W342VGX	HTL	W366RJA	FNW	W383UEL	FWT	W409WGH	GAL	W431WGJ	ALN
W343GSS	NIC	W366VGJ	ALN	W383VGJ	ALN	W302PRB	TBB	W431XKX	ATS
W343MKY	BUS	W366VHB	CBU	W384PRC	VTE	W411DOE	TWM	W431YBN	K&J
W343RJA	FNW	W366VLN	FLN	W384VGJ	ALN	W411DOP	TWM	W432CWX	FEC
W343VGX	HTL	W367EOL	BMC	W384XKL	PCL	W411JAT	EYM	W432WGJ	ALN
W344RJA	FNW	W367EOW	FSA	W385VGJ	ALN	W411SCU	GON	W432XKX	ATS
W346RJA	FNW	W367VGJ	ALN	W385WGE	WGH	W411VGJ	ALN	W433CWX	FEC
W346VOD	SEW	W367VHB	CBU	W386VGJ	ALN	W411YAL	TBB	W433WGJ	ALN
W347RJA	FNW	W367VLN	FLN	W386WGE	GIB	W412DOE	TWM	W433XKX	ATS
W348RJA	FNW	W367XKX	ATS	W387PRC	VTE	W412HOB	LAT	W434CWX	FEC
W348XEE	JEN	W368EOL	BMC	W387VGJ	ALN	W412JAT	EYM	W434WGJ	ALN
W349RJA	FNW	W368EOW	FEC	W388PRC	VTE	W412VGJ	ALN	W434XKX	ASC
W349WCS	WGH	W368VGJ	ALN	W388VGJ	ALN	W412YAL	TBB	W435CRN	ABS
W351MKY	PPH	W368VHB	CBU	W389PRC	VTC	W413JAT	EYM	W435CWX	FEC
W351RJA	FNW	W368VLN	FLN	W389VGJ	ALN	W413KBE	ZCW	W435WGH	GAL
W351UWO	TRH	W368XKX	ATS	W391JOG	CWS	W413VGJ	ALN	W435WGJ	ALN
W352RJA	FNW	W369EOW	FEC	W391VGJ	ALN	W413YAL	TBB	W435XKX	ASC
W352UWO	AXV	W369VGJ	ALN	W391WPX	VTC	W414JAT	FIN	W436CRN	ABS
W353RJA	FNW	W369VHB	CBU	W392VGJ	ALN	W414KNH	ATS	W436CWX	FEC
W353UWO	TRH	W369VLN	FLN	W393VGJ	ALN	W414VGJ	ALN	W436WGJ	ALN
W354RJA	FNW	W369XKX	ATS	W393WPX	VTC	W414YAL	TBB	W436XKX	ASC
W354UWO	BBN	W371EOW	FSA	W394OJC	ANW	W415BOV	TWM	W437CRN	ABS
W356RJA	FNW	W371PHY	CMT	W394VGJ	ALN	W415JAT	FIN	W437CWX	FEC
W357MKY	RID	W371VGJ	ALN	W394WPX	VTC	W415KNH	ATS	W437WGJ	ALN
W357RJA	FNW	W371VHB	CBU	W395CVP	GOL	W415WGH	GAL	W437XKX	ASC
W358RJA	FNW	W371VLN	FLN	W395RBB	BUR	W415YAL	TMH	W438CRN	ABS
W358VLN	FLN	W372EOW	FSA	W395VGJ	ALN	W416JAT	FIN	W438WGJ	ALN
W359RJA	FNW	W372PHY	CMT	W395WPX	VTE	W416KNH	ATS	W438XKX	ASC
W359XKX	ATS	W372VGJ	ALN	W396PRC	SLT	W416YAL	TBB	W439XKX	ASC
W361ABD	WXC	W372VLN	FLN	W396RBB	BUR	W417JAT	FIN	W441XKX	ASC
W361RJA	FNW	W373EOW	FSA	W396VGJ	ALN	W417YAL	TBB	W442CWX	CSC
W361SNN	KCH	W373VGJ	ALN	W396WPX	VTC	W418KBE	ZEO	W442XKX	ATS
W361VHB	CBU	W373VLN	ZAE	W397PRC	SLT	W418YAL	TBB	W443CWX	YCT
W361VLN	ZAE	W374EOW	FSA	W397RBB	ANE	W421DOP	TWM	W443XKX	ATS
W361XKX	ATS	W374VGJ	ALN	W397VGJ	ALN	W421RTO	TBB	W444WGL	WGH
W362ABD	MUN	W374VLN	ZAE	W397WPX	VTC	W421XKX	ATS	W445XKX	ATS
W362RJA	FNW	W376EOW	FHD	W398PRC	SLT	W422RTO	TBB	W446DOP	GWM
W362VHB	CBU	W376VGJ	ALN	W398RBB	ANE	W422SRP	FLE	W446XKX	ATS
W362VLN	FLN	W376VLN	FLN	W398VGJ	ALN	W422XKX	ATS	W447DOP	GWM
W362XKX	ATS	W377EOW	FEC	W399RBB	ANE	W423RTO	TBB	W447XKX	ATS
W363ABD	TVS	W377KBE	CCM	W399VGJ	ALN	W423XKX	ATS	W448BCW	TDL
W363RJA	FNW	W377VGJ	ALN	W399WGH	GAL	W424RTO	TBB	W448DOP	GWM
W363VHB	CBU	W377VLN	FLN	W401HOB	EUT	W424XKX	ATS	W449BCW	TDL
W363VLN	FLN	W378EOW	FSA	W401JAT	EYM	W425CWX	HVB	W451BCW	TDL
W363XKX	ATS	W378JNE	FNW	W401VGJ	ALN	W425RTO	TBB	W451PSG	HOU
W364ABD	COG	W378SVV	SSOU	W402VGJ	ALN	W425SRP	FLE	W452BCW	TDL
W364EOW	FHD	W378VGJ	ALN	W402WGH	GAL	W425VLO	FCY	W452XKX	ATS
W364RJA	FNW	W378VLN	FLN	W403VGJ	ALN	W425WGH	GAL	W453BCW	TDL
W364SNN	TUT	W379EOW	FEC	W403WGH	GAL	W425XKX	ATS	W453XKX	ATS
W364VHB	CBU	W379JNE	FNW	W404HOB	WBB	W426CWX	COM	W454BCW	TDL
W364XKX	ATS	W379VGJ	ALN	W404RNN	DEN	W426XKX	ATS	W454CRN	SWC
W365ABD	DOY	W379VLN	FLN	W404VGJ	ALN	W427CWX	CSC	W454XKX	ATS
W365EOW	FEC	W379WGE	CBW	W404WGH	GAL	W427JBU	EDW	W457BCW	TDL
W365OSM	VIP	W381EOW	FHD	W407VGJ	ALN	W427XKX	ATS	W457WGH	GAL
W365RJA	FNW	W381PRC	VTC	W408JAT	EYM	W428CWX	LOD	W457XKX	ATS

W458BCW TDL	W474BCW TBB	W486YGS ATS	W522WGH GAL	W566XRO CBL	
W458WGH GAL	W474MKU SYOR	W487WGH GAL	W522XEE SEMS	W567JVV GWM	
W458XKX ATS	W474SVT FNW	W487YGS ATS	W523DOP TWM	W567RSG LOT	
W459BCW SUL	W474UAG PON	W488EOL JEN	W523WGH GAL	W567RYC S&B	
W459WGH GAL	W474WGH SBM	W488WGH GAL	W523XEE SEMS	W567XRO UNO	
W459XKX ATS	W474XKX ALN	W488YGS ATS	W524BHK ZAC	W568RSG LOT	
W461BCW OLY	W475BCW TBB	W489WGH GAL	W524WGH GAL	W568XRO UNO	
W461UAG WBC	W475MKU SYOR	W489YGS ATS	W526WGH GAL	W569JVV SPS	
W461WGH GAL	W475RKS MSH	W491SCU GON	W527WGH GAL	W569RSG LOT	
W461XKX ALN	W475SVT FNW	W491WGH GAL	W529EOL JRS	W569XRO UNO	
W462BCW OLY	W475WGH GAL	W491YGS ATS	W529WGH GAL	W571JVV CNT	
W462RSX NIC	W475XKX ALN	W492WGH GAL	W531GCW SNW	W571NNY LBH	
W462UAG WBC	W476BCW GWH	W492YGS ATS	W531WGH GAL	W571RSG LOT	
W462WGH GAL	W476MKU SYOR	W493WGH GAL	W532WGH GAL	W571XRO UNO	
W462XKX ALN	W476SVT FNW	W493YGS ATS	W533WGH GAL	W572JVV WXC	
W463BCW SPS	W476UAG EYM	W494EOL LMC	W534WGH GAL	W572NNY LBH	
W463RSX NIC	W476WGH GAL	W494PLS MEW	W536WGH GAL	W572RSG LOT	
W463WGH GAL	W476XKX ALN	W494WGH GAL	W537WGH GAL	W572XRO UNO	
W463XKX ALN	W477BCW TBB	W494YGS ATS	W537XNS WHI	W573JVV GWM	
W464RSX NIC	W477MKU SYOR	W495WGH GAL	W538CDN CAL	W573NNY LBH	
W464UAG EYM	W477SVT FNW	W495YGS ATS	W538WGH GAL	W573RSG LOT	
W464WGH GAL	W477UAG WBC	W496WGH GAL	W539WGH GAL	W573XRO UNO	
W464XKX ALN	W477WGH SBM	W496YGS ATS	W541WGH GAL	W574JVV WXC	
W465CRN SNW	W477XKX ALN	W497WGH GAL	W542EOL TRX	W574NNY LBH	
W465UAG WBC	W478BCW GWH	W497YGS ATS	W542WGH GAL	W574RSG LOT	
W465WGH GAL	W478EUB WTR	W498WGH GAL	W543WGH GAL	W574XRO UNO	
W465XKX ALN	W478KSG GWY	W498YGS ATS	W546RSG LOT	W575RSG LOT	
W466BCW SUL	W478MKU SYOR	W501RBB ANE	W547RNB W&H	W575XRO UNO	
W466CRN SNW	W478SVT FNW	W501SYB SSM	W547RSG LOT	W576NNY EUT	
W466UAG WBC	W478UAG EYM	W501VDD SWES	W548RSG LOT	W576RSG LOT	
W466WGH GAL	W478WGH SBM	W501WGH GAL	W549RSG LOT	W576XRO UNO	
W466XKX ALN	W478XKX ALN	W502WGH GAL	W550WGT ZBU	W577JVV WAL	
W467BCW TBB	W479HOB CAL	W503TUJ HGI	W551BHG SKC	W577NNY EUT	
W467CRN SNW	W479MKU SYOR	W503WGH GAL	W551RSG LOT	W577RFS FAB	
W467UAG PON	W479UAG EYM	W504KDA EVL	W552RSG LOT	W577RSG LOT	
W467WGH GAL	W479WGH GAL	W504VDD SWES	W552WRV EMM	W577XRO UNO	
W467WMA HLC	W479XKX ALN	W504WGH GAL	W553RSG LOT	W578DGU GAL	
W467XKX ALN	W481BAC LBH	W506EOL ARL	W554JVV SPS	W578RFS FAB	
W468BCW OLY	W481EUB TAR	W506WGH GAL	W554RSG LOT	W578XRO UNO	
W468CRN SNW	W481MKU SYOR	W507WGH GAL	W555ASH ASL	W579RFS FAB	
W468UAG WBC	W481UAG EYM	W508VDD SWES	W555ELF CAV	W581RFS FAB	
W468WGH GAL	W481WGH SBM	W508WGH GAL	W555GSM CET	W581WCA VIP	
W468XKX ALN	W481XKX ALN	W509KDA R&B	W556BOV LID	W582RFS FAB	
W469UAG WBC	W482ASB GLO	W509VDD SWES	W556RSG LOT	W582WCA DOC	
W469WGH GAL	W482BAC LBH	W509WGH GAL	W557RSG LOT	W583RFS FAB	
W469XKX ALN	W482EUB WTR	W511PSF CFT	W558JVV BLV	W584RFS FAB	
W471MKU SYOR	W482MKU SYOR	W511WGH GAL	W558RSG LOT	W585RFS FAB	
W471RTO TBB	W482WGH GAL	W512WGH GAL	W558RYC KFY	W586RFS FAB	
W471UAG EYM	W482YGS ATS	W513WGH GAL	W559JVV TVS	W587DGU W&H	
W471VMA HAL	W483ASB GLO	W514WGH GAL	W559RSG LOT	W587RFS FAB	
W471WGH GAL	W483EUB WTR	W516CCK SYOR	W561CWX K&D	W588RFS FAB	
W471XKX ALN	W483OUF EBL	W516WGH GAL	W561RSG LOT	W589RFS FAB	
W472MKU SYOR	W483WGH GAL	W517CCK SYOR	W561WKH PCW	W591PFS SHB	
W472WGH GAL	W483YGS ATS	W517WGH GAL	W562JVV MUN	W591RFS FAB	
W472XKX ALN	W484ASB LTL	W518CCK SYOR	W562RSG LOT	W591SNG FG	
W473BCW OLY	W484WGH GAL	W518WGH GAL	W563JVV DPG	W592PFS APE	
W473MKU SYOR	W484YGS ATS	W519CCK SYOR	W563RSG LOT	W592RFS FAB	
W473SVT FNW	W485EUB TAR	W519WGH GAL	W564JVV WXC	W592SNG FG	
W473UAG EYM	W485WGH GAL	W521CCK SYOR	W564RSG LOT	W593RFS FAB	
W473WGH GAL	W485YGS ATS	W521KDA R&B	W566JVV DCA	W593SNG FG	
W473XKX ALN	W486WGH GAL	W521WGH GAL	W566RSG LOT	W594PFS HOR	

W594RFS FAB	W605PTO NCT	W632MKY FEL	W661CWX AYO	W689TNV TYB
W594SNG FED	W605RFS FAB	W632PSX LOT	W662CWX AYO	W689XSB OAD
W594XDM COL	W605VGJ ASW	W632RND SNW	W662SJF CYM	W692NST SHIC
W595PFS HOR	W605YKN ASC	W632RNP PDB	W663CWX AYO	W694PTN ATE
W595RFS FAB	W606CWX HAD	W633MKY ACN	W663PTD BUL	W694RHU JAC
W595SNG FED	W606MWJ TWM	W633PSX LOT	W664CWX AYO	W699PTN AYR
W596KFE NEF	W606PAF FDC	W633RND SNW	W664PTD BUL	W701BFV TDE
W596PFS HOR	W606PTO NCT	W634FUM NEC	W665CWX AYO	W701CWR FWE
W596RFS FAB	W606VGJ ASW	W634PSX LOT	W666WMS WED	W702BFV TDE
W596SNG FG	W607CWX HAD	W634RND SNW	W667CWT FWE	W702CWR FWE
W597PFS HOR	W607MWJ TWM	W635MKY GLT	W667CWX AYO	W702PHT FBR
W597RFS FAB	W607PAF FDC	W635RND SNW	W668CWT FWE	W703CWR FWE
W597SNG FED	W607PTO NCT	W636RND SNW	W668CWX AYO	W703PHT FBR
W598RFS FAB	W607RFS FAB	W637CUA HER	W669CWX AYO	W704CWR FWE
W598SNG FED	W607VGJ ASW	W637OAE FCA	W669JOG SCB	W704PHT FBR
W599KFE DAN	W608CWX HAD	W637RND SNW	W671CWX AYO	W705CWR FWE
W599PTO NCT	W608FUM CRL	W637RYB SDEV	W671PTD SNW	W705PHT FBR
W599RFS FAB	W608MWJ TWM	W638FUM EDT	W671TNV SSOU	W706CWR FWE
W599SNG FED	W608PAF FDC	W638RND SNW	W671WGG BLA	W706EEO TVS
W600SOU GUM	W608PTO NCT	W639RND SNW	W672CWX AYO	W706PHT FBR
W601CWX HAD	W608RFS FAB	W641CHJ DEN	W672PTD SNW	W707CWR FWE
W601MWJ TWM	W608UOT DGB	W641RND SNW	W672WGG BLA	W707PHT FBR
W601PAF FDC	W608VGJ ASW	W641TPW BLE	W673CWX AYO	W708CWR FWE
W601PLJ W&D	W608XBA GHA	W642MKY SBB	W673PTD SNW	W708PHT FBR
W601PTO NCT	W609CWX HAD	W642RND SNW	W673WGG BLA	W709CWR FWE
W601RFS FAB	W609FUM CRL	W643RND SNW	W674CWX AYO	W709PTO FBS
W601SNG FED	W609MWJ TWM	W643RNU CYM	W674PTD SNW	W709RHT FDC
W601YKN ASC	W609PAF FDC	W644RND SNW	W674WGG WLC	W711CWR FWE
W602CWX HAD	W609PTO NCT	W645MKY PCW	W675DDN MIC	W711RHT FDC
W602KFE DEN	W609RFS FAB	W645RND SNW	W675PTD BUL	W712CWR FWE
W602MWJ TWM	W611CWX HAD	W646MKY HIL	W675WGG WLC	W712DCS LCO
W602PAF FDC	W611MWJ TWM	W646RND SNW	W675XNK BAR	W712RHT FDC
W602PLJ W&D	W612CWX HAD	W647RND SNW	W676DDN GPT	W713CWR FWE
W602PSX CUI	W612MWJ TWM	W647SNN NCT	W676PTD BUL	W713DAX WA
W602PTO NCT	W613CWX HAD	W648GBX A&P	W676SNV LAT	W713RHT FDC
W602RFS FAB	W613FUM PIK	W648RCG TRW	W677DDN GHA	W713XCE CTT
W602VGJ ASW	W613KFE JEN	W648SNN NCT	W677PTD BUL	W714CWR FWE
W602YKN ASC	W613MWJ TWM	W649FUM HED	W678DDN DOY	W714DAX WA
W603CWX HAD	W614CWX HAD	W649SNN NCT	W678PTD BUL	W714HNH TWC
W603MWJ TWM	W614MWJ TWM	W651CWX AYO	W681DDN ATS	W714RHT FDC
W603PAF FDC	W615CWX HAD	W651SJF GAS	W681JOG HSL	W715CWR FWE
W603PLJ W&D	W616CWX K&D	W651SNN NCT	W681NTG EAZ	W715RHT FDC
W603PSX CUI	W617CWX K&D	W652CWX AYO	W681RNA FAB	W716CWR FWE
W603PTO NCT	W617FUM SSM	W652FUM TUT	W681TNV TYB	W716RHT FDC
W603RFS FAB	W617YNB CBN	W652SNN NCT	W681ULL FG	W717CWR FWE
W603VGJ ASW	W618CWX HAD	W653CWX AYO	W682FRN GRW	W717RHT FDC
W603XBA CVL	W618YNB CBN	W653SNN NCT	W682MVV CRL	W718CWR FWE
W603YKN ASC	W619CWX HAD	W654CWX AYO	W682RNA FAB	W718ULL FCY
W604CWX HAD	W622FUM BUG	W654SNN NCT	W682ULL FG	W719CWR FWE
W604MWJ TWM	W623FUM CHA	W654WUT VTE	W683RNA FAB	W719TRY KWT
W604PAF FDC	W623NWG KIN	W656CWX AYO	W683ULL FG	W719ULL FCY
W604PLJ W&D	W626FUM PIK	W656SNN NCT	W684ULL FG	W721CWR FWE
W604PSX CUI	W626RND SNW	W657CWX AYO	W684VLT LBL	W721ULL FCY
W604PTO NCT	W627FUM DCC	W657FRN GRW	W685ULL FG	W722CWR FWE
W604RFS FAB	W627RND SNW	W657SNN NCT	W686PTN MET	W722ULL FCY
W604VGJ ASW	W628FUM GCA	W658CWX AYO	W686ULL FSA	W723CWR FWE
W604YKN ASC	W628RND SNW	W658SJF EBL	W686VLT LBL	W723PSF FED
W605CWX HAD	W629RND SNW	W658SNN NCT	W687ULL FSA	W723ULL FCY
W605FUM EDT	W631PSX LOT	W659CWX AYO	W687VLT LBL	W724CWR FWE
W605MWJ TWM	W631RND SNW	W659SNN NCT	W688VLT LBL	W724ULL FCY
W605PAF FDC	W631RNP ANE	W659WKH EYM	W689OLK CEL	W726CWR FWE

W726DWX FSY	W771AAY W&H	W808PAE FBR	W823NNJ B&H	W879WHS HMI
W726ULL FCY	W771DWX FSY	W808PAF FHD	W823PAE FBR	W881MDT TJH
W727DWX FSY	W771KBT FWE	W809AAY DAC	W823PFB FBR	W883MDT FIL
W727ULL FCY	W772DWX FSY	W809BGB CNV	W823WKH MSH	W885NNT WMC
W727XCE COS	W772KBT FWE	W809DWX FWE	W824NNJ B&H	W887SCL FAR
W728DWX FSY	W772URP REB	W809EOW FHD	W824PAE FBR	W888WCS WWY
W728VLO FCY	W773DWX FWE	W809PAE FBR	W824PFB FBR	W891MDT POY
W729DWX FSY	W773KBT FWE	W809PAF FDC	W825NNJ B&H	W892MDT COG
W731DWX FSY	W773URP COG	W809VMA FHD	W825PFB FDC	W892MKU SEM
W732DWX FSY	W773VHN GSR	W811BGB CNV	W826NNJ B&H	W894NDE RBC
W733DCS DJI	W774DWX FEC	W811DWX FWE	W826PFB FDC	W895AGA MID
W733DWX FSY	W774KBT FWE	W811EOW FHD	W827NNJ B&H	W895VLN FG
W733SCU SOO	W776DWX FSY	W811PAE FBR	W827PFB FDC	W896VLN FG
W734DWX FSY	W776KBT FWE	W811PAF FDC	W828NNJ B&H	W897RFA CRW
W735PPR APB	W777WCS WMC	W811PFB FSA	W828PFB FDC	W897YNK RIC
W736DWX FSY	W778DWX FWE	W812DWX FWE	W829NNJ B&H	W898RFA WHT
W736PPR HWD	W781PTN D&B	W812EOW FHD	W829PFB FDC	W898RRU ZCF
W737DWX FSY	W785BCF MCR	W812PAE FBR	W831NNJ B&H	W898YNK RIC
W738DWX FSY	W787KBT FWE	W812PAF FDC	W831PFB FDC	W899MDT ABG
W739DWX FSY	W788KBT FWE	W812PFB FSA	W832NNJ B&H	W899VLN FG
W741DWX FEC	W791VMV B&H	W813DWX FWE	W832PFB FDC	W900BCL OAK
W742DWX FEC	W792VMV B&H	W813EOW FHD	W833NNJ B&H	W901JNF WXC
W743DWX FEC	W793VMV DOY	W813PAE FBR	W833PFB FDC	W901RBB GON
W743NAS BBD	W795VMV CLI	W813PAF FHD	W834NNJ B&H	W901UJM BUR
W744DWX FEC	W796VMV B&H	W813PFB FSA	W834PFB FDC	W902JBA SWN
W745DWX FWE	W797VMV DOY	W813UAG VTC	W835NNJ B&H	W902JNF CNT
W745NAS SHIC	W798VMV B&H	W814DWX FWE	W836NNJ B&H	W902RBB GON
W746DWX FWE	W799VMV B&H	W814EOW FHD	W836PPD JTK	W902UJM BUR
W747DWX FWE	W801DWX FWE	W814PAE FBR	W837NNJ B&H	W903BOJ CUI
W747NAS SHIC	W801EOW FHD	W814PAF FDC	W837PPD JTK	W903JBA SWN
W748DWX FWE	W801GEJ ZDH	W814PFB FBR	W838NNJ B&H	W903JNF CNT
W751DWX FWE	W801PAE FSA	W814UAG GUM	W839NNJ B&H	W903RBB GON
W751SBR ANE	W802DWX FWE	W815DWX FWE	W840NNJ B&H	W903UJM BUR
W752DOE SMS	W802EOW FHD	W815EOW FHD	W840VLO FG	W903VLN FBE
W752DWX FWE	W802PAE FSA	W815PAE FBR	W842FOL FLB	W904JNF WXC
W752SBR ANE	W803DWX FWE	W815PAF FDC	W844SKH CCW	W904RBB GON
W753DWX FSY	W803EOW FHD	W815PFB FBR	W851CWY ACN	W904UJM BUR
W753SBR ANE	W803PAE FSA	W815UAG GUM	W852AAY HKW	W904VLN FG
W754DWX FSY	W804AAY SML	W816DWX FWE	W852CFV BUL	W905JBA WSN
W754SBR ANE	W804DWX FWE	W816EOW FHD	W854DHF JJT	W905JNF CNT
W754URD Key	W804EOW FHD	W816FBW OBC	W854NFF PDB	W905RBB GON
W756DWX FEC	W804PAE FBR	W816PAE FBR	W859PNL GON	W905UJM BUR
W756SBR ANE	W804PAF FCY	W816PFB FBR	W861PNL GON	W905VLN FEX
W757DWX FEC	W805AAY FOR	W816UAG GUM	W862PNL GON	W905WGH GAL
W757SBR ANE	W805DWX FWE	W817FBW OBC	W863PNL GON	W906JNF GWM
W758DWX FEC	W805EOW FHD	W817PAE FBR	W864AAY ZBN	W906RBB GON
W758SBR ANE	W805PAE FBR	W817PFB FBR	W864PNL GON	W906UJM BUR
W759DWX FSY	W805PAF FCY	W817UAG EYM	W865PNL GON	W906VLN FG
W759SBR ANE	W805VDD SWES	W818FBW OBC	W866PNL GON	W907RBB GON
W761DWX FSY	W806DWX FWE	W818PAE FBR	W868AAY WA	W907RET MSH
W762DCS LID	W806EOW FHD	W818PFB FBR	W869BOH DPG	W907UJM BUR
W762DWX FSY	W806PAE FSA	W819FBW OBC	W869YNB GON	W907VLN FLN
W763NFF AAC	W806PAF FHD	W819PAE FBR	W871XRV CTT	W908RBB GON
W764ABV DAR	W806PKS HWS	W819PFB FBR	W874VGT EPS	W909RBB GON
W766HBT FWE	W806PNL GON	W821FBW OBC	W875UGY EUT	W909RET NIG
W767URP WXC	W807DWX FWE	W821NNJ B&H	W875UWO SVC	W912VLN FG
W768DHJ WCC	W807EOW FHD	W821PAE FBR	W875VGT EPS	W913BEC HWD
W768DWX FWE	W807PAE FSA	W821PFB FBR	W876ULH BAW	W913VLN FG
W769DWX FWE	W807PAF FDC	W822NNJ B&H	W876VGT EPS	W914VLN FG
W769URP GON	W808DWX FWE	W822PAE FBR	W876XRV JEA	W915VNY MON
	W808EOW FHD	W822PFB FBR	W878XRV BTL	W918COJ HOU

Call	Code	Call	Code	Call	Code	Call	Code	Call	Code
W921JNF	COG	W977TRP	MEL	WA04CTE	SDEV	WA05DFC	DAR	WA06LZK	CTC
W922JNF	CBL	W977ULD	BAW	WA04CTF	SDEV	WA05DFG	MAR	WA06LZL	ATK
W923JNF	TMH	W983PLA	BAW	WA04CTK	SDEV	WA05FYC	SEW	WA06LZM	MLN
W926ULD	BAW	W984WDS	BUV	WA04CTU	SDEV	WA05JWJ	WEB	WA06LZN	ATK
W928PLA	BAW	W985WDB	EUT	WA04CTV	SDEV	WA05JWK	WEB	WA06LZO	RNC
W928PTS	GON	W985WDS	CBL	WA04CTX	SDEV	WA05JWM	MAR	WA06NCC	WBU
W928VLN	FG	W985XFM	HAL	WA04EHS	PCO	WA05JWO	RPC	WA06NHF	SDEV
W929RET	BTT	W986WDS	ATS	WA04EWL	BAS	WA05JWP	RPC	WA07BGV	BRS
W929VLN	FLN	W986XFM	HAL	WA04EWP	CML	WA05JWU	BRS	WA07BGX	BAS
W931ULL	FG	W987XFM	HAL	WA04EWR	S&B	WA05MGU	SDEV	WA07BGY	ADT
W933JNF	FBE	W989PCD	COM	WA04EWS	PSK	WA05MGV	SDEV	WA07BGZ	TRH
W934EMV	MUS	W989PLA	BAW	WA04EWT	SIL	WA05MGX	SDEV	WA07BHD	ADT
W934JNF	FBE	W991XDM	GUM	WA04EWV	BAS	WA05MGY	SDEV	WA07BHE	ADT
W934ULL	FG	W992BDP	GWH	WA04FNZ	SDEV	WA05MGZ	SDEV	WA07BHJ	WBU
W935EMV	MUS	W992VGU	ASD	WA04FOC	SDEV	WA05MHE	SDEV	WA07BHK	S&B
W935JNF	FBE	W995JNF	PRO	WA04FOD	SDEV	WA05MHF	SDEV	WA07BHL	BAS
W935ULL	FG	W995VGU	ASD	WA04FOF	SDEV	WA05MHJ	SDEV	WA07DCX	HAC
W936EMV	MUS	W996JNF	RHC	WA04FOH	SDEV	WA05OMP	CRW	WA07KBE	SEW
W936JNF	SSOU	W996WGH	GAL	WA04FOJ	SDEV	WA05UNE	FEX	WA07KXU	OGD
W936ULL	FG	W997WGH	GAL	WA04FOK	SDEV	WA05UNF	FEX	WA07KXX	SGC
W937JNF	COG	WA03BHW	PCB	WA04FOM	SDEV	WA05UNG	FEX	WA07KYB	BAD
W937ULL	FG	WA03BHX	PCB	WA04HNC	ASM	WA05VYT	ZEY	WA07KYC	BRS
W939ULL	FG	WA03BHY	PCB	WA04HYR	CRG	WA05WNE	DAR	WA08AOU	MDC
W941OSA	BUT	WA03BHZ	PCB	WA04MHF	BRS	WA06CDN	BRS	WA08AOX	DCS
W941SNR	NCT	WA03BJE	PCB	WA04MHL	CCH	WA06CDO	S&B	WA08AOZ	BRS
W941ULL	FG	WA03BJF	PCB	WA04MHM	TAW	WA06CDV	SEW	WA08APF	BRS
W942SNR	NCT	WA03CTK	W&D	WA04MHN	TAW	WA06CDX	CCH	WA08APK	DAR
W942ULL	FG	WA03CVW	VAW	WA04MHU	FIL	WA06CDY	CCH	WA08APO	HOM
W943ETW	PMS	WA03EYD	BRS	WA04MHV	FIL	WA06CEF	TRH	WA08GOP	DCS
W943SNR	NCT	WA03EYF	EDW	WA04TWU	SDEV	WA06CEJ	BRS	WA08GOU	DCS
W946ULL	FG	WA03EYG	EDW	WA04TWV	SDEV	WA06GSU	BLD	WA08GOX	DCS
W947ULL	FG	WA03EYH	EDW	WA04TWW	SDEV	WA06GSV	EDG	WA08GPE	ADT
W948ULL	FG	WA03EYK	DEC	WA04TWX	SDEV	WA06GTF	TRH	WA08GPF	ADT
W949ULL	FG	WA03EYL	CCH	WA04TWY	SDEV	WA06HMH	SDEV	WA08GPJ	ADT
W951ULL	FG	WA03EYR	WEB	WA04TWZ	SDEV	WA06HMJ	SDEV	WA08GPK	ADT
W952ULL	FG	WA03HPY	S&B	WA04TXB	SDEV	WA06HMK	SDEV	WA08GPU	DCS
W953WDS	EUT	WA03HPZ	BAS	WA04TXC	SDEV	WA06HMO	SDEV	WA08GPV	DCS
W954PLA	BAW	WA03HRC	AXV	WA04TXD	SDEV	WA06HMU	SDEV	WA08GRU	BAS
W956WGH	GAL	WA03HRE	DAR	WA04TXE	SDEV	WA06HMV	SDEV	WA08GRZ	EDW
W958PAU	NCT	WA03HRJ	SEW	WA04TXF	SDEV	WA06HMX	SDEV	WA08GSO	S&B
W959GSS	NIC	WA03HRL	SPC	WA04TXG	SDEV	WA06HMZ	SDEV	WA08GSP	S&B
W959PAU	NCT	WA03JXY	SEW	WA04TXH	SDEV	WA06HNB	SDEV	WA08HBJ	CUB
W961GSS	NIC	WA03MGE	PCB	WA04TXJ	SDEV	WA06HNC	SDEV	WA08JVO	BAS
W963TRP	MEL	WA03MGJ	PCB	WA04TXK	SDEV	WA06HND	SDEV	WA08JVV	HAT
W962GSS	NIC	WA03SYV	FIL	WA04TXL	SDEV	WA06HNE	SDEV	WA08JVX	SIL
W963JNF	COT	WA03WWZ	SDEV	WA04TXN	SDEV	WA06HNF	SDEV	WA08LDF	PCB
W961TRP	MEL	WA04CPY	SDEV	WA04TXP	SDEV	WA06HNG	SDEV	WA08LDJ	PCB
W964JNF	COT	WA04CPZ	SDEV	WA04TXR	SDEV	WA06HNH	SDEV	WA08LDK	PCB
W964PLA	BAW	WA04CRF	SDEV	WA04TXS	SDEV	WA06HNJ	SDEV	WA08LDL	PCB
W964TRP	MEL	WA04CRJ	SDEV	WA04TXT	SDEV	WA06HNK	SDEV	WA08LDN	PCB
W965TRP	MEL	WA04CRK	SDEV	WA04TXU	SDEV	WA06HNL	SDEV	WA08LDU	PCB
W966JNF	HYT	WA04CRU	SDEV	WA04TXV	SDEV	WA06JFU	VTC	WA08LDV	PCB
W966TRP	MEL	WA04CRV	SDEV	WA04TXW	SDEV	WA06JFV	VTC	WA08LDX	PCB
W967TRP	MEL	WA04CRX	SDEV	WA04TXX	SDEV	WA06JFX	EDW	WA08LDZ	PCB
W968TRP	MEL	WA04CRZ	SDEV	WA04TXY	SDEV	WA06JFY	EDW	WA08LEF	PCB
W969TRP	MEL	WA04CSF	SDEV	WA04TXZ	SDEV	WA06JFZ	EDW	WA08LEJ	PCB
W971TRP	MEL	WA04CSU	SDEV	WA04TYB	SDEV	WA06LZE	CRC	WA08MVE	FDC
W972TRP	MEL	WA04CSV	SDEV	WA04TYC	SDEV	WA06LZH	WIT	WA08MVF	FDC
W974TRP	MEL	WA04CSX	SDEV	WA04TYY	POY	WA06LZJ	FMN	WA08MVG	FDC
W975TRP	MEL	WA04CSY	SDEV	WA04ZNR	DHT			WA08NOF	SDEV
W976TRP	MEL	WA04CSZ	SDEV	WA05DEU	DAR			WA08NOH	SDEV

WA08NOU	SDEV	WA10GHF	SDEV	WA56FKO	SDEV	WA58EOO	SGC	WCZ1515	DAB
WA08NPC	SDEV	WA10GHG	SDEV	WA56FKP	SDEV	WA58EOS	SEW	WCZ2435	MES
WA08NPD	SDEV	WA10GHH	SDEV	WA56FKR	SDEV	WA58EOU	EAL	WCZ4048	DAB
WA09AYY	BRS	WA10GHJ	SDEV	WA56FKS	SDEV	WA58EOV	LIS	WCZ8966	BBU
WA09AYZ	WLT	WA10GHK	SDEV	WA56FKT	SDEV	WA58JNN	BAS	WCZ9954	AUD
WA09AZC	CCH	WA10GHN	SDEV	WA56FKU	SDEV	WA58MRV	SDEV	WCZ9955	AUD
WA09AZD	BEE	WA10GHO	SDEV	WA56FKV	SDEV	WA58MVP	SDEV	WD03WVW	FFC
WA09AZF	TRH	WA10HGP	SEW	WA56FKW	SDEV	WA58MVS	SDEV	WD03XVN	ETC
WA09AZG	S&B	WA10KNC	BMC	WA56FKX	SDEV	WA59CRZ	SDEV	WD07BZK	JEA
WA09AZJ	BMC	WA10KND	BMC	WA56FKY	SEW	WA59CSF	SDEV	WDA4T	MIC
WA09AZL	BAS	WA10LHO	QMS	WA56FKZ	SDEV	WA59CSO	SDEV	WDD194	PUH
WA09AZN	BAS	WA51ACO	PCB	WA56FLB	SDEV	WA59EAW	BRS	WDF297	LOT
WA09DZL	JRC	WA51ACU	PCB	WA56FLC	SDEV	WA59EAX	NEL	WDF946	PUH
WA09DZM	JRC	WA51ACV	PCB	WA56FLD	SDEV	WA59EBC	CCH	WDF999X	CEL
WA09DZN	JRC	WA51ACX	PCB	WA56FTK	FDC	WA59FWR	SDEV	WDG230X	HEB
WA09DZP	HMS	WA51ACY	PCB	WA56FTN	FDC	WA59FWS	SDEV	WDL691	SVE
WA09DZU	EAL	WA51CCV	TAR	WA56FTO	FDC	WA59FWT	SDEV	WDL693Y	COG
WA09FHJ	WEB	WA51JYE	KIN	WA56FTP	FDC	WA59FWU	SDEV	WDL694Y	JBT
WA09FHK	WEB	WA51JYH	EAL	WA56FTT	FDC	WA59FWV	SDEV	WDL695Y	COG
WA09FHL	WEB	WA51OSE	SDEV	WA56FTU	FDC	WA59FWW	SDEV	WDL696Y	COG
WA09HTJ	DCS	WA51OSF	SDEV	WA56FTV	FDC	WA59FWX	SDEV	WDO759	BBH
WA09HTK	DCS	WA53FDF	VIL	WA56FTX	FDC	WA59FWY	SDEV	WDR598	WCC
WA09HTL	DCS	WA53FDK	VCY	WA56FTY	FDC	WA59FWZ	SDEV	WDS343V	KOA
WA09HTN	DCS	WA53FDL	REG	WA56FTZ	FDC	WA59FXB	SDEV	WDT433	FAS
WA09HTO	DCS	WA53ONL	BJL	WA56FUB	FDC	WA59FXC	SDEV	WDT768	FAS
WA09HTP	DCS	WA53ORU	TIV	WA56FUD	FDC	WA59FXD	SDEV	WDZ565	WCL
WA09HTT	DCS	WA53SGX	WIB	WA56FUE	FDC	WA59FXE	SDEV	WDZ595	WCL
WA09HTU	DCS	WA53WSY	SIL	WA56FYG	SDEV	WA59FXF	SDEV	WDZ727	WCL
WA09HTV	DCS	WA54AFK	EDW	WA56FYH	SDEV	WA59FXG	SDEV	WDZ1033	SCT
WA09HTX	DCS	WA54BUS	ZCW	WA56HHN	PCB	WA59FXH	SDEV	WDZ1232	WCL
WA09JPJ	SEW	WA54ECV	TAW	WA56HHO	PCB	WAC828	WIA	WDZ1666	WCL
WA09KWH	SDEV	WA54FSF	WEB	WA56HHP	PCB	WAH587S	CAR	WDZ1691	WCL
WA09KWJ	SDEV	WA54GOE	WEB	WA56NNG	SDEV	WAL782	QMS	WDZ1733	WCL
WA09KWK	SDEV	WA54GPJ	WEB	WA56NNH	SDEV	WAY877	CHE	WDZ2683	AVC
WA09KWL	SDEV	WA54GPK	WEB	WA56NNJ	SDEV	WAZ3578	EUR	WDZ2826	WCL
WA09KWM	SDEV	WA54GWC	LBH	WA56OAO	FDC	WAZ4435	M&H	WDZ4127	MGC
WA09KWN	SDEV	WA54GWO	LBH	WA56OAP	FDC	WAZ7316	JJT	WDZ4724	SLA
WA09KWO	SDEV	WA54GXR	LBH	WA56OAS	FDC	WAZ8277	ZCA	WDZ6259	WCL
WA09KWP	SDEV	WA54HXV	CCH	WA56OAU	FDC	WB03EDE	RNC	WDZ6570	WCL
WA09KWR	SDEV	WA54HXZ	VTC	WA56OAV	FDC	WBN106	JEF	WDZ7683	WCL
WA09KWS	SDEV	WA54HYB	VTC	WA56OJN	SDEV	WBZ2766	GIT	WDZ8521	SML
WA09KZE	PEW	WA54HYC	VTC	WA56OJO	SDEV	WBZ3465	PHO	WE51BUS	WBU
WA09KZO	BAS	WA54JVV	PCB	WA56OZM	PCB	WBZ4794	SWF	WE51WAY	WWY
WA09LXK	CML	WA54JVW	PCB	WA56OZO	PCB	WBZ6394	CHC	WE52BUS	WBU
WA10CFO	WIB	WA54JVX	PCB	WA56OZP	PCB	WBZ6395	CHC	WE53BUS	WBU
WA10CFU	BAS	WA54JVY	PCB	WA56OZR	PCB	WBZ6396	CHC	WET1K	WET
WA10CFV	S&B	WA54JVZ	PCB	WA56OZS	PCB	WBZ8737	WTR	WET342	WIN
WA10CFX	BAS	WA54JWC	PCB	WA56OZT	PCB	WC02CLC	CRL	WET476	WIN
WA10CFY	BAS	WA54JWD	PCB	WA56OZU	PCB	WC08GRA	WIC	WET590	WIN
WA10CFZ	BAS	WA54JWE	PCB	WA56SYG	KCH	WC52DMW	CVP	WET859	WIN
WA10CGE	WAT	WA54JYX	SEW	WA57CYS	PEN	WC52JLW	CVP	WET880	WIN
WA10EMV	MLN	WA54KTP	S&B	WA57CYT	BLD	WC59WTL	WHE	WEZ2561	MET
WA10ENF	VTC	WA54KTT	BAS	WA57CYU	BLD	WCA893W	MRS	WEZ2624	RGY
WA10ENH	VTC	WA54LSX	WEB	WA57CYW	BKY	WCC92V	SSH	WEZ3806	GOG
WA10ENJ	CCH	WA54OLN	FDC	WA57CYY	SGC	WCE95T	DEW	WEZ3815	ZAR
WA10ENK	CCH	WA54OLO	FDC	WA57FXT	SDEV	WCF99	MUL	WEZ3816	THA
WA10ENL	CCH	WA54OLP	FDC	WA57JZT	CCH	WCJ600T	ROM	WEZ5969	AUD
WA10ENM	CCH	WA54OLR	FDC	WA57JZU	CCH	WCR474	CLM	WEZ7833	GOG
WA10GGZ	SDEV	WA54OLT	FDC	WA57JZV	CCH	WCR819	TAR	WEZ7837	GOG
WA10GHB	SDEV	WA56ENV	DAR	WA58EOK	BMC	WCR833	CLM	WEZ7891	JAC
WA10GHD	SDEV	WA56ENW	DAR	WA58EOM	PEN	WCX242V	SHT	WEZ9837	TVM

Callsign	Code	Callsign	Code	Callsign	Code	Callsign	Code	Callsign	Code
WF03XVR	ZDT	WIL7215	AYR	WJ55EWD	EDW	WK02SUN	WGH	WK53EUU	WGH
WF10OXF	OBC	WIL8275	EST	WJ55FHD	CML	WK02TUE	WGH	WK54BHL	WGH
WF10ZRU	BAD	WIL8276	CAL	WJ55HLG	PCB	WK02TYD	FDC	WK54BHN	WGH
WF10ZRV	BAD	WIL9206	ALC	WJ55HLH	PCB	WK02TYF	FDC	WK54BHO	WGH
WF10ZRW	BAD	WIL9217	WCG	WJ55HLK	PCB	WK02TYH	FDC	WK54BHP	WGH
WF53WEU	BET	WIL9713	WIT	WJ55HLM	PCB	WK02UMA	MAG	WK55BUS	WGH
WF54SNZ	HIS	WIL9714	WIT	WJ55HLN	PCB	WK02UMC	MAG	WK56ABZ	FDC
WF56OXF	OBC	WIL9782	WIT	WJ55HLO	PCB	WK02XLN	WGH	WK56PEN	WGH
WFD46	RID	WIL9783	WIT	WJ55HLP	PCB	WK02XLO	WGH	WK56SET	WGH
WFS147W	KOA	WIL9784	WIT	WJ55HLR	PCB	WK02XLR	WGH	WK56SUN	WGH
WFS152W	WLC	WIL9785	WIT	WJ55NFC	TAY	WK03BTE	HOP	WK57DNX	HOP
WG04DTV	EXL	WIL9787	WIT	WJ55NLZ	SDEV	WK03BTF	HOP	WK57TAF	WGH
WGR565	GRE	WIL9789	WIT	WJ55NMA	SDEV	WK03BUS	WGH	WK58EAE	WGH
WH02WOW	W&H	WIL9813	WIT	WJ55TRV	SIM	WK03DAD	WGH	WK58EAF	WGH
WH08AGH	W&H	WIL9814	WIT	WJ55TVP	DHT	WK03EKW	FDC	WK58EAG	WGH
WH09SUN	W&H	WIL9815	WIT	WJI1414	TAY	WK03EKX	FDC	WK58WBJ	WIT
WHA325	HAP	WIL9816	wit	WJI1722	GOL	WK03ENM	CWL	WK58WBV	WIT
WHE349J	VCC	WIW1672	GRB	WJI1725	NBM	WK04BUS	WGH	WK58WDV	WIT
WIA69	WBR	WIW1884	ABT	WJI2321	STU	WK04CCC	WGH	WK58WEF	WIT
WIA4122	BRC	WIW2640	BBU	WJI2322	ZAR	WK04CUA	WGH	WK59CWU	WGH
WIA5409	STO	WIW3627	TEV	WJI2799	CTM	WK04CUC	WGH	WK59CWV	WGH
WIB117	WBU	WIW3628	GOL	WJI2839	HER	WK04HSD	WGH	WK59CWW	WGH
WIB137	SOD	WIW4748	BKB	WJI2858	EDW	WK04KUO	WGH	WK59CWX	WGH
WIB150	WBU	WIW4789	WIL	WJI3278	MGR	WK04OKE	WGH	WK59CWY	WGH
WIB255	WBU	WIW8983	BKB	WJI3488	PCW	WK04OTA	WGH	WK59CWZ	WGH
WIB300	WBU	WJ02HYW	BEC	WJI3489	PCW	WK05AOX	WGH	WK59CXA	WGH
WIB925	BKS	WJ02KDN	S&B	WJI3491	BAD	WK05CFD	WGH	WK59CXB	WGH
WIB1118	AUT	WJ02KDX	WCC	WJI3493	BAD	WK05CFE	WGH	WK59CXC	WGH
WIB1364	AON	WJ02KEU	DAR	WJI3494	3DS	WK05CFF	WGH	WK59CXD	WGH
WIB1365	HKC	WJ02KNR	TBB	WJI3496	BAD	WK05FJE	CUB	WK59DAA	HOP
WIB1444	BAS	WJ02PVF	EOH	WJI3497	BAD	WK06AEC	DFT	WKZ2463	OLY
WIB2042	ROT	WJ02VRN	WBU	WJI3592	ZBD	WK06AEE	FDC	WKZ2464	OLY
WIB3070	P&K	WJ02VRO	BAS	WJI3725	GTS	WK06AEF	FDC	WKZ2481	ABG
WIB3420	WKN	WJ02VRP	AXV	WJI5149	SSM	WK06AFU	FDC	WKZ2482	ABG
WIB5507	ROT	WJ02VRT	SOA	WJI5242	EUS	WK06AFV	FDC	WKZ2483	ABG
WIB7186	SAW	WJ02VRV	BAS	WJI5868	FCT	WK06SET	WGH	WKZ2484	ABG
WIB7190	HKW	WJ08BUS	WJC	WJI6158	GCA	WK06SUN	WGH	WKZ3416	DAB
WIB7192	TVP	WJ51BOU	CRK	WJI6161	GEJ	WK07AOJ	HOP	WKZ3537	EDW
WIB7806	GRI	WJ52GNY	PCB	WJI6164	EUS	WK07EBP	HOP	WL03AOL	MID
WIB8700	RSC	WJ52GNZ	PCB	WJI6165	EUS	WK08CZV	WGH	WL03HFB	ZDT
WIB9256	CBC	WJ52GOA	PCB	WJI6167	CTR	WK08ESU	WGH	WL06AOL	ALE
WIB9497	DAV	WJ52GOC	PCB	WJI6168	EDW	WK08ESV	WGH	WL07ANX	MON
WIJ297	ZCP	WJ52GOE	PCB	WJI6430	WAG	WK08ESY	WGH	WL59NHA	TAW
WIJ551	EBC	WJ52GOH	PCB	WJI6650	JDT	WK08ETA	WGH	WLT289	WIN
WIJ1570	KEA	WJ52GOK	PCB	WJI6730	JDT	WK10AZW	WGH	WLT307	ENS
WIL1066	EOH	WJ52JVE	LAV	WJI6879	BAD	WK51AVP	WGH	WLT324	LON
WIL2191	R&B	WJ52LFU	TAY	WJI6880	BAD	WK51BUS	WGH	WLT339	WIN
WIL2556	WOO	WJ52MSX	SBU	WJI6895	EUS	WK51CAB	WGH	WLT348	ALN
WIL2574	W&D	WJ52MTE	WEB	WJI7688	GCA	WK51CAF	WGH	WLT372	ALN
WIL2645	WIB	WJ52MTO	BAS	WJI8367	MGR	WK51CAL	WGH	WLT406	DUA
WIL3608	ALE	WJ52MTU	FIL	WJI9828	SWT	WK51CAP	WGH	WLT408	FG
WIL3619	LYL	WJ52MTV	FIL	WJI9014	BFS	WK51HNF	WGH	WLT415	SREN
WIL3621	MDC	WJ52ZNN	WBR	WJI9361	VTE	WK52SVU	FGC	WLT416	SWSC
WIL3629	GEC	WJ55CRX	FDC	WJI9363	MAR	WK52SVV	LOW	WLT427	STAY
WIL3638	GEJ	WJ55CRZ	FDC	WJI9365	MKS	WK52SYE	FDC	WLT428	ENS
WIL3641	HPT	WJ55CSF	FDC	WJI9370	AWT	WK52WTV	FDC	WLT447	SREN
WIL4570	WIB	WJ55CSO	FDC	WJJ452	GMY	WK53BNA	WGH	WLT450	ZCU
WIL6457	WCG	WJ55CSU	FDC	WJV980	JSS	WK53BNB	WGH	WLT461	LON
WIL6957	WCG	WJ55CSV	FDC	WJY760	LGT	WK53BND	WGH	WLT516	GAL
WIL6981	WCG	WJ55CTE	FDC	WK02BUS	WGH	WK53BUS	WGH	WLT546	SWSC
WIL7214	ATF	WJ55CTF	FDC	WK02SAT	WGH	WK53EUT	WGH	WLT554	ALN

Code	Reg	Code	Reg	Code	Reg	Code	Reg	Code	Reg
WLT575	LON	WM04PHK	FCY	WR03YZV	FSA	WSV548	KGS	WU52YWL	THD
WLT582	CF	WM10XFK	AVI	WR03YZW	FBR	WSV549	KGS	WU52YWM	THD
WLT644	MEL	WM10XFL	AVI	WR03YZX	FBR	WSV550	GOG	WU53ESG	TAY
WLT646	LBP	WM10XFM	AVI	WR03ZBC	FSA	WSV551	GOG	WUH704	BRW
WLT652	LON	WM55BUS	WTH	WR03ZBD	FBR	WSV552	GOG	WUK155	HYT
WLT655	CFL	WMJ29	HER	WR04NDO	AAA	WSV556	REE	WUT866	ZEY
WLT664	ALN	WMV384Y	FCA	WR08HCR	HAR	WSV566	SWE	WV02BEY	FRO
WLT676	ALN	WN03ASH	ASL	WR52OPJ	OFJ	WSV568	STE	WV02CTF	WCO
WLT702	WHE	WN05ASH	ASL	WR53VYW	HMS	WSV570	CSC	WV02EUP	FMR
WLT719	ALN	WN05ELJ	WIB	WR58AVC	HAC	WSV713	MPC	WV02EUR	FMR
WLT720	SWSC	WN52ASH	ASL	WR58RUJ	COF	WSY601	REG	WV02EUT	FSA
WLT732	WIN	WN52XRA	HAT	WRC419	BLC	WSY602	REG	WV02EUU	FSA
WLT741	FG	WN57TWU	LGT	WRC751	SAW	WSY691	REG	WV02NNA	THD
WLT743	STAY	WNB604	PWW	WS09PBS	BUD	WT03DAF	SFU	WV02NNB	THD
WLT746	WIN	WND477	ALP	WSC267	WHI	WT05MOM	WIC	WV02NNC	THD
WLT751	ALN	WNF26	HIL	WSC471	WHI	WT06CJT	TUR	WV06FDC	FIL
WLT798	WIN	WNH143W	BUC	WSC700	WHI	WT06HOL	WIC	WV51RDY	EUT
WLT807	ALN	WNL66A	ONE	WSD827	TED	WT08BUS	WTR	WV52AKY	FGC
WLT809	SWSC	WNN734	FCL	WSF995Y	IVG	WT09WCT	WIC	WV52FAM	ZEW
WLT826	MEL	WNO115W	KBY	WSJ737	ZCU	WT52EGG	REW	WV52FAO	FGC
WLT852	WIN	WNO479	FEX	WSU221	TYC	WT54JAC	WIC	WV52FCX	FDC
WLT871	LON	WNO480	TAL	WSU225	TAL	WT58BUS	WTR	WV52HSX	FGC
WLT880	TDL	WNR536	MOB	WSU259	WIB	WT58SOT	WTR	WV52HVE	OLA
WLT884	IMP	WNT244	BRO	WSU448	PPH	WT59WCT	WIC	WV52HVF	CEL
WLT888	ALN	WNW159S	HCT	WSU451	PPH	WT60WCT	WIC	WVE284	SIM
WLT891	WIN	WO02BUZ	BUZ	WSU452	PPH	WT3667	WIC	WVH868V	MEW
WLT892	ALN	WO04VFE	MON	WSU453	PPH	WTA420	TRH	WVJ539	RIC
WLT893	LBP	WOA521	SAN	WSU476	ASW	WTG353T	CCB	WVT618	SSOU
WLT895	ALN	WOC738T	EAM	WSU481	FNO	WTG359T	CCB	WW02GHW	GHW
WLT896	CAO	WOI219	WCH	WSU484	GRE	WTG360T	CBS	WW04GHW	GHW
WLT897	ALN	WOI3001	SEMS	WSU485	GRE	WTL526	LGT	WW58BLU	BLU
WLT900	LBP	WOI3002	SEMS	WSU486	HUG	WTL921	KIM	WWC820	CKC
WLT901	ALN	WOI7856	GMY	WSU487	FAB	WTS418A	TWH	WWL212X	HED
WLT902	LBP	WOI8855	GCA	WSU489	FAB	WTU467W	RLI	WWW33	THR
WLT903	MEL	WOJ802	LFT	WSU557	STK	WTU470W	ORJ	WWW883	WOT
WLT908	CF	WOV779	TYC	WSU857	WLC	WU02KVE	FSY	WX03UXT	CET
WLT915	BBD	WP02PWL	LBL	WSU858	STK	WU02KVF	FSY	WX03YDV	ZDL
WLT916	EBA	WP52VVG	BLE	WSU859	STK	WU02KVH	FSY	WX03YEK	FRO
WLT926	LWS	WP52VVH	BLE	WSU860	STK	WU02KVJ	FSY	WX03YFD	THD
WLT970	ALN	WP52WBZ	CET	WSU864	TEL	WU02KVK	FSY	WX03YFE	THD
WLT978	SWSC	WP52WHG	CMT	WSU871	STK	WU02KVL	FSY	WX03ZNS	THD
WLT982	WIN	WP52YSJ	BUG	WSU873	PRO	WU02KVM	FSY	WX04CZH	THD
WLT987	WIN	WP52YZA	CML	WSU892	WTB	WU02KVO	FSY	WX04CZJ	THD
WLT997	ALN	WP58FGE	HAC	WSU982	DPC	WU02KVP	FSY	WX04CZK	THD
WLX3488	K&J	WP58FGK	ACO	WSV238	STU	WU02KVR	FSY	WX04CZL	THD
WLZ4932	FSR	WP58FGM	ACO	WSV323	SWC	WU02KVS	FSY	WX04GXB	ACO
WLZ4970	FSR	WP58TXU	ACO	WSV408	FDC	WU02KVT	FSY	WX04XZE	HAC
WLZ5278	EUR	WPF926	SGC	WSV409	FDC	WU02KVV	FSY	WX04XZF	HAC
WLZ5641	RRB	WPH126Y	GTS	WSV418	MGC	WU02KVW	FSY	WX04XZH	HAC
WLZ5642	RRB	WPH135Y	HED	WSV468	APB	WU02OGG	CMT	WX04YCJ	CMT
WLZ6659	CHC	WPL985S	HER	WSV478	ZCL	WU02OGH	CMT	WX04YCK	CMT
WLZ8014	SWE	WPX448	BEE	WSV479	CTM	WU03FJY	CMT	WX05NFY	TGA
WLZ8016	SWE	WR02RVX	BKY	WSV486	JWC	WU04KUF	FRO	WX05OZF	FGC
WLZ8017	SWE	WR02XXO	ANB	WSV490	EAR	WU07ACT	THO	WX05RRV	FHD
WLZ8061	SWE	WR03YZL	FSA	WSV499	END	WU08SOU	SOU	WX05RRY	FDC
WLZ8062	SWE	WR03YZM	FSA	WSV503	SAN	WU52YWE	THD	WX05RRZ	FSA
WM03BXP	FSA	WR03YZN	FSA	WSV529	DAC	WU52YWF	THD	WX05RSO	FSA
WM03BYD	FGC	WR03YZP	FSA	WSV533	GOG	WU52YWG	THD	WX05RSU	FSA
WM04NYV	FCY	WR03YZS	FSA	WSV537	WGH	WU52YWH	THD	WX05RSV	FSA
WM04NYW	FCY	WR03YZT	FSA	WSV541	GOG	WU52YWJ	THD	WX05RSY	FSA
WM04NZU	FDC	WR03YZU	FSA	WSV547	KGS	WU52YWK	THD	WX05RSZ	FSA

WX05RTO FSA	WX06OML FBR	WX53WGG FCY	WX55TZM FEC	WX57HKC FBR
WX05RTU FSA	WX06OMM FBR	WX53WGJ FDC	WX55TZN FG	WX57HKD FBR
WX05RTV FSA	WX06OMO FBR	WX54NLM LBH	WX55TZO FG	WX57HKE FBR
WX05RTZ FSA	WX06OMP FBR	WX54NLR HAC	WX55TZP FSA	WX57HKF FBR
WX05RUA FSA	WX06OMR FBR	WX54NNL HAC	WX55TZR FG	WX57HKG FBR
WX05RUC FSA	WX06OMS FBR	WX54NRZ HAC	WX55TZS FG	WX57HKH FBR
WX05RUJ FSA	WX06OMT FBR	WX54NSE HAC	WX55TZT FSA	WX57HKJ FBR
WX05RUO FSA	WX06OMU FSA	WX54PEO BLI	WX55TZU FEC	WX57HKK FBR
WX05RUR FSA	WX06OMV FBR	WX54PWY LBH	WX55TZV FSA	WX57HKL FBR
WX05RUU FSA	WX06OMW FSA	WX54PWZ LBH	WX55TZW FEC	WX57HKM FBR
WX05RUV FSA	WX06OMY FSA	WX54PXB LBH	WX55TZY FSA	WX57HKN FBR
WX05RUW FSA	WX06OMZ FSA	WX54PXC LBH	WX55TZZ FSA	WX57HKO FBR
WX05RUY FSA	WX06ONA FSA	WX54PXD LBH	WX55UAA FSA	WX57HKP FBR
WX05RVA FSA	WX06ONB FBR	WX54PXE LBH	WX55UAB FSA	WX57HKT FBR
WX05RVC FSA	WX06ONC FBR	WX54PYJ LBH	WX55UAC FSA	WX57HKU FBR
WX05RVE FSA	WX06SLV HEY	WX54UNG CMF	WX55UAD FSA	WX57HKV FBR
WX05RVF FSA	WX06SZO WIT	WX54XCM FSA	WX55VHK FBR	WX57HKW FBR
WX05RVJ FSA	WX06UZA CAT	WX54XCN FSA	WX55VHL FBR	WX57HKY FBR
WX05RVK FSA	WX07OVJ VTE	WX54XCO FSA	WX55VHM FBR	WX57HKZ FBR
WX05RVL FSA	WX07UHJ LBH	WX54XCP FSA	WX55VHN FBR	WX57HLA FBR
WX05RVM FSA	WX07UOB WXC	WX54XCR FSA	WX55VHO FBR	WX57HLC FBR
WX05RVN FSA	WX07WTX OFJ	WX54XCT FSA	WX55VHP FBR	WX57HLD FBR
WX05RVO FSA	WX08BOF LBH	WX54XCU FSA	WX55VHR FBR	WX57HLE FBR
WX05RVP FSA	WX08DFN REB	WX54XCV FSA	WX55VHT FBR	WX57HLF FBR
WX05RVR FSA	WX08LNN FSA	WX54XCW FG	WX55VHU FBR	WX57HLG FBR
WX05RVT FSA	WX08LNO FSA	WX54XCY FG	WX55VHV FBR	WX57HLH FBR
WX05RVU FSA	WX08LNP FSA	WX54XCZ FG	WX55VHW FBR	WX57HLJ FBR
WX05RVV FSA	WX08SXD THD	WX54XDA FSA	WX55VHY FBR	WX57HLK FBR
WX05RVW FSA	WX08SXE THD	WX54XDB FSA	WX55VHZ FBR	WX57HLM FBR
WX05RVY FSA	WX08SXF THD	WX54XDC FSA	WX55VJA FBR	WX57HLN FBR
WX05RVZ FSA	WX08SXG THD	WX54XDD FSA	WX55VJC FBR	WX57HLO FBR
WX05RWE FSA	WX08SXH THD	WX54XDE FSA	WX55VJD FBR	WX57HLP FBR
WX05RWF FSA	WX09KBK FBR	WX54XDF FSA	WX55VJE FBR	WX57HLR FBR
WX05SVD FSA	WX09KBN FBR	WX54XDG FSA	WX55VJF FBR	WX57HLU FBR
WX05SVE FSA	WX09KBO FBR	WX54XDH FSA	WX55VJG FBR	WX57HLV FBR
WX05UAF FSA	WX09KBP FBR	WX54XDJ FSA	WX55VJJ FBR	WX57HLW FBR
WX05UAG FSA	WX09KBU FBR	WX54XDK FSA	WX55ZZR THD	WX57HLY FBR
WX05UAH FSA	WX09KBV FBR	WX54XDL FSA	WX56AEG LBH	WX57HLZ FBR
WX05UAJ FSA	WX09KBY FBR	WX54ZHM FGC	WX56AEM ACO	WX57LMU BLI
WX05UAK FSA	WX09KBZ FBR	WX54ZHN FGC	WX56HDU FWT	WX57NZP LBH
WX05UAL FSA	WX09KCA FBR	WX54ZHO FGC	WX56HJZ FSA	WX57NZV LBH
WX05UAM FSA	WX09KCC FBR	WX55HVZ FSA	WX56HKA FSA	WX57NZW LBH
WX05UAN FSA	WX09KCE FBR	WX55HWA FSA	WX56HKB FSA	WX57NZY LBH
WX05UAO FSA	WX09KCF FBR	WX55HWB FSA	WX56HKC FSA	WX57NZZ LBH
WX05WXO ORD	WX09KCG FBR	WX55HWC FSA	WX56HKD FSA	WX57OAA LBH
WX05XWP HOU	WX09KCJ FBR	WX55HWD FSA	WX56HKE FSA	WX57OAB LBH
WX05YTT BKY	WX09KCK FBR	WX55HWE FSA	WX56HKF FSA	WX57OAC LBH
WX06JXR THD	WX09KCN FBR	WX55OHB ACO	WX56HKG FSA	WX57OAD LBH
WX06JXS THD	WX51AJV SNO	WX55OHZ ACO	WX56HLO HVB	WX57OAE LBH
WX06JXT THD	WX51AJY FCL	WX55TYZ FSA	WX56PFJ LBH	WX57TLN THD
WX06JXZ THD	WX51AKY SKC	WX55TZA FSA	WX56TNN BLI	WX57TLO THD
WX06JYA THD	WX51YGN EOB	WX55TZB FSA	WX56WWZ ACO	WX57TLU THD
WX06JYB THD	WX53OXZ COR	WX55TZC FSA	WX57AUT ACO	WX57TLV THD
WX06JYC THD	WX53PFG FSA	WX55TZD FSA	WX57EFC CUI	WX57TLY THD
WX06JYD THD	WX53PFJ FSA	WX55TZE FSA	WX57HJO FSA	WX57TLZ THD
WX06JYE THD	WX53UKK FBR	WX55TZF FSA	WX57HJU FSA	WX58BXM LBH
WX06OMF FBR	WX53UKL FBR	WX55TZG FSA	WX57HJV FSA	WX58BXP ACO
WX06OMG FBR	WX53WEW FCY	WX55TZH FG	WX57HJY FSA	WX58FRR GWM
WX06OMH FBR	WX53WFA FCY	WX55TZJ FG	WX57HJZ FBR	WX58FRU GWM
WX06OMJ FBR	WX53WFP FCY	WX55TZK FG	WX57HKA FBR	WX58FRV GWM
WX06OMK FBR	WX53WGF FCY	WX55TZL FG	WX57HKB FBR	WX58FRZ GWM

WX58FSA GWM	WX58JYA FBR	WX59BZA FSA	WXC732 BWC	WXI4418 LSW	
WX58FSC GWM	WX58JYB FBR	WX59BZB FSA	WXI1400 GBU	WXI4419 LSW	
WX58FSD GWM	WX58JYC FBR	WX59BZC FBR	WXI1401 GBU	WXI4420 GBU	
WX58FSE GWM	WX58JYD FBR	WX59BZD FBR	WXI1402 GBU	WXI4421 GBU	
WX58JWU FBR	WX58JYE FBR	WX59BZE FBR	WXI1403 GBU	WXI4422 EAM	
WX58JWV FBR	WX58JYF FBR	WX59BZF FBR	WXI1404 GBU	WXI4430 GBU	
WX58JWW FBR	WX58JYG FBR	WX59BZG FBR	WXI1405 GBU	WXI4431 GBU	
WX58JWY FBR	WX58JYH FBR	WX59BZH FBR	WXI1406 GBU	WXI4450 GBU	
WX58JWZ FBR	WX58JYJ FBR	WX59BZJ FBR	WXI1407 GBU	WXI4451 GBU	
WX58JXA FBR	WX58JYK FBR	WX59BZK FBR	WXI2245 TTA	WXI4452 GBU	
WX58JXB FBR	WX58JYL FBR	WX59BZL FBR	WXI3860 HKW	WXI4453 GBU	
WX58JXC FBR	WX58JYN FBR	WX59BZM FBR	WXI4380 GBU	WXI4454 GBU	
WX58JXD FBR	WX58JYO FBR	WX59BZN FBR	WXI4382 GBU	WXI5684 CEN	
WX58JXE FBR	WX58JYP FBR	WX59BZO FBR	WXI4383 LSW	WXI5865 JOB	
WX58JXF FBR	WX58JYR FBR	WX59GJF THD	WXI4385 GBU	WYD104W SWC	
WX58JXG FBR	WX58JYS FBR	WX59GJG THD	WXI4386 GBU	WYM675 HKN	
WX58JXH FBR	WX58JYT FBR	WX59GJJ THD	WXI4387 GBU	WYV4T LBP	
WX58JXJ FBR	WX58JYU FBR	WX59GJK THD	WXI4388 GBU	WYV5T SWSC	
WX58JXK FBR	WX58PFK BOD	WX59GJO THD	WXI4389 GBU	WYV22T LBP	
WX58JXL FBR	WX59BWB EBL	WX59GJU THD	WXI4390 GBU	WYV27T FIS	
WX58JXM FBR	WX59BYM FSA	WX60EDL THD	WXI4391 GBU	WYV28T LBP	
WX58JXN FBR	WX59BYN FSA	WX60EDP THD	WXI4392 GBU	WYV33T LBP	
WX58JXO FBR	WX59BYO FSA	WX60EDR THD	WXI4393 LSW	WYV57T FIS	
WX58JXP FBR	WX59BYP FSA	WX60EDU THD	WXI4394 GBU	WYV62T LIT	
WX58JXR FBR	WX59BYR FSA	WX60EDV THD	WXI4395 GBU	WYV64T ZBG	
WX58JXS FBR	WX59BYS FSA	WX60EEA THD	WXI4397 GBU	WYV66T SUL	
WX58JXT FBR	WX59BYT FSA	WX60EEB THD	WXI4398 GBU	WYV820T ANB	
WX58JXU FBR	WX59BYU FSA	WX60EDO THD	WXI4399 GBU	WYW22T ABU	
WX58JXV FBR	WX59BYV FSA	WX6025 HCT	WXI4411 LSW	WYW28T LBP	
WX58JXW FBR	WX59BYW FSA	WX7622 TTC	WXI4412 EAM	WYW59T B&W	
WX58JXY FBR	WX59BYY FSA	WX9548 TTC	WXI4417 LSW	WYW73T SUL	
WX58JXZ FBR	WX59BYZ FSA				

X

X1MCH RKT	X7OXF OBC	X32KON ANW	X92HFP LLM	X119RDA CHL
X1WEH HKC	X8HAM HMS	X33WGL WGH	X92LBJ IBL	X129OKH ZDT
X2HCR HAR	X8OXF OBC	X46CNY BOD	X93EEF ALE	X129PTW CSC
X2JPT ROS	X9GHA GHA	X49VVY NOG	X93LBJ IBL	X131JCW ROS
X2OXF OBC	X9HAM HMS	X50CLC CRL	X94FOR GON	X132JCW ROS
X2PCC BRU	X9KMH HKN	X50MAY CRE	X94HTL HYT	X132NSS FAB
X2SUL SUL	X10TWC TWC	X56LRY MOS	X94LBJ IBL	X132NWW AMR
X3MMC MAM	X11BLC RMY	X59RCS SWSC	X94USC NCT	X133JCW ROS
X3OXF OBC	X11MCH EXL	X59YEC TTC	X96LBJ IBL	X134FPO FG
X3PBS BUD	X13LUE ANW	X67CNY SHM	X97LBJ IBL	X134JCW ROS
X3WGJ G&M	X13OXF OBC	X69ANV EXL	X98LBJ IBL	X136FPO FG
X4GVT GVE	X14BLU ANW	X69NSS FAB	X100CBC LBC	X136NSS FG
X4HOF FIT	X22BUS GUM	X70CJT TUR	X103JOJ ZEP	X137FPO FG
X4HWD HWD	X23BLU ANW	X77CCH CAL	X103NSS FAB	X137NSS FG
X4OXF OBC	X23BUS GUM	X78HLR FCY	X104NSS FAB	X138FPO FG
X4PCL VTC	X23MCG GUM	X79HLR FCY	X106MGN PEX	X139FPO FG
X5OXF OBC	X23MGL GUM	X80CJT TUR	X109RGA FCA	X139VBK SOD
X5PCL VTC	X23OUR GUM	X80SLT SLT	X109RGG RTT	X141CDV PCB
X5WDT FAS	X23SLF GUM	X86JOJ HMI	X113JFV SNW	X141FPO FG
X6OXF OBC	X23SPT GUM	X89LBJ IBL	X113MGN PEX	X142CDV PCB
X7DCR GUM	X23TOP GUM	X89RGA HOR	X114JFV SNW	X142FPO FG
X7DKR GUM	X28OXF OBC	X89YEU GAT	X116JFV SNW	X143CFJ PCB
X7FFC RAW	X29OXF OBC	X90XOF WVY	X117BUJ LCL	X143FPO FG
X7HAM HMS	X30COV CNT	X91CNY LJL	X117JFV SNW	X143WNL MAN
X7OCT DEL	X31OXF OBC	X91LBJ IBL	X119MGN PEX	X144FPO FG

Reg	Code	Reg	Code	Reg	Code	Reg	Code	Reg	Code
X146AWA	SYOR	X183CSF	VIP	X212HHE	HBC	X229WNO	LON	X241NNO	LON
X146FPO	FG	X183CTG	CBU	X212JOF	ANW	X229WRA	KON	X241PGT	ALN
X147AWA	SYOR	X183RRN	PBT	X212ONH	SSOU	X231ANC	ANW	X242AMO	FBE
X147JWP	EYM	X184CTG	CBU	X213ANC	ANW	X231BNE	SNW	X242ANC	ANW
X148AWA	SYOR	X184RRN	PBT	X213HHE	HBC	X231FBB	GON	X242ATD	SNW
X149BTA	SEW	X185BNH	NUV	X213JOF	ANW	X231NNO	LON	X242NNO	LON
X149FBB	GAL	X185CTG	CBU	X214ANC	ANW	X231WNO	LON	X242PGT	ALN
X151FBB	GAL	X185RRN	PBT	X214AWB	SOO	X231WRA	TBB	X243AMO	FBE
X151LBJ	IBL	X186CTG	CBU	X214HHE	HBC	X232ANC	ANW	X243ATD	SNW
X152FBB	GAL	X186DNT	STR	X214JOF	ANW	X232BNE	SNW	X243HJA	ANW
X152GLE	BAW	X186RRN	PBT	X214ONH	COG	X232FBB	GON	X243NNO	LON
X152LBJ	IBL	X187WBL	WBL	X215ANC	ANW	X232NNO	LON	X243PGT	ALN
X153ENJ	JWC	X187CTG	CBU	X215HHE	HBC	X232WNO	LON	X244AMO	FBE
X153FBB	GAL	X187RRN	PBT	X215JOF	ANW	X232WRA	TBB	X244ATD	SNW
X153LBJ	IBL	X188BNH	SPS	X215ONH	SSOU	X233ANC	ANW	X244HJA	ANW
X154FBB	GAL	X188GAW	EXL	X216ANC	ANW	X233BNE	SNW	X244PGT	ALN
X157FBB	GAL	X189RRN	PBT	X216BNE	SNW	X233FBB	GON	X246AMO	FBE
X157JOP	SUL	X191FOR	WA	X216JOF	ANW	X233MBJ	BCO	X246ATD	SNW
X158FBB	GAL	X191HFB	FCY	X217ANC	ANW	X233NNO	LON	X246HJA	ANW
X159FBB	GAL	X192FOR	WA	X217BNE	SNW	X233WNO	LON	X246NNO	LON
X161FBB	GAL	X192HFB	FAB	X217HCD	BGR	X233WRA	TBB	X246PGT	ALN
X162ENJ	NEX	X193EAE	APB	X217JOF	ANW	X234ANC	ANW	X247AMO	FBE
X162FBB	GAL	X193HFB	FEX	X218ANC	ANW	X234BNE	SNW	X247HJA	ANW
X163ENJ	SAP	X194FOR	CBL	X218BNE	SNW	X234MBJ	CBL	X247NNO	LON
X163FBB	GAL	X194HFB	FHD	X218HCD	LLM	X234NNO	LON	X247PGT	ALN
X164ENJ	NEX	X195FOR	SLT	X218JOF	ANW	X234WNO	LON	X248HJA	ANW
X164NWR	STS	X195LBJ	IBL	X219ANC	ANW	X234WRA	TBB	X248NNO	LON
X165FBB	GAL	X196FOR	SLT	X219BNE	SNW	X235ANC	ANW	X248PGT	ALN
X165NWR	STS	X197RRN	PBT	X221ANC	ANW	X235BNE	SNW	X248VWR	TVS
X166FBB	GAL	X198FOR	SLT	X221BNE	SNW	X235MBJ	HBC	X249HJA	ANW
X167FBB	GAL	X198RRN	PBT	X221RGD	HOR	X235NNO	LON	X249NNO	LON
X167MWR	M&H	X199FOR	JHR	X223ANC	ANW	X235PFR	WEB	X249PGT	ALN
X168FBB	GAL	X199LBJ	IBL	X223BNE	SNW	X235RGD	HOR	X249VWR	NOG
X168NWR	CTP	X199RRN	PBT	X223FBB	GON	X235WNO	LON	X251HJA	ANW
X169FBB	GAL	X200GWS	WGW	X223HCD	DEV	X235WRA	TBB	X251NNO	LON
X169HJB	SSM	X201ANC	ANW	X224ANC	ANW	X236ANC	ANW	X252HBC	ARM
X171FBB	GAL	X201CDV	PCB	X224BNE	SNW	X236BNE	SNW	X252HJA	ANW
X171NWR	TLC	X201HAE	FSA	X224FBB	GON	X236MBJ	HBC	X252NNO	LON
X172FBB	GAL	X201UMS	TDL	X224USC	CHE	X236NNO	LON	X253HJA	ANW
X172NWR	CTP	X202ANC	ANW	X224WNO	LON	X236WNO	LON	X253NNO	LON
X173CTG	CBU	X202CDV	PCB	X226ANC	ANW	X236WRA	TBB	X253USH	FNW
X173FBB	LBL	X202HAE	FSA	X226AWB	GRN	X237ANC	ANW	X254HJA	ANW
X173NWR	CFB	X202UMS	TDL	X226BNE	SNW	X237BNE	SNW	X254NNO	LON
X174BNA	BNA	X203ANC	ANW	X226FBB	GON	X237NNO	LON	X256DEP	LLA
X174CTG	CBU	X203CDV	PCB	X226WNO	LON	X237WNO	LON	X256HJA	ANW
X174NWR	CFB	X203HAE	FSA	X226WRA	TBB	X238AMO	FBE	X256NNO	LON
X176CTG	CBU	X203UMS	TDL	X227ANC	ANW	X238ANC	ANW	X256USH	FED
X176FDF	VIP	X204ANC	ANW	X227BNE	SNW	X238BNE	SNW	X257HJA	ANW
X176NWR	CFB	X204CDV	PCB	X227FBB	GON	X238NNO	LON	X257NNO	LON
X177CTG	CBU	X207ANC	ANW	X227WNO	LON	X238WNO	LON	X257USH	FNW
X177NWR	CFB	X208ANC	ANW	X227WRA	TBB	X239AMO	FBE	X258HJA	ANW
X178BNH	JTK	X209ANC	ANW	X228ANC	ANW	X239ANC	ANW	X258NNO	LON
X178CTG	CBU	X209JOF	ANW	X228AWB	COM	X239BNE	SNW	X259HJA	ANW
X179BNH	MEL	X209ONH	MID	X228BNE	SNW	X239HBC	NCT	X259NNO	LON
X179CTG	CBU	X211ANC	ANW	X228FBB	GON	X239NNO	LON	X261NNO	LON
X179NWR	TLC	X211HHE	HBC	X228RCS	LSK	X239PGT	ALN	X261OBN	ANW
X181CTG	CBU	X211JOF	ANW	X228WNO	LON	X241ABU	RBC	X261USH	FNW
X181NWR	CFB	X211ONH	REB	X228WRA	ANG	X241AMO	FBE	X262NNO	LON
X182BNH	TEV	X212ANC	ANW	X229ANC	ANW	X241ANC	ANW	X262OBN	ANW
X182CTG	CBU	X212AWB	DAN	X229FBB	GON	X241ATD	SNW	X263NNO	LON
X182RRN	PBT			X229NNO	LON	X241HBC	NCT	X263OBN	ANW

Code		Code		Code		Code		Code	
X263PBA	CEC	X293FFA	FNW	X315NNO	LON	X353NNO	LON	X395NNO	LON
X264NNO	LON	X293NNO	LON	X315WFX	TAR	X353VWT	FWE	X396HMY	CSP
X264OBN	ANW	X294AKY	ORA	X317HLR	LBL	X354NNO	LON	X396NNO	LON
X265GNT	LMC	X294FFA	FNW	X317KRX	ABS	X354VWT	FWE	X397HLR	FCY
X265NNO	LON	X294HEE	MOG	X317NNO	LON	X356NNO	LON	X397NNO	LON
X265OBN	ANW	X294NNO	LON	X319CBT	GHA	X356VWT	FWE	X398HLR	FCY
X265USH	FNW	X295FFA	FNW	X319HLL	MEL	X357NNO	LON	X398NNO	LON
X266NNO	LON	X295MBH	ATS	X319KRX	ABS	X357VWT	FWE	X399HLR	FCY
X266OBN	ANW	X295NNO	LON	X319YEL	W&D	X358NNO	LON	X400MTT	STC
X266USH	FNW	X296FFA	FNW	X322GWH	HIS	X358VWT	FWE	X401CSG	FNW
X267NNO	LON	X296MBH	ATS	X322HLL	MEL	X359HCT	GCA	X401HLR	FLN
X267OBN	ANW	X296NNO	LON	X322KRX	ABS	X359VWT	FWE	X402HLR	FLN
X268NNO	LON	X297FFA	FNW	X322NNO	LON	X361NNO	LON	X412XBB	PIK
X268OBN	ANW	X297MBH	ATS	X324HLL	MEL	X362NNO	LON	X415AHY	BAW
X269MTS	SNW	X297NNO	LON	X324NNO	LON	X363HEF	MAR	X415CSC	HOR
X269NNO	LON	X298FFA	FNW	X326HLL	MEL	X363NNO	LON	X415FGP	ALN
X269OBN	ANW	X298NNO	LON	X326NNO	LON	X364NNO	LON	X416AJA	ANW
X269USH	FNW	X299AKY	JOB	X327HLL	MEL	X365NNO	LON	X416CSC	HOR
X271GNT	LMC	X299FFA	FNW	X327NNO	LON	X366GWH	MFW	X416FGP	ALN
X271MTS	STAY	X299HEE	ZEO	X329HLL	MEL	X366NNO	LON	X417AJA	ANW
X271NNO	LON	X299NNO	LON	X329NNO	LON	X367NNO	LON	X417BBD	ATS
X271OBN	ANW	X300COV	CNT	X331ABU	SMP	X368HCT	BET	X417FGP	ALN
X271RFF	ANW	X301HLR	LBL	X331HLL	MEL	X368NNO	LON	X417LGV	GWY
X271USH	FNW	X301NNO	LON	X331NNO	LON	X369NNO	LON	X418AHY	BAW
X272MTS	BBD	X302HLR	LBL	X332ABU	MID	X371CUY	IMP	X418AJA	ANW
X272NNO	LON	X302NNO	LON	X332HLL	MEL	X371NNO	LON	X418BBD	ATS
X272OBN	ANW	X303HLR	LBL	X334HLL	MEL	X372CUY	GWM	X418FGP	ALN
X272RFF	ANW	X303JGE	FG	X334NNO	LON	X372HCT	DEN	X419AJA	ANW
X272USH	FED	X303NNO	LON	X335HLL	MEL	X373NNO	LON	X419BBD	ATS
X273MTS	BBD	X304HLR	LBL	X335NNO	LON	X376NNO	LON	X419FGP	ALN
X273NNO	LON	X304JGE	FG	X336HLL	MEL	X377NNO	LON	X421AJA	ANW
X273RFF	ANW	X304NNO	LON	X336NNO	LON	X378NNO	LON	X421FGP	ALN
X274MTS	SNW	X307CBT	SGC	X337HLL	MEL	X379NNO	LON	X422AJA	ANW
X274NNO	LON	X307HLR	LBL	X337NNO	LON	X381HLR	FCY	X422FGP	ALN
X274RFF	ANW	X307NNO	LON	X338HLL	MEL	X381NNO	LON	X423AJA	ANW
X276MTS	SREN	X308CBO	MON	X338NNO	LON	X381XON	RMS	X423FGP	ALN
X276NNO	LON	X308CBT	SGC	X338SKJ	HTL	X382HLR	FCY	X424AJA	ANW
X277BDV	TAR	X308HLR	LBL	X339HLL	MEL	X382NNO	LON	X424FGP	ALN
X277MTS	SREN	X308NNO	LON	X339NNO	LON	X383HLR	FCY	X424UMS	FG
X277NNO	LON	X309HLR	LBL	X341HLL	MEL	X383NNO	LON	X425AJA	ANW
X278NNO	LON	X309NNO	LON	X341NNO	LON	X383VVY	NUV	X425FGP	ALN
X279NNO	LON	X311ABU	SHB	X341WYG	SKC	X384HLR	FCY	X425UMS	FG
X281NNO	LON	X311CBT	ZBV	X342HLL	MEL	X384NNO	LON	X426AJA	ANW
X282MSP	GBC	X311CTH	LMC	X342NNO	LON	X384VVY	NOG	X426FGP	ALN
X282NNO	LON	X311HLR	LBL	X343HLL	MEL	X385HLR	FCY	X426UMS	FG
X283NNO	LON	X311KRX	ABS	X343NNO	LON	X385NNO	LON	X427AJA	ANW
X284NNO	LON	X311NNO	LON	X344NNO	LON	X385VVY	TMH	X427FGP	ALN
X285NNO	LON	X312CBT	ZBV	X344YGU	MEB	X386HLR	FCY	X427UMS	FG
X286DTA	CMT	X312HLR	LBL	X346AVJ	EUT	X386NNO	LON	X428FGP	ALN
X286NNO	LON	X312KRX	ABS	X346NNO	LON	X387NNO	LON	X428HJA	ANW
X287NNO	LON	X312NNO	LON	X346YGU	B&H	X388HLR	FCY	X428NSE	SHIC
X288NNO	LON	X313FVV	SUT	X347NNO	LON	X388NNO	LON	X429FGP	ALN
X289FFA	FNW	X313HLR	LBL	X347YGU	B&H	X389HLR	FCY	X429HJA	ANW
X289NNO	LON	X313KRX	ABS	X348NNO	LON	X389NNO	LON	X429NSE	SHIC
X291ABU	BOD	X313NNO	LON	X349AUX	MID	X391HLR	FCY	X429UMS	FG
X291FFA	FNW	X314HLR	LBL	X349NNO	LON	X391NNO	LON	X431CDW	EUT
X291NNO	LON	X314HOU	EUT	X351AUX	ATS	X392HLR	FCY	X431FGP	ALN
X292ABU	BOD	X314KRX	ABS	X351NNO	LON	X393HLR	FCY	X431HJA	ANW
X292FFA	FNW	X314NNO	LON	X351VWT	FWE	X393NNO	LON	X431NSE	BBD
X292NNO	LON	X315HLR	LBL	X352NNO	LON	X394HLR	FCY	X431UMS	FG
X293AKY	ORA	X315KRX	ABS	X352VWT	FWE	X394NNO	LON	X432FGP	ALN

X432HJA	ANW	X448HJA	ANW	X502BFJ	FDC	X522UAT	TDL	X563YUG	K&D
X432NSE	BBD	X448UMS	FG	X502EGK	GAL	X523GGO	ALN	X564CUY	PWB
X432UMS	FG	X449FGP	ALN	X502GGO	ALN	X523SHH	SWSC	X564EGK	GAL
X433FGP	ALN	X449HJA	ANW	X502JLO	FLN	X523UAT	TDL	X564YUG	K&D
X433HJA	ANW	X449UMS	FG	X502WRG	GON	X524GGO	ALN	X566EGK	GAL
X433NSE	SREN	X451FGP	ALN	X503ADF	SWES	X524HFE	SEMS	X566YUG	K&D
X433UMS	FG	X451UMS	FG	X503BFJ	FDC	X524UAT	TDL	X567EGK	GAL
X434FGP	ALN	X452FGP	ALN	X503EGK	GAL	X526GGO	ALN	X567YUG	K&D
X434HJA	ANW	X452KON	SCC	X503GGO	ALN	X526HFE	SEMS	X568EGK	GAL
X434KON	WID	X452UMS	FG	X503JLO	FEX	X526UAT	TDL	X568YUG	K&D
X434UMS	FG	X453FGP	ALN	X503WRG	GON	X527GGO	ALN	X569EGK	GAL
X435FGP	ALN	X453UMS	FG	X504BFJ	FDC	X527UAT	TDL	X569YUG	K&D
X435HJA	ANW	X454FGP	ALN	X504EGK	GAL	X529GGO	ALN	X571EGK	GAL
X435KON	UNI	X454UMS	FG	X504GGO	ALN	X529UAT	TDL	X572EGK	GAL
X435NSE	SREN	X457FGP	ASC	X504JLO	FLN	X531GGO	ALN	X572YUG	K&D
X435UMS	FG	X457UMS	FG	X504WRG	GON	X531UAT	TDL	X573EGK	GAL
X436BTT	BUG	X458FGP	ASC	X506ADF	SWES	X532AAV	CUB	X573YUG	K&D
X436CDW	SDEV	X458KUT	REL	X506EGK	GAL	X532GGO	ALN	X574BYD	WEB
X436FGP	ALN	X458UMS	FG	X506GGO	ALN	X532UAT	TDL	X574EGK	GAL
X436HJA	ANW	X459FGP	ASC	X506HLR	FLN	X533GGO	ALN	X574YUG	K&D
X436NSE	SREN	X459UMS	FG	X506WRG	GON	X533HJM	AMR	X575EGK	GAL
X436UMS	FG	X461UKS	SHIC	X507ADF	SWES	X533NWT	LUV	X575YUG	K&D
X437FGP	ALN	X461UMS	FG	X507EGK	GAL	X533UAT	TDL	X576EGK	GAL
X437HJA	ANW	X462UKS	SHIC	X507GGO	ALN	X534AAV	CUB	X576YUG	K&D
X437NSE	BBD	X463BNE	BLK	X507HLR	FLN	X534GGO	ALN	X577EGK	GAL
X437UMS	FG	X463UKS	SHIC	X507VCD	BAW	X534JGB	HOR	X577EVS	CRG
X438FGP	ALN	X464KUT	ZEW	X507WRG	GON	X534NWT	YCT	X577YUG	K&D
X438HJA	ANW	X464UKS	ROS	X508EGK	GAL	X534XDE	RBC	X578EGK	GAL
X438UMS	FG	X465UKS	ROS	X508GGO	ALN	X536GGO	ALN	X578USC	LOT
X439FGP	ALN	X466SAS	SHIC	X508HLR	FLN	X537GGO	ALN	X579BYD	CCH
X439FTR	ZAC	X466UKS	ROS	X508JGB	A&B	X537JOV	GEB	X579EGK	GAL
X439HJA	ANW	X469DYA	LEW	X508WRG	GON	X537NWT	CLK	X579MBH	K&D
X439JHS	BCD	X469KUT	SWB	X509EGK	GAL	X538GGO	ALN	X579USC	LOT
X439NSE	SREN	X471GGO	ALN	X509HLR	FLN	X539GHT	TFB	X581EGK	GAL
X439UMS	FG	X471KUT	RUF	X509WRG	GON	X539JOV	GEB	X581MBH	TDE
X441FGP	ALN	X472KUT	RUF	X511ADF	SWES	X539NWT	POL	X581USC	LOT
X441HJA	ANW	X473KUT	RUF	X511HLR	FLN	X541GGO	ALN	X582EGK	GAL
X441JHS	ESB	X474SCY	FDC	X511UAT	TDL	X541HJM	BLE	X582MKN	TAR
X441NSE	BBD	X475ADB	HTL	X511WRG	GON	X544EGK	GAL	X582USC	LOT
X441UMS	FG	X475GGO	ALN	X512ADF	SWES	X546EGK	GAL	X583EGK	GAL
X441YUB	HAD	X475SCY	FDC	X512HLR	FLN	X546GGO	ALN	X583USC	LOT
X442FGP	ALN	X476SCY	FDC	X512UAT	TDL	X547EGK	GAL	X584EGK	GAL
X442HJA	ANW	X476XVG	GUM	X512WRG	GON	X548EGK	GAL	X584ORV	HAC
X442JHS	ESB	X477NSS	FAB	X513ADF	SWES	X549EGK	GAL	X584USC	LOT
X442UMS	FG	X477SCY	FDC	X513HLR	FLN	X551EGK	GAL	X584XKH	FIN
X443FGP	ALN	X477XVG	GUM	X513UAT	TDL	X551FBB	GON	X585ATE	AAR
X443HJA	ANW	X478GGO	ALN	X513WRG	GON	X552EGK	GAL	X585EGK	GAL
X443JHS	CML	X478SCY	FDC	X514HLR	FLN	X552HJM	VTC	X585HFE	SEMS
X443UMS	FG	X481GGO	ALN	X514UAT	TDL	X553EGK	GAL	X585ORV	HAC
X444ASH	ASL	X485GGO	ALN	X514WRG	GON	X554EGK	GAL	X585USC	LOT
X445AWA	SYOR	X488AHE	SBD	X516OJN	CHD	X555EMH	HOR	X585XKH	FIN
X445FGP	ALN	X492WGR	GON	X516UAT	TDL	X556AUX	ESK	X586EGK	GAL
X445HJA	ANW	X498AHE	LUC	X517UAT	TDL	X556EGK	GAL	X586ORV	HAC
X445UMS	FG	X499AHE	REW	X518ADF	SWES	X557EGK	GAL	X586USC	LOT
X446FGP	ALN	X500GDY	RAM	X518UAT	TDL	X557YUG	K&D	X587EGK	GAL
X446HJA	ANW	X501BFJ	FDC	X519GGO	ALN	X558EGK	GAL	X587KPY	BFT
X446UMS	FG	X501EGK	GAL	X519UAT	TDL	X559EGK	GAL	X587ORV	HAC
X447FGP	ALN	X501GGO	ALN	X521AHE	BUS	X561EGK	GAL	X587USC	LOT
X447HJA	ANW	X501JLO	FLN	X521GGO	ALN	X562EGK	GAL	X588EGK	GAL
X447UMS	FG	X501WRG	GON	X521UAT	TDL	X562YUG	K&D	X588ORV	HAC
X448FGP	ALN	X502ADF	SWES	X522GGO	ALN	X563EGK	GAL	X588USC	LOT

Reg	Code	Reg	Code	Reg	Code	Reg	Code	Reg	Code
X589APY	HPT	X607XFX	W&D	X629SOJ	CUI	X665WCH	NCT	X703DBT	ANW
X589EGK	GAL	X608EGK	ENS	X631AKW	GWM	X668LLX	BEE	X703JVV	EA
X589ORV	HAC	X608NSS	FAB	X631ARP	NMC	X671KUT	ELR	X703UKS	TXC
X589USC	LOT	X608OKH	TDL	X631ERB	TBB	X673OKH	RBC	X704DBT	ANW
X591AAK	TDT	X608XFX	W&D	X632AKW	GWM	X674OBA	HYT	X704JVV	EA
X591EGK	GAL	X609EGK	YOB	X634AKW	CNT	X675USX	NIC	X704UKS	WXC
X591ORV	HAC	X609NSS	FAB	X634KNA	FCA	X675YUG	AYO	X705DBT	ANW
X591USC	LOT	X609OKH	TDL	X635AKW	ABI	X676NSE	STAY	X705EGK	GAL
X592EGK	GAL	X609WLJ	W&D	X635AVR	2WT	X676YUG	AYO	X705JVV	EA
X592ORV	HAC	X611EGK	YOB	X635LLX	MEL	X677YUG	AYO	X705UKS	STU
X592USC	LOT	X611HLT	FLN	X636AKW	CNT	X678NSE	STAY	X706DBT	ANW
X593EGK	GAL	X611NSS	FAB	X636LLX	MEL	X678YUG	AYO	X706JVV	EA
X593ORV	HAC	X611OBN	FNW	X637AKW	CNT	X679YUG	AYO	X707DBT	ANW
X593USC	LOT	X611OKH	TDL	X637LLX	MEL	X681YUG	AYO	X707EGK	GAL
X594EGK	GAL	X612ERB	TBB	X638AKW	CNT	X682YUG	AYO	X707JVV	EA
X594ORV	HAC	X612HLT	FG	X638LLX	MEL	X683ADK	FAB	X708DBT	ANW
X594USC	LOT	X612NSS	FAB	X639AKW	GWM	X683YUG	AYO	X709DBT	ANW
X595EGK	GAL	X612OBN	FNW	X639LLX	MEL	X684ADK	FAB	X711GJU	RBC
X595FBB	GON	X613EGK	ENS	X641AKW	GWM	X684YUG	AYO	X712CCA	DOY
X595ORV	HAC	X613HLT	FLN	X641GJU	HWD	X685ADK	FAB	X712HCD	TGM
X595USC	LOT	X613HNV	WTR	X641LLX	MEL	X685REC	TBB	X713CCA	CEB
X596EGK	GAL	X613JCS	SWSC	X642AKW	MAR	X685YUG	AYO	X714HCD	TGM
X596USC	LOT	X613NSS	FAB	X642LLX	MEL	X686ADK	FAB	X714NSE	STAY
X597EGK	GAL	X613OBN	FNW	X643DLH	BAW	X686YUG	AYO	X715HCD	TGM
X597UKS	LOT	X614HLT	FG	X643LLX	MEL	X687ABN	ZAC	X715NSE	STAY
X598EGK	GAL	X614JCS	SWSC	X644LLX	MEL	X687ADK	FSA	X716NSE	STAY
X598USC	LOT	X614NSS	FAB	X645LLX	MEL	X687YUG	AYO	X717NSE	STAY
X599EGK	GAL	X614OBN	FNW	X646LLX	MEL	X688ADK	FSA	X718NSE	STAY
X601AHE	COG	X615CWN	BFT	X646WTN	ANE	X688HLF	FLN	X719NSE	STAY
X601EGK	ENS	X615EGK	GAL	X647APY	ZDH	X688LNT	R&B	X719WPR	SEA
X601NSS	FAB	X615JCS	SWSC	X647LLX	MEL	X688XJT	W&D	X721NSE	SNW
X601OKH	TDL	X615NSS	FAB	X648LLX	MEL	X688YUG	AYO	X722LUY	ONE
X601VDY	SSOU	X615OBN	FNW	X648WTN	ANE	X689ADK	FAB	X722NSE	SREN
X602AHE	COG	X616EGK	GAL	X649LLX	MEL	X689HLF	FLN	X729HLF	FCY
X602EGK	ENS	X616JCS	SWSC	X649WTN	CHW	X689YUG	AYO	X729HRK	HTL
X602NSS	FAB	X616NSS	FAB	X651LLX	MEL	X691ADK	FAB	X731DAU	ZCO
X602OKH	TDL	X616OBN	FNW	X651WTN	ANE	X691YUG	AYO	X731FPO	MID
X602VDY	SSOU	X617CWN	BFT	X652LLX	MEL	X692ADK	FAB	X731HLF	FLN
X603EGK	YOB	X617JCS	SWSC	X652WTN	ANE	X692YUG	AYO	X732FPO	TMH
X603NSS	FAB	X617NSS	FAB	X653LLX	MEL	X693ADK	FAB	X732HLF	FEX
X603OKH	TDL	X617OBN	FNW	X653WTN	ASC	X693SHH	SCL	X733FPO	ZDD
X604EGK	GWH	X618NSS	FAB	X654LLX	MEL	X693YUG	AYO	X733HLF	FLN
X604NSS	FAB	X618OBN	FNW	X654WTN	ANE	X694ADK	FAB	X734HLF	FLN
X604OKH	TDL	X618VWR	RMS	X655LLX	MEL	X694YUG	AYO	X734MFL	BUR
X604VDY	SSOU	X619ARD	KCL	X656EGK	GAL	X695ADK	FAB	X735HLF	FEX
X605EGK	GWH	X619NSS	FAB	X656LLX	MEL	X695YUG	AYO	X736HLF	FEX
X605NSS	FAB	X619OBN	FNW	X656WTN	ANE	X696ADK	FAB	X737HLF	FEX
X605OKH	TDL	X621NSS	FAB	X657LLX	MEL	X696YUG	AYO	X738HLF	FLN
X605VDY	SSOU	X622CWN	WHY	X657WTN	ANE	X697ADK	FAB	X739JCS	SWSC
X605XFX	W&D	X622HEU	BAW	X657WYG	DAR	X697HLF	FLN	X741HLF	FEX
X606AUJ	HLC	X622NSS	FAB	X658FDT	VAW	X698ADK	FAB	X741JCS	SWSC
X606EGK	YOB	X623NSS	FAB	X658LLX	MEL	X698HLF	FLN	X742HLF	FLN
X606NSS	FAB	X623SOJ	CUI	X659LLX	MEL	X699ADK	FNW	X742JCS	SWSC
X606OKH	TDL	X624NSS	FAB	X661LLX	MEL	X699EGK	GAL	X743HLF	FLN
X606RFS	FAB	X626AKW	MAR	X661WCH	NCT	X699HLF	FLN	X743JCS	SWSC
X606VDY	SSOU	X626DYB	AVD	X662LLX	MEL	X701DBT	ANW	X744FDV	FCA
X606XFX	W&D	X627AKW	SOA	X662WCH	NCT	X701EGK	YOB	X744HLF	FLN
X607EGK	YOB	X627ERB	TBB	X663LLX	MEL	X701JVV	EA	X744JCS	SWSC
X607NSS	FAB	X627OBN	FNW	X663WCH	NCT	X702DBT	ANW	X745EGK	GAL
X607OKH	TDL	X628ERB	TBB	X664LLX	MEL	X702EGK	GAL	X745HLF	FLN
X607VDY	SSOU	X629ERB	TBB	X664WCH	NCT	X702JVV	EA	X746JLO	FLN

X747JLO	FLN	X784HLR	FLN	X822XCK	AVO	X866HEE	PEA	X963VAP	SSOU
X748JLO	FLN	X785HLR	FLN	X823FBB	GON	X888MUL	MUL	X964BPA	REA
X749VUA	FWE	X787HFE	DOD	X823NWX	JFS	X891NBU	ZDS	X964HLT	FG
X751HLD	LBL	X787HLR	FLN	X823SRM	SNW	X892YGU	ZCE	X964VAP	SSOU
X751JLO	FLN	X788HLR	FLN	X824SRM	SNW	X899BVN	HFX	X965HLT	FG
X751VWR	HAT	X789OOH	NMC	X825SRM	SNW	X901LBJ	IBL	X965ULG	HAL
X752HLD	LBL	X791NWR	FWE	X826SRM	SNW	X906RHG	TYC	X965VAP	SSOU
X752HLR	FLN	X791NWX	DOY	X827AKW	SEMS	X909CNO	MUS	X966AFH	SWES
X752HVL	HMN	X792JHG	SNW	X827JRX	ZDT	X912WGR	GON	X966HLT	FG
X753HLD	LBL	X792NWR	FWE	X827SRM	SNW	X913WGR	GON	X966RCC	EXW
X753HLR	FLN	X793JHG	SNW	X828AKW	SEMS	X914WGR	GON	X966ULG	HAL
X754HLR	FLN	X793NWR	FWE	X828JRX	ZDT	X915ERA	SGD	X966VAP	SSOU
X756HLR	FLN	X794NWR	FWE	X829AKW	SEMS	X915WGR	GON	X967AFH	SWES
X757HLR	FLN	X795NWR	FWE	X829JRX	ZDT	X916AEN	ACE	X967GCF	PIK
X758HLR	FLN	X796NWR	FWE	X831AKW	SEMS	X916WGR	GON	X967HLT	FLN
X758LOK	WIG	X797NWR	FWE	X831JRX	ZDT	X917WGR	GON	X967ULG	HAL
X759HLR	FLN	X798NWR	FWE	X831NWX	NXA	X918VWX	ACW	X967VAP	SSOU
X761ABU	FIN	X799AGM	SHT	X832AKW	SEMS	X918WGR	GON	X968AFH	SWES
X761GJU	APB	X801AJA	ANW	X832NWX	NXA	X919WGR	GON	X968HLT	FLN
X761HLR	FEX	X802AJA	ANW	X833AKW	SEMS	X921WGR	GON	X968ULG	HAL
X762ABU	FIN	X803AJA	ANW	X833NWX	NXA	X922WGR	GON	X968VAP	SSOU
X762GJU	APB	X804AJA	ANW	X834AKW	SEMS	X923WGR	GON	X969AFH	SWES
X762HLR	FEX	X804ATD	FAR	X834NWX	NXA	X924AEN	ATB	X969HLT	FG
X763ABU	FIN	X804HCT	PAT	X835AKW	SEMS	X924AMO	BLE	X969VAP	SSOU
X763GJU	SWC	X805AJA	ANW	X835HEE	CMH	X924WGR	GON	X971AFH	SWES
X763HLR	FLN	X805AVN	RBC	X835HFE	SEMS	X926AEN	ATB	X971HLT	FLN
X763VUA	FWE	X805SRM	SNW	X835NWX	NXA	X927AEN	ATB	X971VAP	SSOU
X764ABU	FIN	X806AJA	ANW	X836AKW	SEMS	X928AEN	ATB	X972AFH	SWES
X764ARP	ETC	X807AJA	ANW	X836NWX	NXA	X929AEN	ATB	X972HLT	FLN
X764HLR	FLN	X807HCT	ABI	X837AKW	SYOR	X935WGR	GON	X972VAP	SSOU
X764VUA	FWE	X807KBO	CAM	X837NWX	NXA	X937MSP	SBJ	X973AFH	SWES
X766HLR	FLN	X808AJA	ANW	X838HHE	SYOR	X938NUB	BCO	X973HLT	FLN
X766VUA	FWE	X808NWX	GWM	X838NWX	NXA	X939NBU	SNW	X974AFH	SWES
X767HLR	FLN	X809AJA	ANW	X839HEE	JKN	X939NUB	MID	X974HLT	FG
X767VUA	FWE	X809ATD	EXL	X839HHE	SYOR	X941NUB	TMH	X974NRS	KIN
X768HLR	FLN	X811AJA	ANW	X839NWX	NXA	X942MBM	CUB	X975AFH	SWES
X769HLR	FLN	X812AJA	ANW	X840HHE	SYOR	X942NUB	BCO	X975HLT	FLN
X771HLR	FLN	X812RCC	EMP	X840NWX	NXA	X943NUB	MID	X976AFH	SWES
X771NSO	FAB	X813AJA	ANW	X841HHE	SYOR	X944NSO	FAB	X977AFH	SWES
X772CKG	SDEV	X813SRM	SNW	X841NWX	NXA	X944NUB	BCO	X977HLT	FLN
X772HLR	FLN	X814AJA	ANW	X842NWX	NXA	X945AEN	ATB	X978AFH	SWES
X773EVS	UNO	X814SRM	SNW	X843NWX	NXA	X946AEN	ATB	X978HLT	FLN
X773HLR	FLN	X815AJA	ANW	X844MBM	SWC	X947HBC	NCT	X981HLT	FLN
X774EVS	UNO	X815SRM	SNW	X844NWX	NXA	X948VAP	SSOU	X984SHH	SUT
X774HLR	FLN	X816AJA	ANW	X845NWX	NXA	X949AEN	GTS	X991FFA	FNW
X776EVS	UNO	X816SRM	SNW	X846HEE	WEL	X954HLT	FDC	X991WAU	JAS
X776HLR	FLN	X817AJA	ANW	X846NWX	NXA	X956DBT	ANW	X992FFA	FNW
X777EMH	HOR	X817SRM	SNW	X847NWX	NXA	X956HLT	FLN	X993FFA	FNW
X778HLR	FLN	X818AJA	ANW	X847XDE	JML	X957HLT	FLN	X994FFA	FNW
X778NUG	SWC	X818SRM	SNW	X848XDE	JML	X958HLT	FG	X995FFA	FNW
X779HLR	FLN	X819AJA	ANW	X849HEE	BOU	X959HLT	FG	X995JJH	LOG
X779NUG	SWC	X819ATD	ZBV	X851HFE	SEMS	X959KUT	ASS	X998LJW	VTC
X779VUA	FWE	X819SRM	SNW	X851VAF	ETC	X959WCN	ERB	X998WRA	TBB
X781HLR	FLN	X821AJA	ANW	X852HFE	SEMS	X961BPA	OGD	XAA299	W&D
X781NWX	ARM	X821NWX	JFS	X853HFE	SEMS	X961HLT	FG	XAE695	TVC
X782HLR	FLN	X821SRM	SNW	X854HFE	SEMS	X962BPA	ASH	XAM124A	JDT
X782JAU	BFT	X821XCK	AVO	X856HFE	SEMS	X962HLT	FG	XAM826A	DPG
X782NWX	ANW	X822AJA	ANW	X856UOK	FSY	X962KUT	TRW	XAN48T	CCB
X783BTT	HKW	X822FBB	GON	X857UOK	FSY	X962VAP	SSOU	XAP956	TIT
X783HLR	FLN	X822NWX	JFS	X858UOK	FSY	X963BPA	OGD	XAT11X	ALA
X783NWX	ARM	X822SRM	SNW	X859WVK	BOD	X963HLT	FBE	XAU701Y	BLT

XAU702Y	BLT	XEL587	BRR	XIL3674	GRW	XIL8484	TVM	XL08AOL	ALE
XAU703Y	BLT	XET420T	2WT	XIL3675	HBT	XIL8505	UKP	XL53AOL	ALE
XAU704Y	BLT	XEW322T	DAV	XIL3679	RSK	XIL8515	TRX	XL59BCL	ZCO
XAU705Y	BLT	XEZ3324	AAT	XIL3730	HMI	XIL8531	SWC	XLB485	GRI
XAZ774	ZBV	XEZ3353	GBU	XIL3765	HMI	XIL8544	TVM	XLF611	MKT
XAZ1310	BRY	XEZ3354	GBU	XIL4348	ZEW	XIL8545	CML	XLF622	QMS
XAZ1311	REL	XEZ3356	GBU	XIL4361	EST	XIL8583	FSR	XLH570	BAD
XAZ1312	BRY	XEZ3357	GBU	XIL4668	DPG	XIL8788	HUC	XLJ606X	SRK
XAZ1314	BRY	XEZ3359	GBU	XIL4697	CWL	XIL8885	GMY	XLJ610X	BOR
XAZ1316	BRY	XEZ3361	GBU	XIL4698	CWL	XIL8920	TVM	XLM923	JTK
XAZ1321	BRI	XFJ466	DAR	XIL5099	TVM	XIL8931	THA	XLZ3105	BRI
XAZ1346	BRI	XFJ843X	HRD	XIL5260	TVM	XIL8942	JCS	XLZ3106	BRI
XAZ1398	BRY	XFM203	NCO	XIL5456	HOW	XIL8943	GEN	XMN346	IOM
XAZ1408	BRY	XFV257	ALP	XIL5457	TVM	XIL8944	GEN	XMS423Y	KOA
XAZ1409	DEW	XG9304	CCB	XIL5511	TVM	XIL8945	GEN	XMS424Y	KOA
XAZ1413	DEW	XGV226	PPH	XIL5577	TVM	XIL8977	THA	XMW285	PPH
XAZ1414	DEW	XHK217X	K&J	XIL5639	EST	XIL8793	WTR	XNK200X	MIM
XAZ3756	BBU	XHK221X	ABF	XIL5755	WTB	XIL9007	MCS	XNO784	FOW
XAZ6060	66C	XHO856	BOW	XIL5932	AUD	XIL9100	SIL	XNY416	VRT
XBL333	CHY	XHY378	SGC	XIL5934	BDY	XIL9400	RWN	XO02BOY	GOB
XBN196	HKN	XIB1906	WHE	XIL5980	TVM	XIL9592	TVM	XO08BOY	GOB
XBZ1674	GRB	XIB1908	LIT	XIL6081	CBL	XIL9765	AWT	XOI105	GHW
XBZ4111	EDW	XIB1914	DHC	XIL6082	CBN	XIW1182	MLC	XOI792	SVS
XBZ4254	ARL	XIB2453	SAM	XIL6083	CBN	XIW1183	YEL	XOI1908	LUV
XBZ4256	ARL	XIB3421	BAS	XIL6215	CAM	XJF130J	GHW	XOI2258	WJC
XBZ7729	THD	XIB3473	SHIC	XIL6221	THA	XJF448	CCC	XOK933	TET
XBZ7372	SWF	XIB3922	ZDT	XIL6465	JPM	XJI1301	CRA	XOU692	TIT
XBZ7802	EMM	XIB3942	VTE	XIL6467	JPM	XJI2602	K&J	XOV478T	ESB
XCH706Y	BLT	XIB6710	EUR	XIL6468	JPM	XJI2605	K&J	XPG201T	TWH
XCL457	ZDT	XIB6720	ROI	XIL6471	JPM	XJI2964	WBB	XPO987	AAR
XCS961	ESB	XIB8380	CET	XIL6472	JPM	XJI3831	AUD	XPP283X	MGC
XCT550	HEY	XIB8381	CET	XIL6473	JPM	XJI5457	BAD	XR08HCR	HAR
XCZ505	MCH	XIB8385	CET	XIL6474	JPM	XJI5458	BAD	XRM571Y	AST
XCZ3731	DAB	XIB8387	CET	XIL6592	CTR	XJI5459	BAD	XRR615M	ZFG
XCZ4124	CCW	XIB8560	EAM	XIL6835	EDW	XJI5691	MOW	XRR831S	SLK
XCZ4146	BLE	XIB9829	SPA	XIL6961	APC	XJI5891	GCT	XRT685X	KWT
XCZ4147	C&R	XIJ602	SHIC	XIL7241	CAM	XJI5960	MGR	XRY278	MAT
XCZ4148	MBL	XIJ616	WLT	XIL7306	AWT	XJI6330	BAD	XS10PBS	BUD
XCZ4150	SCJ	XIL1231	REW	XIL7307	WLC	XJI6331	BAD	XS2210	COA
XCZ 7782	SBO	XIL1254	FLA	XIL7308	JMS	XJI6332	BAD	XSA5Y	WJC
XDG614	PUH	XIL1257	CAM	XIL7321	MBT	XJI6333	BAD	XSD602T	BYS
XDL304	CLT	XIL1274	ZAS	XIL7386	EST	XJI7908	MAM	XSD603T	BYS
XDL521	TTC	XIL1284	SSOU	XIL7395	RAW	XJI9022	AOA	XSD605T	BYS
XDL696	SVS	XIL1286	SSOU	XIL7396	RAW	XJI9426	TWH	XSK144	WTH
XDL872	SVE	XIL1328	ALP	XIL7398	RAW	XJI9612	ROY	XSL228A	DRC
XDO32	TTC	XIL1387	STR	XIL7654	CTT	XJJ653V	CCB	XSS344Y	FAB
XDO515	FOW	XIL1448	WID	XIL7870	2WT	XJJ658V	CCB	XSU612	SSOU
XDZ5911	FWE	XIL1540	JPM	XIL7872	ZCL	XJJ659V	CCB	XSU653	CLT
XDZ5912	FWE	XIL1560	SSOU	XIL7877	CMB	XJJ661V	CCB	XSU682	SSOU
XDZ5913	FWE	XIL1568	SSOU	XIL8035	ZEJ	XJJ663V	PIK	XSU761	ATE
XDZ5914	FWE	XIL1575	SSOU	XIL8036	ALX	XJO46	SIM	XSU905	LEE
XDZ5915	FWE	XIL1581	BLC	XIL8125	WLC	XK06AOL	ALE	XSU907	RIG
XDZ5916	FWE	XIL2671	TVM	XIL8127	GIR	XK54AOL	ALE	XSU909	OCT
XDZ5917	TDL	XIL3087	EST	XIL8129	ABT	XKH455	WBC	XSU913	WJC
XDZ9422	ALE	XIL3210	EDW	XIL8147	TXC	XKR469	MER	XSV219	TYC
XDZ9423	ALE	XIL3218	CHT	XIL8149	WEB	XKZ1386	NEL	XSV220	TYC
XEA745	BOW	XIL3260	NAH	XIL8418	CBL	XKZ3900	LES	XSV229	VRT
XEC347Y	MVL	XIL3492	TVM	XIL8424	BAD	XKZ4457	DAB	XSV239	TYC
XEF11Y	AMR	XIL3640	TDT	XIL8425	BAD	XKZ9784	CHC	XSV270	MOA
XEL158	EXE	XIL3672	GRW	XIL8427	FLA	XL04XEL	OFJ	XSV298	TYC
XEL254	EXE	XIL3673	EKR	XIL8438	QMS	XL06AOL	ALE	XSV691	SKC

XSV893	AMS	XVY392	BOW	XX02BOY	GOB	XXI1435	GBU	XXI1447	GBU
XT06CJT	TUR	XWA907	LID	XX06PSW	PSW	XXI1436	GBU	XXI1448	GBU
XTE5	DOF	XWC18	HAP	XX07PSW	PSW	XXI1437	GBU	XXI1449	GBU
XTE618	DOF	XWC339	AMV	XX09PSW	PSW	XXI1438	GBU	XXI4763	AST
XTF98D	QMS	XWG254	JEF	XX52BOY	ATB	XXI1439	GBU	XXI8502	SVE
XTJ802	BOW	XWJ400G	ORJ	XX56PSW	PSW	XXI1440	GBU	XXI8950	OAR
XU05SOU	SOU	XWM120	THD	XX57BOY	GOB	XXI1441	GBU	XYD169	BAY
XUD367	BOD	XWW916	HST	XX58AOL	ALE	XXI1443	GBU	XYE101G	B&W
XUP295	BOS	XWY476X	CFL	XXI1433	GBU	XXI1445	GBU	XYK976	SSOU
XVE8T	KEN	XWY478X	RED	XXI1434	GBU	XXI1446	GBU	XYN670	HKW

Y

Y1CHT	KFY	Y8PJC	VTE	Y37YVV	GWM	Y92HHG	GRW	Y152NLK	MEL
Y1EDN	FDC	Y10CBC	CBW	Y38HBT	CBL	Y97FBK	CAL	Y152ROT	FG
Y1HMC	CNT	Y10CHT	KFY	Y38HWB	ABS	Y102TGH	ALN	Y153EAY	EUT
Y1WET	WET	Y10DPC	DPC	Y38KNB	ANW	Y103GHC	SSOU	Y153HRN	TDE
Y2CCH	ZDL	Y10EVE	EVE	Y38TDA	ANW	Y111ASH	ASL	Y153NLK	MEL
Y2DRM	CBN	Y10HAM	HMS	Y38YVV	COG	Y112RDO	TJC	Y154HRN	HAD
Y2EDN	FDC	Y10HMC	HAM	Y39HBT	CBL	Y113LTF	COT	Y154NLK	MEL
Y2END	END	Y10RAD	ALX	Y39TDA	ANW	Y129BJW	R&R	Y157HRN	HAD
Y2HCT	HAB	Y11BUS	PRM	Y39WVL	HYT	Y129TBF	TRH	Y157HWE	BLD
Y2HLC	LUC	Y11JBA	A1A	Y39YVV	FSR	Y131GBO	NPT	Y157NLK	MEL
Y2HMC	HAM	Y12BUS	ROI	Y40HMC	CNT	Y131TBF	CBL	Y158HRN	TDE
Y2JBT	JBT	Y15AMS	YUL	Y40STX	STX	Y131TUX	GLA	Y158NLK	MEL
Y2JPT	CNT	Y16CCL	LES	Y40TGM	BUR	Y133GBO	NPT	Y159EAY	WIT
Y2NBB	WXC	Y19DJT	DJT	Y42HBT	ATS	Y133HWB	ABS	Y159HRN	TDE
Y2PCC	PCO	Y20BGS	SHI	Y42TDA	ANW	Y133LTF	COT	Y159HWE	COL
Y2POB	CRN	Y20BLU	ANW	Y46ABA	ANW	Y134GBO	NPT	Y159NLK	MEL
Y2STX	STX	Y20CHT	KFY	Y46HBT	ATS	Y134HWB	ABS	Y159UOX	ZDH
Y2TSL	LEW	Y20HMC	CNT	Y46JKR	NUV	Y138RDG	TGB	Y161HRN	K&D
Y2WCT	MET	Y21APT	ING	Y46TDA	ANW	Y139KCS	EUT	Y161NLK	MEL
Y2WGT	ZAM	Y21BLU	ANW	Y47ABA	ANW	Y141HWE	DHA	Y161OTL	TRL
Y3CCH	ZDL	Y22APT	GMC	Y47HBT	ATS	Y141VDO	MON	Y162EAY	CRG
Y3CJD	DOW	Y23OXF	DCT	Y48ABA	ANW	Y142HRN	TDE	Y162HRN	TDE
Y3HLC	LUC	Y24OXF	DCT	Y49HBT	TAR	Y142HWE	COS	Y162NLK	MEL
Y3JBT	JBT	Y25AMS	GMC	Y49NLD	ZBY	Y143HRN	TDE	Y163EAY	WAR
Y3JPT	CNT	Y25OXF	OBC	Y49VRH	EYM	Y143NLK	MEL	Y163HRN	TDE
Y3NBB	CNT	Y25TAW	TAW	Y50CHT	KFY	Y144HRN	K&D	Y163NLK	MEL
Y3WJC	WJC	Y26OXF	OBC	Y50HMC	CNT	Y144HWE	JOT	Y164HRN	TOP
Y4CCC	CED	Y27SMC	CLS	Y50TGM	BUR	Y144NLK	MEL	Y164NLK	MEL
Y4CCH	ZDL	Y28OXF	TVP	Y52HBJ	ZBV	Y146GOU	THD	Y165AJF	ROY
Y4HLC	LUC	Y28WGL	WGH	Y54HBT	NOG	Y146HRN	TDE	Y165HRN	TDE
Y4HMC	SUE	Y30CHT	KFY	Y55SOM	HWD	Y146KNF	ZBY	Y165NLK	MEL
Y4WMS	WTH	Y30HMC	CNT	Y56HBT	NOG	Y146NLK	MEL	Y166GTT	CRG
Y5BCO	ZCO	Y30TGM	OFJ	Y57HBT	NOG	Y147HRN	K&D	Y166HRN	TDE
Y5SPA	SPA	Y32GBO	NPT	Y58HBT	NOG	Y147NLK	MEL	Y166HWE	TRW
Y5TRU	FDC	Y32HBT	KCC	Y59CDS	GRT	Y147ROT	FG	Y166NLK	MEL
Y5WDT	FAS	Y32HWB	ABS	Y59HBT	LUV	Y147RSS	D&B	Y167FEL	W&D
Y6BAN	BAN	Y32TDA	ANW	Y63LTF	MEL	Y148HRN	K&D	Y167HRN	TDE
Y6SPA	SPA	Y32YVV	CNT	Y63RBK	ORA	Y148HWE	PIC	Y167NLK	MEL
Y7CJD	DOW	Y36HBT	DAR	Y66SLT	SLT	Y148NLK	MEL	Y168FEL	W&D
Y7NES	MAY	Y36KNB	ANW	Y69HHE	ALX	Y148RFM	ZAF	Y168HRN	TDE
Y7OPC	PAT	Y36TDA	ANW	Y70PSW	PSW	Y148ROT	FG	Y168NLK	MEL
Y8AMS	AMR	Y36YVV	CNT	Y77SLT	SLT	Y149HRN	K&D	Y169FEL	W&D
Y8BLU	BLU	Y37HBT	GSR	Y79CDS	TUT	Y149NLK	MEL	Y169HRN	TDE
Y8BUS	BUZ	Y37HHE	TAR	Y80WCM	WCM	Y149ROT	FG	Y169NLK	MEL
Y8CCL	FOR	Y37HWB	ABS	Y83HHE	BUR	Y151HRN	K&D	Y171FEL	W&D
Y8LAG	LAG	Y37KNB	ANW	Y84GBO	NPT	Y151ROT	FG	Y171HRN	TDE
Y8OCT	DEL	Y37TDA	ANW	Y91RWH	PDB	Y152HRN	TDE	Y171NLK	MEL

Reg	Code	Reg	Code	Reg	Code	Reg	Code	Reg	Code
Y172FEL	W&D	Y192KNB	CBC	Y234NLK	MEL	Y256HHL	FSY	Y285VST	SHIC
Y172HRN	TDE	Y192NLK	MEL	Y235HWF	ABS	Y256YBC	ARM	Y286AOE	FEL
Y172MND	CHD	Y192VMR	THD	Y235NLK	MEL	Y257BWN	ACW	Y286FJN	LON
Y172NLK	MEL	Y193KNB	CBC	Y236LRR	NCT	Y257DRC	TBB	Y287AOE	FEL
Y173CGC	IRB	Y193NLK	MEL	Y236NLK	MEL	Y257KNB	ABK	Y287FJN	LON
Y173FEL	W&D	Y193VMR	THD	Y237DRC	TBB	Y257LRN	GRW	Y289FJN	LON
Y173HRN	TDE	Y194AWP	CRN	Y237FJN	LON	Y257YBC	ARM	Y289RSO	BKY
Y173NLK	MEL	Y194NLK	MEL	Y237LRR	NCT	Y258DRC	TBB	Y291FJN	LON
Y174FEL	W&D	Y194VMR	THD	Y237NLK	MEL	Y258KNB	ANE	Y291HUA	GON
Y174HRN	TDE	Y195NLK	MEL	Y238DRC	TBB	Y258XFR	HST	Y291PDN	CSC
Y174NLK	MEL	Y195VMR	THD	Y238FJN	LON	Y258YBC	ARM	Y291TKJ	ASC
Y174RVY	HUY	Y196KNB	HTL	Y238LRR	NCT	Y259DRC	TBB	Y292FJN	LON
Y176CFS	LOT	Y196NLK	MEL	Y238NLK	MEL	Y259KJA	MGT	Y292HUA	GON
Y176HRN	K&D	Y196VMR	THD	Y239DRC	TBB	Y259KNB	ANE	Y292PDN	CSC
Y176NLK	MEL	Y197NLK	MEL	Y239FJN	LON	Y259YBC	ARM	Y292TKJ	ASC
Y177CFS	LOT	Y197VMR	THD	Y239NLK	MEL	Y261DRC	TBB	Y293FJN	LON
Y177HRN	K&D	Y198KNB	TMH	Y241DRC	TBB	Y261NLK	MEL	Y293HUA	HOB
Y177JSH	EXA	Y198NLK	MEL	Y241FJN	LON	Y261YBC	ARM	Y293PDN	CSC
Y177NLK	MEL	Y199FEL	W&D	Y241KBU	ANW	Y262DRC	TBB	Y293TKJ	ASC
Y178CFS	LOT	Y199GBO	CTP	Y242DRC	TBB	Y262FJN	LON	Y294FJN	LON
Y178HRN	K&D	Y199NLK	MEL	Y242FJN	LON	Y262NLK	MEL	Y294PDN	ANE
Y178KCS	SBZ	Y201JDE	SIL	Y242HWA	WSC	Y262YBC	ARM	Y294TKJ	ASC
Y178NLK	MEL	Y201KNB	GHA	Y242KBU	ANW	Y263DRC	TBB	Y295FJN	LON
Y179CFS	LOT	Y201NLK	MEL	Y243DRC	TBB	Y263FJN	CBL	Y295PDN	CSC
Y179NLK	MEL	Y202KNB	SWES	Y243FJN	LON	Y263KNB	CNT	Y295TKJ	ASC
Y179SRA	A2B	Y202NLK	MEL	Y243KBU	ANW	Y263NLK	MEL	Y296FJN	LON
Y181BGB	FG	Y202PFM	HAL	Y244DRC	TBB	Y263YBC	ARM	Y296PDN	ANE
Y181CFS	LOT	Y203JPM	EAS	Y244FJN	LON	Y264DRC	TBB	Y296TKJ	ASC
Y181NLK	MEL	Y203NLK	MEL	Y246DRC	TBB	Y264NLK	MEL	Y297HUA	EMS
Y181RCR	LBP	Y203PFM	HAL	Y246FJN	LON	Y264YBC	ARM	Y297OCT	KCL
Y182BGB	FG	Y204NLK	MEL	Y246NLK	MEL	Y265DRC	TBB	Y297SNB	HUC
Y182CFS	LOT	Y204PFM	HAL	Y247DRC	TBB	Y265FJN	LON	Y297TKJ	ASC
Y182NLK	MEL	Y207NLK	MEL	Y247FJN	LON	Y265NLK	MEL	Y298TKJ	ASC
Y182RCR	LBP	Y207OEE	HAC	Y248DRC	TBB	Y265YBC	ARM	Y299TKJ	ASC
Y183CFS	LOT	Y207PFM	HAL	Y248FJN	LON	Y266DRC	TBB	Y300BCC	BEN
Y183NLK	MEL	Y208NLK	MEL	Y248NLK	MEL	Y266FJN	LON	Y301HUA	NEX
Y184CFS	LOT	Y208OEE	HTL	Y248YBM	MON	Y266JBM	DAR	Y301KNB	MID
Y184NLK	MEL	Y209NLK	MEL	Y249DRC	TBB	Y266YBC	ARM	Y301RTD	FG
Y184RCR	LBP	Y211GBO	CHA	Y249FJN	LON	Y267DRC	TBB	Y301TKJ	ASC
Y184TUK	ARM	Y211HWJ	GWM	Y249NHJ	DEN	Y267FJN	LON	Y302HUA	NEX
Y185CFS	LOT	Y212BBA	HWD	Y249NLK	MEL	Y267YBC	ARM	Y302KNB	MID
Y185GBO	NPT	Y212HWJ	GWM	Y251DRC	TBB	Y268DRC	TBB	Y302RTD	FG
Y185HNH	APS	Y213BGB	AVO	Y251FJN	LON	Y268FJN	LON	Y302TKJ	ASC
Y185NLK	MEL	Y214BGB	GIB	Y251HHL	FSY	Y269FJN	LON	Y303HUA	NEX
Y185RCR	LBP	Y214HWJ	WBC	Y251KNB	BLU	Y269KJA	MGT	Y303RTD	FG
Y186CFS	LOT	Y215BGB	ANE	Y252DRC	TBB	Y271DRC	TBB	Y303TKJ	ASC
Y186HNH	FNO	Y216BGB	GIB	Y252FJN	LON	Y271FJN	LON	Y304HUA	OLY
Y186NLK	MEL	Y217NYA	TRH	Y252HHL	FSY	Y272DRC	TBB	Y304KBN	FIT
Y187CFS	LOT	Y217WRH	JOB	Y252KNB	CNT	Y272FJN	LON	Y304RTD	FG
Y187NLK	MEL	Y218BGB	STAY	Y252OHC	EDW	Y272NHJ	ZAC	Y307HUA	ABS
Y187RCR	LBP	Y218MYA	ALA	Y253DRC	TBB	Y273FJN	LON	Y307KBN	ACM
Y188CFS	LOT	Y223NLF	FLN	Y253FJN	LON	Y274FJN	CNT	Y307RTD	FG
Y188NLK	MEL	Y223XFR	HIS	Y253HHL	FSY	Y276DCC	NAP	Y308HUA	ABS
Y188RCR	LBP	Y224NLF	FLN	Y253KNB	BLU	Y277FJN	LON	Y309HUA	ABS
Y188TDP	TGM	Y224NYA	S&B	Y253OHC	EDW	Y279FJN	LON	Y309KBN	FIT
Y189CFS	LOT	Y226CDS	BBN	Y253YBC	ARM	Y281FJN	LON	Y309SNB	JMS
Y189NLK	MEL	Y226NYA	KIN	Y254DRC	TBB	Y282FJN	LON	Y311HUA	ABS
Y191CFS	LOT	Y228CJW	ANW	Y254HHL	FSY	Y283FJN	LON	Y312HUA	FIS
Y191KNB	CBC	Y228NLF	NEX	Y254KNB	BLU	Y283HUA	GWM	Y312YDL	DGB
Y191NLK	MEL	Y232NLK	MEL	Y254YBC	ARM	Y284FJN	LON	Y313HUA	ABS
Y191SCU	HUY	Y233NLK	MEL	Y256DRC	TBB	Y285FJN	LON	Y313KDP	DEV

Y313NYD PCB	Y346XBN FNW	Y366GKR CBN	Y387HKE MID	Y451TBF CBL
Y314HUA OLY	Y347FJN LON	Y366HMY MEB	Y388GAX CBU	Y451UGC ASC
Y314NYD PCB	Y347UON ARM	Y366NHK LON	Y388HKE MID	Y452KBU ANW
Y315HUA NEX	Y347XAG WXB	Y366UON ARM	Y388NHK LON	Y452NHK LON
Y319GKR ASC	Y347XBN FNW	Y367HMY MEB	Y389FNH APT	Y452UGC ALN
Y319HUA NEX	Y348FJN LON	Y367NHK LON	Y389HKE MID	Y453KBU ANW
Y319KBN PON	Y348HMY MEB	Y367UON ARM	Y389NHK LON	Y453NHK LON
Y319ODC ASM	Y348UON ARM	Y368HMY MEB	Y391HKE MID	Y454KBU ANW
Y322HUA NEX	Y349FJN LON	Y368NHK LON	Y391NHK LON	Y454NHK LON
Y324HUA NEX	Y349HMY MEB	Y368UOM GSN	Y392HKE MID	Y457KBU ANW
Y324YUT NCC	Y349UON ARM	Y369HMY MEB	Y392NHK LON	Y457KNF ANW
Y326HUA NEX	Y351ATR WCC	Y369TGE DWF	Y393HKE MID	Y458KBU ANW
Y326PNW PEA	Y351AUY FMR	Y369UOM SQU	Y393NHK LON	Y458KNF ANW
Y326YUT NCC	Y351DAB EYM	Y371FJN LON	Y395KCB CCH	Y458NHK LON
Y327HUA NEX	Y351FJN LON	Y371HMY MEB	Y395NHK LON	Y459KBU ANW
Y327YUT NCC	Y351HMY MEB	Y371NHK LON	Y396PSP SOO	Y461KNF ANW
Y329FJN LON	Y351UON ARM	Y371TGE WGH	Y397NHK LON	Y461UGC ASC
Y329HUA NEX	Y352AUY FMR	Y372FJN LON	Y398NHK LON	Y462KNF ANW
Y329PNW ORD	Y352DAB EYM	Y372GAX CBU	Y400BCC BEN	Y462NHK LON
Y329YUT NCC	Y352HMY MEB	Y372HMY MEB	Y401NHK LON	Y462UGC ASC
Y331FJN LON	Y352UON ARM	Y372KNB CHH	Y402GKJ CWL	Y463KNF ANW
Y331HUA NEX	Y352VKH WED	Y372NHK LON	Y403GKJ CWL	Y463UGC ASC
Y331YUT NCC	Y353AUY FMR	Y373FJN LON	Y404NHK LON	Y464HUA WBU
Y332FJN LON	Y353CKR KCT	Y373GAX CBU	Y407DAB STP	Y464KNF ANW
Y332YUT NCC	Y353HMY MEB	Y373HMY MEB	Y407NHK LON	Y464NHK LON
Y333GSM GIL	Y353FJN LON	Y373NHK LON	Y409NHK LON	Y465KNF ANW
Y334FJN LON	Y353UON ARM	Y374FJN LON	Y411CFX TYB	Y465UGC ASC
Y334GFJ TUT	Y353VKH WED	Y374GAX CBU	Y412CFX TYB	Y466HUA HYT
Y334HWT WBH	Y354AUY FMR	Y374HMY MEB	Y412XAE MON	Y466KNF ANW
Y334YUT NCC	Y354FJN CNT	Y374NHK LON	Y413CFX TYB	Y466UGC ASC
Y335FJN LON	Y354HMY MEB	Y376FJN LON	Y414CFX TYB	Y467HUA SGD
Y335HWT PRO	Y354UON ARM	Y376GAX CBU	Y415CFX TYB	Y467KNF ANW
Y335UKN COR	Y356AUY FMR	Y376HMY MEB	Y416CFX TYB	Y467UGC ASC
Y335YUT NCC	Y356FJN LON	Y376NHK LON	Y417CFX TYB	Y468HUA SEL
Y336AUT VTC	Y356HMY MEB	Y377GAX CBU	Y418CFX TYB	Y468KNF ANW
Y336FJN LON	Y356UON ARM	Y377HMY MEB	Y425GHB MON	Y468UGC ASC
Y336UKN COR	Y357HMY MEB	Y377NHK LON	Y426GHB MON	Y469KNF ANW
Y336YUT NCC	Y357UON ARM	Y378GAX CBU	Y429NHK LON	Y469UGC ASC
Y337AUT HMN	Y358HMY MEB	Y378HMY MEB	Y429TNC HTL	Y471KNF ANW
Y337FJN LON	Y358LCK ZBR	Y378NHK LON	Y431PBD TYB	Y471UGC ALN
Y337HWT WBH	Y358UON ARM	Y379GAX CBU	Y432PBD TYB	Y472KNF ANW
Y337YDL DGB	Y359HMY MEB	Y379HMY MEB	Y434NHK LON	Y472NHK LON
Y337YUT NCC	Y359LCK ZBR	Y379NHK LON	Y436NHK LON	Y473KNF ANW
Y338AUT VTC	Y359NHK LON	Y381GAX CBU	Y437NHK LON	Y473UGC ALN
Y338FJN LON	Y361HMY MEB	Y381HKE MID	Y438NHK LON	Y474GBO VTC
Y338HWT WBH	Y361NHK LON	Y381NHK LON	Y441NHK LON	Y474KNF ANW
Y339FJN LON	Y361UON ARM	Y382GAX CBU	Y442NHK LON	Y474UGC ALN
Y339YUT NCC	Y362HMY MEB	Y382HKE MID	Y443NHK LON	Y475HUA SEL
Y341BWP BEC	Y362NHK LON	Y382NHK LON	Y445CUB FYO	Y475KNF ANW
Y342AUT DEV	Y362UON ARM	Y383GAX CBU	Y445NHK LON	Y475UGC ALN
Y342FJN LON	Y363HMY MEB	Y383HKE MID	Y445XAT CCW	Y476HUA SEL
Y342PNW SWC	Y363NHK LON	Y384GAX CBU	Y446CUB FYO	Y476TSU FSR
Y343FJN LON	Y363UOM RHC	Y384HKE MID	Y446NHK LON	Y477UGC ALN
Y343XBN FED	Y363UON ARM	Y384NHK LON	Y447CUB FWE	Y478UGC ALN
Y344FJN LON	Y364HMY MEB	Y385GAX CBU	Y447GHB MON	Y479UGC ALN
Y344NLF FG	Y364NHK LON	Y385HKE MID	Y447NHK LON	Y481UGC ALN
Y344XBN FED	Y364UON ARM	Y385NHK LON	Y448NHK LON	Y482TSU WXC
Y346FJN LON	Y365HMY MEB	Y386GAX CBU	Y449CUB FYO	Y482UGC ALN
Y346LFR OLA	Y365JUJ BTC	Y386HKE MID	Y449NHK LON	Y482UKE HIS
Y346NLF FLN	Y365UOM ABI	Y386NHK LON	Y451CUB FYO	Y482VRH EYM
Y346UON ARM	Y365UON ARM	Y387GAX CBU	Y451KBU ANW	Y483TSU CFB

Code	Reg	Code	Reg	Code	Reg	Code	Reg	Code	Reg
Y483UGC	ALN	Y522UGC	ALN	Y555ELF	CA	Y644NYD	PCB	Y694EBR	ANE
Y483VRH	EYM	Y523KRJ	MGT	Y555EMH	HOR	Y645NYD	PCB	Y696NLH	LBL
Y484PSR	STAY	Y523UGC	ALN	Y556XAG	TDL	Y646NYD	PCB	Y697NLH	LBL
Y484UGC	ALN	Y524NHK	LON	Y557KSC	BLS	Y647HWY	LON	Y698NLH	LBL
Y484VRH	EYM	Y524UGC	ALN	Y557XAG	TDL	Y647NYD	PCB	Y698WRM	SHM
Y485UGC	ALN	Y526NHK	LON	Y558KUX	GON	Y648HWY	SHM	Y699NLH	LBL
Y485VRH	EYM	Y526UGC	ALN	Y568LRN	ROS	Y648NYD	PCB	Y699WRM	C&G
Y486TSU	AVO	Y527NHK	LON	Y581UGC	ALN	Y649HWY	VIP	Y701HRN	K&D
Y486UGC	ALN	Y527UGC	ALN	Y582XEF	DVR	Y651NAY	FRC	Y701LRB	NCT
Y486VRH	EYM	Y529NHK	LON	Y585TOV	CLL	Y652NLO	MEL	Y701NLH	LBL
Y487UGC	ALN	Y529PBD	FAR	Y587TOV	CLL	Y652SBE	MON	Y701RSA	FAB
Y487VRH	EYM	Y529UGC	ALN	Y592TOV	MPH	Y653JSH	NEF	Y701XJF	ARM
Y488RVU	AAT	Y531NHK	LON	Y593TOV	MPH	Y653NLO	MEL	Y702HRN	TDE
Y488UGC	ALN	Y531UGC	ATS	Y595HPK	REA	Y654HWY	ZEP	Y702HWT	NHC
Y488VRH	EYM	Y532UGC	ALN	Y597KNE	FED	Y654NLO	MEL	Y702NLH	LBL
Y489PTU	GUM	Y533PBD	FAR	Y598KNE	FNW	Y656HWY	JOH	Y702XJF	ARM
Y489UGC	ALN	Y533RSD	HOR	Y601TSD	SWSC	Y656NLO	MEL	Y703HRN	K&D
Y489VRH	EYM	Y533UGC	ALN	Y602TSD	SWSC	Y657HWY	JOH	Y703NLH	LBL
Y491UGC	ALN	Y534XAG	TDL	Y603JSH	A&B	Y657NLO	MEL	Y703TGH	GAL
Y492UGC	ALN	Y536XAG	TDL	Y605JSH	CHU	Y658NLO	MEL	Y703XJF	ARM
Y493ETN	GON	Y536XNW	BAW	Y617CSG	CBW	Y659NLO	MEL	Y704HRN	K&D
Y493UGC	ALN	Y537XAG	TDL	Y618NYD	CCH	Y659TNS	CLC	Y704NLH	LBL
Y494UGC	ALN	Y537XNW	BAW	Y619GFM	WBT	Y661NLO	MEL	Y704TGH	GAL
Y495UGC	ALN	Y538VFF	ANW	Y619YJU	WHE	Y661UKU	FSY	Y704XJF	ARM
Y496UGC	ALN	Y538XAG	TDL	Y621GFM	WBT	Y662HWY	CTC	Y705HRN	TDE
Y497HWE	BST	Y539VFF	ANW	Y621HHU	CMT	Y662NAY	WHE	Y705TGH	GAL
Y497TEF	NMC	Y539XAG	TDL	Y622GFM	WBT	Y662NLO	MEL	Y705XJF	ARM
Y497UGC	ALN	Y541UGC	ALN	Y623GFM	WBT	Y663NLO	MEL	Y706XJF	ARM
Y498UGC	ALN	Y541UJC	ANW	Y624GFM	WBT	Y664HWY	CKC	Y707HRN	TDE
Y499UGC	ALN	Y541XAG	TDL	Y626GFM	WBT	Y664NLO	MEL	Y707XJF	ARM
Y500MRT	LJL	Y542UGC	ALN	Y626RSA	FAB	Y665HWY	SHM	Y708HRN	HAD
Y501UGC	ALN	Y542UJC	ANW	Y627GFM	WBT	Y665NLO	MEL	Y708NLH	LBL
Y502TNB	TEL	Y542XAG	TDL	Y627RSA	FAB	Y667AVF	JAC	Y709HRN	HAD
Y502UGC	ALN	Y543UGC	ALN	Y628GFM	WBT	Y667DRA	NCT	Y709HWT	GRW
Y503UGC	ALN	Y543UJC	ANW	Y628RSA	FAB	Y667NLO	MEL	Y709NLH	LBL
Y504BSF	FIT	Y543XAG	TDL	Y629GFM	WBT	Y668BKS	WHE	Y709XJF	ARM
Y504UGC	ALN	Y544UGC	ALN	Y629RSA	FAB	Y668DRA	NCT	Y711HRN	TDE
Y506BSF	CFT	Y544UJC	ANW	Y631GFM	WBT	Y668NLO	MEL	Y711HWT	GRW
Y506CCY	ALE	Y544XAG	TDL	Y631RSA	FAB	Y669NLO	MEL	Y711KNF	ANW
Y506UGC	ALN	Y546DTO	NCT	Y632RSA	FAB	Y671JSG	LON	Y711NLH	LBL
Y507CCY	TUT	Y546UGC	ALN	Y632RTD	FED	Y671NLO	MEL	Y712HRN	TDE
Y507TGJ	SOA	Y546UJC	ANW	Y633KDP	APB	Y672NLO	MEL	Y712KNF	ANW
Y507UGC	ALN	Y546XAG	TDL	Y633RSA	FAB	Y673NLO	MEL	Y712NLH	LBL
Y508NHK	LON	Y546XNW	FSY	Y633RTD	FNW	Y674NLO	MEL	Y713HRN	TDE
Y509NHK	LON	Y547UGC	ALN	Y634RSA	FAB	Y675NLO	MEL	Y713KNF	ANW
Y509UGC	ALN	Y547UJC	ANW	Y634RTD	FNW	Y675UUM	BAW	Y714HRN	HAD
Y511NHK	LON	Y547XAG	TDL	Y635KNC	ZBY	Y676UUM	BAW	Y714KNF	ANW
Y511UGC	ALN	Y547XNW	FSY	Y635RSA	FAB	Y677UUM	BAW	Y714NLH	LBL
Y512NHK	LON	Y548UGC	ALN	Y635TYS	ERB	Y678UUM	BAW	Y715HRN	TDE
Y512UGC	ALN	Y548UJC	ANW	Y636RSA	FAB	Y678YOG	VIP	Y715KNF	ANW
Y513HWE	CHP	Y548XAG	TDL	Y637RSA	FAB	Y679UUM	BAW	Y716HRN	TDE
Y513UGC	ALN	Y549UGC	ALN	Y638RSA	FAB	Y685EBR	ANE	Y716KNF	ANW
Y514NHK	LON	Y549UJC	ANW	Y639KNC	BST	Y686EBR	ANE	Y716TOH	TWM
Y514UGC	ALN	Y549XAG	TDL	Y639RSA	FAB	Y687EBR	ANE	Y717KNF	ANW
Y516UGC	ALN	Y551UJC	ANW	Y641AVV	MEL	Y687HPG	YCT	Y717SUB	BST
Y517NHK	LON	Y551XAG	TDL	Y642NWP	PCO	Y688EBR	ANE	Y717TOH	TWM
Y517UGC	ALN	Y552UJC	ANW	Y643AVV	FSA	Y688UOL	GAR	Y718KNF	ANW
Y518UGC	ALN	Y552XAG	TDL	Y643HWY	ARR	Y689EBR	ANE	Y718NLH	LBL
Y519UGC	ALN	Y553XAG	TDL	Y643NWP	PCO	Y691EBR	ANE	Y718TOH	TWM
Y521UGC	ATS	Y554XAG	TDL	Y644AVV	FSA	Y692EBR	ANE	Y719KNF	ANW
Y522NHK	LON	Y555AJP	ABF	Y644KNC	EAZ	Y693EBR	ANE	Y719NLH	LBL

Reg	Op	Reg	Op	Reg	Op	Reg	Op	Reg	Op
Y719TOH	TWM	Y747NAY	WHE	Y785MFT	GON	Y814AJF	ZBU	Y845TGH	GAL
Y721KNF	ANW	Y747TGH	GAL	Y785TOH	TWM	Y814BOJ	TDE	Y846GCD	B&H
Y721TOH	TWM	Y747TOH	TWM	Y785WHH	CUB	Y814TGH	GAL	Y846TGH	GAL
Y722CJW	NXD	Y748HWT	SGC	Y787TOH	TWM	Y814TOH	TWM	Y847GCD	B&H
Y722KNF	ANW	Y748TGH	GAL	Y788OFE	KBC	Y814UDT	CRG	Y847LDP	DAN
Y722TOH	TWM	Y748TOH	TWM	Y788TOH	TWM	Y815TGH	GAL	Y847TGH	GAL
Y723KNF	ANW	Y749HWT	EXW	Y789TOH	TWM	Y815TOH	TWM	Y847WER	CEN
Y723TOH	TWM	Y749TGH	GAL	Y791TOH	TWM	Y816TGH	GAL	Y848GCD	B&H
Y724KNF	ANW	Y749TOH	TWM	Y792TOH	TWM	Y816TOH	TWM	Y848LDP	DAN
Y724TOH	TWM	Y751DDA	HBS	Y793TOH	TWM	Y817TGH	GAL	Y848TGH	GAL
Y724TSJ	HOR	Y751HVY	RSL	Y794TOH	TWM	Y817TOH	TWM	Y849GCD	B&H
Y726KNF	ANW	Y751HWT	EDT	Y794XNW	FWE	Y818TGH	GAL	Y849TGH	GAL
Y726TOH	TWM	Y751OBE	HLS	Y795TOH	TWM	Y818TOH	TWM	Y851GCD	B&H
Y727KNF	ANW	Y751TOH	TWM	Y795XNW	FWE	Y819TGH	GAL	Y851TGH	GAL
Y727TOH	TWM	Y752HWT	THA	Y796TOH	TWM	Y819TOH	TWM	Y852FNH	RWY
Y728KNF	ANW	Y752NAY	MAY	Y796XNW	FWE	Y821TGH	GAL	Y852GCD	B&H
Y728TOH	TWM	Y752TOH	TWM	Y797HPG	DEV	Y821TOH	TWM	Y852SDD	PUH
Y729KNF	ANW	Y753HVY	RSL	Y797TOH	TWM	Y822NAY	HWD	Y853DNV	FLB
Y729TGH	GAL	Y753HWT	EDT	Y797XNW	FWE	Y822TGH	GAL	Y853GCD	B&H
Y729TOH	TWM	Y753TOH	TWM	Y798TOH	TWM	Y822TOH	TWM	Y853TGH	GAL
Y731TGH	GAL	Y754TOH	TWM	Y798UDT	LTL	Y823HHE	NXD	Y854DNV	FLB
Y731TOH	TWM	Y756NAY	SHM	Y798XNW	FWE	Y823TGH	GAL	Y854GCD	B&H
Y732TGH	GAL	Y756TOH	TWM	Y799TOH	TWM	Y823TOH	TWM	Y854JOG	ZDH
Y732TOH	TWM	Y757TOH	TWM	Y799UDT	LTL	Y824HHE	NXD	Y854TGH	GAL
Y733KNF	ANW	Y758ENL	GAR	Y801DGT	ALN	Y824NAY	RID	Y856GCD	B&H
Y733TGH	GAL	Y758HWT	SGC	Y801TGH	GAL	Y824TGH	GAL	Y856TGH	GAL
Y733TOH	TWM	Y758TOH	TWM	Y801TOH	TWM	Y824TOH	TWM	Y857GCD	B&H
Y734TGH	GAL	Y759THS	ZEW	Y801UDT	BTL	Y825HHE	NXD	Y857RNT	EMM
Y734TOH	TWM	Y759TOH	TWM	Y801WBT	GCB	Y825TGH	GAL	Y857TGH	GAL
Y735TGH	GAL	Y761TOH	TWM	Y802DGT	ALN	Y825TOH	TWM	Y858GCD	B&H
Y735TOH	TWM	Y762BOC	HYT	Y802TGH	GAL	Y826GDV	LOW	Y858LRX	COM
Y736OBE	BOD	Y762TOH	TWM	Y802TOH	TWM	Y826TGH	GAL	Y858TGH	GAL
Y736TGH	GAL	Y762TYS	HOR	Y802WBT	GCB	Y826TOH	TWM	Y859GCD	B&H
Y736TOH	TWM	Y763TOH	TWM	Y803DGT	ALN	Y827TGH	GAL	Y859TGH	GAL
Y737BPR	PIN	Y764TOH	TWM	Y803TGH	GAL	Y827TOH	TWM	Y861GCD	B&H
Y737KSC	MCC	Y766TOH	TWM	Y803TOH	TWM	Y828TGH	GAL	Y861TGH	GAL
Y737OBE	TVS	Y767TOH	TWM	Y804DGT	ALN	Y828TOH	TWM	Y862GCD	B&H
Y737TGH	GAL	Y768TOH	TWM	Y804TOH	TWM	Y829NAY	CRG	Y862TGH	GAL
Y737TOH	TWM	Y768TSJ	PSK	Y805DGT	ALN	Y829TGH	GAL	Y863GCD	B&H
Y738TGH	GAL	Y769TOH	TWM	Y805TGH	GAL	Y829TOH	TWM	Y863TGH	GAL
Y738TOH	TWM	Y771TOH	TWM	Y805TOH	TWM	Y831TGH	GAL	Y864GCD	B&H
Y739TGH	GAL	Y772TOH	TWM	Y805UDT	CML	Y831TOH	TWM	Y864KTF	ABS
Y739TOH	TWM	Y773OEE	SUT	Y805YBC	POW	Y832HHE	HUT	Y864TGH	GAL
Y741DDA	ABI	Y773TOH	TWM	Y806DGT	ALN	Y832TGH	GAL	Y865GCD	B&H
Y741TGH	GAL	Y774TNC	FSY	Y806TGH	GAL	Y833NAY	GLC	Y865TGH	GAL
Y741TOH	TWM	Y774TOH	TWM	Y806TOH	TWM	Y833TGH	GAL	Y866GCD	B&H
Y742TGH	GAL	Y776TOH	TWM	Y807TOH	TWM	Y833TOH	TWM	Y866TGH	GAL
Y742TOH	TWM	Y777EMH	HOR	Y807YBC	JEF	Y834TGH	SPS	Y867GCD	B&H
Y743HKY	GOL	Y777GSM	ATF	Y808MFT	GON	Y834TOH	TWM	Y867PWT	TMH
Y743TGH	GAL	Y778TOH	TWM	Y808TGH	GAL	Y835TGH	FSR	Y868GCD	B&H
Y743TOH	TWM	Y779TOH	TWM	Y808TOH	TWM	Y835XAO	KIC	Y869GCD	B&H
Y743XHG	GSA	Y781MFT	SVE	Y809TGH	GAL	Y838TGH	FSR	Y871GCD	B&H
Y744HKY	GOL	Y781TOH	TWM	Y809TOH	TWM	Y839TGH	SPS	Y872GDV	CML
Y744HWT	AAA	Y782MFT	GON	Y809YBC	JEF	Y840TGH	SPS	Y875KDP	ASS
Y744TGH	GAL	Y782TOH	TWM	Y811TGH	GAL	Y841TGH	SPS	Y876PWT	SBL
Y744TOH	TWM	Y783MFT	SVE	Y811TOH	TWM	Y842TGH	GAL	Y877PWT	SBL
Y745TGH	GAL	Y783TOH	TWM	Y812KDP	DOY	Y843GCD	B&H	Y882CGN	CVL
Y745TOH	TWM	Y783WHH	GBC	Y812TGH	GAL	Y843TGH	GAL	Y887LDP	MON
Y746TGH	GAL	Y784MFT	SVE	Y812TOH	TWM	Y844GCD	B&H	Y891HBT	LMS
Y746TOH	TWM	Y784TOH	TWM	Y813TGH	GAL	Y844TGH	GAL	Y892HAE	EDE
Y747HWT	STE	Y784WHH	CUB	Y813TOH	TWM	Y845GCD	B&H	Y893TYS	PAR

Y896GDV	HOM	Y965RKW	BDC	YA05SOU	FWE	YC02DJE	HUY	YD02PZO	GWM
Y901KND	FNW	Y966DRC	NCT	YA10CFX	D&E	YC02DJK	NHC	YD02RBX	KLI
Y901OTL	SEMS	Y966PHL	SYOR	YA53ZFF	TRX	YC02DOE	ICS	YD02RBY	DCA
Y902KND	FNW	Y967LRC	TBB	YA53ZFG	TBA	YC03HNY	HKW	YD02RBZ	HBC
Y902OTL	SEMS	Y967PHL	WK	YA54WBK	FWE	YC51GZW	BEW	YD02RCX	CLA
Y903KND	FNW	Y967TGH	GAL	YA54WBL	FWE	YC51GZX	BEW	YD02RCY	CLA
Y904KND	FNW	Y968LRC	TBB	YA54WBN	FWE	YC51HAE	SIL	YD02RCZ	CLA
Y904XFR	BEE	Y968TGH	GAL	YA54WBO	FWE	YC51HAO	SIL	YD02RDY	LSK
Y905KND	FNW	Y969TGH	GAL	YA54YBF	WHE	YC51HAO	JMC	YD02RHY	JOH
Y907TGH	GAL	Y971TGH	GAL	YAF151A	HPC	YC51LXX	HAD	YD02RHZ	JOH
Y908TGH	GAL	Y972GPN	WXC	YAF624	LWS	YC51LXY	HAD	YD02RJJ	AYO
Y909TGH	GAL	Y972TGH	GAL	YAF872	RNC	YC51LXZ	HAD	YD02RJO	AYO
Y918UKR	KCC	Y973GPN	WXC	YAJ154Y	MCD	YC51LYA	HAD	YD02RJX	GSN
Y922DCY	CCO	Y973TGH	GAL	YAN815T	CPE	YC51LYD	HAD	YD02UMU	TDE
Y922UKR	SCC	Y974TGH	GAL	YAP104	EDW	YC53MXM	HAD	YD02UMV	TDE
Y924SVV	CCI	Y975FEL	W&D	YAY537	HEY	YC53MXN	HAD	YD02UMW	TDE
Y926ERG	GON	Y975TGH	GAL	YAZ150	GRD	YC53MXO	HAD	YD02UMX	TOP
Y926OJL	SEMS	Y976TGH	GAL	YAZ4111	AUD	YC53MXP	HAD	YD02UMY	TDE
Y927ERG	GON	Y977TGH	GAL	YAZ4142	KIE	YC53MXR	HAD	YD02UMZ	TDE
Y928ERG	GON	Y978TGH	GAL	YAZ4143	KIE	YC53MXT	HAD	YD02UNB	TDE
Y929ERG	GON	Y979TGH	GAL	YAZ6391	S&D	YC53MXU	HAD	YD08UVT	AMV
Y931ERG	GON	Y979TOJ	HZU	YAZ6392	CRG	YC53MXV	HAD	YD52JAO	COM
Y932ERG	GON	Y981TGH	GAL	YAZ6510	BCD	YC53MXW	HAD	YD52RLY	ING
Y932GDV	RID	Y981TOJ	HZU	YAZ8643	EDW	YC53MXX	HAD	YD52RNA	IVD
Y932NLP	FLN	Y982TGH	GAL	YAZ8644	EDW	YC53MXY	HAD	YD52YPV	GSF
Y933ERG	GON	Y982TOJ	HZU	YAZ8645	EDW	YCT187	YCT	YD55GZO	CUI
Y933NLP	FLN	Y983TGH	GAL	YAZ8646	EDW	YCT463	SLE	YDB201	NSC
Y934ERG	GON	Y984NLP	FLN	YAZ8647	EDW	YCT502	YCT	YDE350	RBC
Y934NLP	FLN	Y984TGH	GAL	YAZ8744	HFX	YCX320	DPC	YDG429S	SFI
Y935ERG	GON	Y984TOJ	HZU	YAZ8773	KIE	YCZ494	CSY	YDL435	CRL
Y936ERG	GON	Y984XEC	TTC	YAZ8774	KIE	YCZ2348	MKS	YDL676T	JBT
Y937CSF	FSY	Y985NLP	FLN	YAZ9920	EUR	YCZ4486	BUT	YDN504	MUS
Y938CSF	FSA	Y985TGH	GAL	YB06JON	PRN	YCZ4809	CSY	YDO823	FOW
Y939CSF	FSA	Y985TOJ	HZU	YB06VOK	VTE	YCZ4812	CSY	YDR224	WGW
Y941CSF	FNW	Y986NLP	FLN	YB06VOM	VTE	YCZ4813	FAI	YDX105Y	CCB
Y942CSF	FNW	Y986TGH	GAL	YBK337V	SUN	YCZ4814	CSY	YDZ2082	TAT
Y942GEU	SUT	Y986TOJ	HZU	YBK343V	SUN	YCZ8701	FCT	YDZ3458	RML
Y943CSF	FSY	Y987HET	JBR	YBL526	MOA	YCZ8751	K&J	YDZ3567	COO
Y943KVY	VIP	Y987NLP	FLN	YBZ818	SREN	YD02PXA	JOH	YE03VSK	CNS
Y944CSF	FSY	Y987TGH	GAL	YBZ3260	TAP	YD02PXB	JOH	YE03VSP	BOU
Y945CSF	FSY	Y987TOJ	HZU	YBZ9558	ARL	YD02PXC	ZCR	YE03VTG	GVE
Y946CSF	FSY	Y988NLP	FLN	YC02CFJ	NHC	YD02PXE	ING	YE03VTK	KCS
Y947CSF	FSA	Y988TGH	GAL	YC02CFK	NHC	YD02PXK	RWL	YE06HNT	ATS
Y948CSF	FSY	Y988TOJ	HZU	YC02CFL	NHC	YD02PXP	JOH	YE06HNU	ATS
Y949CSF	FSY	Y989NLP	FLN	YC02CFM	NHC	YD02PXS	DOL	YE06HPA	ATS
Y949RTD	FG	Y989TGH	GAL	YC02CFO	NHC	YD02PXU	P&E	YE06HPC	ATS
Y949YAV	ING	Y989TOJ	HZU	YC02CFP	NHC	YD02PXW	AYO	YE06HPF	ATS
Y951CSF	FNW	Y991NLP	FLN	YC02CFU	NHC	YD02PXX	AYO	YE06HPJ	ATS
Y951XRN	SYOR	Y991TOJ	HZU	YC02CFV	NHC	YD02PXY	AYO	YE06HPK	ATS
Y952CSF	FSY	Y992NLP	FLN	YC02CFX	NHC	YD02PXZ	AYO	YE06HPL	ATS
Y952XRN	SYOR	Y992OCT	PPH	YC02CHD	CYM	YD02PYU	AYO	YE06HPN	ATS
Y953CSF	FSY	Y993NLP	FLN	YC02DFJ	NHC	YD02PYV	AYO	YE06HPO	ATS
Y953LRC	TBB	Y993OCT	EXL	YC02DFK	NHC	YD02PYW	AYO	YE06HPP	ATS
Y954LRC	TBB	Y994NLP	FLN	YC02DFL	NHC	YD02PYX	AYO	YE06HPU	ATS
Y956GFG	KCC	Y995NLP	FLN	YC02DFN	NHC	YD02PYY	AYO	YE06HPX	ASC
Y961VOP	BEL	Y995TOJ	J&B	YC02DFP	NHC	YD02PYZ	AYO	YE06HPY	ASC
Y961XBU	FNW	Y996NLP	FLN	YC02DFV	NHC	YD02PZJ	GWM	YE06HPZ	ASC
Y962KRX	CAR	Y997NLP	FLN	YC02DFX	NHC	YD02PZK	GWM	YE06HRA	ATS
Y962LRC	TBB	Y998NLP	FLN	YC02DHO	B&J	YD02PZL	GWM	YE06HRC	ATS
Y962WAO	TIT	Y998OCT	BCR	YC02DHV	APE	YD02PZM	GWM	YE06HRD	ATS
Y962XBU	FNW	YA05SOJ	FWE	YC02DHZ	SMP	YD02PZN	GWM	YE06HRF	ATS

YE06HRG	ATS	YF02SKX	SLA	YG02FVZ	IBL	YG52LGA	SCC	YIL2041	WTB
YE06HRJ	ATS	YF02SKZ	SLA	YG02FWA	ABF	YG52SVW	ASD	YIL3144	JEB
YE06HRX	KLI	YF02XVV	ZCR	YG02FWC	ABF	YG52XGO	CMH	YIL3159	VTC
YE08EBA	GIB	YF02XVW	CKC	YG02FWD	REA	YG55RRT	STB	YIL3167	SUM
YE08EBC	GIB	YF02XVX	HIL	YG02FWE	NOG	YG58AGO	DAN	YIL3191	CWL
YE08EBD	GIB	YF03AGC	LOG	YG02FWF	EXL	YH51CNJ	JSS	YIL3195	EMB
YE08EBF	GIB	YF08NWD	AMV	YG02FWL	MOS	YH53GHO	LLM	YIL3202	ABY
YE08EBG	GIB	YF52TTY	HAT	YG02GEH	CNC	YH59JKK	ZDO	YIL3203	WIR
YE08EBJ	GIB	YF53EWC	FAS	YG52BSY	TDT	YHA320	BAY	YIL3205	SFU
YE08EZF	WA	YF55YFZ	WA	YG52CDZ	SBM	YHY582J	NSC	YIL3219	EMB
YE08EZG	WA	YF56OXF	OBC	YG52CEF	SBM	YIB827	SHA	YIL3960	WID
YE08EZH	WA	YFB973V	GEL	YG52CEJ	SBM	YIB2397	WLA	YIL3961	WID
YE08EZJ	WA	YFJ68X	AON	YG52CEK	SBM	YIB3551	EUR	YIL3963	HOW
YE08EZK	WA	YFS438	MOA	YG52CEN	SBM	YIB7538	EUR	YIL3964	WID
YE52FGU	EPS	YFU846	WBR	YG52CFA	AYO	YIB7539	ROI	YIL3965	GPT
YE52FGV	KCC	YG02DGY	FYO	YG52CFD	AYO	YIC588	JGL	YIL4029	WTB
YE52FGX	CYC	YG02DGZ	FYO	YG52CFE	AYO	YIJ351	SAW	YIL4360	WA
YE52FGZ	WHT	YG02DHA	FWE	YG52CFF	AYO	YIJ3053	KOA	YIL4376	JEB
YE52FHA	SBL	YG02DHC	FYO	YG52CFJ	AYO	YIL1123	CUM	YIL4388	ZBF
YE52FHD	SHB	YG02DHD	FWE	YG52CFK	AYO	YIL1194	LMC	YIL4412	CUM
YE52FHF	NOG	YG02DHE	FWE	YG52CFL	AYO	YIL1195	PBU	YIL4417	EUT
YE52FHG	NOG	YG02DHF	FWE	YG52CFM	AYO	YIL1196	FCA	YIL4419	TIV
YE52FHH	EPS	YG02DHJ	FYO	YG52CFN	AYO	YIL1197	WID	YIL4432	KAD
YE52FHJ	EPS	YG02DHK	FYO	YG52CFO	AYO	YIL1201	EVC	YIL4475	PEN
YE52FHK	EPS	YG02DHL	FWE	YG52CFP	AYO	YIL1202	MIM	YIL4476	PEN
YE52FHL	EPS	YG02DHM	FWE	YG52CFU	AYO	YIL1204	NEF	YIL4547	JEB
YE52FHM	EPS	YG02DHN	FWE	YG52CFV	AYO	YIL1206	GEC	YIL5456	MUN
YE52FHN	EPS	YG02DHO	FWE	YG52CFX	AYO	YIL1207	GEC	YIL5494	JEB
YE52FHO	EPS	YG02DHP	FSA	YG52CFY	JFS	YIL1208	GEC	YIL5542	FRC
YE52FHP	EPS	YG02DHU	FYO	YG52CGE	GEL	YIL1223	CRN	YIL5543	FRC
YE52FHR	EPS	YG02DHV	FWE	YG52CGY	HYT	YIL1224	CRN	YIL5544	CUM
YE52FHS	EPS	YG02DHX	FSY	YG52CGZ	HYT	YIL1225	CRN	YIL5883	WHE
YE52KPK	TRW	YG02DHY	FSA	YG52CJX	TIV	YIL1226	CRN	YIL5906	HTT
YE52KPP	TRW	YG02DJY	FCY	YG52CKE	EOB	YIL1227	CRN	YIL5925	ZEP
YE52KPR	HDG	YG02DJZ	FCY	YG52CLO	SBM	YIL1228	BRC	YIL5927	HTT
YE52KPT	STP	YG02DKO	FSA	YG52CLV	SBM	YIL1229	CRN	YIL6138	BEW
YE53YCJ	REL	YG02DKU	FSA	YG52CLX	SBM	YIL1230	CRN	YIL6691	GEC
YE55BUS	HAT	YG02DKV	FSA	YG52CLY	SBM	YIL1231	EMB	YIL6802	ARR
YE55BUZ	BUZ	YG02DKX	FSY	YG52CME	SBM	YIL1663	VTC	YIL6980	RDL
YEL4T	SSOU	YG02DKY	FSY	YG52CMF	SBM	YIL1710	CLT	YIL6981	RDL
YER469	RIC	YG02DLD	FSA	YG52CMU	ATS	YIL1720	SBL	YIL6982	RDL
YEV317S	ESB	YG02DLE	FSY	YG52DFX	KLI	YIL1745	ABT	YIL6983	RDL
YEV324S	ESB	YG02DLF	FSY	YG52DFY	WK	YIL1840	HOW	YIL6984	RDL
YEZ2366	MCC	YG02DLJ	FSA	YG52DFZ	WK	YIL1842	ALE	YIL6986	RDL
YEZ2427	MCC	YG02DLK	FSA	YG52DGE	IBL	YIL1843	ZCL	YIL7165	EMB
YEZ2486	MCC	YG02DLN	FYO	YG52DGF	IBL	YIL1847	KCH	YIL7166	EMB
YEZ2505	MCC	YG02DLO	FSA	YG52DGO	IBL	YIL2179	SKC	YIL7182	TOT
YEZ3754	MCC	YG02DLU	FYO	YG52DGU	YCT	YIL2180	JPM	YIL7670	PKS
YEZ5539	MCC	YG02DLV	FDC	YG52DGV	YCT	YIL2250	RID	YIL7712	EAS
YEZ5543	AAT	YG02DLX	FYO	YG52DGX	LUV	YIL2251	BCT	YIL7713	JEF
YEZ5553	AUD	YG02DLY	FSA	YG52DGY	LUV	YIL2267	ELR	YIL7734	CLT
YEZ6561	DAV	YG02DLZ	FSA	YG52DGZ	LUV	YIL2270	BGR	YIL7736	ACE
YEZ6636	LMC	YG02FVP	BLT	YG52DHC	TMH	YIL2271	CTE	YIL7754	JEB
YEZ6670	RNC	YG02FVR	BLT	YG52DHD	COG	YIL2755	AAR	YIL7769	GPT
YEZ6691	SWC	YG02FVS	BLT	YG52DHF	IBL	YIL2756	AAR	YIL7775	STP
YEZ6692	SWC	YG02FVT	BLT	YG52DHL	NOG	YIL2757	AAR	YIL7842	BST
YEZ6693	SWC	YG02FVU	BLT	YG52DHM	WK	YIL2760	SPT	YIL8181	WGW
YEZ6694	SWC	YG02FVV	REA	YG52EVY	JFS	YIL2786	JEB	YIL8185	JEB
YF02SKN	KCC	YG02FVW	REA	YG52GDJ	TDE	YIL2805	GRN	YIL8274	JEB
YF02SKO	BEC	YG02FVX	REA	YG52GDK	TDE	YIL2852	ORJ	YIL8280	FRC
YF02SKV	SDEV	YG02FVY	REA	YG52GDO	TDE	YIL2860	SOK	YIL8340	WA

Reg	Code	Reg	Code	Reg	Code	Reg	Code	Reg	Code
YIL8758	ZCP	YJ03VMZ	NHC	YJ04FYZ	FWE	YJ04LYD	TDE	YJ05KHK	K&D
YIL8759	ZCP	YJ03VNA	NHC	YJ04FZA	FWE	YJ04LYF	K&D	YJ05KHL	K&D
YIL8783	FCA	YJ03VNB	NHC	YJ04FZB	FWE	YJ04LYG	YCO	YJ05KHM	K&D
YIL8799	BLY	YJ03VNC	NHC	YJ04FZC	FWE	YJ04LYH	YCO	YJ05KHO	K&D
YIL8823	PIC	YJ03VND	NHC	YJ04FZD	FWE	YJ04LYK	YCO	YJ05KNV	FWE
YIL8824	CWL	YJ03VNE	NHC	YJ04FZE	FWE	YJ04LYP	TOP	YJ05KNW	FWE
YIL8825	CWL	YJ03VNF	NHC	YJ04FZF	FWE	YJ05FNH	K&D	YJ05KNX	FWE
YIL8826	CWL	YJ03VNG	NHC	YJ04FZG	FWE	YJ05FNK	K&D	YJ05KNY	FWE
YIL9071	BAT	YJ03VNS	NHC	YJ04FZH	FWE	YJ05FNL	K&D	YJ05KNZ	FWE
YIL9117	HFX	YJ03VNV	NHC	YJ04FZK	FWE	YJ05FNM	K&D	YJ05KOB	FWE
YIL9644	FIL	YJ03VOA	NHC	YJ04FZL	FWE	YJ05FNN	K&D	YJ05KOD	FWE
YIL9665	POY	YJ03VOB	NHC	YJ04FZM	FWE	YJ05FNO	K&D	YJ05KOE	FWE
YIL9717	CWL	YJ03VOC	NHC	YJ04FZN	FWE	YJ05FNP	K&D	YJ05KOH	FWE
YIL9843	GPT	YJ03VOD	NHC	YJ04FZP	FWE	YJ05FNR	K&D	YJ05PUX	AMC
YIL9895	TAR	YJ03VOF	NHC	YJ04FZR	FWE	YJ05FNS	K&D	YJ05PVF	WCM
YIW1699	GOP	YJ03VOG	NHC	YJ04FZS	FWE	YJ05FNT	K&D	YJ05PVK	WCM
YIW5773	SOT	YJ03VOH	NHC	YJ04FZT	FWE	YJ05FXC	WED	YJ05PVL	WCM
YIW6260	BBU	YJ03VOK	NHC	YJ04FZU	FWE	YJ05FXE	ZCR	YJ05PVN	JSP
YIW6263	BBU	YJ03VOM	NHC	YJ04FZV	FWE	YJ05FXG	ADT	YJ05PVO	KLI
YIW7510	ELR	YJ03VOP	NHC	YJ04FZX	FWE	YJ05YXG	ZCR	YJ05PVT	ATS
YJ08VOV	SMS	YJ03VOT	SHE	YJ04FZY	FWE	YJ05FXH	GOD	YJ05PVU	WIC
YJ02EGU	AWC	YJ03VOY	SHE	YJ04FZZ	FWE	YJ05FXK	JOH	YJ05PVW	TGM
YJ03GXW	VTC	YJ03VPA	NHC	YJ04GYA	JOH	YJ05FXL	JOH	YJ05PVX	EWY
YJ03GYB	JOH	YJ03WXS	VAW	YJ04GYB	JOH	YJ05FXM	MOX	YJ05PVY	EWY
YJ03GYC	JOH	YJ04BJE	EWY	YJ04GYC	JOH	YJ05FXR	BAR	YJ05PVZ	SEL
YJ03GYD	JOH	YJ04BJF	SEL	YJ04GYD	JOH	YJ05FXU	ZEY	YJ05PWE	SEL
YJ03GYE	JOH	YJ04BJK	EWY	YJ04GYH	END	YJ05JWC	ROS	YJ05PWF	SEL
YJ03GYF	ANS	YJ04BKF	ATS	YJ04GYP	BOU	YJ05JWD	ROS	YJ05PWL	ING
YJ03GYG	CKC	YJ04BKG	GEL	YJ04GYR	ZEY	YJ05JWE	ROS	YJ05PWU	WCM
YJ03PDY	KLI	YJ04BKK	GEL	YJ04GYS	JSP	YJ05JWF	ROS	YJ05PXA	KON
YJ03PFF	JFS	YJ04BMV	KIE	YJ04GYX	CKC	YJ05JWG	ROS	YJ05PXB	KON
YJ03PFG	JFS	YJ04BNL	GRW	YJ04HHB	SEL	YJ05JWY	LLM	YJ05PXC	KON
YJ03PFX	ATS	YJ04BNM	GRW	YJ04HHC	SEL	YJ05JWK	ROS	YJ05PXD	KON
YJ03PGF	GCB	YJ04BOV	SEL	YJ04HHP	ING	YJ05JWL	ROS	YJ05PXE	KON
YJ03PKA	CLA	YJ04BYB	WHI	YJ04HHT	EDG	YJ05JWM	ROS	YJ05PXF	SEL
YJ03PKV	SAN	YJ04BYC	WST	YJ04HHY	SEL	YJ05JWN	ROS	YJ05PXM	MWM
YJ03PKX	SAN	YJ04BYH	SEL	YJ04HHZ	SEL	YJ05JWO	ROS	YJ05PXN	MWM
YJ03PKY	SAN	YJ04BZD	BCO	YJ04HJC	ASW	YJ05JWP	SLE	YJ05PXT	GWY
YJ03PKZ	NEV	YJ04CCT	GVW	YJ04HJD	ASW	YJ05JWU	SLE	YJ05PYT	OAD
YJ03PMX	SRR	YJ04CPA	HIS	YJ04HJE	ASW	YJ05JWX	SHI	YJ05PYV	DEB
YJ03PPF	SVE	YJ04DFH	VIP	YJ04HJF	ASW	YJ05JWZ	CAE	YJ05PYX	EWY
YJ03PPK	SVE	YJ04FYB	FWE	YJ04HJG	AYO	YJ05JXD	BRY	YJ05PYY	BUT
YJ03PPU	SVE	YJ04FYC	FWE	YJ04HLC	SYOR	YJ05JXE	BRY	YJ05PZA	SAN
YJ03PPV	W&D	YJ04FYD	FWE	YJ04HSD	DEB	YJ05JXF	BRY	YJ05PZC	EDG
YJ03PPX	W&D	YJ04FYE	FWE	YJ04HUP	KLI	YJ05JXG	BRY	YJ05PZE	SAN
YJ03PPY	SEL	YJ04FYF	FWE	YJ04HUU	GCB	YJ05JXH	BRY	YJ05RCX	GLI
YJ03PPZ	SEL	YJ04FYG	FWE	YJ04HVS	KFY	YJ05JXK	BRY	YJ05UKR	RMS
YJ03PSX	EWY	YJ04FYH	FWE	YJ04HVU	KFY	YJ05JXL	BRY	YJ05VUW	FWE
YJ03PSY	EMS	YJ04FYK	FWE	YJ04LXN	K&D	YJ05JXP	WTR	YJ05VUX	FWE
YJ03UML	REA	YJ04FYL	FWE	YJ04LXP	K&D	YJ05JXR	D&G	YJ05VUY	FWE
YJ03UMM	SGC	YJ04FYM	FWE	YJ04LXR	K&D	YJ05JXS	D&G	YJ05VVA	FWE
YJ03VMH	NHC	YJ04FYN	FWE	YJ04LXS	K&D	YJ05JXT	JTK	YJ05VVB	FWE
YJ03VMK	NHC	YJ04FYP	FWE	YJ04LXT	K&D	YJ05JXU	ATS	YJ05VVC	FWE
YJ03VML	NHC	YJ04FYR	FWE	YJ04LXU	K&D	YJ05JXV	ATS	YJ05VVD	FWE
YJ03VMM	NHC	YJ04FYS	FWE	YJ04LXV	K&D	YJ05JXX	JHR	YJ05VVE	FWE
YJ03VMP	NHC	YJ04FYT	FWE	YJ04LXW	K&D	YJ05KHC	K&D	YJ05VVF	FWE
YJ03VMR	NHC	YJ04FYU	FWE	YJ04LXX	K&D	YJ05KHD	K&D	YJ05VVG	FWE
YJ03VMT	NHC	YJ04FYV	FWE	YJ04LXY	K&D	YJ05KHE	K&D	YJ05VVH	FWE
YJ03VMW	NHC	YJ04FYW	FWE	YJ04LXZ	K&D	YJ05KHF	K&D	YJ05VVK	FWE
YJ03VMX	NHC	YJ04FYX	FWE	YJ04LYA	K&D	YJ05KHG	K&D	YJ05VVL	FWE
YJ03VMY	NHC	YJ04FYY	FWE	YJ04LYC	K&D	YJ05KHH	K&D	YJ05VVM	FWE

YJ05VVN FG	YJ05XNY IBL	YJ06HRP HOR	YJ06WWY AYO	YJ06YPY ZBU
YJ05VVO FG	YJ05XOA SHIC	YJ06LCN EOB	YJ06WWZ AYO	YJ06YRA JBT
YJ05VVP FWE	YJ05XOB SHIC	YJ06LCV MWT	YJ06XEK FWE	YJ06YRC VTC
YJ05VVR FWE	YJ05XOC SHIC	YJ06LCW STT	YJ06XEL FWE	YJ06YRD VTC
YJ05VVS FWE	YJ05XOD SHIC	YJ06LCY MWT	YJ06XFR FWE	YJ06YRE TVP
YJ05VVT FWE	YJ05XOE SHIC	YJ06LCZ STT	YJ06XFS FWE	YJ06YRF EAL
YJ05VVU FWE	YJ05XOF SHIC	YJ06LDD WBU	YJ06XKK FWE	YJ06YRG PWW
YJ05VVW FWE	YJ05XOG SHIC	YJ06LDE WBU	YJ06XKL FWE	YJ06YRL VTE
YJ05VVX FWE	YJ05XOH SHIC	YJ06LDF C&S	YJ06XKM FWE	YJ06YRM VTE
YJ05VVY FWE	YJ05XOK SHIC	YJ06LDK ATS	YJ06XKN FWE	YJ06YRN VTE
YJ05VVZ FWE	YJ05XOL SHIC	YJ06LDN JSP	YJ06XKO FWE	YJ06YRO ANW
YJ05VWA FWE	YJ05XOM SHIC	YJ06LDO EWY	YJ06XKP FWE	YJ06YRP ATS
YJ05VWE FWE	YJ05XOO WBH	YJ06LDU GCB	YJ06XKS FWE	YJ06YRR ATS
YJ05VWF FWE	YJ05XOP FHD	YJ06LDV GCB	YJ06XKT FWE	YJ06YRS ATS
YJ05VWG FWE	YJ05XOS WA	YJ06LDX GCB	YJ06XKU FWE	YJ06YRT ATS
YJ05VWH FWE	YJ05XOU WA	YJ06LDZ ING	YJ06XKV FWE	YJ06YRU ATS
YJ05WBY MOS	YJ05XWO CLA	YJ06LEF MWT	YJ06XKW FWE	YJ06YRX VTE
YJ05WCA COG	YJ05XWP GOD	YJ06LEU KCC	YJ06XKX FWE	YJ06YRY ANW
YJ05WCC ANB	YJ05XWV SIM	YJ06LFA KCC	YJ06XKY FWE	YJ06YRZ ANW
YJ05WCD COG	YJ05XWX HIL	YJ06LFE ATS	YJ06XKZ FWE	YJ06YSC WHT
YJ05WCE COG	YJ05XXK DRE	YJ06LFF ATS	YJ06XLA FWE	YJ06YSD WCM
YJ05WCF SSOU	YJ06FXM SGC	YJ06LFG ATS	YJ06XLB FWE	YJ06YSE HVB
YJ05WCG COG	YJ06FXO HQD	YJ06LFH ATS	YJ06XLC FWE	YJ06YSF HVB
YJ05WCK GSR	YJ06FXP BCO	YJ06LFK ATS	YJ06XLD FWE	YJ06YSG HVB
YJ05WCM TYR	YJ06FXR BCO	YJ06LFL ATS	YJ06XLE FWE	YJ06YSH HVB
YJ05WCN TYR	YJ06FXS ATS	YJ06LFM EWY	YJ06XLF FWE	YJ06YSK REB
YJ05WCO KCH	YJ06FXT ATS	YJ06LFN EWY	YJ06XLG FWE	YJ06YSP MOS
YJ05WCP RSL	YJ06FXU ATS	YJ06LFO KLI	YJ06XLH FWE	YJ06YSR SDEV
YJ05WCR RSL	YJ06FXV ATS	YJ06LFS RBC	YJ06XLK FWE	YJ06YSS SDEV
YJ05WCT NIC	YJ06FXW VTC	YJ06LFT WIC	YJ06XLL FWE	YJ06YST PUH
YJ05WCU BUG	YJ06FXY ROY	YJ06LFU WIC	YJ06XLM FWE	YJ06YSU PUH
YJ05WCV BUG	YJ06FXZ HQD	YJ06LFV SEL	YJ06XLN FWE	YJ07DVL SCL
YJ05WCW SBL	YJ06FYB W&D	YJ06LFW HYT	YJ06XLO FWE	YJ07DVN WBB
YJ05WCX DAR	YJ06FYC W&D	YJ06LFX KCC	YJ06XLP FWE	YJ07DVO LTL
YJ05WCY DAR	YJ06FYD W&D	YJ06LFZ ASC	YJ06XLR FWE	YJ07DVR SLK
YJ05WCZ DAR	YJ06FYE W&D	YJ06LGA JFS	YJ06XLS FWE	YJ07DVT BLD
YJ05WDA BCO	YJ06FYS FWE	YJ06LGC EWY	YJ06XLT FWE	YJ07DVV HAT
YJ05WDC ZCE	YJ06FYT FWE	YJ06LGD EWY	YJ06XLU FWE	YJ07DVW BOU
YJ05WDD ZCE	YJ06FYV HBS	YJ06LGE GLI	YJ06XLV FWE	YJ07DVY DUR
YJ05WDE ZCE	YJ06FYW ANW	YJ06TJY CTP	YJ06XLW FWE	YJ07DVZ CWS
YJ05XMR FHD	YJ06FYX SDEV	YJ06TJZ CTP	YJ06XLX FWE	YJ07DWC NOV
YJ05XMT CYC	YJ06FZE WGH	YJ06TLU HAD	YJ06XLY FWE	YJ07DWD NOV
YJ05XMU BCO	YJ06FZK ANG	YJ06VFF CTP	YJ06XLZ FWE	YJ07DWE NOV
YJ05XMV SSOU	YJ06FZL WGH	YJ06WLX AYO	YJ06XMA FWE	YJ07DWF JOH
YJ05XMW SSOU	YJ06FZM WGH	YJ06WLZ AYO	YJ06XMB FWE	YJ07DWG JOH
YJ05XMX A1A	YJ06FZN SDEV	YJ06WMA AYO	YJ06XMC FWE	YJ07DWL OGD
YJ05XMZ CBL	YJ06GKO VTE	YJ06WMC AYO	YJ06XMD FWE	YJ07DWM RSL
YJ05XNA CYC	YJ06GKV CLA	YJ06WMD AYO	YJ06XME FWE	YJ07DWO KCL
YJ05XNB UNO	YJ06GKY ADT	YJ06WME AYO	YJ06XMF FWE	YJ07DWP LCL
YJ05XNC SSOU	YJ06GKZ ADT	YJ06WMF AYO	YJ06XMG FWE	YJ07DWW CTC
YJ05XND SSOU	YJ06GLF DCO	YJ06WMG AYO	YJ06XMH FWE	YJ07DWY ELL
YJ05XNE SSOU	YJ06GLK WBB	YJ06WMK AYO	YJ06XMK FWE	YJ07EFR TBB
YJ05XNF SSOU	YJ06GLY ZEY	YJ06WML AYO	YJ06XML FWE	YJ07EFS TBB
YJ05XNG SSOU	YJ06GLZ ZEY	YJ06WTV FWE	YJ06XMM FWE	YJ07EFT TBB
YJ05XNH SSOU	YJ06GMO OAR	YJ06WTW FWE	YJ06XMO FWE	YJ07EFU TBB
YJ05XNK SSOU	YJ06GMX JSP	YJ06WTX FWE	YJ06XMP FWE	YJ07EFV TBB
YJ05XNP AVD	YJ06GNK KCS	YJ06WTY K&D	YJ06YPP VTE	YJ07EFW TBB
YJ05XNR AVD	YJ06GNN CPE	YJ06WTZ FWE	YJ06YPR VTE	YJ07EFX TBB
YJ05XNS AVD	YJ06GNO CKC	YJ06WUA FWE	YJ06YPT VTE	YJ07EFY VTE
YJ05XNU VTC	YJ06GNP ELC	YJ06WWV AYO	YJ06YPU VTE	YJ07EFZ VTE
YJ05XNX A1A	YJ06HRN HOR	YJ06WWX AYO	YJ06YPV VTE	YJ07EGD WBS

YJ07EGE	NOG	YJ07JVY	ATS	YJ07VRL	JTK	YJ07XMC	CTP	YJ08DWP	HBC
YJ07EGF	NOG	YJ07JVZ	ATS	YJ07VRM	JTK	YJ07XMD	CTP	YJ08DXC	CIC
YJ07EHB	HOU	YJ07JWA	TMH	YJ07VRN	ABK	YJ07XME	CTP	YJ08DXD	CIC
YJ07EHG	JOH	YJ07JWC	KLI	YJ07VRO	JTK	YJ07XMF	CTP	YJ08DXE	CIC
YJ07EHH	JOH	YJ07JWD	JFS	YJ07VRR	STU	YJ07XND	HJC	YJ08DXF	CIC
YJ07EHK	SWC	YJ07JWE	JFS	YJ07VRT	WHT	YJ07XTU	CTP	YJ08DZA	ASC
YJ07EHL	SWC	YJ07JWF	JFS	YJ07VRU	ARM	YJ07XTV	CTP	YJ08DZB	ASC
YJ07EHN	SWC	YJ07JWG	JFS	YJ07VRV	VTE	YJ07XTW	CTP	YJ08DZC	ASC
YJ07EHO	FWE	YJ07JWK	SAN	YJ07VRW	VTE	YJ07XWF	CMB	YJ08DZD	ASC
YJ07EHP	FWE	YJ07JWL	GLI	YJ07VRX	IRB	YJ07XWG	CMB	YJ08DZE	ASC
YJ07EHR	FWE	YJ07JWU	TMH	YJ07VSA	TBB	YJ08BKA	BEC	YJ08DZF	ASC
YJ07EHV	HVB	YJ07JWW	TMH	YJ07VSC	TBB	YJ08CDE	FWE	YJ08DZG	ASC
YJ07EHW	HVB	YJ07LVL	FWE	YJ07VSD	TBB	YJ08CDF	FWE	YJ08DZH	ASC
YJ07EHX	SDEV	YJ07LVM	FWE	YJ07VSE	TBB	YJ08CDK	FWE	YJ08DZK	ASC
YJ07EHZ	ANW	YJ07LVN	FWE	YJ07VSF	TBB	YJ08CDN	FWE	YJ08DZL	ASC
YJ07EJA	BLT	YJ07LVO	FWE	YJ07VSG	TBB	YJ08CDO	FWE	YJ08DZM	ASC
YJ07EJC	BLT	YJ07LVR	FWE	YJ07VSK	TBB	YJ08CDU	FWE	YJ08DZN	ASC
YJ07EJD	BLT	YJ07LVS	FWE	YJ07VSL	TBB	YJ08CDV	FWE	YJ08DZZ	DAR
YJ07EJE	BLT	YJ07LVT	FWE	YJ07VSM	TBB	YJ08CDX	FWE	YJ08EAA	EWY
YJ07EJG	BLT	YJ07LVU	FWE	YJ07VSN	TBB	YJ08CDY	FWE	YJ08EAC	EWY
YJ07EJK	BLT	YJ07LVV	FWE	YJ07VSO	TBB	YJ08CDZ	FWE	YJ08EAE	EWY
YJ07EJL	BLT	YJ07LVW	FWE	YJ07VSP	TBB	YJ08CEA	FWE	YJ08EAF	EWY
YJ07EJN	BLT	YJ07LWC	FWE	YJ07VST	TBB	YJ08CEF	FWE	YJ08EAG	EWY
YJ07JDZ	JFS	YJ07LWD	FWE	YJ07VSV	TBB	YJ08CEK	FWE	YJ08EAK	EWY
YJ07JEO	JSP	YJ07LWE	FWE	YJ07VSX	TBB	YJ08CEN	FWE	YJ08EAM	EWY
YJ07JEU	CET	YJ07LWF	FWE	YJ07VSY	TBB	YJ08CEO	FWE	YJ08EAO	EWY
YJ07JFE	ELL	YJ07OZU	TDE	YJ07VTC	EXL	YJ08CEU	FWE	YJ08EAP	EWY
YJ07JFK	WBU	YJ07OZV	TDE	YJ07VTD	EXL	YJ08CEV	FWE	YJ08EBA	BMC
YJ07JFN	WBU	YJ07OZW	TDE	YJ07VTE	CTP	YJ08CEX	FWE	YJ08EBG	GLI
YJ07JFV	SAN	YJ07OZX	TDE	YJ07VTF	CTP	YJ08CEY	FWE	YJ08EBP	PRO
YJ07JFY	UKP	YJ07PAO	TDE	YJ07VTG	BLA	YJ08CFA	FWE	YJ08EBZ	BEE
YJ07JHE	EWY	YJ07PBF	TDE	YJ07VTK	BLA	YJ08CFD	FWE	YJ08ECX	BMC
YJ07JHF	EWY	YJ07PBO	TDE	YJ07VTL	TLC	YJ08CFE	FWE	YJ08ECY	AYO
YJ07JHH	TGM	YJ07PBU	TDE	YJ07VTM	TLC	YJ08DGY	SEL	YJ08EEB	AYO
YJ07JJO	WXC	YJ07PBV	TDE	YJ07VTN	TLC	YJ08DHF	SEL	YJ08EEF	AYO
YJ07JJU	WXC	YJ07PBX	TDE	YJ07VXR	CTP	YJ08DKN	UKP	YJ08EEG	AYO
YJ07JJV	EWY	YJ07PBY	TDE	YJ07VXS	CTP	YJ08DKX	ZBF	YJ08EEH	AYO
YJ07JLU	KLI	YJ07PBZ	TDE	YJ07VXT	CTP	YJ08DKY	OGD	YJ08EEM	AYO
YJ07JNN	TMH	YJ07PCF	TDE	YJ07VXU	CTP	YJ08DLD	BMC	YJ08EEN	AYO
YJ07JNO	SAN	YJ07PCO	TDE	YJ07VZT	CTP	YJ08DLE	RBC	YJ08EEP	AYO
YJ07JPV	SAN	YJ07PCU	TDE	YJ07VZU	CTP	YJ08DLF	TJH	YJ08EER	AYO
YJ07JPY	JSP	YJ07PCV	TDE	YJ07VZV	CTP	YJ08DUA	GEL	YJ08EES	AYO
YJ07JRV	WXC	YJ07PCX	TDE	YJ07VZX	CTP	YJ08DUU	GEL	YJ08EET	AYO
YJ07JSU	ASW	YJ07PCY	TDE	YJ07VZY	CTP	YJ08DVA	AYO	YJ08EEU	AYO
YJ07JSV	ASW	YJ07PCZ	TDE	YJ07WBK	CMB	YJ08DVB	AYO	YJ08EEV	AYO
YJ07JSX	ASW	YJ07PDK	TDE	YJ07WBL	CMB	YJ08DVC	AYO	YJ08EEW	AYO
YJ07JSY	ASW	YJ07PDO	TDE	YJ07WFM	FHD	YJ08DVF	AYO	YJ08EEY	GWY
YJ07JSZ	ASW	YJ07PDU	TDE	YJ07WFN	FHD	YJ08DVG	AYO	YJ08EFL	FBS
YJ07JTX	SBM	YJ07PDV	TDE	YJ07WFO	FHD	YJ08DVH	AYO	YJ08EFS	JFS
YJ07JTY	SBM	YJ07PDX	TDE	YJ07WFP	FHD	YJ08DVK	AYO	YJ08EFT	ZCO
YJ07JUA	BSK	YJ07PUU	LCT	YJ07WFR	FDC	YJ08DVN	AYO	YJ08EFW	JFS
YJ07JUU	CTM	YJ07UOG	WBH	YJ07WFS	FDC	YJ08DVO	AYO	YJ08EGC	EOB
YJ07JVC	TMH	YJ07VPW	ATS	YJ07WFT	FDC	YJ08DVP	AYO	YJ08GVE	FWE
YJ07JVE	TMH	YJ07VPX	ATS	YJ07WFU	FDC	YJ08DVR	AYO	YJ08GVF	FWE
YJ07JVF	ATS	YJ07VPY	ATS	YJ07WFV	FDC	YJ08DVT	AYO	YJ08GVG	FWE
YJ07JVL	KLI	YJ07VRC	ATS	YJ07WFW	FWE	YJ08DVU	AYO	YJ08GVK	FWE
YJ07JVM	KLI	YJ07VRD	ATS	YJ07WFX	FWE	YJ08DWK	HBC	YJ08GVL	FWE
YJ07JVU	ATS	YJ07VRE	ATS	YJ07WFY	FWE	YJ08DWL	HBC	YJ08GVM	FWE
YJ07JVV	ATS	YJ07VRF	ATS	YJ07WFZ	FWE	YJ08DWM	HBC	YJ08GVN	FWE
YJ07JVW	ATS	YJ07VRG	AIP	YJ07WGA	FWE	YJ08DWN	HBC	YJ08GVO	FWE
YJ07JVX	ATS	YJ07VRK	HVB	YJ07XMB	FWE	YJ08DWO	HBC	YJ08GVP	FWE

YJ08GVR	FWE	YJ08PHK	HVB	YJ08ZGM	FYO	YJ09EXW	RBC	YJ09FWA	FYO
YJ08GVT	FWE	YJ08PHN	WCO	YJ08ZGN	FYO	YJ09EXX	RBC	YJ09FWB	FWE
YJ08GVU	FWE	YJ08PHO	WCO	YJ08ZGO	FYO	YJ09EXZ	RBC	YJ09FWC	FWE
YJ08GVV	FWE	YJ08PHV	BRY	YJ08ZGP	FYO	YJ09EYA	AYO	YJ09FWD	FNW
YJ08GVW	FWE	YJ08PHX	BRY	YJ09CPF	KCC	YJ09EYB	AYO	YJ09FWE	FNW
YJ08GVX	FWE	YJ08PHY	BRY	YJ09CSU	AYO	YJ09EYC	AYO	YJ09FWF	FNW
YJ08GVY	FWE	YJ08PHZ	POL	YJ09CSX	PAL	YJ09EYF	AYO	YJ09FWG	FNW
YJ08GVZ	FWE	YJ08PKA	HVB	YJ09CTE	WBU	YJ09EYG	AYO	YJ09FWH	FNW
YJ08GWA	FWE	YJ08PKK	NPT	YJ09CTU	BEH	YJ09EYH	AYO	YJ09FWK	FNW
YJ08GWC	FWE	YJ08PKN	NPT	YJ09CTV	AYO	YJ09EYK	AYO	YJ09FWL	FWE
YJ08GWD	FWE	YJ08PKO	NPT	YJ09CTX	AYO	YJ09EYL	AYO	YJ09FWM	FWE
YJ08GWE	FWE	YJ08PKV	HVB	YJ09CTY	AYO	YJ09EYM	AYO	YJ09FWN	FWE
YJ08GWF	FWE	YJ08PKX	TOP	YJ09CTZ	AYO	YJ09EYO	AYO	YJ09FWO	FWE
YJ08GWG	FWE	YJ08PKY	TOP	YJ09CUA	AYO	YJ09EYP	AYO	YJ09FWP	FWE
YJ08GWK	FWE	YJ08PKZ	TOP	YJ09CUC	AYO	YJ09EYR	AYO	YJ09FWR	FWE
YJ08GWL	FWE	YJ08VOY	ELL	YJ09CUG	AYO	YJ09EYS	AYO	YJ09FWS	FWE
YJ08GWM	FWE	YJ08VPD	NOV	YJ09CUH	AYO	YJ09EYT	TDL	YJ09FWT	FWE
YJ08GWN	FWE	YJ08VPR	RSL	YJ09CUK	AYO	YJ09EYU	TDL	YJ09FWU	FWE
YJ08GWO	FWE	YJ08XBD	ANE	YJ09CUO	AYO	YJ09EYV	TDL	YJ09FWV	FSY
YJ08GWP	FWE	YJ08XBE	ANE	YJ09CUU	BMC	YJ09EYW	TDL	YJ09FWW	FSY
YJ08GWU	FWE	YJ08XBF	ANE	YJ09CUV	ASW	YJ09EYX	TDL	YJ09FWX	FSY
YJ08GWV	FWE	YJ08XBG	ANE	YJ09CUW	ASW	YJ09EYY	TDL	YJ09FWY	FSY
YJ08GWW	FWE	YJ08XBH	ANE	YJ09CUX	ASW	YJ09EYZ	TDL	YJ09FWZ	FWE
YJ08GWX	FWE	YJ08XBK	ANE	YJ09CUY	AYO	YJ09EZA	TDL	YJ09FXA	FWE
YJ08GWY	FWE	YJ08XBL	ANE	YJ09CVA	AYO	YJ09EZB	TDL	YJ09FXB	FWE
YJ08NRY	GSN	YJ08XBM	ANE	YJ09CVB	AYO	YJ09EZC	TDL	YJ09FXC	FWE
YJ08NRZ	HTT	YJ08XBN	ANE	YJ09CVC	AYO	YJ09EZD	TDL	YJ09FXD	FWE
YJ08NSF	CLA	YJ08XBO	ANE	YJ09CVD	AYO	YJ09EZE	TDL	YJ09FXE	FWE
YJ08NSK	PAT	YJ08XBP	ANE	YJ09CVE	AYO	YJ09EZF	TDL	YJ09FXF	FWE
YJ08NSN	RHT	YJ08XBR	ANE	YJ09CVF	JFS	YJ09EZG	POL	YJ09FXG	FWE
YJ08NSO	REI	YJ08XBS	ANE	YJ09CVG	CIC	YJ09EZH	GHA	YJ09FXH	FSY
YJ08NSU	LAL	YJ08XBT	ANE	YJ09CVH	ASW	YJ09EZK	GHA	YJ09HRC	HVB
YJ08NSZ	LEE	YJ08XBU	ANE	YJ09CVK	ASW	YJ09EZL	WK	YJ09HRD	HVB
YJ08NTC	KCL	YJ08XBV	ANE	YJ09CVL	ASW	YJ09EZM	WK	YJ09HRE	HVB
YJ08NTD	NOV	YJ08XBW	ANE	YJ09CVM	ASW	YJ09EZN	WK	YJ09KZN	TLC
YJ08NTE	HAP	YJ08XBY	ANE	YJ09CVN	ASW	YJ09EZO	WK	YJ09KZO	TLC
YJ08NTF	HAP	YJ08XCN	FWE	YJ09CVO	ASW	YJ09EZP	WK	YJ09KZP	TLC
YJ08NTG	KCS	YJ08XCO	FWE	YJ09CVR	ASW	YJ09EZR	JOH	YJ09KZR	TLC
YJ08NTL	PIT	YJ08XCP	FWE	YJ09CVV	BMC	YJ09EZU	NOG	YJ09KZT	CTP
YJ08NTN	ELL	YJ08XCR	FWE	YJ09CWC	WBU	YJ09EZZ	NOG	YJ09KZU	TLC
YJ08NTO	PIT	YJ08XCS	FWE	YJ09CWF	JFS	YJ09FHM	CLA	YJ09KZV	TLC
YJ08NTX	PIT	YJ08XDH	HAC	YJ09CWM	BMC	YJ09FHN	WBB	YJ09KZW	TLC
YJ08NTY	PIT	YJ08XDK	ATS	YJ09CWR	RBC	YJ09FHP	KMM	YJ09KZX	CTP
YJ08NUA	ELL	YJ08XXW	FYO	YJ09CWW	EWY	YJ09FHR	ZEY	YJ09LBA	NOG
YJ08NUB	ELL	YJ08XYB	FYO	YJ09CWX	BIB	YJ09FHS	ZEY	YJ09LBE	NOG
YJ08NUC	ELL	YJ08XYC	FYO	YJ09CWY	BIB	YJ09FHT	SLK	YJ09LBF	NOG
YJ08PFA	BLT	YJ08XYD	FYO	YJ09CXA	BMC	YJ09FHV	SCL	YJ09LBG	NOG
YJ08PFD	BLT	YJ08XYE	FYO	YJ09CXC	WBU	YJ09FHX	REI	YJ09LBK	ARM
YJ08PFE	BLT	YJ08XYF	FYO	YJ09CXL	ATS	YJ09FHY	REI	YJ09LBL	ARM
YJ08PFF	BLT	YJ08XYG	FYO	YJ09CXR	RBC	YJ09FHZ	JBT	YJ09LBN	ARM
YJ08PFG	BLT	YJ08XYH	FYO	YJ09CXX	EWY	YJ09FJF	PIT	YJ09MHK	EPS
YJ08PFK	BLT	YJ08XYK	FYO	YJ09CYC	WBU	YJ09FVE	FWE	YJ09MHL	EPS
YJ08PFN	TMH	YJ08XYL	FYO	YJ09CYG	GLI	YJ09FVF	FWE	YJ09MHM	EPS
YJ08PFU	DAR	YJ08XYM	FYO	YJ09CYH	ZCO	YJ09FVG	FWE	YJ09MHN	EPS
YJ08PFV	DAR	YJ08XYN	FYO	YJ09CYY	EWY	YJ09FVH	FWE	YJ09MHO	EPS
YJ08PGE	HVB	YJ08XYO	FYO	YJ09CZG	GOG	YJ09FVK	FWE	YJ09MHU	EPS
YJ08PGO	LON	YJ08XYP	FYO	YJ09CZY	CIC	YJ09FVL	FWE	YJ09MHV	EPS
YJ08PGU	CYC	YJ08XYR	FYO	YJ09CZZ	CAV	YJ09FVM	FWE	YJ09MHX	EPS
YJ08PGV	CYC	YJ08XYS	FYO	YJ09EVJ	HVB	YJ09FVN	FWE	YJ09MHY	KON
YJ08PGX	JOH	YJ08XYT	FYO	YJ09EVL	HVB	YJ09FVO	FWE	YJ09MHZ	KON
YJ08PGY	JOH	YJ08ZGL	FYO	YJ09EXV	ATF	YJ09FVP	FWE	YJ09MJE	ARM

YJ09MJF	ARM	YJ09OAC	FWE	YJ09OUP	SHB	YJ10EYZ	ACH	YJ10MGO	APS
YJ09MJK	ARM	YJ09OAD	FWE	YJ09OUV	IRB	YJ10EZB	JOH	YJ10MGX	HVB
YJ09MJO	HBC	YJ09OAE	FWE	YJ09PBF	RMS	YJ10EZC	CBN	YJ10MGY	SWC
YJ09MJU	KLI	YJ09OAG	FWE	YJ10DCV	BMC	YJ10EZD	CBN	YJ10MGZ	SWC
YJ09MJV	ARM	YJ09OAH	FWE	YJ10DCX	BMC	YJ10EZE	CBN	YJ10MHA	JOH
YJ09MJX	ARM	YJ09OAL	FWE	YJ10DDN	WBU	YJ10EZF	HBC	YJ10MHF	GMC
YJ09MJY	ARM	YJ09OAM	FWE	YJ10DDO	WBU	YJ10EZG	HBC	YJ10MHL	GRL
YJ09MKC	ARM	YJ09OAN	FWE	YJ10DFD	EWY	YJ10EZH	HBC	YJ10MHN	GSR
YJ09MKD	ARM	YJ09OAO	FWE	YJ10DFE	EWY	YJ10EZK	HBC	YJ10OAA	KIN
YJ09MKE	ARM	YJ09OAP	FWE	YJ10DFF	EWY	YJ10EZT	SGC	YJ10OAB	KIN
YJ09MKF	ARM	YJ09OAS	FWE	YJ10DFG	EWY	YJ10EZX	CYC	YJ10OAC	KIN
YJ09MKG	ARM	YJ09OAU	FWE	YJ10DFP	ANE	YJ10FXW	PBU	YJ10OAD	KIN
YJ09MKK	ARM	YJ09OAV	FWE	YJ10DFU	ANE	YJ10JYC	JOH	YJ10OAE	KIN
YJ09MKL	ARM	YJ09OAW	FWE	YJ10DFV	ANE	YJ10JYD	JOH	YJ51EKA	GWM
YJ09MKM	ARM	YJ09OAX	FWE	YJ10DFX	ANE	YJ10JYE	JOH	YJ51EKB	GWM
YJ09MKN	ARM	YJ09OAY	FWE	YJ10DHC	ANE	YJ10JYF	JOH	YJ51EKC	GWM
YJ09MKO	ARM	YJ09OAZ	FWE	YJ10DHD	ANE	YJ10JYG	BSG	YJ51EKD	GWM
YJ09MKP	ARM	YJ09OBA	FWE	YJ10DHE	ANE	YJ10JYH	BSG	YJ51EKE	GWM
YJ09MKU	ARM	YJ09OBB	FWE	YJ10DHF	ANE	YJ10JYL	RSL	YJ51EKF	GWM
YJ09MKV	ARM	YJ09OBC	FWE	YJ10DHG	ANE	YJ10JYN	PIT	YJ51EKG	GWM
YJ09MKX	ARM	YJ09OBD	FWE	YJ10DHK	ANE	YJ10JYO	PIT	YJ51EKH	GWM
YJ09MKZ	ARM	YJ09OBE	FWE	YJ10DHL	ANE	YJ10JYP	PIT	YJ51EKK	JBT
YJ09MLE	ARM	YJ09OBF	FWE	YJ10DHM	ANE	YJ10JYR	PIT	YJ51EKM	GWM
YJ09MLF	ARM	YJ09OBG	FWE	YJ10DHX	CLA	YJ10JYS	PIT	YJ51EKO	IRB
YJ09MLK	ARM	YJ09OBH	FWE	YJ10DJZ	CTT	YJ10JYT	KMM	YJ51EKP	IRB
YJ09MLL	ARM	YJ09OBK	FWE	YJ10DKF	JFS	YJ10JYU	EXA	YJ51EKY	SEL
YJ09MLN	ARM	YJ09OBL	FWE	YJ10DKV	LIT	YJ10JYV	EXA	YJ51EKZ	SEL
YJ09MLO	ARM	YJ09OBM	FWE	YJ10DKY	CRK	YJ10JYW	REI	YJ51ELU	FWY
YJ09MLV	ARM	YJ09OBN	FWE	YJ10DLF	CTT	YJ10JYX	REI	YJ51ELX	TYB
YJ09MLX	ARM	YJ09OBO	FWE	YJ10DLK	CTT	YJ10JYY	NOV	YJ51ENC	SRR
YJ09MLY	ARM	YJ09OBP	FWE	YJ10DPY	JSP	YJ10JYZ	HSL	YJ51ENE	D&G
YJ09MLZ	ARM	YJ09OBR	FWE	YJ10DSE	GLI	YJ10JZA	PRO	YJ51ENO	FWY
YJ09MMA	ARM	YJ09OBS	FWE	YJ10DTF	FWE	YJ10JZC	ELC	YJ51ENU	FWY
YJ09MME	ARM	YJ09OBT	FWE	YJ10DUH	CAV	YJ10JZD	LYL	YJ51JWW	CSC
YJ09MMF	ARM	YJ09OBU	FWE	YJ10DUU	CAV	YJ10JZE	SSV	YJ51JWX	KCC
YJ09MMK	ASC	YJ09OBV	FWE	YJ10DUV	CAV	YJ10JZF	RHT	YJ51JWY	HFL
YJ09MMO	ASC	YJ09OBW	FWE	YJ10DUY	CAV	YJ10LYX	WBH	YJ51JWZ	HFL
YJ09MMU	ASC	YJ09OBX	FWE	YJ10DVA	CAV	YJ10LZU	LJL	YJ51JXA	BAW
YJ09NYA	FWE	YJ09OBY	FWE	YJ10DVB	CAV	YJ10LZV	ATS	YJ51JXB	BAW
YJ09NYB	FWE	YJ09OBZ	FWE	YJ10DVC	CAV	YJ10MBO	HEY	YJ51JXC	BAW
YJ09NYC	FWE	YJ09OCB	FWE	YJ10DVF	CAV	YJ10MBU	HEY	YJ51JXD	BAW
YJ09NYD	FWE	YJ09OCC	FWE	YJ10EXS	CYC	YJ10MBV	CYC	YJ51JXE	BAW
YJ09NYF	FWE	YJ09OCD	FWE	YJ10EXT	CYC	YJ10MBX	CYC	YJ51JXF	BAW
YJ09NYG	FWE	YJ09OCE	FWE	YJ10EXU	SIL	YJ10MBY	FHT	YJ51NXK	RMS
YJ09NYH	FWE	YJ09OCF	FWE	YJ10EXV	SIL	YJ10MDE	TYB	YJ51OJT	ZDE
YJ09NYK	FWE	YJ09OCG	FWE	YJ10EXX	WRH	YJ10MDF	TYB	YJ51PZT	FYO
YJ09NYM	FWE	YJ09OCA	FWE	YJ10EXZ	WRH	YJ10MDK	TYB	YJ51PZU	FYO
YJ09NYN	FWE	YJ09OTN	GHA	YJ10EYA	NOG	YJ10MDN	TYB	YJ51PZV	FYO
YJ09NYO	FWE	YJ09OTP	GHA	YJ10EYB	NOG	YJ10MDO	TYB	YJ51PZW	FSY
YJ09NYP	FWE	YJ09OTR	GHA	YJ10EYC	NOG	YJ10MDU	TYB	YJ51PZX	FSY
YJ09NYR	FWE	YJ09OTS	GHA	YJ10EYD	NOG	YJ10MFA	TTR	YJ51PZY	FSY
YJ09NYS	FWE	YJ09OTV	CYC	YJ10EYM	LMS	YJ10MFE	TTR	YJ51PZZ	FDC
YJ09NYT	FWE	YJ09OTW	ARM	YJ10EYO	CBL	YJ10MFK	TTR	YJ51RAU	FYO
YJ09NYU	FWE	YJ09OTX	DAR	YJ10EYP	CBL	YJ10MFN	TTR	YJ51RAX	FYO
YJ09NYV	FWE	YJ09OTY	ATS	YJ10EYS	WEB	YJ10MFO	TTR	YJ51RCO	FYO
YJ09NYW	FWE	YJ09OTZ	ATS	YJ10EYT	WEB	YJ10MFP	TTR	YJ51RCU	FYO
YJ09NYX	FWE	YJ09OUA	ARM	YJ10EYU	WEB	YJ10MFU	TTR	YJ51RCV	FYO
YJ09NYY	FWE	YJ09OUB	ARM	YJ10EYV	WEB	YJ10MFV	CNT	YJ51RCX	FYO
YJ09NZY	FWE	YJ09OUC	RBC	YJ10EYW	WEB	YJ10MFX	CNT	YJ51RCZ	FYO
YJ09OAA	FWE	YJ09OUD	RBC	YJ10EYX	TLC	YJ10MFY	CNT	YJ51RDO	FYO
YJ09OAB	FWE	YJ09OUG	PER	YJ10EYY	THO	YJ10MFZ	CNT	YJ51RDU	FYO

Reg	Code	Reg	Code	Reg	Code	Reg	Code	Reg	Code
YJ51RDV	FYO	YJ51ZVK	RWN	YJ54CFE	ATS	YJ54XUG	FWE	YJ55BHN	SDEV
YJ51RDX	FYO	YJ51ZVL	MAS	YJ54CFF	ATS	YJ54XUH	FWE	YJ55BHO	SDEV
YJ51RDY	FYO	YJ51ZVM	RWN	YJ54CFG	ATS	YJ54XUK	FWE	YJ55BHP	SDEV
YJ51RDZ	FSY	YJ51ZVN	MAS	YJ54CFK	SEW	YJ54XUM	FWE	YJ55BHU	SDEV
YJ51REU	FSY	YJ51ZVO	MAS	YJ54CFM	JFS	YJ54XUN	FWE	YJ55BHV	SDEV
YJ51RFE	FSA	YJ51ZVV	NCT	YJ54CFN	JFS	YJ54XUO	FWE	YJ55BHW	STAY
YJ51RFF	FYO	YJ51ZVW	NCT	YJ54CGE	GWY	YJ54XUP	FWE	YJ55BHX	VTE
YJ51RFK	FSA	YJ51ZVX	NCT	YJ54CKE	ARM	YJ54XUR	FWE	YJ55BHY	VTC
YJ51RFL	FYO	YJ51ZVY	NCT	YJ54CKF	ARM	YJ54XUT	FWE	YJ55BHZ	VTE
YJ51RFN	FYO	YJ51ZVZ	NCT	YJ54CKG	ASW	YJ54XUU	FWE	YJ55BJE	ANW
YJ51RFO	FYO	YJ51ZWA	CED	YJ54CKK	ASW	YJ54XUV	FWE	YJ55BJG	ANW
YJ51RFX	FYO	YJ52HEA	RMS	YJ54CKL	CLA	YJ54XUW	FWE	YJ55BJK	RBC
YJ51RFY	FYO	YJ53CFF	RSL	YJ54CKN	GWY	YJ54XUX	FWE	YJ55BJO	POW
YJ51RFZ	FWE	YJ53CFM	BAR	YJ54EXE	DAR	YJ54XUY	FWE	YJ55BJZ	WGH
YJ51RGO	FSA	YJ53CFX	JSP	YJ54EXH	PHO	YJ54XVA	FWE	YJ55BKD	STP
YJ51RGU	FSA	YJ53CZY	HAD	YJ54MVP	ASM	YJ54XVB	FWE	YJ55BKE	RBC
YJ51RGV	FSA	YJ53HUU	CUI	YJ54MZN	ZCQ	YJ54XVC	FWE	YJ55BKF	RBC
YJ51RGX	FSA	YJ53HVC	FWE	YJ54UBD	D&G	YJ54XVD	FWE	YJ55BKG	ANW
YJ51RGY	FSY	YJ53VBN	UNO	YJ54UBG	YCT	YJ54XVM	FWE	YJ55BKK	ANW
YJ51RGZ	FSY	YJ53VBO	UNO	YJ54UBH	BCO	YJ54XVN	FWE	YJ55BKL	ANW
YJ51RHE	FSY	YJ53VDL	CLA	YJ54UBK	KCH	YJ54XVO	FWE	YJ55BKN	ANW
YJ51RHF	FSY	YJ53VDM	SRR	YJ54UBL	TYR	YJ54XVP	FWE	YJ55BKO	ANW
YJ51RHK	FSY	YJ53VDN	SEL	YJ54UBP	WBH	YJ54XVR	FWE	YJ55BKU	ANW
YJ51RHO	FWE	YJ53VDO	SEL	YJ54UBR	WBH	YJ54XVT	FWE	YJ55BKV	ANW
YJ51RHU	FWE	YJ53VDT	JFS	YJ54UBT	WBH	YJ54XVU	FWE	YJ55BKX	EXL
YJ51RHV	FWE	YJ53VDV	JFS	YJ54UBU	WBH	YJ54XVW	FWE	YJ55BKZ	SYOR
YJ51RHX	FDC	YJ53VEA	BCO	YJ54UBV	WBH	YJ54XVX	FWE	YJ55BLF	SYOR
YJ51RHY	FDC	YJ53VEB	BCO	YJ54UBW	WBH	YJ54XVY	FWE	YJ55BLK	SYOR
YJ51RHZ	FDC	YJ53VFY	ATS	YJ54UBX	JOH	YJ54XVZ	FWE	YJ55BLN	SYOR
YJ51RJO	FDC	YJ53VHA	WBU	YJ54UBY	IRB	YJ54XWA	FWE	YJ55BLV	CYC
YJ51RJU	FDC	YJ53VHB	WBU	YJ54UCA	ATR	YJ54YCO	FWE	YJ55BLX	ANG
YJ51RJV	FDC	YJ53WLZ	CCO	YJ54UWN	SLT	YJ54YCP	FWE	YJ55BMO	JOH
YJ51RJX	FDC	YJ53WMA	OVL	YJ54UWO	SLT	YJ54ZXR	VTC	YJ55BMU	JOH
YJ51RKO	FYO	YJ53WMP	VIP	YJ54UXA	CYC	YJ54ZXT	VTC	YJ55CAO	FWE
YJ51RKU	FYO	YJ54BSU	ATB	YJ54UXB	HVB	YJ54ZXZ	HOU	YJ55CAU	FWE
YJ51RKV	FYO	YJ54BSV	FG	YJ54UXD	HVB	YJ54ZYA	D&G	YJ55CAV	FWE
YJ51RPY	FWE	YJ54BSX	D&G	YJ54UXE	HVB	YJ54ZYB	D&G	YJ55CKX	LYL
YJ51RPZ	FWE	YJ54BSY	WTR	YJ54UXF	FWE	YJ54ZYC	D&G	YJ55EYU	PAT
YJ51RRO	FWE	YJ54BSZ	WTR	YJ54UXG	FWE	YJ54ZYD	D&G	YJ55EYY	BAR
YJ51RRU	FWE	YJ54BTV	VTC	YJ54UXH	CED	YJ54ZYE	D&G	YJ55EZE	DCO
YJ51RRV	FWE	YJ54BTX	POL	YJ54UXT	ROS	YJ54ZYF	D&G	YJ55JEO	ROY
YJ51RRX	FWE	YJ54BUA	ROS	YJ54UXU	ROS	YJ54ZYK	WCM	YJ55JHK	ROY
YJ51RRY	FWE	YJ54BUE	ROS	YJ54UXV	ROS	YJ54ZYL	WCM	YJ55JJL	CNT
YJ51RRZ	FWE	YJ54BUF	ROS	YJ54UXW	ROS	YJ54ZYM	WCM	YJ55KZO	SVD
YJ51RSO	FWE	YJ54BUH	ROS	YJ54WMG	BST	YJ55AAE	K&D	YJ55KZP	JFS
YJ51RSU	FWE	YJ54BUO	ROS	YJ54XGE	RSL	YJ55AAF	K&D	YJ55KZR	JFS
YJ51RSV	FWE	YJ54BUP	ROS	YJ54XTO	FWE	YJ55AUC	K&D	YJ55KZS	ATS
YJ51RSX	FWE	YJ54BUU	ROS	YJ54XTP	FWE	YJ55AVB	K&D	YJ55KZT	GBC
YJ51RSY	FWE	YJ54BUV	ROS	YJ54XTR	FWE	YJ55AVC	K&D	YJ55KZU	BBN
YJ51XSH	HOR	YJ54BUW	ROS	YJ54XTT	FWE	YJ55AVE	K&D	YJ55KZV	JRC
YJ51XSK	HOR	YJ54BVA	FWE	YJ54XTU	FWE	YJ55AVL	K&D	YJ55KZW	JRC
YJ51XSL	HOR	YJ54BVB	FWE	YJ54XTV	FWE	YJ55BGU	FCY	YJ55KZX	CLA
YJ51XSM	HOR	YJ54BVC	FWE	YJ54XTW	FWE	YJ55BGV	VTC	YJ55KZY	WST
YJ51XSN	HOR	YJ54CEA	CLA	YJ54XTX	FWE	YJ55BGX	VTC	YJ55KZZ	KIE
YJ51XSO	HOR	YJ54CEF	CLA	YJ54XTZ	FWE	YJ55BGY	GIB	YJ55WOA	ATS
YJ51XSR	NCT	YJ54CEK	CLA	YJ54XUA	FWE	YJ55BGZ	GIB	YJ55WOB	ATS
YJ51XST	NCT	YJ54CEN	CLA	YJ54XUB	FWE	YJ55BHA	GIB	YJ55WOC	ATS
YJ51XSU	NCT	YJ54CEO	CLA	YJ54XUC	FWE	YJ55BHD	GIB	YJ55WOD	ATS
YJ51ZVE	GEL	YJ54CEY	GBC	YJ54XUD	FWE	YJ55BHE	GIB	YJ55WOH	ATS
YJ51ZVF	REA	YJ54CFA	GBC	YJ54XUE	FWE	YJ55BHK	GIB	YJ55WOM	ATS
YJ51ZVH	GEL	YJ54CFD	SEL	YJ54XUF	FWE	YJ55BHL	SDEV	YJ55WOR	ATS

Call	Code	Call	Code	Call	Code	Call	Code	Call	Code
YJ55WOU	ATS	YJ56APY	WA	YJ56LJN	FWE	YJ56ZTK	CTP	YJ57BWC	ATS
YJ55WOV	ATS	YJ56APZ	PUH	YJ56LJY	FWE	YJ56ZTL	CTP	YJ57BWD	ATS
YJ55WOX	ATS	YJ56ARO	KLI	YJ56LJZ	K&D	YJ56ZTM	FWE	YJ57BWE	ATS
YJ55WPA	SAN	YJ56ASV	CLK	YJ56LKA	K&D	YJ57AZD	ARM	YJ57BWF	ATS
YJ55WPO	ATS	YJ56ASX	WA	YJ56LKC	FWE	YJ57AZF	ARM	YJ57EGU	JOH
YJ55WRA	IRB	YJ56ATK	ANW	YJ56LKD	FWE	YJ57AZG	ARM	YJ57EGV	WRH
YJ55WRC	IRB	YJ56ATN	POL	YJ56LKE	FWE	YJ57AZL	ARM	YJ57EGX	KON
YJ55WSV	ATS	YJ56ATU	TVP	YJ56LLG	FWE	YJ57AZN	ARM	YJ57EGY	KON
YJ55WSW	ATS	YJ56ATV	TVP	YJ56LLK	FWE	YJ57AZO	ARM	YJ57EHB	TMH
YJ55WSX	ATS	YJ56ATX	TVP	YJ56LLM	FWE	YJ57AZP	ARM	YJ57EHC	TMH
YJ55WSY	ATS	YJ56ATY	ATS	YJ56LLN	FWE	YJ57AZR	ARM	YJ57EHD	MOS
YJ55WSZ	ATS	YJ56ATZ	ATS	YJ56LLO	FWE	YJ57AZT	ARM	YJ57EHE	LUV
YJ55WTD	KLI	YJ56AUA	VTE	YJ56LMF	CTP	YJ57AZU	ARM	YJ57EHL	WRH
YJ55YFW	WA	YJ56AUC	VTE	YJ56LMK	CTP	YJ57BBE	BRY	YJ57EHO	NOG
YJ55YFX	WA	YJ56AUE	VTE	YJ56LMX	FWE	YJ57BBV	BIB	YJ57EHP	WHT
YJ55YFY	WA	YJ56AUF	VTE	YJ56LNA	FWE	YJ57BEO	AYO	YJ57EHU	TMH
YJ55YGC	WA	YJ56AUH	VTE	YJ56LNC	FWE	YJ57BEU	AYO	YJ57EHV	WBS
YJ55YGD	WCG	YJ56AUK	VTE	YJ56LRL	FWE	YJ57BKD	ASC	YJ57EHW	DAB
YJ55YGG	SBA	YJ56AUM	VTE	YJ56LRN	FWE	YJ57BKE	ASC	YJ57EHX	AMB
YJ55YGH	SBA	YJ56AUN	VTE	YJ56LRU	FWE	YJ57BKF	ASC	YJ57EJA	EVE
YJ55YGK	AWD	YJ56AUO	VTE	YJ56WBW	BEC	YJ57BKG	ASC	YJ57EJD	ATS
YJ55YGL	SBA	YJ56CEN	KCS	YJ56WBW	BEC	YJ57BLF	JFS	YJ57EJE	ATS
YJ55YGM	SBA	YJ56CEV	ELL	YJ56WBX	BEC	YJ57BNB	BRY	YJ57EJF	ATS
YJ55YGO	SBA	YJ56CEX	MUL	YJ56WFH	KLI	YJ57BOF	CLA	YJ57EJG	ATS
YJ55YGU	FWE	YJ56EAA	FWE	YJ56WFK	KLI	YJ57BOH	CLA	YJ57EJK	ATS
YJ55YGV	ATS	YJ56EAC	FWE	YJ56WGA	FWE	YJ57BOU	BUR	YJ57EJL	ATS
YJ55YGW	ATS	YJ56EAE	FWE	YJ56WGC	K&D	YJ57BOV	BLA	YJ57EJN	ASC
YJ55YGX	BOD	YJ56EAF	FWE	YJ56WTW	PWW	YJ57BPK	WBT	YJ57EJO	TLC
YJ55YGZ	COM	YJ56EAG	FWE	YJ56WUB	VTC	YJ57BPO	WBT	YJ57EJU	TLC
YJ55YHA	LMS	YJ56JXX	CLA	YJ56WUC	VTC	YJ57BPU	WBT	YJ57EJV	TLC
YJ55YHC	IRB	YJ56JYA	TMH	YJ56WUD	VTC	YJ57BPZ	ARM	YJ57EKA	ARM
YJ55YHD	HFL	YJ56JYB	CBL	YJ56WUE	VTC	YJ57BRF	ARM	YJ57EKB	ARM
YJ55YHE	HFL	YJ56JYC	OAD	YJ56WUG	NOG	YJ57BRV	ARM	YJ57EKC	ARM
YJ55YHF	SSV	YJ56JYD	OAD	YJ56WUH	NOG	YJ57BRX	WBT	YJ57EKD	ARM
YJ55YHG	STU	YJ56JYE	AYO	YJ56WUT	TOP	YJ57BRZ	WBT	YJ57EKE	ARM
YJ55YHH	STP	YJ56JYF	AYO	YJ56WUU	TOP	YJ57BSU	KLI	YJ57EKH	CYC
YJ55YHK	TAR	YJ56JYG	AYO	YJ56WUV	TOP	YJ57BSZ	BSK	YJ57EKK	CYC
YJ55YHL	STP	YJ56JYH	AYO	YJ56WUW	TOP	YJ57BTF	C&S	YJ57EYM	WIL
YJ55YHM	TAR	YJ56JYK	AYO	YJ56WVA	KON	YJ57BTU	BUR	YJ57EYT	CLA
YJ55YHN	TRL	YJ56JYL	AYO	YJ56WVB	KON	YJ57BTV	DEB	YJ57EZE	HAT
YJ55YHO	TAR	YJ56JYN	AYO	YJ56WVC	REB	YJ57BTX	BLA	YJ57EZG	PIT
YJ55YHP	TRL	YJ56JYO	AYO	YJ56WVE	SHIC	YJ57BTY	BMC	YJ57FNZ	AVI
YJ55YHR	TRL	YJ56JYP	AYO	YJ56WVF	MEB	YJ57BTZ	BMC	YJ57FPF	AVI
YJ55YJN	BLV	YJ56KAO	TMH	YJ56WVG	MEB	YJ57BUA	ARM	YJ57FRP	AVI
YJ55ZZY	K&D	YJ56KBF	FBS	YJ56WVH	HVB	YJ57BUE	ARM	YJ57FRR	AVI
YJ56AJO	SDEV	YJ56KCK	CYC	YJ56WVN	TMH	YJ57BVB	ANE	YJ57FUU	STB
YJ56AOL	EA	YJ56KCV	CLA	YJ56WVO	VTE	YJ57BVC	ANE	YJ57NFF	HJC
YJ56AOM	EA	YJ56KFA	ARM	YJ56WVS	VTC	YJ57BVD	ANE	YJ57NHX	CTP
YJ56AON	EA	YJ56KFC	ARM	YJ56WVT	VTC	YJ57BVE	ANE	YJ57NHY	CTP
YJ56AOO	EA	YJ56KFD	ARM	YJ56WVU	VTC	YJ57BVF	ANE	YJ57NHZ	CTP
YJ56AOP	EA	YJ56KFE	ARM	YJ56WVW	VTC	YJ57BVG	ANE	YJ57UFH	KLI
YJ56AOR	EA	YJ56KFF	ARM	YJ56WVX	REB	YJ57BVP	BEH	YJ57VTV	FWE
YJ56AOS	EA	YJ56KFG	ARM	YJ56WVY	REB	YJ57BVT	AYO	YJ57VVA	FWE
YJ56AOT	REB	YJ56KFK	ARM	YJ56XSR	CTP	YJ57BVU	AYO	YJ57VYX	FWE
YJ56AOU	REB	YJ56KFL	ARM	YJ56YDO	TDE	YJ57BVV	AYO	YJ57VYY	FWE
YJ56AOW	TYR	YJ56LJA	FWE	YJ56YOD	APE	YJ57BVW	AYO	YJ57WKC	HJC
YJ56AOX	TYR	YJ56LJC	FWE	YJ56ZMU	FWE	YJ57BVX	AYO	YJ57XVN	TDE
YJ56AOZ	TYR	YJ56LJE	FWE	YJ56ZTD	CTP	YJ57BVY	AYO	YJ57XVO	TDE
YJ56APK	SLF	YJ56LJF	FWE	YJ56ZTE	CTP	YJ57BVZ	AYO	YJ57XVP	TDE
YJ56APO	SLF	YJ56LJK	FWE	YJ56ZTF	CTP	YJ57BWA	ATS	YJ57XVR	TDE
YJ56APU	SLF	YJ56LJL	FWE	YJ56ZTH	CTP	YJ57BWB	ATS	YJ57XVS	TDE

Callsign	Code	Callsign	Code	Callsign	Code	Callsign	Code	Callsign	Code
YJ57XVT	TDE	YJ58CCE	ARM	YJ58FJZ	ATS	YJ58RRZ	FWE	YJ59BUH	AYO
YJ57XVU	TDE	YJ58CCF	ARM	YJ58FKA	ATS	YJ58RSO	FWE	YJ59BUO	ARM
YJ57XVV	TDE	YJ58CCK	ARM	YJ58GMO	FWE	YJ58RSU	FWE	YJ59BUP	ARM
YJ57XVW	TDE	YJ58CCN	ARM	YJ58GMU	FWE	YJ58RSV	FWE	YJ59BUU	ARM
YJ57XVX	TDE	YJ58CCO	ARM	YJ58GNP	FWE	YJ58RSX	FWE	YJ59BUV	ARM
YJ57XVY	TDE	YJ58CCU	ARM	YJ58GNU	FWE	YJ58RSY	FWE	YJ59BUW	ARM
YJ57XVZ	TDE	YJ58CCV	HQD	YJ58GNV	FWE	YJ58RSZ	FWE	YJ59BVA	ARM
YJ57XWA	TDE	YJ58CCX	LUV	YJ58GNW	FWE	YJ58RTO	FWE	YJ59BVB	ARM
YJ57XWB	TDE	YJ58CCY	LUV	YJ58GNX	FWE	YJ58RTU	FWE	YJ59BVF	ARM
YJ57XWC	TDE	YJ58CCZ	LUV	YJ58LUL	SCL	YJ58RTV	FWE	YJ59BVG	ARM
YJ57XWD	TDE	YJ58CDE	REB	YJ58LXO	REI	YJ58RTX	FWE	YJ59BVH	ARM
YJ57XWE	TDE	YJ58CDF	REB	YJ58LXP	THA	YJ58RVA	FWE	YJ59BVK	ARM
YJ57XWF	TDE	YJ58CDV	FWE	YJ58LXR	AIR	YJ58VBA	TDL	YJ59BVL	ARM
YJ57XWG	TDE	YJ58CDX	FWE	YJ58LXX	SCL	YJ58VBB	TDL	YJ59BVM	ARM
YJ57XWH	ATS	YJ58CDY	FWE	YJ58PFU	ATS	YJ58VBC	TDL	YJ59BVN	ARM
YJ57XWK	TOP	YJ58CDZ	ASC	YJ58PFV	ATS	YJ58VBD	TDL	YJ59EYF	HAC
YJ57XWM	CYC	YJ58CEA	ASC	YJ58PFX	ATS	YJ58VBE	TDL	YJ59EYG	HAC
YJ57XWN	CYC	YJ58CEF	ASC	YJ58PFY	ATS	YJ58VBF	TDL	YJ59EYH	HAC
YJ57XWO	CYC	YJ58CEV	FBE	YJ58PFZ	ATS	YJ58VBG	TDL	YJ59EYK	HAC
YJ57XWP	CYC	YJ58CFD	FLB	YJ58PGK	RSL	YJ58VBK	TDL	YJ59EYL	HAC
YJ57XWR	CYC	YJ58CFE	FLB	YJ58PHK	DAR	YJ58VBL	TDL	YJ59GEU	JOH
YJ57XWS	CYC	YJ58CFK	DAR	YJ58PHN	UNO	YJ58VBM	TDL	YJ59GEY	JOH
YJ57XWT	CYC	YJ58FDM	BMC	YJ58PHO	UNO	YJ58VBN	TDL	YJ59GFA	JOH
YJ57XWU	CYC	YJ58FDV	CLA	YJ58PHX	ARM	YJ58VBO	TDL	YJ59GFE	JOH
YJ57XWV	TOP	YJ58FFA	ANE	YJ58PHY	TDL	YJ58VBP	TDL	YJ59GFK	SSOU
YJ57XWW	TOP	YJ58FFB	ANE	YJ58PHZ	TDL	YJ58VBT	TDL	YJ59GFO	SSOU
YJ57XXB	OAR	YJ58FFC	ANE	YJ58PJO	TDL	YJ58VBU	TDL	YJ59GFU	RBC
YJ57XXC	HVB	YJ58FFE	CBN	YJ58PJU	TDL	YJ58VBV	TDL	YJ59GFX	GHA
YJ57XXE	CYC	YJ58FFH	CBN	YJ58PKA	ATS	YJ58VBX	TDL	YJ59GFY	GHA
YJ57YCA	WEB	YJ58FFK	CBN	YJ58PKC	ATS	YJ58VBY	TDL	YJ59GFZ	SBL
YJ57YCB	WEB	YJ58FFL	OFJ	YJ58PKD	ATS	YJ58VBZ	TDL	YJ59GGA	WEB
YJ57YCC	NOG	YJ58FFN	OFJ	YJ58PKE	ATS	YJ58VCC	NOG	YJ59GGE	WEB
YJ57YCD	NOG	YJ58FFP	HBC	YJ58PKF	ATS	YJ58VCE	BEC	YJ50GGO	BEE
YJ57YCG	NPT	YJ58FFV	ATS	YJ58PKK	ATS	YJ58VCG	ATS	YJ59GGO	REB
YJ57YCH	NPT	YJ58FFW	ATS	YJ58PKN	ATS	YJ59AYX	KCC	YJ59GGV	MTC
YJ57YCK	NPT	YJ58FHA	AYO	YJ58PKO	ATS	YJ59AYY	KCC	YJ59GGX	MTC
YJ57YCL	JOH	YJ58FHB	AYO	YJ58PKU	ATS	YJ59AYZ	PRO	YJ59GGY	MTC
YJ57YDA	COT	YJ58FHC	AYO	YJ58PKV	ATS	YJ59AZA	ANE	YJ59GGZ	MTC
YJ57YDB	PCC	YJ58FHD	AYO	YJ58PKX	ATS	YJ59AZV	ANE	YJ59GHA	GHA
YJ57YSK	FYO	YJ58FHE	AYO	YJ58PKY	HVB	YJ59BBF	BMC	YJ59GHB	GHA
YJ57YSL	FYO	YJ58FHF	AYO	YJ58PKZ	HVB	YJ59BBZ	BMC	YJ59GHD	GHA
YJ57YSM	FYO	YJ58FHG	AYO	YJ58RNN	FWE	YJ59BCU	CLA	YJ59GHF	GHA
YJ57YSN	FYO	YJ58FHH	AYO	YJ58RNO	FWE	YJ59BHO	ANE	YJ59GHG	GHA
YJ57YSO	FYO	YJ58FHK	AYO	YJ58RNU	FWE	YJ59BHP	ANE	YJ59GHH	FNW
YJ57YSP	FYO	YJ58FHL	AYO	YJ58RNV	FWE	YJ59BHU	ANE	YJ59GHX	BOD
YJ57YSR	FYO	YJ58FHM	AYO	YJ58RNX	FWE	YJ59BHV	ANE	YJ59GHZ	EVE
YJ58BZK	WA	YJ58FHN	AYO	YJ58RNY	FWE	YJ59BHW	ANE	YJ59GJK	ANE
YJ58CAA	ANE	YJ58FHO	AYO	YJ58RNZ	FWE	YJ59BHX	ANE	YJ59GJO	ANE
YJ58CAE	ANE	YJ58FHP	AYO	YJ58ROH	FWE	YJ59BHY	ANE	YJ59GJV	ANE
YJ58CAO	ANE	YJ58FHV	HAR	YJ58ROU	FWE	YJ59BHZ	ANE	YJ59GJX	ANE
YJ58CAU	ANE	YJ58FHX	ATS	YJ58RPO	FWE	YJ59BRX	AYO	YJ59GJY	ANE
YJ58CAV	ANE	YJ58FHY	ATS	YJ58RPU	FWE	YJ59BRZ	AYO	YJ59GKA	ANE
YJ58CAX	ANE	YJ58FJHZ	ATS	YJ58RPV	FWE	YJ59BSO	AYO	YJ59GKC	ANE
YJ58CBF	ANE	YJ58FJA	ATS	YJ58RPX	FWE	YJ59BTO	AYO	YJ59GKD	ANE
YJ58CBO	ANE	YJ58FJN	ATS	YJ58RPY	FWE	YJ59BTU	AYO	YJ59GKE	ANE
YJ58CBU	ANE	YJ58FJO	ATS	YJ58RPZ	FWE	YJ59BTV	AYO	YJ59GKF	ANE
YJ58CBV	ANE	YJ58FJP	ATS	YJ58RRO	FWE	YJ59BTX	AYO	YJ59GHY	BOD
YJ58CBX	HVB	YJ58FJU	ATS	YJ58RRU	FWE	YJ59BTY	AYO	YJ59KSO	FWE
YJ58CBY	HVB	YJ58FJV	ATS	YJ58RRV	FWE	YJ59BTZ	AYO	YJ59KSU	FWE
YJ58CCA	ARM	YJ58FJX	ATS	YJ58RRX	FWE	YJ59BUA	AYO	YJ59KSV	FWE
YJ58CCD	ARM	YJ58FJY	ATS	YJ58RRY	FWE	YJ59BUE	AYO	YJ59KSY	FWE

YJ59KSZ	FWE	YJ60KFD	GOG	YK04KVZ	HFL	YK06AVM	CTP	YK07FTX	CMB
YJ59NMO	ALE	YJ60KFE	GOG	YK04KWA	BEN	YK06AVP	CTP	YK07FTY	FWE
YJ59NMU	ALE	YJ60KFF	GOG	YK04KWB	BEN	YK06AVR	CTP	YK07FTZ	FWE
YJ59NMV	DAR	YJ60KFG	GOG	YK04KWC	BEN	YK06AVT	CTP	YK07FUA	FWE
YJ59NMX	HEY	YJ60KFK	VTE	YK04KWD	POL	YK06CZY	FWE	YK07FUB	FWE
YJ59NMZ	FFC	YJ60KGA	EPS	YK04KWH	SHIC	YK06CZZ	FWE	YK07FUD	FWE
YJ59NNA	RSL	YJ60KGE	EPS	YK04KWJ	MCD	YK06DAA	FWE	YK08EPA	NCT
YJ59NNB	NAH	YJ60KGF	EPS	YK04KWL	YCT	YK06DAO	FWE	YK08EPC	NCT
YJ59NNC	SOS	YJ60KGG	EPS	YK04KWN	SDEV	YK06DNN	FWE	YK08EPD	NCT
YJ59NND	SOS	YJ60KGK	EPS	YK04KWR	FDC	YK06DNO	K&D	YK08EPE	NCT
YJ59NNX	WRH	YJ60KGN	EPS	YK05BAO	SLA	YK06DNU	FWE	YK08EPF	NCT
YJ59NNY	FFC	YJ60KGO	EPS	YK05BAV	SLA	YK06DRU	CTP	YK08EPJ	NCT
YJ59NOF	SMI	YJ60KGP	EPS	YK05CAE	POL	YK06DRV	CTP	YK08EPL	NCT
YJ59NOH	SMI	YJ60KGX	IBL	YK05CAO	M&H	YK06DRX	CTP	YK08EPN	NCT
YJ59NOU	EVC	YJ60KGY	IBL	YK05CAU	SDEV	YK06DTZ	FWE	YK08EPO	NCT
YJ59NPA	CBL	YJ10MDV	TYB	YK05CAV	SDEV	YK06DYH	FWE	YK08EPP	NCT
YJ59NPC	CBL	YJB717	BOW	YK05CAX	SDEV	YK06DYJ	FWE	YK08EPU	NCT
YJ59NPD	CBL	YJE3T	KEN	YK05CBF	SDEV	YK06EFR	FWE	YK08EPV	NCT
YJ59NPE	CBL	YJI1309	MCL	YK05CBV	SYOR	YK06EFS	FWE	YK08EPX	NCT
YJ59NPF	HBC	YJI2332	BRC	YK05CBX	GHA	YK06EHE	FWE	YK08EPY	NCT
YJ59NPG	HBC	YJI4610	RED	YK05CBY	R&B	YK06EHL	K&D	YK08EPZ	NCT
YJ59NPK	HBC	YJI5277	CHH	YK05CCD	MUS	YK06EHM	K&D	YK08ERJ	NCT
YJ59NPN	HBC	YJI5279	LES	YK05CCE	MUS	YK06FHC	FWE	YK08ERO	ANE
YJ59NPO	HBC	YJI6038	BOW	YK05CCJ	MUS	YK07AYA	FWE	YK08ERU	ANE
YJ59NPP	HBC	YJI6039	NEL	YK05CCN	STS	YK07AYB	FWE	YK08ERV	ANE
YJ59NPU	HBC	YJI6040	CAS	YK05CCO	MUS	YK07AYC	FWE	YK08ERX	ANE
YJ59NPV	HBC	YJI7315	ZDE	YK05CCV	SYOR	YK07AYD	FWE	YK08ERY	ANE
YJ59NPX	MTC	YJI8594	MDC	YK05CCY	UNO	YK07AYE	FWE	YK08ERZ	ANE
YJ59NPY	MTC	YJI8595	BLD	YK05CDE	MFW	YK07AYF	FWE	YK08ESF	NCT
YJ59NRN	HAC	YJI8597	BOW	YK05CDF	MFW	YK07AYG	FWE	YK08ESG	NCT
YJ59NRO	HAC	YJI8684	CRI	YK05CDN	FDC	YK07AYH	FWE	YK08ESN	NCT
YJ59PKA	CFB	YJI8733	MGR	YK05CDO	FDC	YK07AYJ	FWE	YK08ESO	NCT
YJ59PKC	CFB	YJI8779	BOS	YK05CDU	COG	YK07AYL	FWE	YK08ESU	ANE
YJ59PKD	CFB	YJI9596	HKW	YK05CDV	COG	YK07AYM	FWE	YK08ESV	ANE
YJ59PKE	CFB	YJI9661	BFS	YK05CDX	COG	YK07AYN	FWE	YK08ESY	ANE
YJ59PKF	CFB	YJI9662	BFS	YK05EMV	HOR	YK07AYO	FWE	YK08ETA	ANE
YJ59PKK	CFB	YJN166	SCH	YK05ENJ	COF	YK07AYP	FWE	YK08ETD	ANE
YJ59PKN	CFB	YJN455S	TAL	YK05ENO	COF	YK07AYS	FWE	YK08ETE	ANE
YJ59PKO	CFB	YJR68T	SFI	YK05EOY	HOR	YK07AYT	FWE	YK08ETF	ANE
YJ59PKU	CFB	YJU694	STAY	YK05EPX	COF	YK07AYU	FWE	YK08ETJ	ANE
YJ59PKV	CFB	YJV529	MAN	YK05FJE	FWE	YK07AYV	FWE	YK08ETL	ANE
YJ60ADU	K&J	YK03FWN	BSK	YK05FJF	FWE	YK07AYW	FWE	YK08ETO	ANE
YJ60ADV	K&J	YK03HGZ	PEX	YK05FJJ	FWE	YK07AYX	FWE	YK08ETR	ANE
YJ60GHF	JFS	YK03OAD	LEW	YK05FLB	FWE	YK07AYY	FWE	YK08ETT	ANE
YJ60GJF	JFS	YK04DKX	SOO	YK05FLC	FWE	YK07AYZ	FWE	YK08ETU	ANE
YJ60KAA	TDE	YK04ENN	RSL	YK05FOP	FWE	YK07BCZ	ATS	YK08ETV	ANE
YJ60KAE	TDE	YK04EZG	FWE	YK05FOT	FWE	YK07BEO	ATS	YK08ETX	ANE
YJ60KAK	TDE	YK04EZH	FWE	YK05FOU	FWE	YK07BEU	ATS	YK08ETY	ANE
YJ60KAO	TDE	YK04EZJ	FWE	YK05FOV	FWE	YK07BFO	HAT	YK08ETZ	ANE
YJ60KAU	TDE	YK04EZL	FWE	YK05FPA	FWE	YK07BFP	HAT	YK08EUC	NOG
YJ60KAX	TDE	YK04EZM	FWE	YK06AOU	FYO	YK07BFU	ATR	YK10AVV	CTP
YJ60KBO	MOS	YK04FVZ	DUR	YK06ATO	FWE	YK07BFV	POL	YK10BUS	K&J
YJ60KBE	TDE	YK04FWE	TMA	YK06ATU	FYO	YK07BGE	ATS	YK51AAN	TIG
YJ60KBF	TDE	YK04JYG	HAD	YK06ATV	FYO	YK07BGF	ATS	YK51ADX	TAT
YJ60KBM	IRB	YK04JYH	HAD	YK06ATX	FYO	YK07BJX	FWE	YK51KOW	GVE
YJ60KBP	GHA	YK04JYJ	HAD	YK06ATY	FYO	YK07BJY	FWE	YK51KPT	GOG
YJ60KBU	GHA	YK04JYL	HAD	YK06ATZ	FYO	YK07BJZ	FWE	YK53BKF	CML
YJ60KBV	POL	YK04JYN	HAD	YK06AUA	FYO	YK07FLP	CMB	YK53GXJ	FWE
YJ60KBZ	REB	YK04JYP	HAD	YK06AUC	FYO	YK07FTP	FWE	YK53GXL	FWE
YJ60KEU	GWN	YK04KVU	COG	YK06AUL	FYO	YK07FTT	FWE	YK53GXM	FWE
YJ60KFC	GOG	YK04KVX	HFL	YK06AVL	CTP	YK07FTU	FWE	YK53GXN	FWE

Reg	Code	Reg	Code	Reg	Code	Reg	Code	Reg	Code
YK53GXO	FWE	YK57EZT	FWE	YM52UVO	FED	YN03DDZ	OAK	YN03UWY	MEB
YK53GXP	FWE	YK57EZU	FWE	YM52UVP	FED	YN03DFA	MEB	YN03UYA	CFB
YK53GXR	FWE	YK57EZV	FWE	YM52UVR	FED	YN03DFC	MEB	YN03UYB	CFB
YK53GXT	FWE	YK57EZW	FWE	YM52UVS	FED	YN03DFD	MEB	YN03UYC	CFB
YK53GXU	FWE	YK57EZX	FWE	YM52UVT	FED	YN03DFE	MEB	YN03UYD	CFB
YK53GXV	FWE	YK57EZZ	FWE	YM52UVU	FED	YN03DFG	MEB	YN03UYE	CFB
YK53HLV	BOD	YK57FAA	FWE	YM52UVW	FED	YN03DFJ	MEB	YN03UYF	CFB
YK53JPX	DEN	YK57FCL	FWE	YM52UVY	CMY	YN03DFK	MEB	YN03WNA	WK
YK54AWH	WTR	YK57FHH	ATS	YM52UVZ	FED	YN03DFU	MEB	YN03WPM	MEB
YK54AWJ	WTR	YK57FHJ	ATS	YM52UWA	FED	YN03DFV	MEB	YN03WPP	MEB
YK54ENL	FYO	YK57FHM	NOG	YM52UWB	FED	YN03DFX	MEB	YN03WPR	MEB
YK54ENM	FYO	YK57FOM	FWE	YM52UWD	FED	YN03DFY	MEB	YN03WPU	ZBT
YK54ENN	FYO	YK59WYY	LEW	YM52UWF	FED	YN03DFZ	VTE	YN03WPV	REW
YK54ENO	FYO	YK60BZK	MWT	YM52UWG	FED	YN03DGE	LJL	YN03WPX	B&H
YK54ENP	FYO	YK60BZL	MWT	YM52UWH	FED	YN03HKA	BEC	YN03WPZ	IRB
YK55AAJ	FWE	YK60BZM	MWT	YM52UWJ	FED	YN03LPL	EXW	YN03WRA	FBS
YK55AAN	FWE	YK60BZN	MWT	YM52UWK	FED	YN03LRY	SMS	YN03WRE	ZDW
YK55ATN	YCO	YKG53	EDW	YM52UWN	FED	YN03NCC	YON	YN03WRF	MEB
YK55ATO	YCO	YKJ798	STU	YM53FEV	WIB	YN03NCF	ASC	YN03WRG	MEB
YK55ATU	YCO	YKZ1395	CLC	YM53KNA	CLS	YN03NCV	NOG	YN03WRJ	MEB
YK55ATV	YCO	YL02FKU	TMH	YM55RRX	ZCO	YN03NCX	NOG	YN03WRL	MEB
YK55ATX	YCO	YL02FKV	TMH	YM55RRY	ZCO	YN03NCY	NOG	YN03WRP	MEB
YK55ATY	YCO	YL02FKW	TMH	YM55RTO	MCA	YN03NCZ	PCO	YN03WRR	MEN
YK55AUA	FWE	YL02FKY	CSC	YM55SVG	SEMS	YN03NDD	ZAS	YN03WRU	MEN
YK55AUE	FWE	YL02FKZ	NIC	YM55SVJ	SEMS	YN03NDF	CRE	YN03WRV	MEN
YK55AUF	FWE	YL07FSC	SWT	YM55SVK	SEMS	YN03NDJ	YON	YN03WRW	MOC
YK55AUH	FWE	YL51XCT	CUB	YM55SVL	SEMS	YN03NDK	IBL	YN03WSE	CET
YK55AUN	FWE	YL51ZTG	CFB	YM55SWU	MEB	YN03NDL	IBL	YN03WXS	BOS
YK55AUO	FWE	YL51ZTH	ROY	YM55SWV	MEB	YN03NDU	IBL	YN03WXT	DHT
YK55AUP	FWE	YL51ZTM	HTL	YM55SWX	MEB	YN03NDV	PCO	YN03WXW	WBU
YK55AUU	FWE	YLJ332	SSOU	YM55SWY	MEB	YN03NDX	STP	YN03WXX	BSK
YK55AVD	K&D	YLP528	GHA	YM55SXA	MEB	YN03NDY	HOR	YN03WXZ	COR
YK55AVF	FWE	YLZ1390	SQU	YM55SXB	MEB	YN03NDZ	HOR	YN03WYA	STB
YK55AVG	FWE	YLZ9763	SCT	YM55SXC	MEB	YN03NEF	ATS	YN03WYF	MYA
YK55AVJ	FWE	YLZ9794	WAG	YM55SXD	MEB	YN03NHH	MCA	YN03WYG	DHT
YK55AVM	FWE	YM02CLX	ORJ	YM55SXE	MEB	YN03NHP	EUT	YN03XXS	SPS
YK55ENJ	WA	YM02CLY	SYOR	YM55SXF	MEB	YN03NHX	PER	YN03YBB	EMP
YK55ENL	SWT	YM02CLZ	SYOR	YM55SXH	MEB	YN03NHY	PER	YN03ZVW	FHD
YK55ENM	FWE	YM03EOK	FWY	YM55SXO	MEB	YN03NJE	CWS	YN03ZVX	FWE
YK55ENN	FWE	YM03EOL	SHT	YM55SXP	MEB	YN03NJF	CFT	YN03ZVY	FWE
YK55ENO	SOS	YM03EOV	LTL	YM55SXR	MEB	YN03NJX	BTL	YN03ZXA	VTE
YK55ENP	SOS	YM03EOY	CWL	YMB507W	ALP	YN03PZR	NPT	YN03ZXB	VTE
YK55ENR	FWE	YM03EPA	TGB	YMB509W	GRI	YN03PZS	NPT	YN03ZXC	VTE
YK55ENT	SOS	YM08MPU	MIT	YMB512W	ANW	YN03UVM	ANG	YN03ZXD	VTE
YK55ENU	LUV	YM52SMU	COC	YMB517W	ALP	YN03UVP	ANG	YN03ZXE	TMH
YK55GRS	CTP	YM52SMV	COC	YMJ555S	LOD	YN03UVR	ANG	YN03ZXF	EPS
YK55GRT	CTP	YM52TOU	CRN	YMU134	PWB	YN03UVT	ANG	YN03ZXH	SYOR
YK55JCN	FWE	YM52TOV	HOR	YMW843	W&D	YN03UVU	ANG	YN03ZXJ	SYOR
YK56DLX	CTP	YM52TPU	ACH	YN03AVE	JBT	YN03UVV	ANG	YN03ZXK	SYOR
YK56EEA	CTP	YM52TPX	ANW	YN03AWH	TJH	YN03UVX	DRM	YN03ZXL	SYOR
YK56EEB	CTP	YM52TPY	D&G	YN03AWJ	TJH	YN03UVY	ANG	YN03ZXM	SYOR
YK56EEF	CTP	YM52TSO	JOH	YN03AWM	W&H	YN03UWB	STE	YN03ZXP	SYOR
YK57CJF	FWE	YM52TSU	JOH	YN03AWP	W&H	YN03UWD	STE	YN04AFU	NPT
YK57CJJ	FWE	YM52TSV	SWN	YN03AWZ	DRE	YN03UWF	SAN	YN04AFX	MOC
YK57CJO	FWE	YM52TSX	SWN	YN03AXB	P&E	YN03UWG	SAN	YN04AFZ	SIE
YK57CJU	FWE	YM52UOU	SEMS	YN03AXD	TUT	YN03UWH	SAN	YN04AGY	FBS
YK57CJV	FWE	YM52UOV	SEMS	YN03AXK	ZCF	YN03UWJ	ANG	YN04AGZ	SIE
YK57CJX	FWE	YM52UOW	SEMS	YN03AXS	BEN	YN03UWK	COS	YN04AHA	ARM
YK57CJY	FWE	YM52UVK	FED	YN03DDA	BEE	YN03UWL	BML	YN04AHD	CWL
YK57CJZ	FWE	YM52UVL	FED	YN03DDL	TUT	YN03UWM	COS	YN04AHE	CWL
YK57EZS	FWE	YM52UVN	FED	YN03DDX	EAL	YN03UWU	MEB	YN04AHG	OFJ

Reg	Code	Reg	Code	Reg	Code	Reg	Code	Reg	Code
YN04AHJ	OFJ	YN04GJV	B&H	YN04KGJ	SEMS	YN04XZM	CFB	YN05GXL	REA
YN04AHK	OFJ	YN04GJX	B&H	YN04KGK	SYOR	YN04YHX	FGC	YN05GXM	REA
YN04AHL	OFJ	YN04GJY	B&H	YN04KGP	SYOR	YN04YHW	FCY	YN05GXO	REA
YN04AHP	OFJ	YN04GJZ	B&H	YN04LWJ	IBL	YN04YHY	FGC	YN05GXP	REA
YN04AHV	PPH	YN04GKA	B&H	YN04LWK	IBL	YN04YHZ	FCY	YN05GXR	REA
YN04AHY	SIE	YN04GKC	B&H	YN04LWP	VTE	YN04YJA	COS	YN05GXS	REA
YN04AHZ	SIE	YN04GKD	B&H	YN04LWR	VTE	YN04YJC	FNW	YN05GXT	REA
YN04AJU	FBE	YN04GKE	B&H	YN04LWT	VTE	YN04YJD	FNW	YN05GXU	REA
YN04AJV	FBE	YN04GKF	B&H	YN04LWU	VTE	YN04YJE	FNW	YN05GXV	REA
YN04AJX	FBE	YN04GKG	B&H	YN04LWV	FCY	YN04YJF	FNW	YN05GXW	REA
YN04AJY	AUD	YN04GKJ	B&H	YN04LXA	CFB	YN04YJG	FNW	YN05GXX	REA
YN04AKG	SPC	YN04GKK	B&H	YN04LXB	CFB	YN04YJJ	ZBT	YN05GXY	AUD
YN04AKU	REW	YN04GKL	VTE	YN04LXC	CFB	YN04YJL	ZBT	YN05GYA	FNW
YN04AKY	AUD	YN04GKP	VTE	YN04LXE	JBE	YN04YJR	NIB	YN05GYB	FNW
YN04AMK	NCT	YN04GKU	VTE	YN04LXF	REL	YN04YJS	NIB	YN05GYC	FNW
YN04AMU	NCT	YN04GKV	VTE	YN04LXG	REL	YN04YJT	NIB	YN05GYD	FNW
YN04AMV	NCT	YN04GKX	VTE	YN04LXK	POL	YN04YJU	NIB	YN05GYE	FNW
YN04AMX	NCT	YN04GKY	VTE	YN04LXM	ATS	YN04YXR	SYOR	YN05GYF	FNW
YN04ANF	NCT	YN04GLF	VTE	YN04LXP	YON	YN04YXS	SYOR	YN05GYG	FNW
YN04ANP	NCT	YN04GLJ	VTE	YN04LXS	MCR	YN04YXT	SYOR	YN05GYH	FNW
YN04ANR	NCT	YN04GLV	FHD	YN04PNL	FG	YN04YXU	SEMS	YN05GYJ	FNW
YN04ANU	B&H	YN04GME	FNW	YN04PZY	REB	YN04YXV	SEMS	YN05GYK	FNW
YN04ANX	BEE	YN04GMF	FNW	YN04PZZ	REB	YN04YXW	SEMS	YN05GYO	FNW
YN04AUU	ZAT	YN04GMG	FNW	YN04UJF	NCT	YN04YXX	SEMS	YN05GYP	FNW
YN04AVF	SLF	YN04GMU	NCT	YN04UJG	NCT	YN04YXY	SYOR	YN05GYR	FNW
YN04AVL	LUC	YN04GMV	NCT	YN04UJH	NCT	YN04YXZ	SYOR	YN05GYS	FNW
YN04AVV	ARV	YN04GMX	NCT	YN04UJJ	NCT	YN04YYA	SYOR	YN05GYT	FNW
YN04AWH	HGI	YN04GMY	NCT	YN04UJK	NCT	YN04YYB	SYOR	YN05GYU	FNW
YN04AWR	REW	YN04GMZ	NCT	YN04UJL	NCT	YN04YYC	SYOR	YN05GYV	FNW
YN04AWX	ZAM	YN04GNU	FNW	YN04UJP	NCT	YN04YYD	SYOR	YN05GYW	FNW
YN04AWY	ZAM	YN04GNV	FHD	YN04UJR	NCT	YN05ARX	VTC	YN05GYX	PCO
YN04AXB	SFC	YN04GNX	FHD	YN04UJS	NCT	YN05ASZ	FLA	YN05GYZ	MEX
YN04AXF	ZAT	YN04GNY	FHD	YN04UJT	NCT	YN05ATU	KCS	YN05GZA	IRB
YN04AXX	ZEP	YN04GNZ	FHD	YN04UJU	NCT	YN05ATV	W&D	YN05GZB	FBS
YN04AXZ	VTC	YN04GOA	CMY	YN04UJV	NCT	YN05ATY	W&D	YN05GZC	LAL
YN04CWR	TDT	YN04GOC	WCS	YN04UJW	NCT	YN05AUA	CAT	YN05GZH	B&H
YN04DSX	BEC	YN04GOH	LUC	YN04UJY	NCT	YN05AUC	W&D	YN05GZJ	B&H
YN04FKJ	WA	YN04GOJ	WCS	YN04UJZ	NCT	YN05AUK	W&D	YN05GZK	B&H
YN04FKL	WA	YN04GOK	LUC	YN04UKA	DTT	YN05AUT	WIB	YN05GZL	B&H
YN04GGU	SBD	YN04GOP	HLS	YN04UKB	EXA	YN05BUJ	HAT	YN05GZM	B&H
YN04GGY	ZCQ	YN04GPF	VTE	YN04UKC	EXA	YN05BUP	VIS	YN05GZO	B&H
YN04GGZ	WAR	YN04GPJ	VTE	YN04WLK	EXW	YN05BVS	GET	YN05GZP	B&H
YN04GHA	CLL	YN04GPK	VTE	YN04WMA	SYOR	YN05BVX	VTC	YN05GZR	B&H
YN04GHB	CLL	YN04GPU	VTE	YN04WMB	SYOR	YN05BVY	VTC	YN05GZS	B&H
YN04GHD	CLL	YN04GPV	VTE	YN04WNE	SYOR	YN05BVZ	BAY	YN05GZT	ZAM
YN04GHF	CLL	YN04GPX	VTE	YN04WSV	CLI	YN05CPU	J&C	YN05GZV	MMS
YN04GHG	CLL	YN04GPZ	MOC	YN04WSY	BUR	YN05CPZ	WEL	YN05GZX	BUL
YN04GHH	CLL	YN04HHR	MFW	YN04WTC	MWT	YN05CRK	SOS	YN05GZY	BUL
YN04GHJ	CLL	YN04HHS	TMB	YN04WTD	MWT	YN05GGY	ALX	YN05GZZ	BUL
YN04GHK	CLL	YN04HHU	HTL	YN04WTF	AIP	YN05GWX	NCT	YN05HAD	ZAH
YN04GHU	CLL	YN04HHW	FG	YN04WTG	MFW	YN05GWY	NCT	YN05HBL	ZAH
YN04GHV	CLL	YN04HJA	SOO	YN04WTJ	LTL	YN05GWZ	OFJ	YN05HBO	MUL
YN04GHX	CLL	YN04HJC	JBT	YN04WTT	MFW	YN05GXA	REA	YN05HBU	ZAH
YN04GHY	CLL	YN04HJG	TIG	YN04WTV	MFW	YN05GXB	REA	YN05HBX	ZAH
YN04GHZ	CLL	YN04HJJ	JBT	YN04XYW	SNW	YN05GXC	REA	YN05HCA	MEB
YN04GJE	B&H	YN04HJV	MOS	YN04XYX	SNW	YN05GXD	REA	YN05HCC	MEB
YN04GJF	B&H	YN04HJX	HTR	YN04XYY	SNW	YN05GXE	REA	YN05HCD	MEB
YN04GJG	B&H	YN04KGA	SNOE	YN04XYZ	BLT	YN05GXF	REA	YN05HCE	MEB
YN04GJJ	B&H	YN04KGE	SEMS	YN04XZA	IBL	YN05GXG	REA	YN05HCF	MEB
YN04GJK	B&H	YN04KGF	SEMS	YN04XZC	TMH	YN05GXH	REA	YN05HCG	MEB
YN04GJU	B&H	YN04KGG	SEMS	YN04XZH	ANW	YN05GXJ	REA	YN05HCH	PPH

Reg	Code	Reg	Code	Reg	Code	Reg	Code	Reg	Code
YN05HCJ	MLN	YN05VRU	CSC	YN05XNH	SEMS	YN06CKF	ZAM	YN06JXP	ATS
YN05HCL	FNW	YN05VRW	NEL	YN05XNJ	SEMS	YN06CKG	EXA	YN06JXR	MEB
YN05HCO	FNW	YN05VRX	RMY	YN05XNK	SEMS	YN06CKJ	ZAM	YN06JXS	MEB
YN05HCP	FNW	YN05VRY	GSN	YN05XNL	SEMS	YN06CKK	EDW	YN06JXT	MEB
YN05HCU	FNW	YN05VRZ	CSY	YN05XNZ	SYOR	YN06CKL	ATK	YN06JXU	MEB
YN05HCV	FNW	YN05VSA	EBC	YN05XOA	SYOR	YN06CKO	ASM	YN06JXV	MEB
YN05HCX	FNW	YN05VSG	EBC	YN05XOB	SYOR	YN06CKP	ROM	YN06JXW	MEB
YN05HCY	FNW	YN05VSJ	SOO	YN05XYY	HMI	YN06CKU	LAL	YN06JXX	MEB
YN05HCZ	FNW	YN05VSK	EBC	YN05XZA	OVL	YN06CKX	TUT	YN06JXY	MEB
YN05HDD	CHC	YN05VSO	EBC	YN05XZC	KCL	YN06CKY	TGA	YN06JXZ	MEB
YN05HDE	CHC	YN05VSX	HAB	YN05XZD	NEL	YN06CXZ	TDT	YN06JYB	MEB
YN05HDF	CHC	YN05VSY	LBH	YN05XZG	STR	YN06CYA	EBC	YN06JYC	MEB
YN05HFC	PPH	YN05VSZ	LBH	YN05XZJ	OFJ	YN06CYC	ATB	YN06JYD	MEB
YN05HFE	MEB	YN05VVR	ARL	YN05XZL	LAT	YN06CYG	SBO	YN06JYE	MEB
YN05HFF	MEB	YN05VVU	TRX	YN05XZO	SOO	YN06CYH	SBO	YN06JYF	MEB
YN05HFG	MEB	YN05WEC	SWSC	YN05XZP	KCC	YN06CYJ	SBO	YN06JYG	MEB
YN05HFH	MEB	YN05WEF	SWSC	YN05XZR	KCC	YN06CYO	TMH	YN06JYH	MEB
YN05HFJ	MEB	YN05WEK	SWSC	YN05XZS	KCC	YN06CYP	TBB	YN06JYJ	MEB
YN05HFK	LUC	YN05WEV	ROI	YN05XZT	KCC	YN06CYT	LAT	YN06JYK	MEB
YN05HFL	LUC	YN05WFB	NCT	YN05YCY	SYOR	YN06CYV	APE	YN06JYL	MEB
YN05HFM	BOW	YN05WFC	NCT	YN05YCZ	SYOR	YN06FTT	CAT	YN06JYO	MEB
YN05HFP	BOW	YN05WFD	NCT	YN06AWW	HUT	YN06FTU	VTC	YN06JYP	CMY
YN05HFR	LAG	YN05WFE	NCT	YN06AYL	ETN	YN06FUB	VTC	YN06LLU	SNOE
YN05HFS	AUD	YN05WFF	NCT	YN06CFG	HAB	YN06FUD	VTC	YN06LLV	SNOE
YN05HFU	PGC	YN05WFG	NCT	YN06CFL	GRW	YN06FUG	CAT	YN06LLW	SNOE
YN05HFW	LUV	YN05WFK	NCT	YN06CFM	GRW	YN06FVA	MOX	YN06LLX	SNOE
YN05HFY	BEE	YN05WFO	NCT	YN06CFO	LMS	YN06FVV	CAT	YN06LLZ	SNOE
YN05HGA	FHD	YN05WFP	NCT	YN06CFV	BIB	YN06FWB	SLK	YN06LME	SNOE
YN05HGC	ARM	YN05WFR	NCT	YN06CFY	ZBT	YN06FWD	LJL	YN06LMF	SNOE
YN05HUY	SGC	YN05WFS	NCT	YN06CFZ	EXA	YN06FXB	APP	YN06LMJ	SNOE
YN05HUZ	AAA	YN05WFT	NCT	YN06CGG	EDW	YN06JEU	LJL	YN06LMK	SNOE
YN05HVA	SOO	YN05WFU	NCT	YN06CGK	OAT	YN06JFA	SLF	YN06LML	SNOE
YN05HVB	BAR	YN05WFV	NCT	YN06CGO	SBM	YN06JFJ	TTC	YN06LMM	SNOE
YN05HVC	BSG	YN05WFW	NCT	YN06CGU	TRU	YN06JFK	TRX	YN06MXC	BSG
YN05HVD	BSG	YN05WFX	NCT	YN06CGV	TRU	YN06JFX	SLF	YN06MXD	BSG
YN05HVF	BCD	YN05WGC	NCT	YN06CGX	TRU	YN06JWC	REA	YN06MXE	ELC
YN05HVG	SAN	YN05WGD	NCT	YN06CGY	TRU	YN06JWD	REA	YN06MXH	ELC
YN05HVH	SOA	YN05WGG	NCT	YN06CGZ	TRU	YN06JWE	REA	YN06MXJ	HUT
YN05HVJ	HUT	YN05WJA	VTE	YN06CHD	MLN	YN06JWF	REA	YN06MXK	RCT
YN05HVM	HMI	YN05WJC	VTE	YN06CHF	HAB	YN06JWG	REA	YN06MXR	MFW
YN05HVP	PER	YN05WJD	VTE	YN06CHG	HAB	YN06JWJ	REA	YN06MXS	WOT
YN05HVR	AMD	YN05WJF	VTE	YN06CHH	EDW	YN06JWL	REA	YN06MXT	WOT
YN05HVS	SOO	YN05WJG	VTE	YN06CHJ	EXA	YN06JWM	REA	YN06MXU	WOT
YN05HVT	MFW	YN05WJJ	VTE	YN06CHK	EXA	YN06JWO	REA	YN06MXW	WOT
YN05HVU	CSY	YN05WJK	VTE	YN06CHL	EXA	YN06JWP	REA	YN06MXX	WOT
YN05RBV	PER	YN05WJL	VTE	YN06CHV	BOW	YN06JWU	REA	YN06MXZ	STA
YN05RCF	HER	YN05WJM	VTE	YN06CHX	EXA	YN06JWV	REA	YN06NXP	REA
YN05RXY	TTC	YN05WJO	VTE	YN06CHZ	HSL	YN06JWW	REA	YN06NXR	REA
YN05UFW	CLS	YN05WJU	VTE	YN06CJE	BEE	YN06JWX	REA	YN06NXS	REA
YN05UGO	MOS	YN05WKC	FNW	YN06CJF	EXA	YN06JWY	REA	YN06NXT	REA
YN05UPY	WA	YN05WKD	FNW	YN06CJJ	EDW	YN06JWZ	REA	YN06NXU	REA
YN05UUS	FHT	YN05WKE	FNW	YN06CJO	ASM	YN06JXA	EXA	YN06NXV	REA
YN05UUT	FHT	YN05WKF	FNW	YN06CJU	CSC	YN06JXC	PAT	YN06NXW	REA
YN05UUV	MUS	YN05WKG	FNW	YN06CJV	TGM	YN06JXF	MOC	YN06NXX	REA
YN05UUW	MYA	YN05WKH	FNW	YN06CJX	TGM	YN06JXG	MOC	YN06NXY	REA
YN05UUZ	TEV	YN05WKJ	FNW	YN06CJY	TGM	YN06JXH	MOC	YN06NXZ	REA
YN05UVB	MMS	YN05WKK	FNW	YN06CJZ	TGM	YN06JXJ	ATS	YN06NYB	ZAH
YN05UVE	LTL	YN05WKP	VTE	YN06CKA	ALS	YN06JXK	ATS	YN06NYF	KFY
YN05UVL	A&B	YN05XBC	SYOR	YN06CKC	EDW	YN06JXL	ATS	YN06NYG	KFY
YN05VRP	KBC	YN05XBD	SYOR	YN06CKD	PKS	YN06JXM	ATS	YN06NYH	KFY
YN05VRR	PCN	YN05XNG	SEMS	YN06CKE	EXA	YN06JXO	ATS	YN06NYK	B&H

YN06NYL	B&H	YN06TBV	BLI	YN07DUA	BIB	YN07EXS	BUZ	YN07KSK	SYOR
YN06NYM	ZBT	YN06TDO	FEX	YN07DVA	PRO	YN07EXT	WIB	YN07KSO	SYOR
YN06NYO	EXA	YN06TDU	FEX	YN07DVB	PRO	YN07EXU	WIB	YN07KSU	SYOR
YN06NYP	EXA	YN06TDV	FEX	YN07DVC	EBC	YN07EXV	MLN	YN07KSV	SYOR
YN06NYS	TTC	YN06TDX	FEX	YN07DVF	SAN	YN07EXW	HAP	YN07KSX	SYOR
YN06NYT	AMD	YN06TDZ	FEX	YN07DVG	HAP	YN07EYA	NCT	YN07KSY	SYOR
YN06NYU	CLL	YN06TFY	HOM	YN07DVK	FWY	YN07EYB	NCT	YN07LDC	CBN
YN06NYV	CLL	YN06TFZ	BUR	YN07DVM	G&M	YN07EYC	NCT	YN07LDD	CBN
YN06NYW	CLL	YN06TGE	CBN	YN07DVO	TMH	YN07EYD	NCT	YN07LDE	CBN
YN06NYX	GOT	YN06TGF	NCT	YN07DVP	JSP	YN07EYG	GET	YN07LDF	CBN
YN06NYY	GOT	YN06TGJ	NCT	YN07DVR	JSP	YN07EYH	NCT	YN07LDJ	CLL
YN06NYZ	GOT	YN06TGK	NCT	YN07DZG	CNS	YN07EYJ	NCT	YN07LDK	CLL
YN06NZA	ZBT	YN06TGO	NCT	YN07DZH	KFY	YN07EYK	NCT	YN07LDL	CLL
YN06NZC	ZBT	YN06TGU	NCT	YN07DZJ	KFY	YN07EYL	NCT	YN07LDO	CLL
YN06NZD	ZBT	YN06TGV	NCT	YN07DZK	KFY	YN07EYM	NCT	YN07LDU	CLL
YN06NZH	MMS	YN06TGX	NCT	YN07DZM	KFY	YN07EYO	NCT	YN07LDV	ASM
YN06NZM	ALX	YN06TGY	NCT	YN07DZO	KFY	YN07EYP	NCT	YN07LDX	NCT
YN06NZO	G&M	YN06TGZ	NCT	YN07DZP	KFY	YN07EYR	NCT	YN07LDY	NCT
YN06NZR	MMS	YN06UGO	SYOR	YN07DZR	KFY	YN07EYT	NCT	YN07LDZ	NCT
YN06NZS	MMS	YN06UGP	SYOR	YN07DZS	KFY	YN07EYU	NCT	YN07LEF	ZCP
YN06NZV	MMS	YN06UGR	SYOR	YN07DZT	KFY	YN07EYW	NCT	YN07LFA	REA
YN06NZW	MMS	YN06UGS	SYOR	YN07DZU	BOW	YN07EYX	NCT	YN07LFB	REA
YN06OKW	CTP	YN06UGT	SYOR	YN07DZV	BOW	YN07EYY	NCT	YN07LFD	REA
YN06OPG	JBT	YN06UGU	SYOR	YN07DZW	CNS	YN07EYZ	NCT	YN07LFE	REA
YN06OPK	MFW	YN06UGV	SYOR	YN07DZX	PGC	YN07EZA	CWL	YN07LFF	REA
YN06OPO	JBG	YN06UGW	SYOR	YN07DZY	PGC	YN07EZB	ANG	YN07LFG	REA
YN06OPR	MAR	YN06UGY	SYOR	YN07DZZ	PGC	YN07KGO	GEB	YN07LFL	SLF
YN06OPS	SEL	YN06UPZ	FLE	YN07EAA	GET	YN07KGP	GEB	YN07LFT	TGA
YN06OPT	KCC	YN06URA	FG	YN07EAJ	PWW	YN07KGX	WES	YN07LFU	ANG
YN06OPU	KCC	YN06URB	FG	YN07EAK	ZAF	YN07KGY	TET	YN07LFY	SLF
YN06OPV	MAR	YN06URC	FG	YN07EAO	DCS	YN07KGZ	WES	YN07LFZ	K&J
YN06OPW	MAR	YN06URD	FG	YN07EAP	ZAF	YN07KHA	SOO	YN07LGG	LUV
YN06OPY	GRN	YN06URE	FG	YN07EAW	REC	YN07KHC	WED	YN07LGJ	CLL
YN06PCV	MAR	YN06URF	FG	YN07EAY	PWW	YN07KHD	MSH	YN07LGW	OFJ
YN06PCY	SHI	YN06URG	FG	YN07EBA	STR	YN07KHH	AAA	YN07LGZ	TRH
YN06PDX	MFW	YN06URH	FG	YN07EBC	BSK	YN07KHJ	SOO	YN07LHD	REA
YN06PFA	SHI	YN06URJ	FG	YN07EBV	SEA	YN07KHK	AAA	YN07LHE	ZCO
YN06PFD	OFJ	YN06WCG	SYOR	YN07EBX	SEA	YN07KPL	SYOR	YN07LHF	CSC
YN06PFE	OFJ	YN06WCJ	SYOR	YN07EBZ	SEA	YN07KPO	SYOR	YN07LHG	CSC
YN06PFF	TGM	YN06WCK	SYOR	YN07ECA	SEA	YN07KPP	SYOR	YN07LHM	MLN
YN06PFG	OFJ	YN06WCL	SYOR	YN07ECD	SVD	YN07KPR	SYOR	YN07LHO	VTE
YN06PKK	PPH	YN06WCM	SYOR	YN07ECE	KFY	YN07KPT	SYOR	YN07LHP	HBC
YN06PUJ	CTP	YN06WCO	SYOR	YN07ECT	KBC	YN07KPU	SYOR	YN07LHR	CSS
YN06RVA	HUT	YN06WCP	SYOR	YN07EEA	CCP	YN07KPV	SYOR	YN07LHT	HBC
YN06RVL	FWY	YN06WCR	SYOR	YN07EEB	CCP	YN07KPX	SYOR	YN07LHU	STC
YN06RVO	STR	YN06WCT	SYOR	YN07EWS	W&D	YN07KPY	SYOR	YN07LHV	GCB
YN06RVP	OFJ	YN06WCU	SYOR	YN07EWT	W&D	YN07KPZ	SYOR	YN07LHW	HBC
YN06RVT	IND	YN06WME	FNW	YN07EWW	WAT	YN07KRD	SYOR	YN07LHX	STC
YN06RVV	SOO	YN06WMF	FNW	YN07EWX	ASM	YN07KRE	SYOR	YN07LHY	CSS
YN06RVX	BCM	YN06WMG	FNW	YN07EWZ	ASM	YN07KRF	SYOR	YN07LHZ	HBC
YN06RVY	BCM	YN06WMJ	FNW	YN07EXA	MLN	YN07KRG	SYOR	YN07LJA	LUC
YN06RWE	MCE	YN06WMK	FNW	YN07EXD	BUD	YN07KRJ	SYOR	YN07LJE	PGC
YN06RWF	EBC	YN06WML	FNW	YN07EXE	WBU	YN07KRK	SYOR	YN07LJF	PGC
YN06RWJ	EBC	YN06WMM	FNW	YN07EXF	MEB	YN07KRO	SYOR	YN07LJU	CWL
YN06RWK	CLC	YN06WMO	FNW	YN07EXG	MEB	YN07KRU	SYOR	YN07LJV	BOW
YN06RWL	CLC	YN06WMP	FNW	YN07EXH	MEB	YN07KRV	SYOR	YN07LJZ	LIT
YN06RWW	SAN	YN06WMT	FNW	YN07EXK	MEB	YN07KRX	SYOR	YN07LKA	ZCQ
YN06SZW	B&H	YN06WVU	ZEG	YN07EXM	MEB	YN07KRZ	SYOR	YN07LKF	MEB
YN06SZX	B&H	YN06WXT	EXL	YN07EXO	MEB	YN07KSE	SYOR	YN07LKG	MEB
YN06SZY	B&H	YN06ZWH	MLN	YN07EXP	BEE	YN07KSF	SYOR	YN07LKJ	FOR
YN06SZZ	B&H	YN07DTY	SAN	YN07EXR	MRS	YN07KSJ	SYOR	YN07LKK	FOR

YN07MBX CLC	YN07OZU OFJ	YN08DHK TDL	YN08JBZ SYOR	YN08MLU NCT
YN07MBY CLC	YN07OZV OFJ	YN08DHL TDL	YN08JCJ SYOR	YN08MLV NCT
YN07MKD FSY	YN07OZX ADT	YN08DHM TDL	YN08JDF CTP	YN08MLX NCT
YN07MKE FSY	YN07SYS TMH	YN08DHO TDL	YN08JDJ CTP	YN08MLY NCT
YN07MKF FSY	YN07UOF B&H	YN08DHP TDL	YN08JDK CTP	YN08MLZ ZBT
YN07MKG FSY	YN07UOG B&H	YN08DHU TDL	YN08JDO CTP	YN08MMA REA
YN07MKJ FSY	YN07UOT B&H	YN08DHV TDL	YN08JDU SYOR	YN08MME REA
YN07MKK FSY	YN07UOU B&H	YN08DHX TDL	YN08JFJ SYOR	YN08MMF REA
YN07MKL FSY	YN07VCK NPT	YN08DHY TDL	YN08JFK SYOR	YN08MMJ REA
YN07MKM FSY	YN07VCL NPT	YN08DHZ TDL	YN08JFO SYOR	YN08MMK REA
YN07MKO FSY	YN07VCO NPT	YN08DLV TET	YN08JFV SYOR	YN08MMO REA
YN07MKP FSY	YN07VMP PER	YN08DME WED	YN08JFX SYOR	YN08MMU REA
YN07MKV FSY	YN08ATO SVD	YN08DMV EPS	YN08JFY SYOR	YN08MMV MCE
YN07MKX FSY	YN08ATZ TAY	YN08DMX EPS	YN08JFZ SYOR	YN08MOA PGC
YN07MKZ FSY	YN08AUE POL	YN08DMY GAL	YN08JGF SYOR	YN08MOF WXC
YN07MLE FSY	YN08AVK SZB	YN08DNJ WCC	YN08JGO SYOR	YN08MOV AMD
YN07MLF FSY	YN08AVR STR	YN08DNO FWY	YN08JGU SYOR	YN08MPE BUR
YN07MLJ FSY	YN08AVT GEH	YN08DNU TMH	YN08JGV SYOR	YN08MPF BUR
YN07MLK FSY	YN08CWT TBB	YN08DNV EDW	YN08JGX SYOR	YN08MPO JAJ
YN07MLL FSY	YN08CWU TBB	YN08DNX EDW	YN08JGY SYOR	YN08MPU WBH
YN07MLO FSY	YN08CWV TBB	YN08FEG REC	YN08JGZ SYOR	YN08MPV WBH
YN07MLU FSY	YN08CWW TBB	YN08FEH EFN	YN08JHA SYOR	YN08MPX WBH
YN07NTO TGB	YN08CWX TBB	YN08FEK CEN	YN08JHE SYOR	YN08MPY WBH
YN07NTT ZCW	YN08CWY TBB	YN08FEM REC	YN08JHF SYOR	YN08MPZ WBH
YN07NTU ZCW	YN08CWZ CUI	YN08HYM REA	YN08JHH SYOR	YN08MRO CBL
YN07NTV ZCW	YN08CXA RMY	YN08HYO REA	YN08JHJ SYOR	YN08MRU TDL
YN07NTY ZCW	YN08DDJ LIT	YN08HYP REA	YN08JWC TMH	YN08MRV TDL
YN07NUA BBU	YN08DDK BAY	YN08HYR REA	YN08JWD TMH	YN08MRX TDL
YN07NUB BBU	YN08DDU YAR	YN08HYS REA	YN08JWE TMH	YN08MRY TDL
YN07NUC BBU	YN08DDV BAY	YN08HYT REA	YN08JWY HOB	YN08MSO NCT
YN07NUF RCT	YN08DDX BLI	YN08HYU REA	YN08LCJ FSY	YN08MSU NCT
YN07NUO ADT	YN08DDZ BAY	YN08HYW REA	YN08LCK FSY	YN08MSV NCT
YN07NUP ADT	YN08DEU TDL	YN08HYX REA	YN08LCL FSY	YN08MSX NCT
YN07NUW FLB	YN08DFA TRH	YN08HYY REA	YN08LCM FSY	YN08MSY NCT
YN07NWD HUC	YN08DFC LUC	YN08HZA CLL	YN08LCO FSY	YN08MTE NCT
YN07ONZ ATI	YN08DFD WCS	YN08HZB CLL	YN08LCP FSY	YN08NKH MMS
YN07OOX TGM	YN08DFE WCS	YN08HZC CLL	YN08LCT FG	YN08NKJ SIL
YN07OOY TGM	YN08DFF LUC	YN08HZD CLL	YN08LCU FG	YN08NKK EXE
YN07OPA PER	YN08DFG EXA	YN08HZE CLL	YN08LCV FG	YN08NKL EXE
YN07OPD BRN	YN08DFJ MEB	YN08HZF CLL	YN08LCW FG	YN08NKM EXE
YN07OPE BSG	YN08DFK MEB	YN08HZG CLL	YN08LCY FG	YN08NKO ASM
YN07OPF MFW	YN08DFL MEB	YN08HZH PRN	YN08LCZ FG	YN08NKR GRN
YN07OPG MFW	YN08DFO MEB	YN08HZK ARM	YN08LDA FG	YN08NKT SOO
YN07OPL BSG	YN08DFP MEB	YN08HZL ARM	YN08LDC FG	YN08NKW TMH
YN07OPM ZAI	YN08DFU MEB	YN08HZM ARM	YN08LDD FG	YN08NKX SOO
YN07OPO BBU	YN08DFV MEB	YN08HZP ARM	YN08LNE ZAE	YN08NKZ SOO
YN07OPR BBU	YN08DFX MEB	YN08HZR ARM	YN08LNF ZAE	YN08NLA IVD
YN07OPS PJE	YN08DFY MEB	YN08HZS ARM	YN08MKM REA	YN08NLC FHT
YN07OSB SYOR	YN08DFZ MEB	YN08HZT ARM	YN08MKO REA	YN08NLG MMS
YN07OSC SYOR	YN08DGE PCO	YN08HZU ARM	YN08MKP REA	YN08NLJ MMS
YN07OSD SYOR	YN08DGO BLD	YN08HZV ARM	YN08MKU REA	YN08NLL FSY
YN07OSE SYOR	YN08DGV LJL	YN08HZW ARM	YN08MKV REA	YN08NLM FSY
YN07OSF SYOR	YN08DGX COS	YN08HZX ARM	YN08MKX REA	YN08NLO FSY
YN07OSG SYOR	YN08DGZ RDL	YN08HZY ARM	YN08MKZ REA	YN08NLP FSY
YN07OYX MWT	YN08DHA TDL	YN08HZZ ARM	YN08MLE NCT	YN08NLR FSY
YN07OYZ FWY	YN08DHC TDL	YN08JAO JOH	YN08MLF NCT	YN08NLT FSY
YN07OZO KCT	YN08DHD TDL	YN08JAU B&H	YN08MLJ NCT	YN08NLU FSY
YN07OZP OFJ	YN08DHE TDL	YN08JBE AMD	YN08MLK NCT	YN08NLV FSY
YN07OZR OFJ	YN08DHF TDL	YN08JBO BUZ	YN08MLL NCT	YN08NLX FSY
YN07OZS OFJ	YN08DHG TDL	YN08JBX BUZ	YN08MLO NCT	YN08NLY FSY
YN07OZT OFJ	YN08DHJ TDL	YN08JBY MLN	YN08MLO NCT	YN08NLZ FSY

Call	Code	Call	Code	Call	Code	Call	Code	Call	Code
YN08NMA	FSY	YN08OWC	BOW	YN09EZH	RAB	YN10ABO	REI	YN51KUU	ABS
YN08NME	FSY	YN08OWD	BOW	YN09FRU	MLN	YN10ABV	FWY	YN51KUV	ABS
YN08NMF	FSY	YN08OWF	BOW	YN09FSA	HTT	YN10ABX	MFW	YN51KUW	ABS
YN08NMJ	FSY	YN08OWG	BOW	YN09FSF	DRE	YN10ABZ	MFW	YN51KUX	ABS
YN08NMK	FSY	YN08OWH	BOW	YN09HDX	MLS	YN10ACO	FWY	YN51KUY	ABS
YN08NMM	FSY	YN08OWK	MMS	YN09HEJ	PSK	YN10ACF	WIT	YN51KVA	ABS
YN08NMU	FSY	YN08OWM	DUR	YN09HFG	CCP	YN10ACU	WVY	YN51KVC	ABS
YN08NMV	FSY	YN08OWO	FEX	YN09HFH	FSY	YN10ACV	WVY	YN51KVD	ABS
YN08NMX	FSY	YN08OWP	FEX	YN09HFJ	FSY	YN10ACX	JSP	YN51KVE	ABS
YN08NMY	FSY	YN08OWR	FEX	YN09HFK	FSY	YN10ACY	STX	YN51KVF	ABS
YN08NNB	TVC	YN08OWU	FEX	YN09HFL	FSY	YN10ADU	WVY	YN51KVG	ABS
YN08NNC	CLC	YN08OWV	FEX	YN09HFM	FSY	YN10ADV	WVY	YN51KVH	ABS
YN08NND	STS	YN08OWX	JTK	YN09HRC	CLC	YN10ADX	SOO	YN51KVJ	ABS
YN08NNE	CLC	YN08OWY	AUS	YN09HRD	CLC	YN10ADZ	ATI	YN51KVK	ABS
YN08NNF	CLC	YN08OWZ	AUS	YN09HRE	CLC	YN10AEA	REI	YN51KVL	ABS
YN08NNG	TEV	YN08OXD	WHT	YN09HRF	CLC	YN10AGO	SYOR	YN51KVM	ABS
YN08NTK	SVD	YN08PKV	APS	YN09HRG	CLC	YN10AGU	SYOR	YN51KVO	ABS
YN08NWV	JEF	YN08PLF	FSY	YN09HRJ	CLC	YN10AGV	SYOR	YN51KVP	ABS
YN08NXJ	AWJ	YN08PLO	FSY	YN09HRK	CLC	YN10AGX	SYOR	YN51KVR	ABS
YN08NXK	ATW	YN08PLU	FSY	YN09HRL	CLC	YN10AGY	SYOR	YN51KVS	ABS
YN08NXL	ATW	YN08PLX	FSY	YN09HRM	FLB	YN10ENW	STE	YN51KVT	ABS
YN08NXM	ATW	YN08PLZ	FSY	YN09HRU	CUI	YN10ENX	B&J	YN51KVU	ABS
YN08NXP	OAD	YN08PMO	FSY	YN09HRX	SWA	YN10EOB	GLI	YN51KVV	ABS
YN08NXR	CLC	YN08PMU	FSY	YN09HRZ	SWA	YN10EOC	ALF	YN51KVW	ABS
YN08NXS	CLC	YN08PMV	FSY	YN09HSE	OLA	YN10EOD	OAT	YN51KVX	ABS
YN08NXU	CLC	YN08PMX	FSY	YN09HYX	SCL	YN10EOF	ALF	YN51KVZ	ABS
YN08NXW	WRH	YN08PMY	FSY	YN09HZA	BMC	YN10EOG	ALF	YN51KWA	ABS
YN08NXY	STE	YN08PNE	FSY	YN09HZB	BMC	YN10EOK	ALF	YN51KWB	ABS
YN08NXZ	BEH	YN08PNF	FSY	YN09KHB	BBU	YN10EOL	EBC	YN51KWC	ABS
YN08NYA	FWY	YN08PNJ	FSY	YN09KHC	BBU	YN10EOP	LUC	YN51KWD	ABS
YN08OAJ	CBN	YN08PNK	FSY	YN09KHD	BBU	YN10EOS	SOO	YN51KWE	ABS
YN08OAM	CBN	YN08SOC	EDW	YN09KHG	IVD	YN10EOT	SOO	YN51KWF	ABS
YN08OAO	CBN	YN08SOE	EDW	YN09KHH	MYA	YN10FKM	SEL	YN51KWG	ABS
YN08OAP	CBN	YN08SOU	KCT	YN09KHJ	PER	YN10FKO	SEL	YN51MFZ	PCO
YN08OAS	MEB	YN08UAK	COS	YN09KHK	CTC	YN10FKP	SEL	YN51MGV	VTC
YN08OAV	MEB	YN09AOJ	HOL	YN09KHM	BEH	YN10FKR	SEL	YN51MHE	APT
YN08OAW	MEB	YN09AOO	RMY	YN09KHO	SEL	YN10FKS	SEL	YN51MHO	CDS
YN08OAX	MEB	YN09AOP	D&E	YN09KHP	SEL	YN10FKT	SEL	YN51MJE	KIE
YN08OAY	MEB	YN09AOS	TMH	YN09KHR	GEB	YN10FKV	SEL	YN51MKF	VTC
YN08OAZ	MEB	YN09AOT	ATI	YN09LCM	RTT	YN10FKY	FWY	YN51MKG	VTC
YN08OBP	MEB	YN09AOU	PRO	YN09LLK	HOU	YN10FKZ	RMY	YN51MKK	AUD
YN08OBR	MEB	YN09AOV	WRH	YN09LME	SAN	YN10FLA	CIC	YN51MKV	GON
YN08OBW	BOW	YN09AOW	ADT	YN09LMF	SAN	YN10FLB	CIC	YN51MKX	GON
YN08OBX	LIT	YN09AOX	ADT	YN09LMK	MCD	YN10FLC	FWY	YN51MKZ	K&J
YN08OBY	BUR	YN09APF	ADT	YN09OTE	BLT	YN10FNV	PRO	YN51VHH	SYOR
YN08OBZ	BUR	YN09BXV	BMC	YN09OTF	BLT	YN10FZE	REI	YN51VHJ	SYOR
YN08OCB	CHC	YN09BXW	WHY	YN09OTG	BLT	YN10FZF	REI	YN51VHK	SYOR
YN08OCC	CHC	YN09BYA	AMD	YN09OTH	BLT	YN10FZH	EXW	YN51VHL	SYOR
YN08OCD	CHC	YN09DXL	JRC	YN09OTK	BLT	YN10FZK	CRN	YN51VHO	SYOR
YN08OCE	CHC	YN09DXM	GRN	YN09OTL	BLT	YN10FZL	CRN	YN51VHP	SYOR
YN08OCF	CHC	YN09DXR	RCT	YN09OTM	BLT	YN10FZM	CET	YN51VHR	SEMS
YN08OCG	CHC	YN09DXT	TET	YN10AAE	JBT	YN10FZP	WHT	YN51VHT	SEMS
YN08OCH	CHC	YN09DXW	MWT	YN10AAF	JBT	YN10FZR	CLC	YN51VHU	SEMS
YN08OCJ	CHC	YN09DXY	RCT	YN10AAJ	LCL	YN10FZS	CLC	YN51VHV	SEMS
YN08OCK	CHC	YN09DXZ	SOO	YN10AAK	LCL	YN10FZT	CLC	YN51VHW	SEMS
YN08OCL	CHC	YN09DYA	SWA	YN10AAO	LTL	YN10FZU	CLC	YN51VHX	SEMS
YN08OCM	CHC	YN09DYB	SWA	YN10AAU	HOL	YN10FZV	CLC	YN51VHY	SEMS
YN08OCO	CHC	YN09EXC	WRH	YN10AAV	ADT	YN10FZW	CLC	YN51VHZ	SEMS
YN08OCP	CHC	YN09EZD	WRH	YN10AAY	MMS	YN10HHU	ALE	YN51VJA	SEMS
YN08OCR	NIB	YN09EZE	AAA	YN10ABF	WIT	YN10HJO	MWT	YN51WGV	BBN
YN08OCS	HLS	YN09EZG	RAB	YN10ABK	REI	YN51KKB	MOG		

YN51WGY	RAM	YN53EFV	FG	YN53GGU	NPT	YN53SUF	EPS	YN53ZWR	BLT
YN51WGZ	RAM	YN53EFW	FG	YN53GGV	NPT	YN53SUO	WLA	YN53ZWT	BLT
YN51WHB	DJT	YN53EFX	FG	YN53GGX	NPT	YN53SVD	WLA	YN53ZWU	BLT
YN51WHD	MSH	YN53EFZ	FG	YN53GHA	MEN	YN53SVE	TDE	YN53ZWV	BLT
YN51WHE	JOB	YN53EGC	FG	YN53GHB	MEN	YN53SVG	ATS	YN53ZWW	BLT
YN51WHJ	DAN	YN53EHY	TAP	YN53GHD	MEN	YN53SVJ	DOY	YN53ZWX	BLT
YN51WHK	DAN	YN53EHZ	MWT	YN53GHK	MEN	YN53SVK	EPS	YN53ZWY	BLT
YN51WHL	WBK	YN53EJC	WMC	YN53GHO	MEN	YN53SVL	EPS	YN53ZWZ	BLT
YN51XMW	ZBF	YN53EJG	CWL	YN53GHU	MEN	YN53SVO	EPS	YN53ZXA	EPS
YN51XNE	RAW	YN53EJK	HOL	YN53GHV	MEN	YN53SVP	EPS	YN53ZXB	EPS
YN51YTS	TDT	YN53EJL	MMS	YN53OYW	ASN	YN53SVR	EPS	YN54AAK	NAH
YN52TOV	HOR	YN53EJO	JBT	YN53OZK	CWL	YN53SVT	D&G	YN54AAO	ZCE
YN53CDE	OFJ	YN53EJX	TMH	YN53OZL	CWL	YN53SVU	CWL	YN54AAU	NAH
YN53CEA	NCT	YN53EKX	LUV	YN53OZP	CSC	YN53SVV	EA	YN54AEB	VTC
YN53CEF	NCT	YN53EKY	LUV	YN53OZR	CSC	YN53SVW	CED	YN54AEC	VTC
YN53CEJ	NCT	YN53EKZ	YCT	YN53OZJ	LAG	YN53SVX	JOH	YN54AEP	REA
YN53CEK	NCT	YN53ELC	SBL	YN53OZU	VTE	YN53SVY	A1A	YN54AET	REA
YN53CEO	NCT	YN53ELH	RBC	YN53PAO	SYOR	YN53SVZ	A1A	YN54AEU	REA
YN53CEU	NCT	YN53ELJ	FWE	YN53PBX	SIE	YN53SWF	EPS	YN54AEV	REA
YN53CEV	NCT	YN53ELO	FWE	YN53PCV	SNW	YN53USG	MEB	YN54AEW	REA
YN53CFA	NCT	YN53ELU	COR	YN53RXF	MEB	YN53VBJ	SEL	YN54AEX	REA
YN53CFD	NCT	YN53ELV	MID	YN53RXG	MEB	YN53VBL	DEV	YN54AEY	REA
YN53CFE	NCT	YN53ELW	IBL	YN53RXH	MEB	YN53VBM	GRN	YN54AEZ	REA
YN53CFF	NCT	YN53EMF	D&G	YN53RXJ	MEB	YN53VBO	WGH	YN54AFA	REA
YN53CFG	NCT	YN53EMJ	PSL	YN53RXK	MEB	YN53VBP	MLS	YN54AFE	REA
YN53CFJ	NCT	YN53EMK	D&G	YN53RXL	MEB	YN53VBT	FAB	YN54AFF	REA
YN53CFK	NCT	YN53EMV	D&G	YN53RXM	MEB	YN53VBU	FAB	YN54AFJ	REA
YN53CFL	NCT	YN53EMX	D&G	YN53RXO	MEB	YN53VBV	FAB	YN54AFK	REA
YN53CFO	NCT	YN53ENE	HAC	YN53RXP	MEB	YN53VBX	ASN	YN54AFO	REA
YN53CFP	NCT	YN53ENF	HAC	YN53RXR	MEB	YN53VBZ	NCC	YN54AFU	REA
YN53CFU	NCT	YN53ENH	HAC	YN53RXT	MEB	YN53VCD	MFW	YN54AFV	REA
YN53CFV	NCT	YN53ENJ	TTC	YN53RXU	MEB	YN53VCG	PER	YN54AFX	REA
YN53CFX	NCT	YN53ENL	CBL	YN53RXV	MEB	YN53VCJ	SEL	YN54AGO	STU
YN53CFY	NCT	YN53ENM	HAC	YN53RXW	MEB	YN53WZJ	MUN	YN54AGV	CSC
YN53CFZ	NCT	YN53EOA	FSY	YN53RXX	MEB	YN53YCR	COO	YN54AHA	NCT
YN53CHC	PEX	YN53EOB	FSY	YN53RXY	MEB	YN53YGR	ELR	YN54AHC	NCT
YN53CHD	PEX	YN53EOC	FSY	YN53RXZ	MEB	YN53YGZ	STP	YN54AHD	NCT
YN53CHF	NCT	YN53EOD	FSY	YN53RYA	MEB	YN53YHA	JOH	YN54AHE	NCT
YN53CHG	OFJ	YN53EOE	FSY	YN53RYB	MEB	YN53YHB	JOH	YN54AHF	NCT
YN53CHH	OFJ	YN53EOF	FSY	YN53RYC	MEB	YN53YHH	FCY	YN54AHG	NCT
YN53CHJ	OFJ	YN53EOG	FSY	YN53RYD	MEB	YN53YHJ	IRB	YN54AHJ	NCT
YN53CHK	OFJ	YN53EOH	FSY	YN53RYF	MEB	YN53ZFM	COC	YN54AHK	NCT
YN53CHL	OFJ	YN53EOJ	FSY	YN53RYH	MEB	YN53ZRT	SEMS	YN54AHL	NCT
YN53CMV	EXW	YN53EOK	FSY	YN53RYJ	ZBJ	YN53ZRU	SEMS	YN54AHO	NCT
YN53CRV	HPT	YN53EOL	FSY	YN53RYK	MEB	YN53ZRV	SEMS	YN54AHP	NCT
YN53CSY	BAR	YN53EWF	ZCW	YN53RYM	MEB	YN53ZRX	SEMS	YN54AHU	NCT
YN53CVO	DOC	YN53EWG	SLF	YN53RYP	MEB	YN53ZRY	SEMS	YN54AHV	NCT
YN53CVX	HPT	YN53EWK	ZCS	YN53RYR	MEB	YN53ZRZ	SEMS	YN54AHX	PPH
YN53EFE	FG	YN53EXT	WCH	YN53RYT	MEB	YN53ZSD	SEMS	YN54AJO	CSC
YN53EFF	FG	YN53EXX	P&E	YN53RYV	MEB	YN53ZSE	SEMS	YN54AJU	MEB
YN53EFG	FG	YN53GDV	TGM	YN53RYW	MEB	YN53ZSF	SEMS	YN54AJV	MEB
YN53EFH	FG	YN53GDX	SIE	YN53RYX	MEB	YN53ZSG	SEMS	YN54AJX	MEB
YN53EFJ	FG	YN53GDY	VTE	YN53RYY	MEB	YN53ZSJ	SEMS	YN54AJY	MEB
YN53EFK	FG	YN53GEU	SAN	YN53RYZ	MEB	YN53ZWD	SYOR	YN54AKO	CSC
YN53EFL	FG	YN53GFA	SAN	YN53RZA	MEB	YN53ZWE	TLC	YN54ALO	NCT
YN53EFM	FG	YN53GFE	SAN	YN53RZB	MEB	YN53ZWH	SUT	YN54AMO	CSC
YN53EFO	FG	YN53GFJ	SNW	YN53RZC	MEB	YN53ZWJ	SUT	YN54ANU	TGM
YN53EFP	FG	YN53GFX	SAN	YN53RZD	MEB	YN53ZWK	BLT	YN54ANV	SZB
YN53EFR	FG	YN53GFY	ANG	YN53RZE	MEB	YN53ZWL	BLT	YN54AOA	NPT
YN53EFT	FG	YN53GFZ	GBC	YN53RZF	MEB	YN53ZWM	BLT	YN54AOB	NPT
YN53EFU	FG	YN53GGA	GBC	YN53SSZ	NOG	YN53ZWP	BLT	YN54AOC	NPT

YN54AOD NPT	YN54NZC FHD	YN54WDA JRC	YN55NFE B&H	YN55NKR TDL
YN54AOE NPT	YN54NZD FHD	YN54WDD JRC	YN55NFF B&H	YN55NKS TDL
YN54AOF NPT	YN54NZE FHD	YN54WDE ASN	YN55NFG B&H	YN55NKT TDL
YN54AOM B&H	YN54NZF FHD	YN54WVX KIN	YN55NFH B&H	YN55NKU TDL
YN54AOO B&H	YN54NZG FHD	YN54WWC BSG	YN55NFJ B&H	YN55NKW TDL
YN54AOP B&H	YN54NZH FHD	YN54WWF CSC	YN55NFK B&H	YN55NKX TDL
YN54AOR B&H	YN54NZJ FHD	YN54WWH LBH	YN55NFL B&H	YN55NKZ TDL
YN54AOT B&H	YN54NZK FHD	YN54WWJ LBH	YN55NFM B&H	YN55NLA TDL
YN54AOU B&H	YN54NZM FHD	YN54WWK LBH	YN55NFO B&H	YN55NLC TDL
YN54AOV B&H	YN54NZO FHD	YN54WWL LBH	YN55NFP SBM	YN55NLD TDL
YN54AOW B&H	YN54NZP FHD	YN54WWT TUT	YN55NFR SBD	YN55NLE TDL
YN54AOX B&H	YN54NZR FHD	YN54WWU TMH	YN55NGE NCT	YN55NLG TDL
YN54AOY B&H	YN54NZT FHD	YN54WWV TMH	YN55NGF NCT	YN55NLJ TDL
YN54APF FGC	YN54NZU FHD	YN54XBM WBH	YN55NGG NCT	YN55NLK TDL
YN54APK FGC	YN54NZV FHD	YN54XBO WBH	YN55NGJ NCT	YN55NLL TDL
YN54APX FGC	YN54NZW FHD	YN54XSE J&B	YN55NGU NCT	YN55NLM TDL
YN54ARF VTE	YN54NZX FHD	YN54XSL COF	YN55NGV NCT	YN55NLO TDL
YN54ARV ZCH	YN54NZY FHD	YN54XXP HOL	YN55NGX NCT	YN55NLP TDL
YN54DCE WBH	YN54NZZ FHD	YN54XYK BNA	YN55NGY NCT	YN55NLR TDL
YN54DCF FLB	YN54OAA TDL	YN54YRG SYOR	YN55NGZ NCT	YN55NMM VTC
YN54DCU FLB	YN54OAB TDL	YN54YRJ SYOR	YN55NHA TDL	YN55NPA HAT
YN54DCV FLB	YN54OAC TDL	YN54YTU HAB	YN55NHB TDL	YN55NPC CAT
YN54DCX FLB	YN54OAD MLN	YN54ZHK AUD	YN55NHC TDL	YN55NPG VTC
YN54DCY ASN	YN54OAE TDL	YN54ZHL CSC	YN55NHD TDL	YN55PVX PKS
YN54DDF FLB	YN54OAG TDL	YN54ZHM CSC	YN55NHE TDL	YN55PWJ MEB
YN54DDJ BUR	YN54OAH TDL	YN55KLU JBG	YN55NHF TDL	YN55PWK MEB
YN54DDK BUR	YN54OAO WBH	YN55KLV GRW	YN55NHG TDL	YN55PWL MEB
YN54DDL BUR	YN54OAP WBH	YN55KLX THR	YN55NHH TDL	YN55PWO MEB
YN54DDO BUR	YN54OAU WBH	YN55KMA FWY	YN55NHJ TDL	YN55PWU MEB
YN54DDU CEN	YN54OAV WBH	YN55KME ELC	YN55NHK TDL	YN55PWV MEB
YN54DDX CEN	YN54OAW WBH	YN55KMF JRC	YN55NHL TDL	YN55PWX MEB
YN54DDZ AMV	YN54OAY PCO	YN55KMJ CUI	YN55NHM TDL	YN55PXA VTE
YN54DVH ACO	YN54OBB BEE	YN55KMK FEL	YN55NHO TDL	YN55PXB TWM
YN54DVJ ACO	YN54OBX BEE	YN55KMV GLT	YN55NHP TDL	YN55PXD VTE
YN54DVK ACO	YN54OCB NPT	YN55KMY CMT	YN55NHT TDL	YN55PXE VTE
YN54DVL ACO	YN54OCC NPT	YN55KMZ CMT	YN55NHU TDL	YN55PXF TRU
YN54JSX OAK	YN54OCD NPT	YN55KNB LBH	YN55NHV TDL	YN55PXG TRU
YN54JSY CAT	YN54OCE NPT	YN55KND SREN	YN55NHX TDL	YN55PXH TRU
YN54JTV BUZ	YN54OCF NPT	YN55KVY TRX	YN55NHY TDL	YN55PXJ TRU
YN54JTX FTC	YN54OCG NPT	YN55KVZ ZCS	YN55NHZ TDL	YN55PXK TRU
YN54JUF HOM	YN54OCJ BEE	YN55KWJ AAM	YN55NJE TDL	YN55PXL TRU
YN54LKU HAC	YN54OCK FNW	YN55KWL VTC	YN55NJF TDL	YN55PXM VTE
YN54LLA HAC	YN54SYG TMH	YN55KWO CLS	YN55NJJ TDL	YN55PXO VTE
YN54NXK NCT	YN54SZC TBA	YN55KWR SMS	YN55NJK TDL	YN55PXP BLK
YN54NXL NCT	YN54VKA SYOR	YN55KWT SMS	YN55NJU TDL	YN55PXS COS
YN54NXM FGC	YN54VKB SYOR	YN55KWU GEH	YN55NJV TDL	YN55PXU VTE
YN54NXO FGC	YN54VKC SYOR	YN55KWV CNS	YN55NJX BLI	YN55PXV ZBJ
YN54NXR FGC	YN54VKD SYOR	YN55KWW CNS	YN55NJZ REA	YN55PXW VTE
YN54NXT FGC	YN54VKE SYOR	YN55KWX CNS	YN55NKA TDL	YN55PYY TUR
YN54NXU FGC	YN54VKF SYOR	YN55KXF MAN	YN55NKC TDL	YN55PZC MEB
YN54NXV FCY	YN54VLE MUL	YN55LMO WMC	YN55NKD TDL	YN55PZD MEB
YN54NXW FCY	YN54VVP WBH	YN55NDL VTE	YN55NKE TDL	YN55PZE MEB
YN54NXX FMR	YN54VVR WBH	YN55NDO VTE	YN55NKF TDL	YN55PZF MEB
YN54NXY FMR	YN54WCJ OAR	YN55NDU VTE	YN55NKG TDL	YN55PZG MEB
YN54NXZ FCY	YN54WCK JAJ	YN55NDV VTE	YN55NKH TDL	YN55PZH MEB
YN54NYD COS	YN54WCM MFW	YN55NDX VTE	YN55NKJ TDL	YN55PZJ MEB
YN54NYR FGC	YN54WCO CBN	YN55NDY BEE	YN55NKK TDL	YN55PZL MEB
YN54NYT FGC	YN54WCP CBN	YN55NET ZAI	YN55NKL TDL	YN55PZM MEB
YN54NYU FGC	YN54WCR FWY	YN55NFA B&H	YN55NKM TDL	YN55PZO MEB
YN54NYV FGC	YN54WCY CBN	YN55NFC B&H	YN55NKO TDL	YN55PZP MEB
YN54NZA FHD	YN54WCZ CBN	YN55NFD B&H	YN55NKP TDL	YN55PZR MEB

Reg	Code	Reg	Code	Reg	Code	Reg	Code	Reg	Code
YN55PZU	MEB	YN56FBJ	REA	YN56FFY	BCT	YN56OMH	SYOR	YN57BWZ	COF
YN55PZV	MEB	YN56FBK	REA	YN56FGA	WIB	YN56OMJ	SYOR	YN57BXF	NEC
YN55PZW	MEB	YN56FBL	REA	YN56FGG	WCS	YN56OMK	SYOR	YN57BXG	TMH
YN55PZX	MEB	YN56FBO	TDL	YN56FGJ	LUC	YN56OML	SYOR	YN57BXJ	BJL
YN55PZY	ATS	YN56FBU	TDL	YN56FGK	LUC	YN56OMM	SYOR	YN57BXM	SIM
YN55PZZ	ATS	YN56FBV	TDL	YN56FGM	WCS	YN56OMO	SYOR	YN57CGV	JBT
YN55RAX	MLN	YN56FBX	TDL	YN56FGO	LUC	YN56OMP	SYOR	YN57DVB	PPH
YN55RCF	ARM	YN56FBY	TDL	YN56GZW	SEMS	YN56OMR	SYOR	YN57DVT	HUN
YN55RDV	QMS	YN56FBZ	TDL	YN56GZX	SEMS	YN56OMS	SYOR	YN57DVV	WAT
YN55UDZ	ACN	YN56FCA	TDL	YN56GZY	SEMS	YN56ORP	PER	YN57DVX	CCP
YN55UTA	CBL	YN56FCC	TDL	YN56GZZ	SEMS	YN56ORS	TJH	YN57DVY	CCP
YN55WPP	ORJ	YN56FCD	TDL	YN56HAA	SEMS	YN56ORT	TJH	YN57DXH	EVE
YN55WSO	HOM	YN56FCE	TDL	YN56HAE	SEMS	YN56ORW	CFT	YN57ENV	CMY
YN55WSU	OFJ	YN56FCF	TDL	YN56HAO	SEMS	YN56ORX	CFT	YN57EOE	SEA
YN55WSW	RAM	YN56FCG	TDL	YN56HAU	SEMS	YN56ORY	LCL	YN57EZF	JRC
YN55WSX	MAR	YN56FCJ	TDL	YN56HAX	SEMS	YN56ORZ	LCL	YN57FWE	EXA
YN55WTK	OFJ	YN56FDA	MEB	YN56HBA	SEMS	YN56OSK	SEC	YN57FWF	EXA
YN55WTP	FIN	YN56FDC	MEB	YN56HBB	SEMS	YN56OSM	MFW	YN57FWG	REA
YN55YPP	REC	YN56FDD	MEB	YN56HBC	SEMS	YN56OSO	SYOR	YN57FWH	REA
YN55YPR	REC	YN56FDE	MEB	YN56HBD	SEMS	YN56OSP	SYOR	YN57FWJ	REA
YN55YSA	OFJ	YN56FDF	MEB	YN56HBF	SEMS	YN56OSR	SYOR	YN57FWK	REA
YN55YSC	GLT	YN56FDG	MEB	YN56HBG	SEMS	YN56OSU	SYOR	YN57FWL	REA
YN55YSE	FBS	YN56FDJ	MEB	YN56HBH	SEMS	YN56OSV	SYOR	YN57FWM	REA
YN55YSF	FBS	YN56FDK	MEB	YN56HBJ	SEMS	YN56OSW	SYOR	YN57FWU	HSL
YN55YSG	CBN	YN56FDL	MEB	YN56HBK	SEMS	YN56OSX	SYOR	YN57FWV	LAG
YN55YSH	CBN	YN56FDM	MEB	YN56HBL	SEMS	YN56OWP	TMH	YN57FXA	REA
YN55ZZF	SEMS	YN56FDO	MEB	YN56HBO	SEMS	YN56SGO	CSC	YN57FXB	REA
YN55ZZG	SEMS	YN56FDP	MEB	YN56HBP	SEMS	YN56SGU	OFJ	YN57FXC	REA
YN56AHY	TMH	YN56FDU	MEB	YN56HBU	SEMS	YN56SGV	FSR	YN57FXD	REA
YN56BDY	HOM	YN56FDV	MEB	YN56NDC	BIB	YN56SGZ	SYOR	YN57FXE	REA
YN56BEJ	APP	YN56FDX	MEB	YN56NDG	EFN	YN56SHJ	SYOR	YN57FXF	REA
YN56BEO	APP	YN56FDY	MEB	YN56NGX	CSY	YN56SHV	SYOR	YN57FXH	REA
YN56BFM	AAC	YN56FDZ	MEB	YN56NHA	AVO	YN57AAF	WED	YN57FXJ	REA
YN56BGV	WED	YN56FEF	MEB	YN56NHB	EST	YN57AAJ	GSR	YN57FXK	REA
YN56BKE	EXW	YN56FEG	MEB	YN56NHC	EST	YN57AAK	SEA	YN57FXL	REA
YN56BKK	TRW	YN56FEO	PEX	YN56NHE	FEX	YN57AAV	THU	YN57FXM	REA
YN56DYO	ZCR	YN56FEP	PEX	YN56NHF	FEX	YN57AAX	MAN	YN57FYA	B&H
YN56DYS	DOF	YN56FET	CMY	YN56NHG	SFC	YN57AAY	WED	YN57FYB	B&H
YN56DYT	GLI	YN56FEU	CMY	YN56NHK	RMY	YN57ABO	CAT	YN57FYC	B&H
YN56DYU	OFJ	YN56FEV	WAT	YN56NHM	FLB	YN57ADX	POL	YN57FYD	B&H
YN56DYV	OFJ	YN56FEX	WAT	YN56NNA	ARM	YN57ADZ	POL	YN57FYE	B&H
YN56DYW	OFJ	YN56FFA	B&H	YN56NNB	ARM	YN57AEB	SMS	YN57FYF	B&H
YN56DYX	OFJ	YN56FFB	B&H	YN56NNC	WK	YN57AEC	SMS	YN57FYG	B&H
YN56DYY	LAT	YN56FFC	B&H	YN56NND	WK	YN57AEL	DRE	YN57FYH	B&H
YN56DZF	TEL	YN56FFD	B&H	YN56NNE	WK	YN57AEV	MAN	YN57FYJ	B&H
YN56DZH	AMV	YN56FFE	B&H	YN56NNF	WK	YN57AEZ	CIC	YN57FYK	B&H
YN56EZW	MLN	YN56FFG	B&H	YN56NNG	WK	YN57BVT	ELC	YN57FYL	B&H
YN56EZZ	STE	YN56FFH	B&H	YN56NRT	LAG	YN57BVU	FCY	YN57FYM	B&H
YN56FAA	REA	YN56FFJ	B&H	YN56NRY	UNO	YN57BVV	FCY	YN57FYO	B&H
YN56FAF	REA	YN56FFK	B&H	YN56NRZ	UNO	YN57BVW	FCY	YN57FYP	B&H
YN56FAJ	REA	YN56FFL	B&H	YN56NTE	LUC	YN57BVX	FCY	YN57FYV	NCT
YN56FAK	REA	YN56FFM	B&H	YN56NTF	LUC	YN57BVY	FCY	YN57FYW	NCT
YN56FAM	REA	YN56FFO	B&H	YN56NTG	LUC	YN57BVZ	FCY	YN57FYX	NCT
YN56FAO	REA	YN56FFP	B&H	YN56NVB	IBL	YN57BWA	RMY	YN57FYY	WAT
YN56FAU	REA	YN56FFR	B&H	YN56NVC	IBL	YN57BWE	RCT	YN57FYZ	LAG
YN56FBA	TDL	YN56FFS	B&H	YN56NVD	IBL	YN57BWJ	CUI	YN57FZA	UNO
YN56FBB	TDL	YN56FFT	B&H	YN56NVE	IBL	YN57BWU	FCY	YN57FZB	UNO
YN56FBC	SBD	YN56FFU	B&H	YN56NVF	IBL	YN57BWW	SGC	YN57FZL	COS
YN56FBD	SBD	YN56FFV	B&H	YN56NVG	IBL	YN57BWX	MOC	YN57FZP	NPT
YN56FBF	REA	YN56FFW	PPH	YN56OMG	SYOR	YN57BWY	MOC	YN57FZR	NPT
YN56FBG	REA	YN56FFX	EXA					YN57FZS	NPT

YN57FZT NPT	YN57PYJ RCT	YN58ETK FSY	YN60ADZ SYOR	YP02LCC ABS
YN57FZU NPT	YN57PYO AYC	YN58ETL FSY	YN60AEA SYOR	YP02LCE NXD
YN57FZV NPT	YN57PYP MUS	YN58ETO FSY	YN60BYV MWT	YP02LCF ABS
YN57FZW NPT	YN57PYS MUS	YN58ETR FSY	YN60BYW GLI	YP07NBA EDW
YN57FZX NPT	YN57RJU FSY	YN58ETT FSY	YN60BYY HAP	YP07ODX STA
YN57FZY NPT	YN57RJZ FSY	YN58ETU FSY	YN60BZA CUI	YP07WFJ SHA
YN57FZZ END	YN57RKA FSY	YN58ETV FSY	YN60BZG NCC	YP09HWA B&H
YN57GAA KSD	YN57RKJ FSY	YN58ETX FSY	YN60BZH NCC	YP09HWB B&H
YN57GAX MLN	YN57TVF AAA	YN58ETY FSY	YN60BZM HLS	YP09HWC B&H
YN57GBV AUD	YN58AFZ BMC	YN58FXH NOG	YN60CAE LTL	YP09HWD B&H
YN57GBX PCO	YN58BCE B&H	YN58FXL ARR	YN60CJY SYOR	YP09HWE B&H
YN57HPU ANG	YN58BCF B&H	YN58FXO WRH	YN60CJZ SYOR	YP09HWF B&H
YN57HPV ANG	YN58BCK B&H	YN58FXP REI	YN60CKA SYOR	YP09HWG B&H
YN57HPX ANG	YN58BCO B&H	YN58FYE ROH	YN60CKC SYOR	YP09HWH B&H
YN57HPZ ANG	YN58BCU B&H	YN58FYF ROH	YN60CKD SYOR	YP09HWJ B&H
YN57HRA ANG	YN58BCV B&H	YN58FYJ HOL	YN60CKE SYOR	YP09HWK B&H
YN57KFE TMH	YN58BCY B&H	YN58NBY WHT	YN60CKF SYOR	YP09HWL B&H
YN57MDU LCL	YN58BEO ASM	YN58NCC SGC	YN60CKG SYOR	YP09HWM B&H
YN57MDV ADT	YN58BEU ASM	YN58NDD SGC	YN60CKJ SYOR	YP09HWN B&H
YN57MEU KIN	YN58BHX HLS	YN58NDG RCT	YN60CKK SYOR	YP09HWO B&H
YN57MFE LTL	YN58BKJ CNT	YN58NDV TMH	YN60CKL SYOR	YP09HWR B&H
YN57MFK KIN	YN58BNA MEB	YN58OKJ SCL	YN60CKO SYOR	YP09HWS B&H
YN57MFO KCC	YN58CEA SYOR	YN58OKU CIC	YN60CKP SYOR	YP09HWT B&H
YN57MXB SYOR	YN58CEF SYOR	YN58OKW CIC	YN60CKU SYOR	YP09HWU B&H
YN57MXC SYOR	YN58CEJ SYOR	YN58OLU ELL	YN60CKV SYOR	YP09NPK ALE
YN57MXD SYOR	YN58CEK SYOR	YN58RJC ZBJ	YN60KGU ANG	YP09NPY AAX
YN57MXE SYOR	YN58CEO SYOR	YN59BKD MMS	YN60KGV ANG	YP09NRF DOI
YN57MXF SYOR	YN58CEV SYOR	YN59BKE MMS	YN04YJK ZBT	YP10BUS K&J
YN57MXG SYOR	YN58CEX SYOR	YN59BKF HLS	YNA887 AMV	YP10VZA BOW
YN57MXH SYOR	YN58CEY SYOR	YN59BKG CRW	YNH19W CLN	YP10VZB BOW
YN57MXJ SYOR	YN58CFA SYOR	YN59BKY PER	YNJ214 AMR	YP10VZC BOW
YN57MXK SYOR	YN58CFD SYOR	YN59BLZ CUI	YNJ434 STE	YP10VZD BOW
YN57MXL SYOR	YN58CFE SYOR	YN59BMO RMY	YNR367Y HAL	YP10VZE BOW
YN57MXM SYOR	YN58CFF SYOR	YN59BNA SEC	YNY58 GEB	YP10VZF BOW
YN57MXO SYOR	YN58CFG SYOR	YN59CXR BMC	YO02HNP ZDU	YP10VZG BOW
YN57MXP SYOR	YN58CFJ SYOR	YN59CXT SCL	YO02LHZ CMB	YP10VZH BOW
YN57MXR SYOR	YN58CFK SYOR	YN59EAF SYOR	YO06TXF MFW	YP10VZJ BOW
YN57MXS SYOR	YN58CFM SMS	YN59EAG SYOR	YO52CJF AMR	YP10VZK BOW
YN57MXT SYOR	YN58CFU FWY	YN59EAM SYOR	YO53OUG CWL	YP52BPE CFB
YN57MXU SYOR	YN58CFV JBT	YN59EAO SYOR	YO53OUH GHA	YP52BPO SEL
YN57MXV SYOR	YN58CFX SWA	YN59EAP SYOR	YO53OUJ GHA	YP52BPU SEL
YN57MXW SYOR	YN58CFY SWA	YN59EAW SYOR	YO53OVA MUN	YP52BPV CFB
YN57MXX SYOR	YN58CFZ CUI	YN59EAX SYOR	YO53OVB MUN	YP52BRF HTL
YN57MXY SYOR	YN58CGE BOW	YN59EAY SYOR	YO53OVC CWL	YP52BRV WXC
YN57MXZ SYOR	YN58CGO FWY	YN59GNV BBU	YO53OVD RBC	YP52BRX WXC
YN57MYA SYOR	YN58CGX STB	YN59GNX BBU	YOI135 PWB	YP52CSY TIV
YN57MYB SYOR	YN58CGY BRN	YN59GOX MFW	YOI784 PWB	YP52CTO MEB
YN57MYC SYOR	YN58CHC ATI	YN59GPE REI	YOI890 SAW	YP52CTV YCT
YN57MYD SYOR	YN58ERX FSY	YN59GPF REI	YOI933 CEK	YP52CUO CYM
YN57MYF SYOR	YN58ERY FSY	YN60ABX SYOR	YOI1214 ROI	YP52CUU KFY
YN57OTV DPC	YN58ERZ FSY	YN60ACF SYOR	YOI2747 YCT	YP52JWK ROY
YN57OTX EXE	YN58ESF FSY	YN60ACJ SYOR	YOI7744 PES	YP52JWN GHA
YN57OTY EXE	YN58ESG FSY	YN60ACO SYOR	YOI7757 ESK	YP52KRF AST
YN57OTZ EXE	YN58ESO FSY	YN60ACU SYOR	YOI8115 PWB	YP52KRG WMC
YN57OUH OFJ	YN58ESU FSY	YN60ACV SYOR	YOI8271 WOR	YP52KRJ PER
YN57OUJ OFJ	YN58ESV FSY	YN60ACX SYOR	YOR456 RNC	YP52KRZ HOM
YN57OUK OFJ	YN58ESY FSY	YN60ACY SYOR	YOY132 EDE	YP52KSJ SHC
YN57OUL OFJ	YN58ETA FSY	YN60ACZ SYOR	YP02AAN NCT	YP52KSK YCT
YN57OUM OFJ	YN58ETD FSY	YN60ADO SYOR	YP02AAY MEW	YP58ACF TDL
YN57OUO OFJ	YN58ETE FSY	YN60ADU SYOR	YP02AAZ MEW	YP58ACJ TDL
YN57OUP OFJ	YN58ETF FSY	YN60ADV SYOR	YP02ABN FEX	YP58ACO TDL
YN57OUS CRC	YN58ETJ FSY	YN60ADX SYOR	YP02LCA ABS	YP58CRF BUZ

YP58UFV	MEB	YR02UMW	JSS	YR10AZT	MEN	YR52UNB	SBL	YR59FYP	TDL
YP58UGA	B&H	YR02UMX	EXW	YR10AZU	MEN	YR52UOT	HIS	YR59FYS	TDL
YP58UGB	B&H	YR02UNJ	ROH	YR10AZV	MEN	YR52VEH	FEX	YR59FYT	TDL
YP58UGC	B&H	YR02UNK	ROH	YR10AZW	MEN	YR52VEK	FEX	YR59FYU	TDL
YP58UGD	B&H	YR02UNX	TIT	YR10AZX	MEN	YR52VEL	FEX	YR59FYV	TDL
YP58UGE	B&H	YR02UNY	ARL	YR10AZY	MEN	YR52VEO	YCT	YR59FYW	TDL
YP58UGF	B&H	YR02UOA	SEA	YR10AZZ	MEN	YR52VEP	FEX	YR59FYX	TDL
YP58UGG	B&H	YR02UOB	BAR	YR10BAA	LAG	YR52VEU	FEX	YR59FYY	TDL
YP58UGH	B&H	YR02UOG	GOD	YR10BBV	LAG	YR52VEW	CHU	YR59FYZ	TDL
YP58UGJ	B&H	YR02UVU	FSY	YR10BBX	BOW	YR52VEX	GUM	YR59FZA	TDL
YP58UGK	B&H	YR02YRU	CFB	YR10BCE	MEB	YR52VEY	FEX	YR59FZB	TDL
YP58UGL	B&H	YR02YRV	CFB	YR10BCF	MEB	YR52VFA	VTE	YR59FZC	TDL
YP58UGM	B&H	YR02YRX	HTL	YR10BCK	MEB	YR52VFB	VTE	YR59FZD	TDL
YP58UGN	B&H	YR02YTB	CFB	YR10BCO	MEB	YR52VFC	VTE	YR59FZE	TDL
YP59ODS	TDL	YR02YTD	GIC	YR10BCU	MEB	YR52VFE	KFY	YR59FZF	TDL
YP59ODT	TDL	YR02YTK	HTL	YR10BDE	NCT	YR52VFH	GAL	YR59FZG	TDL
YP59ODU	TDL	YR02ZKU	GRN	YR10BDF	NCT	YR52VFJ	GAL	YR59NNT	CBL
YP59ODV	TDL	YR02ZKV	KCC	YR10BDO	NCT	YR52VFK	GAL	YR59NNU	CBL
YP59ODW	TDL	YR02ZKW	KCC	YR10BDU	NCT	YR52VFL	GAL	YR59NNV	CBL
YP59ODX	TDL	YR02ZKY	POC	YR10BDV	NCT	YR52VFM	GAL	YR59NOF	SWF
YP59ODY	MLN	YR02ZKZ	KCC	YR10BDX	NCT	YR52VFN	GAL	YR59NPA	HAC
YP59OEA	TDL	YR02ZLE	VIP	YR10BDY	NCT	YR52VFO	FEX	YR59NPC	HAC
YP59OEB	TDL	YR02ZLO	OAR	YR10BDZ	NCT	YR52WND	WXC	YR59NPD	HAC
YP59OEC	TDL	YR02ZLU	JSP	YR10BEO	TAL	YR52XPA	DEV	YR59NPE	HAC
YP59OED	TDL	YR02ZLX	CFM	YR10BFK	MEN	YR52YSY	SYOR	YR59NPF	HAC
YP59OEE	TDL	YR02ZLZ	MAR	YR10BFL	MEN	YR52YSZ	SYOR	YR59NPG	HAC
YP59OEF	TDL	YR02ZMX	WBH	YR10BFM	MEN	YR52ZKC	TRW	YR59NPJ	HAC
YP59OEG	TDL	YR02ZMY	NEC	YR10BFN	MEN	YR52ZKK	ZAT	YR59NPK	HAC
YP59OEH	TDL	YR02ZYK	GON	YR10BFO	MEN	YR58RSZ	DTT	YR59NPN	HAC
YP59OEJ	TDL	YR02ZYL	GWY	YR10BFP	MEN	YR58RTO	CMY	YR59NPO	HAC
YP59OEK	TDL	YR02ZYM	GON	YR10BFU	MEN	YR58RTV	BUL	YRC180	TBB
YP59OEL	TDL	YR02ZYN	BUD	YR10BFV	MEN	YR58RUA	BUZ	YRC181	TBB
YP59OEM	TDL	YR02ZYV	APT	YR10BFX	ZAF	YR58RUH	BUZ	YRC182	TBB
YP59OEN	TDL	YR02ZYW	APT	YR10FFW	TDL	YR58RUJ	BUZ	YRC191	TBB
YP59OEO	TDL	YR02ZYX	BBU	YR10FFX	TDL	YR58RUU	BUZ	YRC194	TVP
YP59OER	TDL	YR02ZYY	WAR	YR10FFY	TDL	YR58RVA	LAG	YRR436	PWW
YP59OES	TDL	YR02ZYZ	DTT	YR10FFZ	TDL	YR58RVC	HGI	YRT240	ZCH
YP59OET	TDL	YR02ZZA	WCS	YR10FGA	TDL	YR58SNY	MEB	YRV256V	B&W
YP59OEU	TDL	YR02ZZB	WCS	YR10FGC	TDL	YR58SNZ	MEB	YS02UCB	CFB
YP59OEV	TDL	YR02ZZC	WCS	YR10FGD	TDL	YR58SOU	REA	YS02UCC	CFB
YP59OEW	TDL	YR02ZZD	LUC	YR10FGE	TDL	YR58SRO	ARM	YS02UCD	CFB
YP59OEX	TDL	YR02ZZF	VTC	YR10FGF	TDL	YR58SRU	ARM	YS02UCE	CFB
YP59OEY	TDL	YR02ZZJ	HAP	YR10FGG	TDL	YR58SRV	ARM	YS02UCJ	WLA
YP59OEZ	TDL	YR02ZZL	APT	YR10FGJ	TDL	YR58SRX	ARM	YS02WVY	BBD
YPB834T	GEH	YR02ZZM	APT	YR10FGK	TDL	YR58SRY	ARM	YS02WVZ	SYOR
YPD116Y	TAY	YR02ZZV	ALX	YR10FGM	TDL	YR58SRZ	ARM	YS02WWA	SYOR
YPD121Y	JWC	YR02ZZY	ALX	YR10FGN	TDL	YR58SSJ	ARM	YS02WWB	SYOR
YPJ207Y	JMC	YR03AUU	PCC	YR10FGO	TDL	YR58SSK	ARM	YS02WWC	SYOR
YPL78T	QMS	YR03UMR	MUN	YR10FGP	TDL	YR58SSO	ARM	YS02WWD	SEMS
YPL92T	QMS	YR07VRG	SOM	YR51HCR	HAR	YR58SSU	ARM	YS02WWE	SYOR
YPL105T	QMS	YR09GXP	NPT	YR52MBO	WEB	YR58SSV	ARM	YS02XDO	BEE
YPL764	PUH	YR10AZA	MEN	YR52MBU	BOD	YR58SSX	ARM	YS02XDW	MOC
YPP604	COP	YR10AZB	MEN	YR52MBV	HAB	YR58SSZ	ARM	YS02XDX	MOC
YR02ODF	SOO	YR10AZC	MEN	YR52MBX	FIR	YR58STX	ARM	YS02XDY	EAS
YR02ODX	GWM	YR10AZD	MEN	YR52MBY	GVW	YR58STZ	ARM	YS02XPB	WBH
YR02PXP	EXW	YR10AZF	MEN	YR52MDE	EXW	YR58SUH	ASW	YS02YXR	WK
YR02PYF	AIP	YR10AZG	MEN	YR52MDF	NEF	YR58SUO	ASW	YS02YXT	WK
YR02PYV	LCL	YR10AZJ	MEN	YR52MDN	CCW	YR58SUU	ASW	YS02YXV	CRW
YR02RCO	JEN	YR10AZL	MEN	YR52MDU	TVC	YR58SUV	ASW	YS02YXW	TGB
YR02RDX	TTC	YR10AZN	MEN	YR52MDV	LUC	YR58SUX	ASW	YS02YXZ	SOA
YR02UMJ	SLK	YR10AZO	MEN	YR52OCY	STB	YR58SUY	ASW	YS02YYD	RCT
YR02UMS	LON	YR10AZP	MEN	YR52OEC	EXW	YR59FYO	TDL	YS02YYF	CRV

Callsign	Code	Callsign	Code	Callsign	Code	Callsign	Code	Callsign	Code
YS02YYH	AWT	YSU960	TYC	YT09BNN	TDL	YT10UWG	TDL	YT59DYD	MEB
YS02YYL	GLO	YSU975	CHD	YT09FLF	LIT	YT10UWH	TDL	YT59DYF	MEB
YS03ZHL	NCT	YSU987	AMV	YT09FLM	YCT	YT10UWJ	NCT	YT59DYG	MEB
YS03ZHM	NCT	YSU989	MAY	YT09FLP	JOH	YT10UWK	NCT	YT59DYH	MEB
YS03ZHN	NCT	YSU990	MAY	YT09FLR	JOH	YT10UWL	NCT	YT59DYJ	MEB
YS03ZHP	NCT	YSV125	PWW	YT09FLW	LUC	YT10UWM	NCT	YT59DYM	MEB
YS03ZKA	FEX	YSV563	TET	YT09FLZ	LUC	YT10UWN	NCT	YT59DYN	MEB
YS03ZKB	FEX	YSV602	BFS	YT09FMA	MOC	YT10UWO	NCT	YT59DYO	MEB
YS03ZKC	FEX	YSV604	JBT	YT09FMC	MOC	YT10UWP	NCT	YT59DYP	MEB
YS03ZKD	FEX	YSV607	PWW	YT09FMD	MOC	YT10UWR	NCT	YT59DYS	MEB
YS03ZKE	FEX	YSV608	PWW	YT09FME	CBN	YT10UWS	NCT	YT59DYU	MEB
YS03ZKF	FEX	YSV618	PWW	YT09FMF	CBN	YT10UWU	NCT	YT59DYV	MEB
YS03ZKG	FEX	YSV647	GLO	YT09YHK	NCT	YT10WKZ	BEE	YT59DYW	MEB
YS03ZKH	FEX	YSV648	GLO	YT09YHL	NCT	YT10WLA	ZBT	YT59DYX	TDL
YS03ZKJ	FEX	YSV695	REI	YT09YHM	NCT	YT10WLB	ZBT	YT59DYY	TDL
YS03ZKK	FEX	YSV730	SWSC	YT09YHN	NCT	YT10WLD	ZBT	YT59DZG	COS
YS03ZKL	FEX	YSV735	SWSC	YT09YHO	NCT	YT10WLE	BUL	YT59NZC	NAH
YS03ZKM	FEX	YSV739	DOF	YT09YHP	NCT	YT10WLF	BUL	YT59NZD	NAH
YS03ZKR	SAN	YSV797	THA	YT09YHR	NCT	YT10WLH	TAL	YT59NZE	TUT
YS03ZKU	ANG	YSV801	WON	YT09YHS	NCT	YT10WLL	LUV	YT59NZJ	MOC
YS03ZKV	SAN	YSV815	JEF	YT09YHU	NCT	YT10XBU	TDL	YT59NZK	MOC
YS03ZKX	GBC	YSV934	ZBG	YT09YHV	NCT	YT10XBV	TDL	YT59NZM	BUR
YS03ZLK	LUC	YT02LGO	FCA	YT09YHW	NCT	YT10XBW	TDL	YT59NZN	BUR
YS03ZLN	NCT	YT03AYF	SYOR	YT09YHX	HAP	YT10XBX	TDL	YT59NZR	HAP
YS03ZLU	NCT	YT03AYG	SYOR	YT09YHY	HAP	YT10XBY	TDL	YT59NZS	ZDE
YS03ZLV	NCT	YT03AYH	SYOR	YT09ZBL	ARM	YT10XBZ	TDL	YT59NZY	HAP
YS03ZLX	NCT	YT03AYJ	SYOR	YT09ZBN	ARM	YT10XCA	TDL	YT59OZN	NCT
YS03ZLY	NCT	YT03AYK	SYOR	YT09ZBO	ARM	YT10XCB	TDL	YT59OZO	NCT
YS09JCS	COO	YT03AYL	SYOR	YT09ZBP	ARM	YT10XCC	TDL	YT59OZP	NCT
YS10BCL	ZCO	YT06CJT	TUR	YT09ZBR	ARM	YT10XCD	TDL	YT59OZR	NCT
YS51JVA	FBE	YT09BJU	TDL	YT09ZBU	ARM	YT10XCE	TDL	YT59OZS	NCT
YS51JVD	FAB	YT09BJV	TDL	YT09ZBV	ARM	YT10XCF	TDL	YT59OZV	NCT
YS51JVE	FBE	YT09BJX	TDL	YT09ZBW	ARM	YT10XCG	TDL	YT59OZW	NCT
YS51JVH	FBE	YT09BJY	TDL	YT09ZBX	ARM	YT10XCH	TDL	YT59PBF	TDL
YS51JVK	FBE	YT09BJZ	DTT	YT09ZBY	ARM	YT10XCJ	TDL	YT59PBO	TDL
YS56AAF	ATE	YT09BKA	TDL	YT09ZBZ	ARM	YT10XCK	TDL	YT59PBU	TDL
YS56FFK	STA	YT09BKD	MEB	YT09ZCA	TDL	YT10XCL	TDL	YT59PBV	TDL
YS59PBS	BUD	YT09BKE	MEB	YT09ZCE	TDL	YT10XCM	TDL	YT59PBX	TDL
YSD350L	SWSC	YT09BKF	MEB	YT09ZCF	TDL	YT10XCN	TDL	YT59PBY	TDL
YSK331	PLM	YT09BKG	MEB	YT09ZCJ	TDL	YT10XCO	TDL	YT59PBZ	TDL
YSO33Y	BTS	YT09BKJ	MEB	YT09ZCK	TDL	YT51DUY	TDT	YT59PCF	TDL
YSO43Y	RED	YT09BKK	MEB	YT09ZCL	TDL	YT51DZY	COG	YT59PCO	TDL
YSO231T	CCB	YT09BKL	MEB	YT09ZCN	TDL	YT51EAC	COG	YT59PCU	TDL
YSU196	ECL	YT09BKN	MEB	YT09ZCO	TDL	YT51EAE	COG	YT59RXR	TDL
YSU446	CLT	YT09BKO	MEB	YT09ZCU	TDL	YT51EAF	COG	YT59RXS	TDL
YSU483	TGA	YT09BKU	MEB	YT10OAX	EXA	YT51EAK	VTC	YT59RXU	TDL
YSU491	HPT	YT09BKV	MEB	YT10OAY	EXA	YT51EAO	GWM	YT59RXV	TDL
YSU572	PWW	YT09BKX	MEB	YT10OBA	MEN	YT51EBC	NXD	YT59RXW	TDL
YSU870	WST	YT09BKY	MEB	YT10OBB	MEN	YT51EBD	NXD	YT59RXX	TDL
YSU871	WST	YT09BKZ	MEB	YT10OBC	MEN	YT51EBF	ANG	YT59RXY	TDL
YSU873	CRA	YT09BMO	TDL	YT10OBD	MEN	YT51EBG	ABS	YT59RXZ	TDL
YSU874	LFT	YT09BMU	TDL	YT10OBE	MEN	YT51EZW	FSY	YT59RYA	TDL
YSU875	SVE	YT09BMY	TDL	YT10OBF	MEN	YT51EZX	FSY	YT59RYB	TDL
YSU876	GON	YT09BMZ	TDL	YT10OBG	MEN	YT51FMC	SMS	YT59RYC	TDL
YSU882	SHIC	YT09BNA	TDL	YT10OBH	MEN	YT53BUJ	KCL	YT59RYD	TDL
YSU895	MDC	YT09BNB	TDL	YT10OBJ	MEN	YT55TMT	TMH	YT59RYF	TDL
YSU912	PRO	YT09BND	TDL	YT10OBK	MEN	YT57EJC	APE	YT59RYG	TDL
YSU914	JTR	YT09BNE	TDL	YT10OBL	MEN	YT59DXY	TDL	YT59RYH	TDL
YSU919	TYC	YT09BNF	TDL	YT10UWA	TDL	YT59DXZ	TDL	YT59RYJ	TDL
YSU920	TYC	YT09BNJ	TDL	YT10UWB	TDL	YT59DYA	MEB	YT59RYK	TDL
YSU921	BUT	YT09BNK	TDL	YT10UWD	TDL	YT59DYB	MEB	YT59RYM	TDL
YSU923	THO	YT09BNL	TDL	YT10UWF	TDL	YT59DYC	MEB		

YT59RYN	TDL	YU07SOU	SOU	YV03TZN	CF	YX04DLY	MCO	YX06GYO	ACB
YT59RYO	TDL	YU52VXH	FSY	YV03UBA	FBE	YX04FVG	AMV	YX06HVJ	EYM
YT59SFE	CRV	YU52VXJ	FSY	YV03UBB	FBE	YX04FVL	AMV	YX06HVK	EYM
YT59SFF	TDL	YU52VXK	FSY	YV03UBC	FBE	YX04FVP	AMV	YX06HVL	EYM
YT59SFJ	W&D	YU52VXL	FSY	YV03UBD	FBE	YX04FWK	VIP	YX06HVM	EYM
YT59SFK	TDL	YU52VXM	FSY	YV03UBE	FBE	YX04FXA	CMY	YX06HVN	EYM
YT59SFN	TDL	YU52VXN	FSY	YV03UOU	FSY	YX04FXG	LMS	YX06HVO	EYM
YT59SFO	TDL	YU52VXO	FSY	YV03UOW	FSY	YX04FYE	ZAS	YX06JUV	ACB
YT59SFU	TDL	YU52VXP	FSY	YV03UOX	FSY	YX04FYF	BCM	YX06KOH	FWY
YT59SFV	TDL	YU52VXR	FSY	YV03UOY	FSY	YX04FYG	SOA	YX06KOJ	FWY
YT59SFX	TDL	YU52VXS	FSY	YV03UTX	ANB	YX04GBE	ATS	YX07AWV	SIL
YT59SFY	TDL	YU52VXT	FSY	YV03UTY	ANB	YX04GBF	ATS	YX07AYB	CBL
YT59SFZ	TDL	YU52VXV	FSY	YV03YDY	AMR	YX04HKK	BAD	YX07AYD	SCL
YT59SGO	TDL	YU52VXW	FSY	YV51ZBZ	STA	YX04JVW	WBC	YX07AYF	THA
YT59SGU	TDL	YU52VXX	FSY	YVF158	SIM	YX04JVY	EYM	YX07AYM	RWR
YT59SGV	TDL	YU52VXY	FSY	YVJ677	SAN	YX04LHM	LMC	YX07AYN	RWR
YT59SGX	TDL	YU52VYE	FSY	YVO278M	ROY	YX04LJJ	COL	YX07DXC	BBD
YT59SGY	TDL	YU52VYF	FSY	YW52KFT	SCL	YX04LZA	CIU	YX07EED	POC
YT59SGZ	TDL	YU52VYG	FSY	YW52KGN	AMV	YX05AVM	CTC	YX07FXF	WBH
YT59SHJ	TDL	YU52VYH	FSY	YW04VAU	FWE	YX05AVN	KFY	YX07GYA	CBL
YT59SHV	TDL	YU52VYJ	FSY	YWC648F	MAG	YX05AVO	KFY	YX07GYF	SCL
YT59SHX	HSL	YU52VYK	FSY	YWP752	HRD	YX05AVP	KFY	YX07GYG	RHT
YT60OSO	KFY	YU52VYL	FSY	YX02DVR	AMV	YX05AVT	SBZ	YX07HJD	EYM
YT60OTH	LAG	YU52VYM	FSA	YX02LFK	EYM	YX05AVV	FAB	YX07HJE	EYM
YT60ZBC	ZEY	YU52VYN	FSY	YX02LFL	EYM	YX05DHY	LMS	YX07HJF	EYM
YTC858	SYOR	YU52VYO	FSY	YX02LFM	EYM	YX05DJD	HUT	YX07HJG	EYM
YTH317	MIM	YU52VYP	FSY	YX02LFN	EYM	YX05DJK	HUT	YX07HJJ	EYM
YTP749	SVS	YU52VYR	FSY	YX02LFO	EYM	YX05DKK	KIC	YX07HJK	EYM
YTY606	ROT	YU52VYS	FSY	YX02LFP	EYM	YX05DKV	ASS	YX07HKA	EYM
YU02GGY	BUD	YU52VYT	FWE	YX02LFR	EYM	YX05DWA	SWB	YX07HKB	EYM
YU02GHA	GAL	YU52VYV	FWE	YX02LFS	EYM	YX05DXK	ACB	YX07HKC	EYM
YU02GHD	GAL	YU52VYW	FWE	YX02LFT	EYM	YX05EOP	EYM	YX07HKD	EYM
YU02GHG	GAL	YU52VYX	FWE	YX02LFU	EYM	YX05EOR	EYM	YX07HKE	EYM
YU02GHH	GAL	YU52VYY	FWE	YX02NRZ	BAW	YX05EOS	EYM	YX07HKF	EYM
YU02GHJ	GAL	YU52VYZ	FWE	YX03BJK	MON	YX05EOT	EYM	YX07HKG	EYM
YU02GHK	GAL	YU52VZA	FSY	YX03BXN	TRL	YX05EOU	EYM	YX07HKH	EYM
YU02GHN	GAL	YU52XVK	MEB	YX03BXU	TRL	YX05FEK	BBD	YX07HKJ	WBC
YU02GHO	GAL	YU52XVR	MEB	YX03BXW	TRL	YX05FFS	SBL	YX07HKK	WBC
YU02GPV	CFB	YU54UXA	DOL	YX03BXY	TRL	YX05HHA	LID	YX07HKL	WBC
YU02GPX	CFB	YUE338	TAP	YX03BXZ	TRL	YX06AWM	NXD	YX07HKM	WBC
YU02GPY	CFB	YUP6	WED	YX03BYA	TRL	YX06AXO	ZCW	YX07HLU	WBH
YU02GRK	CFB	YUU556	RNC	YX03EDL	VIP	YX06AXP	ZEP	YX07JPF	HVB
YU02GRX	CFB	YV03PZE	MEB	YX03EDP	ZAC	YX06AXS	HUC	YX08ADA	GOB
YU03LFD	WSC	YV03PZF	MEB	YX03HRU	BEC	YX06AYA	JSP	YX08AOA	STX
YU04HJD	BNA	YV03PZG	MEB	YX03HSF	NEC	YX06CXJ	EYM	YX08AOB	ASN
YU04HJE	BNA	YV03PZH	MEB	YX03HTF	CLI	YX06CXK	EYM	YX08AOC	ASN
YU04HJF	BNA	YV03PZJ	MEB	YX03LKY	HEB	YX06CXL	EYM	YX08AOE	ASN
YU04HJK	BNA	YV03PZK	MEB	YX03LME	AVA	YX06CXM	EYM	YX08AOF	ASN
YU04XFB	BUR	YV03PZL	MEB	YX03LML	CSP	YX06CXN	EYM	YX08AOG	ASN
YU04XFD	TGM	YV03PZM	MEB	YX03MWG	WBC	YX06CXO	EYM	YX08AOH	RTL
YU04XHX	VTE	YV03PZW	MEB	YX03MWJ	WBC	YX06DDZ	ACB	YX08AOK	JOH
YU04XHY	VTE	YV03PZX	MEB	YX03MWK	WBC	YX06DHA	HER	YX08AOM	RTL
YU04XJB	EUT	YV03PZY	MEB	YX03OUL	EAS	YX06DHO	AMV	YX08AOO	AWD
YU04XJG	GSN	YV03PZZ	MEB	YX03OVD	AMV	YX06DHU	VIP	YX08AOP	DOI
YU04XJH	FHT	YV03RAU	MEB	YX03OVE	AMV	YX06DJO	AMV	YX08AOV	JOH
YU04XJW	GAM	YV03RAX	MEB	YX04AWR	BTC	YX06DJU	AMV	YX08AOW	JOH
YU04YAG	SYOR	YV03RBF	MEB	YX04AWV	SUT	YX06DNU	HLC	YX08AUA	DOI
YU04YAH	SYOR	YV03RBU	MEB	YX04CNK	BEH	YX06DXL	KSD	YX08FKE	LBL
YU04YBF	SYOR	YV03RBX	MEB	YX04CVK	AMV	YX06DXP	MUS	YX08FKF	LBL
YU04YBG	SSOU	YV03RCY	MEB	YX04DLU	CIU	YX06FFM	ACB	YX08FKG	LBL
YU07KGU	BNA	YV03RCZ	MEB	YX04DLV	WIC	YX06FGU	FWY	YX08FKJ	LBL

Code	Reg	Code	Reg	Code	Reg	Code	Reg	Code	Reg
YX08FKK	LBL	YX08HWO	ASN	YX09AGV	FBR	YX09FLD	FLN	YX09HKH	TDL
YX08FKL	LBL	YX08KXJ	LBL	YX09AGZ	FDC	YX09FLE	FLN	YX09HKJ	TDL
YX08FKM	LBL	YX08KXK	LBL	YX09AHA	FDC	YX09FLF	FLN	YX09HKK	TDL
YX08FKO	LBL	YX08KXL	LBL	YX09AHC	FDC	YX09FLG	FLN	YX09HKL	TDL
YX08FKP	LBL	YX08KXM	LBL	YX09AHD	FDC	YX09FLH	FLN	YX09HKM	TDL
YX08FKR	LBL	YX08KXN	LBL	YX09AHE	FDC	YX09FLJ	FLN	YX09HKN	TDL
YX08FKS	LBL	YX08KXP	LBL	YX09AHF	FDC	YX09FLK	FLN	YX09HKO	TDL
YX08FKT	LBL	YX08KXR	LBL	YX09AHG	FDC	YX09FLL	FLN	YX09HKP	TDL
YX08FKU	LBL	YX08KXT	LBL	YX09AHK	FSA	YX09FLM	FLN	YX09HKT	TDL
YX08FKV	LBL	YX08KXW	LBL	YX09BKA	EYM	YX09FLN	FLN	YX09HKU	TDL
YX08FKW	LBL	YX08MDV	TDL	YX09BKD	EYM	YX09FLP	FLN	YX09HKV	TDL
YX08FKZ	LBL	YX08MDY	TDL	YX09BKE	EYM	YX09FLR	FLN	YX09HKZ	TDL
YX08FWE	FIN	YX08MDZ	TDL	YX09BKF	EYM	YX09FLV	FLN	YX09HLA	TDL
YX08FWF	FIN	YX08MEU	TDL	YX09BKG	EYM	YX09FLW	FLN	YX09HRF	SHB
YX08FWG	FIN	YX08MEV	TDL	YX09BKJ	EYM	YX09FLZ	FLN	YX09HRG	SHB
YX08FWH	FIN	YX08MFA	TDL	YX09BKK	EYM	YX09FMA	FLN	YX09HRL	LBL
YX08FXA	EYM	YX08MFK	TDL	YX09BKL	EYM	YX09FMC	FLN	YX09HRW	SLA
YX08FXB	EYM	YX08MFN	TDL	YX09BKN	EYM	YX09FMD	FLN	YX09HRZ	SLA
YX08FXC	EYM	YX08MFO	TDL	YX09BKO	EYM	YX09FME	FLN	YX09HSA	SLA
YX08FXD	EYM	YX08MHM	TDL	YX09ESY	LBL	YX09FMF	FLN	YX09HYW	VTE
YX08FXE	EYM	YX09ACV	FEX	YX09ETA	LBL	YX09FMG	FLN	YX09HYY	VTE
YX08FXF	EYM	YX09ACX	FEX	YX09ETD	LBL	YX09FMJ	FLN	YX09HYZ	VTE
YX08FXG	EYM	YX09ACY	FEX	YX09ETE	LBL	YX09FMK	FLN	YX09HZA	VTE
YX08FXH	EYM	YX09ADO	FEX	YX09ETF	LBL	YX09FML	FLN	YX09HZB	VTE
YX08FYA	EYM	YX09ADU	FSA	YX09ETJ	LBL	YX09FMM	FLN	YX09HZC	VTE
YX08FYB	EYM	YX09ADV	FSA	YX09ETK	LBL	YX09FMO	FLN	YX09HZD	VTE
YX08FYC	EYM	YX09ADZ	FSA	YX09ETL	LBL	YX09FMP	FLN	YX09HZE	VTE
YX08FYD	EYM	YX09AEA	FLN	YX09ETO	LBL	YX09FMU	FLN	YX09HZF	VTE
YX08FYE	EYM	YX09AEB	FLN	YX09ETR	LBL	YX09FMV	FLN	YX09HZG	VTE
YX08FYF	EYM	YX09AEC	FLN	YX09ETU	LBL	YX09FNE	REC	YX09HZH	VTE
YX08FYG	EYM	YX09AED	FLN	YX09ETV	LBL	YX09FNF	REC	YX09HZJ	VTE
YX08FYH	EYM	YX09AEE	FLN	YX09ETY	LBL	YX09FNG	KCC	YX10AAE	ACB
YX08FYJ	EYM	YX09AEF	FLN	YX09ETZ	LBL	YX09FNH	JSB	YX10AAU	ACB
YX08FYK	EYM	YX09AEG	FLN	YX09EUA	LBL	YX09FNJ	FLN	YX10AXM	SHB
YX08FYL	EYM	YX09AEJ	FLN	YX09EUB	LBL	YX09FNK	FLN	YX10AXN	SHB
YX08FYM	EYM	YX09AEK	FLN	YX09EUC	LBL	YX09GWA	EYM	YX10AYD	HAC
YX08FYP	EYM	YX09AEL	FLN	YX09EUF	LBL	YX09GWC	EYM	YX10AYF	HAC
YX08GVT	LBL	YX09AEM	FLN	YX09EUH	LBL	YX09GWD	EYM	YX10BCU	FLN
YX08GVU	LBL	YX09AEN	FLN	YX09EUJ	LBL	YX09GWE	EYM	YX10BCV	FLN
YX08GVV	LBL	YX09AEO	FLN	YX09EUK	LBL	YX09GWF	EYM	YX10BVY	FLN
YX08GVW	LBL	YX09AEP	FLN	YX09EUL	LBL	YX09GWG	EYM	YX10BCZ	FLN
YX08GVY	LBL	YX09AET	FLN	YX09EUP	LBL	YX09GWJ	EYM	YX10BDE	FLN
YX08GVZ	LBL	YX09AEU	FLN	YX09EUR	LBL	YX09GWK	EYM	YX10BDF	FLN
YX08GWA	LBL	YX09AEV	FLN	YX09EUT	LBL	YX09GWL	EYM	YX10BDO	FLN
YX08GWC	LBL	YX09AEW	FLN	YX09EUW	LBL	YX09GWM	EYM	YX10BDU	FLN
YX08GWF	LBL	YX09AEY	FLN	YX09EUY	LBL	YX09HJJ	TDL	YX10BDV	FLN
YX08GWG	LBL	YX09AEZ	FLN	YX09EUZ	LBL	YX09HJK	TDL	YX10BDY	FLN
YX08HBZ	ZBR	YX09AFA	FLN	YX09EVB	LBL	YX09HJN	TDL	YX10BDZ	FLN
YX08HCA	RBC	YX09AFE	FLN	YX09EVC	LBL	YX09HJO	TDL	YX10BEJ	FLN
YX08HGC	DPC	YX09AFF	FLN	YX09EVG	ASW	YX09HJU	TDL	YX10BEO	FLN
YX08HGD	DOI	YX09AFJ	FLN	YX09EVH	ASW	YX09HJV	TDL	YX10BEY	FLN
YX08HGJ	CSP	YX09AFK	FLN	YX09FKS	FLN	YX09HJY	TDL	YX10BFA	FLN
YX08HJF	PCN	YX09AFN	FBR	YX09FKT	FLN	YX09HJZ	TDL	YX10BFE	FLN
YX08HWF	ASN	YX09AFO	FBR	YX09FKU	FLN	YX09HKA	TDL	YX10BFF	FLN
YX08HWG	ASN	YX09AFU	FBR	YX09FKV	FLN	YX09HKB	TDL	YX10BFJ	FLN
YX08HWH	ASN	YX09AFV	FBR	YX09FKW	FLN	YX09HKC	TDL	YX10BFK	FLN
YX08HWK	ASN	YX09AFY	FBR	YX09FKY	FLN	YX09HKD	TDL	YX10BFL	FLN
YX08HWL	ASN	YX09AFZ	FBR	YX09FLA	FLN	YX09HKE	TDL	YX10BFM	FLN
YX08HWM	ASN	YX09AGO	FBR	YX09FLB	FLN	YX09HKF	TDL	YX10BFN	FLN
YX08HWN	ASN	YX09AGU	FBR	YX09FLC	FLN	YX09HKG	TDL		

Code	Reg	Code	Reg	Code	Reg	Code	Reg	Code	Reg
YX10BFO	FLN	YX10FFL	ABS	YX54GZB	JSP	YX57BZM	BUL	YX58DWV	FLN
YX10BFP	FLN	YX10FFM	ABS	YX54HBB	SPS	YX57BZO	CCP	YX58DWY	FLN
YX10BFU	FLN	YX10FFN	ABS	YX55ABF	CHE	YX57CAA	ASN	YX58DWZ	FLN
YX10BFV	FLN	YX10FFP	BOW	YX55ABU	CHE	YX57GSY	CTC	YX58DXA	TDL
YX10BFY	FLN	YX10FFR	BOW	YX55ACV	TDT	YX57HBF	LBL	YX58DXB	MEB
YX10BFZ	FLN	YX10FFS	BOW	YX55ACY	CTC	YX57JXV	DOC	YX58DXC	MEB
YX10BGE	FLN	YX10FFT	BOW	YX55ACZ	KCL	YX57JXW	DOC	YX58DXD	MEB
YX10BGF	FLN	YX10FFU	BOW	YX55AFE	JSP	YX57MHN	MSH	YX58EET	LBL
YX10BGK	FLN	YX10FFW	HAC	YX55AHC	ACB	YX58BNL	BEH	YX58EEU	LBL
YX10BGO	FLN	YX51AYA	EYM	YX55BGY	WTR	YX58BNN	BMC	YX58EEV	LBL
YX10BGU	FLN	YX51AYB	EYM	YX55DCE	LTR	YX58BWH	DOC	YX58EEW	LBL
YX10BGV	FLN	YX51AYC	FIN	YX55DHJ	EYM	YX58BWJ	DOC	YX58EEY	LBL
YX10BGY	FLN	YX51AYD	FIN	YX55DHK	EYM	YX58CWA	EYM	YX58EEZ	LBL
YX10EAJ	GCB	YX51AYG	FIN	YX55DHL	EYM	YX58CWC	EYM	YX58EFA	LBL
YX10EAK	GCB	YX51AYF	FIN	YX55DHM	EYM	YX58CWD	EYM	YX58EFC	LBL
YX10EAM	GCB	YX51AYE	FIN	YX55DHN	EYM	YX58CWE	EYM	YX58EFD	LBL
YX10EAO	GCB	YX51AYH	FIN	YX55DHO	EYM	YX58DCE	EYM	YX58EFE	LBL
YX10EAP	GCB	YX51DVO	BEC	YX55DSE	SBB	YX58DCF	EYM	YX58EFF	LBL
YX10EBA	ABS	YX51MUO	EYM	YX55EHG	JSS	YX58DTV	ABS	YX58EFN	LBL
YX10EBC	ABS	YX51MUP	EYM	YX55EVL	CUI	YX58DTY	ABS	YX58EFO	LBL
YX10EBD	ABS	YX52DFO	WIB	YX55FSA	R&R	YX58DTZ	ABS	YX58EGD	LBL
YX10EBF	ABS	YX53AEN	VTE	YX55FWH	R&R	YX58DUA	FLN	YX58EGE	LBL
YX10EBG	ABS	YX53AOD	EYM	YX55FWJ	R&R	YX58DUH	FLN	YX58EGF	LBL
YX10EBJ	ABS	YX53AOE	EYM	YX56AFK	MUS	YX58DUJ	FLN	YX58EGJ	LBL
YX10EBK	ABS	YX53AOF	EYM	YX56DJD	WTR	YX58DUU	FLN	YX58EGZ	LBL
YX10EBL	ABS	YX53AOG	EYM	YX56DJE	WTR	YX58DUV	TDL	YX58EHB	LBL
YX10EBM	ABS	YX53AOH	EYM	YX56DJK	STB	YX58DUY	TDL	YX58EHG	LBL
YX10EBN	ASC	YX53AOJ	EYM	YX56DZJ	FIN	YX58DVA	TDL	YX58EHH	LBL
YX10EBO	ASC	YX53AOK	EYM	YX56DZK	FIN	YX58DVB	TDL	YX58EHJ	LBL
YX10EBP	ASC	YX53AOL	EYM	YX56DZL	FIN	YX58DVC	TDL	YX58EHK	LBL
YX10EBU	ASC	YX53AOM	EYM	YX56DZM	FIN	YX58DVF	TDL	YX58EHL	LBL
YX10EBV	ASC	YX53AON	EYM	YX56DZO	FIN	YX58DVG	TDL	YX58EHR	LBL
YX10EBZ	ASC	YX53AOO	EYM	YX56EZP	FIL	YX58DVH	TDL	YX58FOF	FLN
YX10ECZ	CUI	YX53AOP	EYM	YX56EZR	FIL	YX58DVJ	TDL	YX58FOH	FLN
YX10EYS	EYM	YX53BWJ	ZEQ	YX56FHL	EYM	YX58DVK	TDL	YX58FOJ	FLN
YX10EYT	EYM	YX53BWK	GMB	YX56FHM	EYM	YX58DVL	TDL	YX58FOK	FLN
YX10EYU	EYM	YX53CMZ	TVS	YX56FHN	EYM	YX58DVM	TDL	YX58FOM	FLN
YX10EYV	EYM	YX53CYZ	WTR	YX56FHO	EYM	YX58DVN	TDL	YX58FON	FLN
YX10EYW	EYM	YX54ACU	FRO	YX56FHP	EYM	YX58DVO	TDL	YX58FOP	FLN
YX10EYY	EYM	YX54AZB	AMV	YX56FHR	EYM	YX58DVP	TDL	YX58FOT	FLN
YX10FDZ	K&J	YX54AZC	AMV	YX56GFO	ACB	YX58DVR	TDL	YX58FOU	FLN
YX10FEF	ABS	YX54BGO	LCL	YX56HVF	EYM	YX58DVT	TDL	YX58FOV	FLN
YX10FEG	ABS	YX54BGZ	ZDO	YX56HVG	EYM	YX58DVU	TDL	YX58FPA	FLN
YX10FEH	ABS	YX54BHA	SLF	YX56HVH	EYM	YX58DVV	TDL	YX58FPC	FLN
YX10FEJ	ABS	YX54BHD	CMY	YX56HVJ	EYM	YX58DVW	TDL	YX58FPD	FLN
YX10FEK	ABS	YX54BHY	ALS	YX56HYM	FIN	YX58DVY	FLN	YX58FPE	FLN
YX10FEM	ABS	YX54BJJ	CMH	YX57AAU	ACB	YX58DVZ	FLN	YX58FPF	FLN
YX10FEO	ABS	YX54BJO	ZCS	YX57BWD	EYM	YX58DWA	FLN	YX58FPG	FLN
YX10FEP	ABS	YX54BJU	HUT	YX57BWE	EYM	YX58DWC	FLN	YX58FPJ	FLN
YX10FET	ABS	YX54BJZ	EAL	YX57BWF	EYM	YX58DWD	FLN	YX58FPK	FLN
YX10FEU	ABS	YX54DJU	TRL	YX57BWG	EYM	YX58DWE	FLN	YX58FPL	FLN
YX10FEV	ABS	YX54DJV	TRL	YX57BWH	EYM	YX58DWF	FLN	YX58FPN	FLN
YX10FFA	ABS	YX54FKA	HUT	YX57BXA	EYM	YX58DWG	FLN	YX58FPO	FLN
YX10FFB	ABS	YX54FPG	MSH	YX57BXB	EYM	YX58DWJ	FLN	YX58FPT	FLN
YX10FFC	ABS	YX54FPJ	MSH	YX57BXC	EYM	YX58DWK	TDL	YX58FPU	FLN
YX10FFD	ABS	YX54FWL	EYM	YX57BXD	EYM	YX58DWL	FLN	YX58FPV	FLN
YX10FFE	ABS	YX54FWM	EYM	YX57BXE	EYM	YX58DWM	FLN	YX58FPY	FLN
YX10FFG	ABS	YX54FWN	EYM	YX57BXF	EYM	YX58DWN	FLN	YX58FRC	FLN
YX10FFH	ABS	YX54FWO	EYM	YX57BXG	EYM	YX58DWO	FLN	YX58FRD	FLN
YX10FFJ	ABS	YX54FWP	EYM	YX57BXH	EYM	YX58DWP	FLN	YX58FRJ	FSA
YX10FFK	ABS	YX54GYZ	CLI	YX57BZL	ZEO	YX58DWU	FLN	YX58FRK	FSA

YX58FRL	FSA	YX59ADO	LBL	YX59FGM	EYM	YXI1459	GBU	YXI5492	GBU		
YX58FRN	FSA	YX59ADU	LBL	YX59FGN	EYM	YXI1460	EAM	YXI5493	GBU		
YX58FRP	FSA	YX59ADV	LBL	YX59FGO	EYM	YXI1461	GBU	YXI5494	GBU		
YX58GSO	LBL	YX59ADZ	LBL	YX59FGP	EYM	YXI1462	GBU	YXI5495	GBU		
YX58GSY	LBL	YX59AEA	LBL	YX59FGU	EYM	YXI1463	GBU	YXI5496	GBU		
YX58GSZ	LBL	YX59AEB	LBL	YX59FGV	EYM	YXI1464	GBU	YXI5497	GBU		
YX58GTF	LBL	YX59BXW	MWT	YX59FGZ	EYM	YXI1465	GBU	YXI5498	GBU		
YX58GTU	LBL	YX59BYA	TDL	YX59FHA	EYM	YXI1466	GBU	YXI5499	GBU		
YX58GTY	LBL	YX59BYB	TDL	YX59FHB	EYM	YXI1467	GBU	YXI5500	GBU		
YX58GTZ	LBL	YX59BYC	TDL	YX59FHC	EYM	YXI1468	GBU	YXI5860	COM		
YX58HBE	ACB	YX59BYD	TDL	YX59FSD	EYM	YXI1469	GBU	YXI7381	WEB		
YX58HVA	FLN	YX59BYF	TDL	YX59FSE	EYM	YXI1470	GBU	YXI7906	DOT		
YX58HVB	FLN	YX59BYG	TDL	YX59FUO	FIN	YXI1471	GBU	YXI7923	HWD		
YX58HVC	FLN	YX59BYH	TDL	YX60BXR	KCC	YXI1472	GBU	YXI8421	ZDU		
YX58HVD	FLN	YX59BYJ	ABS	YX60BXS	KCC	YXI1473	GBU	YXI8897	LAM		
YX58HVE	FLN	YX59BYK	ABS	YX60BZO	FLN	YXI1474	BCB	YXI9255	EMB		
YX58HVF	FLN	YX59BYL	ABS	YX60BZA	TDL	YXI1475	BCB	YXI9258	SWC		
YX58HVG	FLN	YX59BYM	ABS	YX60BZB	TDL	YXI1476	BCB	YY02BWE	EAL		
YX58HVH	FLN	YX59BYN	ABS	YX60BZC	TDL	YXI1477	BCB	YY52HKG	KCH		
YX58HVJ	FLN	YX59BYO	ABS	YX60BZD	TDL	YXI1478	BCB	YY52KRZ	ING		
YX58HVK	FLN	YX59BYP	ABS	YX60BZE	TDL	YXI1479	BCB	YY52KXJ	EYM		
YX58HVL	FLN	YX59BYR	ABS	YX60BZF	TDL	YXI1480	GBU	YY52KXK	EYM		
YX58HVM	FLN	YX59BYS	ABS	YX60BZG	TDL	YXI1481	GBU	YY52KXL	EYM		
YX58HWF	FHD	YX59BYT	ABS	YX60BZN	FLN	YXI1482	GBU	YY52KXM	EYM		
YX58HWG	FHD	YX59BYU	ABS	YX60DWK	EYM	YXI2715	SVS	YY52LCL	EYM		
YX58HWH	FHD	YX59BYV	ABS	YX60DWL	EYM	YXI2730	BAD	YY52LCM	EYM		
YX58HWJ	FHD	YX59BYW	ABS	YX60DWW	K&J	YXI2732	BAD	YY52LCN	EYM		
YX59AAE	SLA	YX59BZB	SPS	YX60DXA	REI	YXI2748	KCC	YY52LCO	EYM		
YX59AAO	LBL	YX59BZC	SPS	YX60DXB	REI	YXI3054	KEA	YY52LCP	EYM		
YX59AAV	SLA	YX59BZD	SPS	YX60DXC	REI	YXI3056	BTT	YY52LCT	EYM		
YX59AAY	SLA	YX59BZE	VTE	YX60DXD	REI	YXI3396	SFC	YY52LCU	EYM		
YX59ABK	SLA	YX59BZF	VTE	YX60DXE	REI	YXI3416	PES	YY52RXM	TRL		
YX59ABN	LBL	YX59BZG	VTE	YX60DXF	REI	YXI4381	PES	YY52RXN	TRL		
YX59ABU	LBL	YX59BZH	VTE	YX60DXG	REI	YXI5483	GBU	YY52SFJ	SCL		
YX59ABV	LBL	YX59BZJ	VTE	YX60DXH	REI	YXI5484	GBU	YY52SHZ	HIS		
YX59ABZ	LBL	YX59BZK	VTE	YX60DXY	LEV	YXI5485	GBU	YY52SSU	SBZ		
YX59ACF	LBL	YX59BZL	MWT	YX60DXZ	IVD	YXI5486	GBU	YYD154	RID		
YX59ACJ	LBL	YX59BZM	MWT	YXI235	SGD	YXI5487	GBU	YYD687	RID		
YX59ACO	LBL	YX59BZN	MWT	YXI904	RNE	YXI5488	GBU	YYD699	SGD		
YX59ACU	LBL	YX59BZO	GWN	YXI1456	GBU	YXI5489	GBU	YYR832	HWY		
YX59ACV	LBL	YX59CAA	TEV	YXI1457	EAM	YXI5490	LSW	YZY848	FGL		
YX59ACY	LBL	YX59DZC	SHB	YXI1458	GBU	YXI5491	GBU				

Z

ZV1466	LCH	ZV2428	UNI	ZV7738	DUA	ZV7943	DUA	ZV8792	DUA

Republic of Ireland

64-D-805	DUA	81-D-1359	UNI	83-G-1454	ONE	85-CW-494	EAM
67-D-813	DUA	81-D-1583	EAM	83-KE-610	JHE	85-CW-522	SRO
67-D-816	DUA	81-G-764	ONE	83-KE-807	EAM	85-D-6855	FGL
67-KK-501	JJK	81-KE-99	JKS	83-KK-277	JGL	85-D-8248	MDI
72-MH-503	JCA	81-KF-01	MKS	83-KK-626	MMA	85-D-8281	MAL
75-G-861	ONE	81-KY-585	EIO	83-KK-627	JKS	85-D-8308	AMC
75-KK-14	B&W	81-LD-59	DPB	83-KK-632	BFG	85-D-8310	AMC
76-D-128	EAM	81-LD-158	FAC	83-KK-638	ARD	85-D-8311	AMC
76-D-145	EAM	81-LH-306	PSN	83-KY-9	MBR	85-DL-1594	HTC
77-D-110	EAM	81-LH-370	EAM	83-LH-928	JCA	85-DL-2583	PRE
77-D-158	MBR	81-LK-436	PSN	83-LK-50	MDS	85-G-867	EOM
77-D-825	EAM	81-OY-84	JKS	83-LK-705	DMS	85-G-941	ONE
77-LD-20	DPB	81-OY-292	JKS	83-LK-727	MBR	85-G-2224	ONE
77-LH-520	LEO	81-WX-276	EAM	83-LM-64	MMG	85-G-2306	JKS
78-D-188	EAM	81-WX-445	DMS	83-LM-143	MMG	85-G-2349	GWB
78-D-378	EAM	82-C-2121	BAL	83-LM-282	MMG	85-G-2379	MDS
78-G-896	ONE	82-CW-221	EAM	83-LM-284	MMG	85-G-2426	ONE
78-G-962	LCH	82-CW-300	SRO	83-LM-380	MMG	85-KE-1183	MMA
78-KE-560	CNC	82-D-75	SRO	83-LS-217	EAM	85-KE-1337	MDI
78-LK-521	EIO	82-D-1281	PEG	83-MO-103	OMB	85-KK-818	PKC
78-WX-579	EAM	82-D-1355	SNC	83-OY-130	CAH	85-KY-955	SMO
79-DL-521	SRO	82-D-2525	EAM	83-SO-194	JGL	85-KY-1402	SRO
79-G-843	MIB	82-D-2576	IRC	83-TN-154	CAH	85-LD-15	DPB
79-KE-121	EAM	82-D-2663	LVC	83-W-273	EAM	85-LD-411	MLC
79-KK-547	BFG	82-D-2968	MDI	83-WD-378	SUI	85-LD-494	DPB
79-KY-565	SMO	82-KE-530	BNC	83-WD-472	SUI	85-LH-304	KEV
79-KY-624	PEG	82-KK-498	JKS	83-WW-194	TDO	85-LH-1558	FLD
79-LM-26	MMG	82-KY-661	DON	83-WX-630	FLT	85-LK-361	ONE
79-MN-28	EAM	82-LD-220	DPB	83-WX-910	WTL	85-LK-362	SNC
79-MN-809	LEO	82-LD-289	DPB	84-C-107	BFG	85-LK-1286	ONE
80-CW-200	EAM	82-LH-292	EAM	84-C-3626	DAU	85-LK-1350	GER
80-D-680	EAM	82-LH-437	EAM	84-D-572	JKS	85-LS-25	ARD
80-G-136	EAM	82-LS-304	PSN	84-D-4831	JHE	85-LS-651	MMA
80-G-769	ONE	82-OY-323	JGL	84-D-6965	FGL	85-LS-823	MMA
80-KK-119	EAM	82-TN-334	UNI	84-D-7300	JKS	85-MH-1383	JGL
80-LD-190	FAC	82-TS-518	ROC	84-DL-172	PFL	85-MO-473	PFL
80-LD-195	DPB	82-WX-178	JHA	84-DL-1981	ONE	85-OY-194	JKS
80-LD-213	DPB	82-WX-568	EAM	84-KK-293	BSC	85-OY-601	PKC
80-LD-214	DPB	83-C-1187	DON	84-KK-455	BSC	85-TN-659	EOM
80-LD-231	FAC	83-C-2829	GOS	84-KY-1256	EIO	85-TN-660	EAM
80-LD-232	FAC	83-CE-231	EAM	84-KY-1261	MBR	85-TS-882	RST
80-LK-456	DMS	83-CE-270	ONE	84-LD-388	DPB	85-TS-1012	MKS
80-LM-4	MMG	83-CE-430	CWC	84-LK-1020	DMS	85-TS-1018	MKS
80-LS-268	SRO	83-CW-9	EAM	84-LS-128	EAM	85-WD-540	SUI
80-MH-63	LVC	83-CW-273	EAM	84-LS-397	MJT	85-WH-894	JHE
80-OY-206	EAM	83-CW-348	SRO	84-LS-503	PKC	85-WH-906	JHE
80-OY-270	FAC	83-CW-362	EAM	84-MH-903	LVC	85-WW-174	EAM
80-WH-61	PEG	83-CW-392	SRO	84-MH-1077	JHE	85-WW-980	M&A
80-WH-293	JHE	83-CW-407	SRO	84-MN-63	MMG	85-WW-1083	TCT
80-WW-48	EAM	83-DL-80	JKS	84-WD-206	SUI	85-WX-1316	SRO
80-WX-409	EAM	83-DL-252	ACS	84-WH-124	IRC	86-C-1373	MBR
80-WX-459	EAM	83-DL-881	MJT	84-WH-665	IRC	86-C-2689	WTL
81-C-1595	RKC	83-DL-1563	LSW	84-WH-738	TCT	86-C-3765	CAH
81-C-1660	MMC	83-DL-1637	HMC	84-WH-750	JHE	86-C-4772	MBR
81-CE-337	JGL	83-G-816	MDS	85-C-1506	MMC	86-CN-526	DPB
81-D-997	SNC	83-G-829	ONE	85-C-4557	RKC	86-CW-433	EAM
81-D-1324	EAM	83-G-863	EAM	85-C-13207	PEG	86-CW-501	EAM
81-D-1353	UNI	83-G-1391	GWB	85-CW-490	SRO	86-D-349	JHE

86-D-828	JHE	87-KK-1337	EAM	88-D-43547	BUS	88-WH-2788	JHE
86-D-6274	MAL	87-KK-1338	EAM	88-D-43548	BUS	88-WX-2062	SRO
86-D-7764	MAL	87-KK-2064	CAH	88-D-43549	BUS	88-WX-3846	SEN
86-D-8229	MAL	87-KK-2203	BSC	88-D-43552	BUS	88-WX-3937	SEN
86-DL-11	FOY	87-KK-2303	BSC	88-D-43553	BUS	88-WX-4099	BES
86-DL-800	FOY	87-KK-2351	PKC	88-D-43554	BUS	88-WX-4138	BES
86-DL-1726	FOY	87-KK-2375	PKC	88-D-43567	BUS	89-C-4400	ONE
86-DL-2010	HMC	87-KY-1396	BES	88-D-43583	BUS	89-C-7866	CAH
86-DL-2430	GML	87-KY-2499	CAH	88-D-43620	BUS	89-C-16550	NOS
86-G-1710	ONE	87-KY-2912	RST	88-D-43621	BUS	89-C-16558	NOS
86-G-2400	ONE	87-KY-3164	SMO	88-D-43622	BUS	89-C-17191	M&A
86-KK-119	UNI	87-LH-306	SBC	88-D-43676	ONE	89-C-19298	RST
86-KK-431	CWC	87-LH-1790	CWC	88-D-43716	JHE	89-C-19723	MMC
86-KK-692	BFG	87-LH-2414	FLD	88-D-43777	MAL	89-CE-2536	PFL
86-KK-771	ROC	87-LH-2715	MDS	88-DL-2717	HMC	89-CW-91	SRO
86-KK-795	EAM	87-LH-3450	ACS	88-DL-2780	PRE	89-D-21521	BUS
86-KK-839	EAM	87-LK-3471	DMS	88-DL-3376	PRE	89-D-21522	BUS
86-KK-885	CWC	87-LS-1606	UNI	88-DL-4464	FOY	89-D-21523	BUS
86-KK-898	PKC	87-MO-2499	CWC	88-DL-5683	PRE	89-D-21524	BUS
86-KK-902	PKC	87-OY-1816	FLD	88-G-1240	BFG	89-D-21527	BUS
86-KY-1173	RST	87-RN-1667	RST	88-G-3490	ONE	89-D-21529	BUS
86-KY-1435	RST	87-SO-1193	PFL	88-G-6462	ROC	89-D-21531	BUS
86-KY-1488	RST	87-TS-2551	MKS	88-G-6552	ONE	89-D-21532	BUS
86-KY-1517	DAU	87-WH-1894	IRC	88-KE-1142	CMC	89-D-21533	BUS
86-LH-1505	JHE	87-WH-2387	JHE	88-KE-3456	DPB	89-D-21534	BUS
86-LH-1514	JCA	87-WX-2258	BES	88-KE-4183	PBE	89-D-21535	BUS
86-LK-1088	CAH	88-C-6700	ONE	88-KE-4600	MDI	89-D-21536	BUS
86-LM-370	MMG	88-C-8800	DMS	88-KK-2363	BAL	89-D-21537	BUS
86-LS-567	MMA	88-C-11100	RKC	88-KK-2364	SRO	89-D-21538	BUS
86-OY-415	LEO	88-C-13371	GOS	88-KY-3652	WSC	89-D-21539	BUS
86-TS-521	MKS	88-C-16088	RST	88-LD-6093	JWH	89-D-21540	BUS
86-TS-979	MKS	88-C-16191	DON	88-LH-2031	JKS	89-D-39204	CAH
86-WH-234	IRC	88-C-16279	CAH	88-LH-3432	KEV	89-D-49674	FGL
86-WH-851	JHE	88-C-16291	DON	88-LH-3963	EUG	89-D-52160	BUS
86-WH-855	JHE	88-C-16301	GMA	88-LK-3470	DMS	89-D-52169	BUS
86-WH-900	JHE	88-C-16323	JHA	88-LK-3484	JHA	89-D-52170	BUS
86-WW-1022	PKC	88-D-15388	ROC	88-LK-3778	DMS	89-D-52171	BUS
86-WX-1143	FLT	88-D-19002	BUS	88-LM-284	MMG	89-D-52172	BUS
86-WX-1184	SEN	88-D-19004	BUS	88-LS-1727	PFL	89-D-52173	BUS
86-WX-1328	ARD	88-D-19005	BUS	88-LS-1818	UNI	89-D-52174	BUS
87-C-6700	DMS	88-D-19006	BUS	88-LS-1863	MMA	89-D-52176	BUS
87-C-14597	JMU	88-D-19008	BUS	88-MH-4032	DAL	89-D-52178	BUS
87-C-14625	ARD	88-D-19009	BUS	88-MN-1566	ONE	89-D-52193	BUS
87-C-14678	MKS	88-D-19010	BUS	88-MN-2292	LEO	89-D-52194	BUS
87-CN-333	CCD	88-D-19011	BUS	88-MN-2368	LEO	89-D-52195	BUS
87-CN-1563	JKS	88-D-19016	BUS	88-MN-2375	LEO	89-D-52196	BUS
87-CN-1791	EAM	88-D-19017	BUS	88-MN-2377	LEO	89-D-52198	BUS
87-CN-2000	FLD	88-D-19018	BUS	88-MO-1836	LVC	89-D-52199	BUS
87-CW-1288	EAM	88-D-19020	BUS	88-MO-2241	LVC	89-D-52200	BUS
87-D-1389	EAM	88-D-24022	EIO	88-OY-1511	JKS	89-D-52201	BUS
87-D-1783	SUI	88-D-32443	EAM	88-OY-1802	JKS	89-D-52202	BUS
87-D-30367	FGL	88-D-37569	EAM	88-OY-2061	JHE	89-D-52203	BUS
87-D-36621	BOK	88-D-42236	MAL	88-TN-1844	EOM	89-D-52208	BUS
87-D-38606	JHE	88-D-42892	JKS	88-TN-1878	EOM	89-D-52209	BUS
87-DL-4762	JMG	88-D-43336	MKS	88-TN-2064	BFG	89-D-52210	BUS
87-G-1474	CWC	88-D-43513	FAC	88-TS-2942	ROC	89-D-52211	BUS
87-G-5301	BFG	88-D-43521	BUS	88-TS-2959	ROC	89-D-52212	BUS
87-G-5819	MMC	88-D-43522	BUS	88-W-1684	UNI	89-D-52213	BUS
87-G-5881	GWB	88-D-43524	BUS	88-WD-1826	PKC	89-D-52214	BUS
87-G-6035	GWB	88-D-43529	BUS	88-WH-2198	PEG	89-D-52215	BUS
87-KE-2521	PBE	88-D-43530	BUS	88-WH-2530	JHE	89-D-52216	BUS

89-D-52217	BUS	89-DL-6719	JMA	90-D-11011	BUS	90-D-55662	BUS
89-D-52219	BUS	89-DL-6743	PRE	90-D-11015	BUS	90-D-55663	BUS
89-D-52220	BUS	89-G-1992	BAL	90-D-11016	BUS	90-D-55664	BUS
89-D-52221	BUS	89-G-5632	UNI	90-D-11017	BUS	90-D-55665	BUS
89-D-52232	BUS	89-G-6433	PKC	90-D-11018	BUS	90-D-55712	BUS
89-D-52267	BUS	89-G-7158	CDI	90-D-11019	BUS	90-D-55745	BUS
89-D-52268	BUS	89-G-7493	ONE	90-D-11020	BUS	90-D-55746	BUS
89-D-52269	BUS	89-KE-4811	MBR	90-D-15925	CNC	90-D-55748	BUS
89-D-52270	BUS	89-KE-5911	PBE	90-D-24350	GRF	90-D-55796	BUS
89-D-52274	BUS	89-KE-5913	PBE	90-D-42047	BUS	90-D-55797	BUS
89-D-52289	BUS	89-KE-5941	MDI	90-D-42048	BUS	90-D-55798	BUS
89-D-52290	BUS	89-LD-1209	FAC	90-D-42050	BUS	90-D-55799	BUS
89-D-52291	BUS	89-LH-4670	DFI	90-D-43686	BUS	90-D-55800	BUS
89-D-52294	UNI	89-LK-455	GER	90-D-43688	BUS	90-D-55801	BUS
89-D-52302	BUS	89-LK-1444	MDS	90-D-43692	BUS	90-D-55802	BUS
89-D-52303	BUS	89-LK-1450	FAC	90-D-44635	EAM	90-D-55803	BUS
89-D-52304	BUS	89-LK-4332	GRF	90-D-45724	BUS	90-D-55804	BUS
89-D-52305	BUS	89-LS-1941	RST	90-D-45726	BUS	90-D-55806	BUS
89-D-52306	BUS	89-LS-2015	BNC	90-D-45727	BUS	90-D-55807	BUS
89-D-52308	BUS	89-LS-2061	GER	90-D-45868	BUS	90-D-55808	BUS
89-D-52309	BUS	89-MH-2968	DON	90-D-45872	BUS	90-D-55826	BUS
89-D-52310	BUS	89-MH-3783	JHE	90-D-45873	BUS	90-D-55827	BUS
89-D-52311	BUS	89-MH-5324	JCA	90-D-45874	BUS	90-D-55828	BUS
89-D-52312	BUS	89-OY-2494	JKS	90-D-45926	BUS	90-D-55830	BUS
89-D-52313	BUS	89-RN-2388	PFL	90-D-45927	BUS	90-D-55831	BUS
89-D-52315	BUS	89-RN-2413	EAM	90-D-45928	BUS	90-D-55832	BUS
89-D-52316	BUS	89-TS-3321	JLS	90-D-45929	BUS	90-D-55833	BUS
89-D-52317	BUS	89-WH-3127	PSN	90-D-46012	BUS	90-D-55834	BUS
89-D-52340	BUS	89-WX-5213	BES	90-D-46016	BUS	90-D-55836	BUS
89-D-52351	BUS	89-WX-5304	SEN	90-D-46052	BUS	90-D-55838	BUS
89-D-52352	BUS	90-C-6900	FAC	90-D-46054	BUS	90-D-55839	BUS
89-D-52354	BUS	90-C-20214	GOS	90-D-46056	BUS	90-D-55840	BUS
89-D-52355	BUS	90-C-20302	CNC	90-D-46128	BUS	90-D-55841	BUS
89-D-52357	BUS	90-CN-2388	SNC	90-D-46129	BUS	90-D-55842	BUS
89-D-52358	BUS	90-D-1002	FOY	90-D-46130	BUS	90-D-55843	BUS
89-D-52362	BUS	90-D-1006	DUB	90-D-46131	BUS	90-D-55844	BUS
89-D-52388	BUS	90-D-1011	DUA	90-D-46286	BUS	90-D-56041	AMC
89-D-52389	BUS	90-D-1015	DUA	90-D-46296	BUS	90-DL-1812	BOK
89-D-52390	BUS	90-D-1017	DUA	90-D-46347	BUS	90-DL-3283	FAC
89-D-52391	BUS	90-D-1023	DUB	90-D-46348	BUS	90-DL-6012	GML
89-D-52417	BUS	90-D-1029	DUA	90-D-46354	BUS	90-DL-6200	LSW
89-D-52418	BUS	90-D-1031	DUB	90-D-49866	EIO	90-DL-6218	LSW
89-D-52432	BUS	90-D-1032	DUB	90-D-51276	FLC	90-DL-6222	LSW
89-D-52464	BUS	90-D-1040	CNC	90-D-52514	BUS	90-DL-6234	LSW
89-D-52515	BUS	90-D-1041	CNC	90-D-55601	BUS	90-DL-6262	PRE
89-D-52550	BUS	90-D-1045	PBE	90-D-55602	BUS	90-DL-6266	PRE
89-DL-2806	JMG	90-D-1046	MAL	90-D-55603	BUS	90-DL-6331	HMC
89-DL-4362	MBR	90-D-1052	DUB	90-D-55604	BUS	90-DL-6399	HMC
89-DL-4485	FOY	90-D-1054	DUA	90-D-55605	BUS	90-DL-6432	PRE
89-DL-5004	FOY	90-D-1055	DUA	90-D-55615	BUS	90-DL-6460	PRE
89-DL-6088	PKC	90-D-1059	DUA	90-D-55616	BUS	90-DL-6503	GML
89-DL-6550	LSW	90-D-11001	BUS	90-D-55617	BUS	90-DL-6596	PRE
89-DL-6565	PRE	90-D-11002	BUS	90-D-55619	BUS	90-DL-6630	PRE
89-DL-6566	LSW	90-D-11003	BUS	90-D-55620	BUS	90-DL-6665	LSW
89-DL-6576	LSW	90-D-11004	BUS	90-D-55621	BUS	90-DL-6666	LSW
89-DL-6606	HTC	90-D-11005	BUS	90-D-55622	BUS	90-DL-6667	LSW
89-DL-6683	HMC	90-D-11006	BUS	90-D-55623	BUS	90-DL-6670	LSW
89-DL-6686	LSW	90-D-11007	BUS	90-D-55651	BUS	90-DL-6672	LSW
89-DL-6688	LSW	90-D-11008	BUS	90-D-55659	BUS	90-DL-6673	LSW
89-DL-6700	LSW	90-D-11009	BUS	90-D-55660	BUS	90-DL-6679	LSW
89-DL-6710	PRE	90-D-11010	BUS	90-D-55661	BUS	90-G-2199	DAU

90-G-5500	ONE	91-CN-1346	SNC	91-D-48410	BUS	92-C-17196	RKC
90-G-7829	ONE	91-CN-1942	FLD	91-D-48411	BUS	92-C-17697	RKC
90-G-7856	TCT	91-CW-1606	SRO	91-D-48412	BUS	92-CE-3870	DFI
90-G-8285	ONE	91-D-1067	DUB	91-D-48413	BUS	92-CN-1949	BSC
90-G-8331	GWB	91-D-1086	DUB	91-D-48414	BUS	92-CN-2012	DAU
90-G-8350	GWB	91-D-1087	DUB	91-D-48415	BUS	92-CN-2073	SNC
90-G-8457	DAU	91-D-1098	LCH	91-DL-4807	HMC	92-CW-1603	SRO
90-KK-880	SOC	91-D-4133	OMB	91-DL-5042	HMC	92-CW-1664	EAM
90-KK-903	EOM	91-D-10021	BUS	91-G-3081	ONE	92-D-129	CNC
90-KK-904	BFG	91-D-10022	BUS	91-G-6784	DUA	92-D-130	DUB
90-KK-1188	DAL	91-D-10023	BUS	91-G-6972	ONE	92-D-131	DAU
90-KK-3366	SRO	91-D-10024	BUS	91-G-7058	GWB	92-D-132	DAU
90-KK-3475	PKC	91-D-10025	BUS	91-G-7076	GWB	92-D-134	DAU
90-KY-2804	EUG	91-D-10026	BUS	91-KE-5309	PBE	92-D-135	RKC
90-LD-1184	GOS	91-D-10028	BUS	91-KE-5310	PBE	92-D-140	DUB
90-LK-3966	SNC	91-D-10029	BUS	91-KE-5311	PBE	92-D-141	DUB
90-LK-5287	DPB	91-D-10031	BUS	91-KE-5523	MDI	92-D-142	DUB
90-LS-1828	M&A	91-D-10032	BUS	91-KK-2705	CMC	92-D-146	AMC
90-LS-2299	HRC	91-D-10033	BUS	91-KK-2832	LEO	92-D-10041	BUS
90-LS-2324	HRC	91-D-10034	BUS	91-KK-2836	PKC	92-D-10042	BUS
90-LS-2355	HRC	91-D-10035	BUS	91-KY-980	MLC	92-D-10043	BUS
90-LS-2386	MMA	91-D-10036	BUS	91-KY-2710	JGL	92-D-10045	BUS
90-LS-2422	MMA	91-D-10037	BUS	91-KY-2983	SMO	92-D-10047	BUS
90-LS-2428	GML	91-D-10039	BUS	91-LD-398	OMB	92-D-10048	BUS
90-MH-4606	DON	91-D-10100	DUA	91-LH-4200	KEV	92-D-10049	BUS
90-MH-5743	JCA	91-D-10101	DUA	91-LK-1746	CCD	92-D-10050	BUS
90-MN-2292	LEO	91-D-10102	DUA	91-LK-2633	MDS	92-D-10051	BUS
90-MO-2208	SUI	91-D-10103	DUA	91-LK-4141	MJT	92-D-10052	BUS
90-MO-4342	DAU	91-D-10104	DUA	91-LM-833	MMG	92-D-10053	BUS
90-MO-4396	CWC	91-D-10116	AMC	91-LS-1324	MMA	92-D-10054	BUS
90-MO-4445	JGL	91-D-33961	BUS	91-LS-1669	MMA	92-D-10055	BUS
90-MO-4446	JGL	91-D-33962	BUS	91-LS-1699	HRC	92-D-10056	BUS
90-OY-1611	PKC	91-D-33963	BUS	91-LS-1805	MMA	92-D-10057	BUS
90-OY-2477	GSE	91-D-33964	BUS	91-LS-1806	MMA	92-D-10058	BUS
90-OY-2478	GSE	91-D-33965	BUS	91-LS-1807	JHE	92-D-10059	BUS
90-OY-2521	PKC	91-D-33966	BUS	91-LS-1829	MMA	92-D-10060	BUS
90-OY-2528	GSE	91-D-34593	BUS	91-MN-42	RST	92-D-13569	BES
90-OY-2593	GSE	91-D-34595	BUS	91-MN-1752	LEO	92-D-20001	BUS
90-OY-2596	JKS	91-D-34596	BUS	91-MO-3299	BES	92-D-27948	M&A
90-OY-2607	JKS	91-D-34597	BUS	91-MO-3606	LCH	92-D-46627	SRO
90-OY-2609	JKS	91-D-35868	BUS	91-MO-3608	ONE	92-D-46770	FGL
90-OY-2611	JKS	91-D-35891	BUS	91-MO-3716	CWC	92-D-49863	BFG
90-OY-2615	JKS	91-D-35897	BUS	91-TN-2315	EOM	92-D-49864	BFG
90-TN-2759	EOM	91-D-35919	BUS	91-TN-2329	EOM	92-D-49910	FGL
90-TS-2950	BFG	91-D-37580	BUS	91-TS-2937	JHA	92-D-50005	BUS
90-TS-3580	DAU	91-D-37601	BUS	91-TS-3018	ROC	92-D-50006	BUS
90-TS-3638	MKS	91-D-37602	BUS	91-WD-1685	SUI	92-D-50625	MAL
90-TS-3644	ROC	91-D-37614	BUS	91-WH-2398	FLC	92-DL-58	MMG
90-WD-2127	BCL	91-D-37651	BUS	91-WH-2412	PSN	92-DL-1237	EOM
90-WH-3053	MIB	91-D-37658	BUS	91-WH-2413	MDI	92-DL-2860	GML
90-WH-3134	DMS	91-D-37659	BUS	91-WH-2432	JHE	92-DL-4281	JMG
90-WH-3155	JHE	91-D-37660	BUS	91-WH-2476	JHE	92-DL-5121	FOY
90-WH-3174	JHE	91-D-37661	BUS	91-WH-2504	JHE	92-DL-5564	GML
90-WX-1621	BES	91-D-44387	MAL	91-WH-2617	MIB	92-DL-5616	LSW
90-WX-3062	BES	91-D-45807	MMA	91-WX-4016	SEN	92-DL-5617	LSW
90-WX-4344	BES	91-D-46605	FGL	91-WX-4508	SEN	92-DL-5618	LSW
91-C-709	CMC	91-D-47868	MKS	91-WX-4516	SEN	92-DL-5619	LSW
91-C-13834	NOS	91-D-48050	FGL	92-C-5400	JHA	92-DL-5620	LSW
91-CE-1890	FLC	91-D-48051	FGL	92-C-14032	SRO	92-DL-5621	LSW
91-CE-2634	ROC	91-D-48144	BUS	92-C-15624	JKS	92-DL-5622	LSW
91-CN-554	MMG	91-D-48174	BUS	92-C-16275	WJS	92-DL-5623	LSW

92-DL-5624	LSW	92-WW-3560	NOS	93-D-8008	NWK	93-LK-3677	DPB
92-DL-5625	LSW	92-WW-3750	EUG	93-D-8014	EOM	93-LK-3905	PFL
92-DL-5638	PRE	93-C-2501	BUS	93-D-8016	AMC	93-LS-1814	MMA
92-DL-5728	LSW	93-C-2502	BUS	93-D-8017	AMC	93-LS-1819	HRC
92-DL-5729	LSW	93-C-2504	BUS	93-D-8020	DUA	93-LS-1820	MMA
92-DL-5744	LSW	93-C-2505	BUS	93-D-10154	DUB	93-LS-1824	MMA
92-DL-5745	LSW	93-C-2506	BUS	93-D-10156	DUB	93-LS-1834	MMA
92-DL-5746	LSW	93-C-2507	BUS	93-D-15883	BUS	93-LS-1884	MMA
92-DL-5747	LSW	93-C-2508	BUS	93-D-15885	BUS	93-MH-2370	M&A
92-G-1133	ONE	93-C-2509	BUS	93-D-16054	BUS	93-MH-4091	MDI
92-G-1134	SNC	93-C-2510	BUS	93-D-16055	BUS	93-RN-1973	PFL
92-G-4810	ONE	93-C-13442	EAM	93-D-17256	BUS	93-TS-2456	JLS
92-G-4811	ONE	93-C-13460	CNC	93-D-18069	BUS	93-TS-2458	JHA
92-G-4866	ONE	93-C-14888	GER	93-D-18477	BUS	93-WD-1790	SUI
92-G-6300	ONE	93-C-15738	GMA	93-D-19178	BUS	93-WH-2307	IRC
92-G-6315	FLC	93-CW-1503	EAM	93-D-19275	BUS	93-WH-2479	PSN
92-G-6880	ONE	93-CW-1553	EAM	93-D-19590	BUS	93-WW-3194	EUG
92-G-6881	ONE	93-CW-1652	EAM	93-D-19591	BUS	93-WW-3218	EUG
92-G-6888	CDI	93-CW-1653	EAM	93-D-19672	BUS	93-WX-3803	BES
92-G-7321	TCT	93-CW-1735	EAM	93-D-19945	BUS	93-WX-3851	PKC
92-G-7396	TCT	93-CW-1737	EAM	93-D-20245	BUS	93-WX-4009	FLT
92-G-7397	TCT	93-D-2315	EOM	93-D-20684	BUS	94-C-17511	PKC
92-G-7415	GWB	93-D-3002	BUS	93-D-20685	BUS	94-CE-809	ONE
92-G-7461	TCT	93-D-3003	BUS	93-D-20928	BUS	94-CN-583	SNC
92-G-7492	TCT	93-D-3004	BUS	93-D-22205	MBR	94-CW-1753	SRO
92-KE-1650	CMC	93-D-3005	BUS	93-D-31001	BUS	94-CW-1839	SRO
92-KE-4209	PBE	93-D-3006	BUS	93-D-37089	HTC	94-CW-1891	JGL
92-KE-4265	PBE	93-D-3007	BUS	93-D-42816	DUA	94-D-176	DUB
92-KE-4363	PBE	93-D-3008	BUS	93-D-43430	FGL	94-D-177	DUB
92-KE-4709	PBE	93-D-3009	BUS	93-D-43890	M&A	94-D-178	DUB
92-KE-5391	JHE	93-D-3010	BUS	93-D-44093	MGL	94-D-179	DUB
92-KK-484	MKS	93-D-3011	BUS	93-DL-4944	HMC	94-D-180	DUB
92-KK-491	BFG	93-D-3012	BUS	93-DL-5007	HMC	94-D-181	DUB
92-KK-2909	TCT	93-D-3013	BUS	93-DL-5074	PRE	94-D-1005	DUA
92-KK-3023	BSC	93-D-3014	BUS	93-DL-5181	HMC	94-D-1013	JWH
92-KK-3036	PKC	93-D-3015	BUS	93-DL-5237	HMC	94-D-1014	AMC
92-KK-3061	PKC	93-D-3016	BUS	93-DL-5239	HMC	94-D-1017	BUS
92-KK-3283	SBC	93-D-3017	BUS	93-DL-5240	HMC	94-D-1018	BUS
92-KY-2030	SMO	93-D-3018	BUS	93-DL-5327	HMC	94-D-1019	BUS
92-KY-3892	DAU	93-D-3019	BUS	93-DL-5338	HTC	94-D-1020	BUS
92-KY-3901	DAU	93-D-3020	BUS	93-DL-5350	HMC	94-D-3002	BUS
92-L-1943	PKC	93-D-3021	BUS	93-DL-5671	HMC	94-D-3003	BUS
92-LH-4105	ACS	93-D-3022	BUS	93-DL-5743	HMC	94-D-3004	BUS
92-LH-4126	UNI	93-D-3023	BUS	93-G-5078	GWB	94-D-3005	BUS
92-LH-4188	ACS	93-D-3024	BUS	93-G-5900	ONE	94-D-3006	BUS
92-LK-1185	CWC	93-D-3025	BUS	93-G-5953	GWB	94-D-3007	BUS
92-LK-3233	CWC	93-D-3026	BUS	93-G-6705	TCT	94-D-3008	BUS
92-LS-1894	UNI	93-D-3027	BUS	93-KE-1919	BUS	94-D-3009	BUS
92-MH-2102	LEO	93-D-3028	BUS	93-KF-20	MKS	94-D-3011	BUS
92-MH-4438	PSN	93-D-3029	BUS	93-KK-1732	JGL	94-D-3012	BUS
92-OY-935	JKS	93-D-3030	BUS	93-KK-1748	ROC	94-D-3013	BUS
92-RN-342	BES	93-D-3031	BUS	93-KK-2604	MMC	94-D-3014	BUS
92-TS-95	MKS	93-D-3032	BUS	93-KK-2696	BFG	94-D-3015	BUS
92-TS-2795	MKS	93-D-3033	BUS	93-KK-2701	M&A	94-D-3016	BUS
92-WD-3611	MMG	93-D-3034	BUS	93-KY-1144	DON	94-D-3017	BUS
92-WH-1799	IRC	93-D-3035	BUS	93-KY-1217	GOS	94-D-3018	BUS
92-WH-2649	MIB	93-D-3036	BUS	93-KY-1450	EIO	94-D-3019	BUS
92-WH-2708	JHE	93-D-3037	BUS	93-LD-1150	DFI	94-D-3020	BUS
92-WH-2713	JHE	93-D-3038	BUS	93-LH-3868	JCA	94-D-3021	BUS
92-WW-209	OMB	93-D-3039	BUS	93-LH-3911	JCA	94-D-3022	BUS
92-WW-2345	OMB	93-D-3040	BUS	93-LK-3667	GER	94-D-3023	BUS
		93-D-8004	JHA				

94-D-3024	BUS	94-D-33065	BUS	94-MH-4734	JCA	95-D-42010	PFL
94-D-3025	BUS	94-D-33066	BUS	94-MH-4762	JCA	95-D-46806	MDI
94-D-3026	BUS	94-D-33067	BUS	94-MH-4763	MDI	95-D-48701	BFG
94-D-3027	BUS	94-D-33068	BUS	94-MN-2002	LEO	95-D-52724	MAL
94-D-3028	BUS	94-D-33069	BUS	94-MO-2716	LVC	95-DL-390	FOY
94-D-3029	BUS	94-D-33070	BUS	94-MO-3712	CWC	95-DL-646	CWC
94-D-3030	BUS	94-D-34648	PFL	94-SO-1117	MBR	95-DL-1046	FOY
94-D-3031	BUS	94-D-37021	DUB	94-TN-1305	EIO	95-DL-1803	BOK
94-D-3032	BUS	94-D-37022	DUB	94-TS-912	CNC	95-DL-2650	FOY
94-D-3033	BUS	94-D-37025	NWK	94-WD-1809	SUI	95-DL-2661	FOY
94-D-3034	BUS	94-D-37026	DUB	94-WH-2053	JHE	95-DL-4685	PRE
94-D-3035	BUS	94-D-37027	DUB	94-WW-3503	DAL	95-DL-5711	PRE
94-D-3036	BUS	94-D-37029	MNE	94-WX-4288	SEN	95-DL-5893	PRE
94-D-3037	BUS	94-D-38913	EUG	95-C-5098	DAU	95-DL-5919	PRE
94-D-3038	BUS	94-D-43896	FLC	95-C-8704	MMC	95-DL-6049	GML
94-D-3039	BUS	94-D-49065	BFG	95-C-16662	WJS	95-DL-6102	LSW
94-D-3040	BUS	94-DL-967	FOY	95-C-17648	CAH	95-DL-6103	LSW
94-D-18711	M&A	94-DL-1466	MGL	95-C-17745	MMC	95-DL-6104	LSW
94-D-19270	CMC	94-DL-2104	ONE	95-C-18529	PRE	95-DL-6105	LSW
94-D-21824	BUS	94-DL-5379	GML	95-C-18600	CNC	95-DL-6106	LSW
94-D-21826	BUS	94-DL-5606	GML	95-C-18601	CNC	95-DL-6150	GM
94-D-21828	BUS	94-DL-5613	LSW	95-C-18602	MBR	95-G-1639	CDI
94-D-22568	BUS	94-DL-5614	LSW	95-C-18618	MMC	95-G-6663	GER
94-D-22570	BUS	94-DL-5615	LSW	95-C-19004	GER	95-G-7449	GWB
94-D-22573	BUS	94-DL-5616	LSW	95-C-19020	RKC	95-G-7981	GWB
94-D-22574	BUS	94-DL-5703	LSW	95-C-19045	RKC	95-G-8119	TCT
94-D-23653	BUS	94-DL-5748	LSW	95-C-19046	RKC	95-G-8131	TCT
94-D-23659	BUS	94-DL-5759	LSW	95-CE-1640	EOM	95-KE-2271	GML
94-D-24897	BUS	94-DL-5785	LSW	95-CN-234	FLD	95-KE-5527	GMA
94-D-24899	BUS	94-DL-5808	LSW	95-CN-1444	BOK	95-KK-2335	BCL
94-D-24901	BUS	94-DL-5831	LSW	95-CW-1863	EAM	95-KK-2336	BCL
94-D-24904	BUS	94-DL-5832	LSW	95-D-31	DUA	95-KK-2339	GOS
94-D-24966	BUS	94-DL-5833	LSW	95-D-32	BAL	95-KK-2340	PKC
94-D-24969	BUS	94-DL-5834	LSW	95-D-196	DUB	95-KK-3064	BSC
94-D-24970	BUS	94-DL-5835	LSW	95-D-197	DUB	95-KK-3080	BSC
94-D-24971	BUS	94-DL-5836	LSW	95-D-198	DUB	95-KK-3150	BFG
94-D-24975	BUS	94-DL-5837	LSW	95-D-210	LCH	95-KY-1466	GAV
94-D-33041	BUS	94-DL-5838	LSW	95-D-216	DUB	95-KY-1468	PSN
94-D-33042	BUS	94-DL-5839	LSW	95-D-217	DUB	95-KY-2214	PFL
94-D-33043	BUS	94-DL-5840	LSW	95-D-218	DUB	95-LK-1030	MDS
94-D-33044	BUS	94-DL-5841	LSW	95-D-219	DUB	95-LK-1450	CWC
94-D-33045	BUS	94-DL-5842	LSW	95-D-230	CNC	95-LK-1967	MBR
94-D-33046	BUS	94-DL-6075	PRE	95-D-246	DUB	95-LK-3567	EOM
94-D-33047	BUS	94-DL-6206	HMC	95-D-247	DUB	95-LS-2236	UNI
94-D-33048	BUS	94-DL-19530	SDO	95-D-249	DUB	95-LS-2242	PFL
94-D-33049	BUS	94-G-2224	CDI	95-D-250	DUB	95-LS-2346	UNI
94-D-33050	BUS	94-G-4148	JKS	95-D-251	DUB	95-LS-2360	MMA
94-D-33051	BUS	94-G-4188	JKS	95-D-255	CNC	95-LS-2361	MMA
94-D-33052	BUS	94-G-6177	M&A	95-D-1021	BCL	95-LS-2362	MMA
94-D-33053	BUS	94-G-6442	MDS	95-D-5035	MOR	95-MH-3094	EAM
94-D-33054	BUS	94-G-7031	GWB	95-D-20136	DUA	95-MN-1456	MJT
94-D-33055	BUS	94-G-7162	GWB	95-D-23688	JCA	95-MO-838	LVC
94-D-33056	BUS	94-G-7317	JCA	95-D-25326	URC	95-OY-2355	GSE
94-D-33057	BUS	94-G-7554	GWB	95-D-25830	JCA	95-OY-2356	GSE
94-D-33058	BUS	94-KK-2187	M&A	95-D-26636	BUS	95-OY-2406	JKS
94-D-33059	BUS	94-KK-2190	GOS	95-D-26638	BUS	95-OY-2414	JKS
94-D-33060	BUS	94-KK-2195	GWB	95-D-33049	PBE	95-OY-2498	BSC
94-D-33061	BUS	94-LS-1668	M&A	95-D-33050	PSN	95-TN-1083	BFG
94-D-33062	BUS	94-LS-2018	MMA	95-D-33054	DUA	95-TS-2144	KEV
94-D-33063	BUS	94-LS-2127	HRC	95-D-35256	BUS	95-TS-2737	MKS
94-D-33064	BUS	94-MH-4658	JHE	95-D-42008	BAL	95-TS-2776	PKC

95-W-2129	CMC	96-D-42490	FOY	96-KK-97	CMC	97-D-370	DUB
95-W-2131	CMC	96-D-42519	CWC	96-KK-98	CMC	97-D-374	DUB
95-WD-1848	JHA	96-D-42527	CWC	96-KK-1654	BFG	97-D-383	DUB
95-WH-2733	JHE	96-D-49184	BUS	96-KK-1656	BFG	97-D-2240	BUS
95-WH-2752	FLC	96-D-49185	BUS	96-KK-1662	DMS	97-D-2249	BUS
95-WH-2782	JHE	96-D-49889	BUS	96-KK-2860	BFG	97-D-2254	BUS
95-WH-2834	PSN	96-D-50056	FLD	96-KK-2862	BCL	97-D-10288	MNE
95-WH-2887	JHE	96-D-50057	SBC	96-KY-4013	SRO	97-D-10289	MJT
95-WX-3711	UNI	96-D-50059	HTC	96-KY-4063	RST	97-D-13251	BUS
95-WX-4440	JWH	96-D-50481	BUS	96-LH-2535	DUA	97-D-13258	BUS
95-WX-4495	SEN	96-D-50483	BUS	96-LH-4621	JCA	97-D-13259	BUS
95-WX-4501	SEN	96-D-50484	BUS	96-LH-4745	ACS	97-D-13262	BUS
95-WX-4830	SEN	96-D-50485	BUS	96-LH-4747	ACS	97-D-13266	BUS
96-C-18891	PEG	96-D-51346	BUS	96-LH-4750	JCA	97-D-13269	BUS
96-C-18894	CNC	96-D-51348	BUS	96-LH-4825	ACS	97-D-13274	BUS
96-C-19188	PEG	96-D-51349	BUS	96-LM-111	MMG	97-D-14155	GER
96-C-22382	MLC	96-D-51351	BUS	96-LS-2673	MMA	97-D-16130	BUS
96-C-22889	BAL	96-D-51352	BUS	96-MH-4431	FLC	97-D-16131	BUS
96-C-23032	RKC	96-D-51789	BUS	96-OY-2768	GSE	97-D-17042	BUS
96-C-23072	DAL	96-D-51790	BUS	96-OY-2859	GSE	97-D-17046	BUS
96-C-23076	MMC	96-D-51791	BUS	96-OY-2860	GSE	97-D-18893	KTL
96-CE-4128	NOS	96-D-51793	BUS	96-TN-1968	EOM	97-D-19192	BUS
96-CE-4151	NOS	96-D-52214	BUS	96-TN-2890	EOM	97-D-19194	BUS
96-CN-222	MLC	96-D-52215	BUS	96-TS-3019	M&A	97-D-22617	DOR
96-CN-2330	SNC	96-D-52687	BUS	96-W-2306	UNI	97-D-22853	BFG
96-CW-2319	FLT	96-D-52688	BUS	96-WD-2352	CMC	97-D-23168	BUS
96-D-256	DUA	96-D-52689	BUS	96-WH-3217	JHE	97-D-24580	BUS
96-D-257	MDI	96-D-52691	BUS	96-WH-3246	PSN	97-D-25423	BUS
96-D-260	DUB	96-D-54246	BFG	96-WH-3264	MIB	97-D-27144	URC
96-D-273	DUA	96-D-54251	URC	96-WH-3307	JHE	97-D-27913	EIO
96-D-275	DUA	96-D-54260	URC	96-WH-3308	JHE	97-D-28203	CWC
96-D-282	DUB	96-D-58710	MOR	96-WW-5093	OMB	97-D-33099	MBR
96-D-290	SMS	96-D-60209	FGL	96-WX-5210	ARD	97-D-34324	BUS
96-D-291	SMS	96-D-61050	MAL	96-WX-5482	SEN	97-D-35635	BUS
96-D-293	SMS	96-D-64366	MOR	97-C-809	BUS	97-D-36157	BUS
96-D-294	SMS	96-DL-2688	BOT	97-C-811	BUS	97-D-36159	BUS
96-D-298	CNC	96-DL-4314	FOY	97-C-812	BUS	97-D-36163	BUS
96-D-299	DUA	96-DL-4997	BOK	97-C-814	BUS	97-D-36166	BUS
96-D-2001	BUS	96-DL-5218	JMA	97-C-817	BUS	97-D-36889	BUS
96-D-2003	BUS	96-DL-5632	JMA	97-C-818	BUS	97-D-36891	BUS
96-D-2004	BUS	96-DL-5633	PRE	97-C-822	BUS	97-D-36892	BUS
96-D-2005	BUS	96-DL-5829	PRE	97-C-4858	BUS	97-D-36893	BUS
96-D-2006	BUS	96-DL-6099	HMC	97-C-4860	BUS	97-D-36897	BUS
96-D-2007	BUS	96-DL-6280	HTC	97-C-4862	BUS	97-D-38252	BUS
96-D-2008	BUS	96-DL-6384	BOK	97-C-4863	BUS	97-D-38253	BUS
96-D-2009	BUS	96-DL-6478	PRE	97-C-4864	BUS	97-D-38255	BUS
96-D-2010	BUS	96-DL-6561	HMC	97-C-4865	BUS	97-D-40201	BUS
96-D-17686	FOD	96-DL-6654	GML	97-C-17646	MMC	97-D-40215	BUS
96-D-20444	BUS	96-DL-6719	HMC	97-C-23108	FAC	97-D-40219	BUS
96-D-20455	BUS	96-DL-6723	GML	97-C-24291	GER	97-D-41177	BUS
96-D-20466	BUS	96-DL-6755	PRE	97-C-24543	BFG	97-D-41178	BUS
96-D-20482	BUS	96-DL-6784	PRE	97-C-25296	RKC	97-D-41183	BUS
96-D-20486	BUS	96-G-482	NOS	97-C-25414	MMC	97-D-41194	BUS
96-D-22858	BUS	96-G-1000	MLC	97-C-27193	EAM	97-D-41196	BUS
96-D-22861	BUS	96-G-3982	EOM	97-CW-2194	EAM	97-D-42377	BUS
96-D-22864	BUS	96-G-6663	CNC	97-CW-2343	EAM	97-D-42380	BUS
96-D-24430	BUS	96-G-8200	GWB	97-CW-2459	EAM	97-D-43871	BUS
96-D-27482	BUS	96-G-8209	CDI	97-D-347	DUB	97-D-43872	BUS
96-D-27488	BUS	96-G-8760	ONE	97-D-354	DUB	97-D-43873	BUS
96-D-27494	BUS	96-KE-6456	BFG	97-D-355	DUB	97-D-43875	BUS
96-D-34243	CAH	96-KK-69	CMC	97-D-366	DUB	97-D-43877	BUS

Reg.	Code	Reg.	Code	Reg.	Code	Reg.	Code
97-D-45246	BUS	97-KY-2761	JOC	98-D-10338	BUS	98-DL-5758	PKC
97-D-45249	BUS	97-KY-3570	RST	98-D-10339	BUS	98-DL-6472	JMA
97-D-45251	BUS	97-KY-4934	CWC	98-D-10341	BUS	98-DL-7070	PRE
97-D-45252	BUS	97-L-424	BUS	98-D-10343	BUS	98-DL-8042	PRE
97-D-45875	EAM	97-L-425	BUS	98-D-10344	BUS	98-DL-8300	HMC
97-D-46848	BUS	97-L-771	BUS	98-D-10347	BUS	98-G-2222	MNE
97-D-46852	BUS	97-L-772	BUS	98-D-10348	BUS	98-G-2408	LCH
97-D-46854	BUS	97-L-844	BUS	98-D-10352	BUS	98-G-9242	CDI
97-D-46857	BUS	97-L-1090	BUS	98-D-10353	BUS	98-G-9338	CDI
97-D-47506	BUS	97-LD-1634	FAC	98-D-12143	BUS	98-G-10027	M&A
97-D-47508	BUS	97-LS-2683	MMA	98-D-12147	BUS	98-G-10860	CDI
97-D-47509	BUS	97-LS-2722	HRC	98-D-12150	BUS	98-G-10861	CDI
97-D-50060	FAC	97-MH-1284	GER	98-D-12154	BUS	98-G-10960	TCT
97-D-50062	FAC	97-MH-1431	MJT	98-D-12157	BUS	98-KE-1059	SNC
97-D-50064	DUA	97-MH-6279	JCA	98-D-12158	BUS	98-KE-1579	SRO
97-D-50679	EUG	97-MO-5033	PFL	98-D-12160	BUS	98-KE-8435	SMO
97-D-52078	PBE	97-OY-1464	JKS	98-D-13909	BUS	98-KE-8870	UNI
97-D-53196	EUG	97-OY-3105	GSE	98-D-13913	BUS	98-KK-1563	CWC
97-D-59001	DUB	97-OY-3138	JKS	98-D-13914	BUS	98-KK-2503	CWC
97-D-62529	DFI	97-OY-3149	JKS	98-D-13919	BUS	98-KK-2505	CWC
97-D-67771	BUS	97-OY-3150	JKS	98-D-15101	BUS	98-KK-3944	BFG
97-D-67773	BUS	97-TN-3174	EOM	98-D-15103	BUS	98-KK-3984	MLC
97-D-67774	BUS	97-TS-2394	HRC	98-D-15109	BUS	98-KY-1127	CAH
97-D-67775	BUS	97-TS-3848	JLS	98-D-15113	BUS	98-KY-1860	GMA
97-D-67776	BUS	97-W-713	BUS	98-D-15121	BUS	98-KY-1991	GRF
97-D-67777	BUS	97-W-1998	PEG	98-D-20408	MCO	98-KY-2050	FLC
97-D-67778	BUS	97-WH-1694	FAC	98-D-20433	DUB	98-KY-2453	M&A
97-D-67779	BUS	97-WH-3411	IRC	98-D-20434	DUB	98-KY-4470	SMO
97-D-67780	BUS	97-WH-3691	JHE	98-D-20436	DUB	98-KY-5331	PWT
97-D-67782	BUS	97-WH-3692	JHE	98-D-20442	LBC	98-L-3053	DMS
97-D-68189	BUS	97-WH-3834	MIB	98-D-23415	URC	98-LK-5805	GER
97-D-68190	BUS	97-WX-1725	GER	98-D-26310	DUA	98-LK-6598	DMS
97-D-68191	BUS	98-C-13516	ROC	98-D-28061	BNC	98-LS-2843	OMB
97-D-68192	BUS	98-C-18185	JHA	98-D-37145	BFG	98-LS-2943	UNI
97-D-68416	BUS	98-C-19583	GMA	98-D-39800	SRO	98-MH-708	FLC
97-D-68741	BUS	98-C-23114	CNC	98-D-41334	UNI	98-MH-3530	JCA
97-D-69097	BUS	98-C-25339	DFI	98-D-42051	LVC	98-MH-5871	JCA
97-D-71350	MAL	98-C-26030	RKC	98-D-51234	EAM	98-MN-1248	CWC
97-DL-2556	MLC	98-C-27101	RKC	98-D-54635	UNI	98-MO-2072	LVC
97-DL-5296	PRE	98-CE-2270	PKC	98-D-55709	EAM	98-TN-3279	EOM
97-DL-6320	PRE	98-CN-2490	FLD	98-D-57460	BUS	98-TS-4062	JLS
97-G-1652	M&A	98-CW-1475	SRO	98-D-73347	MAL	98-TS-4195	PKC
97-G-1858	BUS	98-CW-1593	SRO	98-D-74673	BUS	98-TS-4275	JLS
97-G-1860	BUS	98-D-1065	FAC	98-D-75401	BUS	98-WH-3633	IRC
97-G-1862	BUS	98-D-1066	DFI	98-D-75765	BUS	98-WH-3703	JHE
97-G-1868	BUS	98-D-1068	JMG	98-D-75766	BUS	98-WH-4075	JHE
97-G-2027	JKS	98-D-1076	JMG	98-D-75767	BUS	98-WW-4967	M&A
97-G-2297	CDI	98-D-1077	OMB	98-D-76118	BUS	98-WX-5394	BES
97-G-3091	GWB	98-D-1078	JMG	98-D-76559	BUS	98-WX-6575	ARD
97-G-7947	BFG	98-D-1080	DUA	98-D-76560	BUS	98-WX-6752	FLT
97-G-8013	HRC	98-D-1081	JWH	98-D-76561	BUS	99-C-14960	GOS
97-KE-2234	FLD	98-D-1083	FAC	98-D-76562	BUS	99-C-15245	GMA
97-KE-4130	PBE	98-D-1306	DOR	98-D-77635	DUA	99-C-18895	BUS
97-KE-7935	UNI	98-D-2460	AMC	98-D-77772	DUA	99-C-18896	BUS
97-KK-3917	PKC	98-D-3208	GML	98-DL-366	SDO	99-C-18897	BUS
97-KK-3923	PKC	98-D-3288	CWC	98-DL-1942	JMG	99-C-18898	BUS
97-KK-3974	PKC	98-D-3405	BUS	98-DL-3016	SDO	99-C-18899	BUS
97-KK-4051	PKC	98-D-3407	BUS	98-DL-3810	JHA	99-C-18900	BUS
97-KY-2176	SNC	98-D-3413	BUS	98-DL-4456	FOY	99-C-22509	CWC
97-KY-2254	JWH	98-D-3414	BUS	98-DL-5008	FOY	99-C-27384	RKC
97-KY-2646	DFI	98-D-10334	BUS	98-DL-5018	FOY	99-C-27385	BAL

99-C-27386	CNC	99-D-540	DUB	99-D-610	HCL	99-D-58107	BUS
99-C-27421	CNC	99-D-542	DUB	99-D-611	HCL	99-D-58108	BUS
99-C-30482	DAL	99-D-543	DUB	99-D-613	HCL	99-D-58111	BUS
99-CE-2151	BFG	99-D-544	MCO	99-D-617	DUB	99-D-58112	BUS
99-CN-234	SNC	99-D-546	DUB	99-D-618	DUB	99-D-58114	BUS
99-CW-3183	EAM	99-D-547	DUB	99-D-620	DUB	99-D-58115	BUS
99-D-41	EUG	99-D-548	DUB	99-D-621	DUB	99-D-58116	BUS
99-D-446	DUB	99-D-549	DUB	99-D-622	DUB	99-D-58117	BUS
99-D-447	DUB	99-D-550	DUB	99-D-623	DUB	99-D-58119	BUS
99-D-448	DUB	99-D-551	DUB	99-D-624	DUB	99-D-58120	BUS
99-D-450	DUB	99-D-552	DUB	99-D-625	DUB	99-D-58121	BUS
99-D-451	DUB	99-D-553	DUB	99-D-626	DUB	99-D-58122	BUS
99-D-453	DUB	99-D-554	DUB	99-D-627	DUB	99-D-58123	BUS
99-D-457	DUB	99-D-556	DUB	99-D-628	DUB	99-D-58124	BUS
99-D-460	DUB	99-D-557	DUB	99-D-629	DUB	99-D-58126	BUS
99-D-463	MLC	99-D-558	DUB	99-D-630	DUB	99-D-58128	BUS
99-D-464	RKC	99-D-559	DUB	99-D-631	DUB	99-D-58130	BUS
99-D-468	DUB	99-D-560	DUB	99-D-632	DUB	99-D-60010	DUB
99-D-469	DUB	99-D-561	DUB	99-D-633	DUB	99-D-60017	MCO
99-D-470	DUB	99-D-562	DUB	99-D-634	DUB	99-D-60019	ACH
99-D-471	DUB	99-D-563	DUB	99-D-635	DUB	99-D-74495	CWC
99-D-472	DUB	99-D-564	DUB	99-D-636	DUB	99-D-80587	BUS
99-D-473	DUB	99-D-565	DUB	99-D-637	DUB	99-D-82350	WJS
99-D-474	DUB	99-D-566	DUB	99-D-638	DUB	99-D-84701	BUS
99-D-475	DUB	99-D-567	DUB	99-D-639	DUB	99-D-85228	BUS
99-D-478	DUB	99-D-568	DUB	99-D-640	DUB	99-D-85229	BUS
99-D-479	DUB	99-D-569	DUB	99-D-2673	PBE	99-D-85541	BUS
99-D-486	DUB	99-D-570	DUB	99-D-4528	JWH	99-D-85542	BUS
99-D-489	ZBO	99-D-571	DUB	99-D-9299	URC	99-D-85543	BUS
99-D-493	DUB	99-D-572	DUB	99-D-10500	DUA	99-D-85544	BUS
99-D-494	DUB	99-D-574	DUB	99-D-10555	DUB	99-D-86663	BUS
99-D-495	DUB	99-D-575	DUB	99-D-10600	DUB	99-D-86664	BUS
99-D-496	DUB	99-D-580	DUB	99-D-12643	DAU	99-D-86665	BUS
99-D-497	DUB	99-D-581	DUB	99-D-13075	DOR	99-D-86666	BUS
99-D-498	DUA	99-D-582	DUB	99-D-22312	DUA	99-D-86736	BUS
99-D-499	DUA	99-D-583	DUB	99-D-28988	DUA	99-D-86737	BUS
99-D-501	DUA	99-D-584	DUB	99-D-31672	DOR	99-D-86739	BUS
99-D-502	DUB	99-D-585	DUB	99-D-32533	AMC	99-D-86741	BUS
99-D-503	DUB	99-D-586	DUB	99-D-37615	BUS	99-D-86907	BUS
99-D-504	MCO	99-D-587	DUB	99-D-37620	BUS	99-D-86908	BUS
99-D-505	DUB	99-D-588	DUB	99-D-37623	BUS	99-D-86926	BUS
99-D-506	DUB	99-D-589	DUB	99-D-37626	BUS	99-D-86992	BUS
99-D-508	GBU	99-D-590	DUB	99-D-449	SHA	99-D-86993	BUS
99-D-509	DUB	99-D-591	DUB	99-D-452	BUL	99-D-86994	BUS
99-D-514	DUB	99-D-592	DUB	99-D-454	SHA	99-D-87016	BUS
99-D-517	DUB	99-D-593	DUB	99-D-51984	BUS	99-D-87017	BUS
99-D-518	DUB	99-D-594	DUB	99-D-52726	BUS	99-D-87239	BUS
99-D-519	MCO	99-D-595	DUB	99-D-52727	BUS	99-D-88548	LPL
99-D-520	DUB	99-D-596	DUB	99-D-545	HCL	99-D-88621	LPL
99-D-526	DUB	99-D-597	DUB	99-D-55030	BUS	99-D-88702	LPL
99-D-527	DUB	99-D-598	DUB	99-D-55033	BUS	99-DL-809	FOD
99-D-528	DUB	99-D-599	DUB	99-D-55037	BUS	99-DL-2320	JMA
99-D-529	DUB	99-D-601	DUB	99-D-55039	BUS	99-DL-4613	JMA
99-D-530	DUB	99-D-602	DUB	99-D-56507	BUS	99-DL-4824	BOK
99-D-531	DUB	99-D-603	DUB	99-D-56510	BUS	99-DL-8083	HTC
99-D-532	DUB	99-D-604	DUB	99-D-56512	BUS	99-DL-8403	HTC
99-D-534	DUB	99-D-605	DUB	99-D-56517	BUS	99-DL-8507	HTC
99-D-535	DUB	99-D-606	DUB	99-D-578	HCL	99-G-1566	MNE
99-D-537	DUB	99-D-607	DUB	99-D-58104	BUS	99-G-3416	BOT
99-D-538	DUB	99-D-608	DUB	99-D-58105	BUS	99-G-12000	ONE
99-D-539	DUB	99-D-609	DUB	99-D-58106	BUS	99-G-12419	CDI

Reg	Code	Reg	Code	Reg	Code	Reg	Code
99-KE-2750	PBE	00-C-30850	BUS	00-D-40028	DUB	00-D-40089	DUB
99-KE-3469	CAH	00-C-30851	BUS	00-D-40029	DUB	00-D-40090	DUB
99-KE-5532	SMO	00-C-30852	BUS	00-D-40030	DUB	00-D-40091	DUB
99-KE-7107	FLC	00-C-31051	BUS	00-D-40031	DUB	00-D-40092	DUB
99-KK-1	GMA	00-C-31053	BUS	00-D-40032	DUB	00-D-40093	DUB
99-KK-1672	ACS	00-C-31056	BUS	00-D-40033	DUB	00-D-40094	DUB
99-KK-1674	BFG	00-C-31060	BUS	00-D-40034	DUB	00-D-40095	DUB
99-KK-2701	PKC	00-C-38840	MLC	00-D-40035	DUB	00-D-40096	DUB
99-KK-2902	SBC	00-CE-1592	DFI	00-D-40036	DUB	00-D-40097	DUB
99-KK-3037	DON	00-CN-1153	FLD	00-D-40037	DUB	00-D-40098	DUB
99-KK-5034	PKC	00-D-4490	DUA	00-D-40038	DUB	00-D-40099	DUB
99-KY-2588	MLC	00-D-21076	BUS	00-D-40039	DUB	00-D-40100	DUB
99-KY-2684	RKC	00-D-21084	BUS	00-D-40040	DUB	00-D-41235	BUS
99-LD-1638	DPB	00-D-21087	BUS	00-D-40041	DUB	00-D-41296	BUS
99-LD-1712	DPB	00-D-21094	BUS	00-D-40042	DUB	00-D-41906	BUS
99-LK-1940	DMS	00-D-21098	BUS	00-D-40043	DUB	00-D-41908	BUS
99-LK-3037	JOC	00-D-21108	BUS	00-D-40044	DUB	00-D-41912	BUS
99-LK-5104	SMO	00-D-25864	BUS	00-D-40045	DUB	00-D-41915	BUS
99-LS-2993	BUS	00-D-25873	BUS	00-D-40046	DUB	00-D-41921	BUS
99-LS-3001	BUS	00-D-25883	BUS	00-D-40047	DUB	00-D-41925	BUS
99-LS-3243	HRC	00-D-25919	BUS	00-D-40048	DUB	00-D-41930	BUS
99-LS-3284	HRC	00-D-25921	BUS	00-D-40049	DUB	00-D-41955	BUS
99-LS-3443	UNI	00-D-25925	BUS	00-D-40050	DUB	00-D-41956	BUS
99-MH-8808	JCA	00-D-34644	BUS	00-D-40051	DUB	00-D-43135	DUA
99-MH-9022	JCA	00-D-34646	BUS	00-D-40052	DUB	00-D-44311	URC
99-MO-1339	MMG	00-D-34647	BUS	00-D-40053	DUB	00-D-45673	ICL
99-MO-2072	LVC	00-D-34648	BUS	00-D-40054	DUB	00-D-54224	BUS
99-OY-1274	JKS	00-D-34649	BUS	00-D-40055	DUB	00-D-54226	BUS
99-OY-3952	GSE	00-D-34650	BUS	00-D-40056	DUB	00-D-54229	BUS
99-TN-1	CNC	00-D-34652	BUS	00-D-40057	DUB	00-D-58144	BUS
99-TS-3218	BFG	00-D-34653	BUS	00-D-40058	DUB	00-D-58146	BUS
99-TS-4776	MKS	00-D-34654	BUS	00-D-40059	DUB	00-D-60429	BUS
99-TS-4992	MKS	00-D-37979	BUS	00-D-40060	DUB	00-D-60435	BUS
99-TS-5079	MKS	00-D-37992	BUS	00-D-40061	DUB	00-D-63332	BUS
99-W-4266	CMC	00-D-40001	DUB	00-D-40062	DUB	00-D-63334	BUS
99-WD-1	EOM	00-D-40002	DUB	00-D-40063	DUB	00-D-63337	BUS
99-WH-2342	RST	00-D-40003	DUB	00-D-40064	DUB	00-D-65001	DUB
99-WW-7369	EUG	00-D-40004	DUB	00-D-40065	DUB	00-D-65002	DUB
99-WW-7370	EUG	00-D-40005	DUB	00-D-40066	DUB	00-D-65003	DUB
99-WW-7371	EUG	00-D-40006	DUB	00-D-40067	DUB	00-D-65004	DUB
99-WW-7372	EUG	00-D-40007	DUB	00-D-40068	DUB	00-D-65005	DUB
99-WX-2251	ARD	00-D-40008	DUB	00-D-40069	DUB	00-D-65006	DUB
00-C-2004	GAV	00-D-40009	DUB	00-D-40070	DUB	00-D-65007	DUB
00-C-2005	GAV	00-D-40010	DUB	00-D-40071	DUB	00-D-65008	DUB
00-C-2180	CNC	00-D-40011	DUB	00-D-40072	DUB	00-D-65009	DUB
00-C-2190	CNC	00-D-40012	DUB	00-D-40073	DUB	00-D-65010	DUB
00-C-17139	GMA	00-D-40013	DUB	00-D-40074	DUB	00-D-65011	DUB
00-C-18850	RKC	00-D-40014	DUB	00-D-40075	DUB	00-D-65012	DUB
00-C-27964	BUS	00-D-40015	DUB	00-D-40076	DUB	00-D-65013	DUB
00-C-27969	BUS	00-D-40016	DUB	00-D-40077	DUB	00-D-65014	DUB
00-C-27971	BUS	00-D-40017	DUB	00-D-40078	DUB	00-D-65015	DUB
00-C-27973	BUS	00-D-40018	DUB	00-D-40079	DUB	00-D-65016	DUB
00-C-28215	BUS	00-D-40019	DUB	00-D-40080	DUB	00-D-65017	DUB
00-C-28218	BUS	00-D-40020	DUB	00-D-40081	DUB	00-D-65018	DUB
00-C-28219	BUS	00-D-40021	DUB	00-D-40082	DUB	00-D-65019	DUB
00-C-29578	BUS	00-D-40022	DUB	00-D-40083	DUB	00-D-65020	DUB
00-C-29579	BUS	00-D-40023	DUB	00-D-40084	DUB	00-D-65978	BUS
00-C-29850	BUS	00-D-40024	DUB	00-D-40085	DUB	00-D-65980	BUS
00-C-30278	BUS	00-D-40025	DUB	00-D-40086	DUB	00-D-65983	BUS
00-C-30280	BUS	00-D-40026	DUB	00-D-40087	DUB	00-D-65988	BUS
00-C-30846	BUS	00-D-40027	DUB	00-D-40088	DUB	00-D-65992	BUS

00-D-65999	BUS	00-D-70139	DUB	00-D-75684	BUS	00-D-93616	BUS
00-D-68619	BUS	00-D-70140	DUB	00-D-75690	BUS	00-D-93621	BUS
00-D-68620	BUS	00-D-70141	DUB	00-D-75694	BUS	00-D-93627	BUS
00-D-70021	DUB	00-D-70142	DUB	00-D-75699	BUS	00-D-93634	BUS
00-D-70022	DUB	00-D-70143	DUB	00-D-76559	BUS	00-D-93639	BUS
00-D-70023	DUB	00-D-70144	DUB	00-D-76563	BUS	00-D-93645	BUS
00-D-70024	DUB	00-D-70145	DUB	00-D-76565	BUS	00-D-93646	BUS
00-D-70025	DUB	00-D-70146	DUB	00-D-78518	BUS	00-D-93649	BUS
00-D-70026	DUB	00-D-70147	DUB	00-D-79721	BUS	00-D-93651	BUS
00-D-70027	DUB	00-D-70148	DUB	00-D-79722	BUS	00-D-93652	BUS
00-D-70028	DUB	00-D-70149	DUB	00-D-79723	BUS	00-D-93655	BUS
00-D-70029	DUB	00-D-70150	DUB	00-D-79724	BUS	00-D-93656	BUS
00-D-70030	DUB	00-D-70151	DUB	00-D-83630	BUS	00-D-94510	BUS
00-D-70031	DUB	00-D-70152	DUB	00-D-83656	BUS	00-D-95822	BUS
00-D-70032	DUB	00-D-70153	DUB	00-D-83662	BUS	00-D-95908	BUS
00-D-70033	DUB	00-D-70154	DUB	00-D-83679	BUS	00-D-95913	BUS
00-D-70034	DUB	00-D-70155	DUB	00-D-83688	BUS	00-D-95917	BUS
00-D-70035	DUB	00-D-70156	DUB	00-D-83702	BUS	00-D-95922	CNC
00-D-70036	DUB	00-D-70157	DUB	00-D-83722	BUS	00-D-95938	BUS
00-D-70037	DUB	00-D-70158	DUB	00-D-83743	BUS	00-D-96297	BUS
00-D-70038	DUB	00-D-70159	DUB	00-D-83751	BUS	00-D-96299	BUS
00-D-70039	DUB	00-D-70160	DUB	00-D-83758	BUS	00-D-96302	BUS
00-D-70040	DUB	00-D-70161	DUB	00-D-83762	BUS	00-D-96307	BUS
00-D-70101	DUB	00-D-70162	DUB	00-D-83767	BUS	00-D-96312	BUS
00-D-70102	DUB	00-D-70163	DUB	00-D-83770	BUS	00-D-96313	BUS
00-D-70103	DUB	00-D-70164	DUB	00-D-83772	BUS	00-D-96315	BUS
00-D-70104	DUB	00-D-70165	DUB	00-D-83775	BUS	00-D-96317	BUS
00-D-70105	DUB	00-D-70166	DUB	00-D-83785	BUS	00-D-96319	BUS
00-D-70106	DUB	00-D-70167	DUB	00-D-83795	BUS	00-D-96321	BUS
00-D-70107	DUB	00-D-70168	DUB	00-D-83802	BUS	00-D-96323	BUS
00-D-70108	DUB	00-D-70169	DUB	00-D-84183	BUS	00-D-96325	BUS
00-D-70109	DUB	00-D-70170	DUB	00-D-84184	BUS	00-D-96327	BUS
00-D-70110	DUB	00-D-70171	DUB	00-D-84190	BUS	00-D-96328	BUS
00-D-70111	DUB	00-D-70172	DUB	00-D-84195	BUS	00-D-98891	BUS
00-D-70112	DUB	00-D-70173	DUB	00-D-85509	BUS	00-D-98893	BUS
00-D-70113	DUB	00-D-70174	DUB	00-D-85510	BUS	00-D-98894	BUS
00-D-70114	DUB	00-D-70175	DUB	00-D-85511	BUS	00-D-98895	BUS
00-D-70115	DUB	00-D-70176	DUB	00-D-86365	BUS	00-D-98898	BUS
00-D-70116	DUB	00-D-70177	DUB	00-D-86369	BUS	00-D-98899	BUS
00-D-70117	DUB	00-D-70179	DUB	00-D-86371	BUS	00-D-98901	BUS
00-D-70118	DUB	00-D-70180	DUB	00-D-88442	BUS	00-D-99045	BFG
00-D-70119	DUB	00-D-70181	DUB	00-D-89229	BUS	00-D-109110	BUS
00-D-70120	DUB	00-D-70182	DUB	00-D-89237	BUS	00-D-110177	BUS
00-D-70121	DUB	00-D-70183	DUB	00-D-89239	BUS	00-D-110178	BUS
00-D-70122	DUB	00-D-70184	DUB	00-D-91433	BUS	00-D-110179	BUS
00-D-70123	DUB	00-D-70185	DUB	00-D-91435	BUS	00-D-110180	BUS
00-D-70124	DUB	00-D-72251	AMC	00-D-91436	BUS	00-D-110437	BUS
00-D-70125	DUB	00-D-72543	BUS	00-D-91438	BUS	00-D-110506	BUS
00-D-70126	DUB	00-D-72551	BUS	00-D-91440	BUS	00-D-110736	BUS
00-D-70127	DUB	00-D-72557	BUS	00-D-91442	BUS	00-D-110787	BUS
00-D-70128	DUB	00-D-72566	BUS	00-D-91445	BUS	00-D-110788	BUS
00-D-70129	DUB	00-D-72571	BUS	00-D-91447	BUS	00-D-111069	BUS
00-D-70130	DUB	00-D-72577	BUS	00-D-91448	BUS	00-D-111090	BUS
00-D-70131	DUB	00-D-72585	BUS	00-D-91449	BUS	00-D-111142	BUS
00-D-70132	DUB	00-D-72593	BUS	00-D-91451	BUS	00-D-111323	BUS
00-D-70133	DUB	00-D-72597	BUS	00-D-91455	BUS	00-D-111324	BUS
00-D-70134	DUB	00-D-72602	BUS	00-D-91456	BUS	00-D-111376	BUS
00-D-70135	DUB	00-D-74897	PSN	00-D-91458	BUS	00-D-111656	BUS
00-D-70136	DUB	00-D-75676	BUS	00-D-91460	BUS	00-D-111739	BUS
00-D-70137	DUB	00-D-75680	BUS	00-D-93613	BUS	00-D-111743	BUS
00-D-70138	DUB	00-D-75682	BUS	00-D-93615	BUS	00-D-111971	BUS

00-DL-116	FOY	00-WX-9376	SEN	01-D-10210	DUB	01-D-72098	BUS
00-DL-2098	BOT	00-WX-9377	SEN	01-D-10211	DUB	01-D-72100	BUS
00-DL-2680	FOD	01-C-2656	GAV	01-D-10212	DUB	01-D-72101	BUS
00-DL-6406	JMG	01-C-3366	BUS	01-D-10213	DUB	01-D-72102	BUS
00-DL-8423	HMC	01-C-6515	GAV	01-D-10214	DUB	01-D-72103	BUS
00-DL-10445	PRE	01-C-16913	PEG	01-D-10215	DUB	01-D-73921	PSN
00-G-1400	ONE	01-C-24481	BUS	01-D-10216	DUB	01-D-86926	BUS
00-G-3599	MDS	01-C-24482	BUS	01-D-10217	DUB	01-D-86927	BUS
00-G-6523	BUB	01-C-24483	BUS	01-D-10218	DUB	01-D-86930	BUS
00-G-6527	BUB	01-C-24484	BUS	01-D-10219	DUB	01-D-86931	BUS
00-G-6929	MGL	01-C-26154	MMC	01-D-10220	DUB	01-D-86933	BUS
00-G-10190	MNE	01-CE-3098	BFG	01-D-10221	DUB	01-D-86934	BUS
00-G-11961	GOS	01-CN-427	SNC	01-D-10222	DUB	01-D-86935	BUS
00-G-12664	GWB	01-CN-685	SNC	01-D-10223	DUB	01-D-86937	BUS
00-G-13000	ONE	01-CN-3549	M&A	01-D-10224	DUB	01-D-86939	BUS
00-G-15162	ONE	01-D-4780	BUS	01-D-10225	DUB	01-D-88997	BFG
00-G-15164	ONE	01-D-4796	BUS	01-D-10226	DUB	01-D-91723	BUS
00-KE-2944	SOC	01-D-8051	BUS	01-D-10227	DUB	01-D-91724	BUS
00-KE-2994	SOC	01-D-8052	BUS	01-D-10228	DUB	01-D-93493	BUS
00-KE-13862	UNI	01-D-8055	BUS	01-D-10229	DUB	01-D-93564	BUS
00-KK-11	M&A	01-D-8057	BUS	01-D-27556	DUA	01-D-93591	BUS
00-KK-2227	CMC	01-D-8061	BUS	01-D-27572	BUS	01-D-93908	BUS
00-KK-2231	ACS	01-D-8063	BUS	01-D-27574	BUS	01-D-93912	BUS
00-KK-2349	ACS	01-D-8072	BUS	01-D-27575	BUS	01-D-94189	BUS
00-KK-2457	BFG	01-D-8083	BUS	01-D-27577	BUS	01-D-96789	DUA
00-KK-2665	CWC	01-D-10041	DUB	01-D-27578	BUS	01-D-110737	BUS
00-KK-2667	ACS	01-D-10042	DUB	01-D-27580	BUS	01-D-111107	BUS
00-KK-3046	PKC	01-D-10043	DUB	01-D-27581	BUS	01-DL-1938	JMG
00-KK-3048	BFG	01-D-10044	DUB	01-D-27583	BUS	01-DL-2190	HMC
00-KK-3094	BFG	01-D-10045	DUB	01-D-27587	BUS	01-DL-2411	MGL
00-KK-3197	BFG	01-D-10046	DUB	01-D-27589	BUS	01-DL-3250	JMA
00-KY-1830	RST	01-D-10047	DUB	01-D-27592	BUS	01-DL-3821	BAL
00-KY-2614	DFI	01-D-10048	DUB	01-D-27594	BUS	01-DL-4170	PFL
00-KY-3614	DFI	01-D-10049	DUB	01-D-27597	BUS	01-DL-4288	FOD
00-KY-4604	CAH	01-D-10050	DUB	01-D-27600	BUS	01-DL-4590	FOD
00-L-1474	PKC	01-D-10051	DUB	01-D-29866	BUS	01-DL-8391	GML
00-LD-934	FAC	01-D-10052	DUB	01-D-29868	BUS	01-DL-8610	PRE
00-LD-1730	FAC	01-D-10186	DUB	01-D-29869	BUS	01-DL-8708	HMC
00-LD-1740	FAC	01-D-10187	DUB	01-D-29871	BUS	01-G-2584	BUS
00-LH-2376	SBC	01-D-10188	DUB	01-D-29875	BUS	01-G-33	JMA
00-LH-5851	MGL	01-D-10189	DUB	01-D-29876	BUS	01-G-3405	BUS
00-LK-3037	DMS	01-D-10190	DUB	01-D-29879	BUS	01-G-3406	BUB
00-LK-3139	EOM	01-D-10191	DUB	01-D-29887	BUS	01-G-3415	BUB
00-LK-4693	MDS	01-D-10192	DUB	01-D-29892	BUS	01-G-6806	JKS
00-LK-6516	PKC	01-D-10193	DUB	01-D-29896	BUS	01-G-7404	JKS
00-LK-9446	PFL	01-D-10194	DUB	01-D-29899	BUS	01-G-7661	JKS
00-LS-4142	SBC	01-D-10195	DUB	01-D-29902	BUS	01-G-9572	RST
00-LS-4143	HMC	01-D-10196	DUB	01-D-37715	URC	01-KE-2317	PBE
00-MH-10914	JCA	01-D-10197	DUB	01-D-37751	URC	01-KE-3643	PBE
00-MN-464	LEO	01-D-10198	DUB	01-D-38265	DOR	01-KE-3747	PBE
00-MO-4325	BNC	01-D-10199	DUB	01-D-43815	BNC	01-KE-3763	DPB
00-SO-2222	SNC	01-D-10200	DUB	01-D-46494	MOR	01-KK-451	PKC
00-TS-2525	MKS	01-D-10201	DUB	01-D-60647	DUA	01-KK-1739	CWC
00-TS-2826	MKS	01-D-10202	DUB	01-D-62446	BUS	01-KK-1740	JWH
00-W-11	UNI	01-D-10203	DUB	01-D-62454	BUS	01-KK-1831	BFG
00-WH-1621	LVC	01-D-10204	DUB	01-D-69366	BUS	01-KK-1832	CWC
00-WH-5730	FLC	01-D-10205	DUB	01-D-69369	IRC	01-KK-2316	BFG
00-WH-5911	JHE	01-D-10206	DUB	01-D-69979	JCA	01-KK-3045	BFG
00-WW-1498	SBC	01-D-10207	DUB	01-D-72090	BUS	01-KK-3046	CMC
00-WW-9424	EUG	01-D-10208	DUB	01-D-72091	BUS	01-KK-3411	M&A
00-WX-8471	DAU	01-D-10209	DUB	01-D-72095	BUS	01-KY-1881	DAL

Code	Reg	Code	Reg	Code	Reg	Code	Reg
01-KY-2402	JOC	02-D-5052	BUS	02-D-20271	DUB	02-LK-2720	MMC
01-KY-2766	KTL	02-D-5053	BUS	02-D-20272	DUB	02-LK-2739	DMS
01-KY-3005	M&A	02-D-5057	BUS	02-D-20273	DUB	02-LK-4170	M&A
01-KY-3137	KTL	02-D-5058	BUS	02-D-20274	DUB	02-LK-5532	EIO
01-KY-4870	DAU	02-D-5059	BUS	02-D-20275	DUB	02-LS-523	MIB
01-LD-40935	FAC	02-D-5060	BUS	02-D-20276	DUB	02-LS-3272	HRC
01-LH-2007	KEV	02-D-5065	BUS	02-D-20277	DUB	02-MN-1639	CNC
01-LK-2005	DMS	02-D-5066	BUS	02-D-20278	DUB	02-MN-3520	LEO
01-LK-3450	EOM	02-D-5067	BUS	02-D-20279	DUB	02-MO-2650	PBE
01-LK-4669	GRF	02-D-5068	BUS	02-D-20280	DUB	02-SO-2222	GER
01-LK-5039	GRF	02-D-5069	BUS	02-D-20281	DUB	02-TN-1343	EOM
01-MH-4705	GRF	02-D-5070	BUS	02-D-20282	DUB	02-WD-1	JJK
01-MN-4	MTH	02-D-5071	BUS	02-D-23133	ICL	02-WD-2278	CNC
01-MN-1559	MLC	02-D-5073	BUS	02-D-24616	URC	02-WW-424	TDO
01-MN-2429	CNC	02-D-5557	DUA	02-D-24903	DOR	02-WW-2220	EUG
01-MO-4986	BOK	02-D-10230	DUB	02-D-27828	MDS	02-WW-5027	CAH
01-RN-2226	JCA	02-D-10231	DUB	02-D-33659	DOR	02-WW-5592	EUG
01-TG-4894	TCA	02-D-10232	DUB	02-D-41446	MOR	02-WX-6183	FLT
01-TN-11	CNC	02-D-10233	DUB	02-D-78371	LPL	03-C-814	CAH
01-TS-2375	M&A	02-D-10234	DUB	02-D-79912	BUS	03-C-1770	BUS
01-WD-11	BCL	02-D-10235	DUB	02-D-79914	BUS	03-C-3300	BOK
01-WH-2525	IRC	02-D-10236	DUB	02-D-79915	BUS	03-C-3932	BUS
01-WH-3026	JHE	02-D-10237	DUB	02-D-81205	BUS	03-C-3934	BUS
01-WW-10	EUG	02-D-10238	DUB	02-D-81207	BUS	03-C-8520	GAV
01-WW-1941	TDO	02-D-10239	DUB	02-D-81209	BUS	03-C-11207	BUS
01-WX-5712	FLT	02-D-10240	DUB	02-D-81210	BUS	03-C-11208	BUS
02-C-1772	BUS	02-D-10241	DUB	02-D-81211	BUS	03-C-15481	JHA
02-C-1831	BUS	02-D-10242	DUB	02-D-81212	BUS	03-C-15700	GAV
02-C-1832	BUS	02-D-10243	DUB	02-D-81213	BUS	03-C-21635	BUS
02-C-1834	BUS	02-D-10244	DUB	02-D-82078	MAL	03-C-24654	CNC
02-C-1836	BUS	02-D-10245	DUB	02-DL-532	MGL	03-CN-489	FLD
02-C-1839	BUS	02-D-10246	DUB	02-DL-1990	JMG	03-CN-1502	SNC
02-C-1840	BUS	02-D-10247	DUB	02-DL-3918	FOD	03-CW-11	JJK
02-C-11404	BUS	02-D-10248	DUB	02-DL-6456	GMA	03-CW-111	JJK
02-C-11406	BUS	02-D-10249	DUB	02-DL-6950	FOY	03-D-10001	DUB
02-C-12002	MLC	02-D-10250	DUB	02-DL-8094	HMC	03-D-10002	DUB
02-C-20215	BUS	02-D-10251	DUB	02-DL-8104	HTC	03-D-10003	DUB
02-C-20216	BUS	02-D-10252	DUB	02-DL-9015	FOY	03-D-10004	DUB
02-C-21238	BUS	02-D-10253	DUB	02-DL-9375	PRE	03-D-10005	DUB
02-C-21239	BUS	02-D-10254	DUB	02-G-333	LCH	03-D-10006	DUB
02-C-23706	BUS	02-D-10255	DUB	02-G-4368	SBC	03-D-10007	DUB
02-C-23707	BUS	02-D-10256	DUB	02-G-7119	M&A	03-D-10008	DUB
02-C-24943	GMA	02-D-10257	DUB	02-G-7413	LCH	03-D-10009	DUB
02-C-26978	RKC	02-D-10258	DUB	02-G-8728	SBC	03-D-10010	DUB
02-CE-422	GER	02-D-10259	DUB	02-G-10114	BUS	03-D-20283	DUB
02-CN-461	SNC	02-D-18251	SRR	02-G-10115	BUS	03-D-20284	DUB
02-CN-1505	SNC	02-D-18253	SRR	02-G-10280	CDI	03-D-20285	DUB
02-CN-3655	HMC	02-D-18254	SRR	02-G-10281	CDI	03-D-20286	DUB
02-CW-3064	EAM	02-D-18257	SRR	02-G-10283	BUS	03-D-20287	DUB
02-CW-9949	SRO	02-D-18261	SRR	02-KE-3632	SNC	03-D-20288	DUB
02-D-3439	BUS	02-D-20260	DUB	02-KE-3828	BUB	03-D-20289	DUB
02-D-3441	BUS	02-D-20261	DUB	02-KE-4000	MJT	03-D-20290	DUB
02-D-3443	BUS	02-D-20262	DUB	02-KK-1673	BFG	03-D-20291	DUB
02-D-3444	BUS	02-D-20263	DUB	02-KK-1674	BFG	03-D-20292	DUB
02-D-3446	BUS	02-D-20264	DUB	02-KK-2071	RKC	03-D-20293	DUB
02-D-3449	BUS	02-D-20265	DUB	02-KY-2620	SMO	03-D-20294	DUB
02-D-5043	BUS	02-D-20266	DUB	02-KY-2713	KTL	03-D-20295	DUB
02-D-5045	BUS	02-D-20267	DUB	02-KY-2905	UNI	03-D-20296	DUB
02-D-5047	BUS	02-D-20268	DUB	02-L-1828	DMS	03-D-20297	DUB
02-D-5048	BUS	02-D-20269	DUB	02-LD-27	DPB	03-D-20298	DUB
02-D-5049	BUS	02-D-20270	DUB	02-LD-552	FAC	03-D-20299	DUB

03-D-20300	DUB	03-D-50339	DUB	03-KY-2330	JOC	04-CW-2749	EAM
03-D-20301	DUB	03-D-50340	DUB	03-KY-2332	KTL	04-D-11	JJK
03-D-20302	DUB	03-D-50341	DUB	03-KY-2475	JKS	04-D-2728	BUS
03-D-20303	DUB	03-D-50342	DUB	03-KY-2551	KTL	04-D-2733	BUS
03-D-20304	DUB	03-D-50343	DUB	03-KY-2647	JOC	04-D-2738	BUS
03-D-20305	DUB	03-D-50344	DUB	03-KY-2777	KTL	04-D-2751	BUS
03-D-20306	DUB	03-D-50345	DUB	03-KY-2910	SMO	04-D-2752	BUS
03-D-20307	DUB	03-D-50346	DUB	03-KY-3103	GRF	04-D-2762	BUS
03-D-20308	DUB	03-D-50347	DUB	03-LD-1091	FAC	04-D-2766	BUS
03-D-20309	DUB	03-D-50348	DUB	03-LK-1571	DMS	04-D-2768	BUS
03-D-20310	DUB	03-D-50349	DUB	03-LK-1572	DMS	04-D-2774	BUS
03-D-20311	DUB	03-D-50350	DUB	03-LK-2477	HTC	04-D-2779	BUS
03-D-20312	DUB	03-D-50351	DUB	03-LK-3300	IRC	04-D-2782	BUS
03-D-20313	DUB	03-D-50352	DUB	03-MH-5309	CWC	04-D-2786	BUS
03-D-20314	DUB	03-D-50353	DUB	03-MN-389	JKS	04-D-2790	BUS
03-D-20315	DUB	03-D-50354	DUB	03-OY-1150	FOY	04-D-2797	BUS
03-D-20316	DUB	03-D-50355	DUB	03-SO-2808	LVC	04-D-3101	MOR
03-D-20317	DUB	03-D-50356	DUB	03-TS-11	JJK	04-D-13748	IRC
03-D-20318	DUB	03-D-50357	DUB	03-W-11	JJK	04-D-20364	DUB
03-D-20319	DUB	03-D-50358	DUB	03-W-111	JJK	04-D-20365	DUB
03-D-20320	DUB	03-D-50359	DUB	03-WD-1111	JJK	04-D-20366	DUB
03-D-20321	DUB	03-D-50360	DUB	03-WW-330	EUG	04-D-20367	DUB
03-D-20322	DUB	03-D-50361	DUB	03-WX-1164	CNC	04-D-20368	DUB
03-D-20323	DUB	03-D-50362	DUB	04-C-360	WTL	04-D-20369	DUB
03-D-20324	DUB	03-D-53321	BUS	04-C-704	BUS	04-D-20370	DUB
03-D-20325	DUB	03-D-53323	BUS	04-C-707	BUS	04-D-20371	DUB
03-D-20326	DUB	03-D-53325	BUS	04-C-711	BUS	04-D-20372	DUB
03-D-20327	DUB	03-D-55399	BUS	04-C-743	BUS	04-D-20373	DUB
03-D-20328	DUB	03-D-55402	BUS	04-C-750	BUS	04-D-20374	DUB
03-D-20329	DUB	03-D-55405	BUS	04-C-754	BUS	04-D-20375	DUB
03-D-20330	DUB	03-D-55409	BUS	04-C-761	BUS	04-D-20376	DUB
03-D-20363	DUB	03-D-55411	BUS	04-C-765	BUS	04-D-20377	DUB
03-D-22399	DUA	03-D-55417	BUS	04-C-771	BUS	04-D-20378	DUB
03-D-24905	BLB	03-D-57458	BUS	04-C-773	BUS	04-D-20379	DUB
03-D-26696	URC	03-D-57460	BUS	04-C-778	BUS	04-D-20380	DUB
03-D-36237	PKC	03-D-57461	BUS	04-C-783	BUS	04-D-20381	DUB
03-D-36551	LPL	03-D-57463	BUS	04-C-2529	GOS	04-D-20382	DUB
03-D-36555	LPL	03-D-59504	BUS	04-C-3385	RST	04-D-20383	DUB
03-D-36557	LPL	03-D-59505	BUS	04-C-7801	GAV	04-D-20384	DUB
03-D-36570	LPL	03-D-59509	BUS	04-C-7802	GAV	04-D-20385	DUB
03-D-36738	LPL	03-D-59510	BUS	04-C-7906	PEG	04-D-20386	DUB
03-D-39241	BLB	03-D-59512	BUS	04-C-8377	GOS	04-D-20387	DUB
03-D-46349	BUS	03-D-76606	BUS	04-C-8977	GOS	04-D-20388	DUB
03-D-46354	BUS	03-DL-2123	JMG	04-C-9601	BUS	04-D-20389	DUB
03-D-46356	BUS	03-DL-3444	FOD	04-C-11370	GAV	04-D-20390	DUB
03-D-46358	BUS	03-DL-6444	FOD	04-C-12277	BUS	04-D-20391	DUB
03-D-48219	BUS	03-G-3589	MDS	04-C-12279	BUS	04-D-20392	DUB
03-D-48220	BUS	03-G-6715	MDI	04-C-12281	BUS	04-D-20393	DUB
03-D-48222	BUS	03-G-6806	CIL	04-C-12616	PEG	04-D-20394	DUB
03-D-48226	BUS	03-G-6821	CIL	04-C-12975	GOS	04-D-20395	DUB
03-D-48227	BUS	03-G-11176	CDI	04-C-13293	DAL	04-D-20396	DUB
03-D-48229	BUS	03-G-11177	CDI	04-C-18800	RKC	04-D-20397	DUB
03-D-48351	BUS	03-KE-11	JJK	04-C-23235	RKC	04-D-20398	DUB
03-D-50331	DUB	03-KE-3100	BUB	04-C-25067	RKC	04-D-22312	LPL
03-D-50332	DUB	03-KE-4000	FAC	04-CN-222	STL	04-D-22632	LPL
03-D-50333	DUB	03-KE-5000	PBE	04-CN-358	WTL	04-D-22816	LPL
03-D-50334	DUB	03-KE-6675	LVC	04-CN-777	SNC	04-D-22817	LPL
03-D-50335	DUB	03-KK-299	M&A	04-CN-926	SNC	04-D-22818	LPL
03-D-50336	DUB	03-KK-1111	JJK	04-CN-936	SNC	04-D-22819	LPL
03-D-50337	DUB	03-KY-1486	JOC	04-CW-1	JJK	04-D-22820	LPL
03-D-50338	DUB	03-KY-1852	KTL	04-CW-11	JJK	04-D-22821	LPL

04-D-22822	LPL	04-D-52356	BUS	04-KE-4500	FAC	05-C-7083	GAV
04-D-22823	LPL	04-D-53907	BUS	04-KE-4959	MJT	05-C-7085	GAV
04-D-22824	LPL	04-D-53912	BUS	04-KE-6155	PBE	05-C-7095	GAV
04-D-22841	LPL	04-D-53914	BUS	04-KE-7010	PBE	05-C-8250	GAV
04-D-22842	LPL	04-D-53916	BUS	04-KE-7311	PBE	05-C-8750	GAV
04-D-22843	LPL	04-D-54725	BUS	04-KE-7315	PBE	05-C-16057	MMC
04-D-22844	LPL	04-D-54729	BUS	04-KE-8477	JKS	05-C-16199	MMC
04-D-22845	LPL	04-D-55579	BUS	04-KK-1	JJK	05-C-19500	CNC
04-D-22855	LPL	04-D-55580	BUS	04-KK-5	PKC	05-C-20200	CNC
04-D-22871	LPL	04-D-55582	BUS	04-KK-11	JJK	05-C-20473	CAH
04-D-24287	PBS	04-D-55584	BUS	04-KK-2425	DON	05-CE-3184	JGL
04-D-24305	PBS	04-D-55586	BUS	04-KK-2507	BFG	05-CE-3525	JGL
04-D-24307	PBS	04-D-55590	BUS	04-KK-2508	BFG	05-CE-4474	CAH
04-D-24308	PBS	04-D-55592	BUS	04-KK-3237	BFG	05-CN-333	STL
04-D-24468	MOR	04-D-55595	BUS	04-KY-724	NWK	05-CN-547	SNC
04-D-24969	BUS	04-D-55597	BUS	04-KY-993	JOC	05-CN-585	AMC
04-D-24976	BUS	04-D-55598	BUS	04-KY-1977	KTL	05-CN-2904	FLD
04-D-24990	BUS	04-D-59743	BUS	04-KY-1979	KTL	05-CN-3160	FLD
04-D-24993	BUS	04-D-59744	BUS	04-KY-2468	JOC	05-CW-1	JJK
04-D-24994	BUS	04-D-59746	BUS	04-KY-2646	KTL	05-CW-11	JJK
04-D-24997	BUS	04-D-59748	BUS	04-KY-2665	KTL	05-D-11	JJK
04-D-24998	BUS	04-D-59749	BUS	04-KY-3002	KTL	05-D-111	JJK
04-D-25453	MOR	04-D-59752	BUS	04-KY-3081	JOC	05-D-116	FOY
04-D-26283	BUS	04-D-59753	BUS	04-L-269	BUS	05-D-1111	JJK
04-D-26401	BUS	04-D-59754	BUS	04-L-273	BUS	05-D-4186	FGL
04-D-26457	BUS	04-D-59755	BUS	04-L-274	BUS	05-D-8384	MOR
04-D-26472	BUS	04-D-59758	BUS	04-L-275	BUS	05-D-10399	DUB
04-D-26768	BLB	04-D-60608	BUS	04-L-276	BUS	05-D-10400	DUB
04-D-28711	DAL	04-D-60811	BUS	04-L-279	BUS	05-D-10401	DUB
04-D-28759	DAL	04-D-60813	BUS	04-L-280	BUS	05-D-10402	DUB
04-D-29788	BUS	04-D-60817	BUS	04-L-281	BUS	05-D-10403	DUB
04-D-29789	BUS	04-D-60823	BUS	04-L-282	BUS	05-D-10404	DUB
04-D-29791	BUS	04-D-60825	BUS	04-LD-27	CWC	05-D-10405	DUB
04-D-29893	BUS	04-D-60827	BUS	04-LD-787	FAC	05-D-10406	DUB
04-D-29895	BUS	04-D-60829	BUS	04-LH-2007	KEV	05-D-10407	DUB
04-D-29932	BUS	04-D-60834	BUS	04-LK-885	M&A	05-D-10408	DUB
04-D-29993	BUS	04-D-60837	BUS	04-LK-1691	DMS	05-D-10409	DUB
04-D-31089	PBS	04-D-72885	LPL	04-LK-3027	DMS	05-D-10410	DUB
04-D-31200	PBS	04-D-74057	PBE	04-LK-4076	DMS	05-D-10411	DUB
04-D-32243	PBS	04-D-74479	LPL	04-LS-2910	UNI	05-D-10412	DUB
04-D-33071	BUS	04-D-74499	LPL	04-MH-2287	JCA	05-D-10413	DUB
04-D-33077	BUS	04-DL-116	FOY	04-MN-1004	DFI	05-D-10414	DUB
04-D-33079	BUS	04-DL-1285	FOD	04-MO-1297	LVC	05-D-10415	DUB
04-D-33082	BUS	04-DL-2111	JMG	04-MO-3513	PEG	05-D-10416	DUB
04-D-33085	BUS	04-DL-2112	JMG	04-OY-1758	JKS	05-D-10417	DUB
04-D-33213	BUS	04-DL-4262	SDO	04-TN-11	JJK	05-D-10418	DUB
04-D-33222	BUS	04-DL-4488	MGL	04-TN-3107	EOM	05-D-10419	DUB
04-D-33224	BUS	04-G-133	LCH	04-TN-3274	EOM	05-D-10420	DUB
04-D-33226	BUS	04-G-359	BUS	04-TS-1	JJK	05-D-10421	DUB
04-D-34313	LPL	04-G-360	BUS	04-W-11	JJK	05-D-10422	DUB
04-D-34316	LPL	04-G-362	BUS	04-W-1737	CMC	05-D-10423	DUB
04-D-34468	MOR	04-G-1100	FGL	04-W-1965	CMC	05-D-10424	DUB
04-D-34671	MOR	04-G-3952	BUB	04-WD-1	JJK	05-D-10425	DUB
04-D-35348	URC	04-G-5038	CWC	04-WD-11	JJK	05-D-10426	DUB
04-D-35350	URC	04-G-7475	BUB	04-WH-2525	IRC	05-D-10427	DUB
04-D-35753	DUA	04-G-8883	MNE	04-WW-2349	TDO	05-D-10428	DUB
04-D-40940	DUA	04-KE-1	JJK	04-WW-3085	CMC	05-D-10429	DUB
04-D-41647	URC	04-KE-11	JJK	04-WW-4784	OMB	05-D-10430	DUB
04-D-41664	CWC	04-KE-1735	MDI	04-WX-500	CWC	05-D-10431	DUB
04-D-41670	CWC	04-KE-4000	PBE	05-C-2006	BCL	05-D-10432	DUB
04-D-51290	BFG	04-KE-4444	BUB	05-C-5200	CNC	05-D-10433	DUB

05-D-10434	DUB	05-D-70001	DUB	05-KK-2396	BFG	06-CW-1	JJK
05-D-10435	DUB	05-D-70002	DUB	05-KK-2743	M&A	06-CW-111	JJK
05-D-10436	DUB	05-D-70003	DUB	05-KK-3066	BFG	06-CW-1111	JJK
05-D-10437	DUB	05-D-70004	DUB	05-KY-1025	KTL	06-D-1619	DUA
05-D-10438	DUB	05-D-70005	DUB	05-KY-1026	KTL	06-D-9778	BFG
05-D-10439	DUB	05-D-70006	DUB	05-KY-1148	JOC	06-D-9779	BFG
05-D-10440	DUB	05-D-70007	DUB	05-KY-2593	JOC	06-D-13357	DUA
05-D-10441	DUB	05-D-70008	DUB	05-KY-2608	KTL	06-D-15006	CNC
05-D-10442	DUB	05-D-70009	DUB	05-KY-2609	KTL	06-D-19363	MOR
05-D-10443	DUB	05-D-70010	DUB	05-KY-2766	KTL	06-D-20768	URC
05-D-10444	DUB	05-D-70011	DUB	05-KY-3075	JOC	06-D-20772	URC
05-D-10445	DUB	05-D-70012	DUB	05-KY-3250	KTL	06-D-20778	URC
05-D-10446	DUB	05-D-70013	DUB	05-KY-3410	KTL	06-D-20781	URC
05-D-10447	DUB	05-D-70014	DUB	05-KY-3517	KTL	06-D-20996	BUS
05-D-10448	DUB	05-D-70015	DUB	05-KY-3574	KTL	06-D-20997	BUS
05-D-13455	DUA	05-D-70016	DUB	05-LD-27	DPB	06-D-22209	DUA
05-D-14017	DAL	05-D-70017	DUB	05-LH-3238	KEV	06-D-22754	BUS
05-D-15776	DAL	05-D-70018	DUB	05-LK-1271	MMC	06-D-22755	BUS
05-D-22748	BCL	05-D-70019	DUB	05-LK-2844	DMS	06-D-22825	BUS
05-D-26750	BFG	05-D-70020	DUB	05-LS-207	SBC	06-D-27960	MAL
05-D-26960	BUS	05-D-70021	DUB	05-MH-1035	JCA	06-D-27981	BUS
05-D-27660	PBS	05-D-70022	DUB	05-MN-1606	CNC	06-D-27982	BUS
05-D-27944	BUS	05-D-70023	DUB	05-TN-1	JJK	06-D-27983	BUS
05-D-27982	BUS	05-D-70024	DUB	05-TN-3477	EOM	06-D-27984	BUS
05-D-27987	BUS	05-DL-116	FOY	05-TS-1	JJK	06-D-30449	DUB
05-D-28639	DUA	05-DL-420	FOD	05-TS-11	JJK	06-D-30450	DUB
05-D-30063	BUS	05-DL-1899	JMA	05-TS-2532	MKS	06-D-30451	DUB
05-D-30065	BUS	05-DL-3194	JMG	05-W-11	JJK	06-D-30452	DUB
05-D-30066	BUS	05-DL-3526	BOT	05-WD-1	JJK	06-D-30453	DUB
05-D-30067	BUS	05-DL-3657	EAC	05-WD-11	JJK	06-D-30454	DUB
05-D-30068	BUS	05-DL-4694	FOD	05-WD-111	JJK	06-D-30455	DUB
05-D-31560	BUS	05-DL-5079	FOD	05-WD-1111	JJK	06-D-30456	DUB
05-D-33070	DUA	05-DL-5942	JMG	05-WH-2076	PSN	06-D-30457	DUB
05-D-34180	BUS	05-DL-7248	SDO	05-WH-3326	CNC	06-D-30458	DUB
05-D-34184	BUS	05-DL-7403	SDO	05-WW-3430	TDO	06-D-30459	DUB
05-D-34187	BUS	05-G-333	LCH	05-WW-3546	TDO	06-D-30460	DUB
05-D-34190	BUS	05-G-503	LPL	05-WW-4493	TDO	06-D-30461	DUB
05-D-34191	BUS	05-G-2571	MDS	05-WX-50	ARD	06-D-30462	DUB
05-D-37696	BUS	05-G-4752	BUB	05-WX-4280	SOC	06-D-30463	DUB
05-D-37697	BUS	05-G-4752	RST	06-C-114	RKC	06-D-30464	DUB
05-D-37698	BUS	05-G-5566	GWB	06-C-3828	CNC	06-D-30465	DUB
05-D-39523	BUS	05-G-8884	CIL	06-C-6882	GAV	06-D-30466	DUB
05-D-39525	BUS	05-G-8885	CIL	06-C-6883	GAV	06-D-30467	DUB
05-D-40407	URC	05-G-8886	CIL	06-C-8361	GAV	06-D-30468	DUB
05-D-42096	PBS	05-G-8887	CIL	06-C-9596	RKC	06-D-30469	DUB
05-D-45267	URC	05-G-8889	CIL	06-C-9600	CNC	06-D-30470	DUB
05-D-45466	URC	05-G-8890	CIL	06-C-9800	CNC	06-D-30471	DUB
05-D-45659	MAL	05-G-8891	CIL	06-C-16059	GAV	06-D-30472	DUB
05-D-46467	BUS	05-KE-1	JJK	06-C-16654	GER	06-D-30473	DUB
05-D-46469	BUS	05-KE-11	JJK	06-C-24500	BUS	06-D-30474	DUB
05-D-47099	JMM	05-KE-101	JJK	06-C-24501	BUS	06-D-30475	DUB
05-D-47672	BUS	05-KE-4500	PBE	06-C-24502	BUS	06-D-30476	DUB
05-D-47674	BUS	05-KE-5000	PBE	06-C-24503	BUS	06-D-30477	DUB
05-D-47677	BUS	05-KE-5627	PBE	06-C-24504	BUS	06-D-30478	DUB
05-D-54288	BUS	05-KE-5670	PBE	06-C-27197	GMA	06-D-30479	DUB
05-D-54289	BUS	05-KE-6738	CNC	06-CE-66	NOS	06-D-30480	DUB
05-D-54290	BUS	05-KE-7253	DUA	06-CE-111	JJK	06-D-30481	DUB
05-D-54292	BUS	05-KE-9180	MTH	06-CE-5028	BNC	06-D-30482	DUB
05-D-54293	BUS	05-KK-1	JJK	06-CN-315	SNC	06-D-30483	DUB
05-D-54859	URC	05-KK-11	JJK	06-CN-2786	WTL	06-D-30484	DUB
05-D-62327	LPL	05-KK-853	CMC	06-CN-3134	SNC	06-D-30485	DUB

06-D-30486	DUB	06-D-30547	DUB	06-D-30608	DUB	06-D-42406	BUS
06-D-30487	DUB	06-D-30548	DUB	06-D-30609	DUB	06-D-42407	BUS
06-D-30488	DUB	06-D-30549	DUB	06-D-30610	DUB	06-D-42408	BUS
06-D-30489	DUB	06-D-30550	DUB	06-D-30611	DUB	06-D-42409	BUS
06-D-30490	DUB	06-D-30551	DUB	06-D-30612	DUB	06-D-42410	BUS
06-D-30491	DUB	06-D-30552	DUB	06-D-30613	DUB	06-D-42411	BUS
06-D-30492	DUB	06-D-30553	DUB	06-D-30614	DUB	06-D-42412	BUS
06-D-30493	DUB	06-D-30554	DUB	06-D-30615	DUB	06-D-43786	BCL
06-D-30494	DUB	06-D-30555	DUB	06-D-30616	DUB	06-D-43966	BFG
06-D-30495	DUB	06-D-30556	DUB	06-D-30617	DUB	06-D-43968	BFG
06-D-30496	DUB	06-D-30557	DUB	06-D-30618	DUB	06-D-44189	BFG
06-D-30497	DUB	06-D-30558	DUB	06-D-30619	DUB	06-D-46832	BUS
06-D-30498	DUB	06-D-30559	DUB	06-D-30620	DUB	06-D-46833	BUS
06-D-30499	DUB	06-D-30560	DUB	06-D-30621	DUB	06-D-46834	BUS
06-D-30500	DUB	06-D-30561	DUB	06-D-30622	DUB	06-D-46835	BUS
06-D-30501	DUB	06-D-30562	DUB	06-D-30623	DUB	06-D-46836	BUS
06-D-30502	DUB	06-D-30563	DUB	06-D-30624	DUB	06-D-46837	BUS
06-D-30503	DUB	06-D-30564	DUB	06-D-30625	DUB	06-D-46838	BUS
06-D-30504	DUB	06-D-30565	DUB	06-D-30626	DUB	06-D-49370	BUS
06-D-30505	DUB	06-D-30566	DUB	06-D-30627	DUB	06-D-49371	BUS
06-D-30506	DUB	06-D-30567	DUB	06-D-30628	DUB	06-D-49372	BUS
06-D-30507	DUB	06-D-30568	DUB	06-D-30629	DUB	06-D-49373	BUS
06-D-30508	DUB	06-D-30569	DUB	06-D-30630	DUB	06-D-49942	BUS
06-D-30509	DUB	06-D-30570	DUB	06-D-30631	DUB	06-D-49943	BUS
06-D-30510	DUB	06-D-30571	DUB	06-D-30632	DUB	06-D-49944	BUS
06-D-30511	DUB	06-D-30572	DUB	06-D-30633	DUB	06-D-49945	BUS
06-D-30512	DUB	06-D-30573	DUB	06-D-30634	DUB	06-D-49946	BUS
06-D-30513	DUB	06-D-30574	DUB	06-D-30635	DUB	06-D-51698	CWC
06-D-30514	DUB	06-D-30575	DUB	06-D-30636	DUB	06-D-53814	BUS
06-D-30515	DUB	06-D-30576	DUB	06-D-30637	DUB	06-D-53815	BUS
06-D-30516	DUB	06-D-30577	DUB	06-D-30638	DUB	06-D-54787	BUS
06-D-30517	DUB	06-D-30578	DUB	06-D-30639	DUB	06-D-54789	BUS
06-D-30518	DUB	06-D-30579	DUB	06-D-30640	DUB	06-D-54790	BUS
06-D-30519	DUB	06-D-30580	DUB	06-D-30641	DUB	06-D-56520	BUS
06-D-30520	DUB	06-D-30581	DUB	06-D-30642	DUB	06-D-56521	BUS
06-D-30521	DUB	06-D-30582	DUB	06-D-30643	DUB	06-D-56522	BUS
06-D-30522	DUB	06-D-30583	DUB	06-D-30644	DUB	06-D-56523	BUS
06-D-30523	DUB	06-D-30584	DUB	06-D-30645	DUB	06-D-56525	BUS
06-D-30524	DUB	06-D-30585	DUB	06-D-30646	DUB	06-D-56526	BUS
06-D-30525	DUB	06-D-30586	DUB	06-D-30647	DUB	06-D-56537	BUS
06-D-30526	DUB	06-D-30587	DUB	06-D-30648	DUB	06-D-59023	BUS
06-D-30527	DUB	06-D-30588	DUB	06-D-31105	URC	06-D-59024	BUS
06-D-30528	DUB	06-D-30589	DUB	06-D-31106	URC	06-D-62858	BUS
06-D-30529	DUB	06-D-30590	DUB	06-D-31491	BUS	06-D-62859	BUS
06-D-30530	DUB	06-D-30591	DUB	06-D-31512	BUS	06-D-62860	BUS
06-D-30531	DUB	06-D-30592	DUB	06-D-31523	BUS	06-D-62862	BUS
06-D-30532	DUB	06-D-30593	DUB	06-D-33791	URC	06-D-62866	BUS
06-D-30533	DUB	06-D-30594	DUB	06-D-33792	URC	06-D-69677	BLB
06-D-30534	DUB	06-D-30595	DUB	06-D-37968	BUS	06-D-71402	BUS
06-D-30535	DUB	06-D-30596	DUB	06-D-37969	BUS	06-D-71429	LPL
06-D-30536	DUB	06-D-30597	DUB	06-D-37970	BUS	06-D-71433	BUS
06-D-30537	DUB	06-D-30598	DUB	06-D-37971	BUS	06-D-71434	BUS
06-D-30538	DUB	06-D-30599	DUB	06-D-37972	BUS	06-D-71893	BUS
06-D-30539	DUB	06-D-30600	DUB	06-D-38298	URC	06-D-72142	SEN
06-D-30540	DUB	06-D-30601	DUB	06-D-38300	URC	06-D-72321	BUS
06-D-30541	DUB	06-D-30602	DUB	06-D-38301	URC	06-D-72328	BUS
06-D-30542	DUB	06-D-30603	DUB	06-D-38772	URC	06-D-72331	BUS
06-D-30543	DUB	06-D-30604	DUB	06-D-38773	URC	06-D-72843	BUS
06-D-30544	DUB	06-D-30605	DUB	06-D-39388	JMM	06-D-73198	BUS
06-D-30545	DUB	06-D-30606	DUB	06-D-39776	BFG	06-D-73200	BUS
06-D-30546	DUB	06-D-30607	DUB	06-D-41090	BFG	06-D-73414	BUS

06-D-73417	BUS	06-KY-2753	KTL	07-C-26266	BUS	07-D-30025	DUB
06-D-73418	BUS	06-KY-2755	DER	07-C-26269	BUS	07-D-30026	DUB
06-D-73419	BUS	06-KY-2968	KTL	07-C-26287	BUS	07-D-30027	DUB
06-D-73422	BUS	06-KY-2970	KTL	07-C-26290	BUS	07-D-30028	DUB
06-D-85192	LPL	06-KY-3289	KTL	07-C-26295	BUS	07-D-30029	DUB
06-D-87097	BFG	06-KY-3295	DER	07-C-26299	BUS	07-D-30030	DUB
06-DL-2535	FOD	06-KY-3308	JOC	07-C-26306	BUS	07-D-30031	DUB
06-DL-2916	BOT	06-KY-3413	NWK	07-C-26802	BCL	07-D-30032	DUB
06-DL-3223	FOD	06-KY-3432	EIO	07-C-27972	SRO	07-D-30033	DUB
06-DL-3226	BOT	06-KY-3498	DER	07-C-29251	CAH	07-D-30034	DUB
06-DL-3227	BOT	06-KY-3545	PWT	07-C-82087	MLC	07-D-30035	DUB
06-DL-3333	JMA	06-KY-3645	DFI	07-CE-4172	JGL	07-D-30036	DUB
06-DL-6343	JMG	06-KY-6057	PWT	07-CE-4763	JGL	07-D-30037	DUB
06-DL-6344	JMG	06-L-2082	CCD	07-CN-444	STL	07-D-30038	DUB
06-DL-6345	JMG	06-L-2090	CCD	07-CN-1042	WTL	07-D-30039	DUB
06-G-308	CIL	06-LD-27	DPB	07-CN-2599	SNC	07-D-30040	DUB
06-G-601	TCA	06-LD-250	FAC	07-CW-1	JJK	07-D-30041	DUB
06-G-606	TCA	06-LD-1094	FAC	07-D-29	DUA	07-D-30042	DUB
06-G-610	TCA	06-LH-2007	KEV	07-D-1260	MAL	07-D-30043	DUB
06-G-611	TCA	06-LH-3436	KEV	07-D-2359	BUS	07-D-30044	DUB
06-G-612	TCA	06-LK-2452	GER	07-D-2360	BUS	07-D-30045	DUB
06-G-660	GWB	06-LK-3165	GER	07-D-2361	BUS	07-D-30046	DUB
06-G-4440	CIL	06-LK-3914	SEN	07-D-2362	BUS	07-D-30047	DUB
06-G-4441	CIL	06-LK-4177	GAV	07-D-2363	BUS	07-D-30048	DUB
06-G-9200	CIL	06-LS-2348	SBC	07-D-2364	BUS	07-D-30049	DUB
06-G-9201	JKS	06-MH-7185	M&A	07-D-2365	BUS	07-D-30050	DUB
06-G-9202	JKS	06-MN-1158	MLC	07-D-7384	MOR	07-D-30306	MAL
06-KE-66	PBE	06-MN-1852	CNC	07-D-13401	BUS	07-D-30903	MEC
06-KE-397	PBE	06-MO-33	JMA	07-D-13402	BUS	07-D-32798	MOR
06-KE-666	FAC	06-OY-1414	BSC	07-D-13407	BUS	07-D-39291	URC
06-KE-4854	PBE	06-OY-4056	JKS	07-D-13408	BUS	07-D-39306	URC
06-KE-5036	PBE	06-TN-1	JJK	07-D-13409	BUS	07-D-45122	DUA
06-KE-5037	PBE	06-TN-1111	JJK	07-D-13873	DUA	07-D-48951	BFG
06-KE-5045	MTH	06-TS-1	JJK	07-D-21770	BUS	07-D-48952	BFG
06-KE-5276	FLT	06-W-11	JJK	07-D-21773	BUS	07-D-48953	BFG
06-KE-6000	PBE	06-WD-1	JJK	07-D-29253	ICL	07-D-49385	BUS
06-KE-6714	PBE	06-WH-1571	JHE	07-D-29802	MAL	07-D-49390	BUS
06-KE-6715	PBE	06-WH-2105	IRC	07-D-30001	DUB	07-D-49395	BUS
06-KE-6716	BNC	06-WH-2201	PBE	07-D-30002	DUB	07-D-49396	BUS
06-KE-6792	PBE	06-WW-160	EUG	07-D-30003	DUB	07-D-51435	BUS
06-KK-1	JJK	06-WW-190	EUG	07-D-30004	DUB	07-D-52888	BUS
06-KK-11	JJK	06-WW-3946	TDO	07-D-30005	DUB	07-D-55843	BUS
06-KK-722	BFG	06-WW-4086	TDO	07-D-30006	DUB	07-D-57341	BUS
06-KK-1451	PKC	06-WX-800	ARD	07-D-30007	DUB	07-D-59127	BUS
06-KK-2534	BFG	06-WX-900	ARD	07-D-30008	DUB	07-D-61807	BUS
06-KK-2539	BFG	07-C-727	BAL	07-D-30009	DUB	07-D-61824	BUS
06-KK-3328	BFG	07-C-737	BAL	07-D-30010	DUB	07-D-61828	BUS
06-KY-111	KTL	07-C-2238	GAV	07-D-30011	DUB	07-D-61837	BUS
06-KY-222	KTL	07-C-3545	BCL	07-D-30012	DUB	07-D-61840	BUS
06-KY-333	KTL	07-C-7002	MMC	07-D-30013	DUB	07-D-63997	BUS
06-KY-1721	KTL	07-C-7004	MMC	07-D-30014	DUB	07-D-64004	BUS
06-KY-1722	KTL	07-C-7005	CNC	07-D-30015	DUB	07-D-64006	BUS
06-KY-1725	NWK	07-C-12382	DON	07-D-30016	DUB	07-D-64007	BUS
06-KY-2586	PWT	07-C-12500	MMC	07-D-30017	DUB	07-D-64011	BUS
06-KY-2587	HTC	07-C-16546	CNC	07-D-30018	DUB	07-D-64015	BUS
06-KY-2666	JOC	07-C-17188	CNC	07-D-30019	DUB	07-D-64020	BUS
06-KY-2667	JOC	07-C-17190	CNC	07-D-30020	DUB	07-D-64021	BUS
06-KY-2668	JOC	07-C-18953	CNC	07-D-30021	DUB	07-D-70025	DUB
06-KY-2669	JOC	07-C-19371	GAV	07-D-30022	DUB	07-D-70026	DUB
06-KY-2671	JOC	07-C-20625	BAL	07-D-30023	DUB	07-D-70027	DUB
06-KY-2672	JOC	07-C-24230	CNC	07-D-30024	DUB	07-D-70028	DUB

Reg	Code	Reg	Code	Reg	Code	Reg	Code
07-D-70029	DUB	07-D-85592	BUS	07-G-2342	CIL	07-LS-2066	UNI
07-D-70030	DUB	07-D-85984	BUS	07-G-5671	MDS	07-LS-2069	UNI
07-D-70031	DUB	07-D-85985	BUS	07-G-7528	GWB	07-LS-2072	UNI
07-D-70032	DUB	07-D-85986	BUS	07-KE-1	JJK	07-LS-3183	SBC
07-D-70033	DUB	07-D-86213	BUS	07-KE-407	MTH	07-LS-3184	SBC
07-D-70034	DUB	07-D-86214	BUS	07-KE-470	PBE	07-LS-3870	UNI
07-D-70035	DUB	07-D-86215	BUS	07-KE-937	PBE	07-MH-5960	CWC
07-D-70036	DUB	07-D-86216	BUS	07-KE-3954	PBE	07-MN-2039	JOC
07-D-70037	DUB	07-D-86217	BUS	07-KE-4490	PBE	07-MO-1777	CWC
07-D-70038	DUB	07-D-86218	BUS	07-KE-5388	EAM	07-MO-3333	JMA
07-D-70039	DUB	07-D-86476	BUS	07-KE-5698	ARD	07-TN-1	JJK
07-D-70040	DUB	07-D-86477	BUS	07-KE-6923	PBE	07-TS-1	JJK
07-D-70041	DUB	07-D-86478	BUS	07-KE-7155	PBE	07-TS-2980	MKS
07-D-70042	DUB	07-D-86631	BUS	07-KE-7778	PBE	07-TS-3333	MKS
07-D-70043	DUB	07-D-86632	BUS	07-KE-8101	PBE	07-W-11	JJK
07-D-70044	DUB	07-D-86633	BUS	07-KE-10815	PBE	07-W-111	JJK
07-D-70045	DUB	07-D-86634	BUS	07-KK-1	JJK	07-W-1712	CMC
07-D-70046	DUB	07-D-86754	BUS	07-KK-11	JJK	07-WD-1	JJK
07-D-70047	DUB	07-D-86755	BUS	07-KK-417	PKC	07-WD-11	JJK
07-D-70048	DUB	07-D-86756	BUS	07-KK-425	PKC	07-WD-1111	JJK
07-D-70049	DUB	07-D-86757	BUS	07-KK-570	PKC	07-WD-2062	SUI
07-D-70050	DUB	07-D-86758	BUS	07-KK-573	PKC	07-WD-2816	SUI
07-D-70051	DUB	07-D-86759	BUS	07-KK-835	M&A	07-WD-2900	SUI
07-D-70052	DUB	07-D-86760	BUS	07-KK-2455	SEN	07-WH-1136	PSN
07-D-70053	DUB	07-D-86761	BUS	07-KK-3178	BFG	07-WH-1232	JHE
07-D-70054	DUB	07-D-86786	BUS	07-KK-4549	PKC	07-WH-2183	IRC
07-D-70055	DUB	07-D-86787	BUS	07-KK-5305	M&A	07-WH-3659	JHE
07-D-70056	DUB	07-D-86956	BUS	07-KK-5703	BSC	07-WW-170	EUG
07-D-70057	DUB	07-D-86957	BUS	07-KY-101	KTL	07-WW-1612	TDO
07-D-70058	DUB	07-D-86958	BUS	07-KY-102	KTL	07-WW-2008	TDO
07-D-70059	DUB	07-D-87196	BUS	07-KY-103	KTL	07-WW-6794	SEN
07-D-70060	DUB	07-D-87197	BUS	07-KY-104	KTL	07-WW-7219	TDO
07-D-70061	DUB	07-D-87198	BUS	07-KY-105	KTL	07-WX-4448	ARD
07-D-70062	DUB	07-D-87199	BUS	07-KY-632	DFI	07-WX-6074	SEN
07-D-70063	DUB	07-D-87200	BUS	07-KY-703	DER	07-WX-6615	SEN
07-D-70064	DUB	07-D-87201	BUS	07-KY-1714	PWT	08-C-118	BAL
07-D-70065	DUB	07-D-87202	BUS	07-KY-2755	DER	08-C-137	BAL
07-D-70066	DUB	07-DL-1743	BOT	07-KY-2790	NWK	08-C-415	JJK
07-D-70067	DUB	07-DL-3333	JMA	07-KY-2847	DER	08-C-828	BAL
07-D-70068	DUB	07-DL-3515	BOT	07-KY-2880	NWK	08-C-838	BAL
07-D-70069	DUB	07-DL-5211	FOD	07-KY-2928	NWK	08-C-915	CNC
07-D-70070	DUB	07-DL-5256	SDO	07-KY-3104	JOC	08-C-1292	MLC
07-D-78928	ICL	07-DL-5461	ANB	07-KY-3348	NWK	08-C-2911	CNC
07-D-81671	BCL	07-DL-5810	SDO	07-KY-3551	NWK	08-C-3812	BUS
07-D-82095	ACS	07-DL-6517	JMG	07-KY-3933	JOC	08-C-3814	BUS
07-D-83509	BUS	07-G-333	LCH	07-KY-4039	NWK	08-C-3816	BUS
07-D-83510	BUS	07-G-702	TCA	07-KY-4261	KTL	08-C-3818	BUS
07-D-83511	BUS	07-G-703	TCA	07-KY-4404	JOC	08-C-3820	BUS
07-D-83512	BUS	07-G-704	TCA	07-KY-4865	DER	08-C-3826	BUS
07-D-83817	BUS	07-G-2330	CIL	07-KY-4976	PWT	08-C-3827	BUS
07-D-83818	BUS	07-G-2331	CIL	07-LD-27	DPB	08-C-3866	BUS
07-D-83819	BUS	07-G-2332	CIL	07-LH-2007	KEV	08-C-3867	BUS
07-D-84197	BUS	07-G-2333	CIL	07-LH-6012	ACS	08-C-3872	BUS
07-D-84198	BUS	07-G-2334	CIL	07-LK-3294	GER	08-C-3875	BUS
07-D-84803	BUS	07-G-2335	CIL	07-LK-3426	MEC	08-C-3878	BUS
07-D-85586	BUS	07-G-2336	CIL	07-LK-4905	MEC	08-C-5749	BCL
07-D-85587	BUS	07-G-2337	CIL	07-LK-5495	DMS	08-C-6000	GOS
07-D-85588	BUS	07-G-2338	CIL	07-LK-6165	GER	08-C-9269	GAV
07-D-85589	BUS	07-G-2339	CIL	07-LS-1060	SBC	08-C-9275	GAV
07-D-85590	BUS	07-G-2340	CIL	07-LS-1529	SBC	08-C-9926	BAL
07-D-85591	BUS	07-G-2341	CIL	07-LS-1946	SBC	08-C-10413	GAV

Reg	Code	Reg	Code	Reg	Code	Reg	Code
08-C-11779	CNC	08-D-20870	BFG	08-D-30088	DUB	08-D-58912	BUS
08-C-12480	CAH	08-D-21194	BUS	08-D-30089	DUB	08-D-58913	BUS
08-C-14569	CNC	08-D-21196	BUS	08-D-30090	DUB	08-D-58914	BUS
08-C-15550	GOS	08-D-22001	BUS	08-D-30091	DUB	08-D-59424	BUS
08-C-16813	GAV	08-D-22002	BUS	08-D-30092	DUB	08-D-59425	BUS
08-C-17000	CNC	08-D-22075	BUS	08-D-30093	DUB	08-D-59455	URC
08-C-17017	CNC	08-D-22221	BUS	08-D-30094	DUB	08-D-59468	URC
08-C-22947	BUS	08-D-22223	BUS	08-D-30095	DUB	08-D-59473	URC
08-C-22948	BUS	08-D-22224	BUS	08-D-30096	DUB	08-D-60063	BUS
08-C-22949	BUS	08-D-22945	BUS	08-D-30097	DUB	08-D-60071	BUS
08-C-22951	BUS	08-D-23316	BUS	08-D-30098	DUB	08-D-60072	BUS
08-C-22953	BUS	08-D-23986	BUS	08-D-30099	DUB	08-D-60073	BUS
08-C-22955	BUS	08-D-23987	BUS	08-D-30100	DUB	08-D-60074	BUS
08-CE-88	NOS	08-D-23988	BUS	08-D-30334	BUS	08-D-60075	BUS
08-CN-888	STL	08-D-23989	BUS	08-D-30335	BUS	08-D-60076	BUS
08-CN-1119	AMC	08-D-23990	BUS	08-D-30336	BUS	08-D-60077	BUS
08-CN-2214	WTL	08-D-23999	BUS	08-D-30337	BUS	08-D-60078	BUS
08-CN-2215	WTL	08-D-24239	BUS	08-D-30607	BUS	08-D-60079	BUS
08-CN-2237	WTL	08-D-27047	BUS	08-D-30990	BUS	08-D-60080	BUS
08-CN-2747	AMC	08-D-28426	BUS	08-D-32668	URC	08-D-60081	BUS
08-CW-1	JJK	08-D-28427	BUS	08-D-32728	URC	08-D-60082	BUS
08-CW-11	JJK	08-D-28429	BUS	08-D-32732	URC	08-D-60083	BUS
08-D-11	JJK	08-D-28465	BUS	08-D-33500	JMM	08-D-64375	BUS
08-D-29	DUA	08-D-30040	BUS	08-D-34760	BUS	08-D-64376	BUS
08-D-30	DUA	08-D-30051	DUB	08-D-34762	BUS	08-D-64715	BUS
08-D-2918	BUS	08-D-30052	DUB	08-D-34765	BUS	08-D-64718	BUS
08-D-2937	BUS	08-D-30053	DUB	08-D-34766	BUS	08-D-65806	BUS
08-D-2947	BUS	08-D-30054	DUB	08-D-34768	BUS	08-D-65807	BUS
08-D-2959	BUS	08-D-30055	DUB	08-D-37538	BUS	08-D-66098	BUS
08-D-2965	BUS	08-D-30056	DUB	08-D-37539	BUS	08-D-66099	BUS
08-D-2973	BUS	08-D-30057	DUB	08-D-37540	BUS	08-D-67076	BUS
08-D-2987	BUS	08-D-30058	DUB	08-D-37541	BUS	08-D-67078	BUS
08-D-2990	BUS	08-D-30059	DUB	08-D-37542	BUS	08-D-67693	LPL
08-D-3001	BUS	08-D-30060	DUB	08-D-38515	BFG	08-D-67694	LPL
08-D-3005	BUS	08-D-30061	DUB	08-D-39580	URC	08-D-67697	LPL
08-D-3022	BUS	08-D-30062	DUB	08-D-41327	BFG	08-D-68001	DUB
08-D-3025	BUS	08-D-30063	DUB	08-D-41823	CWC	08-D-68036	BUS
08-D-3031	BUS	08-D-30064	DUB	08-D-41826	URC	08-D-68037	BUS
08-D-3033	BUS	08-D-30065	DUB	08-D-46179	BUS	08-D-68061	BUS
08-D-3040	BUS	08-D-30066	DUB	08-D-46180	BUS	08-D-68905	BUS
08-D-3042	BUS	08-D-30067	DUB	08-D-48535	BFG	08-D-68906	BUS
08-D-3046	BUS	08-D-30068	DUB	08-D-51101	BUS	08-D-69040	LPL
08-D-3054	BUS	08-D-30069	DUB	08-D-51102	BUS	08-D-69043	LPL
08-D-3058	BUS	08-D-30070	DUB	08-D-51103	BUS	08-D-69070	LPL
08-D-6174	BUS	08-D-30071	DUB	08-D-51104	BUS	08-D-69442	LPL
08-D-15069	BUS	08-D-30072	DUB	08-D-51921	BUS	08-D-69464	BUS
08-D-15070	BUS	08-D-30073	DUB	08-D-51923	BUS	08-D-69467	BUS
08-D-15071	BUS	08-D-30074	DUB	08-D-51925	BUS	08-D-69533	BUS
08-D-15072	BUS	08-D-30075	DUB	08-D-53345	BUS	08-D-69543	BUS
08-D-15219	BUS	08-D-30076	DUB	08-D-53348	BUS	08-D-69809	BUS
08-D-15222	BUS	08-D-30077	DUB	08-D-53349	BUS	08-D-69810	BUS
08-D-15588	BUS	08-D-30078	DUB	08-D-56864	BUS	08-D-69811	BUS
08-D-18525	BUS	08-D-30079	DUB	08-D-56865	BUS	08-D-69972	LPL
08-D-20198	BUS	08-D-30080	DUB	08-D-56866	BUS	08-D-69973	LPL
08-D-20199	BUS	08-D-30081	DUB	08-D-56867	BUS	08-D-69974	LPL
08-D-20204	BUS	08-D-30082	DUB	08-D-57211	BUS	08-D-70001	DUB
08-D-20208	BUS	08-D-30083	DUB	08-D-57793	BUS	08-D-70002	DUB
08-D-20211	BUS	08-D-30084	DUB	08-D-57794	BUS	08-D-70003	DUB
08-D-20212	BUS	08-D-30085	DUB	08-D-58265	BUS	08-D-70004	DUB
08-D-20214	BUS	08-D-30086	DUB	08-D-58892	BUS	08-D-70005	DUB
08-D-20769	URC	08-D-30087	DUB	08-D-58911	BUS	08-D-70006	DUB

08-D-70007	DUB	08-G-8952	LCH	08-L-627	BUS	09-C-253	BUS
08-D-70008	DUB	08-KE-1	JJK	08-L-629	BUS	09-C-619	MMC
08-D-70009	DUB	08-KE-11	JJK	08-LD-1158	FAC	09-C-837	MLC
08-D-70010	DUB	08-KE-4626	MTH	08-LD-1159	FAC	09-C-940	BAL
08-D-70011	DUB	08-KE-4627	MTH	08-LK-2927	DMS	09-C-942	MLC
08-D-70012	DUB	08-KE-4742	PBE	08-LK-3000	GER	09-C-1293	GAV
08-D-70013	DUB	08-KE-5778	MTH	08-LK-3880	DMS	09-C-1650	RKC
08-D-70014	DUB	08-KE-5869	PBE	08-LK-4000	GER	09-C-1681	BCL
08-D-70015	DUB	08-KE-6216	MTH	08-LK-4585	MEC	09-C-3029	BAL
08-D-70016	DUB	08-KE-7166	MTH	08-LK-4608	MEC	09-C-3030	BAL
08-D-70017	DUB	08-KE-7167	MTH	08-LK-4609	MEC	09-C-3590	RKC
08-D-70018	DUB	08-KK-1	JJK	08-LS-491	CNC	09-C-5904	BAL
08-D-70019	DUB	08-KK-11	JJK	08-MH-6165	JCA	09-C-6570	BAL
08-D-70020	DUB	08-KK-3227	PKC	08-MN-517	MTH	09-C-6745	CNC
08-D-70059	BUS	08-KK-3228	PKC	08-MO-88	CWC	09-C-8710	MMC
08-D-70061	BUS	08-KK-3714	M&A	08-OY-1423	JKS	09-CE-1415	CWC
08-D-70062	BUS	08-KY-444	KTL	08-TN-1	JJK	09-CN-825	WTL
08-D-70152	BUS	08-KY-555	KTL	08-TN-11	JJK	09-CN-826	WTL
08-D-70154	BUS	08-KY-1002	PWT	08-TN-1164	EOM	09-CN-1001	AMC
08-D-70171	BUS	08-KY-1129	JOC	08-TN-1226	EOM	09-CW-1	JJK
08-D-70256	LPL	08-KY-1963	PWT	08-TS-1	JJK	09-D-1734	AMC
08-D-70351	LPL	08-KY-2120	PWT	08-TS-11	JJK	09-D-2113	DUB
08-D-70352	LPL	08-KY-2223	KTL	08-W-1	JJK	09-D-2115	DUB
08-D-70354	LPL	08-KY-2224	KTL	08-W-111	JJK	09-D-2116	DUB
08-D-70357	LPL	08-KY-2225	KTL	08-W-1164	CMC	09-D-2117	DUB
08-D-70459	LPL	08-KY-2310	NWK	08-WD-1	JJK	09-D-2118	DUB
08-D-70460	LPL	08-KY-2311	NWK	08-WD-11	JJK	09-D-2119	DUB
08-D-70461	LPL	08-KY-2313	NWK	08-WH-356	PSN	09-D-2121	DUB
08-D-70462	LPL	08-KY-2314	NWK	08-WH-357	PSN	09-D-2122	DUB
08-D-70524	BUS	08-KY-2403	PWT	08-WH-791	PEG	09-D-2123	DUB
08-D-70525	BUS	08-KY-2405	CWC	08-WH-2257	IRC	09-D-2124	DUB
08-D-70526	BUS	08-KY-2462	PWT	08-WH-2686	IRC	09-D-2126	DUB
08-D-70567	BUS	08-KY-2568	JOC	08-WW-150	EUG	09-D-2127	DUB
08-D-70603	BUS	08-KY-2569	JOC	08-WW-3226	TDO	09-D-2129	DUB
08-D-70604	BUS	08-KY-2940	DER	08-WW-3755	TDO	09-D-2130	DUB
08-D-70605	BUS	08-KY-2977	RST	08-WX-583	ARD	09-D-2131	DUB
08-D-70606	BUS	08-KY-2995	JOC	08-WX-3921	ARD	09-D-2133	DUB
08-D-70607	BUS	08-KY-3261	JOC	09-C-228	BUS	09-D-2135	DUB
08-D-70691	DUB	08-KY-3262	DER	09-C-229	BUS	09-D-2136	DUB
08-D-70692	DUB	08-KY-3341	JOC	09-C-230	BUS	09-D-2138	DUB
08-D-70693	DUB	08-KY-3347	NWK	09-C-231	BUS	09-D-2139	DUB
08-D-70694	DUB	08-KY-3417	RST	09-C-232	BUS	09-D-2140	DUB
08-D-70695	DUB	08-KY-3418	RST	09-C-233	BUS	09-D-2142	DUB
08-DL-3052	NWK	08-KY-3491	KTL	09-C-234	BUS	09-D-2145	DUB
08-DL-4298	BOT	08-KY-3492	KTL	09-C-235	BUS	09-D-2147	DUB
08-DL-4753	FOD	08-KY-3518	KTL	09-C-236	BUS	09-D-2149	DUB
08-G-801	TCA	08-KY-3573	DER	09-C-237	BUS	09-D-2773	LPL
08-G-802	TCA	08-KY-3579	DER	09-C-238	BUS	09-D-2774	LPL
08-G-803	TCA	08-KY-3639	KTL	09-C-239	BUS	09-D-2777	LPL
08-G-804	TCA	08-KY-3641	KTL	09-C-240	BUS	09-D-3364	LPL
08-G-805	TCA	08-KY-3672	KTL	09-C-241	BUS	09-D-3365	LPL
08-G-1949	BUS	08-KY-3673	KTL	09-C-242	BUS	09-D-3512	BUS
08-G-1950	BUS	08-KY-3748	PWT	09-C-243	BUS	09-D-3513	BUS
08-G-1951	BUS	08-KY-3867	PWT	09-C-244	BUS	09-D-3514	BUS
08-G-1953	BUS	08-KY-4647	RST	09-C-245	BUS	09-D-3515	BUS
08-G-1954	BUS	08-KY-4853	PWT	09-C-246	BUS	09-D-3516	BUS
08-G-1956	BUS	08-L-621	BUS	09-C-247	BUS	09-D-3517	BUS
08-G-1968	BUS	08-L-622	BUS	09-C-249	BUS	09-D-3518	BUS
08-G-1969	BUS	08-L-623	BUS	09-C-250	BUS	09-D-3519	BUS
08-G-6011	MDS	08-L-625	BUS	09-C-251	BUS	09-D-3520	BUS
08-G-8766	BNC	08-L-626	BUS	09-C-252	BUS	09-D-3521	BUS

09-D-3522	BUS	09-MN-591	MTH
09-D-3523	BUS	09-MN-592	MTH
09-D-3524	BUS	09-MN-593	MTH
09-D-3525	BUS	09-MN-594	MTH
09-D-3526	BUS	09-TN-1	JJK
09-D-3527	BUS	09-TS-1	JJK
09-D-3528	BUS	09-W-672	CMC
09-D-3529	BUS	09-WD-1	JJK
09-D-3530	BUS	09-WH-594	PSN
09-D-3531	BUS	09-WX-627	FLT
09-D-3532	BUS	09-WX-1195	ARD
09-D-3533	BUS	09-WX-1196	ARD
09-D-3708	LPL	09-WX-1511	SOC
09-D-3712	BUS	10-C-397	BAL
09-D-4276	LPL	10-C-1000	MMC
09-D-4282	LPL	10-C-1890	GAV
09-D-4649	LPL	10-C-4332	RKC
09-D-5000	DUA	10-C-6853	CNC
09-D-5300	LPL	10-C-7992	CNC
09-D-5303	LPL	10-C-7993	CNC
09-D-6850	BFG	10-C-9288	RKC
09-D-7410	BFG	10-CN-335	WTL
09-D-13302	URC	10-CW-1	JJK
09-D-14712	URC	10-CW-11	JJK
09-DL-33	JMA	10-D-6224	DUA
09-DL-116	FOY	10-D-7629	CIL
09-DL-345	SDO	10-D-7630	CIL
09-DL-1076	BOT	10-D-7643	CIL
09-DL-1447	SDO	10-D-7646	CIL
09-G-33	JMA	10-D-10675	BFG
09-G-1530	CIL	10-D-12299	URC
09-G-2139	CIL	10-D-12300	URC
09-G-2300	TCA	10-D-12302	URC
09-G-2301	TCA	10-G-3286	MDS
09-G-2302	TCA	10-KE-1	JJK
09-G-2306	TCA	10-KK-1	JJK
09-KE-1	JJK	10-KY-1502	DER
09-KE-577	PBE	10-KY-1686	KTL
09-KE-927	PBE	10-KY-1764	KTL
09-KE-928	MTH	10-LH-2160	ACS
09-KK-1	JJK	10-MN-263	MTH
09-KK-884	PKC	10-MN-264	MTH
09-KK-1071	PKC	10-MN-265	MTH
09-KY-90	RST	10-MN-266	MTH
09-KY-359	PWT	10-MN-267	MTH
09-KY-418	PWT	10-MN-268	MTH
09-KY-1032	NWK	10-MN-269	MTH
09-KY-1245	PWT	10-MN-270	MTH
09-LD-313	FAC	10-MN-271	MTH
09-LD-447	FAC	10-MN-815	MTH
09-LH-1321	ACS	10-MN-856	MTH
09-LH-1322	ACS	10-TN-1	JJK
09-LH-1541	ACS	10-TN-11	JJK
09-LK-592	GRF	10-TS-1	JJK
09-LK-676	GER	10-WD-1	JJK
09-LK-831	GER	10-WD-11	JJK
09-LK-882	GER		
09-MH-1310	JCA		
09-MN-355	MTH		
09-MN-356	MTH		
09-MN-590	MTH		

Operator Codes

6	2WT	2 Way Travel
8	3DS	3D Services / P&M
9	66C	Sixty Sixty Coaches
10	A&B	Allan & Black
9	A&E	Ace & Ellis Travel, Gotyre
7	A&H	A Coach Company
5	A&P	A & P Travel
8	A1A	A1A Travel
1	A2B	A 2 B Travel
10	AAA	AAA Coaches
1	AAC	Aston Coaches
10	AAM	Mason, A&A
5	AAR	Aardvark Coaches - First Choice - Goodmans of Eastrea
8	AAT	AA Travel
1	ABB	Abbot Coaches
1	ABF	Abus Faresaver
6	ABG	Abbey Travel - Bryan A Garrett
7	ABI	Abbots / Bottomleys
10	ABK	ABC Travel
10	ABO	Abbot Travel
3	ABS	Abellio
1	ABT	A B Coaches - Brixham Travel
2	ABU	Atbus
7	ABY	Abbey Travel
7	ACB	Acklams of Beverley
11	ACC	Ace Coaches
4	ACE	Ace Travel
8	ACH	Aintree Coachline
10	ACM	Ace Travel / McLeans Coaches
10	ACN	Abbey Coaches
2	ACO	Accord Operations. Uni-Link, City-Link
11	ACS	Anchor Coaches
8	ACT	ACE Travel
7	ACW	Alan's Coaches
9	ACY	Arriva Cymru
1	ADR	A.D.Rains
3	ADT	Anderson Travel
7	AEY	Abbey Coachways
2	AIP	Airport Parking
11	AIR	Airporter
10	ALA	Allander Travel
7	ALC	A Line Coaches
7	ALE	Abbotts of Leeming
8	ALF	Alfa
10	ALG	Allan's
3	ALI	Arriva Linkline
3	ALN	Arriva London
9	ALP	Alpine Travel
8	ALS	Alan Stephenson & Son
6	ALW	Albert Wilde Coaches
1	ALX	Alexcars
5	AMB	Ambassador Travel (Anglia) Limited
11	AMC	AMC Coaches
2	AMD	Amport & District
4	AMP	AM PM Travel
5	AMR	Amber Coaches
10	AMS	Aberfeldy Motor Services
6	AMV	Amvale
1	ANB	Andybus
2	ANC	Angela Coaches
9	AND	AN Andrew Coaches
7	ANE	Arriva North East
5	ANG	Anglian Coaches Limited
10	ANN	Ann's Coaches
9	ANS	Anslow, Garndiffaith
8	ANT	Anthonys Travel
8	ANW	Arriva North West
9	ANW	Arriva Cymru
7	AOA	Altona Coach services
11	AON	Ashton Coaches
9	APB	Philips, Brynmenyn - AP Travel
2	APC	Airport Connections
10	APE	Fairline Coaches / Airport Express
3	APL	Arriva Presenting London
1	APP	Applegates
4	APS	Airparks Services Limited
5	APT	APT Travel
8	AQT	Aquitaine / Pegasus Travel
1	AQU	Aquarius
10	ARC	Arthurs Coaches
11	ARD	Ardcavan Coach Tours Ltd
1	ARL	Arleen
6	ARM	Arriva Midlands
6	ARM	Arriva Derby
4	ARM	Arriva Midlands North
8	ARR	Arrowebrook
9	ARV	Arvonia Coaches
2	ASC	Arriva Southern Counties
5	ASC	Arriva Southend Limited
2	ASD	A.S.D. Bus
8	ASH	Ashalls Coaches
3	ASL	Ashford Luxury - Windsorian
4	ASM	Attain Travel Limited
2	ASN	New Enterprise Coaches
1	ASS	Assisi
7	AST	Astley Coaches
10	ASW	Arriva Scotland West
6	ASY	Ashley Travel
8	ATB	A2B Travel
9	ATE	Acorn, Trelewis
9	ATF	Acorn Travel Ltd, Fishguard
6	ATI	Andrews of Tideswell
7	ATK	Atkinson, Ingleby Arncliffe
1	ATR	APL Travel
5	ATS	Arriva East Herts & Essex Ltd
5	ATS	Arriva The Shires
5	ATS	MK Metro
8	ATT	Ashcroft Travel
4	ATW	Alton Towers
6	AUD	Ausden Clarke Ltd
10	AUS	Austin Travel
2	AUT	Autocar
1	AVA	Avalon Coaches
5	AVC	Aldis - Venturer Coachways
10	AVD	Avondale Coaches

2	AVI	Avis
8	AVO	Avon Coaches
9	AWC	AW, Llanfair Caereinion (MO)
5	AWD	Awaydays - Far East Travel - Gemini
9	AWJ	Jones Motor Services
1	AXE	Axe Valley Mini Travel
1	AXV	Axe Vale Coaches
8	AYC	Abbey Coaches
7	AYO	Arriva Yorkshire
10	AYR	Ayrways Coach Travel
2	B&H	Brighton and Hove
8	B&J	B & J Travel
8	B&N	B & N Coaches
2	B&W	Black & White
1	BAD	Bakers Dolphin
6	BAG	Bagnalls
1	BAK	Bakers Coaches/Moonway
11	BAL	Ballincollig Coaches Ltd
2	BAN	Banstead Coaches
5	BAR	Barfordian
1	BAS	Barnes
4	BAT	Banga Buses
2	BAW	British Airways
1	BAY	Barry's
4	BBC	Bromsgrove Bus & Coach Company Ltd
10	BBD	Stagecoach Bluebird
8	BBE	Bubble travel
7	BBH	Bell Bros / Bonnie Heather
8	BBL	Blue Bus (Lancashire)
9	BBN	Warren, Neath - Blue Bird of Neath (NP)
6	BBS	Butler Brothers
11	BBU	Belfast Bus Company
11	BCB	Belfast Citybus
10	BCD	Bryans Coaches
8	BCH	Bon Chaunce
11	BCL	Barry's Coaches Ltd
10	BCM	Bowman Coaches (Mull)
6	BCO	Bowers Coaches - Part of Centrebus
9	BCR	Briggs, Crymlyn Burrows
1	BCS	Bakers
4	BCT	Bharat of Birmingham / Travel Ride Corporation
10	BDC	Billy Davies Coaches
7	BDY	Baldry's
1	BEC	Beacon Coaches
5	BEE	Beestons - Constable
7	BEH	Bell, Hull
10	BEK	Bennetts of Kilwinning
5	BEL	Belle Coaches
1	BEN	Bennetts
11	BES	B Edwards & Sons
1	BET	Bennett (Newton Abbot)
8	BEW	Bennetts / Warrington Coachways
11	BFG	Brendan Tours
2	BFS	Barfoot & Sons
1	BFT	Belfitt
7	BGR	Badger Mini Bus Hire Ltd
7	BIB	Bibby's of Ingleton
3	BIG	Big Bus Company
9	BJL	James Brothers
5	BKB	Barker Bus

1	BKS	Blakes Coaches
1	BKY	Berkeley
7	BLA	BL Travel / Accessbus
11	BLB	Blue Band
6	BLC	Bellamy Coaches
1	BLD	Bluebird
1	BLE	Beeline
1	BLI	Blue Iris
8	BLK	Blakewater Coach Hire
10	BLS	Blue Bus
8	BLT	Blackpool Transport
8	BLU	Bluebird Bus & Coach
2	BLV	Black Velvet
10	BLY	Blyth Coaches
3	BMC	BM Coaches
9	BML	Bryn Melyn
10	BNA	Bus Na Cormhairie
11	BNC	Brian Farrell
1	BOD	Bodman & Heath
11	BOK	Brendan O'Keeney
1	BOR	Alpha Coaches
7	BOS	Bells of Stamfordham
11	BOT	Boyce Coach Travel Ltd
4	BOU	Boultons of Shropshire Limited
4	BOW	Bowens / Applebys / Yorks
8	BRA	Bradshaws
11	BRC	Britton's Coach Hire
2	BRI	Brijan
8	BRN	Brownriggs
4	BRO	Bromyard Omnibus
8	BRR	Barratt's Coaches
1	BRS	Berrys
10	BRU	Bruce Coaches
10	BRW	Brownings (Whitburn)
6	BRY	Brylaine Travel
11	BSC	Buggys Coaches Ltd
8	BSG	Battersby Silver Grey
7	BSK	Browns Coaches
7	BST	Bassi Travel
4	BTC	Bennetts Travel Cranberry Limited
9	BTL	Thomas Llangadog - Brodyr Thomas
7	BTS	Barnetts Executive Coach Travel
9	BTT	Brent Thomas of Pontypridd, Tonypandy
11	BUB	Burke Bros (Coach Travel) Ltd
5	BUC	Buckland Omnibus Company
2	BUD	Buddens Coaches - Avensis Travel
1	BUG	Buglers
1	BUG	Buglers
8	BUL	Bullocks
5	BUR	TGM Group Ltd, Network Colchester, Excel/ Arriva
11	BUS	Bus Eireann / Irish Bus
10	BUT	Burns of Tarves
8	BUV	Bu-Val Buses Ltd
2	BUZ	Buzzlines
6	BVB	Beaverbus
5	BWC	Brentwood Coaches
8	BYL	Byley
9	BYS	Owens, Rhiwlas - D P Owens
5	C&G	C & G Coaches
9	C&R	C&R Travel

2	C&S	C & S Coaches		1	CHZ	Chandlers Coach Travel
1	CA	Cavendish Liner		3	CIC	City Circle
1	CAA	Cathedral Coaches		10	CIC	City Circle
9	CAE	Caelloi; Gwyliau Caelloi Holidays		11	CIL	Irish Citylink (Delgro) Ltd
11	CAH	Cremin Coaches		9	CIU	Creigiau Travel
8	CAL	Caldew Coaches		2	CJT	Connex Jersey Transport
9	CAL	Cavendish Limousines		5	CKC	Cooks Coaches
10	CAM	John Campbell Coaches		4	CLA	Claribels / Birmingham International Coaches
5	CAO	Carousel				
5	CAR	Carters, Capel St.Mary		11	CLC	Corporate Coaching, Logans Coach Hire
8	CAS	Cass		4	CLE	Coach Leasing
4	CAT	Catteralls		5	CLI	Clintona
1	CAV	Cavendish Liner		9	CLK	Clarke's Coaches, Tredegar
10	CBC	Coakley Bus & Coach		3	CLL	Clarkes of London
6	CBL	Centrebus		2	CLM	Coliseum
5	CBL	Centrebus		5	CLN	Country Lion
6	CBN	Centrebus		8	CLS	Clarkson Coachways
8	CBS	Classic Bus Lancashire		9	CLT	Clynnog & Trevor
9	CBU	Cardiff Bus		7	CMB	City Travel/Mybus
9	CBW	Japheth, Trefor - Cerbydau Berwyn Coaches		11	CMC	Comeragh Coaches
				7	CMD	James Cooper & Son
9	CCB	Chepstow Classic Buses		9	CMF	Creature Comforts
10	CCC	Clyde Coast Coaches		7	CMH	CMC Coach Hire
11	CCD	Conway's Chauffeur Drive Ltd		1	CML	Carmel - Blueline Coaches
10	CCG	Campbells Coaches (Dumbarton)		1	CMT	Coombs Travel - Lansdown Coaches
3	CCH	Chalfont Coaches		4	CMY	Commandery Coaches
10	CCI	Colchri		11	CNC	Cronins Coaches Ltd
7	CCM	Commercial Coaches		6	CNS	Collins Coaches - Nottingham City Coaches
7	CCO	County Coaches				
8	CCP	Coastal Coaches		4	CNT	Rotala - Central Connect
9	CCS	Caerphilly Contract Services		10	CNV	Canavan P Coaches
7	CCW	Coastal & Country		2	COA	Coastal Coaches
11	CDI	City Direct		7	COC	Company Coaches
5	CDS	Cedric Coaches International		4	COF	Cofton Coaches / Euro Liners
4	CEB	Central Buses Limited		2	COG	Countryliner of Guildford
4	CEC	Chapel End Coaches		5	COL	Collins Coaches
5	CED	Cedar Coaches		2	COM	Compass Travel
9	CEL	Celtic Travel		6	COO	J Cooper & Sons / Coopers Tours
9	CEN	James, Cenarth - Cerbydau Cenarth Coaches		4	COP	Copelands Tours (Stoke on Trent) Limited
				2	COR	County Rider
1	CET	Centurion Travel - Economy Travel		5	COS	Coach Services
5	CF	Stagecoach Cambridgeshire & The Fens		2	COT	Countywide Travel
8	CFB	Cumfybus Ltd		5	COU	County Coaches
1	CFD	Colefordian		7	CPE	Cochrane
6	CFL	Confidence		8	CRA	Cranberry Coachways
10	CFM	Frasers Coaches		9	CRC	Cresta Group
10	CFT	Crieff Travel		6	CRE	Creswells Coaches
5	CHA	Chambers		6	CRE	Creswells Coaches
5	CHB	Chambers of Bures		1	CRG	Crudge Coaches / Stamps Coaches
11	CHC	Chambers Coach Hire		1	CRI	Caradon Riviera Tours
1	CHD	Cheyney		2	CRK	Crosskeys
10	CHE	Cheyne Coaches		2	CRL	Crawley Luxury
1	CHH	Charlton Services		7	CRN	Compass Royston
10	CHI	Irons (Charlie) Coaches		4	CRS	Caradoc Coaches Limited
8	CHL	Coach hire travel		7	CRT	CR Travel / Byeways
9	CHP	Chapmans Travel		5	CRU	Crusader Holidays
6	CHR	Country Hopper		8	CRV	Carvers
5	CHT	Chariots - Priory - Bobby's Minibuses		4	CRW	NN Cresswell
4	CHU	Chauffeurs		10	CSA	City Sprinter / S&A Coaches
1	CHW	Coach House Travel		7	CSC	Classic Coaches
5	CHY	R.W. Chenery		8	CSG	Cosgroves

8	CSP	C & S Coaches (PENDLE)
10	CSR	City Sightseeing Stirling
10	CSS	City Sightseeing Glasgow
1	CST	Coachstyle
8	CSY	Courtesy Coaches
7	CTC	Coatham Coaches
7	CTE	Coach Tech
7	CTM	Cooper's Tourmaster
7	CTP	CT Plus (Yorkshire) Community Interest Company
1	CTR	Calne Coaches - Calne Travel
7	CTT	Centurion Tours & Travel
1	CUB	Countrybus
2	CUI	Cruisers
7	CUL	Cullina Logistics
8	CUM	Cumbria Coaches
7	CVL	Central Travel
9	CVP	Gwynne Price Coaches
11	CWC	Corduff Coaches
2	CWL	Chalkwell
1	CWS	Castleways
2	CYC	Courtney Coaches
9	CYM	Cymru Coaches
10	D&B	Bain's Coaches
10	D&E	D&E Coaches
4	D&G	D & G Coach & Bus Limited
11	DAB	Dial-a-Bus
1	DAC	DAC Coaches
11	DAL	Dave Long Coach Travel
1	DAN	Dangerfields
1	DAR	Dartline / Dealtop
11	DAU	Daughton Coaches
9	DAV	Movereturn, Pontycymer - David's Coaches
10	DBT	D B Travel
1	DC	First Devon & Cornwall
10	DCA	Dunns Coaches
4	DCC	Den Caney Coaches Ltd
5	DCO	Dereham Coachways
9	DCS	Diamond Holidays
4	DCT	Mike De Courcey Travel Limited
7	DEB	Dewhirst Coaches
1	DEC	Dene Valley Coaches
6	DEL	Delaine
1	DEN	Denwell Mini Coaches
11	DER	Deros Coach Tours Ltd
10	DEV	Deveron Coaches
5	DEW	Dews
11	DFI	Denis Fitzpatrick
1	DFT	Darley Ford Travel
2	DGB	Days Gone By - Gange's Coaches
1	DHA	JD Travel (J.Dhanjal)
11	DHC	Darragh Coaches
1	DHT	Daish's Hotel Tours
10	DIC	Dickson of Erskine
10	DJI	D J International
9	DJT	D J Thomas Coaches, Neith
10	DMC	Docherty's Midland Coaches
1	DMO	Downs Motors - Otter Coaches
11	DMS	Dick Martin & Sons Ltd
8	DOB	Dobsons

3	DOC	Docklands Coaches
7	DOD	Dodsworth, Boroughbridge
8	DOF	Don Fraser
10	DOI	Doigs of Glasgow
1	DOL	Dolphin Coaches
11	DON	Donal McCarthy
11	DOR	Dublin Minicoaches Ltd
10	DOT	Dodds of Troon
1	DOW	C.J.Down, Mary Tavy (DN)
6	DOY	Doyle Minicoaches
11	DPB	Donnelly's Coaches; Pioneer Bus Service
10	DPC	Prentice Don Coaches
10	DPG	Dunn's Coaches; C & M Coaches
7	DRC	Dreadnought Coaches
8	DRE	Dreamline Travel
4	DRM	DRM (Bromyard) Limited
1	DTT	Thompson Tours
11	DUA	Dualway Coaches; Irish City Tours; Guide Friday
11	DUB	Dublin Bus / Bus Atha Cliath
4	DUD	Dudley's Coaches / Inkberrow Coaches
7	DUR	Durham City Coaches
2	DVR	Devon Road
1	DVT	Davis Travel
10	DWF	Dewar Coaches
8	DWN	Darwen Coach Services
5	EA	Stagecoach East
5	EAC	Easton Coaches
9	EAG	Eagles & Crawford
1	EAL	Eagle Line Executive Travel
11	EAM	Eamon Spruhan
10	EAR	Earnside Coaches
2	EAS	Eastonways
8	EAZ	Eazibus
1	EBA	Bath Bus Company
7	EBC	Eddie Brown Coaches
1	EBL	Ebley - Cotswold Green
10	ECL	Edinburgh Coach Lines
7	EDE	The Eden
9	EDG	George Edwards & Son
2	EDT	Edward Thomas & Sons
9	EDW	Edwards, Llantwit Fardre
9	EFN	Eifion's, Gwalchmai
11	EIO	Eion Stack
9	EJL	Lewis, Maenclochgog - E J Lewis & Sons
9	EKR	Rogers Coaches
4	ELC	Elcock Reisen
8	ELL	Ellisons
7	ELR	Ellie Rose Travel
1	ELS	Ellison's Coaches
5	EMB	Emblings
9	EMH	Evans Coaches
9	EMM	Emma's, Coaches Cymru
9	EMP	Jones (Express Motors), Penygroes
2	EMS	Emsworth & District
4	END	Endeavour Coaches Limited
5	ENS	Ensignbus
1	EOB	Eagle of Bristol
2	EOH	Empress of Hastings
11	EOM	Edward O'Malley
3	EPS	Epsom Coaches - Quality Line

2	EPS	Epsom Coaches - Quality Line
7	ERB	ERB Services
10	ERT	Easter Ross Coach Company
10	ESB	Essbee Coaches
7	ESK	Esk Valley Coaches
9	EST	EST Bus
9	ETC	Edwards Brothers, Tiers Cross
10	ETN	Elite Transportation; North Fife Travel
11	EUG	Eugene Finnegan
11	EUR	Eurocoach
5	EUS	Eurosun
1	EUT	Eurotaxis
9	EVC	Evans Coaches Tregaron
10	EVE	Eve Coaches
9	EVL	Evans, Llaniestyn
8	EWY	Eavesway
3	EXA	Excalibur
1	EXE	Excelsior Coaches
5	EXL	Expresslines
9	EXP	Evans, Express Motors Kenfig Hill
7	EXW	Expressway of Rotherham
7	EYM	East Yorkshire Motor Services
10	FAB	First Aberdeen
11	FAC	Farrelly's Coaches Ltd
8	FAI	Fairbrothers
2	FAL	Farleigh Coaches
5	FAR	Fargo - Part of the Stephenson's Group
7	FAS	Fastway
2	FBE	First Beeline
1	FBR	First Bristol
6	FBS	Felix Bus Services
9	FCA	First Call Travel
10	FCC	Fitzcharles Coaches
1	FCH	First & Last Coach Hire
9	FCL	1st Choice
7	FCT	First Choice Travel
7	FCT	Tyneside Travel
9	FCY	First Cymru
1	FDC	First Devon & Cornwall
5	FEC	First Eastern Counties
10	FED	First Edinburgh
5	FEL	Felix
5	FEN	Fenn Holidays
5	FEX	First Essex
9	FFC	Rhodri Evans Ffoshelig
10	FG	First Glasgow
1	FGC	First Group Coaching Unit
11	FGL	Fingal Coaches
2	FHD	First Hampshire & Dorset
2	FHT	Fernhill Travel
1	FIL	Filers Travel
8	FIN	Finglands
10	FIR	Firth Coaches
8	FIS	Finches
10	FIT	Fishers Tours
5	FLA	Flagfinders
4	FLB	A & M Group
11	FLC	Flagline Coaches Ltd
11	FLD	Flood's Taxi Services Ltd
6	FLE	First Leicester
7	FLM	Fletcher
3	FLN	First London

11	FLT	Fleetline Coaches
7	FMN	Forget-me-not / Hayesway Travel
4	FMR	First Wyvern
11	FNI	First Northern Ireland
6	FNO	First Northampton
8	FNW	First North West
4	FNW	First Potteries
11	FOD	Feda O'Donaill
5	FOR	Ford's Of Althorne
9	FOU	Four Girls
6	FOW	Fowler's Travel
11	FOY	Foyle Coaches; NW Busways
7	FRA	France's Motor Ltd
6	FRC	Freeway Coaches
7	FRK	Franks
1	FRO	Frome Minibuses
3	FRT	Frog Tours - Duck Tours
1	FSA	First Somerset & Avon
1	FSR	Faresaver
7	FSY	First South Yorkshire
5	FTC	Florida Taxis & Coaches
1	FTR	Forward Travel
7	FWE	First West Yorkshire
7	FWE	First York
8	FWT	Fairway Travel
7	FWY	Fourways
5	FYC	Fourways Coaches
7	FYO	First West Yorkshire
7	FYO	First York
9	G&M	G&M Coaches
3	GAL	Go-Ahead London
5	GAM	Geoff Amos Coaches
6	GAR	Gary's Coaches
9	GAS	Strafford's Coaches
1	GAT	A Line Coaches
11	GAV	Galvin Coaches Ltd
4	GBC	Baker's Coaches
11	GBU	Ulsterbus
9	GCA	Giles, Caerphilly - Atlas Coach Travel
10	GCB	Glasgow Citybus
10	GCT	Glasgow Corporation Transport
9	GEB	Wheadon's
10	GEC	Golden Eagle Coaches
1	GEH	Grayline
9	GEJ	W E Jones & Son, Llanerchymedd
7	GEL	Geldards Coaches Ltd
10	GEM	GEM Coaches
7	GEN	Generation Travel
11	GER	Thomas Manning
7	GET	Garfield Executive Travel
9	GFS	Hefin Griffiths
9	GHA	GHA Coaches
8	GHJ	G H Jones
6	GHW	G H Watts
10	GIB	Gibson Direct Minibus Service
10	GIC	Gillens Coaches
7	GIL	Gillinghams
1	GIR	Girlings of Plymouth
11	GIT	Graham International
9	GLA	Glamorgan Bus
10	GLC	Glen Coaches
8	GLI	G-Line Coaches

9	GLO	Globe Coaches
6	GLT	Glovers Travel Ltd
11	GM	Gerry McLaughlin
11	GMA	Gerard Mackey
6	GMB	Gem
10	GMC	Garlochhead Minibuses & Coaches
11	GML	Gerry McLaughlin
11	GMY	McCauley, Gerald
5	GOB	Golden Boy
5	GOD	Dons of Dunmow
8	GOG	Go Goodwins Coaches
5	GOL	Goldline - Waylands - Nightingales
7	GON	Go North East
6	GOP	Gospel
11	GOS	Gerard O'Sullivan
3	GOT	Golden Tours
1	GPT	Group Travel
8	GPX	Grand Prix Coaches
7	GRA	Gray
6	GRB	Grayscroft Bus Services
1	GRC	Grey Cars / Millmans Coaches
1	GRD	Grindles
5	GRE	Greys of Ely
11	GRF	Griffin's Coaches
7	GRI	Griersons
9	GRL	Lewis Coaches, Llangeitho
11	GRM	Moley, Gerald & Rose
7	GRN	Garnett's
6	GRT	Glenn Ryder Tours
8	GRW	Grayway (Wigan)
9	GRY	Gregory
4	GSA	Aimees
11	GSE	Gerry Seery
4	GSF	Fletcher's Coaches
10	GSM	Galson-Stornoway Motor Services
7	GSN	Godson Coaches
9	GSR	Goodsir Coaches
4	GTC	The Green Transport Company Limited
5	GTR	Gardner Travel
9	GTS	Fox, Blackwood - Gwent Transport Services
10	GUM	United / McGills
1	GUS	Guscott Coaches
7	GVE	Gee Vee Travel
7	GVW	Glen Valley Tours
11	GWB	Galwaybus
5	GWH	Go Whippet
4	GWM	Rotala - Diamond Bus Company
9	GWN	Gwynfor Coaches
5	GWY	Galloway
2	HAB	Hardings Coaches (Betchworth)
3	HAC	Hackney Community Transport
7	HAD	Harrogate & District
8	HAL	Halton Transport
3	HAM	Hamilton's of Uxbridge
7	HAN	Handley
10	HAO	Halls Coaches
4	HAP	Happy Days (Woodseaves) Limited
4	HAR	Hardings Coaches
1	HAT	Hatts Europa
9	HAY	M Hayward & Daughter

7	HBC	Huddersfield Bus Company
4	HBL	Horrocks Bus Limited
9	HBS	Henleys Bus Services Ltd
7	HBT	Hunter Bros of Tantobie
10	HCC	Crawford H
8	HCL	Happy Al's Coaches
10	HCO	Harrold Coaches
7	HCT	Harrogate Coach
7	HDG	Hodgsons
10	HEB	Hebridean Coaches
7	HEC	Henry Cooper
5	HED	Hedingham & District Omnibuses Limited
1	HEM	Hemmings Coaches
9	HER	Herdman Coaches
2	HET	Heritage Travel
5	HEY	Heyfordian
9	HFL	Harris Coaches
7	HFX	Halifax Bus Company Ltd
8	HGI	Hodsons (Clitheroe)
10	HHL	Highland Heritage
1	HIG	Highway Travel
8	HIL	Hiltons Travel
1	HIS	Hills Services
7	HJC	Halifax Joint Committee
7	HKC	Harkers Coaches
9	HKN	Tonna Luxury Coaches
1	HKW	Hookways - Pleasureways - Greenslades - Jennings
4	HLC	Holland Coaches
10	HLO	Hunter's Coaches / William Hunter
4	HLS	Hills Coaches Limited
11	HMC	Hugh McGonagle Coaches
5	HMI	Hardy Miles Coaches - Hardy Miles Travel - Southend Radio Cars
1	HMN	Holman Coaches
2	HMS	Ham's Travel
6	HOB	Hulleys of Baslow
8	HOC	Howard's of Cheshire
2	HOD	Hodge's
6	HOL	Holmes
8	HOM	Haytons of Manchester
1	HOP	Hopley's Coaches
10	HOR	Horsburgh, E&M
10	HOU	Houston
9	HOW	Howells Coaches
6	HPC	Harpurs Coaches
8	HPT	Hampton
10	HQD	Harlequin Coaches (Dunblane)
10	HQL	Harlequin Coaches (Livingston)
11	HRC	Horans Coaches
1	HRD	Heard's Coaches
4	HSL	Harry Shaw Limited
2	HSM	Horseman
8	HST	Hodgson Travel
4	HSW	Hansons (Wordsley) Limited
11	HTC	Holmes Transport (Castlefinn) Ltd
8	HTL	HTL Buses
10	HTR	Hebridean Transport
8	HTT	Hattons
10	HUC	Hunter's Executive
7	HUG	Jim Hughes

7	HUL	Hunters Coaches Ltd	11	JMU	John Murray
6	HUN	Hunts	9	JOB	John, Blaina
7	HUT	Hutchinsons	11	JOC	O'Callaghan
8	HUY	Huyton Coaches / Vision Travel	4	JOE	Joes Travel
10	HVB	Henderson Travel	4	JOH	Johnsons (Henley) Limited
6	HWC	Hawkes Coaches	9	JOT	JO Travel
8	HWD	Holmeswood	10	JPM	JP Minicoaches
9	HWS	Heart of Wales	8	JPT	J. P Travel
6	HWY	Holloway Coaches	9	JRC	JR Coach Travel
6	HYT	Hornsby Travel	7	JRS	JR Services
2	HZU	Hertz	7	JSB	JSB Travel
5	IBL	Ipswich Buses Limited	7	JSP	Perry J S & Son
11	ICL	Irish Coaches (Franchisor) Ltd	7	JSS	Smith (John) & Sons
1	ICS	Independent Coaches	8	JST	Jim Stones Coaches
5	IMP	Imperial	10	JTK	King, James T
7	IND	Independent Coachways	7	JTR	Just Travel
7	ING	Ingleby's Luxury Coaches	1	JUM	Jumbocruiser - Star-Line - Nite Flight
8	IOM	Isle of MAN Transport	1	JVA	JVA Sunseeker Tours & Holidays
10	IRB	Irvines Coaches; Law Bus & Coach	6	JWC	J W Carnell
11	IRC	Ireland Coaches; Rover Coaches	11	JWH	Joseph Whelan
2	ISC	Island coachways Ltd.	7	K&D	Keighley & District
6	ISL	Isle Coaches	7	K&J	K&J Logistics / York Pullman
8	IVD	Irvings of Dalston	9	KAD	Davies Coaches
8	IVG	Irvings of Carlisle	1	KBC	KB Coaches
7	J&B	J&B Travel Ltd	5	KBY	Kirby's Coaches
7	J&C	J&C Coaches	2	KCC	Kent Passenger Services -
1	JAC	Jackies Coaches			Kent Top Travel
8	JAJ	Jack Jackson	8	KCH	Kirkby Lonsdale Coach Hire
8	JAS	J & S Travel	7	KCL	Clarkson (Ken) Ltd
1	JBE	James Bevan	10	KCO	KC Transport
9	JBF	John's Coaches (Edwards, Bl Fe)	7	KCS	Keith's Coaches
9	JBG	Jones J, B & G, Ponciau	2	KCT	Kent Coach Tours
6	JBN	J E Burton	7	KEA	Keats
9	JBR	Gwyn Jones & Son	5	KEN	Kenzies
7	JBS	Jayline Band Services / JBS	11	KEV	Kevin Finlay
6	JBT	Johnson Brothers Tours - Redfern Travel	10	KEY	Key Coaches
11	JCA	James Carolan	2	KFY	Kings Ferry, The Travel Link, VIP
7	JCS	Jacks Coaches	7	KGS	Kings
10	JDT	JD Travel	1	KIC	Kinch Coaches
9	JEA	Jenkins, Aberaman - Jarvis Coaches	6	KIE	Kime's Coaches
1	JEB	Bluebird (Barnardo)	2	KIM	Kingsman
5	JEF	Jeff's Coaches	10	KIN	Kineil Coaches
9	JEN	Jenkins, Pontypool - Jenson Travel	6	KJB	KJB, South Hykeham
8	JFS	J Fishwick & Sons	7	KLI	K Line
11	JGB	Bullick, J G	7	KMM	KM Motors
11	JGL	James Glynn	10	KOA	Keenan of Ayr
11	JHA	John Hallohan	6	KOD	Keiths of Derby
11	JHE	John Healy	5	KON	Konect Bus
9	JHR	Jones, Penycae - D Jones & Son Bus &	9	KSD	Davies, Brynamman -
		Coach Travel			Gareth Evans Coaches
11	JJK	JJ Kavanagh	1	KTL	KTL Coaches
10	JJT	J J Travel / McNairns Coaches	11	KTL	Kerry Tours Ltd; Buckley Tours Ltd;
5	JKN	Jacksons			Classic Coaches
11	JKS	John Kearns & Sons	1	KTM	KTM Coaches
11	JLS	James Lambert & Sons Ltd	6	KTW	Kettlewell
11	JMA	Joseph Marley	1	KWT	KWT Coaches
10	JMC	Morrow, John Coaches	7	KYC	Kingsley Coaches
11	JMG	John McGinley	1	LAG	Laguna Coaches
9	JML	Jones Motors	10	LAG	Lochs & Glens Holidays
11	JMM	John & Michael McGeehan	10	LAK	L A Travel
7	JMS	JM Coaches	8	LAL	Lakeland Coaches (Hurst Green)

5	LAM	Lamberts Coaches
5	LAT	Langston & Tasker
6	LAV	Lavender Line Travel
9	LBC	Lee, Holywell - Leeway Bus Company
5	LBH	London Borough of Havering
3	LBL	London Buses Ltd
2	LBP	London Bus Company
11	LCH	Lallys Coach Hire Ltd
4	LCL	Lakeside Coaches Limited
8	LCO	Lakeland Commercials
4	LCT	Leons Coach Travel (Stafford) Limited
7	LEE	Lees Coaches
11	LEO	Leonard
5	LES	Lewis
7	LEV	Leven Valley Coaches
9	LEW	Lewis, Rhydlewis
7	LFT	Low Fell Travel
9	LGT	Lets Go
10	LID	Liddell, James
7	LIN	Linburg Touring Company
10	LIP	Lippen Coaches
11	LIS	Lisburn Mini Coaches / Richmond
6	LIT	Littles
9	LJL	Llew Jones Coaches, Llanrwst
9	LLA	Lewis y Llan, Amlwch
8	LLC	Ladyline Coaches
9	LLM	Lloyds Coaches, Machynlleth
9	LMC	Laser Minicoach
4	LMS	LMS Travel
8	LOB	Longridge Buses
5	LOD	Lodge's
5	LOG	Logic Transport
3	LON	Stagecoach In London
7	LON	Longstaff's
7	LOR	Lord
10	LOT	Lothian Buses
6	LOW	Lowes Coaches
11	LPL	Last Passive
10	LSK	Leask John & Son
11	LSW	Lough Swilly
4	LTL	Longmynd Travel Limited
2	LTR	Lynns Travel
2	LUC	Lucketts
4	LUV	Lugg Valley Primrose Travel Limited
11	LVC	Lavan Coaches
1	LWS	Lewis Coaches
7	LYL	Lyle (A) & Sons
11	M&A	M&A Coaches Ltd
10	M&C	M&C Coaches
7	M&D	M&D Travel
9	M&H	Owen, Trefnant - M&H Travel
8	MAG	Maghull Coaches
4	MAJ	Majestic Travel
11	MAL	Malahide Coaches Ltd
8	MAM	M & M Coaches
2	MAN	Mann's Travel - Owen's Travel
5	MAR	Marshalls
7	MAS	MASS Transit / Brightbus.co.uk
10	MAT	Marbill Travel
7	MAX	Maxfield
10	MAY	Mayne's Coaches

1	MBC	Mounts Bay Coaches
5	MBL	Mike Boggis Travel - MB Travel
11	MBR	Michael Brosnan
6	MBT	Bland Travel
5	MCA	Marret's Chariots
10	MCC	McKendry Coaches
10	MCD	McDade Travel
6	MCE	McEwen Travel
11	MCH	McDermott / Coaching International Direct
10	MCL	McCall's Coaches
10	MCM	MCT Group Travel
10	MCO	McColl Coaches
10	MCR	McCreadie Coaches
10	MCS	Millers Coaches Scotland Ltd
1	MCT	Marchants
1	MCW	McLeans
1	MDC	Mid Devon Coaches
11	MDI	McDiarmada Coaches
10	MDO	MacDonalds Coaches
11	MDS	Michael Donoghue & Sons Ltd
3	MEB	Metrobus
2	MEB	Metrobus
11	MEC	McElligotts Coaches
3	MEL	Metroline
2	MEN	Menzies
2	MER	Mervyns Coaches
8	MES	Messengers of Cumbria
7	MET	Metro Coaches
10	MEW	MacEwans Coach Services
10	MEX	Mearns Exclusive Travel
1	MFF	Michaels Travel - Forest Hopper - Forest of Dean Tour
10	MFW	Moffat & Williamson
9	MGC	Cookson, Hope
11	MGI	McGinn Coach Hire
11	MGL	McGuinness Coaches Ltd
11	MGR	McGreads Coaches
8	MGT	Mountain Goat
11	MIB	Midland Bus Company Ltd
6	MIC	Midland Classic, Woodville
4	MID	Midland
8	MIK	Mikro Coaches
5	MIL	Millers - Andrew's Coaches
9	MIM	Midway Motors
10	MIT	Milligan Coach Travel
4	MJG	MJ Grosvenor (Motors) Limited
11	MJT	M&J Tully
11	MKS	Matthew Kavanagh & Son
5	MKT	Mil-Ken Travel - Storey's Coaches
10	MLC	MacLeod's Coaches
11	MLC	Mallow Coaches
10	MLI	M-Line International Coaches
6	MLM	Millman Coaches
9	MLN	Mainline
10	MLS	MacLennan
11	MMA	Mark Martley
11	MMC	Martin Maybury Coaches
11	MMG	Michael McGowen
4	MMS	Minsterley Motor Services Limited
11	MNE	Michael Nee

10	MOA	Mackie of Alloa
10	MOB	Marshall of Ballieston
8	MOC	Maynes Coaches
4	MOG	Mawley Oak Garages Limited
9	MON	Monmouthshire CC
11	MOR	Mortons Coaches Dublin Ltd
6	MOS	Marshalls of Sutton on Trent
8	MOV	Moving People
8	MOW	Millmans of Warrington
6	MOX	Moxon
10	MPC	MacPhails Coaches
6	MPH	MacPhersons Coaches
8	MPT	Merseypride
8	MRS	Meredith's
7	MSH	Morse Coaches
9	MTC	Morris Travel
11	MTH	Matthews Coaches Hire Ltd
7	MTL	M Travel
5	MUL	Mulleys - Coombs
10	MUN	Munro's of Jedburgh
5	MUS	Mullany's Starline
1	MVL	Mike's Travel
11	MVN	Melvin Coaches
2	MWM	Marchwood Motorways
9	MWT	Mid Wales Motorways, Penrhyncoch
5	MYA	Myall's
8	MYT	Maytree travel
9	NAH	New Adventure Travel
8	NAP	Napier Point
10	NAT	NCP
6	NBL	Nesbit Brothers
8	NBM	NBM Hire (Penrith)
4	NCB	NCB Motors Limited
5	NCC	Norfolk County Council / Norse
11	NCH	Newcastle Coach Hire
2	NCO	Newton Coaches
4	NCP	National Car Parks Limited
6	NCT	Nottingham City Transport
5	NEA	Neal's
4	NEC	Newbury Coaches
9	NEF	Nefyn Coaches, Nefyn
9	NEL	Nelson's Coaches, Glyn Neath
2	NEN	Newnham Coaches
5	NEV	Neaves
2	NEX	National Express
7	NHC	National Holidays
5	NIB	NIBS
10	NIC	Nicoll
7	NIG	Nightingale Coaches
6	NMC	Nottingham Minibuses & Coaches
5	NOG	Norfolk Green
11	NOS	Noel O'Shea
6	NOV	Nova Tours
9	NPT	Newport Bus
1	NSC	North Somerset Coaches
2	NUV	Nu-Venture
11	NWK	O'Shea's of Kerry / Kingdom Coaches
2	NXA	Airlinks
10	NXD	Travel Dundee
10	OAD	Oban & District Buses
7	OAK	Oakleaf Coaches

9	OAR	Oare's Coaches, Brynford
1	OAT	Oates Travel
1	OBC	Oxford Bus Company
11	OCT	Orchard County Travel
2	OFJ	OFJ Connections
8	OGD	Ogdens Travel
8	OLA	Olympia
5	OLY	Olympus Coaches - Olympian - SM Coaches
11	OMB	O'Mahony Bros
9	OMK	Owen's Coaches
11	ONE	O'Neachtains
2	ORA	Orange Coach Travel
11	ORC	O'Rooney Coach Hire Ltd
10	ORD	Order of Malta
9	ORJ	OR Jones & Sons, Llanfaethlu
7	OVL	Overlander
7	P&E	P & E Coaches
11	P&K	P & K Coach Hire (Matthews)
5	P&M	P&M Coaches
11	PAB	PAB Tours
7	PAL	Palmer Coaches
4	PAR	Paragon Travel Limited
9	PAT	Pat's Coaches
11	PBE	P Barton Enterprises Ltd
11	PBS	Probus
8	PBT	Preston Bus
8	PBU	Peoplesbus
1	PCA	Peter Carol (P.F.Collis)
1	PCB	Plymouth Citybus - Plymouth Citycoach
5	PCC	Peterborough City Council
1	PCE	C & M Pearce
7	PCL	PCL Travel
6	PCN	Premiere Cs
6	PCO	PC Coaches
4	PCW	Prospect Coaches (West) Limited
9	PDB	Padarn Bus
7	PEA	Pearsons
11	PEG	Patrick Egan
9	PEN	Pencoed Travel
7	PER	Perryman
6	PES	Pearson
1	PEW	Pewsey Vale
2	PEX	Parking Express - Courtlands Parking - Europecar
5	PEY	Perry's
11	PFL	Patrick Flavin
5	PGC	Peter Godward Coaches - Tours 'R' Us - Alan Dawney Coaches
4	PHI	Phil's Travel
10	PHO	Photoflash Services
8	PIC	JB Pickthall
2	PIK	Pikes Coach Services
8	PIN	Pineways
4	PIT	Parry's International Tours Limited
3	PJE	P&J Ellis
11	PKC	Pierce Kavanagh & Co Ltd
9	PKS	Peakes Coaches
8	PKT	Pilkingtons(King Travel)
1	PLA	Plastow Coaches
8	PLM	Platinum/Barry,s Daytripper Coaches

7	PLT	Park Lane Travel		11	RKC	Kearneys
11	PLY	Lynch, Paul		8	RKT	Red Kite
7	PMS	Pennine Motor Services		1	RLI	River Link
10	POC	Pride of the Clyde Executive Coaches		4	RML	RML Travel
9	POF	Stena Line		7	RMS	Reliance Motor Services
10	POH	Park's of Hamilton		8	RMY	R McCarthy
9	POL	P & O Lloyd, Bagilt		1	RNC	Roselyn Coaches
7	PON	Pontefract Motorways		9	RNE	Newton, Crumlin
7	POP	Poppletons		7	ROB	Roberts of Wingate
7	POW	Powells Bus Company		11	ROC	Rock Coaches
2	POY	Poynter's		8	ROH	Robinsons Holidays
5	PPH	PPH		11	ROI	Rooney International Coach Hire
7	PRC	Premier Coaches		4	ROM	Rogers of Martley
11	PRE	Patrick Reddin		10	ROR	Roberts of Rothiemay
9	PRI	T Price & Son		8	ROS	Rossendale Transport
7	PRM	Primrose Coaches		7	ROT	Rothbury Motors
2	PRN	Princess Coaches		1	ROV	Rover
7	PRO	Procters,Leeming Bar		10	ROW	Rowe & Tudhope Coaches
6	PRT	Protours		9	ROY	Roy Brown Coaches, Builth Wells
7	PRY	Priory Coach & Bus		1	RPC	RP Coaches
10	PSK	Peace JD & Co (Aberdeen)		2	RRB	Redroute Buses
4	PSL	F Procter & Son Limited		8	RRT	Red Rose Travel
11	PSN	Patrick Slevin		7	RSC	Globe Coaches
6	PSW	Paul S Winson		6	RSK	Robert Sankar / Coachcare Travel
1	PTC	Polperro Tram Company		7	RSL	Ross Travel
10	PTW	Passenger Travel, Whitburn		8	RSR	R S Tyrer
1	PUH	Pulham's		10	RSS	R S Coaches, Sauchen
10	PUM	Puma Coaches		11	RST	Rose Travel
1	PWB	Palmer's - Wheal Briton		8	RSV	R S Travel
11	PWT	Paddywagon Tours Ltd		6	RTL	Roberts Tours
10	PWW	Prentice Westwood		10	RTT	Riverside Transport Training
7	PYG	Pygall		5	RUF	Ruffle's Coaches
1	QMS	Quantock Motor Services		8	RVC	Ribble Valley Coaches
4	R&B	R & B Travel		1	RVY	Rosevidney Travel
4	R&R	Ring & Ride		7	RWL	Rowells Coaches
10	RAB	Rabbies Trailburners		2	RWN	Renown Travel - Cavendish
7	RAI	Rainbow Coaches		3	RWR	Addison Lee / Redwing
2	RAM	Rambler		1	RWY	Ridgeways
2	RAW	Reading & Wokingham Coaches		2	S&B	Scotland & Bates
9	RBC	Richards Brothers		1	S&D	Shaftsbury & District
9	RCM	Roberts Coaches		5	S&M	S&M Coaches - Castlepoint Bus Co.
7	RCN	Richardson		8	S&S	S & S Travel
2	RCT	Richardson Travel		10	SAA	A & C Coaches
8	RDL	Redline of Preston		10	SAB	Aberfoyle Coaches
2	REA	Reading Buses - Newbury Buses - Goldline		10	SAD	ARAYS Travel
				10	SAF	A Trip In Time
5	REB	Regal Busways		10	SAH	Bee-Line Travel
2	REC	Regent Coaches		10	SAJ	Caber Coaches
5	RED	Redkite		10	SAM	Clan Travel
9	REE	Rees Motors		5	SAN	Sanders
5	REG	Reg's		10	SAP	Courtney Travel
8	REI	Reays International		10	SAQ	S.J.Douglas / SD Travel
5	REL	Redline		4	SAT	Sandwell Travel
1	REW	Redwoods		10	SAW	Festival Travel
5	REY	Reynolds Coaches		10	SAY	Fountain Execuive
9	RGY	Ridgway of Glamorgan		10	SAZ	H.Gordon
1	RHC	RH Coaches (Hutts)		7	SBA	Scarlet Band
4	RHT	Robin Hood Travel Limited		4	SBB	Blue Buses
5	RIC	Richmond's		11	SBC	Slieve Bloom Coach Tours Ltd
1	RID	Ridlers		6	SBD	S. Barnard Coaches
8	RIG	Rigby's of Lancashire		10	SBG	Hardies Coaches

10	SBJ	Jenkins Travel
4	SBL	Sargeant Brothers Limited
2	SBM	Solent Blue Line - Blue Star
10	SBO	MacBackpackers
10	SBP	MacPherson Luxury Travel
10	SBQ	McKechnie of Bathgate
2	SBU	Sureline Buses
10	SBZ	J.R.& M.B.Shirran
10	SCB	Scotbus
5	SCC	Suffolk County Council
10	SCD	Simpson of Rosehearty
1	SCH	School Bus Company
4	SCI	Second City Coaches
10	SCJ	Starline Travel
10	SCK	Stables of Keith
10	SCK	Vision Travel
8	SCL	Stacey's
10	SCM	Alexander Wait & Son
10	SCN	Woods of Tillicoultry
10	SCP	Kelvin Valley Coaches
1	SCT	Summercourt Travel
1	SDEV	Stagecoach South West
11	SDO	Seamus Doherty
1	SEA	Seaview Coaches
10	SEC	Silverdale Executive Coaches
8	SEL	Selwyns
5	SEM	Semmence (A Vistafield Company)
6	SEMS	Stagecoach East Midlands
11	SEN	Wexford Bus (IP Passenger Services)
1	SEW	Sewards
7	SFC	Safeway Coaches
7	SFI	Safari Travel
1	SFR	Sunflower Coaches
5	SFU	Sun Fun / ABC Nightliners
2	SGC	Safeguard Coaches - Farnham Coaches
1	SGD	South Gloucestershire - Durbin
6	SHA	Sharpes Cs
10	SHB	Shuttle Buses
10	SHC	Stonehouse Coaches
8	SHE	Shearings Holidays
10	SHI	Shiel Buses
10	SHIC	Stagecoach Highlands
5	SHM	Shaws of Maxey
5	SHO	Shoreys
6	SHT	Sherwood Travel
10	SIC	Silver Fox Coaches
7	SIE	Siesta International Holidays
9	SIL	Silcox Coaches
5	SIM	Simonds
7	SIT	Smiths International Travel
7	SKC	Skelton Coaches
2	SKW	Skinners - Westerham Coaches
10	SKY	Skyline
10	SLA	Slaemuir Coaches
6	SLE	Sleafordian
4	SLF	Silverline Landflight Limited
6	SLK	Slacks Coaches
8	SLT	South Lancs Travel
10	SMI	Smith & Sons
10	SMK	Central Coaches
1	SML	Smith's Coaches

11	SMO	Sean Moran
10	SMP	Smith's Coaches
6	SMS	Skills/Motorvation
11	SNC	Shannon-Erne Navigation Coaches
7	SNO	Snowdon's
7	SNOE	Stagecoach North East
8	SNW	Stagecoach North West
5	SOA	Soames
11	SOC	Somerton Coaches
1	SOD	South Dorset/Swanage Taxis
10	SOK	Stables of Keith
8	SOL	Stotts of Oldham
1	SOM	Somerbus
7	SOO	Snaith's of Otterburn
7	SOS	Star Travel (Holidays) Ltd
2	SOT	Solent Travel
10	SOU	Southern Coaches
1	SOXF	Stagecoach Oxfordshire
10	SPA	Spa Coaches
1	SPC	Spearings Coaches
8	SPD	Springfield
6	SPE	Spencers Passenger Services
5	SPR	Spratts
2	SPS	Southdown PSV
9	SPT	Sporting Tours / Gary's of Tredegar
8	SPW	Speedwellbus
5	SQU	Squirrels Coaches
10	SREN	Stagecoach East Scotland
1	SRK	Shamrock Buses
11	SRO	Sean Roberts
8	SRR	Strawberry
1	SRU	Stone & Russell
4	SSC	Swan Street Coaches Limited
9	SSH	Silver Star
1	SSM	Smith
2	SSOU	Stagecoach South
7	SSV	South Selby Village Bus
4	STA	Star Cars and Coaches Limited
10	STAY	Stagecoach Strathtay & Perth
7	STB	Star Coaches
5	STC	Stephenson's Coaches
11	STD	Davison Coach Hire
7	STE	Stephenson's of Easingwold
7	STH	Promotion Buses.com
1	STI	St Ives Mini Bus Company
10	STK	Stokes William & Sons
11	STL	Sillan Tours Ltd
9	STO	Stockham Coaches
10	STP	Stepend Coaches
9	STR	Stratos Travel
7	STS	Stott (E) & Sons
8	STT	Stainton
10	STU	Stuarts of Carluke
8	STW	Stanways Coaches
7	STX	Stanley Coaches / Stanley Taxis
7	STY	Style Travel
2	SUE	Sunray,Epsom
11	SUI	Suirway Bus & Coach Services Ltd
3	SUL	Sullivan Buses
5	SUL	Sullivan Buses
9	SUM	Summerdale Coaches

7	SUN	SS Suncruisers		5	TMA	Tourmaster
5	SUP	Supreme Coaches		7	TMB	TM Travel (Blackhall)
1	SUR	Sureline		7	TMH	TM Travel
8	SUT	Supertravel		7	TOP	Transdev York
10	SVC	Silver Choice Travel		6	TOT	Total Travel
6	SVD	Silverdale		5	TOW	Towler's
2	SVE	Southern Vectis		1	TRA	Trathens
2	SVS	Seaview Services		9	TRC	TRC Coaches
1	SW	Stagecoach South West		10	TRD	Travel Direct / Fairway Coaches
8	SWA	Swans of Oldham		9	TRH	Thomas, Porth - Thomas Rhondda
1	SWB	Swanbrook		6	TRL	TransLinc
1	SWC	South West Coaches		2	TRT	Truemans Travel
7	SWE	Sweyne		1	TRU	Truronian Ltd
1	SWES	Stagecoach West		6	TRW	Travel Wright
6	SWF	Swiftsure		7	TRX	Travel Express
9	SWN	South Wales Transport		8	TSY	Tansey
10	SWSC	Stagecoach West Scotland		10	TTA	Tramontana
5	SWT	Swift Taxis		8	TTC	The Travellers Choice
7	SYOR	Stagecoach Yorkshire		11	TTO	Treanor Travel Coach Hire
4	SYT	Sunny Travel		1	TTR	Thames Travel
9	SZB	Llynfi Coaches		7	TTS	Tommys Travel of South Shields
5	TAL	Talisman		9	TUE	Monmouthshire CC
1	TAP	Tappins		1	TUR	Turners
1	TAR	Target Travel		1	TUT	Turners Tours
7	TAT	Tates Travel		5	TUT	Turners Tours
1	TAW	Taw & Torridge - Loverings		9	TVA	Taff Vale, Treherbert
1	TAY	Taylors		9	TVC	Bysiau Cwm Taf, Whitland -
6	TBA	T Bailey Travel				Taf Valley Coaches
6	TBB	Trent Barton Buses, Kinchbus,		2	TVM	Travelmasters
		Notts and Derby		9	TVP	Tanat Valley Coaches
2	TBC	Tantivy Blue Coach Tours		7	TVS	Travelsure
11	TCA	Tommy Callinan		1	TWC	T W Coaches
11	TCT	TCT		5	TWH	Travel With Hunny
8	TDE	Transdev East Lancashire		4	TWM	National Express West Midlands
3	TDL	Transdev		1	TXC	Tex Minibuses
11	TDO	Tony Doyle		1	TYB	Transdev Yellow Buses - Dorset Travel
6	TDR	T Draper's: Golden Holidays		7	TYC	Tyne Valley Coaches
7	TDT	TD Travel		8	TYR	Tyrer Tours
10	TED	Docherty T&E		8	UKP	U K Private vehicle hire
10	TEL	Telford's Coaches		11	UNI	Universal Coaches Ltd
7	TET	Tetleys		5	UNO	Uno - Part of Centrebus
7	TEV	Tees Valley Coaches		11	URC	Eirebus / Flybus / Swords Express /
4	TEX	Travel Express Limited				Urbus
9	TFB	Travel Final (Keith Jones), Blaengarw		6	VAL	Vale Travel
5	TGA	Trustline - Galleon Travel - Trustybus		1	VAW	Vale / Way
7	TGB	Thirlwell / Greybird		4	VCC	Vals Classic Coaches Limited
2	TGM	Tellings Golden Miller		5	VCY	Viceroy
7	TGT	Tynedale Group Travel		10	VIC	Victoria Coaches
4	THA	Thandi Group		1	VIL	Eastville
1	THD	Thamesdown Transport		4	VIP	VIP Contracts Limited
1	THO	Tally Ho!		2	VIS	Vision Travel
7	THR	Thornes Independant		9	VOE	Voel Coaches
6	THU	Thurmaston Bus - County Mini Coaches -		9	VRT	Price, Aberfan - VR Travel
		Coachmaster Ltd		9	VTC	Veolia Transport Cymru
6	TIG	Tiger European		6	VTE	Veolia England
1	TIL	Tilley's		7	VTE	Veolia England
8	TIT	Titteringtons		4	VTE	Veolia England
1	TIV	Kingdoms Tivvy Coaches		1	W&D	Wilts and Dorset - Lever Coaches -
6	TJC	TJ's Coaches				Damory Coaches - Tourist Coaches -
7	TJH	T&J Hargreaves				Bell's Coaches - Kingston
7	TLC	TLC Travel Ltd / Accessbus		2	W&H	W&H Motors

9	WA	Stagecoach Wales		9	WOO	Woolley's Coaches
9	WA	Stagecoach Wales		4	WOR	Worthen Travel
7	WAG	Watson (Guisborough)		5	WOT	Woottens - Tiger Line
5	WAL	Walden Travel		8	WRB	Wright Brothers
5	WAR	Wards Coaches		10	WRH	Wilson of Rhu
7	WAS	Watson (Staindrop)		6	WRI	Wrights
9	WAT	Watts Coaches		7	WSC	Woodside Continental
10	WAV	Waverley Travel		7	WSN	Watersons
7	WBB	Winn Brothers		8	WST	Walton Swift Travel
4	WBC	Whittle Coach & Bus Limited,		10	WTB	Westerbus
7	WBH	Wilfreda Beehive		1	WTH	Worths of Enstone
7	WBK	Kerr WB		11	WTL	Whartons Travel Ltd
8	WBL	Wigan Buses		4	WTR	Wardle Transport
1	WBR	Wood Brothers Travel		2	WVY	Weavaway - Newbury & District -
2	WBS	White Bus Services				Noah Vale - Haywards -
8	WBT	Warrington Borough Transport				Southern Railroad Company
3	WBU	Westbus		1	WWT	Westward Travel
9	WCC	Windy Corner Coaches		3	WWY	Westway
10	WCG	Wilsons Coaches		2	WWY	Westway
8	WCH	Walton's Coach Hire		1	WXB	Wessex Bus
5	WCK	Wicks Coaches		1	WXC	Wessex Connect/Flights Hallmark
6	WCL	Woods Coaches		4	YAR	Yarranton Brothers Limited
10	WCM	West Coast Motor Services		7	YCO	Yorkshire Coastliner
4	WCO	Worcestershire County Council		4	YCT	Yeomans Canyon Travel Limited
2	WCS	Worthing Coaches		8	YEL	Yellow Rose Coaches
2	WCT	Waverley Coach Tours		6	YOB	Your Bus
9	WEA	Weales Wheels		4	YON	George Young's Coaches Limited
1	WEB	Webberbus - Bryants		10	YUL	Yule, Elizabeth
7	WED	Weardale Motor Services		5	ZAC	Landmark Coaches
7	WEL	Welsh		5	ZAE	Palmers
5	WES	West's		5	ZAF	Premier Connections
6	WET	West End Travel - Rutland Travel		5	ZAH	Hallmark Executive Travel
1	WGH	Western Greyhound		5	ZAI	Three Star
7	WGS	Gordon (W) & Sons		5	ZAM	New City Coaches/A to B (Luton)
9	WGW	Gwyn Williams & Sons		5	ZAR	M & M Coaches
2	WHE	Wheelers Travel		5	ZAS	Speldhurst Tavel
10	WHI	Whitestar		5	ZAT	Theobalds
1	WHT	Whites Coaches		5	ZAU	Kings Tours
10	WHY	Whyte's Coaches		5	ZAV	G.R.N.Glew
6	WIA	Williams		5	ZBD	Magpie Travel
9	WIB	Williams, Brecon		5	ZBF	Howletts Coaches
4	WIC	JW Wickson Limited		5	ZBG	On A Mission
6	WID	Wide Horizon		5	ZBJ	J & L International
2	WIG	Wight Bus		5	ZBM	M & E Coaches
7	WIL	Wilford		5	ZBN	New Horizon Travel
3	WIN	Wings		5	ZBO	Motts Travel
7	WIP	Wilding		5	ZBR	Red Rose Travel
7	WIR	Wilson		5	ZBT	Terravision
7	WIS	Wistonian Coaches		5	ZBU	Z & S COACHES
1	WIT	Williams Travel		5	ZBV	Vale Travel
10	WJC	W J C Buses		5	ZBX	Freedom Travel
11	WJS	William J Sheehan		5	ZBY	Godwins
4	WK	Stagecoach Warwickshire		5	ZCA	Decker Bus
2	WKB	West Kent Buses		5	ZCE	Meridian Line Travel
9	WKN	Wilkins		5	ZCF	Kiddles Coaches
1	WLA	Walters Limousines		5	ZCH	Chiltern Travel
10	WLC	Whitelaws Coaches		5	ZCL	Saffords Coaches
10	WLO	West Lothian Transport		5	ZCO	Burtons Coaches / Yellow Star
9	WLT	Williams Brothers		5	ZCP	Tates Coaches
10	WMC	Watermill Coaches		5	ZCQ	Taylors Coaches
2	WON	Watson		5	ZCR	South Mimms Travel

5	ZCS	St. Margarets Travel	5	ZEC	Mathews Coaches
5	ZCU	Timebus Travel	5	ZEG	Richards Coaches
5	ZCW	Reynolds Diplomat	5	ZEH	Sable Travel
5	ZDC	Britannia Coaches	5	ZEJ	Bluebird Coaches
5	ZDD	Cozy Travel	5	ZEO	D & G Travel
5	ZDE	Lanes Coaches	5	ZEP	Carters Minibuses
5	ZDH	Master Travel	5	ZEQ	Bizzy Bees
5	ZDL	Len Wright Band Services	5	ZER	R.B.Travel
5	ZDO	Commonwealth Coaches	5	ZEW	Buckby's Coaches
5	ZDS	Our Bus/Our Hire	5	ZEY	Lawman Coaches
5	ZDT	Dolphin Autos	5	ZEZ	Rodgers Coaches
5	ZDU	Eagles Coaches	5	ZFA	Meridean Bus
5	ZDW	Freestones Coaches	5	ZFA	Meridian Bus
5	ZDY	Harrod Coaches	5	ZFG	The Running Footman

Registration Number Codes

Prior to August 2001 prefix and suffix vehicle registration types were of the format

Ynnn?AA or ?AAnnnY where Y is the letter for the year, n is the sequential number,
? the sequential letter and AA the area letters.

After August 2001 the format became AA YY ??? Where AA are the area letters, YY the year numbers and ??? The sequential letters.

The tables below provide information on how to decode the registration numbers.

Table 1 - pre 2001 area codes

AA	Salisbury	BU	Manchester	DO	Boston
AB	Worcester	BV	Preston	DP	Reading
AC	Coventry	BW	Oxford	DR	Plymouth
AD	Gloucester	BX	Haverfordwest	DS	Glasgow
AE	Bristol	BY	London NW	DT	Sheffield
AF	Truro	CA	Chester	DU	Coventry
AG	Hull	CB	Bolton	DV	Exeter
AH	Norwich	CC	Bangor	DW	Cardiff
AJ	Middlesbrough	CD	Brighton	DX	Ipswich
AK	Sheffield	CE	Cambridge	DY	Hastings
AL	Nottingham	CF	Reading	EA	Dudley
AM	Swindon	CG	Salisbury	EB	Cambridge
AN	Reading	CH	Nottingham	EC	Kendal
AO	Carlisle	CJ	Hereford	ED	Warrington
AP	Brighton	CK	Preston	EE	Grimsby
AR	Chelmsford	CL	Norwich	EF	Middlesbrough
AS	Inverness	CM	Liverpool	EG	Peterborough
AT	Hull	CN	Newcastle	EH	Stoke-on-Trent
AU	Nottingham	CO	Plymouth	EJ	Aberystwyth
AV	Peterborough	CP	Huddersfield	EK	Warrington
AW	Shrewsbury	CR	Portsmouth	EL	Bournemouth
AX	Cardiff	CS	Ayr	EM	Liverpool
AY	Leicester	CT	Boston	EN	Bolton
BA	Manchester	CU	Newcastle-upon-Tyne	EO	Barrow-in-Furness
BB	Newcastle	CV	Truro	EP	Swansea
BC	Leicester	CW	Preston	ER	Cambridge
BD	Northampton	CX	Huddersfield	ES	Dundee
BE	Grimsby	CY	Swansea	ET	Sheffield
BF	Stoke-on-Trent	DA	Birmingham	EU	Bristol
BG	Liverpool	DB	Manchester	EV	Chelmsford
BH	Luton	DC	Middlesbrough	EW	Peterborough
BJ	Ipswich	DD	Gloucester	EX	Norwich
BK	Portsmouth	DE	Haverfordwest	EY	Bangor
BL	Reading	DF	Gloucester	FA	Stoke-on-Trent
BM	Luton	DG	Gloucester	FB	Bristol
BN	Bolton	DH	Dudley	FC	Oxford
BO	Cardiff	DJ	Warrington	FD	Dudley
BP	Portsmouth	DK	Bolton	FE	Lincoln
BR	Durham	DL	Newport (IoW)	FF	Aberystwyth
BS	Kirkwall	DM	Chester	FG	Brighton
BT	York	DN	York	FH	Gloucester

FJ	Exeter	HW	Bristol	LK	London NW
FK	Dudley	HX	London C	LL	London NW
FL	Peterborough	HY	Bristol	LM	London NW
FM	Chester	JA	Manchester	LN	London NW
FN	Canterbury	JB	Reading	LO	London NW
FO	Hereford	JC	Bangor	LP	London NW
FP	Leicester	JD	London C	LR	London NW
FR	Preston	JE	Cambridge	LS	Stirling
FS	Edinburgh	JF	Leicester	LT	London NW
FT	Newcastle	JG	Canterbury	LU	London NW
FU	Grimsby	JH	Reading	LV	Liverpool
FV	Preston	JJ	Canterbury	LW	London NW
FW	Lincoln	JK	Hastings	LX	London NW
FX	Bournemouth	JL	Boston	LY	London NW
FY	Liverpool	JM	Reading	MA	Chester
GA	Glasgow	JN	Chelmsford	MB	Chester
GB	Glasgow	JO	Oxford	MC	London NE
GC	London SW	JP	Warrington	MD	London NE
GD	Glasgow	JR	Newcastle	ME	London NE
GE	Glasgow	JS	Stornoway	MF	London NE
GF	London SW	JT	Bournemouth	MG	London NE
GG	Glasgow	JU	Leicester	MH	London NE
GH	London SW	JV	Grimsby	MJ	Luton
GJ	London SW	JW	Birmingham	MK	London NE
GK	London SW	JX	Huddersfield	ML	London NE
GL	Truro	JY	Plymouth	MM	London NE
GM	Reading	KA	Liverpool	MN	(not used)
GN	London SW	KB	Liverpool	MO	Reading
GO	London SW	KC	Liverpool	MP	London NE
GP	London SW	KD	Liverpool	MR	Swindon
GR	Durnham	KE	Maidstone	MS	Stirling
GS	Luton	KF	Liverpool	MT	London NE
GT	London SW	KG	Cardiff	MU	London NE
GU	London SE	KH	Hull	MV	London SE
GV	Ipswich	KJ	Maidstone	MW	Swindon
GW	London SE	KK	Maidstone	MX	London SE
GX	London SE	KL	Maidstone	MY	London SE
GY	London SE	KM	Maidstone	NA	Manchester
HA	Dudley	KN	Maidstone	NB	Manchester
HB	Cardiff	KO	Maidstone	NC	Manchester
HC	Hastings	KP	Maidstone	ND	Manchester
HD	Huddersfield	KR	Maidstone	NE	Manchester
HE	Sheffield	KS	St Boswells	NF	Manchester
HF	Liverpool	KT	Canterbury	NG	Norwich
HG	Preston	KU	Sheffield	NH	Northampton
HH	Carlisle	KV	Coventry	NJ	Brighton
HJ	Chelmsford	KW	Sheffield	NK	Luton
HK	Chelmsford	KX	Luton	NL	Newcastle
HL	Sheffield	KY	Sheffield	NM	Luton
HM	London C	LA	London NW	NN	Nottingham
HN	Middlesbrough	LB	London NW	NO	Chelmsford
HO	Salisbury	LC	London NW	NP	Worcester
HP	Coventry	LD	London NW	NR	Sheffield
HR	Swindon	LE	London NW	NS	Glasgow
HS	Glasgow	LF	London NW	NT	Shrewsbury
HT	Bristol	LG	Chester	NU	Nottingham
HU	Bristol	LH	London NW	NV	Northampton
HV	London C	LJ	Bournemouth	NW	Leeds

Code	Place	Code	Place	Code	Place	Code	Place
NX	Dudley	RF	Stoke	TM	Luton	VT	Stoke-on-Trent
NY	Cardiff	RG	Newcastle	TN	Newcastle	VU	Manchester
OA	Brighton	RH	Hull	TO	Nottingham	VV	Northampton
OB	Birmingham	RJ	Manchester	TP	Portsmouth	VW	Chelmsford
OC	Birmingham	RK	London NW	TR	Portsmouth	VX	Chelmsford
OD	Exeter	RL	Truro	TS	Dundee	VY	York
OE	Birmingham	RM	Carlisle	TT	Exeter	WA	Sheffield
OF	Birmingham	RN	Preston	TU	Chester	WB	Sheffield
OG	Birmingham	RO	Luton	TV	Nottingham	WC	Chelmsford
OH	Birmingham	RP	Northampton	TW	Chelmsford	WD	Dudley
OJ	Birmingham	RR	Nottingham	TX	Cardiff	WE	Sheffield
OK	Birmingham	RS	Aberdeen	TY	Newcastle	WF	Sheffield
OL	Birmingham	RT	Ipswich	UA	Leeds	WG	Sheffield
OM	Birmingham	RU	Bournemouth	UB	Leeds	WH	Bolton
ON	Birmingham	RV	Portsmouth	UC	London C	WJ	Sheffield
OO	Chelmsford	RW	Coventry	UD	Oxford	WK	Coventry
OP	Birmingham	RX	Reading	UE	Dudley	WL	Oxford
OR	Portsmouth	RY	Sheffield	UF	Brighton	WM	Liverpool
OS	Stranraer	SA	Aberdeen	UG	Leeds	WN	Swansea
OT	Portsmouth	SB	Oban	UH	Cardiff	WO	Cardiff
OU	Bristol	SC	Edinburgh	UJ	Shrewsbury	WP	Worcester
OV	Birmingham	SD	Ayr	UK	Birmingham	WR	Leeds
OW	Portsmouth	SE	Keith	UL	London C	WS	Bristol
OX	Birmingham	SF	Edinburgh	UM	Leeds	WT	Leeds
OY	London NW	SG	Edinburgh	UN	Barnstaple	WU	Leeds
PA	Guildford	SH	St Boswells	UO	Barnstaple	WV	Brighton
PB	Guildford	SJ	Ayr	UP	Durham	WW	Leeds
PC	Guildford	SK	Wick	UR	Luton	WX	Leeds
PD	Guildford	SL	Dundee	US	Glasgow	WY	Leeds
PE	Guildford	SM	Dumfries	UT	Leicester	YA	Taunton
PF	Guildford	SN	Dundee	UU	London C	YB	Taunton
PG	Guildford	SO	Aberdeen	UV	London C	YC	Taunton
PH	Guildford	SP	Dundee	UW	London C	YD	Taunton
PJ	Guildford	SR	Dundee	UX	Shrewsbury	YE	London C
PK	Guildford	SS	Aberdeen	UY	Worcester	YF	London C
PL	Guildford	ST	Inverness	VA	Cambridge	YG	Leeds
PM	Guildford	SU	Glasgow	VB	Canterbury	YH	London C
PN	Brighton	SV	(spare)	VC	Coventry	YJ	Brighton
PO	Portsmouth	SW	Dumfries	VD	Luton	YK	London C
PP	Luton	SX	Edinburgh	VE	Cambridge	YL	London C
PR	Bournemouth	SY	(spare)	VF	Norwich	YM	London C
PS	Kerwick	TA	Exeter	VG	Norwich	YN	London C
PT	Durham	TB	Warrington	VH	Huddersfield	YO	London C
PU	Chelmsford	TC	Bristol	VJ	Hereford	YP	London C
PV	Ipswich	TD	Bolton	VK	Newcastle	YR	London
PW	Norwich	TE	Bolton	VL	Lincoln	YS	Glasgow
PX	Portsmouth	TF	Reading	VM	Manchester	YT	London C
PY	Middlesbrough	TG	Cardiff	VN	Middlesbrough	YU	London C
RA	Nottingham	TH	Swansea	VO	Nottingham	YV	London C
RB	Nottingham	TJ	Liverpool	VP	Birmingham	YW	London C
RC	Nottingham	TK	Plymouth	VR	Manchester	YX	London C
RD	Reading	TL	Lincoln	VS	Luton	YY	London C
RE	Stoke						

Table 2 - post 2001 area codes

Code	Place		Code	Place		Code	Place
AA - AN	Peterborough		HA - HJ	Bournemouth		PU - PY	Carlisle
AO - AU	Norwich		HK - HV	Portsmouth		RA - RY	Reading
AV - AY	Ipswich		HW	Isle of Wight		SA - SJ	Glasgow
BA - BY	Birmingham		HX - HY	Portsmouth		SK - SO	Edinburgh
CA - CO	Cardiff		KA - KL	Luton		SP - ST	Dundee
CP - CV	Swansea		KM - KY	Northampton		SU - SW	Aberdeen
CW - CY	Bangor		LA - LJ	Wimbledon		SX - SY	Inverness
DA - DK	Chester		LK - LT	Stanmore		VA - VY	Worcester
DL - DY	Shrewsbury		LU - LY	Sidcup		WA - WJ	Exeter
EA - EY	Chelmsford		MA - MY	Manchester		WK - WL	Truro
FA - FP	Nottingham		NA - NO	Newcastle		WM - WY	Bristol
FR - FY	Lincoln		NP - NY	Stockton		YA - YK	Leeds
GA - GO	Maidstone		OA - OY	Oxford		YL - YU	Sheffield
GP - GY	Brighton		PA - PT	Preston		YV - YY	Beverley

Table 3 - pre 2001 suffix year codes

Code	From		To		Code	From		To		Code	From		To
A	01-Feb-63	to	31-Dec-63		H	01-Aug-69	to	31-Jul-70		R	01-Aug-76	to	31-Jul-77
B	01-Jan-64	to	31-Dec-64		J	01-Aug-70	to	31-Jul-71		S	01-Aug-77	to	31-Jul-78
C	01-Jan-65	to	31-Dec-65		K	01-Aug-71	to	31-Jul-72		T	01-Aug-78	to	31-Jul-79
D	01-Jan-66	to	31-Dec-66		L	01-Aug-72	to	31-Jul-73		V	01-Aug-79	to	31-Jul-80
E	01-Jan-67	to	31-Jul-67		M	01-Aug-73	to	31-Jul-74		W	01-Aug-80	to	31-Jul-81
F	01-Aug-67	to	31-Jul-68		N	01-Aug-74	to	31-Jul-75		X	01-Aug-81	to	31-Jul-82
G	01-Aug-68	to	31-Jul-69		P	01-Aug-75	to	31-Jul-76		Y	01-Aug-82	to	31-Jul-83

Table 4 - pre 2001 prefix year codes

Code	From		To		Code	From		To		Code	From		To
A	01-Aug-83	to	31-Jul-84		H	01-Aug-90	to	31-Jul-91		R	01-Aug-97	to	31-Jul-98
B	01-Aug-84	to	31-Jul-85		J	01-Aug-91	to	31-Jul-92		S	01-Aug-98	to	28-Feb-99
C	01-Aug-85	to	31-Jul-86		K	01-Aug-92	to	31-Jul-93		T	01-Mar-99	to	31-Jul-99
D	01-Aug-86	to	31-Jul-87		L	01-Aug-93	to	31-Jul-94		V	01-Aug-99	to	28-Feb-00
E	01-Aug-87	to	31-Jul-88		M	01-Aug-94	to	31-Jul-95		W	01-Mar-00	to	31-Jul-00
F	01-Aug-88	to	31-Jul-89		N	01-Aug-95	to	31-Jul-96		X	01-Aug-00	to	28-Feb-01
G	01-Aug-89	to	31-Jul-90		P	01-Aug-96	to	31-Jul-97		Y	01-Mar-01	to	31-Jul-01

Table 5 - post 2001 year codes

Code	Period		Code	Period
51	September 2001 - February 2002		56	September 2006 - February 2007
02	March 2002 - August 2002		07	March 2007 - August 2007
52	September 2002 - February 2003		57	September 2007 - February 2008
03	March 2003 - August 2003		08	March 2008 - August 2008
53	September 2003 - February 2004		58	September 2008 - February 2009
04	March 2004 - August 2004		09	March 2009 - August 2009
54	September 2004 - February 2005		59	September 2009 - February 2010
05	March 2005 - August 2005		10	March 2010 - August 2010
55	September 2005 - February 2006		60	September 2010 - March 2011
06	March 2006 - August 2006			

Registration letters of Ireland

Eire

Vehicle registrations are in the format **yy-cc-nnnn** where **yy** are the last two numbers of the year, **cc** is the County Code and **nnnnn** is a sequential number.

For example 02-C-1234 was registered in 2002 at County Cork.

County Codes

C	County Cork	LS	County Laois
CE	County Clare	MH	County Meath
CN	County Cavan	MN	County Monaghan
CW	County Carlow	MO	County Mayo
D	County Dublin	OY	County Offaly
DL	County Donegal	RN	County Roscommon
G	County Galway	SO	County Sligo
KE	County Kildare	TN	North Tipperary
KK	County Kilkenny	TS	South Tipperary
KY	County Kerry	W	Waterford City
L	Limerick City	WD	County Waterford
LD	County Longford	WH	County Westmeath
LH	County Louth	WW	County Wicklow
LK	County Limerick	WX	County Wexford
LM	County Leitrim		

Northern Ireland

Vehicle registrations are in the format **slc nnnn** where s is a sequential letter, **lc** is the location code and **nnnn** is a sequential number between 1111 and 9999.

For example OPZ6131 was registered in Belfast. The registration follows the LPZ series and the PZ series was used once ZOZ9999 had been issued.

Location Codes

AZ	Belfast	IL	Fermanagh	SZ	Down		
BZ	Down	IW	Londonderry	TZ	Belfast		
CZ	Belfast	JI	Tyrone	UI	Derry City		
DZ	Antrim	JZ	Down	UZ	Belfast		
EZ	Belfast	KZ	Antrim	VZ	Tyrone		
FZ	Belfast	LZ	Armagh	WZ	Belfast		
GZ	Belfast	MZ	Belfast	XI	Belfast		
HZ	Tyrone	NZ	Londonderry	XZ	Armagh		
IA	Antrim	OI	Belfast	YZ	Londonderry		
IB	Armagh	OZ	Belfast	QNI	Re-registration		
IG	Fermanagh	PZ	Belfast	within	Northern Ireland		
IJ	Down	RZ	Antrim				

Notes

Notes

Notes

Notes

HB Publications Ltd

All our books are A5 laminated Spiral Bound and made up with 90gm paper
Full details of all our Publications can be found at www.hbpub.co.uk

UK Sighting Files
PU01 Combined Volume 2011 .....£11.99
PU02 Wagons 2011 ....£11.99
PU03 Engineer's Stock 2011 ....£11.99
IU08 Internal Users £6.99
IU09 Pre-nat Departmental Stock .£7.99
IU10 Dep Coaching Stock.............£4.99
PD02 2009 Pocket Datafile £5.00

2011 Preserved Datafiles
IP01 Standard Gauge Loco's £11.99
IP02 Wagons.................................£11.99
IP03 Coaching Stock £11.99
IP04 Non-Standard Gauge £11.99

European Datafiles
IE01 **Germany 2011** £12.99
IE02 German PO 2010 ....£10.99
IE03 **France 2011** £13.99
IE04 **Benelux 2011** £10.99
IE05 **Switzerland 2011**............£10.99
IE06 **Austria 2011** £7.99
IE07 Iberia 2010 ....£9.99
IE08 **Italy 2011** £9.99
IE09 **Scandanavia 2011** £10.99
IE10 Czech & Slovakia 2010 .....£10.99
IE11 Hungary 2010 ....£6.99
IE12 Poland 2010 ....£6.99
IE14 Balkans 2010 ....£10.99
IE15 Russia 2007 ....£12.99
IE16 Preserved Loco's & Units..£10.99

Non-European Datafiles
NE1 Australia & New Zeal. 2009..£7.99
NE2 North Africa 2010 ....£4.99

2011 Tram & Light Rail
IT01 Western Europe £10.99
IT02 Eastern Europe £11.99
IT03 Metro Systems £9.99
IT04 European Trolleybuses -2010£11.99

Miscellaneous
IM3 Locolog.................................£7.99
IM4 Traction Engines...................£7.99

BR Wagons Numerical History

HW01 Vol 1 Directory....................£5.99	HW08 Vol 8 Open Wagons (A) (Mineral) £11.99
HW02 Vol 2 Engineers' Stock....................£6.99	HW09 Vol 9 Open Wagons (B) (Mineral) £11.99
HW03 Vol 3 Vans....................£10.99	HW10 Vol 10 Open Wagons (Goods)...................£8.99
HW04 Vol 4 Flat Wagons B5xxxx/B7xxxxx £7.99	HW11 Vol 11 Track Machines £4.99
HW05 Vol 5 Flat Wagons B9xxxxx £8.99	HW12 Vol 12 Private Owner Wagons £10.99
HW06 Vol 6 Brakes Vans & Pre-Nationalisation Vans..£6.99	HW13 Vol 13 BR Box Containers £10.99
HW07 Vol 7 Hopper Wagons....................£9.99	HW14 Vol 14 Air Braked Wagons...................£10.99

Foreign Railway Wagons

2011 Editions

FW01 Germany Type 0xxx , 1xxx & 2xxx £11.99	FW18 Spain & Portugal £12.00
FW02 Germany Type 3xxx £11.99	FW19 Hungary £14.00
FW03 Germany Type 4xxx £11.99	FW20 Adriatic, Turkey & Greece £10.00
FW04 Germany Type 5xxx & 6xxx £11.99	FW21 Austria Type 0xxx-4xxx...................£11.00
FW05 Germany Type 7xxx, 8xxx & 9xxx £13.99	FW22 Austria Type 5xxx-9xxx...................£11.00
	FW23 Switzerland £13.00
2010 Editions	FW24 Italy Type 0xxx-3xxx...................£13.00
	FW25 Italy Type 4xxx-9xxx...................£13.00
FW09 Private Operator....................£11.00	FW26 Czech Republic Types 0xxx-2xxx,8xxx & 9xxx...£13.00
FW10 Scandanavia £12.00	FW27 Czech Republic Types 3xxx, 4xxx & 7xxx.........£11.00
FW11 Belgium £12.00	FW28 Czech Republic Types 5xxx & 6xxx...................£13.00
FW12 Luxembourg & Netherlands £10.00	FW29 Slovakia Types 0xxx-4xxx...................£11.00
FW13 France Type 0xxx - 2xxx £11.00	FW30 Slovakia Types 5xxx-9xxx...................£11.00
FW14 France Type 3xxx £12.00	FW31 Poland Types 0xxx-4xxx...................£13.00
FW15 France Type 4xxx & 5xxx £13.00	FW32 Poland Type 5xxx...................£13.00
FW16 France Type 6xxx & 7xxx £13.00	FW33 Poland Type 6xxx, 7xxx & 9xxx...................£11.00
FW17 France Type 8xxx & 9xxx £12.00	FW34 Bulgaria & Romania...................£12.00

Road Haulage 2010

RH01 Fleets A to C....................£13.00	RH06 Fleets P to R...................£13.00
RH02 DHL Fleet....................£13.00	RH07 Fleets S...................£12.00
RH03 Fleets D to G....................£12.00	RH08 Fleets T to Z...................£12.00
RH04 Fleets H to L....................£12.00	RH09 European Fleets...................£14.00
RH05 Fleets M to O....................£12.00	RH10 Road Haulage Register £13.00

HB Publications

HB1 South West of England 2011	£13.00	HB11 Ireland 2011	£14.00
HB2 South East of England 2011	£13.00	HB12 National Express 2009	£11.00
HB3 London 2011	£15.00	HB13 Preserved Buses 2011	£15.00
HB4 Central England 2011	£12.00	HB14 UK Regional Registration List 2011	£15.00
HB5 Eastern Counties 2011	£13.00	HB17 Hong Kong & Singapore	£14.00
HB6 East Midlands 2011	£12.00	HB21 Budget Stagecoach Fleet 2011	£8.00
HB7 North East of England & Yorkshire 2011	£15.00	HB22 Budget First Fleet 2011	£8.00
HB8 North West of England 2011	£14.00	HB23 Budget Arriva Fleet 2011	£8.00
HB9 Wales 2011	£13.00	HB24 Budget Municipal & Other Major Fleets 2011	£8.00
HB10 Scotland 2011	£15.00	HB31 North of England Bus Garages & Stations	£6.00

Name _____

Address _____

_____

_____

All orders are post free from
HB Publications Ltd, 3 Ingham Grove, Hartlepool TS25 2LH
24 Hour Sales Line 01429 293611 or Order on line at http://hbpub.co.uk

Code	Desciption	Quantity	Cost

Payment Details - Credit / Debit Card or Cheque payable to **HB Publications Ltd**	Sub-Total	
	Discount	
Credit / Debit Card Number	Total	

Expiry Date   CV2 No   Valid from date   Issue No

————Maestro Cards Only————

Signature..